연세경영연구소 총서 시리즈 2023-01

# 기업지배구조

### 와

# 회계의사결정

## 손성규

박영사

# 머리말

「회계정보를 이용한 전략적 의사결정」을 간행하고 2년 만에 새로운 저술을 간행해서 매우 기쁘다.

감사위원회 포럼, 기업의 이사회/감사위원회, 기업지배구조위원회(ESG기준원), 기업지배구조원(ESG기준원)의 ESG평가위원회, 기업지배구조원(ESG기준원)의 심층면접, 상장회사협의회 감사회 조찬강연 등에서의 학습한 경험이 본 저술의 기초가 되었다.

세미나, 포럼 등이 새로운 지식을 많이 학습할 수 있는 기회였는데 이러한 場을 코로나 사태로 많이 갖지 못해서 아쉽다.

신외감법이 2017년 10월 31일에 개정되고 2018년 11월 1일부터 적용되면서 회계/회계감사 환경에 많은 변화가 발생하였다. 과거에는 생각하지 못했던 이슈들이 새로운 경영환경에 의해서 나타난다. 예를 들어 탄소배출권이 이슈가 되고 탄소배출권처리충당금이 재무제표상에 측정 기록되면서 기업의 경영활동에 부담을 주고 있다. ESG라는 새로운 패러다임이 추상적인 개념에 그치는 것이 아니고 구체적이고 수치적인 항목으로 보고되는 것이다. 또한 지배구조보고서에 이어 지속가능보고서도 의무화된다. 회계가 과거 회귀하는 정보가 아니고, 점점 더 미래지향적, 전향적이며 macro한 주제를 담아내야 하는 것으로 확장되고 있다. 회계는 기본적으로 과거에 발생한 사건을 측정하고 기록하는 영역이라서 미래 지향적인 내용을 담아낼 수 있을지 우려되는 부분도 없지 않다.

2021년 봄부터 ESG가 경영계의 초미의 관심이고 기업 경영과 관련되어 모든 측정을 담당해 줘야 하는 회계도 ESG 경영에 있어서 한 축을 맡아 주어야 하여 회계가 더 이상 과거 기업이 지나온 일만을 측정하고 기록하는 업무에서 그치지 않는다.

미국에서 새로 도입된 CEO – 직원 보상배율 pay ratio 공시 규정은 2017년 1월 1일 이후 시작되는 회계연도부터 모든 상장기업이 회사 전체에서 중위값에 해당하는 보수를 지급받는 직원과 CEO 사이의 보상 배율을 공시할 것을 요구하고 있다. 모든 공시의 문제는 회계의 영역이며 전 세계적으로 임원과 직원 간의 급여 불평등의 이슈가 거론되면서 이러한 내용까지도 공시의 대상으로 확대되는 것이다. 보상의 이슈는 굳이 회계의 문제로 국한되는 것은 아니고 인사관리에서 다루는 문제이지만 이러한 내용이 주주에게 공시되어야 하는지를 다루게 되면 이는 관리회계에서 다뤄져야 하는 이슈가 된다. 또한 ESG의 S가 기업 내 인권의 문제까지도 다루게 되면서 보상의 문제가 대두되게 된다.

회계가 이와 같이 사회적인 이슈를 담아내는 일을 감당하는 것으로 paradigm이 바뀌어 가고 있다.

기업 지배구조의 핵심은 이사회와 감사위원회라고 판단한다. 유럽의 이사회는 자문을 하는 위원회와 감시를 하는 위원회를 경영이사회/감독이사회 two tier로 운영된다. 감독이사회가 어떻게 보면 우리의 감사위원회와 유사하다고도 할 수 있는데 우리의 감사위원회는 이사회와 member가 중복되면서 때로는 어떤 안건이 이사회 안건인지 아니면 감사위원회에서 다루어져야 할 안건인지가 혼란스러운 경우도 있다. 2021년에 ESG가 화두가 되면서 거의 모든 기업이 ESG위원회를 설치하게 된다. 신설된 위원회가 생겨나면서 ESG위원회가 다루어야 할 안건과 이사회가 다루어야 할 안건도 때로는 혼동될 때가 있다. 위원회가 있으니 안건을 가지고 논의해야 하며 그러한 경우, 다른 위원회에서 의결하던 안건을 조정하기도 한다. ESG위원회의 위상과 다른 위원회와의 관계가 정리되어 정립되어야 한다. 우리에게는 우리에게 맞는 지배구조가 존재할 수 있다. 공공기관에 유럽식 근로 이사제 도입으로 논란이 되고 있으며, 이사회가 감사기구의 관계도 유럽식 제도와 미국식 제도가 혼재되어 있다.

유럽과 같이 이사회는 경영자문, 감사위원회는 감독의 개념으로 이분법적으로 구분되어 있는 것도 아니다.

본 저술은 「회계감사이론, 제도 및 적용」(2006), 「수시공시이론, 제도 및 정책」(2009), 「금융감독, 제도 및 정책-회계 규제를 중심으로」(2012), 「회계환경, 제도 및 전략」(2014), 「금융시장에서의 회계의 역할과 적용」(2016), 「전략적 회계 의사결정」(2017), 「시사적인 회계이슈들」(2018), 「지배구조의 모든 것 (연강흠, 이호영과 공저)」(2018), 「회계문제의 대응과 해법」(2019), 「기업경영에서의 회계의사 결정」(2020), 「회계정보를 이용한 전략적 의사결정」(2021)에 이은 저술이다.

chapter 1의 공정거래위원회에서의 동일인과 관련된 논쟁을 보면 동일인의 이슈는 기업지배구조의 지배력의 이슈이며 회계에서 지분법이나 연결재무제표의 지배에 대한 판단도 회계기준에서 사실상의 지배(de facto control)라고 하는 추상적인 개념을 회계를 통해 객관적이고 측정 가능하고, 구체적인 판단으로 규정화해야 한다. 즉 기업의 경영활동에서 기업지배구조의 의사결정과정은 떼려야 뗄 수 없는 관계에 있다. 상법, 공정거래법, 기업회계기준 간에도 접근 방식에 차이가 있다.

이러한 과거의 저술 활동은 일부 독자에게도 도움이 되겠지만 무엇보다도 2006년부터 거의 16년 동안의 회계 제도, 실무와 정책의 맥을 잡아가는 데 있어서 저자 스스로에게 큰 학습이 되었다.

경영학의 guru라고 하는 피터 드러커 교수가 "If you cannnot measure it, you cannot manage it", 즉 "측정하지 않으면 관리할 수 없다"라는 유명한 이야기를 했다고 한다. 경영활동에 있어서의 측정의 문제, 즉 비영리기관을 포함한 모든 조직에 있어서도 회계는 피해갈 수 없으며 최근에 와서는 노동조합의 회계 및 회계감시가 정치적으로 이슈화되고 있다. 즉 경영 문제에 대한 분석이 서술적일 수도 있지만 측정의 문제가 개입되면 회계 정보나 공시의 영역으로 들어오게 되며 회계에서 답해 주어야 한다.

흔히들 교수들은 학습의 단계에 대해서 다음과 같이 얘기한다. 어떤 주제에 대해서 학습을 하고 싶으면 강의를 하고, 그보다 더 깊은 공부를 하려면 책을 써 보라고 한다. 이러한 차원에서 지난 17년 동안의 저술 활동은 저자에게 해당 주제에 대해서 깊게 생각해보고 내용을 정리해 볼 수 있는 좋은 기회가 되었다.

위의 저술 중, 학술원에서의 사회과학 부문 우수도서로 3편이 선정되었으니 저자가 의미 없는 작업을 한 것은 아니라는 자부심도 든다.

특히나 2021년 12월 22일의 공정거래위원회의 최태원 SK회장에 대한 SK실트론 지분 인수에 대한 과징금 부과 건은 정부의 규제에 대해서 많은 것을 생각하게 한다. 물론, 감독이 필요한 곳에는 당연히 규제가 동반된다. 저자가 몸 담고 있는 대학에 대해서도 교육부가 감독과 규제의 권한이 있고 감사의 권한도 있다. 이러한 간섭이 없이 제대로 대학을 운영하지 못하는 대학에 대해서는 당연히 규제가 필요하다. 단, 그러한 규제가 필요하지 않는 대학에 대해서의 규제는 불필요한 간섭이 되고 자율에 맡겨진다고 해도 큰 문제가 되지 않는다.

물론, 기업 관련된 모든 정책이 친 기업이어서도 안 되며 어느 정도 반기업적인 성격을 가지고 있는 공정거래위원회나 시민단체의 의견도 공정한 자본주의 정착에 분명히 도움이 된다. 당연히 규제에도 순기능이 있으며 규제의 역기능만이 강조되면서 순기능이 간과되어서도 안 된다. 다만, 과도한 규제와 간섭이 시장 경제에, 즉 우리 자유민주주의의 근간인 자본주의에서의 시장의 자율적인 기능에 방해가 된다면 규제 철폐에 나서야 한다. 언론의 역할도 동일하다. 광고 수입을 생각하면 언론도 친 기업이기 쉽지만 그럼에도 公器의 역할을 해 주어야 하니 자율과 규제의 논쟁에서도 언론은 중립을 지켜 주어야 한다.

2021년말에 발생한 오스템임플란트의 자본금보다도 더 큰 금액인 2,100여억원의 횡령 사건과 2022년의 코스피 기업인 계양전기와 LG유플러스에서의 횡령 사건은 우리 모두를 매우 놀랍게 한다. 상장기업에서조차도 관리 시스템이 얼마나 부실했으면 이 정도 금액의 횡령에 대해 회사 내에서 아무도 인지하지 못하고 있었는지에 대해서는 어처구니없을 뿐이다. 이러한 문제가 금융기관에서도 발생하는 것을 보면서 내부통제시스템이라는 것이 존재하기는 한 것인지에 대한 의문이다. 회계의 가장 기본은 segregation of duty(SOD)이다. 누군가 기업 자금에 대한 출금을 책임진다고 하면 이를 기록하고 점검하는 것은 다른 직원이 맡아야 하는 것은 기본 중 기본이다. 매우 쉽게 표현하면 통장과 인장의 분리 관리이다. 아무도 이를 확인하지 않았다고 하면 이는 상장기업의 자격이 없는 것이다. 자금관리자에 대한 순환보직이나 명령 휴가제도와 같은 제도 도입에 대해서 고민해야 한다.

상장을 유지하는 것이 적격한지는 적법한 절차의 위원회에서 의사결정할 사안이지만 외감대상기업이라고 하여도 발생할 수 없는 일이 상장기업에서 발생할 것이다. 이런 일이 발생하므로 금융당국의 규제가 강하다는 주장을 하기가 어렵다. 규제당국이 과도하게 규제한다는 주장을 하다가도 이런 상장기업이 있으니 이러한 규제가 과도한 규제가 아니었구나라는 생각도 동시에 하게 되는 것이다.

저술 작업 중에 저자는 포스코홀딩스의 사외이사로 선임되면서 제도가 어떻게 기업 활동에 적용되는지를 더 폭넓게 볼 수 있는 기회를 갖게 되었다. 특히나 지주회사라는 것이 많은 산업 영역에 걸친 경영활동을 수행하므로 더더욱 그러하다.

본 저술에 도움을 준 건국대학교 김한나 박사, 연세대학교 국제학대학원 김동재 교수님, 한국공인회계사회의 이병래 부회장님, 김정은 변호사, 서울대학교 법학전문대학원 노혁준 교수님, 연세대학교 법학전문대학원 신현윤 명예교수님, 율촌의 윤세리 명예 대표변호사님, 서울고등법원 故 윤성근 부장판사, 삼성자산운용의 신승묵 준법감시인, 기업지배구조원(ESG기준원)의 김진성 팀장과 이윤아 박사, 전 이화여자대학교 법학대학원 유니스김 교수님, 중앙대학교 경영대학의 전영순 교수님, 삼일회계법인의 김홍기 전 대표님, 한영회계법인의 배상일 전무님, 삼정회계법인의 변영훈 본부장, 최세홍 전무님, 정양기

상무님, 안진의 백인규 이사회 의장님, KB카드 남궁기정 감사님, 연세대학교 경영대학 박상용 명예교수님, 이화여자대학교 행정학과의 원숙연 교수님, 전문건설공제조합 김연경 기획조정팀 차장과 김강록 감사팀장, 서울대학교 경영대학 정선문 박사, 고려대학교 조명현 교수님, 한국상장회사협의회 강경진 상무님, 세종법무법인의 송옹순 변호사님, SK수펙스협의회의 강충식 부사장님, 금융감독원의 김혜선 선임, 서울대학교 경영대학의 이관희 교수님, APG Asset Management의 박유경 이사님, 포스코홀딩스의 친환경인프라팀 김원희 팀장님, ESG팀의 황효성 리더, 법무팀의 이세민 부장, 회계팀의 박노영 리더께 감사한다.

또한 저술기간 중 조교로서 저자에게 도움을 준 지은상, 장려요와 김고운 박사과정 학생에게 감사한다.

졸저를 지속적으로 간행하도록 도움을 주신 수년간 꼼꼼하게 초안의 편집을 맡아 주신 박영사 전채린 차장님께도 깊은 감사의 뜻을 표한다.

지난 39년 항상 저자의 곁을 지켜준 사랑하는 아내 두연에게 감사한다. 또한 건실한 사회인으로 삶을 살아가고 있는 큰 아들 승현, 며느리 현정과 둘째 승모에게 인생의 의미와 보람을 느끼게 해준 데 대해서 감사하다. 90을 넘으신 아버님, 어머님, 장모님께서 건강하게 생활하고 계시니 이 또한 큰 기쁨이다. 건강하고 편안한 여생이 되시기를 위해 기도한다.

본 저술의 chapter의 순서는 특별한 의미를 갖지 않는다. 다만 다른 chapter에 관련된 내용이 기술되는 경우에는 관련된 chapter의 내용을 각주에 주석으로 주기한다.

회계를 현업에 적용하고 회계감사를 개선하는 것은 제도의 개선만으로 가능하지 않다. 실제로 기업 경영에 참여하는 이사, 감사위원들이 본인들에게 맡겨진 제 역할을 수행할 때만 가능한 것이다. 제도는 제도일 뿐이지 더 중요한 것은 실행, execution이다. 아무리 제도가 완비되어 있어도 이를 현업에서 적용하는 경제 주체들이 협조하지 않는다면 제도는 사상누각에 불과하다. 실제 경영활동에 참여하는 이사와 감사/감사위원들이 사명감/소명감을 가지고 제도를 잘 이해하며 이를 제대로 운영하고 적용할 때 그 효과가 나타나는 것이다.

제도에 익숙한 감사위원들도 다수 활동하고 있지만 그렇지 않고 제도의 변화에 순응하지 못하는 감사위원들도 동시에 다수 현업에 관여하고 있다. 이들이 제도를 명확하게 이해하고 소명감을 가지고 제도의 변화에 걸맞은 경영활동을 수행하는 것이 중요하다. 본 저술이 이러한 과정에 일조할 수 있기를 기대한다.

이렇게 실무가 진행되지 않는데 규제와 감독만을 강하게 한다 한들 한계가 있을 수밖에 없다. 규제와 감독이 두려워서가 아니라 사외이사/감사위원들이 전향적으로 그리고 적극적으로 제도를 준수하면서 업무를 진행할 때 기업지배구조가 개선되며 투명한 회계와 이에 병행하는 제대로 된 감사가 병행될 수 있다.

2023년 1월
연세대학교 신촌캠퍼스 경영대학 연구실 512호에서 저자

이 책은 연세대학교 경영연구소의 '전문학술저서 및 한국기업경영연구총서' 프로그램의 지원을 받아 출간되었습니다.

# 차례

# 공정거래위원회의 동일인

삼성그룹에 채용된 우리 국민이 50만이고 삼성 그룹의 총자산이 400조 원이다. 또한 삼성전자의 시가 총액이 거의 500조 원이다. 자본주의에서 기업이 경제를 이끌고 있으며 특히나 기업 집단이 우리 경제에서 차지하는 부분이 상당하다. 우리의 기업지배구조 관련된 제도는 상법, 규범 등에 기초하는데 공정거래위원회에서의 기업집단에 대한 행정은 이와는 차이가 있다.

공정위에서 매년 5월 초에 지정하는 동일인이라는 개념은 우리의 제도권에서의 지배구조와는 차이가 있는 개념이다. 이는 대기업은 대표이사, 이사회, 이사회 의장 등의 체계화된 지배구조가 존재하고 이러한 체계를 상법, 시행령, 시행세칙, 규준, 규정 등으로 정하고 있지만 공정위가 판단하기에는 이러한 체계 외에 실질적인 실세 오너가 있어서 경영과 관련된 가장 중요한 업무를 수행한다는 것을 공적기관이 인정하는 것이다. 어떻게 보면 기업과 관련하여 존재하는 모든 제도를 무력화하고 공정위가 이를 모두 부정한 결과라고도 할 수 있다. 제도가 존재하지만 현실을 무시할 수도 없는 것이다. 동시에 최대주주/지배주주의 존재감이나 무게를 부정할 수 없다는 현실적인 타협이기도 하다.

누가 동일인인지는 일반적으로 기업이 공정위의 요청에 의해서 제출하지만 최근 쿠팡의 경우와 같이 공정위가 여러 가지 정황을 판단하여 임의적으로 정하기도 한다. 한진의 고 조양호 회장이 2019년 4월 8일 타계하고 조원태 회장이 선임되기 이전인 2019년 5월 1일 공정거래위원회는 이미 내부적으로 조원태 회장을 동일인으로 판단하여 공표를 하게 된다.

물론, 이러한 판단은 한진칼의 지분 구조나, 조현아 전 부사장, 조현민 사장이 불미스러운 사건에 관여되어 있어서 총수 역할을 수행하기는 불가할 것이라는 공정위 차원에서의 판단이었고, 소유와 경영이 분리되지 않는 우리의 경영 현실을 반영한 판단이다.

""

## 현대차 정의선, 효성 조현준 그룹 총수로 '공식' 지정된다.

현대자동차그룹이 기업을 실질적으로 지배하는 총수(동일인)를 정몽구 명예회장에서 정의선 회장으로 변경해 달라고 공정거래위원회에 요청했다. 효성그룹도 동일인을 조석래 명예회장에서 장남 조현준 회장으로 바꿔달라고 신청했다.

1일 공정위와 재계에 따르면 현대차와 효성그룹은 이 같은 내용의 동일인 변경 신청서를 최근 제출했다. 동일인은 기업의 실질적인 지배자로 기업집단 지정 자료와 관련된 모든 책임을 진다.

공정위가 현대차 요청을 받아들이면 2001년 처음 대기업집단에 지정된 이후 21년 만에 총수가 바뀌게 되고, 정 명예회장도 공식적으로 경영에서 완전히 손을 떼게 된다. 정 명예회장은 오는 24일 열리는 정기주주총회에서 현대모비스 등기이사직도 내려놓는다. 임기 만료는 내년 3월이지만, 정 회장에게 지휘봉을 넘겨준 만큼 물러나기로 정한 것으로 보인다. 정회장이 총수가 되면 사익편취 규제 대상이 일부 바뀔 것으로 예상된다. 이외 별다른 영향은 없을 것을 보인다. 업계에선 "지난해 10월 정 회장이 취임했으니 올해 총수 지정은 자연스러운 수순"이라는 반응이 나온다.

효성그룹은 지병 악화로 조 명예 회장이 더 이상 동일인 역할을 이어가기 어렵다는 이유로 동일인 변경을 요청했다. 신청서와 함께 조 명예회장의 병원 진단서도 제출했다. 조 명예회장의 주식의결권(9.43%) 일부를 조회장에게 위임하겠다는 내용의 서류도 제출한 것으로 전해졌다. 효성그룹은 장남 조회장이 지주사 (주) 효성 지분 21.94%를, 3남 조현상 부회장이 21.42%를 보유하고 있다.

효성 측은 "조 명예회장이 올해 만 85세로 고령인 데다 지병인 담낭암이 재발해 건강이 안 좋은 상황"이라며 "조 명예회장은 2017년 등기임원도 사임한 상태로 실질적인 경영권은 2017년 취임한 조회장이 행사하고 있다"고 설명했다. 또 "실질적인 경영에 부합하는 방향으로 동일인 지정이 변경되는 것이 합리적이라고 판단한다"고 덧붙였다.

공정위는 두 그룹의 요청 내용과 지분율, 실질적 지배력 등을 따져 오는 5월 1일 총수를 지정할 예정이다. 공정위가 동일인을 누구로 지정하느냐에 따라 특수 관계인, 총수 일가 사익편취 제재 대상 회사가 바뀔 수 있다. 소유 지분이 낮아도 자녀 등을 통해 경영 활동에 미치는 영향이 크면 동일인이 될 수 있다.

효성 측은 공정위가 주요 의사결정을 실질적으로 주도하는 사람이 누구인지를 확인해 달라는 공문을 보내 경영 상황을 확인해 준 것이라며 회사가 먼저 지정 변경을 신청한 것은 아니라고 설명했다. 공정위 관계자는 "동일인 변경 신청을 두고 내부적으로 검토하는 단계라며 5월 1일 결과를 내놓을 것"이라고 말했다

한국경제신문. 2021.3.2.

위의 기사에서 자녀 등을 통한 경영 활동에 대해서 기술하고 있는데 이는 법에서 구분하는 특수관계인이다.

## 효성 총수 '조석래 → 조현준' 공정위에 동일인 변경 신청

공정위는 매년 주요 그룹을 상대로 대기업집단 지정 자료를 제출 받아 자산 규모를 산정한다. 자산 총액이 5조원 이상이면 대기업집단인 '공시 대상기업 집단', 10조원 이상이면 '상호출자제한기업집단'으로 각 그룹 총수와 함께 지정한다.

매일경제신문. 2021.3.2.

동일인이 누구인가에 따라서 동일인의 가족이 사익편취 대상 회사가 되므로 누가 동일인이 되는지는 중요하다. 해당 기업집단과는 아무런 지분 관계

가 없더라도 동일인의 가족이 관련된 회사는 공정거래위원회의 규제의 대상이 된다.

공정거래위원회는 때로는 기업의 동의 없이 상황을 파악하여 직권으로 동일인을 지정하기도 한다. 2019년 4월 초 조양호 전 한진칼 회장이 세상을 떠나고 2019년 5월, 공정거래위원회는 상속이나 경영권이 정리되지 않은 혼란스러운 상황에서 조원태회장을 공정위 직권으로 지정하게 된다.

물론, 조현아 대한항공 전 부사장은 대한항공 회항 사건으로, 조현민 대한항공 전 전무(현 (주)한진 사장)는 물컵 갑질 사건으로 동일인으로 지정될 상황이 아니었으므로 조양호 전 회장의 뒤를 이어 경영권을 행사할 수 있는 대안이 조원태 회장 이외에는 없다는 판단을 공정위 차원에서 수행한 것이다. 공정위의 입장에서는 한진그룹이라는 실체는 존재하는데 한진그룹을 이끄는 동일인이 공석이라는 것에 대해서는 시장이 이해할 수 없으므로 공정위 차원에서 주관적인 판단을 수행한 것이다. 물론, 조양호 전 회장의 유산이 정리되는 과정에서 자연스럽게 조원태 회장으로 경영권이 넘어가게 되면서 공정위의 동일인 지정이 잘못된 지정이 아니었다는 것이 사후적으로 입증되었다.

위의 기사에서도 나타나듯이 공정위의 동일인 결정은 회사의 신청에 의한 것이 아니고 공정위의 확인 요청에 대한 답신을 하는 과정에서 자연스럽게 결정되게 된다.

언론에 보도된 바에 의하면 한진그룹의 경우, 한진칼의 이사회에서 조원태회장이 대표이사 회장으로 선임되기는 하였지만 한진그룹의 '총수'가 누구인지를 명확하게 공정위에 밝히지는 않았다. 공정위가 주관적인 판단을 수행하면서 조원태회장을 한진그룹의 회장으로 지정하게 되었다.[1]

정부의 입장도 충분히 이해할 수는 있다. 책임경영이라는 차원에서는 최대주주가 등기를 하고 대표이사를 맡거나 아니면 이사회 의장을 맡는 것이 옳다. 이러한 경영의 행태가 소유와 경영이 일치하는 경우이다. 대표이사는 실질적인 경영활동의 법적인 책임을 지게 된다. 이사회 의장이라는 위치는 대표이사에 대한 견제 역할을 수행하면 이사회에서의 정책적인 의사결정을 수행하기

---

1) 손성규(2020) chapter 40을 참고한다.

는 하지만 대표이사와 같이 경영의사결정에 대한 매일 매일의 경영활동을 수
행하지는 않는다.[2]

　　정부가 책임경영을 할 것을 요구하여도 최대주주가 법적인 책임을 회피
하려는 이유 등등의 사유로 등기를 하지 않으려 할 수도 있다. 임원의 급여 공
개가 이슈가 되면서 최대주주가 임원을 맡지 않으면 급여 공개에서 예외가 될
수 있다고 하기도 했지만 급여 공개를 회피하려고 등기를 하지 않는 것에 대
한 대응으로 등기 여부에 무관하게 급여가 5억원이 넘는 상위 급여자 5인에게
급여 공개 의무가 적용된다.

　　임원 개인별 보수는 자본시장법 제159조②, 금융감독원 기업공시서식 작
성기준에 따라 아래 1, 2에 해당하는 경우 각각 공시하고 있다.


　　1. 5억원 이상 보수를 지급받는 이사의 개인별 지급금액과 구체적인 산정
　　　 기준
　　2. 5억원 이상 보수를 지급 받는 임직원 5명(이사 포함)의 개인별 지급금
　　　 액과 구체적인 산정기준


　　즉, 5억원 이상 보수를 지급받는 이사가 몇명이 되었든 개인별 지급금액
과 산정기준을 공개하며, 반대로 5억원 이상 보수를 지급 받는 이사가 없으면
개인별 지급금액과 산정기준을 공개하지 않는다.

　　소유와 경영이 분리될 수 있는데, 최대주주는 지분을 가지고 있어도 경영
에는 관여하지 않을 수 있다. 그러나 공정거래위원회에서 동일인이라는 개념
이 존재한다는 것은 외관적으로는 경영에 관여하지 않는 것으로 되어 있지만
암묵적으로 또한 실질적으로는 경영에 관여하는 것이 현실이므로 이를 인정하
고 그룹 경영의 실세가 누구인지를 밝히려는 것이다.

---

2) 옥시 문제가 발행하였을 때도 문제가 된 경우는 대표이사직을 맡고 있었던 회사의 최대주주
　 의 특수관계인이 법적으로 문제가 되었다. chapter 57에서는 중대재해법의 경우도, 대표이사
　 이외에도 기업에서 재해를 책임질 누군가를 세워야 한다는 의견 대안이 제시되기도 한다.

다음과 같은 경우도 발생할 수 있다. 현대차와 종로학원은 전혀 업무 관련성이 없지만 친인척의 지분 관계 때문에 학원이 현대차 계열사로 편입되는 특이한 일이 발생하는 것이다.

**사위 잘 둔 덕?…시멘트회사 삼표 현대차 계열사 되나**

공정위 정의선 현대차그룹 회장 동일인 지정 고심

한국에만 있는 '재벌규제'인 동일인(총수) 제도는 종종 일반의 상식과 괴리된 결과를 내놓고는 한다. 대표적인 게 그룹을 실질적으로 지배하는 게 누구냐를 따지는 동일인 지정 문제고, 두 번째가 동일인으로 지정된 인사의 친인척이 소유한 계열사의 그룹 편입 건이다.

현대차그룹은 최근 공정거래위원회에 현대차그룹의 동일인을 정몽구 명예회장에서 정의선 회장으로 변경해 달라고 요청했다. 공정위는 내부적으로 과거 관행대로 정 명예회장을 동일인으로 유지할지, 세태 변화를 감안해 정 회장을 동일인으로 지정할지 고심 중이다.

만일 공정위가 현대차그룹 동일인을 정 회장으로 변경하면 시멘트가 주 업종인 삼표그룹이 현대차 계열사로 편입된다. 이 그룹의 오너인 정도원 삼표 회장이 정 회장의 장인이어서다. 공정거래법상 동일인의 6촌 이내의 혈족, 4촌 이내의 인척이 각 회사의 발행주식 총수의 30% 이상을 소유하면 공정위는 이 회사에 동일인이 영향력을 행사하고 있다고 보고 계열사로 편입한다.

삼표는 정도원 삼표회장이 지분 81.9%를 소유하고 있는 지주회사로, 삼표산업, 삼표시멘트 등 계열사를 보유하고 있다. 건설 기초 소재인 레미콘, 골재, 시멘트 제조 등이 주요 업무다.

현대차그룹은 정 회장에 대한 동일인 변경을 고려해 정도원 회장뿐 아니라 정도원 회장의 인척들이 보유한 삼표 계열사 지분 정보까지도 취합하고 있다. 자칫 주식소유 현황을 잘못 제출할 경우 최악의 경우 정 회장이 검찰에 고발당하는 등 곤욕을 치룰 수 있어서다.

이데일리. 2021.3.15.

현대차그룹에는 이러한 계열사 편입 이전에는 다음과 같은 일도 있었다. 정몽구회장의 사위 정태영부회장이 종로학원 주인의 아들이므로 이러한 일이 발생하였다.

### 현대차, 종로학원 계열사 편입

현대차는 입시학원인 종로학원을 계열사로 편입할 전망입니다.

현대차는 정몽구 회장의 둘째 사위인 정태영 현대카드 현대캐피탈 사장이 종로학원 지분을 상속받음에 따라 종로학원을 공정거래법상 현대차 계열사로 편입할 것이라고 밝혔습니다.

현대차는 정 사장이 부친인 정경진 종로학원장으로부터 지분 57%를 상속받음에 따라 친척 등 특수관계인이 지분 30% 이상을 소유하거나 경영권을 행사할 경우 공정거래법상 계열사로 신고해야 한다며 배경을 설명했습니다.

한국경제TV. 2005.7.20.

## 종로학원, 현대車 계열사로

현대자동차가 국내 간판급 입시학원인 종로학원을 계열사로 편입하게 됐다. 19일 현대차에 따르면 정몽구 회장의 둘째 사위인 정태영 현대카드·캐피탈 사장이 최근 부친인 종로학원장 정경진씨에게서 종로학원 지분 57%를 상속받아 최대주주가 됨에 따라 종로학원이 현대차 계열사로 편입됐다.

현행 공정거래법상 종로학원은 자동으로 현대차 계열사 신고대상 기업이 된다. 공정거래법에서 대주주의 친·인척 등 특수관계인이 지분 30% 이상을 소유하거나 경영권을 행사할 경우 계열사로 신고해야 하기 때문이다. 현대차는 다음 달 중 신고할 예정이다.

종로학원은 종로학평, 이루넷 등의 계열사를 거느리고 있으며 종로학원과 계열사 연간 총 매출규모는 600억원에 달하는 것으로 알려졌다.

현대차는 이에 앞서 이달부터 의료벤처기업 코렌텍을 계열사로 편입했다. 이는 코렌텍 이사로 등재돼 있던 정몽구 회장의 첫째 사위인 선두훈 대전선병원 이사장이 최근 코렌텍 지분 47.6%를 인수, 대주주가 됐기 때문이다.

매일경제신문. 2005.7.20.

## 얼굴도 모르는 친인척 회사가 계열사?... 시대착오 특수관계인제도

A그룹은 지난해 총수가 전혀 알지 못하는 친인척 회사가 계열사로 편입돼 곤욕을 치렀다. 공정거래위원회에 특수 관계인 현황을 신고하는 과정에서 '누락'을 이유로 불

이익을 받아 속앓이를 했기 때문이다. A그룹 계열사에 편입된 해당 회사도 뒤늦게 알고 지분 거래 등 사업적 관계가 전혀 없다며 계열 분리 절차에 나선 것으로 알려졌다. 속사정을 잘 아는 경제 단체 고위 관계자는 "총수조차 해당 회사의 존재를 전혀 몰랐던 것으로 알고 있다"고 말했다.

현실과 괴리된 '특수관계인' 규정으로 산업계가 몸살을 앓고 있다. 5일 산업계 등에 따르면 공정위는 해마다 상호출자제한기업집단(공시대상 기업집단 포함)을 지정하면서 각 기업에 특수 관계인 현황 등을 신고하게 하고 있다. 이에 따라 자산 5조원 이상의 기업집단은 총수의 6촌 이내 혈족과 4촌 이내 인척이 보유한 기업과 주식 현황 등을 보고해야 한다. 문제는 특수관계인의 범위가 비현실적으로 폭넓게 정해져 범법행위를 조장하는 '과잉규제'로 작용하고 있다는 점이다. 심지어 경영진 견제 역할을 하기 위해 엄격한 자격 기준을 따져 선임하는 사외이사조차 특수관계인으로 규정하는 바람에 사외이사를 맡아 달라는 요청을 거부하는 일도 빈번하게 발생하고 있다.

B그룹 관계자는 "총수의 친인척만 해도 많게는 수백여 명이고, 개인 정보를 이유로 보유한 주식이나 기업 현황 확인을 거부하거나 연락 자체를 받지 않는 경우도 부지기수"라며 "특수관계인을 하나라도 누락하면 허위 자료 제출로 2년 이하의 징역 또는 1억 5,000만원 이하의 벌금형을 감수해야 해 보고할 때마다 살얼음을 걷는 심정"이라고 토로했다. 유정주 전국경제인연합회 기업제도팀장은 "선진국은 대부분 2~3촌 친인척만 특수관계인으로 규정한다"며 "우리 국민 인식도 3~4촌까지만 친인척으로 여기는 상황에서 시대착오적인 특수관계인 제도를 손봐야 한다"고 지적했다.

이재혁 한국상장회사협의회 제2정책본부장은 5일 통화에서 "특수관계인으로 친족 범위 규정을 처음 정한 것은 지난 1974년 제정된 국세기본법 시행령"이라면서 "이후 친족 범위를 축소하는 조정이 있긴 했으나 큰 틀에서 보면 46년 전에 만들어진 것과 크게 달라진 것이 없다"고 밝혔다. 제정 당시 국세기본법 시행령은 친족 범위 규정을 '6촌 이내의 부계혈족과 4촌 이내의 부계혈족의 처' '3촌 이내의 부계혈족의 남편 및 자녀' '3촌 이내의 모계혈족과 그 배우자 및 자녀' '배우자의 2촌 이내의 부계혈족 및 그 배우자' 등으로 규정했다. 이후 1987년 공정거래법은 '8촌 이내의 혈족과 6촌 이내의 인척'으로 특수관계인 친족 규정을 명시했다가 2009년 5월에서야 현재의 '6촌 이내의 혈족과 4촌 이내의 인척'으로 개정했다. 자본시장법과 상법 등도 각각 2016년 8월과 2009년 2월부터 공정거래법과 같은 내용의 특수관계인 규정을 명시하고 있다.

문제는 1970년대의 옛 가족 형태에서 따온 낡은 규정을 정부가 고수하면서 각종 폐해를 양산하고 있다는 점이다. 이 본부장은 "6촌 혈족이나 4촌 인척을 '경제 공동체'로 추정하는 것은 시대 변화나 일반인의 상식에 크게 어긋나는 것"이라면서 "이미 부동산, 금융시스템에서 실명제가 정착된 상황이고, 산업화 도시화로 핵가족 단위로 가족 형태가 변화한 만큼 현실에 맞게 특수관계인 규정을 손봐야 했다"고 지적했다.

전국경제인연합회가 지난 9월 실시한 여론 조사에서 국민 10명 중 8명은 친족 범위를 최대 4촌으로 인식했으며, 6촌까지로 인식한 경우는 1.8명에 불과했다. 이미 우리나라처럼 핵가족이 보편적인 가족 형태가 된 주요 선진국가도 특수 관계인 범위를 통상 2촌까지(부모와 형제자매)로, 독일은 부모의 형제 자매(3촌)까지, 프랑스는 최대 4촌까지로 규정하고 있다.

공정거래위원회도 제도 개선 방안을 찾고 있다. 기업집단국은 동일인(특수관계인) 규정 연구용역 결과는 지난달 전달받아 내부 검토 중이다. 공정위 관계자는 "(동일인 관련자 친족 범위가 넓다는) 현장의 문제 의식에 공정위도 공감한다"며 "연구용역 결과도 비슷한 방향으로 나왔고, 이를 검토한 조정 방안을 마련하게 될 것"이라고 말했다.

문화일보. 2022.1.5.

이미 우리의 가족의 형태도 핵가족화해 가고 있는데 지금 현재 적용되는 제도는 구태의연하다. 오래전 입법 과정에서 누군가에 의해서 정해진 원칙이 비판과 고민도 없이 지속적으로 유지되고 있는 것이다. 결국 이러한 논의 끝에 2022년 12월 말 대기업 총수 친족 범위가 혈족 4촌, 인척 3촌으로 축소되었다.

**공정위, 현대차 총수 정몽구서 정의선으로 변경**

공정거래위원회가 4월 말 발표할 올해 대기업집단 지정에서 현대차그룹의 동일인(총수)을 정의선 회장으로 변경하기로 결론을 내렸다.

30일 관련 업계에 따르면 공정위는 최근 내부 검토를 거쳐 현대차그룹 동일인을 정몽구 명예회장에서 정의선 회장으로 바꾸기로 하고, 친족 소유회사 소속회사 주주 현황 위임장 등 제반 서류를 제출하라고 요구했다.

공정위는 최근 정 명예회장이 모든 계열사의 등기이사직을 내려놓고, 아들인 정회장이 공식적으로 최고 의사결정권을 이어받자 동일인 변경을 검토해왔다. 다만 정 회장의 부친인 정 명예회장이 경영에 다시 복귀하거나, 표면적 경영권 이전과 같이 '상왕경영'을 할 가능성 때문에 고심을 거듭했다. 지금까지는 기존의 동일인이 사망하거나 의식불명인 경우, 또는 금치산자로 판정을 받아야 동일인을 변경해왔다.

공정위는 현대차의 주요 의사결정이 이사회를 중심으로 이뤄지고, 정회장이 그룹을 실질적으로 지배하고 있다는 점에서 동일인 변경 쪽으로 가닥을 잡았다.

동일인은 기업집단 계열사 전체의 사업 내용을 지배하는 총수를 가리키는 공정거래법상의 개념이다. 특수관계인 등 대기업 총수 일가에 대한 규제 범위를 정하는 기준점이 된다.

매일경제신문. 2021.3.31.

공정위가 '상왕' 등의 지배행태에 대해서 고민하는 것 자체가 구시대적이다. 부모 자식 관계라고 해도 이미 법적으로 자식이 등기했다고 하면 경영권은 이미 자식대로 넘어갔다고 보는 것이 법적인 판단이다.

공정거래위원회는 정부의 공식적인 기구인데도 불구하고, '상왕 경영'까지를 신경 써서 동일인을 지정해야 하는지라는 생각을 해보게 된다. 어떻게 보면 이렇게까지도 신경을 써서 실질적인 기업집단의 지배자가 누구인지를 파악한다고도 할 수 있지만 이미 정의선 회장이 다수 기업에 등기를 하고 있는 상황에서 제도권에서의 역할을 중심으로 동일인을 지정하면 되는 것 아닌지라는 판단을 하게 된다. 물론, 등기를 하지 않고, 실질적인 총수 역할을 수행할 수 있다. 그러나 부자 간에 어떠한 대화를 하여서 이러한 경영권 이전이 표면적인 경영권 이전인지 아니면 실질적인 경영권 이전인지까지를 공정거래위원회가 파악한다는 것은 어차피 불가능하다. 결국 부자간의 대화에서 누가 더 주도적인 역할을 하는지인데 외부에서 이를 판단할 수 없다. 그렇기 때문에 상법에서도 업무집행지시자를 등기이사와는 별도로 정의하고 있다.

## 쿠팡 '총수 없는 대기업집단'으로 지정된다

쿠팡이 이달 말 총수가 없는 대기업집단으로 지정될 전망이다.

6일 업계와 정부에 따르면 공정위는 쿠팡을 공시대상기업집단(대기업집단)으로 지정하되 '동일인'(총수)을 창업주인 김범석 의장이 아닌 법인으로 지정하기로 잠정적으로 결론을 내렸다.

동일인은 기업의 실질적인 지배자로 대기업집단 지정 자료와 관련된 모든 책임을 진다. 공정위가 동일인을 누구로 지정하느냐에 따라 특수관계인, 총수 일가 사익편취 제재대상 회사가 바뀔 수도 있다.

공정위는 대기업의 경제력 집중을 억제하기 위해 자산총액이 5조원 이상인 그룹을 공시대상기업집단으로 지정해 총수 일가 사익편취 규제, 대규모 내부거래 공시의무 등을 부과한다. 공정위는 현재 물류센터 부지 가격 상승 등을 고려해 쿠팡의 자산이 5조원을 넘어선 것으로 보고 있다.

공정위는 지배력을 행사하는지를 기준으로 동일인을 결정한다. 쿠팡의 실질적 오너는 창업자인 김 의장인데, 그는 쿠팡 지분 10.2%를 갖고 있으며 차등의결권을 적용할 경우 76.7%의 의결권을 보유하고 있다.

다만 공정위가 외국인을 동일인으로 지정한 사례는 전혀 없는 만큼 미국 국적인 김 의장이 동일인으로 지정될 가능성은 희박하다. 개인이 아니라 법인이 동일인을 맡는 포스코나 KT처럼 법인이 될 전망이다. 김범수 카카오 의장, 이해진 네이버 글로벌투자책임자(GIO)는 '동일인'으로 지정돼 있다.

공정위 관계자는 "외국인이 동일인으로 지정된 사례는 없다"면서 "자연인이 동일인으로 지정되지 않더라도 공정거래법 23조 7항의 적용을 받기 때문에 규제 공백이 발생하는 것은 아니다"고 말했다.

공정거래법 23조 7항은 특수관계인 또는 다른 회사에 상품, 부동산 등을 제공하거나 상당히 유리한 조건으로 거래하는 행위를 금지하고 있다. 김 의장이 동일인으로 지정되지 않더라도 특수관계인의 일환으로 들여다 볼 수 있다는 설명이다.

매일경제신문. 2021.4.6.

## 쿠팡 '총수 없는 대기업집단' 지정...공정거래법, 국내기업에만 족쇄

최근 뉴욕 증시 상장으로 '잭팟'을 터뜨린 쿠팡이 명실상부한 '재벌'로 분류되는 공정거래법상 '대기업집단'으로 이달 말 지정될 전망이다. 지난해 말 기준 전체 자산 규모가 5조원을 넘어서다. 다만 쿠팡의 실질적 오너인 창업자 김범석 쿠팡 이사회 의장은 그룹 시배자 '총수(동일인)'에 지정되지 않을 것으로 보인다. 공정거래위원회가 김의장이 미국 국적자임을 고려해 동일인 지정을 하지 않는 것으로 잠정 결론을 내렸기 때문이다. 똑같이 국내에서 사업을 하고 이익을 내는 기업인데도 오너 국적에 따라 규제망을 벗어나는 셈이어서 형평성 논란이 제기되고 있다.

6일 업계 정부에 따르면 공정위는 이달 30일 공시대상기업집단(대기업집단) 명단을 발표하면서 쿠팡을 '총수 없는 대기업집단'으로 지정할 예정이다. 공정위는 쿠팡이 보유한 물류센터 용지 가격이 상승하면서 자산이 5조원을 넘어섰다고 보고 있다. 공정위는 대기업에 대한 경제력 집중을 억제하기 위해 자산총액 5조원 이상인 그룹을 대기업집단으로 지정해 규제한다. 또 총수를 기준으로 특수관계인과 계열사 범위를 정하고 총수 일가 사익편취 규제나 대규모 내부거래에 대한 공시 의무 등을 적용한다.

하지만 쿠팡은 오너가 총수로 지정되는 것을 피하면서 총수와 관련한 규제를 상당 부분 피해갈 전망이다. 공정위는 지금까지 외국 국적을 보유한 사람을 동일인으로 지정한 전례가 없다. 현재 대기업집단 64곳 가운데 총수 없이 지정된 곳은 공기업에서 출발한 KT와 포스코 등 9곳 뿐이다.

공정거래위원회가 쿠팡을 '총수 없는 대기업집단'으로 지정하기로 가닥을 잡으면서 국내 기업과 기업인에 대한 역차별 논란이 불거졌다. 김범석 쿠팡 이사회 의장이 미국 국적을 이유로 동일인 지정을 피한 것이 사실상 특혜 아니냐는 지적이 쏟아지고 있다. 이참에 동일인 지정 기준을 제대로 손봐야 한다는 목소리도 높다. 현행법상 동일인 지정 기준에 대한 구체적 요건이 제대로 정의되지 않은 탓에 공정위의 판단에만 기대서 동일인 지정 변경이 이뤄지고 있기 때문이다.

쿠팡의 총자산은 2019년 말 기준 3조 616억원이었지만, 물류센터 용지 가격 상승 등을 고려하면 5조원을 넘어 대기업 집단 지정 요건(자산 5조원 이상)을 충족한 것으로 알려졌다. 쿠팡의 모회사에 해당하는 쿠팡LLC(현 쿠팡 INC)가 미국 증권거래위원회(SEC)에 제출한 신고서에 따르면 쿠팡LLC의 2020년 기준 총 자산은 50억 6,733달러(약 5조 7,000억원)였다. 공정위는 이번 주말까지 쿠팡으로부터 소속회사 현황과 주주 현황 등 자료를 제출받을 예정이다. 쿠팡의 동일인은 농협, KT, 에쓰오일, KT&G 등과 같이 법인 그 자체인 '쿠팡'이 될 전망이다.

매일경제신문. 2021.4.7.

쿠팡이 어쨌거나 국내에 기반이 있는 기업인데, 최대주주가 외국인이라는 이유로 우리나라의 규제의 울타리를 벗어나 있다는 것도 조금은 이해가 어렵다.

최대주주가 실질적으로 경영활동에 참여하여야 하는지에 대해서는 다음의 사례를 들어 볼 수도 있다.

우리 기업 역사에는 최대주주가 갑자기 세상을 떠나면서 경영활동을 하지 않던 배우자가 경영을 떠맡게 된 경우가 다수 있다. 애경의 장영신 회장(고 채몽인 회장), 한진해운의 최은영 회장(고 조수호 회장), 대신증권의 이어룡 회장(고 양회문 회장), 현대그룹의 현정은 회장(고 정몽헌 회장), 세아 네트워크의 박의숙 회장/세아홀딩스 부회장(고 이운형 회장), 양귀애 대한전선 명예회장(고 설원량 회장)을 들 수 있다.

모두 배우자 사망 이후에 전업 주부에서 경영인으로서, 경영에 적극적으로 참여한 경우이다. 애경, 대신증권, 세아의 경우는 성공 case이고, 한진해운, 대한전선의 경우는 그렇지 않은 경우로 분류할 수 있다. 현대그룹의 경우는 현재 진행형이라서 뭐라고 단정적으로 분류하기는 어렵다. 애경, 대신증권, 세아의 경우는 배우자의 사망 이후, 2세가 모친(세아의 경우는 고인의 동생도 함께)과 함께 경영활동을 수행한 경우이기는 하다.

물론 경영에 몸담지 않았던 가정주부라고 해서 이들의 경영 능력을 과소평가할 수는 없다. 동시에 기업가 집안의 며느리가 됐다고 해서 후천적으로 경영능력을 습득하는 것은 아니니 명확하게 답을 하기 어렵다.

남편이 사망하고 배우자가 경영활동에 관여하지 않았다면 즉, 배우자들은 주주지분만을 가지고 있고 전문 경영인들에게 경영활동을 맡겼다고 하면 그 결과가 어떻겠는지는 당연히 알 수 없다.

## 김범석 의장 '총수'로 지정하나. 공정위 '쿠팡 딜레마'

동일인으로 지정되면 배우자뿐만 아니라 6촌 이내 혈족, 4촌 이내 인척이 보유한 계열사 지분, 계열사와 거래 내역 등도 공시해야 한다. 법인을 총수로 지적하면 계열사들과 거래 내역만 공시하면 된다.

김 의장 총수 지정 찬성론자들은 김 의장이 미국인이라고 하지만 한국에서 사업을 하고 있고 실질적으로 쿠팡을 지배하고 있지 않느냐고 비판한다. 김 의장은 쿠팡 지분을 10.2% 보유한 3대 주주다. 하지만 이사회 결정에 영향을 끼칠 수 있는 의결권 비중은 76.7%에 이른다. 실질적으로 쿠팡을 지배한다고 볼 수 있다. 공정위는 적은 지분을 보유한 네이버 이해진 창업자도 네이버를 실질적으로 지배한다며 총수로 지정한 적이 있다. 단, 이해진 창업자는 외국인은 아니다.

전문가들 사이에선 "공정거래법에 외국인은 총수로 지정할 수 없다는 명시적인 규정이 없는데 그동안 관례를 들어 총수로 지정하지 않는 것은 문제"라는 지적도 있다.

### 사우디 왕세자 빈 살만도 총수 지정

반대론자들은 외국인에 대해 현실적인 제재가 어렵다는 점을 강조한다. 김 의장을 총수로 지정할 경우 대주주가 외국인이라 한국 법인을 총수로 지정한 '에쓰오일' 문제가 불거진다는 점도 지적한다. 에쓰오일 대주주인 아람코의 실질적 지배자라고 불리는 빈 살만 사우디아라비아 왕세자도 총수로 지정해야 하느냐는 것이다. 이럴 경우 사우디 왕가는 물론이고 빈 살만 인수를 추진하고 있는 잉글랜드 프리미어리그 뉴캐슬 유나이티드 축구단도 한국 공정위에 공시해야 할 수 있다. 문제는 이렇게 제출한 자료를 공정위가 검증하기도 어렵고 오류가 있더라도 제재하기 쉽지 않다.

게다가 한미 FTA(자유무역협정) 위반 가능성도 제기된다. 김 의장을 총수로 지정해 규제하면, 미국인 투자자를 제3국 투자자(사우디 아람코)와 차별해선 안 된다는 한미 FTA 최혜국 대우 규정을 위반할 소지가 있다. 총수로 굳이 지정하지 않더라도 공정거래법 등 다른 법을 통해 규제가 가능하다는 견해도 있다.

이번 기회에 재벌 중심의 낡은 총수 지정 제도 자체를 손봐야 한다는 지적도 있다.

총수 지정제도는 1987년 재벌 일가의 문어발식 사업 확장, 부의 세습 등을 막기 위해 도입됐다. 하지만 최근 대기업이 된 네이버, 카카오 등 IT 기업들은 기존 재벌 그룹과 달리 순환 출자, 친족 경영과 거리가 있다. 쿠팡은 그동안 외국인을 총수로 지정한 선례가 없다며 난색을 표하고 있다. 공정위 결정에 반발해 행정소송을 제기할 가능성도 제기된다. 업계 관계자는 "쿠팡이 매년 해외 계열사의 공시 자료를 제출할 때마다 논란이 반복될 가능성이 크다"고 말했다.

조선일보. 2021.4.27.

## 공정위 '쿠팡 총수' 지정이 불러올 후폭풍

"쿠팡의 총수는 누구인가"

공정거래위원회가 이 물음의 답을 찾기 위해 고심 중이다. 자산 5조원을 넘는 기업을 대기업집단으로 지정하면서 '동일인(그룹을 지배하는 총수)'도 함께 지정해야 하는 공정거래법 규정(제2조2항)을 따르겠다는 것이다. 공정위 내부에서도 의견이 갈리고 있어 총수 지정 여부를 예단하기는 어렵다. 다만 김범석 쿠팡 창업자(이사회 의장)를 총수로 지정할 경우 공정위가 예상하지 못한 후폭풍을 마주할 것이란 우려가 팽배하다.

김 의장의 총수 지명은 한국의 공정위가 미국 상장사를 감시하겠다는 의미로 해석될 수 있어서다. 쿠팡 한국법인을 대기업집단으로 지정하는 것은 공정위의 고유 업무다. 쿠팡도 미 증권거래위원회(SEC)에 상장 신청서를 제출하면서 개연성 있는 모든 위험을 기술했는데, 공정위와 관련해선 한국법인이 공정위 감시 대상이 될 것이라고 명시했다.

하지만 김 의장의 총수 지정은 SEC에 보고한 규제 리스크를 넘어서는 영역이다. 공정위의 의도와 상관없이 뉴욕증권거래소에 상장돼 있는 쿠팡 Inc.가 감시 대상이 된다는 의미이기 때문이다. 이는 쿠팡만의 독특한 기업 구조에 기인한다. 김 의장은 2019년 쿠팡을 창업하면서 미국 델라웨어와 서울 송파구에 두 개의 법인을 동시에 냈다. 한국에서 사업을 영위하지만, 글로벌 자금을 조달하고 우수한 정보(IT) 인재를 끌어오기 위해 미국에 서류상 모기업을 설립했다.

공정위의 '쿠팡 총수' 지정 근거는 김 의장이 미국 쿠팡 Inc. 이사회에서 76.7%의 의결권을 갖고 있다는 점이다. 실제 지분율은 10.2%로 소프트뱅크 비전펀드(33.1%), 그린옥스(16.6%)에 이어 세 번째지만 차등 의결권 덕분에 이사회 의장을 맡고 있다.

총수에 지정되면 쿠팡 Inc.의 외국인 경영진과 이사회 임원들도 각종 거래와 관련한 정보를 공정위에 제출해야 한다. 실리콘밸리의 큰손으로 불리는 벤처 캐피털 그린옥스의 창업자이자 쿠팡 Inc. 비상임이사인 닐 메타도 규제대상이 된다는 의미다.

하지만 공정위가 미국 상장사 임원을 규제하는 것은 현실적으로 불가능에 가깝다. SEC 등 미 정부기관 소관이기 때문이다. 공정위가 동일인 지정을 두고 막판까지 고심을 거듭하는 것도 이런 실효성 문제 때문인 것으로 알려졌다. 한 글로벌 로펌 변호사는 "이사회 중심 경영이 이뤄지는 미국기업에서 '그룹을 지배하는 특정인'을 찾는다는 것 자체가 넌센스"라고 지적했다. 쿠팡Inc 이사회가 김의장에게 차등 의결권을 부여한 것은 창업자로서의 '비전'을 소중히 여겨서다. '그룹 총수'를 찾는 공정위의 접근을 글로벌 투자자들은 어떻게 바라볼지 궁금하다.

한국경제신문. 2021.4.28.

위의 밑줄 친 기사 내용도 매우 흥미롭다. 이사회는 회의체 의사결정 기구이며, 회의체 의사결정은 당연히 민주적인 다수결 의사결정이어야 하고 제도는 이렇게 되어 있는데 이를 뛰어 넘는 '실세' 최대주주/지배주주를 찾아내야 하는 것이 동일인 제도이다. 전 근대적인 접근인 것도 같지만 그렇다고 현실을 무시할 것이냐는 비판도 있을 수 있다. 실제 경영의사결정에서 우리의 제도와 체계가 무시된다는 것을 정부기관이 인정하는 것이다.

## 2021.4.29. 80년대식 사고에 갇힌 '동일인 지정' 손성규

최근 공정거래위원회의 '동일인 지정'과 관련된 논란이 뜨겁다. 동일인은 흔히 언론에서 '총수'라고 지칭하는 기업집단의 최대주주를 일컫는다. 공정거래법 2조는 동일인을 회사와 회사가 아닌 경우로 구분하고 있다. 동일인이라는 용어가 정의되지 않은 상태에서 위와 같이 규정하고 있으니 명확하지 않다.

우리의 기업지배구조는 1990년대 말 이후, 외환위기를 겪으면서 선진화하는 과정을 거쳤다. 기업 경영의 의사결정과정이 법제화를 통해서 제도권으로 들어왔고, 이사회 중심 경영과 감사·감사위원회의 모니터링이 정착하게 됐다. 물론 아직은 만족스럽지 않고, 이사회가 제 역할을 하지 못하는 기업도 있을 것이다. 기업집단의 총수가 전횡을 일삼는 기업도 있을 수 있다.

지난해 공정위가 기업집단으로 지정한 64개 기업 중, 총수가 10개 이상 기업에 등기를 한 경우는 두 개 기업이 있다. 물론, 총수가 등기를 하지 않고 기업 내 어떤 직도 맡지 않는, 소유와 경영이 완전히 분리된 기업도 있으며 이 두 기업처럼 최대주주가 책임 경영을 하는 기업도 있다. 총수가 등기이사를 하면서 최고경영자(CEO)를 맡는 기업, 이사회 의장만 맡는 기업, CEO와 의장을 동시에 맡는 기업, 등기는 하지만 CEO나 의장은 맡지 않는 기업 등 여러 형태가 있다. 각자 자신에게 맞는 기업지배구조를 찾아 가는 것이다.

물론 기업 경영에는 최대주주가 경영 참여 여부와 무관하게 지대한 영향력을 미치는 것이 사실이다. 다만, 공정위가 태동하던 1981년이나 동일인의 개념이 공정거래법에 도입된 1980년대 중반에 비하면 최대주주가 이사회를 뛰어넘어 경영활동을 하는 경영행태는 많이 변해 가고 있다. 법적 책임과 소송의 위험을 안고 있는 등기이사들이 최대주주가 희망하지만 일반 주주가 원하지 않는 부의 안건에 대해서 선뜻 동의하기 어렵다.

공정위의 동일인 지정이라는 제도는 제도권에서 우리가 인정하는 대표이사, 이사회, 감사위원회 및 주주총회 등의 기업지배구조·의사결정 구도와는 거리가 먼, 또 하나의 개인 지배구조를 정부 기관이 인정하는 것이다. 기업의 적법한 지배구조가 기업을 지배하지만, 이를 뛰어넘는 초법적인(?) 총수가 사실적으로 기업을 지배한다는 현실을 정부 기관이 인정하는 것이다.

일부 기업에서 사외이사추천위원회에서 사내이사를 배제하는 등, 제도적으로 독립성을 강화하기 위한 여러 대안이 강구되고 있다. 이와 같이 독립성을 지키려는 방어막이 지속적으로 도입되는데도 최대주주가 독단적인 경영활동을 수행하려 하고, 공정위가 이를 인정해 동일인을 지정하는 제도를 유지한다면 우리나라의 지배구조는 제도상의 지배와 사실상의 지배로, 영원히 이중적으로 병존할 수밖에 없다.

그러면 해외의 투자자들에게 우리는 언제까지 우리나라 기업에는 시스템상의 지배구조가 있고 그 배후에는 실세가 있다고 설명해야 하는 것인가. 공정위의 고충도 이해할 수 있다. 기업 집단이 중대한 의사결정을 해야 할 때, 누가 주도권을 갖는지를 명백히 밝히겠다는 것이다. 그러나 원칙적으로 이런 식으로 경영활동이 수행돼서는 안 되는데, 이런 행태를 정부기관이 인정하겠다는 것 아닌가. 삼성그룹은 임직원 수가 50만 명이고 자산은 400조원이 넘는다. 한 동일인이 이 거대한 기업군을 움직일 수 있다? 물론 방향타 역할은 할 수 있고, 주요 사업에 대한 의사결정을 할 수는 있어도 다수의 의사결정을 한 개인이 한다는 것은 불가능하다.

국가경영도 동일하다. 의사결정은 적절한 위임·전결과정을 거쳐야 하는데 모든 공무원이 해당 부처의 의사결정을 수행하지 않고 청와대만 쳐다본다고 하면 이는 가당치 않다. 우리는 언제까지 시스템을 무시하고 자연인인 한 사람을 중심축에 두고 볼 것인가. 공정위는 동일인과 관련해 더 깊은 고민을 해야 하며, 풀기 어려운 숙제를 해야 한다.

한국경제신문.

"

기업의 경영활동에서 속인(屬人)적인 부분이 있다는 것을 부정할 수 없다. 모두 개인이 경영활동을 수행하는 것이다. 그럼에도 불구하고 법 체계는 자연인인 개인이 경영활동을 수행한다기보다는 시스템을 매우 중요시 할 때가 다수 있다. 이사회라는 시스템이 존재하는데 이는 허울에 불과하다는 것을 제도권이 인정하는 것이다. 즉, 정부 기관이 할 수 있는 일 자체가 아니고 해서도 안 되는 업무일 수 있다.

외감법은 개인 공인회계사가 감사를 수행하는 것이 아니라 법 인격인 회계법인이나 감사반을 감사인으로 규정하고 있다. 이 또한 시스템적인 접근이다. 즉, 개인 공인회계사가 감사를 하는 것이 아니라는 것이다. 시스템 안에서 움직이는 것은 개인일지라도 감사라는 용역의 실체는 법인이나 감사반이라는 법의 해석이다.

2003년에 도입된 내부회계관리제도와 이에 대한 인증(assurance)인 검토가 2019년부터 기업 규모별로 차등을 두어 감사라는 인증으로 격상되었다. 회계정보라는 것이 내부회계관리제도라고 하는 시스템을 통해서 결과물로 재무제표로 산출되어 나오는 것인데 이제까지는 이와 같이 사전적인 의미가 있는 내부통제제도에 대한 검증보다는 결과물인 재무제표에 대한 검증을 더 중요시 여겼다. 어떻게 보면 재무제표는 사후적인 결과물이라서 시스템만 잘 장착된다고 하면 이 시스템의 운영으로부터 생산되는 재무제표는 자연스럽고 적법하게 작성된다고도 할 수 있다. 즉, 내부회계관리제도는 시스템적인 접근이다. 내부회계관리제도에 대한 검토에서 감사로의 인증의 격상은 좀 더 원천적인 검증의 수행과정으로 이해하면 된다.

내부회계관리제도에 대한 인증이 회계에 도입될 때, 이 용역이 재무제표에 대한 인증과 별개의 인증인지 아니면 과거에도 해 오던 재무제표에 대한 인증에 대한 부수적인 점검이었는지에 대한 논쟁이 있었다.

회계에서의 또 하나의 시스템적인 접근으로는 감사보고서 감리에 대비하여 감사인 감리(최근까지도 품질관리감리로 지칭)가 있다. 감사보고서 감리는 감사보고서를 감리하면서 재무제표에 대한 적정성을 점검하겠다는 취지이고 개정 전 구외감법의 외감법의 목적에서 감사를 통해서 회계정보의 투명성을 확보하겠다는 접근이었다. 이에 비해서 감사인 감리는 시스템적인 접근으로 회계법인의 의사결정 과정만 제대로 갖추어져 있다고 하면 회계법인이 감사과정에서 산출하는 감사는 당연히 적법할 것이다. 즉, 결과보다는 과정을 보겠다는 paradigm의 변화이다.

물론, 감사에는 회계감사기준에서도 적시한 한계가 있으므로 감사가 문제없다고 회계가 문제 없는 것은 아니다. 즉, 적법한 감사는 적법한 회계에 대한 필요조건이지 충분조건은 아니다. 충분조건이 아닌 한두 가지 이유는 감사는 전수조사가 아니고 표본조사에 의해서 수행된다는 점, 또한 감사는 대부분의 경우 기업이 제시한 문건을 가지고 감사가 수행되므로 이 source document 자체가 위조됐다면 계좌 조사권 등이 없는, 경찰이나 검찰이 아닌 감사인의 입장에서는 문건 위조를 발견해 내기는 매우 어렵기 때문이다.

형벌적인 잘못은 자연인인 개인이 하는 것인데 이것이 시스템이 잘못됐기 때문인지 아니면 순수히 개인의 잘못인지를 구분해 내는 것은 어렵다. 시스템이라는 것이 개인의 잘못도 걸러내기 위해서 존재하는 것이라고 생각하면 시스템의 잘못이기도 한데 시스템이 완벽하기를 기대할 수는 없다.

결국 개인과 시스템이 모두 같이 작동해야 하는 것이다. 과거에 저자가 증권선물위원회 비상임위원으로 활동할 때에 다음과 같이 일이 있었다. 중소형 회계법인에서 상장기업에 대한 감리를 수행하고 있었고, 파트너교체 제도에 의해서 담당 파트너가 4년째는 교체되어야 하는데 이 제도를 해당 파트너도 소홀히 생각하여 간과하였고, 해당 회계법인의 심리실도 이를 놓치면서 이러한 결과가 초래되었다. 저자가 소명을 하기 위해 증선위에 출석한 해당 회계법인의 대표에게 이를 물었더니 해당 공인회계사와 심리실이 당연이 점검했어야 하는 업무인데 간과했다고 인정하였다. 심리실은 당연히 파트너를 배정할 때에 파트너교체제도와 감사팀 교체제도를 check list에 포함하여 점검하여야 한다.

이러한 개인과 기관의 책임을 묻기 위해서 다음과 같이 외감법과 자본시장법에 양벌규정이 존재하는 것이다. 즉, 시스템(법인격)과 개인(자연인)이 모두 같은 책임을 공유하는 것이다.

**외감법**

제46조(양벌규정) 법인의 대표자나 법인 또는 개인의 대리인, 사용인, 그 밖의 종업원이 그 법인 또는 개인의 업무에 관하여 제39조부터 제44조까지의 위반행위를 하면 그 행위자를 벌하는 외에 그 법인 또는 개인에게도 해당 조문의 벌금형을 과(科)한다. 다만, 법인 또는 개인이 그 위반행위를 방지하기 위하여 해당 업무에 관하여 상당한 주의와 감독을 게을리하지 아니한 경우에는 그러하지 아니하다.

**자본시장법 제448조(양벌규정)**

법인(단체를 포함한다. 이하 이 조에서 같다)의 대표자나 법인 또는 개인의 대리인, 사용인, 그 밖의 종업원이 그 법인 또는 개인의 업무에 관하여 제443조부터 제446조까지의 어느 하나에 해당하는 위반행위를 하면 그 행위자를 벌하는 외에 그 법인 또는 개인에게도 해당 조문의 벌금형을 과(科)한다. 다만, 법인 또는 개인이 그 위반행위를 방지하기 위하여 해당 업무에 관하여 상당한 주의와 감독을 게을리하지 아니한 경우에는 그러하지 아니하다.

## 김범석, 쿠팡 총수 지정 피했다…네이버·카카오 역차별 논란

29일 공정위는 '2021년 공시대상기업집단 지정 결과'를 발표하면서 "김범석 의장은 쿠팡의 총수가 아니다"고 판단했다. 공정위가 밝힌 이유는 크게 세 가지다. 기존에 외국계 기업집단은 국내 최상단 회사를 동일인으로 판단해 왔고, 현행 제도가 국내를 전제로 설계돼 있어 외국인을 동일인으로 지정하는 데 따른 실효성이 떨어지고, 동일인을 김범석 의장으로 하든 쿠팡으로 하든 규제 대상 계열사 범위에 변화가 없다는 점 등이다.

이에 이미 창업자가 총수로 지정된 국내 기업들에 대한 역차별이라는 반응이 나온다. 김범석 의장은 한국을 주요 거점으로 사업을 하고 있고, 그의 친족들이 모두 국내에 거주하고 있지만 이번 동일인 지정에서는 빠져 나갔기 때문이다. 반면 네이버는 2017년 이해진 글로벌투자책임자(GIO)의 지분이 4%에 불과한 점을 근거로 총수 없는 기업집단 지정을 요청했지만, 공정위로부터 묵살 당했다. 김범수 카카오 의장도 2016년 동일인으로 지정됐다.

공정위도 김범석 의장이 쿠팡 미국법인을 실질적으로 지배하는 점은 명백하다고 봤다. 하지만 외국인이라는 점이 총수 지정의 큰 걸림돌이 됐다. 동일인으로 지정되면 지정자료 제출을 누락하는 등 법 위반 사안이 발생하면 형사 처벌을 해야 하는데, 법집행의 실효성이 떨어질 수 있어서다. 또 외국인의 경우 국내와 같은 친족 개념을 적용할수 있을지도 애매했다.

공정위는 이번 쿠팡 논란을 계기로 현행 동일인 지정 제도의 미비점을 인정하고, 향후 제도 개선안을 마련키로 했다. 동일인의 정의와 요건, 확인 및 변경 절차 등 구체적인 제도화 작업을 추진하면서다. 현재 동일인에 대한 명확한 규정이 없어 제도의 투명성이나 예측가능성이 떨어지는 측면이 있다는 게 공정위의 판단이다.

하지만 일각에서는 이참에 낡은 동일인 제도를 아예 폐지해야 한다는 의견도 나온다. 동일인의 개념이 공정거래법에 도입된 1980년대 중반에 비하면 최대주주가 이사회를 뛰어 넘어 경영활동을 하는 경영행태는 많이 변해 가고 있다는 점에서다. 동일인 지정은 기업의 의사결정제도를 넘어서는 개인 지배구조를 정부 기관이 용인하는 것과 다르지 않다는 점에서도 낡은 제도라는 평가다. 초법적인 총수의 존재를 정부기관이 인정하는 것이라는 점에서다. 경영권 승계 과정을 거치면서 총수의 개념이 명확하지 않아진 점도 고려해야 한다는 지적이다. 이에 공정위는 "오너일가의 사익편취와 일감몰아주기 행태는 여전히 시장의 공정성을 방해하고 있다"며 "기업집단과 동일인 지정은 여전히 실효성이 큰 제도"라고 말했다.

한국경제신문. 2021.4.30.

## 쿠팡 '총수 없는 기업집단' 된다 … '미국인' 김범석 총수지정 피해(종합)

### '미국인' 김범석 총수 지정 피해…공정위 "외국인 총수 규제하기 어려워"

공정거래위원회는 자산총액 5조원 이상의 71개 기업집단(소속회사 2천 612개)을 다음 달 1일 공시대상기업집단으로 지정한다고 29일 밝혔다. 공시대상기업집단에 속한 회사는 공정거래법에 따라 공시·신고 의무, 총수일가 사익편취 규제 등이 적용된다.

공정위는 신규 집단 8개의 동일인을 확인·지정했고 현대차와 효성 2곳의 동일인을 변경했다. 이 외 대기업집단 1곳이 추가로 동일인을 변경하겠다고 신청했으나 받아들여지지 않았다. 쿠팡은 자산총액이 5조 8천억원이 되면서 공시대상 기업집단에 새로 지정됐고, 쿠팡㈜이 동일인이 됐다.

김 의장이 미국 회사 '쿠팡 Inc'를 통해 한국 법인 쿠팡㈜를 지배하고 있지만 그간 외국인을 동일인으로 지정한 적이 없고, 현행 제도로 외국인 동일인을 규제하기 어려워 김 의장을 지정하지 않았다고 공정위는 설명했다. 기업집단 지정자료에 허위·누락이 있으면 동일인이 형사처벌을 받게 되는데, 외국인의 경우 형사제재를 내리기 어렵다는 의미다.

김 의장을 동일인으로 지정하든 쿠팡㈜를 동일인으로 지정하든 계열사 범위는 동일하다는 점도 고려됐다. 다만 쿠팡이 국내에서 사업을 하고 이익을 벌어들이는 기업인데도 김 의장이 국적을 이유로 규제망을 벗어나게 된 만큼 '형평성 논란'이 불가피하게 됐다.

동일인이 되면 배우자, 6촌 이내 혈족, 4촌 이내 인척 등 특수관계인과의 거래에 대한 공시 의무가 생기고 지정자료 관련해 모든 책임을 진다. 김 의장은 쿠팡 Inc 지분율이 76.7%에 달하는데도 이런 책임을 지지 않아도 된다. 김 의장과 친인척 사이 거래도 알 수 없게 된다.

김재신 공정위 부위원장은 "결국 외국인에게 국내법이 제대로 집행될 수 있는지에 관한 실효성 문제인데 만만치가 않다"며 "아마존코리아나 페이스북코리아 자산이 5조 원이 넘었다고 제프 베이조스, 마크 저커버그를 동일인으로 지정해 형사제재 대상으로 지정할 것인지 등 문제가 있다"고 말했다.

연합뉴스. 2021.4.29.

## 쿠팡 '총수 없는 기업집단' 지정한 공정위… 미국인 '면죄부' 논란

"의결권 77%인데도 총수 아니라면 대체 누가 총수…국내 기업 역차별"

공정거래위원회가 쿠팡을 '총수 없는 기업집단'으로 지정하면서 재계 안팎에서는 공 정위가 미국 국적인 김범석 의장에게 면죄부를 줬다는 비판이 나온다.

김 의장은 미국 법인인 쿠팡 Inc 의결권을 76.7% 가지고 있고 이 회사를 통해 한국 법인 쿠팡㈜를 지배한다. 그러나 총수 지정을 피하면서 대기업집단 지정자료 제출에 대해서는 책임지지 않아도 된다. 김 의장과 인척 사이 거래도 알릴 필요가 없다.

공정위는 동일인 지정제도를 개선하겠다며 이번 결정이 일시적인 조치인 점을 강조 했다. 한국계 외국인이 국내에서 대기업집단을 운영하는 사례가 나온다면 이를 효과적 으로 규제할 방안을 찾겠다는 것이다.

◆ "의결권 77%인데도 총수 아니면 누가 총수"…공정위 "특혜 아냐"

공정위는 29일 올해 자산총액 5조원 이상인 공시대상기업집단(대기업집단)과 동일 인(총수) 지정 결과를 발표하며 쿠팡 동일인에 쿠팡㈜을 지정했다.

외국인은 총수로 지정하더라도 제재 실효성이 낮다는 이유에서다.

주요 임원, 주주, 김 의장 본인 및 배우자·가족 사이 일정 규모 이상 거래가 발생하 면 미국 증권거래위원회(SEC)에 공시해야 하는 만큼 규제 공백이 크게 발생하지는 않 는다는 점도 고려했다.

그러나 이 결정으로 공정위는 '미국인' 특혜 논란을 피할 수 없게 됐다. 김 의장은 한국계 미국인이지만 대부분의 사업을 한국에서 벌이고 있다. 사업 관련 의사결정은 물론 인사, 인수·합병(M&A) 등에도 영향력을 행사한다.

시민단체들은 김 의장을 총수로 지정하지 않으면 2017년 동일인에 지정된 이해진 네이버 최고투자책임자(GIO) 사례와 달리 외국인 특혜가 될 수 있고, 총수일가 사익편취 행위도 감시할 수 없다고 비판해 왔다.

경제계에서도 역차별이라는 반발이 크다. 한 업계 관계자는 "의결권 약 77%를 보유하고 있는 사람이 총수가 아니라면 대체 누구를 총수라고 불러야 하는지 모르겠다"며 "미국에 관련 내용을 공시한다는 점이 고려 대상이 된다면 앞으로 기업들이 계속 미국에 상장하려 할 것"이라고 말했다.

김재신 공정위 부위원장은 외국인 특혜라는 지적에 "동일인 지정 관련 유일한 차이점은 김 의장이 지정될 경우 공시의무가 생기고 친족 회사가 사익편취 규제 대상에 올라간다는 점인데, 쿠팡 자료를 검토한 결과 김 의장과 친족이 가진 국내회사는 전혀 없다"고 말했다.

이어 "쿠팡을 지정하든 김 의장을 지정하든 계열 집단에 변화가 없고, 총수일가 사익편취 행위도 현 시점에서 봤을 때 발생할 가능성이 없어 특혜가 아니다"고 밝혔다.

### 쿠팡 '총수 없는 기업집단' 지정한 공정위… 미국인 '면죄부' 논란

#### ◆ 김 의장-친인척 사이 거래 알 수 없어… 개인회사 나오면 규제 공백 발생

공정위는 주요 임원, 주주, 김 의장 본인 및 배우자·가족 사이 일정 규모 이상 거래가 발생하면 미국 SEC에 공시해야 하는 만큼 이를 통해 공정위가 내부거래 현황을 간접적으로 체크할 수 있다고 설명했다.

미국 SEC는 미 상장사 지분을 보유한 대표 및 임원, 10% 이상 보유 주주와 그 가족들에 대해 회사와의 거래를 공시하게 하고 있다. 그러나 미국은 특수관계인 규정상 인척이 가족의 범위에 들어가지 않아 인척과 거래를 하더라도 이를 공시할 필요가 없다. 반대로 한국은 배우자, 6촌 이내 혈족, 4촌 이내 인척과의 거래 내역을 모두 공시해야 한다.

양국의 규제 범위가 달라 제재망 밖을 벗어나는 거래가 발생할 수밖에 없다. 공정위는 또 "김 의장과 친족은 현재 국내에 개인회사를 두고 있지 않고, 없던 회사를 새로 설립해 일감을 거래할 가능성은 없다고 본다"고 설명했으나 이 역시 낙관적인 예상이라는 지적이 나온다.

김 의장과 친족들이 한국에서 따로 개인 회사를 차리고 쿠팡이 일감을 몰아주더라도 총수 일가 사익편취로는 제재하기 어렵다. 공정위는 다만 차후 외국인도 총수로 지정할 수 있는 여지를 열어 놨다.

김 부위원장은 이날 오후 MBC에 출연해 "외국인을 동일인으로 지정할 필요성이 발생한다면 가만히 있을 수는 없을 것"이라며 "제도 보완을 거쳐 외국인을 동일인으로 지정하는 방안도 배제하지 않고 검토하려 한다"고 말했다. 다만 동일인 제도를 바꾸려면 공정거래법을 개정해야 하는 만큼 법 개정이 선행되어야 한다.

연합뉴스. 2021.4.29.

### 낡은 재벌 규제 발 묶인 한 기업들 "해외기업과 어떻게 싸우나"

그럼에도 총수지정을 하지 않은 이유로는 크게 세 가지를 들었다. 먼저 에쓰오일, 한국 GM 등 기존 외국계 기업 집단에 대해서는 국내의 기업구조 최상단 회사를 동일인으로 판단해온 점을 이유로 들었다. 관례상 외국인은 총수로 지정하지 않고 법인을 동일인으로 지정해 왔다는 것이다. 또 쿠팡을 동일인으로 지정하더라도 현재로선 쿠팡의 계열사 범위에 변화가 없다는 점도 이유로 제시했다. 김 의장이 국내에 소유한 다른 개인 회사나 친족 회사 등이 없는 상황이라 규제 범위가 달라지지 않는다는 것이다. 마지막으로 규제 실효성이다. 현행 경제력 집중 억제 시책이 국내를 전제로 설계돼 있기 때문에 외국인 총수를 규제하기가 어렵다는 점을 들었다. 총수를 지정하더라도 미국인인 김의장을 실질적으로 규제하기에는 한계가 있다는 것이다.

매일경제신문. 2021.4.30.

**미국적 김범석, 쿠팡 총수 지정 피했다.**

하지만 쿠팡이 한국에서 돈을 벌고 있는 만큼 김 의장의 국적을 이유로 총수에서 배제한 것은 국내 기업 역차별이란 비판이 일고 있다. 공정위는 이에 대해 현행 제도에 미비점이 있다고 인정했다. 김재신 공정위 부위원장은 "쿠팡은 한국계 외국인이 국내에 대기업집단을 만드는 첫 사례"라며 "이 경우엔 어떻게 할지 제도 개선을 추진할 것"이라고 말했다.

한국경제신문. 2021.4.30.

**국내기업과 역차별 논란… "총수 지정 아예 폐지" 힘 실려**

공정위는 현행 제도가 국내를 전제로 설계돼 있어 외국인을 동일인으로 지정하면 법 적용의 실효성이 떨어진다는 점을 고려했다. 기업집단 지정 자료에 허위 누락이 있으면 동일인이 형사처벌을 받게 되는데, 외국인에겐 형사 제재를 내리기 어렵다는 의미다. 동일인을 김 의장으로 하든, 쿠팡으로 하든 규제 대상 계열사 범위에 변화가 없다는 점도 공정위가 밝힌 이유다. 공정위는 김 의장의 친인척 중 현재 기업을 운영하고 있는 사람이 없다고 덧붙였다. 김재신 공정거래부위원장은 "외국인에게 국내법이 제대로 집행될 수 있는지에 관한 실효성 문제가 있다"며 "아마존코리아 자산이 5조원이 넘었을 때 제프 베이조스를 동일인으로 지정해 형사제재대상으로 삼는 것은 곤란한 측면이 있다"고 말했다.공정위는 이번 쿠팡 논란을 계기로 현행 동일인 지정 제도를 개선하겠다고 밝혔다. 현재 동일인에 대한 명확한 규정이 없어 제도의 투명성과 예측 가능성이 떨어지는 측면이 있다는 게 공정위의 판단이다. 공정위는 동일인의 정의와 요건, 확인 및 변경 절차 등 구체적인 제도화 작업을 추진하기로 했다.

한국경제신문. 2021.4.30.

과거의 우리 기업의 행태가 上命下服식의 수직적 문화에서 전문경영인과 이사회의 수평적 관계로 변하고 있다. 호칭에 있어서도 'XX님'으로 부르는 문화를 정착시키려는 기업들이 늘고 있다. 물론, 경영방식의 변화 없이 호칭만 변한다고 기업 문화가 변하는 것은 아니다.

삼성의 경우도 전무와 부사장을 통합하여 직급이 과도하게 세분화된 것을 회피하려고 한다. 중요한 것은 업무이지 직급이 아니기 때문이다.

## 쿠팡발 논란… 여도 '총수지정' 개선 나선다

더불어민주당이 기업집단을 사실상 지배하는 총수에 대한 동일인 규제를 개편하는 작업에 착수한다. 공정거래위원회가 쿠팡 총수인 김범수 의장을 동일인으로 지정하지 않으면서 동일인 규제가 도마에 올라갔기 때문이다.

국회 정무위원회 여당 간사인 김병욱 민주당 의원은 30일 "현재 공정거래법상 동일인의 정의나 요건 등에 관한 명확한 규정이 없어 제도의 투명성과 예측 가능성이 떨어지는 게 사실"이라며 "제도 개선 방안을 검토하겠다"고 밝혔다.

전날 공정위는 자산 총액 5조원 이상 71개 기업진단을 공시 대상 기업집단으로 지정하면서 쿠팡의 동일인은 쿠팡 한국법인이라고 결론 냈다. 공정위는 김의장이 쿠팡의 실질적 지배자인 것은 명백하지만, 미국 국적 외국인이라 동일인에게 적용하는 공정거래법상 각종 독점 규제를 시행하기 어렵다는 점을 이유로 들었다.

김 의원은 "우리 정서상으로는 당연히 김 의장이 쿠팡을 지배하고 있으니 삼성그룹에서 이재용 부회장을 동일인으로 보는 것처럼 동일인으로 지정하는 것이 맞다"면서도 "김 의장이 외국인이라 국제법상 상호주의 원칙 적용 대상인데다 일감 몰아주기 등 제재의 실효성도 담보하기 어려워 공정위가 그런 판단을 내렸을 것"이라고 설명했다. 그러면서 김 의원은 "이참에 동일인 제도 전반을 들여야 볼 필요가 있다"고 덧붙였다.

1986년 공정거래법에 도입된 동일인 규제를 개선해야 한다는 지적은 그간 산업계와 학계 등에서 꾸준히 제기돼 왔다. 국회 입법조사처에 따르면 공정거래법에는 동일인에 대한 명시적 정의 규정이 없다. 다만 기업집단은 '동일인이 사실상 그 사업내용을 지배하는 회사의 집단'으로 정의하면서 자연인 법인 등 누구라도 동일인이 될 수 있는 것으로 해석하고 있다.

이런 까닭에 경제계에서는 "공정위가 명확한 기준 없이 상황에 따라 자의적으로 기업집단의 동일인을 총수 개인이나 법인으로 지정하는 것은 문제"라는 비판이 나왔다. 총수 일가의 경영권 세습이 3~4대로 넘어가면서 기업집단의 성격이 변했고, 대주주 지분율이 낮아지는 희석 현상 등을 고려하면 동일인 지정의 의미가 퇴색한 것 아니냐는 지적도 있다. 과거 제조업 중심의 내부 거래 등을 통제하기 위해 도입한 동일인 제도를 스타트업 벤처기업 등 신산업 분야에 적용하는 것이 부적절하다는 의견도 있다.

이에 대해 김 의원은 "아예 동일인 지정 제도를 없애자는 얘기도 나오는데 우선 한국 재벌제도 전반에 대한 깊이 있는 분석이 필요하다"고 말했다. 단, 동일인 지정과 관련된 이슈는 단지 실질적 지배자를 지정하는 이슈에서 그치는 것이 아니라 사익편취, 일감 몰아주기, 특수관계자거래 및 내부자거래 등의 이슈와도 맞물려 있게 되므로 그렇게 간단한 문제만은 아니다.

위의 여러 가지 이슈 때문에 동일인 지정에 대한 비판이 있지만 이 제도를 쉽게 폐지하는 것도 행정의 공백을 유발할 수 있다.

한국경제신문. 2021.5.1.

## 조원태 대한항공 대표이사 겸 한진그룹 회장

한진그룹은 2019년 5월 3일 공정위에 공문을 보내 "다음 동일인을 누구로 할지 내부적 의사 합치가 이뤄지지 않아 동일인 변경 신청을 못 하고 있다"고 소명했다.

공정위가 조원태를 직권으로 동일인에 지정하기로 하고 5월 8일 오후 2시까지 이에 맞춰 서류를 낼 것을 요구했으나 한진그룹은 또 기한을 지키지 못했다. 이에 따라 공정위가 다시 대기업집단 및 동일인 발표일인 5월 15일까지는 서류를 달라고 요구해 제출된 것이다.

비즈니스포스트 2020.8.4.

한진그룹은 지주회사인 한진칼만 지배하면 대한항공 등 나머지 주요 계열사의 경영권을 확보할 수 있는 구조로 돼 있다.

공정위의 동일인 지정 행정은 오래전에는 4월초에 지정해 오던 것이 수년전부터 5월1일에 발표해 오고 있었다. 그런데 고 조양호 회장이 2019년 4월 8일 사망하고 유족들 간에 누가 총수여야 하는지에 대한 정리가 되지 않은 상태에서 5월 8일 공정위가 직권으로 동일인을 지정하고 5월 15일에야 동일인 관련된 서류가 제출된 것이다.

기업이 내부 사정으로 동일인을 정하지 못하는 경우 정부기관이 직권으로 동일인을 지정할 수 있는 것인지에 대한 부분도 명확하지 않다.

공정위는 정해진 일자에 동일인을 발표하는 것이 행정 절차인데 한진이라고 하는 대기업집단의 동일인을 공란으로 두고 동일인을 발표할 수도 없고 그렇다고 정부기관이 민간 기업에 끌려다니는 듯한 모습을 보이기도 어려웠을 것이다.

직권 지정제도는 회계에서는 어느 정도 문제가 있는 기업에 대해서 감독기관이 감사인을 지정하게 된다. 물론, 공정위의 동일인 지정인 경우는 해당 기업에서 동일인이 누구인지를 자의적으로 판단하여 공정위에 보고하게 되는데 2019년 한진의 경우는 유족들 간에 협의가 되지 않은 상황에서 공정위가 정부의 행정절차를 미룰 수가 없어서 정부 차원에서의 판단을 수행한 것이다.

앞으로도 기업 측에서 누가 동일인인지 기일 안에 정하지 못하는 경우에 공정위가 직권으로 이를 정하게 되는 것인지에 대해서도 정리가 되어야 할 부분이다.

다음의 내용은 동일인의 내용이 정의되지 않고 공정거래법에 동일인 사용된 점에 대한 전문가 의견이다.[3]

공정거래법상 동일인이 매우 중요한 의미를 가지는데 비해 법적 개념이 정립되어 있지 않다. '동일인'의 개념과 '기업집단'의 개념, 그리고 '사실상 지배'의 개념이 서로 얽혀 있어 자칫 순환논법에 빠질 수 있기 때문에 그 개념은 결국 이론(학설)이나 경

---

3) 자문을 해 주신 신현윤 연대 법학전문대학원 명예교수님께 감사한다.

험에 의해 정립해 나갈 수밖에 없다. 왜냐하면, 공정거래법상 "동일인이 사실상 사업 내용을 지배하는 회사의 집단이 기업집단"인데(법 제2조 제2호), 기업집단을 정의하기 위해서는 동일인과 사실상 지배를 확정해야 하며, 그 가운데 동일인을 확정하기 위해서는 핵심요소인 '사실상 지배'가 무엇인가를 확정해야 한다. 그러나 여기에서 '사실관계'를 확정하는 것은 지배관계의 실제적 다양성으로 파악하기 어렵기 때문에 시행령에서는 사실상 지배에 대해 지분율이나 실제 경영에 대한 영향력 등을 종합하여 추정하고 있다(시행령 제3조). <u>우리가 상법에서 상인과 상행위의 개념과 유사한 순환논법 상황이다. 상인은 상행위를 하는 자이다. 상행위는 상인의 행위이다. 따라서 상법에서는 상인의 개념을 확정하기 위해 상행위의 구체적인 양태를 구체적으로 규정하고 있다.</u>

즉, 신교수의 주장은 동일인을 정의하기 어렵기 때문에 시행령에 다양하고 구체적인 사례를 들고 있다는 것이다. 양태를 규정하는 것과 개념을 정의하는 것에는 차이가 있다.

공정위는 매년 5월 1일(부득이한 경우에는 5월 15일)까지 지정기준에 새로 해당하는 기업집단을 공시대상 기업집단 또는 상호출자제한 기업집단으로 지정하여야 한다(영 제21조 제4항).

**독점규제 및 공정거래에 관한 법률(통칭 공정거래법) 시행령**
제3조(기업집단의 범위) 법 제2조제2호 각 목 외의 부분에서 "대통령령이 정하는 기준에 의하여 사실상 그 사업내용을 지배하는 회사"란 다음 각 호의 어느 하나에 해당하는 회사를 말한다. <개정 1999. 3. 31., 2000. 4. 1., 2001. 3. 27., 2002. 3. 30., 2005. 3. 31., 2007. 7. 13., 2009. 5. 13., 2016. 3. 8.>
1. 동일인이 단독으로 또는 다음 각 목의 어느 하나에 해당하는 자(이하 "동일인 관련자"라 한다)와 합하여 해당 회사의 발행주식(「상법」 제344조의3제1항에 따른 의결권 없는 주식을 제외한다. 이하 이 조, 제3조의2, 제17조의5, 제17조의8 및 제18조에서 같다) <u>총수의 100분의 30 이상을 소유하는 경우로서 최다 출자자인 회사</u>
   가. 배우자, 6촌 이내의 혈족, 4촌 이내의 인척(이하 "친족"이라 한다)
   나. 동일인이 단독으로 또는 동일인 관련자와 합하여 <u>총출연금액의 100분의 30이</u>

상을 출연한 경우로서 최다출연자가 되거나 동일인 및 동일인 관련자 중 1인이 설립자인 비영리법인 또는 단체(법인격이 없는 사단 또는 재단을 말한다. 이하 같다)

다. 동일인이 직접 또는 동일인 관련자를 통하여 임원의 구성이나 사업 운용 등에 대하여 지배적인 영향력을 행사하고 있는 비영리법인 또는 단체

라. 동일인이 이 호 또는 제2호의 규정에 의하여 사실상 사업내용을 지배하는 회사

마. 동일인 및 동일인과 나목 내지 라목의 관계에 해당하는 자의 사용인(법인인 경우에는 임원, 개인인 경우에는 상업사용인 및 고용계약에 의한 피용인을 말한다)

2. 다음 각목의 1에 해당하는 회사로서 당해 회사의 경영에 대하여 지배적인 영향력을 행사하고 있다고 인정되는 회사

가. 동일인이 다른 주요 주주와의 계약 또는 합의에 의하여 대표이사를 임면하거나 임원의 100분의 50 이상을 선임하거나 선임할 수 있는 회사

나. 동일인이 직접 또는 동일인 관련자를 통하여 당해 회사의 조직변경 또는 신규 사업에의 투자등 주요 의사결정이나 업무집행에 지배적인 영향력을 행사하고 있는 회사

다. 동일인이 지배하는 회사(동일인이 회사인 경우에는 동일인을 포함한다. 이하 이 목에서 같다)와 당해 회사간에 다음의 1에 해당하는 인사교류가 있는 회사

(1) 동일인이 지배하는 회사와 당해 회사간에 임원의 겸임이 있는 경우

(2) 동일인이 지배하는 회사의 임·직원이 당해 회사의 임원으로 임명되었다가 동일인이 지배하는 회사로 복직하는 경우(동일인이 지배하는 회사 중 당초의 회사가 아닌 회사로 복직하는 경우를 포함한다)

(3) 당해 회사의 임원이 동일인이 지배하는 회사의 임·직원으로 임명되었다가 당해 회사 또는 당해 회사의 계열회사로 복직하는 경우

라. 통상적인 범위를 초과하여 동일인 또는 동일인 관련자와 자금·자산·상품·용역 등의 거래를 하고 있거나 채무보증을 하거나 채무보증을 받고 있는 회사, 기타 당해 회사가 동일인의 기업집단의 계열회사로 인정될 수 있는 영업상의 표시행위를 하는 등 사회통념상 경제적 동일체로 인정되는 회사

[전문개정 1997. 3. 31.]


위의 시행령의 내용은 기업지배구조에 있어서 '사실상의 지배'로 판단할

수 있는 여러 가지 경우의 수를 법률에 규정하고 있으며 회계기준에서의 지분법 또는 연결재무제표를 작성하는 원칙과도 상당 부분이 관련된다. 회계에서 지배권이 인정되는 경우는 이를 회계정보에서 반영하여야 한다.

몇 가지 내용을 기술한다.

K-GAAP 시절의 연결재무제표는 최대주주면서 30% 이상의 지분을 가진 경우는 연결재무제표의 대상이 되는 회계기준을 가지고 있었다. 물론, 국제회계기준하에서의 절대적인 지배에 대한 판단기준은 과반 또는 '50%＋1주'의 개념이다. 현재도 공정거래법 상 계열회사는 지분 30% 초과이면서 최대주주인 회사 또는 임원 임명 등 실질적 경영권 보유사라고 정의하고 있다.

상법상 자회사의 정의는 지분 50% 초과 보유 자회사를 의미한다. 물론, 이러한 판단 기준에 대한 비판도 있다. 위의 과반의 지분이 지배에 대한 판단 기준이기는 하지만 이는 일반 결의에 해당하는 내용이고 상법상의 특별결의 대상이 되는 안건에 대해서는 2/3의 동의를 얻어야 하므로 과반의 지분이 기업 경영 의사결정에 절대적인 기준이 될 수는 없다. 단, 대부분의 주총에서의 일반 의결인 경우는 과반의 의결권로 통과에는 문제없다.

2010년 이전 K-GAAP하에서 최대주주면서 30% 이상의 지분을 가지고 있는 경우를 연결재무제표를 작성할 수 있는 조건으로 규정한 것은 이 정도의 지분을 가지고 최대주주이면 다른 주주들이 결집하여서 최대주주의 경영권에 도전한다는 것이 매우 어려울 것이라는 판단을 수행한 것이다.

1. 대표이사를 임면하는 권한에 대해서 시행령에서 규정하고 있는데 2010년 산은지주가 대우증권을 연결재무제표로 연결할 때, 산은지주가 대우증권과 양해각서를 체결하여 대표이사에 대한 선임 권한이 있다는 점을 지분이 50%가 되지 않음에도 연결재무제표를 작성할 수 있는 배경으로 삼은 점도 시행령의 내용과 맥을 같이 한다. 이 경우가 국제회계기준을 처음으로 국내에 적용하면서 거의 첫 실질적 지배의 적용 사례라서 많이 인용되었다.

대표이사는 이사를 대표하는 의미이기는 하지만 실질적인 회사의 대표자의 개념이므로 경영의사결정에 상당한 영향력이 있다고 보면 된다.

2022년 4월, 대우조선해양의 정권 교체기의 대표이사 선임과 관련되어 논란이 되고 있다. 대표이사의 선임권한은 경영정상화 관리위원회가 가지고 있기는 하지만 경영정상화 관리위원회의 운영에 대우조선해양의 대주주인 산업은행이 실질적으로 역할을 수행하고 있다는 의견도 있고, 이사회가 일정을 당겨 대선 전날에 경영정상화 관리위원회가 추천한 대표이사 후보자를 확정한 일련의 사태에 대해서 논쟁이 있다.

임원의 50% 이상을 선임하거나 선임할 수 있는 회사의 개념은 이사회가 결의하는 안건이 부의될 때, 찬성과 반대로 이사들의 의견이 나눠질 경우, 회의체인 이사회는 당연히 다수결로 의결을 할 것이므로 누가 임원을 선임하는지를 지배의 개념으로 판단한 것이며 IFRS에서의 과반의 지분으로 연결재무제표 여부를 판단하는 것이나 동일한 논리 전개이다.

2. 복직 또는 겸직의 이슈는 최근 지주회사 소속 임원을 계열사에 기타비상무이사로를 겸직시키거나 사내이사로 선임하는 것이나 궤를 같이 한다. 아니면 계열사의 대표이사를 지주사의 등기이사로 선임하는 것이다.

복직을 계열회사까지로 확대하는 이유는 계열회사도 동일인이 실질적으로 지배하는 회사이기 때문에 해당 회사에서 계열회사로 범주를 넓힌 것이다. 최근부터 적용되는 사외이사의 6년 임기 제한의 경우도 해당 사외이사가 계열사로 이동하여 사외이사를 계속한다면 임기제한을 9년으로 정해 두는 것이나 동일한 것으로 기업집단의 존재를 인정한 것이다.

사내이사였던 퇴직 임원이나 계열사의 퇴직 임원이 3년간은 해당 회사 또는 계열사의 사외이사를 맡는 것을 제한하는 것도 계열사까지 포함하여 적용하고 있다.

이러한 임기를 두는 제도는 민간에만 있는 것이 아니다. 많이 알려지지는 않았지만 사법부의 판사도 10년이라는 재임용제도를 두고 있지만 재임용에서 탈락하는 경우는 매우 소수에 그치는 것으로 알려져 있다.

헌법재판관, 대법관, 대법원장, 중앙선거관리위원의 임기가 6년으로 이들의 신분도 임기로 보장하고 있는데 단임 대통령보다도 더 긴 기간이며 긴 임기는 이들의 신분을 보장한다. 감사원의 감사위원, 금융통화위원도 4년의 임기를 보장하며 신분이 보장된다.

하긴 미국의 경우 연방 대법원 법관의 임기가 종신이라고 하니 이 정도 임기를 보장하면 완전한 독립성이 보장될 수 있다는데 이견이 있을 수는 없다. 미국의 경우, 보수(공화당)와 진보(민주당)로 정권이 번갈아 교체되는 것이 일반적이고 대통령이 대법관을 지명하게 되므로 이렇게 종신으로 대법관을 임명하게 되면 보수/진보 성향의 대법관의 구성도 한쪽으로 치우치지 않고 공평하게 될 가능성이 높다.

물론 상법에서는 이사의 임기를 3년 이내로 정하고 있으며 사내이사와 기타비상무이사는 연임 제한이 없다.

시행령 1. 다. (2)와 (3)의 경우는 다음의 K-GAAP 시절의 기업회계기준과도 일맥상통한다.

K-GAAP에서의 마지막 회계기준은 회계기준원이 1999년 개원되면서 제정된 기업회계기준서이지만 그 이전의 기업회계기준은 금융감독원이 제/개정 권한을 가지고 있었다. 그 이전의 회계기준은 기업회계기준 등에 관한 해석도 회계기준의 일부였는데 (42-59)에 보면 지분법을 적용하는 한 경우가 경영진의 인사교류이다.

3. 기업회계기준에서는 포함되었는데 공정거래법(독점규제 및 공정거래에 관한 법률) 시행령에는 포함되지 않는 내용은 두 가지가 더 있는데 -피투자회사에게 필수적인 기술정보를 투자회사가 당해 피투자회사에게 제공하는 경우 - 피투자회사의 중요한 거래가 주로 투자회사와 이루어지는 경우이다. 전자의 경우는 기술정보를 피투자회사가 투자회사에 의존하기 때문에 이 둘 간의 관계가 지배/종속 관계일 수밖에 없음을 의미하고, 후자의 경우는 피투자회사의 거래가 투자회사와 이루어지기 때문에 이 경우도 양자 간의 관계가 대등한 관계가 아니고 종속적일 수밖에 없음을 의미한다.

회계기준과 공정거래법에서의 지배적인 영향력에 대한 판단에는 세부적인 차원에서는 차이가 있지만 일반적인 원칙은 동일함을 알 수 있다.

추가적인 자문은 율촌의 윤세리 명예 대표변호사가 해 주었다.

동일인은 공정거래법상 매우 정치한 정의규정들이 있으므로 정의되지 않은 개념이라고 할 수는 없겠지만 모든 법적 개념이 그렇듯이 완벽한 정의는 불가능하고 불확정적 요소를 포함하고 있으므로 여전히 불확정 개념이라고 할 수도 있을 것이다. 이런 불확정 개념의 법적 해석, 적용에 관하여 논쟁이 많다.

공정거래법상의 동일인 개념은 행정법상의 개념으로서 형사법 해석에 적용되는 죄형법정주의의 적용을 받지는 않는다. 동일인 개념이 공정거래법 위반죄의 구성요건도 된다는 점에서 보면 형사법과 전혀 관계가 없는 건 아니지만 일단 행정법적 해석, 적용을 하는 범위 내에서는 죄형법정주의는 적용되지 않고 그와는 좀 다른 행정법상의 여러 기본 원칙들이 적용된다. 행정법은 형사법보다는 인권의 보장보다는 효율적 행정 목적 달성을 위한 합리성이 강조되는 분야라고 할 수 있다. 물론 행정법 분야에서도 규제법 분야는 좀 더 엄격한 해석이 필요할 것이지만, 결국 언론에서 논쟁할 때 흔히 볼 수 있는 명쾌한 논리나 결론을 내기는 어려울 것이다.

여기에서 얘기하는 '사실상의 지배'의 개념은 회계에서도 빈번하게 인용되는 개념이다. 지분법이나 연결재무제표를 작성할 때, 지분율로 판단하는 경우와 실질적 지배력(de facto control)의 개념이다. 물론, 지분법을 지분율로 판단하면 20% 이상의 지분을 가진 경우, 연결재무제표를 지분율로 판단하면 과반의 지분을 가진 경우가 이에 해당하는데 이러한 지분율 이외에도 회계에서는 사실상의 지배를 다음과 같은 변수들로 측정할 수 있다.

지배/종속관계가 되면 지배회사/종속회사가 되지만 그보다 적은 지분을 가진 경우는 단지 관계회사가 된다.

사실상의 지배가 법적인 용어라고 하여도 측정의 문제는 결국은 회계가 맡아야 한다. 다음은 기준서의 내용이다.

- 투자회사가 피투자회의 이사회 또는 이에 준하는 의사결정기구에서 의결권을 행사할 수 있는 경우
- 투자회사가 피투자회사의 재무정책과 영업정책에 관한 의사결정 과정에 참여할 수 있는 경우
- 피투자회사의 재무정책과 영업정책에 관한 의사결정과정에 참여할 수 있는 임원 선임에 상당한 영향력을 행사할 수 있는 경우

－피투자회사의 중요한 거래가 주로 투자회사와 이루어지는 경우
－피투자회사에게 필수적인 기술정보를 투자회사가 당해 피투자회사에게
제공하는 경우

K－IFRS 기준서 제1028호[관계기업과 공동기업에 대한 투자] 문단 5에서
9까지가 유의한 영향력에 관하여 다루고 있다.

이러한 내용은 다음과 같은 법규정과도 관련된다. 상법 시행령 제 34조에
보면 다음 각 목의 법인 등의 이사·집행임원·감사 및 피용자이거나 최근 2년
이내에 이사·집행임원·감사 및 피용자였던 자일 경우는 이사로 선임이 되는
것을 금하고 있다. 즉, 아래의 내용 정도의 관련성이 있다고 하면 이해상충의
이슈가 존재한다는 것이다.

최근 3개 사업연도 중 해당 상장회사와의 거래실적의 합계액이 자산총액
(해당 상장회사의 최근 사업연도 말 현재의 대차대조표상의 자산총액을 말한다) 또는
매출총액(해당 상장회사의 최근 사업연도 말 현재의 손익계산서상의 매출총액을 말한
다. 이하 이 조에서 같다)의 100분의 10 이상인 법인

4. 기업이 직접 또는 간접(예: 종속기업을 통하여)으로 피투자자에 대한 의
결권의 20% 이상을 소유하고 있다면 유의적인 영향력을 보유하는 것으로 본
다. 다만 유의적인 영향력이 없다는 사실을 명백하게 제시할 수 있는 경우는
그러하지 아니하다. 반대로 기업이 직접 또는 간접(예: 종속기업을 통하여)으로
피투자자에 대한 의결권의 20% 미만을 소유하고 있다면 유의적인 영향력이
없는 것으로 본다. 다만 유의적인 영향력을 보유하고 있다는 사실을 명백하게
제시할 수 있는 경우는 그러하지 아니하다. 다른 투자자가 해당 피투자자의
주식을 상당한 부분 또는 과반수 이상을 소유하고 있다고 하여도 기업이 피투
자자에 대하여 유의적인 영향력을 보유하고 있다는 것을 반드시 배제하는 것
은 아니다.

5. 기업이 다음 중 하나 이상에 해당하는 경우 일반적으로 유의적인 영향
력을 보유한다는 것이 입증된다.

(1) 피투자자의 이사회나 이에 준하는 의사결정기구에 참여

(2) 배당이나 다른 분배에 관한 의사결정에 참여하는 것을 포함하여 정책 결정과정에 참여

(3) 기업과 피투자자 사이의 중요한 거래

(4) 경영진의 상호 교류

(5) 필수적 기술정보의 제공


6. 기업은 주식매입권, 주식콜옵션, 보통주식으로 전환할 수 있는 채무상품이나 지분상품, 또는 그 밖의 유사한 금융상품을 소유할 수도 있다. 이러한 금융상품은 행사되거나 전환될 경우 해당 피투자자의 재무정책과 영업정책에 대한 기업의 의결권을 증가시키거나 다른 상대방의 의결권을 줄일 수 있는 잠재력(즉, 잠재적 의결권)을 가지고 있다. 기업이 유의적인 영향력을 보유하는지를 평가할 때에는, 다른 기업이 보유한 잠재적 의결권을 포함하여 현재 행사할 수 있거나 전환할 수 있는 잠재적 의결권의 존재와 영향을 고려한다. 예를 들어, 잠재적 의결권을 미래의 특정일이 되기 전까지 또는 미래의 특정사건이 일어나기 전까지는 행사할 수 없거나 전환할 수 없는 경우라면, 그 잠재적 의결권은 현재 행사할 수 있거나 전환할 수 있는 것이 아니다.


7. 잠재적 의결권이 유의적인 영향력에 기여하는지 평가할 때 기업은 잠재적 의결권에 영향을 미치는 모든 사실과 상황을 검토하여야 한다. 여기에는 잠재적 의결권의 행사 조건과 그 밖의 계약상 약정내용을 개별적으로 또는 결합하여 검토하는 것을 포함한다. 다만, 그러한 잠재적 의결권의 행사나 전환에 대한 경영진의 의도와 재무 능력은 고려하지 아니한다.


8. 기업이 피투자자의 재무정책과 영업정책의 의사결정에 참여할 수 있는 능력을 상실하면 피투자자에 대한 유의적인 영향력을 상실한다. 유의적인 영향력은 절대적이거나 상대적인 소유지분율의 변동에 따라 또는 소유지분율이 변동하지 않더라도 상실할 수 있다. 예를 들면, 관계기업이 정부, 법원, 관재인, 감독기구의 통제를 받게 되는 경우에 유의적인 영향력을 상실할 수 있다.

또 계약상 약정으로도 유의적인 영향력을 상실할 수 있다.

6의 내용과 관련되어서는 이 내용은 우리가 기본 주당순이익과 희석주당순이익을 구할 때 적용되는 논리와 동일하다고 할 수 있다. 희석주당순이익을 구함에 있어서 이슈가 되는 상품으로는 전환사채가 있다. 전환사채가 전환되면 주식으로 전환되므로 주당순이익을 구함에 있어서 가중평균유통주식수에 영향을 미치게 된다. 물론, 전환사채는 전환과 관련된 가능성을 가지고 있기 때문에 사전적으로 어떤 전환사채가 전환될지에 대해서 예단하는 것은 어렵다. 단, 다음의 과거 미국 회계기준을 참고하면 그러한 대안도 전환의 가능성은 가늠할 수 있는 논지로 작용할 수 있다고 사료된다.

미국 회계기준에서는 전환사채의 경우, 일반 채권보다 이자율이 2/3 이상으로 낮을 경우, 이 낮은 이자율에는 사채를 전환할 수도 있다는 가능성이 내포되어 있다는 가정을 암묵적으로 포함하고 있다고 해석하여 이 전환사채가 전환된다는 가정하에 희석주당순이익을 구하였다. 즉, 전환된다는 가정이 없다면 일반 채권보다 2/3 이상으로 낮을 이유가 없다는 논지이다. 따라서 금융상품과 관련된 이자율은 이자율의 크기가 암시하는 바에 따라 회계처리가 달리 진행될 수 있다. 즉, 과거에 적용되던 이 기준은 이자율의 결정이 시장 mechanism에 의해서 정해진 균형(equilibrium) 이자율이기 때문에 앞으로 발생할 경우에 대한 가능성의 대용치로 사용됨에 무리가 없다는 것이다.

IAS 27에서의 실질 지배에 대한 지침도 다음과 같다.
-주주간의 비조직화 정도(level of disorganization)
-지배력을 행사하는 주주 이외의 주주들의 무관심
 (apathy of the remaining shareholders)

## "외국인 총수 지정 배제 안 해" 발언 논란

조성욱 공정거래위원장은 동일인 (총수) 제도 개선 방향과 관련해 "외국인이 (기업에) 실질적인 지배력을 행사하는 경우 동일인으로 지정하는 방향을 배제하지 않겠다"고 말했다. 동일인 제도가 변화된 산업 환경과 맞지 않는 시대착오적 규제란 비판이 거센 가운데, 공정위는 외국인까지 포섭할 수 있게 동일인 제도를 확대할 방침임을 내비쳐 논란이 예상된다.

조 위원장은 11일 열린 기자간담회를 통해 "동일인 제도 개선을 할 때 공정위가 유념하고 있는 것은 형평성, 일관성, 지속 가능성"이라며 "지금 당장은 해당되지 않더라도 내국인과 외국인에 대해 차별 없이 대기업집단 시책을 효과적으로 적용할 수 있어야 한다는 것이 저희 생각"이라고 말했다. 앞서 공정위는 김범석 쿠팡 이사회 의장을 쿠팡의 동일인으로 지정할지에 대해 검토했지만, 외국인이라 규제 실효성이 없어 쿠팡 법인을 동일인으로 지정한 바 있다. 이후 동일인 제도 개선에 나서겠다고 밝혔는데, 공정위 수장이 향후 쿠팡과 같은 사례의 경우 외국인인 자연인을 동일인으로 지정할 수 있다고 공언했다.

공정위 관계자는 "신생 기업의 경우 삼성 등 기존 대기업과 경영 구조가 달라 현재는 친족들이 관계사 지분을 갖고 있지 않지만, 미연에 방지하는 차원에서 투명하게 관리할 필요가 있다"고 설명했다. 더구나 '재계 저승사자'로 불리는 공정위 기업집단국이 정규 조직으로 확정되며 공정위의 대기업집단 규제는 강화될 것이란 전망이 우세하다.

공정위의 관점이 시대착오적이란 시각이 존재한다는 점에서 논란은 계속될 전망이다. 1987년에 도입된 동일인 지정 제도는 재벌 일가의 족벌 중심 경영 체제를 겨냥해 만들어졌다. 친인척의 도움 없이 창업가나 스타트업(신생 기업)으로 시작해 해외 자본 등의 투자를 받으며 성장한 쿠팡, 네이버 등 IT 기업의 경영 구조에 적용하기엔 무리란 지적이 끊이지 않아 왔다. 아울러 해외 자본이 국내 투자를 하는 데 저해 요소가 되고 있다는 비판도 나온다.

문화일보(조성욱). 2021.5.12.

## 낡은 규제 풀랬더니.. 총수지정대상 늘리겠다는 공정위

한시 조직으로 출범한 '재계 저승사자' 기업집단국은 상설조직 격상이 확정됐다. 문재인 정부의 핵심 과제인 재벌 개혁을 위해 2017년 9월 신설한 대기업 조사 전담 부서다.

매일경제신문. 2021.5.13.

공정거래위 비상임위원인 서정 변호사의 발표 논문에서 일부의 내용을 아래에 발췌한다.

다른 한편으로 공정거래위원회(이하 '공정위')가 발표하는 동일인이 우리나라 기업집단의 전근대적인 1인 지배체제를 암묵적으로 고착화하는 부작용이 있다는 비판도 제기된다. 사회 구성원들 사이에 '특정 기업집단은 누구 것'이라는 식의 암묵적 의견일치가 쉽게 형성되는 측면도 있었다.

위의 내용도 어느 정도 타당하다. 우리의 선단식 경영형태는 매우 권위주의적으로 '회장님'이 지배하는 회사이다. 총수라는 호칭 자체도 매우 권위주의적이다. 물론, 동일인이라는 공정거래법에서 사용되는 용어에는 총수라는 표현은 사용하지 않는다. 오너라는 표현보다는 최대주주라는 표현이 더 맞는다. 오너라는 표현 자체는 어느 회사가 특정 '개인의 것'이라고 오해될 소지가 큰 잘못된 표현이다. 굳이 주식회사를 이렇게 표현한다면 주식회사는 법적으로 '모든 주주의 것'이지 오너의 것이 아니다. 또한 지주회사 형태일 경우, 어느 그룹 회장보다는 어느 지주회사의 회장이라는 표현이 더 적합할 수 있다. 중대재해법에는 최대주주를 '사업주'라고도 표현하는데, 이 또한 회사의 주인인 듯이 사용하는 표현이 아닌가 한다. 최대주주나 지배주주의 표현이 더 적합한 표현이다. 소액 주주의 표현도 소액 주주보다는 일반 주주라는 표현으로 바꾸는 것이 더 적합할 수 있다.

　1인 지배체제라는 것은 기업의 조직이라거나 시스템을 무시한 경영행태이다. 즉, 우리 모두는 최대주주가 지분을 적게 가지고 있어도 전횡할 수 있다는데 그러한 선단식 경영에 익숙해져 있다.

　서구식 지배구조가 IMF 이후 1990년대 말부터 우리기업에 도입됐는데 우리는 삼성은 ×××거라는데 이미 너무 익숙해져 있다. 이는 소유와 경영의 미분리, 우리 경제 발전에 있어서의 재벌의 역할/공헌과 무관하지 않다.

　삼성전자가 기부금을 기부해도 삼성전자가 기부한 것이 아니고 최대주주가 기부한 것과 같이 보도될 때가 있다. 최대주주 개인 기부인지 회사돈 기부인지가 구분돼야 한다.

---

**서정변호사:** 동일인의 주요 개념표지는 사업 내용의 사실상 지배이다. 사업내용을 사실상 지배하는지 여부에 관해서는 독점규제법 시행령에 그 판단기준이 규정되어 있는데, 크게 나누어 지분율 기준과 지배력 기준으로 구분할 수 있다. 전자는 정량적 기준이고, 후자는 정성적 기준이라고 말할 수 있다. 이에 따라서 공정위는 먼저 자산총액이 5조 원에 근접한 기업집단들을 대상으로 자료제출 요청을 한다. 다음, 해당 기업집단들의 '최상위 회사' 또는 '그룹 소유구조 최상단'에 위치한 회사를 정의한다. 예컨대, 현대자동차 기업집단의 경우 현대자동차와 현대모비스, 삼성 기업집단의 경우 삼성물산과 삼성생명, 롯데 기업집단의 경우 롯데지주와 호텔롯데가 '최상위 회사'로 정의된다. 이어서 이와 같은 '최상위 회사'의 최대주주와 대표이사가 누구인지를 확인하고 이들을 대상으로 동일인을 확정하는 과정을 거친다.

---

　정량적이라는 것이 기업회계기준에서의 지분률에 근거한 지분법의 판단과 유사하며, 정성적이라는 것이 실질지배력 기준이라는 내용과 개념적으로는 유사하다.

　지분관계를 판단하여 '최상위 회사' 또는 '그룹 소유구조 최상단'을 정함은 논리적이다. 롯데의 경우와 같이 롯데지주와 같은 지주사가 있는 경우는 '최상위 회사'를 파악하기 쉽다. 단, 지분관계가 얽혀 있는 경우 대기업 집단에서 어느 회사가 최상위 회사인지를 파악하는 것이 복잡할 수도 있다.

**서정:** 기업집단 지정처분에서 동일인의 확정은 위의 요건 판단의 영역에서 이루어지는데, 동일인에 관한 명확한 정의는 부존재하므로 독점규제법상 동일인 개념은 불확정개념이라고 말할 수 있다. 불확정개념이란 개념이 일의적으로 확정되지 않아 개념 그 자체로는 그 의미를 정확하게 파악할 수 없으며 별도의 해석과 판단이 요구되는 개념을 의미한다. 예컨대, 특정 기업집단에 관하여 동일인 요건을 갖춘 후보자가 다수 존재할 수 있고, 이러한 경우에 공정위가 그중 누구를 동일인으로 최종 확정할지에 따라 기업집단의 범위와 기업집단 지정처분의 수범자가 달라지게 된다.

## 재계 "공정거래법 시행령 개정안, '사외이사 황당규제' 폐지 외면"

지난 14일로 입법 예고가 끝난 '공정거래법 시행령 전부 개정안'을 두고 재계가 "현실을 무시한 독소 조항폐지 요구를 외면한 채 마치 '완화'하는 것처럼 시늉만 했다"고 강력 반발하고 있다.

22일 재계에 따르면 공정거래위원회가 입법 예고한 개정안을 오는 12월 30일부터 시행하면 사외이사는 종전과 마찬가지로 동일인(총수) 관련자로 묶이게 된다. 즉, 사외이사 취임과 동시에 자신이 운영하는 영리법인(회사)이나 비영리법인(문화재단 등) 모두가 대기업집단으로 편입된다. 이에 대해 사외이사의 다양성 확보를 원천적으로 가로 막는 규제가 기승을 부릴 것이란 비판이 나오고 있다.

A 대기업 고위 임원은 "독립성을 보장받는 사외이사를 동일인 관련자로 분류하는 황당한 규제로 인해 기업이나 단체를 운영하는 전문가들은 사외이사 제안에 부담을 느껴 거절하는 경우가 대부분"이라면서 "결국 교수나 퇴직 공무원 등만을 종전처럼 천편일률적으로 사외이사로 뽑으라는 것과 같다"고 토로했다.

B 대기업 관계자는 "기업이나 단체를 운영하고 있는 사외이사가 지분 3% 미만을 보유하고 있는 경우에는 예외적으로 계열사 편입을 유예해 주겠다고 했지만, 전혀 실효성이 없는 발상"이라고 비판했다. 현행 상법과 자본시장법은 엄격하게 사외이사의 독립성을 보장하고 이해충돌을 방지하는 규정을 두고 있다.

전국경제인연합회 등 경제단체도 최근 사외이사의 동일인 관련자 지정 규제를 폐지해야 한다는 의견을 공정위에 전달한 것으로 알려졌다. 유정주 전경련 기업제도팀장은 "공정거래법의 사외이사 규제는 세계적으로 유래를 찾아볼 수 없는 제도"라면서 "이사회와 경영 효율성을 저해하는 내용은 시행령 개정 때 근본적으로 검토해야 할 것"이라고 말했다.

문화일보. 2021.7.22.

"

　　그렇지 않아도 우리나라의 경우, 미국과 비교해서 경영인보다도 교수, 변호사 및 전직 공무원들의 사외이사 참여 비율이 높다. 경영활동이라는 것이 현장에서의 실무 경험도 필요하므로 해당 기업과 업역이 중복되지 않아서 독립성/중립성에 문제가 없다고 하면 이들이 해당 산업과 회사에서 축적한 전문성을 사외이사로서 공유하는 것이 경제에 보탬이 된다. 교수는 전문성에서는 앞서지만 현업 경험에 있어서는 실무 출신 사외이사들에 비해서는 현장 감각이 떨어질 수 있다.

　　사외이사들이 관여하는 회사까지도 동일인의 개념으로 대기업 집단으로 포함되게 된다면 무슨 기업 차원에서의 연좌제도 아니고 공정거래위원회가 공정거래라는 정신에 매몰되어 과도하게 규제를 강화하고 있다. 이는 특히나 최근 쿠팡의 김범석 이사회 의장의 동일인 지정 관련되어 공정위 차원에서 동일인 집단의 지정 제도를 계속적으로 유지해야 하는 것인지에 대해서 고민해야 하는 시점에 이 제도를 강화하는 것이다.

　　예를 들어 다른 기업의 3% 이상의 지분을 가지고 있는 경영자가 본인이 활동하는 영역과는 무관한 기업의 이사회에 관여한다고 하면 아무리 무관한 산업이라고 해도 해당 사외이사가 소속된 원 기업이 해당 기업의 계열사로 규제에 놓이게 된다는 것이다.

　　지분이 3%가 아니고 아무리 낮더라도 사외이사 업무에 이해상충이 있다고 하면 이 사외이사는 사외이사로서의 자격이 없다. 물론, 사외이사가 해당 기업의 100분의 10 이상의 주식 지분을 가질 경우는 법에서 사외이사로 선임되는 것을 금지하고 있다.

　　이 제한은 사외이사는 회사의 이해와는 어느 정도 무관한 입장에서 의사결정에 참여하라는 것인데 본인이 가진 이해관계가 과도하면 객관적인 입장에서 의사결정을 수행하기 어렵다는 것을 의미한다.

단, 이사들이 주주들의 이해를 반영하여 의사결정을 수행해야 하며, 그러기 위해서 이사들의 주식 소유는 법에서 정한 한도보다 낮다면 바람직할 수도 있다. 즉, 주주로서의 이사의 이해와 주주들의 이해가 align될 수 있다. 일부 사외이사들은 받는 급여의 일부를 매달 급여일에 회사를 통해서 주식을 매수하는 경우도 있다. 물론, 등기한 이사이므로 공시의 대상이다. 즉, 주주를 위한 의사결정이 바로 본인을 위한 의사결정이므로 의사결정을 위한 목적함수가 simple하다. agent가 principal을 위한 의사결정이 아니라 본인을 위한 의사결정을 수행할 수도 있다는 agency 문제가 이사가 이 회사의 주식을 소유할 경우는 발생하지 않는다. 단, 최근에 들어오면서 주주 자본주의가 아니고 이해관계자 자본주의가 강조되는데, 사외이사가 동시에 주주이면 다른 이해 관계자들의 이해보다 주주들의 이해만을 중요시할 가능성도 배제할 수 없다.

물론 이러한 제도의 적용이 최대주주거나 특수관계인일 경우는 다르다.

공정거래위원회의 동일인 제도가 도입된 이유가 주로 최대주주의 사익편취를 예방하기 위한 것이므로 최대주주와 특수관계인이 주된 규제의 대상이었다. 물론, 사외이사가 경영에 관여하면서 사익편취에 해당하는 혜택을 받을 수는 있지만 최대주주와 특수관계인도 아닌 사외이사가 대주주인 회사에 사익편취에 해당하는 혜택을 줄 가능성이 얼마나 되는지에 대해서는 의문이 있다.

## "총수 친인척 범위 축소할 필요"

공정거래위원회가 대기업 총수(동일인)의 친인척인 '동일인 관련자' 범위를 축소하는 방안을 검토하고 있다. 현재는 동일인이 배우자뿐 아니라 6촌 이내 혈족, 4촌 이내 인척까지 동일인 관계자로 공정위에 신고해야 해 먼 친척의 인적사항을 파악하는 데 드는 부담이 크다는 지적에 따른 조치다.

조성욱 공정위원장은 22일 공정위와 한국기업지배구조원이 공동 개최한 학술토론회에서 "탈 가족화로 친족 개념이 변화하고 있다"며 "지금의 대기업집단 시책을 재검토할 필요가 있다는 목소리가 나온다"고 말했다. '공정거래법 전면 개정 이후 대기업집단

정책방향'을 주제로 열린 이날 토론회에서 동일인 관련자 범위의 적정성에 대한 문제가 제기되자 조 위원장이 범위를 축소할 필요가 있다고 답한 것이다.

공정거래법에 따르면 동일인은 동일인 관련자가 운영하는 회사의 임원 현황 및 재무상황 등을 직접 파악해 공정위에 제출해야 한다. 해당 자료를 제대로 내지 않으면 동일인 관련자가 아니라 동일인이 지정 자료 누락과 관련한 법적 책임을 져야 한다.

공정위 관계자는 "혈족 6촌은 사촌형제의 손자로 현대 사회에서는 생사 확인조차 어려울 정도로 먼 친척인 만큼 범위를 좁혀 달라는 요구가 기업계에서 이어져왔다"며 "조위원장 역시 같은 문제의식을 가져 공정위 내부적으로 이미 동일인 관련자 범위를 합리적으로 조정하는 방안을 검토하고 있다"고 밝혔다.

이날 학술토론회에 참석한 신영수 경북대 법학전문대학원 교수는 "현실적으로 혈족 범위를 4촌 이내, 인척 범위는 '배우자의 직계존비속' 정도로 완화해야 한다"고 주장했다. 다만 신교수는 "현행법상 동일인 관련자 개념에 포함되지 않는 '사실혼 배우자' '양자가 속한 생가의 직계존속' 등이 사익편취 문제 등을 발생시킬 수 있으므로 동일인 관련자를 가족 형태 변화에 따라 일부 확대할 필요도 있다"고 말했다.

공정위는 동일인 관련자뿐만 아니라 공정거래법 관련 법령 전반에 걸쳐 친인척 범위의 적정성을 따지고 있다. 기업집단 내에서 특정 회사를 독립적으로 경영하려는 임원이 공정위에 내야 하는 친족 관련 자료의 범위를 축소하겠다고 지난 12일 발표한 게 대표적인 예다. 이에 따라 독립경영 임원이 공정위에 제출해야 하는 친족 명단 범위는 오는 12월 30일부터 대폭 축소된다. 현재는 '배우자 및 6촌 이내 혈족, 4촌 이내 인척' 명단 전부를 내야 하지만 앞으로는 친족 중 동일인 관련자에 해당하는 경우만 신고하면 된다.

한국경제신문(조성욱). 2021.10.23.

**기업들 "총수 6촌의 자료까지 내라니…" 해마다 특수 관계인 보고하느라 진땀**

대기업 A사의 기업집단 지정 자료 담당 부서는 내년 초 공정거래위원회에 제출할 자료를 만드느라 전담 인력 3명이 휴가도 없이 매일 12시간씩 일하고 있다. 100명이 넘은 총수의 친인척에게 일일이 연락해 자료를 요청하고 있는 것이다. 동일인(총수)의 6촌 이내 혈족과 4촌 이내의 인척, 즉 특수관계인의 현황과 그들이 보유한 기업의 주소, 지분율, 거래 관계 등을 제출하도록 하고 있는 현재의 공정거래법 때문이다.

문제는 특수관계인의 범위가 너무 넓다는 점이다. A사 담당자는 "연락해야 할 친족만 100명이 넘고 이들의 혼인 출산 여부도 확인해야 한다"며 "총수와 먼 친척은 '연락도 거래 관계도 없는데 왜 자료를 내야 하냐"며 화를 내고 자료를 거절하는 경우도 있다"고 말했다. 하지만 한 명이라도 누락되면 기업은 허위 자료 제출로 2년 이하 징역 또는 1억 5,000만원 이하 벌금에 처해질 수 있다. 우리 헌법은 '모든 국민은 자기의 행위가 아닌 친족의 행위로 인하여 불이익한 처우를 받지 아니한다'며 연좌제를 금지하고 있다. 하지만 재계에서는 "누군가의 친족이라는 이유만으로 권리를 제한받거나 의무를 부과받는 특수관계인 규제는 경제 연좌제"라는 비판이 나온다.

전국경제인연합회가 24일 현행 법령을 전수 조사한 결과에 따르면 168개 법령, 717개 조문에 특수관계인 관련 규정이 있는 것으로 집계됐다. 규제 조항만도 세금 관련 규제 172개(36.7%), 자격 제한 규제 79개(16.8%), 특정한 행위를 금지한 행위제한 규제가 76개(16.2%)로 나타났다. 신고 보고 공시 조항도 40개가 넘는다.

기업들은 "방대한 특수관계인 규제 조항이 경영 활동에 큰 걸림돌로 작용한다"며 "특수관계인 범위를 현실에 맞게 조정해야 한다"고 말한다. 일례로 2017년 휴맥스는 변대규회장이 네이버 이사회 의장을 맡았다는 이유로 네이버 계열사로 편입된 적도 있다. <u>사외이사도 특수관계인으로 보는 규정 때문이었다.</u> 한 대기업 관계자는 "사외이사 소유 기업이 독립 경영을 하고 있다고 증명하면 계열사에서 빼주지만 이를 위해 내야 하는 서류가 만만치 않다"고 말했다.

미국 영국은 특수관계인 범위를 통상 2촌까지 (부모와 형제자매)로, 독일은 부모의 형제 자매(3촌까지), 프랑스는 최대 4촌까지로 규정하고 있다. 아시아권인 일본은 민법상 친족의 범위(6촌 이내의 혈족, 3촌 이내 인척)를 주로 적용하지만 법인세법 등에선 3촌, 2촌 이내로 축소한다.

유정주 전경련 기업제도팀장은 "이름도 잘 모르는 수백명 친족, 그들이 운영하는 법인 단체와 그 임원까지 경제공동체로 규정해 규제하는 것 불합리하다"고 말했다.

조선일보. 2021.10.25.

## 두나무, 대기업집단 지정될까

국내 최대 암호화폐거래소인 업비트 회원이 보유한 코인 가치가 30조원대에 달하는 것으로 나타났다. 2년 새 18배 넘게 불어난 것이다. 업비트가 이용자를 대신해 보관하고 있는 자산이 너무 많아 진 탓에 올해부터 '공시대상기업집단'으로 지정될 가능성이 높다.

10일 윤창현 국민의 힘 의원에 따르면 업비트 이용자가 보유한 가상자산 잔액은 2019년 말 2조 127억원, 2020년 말 4조 5,732억원에 이어 지난해 말 36조 8,309억원을 기록했다. 이 기간 동안 회원 수가 급증한 데다 코인 시세도 치솟으면서 나타난 결과다. 업비트 운영업체 두나무의 지난해 매출은 3조 7,055억원, 순이익은 2조 2,343억원으로 잠정 집계됐다 .

최근 업계 안팎에서는 공정거래위원회가 두나무를 대기업집단으로 신규 지정할 수 있다는 관측이 나오고 있다. 대기업집단은 자산 총액 5조원 이상 업체가 대상이며 대규모 내부거래, 기업 집단 현황 등에 대한 공시 의무가 부과되고 총수 일가 사익편취 규제 등도 적용된다. 두나무가 대기업집단에 포함된다면 동일인(총수)은 최대주주이자 공동 창업자인 송치형회장이 될 것으로 보인다.

공정위는 금융회사의 대기업집단 여부를 판단할 때 이용자 자산을 제외한 '공정자산'을 기준으로 삼는다. 하지만 암호화폐거래소는 법적으로 정식 금융업이 아니어서 공정위는 회원의 가상자산을 제외하지 않는 방안을 검토하는 것으로 알려졌다. 다만 업계에서 "회사 자산과 분리된 고객 자산까지 포함해 계산하는 건 무리"라는 반론도 있다.

기업들이 3월에 주주총회를 마치고 4월에 확정된 재무자료를 제출하면 공정위는 매년 5월 1일을 기준으로 대기업집단 지정결과를 발표한다 공정위는 "아직 기업들로부터 자료를 받지 않은 상황"이라며 "두나무의 지정여부는 결정된 바 없다"고 했다.

한국경제신문. 2022.3.11.

## 공정위, 규정까지 바꿔 김범석 '쿠팡총수' 지정… 통상마찰 빚나

공정거래위원회가 김범석 쿠팡 의장 등 외국 국적 기업인도 '총수(동일인)'로 지정해 사익편취 규제를 적용하는 법령 개정을 추진한다. 또 총수의 특수관계인 범위는 기존 혈족 6촌에서 4촌 이내로 줄이되, 사익편취 규제는 특수관계인 외 대상으로 오히려 일부 확대하는 방안도 검토하고 있다. 공정위가 윤석열 대통령 당선인의 공정거래법제 개편 방침을 빌미로 규제 강화에 나섰다는 지적이 나온다.

### 총수 지정제도 12년 만에 바꾼다는데

대통령직인수위원회가 공정위의 '총수 지정 제도 현실화 방안'을 1차 국정과제에 포함한 것으로 6일 확인됐다. 공정위가 제시한 제도 개선안은 외국인 총수 지정 근거 마련, 총수의 특수관계인 범위 축소 등이 핵심이다. 윤 당선인은 친족 범위의 합리적 조정 등 공정거래법상 특수관계인 제도 운영 개선을 공약했다. 현행 특수관계인 범위가 지나치게 넓어 기업 경영에 부담을 준다는 측면에서다. 공정위는 올해 하반기 공정거래법 시행령 개정을 거쳐 내년 5월 동일인을 지정할 때 새로운 제도를 적용할 방침이다. 이 경우 내년에는 미국 국적인 김범석의장에 대해 총수 지정이 불가피할 전망이다. 김 의장이 총수로 지정되면 쿠팡 미국 법인이 거래내역을 국내에 공시해야 하고, 김 의장 친인척이 보유한 주식 현황 등을 공정위에 보고해야 한다. 공정위는 외국 국적을 이용한 총수 지정 회피 사례를 막기 위한 조치라고 설명했다. 공정위가 지난해 경북대 산학협력단으로부터 제출받은 '동일인 제도 개선 연구용역' 보고서는 총수로 지정하는 외국인을 '한국에서 기업집단을 형성하고 국내 경제력 집중의 원인이 될 수 있는 한국계 외국 국적 보유 자연인'으로 규정한 것으로 알려졌다.

대기업집단은 총수의 특수 관계인이 보유한 기업과 주식 현황 등을 모두 신고해야 한다. 다만 공정위는 총수의 특수 관계인 범위를 혈족 6촌 인척 4촌 이내에서 혈족 4촌, 인척 3촌 이내로 축소하기로 했다. 2009년 혈족 7, 8촌을 규제 대상에서 제외한 이후 첫 특수관계인 범위 축소가 될 전망이다.

그동안 특수 관계인에 해당하는 친인척 범위가 지나치게 넓고, 특수 관계인이 기업의 자료 제출 요청에 협조하지 않을 경우 제재할 방법이 없다는 점 등이 논란이었다. 신고의무를 위반할 경우 2년 이하의 징역에 처해지는 형벌 규정도 과도하다는 지적이 제기돼 왔다. 그러나 공정위는 특수관계인 외에도 사익편취 가능성이 있는 모든 대상에게 필요할 경우 주식보유 현황 등 자료 제출을 요구하는 방안을 검토하고 있어 논란이 일고 있다. 특수 관계인 범위가 축소된다고 하더라도 사실상 사익편취 규제는 강화되는 것 아니냐는 것이다.

### 최혜국 대우 위반 기업 부담 논란

공정위의 총수지정제도 개편안은 앞으로 넘어야 할 산이 높다는 지적이 나온다. 우선 외국인을 총수로 지정할 경우 통상마찰을 빚을 우려가 있다. 한미 자유무역협정(FTA)상 최혜국 대우 조항에 위반될 가능성이 있기 때문이다. 아람코가 최대주주인 에쓰오일은 사우디아라비아 왕실이 아닌, 에쓰오일을 동일인으로 지정하고 있다는 점에서 미국인에 대한 차별적 대우로 판단될 수 있다. 동일인 제도 관련 논의에 참여한 관계자는 "연구 결과 외국인을 총수로 지정하지 않을 이유는 없다는 게 결론"이라며 "다만 미국과의 통상 마찰 이슈는 풀어야 할 과제"라고 설명했다.

경제계는 기업의 경영활동에 지나친 부담을 주는 구시대적인 동일인 제도 자체를 폐지해야 한다는 의견을 내고 있다. 동일인 제도가 개발 연대 소수 기업을 집중 지원 육성하는 과정에서 특정 개인에게 경제력이 집중되는 것을 견제하기 위해 내놓은 한국식 규제였다는 점에서다. 전국 경제인연합회의 조사에 따르면 현행 법령은 168개, 조문은 717개에 달한다. 전경련 관계자는 "총수지정제도는 한국에만 있는 낡은 규정"이라며 "자료 수집 권한이 없는 민간에 자료제출 의무를 부과하고, 누락 시 엄벌하는 제도는 이제 사라져야 한다"고 말했다.

한국경제신문. 2022.4.7.

### 총수 친족 범위 줄인다.

대통령직인수위원회가 외국인 총수 지정 문제를 국정과제에 포함하지 않기로 했다. 그 대신 현행 규제 대상인 대기업 동일인(총수)의 친족 범위를 축소하는 쪽으로 가닥을 잡았다. 18일 인수위원회와 공정거래위원회 등에 따르면 이날까지 인수위 국정과제 2차 종합이 완료된 가운데 기업집단 외국인 총수 지정 문제는 포함하지 않고 공시 의무가 생기는 총수의 친족 범위를 축소하는 내용을 규제 완화책으로 선택했다.

인수위는 총수의 친족 범위를 현행법상 '배우자, 6촌 이내 혈족, 4촌 이내 인척'에서 줄이는 방안을 유력하게 검토하고 있다. 총수 친족 범위에 들어오면 공시 의무 등 각종 규제를 받는다. 앞서 윤석열 당선인은 "친족 범위는 합리적으로 조정하고 경제적 공동 관계가 없으면 예외도 인정해 주겠다"고 공약한 바 있다. 재계는 핵가족이 대다수인 사회상을 고려해 혈족은 4촌 이내로, 인척은 배우자의 직계 존 비속 정도로 줄이는 게 맞는다고 보고 있다.

외국인 총수 지정 문제와 관련해서 인수위는 포괄적 개선안을 구상하는 것으로 전해졌다. 인수위 관계자는 "외국인의 총수 지정에 따르는 논란과 현행법 체계의 불완전함을 해소할 수 있는 전반적인 개선안을 구상하고 있다. 이 내용이 국정과제 최종 명단에 오를 수도 있다"고 말했다. 기업의 외국인 총수 지정 문제는 지난해 공정위가 쿠팡을 대기업으로 신규 지정하면서 불거졌다. 미국 국적인 김범석 쿠팡 창업자(쿠팡 이사회 의장)를 총수로 지정할 수 있는 근거가 현행 공정거래법과 하위 시행령 등에 마련되지 않아서다.

매일경제신문. 2022.4.19.

## '모래 주머니' 벗긴 인수위⋯

18일 매일경제 취재를 종합하면 당초 공정거래위원회는 외국인 총수의 지정 가능성과 예상되는 제약 사항을 지난달 인수위 업무보고에 포함시켰다. 하지만 인수위 내에서 섣불리 국정과제에 포함해서는 안 된다는 목소리가 나오기 시작했다. 통상 마찰 가능성을 우려하는 재계의 목소리도 작지 않았다. 인수위는 기업들의 이 같은 의견을 받아들여 외국인 총수 지정 문제를 일단 미루기로 했다. 익명을 요구한 학계의 한 관계자는 "외국인 총수 지정 문제를 비롯한 기업 총수의 정의를 새 정부에서 즉각 바꿀 수 있는 시행령이 아니라 장기적으로 국회 입법을 통해 법률 단계에서 정해야 한다는 의견이 인수위 내에서 있었던 것으로 안다"고 전했다.

매일경제신문. 2022.4.19.

## 공정위 "대기업 총수로 외국인 지정할 수 있다"… 미는 우려 표명

외국인도 대기업 집단 총수(동일인)로 지정할 수 있도록 공정거래법 시행령 개정을 추진 중이라고 28일 공정거래위원회가 밝혔다. 당장 문제가 되는 기업은 쿠팡이다. 공정위는 지난해 쿠팡을 대기업집단으로 지정했으나, 당시 미국 국적의 김범석 쿠팡 이사회 의장은 동일인으로 지정하지 않아 쿠팡은 '총수 없는 기업집단'이 됐다.

공정위는 매년 자산 5조원 이상 공시 대상 기업 집단 등을 발표하면서 실질적인 영향력을 감안해 동일인을 지정한다. 동일인은 대기업집단 지정 자료와 관련된 모든 책임을 진다.

공정위가 김 의장을 동일인으로 지정한다면, 김 의장은 공시 의무를 한국과 미국에 이중으로 지게 된다. 한국 법인 100%를 보유한 지주회사 쿠팡 Inc는 지난 3월 미국 뉴욕증시(NYSE)에 상장해 미 연방 거래위원회(SEC)에서 요구하는 공시 의무를 이행하고 있다.

28일 한 외교 소식통에 따르면, 공정위의 이 같은 방침에 대해 미국 상무부는 지난 5월 한 미 정상회담 직전 우려를 표명한 것으로 알려졌다. 한미 정상 회담 실무회의에서 머리사 라고 마국 국제통상 담당 차관이 당시 박진 당선인 한미정책협의단장(현 외교부 장관)에게 외국인 개인을 동일인으로 지정하는 문제에 대해 우려를 전했다고 한다.

미국 측은 이 동일한 제도를 외국인에게 적용할 경우 한미 자유무역협정(FTA)의 최혜국 대우 조항에 위배될 소지가 있다고 보는 것으로 알려졌다. 최혜국 대우는 다른 나라의 투자자에 비해 불리하지 않도록 동일한 대우를 하는 것을 뜻한다.

이와 관련해서 에쓰오일이 문제가 된다. 대주주는 사우디아라비아 국영 기업 아람코(Aramco)이고, 아람코의 소유주는 무함마드 빈살만 사우디 왕세자를 비롯한 사우디 정부다. 공정위는 에쓰오일의 동일인을 에쓰오일 한국 법인으로 지정했다. 쿠팡의 동일인을 김범수 의장으로 지정하면 사우디아라비아보다 불리하게 대우하는 것이 된다는 주장이 나온다.

산업통상자원부가 최혜국 대우 위반 가능성을 검토 중이고, 기획재정부는 외국인 총수 지정에 부정적인 입장이다. 공정위는 특정 기업을 염두에 두고 시행령 개정을 하는 것이 아니라는 입장이다. 공정위 관계자는 "올해 시행령이 개정되면 내년 대기업집단

지정 때 최종 결론을 내리게 된다"고 말했다.

공정위는 사실혼 배우자도 동일인의 친족 범위에 포함시키는 방안도 검토 중이다. 사실혼 배우자는 상법, 자본시장법 등에서는 특수관계인 범위에 포함되지만, 공정거래법에서는 제외하고 있다. 자녀 유무 등을 기준으로 사실혼 여부를 판정하는 방법 등이 거론된다. 공정위는 친족은 현재 배우자와 6촌 이내 혈족, 4촌 이내 인척인데, 공정위는 배우자와 4촌 이내 혈족, 3촌 이내 인척으로 축소할 방침이다.

조선일보. 2022.7.29.

## 시대착오적 '총수 친족범위' 줄인다.

공정거래위원회가 대기업 규제의 기준 역할을 하는 총수(동일인)의 친족 범위를 대폭 축소한다. 현행 혈족 6촌, 인척 5촌 이내인 친족 범위를 혈족 4촌, 인척 3촌 이내로 각각 줄이는 것이 핵심이다. 1987년 총수의 친족을 중심축으로 하는 특수관계인 규정이 시행된 이래 가장 큰 폭의 축소다. 지난해 기준 9,000명에 육박했던 60개 대기업 총수의 친족 수가 4,500여 명 수준으로 줄어 기업 부담이 크게 감소할 것으로 기대된다.

10일 공정위는 대기업 규제를 완화하는 방향의 공정거래법 시행령 개정안을 입법 예고했다. 다음달 20일까지 의견을 수렴해 연내 개정 작업을 마무리하고, 내년도 대기업집단 지정 및 자료 제출 과정에 곧바로 반영할 계획이다. 개정안은 친족 범위를 혈족 4촌 인척 3촌 이내로 규정했다. 이에 따라 5촌 당숙(할아버지 형제의 자녀)과 6촌 촌 재종형제(당숙의 자녀) 등은 총수의 친족에서 제외됐다. 인척 관계에서 3촌에 해당하는 처삼촌 처조카까지가 친족에 포함된다. 총수의 친족은 공정거래법상 특수 관계인에 해당해 주식 소유 현황 등 지정된 자료를 매년 공정위에 제출해야 한다. 경미한 자료 누락은 경고 처분을 받지만, 중대성이 큰 고위 허위 신고의 경우 총수가 검찰에 고발당하고 형사처벌까지 받을 수 있다. 특수 관계인은 계열사 여부나 일감 몰아주기 금지 등 대기업 규제 대상을 판단하는 기준이기도 하다.

그간 친족 범위가 지나치게 광범위해 기업 경영 활동에 부담을 준다는 지적이 끊이지 않았다. 실제로 이해진 네이버 글로벌 투자책임자, 김범수 카카오의장 등 유력한 기업인들이 자료 누락을 이유로 공정위 조사를 받거나 검찰에 고발당하며 어려움을 겪은 바 있다. 제도 시행 이래 총수의 친족 범위는 2009년 혈족 8촌 이내에서 6촌으로 단 한 번 축소되는 데 그쳤다. 윤수현 공정위 부위원장은 이날 "국민 인식과 비교해 친족 범위가 넓고 이들을 모두 파악하기가 쉽지 않다"고 밝혔다. 다만 공정위는 혈족 5, 6촌과 인척 4촌이 총수의 지배력에 도움이 되는 경우는 예외적으로 친족에 포함하기로 했다.

공정위는 '규제 사각지대'로 지적됐던 총수의 사실혼 배우자에 대해서도 친족으로 지정할 길을 열었다. 다만 총수와의 사이에 법률상 자녀(친생자)가 있는 경우에만 친족에 포함하기로 했다. 이번 개정안에 한국계 외국인을 총수로 지정하는 방안은 포함되지 않았다.

매일경제신문. 2022.8.11.

## 재계 "아직도 80년대식 규제 수두룩… 대기업집단 지정제 폐지를"

공정위의 이번 입법예고에서 사실혼 상태의 배우자가 친족 범위에 포함된 것을 두고도 이견이 나오고 있다. 현행 상법, 세법 등에선 특수관계인 범위에 사실혼 배우자를 포함하고 있다. 공정위가 공정거래법도 사실혼 배우자를 특수관계인에 포함하는 게 기존 법 논리에 부합한다고 평가했으나 재계에선 비판의 목소리가 나온다. 최문석 한국 경영자총협회 미래혁신팀장은 "<u>상법에선 사외이사가 대주주를 견제하는 역할을 맡는다고 보지만, 공정거래법은 사외이사를 동일인 관련자로 묶고 있다</u>"며 "다른 법 논리와 일치시키기 위해 사실혼 배우자를 특수 관계인 범위에 포함하는 것이라면 공정위의 기존 논리와 배치된다"고 말했다.

매일경제신문. 2022.8.11.

밑줄 친 내용은 상법과 공정거래법인 법에서 사외이사를 보는 시각 자체를 달리한다. 상법은 사외이사를 감시자로 보고 있는데 공정거래법은 우리의 문화가 지연, 학연, 혈연에 근거한 network 사회로 해석하면서 사외이사를 동일인 관련자로 보고 있다. 즉, 최대주주와 이해를 같이 하는 자로 구분하는 것이다.

**기업부담 덜게… 얼굴도 모르는 총수 6촌 자료 안내도 된다**

개정안은 사외이사가 해당 대기업과 별개로 지배 운영하는 회사에 대한 규제도 완화했다. 원칙적으로 계열사 범위에서 제외하고, 임원독립경영 요건을 충족하지 못하는 경우만 예외적으로 계열사에 편입하도록 했다. 지금까지는 사외이사가 지배하는 회사 중 임원독립경영 신청을 거친 경우에만 예외적으로 계열사에서 제외했다. 이 때문에 기업과 사외이사 본인의 부담이 크다는 지적이 많았다.

매일경제신문. 2022.8.11.

# 내부회계관리제도 양적 중요성 기준

내부회계관리제도에 대한 인증이 일부 기업에 대해서 검토에서 감사로 격상하면서 많은 기업에 대해서 내부회계관리제도에 대한 감사는 재무제표에 대한 감사와 병행되면서 감사인에 의한 중요한 감사의 대상이 되었다. 재무제표에 대한 감사에서도 동일하지만 내부회계관리제도에 대해서도 모든 항목이 감사의 대상일 수는 없고 중요성 기준에 의해서 계정 과목을 cut off에 의해 선정하여야 한다.

## 내부회계관리제도 운영실태평가

A기업의 경우 모범규준에 근거하여 계정과목의 중요성 및 중요한 왜곡표시 발생가능성을 식별하기 위한 양적 중요성 기준을 산정하고 있다. 특정 회사의 양적 중요성 기준은 다음과 같다.[1]

매출액(Benchmark) × 0.95%(계획단계에서의 중요성 금액 설정률 MPP) × 30%(유의한 왜곡표시 금액 설정률 PM)로 산정된다.

---

[1) 이러한 내용을 자문해 주신 심명보 현대건설기계 전 내부회계지원팀 팀장에게 감사한다.

MPP는 Materiality for Planning Purpose(계획단계에서의 중요도 기준)을 의미한다. PM은 performance materiality 수행 중요성이다.

여기서 MPP의 경우, 내부회계 모범규준(설계 및 운영 적용기법) 문단 66 등에 따라 회사는 매출액/총자산/세전이익 중 적절한 것을 benchmark 기준으로 선정할 수 있다고만 되어 있으나, 설정율에 대한 명시적인 언급은 없다.

이에, 해당 회사는 삼일회계법인과 내부회계 초도 구축 시, 세전순이익이나 총자산도 가능하지만, 세전순이익은 변동성이 클 경우 등 해당 회사의 영업규모를 적절히 반영하지 못하는 단점이 존재하고, 총자산 또한 대규모 투자 등이 발생 시 중요성 금액이 커지는 단점이 존재하였다. 이에 내부회계관리제도 구축사(삼일회계법인) 및 외부 감사인과 협의하여 회사의 현황을 가장 잘 반영할 수 있는 매출액을 benchmark로 결정하였으며, 설정율 또한 일반적으로 Big 4의 감사인들이 Max 1%까지 설정하는 현황을 감안하여 다소 보수적으로 0.95%를 반영하였다.

이와 같이 준거가 되는 기준을 정할 때는 당연히 변동성이 큰 변수를 회피하여야 하는데, 매출, 자산, 이익 중 변동성이 가장 큰 변수는 이익이다. 기업이 업황에 따라서 순손실이 발생할 수도 있으니 대부분 기업이 자산과 매출 사이에서 기준점을 정할 듯하다.

두 번째 PM의 경우, 모범규준 문단에 50~75%가 명시되어 있으며, 아래와 같이 모범규준 두 곳에서 확인할 수 있다.

### 1) "내부회계관리제도 설계 및 운영 적용기법" 문단 67

67. 실무적으로 재무제표에 대한 중요한 왜곡표시 위험을 충분히 감시하기 위해 1차적으로 정해진 중요성 금액의 일정 비율에 해당하는 수행 중요성을 적용한다. 일반적으로 일정한 비율은 전사적으로 수준 통제와 고유 위험을 고려한 위험 평가 결과에 따라 50~75%로 적용할 수 있다.

### 2) "내부회계관리제도 평가 및 보고 적용기법" 문단 40

양적 요소:

40. 유의한 계정과목 등을 식별하기 위한 양적 요소는 계정과목의 금액을

고려하여, 일반적으로 설계 운영 적용 기법에서 제시하는 '중요성' 기준과 '수행 중요성(performance materiality)' 기준을 활용한다. 경영진은 내부회계관리제도 평가 과정에서 회사에 존재하는 미비점을 발견하지 못할 가능성에 대비하여 보수적으로 중요성 기준의 50~75%를 적용한 수행 중요성 기준으로 유의적 계정과목을 선정한다. 수행 중요성을 적용함에 따라 유의한 계정이 추가로 선정되어 회사의 내부회계관리제도 평가가 잘못 수행될 위험을 최소화할 수 있다.

## 오스템 사태에 놀란 기업들[2]

"'설마 그럴 리 없겠지만, 우리 회사도 확인해 봐야겠다'라는 연락이 많이 온다. 특히 대주주 오너들의 관심이 상당히 높다"

오스템임플란트 횡령 사태로 인해 회계 감사 업무의 중요성이 다시금 커지는 모양새다. 재무 담당 직원이 2,000억원이 넘는 금액을 회사에서 빼간 사상 초유의 횡령이 벌어졌다는 사실이 다른 기업들에도 큰 충격을 던졌기 때문이다. 16일 회계법인 업계에 따르면, 오스템임플란트 횡령 사태가 발생한 이후 신외감법 시행으로 두게 된 내부회계관리제도가 제대로 작동하는지를 회계법인에 확인하는 문의가 부쩍 늘었다.

한국공인회계사회 관계자는 "기업의 부담을 늘렸다는 의문도 있지만, 신외감법은 이 같은 초유의 사태를 막기 위한 장치를 만들기 위해 도입된 것"이라며 "기업 운영 주체들에게 시스템 구성뿐만 아니라 운영에 대한 중요성을 일깨운 이번 사태는 일종의 '타산지석'이 된 셈"이라고 설명했다.

실제로 빅4회계법인에서는 관련 문의가 증가했다는 것은 많은 기업들이 위험을 체감하고 있음을 반증한다.

삼일 PWC 관계자는 "그간 회계 처리에 관해 전문적인 지식이 높지 않던 경영진이 횡령 사태와 관련해 '우리는 그런 일이 없었는지'를 확인해 달라고 요청하거나, 내부회계관리제도 운용에 대한 문의가 많이 들어오는 편"이라며 "이런 문의가 그동안 거의

---

2) chapter 66의 내용과도 연관된다.

없다시피했다는 점을 감안하면 경각심이 커졌다고 볼 수 있다"고 전했다.

회계법인 업계에서는 오스템임플란트 횡령 사태를 내부 통제에 대한 재정비 기회로 삼아야 한다는 의견이 대두되고 있다. 특히 내부 통제의 핵심인 내부회계관리제도 운영 평가 수행이 핵심이라고 입을 모은다.

심정훈 삼정 KPMG상무는 "재무제표의 왜곡뿐만 아니라 중요한 자산의 횡령, 유용 및 부정을 실질적으로 예방하고 적발할 수 있는 내부 통제가 정교하게 설계됐는지 점검이 필요하다"며 "감사(위원회) 산하에 내부감사 부서 등을 이전하고 운영 평가를 수행하게 하는 것도 고려해야 한다"고 조언했다.

매일경제신문. 2022.1.17.

## 기업내부회계관리 비적정 사유 1위는 '재무제표 수정'

국내 상장사들이 '내부회계관리제도 비적정' 의견을 받는 가장 큰 이유는 '감사과정에서 재무제표 수정' 때문인 것으로 조사됐다.

삼정 KPMG가 24일 발간한 '한미 내부회계관리제도 비교와 시사점' 보고서에 따르면 재무제표 수정으로 내부회계관리제도 비적정의견을 받은 국내 기업은 전체 비적정 사례 중 26.8%를 차지했다. 재무제표 제출 이후 외부 감사인으로부터 재무제표 수정 권고를 받으면 내부회계가 부실했다는 이유로 비적정 의견이 달리게 된다. 이 밖에 국내 기업이 비적정 의견을 받는 대표적인 사유로는 내부회계관리제도 구축과 운영부실로 인한 '범위 제한'(18.3%) '회계 인력 및 전문성 부족'(14.4%), '자금 통제 미비'(12.4%) 등이 꼽혔다.

삼정KPMG는 또 보고서를 통해 "최근 대규모 횡령 사건이 연이어 발생해 기업의 자금 통제 중요성이 커졌다"고 강조했다. 자금 통제와 관련한 주요 취약점으로 '업무분장 미비' '회계 기록과 은행 기록을 비교하는 모니터링 통제 미비'를 지적했다.

한국경제신문. 2022.2.25.

내부회계관리제도 비적정의견의 가장 빈번한 사유가 재무제표의 수정이라는 의미는 내부회계관리제도와 재무제표가 밀접하게 관련되어 있다는 것을 의미한다. 물론 내부회계관리제도의 적정성이 재무제표 완전성의 필요충분 조건인 것은 아니지만 필요조건은 될 수 있다.

과거에는 내부회계관리제도가 비적정일 경우에는 직권 지정의 대상이 되었는데 최근에 오면서는 직권지정의 사유에서는 빠지게 된다.

### 우리은 사태에… '내부 통제 강화법'

금융회사 내부통제 강화와 관련한 제도 개선이 탄력 받을 전망이다. 우리은행 직원이 회삿돈 614억원을 횡령한 사건의 파장이 확산되면서 내부통제와 관련한 제도 개선 목소리가 커지고 있다. 윤석열 대통령도 국정과제 중 하나로 '금융권 책임 경영 확산을 위한 내부통제제도 개선'을 제시한 바 있다. 이에 따라 국회에 계류 중인 금융사 지배구조법 개정안 심의도 속도를 낼 전망이다. 다만 내부통제 미비에 따른 금융사와 임직원에 대한 제재 근거가 명확하지 않을 경우 징계가 자의적으로 이뤄질 것을 우려하는 목소리도 나온다.

11일 금융권에 따르면 정부는 2020년 6월 금융사와 내부통제를 강화하기 위한 '금융회사 지배구조법 일부 개정안'을 국회에 제출했다. 금융사의 내부통제와 관련한 사항은 '금융회사 지배구조법'에서 규율하고 있다. 현행법상으로도 금융사 임직원이 내부통제와 관련한 의무를 이행하지 않을 경우 금융위원회에서 제재를 받을 수 있다. 하지만 금융사 임직원의 내부통제 의무 이행 범위에 대한 해석이 엇갈려 금융당국의 제재에 불복해 금융사와 임직원이 행정소송을 제기하는 사례도 발생하고 있다.

정부가 제출한 개정안은 내부통제와 관련한 금융사 최고경영자(CEO)의 책임을 강화하는 내용을 골자로 한다. 개정안에서는 금융사 <u>CEO와 준법감시인, 위험관리책임자</u>가 내부통제기준, 위험관리 기준 준수를 점검하도록 하고 만약 관리 의무를 소홀히 해 금융소비자의 피해를 유발하는 경우 금융당국이 해당 임원을 제재할 수 있도록 하는 조항을 추가했다. 구체적으로 금융사 CEO가 내부통제 위반을 방지하기 위한 실효성 있는 예방 대책을 마련하고 준수를 충실히 점검하며 만약 이를 위반할 경우 내부

징계 방안 등 기준을 마련하도록 했다.

다만 이 같은 개정안에도 불구하고 여전히 금융사 CEO들의 내부통제와 관련한 준수 의무 불확실성이 해소되긴 어렵다는 지적도 나온다. 이용준 국회 정무위원회 소속 수석전문위원은 검토보고서에서 "개정안은 내부통제 기준 등의 관리책임자의 관리 의무를 부과하고 의무를 소홀히 한 경우 임원의 제재 근거를 마련해 위험 관리 기준의 실효성을 강화하기 위한 입법 조치"라면서도 "금융회사 임직원 제재가 감독당국에 의해 자의적으로 이뤄질 우려와 권련해 논의가 필요하다"고 밝혔다.

한편 대통령직인수위원회에서 디지털금융 혁신을 위한 방안으로 '책임경영 확산을 위한 내부통제제도 개선'을 제시하며 국회에서 법안 심의가 급물살을 탈 수 있다는 전망이 나온다.

매일경제신문. 2022.5.12.

## 중기 '내부회계관리 부담' 덜어준다.

아울러 상장사 등 일반 기업의 회계, 감사, 상장 유지 등 부담도 줄일 방안을 모색한다. 내년부터는 모든 상장사에 대해 내부회계관리제도 외부 감사가 실시되는데, 소규모 상장사는 효과 대비 부담이 더 크다는 우려의 목소리가 나오기도 했다. 금융위는 이런 과도한 부담의 여지가 있는지 들여다 본다는 계획이다.

매일경제신문. 2022.7.20.

## 금융기관 내부통제 규정 더 명확해져야. 고동원

최근 금융기관의 '내부통제 기준' 마련과 준수 의무에 대한 판결이 나오면서 금융기관의 내부통제가 얼마나 중요한지 다시 생각하게 된다.

'금융회사의 지배구조에 관한 법률'이 잘 규정하고 있듯이, 금융회사는 임직원들이 직무를 수행할 때 준수해야 할 기준과 절차인 내부통제 기준을 마련해야 할 '의무'가 있다. 법령을 준수하고, 경영을 건전하게 하며, 주주와 이해관계자 등을 보호하기 위해서다.

이 원칙을 지키지 못할 때 감독당국의 제재 대상이 된다. 그러나 관련 법률은 내부통제 기준을 준수해야 할 의무를 명확하게 부여하고 있지 않아 논란이 된다. 최근 은행 등 금융기관의 사모펀드 불완전판매 사건 판결에서도 이런 부분이 핵심 쟁점이 됐다.

금융기관이 불완전판매를 했을 때, 내부통제 관련 책임을 물을 수 있는지, 구체적으로 금융기관이 '실효성' 있는 내부통제 기준을 마련할 의무가 있는지, 어떤 경우에 내부통제 미비를 이유로 제재할 수 있는지 등을 놓고 양측이 공방을 벌였다.

물론 내부통제 기준은 실효성 있게 구축하는 것이 바람직하다. 그러나 실효성의 정도가 참 애매하다. 내부통제에는 결국 비용이 드는데, 사고를 완벽히 방지하기 위해 비용을 무한정으로 지출하는 것도 불가능하다. 특히 내부통제 기준을 잘 마련하지 않으면 금융기관 임직원이 제재를 받을 수 있으므로 어느 수준까지 마련해야 하는지가 금융기관 입장에서는 중요한 문제가 된다.

이에 대해 최근 우리은행 사건과 관련한 고등법원 판결은 중요한 기준을 제시했다. 법원은 '실효성 있는 내부통제 기준'을 구축해야 한다고 선언했다. 다만 내부통제 기준에 소요되는 비용을 고려하고 자의적인 제재를 막기 위해 객관적으로 예견 가능한 수준을 넘어 내부통제 기준 마련 의무를 부과할 수는 없다고 판시했다. 그리고 이러한 여러 가지 사정을 고려했을 때 판매회사의 내부통제 기준이 법에서 요구하는 수준에 미달한 것으로 볼 수 없다고 보고, 감독당국의 제재 처분은 타당하지 않다고 판시했다.

더 나아가서 내부통제 기준 '준수' 위반으로는 제재 사유가 될 수 없다고 한 점도 확인했다. 대법원 상고심에서 다시 다투어 볼 수도 있으나 사실 관계를 확정한 2심 판결이 유지될 가능성이 높다고 하겠다.

대법원에서 다투는 것은 법적 위험의 장기화로 여러 어려움을 초래할 수도 있어 바람직하지 않다고 본다. 다만 이번 사건을 계기로 금융기관 내부통제에 관한 법제 정비는 필요하다.

우선 현행 관련 법률상 내부통제에 대한 책임 주체가 불명확한 점이 있는데, 이를 법률에 명확하게 규정함으로써 금융회사 임직원이 내부통제의 중요성을 인식하고 더욱더 효율적이고 실효적인 내부통제 체제를 만들 수 있도록 해야 한다.

또한 내부통제 기준을 준수하지 않았을 때 제재 근거도 마련해야 한다. 내부통제 기준을 준수하지 않아 중요한 금융소비자 피해 사건이 발생한 경우에는 금융기관 임직원에 대한 제재 근거 규정을 마련해야 금융기관이 더욱더 실효성 있는 내부통제 체제를 만들 수 있을 것이다.

이번 판결을 계기로 해서 외부 전문가 등 각계 의견을 잘 수렴해 합리적이고 실효성 있는 내부통제 제도가 마련되길 기대해 본다.

매일경제신문. 2022.8.5.

# 가치평가

　회계법인 업무가 통상적으로 수행하는 업무를 크게 다음 세 가지 업무 회계감사, 세무자문과 경영자문(MAS, Management Advisory Service, 또는 FAS, Financial Advitory Service)으로 구분된다.

### "가치평가 업무 포기할까" 고민 깊어지는 회계업계

　주요 회계법인 사이에서 '가치평가' 업무에 회의적인 시각이 커지고 있다. 월성 원자력 발전소 경제성을 평가한 삼덕회계법인이 검찰 수사를 받고 있는 데다 교보생명의 비상장 주식 가치평가를 평가한 딜로이트안진회계법인 소속 회계사들이 최근 기소된 데 따른 영향이다. 쥐꼬리 만한 수수료를 받는 업무인데 형사처벌 리스크까지 불거지자 회계법인 업계에선 "가치평가 업무는 아예 포기하자"는 목소리까지 나오고 있다.

### "회계사법 적용 피할 방법 고민"

　2일 회계업계에 따르면 주요 회계법인은 최근 월성 원전 경제성 평가로 홍역을 치르고 있는 삼덕회계법인과 교보생명 문제로 골치를 앓고 있는 딜로이트안진 사례를 공유하며 향후 가치평가 업무를 어떻게 수임할지, 업무 방식은 어떻게 바꿔야 할지 등을 검토하고 있다. 4대 회계법인 소속 A회계사는 "교보생명 건은 검찰이 '공인회계사법'

제15조(공정 및 성실 의무)와 제20조(비밀엄수) 위반을 이유로 기소했는데 가치평가 업무가 공인회계사법의 대상이 되는지부터 논란"이라고 지적했다. 가치평가는 감사 업무와 달리 컨설팅사와 감정평가사 등도 수행할 수 있기 때문이다. 그는 "인수합병(M&A) 등 자문 업무를 담당하는 딜 본부가 가치평가 업무를 주로 맡는데, 이런 일은 회계사 자격증이 꼭 필요한 영역이 아니기 때문에 (공인회계사법 적용을 피하기 위해) 아예 자격증을 반납하는 것은 어떠냐는 의견도 있다"고 했다. B회계사는 "기업 가치나 자산 가치를 평가할 때는 시가, 장부가, 유사 매물, 미래 전망 등 다양한 밸류에이션 기준을 적용할 수 있으며 가장 적합한 기준은 선택하기 나름"이라고 말했다. 그는 "검찰이 무리하게 기소했다는 판단과 별개로 우리로선 그런 일을 겪지 않으려면 어떻게 해야 하나 고민할 수밖에 없다"고 토로했다.

### 단순평가 작업은 중소형사로 넘길 듯

가치평가 업무를 상당 부분 포기하자는 얘기도 회계업계에서 나온다. 회계법인의 딜 본부 매출 가운데 M&A와 관련한 재무자문, 회계실사를 제외하고 단순 가치평가에서 발생하는 수입은 상대적으로 미미하기 때문이다.

대형 회계법인 소속 C회계사는 "유수의 회계법인도 가치평가 업무 수수료는 건당 5,000만~1억원 수준에 그치는 일이 많다"며 "고객도 많은 돈을 지급할 생각이 없고, <u>보고서가 다 나올 때까지 수수료를 주지 않기 때문에</u> 고객의 입김이 반영되기 쉬운 구조"라고 지적했다. 일종의 '도장값'만 받고 평가 보고서를 작성해주는 관행이 있었다는 얘기다. 그는 "가치평가 작업이 다른 업무와 엮여 있기도 해 꼭 필요한 업무만 골라서 맡되 수수료를 대폭 올리는 식으로 영업할 가능성이 크다"고 전망했다. D회계사도 "형사처벌 위험이 불거진 만큼 평가보고서 보수가 지금처럼 낮은 수준으로 유지되기는 어려울 것"이라고 말했다. 이에 따라 수수료가 낮은 단순평가 업무 중 상당 부분이 '빅4'를 제외한 중소회계법인이나 컨설팅업체 등으로 넘어갈 공산이 크다.

업무 방식도 달라질 것으로 예상된다. D회계사는 "월성 원전 경제성 평가처럼 고객 요구에 맞춰 숫자를 계속 바꿔준 것은 분명 문제가 있다"며 "요구가 있다 해도 일정 선을 넘지 말아야 하고 사후에 그 작업을 정당화할 수 있도록 근거를 갖추는 작업이 훨씬 늘어날 것"이라고 말했다.

한국경제신문. 2021.3.3.

컨설팅업체나 감정평가사는 평가 업무의 수준이 미흡하다고 해도 적어도 공인회계사법으로 처벌을 받지는 않을 것이다. 따라서 회계법인이나 컨설팅 또는 감정평가사가 동일한 업무를 수행하는 데 비해서 회계법인이 불이익에 처하게 된다. 국제회계기준이 도입되면서 공정(FV)평가의 방향으로 기업회계 기준이 방향을 잡게 되었고 회계법인과 감정평가업간에 평가와 관련된 영역을 두고 다툼이 있어 왔다. 회계법인이 수행하는 업무 중, 회계감사만이 회계법인 의 고유업무이다.

평가는 정형화된 기업회계기준에 의해서 수행되는 감사와 비교해서는 명 확하게 어떤 평가 과정이 적절하지 않다고 판단하기가 매우 어려운 용역이다. 많은 가정과 미래에 전개될 상황 하에서 평가가 수행되기 때문이다.

시장의 평가보고서 이용자들은 평가 작업이 회계법인에 의해서 수행되었 을 때, 인증의 과정과 같이 투명성과 적정성이 더 높은 보고서라고 믿을 수 있 다. 이는 인증이라는 작업을 수행하는 전문성을 가진 회계법인의 특성 때문이 다. 즉, 평가 업무는 인증이라는 차원과는 차이가 있는 용역임에도 불구하고 평가 보고서 이용자들이 회계법인이 수행하는 평가보고서가 인증에 버금가는 차원의 용역 보고서라고 이해할 수도 있다. 평가는 감사와는 달리 어떤 특정 한 기준에 근거해서 수행되는 것이 아니기 때문이다.

공인회계사법으로 이 업무가 기소의 대상이었다고 하면 동일한 업무를 컨설팅업체나 감정평가사가 수행했다고 하면 기소의 대상이 아니라는 것인데, 그렇다고 이 업무를 수행함에 있어서 공인회계사 자격증이 필수적이지 않았다 고 하면 결국 형사법의 대상이 되었다는 것은 이러한 업무를 회계법인이 수행 하였고 시장의 입장에서 이 업무를 회계법인이 수행함에 있어서는 미흡한 점 이 있었다는 판단이다. 그런데 이 업무에 자격증이 요구되지 않는다는 것 때 문에 법적인 판단이 얽히게 된다.

보고서가 다 나올 때까지는 수수료를 지급하지 않는다는 점은 평가법인 의 독립성의 이슈를 의미한다. 평가하는 기관이나 회계법인의 감사용역 또는 신용평가업의 입장에서의 신용평가 모두 독립성이 경제적인 유인과 연관되게 되면서 독립성이 위협받게 되는 것이다.

## "월성 경제성 낮춰라" 압박 받은 회계법인도 막판까지 버텼지만…

　월성 원전 1호기 경제성 평가를 담당한 삼덕회계법인은 산업부 관료들과 한국수력원자력 직원들의 '수치 조작' 압박에 버텼으나 결국 막판에 원전 이용률 수치를 낮추며 협조한 것으로 알려졌다. 법조계 관계자는 "회계법인을 압박했던 실무진과 윗선에 직권 남용 혐의 적용이 가능한 사안"이라고 했다.

　당시 경제성 평가 용역을 맡은 삼덕회계법인은 2018년 5월 7일 내놓은 보고서 초안에선 원전 이용률 70%를 적용해 '계속 가동'이 1,778억원 이득이라는 분석 결과를 내놨다. 그러나 나흘 뒤인 11일 산업부와 한수원, 삼덕회계법인은 검토 회의를 열고 원전 이용률을 70%에서 60%로 낮추기로 했다. 그 결과 그해 6월 11일 최종 보고서에서 계속 가동 이득은 224억원으로 쪼그라들었다.

　감사원 등에 따르면 산업부는 그해 4~5월 회계법인과 수차례 면담에서 판매 단가와 이용률 등을 낮추라고 압박한 것으로 나타났다. 삼덕회계법인 관계자 A씨는 감사원 감사에서 "산업부 원전 담당 과장이 월성 1호기의 이용률이 30~40% 정도 될 것이라고 아주 비판적으로 이야기했다"며 "탈원전이 정책 기조인데, 우리(산업부)가 원전을 못 돌리게 하면 월성 1호기의 이용률이 (높게) 나올 수 없다는 취지로 말한 거 같다"고 진술했다.

　A씨는 그해 5월 한수원 관계자에게 "처음에는 정확하고 합리적인 평가를 목적으로 일했다"며 "어느 순간부터 한수원과 정부가 원하는 결과를 맞추기 위한 작업이 되어버린 것 같아 쓸쓸했다"는 내용의 이메일을 보냈던 사실도 감사원 감사 과정에서 드러났다.

　삼덕회계법인은 최종 보고서 첫 페이지에 "자료의 진위 및 적정성 확인을 하지 않았다"며 "제시된 자료가 사실과 다른 경우엔 경제성 평가 결과가 달라질 수 있다"고 했다. 산업부와 한수원이 제시한 자료를 100% 믿지 않았음을 우회적으로 표시한 것이다. 또 "본 용역의 산정 결과는 절대적인 가치를 산정하는 것이 아니라는 점에 유의하시기 바란다"고도 했다.

조선일보. 2021.2.11.

삼덕회계법인이 이 평가 보고서에 사용한 문구를 보면 평가보고에 있어서 나름 매우 유보적인 의견을 보이고 있다. 그 확신의 강도를 보면 회계법인이 익숙한 감사의 수준이 아닌 소극적인 인증인 검토의 수준이라고도 할 수 있으며, 이보다도 유보적이라는 표현이 더 적합할 거 같다. 감사는 기업회계기준에 부합하여 회계정보가 작성되었음을 의미하지만 검토는 기업회계기준을 위반한 회계처리가 발견되지 않았다고 인증하는 것이다. 즉, 기준을 위반한 회계처리가 존재하는데 단지 발견되지 않았을 개연성을 남겨 두면서 소극적인 의사 표명을 하는 것이다. 물론, 이 건에는 삼덕회계법인이 논란의 중심에 서 있지만 어느 회계법인이 되었든, 우리나라 사회에서 정부의 강력한 요청을 받고 보고서를 수정하지 않을 회계법인이 몇이나 될까라는 생각을 해 보게 된다.

**"**

**문 정부, 삼덕회계 압박해 '월성원전 조작'…경제성 15분의 1로 줄였다.**

### '경제성 조작' 공소장 입수

탈원전을 내세웠던 문재인 정부가 월성 원전 1호기를 조기 폐쇄하기 위해 이 원전의 경제성을 15분의 1로 줄인 것으로 드러났다. 이 과정에서 원전 이용률과 전력판매단가를 인위적으로 낮추기 위해 회계법인을 압박한 것으로 파악됐다. 29일 한국경제신문이 입수한 대전지방검찰청의 월성 원전 경제성 조작 사건 공소장에서다.

### "손익분기점 55.9%로 튜닝"

공소장에 따르면 월성 1호기의 계속 운전 경제성 평가를 맡았던 삼덕회계법인은 2018년 5월 4일부터 14일까지 열흘간 산업통상자원부 요구에 맞춰 경제성 평가 때 3,427억원에 달했던 이 원전의 계속 운전 시 이익 전망치는 2차 평가 때 1,704억원으로 낮아졌고, 3차 평가 땐 224억원까지 줄었다. 최종 평가 결과가 첫 평가 때보다 약 3,200억원 적은 것이다.

검찰은 다시 청와대와 원전 주무부처인 산업부가 '월성 1호기 계속 운전이 폐쇄보다 손해'라는 결론을 미리 정해놓고 회계법인을 통해 숫자를 끼워 맞춘 것으로 보고 있다. 공소장을 보면 문재인 정부는 월성 원전 1호기의 경제성을 깎아내리기 위해 평가 핵심 변수인 원전 가동률과 전력판매단가를 낮추도록 회계법인을 압박했다. 이에 따라 1차 평가에서 84.9%였던 원전 이용률은 2차 평가에선 70.0%로, 3차 평가에선 60.04%로 낮아졌다. 전력 판매 단가는 당초 매년 물가상승률 1.9%를 고려한 kwh당 63.11원이었지만 2차, 3차 평가에선 각각 60.76원, 51.52원으로 낮춰 적용했다. 이를 통해 계속 운전이 폐쇄보다 더 이익이 되는 손익분기점 이용률은 1차 평가 때 20~30%에서 최종 보고서에선 55.9%로 높아졌다. 이에 대해 당시 실무를 맡았던 한국수력원자력 임원 한모씨는 직원들에게 "현재까지 (손익분기점 원전 이용률이) 55.9% 튜닝(조정)됐어요. 수고했어요"란 메시지를 보냈다.

### 검찰 칼끝, 문재인 청와대 향하나

삼덕회계법인은 2018년 6월 한수원에 경제성 평가 결과 최종 보고서를 제출했다. 이는 6월 15일 한수원 이사회의 월성 1호기 조기 폐쇄 가동 중단 의결, 2019년 12월 원자력위원회의 월성 1호기 영구정지 승인의 근거가 됐다.

산업부와 한수원의 요구에 따라 원전 경제성 조작에 가담한 문모 회계사는 당초 "회계기관의 중립성과 공정성에 대해 민감한 시기"라며 "경제성 평가 보고서(2차)에 적용했던 판매단가 및 70% 원전 이용률을 변경하기 어렵다"고 저항했다. 하지만 정부의 거듭된 압박과 요구에 "이제 되돌일 수 없는 상황"이라고 자책한 것으로 검찰 공소장에 적시됐다. 그는 "한수원과 정부가 원하는 결과를 맞추기 위한 작업이 돼버린 것 같아 씁쓸하다"고도 했다.

한국경제신문. 2022.8.30.

## "교보생명 풋옵션 행사가 산정 위법"

검찰이 딜로이트안진 회계법인의 임직원 3명을 공인회계사법 위반으로 재판에 넘겼다.

19일 법조계에 따르면 서울중앙지검형사9부(부장검사 정종화)는 지난 18일 딜로이트안진 임원 3명과 교보생명의 재무적투자자(FI) 법인 관계자 2명을 공인회계사법 위반 혐의로 기소하고 관련 수사를 마무리했다. 지난해 4월 교보생명이 회계법인 등을 검찰에 고발한 지 9개월 만이다. 검찰은 교보생명과 어피티니컨소시엄 등 FI들이 맺은 주주 간 계약상 투자자 측이 풋옵션(미래 특정가격에 팔 권리)을 행사하는 과정에서 딜로이트안진이 투자자들에게 유리하게 공정시장가치(FMV)를 산정했다고 결론낸 것으로 전해졌다.

2012년 어피니티컨소시엄[1] 등은 대우인터내셔널이 보유한 교보생명 지분 492만 주를 사들이면서 신창재 교보생명 회장과 주주 간 협약을 체결했다. 2015년 9월 말까지 기업공개(IPO)가 이뤄지지 않으면, 신회장에게 교보생명 지분을 되팔 수 있는 풋옵션을 보장받는 내용이다.

교보생명이 IPO에 실패하자 2018년 10월 자신들이 보유한 지분을 신 회장 개인이 되사라며 풋옵션 행사를 요구했다. 문제는 주당 가격이었다. 당시 투자자들은 딜로이트가 책정한 주당 40만원대를, 신 회장 측은 20만원대를 주장했다.

교보생명은 딜로이트안진이 풋옵션 행사가격을 산정하면서 행사일(2018년 10월 23일)을 기준으로 삼지 않고, 2017년 6월에서 2018년 6월까지 유사 기업들의 평균 주식 가치를 기준으로 삼았다고 지적했다. 교보생명 측은 "안진회계법인이 산정한 시장가치는 의뢰인(FI)이 부당한 이득을 얻게 하도록 가담하지 않았다면 도저히 산정할 수 없는 높은 금액"이라고 주장했다. 이에 대해 한 로펌 관계자는 "가치평가 결과를 교보생명과 FI 양측에 동시에 발송하지 않는 등 업무 처리 과정에 문제가 있었을 것"이라고 추정했다.

하지만 회계업계는 다소 당혹스러워 하고 있다. 한 회계법인 관계자는 "가치 산정 과정에 이견이 있다고 형사 소송을 제기하고, 그것을 검찰이 기소한 것"이라며 "<u>민사소송으로 갈 일이 형사사건으로 변진 것</u>은 문제가 있다"고 말했다.

한국경제신문. 2021.1.20.

---

1) Affinity인데 일부 언론은 어피니티로 일부는 어피너티를 사용한다. 본 저술은 원어 발음에 가까운 어피니티로 통일하여 사용하며 인용된 기사의 경우도 어피니티로 통일한다.

## 신창재회장-어피니티 '풋옵션 분쟁' 새 국면

 신창재 교보생명 회장과 어피니티컨소시엄 사이의 '주식 풋옵션 분쟁'이 새로운 국면을 맞았다. 양측이 다투는 핵심 쟁점인 풋옵션 가격을 산출한 딜로이트안진과 어피티니 관계자들을 검찰이 기소하면서다. 신회장은 풋옵션을 행사한 어피니티의 교보생명 주식(지분율 24%)을 되사줘야 하는데, 딜로이트안진의 임직원 3명을 공인회계사법 위반 혐의로 재판에 넘겼다. 딜로이트안진에 교보생명 주가 산출을 맡긴 어피니티 IMM 등 재무적 투자자(FI) 관계자 2명도 함께 기소했다. 베어링프라이빗에쿼티 관계자는 국내에 머물고 있지 않아 기소 중지됐다. 공인회계사법에서는 <u>공인회계사가 직무를 행할 때 고의로 진실을 감춰서는 안 되며 위촉인이 부정한 방법으로 금전상 이득을 얻도록 상담할 수 없게 하고 있다.</u>

 검찰의 기소는 교보생명이 딜로이트안진의 주가 산정 과정을 문제 삼아 고발한 지 9개월 만에 이뤄졌다. 교보생명이 딜로이트안진을 고발하게 된 배경은 2012년으로 거슬러 올라간다. 당시 어피니티컨소시엄 등은 대우인터내셔널이 보유한 교보생명 주식 492만 주를 사들이면서 신 회장에게 교보생명 지분을 되팔 수 있는 풋옵션 조항을 넣었다. 교보생명이 상장(IPO)에 실패하자 어피니티는 2018년 풋옵션 행사에 나섰고 어피니티는 주당 40만원대, 신 회장 측은 20만원대를 주장했다.

 교보생명은 딜로이트안진이 풋옵션행사가격을 산정할 때 행사일(2018년 10월 23일)을 기준으로 삼지 않고 2017년 6월에서 2018년 6월까지 유사 기업들의 평균 주식 가치를 기준으로 삼았다고 지적했다. 저금리 여파 등으로 생명보험사 주가가 2017년 말을 기점으로 하락했는데도 그해 6월을 기점으로 삼아 행사가격을 부풀렸다는 주장이다. 둘 사이의 분쟁은 2019년 3월 국제상공회의소(ICC) 중재법원을 통한 국제중재로 이어졌다.

한국경제신문. 2021.1.25.

## 신창재 교보생명 회장에 '호재

국제중재전문가들은 대체로 검찰의 기소를 신회장 측의 호재로 평가한다. 글로벌 로펌의 한 국제중재 변호사는 "중재 재판부의 재량에 달려 있지만 검찰 공소 내용을 고스란히 증거로 채택할 수 있고, 그러지 않더라도 형사 재판이 끝날 때까지 중재 연기를 신청해 볼 수 있는 등 신 회장이 확실히 유리한 상황"이라고 설명했다. 그는 "신 회장이 중재에서 검찰의 기소 효과를 극대화하기 위해 다양한 전략을 마련 중일 것이라"고 덧붙였다.

법조계에서는 검사가 범죄 혐의를 밝히기 위해 법정에 제출한 각종 자료가 중재판정부에서 증거로 채택된다면 어피니티컨소시엄에 타격을 줄 것으로 전망한다. 민사소송에서 확보할 수 없는 증거를 검찰이 쥐고 있다면 중재의 판도를 바꾸는 '게임체이저'가 될 확률도 있는 것으로 본다. 다른 국제중재 전문가는 "어퍼너티 측은 현재 상태에서 중재를 마무리 짓는 게 가장 좋은 전략일 수 있다"며 "검찰 기소를 중재와 관련된 사안이 아닌 것으로 규정하는 데 노력할 것"이라고 말했다. 시간이 변수가 될 수도 있다는 게 법조계의 얘기다. 신 회장과 어피니티는 오는 3월 중재인 청문을 한다. 청문 이후에는 새로운 증거를 제출하기가 어렵다. 재판부가 연기 신청을 받아주느냐가 검찰 기소의 파괴력을 가늠할 수 있는 첫 번째 관문이란 분석이 나오는 이유다.

## 신창재 교보생명 회장 vs 어피니티 갈등 일지

| | |
|---|---|
| 2012년 | 어피니티 IMM 베어링 PE, 싱가포르 투자청 등 대우인터내셔널에서 교보생명 지분 24% 매입 |
| 2015년 9월 | 교보생명 IPO 불발로 어피니티 컨소시엄 교보생명 풋옵션 행사 가능 |
| 2018년 10월 | 어피니티 신회장에게 풋옵션 행사, 딜로이트안진 교보생명 주식가치 주당 40만 9,000원 산정 |
| 2018년 12월 | 교보생명 이사회, IPO 추진 발표 |
| 2019년 3월 | 어피니티, "교보생명이 풋옵션 이행 안 한다" 국제상공회의소(ICC) 중재법원에 국제중재 신청 |
| 2020년 4월 | 교보생명, 딜로이트 안진을 한국 검찰과 미국회계감독위원회에 고발 |

| 2021년 1월 | 검찰, 딜로이트안진 회계사 및 어피니티 관계자 기소 |
| | 어피니티 신창재회장 사기죄로 고소 |

## 회계의 타락… 삼덕, 안진 보고서 베꼈다.

신창재 교보생명 회장과 어피니티 컨소시업이 벌이고 있는 주식 풋옵션 분쟁이 뜻밖에 '회계 스캔들'로 번지고 있다. 국내 5대 회계법인이 공인회계사법 위반 혐의로 잇달아 검찰에 기소되는 사태가 빚어졌기 때문이다. 전문가들은 이번 사건이 지난 10여 년간 급성장한 사모펀드와 이들 앞에서 철저하게 '을'일 수밖에 없는 회계법인의 역학 구도가 고스란히 노출된 사례라고 지적한다. 8일 한국경제신문이 단독 입수한 삼덕회계법인의 검찰 공소장에 따르면 삼덕은 교보생명 지분 5.33%를 갖고 있는 어펄마캐피털(옛 스탠다드차터드프라이빗에쿼티)의 풋옵션 행사가격 평가 업무를 맡았는데 경쟁 회계법인인 딜로이트 안진의 가격평가 보고서를 그대로 베낀 것으로 나타났다.

삼덕 소속 파트너회계사 A씨는 어펄마 임원으로부터 안진이 작성한 가치평가 보고서 초안을 건네받아 단순 오류 등도 수정하지 않은 채 표지와 서문만 바꿔달아 마치 자신이 직접 용역을 수주한 것처럼 최종 보고서를 완성해 제출했다. 이렇게 제출된 보고서는 어펄마가 신 회장을 상대로 행사한 풋옵션의 근거 자료로 활용됐다.

검찰은 신회장과 풋옵션 분쟁을 벌이고 있는 어피니티컨소시업(교보생명 지분 24% 보유)과 딜로이트안진에 대해서도 서로 짜고 풋옵션 행사가격을 부풀렸다는 혐의(공인회계사법 위반)를 적용해 지난 1일 기소한 바 있다.

금융권 관계자는 "어피니티 컨소시업과 어펄마는 최초 지분 취득 시가 및 과정 등에서 관련성이 전혀 없음에도 2018년 10월과 11월 각각 풋옵션을 행사한 뒤부터 사실상 한 배를 탄 것으로 추정된다"며 "최대 고객인 사모펀드의 뜻을 차마 거스리지 못하고 불법 행위를 저지른 대형 회계법인에도 적잖은 타격이 될 것"으로 내다봤다.

이 같은 회계 스캔들이 불거지면서 신회장과 어피니티 컨소시업의 국제 중재재판에도 상당한 영향이 불가피할 것이란 전망이 나온다.

한국경제신문. 2021.6.9.

## '회계 부정' 얼룩진 교보생명 분쟁. 가격 부풀리고 보고서 재탕…
## FI-회계법인, 짜고 친 '교보 풋옵션'

'회계스캔들'로 비화한 사모펀드와 신창재 교보생명 회장의 주식 풋옵션 분쟁 이면에는 회계법인의 독립성과 윤리성이 일감을 주는 사모펀드 앞에서 맥없이 무너져 내리는 현실이 있다는 분석이 나온다. 삼덕회계법인을 기소한 검찰 공소장을 보면 사모펀드와 회계법인의 부적절한 '커넥션'이 그대로 드러나기 때문이다.

삼덕회계법인 파트너 회계사인 A씨는 2018년 11월 26일 어펄마캐피탈의 B상무로부터 은밀한 제안을 받는다. B씨는 "어펄마가 보유 중인 교보생명 주식(5.33%)에 대해선 신 회장에게 풋옵션을 행사하기로 하고 당초 안진 측에 행사가격 평가를 맡겼으나 최종 보고서를 낼 수 없게 됐다는 통보를 받았다"며 "(사흘 뒤인) 29일까지 보고서를 (신회장에게) 보내야 하니 안진보고서 초안과 자료를 가져다가 삼덕 명의의 보고서를 발행해 달라"고 부탁했다.

### 안진보고서 표지만 바꿔 단 삼덕

B씨는 A씨가 승낙하자 안진이 작성한 자료를 이메일로 송부했고, A씨는 해당 자료에다 표지와 서문만 바꾼 최종 보고서를 삼덕 명의로 완성해 29일 오후 4시께 B씨에게 전달했다. 이 과정에서 안진 측 초안에 있던 사소한 오류조차 수정되지 않고 담는 등 베껴 쓴 흔적이 고스란히 남았던 것으로 나타났다. B씨는 약 5시간 뒤 이 보고서를 신회장 측에 풋옵션 행사가격 제출용으로 공식 제출했다.

어펄마는 왜 이렇게 무리한 일을 벌여야 했을까. 어펄마가 신 회장의 친인척 지분(5.33%)을 2007년 인수할 때 체결한 계약서에 따르면 풋옵션 행사가 이뤄지면 어펄마와 신회장 측이 각각 독립적인 회계법인을 선임한 뒤 해당 회계법인이 행사일부터 15일 안에 주식평가 보고서를 제출하도록 했다. 어펄마가 풋옵션을 행사하고 안진을 평가기관으로 선임했지만 앞서 어피니티 의뢰를 받아 동일한 용역을 수행 중이던 안진 측이 제출 기한을 단 3일 앞둔 시점에서 "(어피니티와 어펄마가 동일 회계법인을 선임한 데 대해) 이를 문제 삼지 않겠다"는 신 회장의 동의서가 필요하다고 주장하면서 계약이 막판에 무산됐다. 상식적으로 신회장이 이를 문제 삼지 않을 리가 없다는 것을 안진이나 어펄마 측도 잘 알고 있었기 때문으로 추정된다.

그러나 검찰에 의해 기소된 건 어펄마가 아니라 삼덕이었다. 앞서 검찰이 올해 초 안진과 어피니티 사건에 대해 양측 관계자들을 모두 기소한 것과도 다른 결과다. 안진 소속 회계사들은 어피니티의 청탁을 받고 가능한 한 어피니티 측에 유리한 방법으로 행사가격을 부풀렸다는 혐의를 받고 있다. 용역비 외에 향후 제기될 소송 등 법률 비용을 어피니티 측이 모두 부담하겠다는 약속을 받는 등 부당한 이득을 취한 혐의도 제기됐다.

법조계 관계자는 "검찰은 안진과 어피니티가 풋옵션 행사 가격 산정과정에서 서로 공모하고 그 대가로 금품 제공을 약속하는 등 공인회계사법상 허위 보고 및 부정 청탁 혐의가 모두 성립한 것으로 판단할 것"이라며 "반면 어펄마와 삼덕은 대가 관계가 명확하지 않아 일단 공인회계사의 허위 보고 혐의만 적용해 어펄마를 (기소 대상에서) 제외한 것으로 보인다"고 설명했다.

### 사모펀드 앞에서 무력한 회계법인

삼덕회계법인사건에 대해 한 대형 회계법인 출신 회계사는 "최근 감사인 지정제 부활 등으로 대기업을 상대로는 독립성 및 공정성이 과거에 비해 크게 강화됐지만 사모펀드 앞에서는 여전히 '고양이 앞에 쥐'에 불과한 실정"이라고 털어놨다. 그는 "삼일 삼정 안진 한영 등 4대 회계법인 조차 사모펀드가 주관하는 수천억-수조원대 인수 합병 거래의 자문이라도 맡으려면 철저하게 '을'이 될 수밖에 없다"고 고백했다. 또 다른 관계자는 "만약 시한이 너무 촉발했다면 삼덕이 용역을 수주할 수 없다고 거절했어야 맞다"며 "심지어 경쟁사가 만든 보고서 초안을 고스란히 자기가 쓴 것처럼 꾸며 회사 명의로 발행한 것은 누가 봐도 부끄러운 일"이라고 지적했다.

한국경제신문. 2021.6.9.

### 업계 5위권 삼덕회계법인은

삼덕회계법인은 국내 '빅4' 회계법인에 이은 5위권의 대형 회계법인이다. 특히 최근 3~4년 사이에 급성장하면서 업계의 주목을 받았다. 2017년 735억원에 불과하던 매출이 최근 회계연도(2019년 4월~2020년 3월)엔 1,192억원으로 증가했고 지난해에는 더 늘었을 것으로 추정된다. 삼덕회계법인은 다른 대형 회계법인과 달리 팀 연합체로 구성돼 있어 상대적으로 관리가 느슨한 편이다. 감사본부 재무자문본부 등 업역별로 부서가 구성되지 않고 1~13본부로 각자 본부가 독립돼 있으며 각자 영업해 일감을 수수주하고 수익을 가져가는 방식이다.

최근 삼덕회계법인을 둘러 싸고 논란이 잇따르자 업계에선 '급속한 성장과 허술한 관리의 부작용'이라는 지적이 나온다. 삼덕회계법인은 교보생명 주식가치평가 부정 혐의로 검찰에 기소된 데 앞서 올해 초 월성원자력발전소 경제성 평가 왜곡 논란에 휘말려 홍역을 치렀다. 감사원 조사 결과 산업통산자원부 등의 압력으로 삼덕회계법인이 원전의 경제성을 낮춘 것으로 드러났다.

회계감사 부문에서도 2018년부터 증권선물위원회 등의 감리 결과 8건의 징계를 받았다. 지난 5월에도 코스닥 상장사 녹원씨아이의 회계기준 위반과 관련해 증선위로부터 감사업무제한 등의 조치를 받았다.

한국경제신문. 2021.6.9.

위의 기사에서는 특정 회계법인의 업무의 공정성에 대해서 비판을 하고 있는데 감사인 등록제를 도입하면서 감독기관이 크게 강조하고 있는 내용 중에 하나가 회계법인이 one firm으로 조직화되어 있는지 여부이다. 과거 중소형 회계법인은 감사반 연합체로 즉, 각자 도생하는 독립채산제와 같이 운영되면서 단지 회계법인이라는 조직 아래에 들어와 있을 뿐인 경우도 있었다. one firm이라고 하면 이 조직이 system으로 움직이는지를 확인하는 것이다.

**새 국면 맞은 '풋옵션 분쟁'⋯ 신창재, 중재 재판서 승기 잡나**

신창재 교보생명 회장과 어피니티 컨소시엄 사이의 '주식 풋옵션 분쟁'이 이번 검찰 기소로 새로운 국면을 맞았다는 평가다. 핵심 쟁점인 풋옵션 행사가격을 산출하는 과정에서 평가 기관의 독립성과 공정성이 크게 훼손됐기 때문이다. 지난 3월 국제상업회의소(ICC) 중재재판소에서 비대면 화상회의로 열린 마지막 청문 절차에서도 어피니티 컨소시엄과 딜로이트안진 회계법인 측 공소 내용과 관련 자료 등이 재판부에 제출된 것으로 알려졌다.

이 소송은 2019년 3월 어피니티와 IMM프라이빗에쿼티(PE), 베어링PE 등 어피니티 컨소시엄이 ICC에 중재 신청을 한 데 따른 것이다. 어피니티 컨소시엄은 2012년 9월 대우인터내셔널이 교보생명 지분 24%를 매각할 때 신회장 측 주선으로 해당 지분을 인수했다. 인수가는 주당 24만 5,000원으로 총 1조 2,054억원이었다. 당시 신 회장은 어피니티 측이 자금을 회수할 수 있도록 2015년까지 기업공개를 추진하겠다고 밝혔고, 그 이후에도 IPO가 이뤄지지 않으면 이들로부터 주식을 되 사주는 내용을 부여했다. 그러나 IPO는 시한을 넘겨 차일피일 미뤄졌고 2018년 10월 어피니티 측은 결국 풋옵션을 행사했다. 딜로이트안진은 교보생명의 주식의 가치를 주당 40만 9,912원으로 산출했고 신 회장 측에도 그대로 전달했다.

양측 간 핵심 쟁점은 행사가격이다. 신회장 측은 딜로이트안진이 풋옵션 가격을 산정할 때 행사일(2018년 10월 23일)을 기준으로 삼지 않고 2017년 6월에서 2018년 6월까지 유사 기업들의 평균 주식 가격을 기준으로 삼았다고 주장했다. 저금리 기조 등으로 생명사들 주가가 2017년 말을 기점으로 하락했음에도 그해 6월을 기점으로 삼아 가격을 부풀렸다는 얘기다. 게다가 이들 사모펀드와 회계법인이 서로 짜고 교보생명 가치를 산정했다고 검찰이 판단한 만큼 어피니티 측 행사가격이 그대로 인정될 가능성은 낮다고 보고 있다.

반면 어피니티 측은 딜로이트 안진과 사전 협의를 한 것은 사실이지만 딜로이트안진 측이 독립적으로 판단해 최종 보고서를 제출한 만큼 행사가격에 문제가 없다고 반박했다. 어피티니 관계자는 "3월 청문회에서도 재판부 측이 검찰 기소만을 부각시키려는 신 회장 측 변호인을 제지하는 등 중재 내용을 차제에 집중하려는 태도를 보였다"며 "이번 검찰 기소가 신 회장에 무조건 유리하다고 볼 수는 없을 것"이라고 주장했다.

한국경제신문. 2021.6.9.

## 원전 수사 대전지검, 회계사까지 배임 방조 기소

'월성 1호기 경제성 평가 조작' 사건을 수사 중인 대전지검이 지난 6월 정재훈 한국 수력원자력 사장을 배임 혐의로 기소한 데 이어 최근에는 경제성 평가 조작에 관여했던 모 회계법인 소속 회계사를 '배임 방조' 혐의로 기소한 것으로 3일 확인됐다. 대전지검은 백운규 전 산업통상자원부 장관도 '배임 교사' 혐의로 추가 기소하겠다는 입장이지만 김오수 검찰총장 승인을 얻지 못한 상태. 백 전 장관까지 추가 기소한다면 월성 1호기 경제성 평가 조작의 '지시자'와 '실행자'들이 재판정에 서게 된다.

대전지검 원전 수사팀이 회계사까지 배임 방조 혐의로 기소한 것을 두고 검찰내부에서도 "서울중앙지검의 대장동 전담 수사팀과 비교된다"는 목소리가 나왔다. 대장동 수사팀은 이재명 민주당 대선 후보가 얻은 금전적 이익이 없을 경우, 배임 혐의 적용이 어렵다는 입장인 것으로 알려져 있다. 정책적 판단인 만큼 사법 처리가 힘들다는 논리라고 한다.

그러나 일선 검찰의 한 관계자는 "월성 원전 사건에서 배임으로 기소된 인사 중에서 돈을 받은 사람이 어디 있느냐"며 "대장성 수사팀의 논리는 누군가를 봐주려 억지로 만든 것이라고 볼 수밖에 없다"고 했다. 한 고위 법관은 "배임죄를 범한 사람이 개인적 이득을 취했는지 여부는 범죄 성립에 하등의 영향이 없고 돈을 받지 않았어도 임무 위배가 인정된다면 배임은 성립한다"며 "이 사건에서는 유동규 씨(전 성남도시개발공사 기획본부장)가 돈을 받았다면 뇌물 범죄가 별도로 성립하는 것일 뿐"이라고 했다.

원전 수사팀이 산정한 배임 액수는 1,481억원이었다. 월성 1호기 조기 폐쇄로 한수원에 그만큼의 손해를 입혔다는 것이다. 이번에 추가 기소된 회계사는 <u>2018년 5월 월성 1호기 가동 경제성을 2,772억원으로 평가했다가 다음 달 최종평가에서 '마이너스 91억원'으로 바꾼 혐의</u>를 받고 있다.

대장동 수사팀이 유동규 씨에게 적용한 배임 액수는 '최소 651억원'이다. 대장동 민간 사업자들이 대장동 사업의 택지 분양가를 축소하도록 내버려 둬 성남도시개발공사에 651억원의 손해를 입혔으며, 화천대유 등이 직접 수행한 다른 분양 사업 수익은 아직 계산 중이라는 것이다. 한 법조인은 "두 사건의 구조가 상당히 유사하다"며 "더구나 대장동 사건의 경우, 민간 사업자들에게 수천억원의 이익을 몰아준 것이기 때문에 정책적 판단이라고 주장하기도 어려운 사안"이라고 했다.

조선일보. 2021.11.4.

———————————————————————————————————— 🍎

　　혹자는 전 정권의 장관들에게 직무 유기로 기소하는 것이나 일부 경영진을 배임죄로 기소하는 것이 검찰이 과도한 수사를 하고 있다고 주장하기도 한다. 장관의 업무라는 것이 매우 포괄적인데 직무 유기를 적용함은 장관의 업무를 수행하지 말라는 것이라고 해석하기도 한다. 더 이상의 정치적인 이슈가 개입되는 내용은 본 저술의 범주를 넘는다.

　　본 chapter에서는 가치평가보고서 관련된 내용만 기술하고 교보생명 풋옵션 관련된 내용은 15장에 기술한다.

# 초과이익

    2021년초에 기재부를 중심으로 금융지주사에 코로나19에 대응하여 배당을 주주에게 과도하게 지급하지 말고 정부가 주도하는 코로나19 피해자를 위한 기금 등에 기부를 하도록 하는 정책이 발표되면서 주위를 놀라게 한다. 아무리 금융기관이 정부의 규제 하에 있는 산업이기는 하지만 그럼에도 엄연하게 주식회사인데 주식회사의 배당 의사결정에 정부가 개입하는 듯한 모습을 보이는 것이다. 정부가 이러한 뜻을 가지고 있어도 주주 다수가 코로나19 모금에 동참하기보다 배당에 관심이 많다고 하면 의결권에 의해서 이러한 의사결정을 해야 하는 것이 자본주의의 요체이다.

    정부의 민간기업에 대한 관여는 금융기관은 아니지만 다음 포스코의 경우에도 찾을 수 있다.

    주인이 있는 주식회사에 최대주주가 없다고 정부가 경영에 관여함은 바람직하지 않다. 예를 들러 포스코는 2022년 국민기업 논란에 휩싸였다. 대일청구권 자금 등이 기초가 되었으므로 민영화되기는 했지만 그 기초는 국민기업이라는 것인데, 민영화된 주식회사라는 차원에서는 당연히 민간기업이다. 포스코의 주주가 30만 명이고, 삼성전자의 주주 수는 600만이다. 이러한 차원에서는 삼성전자가 국가 경제에서 차지하는 부분을 두고 보아도 국민기업이어야 하는데 아무도 삼성전자에게 국민기업이라고 하지 않는다. 현대/기아자동차의 주문이 밀려서 모든 국민이 신차 주문 이후 1년을 기다려도 크게 문제화되지 않는다.

유공이 1980년 SK에 편입되면서 민영화되었다. 그러나 아무도 SK이노베이션을 국민기업이라고 부르지 않는다. 물론, 철강이 국가기간 산업이므로 그러한 차원에서 국민기업이라고 할 수 있지만 국민기업이라는 표현이 정부가 민간기업의 경영에 관여하기 위해 국민기업이라고 분류한다면 이는 적절치 않다. 그러한 차원에서는 전기를 생산, 공급하는 독점기업인 한전도 같은 성격이다. 국민연금이 포스코의 최대주주이므로 국민연금이 가지고 있는 지분만큼에 대해서 경영권/의결권을 행사하면 되는 것이지 그 이상도 그 이하도 아니어야 한다.

2022년 10월 카카오의 화재로 인해서 이용자들이, 아니 거의 전 국민이 불편함을 겪어야 했다. 김범수 회장이 국회에 불려 나갔지만 이는 거의 전체 국민이 피해를 입었기 때문이며 카카오의 독점적 위치 때문에 전 국민이 피해를 입었기 때문이다. 삼성전자나 현대차 공장이 수해를 입었다고 최대주주나 최고 경영자가 국회에 불려가지는 않는다. 해당 기업, 주주와 시장이 해결할 문제이다.

"

## 신한금융 배당 22.7%… 금융위 '20% 권고' 깼다

신한금융이 금융당국 권고안보다 2.7% 포인트 높은 22.7%의 배당성향을 결정해 주목받았다. 향후 최악의 코로나19 사태가 와도 위험을 감수할 정도로 미리 자본을 축적해놨기 때문에 이 같은 신한의 배당 성향 결정은 재무 건전성에 대한 자신감으로 해석된다.

신한금융은 지난 2일 이사회를 열고 2020년 기말 배당금을 주당 1,500원으로 결정했다고 밝혔다. 보통주 배당 총액은 7,738억원이며 배당성향은 25.97%보다 낮지만, 금융위원회가 권고한 20%보다 높은 수치. 금융위는 코로나19 사태로 인한 경제 충격이 발생할 경우에 대비해 배당을 줄여 재무 건전성을 확보해야 한다고 주문해왔다.

이에 따라 KB금융과 하나금융은 20%에 맞춰 배당성향을 결정했고, 외국계 은행인 한국씨티은행 역시 배당성향을 20%로 결정한 바 있다. 이들 금융지주와 은행은 금융당국이 배당성향 권고안(20%)을 내기 전 실시한 스트레스 테스트를 통과하지 못했지만, 신한금융은 이 테스트를 유일하게 통과한 것으로 알려졌다. 이날 신한금융은 7,000억원 규모 신종자본증권 발행도 결정했다. 신한금융은 "운영자금 및 채무 차환 자금으로 사용할 목적"이라고 밝혔다.

신종자본증권 발행은 자본을 늘리는 요소 중 하나다. 작년에 유상증자를 통해 선제적으로 재무 건전성을 높였던 신한금융은 지속적으로 신종자본증권 발행을 통해 재무 건전성을 유지하고 배당 등 주주 환원도 지속적으로 펼칠 계획이다.

신한금융 관계자는 "작년 유상증자를 통해 선제적으로 자본비율을 개선하며 코로나19 리스크에 대응해 왔다"면서 "앞으로 증가한 자본력을 활용해 경상 수익력을 높이고 이익 규모를 확대해 다양한 주주 환원 정책을 시행할 예정"이라고 말했다.

매일경제신문. 2021.3.4.

## 신한금융, 재무건전성 자신감 금융당국 권고 넘긴 22.7% 배당

금융위는 앞서 코로나19 사태 장기화를 대비해 손실 흡수 능력을 키워야 한다며 금융지주들에 지난해 순이익의 20% 내에서 배당할 것을 권고했다. 올해 성장률을 −5.8%의 최악 시나리오를 가정해 '스트레스 테스트(재무건전성 심사)'한 결과 금융지주 한 곳을 제외하고는 모두 부적합 판정을 받았다는 이유였다.

한국경제신문. 2021.3.4.

# 기업집단의 12월 인사발령

매년 12월이면 기업집단들이 사장단 인사를 발표하게 된다. 물론, 인사발령은 회사 내부의 의사결정이며 12월 결산일 경우, 대부분 기업의 주총이 3월에 개최되므로 3월 주총까지는 법적으로는 신규 인사발령이 된 후보자들은 내정자 신분일 뿐이다. 물론, 일부 기업(특히나 비상장기업)은 인사발령 이후 바로 임시 주총을 개최하여 신규로 등기를 하기도 하지만 대부분의 경우는 임시 주총의 소집이 번거로운 절차이므로 그 다음해 3월 주총까지 기다리는 경우가 많다.

재벌 그룹들이 인사발령을 주총 이전까지로 늦춘다면 내정과 실질적인 법적인 선임이 얽히는 복잡한 현상이 발생하지 않을 것인데 기업들은 아마도 인사발령을 calendar year와 맞추어서 차기 연도 계획을 수립하는 등의 업무를 진행하려는 것 같다. 특히나 시장이 주목하는 삼성그룹의 경우는 대부분의 경우 12월 초에 인사가 있게 된다.

이렇게 되는 경우 인사가 복잡해질 뿐만 아니라 등기 이사들이 받는 급여도 영향을 받게 된다. 삼성의 경우는 거의 매년 12월초에 인사발령이 나게 되므로 등기임원들의 급여 계약도 당해 12월부터 익년 11월까지의 업무 위임 계약을 맺는 경우가 많다. 즉, 법적인 등기와는 무관하게 실질적으로 인사 발령이 있는 12월부터 그 다음해 인사 발령이 있을 11월말까지 계약을 하게 된다. 즉, 법적인 임기와 급여 책정 기간이 일치하지 않는 것이다.

물론, 인사 발령의 대상이 비상장기업이라고 하면 1인 주주일 경우일 수 있고 이러한 경우는 위에 기술한 내용과 같이 임시 주총으로 12월에 이사를 선임하여 법적인 임기를 인사발령과 맞추기도 한다. 일부 상장기업은 이러한 복잡한 문제를 피해가기 위해서 임시 주총이라는 추가 비용을 부담하더라도 임시 주총을 개최하는 기업도 있다.

다음해 2월에 임원별 전년 실적을 기초로 한 평가결과를 토대로 그룹 전체 임원들의 처우를 고려하여 연봉을 산정하고 이를 이미 체결된 "업무 위임 계약"의 연봉에 적용하고 있고, 연봉 정산을 하게 된다.

만약, 연임이 되지 않는 임원이 있다고 하면 12월부터 임기를 마치는 3월 주총까지의 급여는 1년 급여에 月割 계산하여 지급하게 된다.

연임이 되지 않는 CEO나 등기임원의 경우, 법적으로는 익년 주총까지는 법적으로 자리를 지키게 되지만 이미 실질적인 권한은 내정된 CEO나 등기임원에 있기 때문에 애매하게 동반하는 모습이 수개월 이어질 수 있다. 특히나 이러한 인사발령이 12월에 있으면 그나마 이 기간이 3개월여의 이슈이지만 이러한 인사발령이 당겨지는 경우는 이러한 기간이 더 길어지게 된다.

어떻게 보면 기업들이 본인들의 인사와 관련된 의사결정을 위주로 주총이나 등기라고 하는 법 체계를 어느 정도 무시하는 처사라고도 할 수 있다. 법보다는 그룹 차원에서의 인사 의사결정을 더 중요시 한다고도 할 수 있는데 1년의 12개월 동안의 경영활동 중 이러한 애매한 기간이 3개월여라고 하면 이러한 불일치가 경미한 문제가 아닐 수도 있다.

단, 본 chapter에서 주로 논의된 이슈는 등기 이사인 CEO와 대부분의 기업에서 사내이사로 등기하는 CFO의 경우에 해당하며 등기하지 않는 임원의 경우는 인사 발령 시점에 임기를 시작해도 문제가 없다. 따라서 최고경영자의 입장에서는 새로운 사내이사/미등기임원들이 calendar year에 맞춰서 새로이 임기를 시작하는 경영의 효율성이 법적인 임기와 실질적인 경영상의 임기를 맞추는 것보다 더 중요하다고 한다.

# 한미약품

**"한미약품 '늑장 공시'로 손실, 13억 배상"**

2016년 한미약품의 '공시 지연'으로 손실을 본 투자자들에게 회사가 손해배상을 해야 한다는 법원 판단이 나왔다. 기업의 공시 의무를 엄격하게 본 것으로, 법원은 투자자들이 요구한 금액의 99%를 인용했다. 그해 11월 사건이 접수된 지 4년 만이다.

서울중앙지방법원 민사합의 16부(부장판사 임기환)는 김모씨 등 투자자 120여 명이 한미약품을 상대로 낸 손해배상소송에서 19일 원고 일부 승소 판결했다. 재판부는 청구금액 13억 8,000만원 중 13억 7,000만원을 한미약품에 배상해야 한다고 판시했다.

사건은 2016년으로 거슬러 올라간다. 한미약품은 2016년 9월 29일 주식시장 마감 후 오후 4시 33분 1조원대 항암제 기술을 글로벌 제약업체에 수출했다고 공시했다. 그리고 다음 날인 9월 30일 오전 9시 29분께 8,500억원대 또 다른 기술 수출 계약이 파기됐다는 악재성 공시도 냈다. 전날 대비 5.5% 오른 가격으로 출발한 한미 약품의 주가는 18.1% 폭락한 채 거래를 마쳤다. 이에 소액주주들은 "한미약품은 30일 개장 전에 악재성 뉴스를 공시해야 했다"며 소송을 제기했다.

재판의 쟁점은 투자자 보호를 위한 기업의 공시 의무 범위를 어디까지로 해석할지였다. 법원은 기업의 공시 의무를 엄격하게 판단했다. 재판부는 "기업공시제도는 증권 내용과 발행회사의 재산 및 경영상태 등 투자자에게 필요한 내용을 신속, 정확히 공시함으로써 투자자가 회사의 실태 등을 정확하게 파악하게 하는 제도"라며 "이는 증권 거래의 공정성을 확보하고 투자자를 보호하는 목적이 있다"고 말했다. 이어 "이 사건 악재가 2016년 9월 29일 오후 7시 6분께 통보됐는데 한미약품은 거래소 측과 문제가 있어 다음날 거래 후 공시할 수밖에 없었다고 주장한다"며 "그러나 악재를 거래 개시 전에 공시하는 것이 불가능했다고 보이지 않으므로 한미약품은 원고(소액주주)들이 입은 손해를 배상할 의무가 있다"고 판단했다.

서울중앙지법은 한미약품 공시 지연 사건과 관련된 손해배상 소송이 두 건 더 있다. 소송 참여자는 370여 명이고 청구금액은 44억 여원에 달한다.

법조계에선 이날 선고가 다른 재판에도 영향을 미칠 것으로 보고 있다. 원고들을 대신한 윤제선 법무법인 창천 변호사는 "기업의 입맛에 맞춰서 공시 시점을 조율하던 관행에 철퇴를 가한 기념비적인 사건"이라며 "이 선고를 토대로 추가로 소송이 제기될 가능성도 있다"고 말했다.

앞서 검찰은 한미약품 공시지연 사건과 관련해 2016년 12월 한미약품의 지주사인 한미사이언스 임원 황모씨 등을 구속기소했다. 이들은 악재성 정보를 미리 알고 관련 주식을 팔아 총 33억원 가량의 부당 이득을 챙긴 혐의를 받았다. 하지만 검찰은 공시 지연에 대해선 <u>공시 문구 등을 협의하는 과정</u>에서 생긴 일이고 회사 측 고의는 없었다며 무혐의 결론을 내렸다. 이 사태로 당시 한미약품 최고재무책임자였던 김재식 부사장은 사표를 내기도 했다.

한미약품 관계자는 "공시 지연에 대해서는 검찰 조사에서 무혐의로 결론이 난 사안인데 이런 판결이 나온 것은 매우 유감스럽다"며 "즉각 항소를 검토하고 있다"고 말했다.

한국경제신문. 2020.11.19.

수시공시(timely disclosure)는 정기공시인 재무제표 공시와는 달리 신속성 (timeliness)이 매우 중요한 공시의 형태이다. 정기 공시가 되었든 수시공시가 되었든 공시에서 신속성 이외에도 공시가 추구해야 할 또 하나의 가치가 정확성인데 이 두 가치가 항상 trade off(상충관계)가 있을 수 있다. 신속성을 원한다면 정확하지 않은 미성숙한 미완의 정보가 공시될 위험이 있으며, 정확성을 위한다면 정보의 공시가 늦추어지면서 정보의 신속성을 잃게 될 수 있다. 물론, 위의 신문 기사에 인용된 법원의 판결문에는 정보가 신속, 정확해야 한다고 인용되어 있지만 이는 이상론에 불과하다. 공시 문구 등을 협의하는 과정에서 시점이 늦춰졌다는 회사 측 주장인데 공시 문구 자체가 법적인 구속력이 있으므로 내용을 어떻게 기술하는지도 매우 민감한 부분이다.

한미약품의 관계자는 거래소 관계자와 협의 단계에서 공시의 시점이 늦어졌다는 주장이며 투자자들은 한미약품이 의도적으로 악재성 정보의 공시를 늦췄다는 주장이다.

한미약품에 어떤 일들이 있었는지를 추적해 본다.[1]

### 한미약품 '올무티닙 쇼크'… 거래소, 내부자거래 조사

다음날 오전 8시 40분부터 담당자와 만나 자료를 검토하고 공시를 진행했지만 9시 29분에야 이뤄졌다고 말했다.

거래소 관계자는 "한국거래소는 관리종목이나 불성실공시 법인에 대해서는 공시 승인이 필요하지만 한미약품은 공시 승인 기업이 아니다"며 "이날 오전 8시 40분에 사실을 듣고 개장 전 공시를 추천했으나 한미약품 측에서 공시 문구 등을 회사와 상의하다가 시간을 지체했다"고 밝혔다.

매일경제신문. 2016.10.3.

---

1) 손성규(2018) chapter 11을 참고한다.

## 한미약품 늑장 공시 논란, "내부자 거래 가능성 조사"

같은 날 오후 7시6분쯤 독일의 베링거인겔하임으로부터 작년 7월 기술 이전한 폐암 치료 신약 '올무티닙'의 개발을 중단하겠다는 통보를 받았다.

한미약품은 기술 수출보다 더 큰 파장이 예상되는 기술 개발 중단 소식을 곧바로 공시하지 않고, 다음 날인 30일 개장 후 5% 이상 급등했던 한미약품 주가는 18% 넘게 폭락했고, 결과적으로 30일 개장 직후 주식을 매수했던 투자자들에게 최대 24%의 손실을 안긴 것이다.

늑장 공시에 대해 한미약품은 공시 절차를 따랐다고 해명했다. 김재식 부사장은 "중요한 사항이기 때문에 거래소 야간 당직자에게 맡길 수 없다고 판단해 다음 날 아침 담당자를 찾아가 설명하고 공시했다"며 "관련 증빙 자료를 충분히 검토하고 당초 계약 규모와 실제 수취 금액의 차이를 해명하는 과정에서 의도치 않게 늦어진 것"이라고 말했다.

하지만 한국거래소 측은 "거래소와 협의 때문에 늦어졌다는 해명은 이해할 수 없다"는 반응이다. 거래소 관계자는 "기업에게 중요하다고 연락을 하면 한밤중에도 언제든지 공시를 할 수 있다"며 "또 거래소 공시 담당자들은 오전 5시에 출근하므로 지난달 30일 개장 전에도 충분히 공시할 시간이 있었다"고 말했다. 이뿐 아니라 금융위는 "미공개 정보를 이용한 내부자 거래 가능성에 대해 조사하겠다"고 밝혔다. 거래소 관계자는 "악재 공시가 나오기 전 30분 동안 한미약품 주식을 대량으로 매도해 부당 이익을 챙긴 세력이 있는지 파악하고 있다"고 밝혔다.

조선일보. 2016.10.3.

공시되고 시장과 공유되어야 할 정보가 제때 공유되지 않는다면 이는 내부자 거래로 이어질 수 있다. 다음 기사에도 인용되듯이 제약업계에서 이러한 내부자 정보 이용 경우가 다수 있다.

## 주식불공정거래 73% 내부자 연루

지난해 한국거래소가 적발한 주요 주식 불공정거래 사건 중 회사 내부자가 연루된 건이 70%에 달할 정도로 많았으며, 한계기업이나 바이오 제약 테마주를 이용한 불공정거래도 기승을 부렸던 것으로 나타났다.

10일 거래소 시장 감시위원회는 지난해 적발된 금융당국에 혐의를 동보한 주요 주식 불공정거래 사건은 모두 105건으로, 이 중 최대주주나 대표이사 등 회사 관련 내부자 또는 준 내부자가 연루된 사건이 73건에 이른다고 밝혔다. 내부자 준 내부자 연루 사건은 전년(46건, 51%)보다 크게 늘었다.

또 이전 3년간(2015~2017년) 불공정거래 적발 전력이 있는 종목이 다시 불공정거래 대상이 된 사건은 45건(43%)를 차지했다. 특히 재무구조가 부실하고 지배구조가 취약한 한계기업을 비롯해 코스닥 종목과 소형주가 내부자의 미공개 결산 실적 정보 이용 등 불공정 거래의 주된 대상이 됐다.

또 내부자가 신약개발 바이오산업 진출 등 호재성 미공개 정보를 이용하거나 임상시험 관련 허위 사실을 유포하는 등 바이오 제약 테마주를 이용한 불공정거래 사건도 많았다. 예를 들어 한 바이오 기업은 성공 가능성이 낮은 의약품의 임상시험 허가를 신청하고, 이를 과장 홍보해 인위적으로 주가 상승을 유도한 뒤 보유 주식을 매도해 차익을 실현했다가 적발돼 검찰에 넘겨졌다.

거래소는 지난해 이 같은 주요 주식 불공정거래 사건 105건에 보고의무 위반, 파생상품 시장 관련 혐의 등을 더해 총 118건의 불공정거래 혐의를 금융위원회 등 관계당국에 통보했다. 전체 건 수는 전년(117건)과 큰 차이가 없었다.

유형별로는 미공개 정보 이용 행위가 67건(57%), 시세조종 22건(19%), 부정거래 19건(16%), 보고의무 위반 10건(9%) 등이었다. 거래소는 "한계기업을 비롯해 실적이 나쁜 소규모 기업이나 주가 거래량 급변 종목이 불공정거래의 주된 표적이 되므로 투자 시 각별한 주의가 필요하다"고 조언했다.

매일경제신문. 2019.3.11.

## 기술이전 '의무공시' 검토... 한미약품사태 재발 막는다

　금융위원회가 기술이전과 같이 주가에 직접적인 큰 영향을 줄 수 있는 사항은 의무공시로 바꾸는 방안을 검토하기로 했다. 한미약품의 경우처럼 악재성 정보를 늑장 공시해 투자자들이 피해를 입는 사태의 재발을 막기 위한 차원이다.

　김용범 금융위원회 사무처장은 5일 "한미약품처럼 기술 개발이 주요한 사업인 회사에 기술이전, 특허와 같은 항목은 주가에 가장 큰 영향을 미치는 사안"이라며 "기술이전, 특허 등이 회사 재무상황에 큰 영향을 미치는 기업들에 대해서는 관련 정보 공시를 '자율공시'에서 '의무공시'로 바꾸는 방안을 검토하겠다"고 말했다.

　현재 한국거래소의 상장 규정에 따르면 기술도입 이전 제휴와 관련된 사항은 상장기업의 자율적인 판단에 따라 사유발생일 다음날까지 공시할 수 있도록 돼 있다. 하지만 기술도입 이전 관련 사항이 의무 공시화하면 상장기업은 의무적으로 사유 발생 당일 관련 내용을 공시해야 한다. 현재 의무공시 사항은 증자나 감자 결정, 해외 상장 또는 폐지, 자기자본 대비 10%(대기업은 5%) 이상 투자 결정, 채무의 자기자본 대비 10% 이상 증가 결정 등이다.

　거래소 관계자는 "기술이전의 경우 과거에는 <u>의무공시였는데 정부의 규제 완화 흐름과 호재성 항목이라는 판단하에 자율공시로 바뀌었던 것</u>"이라며 "세부 검토를 해봐야 하지만 의무공시로 변경해도 크게 반발은 없을 것으로 본다"고 말했다.

　금융위는 일부 기관 투자자가 공시되기 전 악재 정보를 미리 알고 공매도를 했다는 혐의가 확인될 경우 시장 질서 교란행위로 처벌할 방침이다. 증권업계 관계자는 "多次 정보 수령자의 혐의를 밝혀내기가 쉽지 않아 현재까지 적발사례가 나오지 않았다"면서 "한미약품 조사 과정에서 시장질서 교란행위 첫 사례가 나타날 가능성이 있다"고 말했다.

　작년 7월말까지만 해도 공시 내용과 같은 미공개 정보를 1차 정보 수령자로부터 전달받은 2차 이상 다차 수령자의 경우 처벌할 수 없었다. 하지만 2013년 10월 CJ E&M 3분기 실적 사전 유출 사건을 계기로 자본시장법이 개정돼 지난해 7월부터 2차 이상 정보 수령자의 시장 질서 교란행위에 대해서도 과징금을 부과하는 법적 근거가 마련됐다. 정보를 1차 전달한 애널리스트만 처벌을 받고 실제 수익을 낸 펀드매니저는 처벌할 근거가 없었기 때문이다.

매일경제신문, 2016.10.6.

수시공시에는 주요 경영사항 공시, 자율공시, 공정공시와 조회공시 등이 있다.[2]

자율공시라는 것이 매우 애매한 것이 자율공시하라고 하면 주요 경영사항 공시 사항이 아니므로 공시에 대한 의무가 있는 것은 아니다. 단, 자율공시한 내용에도 불성실공시한 내용이 포함되면 이 경우는 주요경영사항 공시와 동일하게 제재의 대상이 된다.

수시공시 관련된 문제점 중의 하나는 시장 참여자 판단에 투자의사결정에 있어서 중요한 정보이니 주요경영사항에 포함해 달라는 식의 요청을 모두 수용하다 보면 주요경영사항 공시가 너무 많아지고, 그러다 보면 공시에 충실하려고 해도 충실하기 어렵다는 불만이 나오게 된다. 그러면 거래소는 결국은 주요경영사항 공시를 축소하면서 즉, 위 신문기사에서와 같은 규제 완화라는 차원에서 자율공시로 재분류하게 되는데 그러면 다시 한 번 위의 경우와 같이 공시에서 누락되는 문제가 발생한다.

주요 경영사항공시에서 자율공시로 재분류될 때, 판단의 근거는 위의 신문기사와 같이 호재성 공시이니 굳이 의무공시로 묶어두지 않아도 공시할 것이라는 믿음이다. 물론, 거래소의 입장은 공시해야 하는지 아니면 공시하지 않아도 되는지가 애매할 경우는 거래소의 공시부서에 자문을 구하면 답해 주는 것으로는 홍보하지만 이러한 경우 대부분은 공시하는 것이 안전하다고 답을 할 듯하다. 즉, 적극적, 전향적으로 공시에 대하는 것이 해답이다.

불성실공시가 아닌 이상, 공시하지 않아도 되는 내용을 공시하는 경우보다 공시할 내용을 공시하지 않은 경우의 위험이 더 크다.

이에 해당했던 내용이 자산재평가이다. 자산재평가는 주요경영사항공시였다가 자율공시로 조정되었는데 그 논지는 자산재평가는 호재성 성격이라서

---

2) 수시공시에 대한 상세한 내용은 손성규(2009)를 참조한다.

자율공시로 분류해도 기업이 적극적으로 공시를 할 것이라는 판단이었다. 즉, 기술이전이 의무공시였다가 자율공시로 재분류된 사유와 동일한 사유이다. 자산재평가가 굿뉴스인 것은 맞지만 기업은 자산재평가로 인해서 자산이 증가했다는 것을 굳이 공시를 통해서 조속히 알리는 것이 득될 것은 없다. 따라서 자산재평가가 자율공시에서 누락되는 일이 발생하였고 그래서 자산재평가가 다시 주요경영사항공시로 재분류되는 과정을 밟게 되었다.

"

### 기술계약 당일 공시 의무화. 주가 영향 미치는 중요계약 수시공시에 포함

앞으로 삼성전자 같은 기술기업들의 기술계약 관련 공시 의무가 강화된다. 한미약품의 늑장공시 같은 사태 재발을 막기 위해 금융위원회와 한국거래소가 '기술 도입 이전 제휴에 관한 건'의 경우 공시를 의무화하기로 했기 때문이다.

이에 따라 기업들은 앞으로 해당 계약 건이 회사 주가에 중요한 영향을 미친다고 판단할 경우 계약이 발생한 당일 공시해 투자자들에게 알려야 한다. 26일 한국거래소와 금융위원회 관계자는 "현재 규정상 '기술 도입 이전 제휴에 관한 건'이 자율공시 항목에 포함돼 있어 기업들이 당일 공시할 의무가 없다"며 "이를 자율공시 항목에서 빼고 수시공시해야 할 중요한 정보에 포함시켜 기업들이 당일 공시하도록 의무화하는 방안을 검토하고 있다"고 말했다.

한미약품은 지난달 29일 밤 7시께 베링거잉겔하임으로부터 올무티닙 기술 수출 계약 해지를 통보하는 이 메일을 받았으나 당일 공시하지 않고 다음날 오전 9시 30분께 공시했다. 그 사이 계약 해지 사실이 외부로 유출됐고, 장 초반 30분간 대량의 공매도가 발생하면서 많은 투자자들이 피해를 입었다. 한미약품은 기술 수출 계약 해지 사안을 자율공시 항목으로 판단해 공시 사유가 발생한 다음 날 공시해도 된다는 규정을 악용했다. 현재 규정상 기업이 스스로 공시하는 자율공시는 사유 발생 익일까지 공시하도록 정해져 있기 때문이다.

정찬우 한국거래소 이사장은 지난 25일 기자간담회에서 "한미약품의 기술 계약 건은 기업의 실적에 상당한 영향을 미치는 중요 정보이기 때문에 당일 최대한 빨리 공시 의무가 발생하도록 해야 한다"고 말했다. 금융위원회와 한국거래소는 중요한 기술 계약 건에 대한 공시 시점을 앞당기기 위해 기존 자율공시 항목에 포함돼 있던 '기술도입 이전 제휴에 관한 건'을 자율공시에서 빼고, 수시공시 대상에 포함시키는 방안을 검토하고 있다. 단 기업 부담을 줄이기 위해 수시공시 대상으로 열거하지는 않으면서, '중요정보'의 예시 항목에 포함시켜 포괄적으로 의무화할 계획이다. 이 같은 규정이 적용되면 한미약품과 같이 전날 밤에 공시 사유가 발생했을 때 늦어도 다음날 시간 외 시장이 열리기 전인 오전 7시 20분까지 공시를 해야 한다.

이처럼 공시 규정이 변경되면 다른 기술기업들의 공시 의무도 강화될 전망이다. 그동안 기술계약 관련 공시가 자율공시로 분류되면서 기업 별로 공시 유무나 시점이 제각각이었다. 예를 들어 삼성전자는 2014년 초 미국 구글과 10년까지 장기 특허 크로스 라이선스 계약을 맺었다. 양사 간 잠재적인 소송 위험을 줄이기 위해서 10년간 향후 나올 수 있는 특허에 대해서도 서로 공유하기로 한 것이다. 당시 삼성전자는 이 내용을 공시하지 않았지만 앞으로는 이런 내용도 공시해야 한다는 얘기다.

하이닉스는 2015년 8월 샌디스크와 반도체 관련 특허기술 크로스 라이선스 계약을 맺으면서 이를 공시한 바 있다. 기술 관련 공시가 의무화되면 기업들의 공시 부담이 커질 수 있다는 우려도 나온다.

매일경제신문. 2016.10.27.

결국은 공시 관련되어 가장 큰 이슈는 주요경영사항공시로 내용이 포함됐다가 규제 완화 차원에서 자율공시로 변경되고 다시 이 내용의 공시 누락이 문제가 되면서 다시 주요경영사항 공시에 포함되는 반복되는 과정을 거치게 된다.

## 상장사 늑장공시 사유

한미약품을 상대로 한 소송은 늑장 공시를 이유로 상장사를 대상으로 손해배상을 청구한 최초의 대규모 소송 사례이기에 증권업계 및 법조계는 재판과정에 촉각을 곤두세우고 있다. 그동안 공시를 이유로 소액주주들이 상장사를 상대로 손해배상 소송을 제기한 사례는 전부 상장사의 허위 공시나 내부자거래 또는 주가조작 등에 집중됐기 때문이다.

대형 로펌 소속의 증권전문 변호사는 21일 "상장사들이 한국거래소 규정에 따라 공시를 했는지 여부뿐만 아니라 '신의성실원칙(저자: 권리 행사 및 의무 이행은 신의에 좇아 성실히 하여야 한다는 법률 원칙, 신의칙)'에 따라 주주들에게 올바른 정보를 적정한 시간에 제공했는지가 핵심"이라면서 "재판부가 원고 측 주장을 인용하는 경우 향후 상장사의 주주보호의무는 강화될 것"이라고 말했다.

소송이 본격적인 절차에 들어갈 경우 - 늑장공시와 소액주주의 주식 매수 간 인과관계 - 늑장공시가 한미약품의 주가에 미친 영향 - 손해배상액의 시기 및 액수 산정 등이 한미약품의 손해배상책임 유무를 판단하는 기준이 될 전망이다.

서울 중앙지법에 제출된 소장에 따르면 원고 측은 "한미약품 측이 베링거인겔하임과의 계약이 무위로 돌아갔다는 사실을 이미 8월 23일에 알고도 한 달간 기존 공시를 정정하지 않아 소액주주들의 매수를 유인했다"면서 "공시 내용이 취소 또는 변경되는 경우에는 사유발생일 다음날까지 거래소에 신고하여야 한다는 유가증권시장 공시규정 제 45조를 위반 한 것"이라고 주장하고 있다. 원고 측은 "주식을 매수한 금액에서 매도한 금액의 차액을 손해배상하라"고 한미약품 측에 요구했다.

한미약품은 현재 김앤장을 소송대리로 선임해 법적 대응을 고려하고 있지만 증권업계 일각에서는 소액주주와 법적 합의를 통해 원만히 사건을 해결할 가능성도 제기하고 있다. 한 증권사 임원은 "증권 관련 소송의 특성상 피해액 산정이 명확하고 이해 당사자가 분명하기 때문에 최종 판결까지는 가지 않고 합의로 해결할 수 있을 것"이라면서 "한미약품이 소액주주 측의 피해를 얼마나 배상해 주느냐가 관건"이라고 말했다.

앞서 지난 17일 서울남부지검 증권범죄합동수사단(단장 서봉규)은 한미약품 임직원이 미공개 내부정보를 이용해 주식을 거래한 혐의를 포착하고 송파구 방이동 한미약품 본사를 압수 수색한 바 있다. 이 과정에서 검찰은 기술계약을 담당하는 한 여직원이 회사가 계약 파기 사실을 공시하기 전 자신의 남자 친구에게 이 정보를 전달한 정황을 포착해 수사하고 있다. 만일 조사 결과 명확한 범죄 혐의가 입증된다면 한미약품 측의 손해배상 가능성은 높아질 전망이다.

매일경제신문. 2016.10.22.

위의 신문기사에서와 같이 사회현상에서 인과 관계를 밝히는 것은 매우 어렵다. 인과 관계 관련한 심증을 가질 수는 있어도 이를 입증하는 것은 어렵다. 또한 상관관계(association)와 인과관계(causal relation)를 구분하는 것도 쉽지 않다.

# 감정평가사

**"분양가 결정시 감평사 독립 보장해야"**

"감정평가사는 부동산 시장에서 제대로 된 가격을 찾아내는 전문가입니다. 정부가 전문가를 좀 더 활용한다면 부동산 정책에 도움이 될 것입니다."

감정평가사 4,200명이 소속돼 있는 한국감정평가사협회 김순구회장은 정부의 부동산 정책이 시장과 엇박자로 나가고 논란을 빚고 있는 것과 관련해 이같이 말했다. 부동산 정책 신뢰성을 높이기 위해 보다 객관적인 전문가의 접근이 필요하다는 얘기다.

정부가 연내 설립 계획을 밝힌 부동산거래분석원이 대표적이다. 부동산 거래 중 어디까지를 정상으로 판단할지 전문가 필요하기 때문이다. 정부는 부동산거래분석원을 설립해 이상 거래 등 시장 교란 행위에 적극 대응하겠다고 밝힌 바 있다.

이에 김회장은 "우리나라 사정에는 부동산이 적정 가격으로 거래됐는지 판단할 지표가 없다"며 "감정평가사들이 실거래 가격을 평가하고 조정해 줄 수 있는 조정 실거래가 제도가 필요하다"고 말했다.

부동산 거래는 이해관계 속에서 높게 거래될 수도, 낮게 거래될 수도 있는데 감정평가사들이 실거래 가격을 객관적으로 조정해 시장에 올바른 정보를 제공해줘야 한다는 것이다.

　김회장은 감정평가사의 독립성을 보장해주는 환경이 중요하다고 했다. 그는 "감정평가는 국가 정책과 국민 재산권에 큰 영향을 주고, 경제활동의 의사 결정 기준이 되는 중요한 업무"라면서 "감정평가사가 독립적인 위치에서 평가할 수 있는 환경을 조성해 주는 것이 중요하다"고 말했다.

　하지만 최근 분양가상한제나 부동산 공시가격 제도 등 감정평가사의 독립성을 제한하는 경우가 종종 있다.

　김회장은 "정부가 분양가상한제 적용 시 감정평가사가 평가한 택지비를 한국감정원이 다시 검토하도록 규정했다"면서 "이는 감정평가사의 독립성을 제한하는 것 아닌가 하는 의구심이 든다"고 말했다.

　분양가 상한제에서 분양가는 건축비와 택지비가 더해져 정해지는데 감정평가사가 매긴 택지비를 국토교통부 산하 기관인 한국감정원이 한 번 더 검토하고 있다.

　각종 조세와 부담금의 산정 기준인 공시가격 제도에도 구조적 문제가 있다고 지적했다.

　김회장은 "토지는 감정평가사가 조사 평가하고, 표준주택과 공동 주택은 감정원 직원들이 조사 산정하고 있다"며 "이런 시스템에서는 불균형이 일어날 수밖에 없다"고 말했다.

매일경제신문. 2020.9.18.

　감정평가사의 역할과 공인회계사의 역할 간에는 유사한 점이 많다. 수임료를 받고 평가를 하는 것이기 때문에 독립성이 이슈가 될 수 있다.

# 소액주주 보호

"

## 주식 10주 갖고 "주주명부 내놔라"··· 상장사는 괴롭다.

유가증권시장에 상장된 A사는 지난달 금융실무교육업체인 W사로부터 "주주명부를 복사해 달라"는 이메일을 받았다. 주가가 하락해 다른 주주들과 주주가치 증대 방안을 모색하겠다는 게 이유였다. W사는 주주명부 열람 청구권을 보장한 상법 제396조를 내세웠다.

A사 관계자는 "W사는 이메일을 보내기 3주 정도 주식을 매입한 것으로 파악됐다"며 "특별한 사유 없이 주주의 개인정보를 요구해도 명시적으로 거부할 권리가 없어 난 감하다"고 토로했다.

소액주주의 권리를 보호하기 위한 취지의 상법 396조가 개인정보 유출의 빌미가 된다는 지적이 나오고 있다. 부당한 이유로 주주명부를 요청해도 기업의 거부권이 법적으로 보장되지 못해 '기업 괴롭히기' 수단으로 악용될 수 있다는 비판도 제기된다.

24일 한국경제신문이 취재를 종합한 결과 W사는 한화손해보험, 삼천리, 강남제비스코 등 유가증권시장과 코스닥시장에 상장된 17개 기업에 무더기로 주주의 이름, 주소, 주식 종류, 주식수, 취득일 등 각종 개인정보가 담겨 있다. W사는 기업별로

10~100주의 주식을 보유한 것으로 알려졌다.

W사가 주주명부를 요청한 근거는 상법 396조다. 이 조항에 따르면 주주는 영업시간 내 언제든지 주주명부의 열람 및 복사를 요구할 권리가 있다. 소액 주주의 권리를 보장하기 위한 것으로, 1963년 상법이 제정된 이후 57년간 유지돼 있다.

W사의 주주명부 요청은 통상적인 요구와는 다르다는 게 기업 관계자들의 설명이다. B사 관계자는 "경영권 분쟁과 같은 일이 벌어졌을 때, 주주명부를 요청하는 경우가 있다"며 "주가가 하락했다는 단순한 이유로 주주명부를 요구한 주주는 처음"이라고 했다.

"주가가 지속하는 상황에서 다른 주주들과 연락 및 의견규합을 통해 장기적 주주가치 증대 방안을 모색하고자 합니다."

W사가 유가증권시장 및 코스닥시장에 상장된 17개 기업에 주주명부를 요구한 명분은 '주가 하락'이다. 경영권 분쟁 및 회사의 횡령 배임 문제 등이 아니라 주가 하락을 이유로 주주명부를 요청한 것은 이례적이라고 기업 관계자들은 입을 모았다. C사 관계자는 "주주명부는 보통 주주총회를 앞두고 있거나 임시 주주총회 소집을 청구할 때 요구가 들어온다"며 "시기적으로 W사의 주주명부 요청에 의문이 든다"고 했다.

문제는 주주명부 의도가 정당하지 못하다는 의심이 들어도 상법상 기업이 이를 거부하지 못한다는 것이다. D사 관계자는 "악의를 품고 다른 목적으로 주주명부를 이용하려는 것 같다"며 "주주의 개인정보를 이용해 영업하기 위한 목적 아닌가 의심하고 있다"고 말했다.

한국경제신문은 W사에 주주명부를 동시다발적으로 요구한 이유에 대해 해명을 요구했지만 답을 받지 못했다. 전문가들은 개인정보의 개념이 없던 시절 제정된 법 조항을 손볼 필요가 있다고 지적했다. 무분별한 주주명부 열람 청구가 이뤄지면 주주 개인정보가 유출될 위험이 있기 때문이다.

해외에서도 주주명부의 무조건 열람이 허용되는 건 아니다. 미국은 '적절한 목적'일 때 주주명부 열람권을 보장하고 있다. 또 정보 제공에 동의한 주주의 정보만 열람이 가능하다. 일본은 회사법상 주주명부 열람 청구에 대한 거절 사유가 명시돼 있다. 일본 회사법에 따르면 -회사의 업무 수행 방해 - 주주명부 열람을 통해 이익을 얻으려고 할 때 - 과거 2년 내 주주명부 열람으로 이익을 얻은 전례가 있을 때 등의 경우 기업이 주주명부 열람 청구를 거절할 수 있다.

전삼현 숭실대 법학과 교수는 "타인의 개인정보를 넘길 때는 당사자의 동의가 필요하다"며 "주주명부 역시 예외가 될 수 없다"고 했다. 최준선 성균관대 법학전문대학원 명예교수는 "미국과 일본처럼 정당하지 못한 이유로 요구하는 경우 거부할 수 있는 제도적 장치가 마련돼야 한다"며 "정부 여당이 소액주주 보호를 명분으로 상법 개정에 나서는 상황에서 소수주주권 남용을 견제할 필요도 있다"고 말했다.

한국경제신문. 2020.8.25.

다음의 주장은 상법의 이사회의 책임에서도 이사회가 회사를 위해서 의무를 하는 것이 아니고 회사와 주주의 이익을 위해서 의사결정을 하는 것으로 상법 규정을 개정하여야 한다고 주장하고 있다.

### "물적분할 후 재상장 규제해야" vs "전 세계 유례없다"

상법 제382조에는 '이사는 법령과 정관의 규정에 따라 <u>회사를 위하여</u> 그 직무를 충실하게 수행하여야 한다'고 적시돼 있다. 이사가 '<u>회사</u>'만이 아닌 '<u>회사와 주주의 이익</u>'을 위해 직무를 수행할 수 있도록 법을 바꾸자는 주장이다. 이교수는 "<u>미국처럼 회사에 주주 보호 의무를 부여해야 지배 주주와 소액주주 간 이해상충이 발생하지 않는다</u>"고 강조했다.

한국경제신문. 2022.1.7.

우리나라에서의 기업 내 이해관계자들 간의 가장 심각한 이해 상충은 최대주주와 소액주주간의 이해상충이다. 위의 제안은 상법에 이러한 내용을 추가한다면 법 정신에 의해서 이사회가 주주의 권익을 보호해 주는 의무도 포함한다는 점을 강조할 수 있음을 주장한다. 단, 법에 이러한 내용을 포함한다고 소액주주와 최대주주 간의 이해상충의 문제가 사라질 것인지는 의문이 있다. 주주 자본주의가 아니고 이해관계자 자본주의의 입장에서는 주주의 이익만을 강조하는 것도 아닐 수 있다.

　　이 내용과 관련된 내용들은 다음과 같다.

　　다음은 위 내용과 관련되어 이관희 교수가 자문해 준 내용이다.


## 1. 이상훈 교수의 논문에서 인용(p.321): 월스트리트 룰

**월스트리트룰(wall street rule)**

　　월가에서 기관투자자들이 주식투자자로서 기업 경영에 적극적으로 관여해 의결권을 행사하기보다 해당 주식을 팔아 치우는 방법으로 기업에 대한 평가를 대신하는 방식을 말한다.

### 1) "월스트릿 룰"(이른바 "분노의 매도")

　　이러한 문제에 대한 일반 주주의 1차적인 대응법은 주식을 매도하는 것이다. 이른바 "월 스트릿 룰"이라고 불리는 대응법인데, 전문경영인이 주가하락(자리보전)을 두려워하고 이해상충을 중시하는 회사법 문화를 가진 미국이라면 통할 수도 있는 수법이며 그 점에서 일정 부분 시장 기능이 존재한다고 볼 수 있다.

### 2) <u>주주의 지배권 이익은 이사의 선관의무로 보호되는 이익이 아니므로 주주들이 선택한 것인 이상 이사의 선관의무 위반의 대상이 될 수 없다</u>는 입장은 아래의 판례가 그 대표적인 예다.

　　에버랜드(대법원 2009. 5. 29. 선고 2007도4949 전원합의체) 판결: 이사가 주식회사의 지배권을 기존 주주의 의사에 반하여 제3자에게 이전하는 것은 기존 주주의 이익을 침해하는 행위일 뿐 지배권의 객체인 주식회사의 이익을 침해하는 것으로 볼 수는 없는데, 주식회사의 이사는 주식회사의 사무를 처리하는 자의 지위에 있다고 할 수 있지만 주식회사와 별개인 주주들에 대한 관계에서 직접 그들의 사무를 처리하는 자의 지위에 있는 것은 아니고, 더욱이 경영권의 이전은 지배주식을 확보하는 데 따르는 부수적인 효과에 불과한 것이어서,

회사 지분비율의 변화가 기존 주주 자신의 선택에 기인한 것이라면 지배권 이전과 관련하여 이사에게 임무 위배가 있다고 할 수 없다.

원문 출처: 이상훈. "물적분할과 지주사 디스카운트 – LG화학의 사례를 소재로 –" 법학논고 no.71(2020): 301–334.doi: 10.17248/knulaw..71.202010.301, p.321

## 2. 천경훈 교수의 논문에서 인용(p.11): 소수주주의 다수결(majority of minority: MoM)

미국, 영국 등에서 논의되는 소수주주의 다수결(majority of minority: MoM)을 참고하여 대안을 생각해 볼 수 있고, 이를 우리나라에 도입하는 방안도 고려해 볼 수 있겠다는 것이 이 글의 짧은 결론이다.

소수주주의 다수결이란, 지배주주의 이익과 다른 주주들의 이익이 충돌하는 거래에서 지배주주와 그 특수관계인을 제외한 주주들의 다수결로 의사결정을 하는 것을 말한다. 한국법상 낯선 관념 같지만, 지배주주 관련 거래에서 특별 이해관계인을 넓게 해석하여 지배주주 및 그 특수관계인을 특별 이해관계인으로 본다면, 결국 소수주주의 다수결과 유사한 결과가 되므로 아주 낯선 관념은 아니다.


## 3. 이 글에서 '지배주주'라는 용어는 상법 제360조의24 제1항에서 정의된 지배주주(발행주식 총수의 95% 이상을 자기의 계산으로 보유하고 있는 주주)가 아니라, 회사에 대한 지배적인 영향력을 가지고 있는 주주를 지칭하는 '사실상의 개념'으로 사용한다.

원문 출처 : 천경훈, "소수주주 다수결의 도입 가능성에 관한 試論". 기업법연구 제32권 제4호, 한국기업법학회, 2018. p.11

# 주기적 지정제

대부분의 우리나라의 제도는 해외 선진국에서의 제도를 도입하여 채택한다. 우리나라 이외의 거의 모든 자유시장 경제 체제에서의 감사인 선임 방식은 자유선임제도이다.

1980년대부터 삼성전자와 LG전자는 삼일회계법인으로부터 감사를 받아 오고 있었고 삼성전자나 LG전자가 삼일회계법인과 오랫동안 피감회사/감사인 관계를 유지하고 있었지만 감사품질에 문제가 있었다는 얘기를 듣지 못했다. 미국에서는 이보다도 훨씬 더 오랫동안 관계가 지속됨에도 감사품질에 문제가 없는 경우도 다수 있고 대다수 기업의 경우이다. 그럼에도 우리나라에서 많은 경우의 부실감사가 회사와 회계법인의 유착관계에 기인한다는 의구심이 있었고 이러한 문제 제기가 결국은 고민 끝에 주기적 지정제도의 도입으로 채택됐다.

주기적 지정제 관련된 일반적인 제도를 일단 우선적으로 기술한다.

**기존 직권 지정 사유**

① 회사요청
② 감사인 미선임
③ 감사인 부당교체

④ 감사인 선임절차 위반

⑤ 감리결과 조치

⑥ 부채비율 과다(재무기준)

⑦ 관리종목

⑧ 상장예정법인

⑨ 다른 법률(상호저축은행법 등)에 따른 지정 요청

⑩ 횡령/배임 발생

⑪ 주채권 은행 등의 지정 요청

⑫ 감사 전 재무제표 제출 의무 등 외부감사법 시행령을 위반한 경우(경미한 위반 제외)

## 신설 직권지정 사유

① 재무제표 대리작성/회계 자문 요구

② 3년 연속 영업손실 또는 부의 영업현금흐름 또는 이자보상배율 1 미만

③ 투자주의 환기종목(단, 내부회계관리제도 비적정사유는 제외)

④ 기관투자자인 주주의 지정요청

⑤ 감사시간이 표준감사시간에 현저히 미달한 회사

⑥ 3년간 최대주주 2회 이상 변경 또는 대표이사 3회 이상 변경

⑦ 지정기초자료 제출의무 위반

3년간 최대주주 2회 이상 변경의 경우는 소위 언론에서 기술하는 '먹튀'의 경우이다.

## 재지정 요청 기존 사유

• 공인회계사법상 직무제한 또는 윤리규정상 훼손 사유에 해당하는 경우

• 연결 지배 및 종속회사간 동일 감사인을 선임하려는 경우

• 회생절차 진행 중인 회사가 법원이 선임 허가한 감사인으로 지정 요청하는 경우

• 외국인투자기업이 그 출자조건에서 감사인을 한정하는 경우

## 신규 사유

• 지정받은 회계법인이 속한 집단보다 상위 집단의 회계법인을 지정 요청하는 경우

• 지정감사인이 회사에 과다한 감사보수를 요구하는 경우 등

## 추가 법률

• 재무상태가 취약한 회사

- 3개연도 연속 영업이익 또는 영업현금흐름 < 0
- 3개연도 연속 이자보상 배율 < 1
• 삭제: 소유-경영 미분리 회사 → 주기적 감사인 지정제 대상

**시행령**
• 선진 외국시장의 상장회사를 지정제의 예외로 하는 규정 삭제
  (사유: 선진 외국시장의 상장이 회계 공신력을 보장하지 않음)
• 코스닥 시장 투자주의 환기종목인 경우
• 회사의 내부회계관리제도가 미흡한 경우 지정하는 규정 삭제
  (사유: 내부회계관리 미흡으로 감사의견을 제시하면 지정감사인으로 교체 시 이해
  상충이 발생하여 공정한 내부회계관리 감사를 저해할 우려)

**감사인선임위원회 구성요건(외부감사 및 회계 등에 관한 규정 제9조)**
• 감사 1명
• 다른 법령에 따라 선임된 사외이사 중 2명 이내
• 지배주주 및 그와 특수관계에 있는 주주를 제외한 기관투자자 중 의결권 있는 주
  식을 가장 많이 소유하고 있는 기관투자자의 임직원 1명
• 지배주주 및 그와 특수관계에 있는 주주와 해당 회사의 임원인 주주를 제외한 주
  주 중 의결권 있는 주식을 가장 많이 소유한 주주 2명
• 지배주주 및 그와 특수관계에 있는 주주를 제외한 채권자 중 채권액이 가장 많은
  2개 금융회사의 각 1명

　자산규모 1천억 원 이상인 비상장회사로서 지배주주 및 특수관계자의 지
분율이 50% 이상이고 그 지배주주 및 특수관계자인 주주가 대표이사를 맡고
있는 경우를 "소유과 경영이 미분리된 대형비상장주식회사"로서 감사인을 주
기적으로 지정하게 된다.

　이와 같은 규정에 대해서 의문이 있는 것이 이러한 규정은 이사 중에서도
대표이사라야 본인이 희망하는 대로 의사결정이 가능하고 이사회에 상당한 영
향력을 행사할 수 있는 경우라고 해석하는 경우인데, 대표이사를 맡고 있지
않더라도 최대/지배주주는 상당한 영향력을 이사회에 미칠 수 있다.

　위의 감사인선임위원회의 구성에서 흥미로운 점은 채권자 대표가 일부이

기는 하지만 경영활동에 관여하는 흥미로운 경우이다.

감사인을 자율 선임 중인 상장사와 자산 1천억원 이상 비상장사는 3년 계약 중(상장사에 대한 3년 감사인 계약제도)이라도 모자 지정 감사인으로 일치 위해 기존 계약 해지가 가능하다.

포스코 그룹의 경우, 포스코인터내셔널, 포스코엠텍은 포스코홀딩스와 지정시기가 불일치로 동일 감사인 운영에 어려움이 있을 수 있다. 즉, 지주회사와 계열사의 주기적 감사인 제도 채택 연도는 각자 적용되는 제도에 의해서 결정되는데 지주사와 계열사의 주기적 감사인 지정 채택 연도에 차이가 있을 경우는 이를 어떻게 적용하여야 하는지가 아직 정리되지 않은 부분이다.

감사인 일치화가 일반적인 것이지 일치화되지 않고 불가피하게 모자회사 간에 지속적으로 상이한 감사인이 감사하는 경우도 다수 있다. 예를 들어 모회사가 상장 회사로 3년 감사 계약에 의해서 감사가 진행되고, 100% 자회사는 금융기관으로 상장기업은 아니지만 금융기관도 3년 감사인 유지제도가 적용되므로 이 두 회사 간에 3년 계약이 시작하는 시점에 차이가 있다면 불가피하게 일치화되어 감사가 진행되는 기간과 일치화되지 않고 감사가 진행되는 기간이 반복되게 된다.

포스코홀딩스의 경우는 2015년 재무제표에 대해 2017년 증선위 감리결과 2017년 2월에 위반사항 없음으로 통지되었고 회계처리 위반이 발견되지 않아, 6년간 지정이 면제된다. 이러한 순서에 의한다면 포스코홀딩스는 2024년에는 주기적 지정제의 순서가 되지만 감독기관이 순차적으로 주기적지정제를 채택하고 있으므로 2025년이 첫 주기적 지정제가 적용되는 연도일 수 있으며 이 일정은 감독기관이 정하게 된다.

"

**일 잘하는 회계법인에 감사 일감 더 몰아준다.**

금융위가 2018년 제정된 신 외부감사법의 주요 규제 사항 중 하나인 '감사인 지정제' 개선에 나선다. 개선안은 외부 감사 품질관리 수준이 높은 회계법인이 더 많은 상장사를 지정받을 수 있도록 하는 내용을 골자로 한다. 최근 기업 회계부정 사태가 연이어 터지는 상황에서 감사를 잘하는 회계법인에 인센티브를 주는 방식을 새 정부의 기조로 삼겠다는 의미로 해석된다.

12일 금융위 등에 따르면 정부는 이 같은 내용이 담긴 금융 자본시장 분야 국정 과제 이행 계획을 수립했다. 대통령직 인수위원회는 '자본시장 혁신과 투자자 신뢰 제고로 모범 자본활성화'라는 국정 과제를 내걸고 자본 시장의 투명성 공정성 개선이라는 하위과제를 선정한 바 있다. 구체적인 이행 계획 중 눈에 띄는 부분은 감사인 지정제 개선이다. 정부는 "외부 감사인 역량 강화를 통한 회계분식 예방 및 회계투명성을 제고하겠다"는 취지에서 이를 추진하는 것으로 전해졌다.

감사인 지정제는 기업이 외부 감사인을 자율적으로 6년 선임하면 그후 3년은 금융위 산하 증권선물위원회로부터 감사인을 지정받는 제도다. 기업이 회계법인을 장기간 자율 선임하면 '갑을관계'가 만들어져 부실감사로 이어질 수 있다는 우려로 도입돼 2020년부터 시행됐다. 회계법인들은 장기간 매년 8월말 심사를 받는데 평가기준은 자산 규모, 회계사 수와 경력 등이다. 회계업계 관계자는 "높은 점수를 받은 회계법인이 더 큰 상장사를 받는 데 유리하다"면서도 "그러나 총점에서 점수를 깎는 식으로 배정이 되기 때문에, 질과 양 어느 한쪽을 택해야 하는 측면이 있다"고 설명했다.

정부가 추진하는 감사인 지정제도 개선은 평가기준에 감사 품질을 포함시킨 뒤, 성과가 훌륭하다면 회계법인이 받는 총점을 더 주는 방식이 될 것으로 전망된다. 앞서 지난 2일 금융위는 "외부감사법 시행령과 외부감사규정 개정안을 시행한다"고 밝힌 바 있다. 개정안은 감사 품질 관리가 부족한 회계법인에 감사 지정 기업의 수를 차감한다는 내용을 골자로 한다. 국정과제 추진은 새 금융위원장이 지명되면 곧바로 이뤄질 전망이다.

매일경제신문. 2022.5.13.

## 중기 "감사인 주기적 지정 폐지를"

중소 중견기업이 주축이 된 경제단체들이 정부에 '감사인 주기적 지정제' 폐지를 건의하기로 했다. 중소기업중앙회는 한국상장회사협의회, 코스닥협회, 한국중견기업연합회와 14일 서울 영등포구 중기중앙회에서 '감사인 선임제도 정상화를 위한 간담회'를 열고 이같이 의견을 모았다고 밝혔다.

감사인 주기적 지정제는 6개 사업연도 연속 외부감사인을 자율로 선임한 상장사와 소유 경영 미분리 대형 비상장회사에 다음 3개 사업연도 동안 외부감사인을 지정하는 제도다. 정윤모 중기중앙회 상근부회장은 "감사인 주기적 지정제는 세계 어디에도 없는 '갈라파고스 규제'"라며 "글로벌 스탠더드와 맞지 않고 현장에서도 대응에 어려움을 겪고 있다"고 지적했다. 박양균 한국중견기업연합회 정책본부장은 "주기적 지정제는 감사 시장에 대한 과도한 개입으로 기업의 자율성을 침해하고 시장 기능을 왜곡해 사회적 비용을 유발하는 제도"라며 "조속히 폐지해 기업이 자율적으로 감사인을 선임하도록 하되 일정 기간 이후 감사인을 교체하도록 해야 할 것"이라고 주장했다.

매일경제신문. 2022.7.16.

## 자산 2조 넘는 상장사 지정감사, '빅4' 회계법인만 맡는다.

내년부터 자산 2조원 이상 상장사는 삼일 삼정 한영 안진 등 이른바 '빅4 회계법인'이 지정 감사를 한다. 기업군 분류 기준이 체계적이지 못해 자산 2조원 이상 글로벌 대기업임에도 역량이 상대적으로 부족한 중견 회계법인이 지정 감사하는 문제를 개선하기 위해서다.

2019년 도입된 주기적 감사인 지정제는 한 회사가 6년 이상 동일 감사인을 선임한 경우 이후 3년 동안은 금융당국이 감사인을 지정해 주는 제도다.

금융위원회는 17일 이런 내용을 담은 회계감사 및 회계 등에 관한 규정 개정안을 변경 예고했다. 국민 경제에 미치는 영향이 큰 자산 2조원 이상 기업은 감사 품질이 우수한 회계법인을 지정받을 수 있도록 기업군 분류를 개선한 것이 핵심이다.

최상위군인 '가'군을 자산 규모 5조원 이상 기업에서 2조원 이상 기업으로 조정한다. 상법이 자산 2조원 이상 상장기업에 대해 감사위원회 설치를 의무화하는 등 높은 투명성을 요구하고 있다는 점을 고려해 분류 기준을 통일한 것이다.

'가'군 기업은 '가'군 회계법인 중에서만 감사인이 지정된다. 현재 '가'군 회계법인에는 삼일 안진 한영 안진 등 빅4만 포함돼 있다. 2023 사업연도 감사인 지정부터 개편된 제도를 적용한다.

송병관 금융위 기업회계팀장은 "코스피 200에 포함된 자산 2조원 이상 기업은 외국인 투자자, 해외 거래 상대방 등의 요구로 글로벌 회계법인 선임이 불가피한데, 로컬 회계법인이 지정되면서 감사 품질이 저하될 수 있다는 우려가 나왔다"고 기준 손질의 이유를 설명했다.

회계법인이 상위군으로 승급하기 위한 기준도 높아졌다. 품질관리 인력 수 및 손해배상능력 기준치를 높였다. 대형 회계 분식 사고가 발생했을 때 투자자의 손해를 배상할 능력이 있어야 하기 때문이다. 개정안에 따르면 '가'군 회계법인으로의 승급 기준은 −회계사 600명 이상으로−품질관리 인원 14명 이상−회계감사 손해배상 능력 1,000억원 이상 등이다. 이 기준을 충족해야 자산 2조원 이상 상장사 지정 감사를 맡을 수 있게 되는 것이다.

회계법인의 자발적인 감사 품질 개선도 유도한다. 품질관리 지표를 마련해 감사인 지정 점수에 반영한 것이 대표적이다. 감사인 지정 점수란 지정 감사인을 정하기 위해 산정하는 회계법인의 평가 점수다. 과거에는 품질관리 지표가 반영되지 않아 회계법인들이 회계사 수를 늘리는 등 외형 성장에만 주력했다.

부실감사에 대한 벌칙을 확대하는 내용도 담았다. 고의 중과실에 해당하는 부실 감사가 적발됐을 때 부과되는 지정제의 점수를 상향 조정한다.

주기적 감사인 지정제 도입 이후 중견 회계법인(나~라군)에 지정 쏠림이 발생하는 것도 문제점으로 지목됐다. 기업이 속한 군보다 상위군의 감사인을 지정받은 경우 하위군 감사인으로 재지정을 요청할 수 있기 때문이다. 상위군 감사인의 감사 보수가 부담스러운 기업들을 고려해 도입한 제도다. 문제는 이 제도를 활용하는 기업이 늘어나면서 중견 회계법인들에 업무가 과도하게 몰렸다는 점이다.

중견 회계법인 회계사 수는 전체 회계사 수의 33%인 반면 지난해 지정 비중은 59%에 달했다. 중견 회계법인에 일이 몰려 감사 품질이 떨어지는 것을 막기 위해 회계 부정 위험이 큰 지정 사유(누적 적자, 관리종목, 감리조치 등)가 있는 기업에는 하향 재지정을 제한하기로 했다.

소형 회계법인이 감사인 지정에서 소외되는 현상도 막기로 했다. 중소비상장기업 지정 감사는 미등록 회계법인을 우선적으로 지정한다.

또 감사인 지정제도 전반을 개선하기로 했다. 먼저 지정감사제도 확대로 매년 상장법인 중 50% 넘는 기업이 지정감사를 받는다는 지적에 따라 지정감사 비중을 적정하게 조정하는 방안을 모색하기로 했다. 감사보수가 높아지면서 기업들의 비용 부담이 커졌다는 지적에 대해서도 논의할 계획이다. 송 팀장은 "감사보수 수준을 평가하고 방안을 마련해 감사보수가 지속적으로 올라가는 일이 없도록 할 것"이라고 말했다.

한국경제신문. 2022.7.18.

가군의 회계법인을 정함에 있어서 품질관리 인원을 요건으로 둔 것도 고무적이다. 품질관리를 위한 critical mass가 확보되어야 한다는 것이다.

**감사인 지정 대상 기업 분류 변화**

| 등급 | 현행 | 개선 |
|---|---|---|
| 가 | 5조원 이상 | 2조원 이상 |
| 나 | 1조~5조원 | 5,000억~2조원 |
| 다 | 4,000억~1조원 | 1,000억~5,000억 |
| 라 | 1,000억~4,000억원 | 1,000억원 미만 |
| 마 | 1,000억원 미만 | |

# 해운사 회계 이슈

## 해운사 '6조 매출감소 쇼크 피했다'

해운회사가 지난해 말까지 화주와 체결한 장기운송계약(CVC)을 전액 매출로 회계처리할 수 있다는 감독지침이 나왔다. 올해 새 리스기준서(IFRS 1116호)가 시행되면서 CVC 계약의 매출인식을 놓고 해운사들과 외부감사인 간 충돌이 잇따른 데 따른 조치다.

23일 금융위원회가 발표한 '신리스기준서 시행에 따른 해운사 화주간 CVC 회계처리 관련 감독지침'에 따르면 작년말까지 맺은 CVC 계약은 회계처리에 오류가 없는 경우 계약 종료 시까지 전액 매출로 잡을 수 있다. 올해 이후 맺는 계약에 대해선 건별로 기업과 외부감사인이 협의해 판단하도록 했다.

CVC 계약이란 선박을 이용해 특정 장소로 여러 차례 화물을 운송하기 위한 장기 계약이다. 해외에서 수입한 철광석 등 원재료를 벌크선에 싣고 국내로 옮기는 계약을 10년간 맺는 식으로 한국과 중국, 일본, 대만 등 아시아권에서 주로 이용하는 방식이다.

그동안 해운회사는 예전 회계처리 기준에 따라 CVC 계약 전체를 운송계약으로 회계처리해 매출로 잡았다. 그러나 "IFRS 16호에 따르면 화주가 인건비나 운항비 등을 부담하지 않고 단순히 선박만 사용하는 것은 금융리스로 볼 수 있기 때문에 매출로 잡으면 안 된다"는 의견이 회계업계에서 제기됐다.

한 회계사는 "CVC 계약에 대한 매출 인식을 놓고 회사와 감사인 간 분쟁이 잇따라 발행했다"며 "이미 '적정'을 준 과거 재무제표 수정을 요청하는 경우도 있었다"고 말했다. 김선문 금융위 회계감독팀장은 "신리스기준서의 경과규정에 따라 과거 기준상으로 판단오류가 없다면 매출로 인식할 수 있도록 했다"고 설명했다.

이번 감독지침 발표로 혜택을 받게 된 곳은 에이치라인해운, 팬오션, 대한해운, SK해운, 현대글로비스 등 국제회계기준을 채택한 8개 벌크선 사업자다. 이들은 올해에만 총 6,367억원, 계약 잔여기간까지 모두 합치면 최대 6조 1,543억원의 매출 감소를 피하게 됐다고 선주협회는 추정했다.

CVC 계약이 가장 많은 에이치라인해운은 올해 3,350억원, 계약 잔여기간까지 최대 3조 3,889억원의 매출 감소를 피할 수 있게 됐다. 에이치라인은 사모펀드 운용사 한앤컴퍼니가 한진해운으로부터 벌크선 사업부 등을 인수해 설립한 회사로, 기업공개를 추진하고 있다. 투자은행 업계에서는 "이번 감독지침이 나오면서 에이치라인해운의 IPO를 둘러싸고 제기됐던 불확실성이 일부 해소됐다"고 설명했다.

포스코와 현대제철, 한국전력 3개 화주는 최대 7조원의 부채 증가를 피할 수 있게 됐다. CVC 계약이 금융리스로 분류되면 화주도 그만큼 부채를 쌓아야 하기 때문에 재무건전성이 악화될 수 있다는 우려가 있었다.

한국경제신문. 2019.4.24.

# 세무사

> 경기도 "지자체 결산, 세무사도 가능"

세무사에게 회계사가 독점하던 지방자치단체 회계결산 업무를 볼 수 있게 하자는
움직임에 정부가 제동을 걸고 나섰다. 세무 회계업계에서는 공공영역에서 회계사와 세
무사 간 직역 다툼이 본격화하는 계기가 될지 주목하고 있다.

17일 금융당국에 따르면 금융위원회는 지난 14일 경기도에 '경기도 사무위탁 조례
일부 개정안'의 재의결을 요구했다. 지방자치법에 따르면 중앙정부로부터 조례안 재의
결을 지시받은 자치단체는 반드시 이를 따라 지방의회에 재의결을 요구해야 한다.

경기도의회는 지난달 28일 본회의를 열어 민간위탁 사무의 회계검증 업무 권한을
세무사에게도 부여하는 내용의 규례안을 통과시켰다. 경기도를 비롯한 각 자치단체는
민간 위탁 사무에 쓰인 사업비 사용 내역의 적정성을 따지기 위해 외부 전문가 참여
하는 회계감사를 시행하고 있다. 경기도는 지난해 민간위탁 사업 189건에 924억원의
사업비를 집행했다.

현행 경기도 조례는 민간 위탁 수탁기관이 사업연도마다 '회계 전문가'에게 사업비
결산서를 회계감사 받도록 규정하고 있다. 여기서 회계 전문가는 통상 공인회계사를

지칭한다. 위탁 감사 용역비는 건당 200만원 안팎이다.

세무업계는 "자치단체 민간 위탁 결산서 검증 업무를 회계사에게만 맡기는 것은 부당하다"고 꾸준히 문제 제기를 해왔다. 한국세무사고시회와 한국세무사회 등은 연초부터 경기도와 서울시를 비롯한 각 자치단체와 의회를 상대로 건의에 나서는 등 치열한 로비전을 펼쳤다. 그 결과 경기도에서 처음으로 세무사에게 위탁사무 결산 업무 권한을 부여하는 조례안이 통과됐다.

이에 회계업계가 즉각 반발하고 나섰다. 한국공인회계사회는 조례안이 4월 경기도의회 기획재정위원회를 통과하자 도의회에 주례안 철회를 요청했다.

회계감독 주무부처인 금융위도 회계업계 의견을 받아들여 중앙정부 차원에서 경기도에 정식으로 조례안 재의를 요구했다. 금융위 관계자는 "경기도 조례 개정안은 회계 검증 관련 업무를 회계사만 할 수 있도록 규정한 공인회계사법을 위반한 것"이라며 "전문성이 떨어지는 세무사가 해당 업무를 맡는 것은 이치에 맞지 않는다"고 설명했다.

반면 경기도의회는 "기획재정부에서 '세무사가 결산서 검증 업무를 수행하지 못할 이유가 없다'는 취지의 답변을 들었다"고 밝혔다. 기재부 관계자는 "검토 중이라 아직 부처 차원의 최종 결론이 나오지 않았다"면서도 "금융위가 조례안 재의 요구를 하면서 기재부 의견을 물어온 적은 없었다"고 말했다.

공인회계사업계와 세무사 업계는 오랜기간 동안 업무 영역을 두고 다툼을 겪어왔다. 특히나 개인 공인회계사들이 수행하는 세무 대행 업무에 대해서 세무사들이 문제를 삼아 왔다. 이뿐만 아니라 공인회계사 업무는 감정평가사 업무와 중복되는 경우가 있으며 특히나 국제회계기준이 도입되면서 회계기준이 공정가치평가로 방향을 잡으며 평가 업무에 전문화되어 있는 감정평가사들과 영역과 관련되어 민감하게 반응하고 있다.

한국경제신문, 2019.6.18.

# 3% rule

"

## 3%룰 위력⋯ 사조산업 대주주 결정 뒤집어

사조산업이 소액주주들의 반발을 불러일으킨 캐슬랙스CC서울과 캐슬랙스CC 제주의 합병안을 철회하기로 했다. 사조산업은 8일 이사회를 열고 이같이 결정했다.

사조산업 고위 관계자는 "캐슬랙스 서울과 제주 합병은 두 골프장을 하나로 묶으면 시너지 효과가 날 수 있다는 경영상 판단에 따른 것이었는데, 이에 대해 소액주주들이 오해하는 부분이 있는 것 같다"며 "합병안을 철회하기로 했다"고 말했다.

사조산업이 지난 2월 말 두 골프장 합병안을 공시하자 소액주주들이 강력히 반발했다. 합병으로 인해 사실상 오너가 회사인 캐슬랙스 제주의 손실을 사조산업으로 전가한다는 이유였다. 사조산업이 소액주주들의 반대 움직임을 의식해 합병안을 철회했지만 그 배경에는 상법 개정에 따른 '3%룰'의 위력이 자리 잡고 있다는 평가가 나온다. 현재 사조산업은 주진우 회장과 특수관계인 지분율이 56.17%에 달한다. 상법 개정 이전이라면 주주총회에서 표 대결을 걱정할 필요가 없는 수준이다. 하지만 3%룰이 적용되면서 상황이 달라졌다. 감사위원 선임에서 대주주 지분이 3%로 제한되기 때문에 소액주주들도 감사위원을 제안하고 표 대결을 펼칠 수 있게 된 것이다.

실제 사조산업 소액주주 연대는 본격 행동에 돌입했다. 송종국 사조산업 소액주주 연대 대표는 "임시 주총을 통해 추가로 3~4명의 감사 선임을 준비 중"이라고 말했다.

산업계에서는 본격적인 주주총회 시즌에 돌입하면서 3%의 룰의 위력이 현실화됐다고 우려한다. 대한상공회의소 관계자는 "대주주의 전반적인 경영활동을 위축시킬 수 있다"고 말했다.

매일경제신문. 2021.3.9.

## 감사선임 3%룰로 경영권 분쟁 현실화··· 전운 감도는 주총

올해 정기 주주총회의 관전 포인트는 상법 개정안에 따른 표 대결이 될 것으로 보인다. 감사위원 분리선출제와 감사위원 선임 시 지배주주 의결권을 3%로 제한하는 '3%룰'이 도입되면서 금호석유화학, 한국앤컴퍼니 등 경영권 분쟁 기업에서 경영권 분쟁의 수단이 되고 있다.

박찬구 금호석유화학 회장의 조카이자 개인 최대주주(10%)인 박철환 상무는 지난달 말 개정 상법을 근거로 본인을 사내이사로 선임하고, 사외이사 2~4명을 교체하고 1~2명을 감사위원으로 선임하는 내용의 이사진 교체를 요구했다. 지난해 12월 29일 개정된 상법 542조에 따라 감사위원 중 1인 이상을 이사 선출 단계에서부터 다른 이사와 분리해 별도로 선출하도록 '감사위원 분리선출제'가 도입됐다. 금호석유 이사진은 현재 10명(사내이사 3명, 사외이사7명)으로 사외이사 7명 중 4명이 임기 만료를 앞두고 있다. 박 상무 측 제안이 관철돼 과반수 이사진을 확보하게 되면 이사회를 장악할 수 있게 된다. 박상무 측 주주제안은 이사회 안건으로 확정되지 않은 상태로 주주총회 일정도 확정되지 않았다.

형제간에 경영권 분쟁 중인 한국앤컴퍼니의 경우 '3%룰'이 변수로 작용할 것으로 보인다. 조양래 한국앤컴퍼니 회장이 차남인 조현범 사장에게 지분을 넘겨준 가운데 장남인 조현식 부회장과 조현범 사장 간 표대결이 예상된다.

조현식 부회장이 감사위원으로 이한상 고려대 교수를 선임해 달라는 주주제안을 했고, 이에 대해 조현범 사장 측은 감사위원 후보로 김혜경 이화여대 국제대학원 초빙교수를 추천하여 맞불을 놓은 상태다. 지분 구조로 보면 조현범 사장 (42.9%)이 조현식 부사장(19.3%)과 조 부회장과 뜻을 같이 하는 장녀 조희경 한국타이어나눔재단 이사장(0.8%) 측 지분을 압도하지만 '3%룰'에 따라 이들의 지분은 각각 3%로 제한된다. 개정 상법에 따라 상장회사가 감사위원 선임 시 최대주주는 특수관계인 등을 합산해 3%를 초과하는 주식에 대하여 의결권을 행사하지 못하게 됐다.

금호석유와 한국앤컴퍼니 모두 국민연금이 캐스팅보트 역할을 할 수 있을 것이란 전망도 나온다.

한진그룹의 정점에 있는 한진칼 경영권을 두고 조원태 회장을 상대로 경영권 분쟁을 벌였던 3자 연합(조현아 전부사장 KCGI 반도건설) 측이 이번 주총에서 주주제안서를 발송하지 않아 표대결 양상이 일어나지 않을 것으로 보인다. 다만 계열사 한진은 2대 주주인 사모펀드 운용사 HYK파트너스가 역시 개정 상법을 활용해 사외이사 및 감사위원 선임 주주제안을 한 상태다. 계열분리를 앞둔 LG의 경우 미국계 헤지펀드가 개정 상법을 무기로 활용했을 가능성이 제기된다.

LG그룹은 구본준 고문이 LG상사, LG하우시스, 실리콘웍스, LG MMA, 핀토스 등 5개사를 계열분리하는 내용의 LG 신설 지주회사 설립 안건을 오는 26일 주총에서 다룰 예정이다. 이에 대해 0.6% 가량의 지분을 보유한 것으로 알려진 행동주의펀드 화이트박스 어드바이저가 계열분리에 반대하고 나섰다. 화이트박스 지분율이 주총 안건 통과 요건(출석주주의 2/3, 발행주식의 1/3 이상 찬성)에 많이 모자란다. LG 관계자는 "회사 분할은 사업 전문화와 포트폴리오 고도화를 통해 주주가치를 제고하는 데 목적이 있으며, 배당정책 등 주주환원과 관련해서도 주주들과 적극적으로 소통하고 있다"고 말했다.

한국기업지배구조원에 따르면 이달 주총에서 감사위원 분리 선출 및 의결권 3% 제한(3%룰) 영향을 받는 상장사는 206개이며 352명의 감사위원이 임기 만료 및 퇴임으로 교체될 것으로 예상된다.

이밖에도 국민연금이 주총에서 스튜어드십코드를 행사할지 주목된다. 정치권을 중심으로 중대재해사고가 발생한 코스코와 택배 노동자 과로사 사고가 발생한 CJ 대한통운에 대해 국민연금의 의결권 행사가 필요하다는 의견이 나오고 있다.

매일경제신문. 2021.3.9.

개정된 상법의 3%룰과 감사위원 분리선임 때문에 2021년 3월, 즉, 2020 사업연도의 주주총회가 요동쳤다.

## 대법, 3%룰 개정안에 사실상 반대 의견

정부 여당이 입법을 추진 중인 상법 개정안의 '3%룰' 조항에 대해 대법원이 사실상 반대 입장을 국회에 밝힐 것으로 19일 확인됐다. '3%룰'은 기업 주주총회에서 감사위원을 뽑을 때 대주주 의결권을 3% 이내로 제한하는 것으로, 정부가 발의한 상법 개정안의 핵심 내용이다.

국민의 힘 조수진 의원에 따르면, 법원행정처는 상법개정안 소위 상임위인 국회 법제사법위원회 1소위에 '3%룰' 도입과 관련해 "신중한 검토가 필요하다"는 입장을 전달했다. 법무부는 지난 8월 상법개정안을 발의하면서 감사위원의 선임 해임 시 대주주가 아무리 지분이 많아도 최대 3%의 의결권만 행사할 수 있도록 제한하는 규정을 담았다. 이와 함께 감사위원은 원천적으로 다른 이사진과 분리해서 뽑도록 하는 '분리선출제'도 도입했다. 현행 상법에 따르면, 이사들을 먼저 선임한 후 그중에서 감사위원을 뽑게 돼 있다. 또 이사 선임 때는 대주주 의결권에 제한이 없고, 감사 위원 선출 때만 대주주 의결권이 3%로 제한된다. 정부의 상법 개정안이 통과되면 권한이 지금보다 크게 제한돼 재계에서는 수정을 요구하고 있다.

'3%룰'에 대해 법원행정처는 "주주권의 본질에 반하여 '주식 평등의 원칙', '1주 1의 결권 원칙'의 예외를 과도하게 인정하는 것이 될 수 있다"는 입장을 국회에 전했다. 감사위원 분리 선출 방안에 대해서도 "감사위원회 위원이 되는 이사의 분리선임을 강제하면서, 대주주의 의결권을 3%까지로 제한하는 것"이라고 했다. 그동안 정부는 감사위원 분리 선출과 3%룰에 대해 "대주주의 전횡을 방지하고 감사위원의 독립성을 확보하기 위하는 방안"이라고 해왔다. 그러나 대법원은 주주 권리 침해 가능성에 대해 우려를 제기한 것이다. 조수진 의원은 "문재인 대통령이 임명한 김명수 대법원장이 이끄는 법원행정처가 반대할 정도라면 개정에 신중해야 한다"고 했다.

조선일보. 2020.11.20.

## '3%룰 첫 시행 주총 변수

올해 주총에서 의결권 행사가 가능한 박 회장 측 우호 지분은 14.84%로, 박상무 지분율(10.0%)과 비교해 약 5% 포인트 우위를 점하고 있다. 국민연금(8.16%)이나 소액주주 선택에 따라 양측의 희비가 엇갈릴 수 있는 지분 구조라는 얘기다. 여기에 3%룰까지 적용되면 박회장 측 우호 지분의 의결권은 6.98%로 축소된다. 박 상무의 의결권도 3%로 감소하지만, 양측의 지분율 차이는 종전보다 더욱 줄어들게 된다. 그만큼 소액주주의 영향력이 커질 수밖에 없다는 것이다.

박상무의 백기사로 평가되는 건설사 IS동서가 금호석화 지분을 3~4% 보유한 것으로 추정되지만, 명확히 밝혀지지는 않았다. 이런 상황에서 금호석화 자사주(18.35%)를 제외한 국민연금(8.16%)과 기타 소액주주(약 45%)의 선택이 표 대결 결과에 절대적인 영향을 미칠 전망이다.

박회장이 들고 있는 지분 6.69%, 그의 아들인 박준경 전무의 지분 7.17%의 의결권은 각각 3%씩만 인정된다. 그 결과 박회장 측 지분은 7% 남짓으로 계산된다. 박철완 상무 역시 지분은 3% 수준으로 낮아지고 드러나지 않은 우호지분을 합쳐도 6%대를 넘기기 어려울 것으로 예상된다.

이코노미스트 2021.3.22.-28.

## 형제난, 숙질난… 올 주총 변수된 '3%룰' 경영권 분쟁

정부 여당이 불도저식으로 밀어붙인 상법 개정으로 올해부터 도입된 일명 '3%룰'이 3월 기업 주주총회에서 경영권 분쟁의 큰 불씨가 되고 있다. 당장 한국앤컴퍼니와 금호석유화학이 조만간 열리는 주총에서 가족 간 표 대결을 벌인다. 일단은 가족 간 경영권 다툼 과정에 개정 상법 조항이 이용되고 있지만, 재계에서는 향후 경영권을 노린 외부 세력 공격에도 같은 방식으로 악용될 수 있다는 우려가 커지고 있다.

23일 관련 업계에 따르면, 지난해 말 국회를 통과한 개정 상법은 감사를 다른 사외이사와 분리해 선출하고, 특히 이 경우 지배주주 의결권을 3%로 제한하도록 했다. 이에 따라 지분율에서 밀리더라도 자신에게 우호적인 사외이사 및 감사위원 선임을 주주총회 안건으로 상정할 수 있게 됐다. 오는 30일 한국앤컴퍼니 주총에서는 조양래 회장의 장남 조현식 부회장(지분 19.32%)과 차남 조현범 사장(지분 42.90%)이 감사위원이 되는 사외이사 선출을 놓고 정면 충돌한다. 조 부회장은 주주 가치와 기업 거버넌스 개선을 명분으로 감사 후보를 추천하는 주주제안을 하면서, 이 안건이 통과되면 자신은 대표이사에서 물러나겠다고 했다. 이에 맞서 조 사장은 다른 후보를 내세웠다. 3%룰 탓에 이들의 의결권은 각각 3%로 제한된다.

이에 차녀 조희원 씨(지분 10.82%)가 변수로 떠올랐다. 조 씨는 지난해 7월 성년후견인 재판 개시 이후 '관계인' 신분을 유지하며 중립 노선을 지켜왔다. 그러나 최근 가사 전문 변호사와 행정 자본시장법 전문 변호사들을 선임하며 '참가인' 자격으로 전환한 것으로 23일 확인됐다. 조 씨 측 관계자는 "참가인으로 신분을 변경한 것은 사건 관련 자료를 더 자세하게 살펴보기 위한 것"이라며 경영권 분쟁이나 상속 관련 문제 때문이 아니라고 선을 그었다. 업계에서는 조 씨의 결정이 주총 표 대결에 어떤 영향을 미칠지 주목하고 있다. 조 씨가 어느 편에 서느냐에 따라 경영권 향배가 달라질 수도 있기 때문이다.

'조카의 난'으로 불리는 금호석화의 경영권 분쟁도 3%룰에 영향을 받고 있다. 박찬구 회장과 조카인 박철완 상무가 벌이고 있는 경영권 다툼은 오는 26일 정기 주주총회에서 표 대결로 판가름날 것으로 보인다. 쟁점은 배당 확대, 사내 외이사 선임 등이다. 재계는 감사위원 선임을 주목하고 있다. 금호석화의 경우 박회장 측은 본인의 지분(6.69%)을 포함해 아들 박준경 전무(7.17%), 딸 박주형 상무(0.98%) 등 14.84%를 확보하고 있다. 박상무 측 지분(10.0%)은 모친 김형일 씨(0.08%), 장인 허경수 코스모그룹 회장(0.05%) 등을 우호 지분으로 두고 있다.

문화일보. 2021.3.24.

## 형제 조카 소액주주의 난… '3%룰'이 만든 풍경

의결권 위임 대행사 팀스는 지난 12일부터 전국에 있는 금호석유화학 주주들을 찾아다니며 의결권 위임장을 받고 있다. 금호석유화학은 오는 26일 박찬구회장과 조카 박철완 상무의 주주총회 '표대결'을 앞두고 있다. 이들은 각각 '주당 4,200원 배당 및 배터리 바이오 미래 성장동력육성'과 '주당 1만 1,000원의 파격 배당' 안건을 내걸고 소액주주를 설득하고 있다. 팀스는 박회장 측 대리인을 맡고 있다.

경영권 분쟁 기업뿐만 아니다. 올해는 상법이 개정되면서 소액주주 표심은 더 중요해졌다. 올해부터 감사위원을 한 명 이상 분리 선임하고, 이때 대주주 의결권은 각각 3%로 제한되기 때문이다. 미리 의결권 확보에 나서는 기업이 급증했다. 김도경 팀스 대표는 "지난해까지만 해도 의결 정족수를 채우기 위해 의결권 수거 업체를 찾는 기업이 많았다면 상법이 개정된 요즘은 '적군'이 있어 표대결을 앞두고 있는 기업 수요가 늘어났다.

### 오너 세대 교체에 상법 개정 맞물려

감사위원 분리 선임 및 대주주 의결권 최대 3% 제한으로 소액주주 입김은 그 어느 때보다 크게 작용하고 있다. 의결권 위임 대행사가 성행하고 있고, 로펌의 일거리도 늘었다. 의결권 위임 대행사는 건당 적게는 수천만원, 많게는 수억원의 보수를 받는 것으로 알려졌다. 경우에 따라 100명 가까운 인원이 투입되기도 한다. 김대표는 "400여 명의 주주로부터 위임장을 받으려면 최소 1,000명의 주주를 찾아가야 한다"며 "코로나19로 대면 접촉이 민감해 지면서 3분 안에 현안을 모두 설명하고 위임장을 받는 '3분컷'이 필수"라고 설명했다. 박철완 상무 측도 케이디엠메가홀딩스를 의결권 위임 대행사로 선정하고 적극 대응하고 있다.

박상무는 배당 확대 외에 자신을 금호석화 사내이사로 임명하고, 자신이 추천하는 사외이사 및 감사위원 선임을 제안하는 주주제안으로 올린 상태다. 공개된 지분으로만 보면 박찬구 회장 측이 유리하다. 박철완 상무가 10.03% 지분을 보유한 데 비해 –박찬구 회장 (6.69%) – 박회장의 아들 박준경 전무 (7.17%) – 박회장의 딸 박주형 상무 (0.98%) 등은 14.84%로 더 많은 지분을 보유하고 있다.

개별 주주의 의결권을 3%로 제한하면 격차는 좁혀진다. 박철완 상무의 지분도 3%

로 줄어들지만, 박찬구 회장 측 지분도 합산 6.98%(저자: 3+3+0.98)로 줄어든다. 다만 세계 최대 의결권 자문기관 ISS가 박찬구 회장 측 손을 들어준 상황인 만큼 외국계 기관과 국민연금 등은 박찬구 회장 측을 지지할 확률이 높다.

형제 간 경영권 분쟁 중인 한국앤컴퍼니도 3%룰이 변수가 될 전망이다. 조현식 부회장이 감사위원으로 이한상 고려대 교수를 선임해 달라는 주주제안을 했고, 이에 대해 조현범 사장 측은 감사위원 후보로 김혜경 이화여대 국제학대학원 초빙교수를 추천하며 맞불을 놓은 상태다. 한진은 3대 주주인 사모펀드 운영사 HYK파트너스가 사외이사 및 감사위원 선임 주주제안을 한 상태다.

### 소액주주 집단 대응도 본격화

소액주주들이 경영진과 분쟁을 벌이는 사례도 적지 않다. 사조산업 소액주주 연대는 법무법인 원앤파트너스와 법률 자문계약을 맺고 사조산업 경영참여를 공식 선언했다. 사조산업이 지난 2월 캐슬렉스CC 서울과 캐슬렉스CC 제주 합병안을 공시한 것이 발단이 됐다. 합병으로 인해 오너가 소유인 캐슬렉스 제주의 손실을 사조산업으로 전가한다는 이유였다. 소액주주 연대가 감사위원 선임을 준비 중이라고 압박하자 사조산업은 지난 8일 이사회를 열고 이 합병안을 철회하기로 했다.

소액주주연대는 여기서 멈추지 않을 것으로 전망된다. 송종국 사조산업 소액주주연대 대표는 "사조산업이 순환출자 해소 및 경영 승계를 위해 사조산업과 사조시스템즈 합병을 추진할 것으로 예상된다"며 "정상적인 방법으로 기업 가치를 제대로 평가해 합병을 추진하는지 철저히 감시할 것"이라고 했다.

사조산업은 주진우 회장을 비롯한 특수관계인이 56.17% 지분을 보유하고 있다. 경영권 공격의 여지가 적었다는 의미다. 하지만 개정 상법을 적용해 이들의 의결권을 각각 3%로 제한하면 대주주 의결권은 줄어들게 된다. 소액주주와의 경영권 분쟁 가능성에 이 회사 주가는 이날 7.19% 오른 4만 7,700원에 거래를 마쳤다.

금융투자업계 관계자는 "사조산업처럼 대주주 지분율이 높아 과거에는 소액주주들의 영향권에 들지 않았던 기업 중 자산 규모는 많은데 주가가 저평가된 기업을 중심으로 올해부터 소액주주 운동이 본격화할 수 있다"고 말했다. 대표적인 기업으로 해성산업, 유화증권들이 거론된다.

한국경제신문. 2021.3.16.

## 3%룰 공포에 '백기사펀드' 나온다

스튜어드십 코드 확산과 3%룰 도입 등 대주주의 경영권을 제한하는 요인이 늘면서 기업이 자사에 우군 역할을 해 줄 '백기사 펀드'를 조성하려는 움직임이 본격화되고 있다.

주주총회에서 기업에 우호적인 표를 던져줄 펀드를 결성해 외부 세력이 소수 지분으로 경영권을 위협할 수 있는 리스크를 줄이려는 시도로 해석된다. 스튜어드십 코드는 기관투자가의 투자 기업에 대한 경영 참여를 말한다.

18일 투자은행(IB) 업계에 따르면 복수의 국내 중견기업들이 사모투자(PEF) 운용사들과 손잡고 기업의 중요 의사결정을 표결로 결정할 때 본인들의 우군 역할을 해줄 펀드를 결성하기 위한 작업에 착수했다.

스튜어드십 코드가 점차 확산되는 데 이어 올해 주주총회부터 지난해 개정된 상법 개정안에 따라 사외이사인 감사위원을 선임할 때 대주주 의결권을 각각 3%로 제한하는 이른바 '3% 룰'이 도입된 영향이 크다. 창업자를 비롯한 주요 대주주의 의사결정권을 제약하는 조항에 대해 기업이 큰 부담을 느끼고 있다는 반증이다.

한 경영 참여형 PEF 운용사 관계자는 "국내 한 기업에서 본인들과 의견을 같이해 줄 수 있는 PEF를 조성해 보자는 제의를 받았다"며 "외국계 헤지펀드의 무차별한 공격에서 국내 기업을 방어한다는 취지에 공감해 긍정적으로 검토하고 있다"고 말했다.

매일경제신문. 2021.3.19.

## '형제 분쟁' 한국앤 컴퍼니… '소액주주 반란' 대한방직

### 올 주총 뜨겁게 달군 '3%룰'

감사위원 선임 때 대주주 의결권을 3%로 제한하는 '3%룰'이 올해 주주총회의 뜨거운 이슈가 되고 있다. 감사위원 선임을 통해 이사회에 진입할 수 있어 경영권 분쟁을 겪고 있는 기업들에 감사위원 선임이 최대 변수로 떠올랐다. 정기주총에서 3%룰로 인해 소액주주에게 감사위원 자리를 내 주거나 기업 측이 추천한 감사위원을 선임하지 못하는 사례가 속출하고 있다.

형제 간 분쟁을 벌이고 있는 한국앤컴퍼니는 30일 주총에서 사내외 이사와 감사위원 선임 등을 두고 표 대결을 벌인다. 이날 주총에서 3%룰이 변수가 될 전망이다. 경영권을 장악하고 있는 조양래 한국앤컴퍼니 회장의 차남 조현범 사장 측은 김혜경 이화여대 국제학대학원 초빙교수를 감사위원으로 내세웠다. 앞서 장남 조현식 한국앤컴퍼니 부회장은 회계투명성과 기업가치 분야 전문가로 평가받는 이한상 고려대 경영학과 교수를 감사위원으로 추천했다.

가장 큰 변수가 될 것으로 예상했던 국민연금은 조 부회장이 제안한 이 교수 선임 안건에 찬성하기로 했다. 국민연금의 한국앤컴퍼니 지분율은 5%가 안 된다. 하지만 국민연금의 영향력이 다른 기관투자가와 개인 투자자들에게 영향을 미칠 것으로 전망된다. 같은 날 계열사인 한국타이어앤테크놀로지 주총에서도 조 부회장은 이혜웅 비알비코리아 어드바이저스 대표를 감사위원으로 추천했다. 국민연금은 이 대표의 감사 선임도 찬성하기로 했다.

지분 구조(지난해 말 기준)로만 보면 조 사장의 지분(42.90%)이 조 부회장(19.32%)의 지분보다 압도적으로 많다. 하지만 3%룰에 따라 감사위원 선임에는 각각 지분이 3%로 제한되기 때문에 뚜껑을 열어봐야 한다는 게 시장의 전망이다.

소액주주와 충돌을 계속하고 있는 대한방직의 지난 26일 주총에선 주주 제안으로 추천된 안형열 후보가 비상근감사에 선임됐다. 대한방직 소액주주들이 주주 제안 안건으로 올린 사내 사외이사 선임과 감사 보수 한도 승인 등 총 4건의 안건은 부결됐다. 하지만 소액주주들은 3년 임기의 신임 감사를 이사회에 진입시키는 데는 성공한 것이다.

대한방직 최대주주는 지분 19.88%를 갖고 있는 설범회장이다. 최대주주와 특수관계인의 지분율은 25.61%다. 기관투자가를 제외한 소액주주의 지분율은 31.86%다.

의결 정족수를 채우지 못해 감사 선임 안건이 부결되는 사례도 잇따르고 있다. 대주주 지분율이 3%로 제한되면서 소액주주의 주총 참여가 저조한 코스닥시장 상장사를 중심으로 감사 선임이 불발되고 있다.

3%룰과 소액주주들의 반대가 맞물리면서 감사 선임에 실패한 기업도 있다. 일진전기는 주총에 문채주 후보를 상근 감사로 선임하는 안건을 올렸지만 부결됐다.

이 같은 상황은 올해부터 시행된 상법 개정안의 영향이다. 자산 규모 2조원 이상 기업은 감사위원 한 명을 사내이사와 별도로 선임해야 한다. 특히 이사회에서 분리되는 감사위원은 대주주 지분율이 아무리 높더라도 의결권이 최대 3%로 제한된다. 대주주를 견제하고 기업 경영을 잘 감시하라는 취지로 도입됐다. 대주주 지분율이 절대적으로 높지 않은 기업의 경우 2, 3대 주주나 소액주주들이 연대해 감사위원 선임에 막강한 영향력을 행사할 수 있게 됐다.

증권사 관계자는 "주주 제안을 통해 원하는 <u>사내이사를 선임시키기는 어렵지만 감사위원 선임은 상대적으로 수월한 게 사실</u>"이라며 "경영권 분쟁을 벌이는 기업의 경우 감사위원 자리를 확보해 이사회에 진입하려는 시도가 늘어날 것"이라고 전망했다.

한국경제신문. 2021.3.30.

## 한국앤컴퍼니 경영권 분쟁…조현식 부회장, 표대결 승리

옛 한국타이어 오너 일가의 경영권 분쟁이 개정 상법 '3%룰'에 의해 새 국면을 맞게 됐다.

30일 한국앤컴퍼니는 경기 성남 판교 본사에서 주주총회를 열고 재무제표 승인, 사내이사 선임, 사외이사 선임 등 안건에 대한 표결을 진행했다. 안건 대부분은 원안대로 가결됐지만 사외이사 겸 감사위원 선임에서는 표 대결이 벌어졌다. 이사회가 추천한 김혜경 전 청와대 여성가족 비서관과 조현식 부회장이 추천한 이한상 고려대 교수에 대한 일괄투표 결과 이 교수가 결국 이사회 진입에 성공했다.

이 교수는 대림, 동아쏘시오 등 대기업에서 사외이사를 역임한 기업 거버넌스 전문가로, 회계 투명성과 기업가치 전문가로서 삼성 준법감시위원회에 초빙돼 강연하기도 했다.

조 부회장은 법무법인을 통해 "한국앤컴퍼니의 지속 가능한 발전과 거버넌스 개선 필요성에 공감해주신 모든 분과 함께 거둔 성과라는 점에서 더욱 큰 의미가 있다고 생각한다"며 "앞으로도 회사 성장과 발전에 기여할 수 있는 바가 있다면 주주로서 책임을 다하기 위해 노력하겠다"고 전했다.

업계에서는 치열한 표 대결이 예상됐지만 조 부회장의 주주제안이 통과됐다는 소식에 의외라는 반응이 지배적이다. 지난해 6월 부친 조양래 회장에게서 한국앤컴퍼니 주식 23.59%를 매입한 조현범 사장 지분율은 42.90%에 달한다. 장남 조 부회장과 장녀 조희경 한국타이어나눔재단 이사장의 지분율을 합쳐도 20.15%에 불과해 양측 간 격차가 무려 22.75%포인트에 달한다. 그러나 상법 개정안으로 인해 지분율 격차가 뒤집혔다. 개정안에 따라 분리선출 사외이사 겸 감사위원 선임 시 조 사장 의결권은 3.0%로, 조 부회장과 조 이사장의 지분율 합계는 3.83%로 줄어들면서 격차가 사라졌다. 여기에 국민연금이 조 부회장 손을 들어주고 소액주주들이 동참하면서 예상 밖 결과가 나왔다. 이는 시가총액 5,000억원 이상 주요 기업 중에서 최대주주 측이 반대한 후보가 사외이사 겸 감사위원으로 선임된 첫 사례다.

같은 날 열린 한국앤컴퍼니의 사업회사 한국타이어앤테크놀로지(이하 한국타이어) 주총에서는 조 사장이 조 부회장과 조 이사장 측에 완승했다. 국민연금의 반대에도 불구하고 조 사장을 비롯한 현 경영진이 한국타이어 사내이사로 선임됐고, 분리선출 사외이사 또한 큰 지지율 격차로 이사회 추천 인사가 선임됐다.

국민연금은 김혜경 후보자가 이명박 대통령 시절 전 청와대 여성가족비서관이었고, 조현범 사장은 이명박 대통령의 사위라서 김후보자가 독립성이 부족하다는 판단을 수행하였다. 반면 이한상 교수는 기업지배구조의 전문가로서 교수로서의 독립성에 대해 국민연금과 소액주주들의 지지를 받았다는 판단이다. 독립성뿐만 아니라 전문성에 있어서도 회계학교수가 감사위원으로서의 자격에 더 적합하다는 판단을 주주들이 수행한 것으로 판단된다.

결국 인물론이 앞선 결과이다.

매일경제신문. 2021.3.31.

## 사조 경영권 지켜낸 '공의결권'

사조산업 소액주주와 오너 일가 간 경영권 분쟁을 계기로 '공(空) 의결권'과 상법 개정안을 둘러싼 논쟁에 다시 불이 붙을 전망이다. 공의결권은 빌린 주식으로 의결권을 행사한다는 의미다. 주식 소유에 따른 경제적 위험은 지지 않고 주주총회 의결권만 갖는다는 비판을 받는다.

과거에는 외국계 헤지펀드들의 공의결권을 통해 슬그머니 주총 장악력을 높이고 국내 기업의 경영권을 공격했다. 감사위원 분리선출 시 대주주 의결권을 3%로 제한하도록 상법이 개정되자 최근에는 사조산업 사례처럼 오너 일가가 경영권 방어를 위해 공의결권을 이용하고 있다. 이들은 "경영권 방어를 위해 공의결권 활용이 불가피하다"고 말한다.

## 공의결권으로 경영권 방어

지난 14일 열린 사조산업의 임시 주총에 업계의 이목이 쏠렸다. 대주주 의결권 제한 이후 소액주주들이 경영진을 대거 교체하는 사례가 등장할지가 관심사였다. 이날 임시 주총은 소액주주들이 "오너리스크로 주가가 짓눌려 있다"며 주진우 회장의 사내이사 해임, 감사위원 교체 등을 요구하면서 개최됐다.

주총은 주 회장 측 승리로 일단락됐지만 갈등의 불씨를 남겼다. 바로 '3%룰'과 이를 우회하는 공의결권 전략이다. 주 회장 측은 3%룰을 피해 표 대결에서 승리하기 위해 주식을 지인 두명에게 3%씩 빌려주는 방식으로(대차거래) 지분을 쪼갰다. 주주명부 기준일이 지난 뒤엔 지분을 고스란히 돌려받았다. 올해부터 시행된 상법 개정안에 따라 감사위원 중 최소 한 명은 분리선출해야 한다. 감사위원 분리 선출 땐 대주주 의결권을 3%로 제한한다. 주 회장은 이 제한을 피해 최대한 우호 지분을 긁어 모으기 위해 공의결권을 동원한 것이다.

금융투자업계에서는 "과거 외국계 헤지펀드의 국내 기업 경영권 공격 수단이었던 공의결권이 상법 개정 이후에는 국내 기업 오너 일가의 경영권 방어 전술이 됐다"는 평가가 나왔다.

## '지배구조 왜곡' vs '불가피한 선택'

일각에서는 공의결권에 대해 "주식 소유와 의결권 분리로 주식회사의 지배구조에 심각한 왜곡을 야기할 수 있다"(김성호 한밭대 공공행정학과장)고 비판한다. 사조산업 소액주주연대 측은 주 회장의 주식 대차거래를 두고 "법의 허점을 교묘히 악용한 사례"라고 거세게 반발했다. 상법 개정 등으로 이를 원천 차단해야 한다는 주장까지 나왔다.

하지만 "최대주주의 공의결권 행사는 3%룰로 인한 불가피한 현상으로, 헤지펀드의 공의결권 공격력에 비해 미미한 수준"이라는 반론도 만만치 않다. 헤지펀드는 3%룰을 우회할 공의결권 구사전략이 훨씬 다양하기 때문이다. 예컨대 헤지펀드는 특수목적법인(SPC)를 만들어 얼마든지 3%씩 지분을 쪼개 보유할 수 있지만, 기존 최대주주는 막대한 양도소득세 부담으로 이 같은 전략을 쓰는 게 사실상 불가능하다.

공의결권 행사를 법으로 막는 것도 힘들다. 2018년 서울중앙지방법원은 맥쿼리자산운용이 '플랫폼파트너스자산운용의 대차거래를 통한 의결권 확보는 위법하다'고 제기한 가처분신청을 기각하면서 "의결권은 주식으로부터 파생되는 권리로서 주식이 지니는 재산적 가치 중 일부"라며 "어떤 방식으로 어떻게 행사할지는 기본적으로 주주의 자유"라고 했다.

한 상장사 관계자는 "공의결권 행사 자체를 규제하는 건 불가능하다"며 "주주 권익을 침해하지 않으면서 경영권 보호 장치를 마련하려면 3%룰을 완화하거나 합병 같은 특정 안건에 대해서는 <u>일정 기간 주식을 소유한 경우에만 의결권을 행사할 수 있도록</u> 해야 한다"고 말했다.

당국도 공의결권 문제를 두고 고심 중이다. 법무부와 금융위원회는 2019년 상장회사 등의 주주총회 내실화 방안을 통해 "의결권 행사 기준일을 현행 주총 전 90일 이내의 날에서 60일 이내로 단축하겠다"고 발표했다. 주식 소유와 의결권 행사 간 괴리를 줄이기 위한 장치지만 실효성 부족 우려 등으로 실제 법 개정은 이뤄지지 않았다.

한국경제신문. 2021.10.4.

일정 기간 주식을 소유한 경우에만 의결권을 인정하겠다는 것도 공의결권을 제도적으로 제한할 수 있는 방법이다. 최소 기간 주식을 소유하지 않았다고 하면 회사에 대한 commitment를 의심할 수 있는 판단 근거가 되기 때문이다.

**최준선 교수는…**

"최교수는 3%룰이 성립된 1960년대에 우리나라에는 대기업이 거의 없었다. 대부분 가족 기업 등으로 변변한 기업이 없어 3%룰이 어느 정도 타당성을 갖고 있었다"며 "그

러나 지금은 우리나라 글로벌 대기업이 14~15개가 되는 시대다." 그는 "주주의 가장
중요한 권리가 의결권으로 이는 자기 재산권 행사"라며 "이를 막는다는 것은 헌법에도
맞지 않기 때문에 빨리 없어져야 하는 규제"라고 강조했다.

문화일보. 2021.10.20.

chapter
13

# ESG 모범 규준

"

**'ESG 기준' 11년 만에 바뀐다**

상장회사의 ESG 경영을 유도하기 위해 2010년 제정된 'ESG 모범규준'이 11년 만에 대폭 바뀐다. 기후 변화에 따른 자산재평가와 <u>녹색채권</u> 활성화는 물론 생활임금, 인권 영향평가, 집중투표제 등 기업 경영에 큰 영향을 미칠 수 있는 개념이 도입될 예정이다.

11일 금융투자업계에 따르면 한국기업지배구조원은 최근 이런 내용을 담은 ESG 모범규준 개정안을 마련해 의견 수렴에 들어갔다. 기업지배구조원은 2002년 설립된 한국거래소 산하 비영리단체다. 상장사를 대상으로 매년 ESG 평가와 주주총회 의안 분석 등을 하고 있다. 거래소는 ESG 모범 규준을 참고해 기업지배구조 지속가능경영 보고서 등 ESG 공시 관련 가이드라인을 마련해왔다. 금융위원회는 현재 일부 상장사만 하는 ESG 공시를 2030년까지 모든 유가증권시장 상장사로 확대할 계획이다.

이번 ESG 모범규준 개정은 글로벌 시장에서 ESG 경영과 투자가 대세로 자리 잡은 현실을 반영했다. 환경 분야에서는 기후 변화에 석탄화력 발전소 등 기존 자산이 예상치 못한 평가절하를 당하는 <u>좌초자산</u> 개념이 도입됐다. 사회 분야에는 근로자에게 최저임금보다 높은 적정임금을 지급하는 생활임금이 명시됐다.

지배구조에서는 소수주주의 이사 선임 권한을 강화하는 집중투표제 채택을 권고하고 있다.

한국경제신문. 2021.3.12.

## "기후변화 위험, 회계에 반영하라"··· 기업의 ESG 책임 훨씬 커진다.

앞으로 국내 상장회사들은 기후변화에 직면해 자산가치가 급격히 낮아지는 설비 등을 '좌초자산'으로 미리 분류해야 한다. 금융회사들은 기후변화 대응에 소극적인 기업과 분야에 대한 투자를 대폭 축소해야 한다.

한국기업지배구조원이 최근 마련한 'ESG 모범규준' 개정안에는 이처럼 기업 경영에 큰 영향을 미칠 수 있는 내용이 대거 포함됐다. ESG 모범규준은 상장회사들이 ESG 경영을 하려면 어떤 사항을 고려해야 하는지를 나열한 일종의 '지침서'다. 금융당국은 2030년까지 단계적으로 모든 유가증권시장 상장사의 ESG 공시를 의무화할 방침이다. 하지만 기업들은 이 같은 제도가 너무 빠른 속도로 도입되면 기업이 제대로 적응할 시간이 없다고 반발할 것으로 전망된다.

### 기후변화 위험 재무에 반영해야

국내에서 ESG 관련 모범규준이 처음 제정된 건 1999년으로 거슬러 올라간다. 당시 거래소는 외환위기를 겪은 뒤 한국기업의 지배구조 개선이 필요하다는 목소리를 받아들여 지배구조 모범규준을 마련했다. 2010년 거래소 산하 지배구조원이 환경경영과 사회책임경영 관련 모범규준을 신설했다. 2011년부터는 모범규준에 근거해 환경 사회 지배구조를 망라한 ESG 평가를 900개 넘는 상장사를 대상으로 매년 시행했다. 거래소는 이를 토대로 'KRX ESG 사회책임경영지수'를 산출하고 있다.

이번 모범규준 개정은 ESG 관련 최신 트렌드를 환경과 사회책임 관련 규정에 반영하는데 주안점을 뒀다. 지배구조 모범규준은 2003년과 2016년 두 차례 개정됐지만 환경 사회 분야는 지난 10년간 한번도 개정된 바가 없다.

환경 모범규준에서 가장 큰 변화는 지구온난화 등 기후변화와 관련한 위험을 자산 평가와 자금 조달, 회계 등 재무영역에까지 반영하도록 한 점이다. 기업들은 기후변화에 따른 직·간접적인 좌초자산 위험을 미리 인지해야 한다. 과거 싼 값에 전기를 대량 생산할 수 있어 각광 받았던 석탄화력발전소가 대표적인 좌초자산의 예로 꼽혔다. 기후변화를 고려한 자산 재평가 작업을 통해 이런 위험 자산의 가치를 평가절하하고, 재생 에너지나 친환경 기술 개발과 관련한 자산의 가치는 높여야 한다는 게 개정 안의 초안이다.

자금 조달방법 역시 가능한 한 녹색채권 등 친환경 수단을 쓰도록 권고하고 있다. 녹색채권은 발행 자금이 환경 개선 목적을 위한 녹색 프로젝트에 사용되는 채권이다. 금융사들엔 기후변화 대응에 소극적인 기업이나 석탄화력처럼 온실가스를 다량 배출하는 사업에 대한 투자 비중을 낮추도록 했다. 기후변화 대응을 위한 내부탄소가격을 도입하는 등 환경 회계 원칙도 명시했다. 내부탄소가격은 기업이 자발적으로 온실가스 배출에 따르는 경제적 비용을 내재화하기 위해 탄소배출에 가격을 매기는 것을 뜻한다.

### 생활임금 집중 투표제 도입도 포함

사회분야에서는 기업 활동의 모든 과정에서 인권 이슈가 고려될 수 있도록 인권정책을 마련하도록 했다. 임직원은 물론 협력사, 고객, 지역사회 거주민 등 다양한 이해관계자가 포함된다. 인권 관련 이슈를 식별하고 인권 위험을 완화하는 인권영향평가 역시 모든 이해관계자를 대상으로 하도록 했다.

노동 관행도 바꾸도록 했다. 근로자들에겐 최저임금을 넘어 임금 근로자 평균 임금과 생활비, 사회보장 이전 소득 등을 반영한 적정 생활임금을 지급할 것을 권고했다. 일과 삶의 균형을 위한 제도는 기간제와 사내 하도급 근로자 등 비정규직을 모두 포함해야 한다고 규정했다.

지배구조에서 대주주에 대한 소수주주의 권리를 강화하는 데 중점을 뒀다. 모범규준은 이사 선임 시 집중투표제를 도입할 것을 권고했다. 집중투표제는 기업이 2인 이상 이사를 선출할 때 의결권을 '주당 1표'가 아니라 선출하는 이사 수만큼 줘 소수 주주가 특정후보에게 의결권을 몰아줄 수 있도록 하는 제도다.

### ESG 모범규준 개정안 주요 내용

환경:

녹색채권 등 친환경 자금 조달

기후변화 위험에 노출된 좌초자산 등 재평가

녹색구매 등 친환경 공급망 구축

온실가스 배출 비용 고려한 내부탄소 가격 도입

사회:

다양한 이해관계자 포함하는 인권영향평가

근로자에 생활입금 수준의 적정 임금 보장

비합리적 의사결정을 유도하지 않는 윤리적 마케팅

지배구조:

감사위원이 되는 이사 선임안건 분리

이사 선임에 집중 투표제 채택 권고

주주총회에서 보수 정책 및 산정 근거 설명

좌초자산:

기후변화 등 환경의 변화로 자산가치가 떨어져 상각되거나 부채로 전환되는 자산을 의미한다. 석탄화력발전소가 대표적이다.

한국경제신문. 2021.3.12.

ESG기준원이 거래소 산하 기관으로 위 기사에서는 기술하고 있는데 거래소는 주된 출자기관이기는 하지만 ESG기준원이 거래소의 산하기관인 것은 아니다.

사회의 영역이 인권에까지 미치고 있으니 ESG의 영역이 매우 넓다.

좌초(stranded asset) 자산의 개념은 회계에서도 존재하지 않는 계정과목인데 이를 어떤 원칙으로 측정할 것인지가 의문이다. 기업회계기준에서 매각하기로 결정된 자산은 매각예정비유동자산(non-current assets held for sales) 또는 매각예정처분자산집단(disposal groups held for sales)으로 표기한다. 실제 재무상태표에서는 매각예정분류자산의 계정과목을 사용한다.

기업들은 기후변화에 따른 직간접적인 좌초자산 위험을 미리 인지해야 한다고 기술하고 있는데 좌초자산 위험을 미리 인지한다는 것이 생각만큼 쉬운 것이 아니다. 좌초자산이라는 것이 회계기준에서 인정하는 계정도 아니므로 이러한 내용들이 회계기준 상에서 정립되어야 한다.

회계에서는 객관성과 투명성이 무엇보다도 중요한데, 좌초자산이나 또는 기존의 기업회계기준에서의 매각예정처분자산을 인정하는 것이 기업에게 과도하게 많은 자의성/임의성을 허용하는 것일 수도 있다.

아래의 경우와 같이 ESG도 중요하지만 과도하게 추진할 수만은 없다.

## 스위스 국민투표 못넘은 '기업 사회적 책임 강화법'

다국적 기업을 대상으로 인권, 환경 문제 등 사회적 책임을 더욱 엄격하게 적용시키자는 취지의 법안이 스위스 국민 투표에서 지난 29일 부결됐다.

BBC는 이날 스위스 전체 유권자들의 50.7%가 해당 법안에 찬성했지만 26개 주 지역에 해당하는 칸톤에서 찬성표가 과반을 넘지 않아 무산됐다고 보도했다. 이같이 국민의 절반 이상이 안건을 지지했음에도 칸톤 차원에서 통과하지 못해 법안이 부결된 사례는 반세기만에 처음 있는 일로 알려졌다.

외신들은 정 재계의 많은 지도자들이 우선 안도의 한숨을 내쉬었다고 분위기를 전했다. 보도에 따르면 이번 법안은 앞서 130개 비정부기구 연합이 발의한 것으로 전 세계적으로 제품을 공급하고 있는 다국적 기업들에 권리남용에 대한 책임을 묻기 위해 만들어졌다.

아동착취 논란에 휩싸인 식품업체 네슬레를 비롯해 광산업체 글렌코어, 농약 관련 대기업 신젠타 등과 같이 스위스에 본사를 둔 다국적 기업과 그 공급 기업에 강력한 인권 및 환경보호 기준을 적용하도록 한다.

매일경제신문. 2020.12.1.

ESG에 대한 다음의 반론도 제기된다.

## 너덜너덜해진 ESG… "쓰임새 끝나가는 듯" "환경 이데올로기일 뿐"

세계 최대 자산운용사인 블랙록은 지난달 "우리가 투자한 기업들의 다음 주주총회에서 기후변화 대책 안건에 반대표를 던지겠다"며 "과도한 기후변화 대책은 우리 고객사들의 재정적 이익에 일치하지 않는다"고 밝혔다. 불과 2년 전만 해도 래리 핑크 블랙록 회장은 연례 주주 서한에서 "화석연료 기업에는 투자를 중단하고 ESG를 투자의 기준으로 삼겠다"고 밝혔고, 기후변화 대응에 미흡하다는 이유로 석유 기업 엑손모빌의 이사 3명을 교체하는 안건에 찬성표를 던질 정도로 ESG(환경·사회공헌·지배구조 개선)에 적극적이었다. 'ESG 전도사'라고 불리던 블랙록이 우크라이나 전쟁 이후 전 세계 에너지난이 심해지자 무리한 탄소 중립 정책이 기업의 성장성을 저해할 수 있다며 ESG에 대한 태도를 바꾼 것이다.

경제 위기 불안, 투자 심리 위축에 우크라이나 전쟁까지 겹쳐 ESG 경영이 위기를 맞았다. 지난해까지만 해도 국내외 기업이 앞다퉈 ESG 경영을 내세웠고 ESG펀드와 채권도 급성장했지만, 올 들어 세계시장 상황이 좋지 않자 기업의 이익에 부합하지 않는 ESG에 대한 비판이 거세졌다. 특히 우크라이나 전쟁 때문에 유가가 폭등하는 상황에서 ESG에 매달리다가 기업이나 투자자들이 손해를 입을 수 있다는 지적이 나오고 있다. 그동안 ESG 열풍에 밀려 투자 기피 대상으로 꼽혔던 방위산업, 석유·가스와 같은 에너지산업의 주가는 크게 오른 반면, 환경친화적이라고 평가를 받았던 기술주는 급락했다. 파이낸셜타임스는 지난 13일 "ESG란 용어가 나온 지 20년도 안 됐지만, 그 쓰임새가 벌써 끝나고 있는 건지도 모른다"고 했다.

### ESG 투자 경제위기에 역풍… '전도사' 블랙록은 말바꾸고, 머스크는 "ESG 사기"

ESG 평가 방식에 한계가 있다는 지적이 나오면서 ESG 기준에 대한 반발도 적지 않다. 지난달 S&P가 ESG 지수에 테슬라를 뺀 채 엑손모빌을 포함시키자, 분노한 일론 머스크 테슬라 최고경영자(CEO)는 트위터에 "ESG는 사기(scam)다. 엉터리 사회 정의 전사들이 그걸 무기화했다"는 글을 올렸다. ESG 점수나 등급은 환경보호와 사회공헌, 지배 구조의 여러 세부 항목을 평가하고 이를 뭉뚱그려 총점을 내는 방식인 경우가 많다. 테슬라는 공장에서 일어나는 인종차별 문제와 열악한 근무 환경 때문에 화석 기업인 엑손모빌보다도 낮은 점수를 받은 것으로 알려졌다. 미즈노 히로미치 테슬라 이사는 "ESG 등급 체계가 한 기업의 부정적인 영향뿐만 아니라 긍정적인 영향도 공정하게 평가할 것을 촉구한다. 현재의 등급은 부정적인 영향에 과도한 비중을 두고 긍정적인 영향은 무시한다"며 ESG의 평가 방식을 우회적으로 비판했다.

뉴욕타임스는 ESG의 개념이나 정의 자체가 모호하다는 것도 문제로 지적하고 있다. 우크라이나 전쟁이 터지자마자 금융계에서는 민주주의와 평화를 지킬 수 있도록 도와주는 무기 회사와 방산업체는 ESG에 부합하는 것으로 개념을 바꿔야 한다는 주장이 나왔다. 실제로 지난해 방위산업 매출 비율이 5%를 넘는 기업과의 거래를 중단한다는 경영 방침을 밝힌 SEB은행은 4월부터 입장을 바꿔 자사의 펀드가 방위산업에 투자하는 것을 허용했다.

### 가짜 ESG가 신뢰도 떨어뜨려

ESG 성과를 부풀리거나 허위로 홍보하는 '그린워싱(실제로는 친환경적이지 않지만 마치 친환경적인 것처럼 홍보하는 위장 환경주의)'이 늘어나면서 ESG의 신뢰도도 떨어졌다. 지난달 미국 증권거래위원회(SEC)는 NY멜론은행에 150만 달러의 벌금을 부과했다. 이 은행이 ESG 투자 정보를 허위로 기재하고 일부 누락했기 때문이다. 기업들의 그린워싱 사례가 증가하자 SEC는 지난해 '그린워싱 전담 태스크포스'를 설립했다.

국내에서도 ESG를 무리하게 추진하다가 역풍을 맞는 경우가 생겨나고 있다. 지난 4월 RE100(전력의 100%를 재생에너지로 사용하는 자발적 캠페인) 가입 승인을 받은 현대차가 2주 후 액화천연가스(LNG) 발전소를 짓겠다고 밝혀 환경 단체로부터 거센 비판을 받았다. RE100은 LNG를 인정하지 않고 있다. 에너지 업계 관계자는 "ESG나 RE100은 애초부터 실현 가능성이 떨어지는, 일종의 환경 이데올로기였다"면서 "이참에 정부와 기업들도 탄소 중립 관련 정책을 현실에 맞게 수정해야 한다"고 말했다.

조선일보. 2022.7.1.

## '전력난' 현실 앞에서 다시 석탄 찾는 유럽

세계가 석탄 사용을 다시 늘리고 있다. 우크라이나 전쟁으로 석유와 천연가스 공급량이 감소해서다. 기후 변화에 대처한다는 계획에 차질이 빚어질 것으로 예상된다.

4일(현지시간) 월스트리트저널에 따르면 유럽, 미국, 중국 등이 석탄 사용을 다시 늘리고 있다.

가장 눈에 띄는 곳은 역설적으로 탄소중립에 앞장 섰던 유럽 국가들이다. 앞서 2030년까지 석탄 퇴출을 약속했던 독일은 오히려 수입량을 늘렸다. 현재 석탄을 가장 많이 수입하는 국가 중 하나가 됐다. 독일 외에는 이탈리아, 프랑스, 영국, 네덜란드, 오스트리아 등도 석탄 화력 발전소를 재가동하거나 생산량을 늘릴 계획이다.

미국 일부 지역은 석탄 사용량을 늘렸고, 세계 최대 석탄 소비국인 중국도 석탄 발전소 가동률을 높이고 있다. 인도도 비슷한 상황이다. 뉴델리에 있는 싱크탱크인 사회경제진보센터의 라훌 통기아연구원은 "지난 4월 인도의 석탄 발전량이 사상 최대치를 기록했다"고 했다.

소비 증가와 맞물려 석탄 채굴량도 늘어났다. WSJ는 중국과 인도에서 지난해 석탄 채굴량이 10% 증가했고, 올해 10% 정도 더 늘어날 것으로 예측된다고 전했다.

석탄 생산업체들은 막대한 영업이익을 누리고 있다. 세계 최대 자원개발회사인 스위스 클렌코어는 상반기에만 32억 달러(약 4조 1,500억원)의 영업이익을 예상한다고 밝혔다. 올해 영업이익은 작년의 두 배를 넘어설 것으로 전망된다.

한때 석탄 퇴출을 선언했던 국가들까지도 석탄에 눈을 돌리는 까닭은 에너지 공급난 때문이다. 지난 2월 러시아가 우크라이나를 침공하자 석유와 천연가스 가격이 치솟았다. 제재를 위해 유럽연합 국가들은 러시아산 원유 수입을 금지했다. 러시아는 EU에 천연가스 공급을 줄여가는 맞불작전을 펼쳤다. 여름철 폭염까지 겹치며 에너지 가격은 천정부지로 치솟았다. 로베르트 하베크 독일 경제장관은 "석탄 의존도가 높아진 것은 현시점에서는 불가피한 일"이라고 했다. 에너지 전문 로펌 빈슨애드엘킨스 LLP의 알렉스 미망 파트너는 "(각 국가는) 러시아산 에너지보다 더 많은 석탄이 좋다고 생각하고 있다"고 했다.

전 세계의 '석탄 회귀'가 기후 위기에 대응하겠다는 세계적인 약속을 공수표로 만들수 있다는 지적이 나온다. 석탄은 천연가스보다 약 두 배 많은 이산화탄소를 배출하기 때문이다. 지난해 영국 그래스고에서 열린 제26차 유엔기후변화협약 당사국총회에서 세계 주요 국가들은 2030년대까지 석탄 발전을 단계적으로 감축하기로 했다. 파티 비롤 국제에너지기구 사무총장은 "블라디미르 푸틴 러시아 대통령의 행동을 근거로 화석연료에 투자하는 것을 정당화해서는 안 된다"고 강조했다.

한국경제신문. 2022.7.6.

ESG기준원의 ESG모범규준안에는 환경, 사회와 지배구조 각각에 대한 모범규준이 포함되어 있고 다음의 내용들이 포함되어 있는데 일부 내용은 동의하기가 어렵다.

임원책임보상보험과 관련되어 규준은 이 보험의 순기능을 기술하면서 동시에 다음과 같은 역기능을 기술하고 있다.

> 기업은 이사에 대한 책임추궁의 실효성을 확보하고, 유능한 자를 이사로 영입하기 위하여, 기업의 비용으로 이사를 위한 손해배상책임보험에 가입할 수 있다. (임원배상책임보험 가입의 필요성) 기업의 규모가 확대됨에 따라 이사의 책임을 묻는 소송도 거액화되고 있다. 이 경우 이사의 경제적인 능력이 없으면 책임추궁소송의 실효성이 감소되므로, 그 실효성을 확보하기 위해서는 책임보험에 가입하여 기업이나 제3자의 손해를 적절히 보상할 수 있도록 하는 것이 바람직하다. 또한 소송으로 인한 피해를 우려하여 사외이사직을 기피하는 유능한 자를 이사로 영입하기 위하여 이사의 책임보험 가입을 적극 검토하여야 한다. (일정 금액 이상의 자기부담 설정) 그러나 기업이나 제3자에 대한 이사의 손해배상액을 전보하기 위한 책임보험을 기업의 비용으로 가입하는 것은 도덕적 해이 논란을 야기할 수 있다. 따라서 무책임한 경영판단을 조장하지 않는 범위 내에서 이를 운용할 필요가 있다.

이 보험은 흔히 D&O(director and officer) 보험이라고 일컫는 보험이다. 도덕적 해이(moral hazard)를 예방하기 위해서 임원책임보험의 어느 정도를 초과하는 금액은 이사들 본인이 자기 부담을 떠안아야 한다는 내용인데 무책임한 경영판단을 조장하지 않는 범위를 판단한다는 것도 매우 주관적이다.

물론, 사외이사들이 선량한 관리자의 의무 또는 충실한 관리자의 의무 (duties of care with good faith)에 해당하지 않는 의사결정을 수행하고 이러한 부분에까지도 회사의 비용으로 보험료를 지급하고 보호받기를 희망하면 이는 합리적이지 않다는 데는 동의한다. 그럼에도 사외이사의 어떠한 의사결정이 due care나 faithful한 fiduciary duty에 근거한 의사결정인지 아니면 이러한 범주를 초과하는 결정인지를 구분한다는 것이 매우 어렵다.

예를 들어, 기업의 임직원들이 해당 기업과 관련되어 혜택을 볼 수 있다. 예를 들어 현대차 계열 임직원들이 현대차나 기아차를 구입할 경우는 어느 정도의 d/c를 받을 수 있으며 부설 병원이 있는 대학의 교직원들도 의료 혜택을 받을 수는 있지만 이러한 혜택은 소득의 일부로 근로소득세의 과세 대상이 된다.

## 금융지주 사외이사 손해발생시 자기부담금 1억원… 배상책임 강화

신한금융과 KB금융, 하나금융 등 금융지주사의 사외이사들이 부당행위로 손해가 발생할 경우 최대 1억원의 자기부담금을 내야 한다. 그간 임원 개인에 대해서는 공제(자기부담)금액 없이 전액 보상해 왔다.

신한금융지주가 4월부터 시행하는 데 이어 하나금융지주와 KB금융지주도 8월과 11월부터 순차적으로 반영할 예정이어서 의사결정 시 사외이사들의 책임감이 더 막중해질 것으로 보인다.

18일 금융업계에 따르면 신한금융지주는 12개 자회사가 가입한 임원책임배상보험에 있어 만기가 도래하는 4월부터 해당 내용의 특약을 신설·적용하기로 했다. 이에 따라 신한금융지주, 신한카드, 신한금융투자, 신한생명, 신한BNP파리바자산운용, 제주은행의 사외이사는 최대 1억원 범위 내에서 배상책임액의 20%인 자기부담액을 납입해야 한다.

임원배상책임보험은 임원의 부당행위로 주주나 제3자(종업원, 소비자, 경쟁업체 등)가 임원을 상대로 소송을 제기함으로써 해당 임원이 부담하는 손해배상금과 소송비용을 보상한다. 부당행위란 임원으로서의 의무위반, 태만, 과실, 누락, 허위진술, 판단을 그르치게 하는 진술을 행했거나 또는 행했다는 주장에 근거해 임원으로서 배상청구를 받은 경우를 포함한다.

그러나 임원의 의도적인 사기행위, 의무해태 또는 고의적인 법령 위반으로 발생한 손해배상청구나 내부정보를 이용해 주식매매를 함으로 취한 이득에 대한 손해배상 청구 등은 보상하지 않는다.

해당 특약은 지배구조 모범규준에 따른 것이다. 금융위원회는 지난해 말 '금융회사 지배구조 모범규준안' 23조 6항을 통해 금융회사가 가입·갱신하는 임원배상책임보험 은 사외이사의 자기부담이 일정금액(예: 배상책임액의 20% 이상)이상을 설정하도록 했다. 이 경우 자기부담액의 최대 한도는 <u>1억원 이내</u>로 한다고 명시했다.

예를 들어, 사외이사에 대한 배상청구액이 5억원이라면 20%인 1억원을 납부해야 한다. 신한 측은 "사외이사의 책임 있는 의사결정을 담보하기 위한 취지를 적극 반영 해 사외이사의 자기부담액을 배상책임액의 <u>20% 이상</u>으로 하는 것을 규정화했다"고 설명했다.

KB금융지주도 차기 계약갱신 시기부터 사외이사 자기부담액(손해배상액의 20%, <u>1</u> <u>억원 이내</u>) 조항을 반영할 예정이다. 대상은 지주 내 모든 계열사가 해당된다. 임원배 상책임보험은 LIG손보가 주간사로 참여하고 있으며 보상한도는 최대 700억원이다. 작년 11월 갱신된 보험료는 그룹 전체 47억 6천만원이었다.

하나금융지주 역시 오는 8월부터 사외이사 자기부담액(손해배상액의 20%, <u>1억원</u> <u>이내</u>)을 반영할 예정이다. 현재 임원배상책임보험은 동부화재를 주간사로 자회사 임 원을 포함해 500억원 한도로 가입했다.

농협금융지주는 농협손보를 통해 임원배상보험에 가입했다. 보상한도는 300억원(보 험료 2천 725만 8천원)으로 자기부담금 관련 사항은 만기 도래 시 검토한다는 방침이 다. 한편, 임원배상책임보험은 재보험사로부터 요율 산정을 받으며, 회사의 재무상태, 임원 수, 담보 내용 등이 산정기준이 된다. 보험기간은 1년을 원칙으로 하며 납입방법 은 일시납, 2분납, 4분납 등 다양하다.

2015.3.18. EBN

보험회사가 보험료를 얼마로 산정하는지는 경험률에 근거하는 것은 당연하다. 임원손해배상의 경우는 빈번하게 발생하는 경우가 아니므로 보험회사가 합리적이고 과학적인 과거 경험에 근거하여 이러한 보험가액을 산정하는지는 알 수 없다. 적절한 보험료 산정은 보험회사의 경쟁력이다.

이 내용은 사외이사의 책임을 강화하는 움직임이다. 어떻게 보면 2012년 개정된 상법의 내용과는 반대되는 내용인데, 2012년 개정된 상법은 등기이사가 손해배상 소송의 대상이 되더라도 개인적으로 책임져야 하는 배상 금액의 크기를 사내이사는 급여의 6배 한도로 제한하고, 사외이사는 이를 급여의 3배로 제한하는 제도이다. 즉, 이러한 상법의 내용은 사내/사외이사가 과도한 손해배상으로부터 보호받을 수 있는 제도인 반면 위의 자기 부담금의 부과는 사외이사로 하여금 본인의 의사결정에 대해서 책임을 지도록 하는 제도이다. 사외이사를 보호하려는 제도는 이렇게 보호책이 없으면 능력 있는 후보자들이 사외이사를 회피할 것이라는 취지이며 위의 보험 제도의 변화는 권한에 대한 책임을 묻고 있으니 양면성이 있으나 모두 충분히 설득력이 있는 정책 방향이다.

즉, 자기부담금 제도는 사외이사들의 도덕적 해이를 미연에 방지하기 위한 제도이다. 사외이사들의 의사결정에 대해서 이사책임보험이 모든 손해배상을 보상해 준다고 하면 이는 사외이사들이 무책임하고 경솔하게 의사결정을 수행할 위험이 존재하게 된다. 즉, 상법에서의 신의성실의 원칙과 충실의 원칙에 근거한 의사결정을 수행하지 않을 수 있는데 이를 방지할 수 있는 시스템을 갖추겠다는 것이다.

반면, 위의 상법 내용은 이사들이 이러한 상법규정으로부터 보호받지 못할 경우는 회사를 위한 적극적 의사결정을 수행하기보다는 본인들을 보호하기 위한 소극적 의사결정을 수행하기 쉬우므로 이사들을 보호해 주면서도 회사를 위한 전향적인 의사결정을 수행하도록 채택된 제도이다. 물론, 이러한 상법 규정을 채택할지 여부는 각자 회사가 의사결정할 내용이며 주주총회에서 이러한 상법 내용의 채택을 결의하면서 정관에 반영하여야 이 제도의 실행이 가능해진다.

위에서도 기술하였듯이 이러한 상법 내용과 사외이사의 자기부담금 제도는 반대 방향의 제도이다. 상법 내용은 이사들을 보호해 주겠다는 의미이며 자기부담금은 사외이사의 책임을 강화하는 제도이다. 사외이사들은 보호받아야 하며 동시에 본인의 행동에 대해서 책임을 져야 한다. 보호받을 권리가 있고, 또한 동시에 책임질 의사결정을 수행할 의무가 있다.

위의 내용에서도 신한금융지주는 배상책임액을 20% 이상으로 정할 수도 있고 KB금융지주나 하나금융지주와 같이 자기부담금을 1억원 이하로 정할 수도 있다. 이상이거나 이하는 자기부담금을 어떤 생각을 가지고 이 제도를 운용하는지에 따라서 이상/이하가 결정된다고 판단된다.

이러한 자기 부담금 제도는 어떠한 차원에서는 등기이사에 대한 이연성과급에 대한 chapter 34의 성과보수 환수제도(clawback)와 일맥상통한다. 이연성과급을 지급해야 하지만 임기 동안에 부적절한 경영활동을 수행했다면 이미 이연성과급을 받을 자격이 있다고 결정됐다고 해도 아직 지급하지 않는 금액일 경우는 환수할 수 있는 제도이다. 이미 지급한 금액을 되돌려 받으려면 회사가 이연성과급을 지급했던 임원에 대해서 소송을 통해 돌려 받을 수는 있을 것이지만 이는 법적인 영역에 가는 것이므로 환수라고 하는 제도의 범주를 벗어난 것이다. 금융회사는 대통령령으로 정하는 임직원에 대하여 보수의 일정 부분(40%) 이상을 성과에 연동하여 미리 정해진 산정방식에 따른 보수로 일정 기간(3년) 이상 이연하여 지급한다.(금융회사 지배구조법 제22조)

즉, 자기부담금 제도는 이사들을 보호해 주되 동시에 책임을 묻는 이 두 제도를 보완해 주고 있다.

ESG 모범규준의 흥미로운 항목들은 다음과 같다.

- 이사회가 감사위원회 규정을 제정하는 것으로 기술되어 있는데, 감사위원회의 위원을 주총에서 선임하므로 감사위원회는 이사회와 거의 독립적인 위상을 가진 위원회라고 판단된다. 감사위원 선임을 이사회에서 수행하는 것도 아니다. 일부 법안에서는 감사위원회를 이사회의 내부위원회(sub committee)라고 정의하기도 하지만 선임 과정을 보면 이렇게 규정하기도 매우 애매하다. 이러한 감사위원회의 규정을 감사위원회가 아니고 이사회가 규정하는 것이 옳은지에 대해서 의문이 있다.

대표이사의 선임이 대부분 기업에는 이사회에서 호선하게 되어 있고 감사위원은 주총에서 별도 선임된 것이니 대표이사보다도 더 신분이 확실하게 보장된 것이라고 할 수 있다. 특히나 별도로 분리 선임된 감사위원의 경우는 이사의 지위보다도 감사위원의 지위로 더 확실하게 주총에서 세워진 것이다. 즉, 개정된 상법에 의해서 분리 선임되는 감사위원 안건이 주총에 상정되는 경우는 '감사위원인 이사 후보자 ××× 선임 안건'으로 상정되니 이 후보자는 감사위원으로 선임되지 않으면 사외이사로도 선임되지 않는 것이다.

즉, 사외이사로서의 선임보다도 감사위원으로서의 선임에 방점이 가 있는 것이다. 그만큼 주주총회에서 감사위원으로서의 신분을 명확하게 확보하고 세워준 것이다.

- 보상위원회에서 감사위원의 급여를 정하는 것으로 되어 있는데, 거의 대부분의 보상위원회는 상근임원들 급여에 대해서만 논의하지 사외이사/감사위원의 급여에 대해서는 다루지 않는 경우가 다수이다. 보상위의 주된 안건이 성과급(incentive)의 결정 등일 것인데, 사외이사들이 기업의 경영의사결정과 관련된 daily operation을 수행하지 않는데 incentive를 급여로 받는 일은 바람직하지 않다. 과거에 KB금융지주나 KT 등에서도 이러한 이슈가 있었다. 또한 보상위원회가 대부분의 경우, 사외이사로 구성되는데 본인들이 받는 급여에 대한 의사결정을 본인들이 수행함도 이해상충이 된다. 물론, 기업 내의 제도상 평가보상위원회에서 사외이사들 급여까지를 결정하게 되어 있다고 하면 위원회의 사외이사들이 공정하고 떳떳하게 이를 결정하여야 한다. 사내이사의 급여에 비해서 사외이사들의 급여가 상대적으로 낮으니 크게 문제가 되지 않는다는 반론이 있을 수도 있다. 언론에 보도되기는 삼성전자가 삼성물산 등의 사외이사가 업계 최고 수준인 1억에서 2억원 사이의 급여를 받는 것으로 알려져 있으며 최근 SK가 governance story를 강조하면서 사외이사 급여를 대폭 인상한 것으로 알려졌다. 사외이사들이 별로 하는 일도 없는데 지금의 급여도 너무 높다는 의견도 있으며 미국의 경우는 거의 3억원 정도의 급여를 받는 것으로

알려졌는데 그에 상응하는 많은 시간을 투자하는 것으로 알려졌다.

— (감사위원회 독립성 확보를 위한 보수 지급) 감사위원회 위원은 경영진 및 지배주주로부터 독립적으로 감사업무를 수행하여야 하므로 이러한 직무수행에 대한 보수 이외에 다른 보상을 받아서는 안 된다. 다만 향후 제공할 미래 서비스를 조건으로 지급되는 것이 아니라 이미 제공한 서비스에 기초한 것이라면, 연금 또는 이연된 보상을 받을 수 있다. 노동에 대해서 보상이 있다는 것은 너무도 당연하다. 기업에 감사위원인 사외이사가 있고 감사위원이 아닌 사외이사가 있으며 감사위원/사외이사들이 많은 노력과 시간을 감사위원회 활동에 투입한다면 이러한 서비스에 대해서 추가적인 보상이 있다는 것은 당연하다. 사외이사들은 무료 봉사하는 직이 아니다. 물론, 사외이사/감사위원에 대한 보상이 과도해서 독립성에 영향을 미친다면 이는 바람직하지 않으나 어느 정도의 보상이 독립성에 영향을 미칠 정도의 과도한 보상인지를 구분한다는 것은 매우 어렵다. 특히나 신외감법이 적용되면서 회계 투명성과 관련된 많은 업무를 감사위원회가 담당하게 되면서 그 책임이 가중되었다. 감사위원회 회수도 많아졌기 때문에 회의에 대한 수당 등이 책정된 기업일 경우에는 감사위원에 대한 보상이 다른 위원회에 관여하는 위원들보다 높음은 어떻게 보면 당연한 것이다. 일부 기업은 의장에게 별도의 수당을 지급하기도 한다.

— 사외이사의 주주소통의 경우, 포스코와 같은 기업은 사외이사들이 IR 등을 진행할 때도 동행한다고는 하지만 아마도 이렇게 사외이사들이 주주들과 소통하는 통로가 오픈된 기업은 극소수인 것으로 이해한다. 현대글로비스 같은 기업은 2018년 주주권익보호 사외이사를 주주 추천으로 별도로 선임한 경우도 있다.

## "ESG 정착의 키를 쥔 국민연금, 정부에서 독립해야"

"연금 사회주의라는 비판을 받지 않으려면 국민연금을 별도 독립기구로 분리하는 것이 최선입니다. 현실적으로 어렵다면 연금을 운용하는 기금운용위원회라도 독립성을 갖도록 해서 정부 입김이 반영되지 않도록 해야 합니다."

의결권 자문사인 서스틴베스트의 류영재 대표는 지난 4일 조선일보 인터뷰에서 "국내 기업들의 지배 구조 개선을 요구하는 국민연금 스스로가 지배 구조에 심각한 문제를 안고 있다"고 했다. 국민연금은 2018년 '스튜어드십 코드'를 도입한 후 적극적으로 주주권을 행사하고 있다. 2019년 조양호 당시 한진그룹 회장이 대한항공 이사로 선임되는 데 반대표를 던졌다. 이에 대해 "정부가 국민연금을 통해 기업 경영에 간섭한다"는 비판이 나온다.

류 대표는 '기금운용위 독립'을 해결책으로 내세웠다. 보건복지부 산하에는 국민연금에서 투자 의사 결정을 맡는 기금운용위는 20명의 위원으로 구성돼 있다. 위원장은 보건복지부 장관이 맡고, 관계 부처 차관급 인사 5명이 한 자리씩 차지하고 있는 구조다. 정부 입장이 의사결정 과정에 핵심 역할을 할 수밖에 없는 것이다.

환경과 사회적 책임, 기업 지배구조 등 ESG를 핵심 공약으로 내세운 조 바이든 미 대통령의 취임으로 ESG는 글로벌 투자 업계의 화두가 됐다. 국민연금도 지난해부터 ESG를 투자 의사 결정의 중요한 기준으로 삼고 있다.

류 대표는 "ESG는 단순한 유행이 아니라, 법과 제도를 모두 반영하는 근본적인 변화"라며 "국민연금 지배 구조가 제대로 갖춰줘야 국내에서 ESG가 안착할 수 있다"고 강조했다. 그는 "ESG 정책은 정부 규제보단 시장 원리로 접근해야 한다"며 "이를 위해 ESG를 중시하겠다는 국민연금부터 정부 간섭에서 자유로운 독립적인 지배 구조를 갖춰야 한다"고 했다.

문재인 정부가 추진하는 국내 ESG 정책에 대해서는 아쉬움을 토로했다. 그는 "정부가 내놓은 ESG 정책은 2030년까지 모든 코스피 상장 기업들에 ESG 공시를 하도록 한 것"이라며 "ESG 공시는 가장 기본적인 것이고, 선진국은 물론 아시아의 말레이시아와 인도도 도입한 제도인데 10년 뒤에 하겠다는 것은 너무나 안이하게 생각하는 것"이라고 지적했다.

류 대표는 1983년 메리츠종금에 입사해 10여 년간 증권사에서 일한 뒤 2000년대 초반 유럽에서 유학할 때 ESG 경영이 확산되는 모습을 보고 2006년 서스틴베스트를 설립했다. 그는 "장부상 자산 가치를 중시하는 기존의 회계 기준으로 평가하면 미국의 아마존보다 월마트의 기업가치가 더 높다"며 "그런데 지금 월마트 시가 총액은 400조 원으로 아마존(1,700조원)과 비교가 안 될 정도"라고 말했다. 그는 이어 "ESG는 기존 회계장부로는 산정할 수 없는 부분까지 기업가치를 판단할 수 있는 유용한 기준이 될 수 있다"고 했다.

국내 1호 ESG 펀드로 불리는 장하성펀드(한국기업지배구조펀드)에 대해서는 오히려 "ESG를 왜곡했다"고 평가했다. 그는 "ESG의 지배구조(G)는 장기적인 관점에서 주주를 비롯한 모든 이해 관계자들의 이익을 확대하자는 것"이라며 "장하성펀드는 단기적인 주가 부양에만 초점이 맞춰져 있다 보니 결국 미래 주주에게 부담을 떠넘기는 구조"라고 지적했다.

조선일보. 2021.3.11.

## "2025년부터 ESG 공시 의무화 소송 증가 등 리스크 대비해야"

오는 2025년부터 자산 총액 2조원 이상 기업의 환경 사회책임 지배구조 공시가 의무화되면서 관련 소송 증가 등 기업이 'ESG 리스크'에 노출될 우려가 크다는 분석이 나왔다. 전문가들은 ESG 관련 소송 리스크에 대비하는 한편, ESG 공시역량과 체계를 조속히 강화해야 한다고 조언했다.

전국경제인연합회는 11일 서울 영등포구 여의도동 본관 컨퍼런스센터에서 개최한 'ESG 글로벌 공시, 평가 및 법적 쟁점 세미나'에서 이런 의견이 개진됐다고 밝혔다. 김정남 삼정 KPMG 상무는 'ESG 공시 글로벌 동향과 우리 기업 대응방향' 주제 발표를 통해 "지난해 매출 상위 100대 기업의 비재무 보고서 발간율이 90%를 넘는 나라는 전 세계에 14개국뿐"이라며 "일본의 경우 매출 100대 기업이 모두 비재무 보고서를 발간했지만, 한국과 중국의 경우 각각 78% 수준에 머물고 있다"고 지적했다. 김 상무는 "우리나라는 2025년 이후 단계적으로 ESG 정보공시 의무가 도입될 예정인데 준비되지 않은 기업들은 '발등의 불'이 될 수 있다"며 "국내에서는 기업 및 정보 이용자들로부터 ESG 정보공시의 중요성을 제대로 평가받지 못하고 있다”고 경고했다. 그는 기업들이 −기업 특성이 고려되고 핵심 이해관계자 요구가 반영된 공시 − 다양한 채널을 활용한 공시 −재무성과와 연계성이 강화된 공시 등을 통해 공시요구에 적극 대응해야 한다고 조언했다.

윤용희 법무법인 율촌 변호사는 “투자자가 기업에 ESG 의무공시 내용에 더해 구체적인 추가정보 공개를 요구하면서 법적 분쟁이 증가하는 등 기업이 <u>ESG 소송</u>을 당할 리스크가 증가하고 있다”고 밝혔다. 그는 ESG 소송 유형으로 −제품 표시나 공시자료에 기재된 ESG 정보의 오류 누락 −불성실 공시에 따른 증권사기 −ESG 요소 관련 기업의 불법 행위, 채무 불이행 등을 제시했다. 윤 변호사는 “기업은 제품 표시에 ESG 속성을 부각시킬 때 표시 광고법 위반 등이 없는지 검토할 필요가 있다”고 권고했다.

오덕교 한국기업지배구조원 연구위원은 “평가기관으로부터 정보제공 요청이 있는 경우 공개된 정보가 많을수록 대응이 수월하고, 반대로 정보제공 요청이 없는 경우에는 평소 공개정보의 ‘범위’가 중요하다”며 “정보공개 방법은 지속가능경영보고서 발간이나 홈페이지 공개 등을 적극 활용할 필요가 있다”고 밝혔다.

문화일보. 2021.3.11.

## “대외 의존도 높은 한국기업, ESG 경영 서둘러 ‘신무역장벽’ 돌파해야”

“미국과 유럽 등 선진국은 환경 이슈를 무역 장벽 구축에 활용하려는 움직임을 보이고 있습니다. 대외 의존도가 높은 한국기업들은 살아남기 위해서라도 ESG(환경 사회 지배구조) 경영을 서둘러야 합니다.” 신진영 한국기업지배구조원 원장은 ESG 경영이 필요한 이유에 대해 이 같이 말했다.

ESG 경영에 대해 신 원장은 “기업의 의사결정에 환경이나 사회처럼 기업 활동으로 영향을 받는 부문까지 포괄적으로 반영하라는 것”이라고 설명했다. 그러면서 “ESG 경영과 투자는 동전의 양면과 같다”고 했다. 그는 “기업들의 ESG 경영 성과는 결국 투자자 성과로 이어지기 때문”이라며 “글로벌 차원에서 분산투자를 하는 대형 기관투자가로서는 기후변화와 같은 전 지구적 환경 문제 대응을 기업에 요구하는 것이 당연하다”고 설명했다.

지배구조원은 2010년 제정된 ESG 모범규준을 11년 만에 개정하는 방안을 추진하고 있다. 개정안에는 석탄화력발전소 등 환경 변화로 자산가치가 떨어져 상각되거나 부채로 전환되는 자산을 뜻하는 '좌초자산'과 '인권영향평가', '생활임금' 등의 개념이 대거 포함됐다.

신 원장은 "글로벌 시장에서 ESG가 거스를 수 없는 대세가 된 점을 고려하면 이번 개정은 늦은 감이 있다"며 "좌초자산 개념을 활용한 자산가치 재평가는 이미 유럽 등 선진국 중앙은행이 금융회사에 대한 스트레스 테스트(재무건전성평가)에서 요구하는 부분"이라고 덧붙였다. 국내에서는 금융감독원이 금융사 건전성 평가에 기후변화 위험을 반영하는 방안을 추진하고 있다. 그는 "기업 활동의 모든 과정에서 다양한 이해관계자가 겪는 인권 이슈를 파악하는 인권 영향 평가와 근로자에게 최저 임금 이상의 적정 임금을 지급하라는 생활임금도 선진국 기업들이 도입하고 있다"고 덧붙였다.

기후변화 위험 등 기업의 ESG 관련 비재무적 정보를 회계와 같은 재무 영역에도 반영해야 하느냐는 질문에 그는 "일단 비재무 정보에 대한 공시 등 보고 체계를 마련하는 것이 우선"이라고 선을 그었다. 그러면서도 "장기적으로는 ESG 정보가 국제회계기준(IFRS) 같은 기존 회계 체계에 들어가는 게 바람직하다고 본다"고 했다. 신 원장은 한국 기업들의 ESG 수준에 대해 "지배구조 측면에서는 전반적인 개선이 있었지만 환경 사회 분야는 아직 갈 길이 멀다"고 지적했다.

온실가스 배출량을 줄이지 않는 국가에 탄소조정세 부과를 공약으로 내건 조바이든 미국 행정부가 출범한 것은 한국기업에 위기이자 기회요인이라고 평가했다. 그는 "이미 글로벌 투자자들이 한국전력의 석탄화력발전 사업에 이의를 제기하는 등 ESG 이슈가 한국 기업에 위기요인으로 작용하고 있다"면서도 "다른 한편으로는 신재생에너지와 전기 수소차 등 미래차 투자가 늘면서 관련 기업들은 혜택을 받을 여지가 커졌다"고 분석했다.

지난 1월 금융위원회는 2030년까지 모든 유가증권시장 상장사를 대상으로 ESG 공시 의무화를 추진하겠다고 발표했다. 신 원장은 "기업들이 먼저 전향적으로 ESG 경영과 정보공시에 적극 나서는 점을 고려하면 의무화 시기를 앞당기거나 대상 기업 범위를 확대할 필요가 있다"고 제언했다.

한국경제신문. 2021.3.16.

## 전경련 "ESG 모범 규준 개정안, 기업 부담 가중 우려"

한국기업지배구조원이 추진 중인 환경 사회 기업지배구조로 모범 규준 개정안이 기업에 지나친 부담을 지워, 오히려 지속 가능한 성장을 방해할 수 있다는 분석이 제기됐다. 재계는 학계에서 조차 정립되지 않은 내용이 포함돼 혼란을 불러일으키고, 인권경영 기준 등이 시나치게 세부적이어서 기업 자율성을 해친다고 판단해 수정 보완을 요구하고 나섰다.

전국경제인연합회는 이 같은 내용을 담은 'ESG 모범규준 개정안에 대한 의견서'를 지배구조원에 전달했다고 31일 밝혔다. 지배구조원은 의견 수렴을 거쳐 다음 달 개정안을 발표할 예정이다. 모범규준은 강제성이 없지만, 한국기업지배구조원의 상장기업 ESG 평가 기준으로 작용할 가능성 때문에 기업들이 우려하고 있다.

재계는 환경회계에서는 '좌초자산' '환경회계' 등 학계서도 정립되지 않은 개념과 '내부탄소가격' 등 사회적 합의가 필요한 사안들이 포함돼 추가 논의 과정이 필요하다고 지적했다. 전경련은 "기후변화로 자산가치가 급격히 떨어져 상각되거나 부채로 전환될 위험이 큰 자산을 뜻하는 '좌초자산'은 아직 한국채택국제회계기준 등에 명시적으로 반영되지 않은 개념"이라며 "기업의 회계에 반영하게 할 경우 기업가치에 왜곡이 발생할 수 있다"고 밝혔다. 기업의 탄소배출 가격을 매기는 제도인 '내부탄소가격' 또한 도입한 한국 기업이 26곳(2018년 기준, CDP코리아리포트), 전 세계적으로도 522곳에 불과해 아직은 사회적 논의가 필요한 상태라고 지적했다.

특히 인권 항목의 경우 선언적 규정의 한계를 넘어 인권 관련 실무 부서 구축, 인권경영현황 공개 등 구체적인 인권경영을 명시함으로써 기업 자율성을 침해할 가능성이 다분하다고 전경련은 분석했다.

상법상 의무보다 강한 규제도 논란의 대상이다. 전경련은 경영 승계 관련 내부 규준도 논란의 대상이다. 전경련은 경영 승계 관련 내부 규정을 마련해야 한다는 지배구조 모범규준에 대해 "글로벌 스탠더드의 관점으로 봤을 때 생소한 제도이며 현실적으로 불가능에 가깝다"고 비판했다. 감사위원 분리선임, 감사위원 등 활동 내역 공시, 주총 개최통지 관련 규준도 법적 요구수준보다 높다.

전경련 관계자는 "지배구조원의 ESG 평가 기준도 상세하게 공개하지 않아 기업들이 어떤 부분을 보완해야 할지 파악하기가 어렵다"면서 "기업의 ESG 활동을 장려할 계획이지만, 기업에 과도한 부담을 줄 때는 적극적으로 의견을 개진하겠다"고 말했다.

문화일보. 2021.3.31.

　　연성법(soft law)인 규준이 법적(hard law, 경성법) 수준보다 높다는 비판은 일면 이해할 수도 있지만 규준은 법이 아니므로 조금 더 높은 수준의 잣대를 요구할 수 있다. 규준이 법과 동일해야 한다면 규준의 존재가치는 없고 법령만 존재하면 되는 것이다. 규준은 당연히 법보다 더 개혁적, 전향적이며 적극적일 수 있다. 단, 그럼에도 규준이 현실을 도외시 할 수는 없다.

　　다만 규준이 너무 앞서 가면서 과도한 규제가 될 수 있다는 비판은 ESG 기준원의 입장에서는 겸허하게 받아들여야 한다.

**투자 대세는 ESG... 주요국, 공시 도입 서두른다.**

　　3경원을 훌쩍 넘는 세계 ESG(환경 사회 지배구조) 투자자금을 자국 시장으로 끌어들이기 위해 주요국들이 경쟁적으로 '기업 ESG 공시'를 도입하고 있다.

　　8일 니혼게이자이신문에 따르면 유럽연합과 미국, 일본 등 주요국들은 기업의 ESG 정보 공시를 의무화하는 방안을 잇따라 추진하고 있다. 앞서 나가는 EU를 일본이 뒤쫓는 가운데 조바이든 행정부 출범 이후 미국도 ESG 공시에 적극적으로 나서고 있다고 이 신문은 전했다.

　　미국 증권거래위원회(SEC)는 '기후 ESG 태스크포스'를 신설해 2010년 도입한 공시 기준을 10여 년 만에 개정하고 있다. 정치 헌금과 ESG의 관계, 이사회의 다양성, 인권 문제 등을 공시하도록 할 방침이다. 상장기업을 감사할 때도 ESG 항목을 중시하기로 했다.

　　EU는 지난 3월 10일부터 자체 ESG 공시 규정인 '지속가능한 금융공시규정'을 적용하기 시작했다. 자산운용사는 개별 금융상품의 ESG 투자 방침을 공시한다. 대기업은 연차보고서에 환경, 사회, 인권 존중 등에 대한 방침과 성과를 공개해야 한다. EU는 자체 ESG 공시제도를 세계 표준으로 정착시킨다는 목표를 세웠다.

일본은 금융청과 도쿄증권거래소 주도로 기업공시 지침을 개정해 상장사들이 국제 금융 협의체인 '기후 변화 관련 재무정보 공개를 위한 태스크포스(TCFD)' 기준에 따라 공시하도록 요구하고 있다.

TCFD 기준은 기후변화 시나리오에 따른 기온 상승과 환경규제 강화가 기업의 재무에 미치는 영향을 공시하는 방식이다. 영국은 지난 1월부터 주요 기업에 TCFD 기준에 따른 공시를 의무화했고, 스위스와 홍콩도 뒤따를 계획이다.

주요국이 경쟁적으로 ESG 공시제도를 도입하는 것은 ESG 투자자금이 흘러 들어오기 쉬운 여건을 만들기 위해서다. 세계지속적투자연합(GSIA)에 따르면 작년 말 기준 ESG 투자 자금은 30조 7,000억 달러(약 3경 430조)에 달한다. 반면 온실가스 배출량을 공개하는 기업은 4,000여 곳으로 전체의 10% 수준에 그쳤다.

Task force on climate-related Financial Disclosures는 Financial Stability Board가 설립한 TF이다. FSB는 1999년 국제금융시스템의 안정성을 증대하고 국제적 수준의 금융 감독을 위해 설립된 FSF(Financial Stability Forum, 금융안정포럼)가 확대·개편된 조직이며 스위스에 위치한다. 2008년 미국발 금융위기를 극복하는 과정에서 신흥경제국의 목소리가 대두되면서 G7이 주축인 FSF를 G20 국가가 참여하는 기구로 확대, 개편해야 한다는 주장이 제기되었고, 2009년 4월 런던에서 개최된 제2차 G20 정상회의에서 FSF는 FSB로 확대 개편된 것이다. FSB의 운영위원회(Steering Committee)는 우리나라 금융위원회를 비롯하여 G7, 네덜란드, 호주, BRICs, 멕시코 등 16개국의 대표와 IMF, BIS(Bank for International Settlements), IOSCO, IAIS (국제보험감독기관협회, International Association of Insurance Supervisors) 등 10개 기준설정기구의 대표 등 총 24명으로 구성된다.

[네이버 지식백과] 금융안정위원회 [Financial Stability Board]

(시사경제용어사전, 2017. 11., 기획재정부)

GSIA(global sustainable Investment Alliance)는 다음과 같은 보고서를 간행한다.

The Global Sustainable Investment Review 2018, the fourth edition of this biannual report, continues to be the only report collating results from the market studies of regional sustainable investment forums from Europe, the United States, Japan, Canada, and Australia and New Zealand. It provides a snapshot of sustainable investing in these markets at the start of 2018 by

drawing on the in-depth regional and national reports from GSIA members—
Eurosif, Japan Sustainable Investment Forum (JSIF), Responsible Investment
Association Australia, RIA Canada and US SIF. This report also includes data
on the African sustainable investing market, from the African Investing for
Impact Barometer, and on Latin America from the Principles for Responsible
Investment.

우리나라가 국제시장에서의 major player로 활동하면서 이러한 국제기구에 참여하
여 활동하는 데에도 소홀히 할 수 없다.

ESG와 관련된 내용이 공시의 문제와도 밀접하게 연관되며 특히나 공시의 문제가
개입될 때는 assurance의 이슈를 피해갈 수 없다. 지금 현재 보고되는 ESG 관련 보고
서도 많은 경우 인증을 거치게 되는데 회계법인이 인증하는 경우는 소수에 그친다.

한국경제신문. 2021.4.9.

2021.4.1. 진행된 삼일회계법인 50주년 행사에서 이병래 공인회계사회 부
회장은 2020년 기준 지속가능보고서 발행 110개 기업 중 93개 기업(85%)이 인
증을 받았는데 인증 받은 기업 중 4%만 회계법인에서 인증을 받았다고 밝혔
다. 미국의 경우는 60%의 인증이 회계법인에 의해 수행된다고 한다. 또 하나
의 이슈는 재무제표를 감사하는 감사인과 지속가능보고서에 대해서 인증을 하
는 주체가 동일 회계법인일 경우, 이해상충이 존재하는지도 결정되어야 하는
데 이 또한 논란의 대상이다. 아직까지는 이에 대한 제재가 있는 것은 아닌데,
외국의 경우는 60~70%의 경우는 동일 회계법인이 이 두 인증을 수행하고 있
다고 한다.

회계법인에서 인증을 받는 경우가 특별하게 높은 수준의 인증으로 인정
되는 것인지 아니면 다른 기관의 인증과 차별화되는 것인지 등등이 이슈로 남
아 있다. 기업이 공시하는 정보가 누군가의 점검 과정이 없이 투자자들에게
전달되는 것도 문제가 있으므로 모니터링을 거치게 되는데 어느 정도의 정치
한 필터링이 되어야 하는지는 고민해야 한다. 지속가능보고서가 재무제표 수
준의 기준에 근거한 수치화된 정보가 아니지만 그렇다고 추상적이고 서술적인

내용만이 포함되면서 내용의 옳고 그름을 판단하기 어려울 수도 있다.

외감법이 개정되기 이전에도 재무제표에 대한 인증에 의해서 비적정의견을 받는 경우는 매우 낮았다. 인증(assurance)이 의미가 있으려면 또한 인증에 힘이 실리려면 인증하는 기관이 소신을 가지고 강하게 의견을 표명할 수 있어야지, 보고서에 어떤 내용이 포함되어 있더라도 항상 적정의견이 표명된다고 하면 이 또한 인증의 신뢰성을 잃게 되고 그냥 형식적인 인증(rubber stamp)의 결과일 것이다. 신외감법이 적용되면서 재무제표에 대해서 비적정의견이 표명되는 비율이 높아지는 것도 나름 의미가 있다.

단, 지속가능보고서에 포함되는 내용 자체가 기업회계기준에 근거해서 작성되는 재무제표와 이에 대해서 감사기준에 의해서 수행되는 회계감사 절차와 같이 정형화된 원칙이 적용되는 내용이 아니라고 하면 지속가능보고서의 내용이 뭐가 명확하게 잘못되었다고 지적한다는 것은 매우 어렵다.

진행된 세미나에서 배수일 교수는 다음의 ESG 관련 cost가 자산으로 계상되어야 하는지 아니면 비용으로 비용화하여야 하는지에 대해서 언급하였다.

자산으로 계상된다 함은 투자의 개념이고, obligation으로 계상된다는 것은 비용의 개념이다. ESG가 미래 수익을 창출한다면 자산으로 계상되어야 하며 수익을 창출하지 않고 소비되는 것이라면 비용이어야 하는데 적은 금액이 아니라면 이를 어떻게 회계처리하는지도 기준에서 다뤄줘야 한다.

ESG가 무슨 어느 정도 현 경영환경에서의 화두와 같이 진행되면서 매일경제신문과 한국경제신문 양 대 경제신문사도 경쟁적으로 ESG 교육과정을 개설하면서 이 시장을 선점하려는 노력을 하고 있다.

## 'ESG 글로벌 기구가 뜬다'… 기후변화부터 인권까지 표준화 주도

환경 사회 지배구조 경영 평가의 가이드라인이 되는 글로벌 기관들이 있다. 이니셔티브로 불린다. 이니셔티브는 ESG 관련 주제에 대해 논의의 실천 방안을 만들어 내는 협의체에 해당한다. 또한 자본 시장 데이터를 제공하는 글로벌 기관들이 있다. ESG 지표를 발표하고 기업 가치를 산정할 수 있도록 한다. 이들 기관은 ESG 경영의 '실행,

목표, 보고, 평가'를 위한 기준인 셈이다.

### 기후변화 initiative

SBTi(Science Based Targets initiative)는 과학적 기반 감축 목표 이니셔티브로, 2015년 설립했다. 파리협정 목표에 부합하는 온실가스 감축 목표를 위한 지침과 방법론을 제공한다. 파리협정은 산업화 수준 대비 지구 온도 상승폭을 섭씨 2도 이하로 억제하고 섭씨 1.5도 이하까지 줄이는 게 목표다. SBTi는 기업들이 '과학에 기반해' 온실가스 배출 감축 목표를 설정할 수 있도록 '금융 자산의 2도 시나리오 기반 감축 목표 설정 방법론'을 만들었다. 2020년 10월 1일 공식 방법론을 발표했다.

기업들이 이 기구에 참여하는 방법은 약정서를 제출하면서 시작된다. 약정서를 제출하면 'commitment' 단계로 인정되고 이후 온실가스 감축 목표 기준을 충족하는 목표를 설정해 제출하면 SBTi에서 해당 목표의 유효성 여부를 검증해 승인한다. 승인이 완료되면 기업명과 감축 목표가 SBTi 웹사이트에 공개된다. 전 세계 1,155개 기업이 참여하고 있고 한국에서는 DGB금융그룹, SK텔레콤, SK증권 신한금융그룹 등이 약정서를 제출했다. 이 방법론을 적용해 탄소 감축량 목표를 설정하고 있다.

최근 공시 관련 주목받고 있는 TCFD(Task Force on Climate-ralated Financial Disclosures)는 기후 변화 관련 재무 정보 공개 협의체다. G20 재무장관과 중앙은행 총재가 설립한 금융안정위원회(FSB)에서 2015년 설립했다. G20에서 기후 변화 관련 이슈들이 경제적 의사결정에 어떻게 반영될 수 있을지 검토를 요청함에 따라 TCFD는 재무공시 자료를 쉽게 적용할 수 있고 국제적으로 공인될 수 있는 정보 공개 프레임워크를 개발했다. 2017년 산업 전반에 적용되는 'TCFD 권고안'을 발표했다. 기후 관련 리스크와 기회, 권고안과 지침, 시나리오 분석 등 3가지 부문으로 구성된다. 이 중 권고사항은 거버넌스, 전략, 리스크 관리, 정량적 지표 및 목표 등 4가지 핵심 요소로 제시돼 정보 공개를 권고한다.

최근 기후 변화를 중심으로 ESG와 관련한 상세한 정보를 공시하는 것이 세계적인 흐름이다. TCFD는 기후 위기 리스크를 금융 안정성 모니터링에 반영하도록 권고한다. 금융회사와 기업은 기후 위기 시나리오에 따른 재무적 영향을 분석하고 이를 관리하기 위한 지배 구조, 전략, 리스크 관리, 지표 목표 등 4대 영역을 투명하게 공시해야 한다. TCFD는 2021년 2월 기준 전 세계 1755개 이상 기관의 지지를 받고 있다. 한국에서는 환경부, 한국거래소, 주요 금융지주, 포스코, SK이노베이션 등이 지지를 선언했고

2020년 주요 기업에서 지속 가능 경영 보고서에 적용하면서 하나의 공시 표준으로 여겨지고 있다.

CDP(Carbon Disclosure Project)는 탄소 정보 공개 프로젝트다. 2000년 설립된 국제 비영리 기구로, 전 세계 9600여 개 기업의 기후 변화 대응 및 환경 경영 관련 정보 공개를 요구하고 공시 정보를 분석해 투자자와 금융회사에 제공한다. CDP는 온실가스를 중심으로 기업이나 정부, 기타 조직이 기후 변화 물 공급망 숲 도시 등 환경에 미친 영향에 대한 가이드라인을 협의하고 이를 제시한다. 매년 발표되는 CDP 평가 결과는 전 세계 금융회사의 ESG 투자 의사 결정을 위한 정보원으로 활용되고 있다.

CDP는 전년도 대비 환경 영향을 얼마나 줄였는지를 표준(평균)화해 순위를 매기는 평가 지표도 운영하고 있다 기후 변화(온실 가스 배출량, 감축 목표, 전략, 지배구조 등), 수자원(취수량, 사업상 중요도, 관련 정책, 의사결정구조 등), 산림 자원(산림 훼손 원자재, 관련 정책, 의사결정구조 등) 3대 영역에 대해 피평가 기업이 응답한 내용을 기반으로 평가한다. 평가 결과는 A~D 등급으로 나뉜다. 2020년 한국에선 삼성전기와 신한금융그룹 등 7개사가 A등급을 받았다.

지속 가능성 개념이 등장한 이후 지속 가능 보고서에 대한 가이드라인을 제시하는 글로벌 기구가 있다. GRI(Global Reporting Initiative)는 1997년 유엔환경프로그램(UNEP)의 지원을 받아 미국의 환경단체 세레스(Ceres)와 텔레스(Tellus) 연구소가 공동으로 만든 비영리 단체로, 기업의 지속 가능보고서에 대한 가이드라인을 제시하는 국제기구다.

지속가능보고서 표준(Sustainability Reporting Standards)이 GRI의 핵심으로, 지난 20년 동안 지속적으로 개발돼 왔다. 2000년 발표된 첫째 가이드라인(G1)은 지속 가능성 보고를 위한 최초의 글로벌 지속 가능성 보고 표준인 GRI 스탠더드를 정립했다.

## 지속 가능성 이니셔티브

GRI 표준은 경제 환경 사회 부문으로 나눠 기업이나 기관의 지속 가능성을 평가하기 위한 지표를 설정하고 있다. 전 세계에서 1만 5,402개 조직이 GRI 가이드라인에 따라 지속 가능 경영 보고서(ESG 보고서)를 발간하고 있다.

SASB(Sustainablility Accounting Standards Board)는 '지속가능회계기준위원회'라고 부른다. 2011년 미국에서 설립된 비영리재단으로, '미국 증권 거래위원회(SEC)'에 제출할 기업의 비재무 평가 지표를 개발하기 위해 설립됐다. ESG와 관련된 데이터를 회계 보고 기준에 대응하도록 공개, 보고할 수 있는 가이드라인을 협의하고 이를 제시하는 일을 주로 한다.

SASB는 2018년 77개 산업별 지속 가능성 보고 표준을 발표했고 각 산업별 중대 이슈에 대한 정보 공개를 요구한다. GRI밖에 없었던 지속 가능성 보고 표준 시장이 뒤늦게 나왔지만 재무적 성과와 연계된 ESG 요소를 중심으로 간결한 세부 지침이 만들어져 투자자들에게 빠르게 수용되고 있다. 지속 가능성 보고에서 GRI와 함께 가장 널리 채택되며 특히 블랙록의 래리 핑크 회장이 2020년 SASB기준과 TCFD(Task Force on Climate-related Financial Disclosures) 기준 보고서 공시를 요구하면서 주목받았다.

유엔 SDGs(Sustainable Development Goals)는 유엔이 제시한 지속 가능 발전 목표다. 2000년부터 2015년까지 시행된 밀레니움 개발 목표(MDGs)를 종료하고 2016년부터 2030년까지 새로 시행되는 목표다. 유엔 내에 사무국이 있고 17대 목표의 169개의 세부 목표를 제시하고 있다.

유니레버 파타고니아 등 ESG 경영의 선두 주자들은 지속 가능 경영 목표를 설정하고 이 지표를 활용하고 있다. 이때 핵심은 ESG를 '수치'로 관리하는 것이다. ESG가 각 항목에 대해 달성할 목표를 숫자로 제시하고 매년 지속 가능 경영 보고서를 통해 업데이트하고 있다.

GSIA(Global Investment Alliance)는 글로벌지속가능투자연합이다. 2014년 유럽 호주 캐나다 영국 미국 일본 네덜란드의 지속가능투자연합기관들이 함께 설립한 조직으로, 멤버십을 바탕으로 상호 간 네트워크와 협력 강화, 공동의 이니셔티브 수행을 위한 협의체로서 기능해 왔다.

사회적가치연구원에서 펴낸 'ESG핸드북'에 따르면 GSIA는 ESG 투자 방법론을 7가지 하위 부문으로 구분해 제시한다. 네거티브 스크리닝, 포지티브 스크리닝, 규범 기잔 스크리닝, ESG 통합, 지속 가능 테마 투자, 임팩트 지역사회 투자, 기업 관여 활동 및 주주 행동 등이 그 방법론이다. 1990년대 이후로는 우수한 ESG 성과를 보이는 기업을 선별해 투자하는 '포지티브 스크리닝' 방식이 주류로 자리매김했다.

이밖에 인권 분야에서는 RBA(Responsible Business Alliance)가 산업 연합으로 큰 규모를 자랑한다. 책임감 있는 비즈니스 연합으로 불린다. 글로벌 전자 산업 분야의 이니셔티브인 RBA는 글로벌 공급망내에서 국제 규범을 준수하여 사회적 책임을 다하기 위해 결성된 연합체다.

삼성전자, 삼성디스플레이 애플 인텔 등 160여 개 기업이 회원사로 활동 중이다. 이들 회원사와 공급망에서는 노동 안전보건 환경 등 지정된 행동 규범을 따라야 한다.

한경비즈니스. 2021.4.12.-18

## '2050 탄소중립위' 내달 출범… 경제계 '과속' 우려

대통령 직속 '2050 탄소중립위원회'가 다음달 출범한다. 문재인 대통령이 세계 기후정상회의에서 약속한 국가 온실가스 감축목표(NDC) 추가 상향 등 탄소중립정책이 본격적으로 논의 테이블에 오르게 된다. 정부와 청와대가 탄소중립에 가속 페달을 밟으면서 경제계 부담이 커질 전망이다.

정부는 27일 문 대통령 주재로 국무회의를 열고 '2050년 탄소중립위원회 설치 및 운영에 관한 규정안'을 의결했다고 발표했다. 규정안은 탄소중립 사회로의 이행 촉진을 위한 2050 탄소중립위원회를 대통령 소속으로 설치하는 내용을 담고 있다. 기존 녹색성장위원회, 국가기후환경회의, 미세먼지 특별대책위원회 등 기후 변화 대응 관련 3개 단체를 통폐합해 설립된다.

이날 국무회의에서는 "미세먼지 문제 해결을 위한 국가기후환경회의의 설치 및 운영에 관한 규정 폐지안"도 함께 의결됐다. 국무조정실 관계자는 "위원 구성 등을 거쳐 다음달 초 중반에 위원회가 설립될 수 있을 것"이라고 말했다.

문 대통령은 지난해 10월 국회 시정연설에서 '2050 탄소중립'을 언급한 데 이어 같은 해 11월 '2050 탄소중립 범부처 전략회의'에서 탄소중립 정책을 수립 심의하고 이행 점검하는 위원회 설치 계획을 밝혔다. '2050 탄소중립'은 2050년까지 국내에서 배출하는 탄소량과 흡수 제거하는 탄소량의 차이인 탄소 순배출량을 '0'이 되도록 하겠다는 것이다.

위원회는 위원장 2명을 포함해 50명 이상, 100명 이하의 위원으로 구성된다. 위원은 대통령이 탄소중립에 관해 학식과 경험이 풍부한 사람 중에서 위촉한다. 임세은 청와대 부대변인은 서면 브리핑을 통해 "탄소 중립 전환이 속도감 있게 추진될 체계가 마련됐다"며 "탄소중립기본법(가칭)이 국회에서 통과되면 탄소중립위원회를 법률상 위원회로 격상할 계획"이라고 설명했다.

위원회는 출범과 함께 우선 '2030 NDC' 추가 상향을 논의할 전망이다. 정부는 지난해 NDC를 2030년까지 2017년 대비 24.4% 감축한다는 목표를 세웠다. 문 대통령은 지난 22일 세계 기후 정상회의에서 이와 관련, "2050 탄소 중립을 실현하기 위한 의지를 담아 NDC를 추가 상향해 올해 유엔에 제출하겠다"고 밝혔다. 정부는 기업, 시민단체 등 모든 이해 관계자를 위원회 논의에 참여시켜 NDC 추가 상향 수준을 확정한다는 계획이다. 또 위원회 논의를 거쳐 올해 말까지 탄소 중립을 위한 산업구조 전환 계획도 마련할 방침이다

경제계는 탄소 중립 가속화에 우려를 나타내고 있다. 전국경제인연합회는 23일 세계 기후정상회의와 관련한 논평에서 "우리나라는 주요국보다 생산과 고용에서 제조업이 차지하는 비중이 높다"며 "급격한 온실가스 감축 목표는 우리 경제 활력과 일자리 창출에 큰 부담을 줄 우려가 있다"고 밝혔다.

탄소중립 실현을 위해서는 탈원전 정책을 재고해야 한다는 지적이 나온다. 박주헌 동덕여대 경제학과 교수는 "원자력은 이산화탄소를 배출하지 않으면서도 안정적이고 대규모로 전력을 생산할 수 있는 에너지원"이라며 "원전 없는 탄소중립은 불가능하다"고 말했다.

한국경제신문. 2021.4.28.

## 삼성증권, 글로벌 ESG 평가기관 MSCI 손잡는다

### 업계 최초… ESG 리서치 강화

삼성증권은 17일 업계 처음으로 글로벌 ESG 평가기관인 모건스탠리캐피탈인터내셔널(MSCI)과 전략적 제휴를 맺고 글로벌 수준의 ESG 리서치와 관련 서비스를 제공한다고 발표했다. 삼성증권은 작년 말 국내 증권사 최초로 ESG 연구소를 설립하고 꾸준히 관련 보고서를 내는 등 ESG 리서치를 강화해왔다.

삼성증권은 이번 제휴로 MSCI의 방대한 데이터와 노하우를 활용해 ESG 리서치 역량을 높이겠다는 구상이다. MSCI는 글로벌 펀드들의 성과 평가를 위해 다양한 벤치

마크 지수를 운영하고 있으며, ESG 분야에서도 40년 넘게 평가기법을 발전시켜 왔다. 현재 200여명 이상의 ESG 전담 애널리스트를 보유한 MSCI는 1만 4,000여 개 글로벌 기업을 평가하고 있다. 이는 전 세계 주식 채권 90% 이상을 차지한다.

MSCI는 특히 MSCI ESG Leaders 지수 등 ESG 관련 지수를 산출하고 있다. 이를 추종하는 글로벌 운용 자금은 3,500억 달러를 웃돌아 투자업계에서 막강한 영향력을 갖고 있다. 삼성증권의 'ESG 투자 전략 유형과 적용' 보고서에 따르면 지난 7년간 MSCI의 ESG 등급 평가를 기조로 국내 기업의 투자 성과를 비교했을 때 등급이 높은 기업이 부진한 기업보다 6% 포인트 높은 수익률을 낸 것으로 나타났다. 글로벌 ESG 평가 기준이 국내 기업 투자에도 유효하게 적용된다는 얘기다.

MSCI는 탄소 배출 전력 낭비 등 환경 분야에서 13개 항목, 노무 관리, 제품 안전성 등 사회분야에서 16개 항목, 이사회 오너십 등 지배구조 분야에서 6개 항목으로 나눠 ESG 등급을 매긴다. AAA(탁월)에서부터 CCC(부진)까지 7개 단계의 등급을 부여한다.

한국경제신문. 2021.5.18.

### 이사회 보수

평가보상위원회가 의무화되지 않는데 평가보상위원회가 없는 경우는 이사회를 통해서 이사 보수 결정을 권고하고 있다. 금융회사지배구조법에 의하면 리스크관리위원회, 평가보상위원회가 의무화되는데 비금융회사에 대해서는 이러한 위원회가 강제되고 있지 않다.

### 선임사외이사

이사회 의장을 CEO가 맡는 경우에 권력이 집중되는 것을 미연에 방지하기 위해서 선임사외이사 제도를 제안함은 충분히 이해하지만 선임 사외이사가 수행하여야 할 업무가 명확하게 정해지지 않은 상태에서 형식상의 제도라고 사료된다. 선임사외이사로서의 책임을 맡길 것이면 이에 상응하는 권한과 업무가 정해져야 하는데 그렇지 않으면 큰 의미가 없는 제도일 수밖에 없다.

이사회 의장을 사외이사가 맡는 경우는 선임사외이사제도가 필요하지 않다. 많은 경우 선임 사외이사가 이사회 의장을 맡는 경우가 다수이기 때문이다. 때로는 이사회 의장의 임기를 1년으로 두고 선임 사외이사 다음에는 그 다음 순번의 선임 사외이사가 이사회 의장을 돌아가면 맡으면서 이사회 의장에게 힘이 쏠리는 것을 미연에 방지하려 한다. 이는 대표이사가 이사회 의장까지 맡으면서 대표이사에게 과도한 힘이 쏠리는 것을 예방하려는 정신과 동일하게 이해할 수 있다.

### 대표집행임원

집행임원제도를 채택한 기업이 매우 소수에 그치는 상황에서 큰 의미가 없다고 판단된다.

감사위원회를 이사회 내 위원회로 금융회사 지배구조법의 내용은 아래와 같다.

---

**제16조(이사회 내 위원회의 설치 및 구성)**

① 금융회사는 「상법」제393조의2에 따른 이사회 내 위원회로서 다음 각 호의 위원회(이하 이 조에서 "위원회"라 한다)를 설치하여야 한다. 이 경우 제2호의 감사위원회는 「상법」

제415조의2에 따른 감사위원회로 본다.

1. 임원후보추천위원회

2. 감사위원회

3. 위험관리위원회

4. 보수위원회

② 제1항제4호에도 불구하고 금융회사의 정관에서 정하는 바에 따라 감사위원회가 제22조제1항 각 호에 관한 사항을 심의·의결하는 경우에는 보수위원회를 설치하지 아니할 수 있다. 다만, 대통령령으로 정하는 금융회사의 경우에는 그러하지 아니하다.

③ 위원회 위원의 과반수는 사외이사로 구성한다.

④ 위원회의 대표는 사외이사로 한다.

---

위에서 보듯이 감사위원회도 명확하게 이사회 내 위원회로 나열하고 있다. 미국식으로 표현하면 '이사회 내 위원회'라고 하면 sub committee의 개념이다. 다만, 아래의 이사회의 위원회 결의 번복 지양에서도 기술되었듯이 이사회의 이사와 감사위원회의 위원이 중복되니 sub committee라고도 할 수는 있겠지만 감사위원회가 상법에서 갖는 위상을 생각하면 sub committee라는 표현이 정확히 맞는 것은 아니다.

위에 나열된 위원회 중에서 상법에서 의무화된 위원회는 감사위원회밖에는 없다. 보수위원회, 위험관리위원회, 임원후보추천위원회는 금융기관이 아닌 일반적인 기업에는 의무화된 위원회가 아니다. 자산규모 2조원이 넘는 기업에는 사외이사후보추천위원회(사추위)도 의무화되는데 감사위원회와 사추위가 상법에 의해서 유일하게 의무화되는 위원회이다. 물론, 자산 규모 2조원이 넘지 않더라도 사추위나 감사위원회를 자발적으로 설치 운영할 수는 있다.

## 이사회의 위원회 결의 번복 지양

감사위원회의 결의 사안은 이사회가 번복할 수 없도록 상법에 규정되어 있다. 이사회가 기타 하부 위원회의 결의 사항을 번복하는 것은 기업의 지배구조 차원에서 이해할 수 있는 것 아닌가 판단된다. 상위 위원회는 하부 위원회에서의 의사결정을 거부할 권한을 가지는 것이 당연하다.

특정 회사의 경우, 사외이사 선임은 사외이사후보추천위원회가 이사회에 앞서서 최종적인 책임을 지는 경우도 있다. 이 회사의 경우, 주주총회에 사외이사 후보를 추천하는 주총 안건을 확정하는 이사회에 사추위가 사외이사 후보를 상정하기는 하지만 이 안건이 부의 안건이 아니고 보고안건이다. 따라서 보고안건이라는 의미는 이사회라도 사추위의 의사결정을 재결의하거나 번복할 수 없음을 의미한다. 이 회사의 경우는 최근까지 사내이사가 사추위의 위원으로 활동하다가 사추위에서 빠지면서 사외이사 후보자가 이사회에 부의안건으로도 부의되지 않는다는 것은 사내이사들이 개입할 소지를 완전하게 배제하고 있다. 반면에 이 회사는 주총에 추천되는 사내이사 후보자의 경우는 이사회에 부의안건으로 상정하면서 사내이사와 사외이사의 이사회 결정을 차별적으로 의사결정하는 흥미로운 점을 보이고 있다. 즉, 사외이사의 선임의 경우에 대해서만 회사가 조직적으로 개입할 수 있는 가능성을 원천적으로 배제하고 있다. 독립성 이슈이다.

예를 들어 이사회에서 결의된 주주총회 부의 안건에 대해서 주주총회가 이를 거부함은 엄연한 주주총회의 권한이다. 이를 지양하라고 하는 것이 옳은 주장인지 이해가 어렵다. 물론, 이사회 하부 위원회라고 해도 하부 위원회의 존재 의미가 있는 것이니 이들 위원회를 존중하라는 의미가 있는 것으로 이해한다. 물론, 이러한 내용이 모범 규준에 포함되는 것은 이사회 산하 위원회라고 해서 이사회가 이들 위원회도 모두 존재 의미가 있어서 구성된 것이니 이들 위원회를 존중하라는 상징적 의미가 있음은 이해할 수 있다. 그럼에도 기업지배구조에서의 적법한, 또한 상법에서 인정하는 이사회의 거부권을 제한할 이유는 없다.

아래의 상법 규정에서도 이사회의 거부 권한을 명확하게 규정하고 있다. 단, 감사위원회는 이사회 산하의 sub committee의 개념이기는 하지만 그럼에도 감사위원의 선임이 주총에서 수행되었고 그 만큼 다른 위원회의 위상과는 다른 위상을 감사위원회가 가지게 되므로 감사위원회 의결사안에 대해서는 재결의할 수 없도록 하였다. 즉, 감사위원회가 결의했다함은 주주의 위임을 받아서 결정한 것이나 같은 의미이니 이사회라고 하여도 거부할 수 없음을 의미한다.

상법은 이사회 내 위원회에서 결의된 사항을 이사회가 다시 결의할 수 있도록 규정하고 있다(제393조의2 제4항). 그러나 동 규정이 감사위원회의 독립성을 저해할 수 있다는 판단에 따라 2009년 상법 개정 때 감사위원회의 결의사항에 대해서는 이사회에서 재결의 할 수 없도록 하는 조항을 신설하였다(제415조의2 제6항).

이사회 산하에 sub committee(산하 위원회)가 있으므로 이들 위원회의 의사결정에 대해서 책임을 질 경우가 있으면 산하 위원회의 책임인지 아니면 이사회의 책임인지가 이슈가 될 수 있다.[1]

---

1) 이러한 내용에 대한 자문을 해 주신 서울대 노혁준 교수님께 감사한다.

1. 위원회들 중 감사위원회의 경우 위원회 결의가 최종이고 이사회가 이를 번복하거나 수정결의할 수 없으므로(위의 상법 제415조의2 제6항 규정) 그 판단에 잘못이 있으면 원칙적으로 감사위원회 위원들의 책임이라는 판단이다.
2. 다른 위원회의 경우 이사회가 재검토할 수 있으며(상법 제393조의2 제4항), 재검토가 진행되는 경우 이사회의 결의가 우선하게 되므로 그 판단에 잘못이 있으면 이사회 구성원들의 책임이라고 판단할 수 있다.

왜냐하면 최종적인 판단을 이사회가 수행한 것이며 산하 위원회는 이사회에 상정하는 안건을 결정했기 때문이다.

상법에서 규정한 위원회인 감사위원회나 사외이사후보추천위원회의 경우가 이슈가 될 수 있는데, 사추위안이 곧바로 효력을 발생시키는 구조라면(이사회 추가심의 없이) 사추위 위원들의 책임이라고 볼 여지도 있다. 단, 결격사유 있는 후보자를 간과하지 않은 이상 실제 책임이 문제될 여지는 없지 않을까 싶다.

위에서도 기술하였듯이 모기업의 경우 사추위의 결정이 이사회에 보고는 되지만 결의사항이 아니고 보고사항이며, 이사회에서 주총에 사내이사 후보자를 추천하는 내용만 결의사항으로 처리하고 있다. 이는 위의 상법 제415조의2 제6항 규정에 충실하게 이사회를 운영하는 것으로 이해할 수 있다. 즉, 재결의가 불가한 안건을 다시 결의 안건으로 상정하는 것 자체가 절차상으로 부적절할 수 있다.

2022년 7월 대법원과 헌법재판소가 누가 최고 입법기관인지를 두고 이견이 있다. 법에 의해서 체계가 잘 갖춰져 있는 이러한 국가기관 간에도 이러한 이슈가 있을 수 있으니 기업 내 위원회의 위상에 대해서도 사전적으로 교통정리해 둬야 한다.

분리선임되는 감사위원은 재무회계 전문가를 포함한다. 분리 선임되는 감사위원의 경우를 재무회계 전문가로 국한하는 이유는 재무회계 전문가를 독립적으로 선임해야 한다는 의미로 해석할 수 있다.

상법에 의해서 자산 규모 2조원이 넘는 기업은[2] 사외이사 중, 1인은 재무 및 회계 전문가라고 정의하고 있는데 이 규준의 내용에서는 회계 전문가도 아니고 재무회계 전문가라고 명확히 전문가의 범주를 좁혀서 한정하고 있다. 일부 회계 전문가들은 감사위원은 재무회계전문가라기보다 회계감사 전문가라야 한다는 의견도 피력한다.

일부 기업에서도 사외이사 후보를 섭외할 때, 재무 및 회계전문가를 찾을 때, 재무회계 전문가로 그 자격을 국한하는 경우도 다수 존재한다.

상법개정안에서는 감사위원 최소 1인을 분리 선임하는 것으로 되어 있으나 ESG 모범 규준은 과반의 감사위원을 분리 선임하는 것으로 제안하고 있다.

분리 선임의 개념은 결국, 감사위원이 되지 않으면 사외이사도 될 수 없는 경우이다. 즉, 규준에서 재무 및 회계전문가를 분리 선임의 대상으로 두라는 것은 그만큼 확실하게 재무 및 회계전문가를 감사위원으로 세우라는 의미이다.

예를 들어 어느 기업의 주총에서 ○○○와 ×××두 명의 사외이사 겸 감사위원이 선임된다고 가정한다. ○○○는 분리 선임 대상이 아닌 사외이사이고, ×××는 분리 선임 대상인 사외이사이다.

분리 선임 대상이 아닌 사외이사의 경우, 주총에서의 안건은 다음과 같은 순서로 상정된다.

1. 이사 선임의 건, ○○○
2. 사외이사인 감사위원 선임의 건, ○○○

1번 안건이 의결된다면 ○○○의 경우는 일단, 사외이사로는 선임된 경우이므로 2번 안건의 부결되어 감사위원으로 선임되지 않더라도 사외이사로는 선임된 것이다.

이와는 달리 분리 선임 대상이 되는 ×××의 안건은 다음과 같다.

---

2) 혹자는 모든 상장기업의 경우라고 해석한다.

### 감사위원이 되는 사외이사 선임의 건, xxx

×××의 경우는 감사위원이라는 조건으로 사외이사로 선임되는 것이므로 이 안건이 부결되면 사외이사로도 선임되지 않는 경우이다.

따라서 1, 2 안건의 경우는 ○○○를 사외이사로 선임한다는 데 방점이 있는 결의방식이고, ×××의 경우는 감사위원으로 선임한다는 데 방점이 있는 제도이므로 강조점에 있어서 차이가 있고, 분리선임의 경우는 따라서 적법한 자격이 되는 감사위원을 선임하겠다는 의미가 강한 제도이다. 따라서 주총에서의 안건의 순서와 상정되는 안건의 문구는 매우 중요하다.

### 이사회가 감사위원회 규정을 명문화

어떤 위원회의 위상을 판단할 때, 임명권자가 누구인지를 확인한다. 대통령이 임명한 직위라고 하면 임기 동안 누구 눈치도 보지 않고 신분을 보장해 주는 것이다. 대통령이 임명했다는 데야 아무도 업무 관련해서 간섭하기 어렵다.

기업의 지배구조에서 최고의 기관은 주주들의 회의체인 주주총회이다. 주주총회가 선임하고 주주로부터 위임을 받은 경우는 신분적으로 가장 확실하게 적법성을 갖게 된다.

감사위원의 선임은 주총 의결사안이다. 따라서 감사위원회는 최소 2/3이상을 사외이사로 구성하게 되어 이사회와 member가 중복되어 이사회 산하의 sub-committee로 분류되기는 하지만 그 역할과 위상으로만 보면 이사회와 대등한 위원회이다. 또한 상법에서 감사위원회는 경영진, 최고경영자, 이사회와도 대립관계를 설정하면서 이사회를 감시하도록 한다. 또한 위에 인용된 상법규정에서도 감사위원회의 의결 사안을 이사회가 거부할 수 없도록 규정하고 있어서 이사회가 감사위원회에 대한 상위 위원회인지도 명확하지 않다.

이러한 이사회와 감사위원회의 관계를 생각할 때, 감사위원회 규정을 이사회가 제·개정하도록 하는 것에는 어느 정도 문제가 있다. 본인들을 구속하는 규정을 본인들이 작성한다는 것이 옳지 않을 수도 있지만 그렇다고 이사회가 감사위원회 규정을 제·개정하는 것에 대해서도 고민해야 한다. 이사회 규정을 이사회가 제·개정하는 것이야 이를 이사회가 규정하지 않으면 주총이 이사회 규정을 제·개정할 수도 없으니 대안이 없다.

### 소통 담당 사외이사가 주주와 소통

소통 담당 사외이사가 선임된 기업이 매우 극소수의 기업에만 해당된다고 언론에서 보고 있는데 상근 이사도 아니라 기업설명회 등에 상근이사들과 같이 참석한다면 주주를 접촉하는 것이 가능하겠지만 그렇지 않은 경우가 대부분이다.

현대글로비스가 주주권익보호 사외이사를 별도로 지정하고, 포스코 같은 기업은 IR에도 사외이사들이 동참하는 경우도 있지만 매우 소수의 기업에만 국한되는 내용이다. 일단, 비상근이 사외이사가 회사 경영과 관련된 내용을 완전히 숙지하고 외부에 이를 알릴 정도의 전문성에 대해서 의문이 있기는 하다.

## "회계사회, ESG 인증 가이드라인 만들 것"

한국공인회계사회가 기업의 비재무적 평가에 활용할 'ESG 인증 가이드라인'을 만든다. 기업의 환경 책임 투명 경영과 관련된 합리적인 인증 기준을 만들어 표준화에 나선다는 복안이다. 또 주기적 감사인 지정제, 표준감사시간제 확대 적용으로 회계개혁을 지속 추진할 계획이다.

16일 취임 1주년을 기념해 간담회를 한 김영식 한국공인회계사회장은 "ESG 연구와 대처 현안 대처를 위해 ESG 외부 인증과 시장 활성화 방안, 전문가 양성 방안을 마련하겠다"고 밝혔다. 한국공인회사회는 지난 3월 조직한 ESG위원회를 통해 빅4 회계법인의 ESG 전문가와 외부 전문가 의견을 반영해 ESG 가이드라인을 만들 계획이다. 또 11월 설립되는 국제회계기준(IFRS) 재단의 지속가능위원회 동향 등을 참고해 실무에서 활용할 수 있는 ESG 인증 기준을 정립해 나갈 예정이다.

김 회장은 "ESG가 장기적으로 인증 형태로 갈 수 있는 만큼 통일된 기준을 만들겠다"며 "글로벌 빅4 법인과 IFRS 기준 등을 참고하고 국내 산업계 의견을 들어 ESG에 앞장 서겠다"고 설명했다.

기업을 비롯한 시장 투명성 강화를 위해 주기적 도입 범위에 대한 확대안도 추진되고 있다. 그동안 회계 감사 사각지대였던 비영리법인을 보다 투명하게 만들겠다는 취지다. 김회장은 "앞으로 영리부문 외에 비영리 공공부문에 대한 회계 개혁이 필요하다"고 지적했다. 현재 학교 법인에 대해서는 4년 자율, 2년 감사인지정 형태로 주기적 지정제를 도입하는 방안이 국회 교육위원회 소위원회를 통과했으며, 법제사법위원회와 국회 본회의 절차를 남겨두고 있다. 공동주택은 2년 자율, 2년 지정 형태로 개선 입법안이 준비되고 있다.

기업 부문의 회계 개혁 추진은 더욱 고삐를 조여야 한다는 입상을 피력했다. 시작한 지 3년 만에 개혁에 대한 일부 산업계가 감사비용 부담 등으로 이를 후퇴시키는 것은 '어불성설'이라는 시각이다. 김회장은 "대우조선해양 사태 이후 더는 부실 회계로 인한 국가 신인도에 타격을 줘서는 안 된다는 게 회계개혁의 발단이었다"며 "이걸 폐지하는 건 어불성설"이라고 강조했다. 그는 이어 "지금은 '어려운 때일수록 정도를 가라'는 말을 되새겨야 하며, 정도 감사는 양보할 수 없는 원칙"이라고 덧붙였다.

매일경제신문. 2021.6.17.

ESG 보고서에 대해서 정형화된 인증의 기준과 잣대가 존재하지 않는다는 것은 동일한 ESG 보고서라고 해도 인증의 결과가 상이할 수 있다는 것을 의미한다. 회계감사라는 인증(assurance)과 이를 비교하면 회계감사는 회계감사 기준이라는 기준에 근거하여 수행되는 감사라는 인증은 어느 감사인이 인증을 수행해도 동일한 절차로 감사가 진행되어야 하므로 표준화되어 있다고 할 수 있으며, 인증의 결과도 동일해야 하는데 이러한 정형화된 기준이 존재하지 않으면 인증의 결과도 상이할 수 있다.

이를 신용평가 업무와 대비하여 생각해 본다.

**"연3회 100페이지 보고서… 'ESG 공시' 과도"**

전경련 "집중투표제 공시 의무 불합리"

기업들의 ESG 경영관련 공시 부담이 과도하게 크다는 지적이 나왔다. 전국경제인연합회는 20일 '2020 기업지배구조보고서 주요 내용 및 시사점' 보고서를 발표했다 공시 의무가 있는 자산 총액 2조원 이상 비금융기업 175곳의 현황을 분석한 자료이다. 전경련은 기업들이 기업지배구조보고서에 집중투표제 채택 여부를 공개하는 것에 대해 "불합리하다"고 지적했다.

공시 간소화 단일화 필요성도 제기됐다. 기업들이 기업지배구조보고서를 매년 작성하고 있는 상황에서 비슷한 정보를 담은 환경정보공시(2022년), ESG공시(2025년) 제도까지 도입되기 때문이다. 전경련은 "기업들이 100페이지에 달하는 ESG 관련 공시 보고서를 1년에 세권 이상 작성할 수 있다"며 "상당한 행정 및 비용 부담이 우려된다"고 말했다.

한국경제신문. 2021.6.21.

## ESG 공시 의무화 MS 구글은 반대

### "불확실 커져… 향후 소송 부담"

마이크로소프트포, 알파벳(구글 모회사) 등 미국 거대 기술기업들이 법률 소송 부담 등을 이유로 ESG 관련 정보를 의무적으로 연례 보고서(10K)에 담는 것을 반대한다는 의견을 밝혔다. 대형 자산운용사는 기업들의 ESG 자료가 연례 보고서를 통해 공시돼야 한다고 주장해 갈등이 커지고 있다.

21일 파이낸셜 타임즈에 따르면 MS와 알파벳은 최근 미국 증권거래위원회(SEC)에 보낸 서한을 통해 ESG 자료공개는 연례 보고서가 아니라 별도의 '기후 보고서'를 통해하겠다는 뜻을 밝혔다. 이들은 "ESG 자료가 연례 보고서에 포함되면 불확실성이 커져 잠재적 범죄 소송 등의 위험에 노출될 수 있다"고 주장했다. 이어 "기후 관련 공시는 본질적으로 불확실한 추산과 가정에 의존하는 만큼 기업에 부당한 책임을 지우지 않는 게 중요하다"고 강조했다.

MS와 알파벳의 이 같은 입장 발표는 SEC가 기업의 ESG 자료 공시 의무화를 추진하는 가운데 나온 것이다. SEC는 ESG 공시 방식과 시기 등을 검토 중이다.

MS와 알파벳은 ESG 투자의 대표 수혜주로 꼽히기도 한다. 뱅크오브아메리카는 지난 1일 보고서에서 MS는 미국 ESG 펀드들이 가장 많이 투자하고 있는 회사라고 밝혔다. ESG펀드의 절반 가까이가 투자하고 있는 알파벳은 ESG 기업 인기 순위 10위 안에 들었다. ESG 관련 평가가 좋은 회사도 정보 공개는 꺼리고 있다는 해석이 나온다.

한국경제신문. 2021.6.22.

백인규(2021)는 국제자본시장협회(ICMA)가 발행한 Green Bond Principle, Social Bond Principle, Sustainability Bond Guideline과 환경부가 발행한 녹색채권 가이드라인이 준거 기준으로 사용될 수 있다고 주장한다.

예를 들어, 안진의 ESG 채권 인증 업무는 국제인증업무기준(ISAE: International Association for Sustainable Economy) 3000, Assurance Engagements of Other than Audits or Review of Historical Financial Information(역사적 재무 정보에 대한 감사 또는 검토 외의 인증 업무 기준)에 따라 수행된다. 윤리성 요구, 품질관리, 사업 수임 및 수행, 증거자료 확보, 인증 결론 형성 및 인증보고서 작성의 절차로 진행된다.

국제감사기준은 IAASB(Internatinoal Auditing and Assurance Standars Board)가 제·개정하는 것으로 국제회계사연맹(IFAC: International Federation of Accountants)의 업무 영역이다.

이러한 업무가 인증(assurance)의 영역으로 자리 잡는다고 하면 결국 회계법인의 업무 영역으로 정리되면서 감독/규제 기관이 개입될 수 있다.

재무제표의 작성이 기업회계기준에 의한 정형화된 형식이라서 회계감사기준이라는 준거에 의한 인증이 가능한 반면, 지속가능보고서 등 ESG 보고서는 재무제표에 비해서는 정형화/체계화된 보고서가 아니므로 재무제표에 대한 감사보고서 수준의 정치한 monitoring이 가능한 것인지에 대해서는 의문이 있다. ESG보고서는 매우 주관적, 자의적, 임의적인 내용일 가능성이 높기 때문이다.

## ESG는 "마케팅 허풍"

팬시는 "펀드 매니저들은 탄소 배출을 줄이는 투자를 하라고 하면 다들 고개를 끄덕인 후 자리로 돌아가선 ESG자료는 보려고도 않고 최대 이익을 내는 투자에 골몰한다"고 했다.

조선일보. 2022.8.19.

# 섀도우보팅

> 최정우 포스코 회장 연임안

포스코의 최대주주인 국민연금이 최정우 회장 연임안에 <u>중립을 지키기로 했다</u>. 정치권의 연이은 압박에도 불구하고 최회장 연임에 반대할 명분이 없다고 본 것이다. 최회장 연임이 사실상 확정됐다는 분석이 나온다.

국민연금 수탁자책임 전문위원회(수탁위)는 9일 회의를 열고 포스코 등 투자기업의 의결권 행사 방향을 결정했다. 이날 수탁위 논의의 핵심은 최회장 연임 건이었다. 포스코는 오는 12일 정기 주주총회를 열고 최 회장 연임 안건을 표결에 부친다. 국민연금은 여기서 중립을 지키기로 결론내렸다. <u>나머지 주주의 찬반 비율에 맞춰 의결권을 행사하기로 했다</u>.

국민연금은 포스코 지분 11.17%를 보유하고 있는 최대주주다. 다른 주요 주주는 씨티은행(7.41%), 우리사주조합(1.68%)뿐이고 소액주주 비중이 74.3%로 절대적이다. 최 회장이 연임에 성공하기 위해선 출석 주주 과반수의 찬성을 확보해야 한다. 비 소액주주 지분의 40% 가량을 차지하는 국민연금의 선택에 관심이 쏠린 이유다.

최근 여당 일각과 시민단체, 금속노조 등은 연일 최회장 연임에 반대하는 목소리를 내고 있다. 최회장이 취임한 2018년 7월 이후 안전사고가 급증했다는 게 표면적인 이유다. 지난 3일에는 노웅래 더불어민주당, 강은미 정의당 의원이 '최회장 3년, 포스코가 위험하다'란 제목의 토론회를 연 데 이어 이날은 참여연대 등 시민단체가 포스코 경영진이 미공개 정보를 이용해 자사주를 사들였다며 검찰에 고발했다.

지난달 15일에는 이낙연 민주당 대표가 국민연금을 향해 "포스코가 사회적 책임을 다하는 국민기업이 되도록 '스튜어드십 코드'를 제대로 시행해 달라"며 사실상 국민연금에 반대표를 던지라고 요구하기도 했다. 정치권의 이 같은 압박에도 불구하고 국민연금은 반대표를 행사하지 않기로 했다.

포스코는 지난해 코로나19 확산 등 대내외 악재 속에서 수익성 방어에 성공하며 영업이익 2조 4,030억원을 거뒀다. 어려운 여건 속에서도 최 회장은 철강 중심의 사업 포트폴리오를 2차 전지 소재, 수소 등으로 확대해 포스코의 사업 구조를 다변화했다는 평가를 받고 있다. 업계 관계자는 "사고 책임을 최고경영자(CEO) 한 사람에게 돌리는 것도 논리적으로 납득하기 힘들 뿐 아니라 최 회장이 수차례 올해 역점 사항으로 안전을 내세운 만큼 연임에 반대할 이유를 찾기 어려웠을 것"이라고 말했다.

한국경제신문. 2021.3.10.

위의 포스코의 지분율은 2021년 초의 지분율이며, 2022년 3월 초, 포스코 지주사가 설립될 때, 국민연금은 9.75%의 주식을 보유하며 포스코의 최대주주에 올라 있다. 2대주주는 지분 7.3%를 보유한 씨티은행이며, 우리사주조합도 1.41%를 갖고 있다. 씨티은행의 지분일 경우, 증권수탁업무 계정이고 지분 관련 의사결정은 수탁자가 수행하게 된다.

포스코의 외국인 투자자 지분율은 57%에 이르고 있어서 포스코는 철강회사로서도 세계 6대 회사이며 국제적인 회사이다. 주목을 많이 받는 우량 기업 중 KB금융지주의 외국인 지분율이 70% 정도이고, 삼성전자는 약 절반 정도이며, 현대자동차는 약 30% 정도이다. 우리나라 증권시장의 외국인 지분율은 평균 약 1/3 정도이다.

나머지 주주의 찬반 비율에 맞춰 의결권을 행사하기로 했다는 밑줄 친 내용은 지금은 우리나라에서 인정하지 않지만 섀도우보팅과 같은 식으로 국민연금의 의결권을 행사하겠다는 것이다. 즉, 중립을 지킨다는 것이다. 다음의 경우도 자산운용사들이 섀도우보팅과 같이 의결권을 행사하는 경우라고 할 수 있다.

자산운용사가 재벌그룹의 계열사일 수 있으며 그러한 경우의 의결권과 관련되어서는 다음의 법 조항이 적용된다. 대형 자산운용업체인 삼성, 미래에셋, KB, 한화 등이 모두 이에 해당된다. 최대 자산운용사인 삼성자산운용은 스튜어드십팀을 ESG팀으로 개편하여 지배구조 관련된 업무를 담당하고 있는데, 임시주총이 1년에 많이 개최되는 것은 아니지만 통상 월 10건 정도 개최되고 분할 합병 등, 매우 민감한 이슈에 대한 안건이 부의되는 경우가 많아서 ESG 관련된 전담 업무를 1년 동안 수행하게 된다.[1]

---

**자본시장법 제87조 (의결권 등)**

① 집합투자업자(투자신탁이나 투자익명조합의 집합투자업자에 한한다. 이하 이 조에서 같다)는 투자자의 이익을 보호하기 위하여 집합투자재산에 속하는 주식의 의결권을 충실하게 행사하여야 한다.  <개정 2013.5.28.>

  1. 삭제  <2013.5.28.>

  2. 삭제  <2013.5.28.>

  3. 삭제  <2013.5.28.>

② 제1항에도 불구하고 집합투자업자는 다음 각 호의 어느 하나에 해당하는 경우에는 집합투자재산에 속하는 주식을 발행한 법인의 주주총회에 참석한 주주가 소유하는 주식수에서 집합투자재산에 속하는 주식수를 뺀 주식수의 결의내용에 영향을 미치지 아니하도록 의결권을 행사하여야 한다.  <개정 2013.5.28.>

  1. 다음 각 목의 어느 하나에 해당하는 자가 그 집합투자재산에 속하는 주식을 발행한 법인을 계열회사로 편입하기 위한 경우

    가. 그 집합투자업자 및 그와 대통령령으로 정하는 이해관계가 있는 자

    나. 그 집합투자업자에 대하여 사실상의 지배력을 행사하는 자로서 대통령령으로 정하는 자

  2. 그 집합투자재산에 속하는 주식을 발행한 법인이 그 집합투자업자와 다음 각

---

1) 이와 관련된 자문을 수행해준 정원정 삼성자산운용 ESG팀장께 감사한다.

가. 계열회사의 관계가 있는 경우

즉, 자산운용사가 섀도우보팅과 같이 의결권 행사를 수행하는 것이나 국민연금이 포스코의 경우에 의결권을 위의 방식으로 처리하는 것이나 궤를 같이 한다.

위의 내용에서 한 가지 이슈가 있는 것이, 정보의 수집 능력이나 분석 능력에 있어서 기관투자자보다 열위에 있는 개인투자자들에게 기관투자자들의 의사결정이 영향을 미칠 수 있다. 이렇게 기관투자자들의 정보가 개인투자자들에게 information transfer되는 것이 바람직한지에 대한 고민을 제도권에서 수행하였다. 이러한 정책 방향이 수년 동안 변경되었기 때문에 이를 기술한다.

기관투자자나 국민연금의 의결권의 방향이 미리 개인투자자들과 공유되는 순기능은 체계화된 정보가 공유된다는 것이고, 역기능은 국민연금이나 기관투자자의 의결권의 방향이 주식시장에서 과도하게 주도적인 역할을 수행한다는 점이다. 개인투자자들이 기관이나 국민연금의 의결권의 방향에 대해서 비판 없이 추종한다면 시장의 자율적인 기능이 소수의 major player에 의해서 과도하게 영향을 받게 된다. 반면에 체계적으로 의안에 대해서 의사결정을 수행할 능력도 시간 여유도 없는 일반 투자자들에게는 어떠한 가이드라인이 제시되면 더 수월하게 의사결정을 할 수도 있다. 단, 이와 같이 개인투자자들에게 가이드라인의 역할을 해 주어야 하는 기능을 의결권자문사가 해 주어야 하는 것이지 국민연금은 아닐 수 있다. 기관투자자들이 이와 같이 주식시장에서 주도적인 역할을 해 달라는 것이 스튜어드십의 요체이다. 국민연금이 주식시장에서 큰 손인 것은 분명하지만 보건복지부의 아니면 정권 차원에서의 의사결정과 무관하지 않기 때문이다. 즉, 재무분석가의 시장에서 발행하는 herding behavior가 의결권 시장에서도 발생할 수 있다.

수년 전에는 주총 이후 2주 후에나 어떤 방향으로 의결권을 행사하였는지를 공개했다. 물론 국민연금이 다른 기관 투자자에게 미치는 영향을 배제하기 위한 제도였다.

국민연금기금 수탁자 책임 활동에 관한 지침 6장 25조 2항에 나와 있었던 내용이다. 모든 경우에 주총 후 공시는 아니고 3항에 주총 전 공시 가능한 사유가 나와 있기는 했다.

국민연금 외 집합투자업자는 2013년 2월부터 국민연금처럼 주총 후로 5일 이내 공시로 법 개정이 되었다.

# 교보생명[1]

교보생명의 풋옵션 행사 건이 매우 복잡하게 얽혀있다. 회계와 관련된 많은 이슈들이 개입되므로 이 chapter에 내용을 기술한다.

**FI의 반격… "신창재 회장 대주주 문제에 왜 교보생명이 개입하냐"**

아울러 이들은 신 회장이 주주 간 계약에도 성실히 임하지 않았다고 지적했다. 풋옵션 행사 시 투자자들과 신창재는 각각 평가기관을 선임해 평가액을 교환하기로 했다. 만약 신창재 회장이 평가기관을 선정하고 제시한 평가액과 딜로이트안진이 산정한 금액이 10% 이상 차이 난다면, 제3의 평가기관이 정한 평가액으로 풋옵션 행사가격으로 결정된다. 신 회장은 평가기관 조차도 정하지 않았다는 지적이다.

FI 측은 "신창재 회장은 가격을 제시하기는 커녕 평가기관을 지정하지도 않았다. 계

---

1) 저자는 2022년 어피니티의 입장을 지지하는 안진회계법인의 용역을 수행하였다. 소송 과정에서의 내부 정보에 대해서도 접근하게 되었지만 이는 용역과 관련되므로, 이 저술 내용을 기술할 때는 이러한 정보에 기초하지 않고 순수하게 공개된 언론 정보에 기초하여 본문을 기술한다. 또한 이 소송 건에 대해서 저자도 개인적인 판단이 있지만 저술은 개관적이고 중립적인 입장에서 기술한다.

약에서 정한 절차 자체를 이행하지 않은 것"이라며 "이러한 계약 절차를 무시한 뒤 이제 와서 계약 절차를 다 이행한 재무적 투자자를 비난하는 것은 적반하장"이라고 반박했다.

이어 "신창재 회장이 이제 와서 주장하는 가격은 일방적이고 부당하다"며 "게다가 교보생명의 CEO이며 회사를 발전시켜 가치를 높여야 하는 경영자인 사람이 스스로 자기 회사의 가치를 최대한 깎아내리려 한다는 것은 어이없는 노릇"이라고 비판했다.

아울러 풋옵션 분쟁의 본질은 투자자와 신창재 회상 둘의 문제라고도 짚었다. 즉, 대주주인 신창재 회장이 다른 투자자와 계약을 불이행해 발생한 사안일 뿐 교보생명은 분쟁의 당사자가 아니라는 지적이다.

FI 측은 "오히려 주주 간 분쟁에 회사가 개입하는 것은 그 자체로 부당할 수 있다"며 "교보생명은 신창재 개인이 아니라 전체 주주들과 임직원, 보험가입자를 위해 존재하는 기업이다. 신창재 회장이 이러한 자신의 모든 약속을 위반하고 부인하고 있는 것이 이 사건의 본질"이라고 짚었다.

이에 교보생명도 FI 측 설명에 반발해 입장을 냈다. 교보생명은 "검찰이 풋옵션 가격 산정 과정에서 어피니티 컨소시엄과 딜로이트안진의 부정한 공모에 대해 유죄로 판단하고 기소한 사실이 핵심"이라며 "이들은 검찰에 기소까지 되었음에도 불구하고 반성은 커녕 공정하고 엄중한 사법적인 판단과 절차를 무시하고 부정하면서 본 사건의 본질을 호도하는 행위에 대해 강력히 유감을 표한다"고 밝혔다.

이어 "IPO에 대해 신창재 회장은 최선을 다했지만, 저금리와 자본규제 강화라는 보험업계의 재난적 상황에 부딪혀 IPO를 이행할 수 없었다"라며 "이 사실은 이사회 멤버로 참여하고 있는 어피니티 측도 잘 알고 있었고, 이와 별개로 신창재 회장이 어피니티 측 대표와도 수차례 논의한 부분"이라고 설명했다.

이투데이. 2021.1.21.

## 치열했던 '9차례 법적 공방'⋯ 교보 vs 안진 아피너티, 어떤 얘기 오갔나

1~9차 공판 과정에서 다양한 얘기들이 오갔지만 검찰 측의 핵심 지적 내용은 어피

니티가 안진 측과 수백차례 이메일을 주고 받으며 사실상 교보생명 풋옵션 가격을 부풀리도록 전 과정에 개입했다는 것이다.

검사 측: '주주간 (아피니티-신창재 회장) 분쟁인데 왜 회사(교보생명)가 고발에 나섰나'라는 질의. 박부사장은 "주주간 계약은 회장 개인 일이 아니라고 생각, 회사에도 영향이 있다고 답변.

이코노미스트. 2022.2.21.-27

즉, 최대주주의 법적인 이슈가 회사와 무관하지 않으므로 회사가 소송에 개입되었다는 주장이다.

## 어피니티는 왜 "신창재 회장 개인 분쟁에 교보생명 개입 부당" 주장할까

어피니티 측은 교보생명의 개입이 부당하다는 입장이다. 어피니티 측은 "주주 간 다툼에 회사가 나서는 것은 적절치 않다. 우리는 교보생명의 검찰 고발 당시부터 이 부분을 지적해왔다"며 "교보생명이 신창재 회장을 위해 회사의 비용을 들이는 모습"이라고 말했다.

교보생명 측은 "딜로이트안진이 어피니티의 부정한 청탁을 받고 FMV를 산정해 교보생명의 경영 안정성과 평판이 저해됐다"며 "이 때문에 검찰에 고발하게 됐고, 그 연장선에서 금융당국과 회계사회에까지 진정서를 제출하게 됐다"고 말했다.

교보생명의 이 같은 행보는 신창재 회장에게 도움이 되는 것으로 보인다. 교보생명의 검찰 고발 전 신창재 회장은 풋옵션 행사를 두고 어피니티와의 협상이 원만치 않았다. 신창재 회장은 어피니티가 FMV를 제시했을 때 본인이 산정한 FMV를 제시하지 않았다. 풋옵션 행사 가격 선정을 위한 기관도 선정하지 않은 상태였다. 신창재 회장은 교보생명의 검찰 고발이 없었다면 어피니티가 제시한 가격에 해당 지분을 되사야 했다.

일각에서는 신창재 회장이 풋옵션 가격을 산정하지 않은 것을 두고 별다른 선택권이 없었다는 평가가 나온다. 신창재 회장이 FMV를 제시한 이후 어피니티가 제시한 FMV 가격과 10% 이상 차이 날 경우 제3의 평가기관에 FMV 산정을 맡겨야 한다. 제3의 평가기관은 어피니티가 세 곳을 후보로 내세우고, 이 가운데 한 곳을 신창재 회장이 선택한다.

　문제는 가격이다. 어피니티 측은 교보생명이 자체적으로 매년 평가한 내재가치가 딜로이트안진의 감정가인 주당 40만 9,000원을 초과한 것으로 알려졌다고 주장하고 있다. 제3의 기관으로 평가가 넘어가 어피니티 주장대로 감징가가 기존보나 높게 나온다면 신창재 회장 입장에서는 더 큰 비용으로 지분을 사와야 하는 상황이 발생할 수 있다.

비즈한국. 2021.3.4.

　위의 내용과 아래의 기사와는 유사점이 있다. 효성의 경우 거의 400억원의 변호사 비용을 회사 돈으로 지급했다고 해서 조사를 받고 있다고 한다. 회사라는 법인격 실체와 최대주주라고 하는 자연인 개인의 실체는 엄연히 구분된 경제 주체이다.

　위 교보생명의 경우에 FI들과 신창재 회장 개인의 계약에 대해서 교보생명이 나서서 신창재회장을 보호하는 것에 대해서 FI들이 문제를 제기하고 있다. FI들이 주장하듯 교보생명이라는 기업은 모든 주주, 임직원, 보험가입자를 위한 회사인데 어떠한 차원에서 회사는 최대주주 개인을 보호하기 위해서 비용을 발생시키면서 대표이사를 보호하는지에 대해서 문제를 삼고 있다.

　우리는 속인적인 데 익숙해져 있기 때문에 때로는 개인과 법인을 혼동하기도 한다. 최대주주를 위해서 법인격의 가치가 훼손되기도 한다. 법인격은 영원할 수 있지만 자연인 개인은 영원할 수 없는데, 개인의 가치를 위해서 법인격이 손실을 보는 의사결정이 수행되기도 한다.

## 회사돈 유용 혐의 '효성' 기습세무조사 착수한 국세청…왜?

국세청이 효성에 대한 전격적인 세무조사에 착수한 것으로 전해지면서, 그 배경에 관심이 모아지고 있다.

27일 업계 관계자에 따르면 서울지방국세청 조사1국은 지난 26일부터 서울 마포구 효성 사옥에 조사요원들을 파견, 관련 자료를 확보하는 등 세무조사를 벌이고 있는 것으로 알려졌다. 효성은 4~5년마다 주기적으로 실시되는 통상적인 정기세무조사라는 입장. 실제 서울국세청 조사1국은 대기업에 대한 정기세무조사를 주로 담당하는 부서다.

하지만 효성에 대한 정기세무조사가 당초 내달 중 예정되어 있었다는 점에서 국세청이 정기세무조사와는 별개로 별도의 사안과 관련한 점검을 하기 위해 비정기 성격의 부분 조사를 벌이고 있는 것 아니냐는 이야기가 나온다. 부분조사는 엄밀히 따지면 비정기(심층)세무조사는 아니지만 정기조사와 달리 혐의를 특정해 불시에 이루어진다는 점에서 비정기 세무조사 성격을 갖는다는 것이 업계 관계자들의 설명이다.

국세청은 이번 세무조사에서 효성이 사주 일가의 개인 형사사건 변호사 비용을 대신 부담하고 이를 비용으로 처리한 혐의를 조사 범위로 특정한 것으로 알려졌다. 아울러 협력업체 등을 동원, 가짜 세금계산서를 받는 방식으로 원가를 과다하게 계상해 세금을 줄인 혐의도 조사 범위에 포함된 것으로 전해졌다.

이미 조현준 효성그룹 회장과 조석래 명예회장은 형사사건 재판을 받는 과정에서 변호사 비용 등을 회사비용으로 처리한 혐의로 경찰청 지능범죄수사대 조사를 받고 있다. 2013년부터 수년간 회사 돈을 변호사 선임료 등 본인들의 소송비용으로 지출했다는 혐의다.

조세일보. 2019.2.27.

## '교보 풋옵션 가격 부풀린 혐의' 안진 재판 29일 시작

교보생명 재무적투자자(FI)의 풋옵션 행사 가격을 부풀려 평가한 혐의를 받는 딜로이트안진회계법인 소속 회계사와 FI인 어퍼너티컨소시엄의 주요 임직원에 대한 재판이 시작된다. 이번 재판 결과는 어퍼니티 측이 신창재 교보생명 회장에게 제기한 풋옵션 행사 가격에 영향을 미칠 수 있어 주목된다. 7일 법조계와 보험 업계에 따르면 이들에 대한 재판이 오는 29일 공판 준비 기일을 시작으로 진행된다. 이는 정식 공판 전에 재판부가 피고인 혐의에 대한 검찰과 변호인 측 의견을 확인하고 조사 계획 등을 세우는 절차다. 공판 준비 절차가 종료되면 정식 공판기일이 정해진다.

지난 1월 검찰은 어퍼니티컨소시엄(어퍼니티 에쿼티파트너스, IMM프라이빗에쿼티(PE), 베어링 PE, 싱가포르투자청)의 주요 임직원과 딜로이트안진 소속 공인회계사들을 불구속기소했다. 이들의 혐의는 크게 –어퍼니티컨소시엄과 안진회계법인 사이의 부적절한 공모 – 어퍼니티컨소시엄의 부정한 청탁 – 이에 응한 안진회계법인의 공정가치 허위 보고 여부 등으로 요약된다. 검찰 공소장 등에 따르면 검찰은 어퍼니티컨소시엄 측이 풋옵션을 행사하기 한 달 전인 2018년 9월 안진회계법인에 <u>자신들이 진행 중인 기업 인수 합병 관련 실사, 자문 용역을 추가로 할 수 있게 해줄 테니 공정가치 업무를 맡아 달라</u>는 취지로 제안했고, 이를 안진 측 회계사들이 승낙했다는 진술을 확보한 것으로 알려졌다. 또 공소장에는 풋옵션 행사 전날에도 이들이 만나 어퍼니티컨소시엄이 가치평가 이후 해당 사안이 결국 소송으로 갈 가능성이 높은 점을 고려해 가능한 한 유리한 방법으로 가치평가를 해 달라고 제안했고, 안진 측 회계사들이 이에 동의했다는 내용도 포함됐다. 즉, 풋옵션을 행사하기 훨씬 전부터 긴밀하게 공모하여 보고서 작성을 위한 판을 깔아놓은 셈이다.

이처럼 사전 청탁이나 추가 용역 수임을 약속한 정황 등이 사실로 드러난다면 회계사와 임직원들은 처벌을 피하기 힘들 것으로 보인다. 이에 대해 어퍼니티 컨소시엄 측은 "특정 회사에 특혜를 준 것이 아니고 공정한 입찰 과정을 통해 안진회계법인을 선정했다"고 밝힌 바 있다.

매일경제신문. 2021.4.8.

## '풋옵션 분쟁'에서 승기 잡은 교보생명

　교보생명이 어퍼니티 에쿼티파트너스 컨소시엄과의 분쟁에서 승기를 잡았다는 평가를 받으면서 향후 FI 측 요구에 '버티기'로 일관할 것으로 보인다. 이에 따라 양측 간 분쟁도 장기화가 불가피할 전망이다.

　14일 보험업계에 따르면 신창재 교보생명 회장은 전날까지 풋옵션(특정 상품을 특정 시점 특정 가격에 매도할 수 있는 권리) 산정을 위한 평가기관 선임과 관련한 답변서를 FI로부터 요청받았지만 이를 이행할 법적 근거가 불분명하다고 판단한 것으로 알려졌다. 답변 요구 서한을 지난주에 받았지만 답을 하지 않을 것으로 보인다. 신 회장과 FI는 지난 6일 내려진 국제상업회의소(ICC) 중재재판부의 판결을 놓고 서로가 승리했다는 주장을 내놓는데 업계에서는 신 회장의 판정승이라는 평가가 나오고 있다. 교보생명에 따르면 지난 6일 진행된 분쟁에서 "FI가 제출한 40만 9,000원이라는 가격에 풋옵션을 매수하거나 이에 대한 이자를 신 회장이 지급하지 않아도 된다"는 판단을 받아냈기 때문이다.

　반면 투자금 회수가 시급한 FI는 자금 회수 방안을 찾아야 하지만 쓸 수 있는 카드가 많지 않다. 따라서 신 회장의 최근 행보는 '시간을 끌수록 유리하다'는 판단에 따른 것이란 해석이 나온다. 분쟁 과정에서 다른 소송들이 기다리고 있어 양측의 갈등이 장기화할 것이란 전망도 나온다. ICC 중재재판부 판단에 따르면 교보생명은 가치평가를 새로 받아야 하지만 신 회장이 가격을 새로 제출하지 않으면 추가 갈등이 불가피하다.

문화일보. 2021.9.14.

## 3년 끌던 교보생명 기업 공개, 내년 재시동

　교보생명이 내년 상반기 코스피 상장을 목표로 기업공개(IPO)를 재개한다. 이 회사는 2018년 하반기 IPO 추진을 공식화했지만, 3년 넘게 끌어온 재무적 투자자와의 풋옵션 분쟁 때문에 진행하지 못하고 있었다.

교보생명은 최근 법원 판결을 통해 이 분쟁에서 유리한 고지를 점하면서 IPO가 탄력을 받게 됐다고 밝혔다. 반면 투자은행들은 분쟁이 아직 끝나지 않아 IPO의 성공 여부에 대해 반신반의하는 분위기다.

교보생명은 16일 이사회를 열어 내년 상반기 IPO를 목표로 다음 달 중 한국거래소에 상장 예비심사를 청구할 계획을 보고했다고 17일 밝혔다. 이번 IPO로 교보생명은 2023년부터 적용되는 IFRS 17 등에 대비해 자본 조달 방법을 다각화하고 상기석으로 금융지주사 전환을 노린다는 복안이다.

신창재 교보생명 회장(33.8%)은 특수관계인 지분까지 36.9%를 확보하고 있고 FI인 어피니티컨소시엄(4개사)의 지분은 약 24%이다. FI 요구대로 이들의 지분을 신 회장이 다시 매입하는 것이 현실적으로 불가능한 상황에서 IPO는 경영권 분쟁을 피할 수 있는 유일한 방법이다.

2018년 10월 신 회장을 상대로 풋옵션을 행사한 어피니티 측이 제출한 주당 가격은 40만 9,912원으로, 총 2조 122억원 규모다.

어티니티컨소시엄은 어피니티 에쿼티파트너스, IMM PE, 베어링 PE, 싱가포르투자청 등으로 구성된 FI다. 2012년 대우인터내셔널이 교보생명 지분 24%를 매각할 때 총 1조 2054억원을 투자했다. 당시 어피니티 컨소시엄은 2015년 9월까지 교보생명이 상장되지 않으면 신 회장에게 주식을 되팔 수 있는 '풋옵션 조항'을 달았다. 그리고 3년 후인 2018년 9월 교보생명 이사회가 상장 안을 보류하자 이들은 신 회장에게 '풋옵션 이행'을 통보했다. 신회장이 이를 인정하지 않자 어피니티는 2019년 3월 국제상업회의소에 국제중재를 신청했고 최근까지 법적 분쟁을 이어왔다.

교보생명이 예상보다 빨리 IPO 재개를 선언한 것은 최근 어피니티컨소시엄과의 풋옵션 소송에서 승소했기 때문이다. ICC 중재재판부는 지난 9월 "신회장과 어피니티 간 풋옵션 계약이 유효하고 신회장이 계약을 위반했다"고 판시하면서도, 딜로이트안진이 제시한 평가액으로 신회장이 풋옵션을 이행하게 해 달라는 어피니티 측 요구를 기각했다. 서울중앙지법에서 아직 형사재판이 진행되고 있지만 교보생명은 신 회장 측 승소가 확정될 것으로 보고 있다.

교보생명 관계자는 "어피니티컨소시엄 등은 그동안 IPO가 되지 않아 투자금 회수가 불가능해 풋옵션을 행사했다고 주장해왔는데 이제 교보생명이 IPO를 추진하는 만큼 적극 협조할 것으로 기대된다"고 말했다.

IB업계에서는 다소 뜻밖이라는 반응이다. 풋옵션 가치 산정을 두고 FI와의 공방전이 아직 온전히 끝나지 않았다고 보기 때문이다.

한국경제신문. 2021.11.18.

## 풋옵션 분행 마무리, 업황 개선… 교보 '30년 숙제' 상장 재추진

교보생명 측은 "대주주 간 분쟁이 일단락되면서 경영상 리스크가 해소됐고 자연스럽게 미뤄뒀던 IPO를 재추진하게 된 것"이라고 설명했다.

금융권 관계자는 "어피니티로서도 이번 IPO를 통해 장기간 묶였던 지분을 정리할 수 있는 계기가 될 것"이라고 예상했다. 다만 소송 과정에서 신 회장 보유 지분이 어피니티 측에 의해 가압류됐기 때문에 상장을 위한 필수 절차인 대주주 지분 보호예수가 불가능한 상태다. 교보생명 측은 이에 대해 "ICC 중재 판정에 따라 가압류를 해제하기 위한 법적 절차를 진행 중"이라며 "연말까지는 결과가 나올 것"이라고 했다.

한국경제신문. 2021.11.21.

## 교보생명, 상장 예비심사 청구

국내 생명보험사 '빅3' 중 유일한 비상장사인 교보생명이 기업공개(IPO) 절차에 돌입했다. 2018년 말 상장을 추진하다 주주 간 분쟁으로 무산된 지 3년 만이다. 일각에서는 상장 절차를 강행해 소송 리스크를 정면 돌파하려는 의도라는 분석도 나온다.

교보생명은 21일 한국거래소에 유가증권시장 상장을 위한 예비심사를 청구했다. 통상적으로 심사에 영업일 기준 45일이 걸리지만 교보생명의 경우 심사 기간이 길어질 가능성이 크다. 재무적 투자자(FI)와의 갈등으로 소송이 진행되고 있어서다.

교보생명은 주주인 글로벌 사모펀드(PEF) 운용사 어피니티 에쿼티파트너스 컨소시엄과 갈등을 빚고 있다. 어피니티 측은 2012년 대우인터내셔널이 보유한 교보생명 지분 24%를 1조 2,054억원(주당 24만 5,000원)에 인수하면서 교보생명이 2015년 9월까지 상장하지 않으면 신창재 교보생명 회장에게 주식을 되팔 수 있는 풋옵션을 받았다. 이후 저금리, 보험업 규제 강화 등으로 교보생명의 상장이 지연되자 어피니티 측은 2018년 10월 풋옵션 행사를 통보했고 딜로이트안진회계법인에 의뢰해 행사가격을 2조 107억원(주당 40만 9,000원)으로 산정했다. 매입 가격의 두 배 수준이다. 그러자 신 회장 측은 "딜로이트안진이 이피니티에 유리하게 지분 가치를 부풀렸다"며 어피니와 안진 관계자를 검찰에 형사 고발했다.

신 회장이 승소한다면 어피니티 등의 지분을 2조원대에 사들이지 않아도 된다. 다만 풋옵션 자체가 사라지는 게 아닌 만큼 결국 이를 적정 가격에 되사들이거나 또는 협상을 통해 갈등 관계를 해소해야 할 것으로 보인다. 투자은행(IB)업계는 교보생명이 신 회장 등 최대주주의 안정적 지분 확보 방안과 경영권 보호 전략 등을 소명해야 예비심사를 통과할 수 있을 것으로 보고 있다.

한국경제신문. 2021.12.22.

## '주주간 법적 분쟁' 교보생명, 내년 상반기 코스피 상장 시동

### "IPO보다 여론 조성용" 평가도

교보생명이 내년 상반기 코스피시장 상장을 위한 절차에 들어갔다. 금융권에서는 교보생명이 '연내 기업공개 신청'이라는 목표를 실행에 옮겼다는 평가와 함께 주주 간 법적 분쟁 상황에서 유리한 위치를 점하기 위한 '허장성세'라는 견해가 엇갈리고 있다.

22일 금융권에 따르면 한국거래소 유가증권시장본부는 교보생명이 낸 주권 상장예비심사신청서를 전날 접수했다. 금융권에서는 교보생명이 내년 상반기 코스피 상장을 목표로 하고 있었고, 장기적으로는 금융지주사 전환도 검토하고 있다는 전망이 나오고 있다.

보험업계에서는 교보생명이 IPO 신청을 놓고 "분쟁을 유리하게 끌고 가기 위한 전략"이라는 분석도 나온다. 현재 서울중앙지법에서는 교보생명 최대주주인 신창재 회장이 재무적 투자자 어피니티컨소시엄과 딜로이트안진회계법인 측 관계자들을 상대로 제기한 소송을 진행하고 있다. 분쟁 결과에 따라 유불리가 갈리게 됨에도 IPO를 진행하면서 금융권에서는 "IPO 자체가 목적이 아닐 것"이라는 관측이 나오고 있다. IPO신청에 따라 주주 이익 극대화를 위해 교보생명에 힘을 실어줘야 한다는 여론을 등에 업어 분쟁을 유리하게 끌고 갈 수 있다는 분석이다. 거래소가 IPO 심사를 진행하면서 주주 간 분쟁을 가장 우선적으로 고려한다는 점에서 이런 주장에 무게가 실리고 있다.

문화일보. 2021.12.22.

## 교보생명, 내년 IPO '청신호 법원, 풋옵션 이행 가처분 기각

교보생명의 재무적 투자자인 어피니티 컨소시엄이 신창재 교보생명 회장과 맺은 풋옵션 계약을 이행하게 해달라며 법원에 낸 가처분 신청이 기각됐다. 법적 불확실성이 일부 제거되면서 내년을 목표로 하고 있는 교보생명 기업공개에도 파란불이 켜졌다는 분석이다. 다만 어피니티 측은 "신 회장이 의무를 위반했음을 이번 결정을 통해 확인했다"며 또다시 중재를 신청하기로 했다.

28일 금융권과 법조계에 따르면 전날 서울북부지방법원은 어피니티가 낸 교보생명 풋옵션 계약 이행 가처분 신청을 기각하고, 신 회장 재산에 대한 가압류도 해제하라고 명령했다. 앞서 지난 9월 국제상공회의소 산하 중재판정부는 신 회장이 FI들이 제시한 주당 40만 9,912원에 풋옵션 주식을 매수하거나 이자를 지급할 의무가 없다는 결정을 내렸다. 다만 주주간 계약상 의무(풋옵션 이행) 위반은 있었다고 판단했다.

이에 어피니티는 "계약성 의무를 이행해 달라"는 가처분 신청을 국내 법원에 냈다. 또 신 회장이 어피니티 컨소시엄이 보유한 지분을 약속한 가격에 매수하기 위해서는 신 회장 자산을 보전할 필요가 있다며 법원에 신 회장의 자택 및 급여, 배당금 교보생명 지분 등을 가압류했다.

그러나 재판부는 "가처분이 발령되지 않을 경우 FI들에게 회복하기 어려운 손해가 발생할 위험이 있다거나 급박한 위험을 지우게 된다고 보기에는 부족하다"며 신청을 받아들이지 않았다. 또 -추상적인 손해 발생 가능성만 추장하고 있다는 점 -회복할 수 없는 손해를 입었다고 볼 만한 직접적 소명 자료가 없다는 점 등도 기각 사유로 명시했다.

이에 따라 교보생명이 내년을 목표로 준비 중인 IPO도 탄력을 받을 것이라는 게 교보생명 측 기대다. 당초 교보생명은 FI 측에 2015년 9월까지 상장을 마무리하기로 약속했으나 이를 이행하지 못했다. 2018년에도 IPO를 재추진했으나 무산된 바 있다. 이후 FI들은 투자금 회수가 어려워지자 교보생명 측과 국내외에서 법적 분쟁을 이어 왔다. 교보생명 측은 "국제 중재 판정부에 이어 국내 법원도 신 회장 측 손을 들어줬다"며 "내년 IPO 추진에 걸림돌이 사라졌다"고 설명했다.

다만 어피니티컨소시엄은 이번 가처분 결정을 통해 신 회장의 의무 위반을 또다시 확인한 만큼 2차 중재에 나서겠다는 계획이다. 재판부는 FI들이 가처분을 신청할 피보전 권리가 충분히 인정되고, 중재 절차를 통해 청구할 수 있다고 판단했다. 어피니티 측 관계자는 "당장 이행해야 할 시급성이 있다고 보지 않아 가처분은 기각됐지만, 법원에서 풋옵션의 유효성을 재확인해줬다"며 "국내에서의 후속 중재 신청을 통해 계약 이행을 재차 요청할 계획이라고 강조했다.

한국경제신문. 2021.12.29.

---

## 법원, 이번엔 신창재 교보회장 부동산 가압류

서울북부지방법원이 14일 신창재 교보생명 회장 부동산에 신규 가압류 결정을 내렸다. 신 회장과 풋옵션 분쟁을 벌이고 있는 재무적 투자자인 어피니티 콘소시엄의 요청을 받아들인 것이다. 같은 재판부는 지난달 27일 어피니티 측이 신 회장을 상대로 제기한 풋옵션 가처분 신청을 기각하고 기존 가압류도 모두 취소한 바 있다.

어피니티 측은 이 결정에 대해 "투자자들에게 풋옵션 권리가 있고, 이에 따른 향후 주식 매매대금 채권이 발생할 것임을 법원이 다시 한 번 확인해준 것"이라고 주장했다. 어피니티 컨소시엄은 어피니티 에쿼티파트너스와 IMM 프라이빗에쿼티, 베어링 PE, 싱가포르투자청으로 구성된 컨소시엄이다. 이들은 "장래 채권에 대한 집행을 확보하기 위해 공탁된 배당금에 대해 새로운 가압류를 신청했는데, 그 사이 신 회장 측이 배당금을 인출해 가는 바람에 부득이 부동산에 대한 신규 가압류를 신청한 것”이라고 설명했다. 재판부가 투자자들의 풋옵션 행사가 유효하다는 점과 신 회장은 그에 따른 의무가 있으나 이를 이행하지 않고 있다는 점을 인정했다는 것이 어피니티 측 주장이다. 투자자들이 향후 2차 중재를 통해 풋옵션 대금을 청구할 수 있는 권리가 있다는 것이다.

교보생명은 가압류가 신청인의 일방적 주장과 소명자료만으로 결정된다는 점을 이용해 어피니티 측이 근거 없는 가압류를 남발하며 신 회장 명예를 훼손하고 있다고 주장했다. 법원이 가처분, 가압류 등 피보전 권리는 중재판정부가 판단할 문제라면서 어피니티의 가처분 신청을 기각하고 신 회장에 대한 가압류를 모두 취소한 것이라는 게 교보 측 주장이다. 교보생명 관계자는 “이번에 제기한 무리한 가압류는 국제상업회의소 중재에서 사실상 완패한 이후 별다른 대안이 없어진 어피니티 측이 여론전에 활용하려는 의도적 흠집내기”라고 반박했다.

매일경제신문. 2022.1.15.

**교보생명 ‘풋옵션 분쟁’ 새 국면…**

검찰 공소장에 드러난 어피니티에쿼티파트너스, IMM PE, 베어링 PE 임원, 딜로이트안진회계법인 소속 회계사들의 범죄 사실은 허위 보고와 부정 청탁 관련 공인회계사법 위반으로 알려졌다.

검찰은 딜로이트회계법인 소속 공인회계사 3인이 어피니티컨소시엄에 유리하도록 허위 보고서를 작성한 것으로 판단했다. 딜로이트안진이 제시한 풋옵션 가격도 사실상 어피니티컨소시엄이 결정한 것이라고 봤다.

검찰은 또한 딜로이트안진 소속 회계사 3인이 허위 보고서를 작성하고 용역비를 받은 뒤 해당 가치 평가 보고서와 관련한 민 형사상 등의 문제가 발생하면 어피티니 컨소시엄에서 그 법률 비용을 지급받기로 한 것으로 판단했다.

딜로이트안진회계법인은 2018년 6월말의 재무 데이터와 주요 생명보험사의 주가를 활용해 교보생명의 FMV를 산출했다. 딜로이트안진회계법인이 산출한 교보생명의 주당 가치는 40만 9,000원이었다.

딜로이트안진회계법인은 2018년 6월 말의 재무 데이터와 주요 생명보험사의 주가를 활용해 교보생명의 FMV를 산출했다. 딜로이트안진회계법인이 산출한 교보생명의 주주당 가치는 40만 9,000원이었다.

딜로이트안진회계법인과 어피니티컨소시엄이 주장하는 주당 40만 9,000원을 적용한 교보생명의 시가총액은 8조 4,000억원이었다. 이는 풋옵션 행사 당일 한화생명 시가 총액의 2.1배에 달하는 금액이다. 2012년부터 2018년 풋옵션 행사 당일까지의 기간을 적용했을 때 어피니티컨소시엄이 주장하는 수익률은 67%에 달해 매년 9%의 투자수익률을 달성해야 이룰 수 있는 수치였다. 이를 통해 딜로이트안진회계법인이 산출한 FMV가 부풀려졌다는 객관적 사실을 알 수 있다는 게 법조계의 분석이다.

어피니티컨소시엄은 FMV를 제시한 이후 제3의 평가 기관을 선정할 수 있었던 것으로 전해진다. 하지만 어피니티컨소시엄이 제시한 복수의 평가기관 중 한 곳을 선정하게 돼 있어 신회장에게 현저히 불리한 조건이었던 것으로 알려졌다. 신 회장은 이에 따라 FMV를 제시하지 않았고 어피니티컨소시엄은 ICC 중재 재판을 신청하게 됐다.

딜로이트안진회계법인은 다양한 기업가치 평가 방법론 중 자신들에게 유리하게 작용하는 것만을 취사 선택한 것으로 알려졌다. 딜로이트안진회계법인은 상대가치 평가법을 사용했는데 피어그룹으로 삼성생명 한화생명 ING생명(현 오렌지라이프)을 포함했다. 당시 ING생명은 인수 합병 이슈가 불거지며 주가가 상승세를 보였다.

딜로이트안진회계법인은 어피니티컨소시엄이 2012년 교보생명의 지분을 사들일 때도 가치평가 업무를 진행했다. 그런데 이때는 한화생명만을 피어그룹으로 선정했다.

딜로이트안진회계법인은 특히 성명서 발표를 통해 교보생명이 충분한 자료를 제공하지 않아 6월 말의 수치를 사용했다고 주장했다. 하지만 법조계의 시각은 다르다. 법조계 관계자는 "주가는 교보생명이 제공하는 것이 아니라 시장에 공개된 만큼 누구나 활용할 수 있는 자료"라며 "이를 통해 산출한 교보생명의 주당 가치는 40만 9,000원으로 과대 평가된 수치를 가지고 1조원에 달하는 부정 이득을 얻고자 한 것으로 보인다"고 말했다.

어피니티컨소시엄과 딜로이트안진회계법인이 FMV를 조작하기 위해 긴밀하게 공모했다는 점은 검찰이 이들을 공범으로 기소함으로써 수면 위로 드러나게 됐다. 검찰은 딜로이트안진회계법인이 FMV 산출과정에서 어피니티컨소시엄의 부탁을 받고 이익을 얻은 정황이 있다고 판단해 딜로이트안진회계법인 소속 회계사 3명과 함께 어피니티

컨소시엄 임원 3명을 공범으로 기소해 재판에 회부했다.

한경비즈니스. 2021.2.1.-14.

## ICC 중재 판정 팩트 점검…

어피니티컨소시엄과 신창재 교부생명 회장 사이 주주 간 분쟁이 9월6일 진행된 국제사업회의소 중재 판정을 계기로 새로운 국면에 접어들었다. 사실상 ICC가 신 회장의 손을 들어 준 것이다.

그럼에도 불구하고 교보생명과 어피니티컨소시엄 양측은 현재 판정 결과를 두고 팽팽하게 맞서고 있는 상황이다. 어피니티컨소시엄 측은 추가 중재 가능성까지 언급하고 있다. 양측의 주장이 엇갈리는 상황에서 앞으로 남은 핵심 쟁점 세 가지를 짚어 봤다.

### 핵심 쟁점 1. 신회장은 주식을 되사야 하나?

ICC 판정 결과를 두고 양 측의 주장이 가장 첨예하게 엇갈리는 부분은 바로 "풋옵션이 유효하다"는 것이다. 어피니티컨소시엄은 2012년 교보생명에 1조 2,000억원을 투자했다. 당시 어피니티컨소시엄은 2015년 9월까지 교보생명의 기업공개를 조건으로 최대주주에게 계약서에 정해진 수익을 더해 주식을 사달라고 요청할 수 있는 권리인 '풋옵션'을 확보했다. 어피니티컨소시엄이 신 회장 측에 주식을 되사도록 요구할 수 있는 권리가 여전히 살아있다는 주장이다.

하지만 이번 ICC 판결 결과에 따르면 신회장이 당장 풋옵션을 매수하거나 이를 위해 거액의 자금을 조달해야 하는 상황에서 벗어났다. 중재 판정부에 따르면 "풋옵션 가격과 상관없이 신 회장이 매수할 의무가 없다"고 일단락지었기 때문이다.

수백 페이지에 달하는 중재 판정부의 핵심을 한 문장으로 요약하면 "어피니티컨소시엄이 2018년 10월 행사한 풋옵션은 유효하나 한쪽의 일방적인 매매 청구가 인정될 수 없으며 신 회장이 딜로이트안진회계법인이 평가한 풋옵션행사가격이나 또 다른 풋 가격에 주식을 매입할 의무가 없다"는 것이다.

양측 갈등의 핵심은 처음부터 '풋옵션 가격'이었다. 어피니티컨소시엄이 선임한 딜로이트안진은 교보생명의 주식가치를 주당 40만 9,000원으로 평가했다. 하지만 신회장은 가치평가를 진행하지 않았다.

주주 간 계약에는 어피니티컨소시엄 선정 평가 기관이 산출한 가격과 신 회장이 선정한 기관이 산출한 가격이 10% 이상 차이가 날 경우 어피니티컨소시엄이 제시한 제3의 평가 기관 리스트 중에서 한 곳을 선정하도록 돼 있었다. 최종적으로 자신에게 불리한 결과가 나올 가능성이 높은 상황에서 섣불리 평가 기관을 정하기 어려웠을 것이다.

결국 협상은 결렬됐고 어피니티컨소시엄은 이를 ICC 중재재판부에 풋 가격을 40만 9,000원으로 확정해 달라고 제소했다. 하지만 ICC중재판정부는 "한쪽이 가격을 제시하지 않을 때 어떻게 한다는 내용이 주주 간 계약에 명시돼 있지 않고 중재판정부가 풋 가격을 정할 수도 없다"며 "그렇다고 하더라도 일방적인 풋 매매 청구는 인정될 수 없다"고 어피니티컨소시엄의 주장을 기각했다. 풋 가격을 산정할 수 없으므로 신 회장은 딜로이트안진회계법인이 산출한 40만 9,000원이나 다른 가격에 주식을 되살 필요가 없다고 판단한 것이다.

결국 2018년 10월 어피니티컨소시엄이 행사한 풋옵션은 유효하지만 가격 결정과 관련된 분쟁 요소는 이미 ICC 중재에서 다뤄졌다는 점에서 추후 이와 관련한 추가적인 논의도 필요 없어진 셈이다. 그 결과는 법원의 확정 판결과 동일한 효력을 가진다. 주주 간 계약서를 근거로 거액의 자금 회수를 노렸던 어피니티컨소시엄은 그 계약서로 인해 진퇴양난에 빠지게 됐다.

## 핵심 쟁점 2. 어피니티컨소시엄의 손해 배상이나 추가 중재 청구 가능성은?

ICC 중재에서 어피니티컨소시엄이 취한 전략은 '주당 40만 9,000원'을 관철한다는 것이었다. 이는 어피니티컨소시엄이 매입한 가격보다 70% 비싼 가격이다. 어피니티컨소시엄은 이것이 경영권 프레미엄까지 포함된 가격이라고 주장했다. 이 가격이 관철됐다면 이들은 약 1조원에 달하는 투자 이익을 거둘 수 있었던 셈이다.

어피니티컨소시엄은 교보생명 지분을 24% 보유 중으로 '소수 지분'이다. 통상적으로 소수 지분에는 경영권 프레미엄을 가산하지 않는다. 하지만 이들은 신 회장의 지분을 강제 집행할 가능성을 포함해 43%의 경영권 프리미엄까지 얹어 전체 가격을 따져본 것이다. 일각에서 이를 두고 어피니티컨소시엄이 보유 지분의 처분을 넘어 교보생명의 통매각까지 노린 적대적 인수 합병 시도라고 주장하는 이유다.

중재 재판부는 풋 가격은 행사 시점의 공정시장가치를 초과할 수 없고 경영권 프리미엄을 포함한 가격이 될 수 없다고 판단했다. 어피니티컨소시엄의 주장대로 주당 40만 9,000원에 풋옵션을 행사할 수 없다는 것이었다.

결국 어피니티컨소시엄으로서는 중재 과정에서 '주당 40만 9,000원'만을 주장하며 다른 구제 수단은 모두 놓치게 되는 자충수를 뒀다는 평가다. 주주 간 분쟁에 따른 손해 등을 입증하려는 노력에는 소홀했다는 것이다. 결국 ICC 중재판정부는 "어피니티컨소시엄이 계약 이행이나 손해 배상 청구를 할 수 있었음에도 불구하고 그렇게 하지 않았다"며 신 회장이 주주간 계약 위반으로 인한 손해 배상을 할 필요는 없다고 판정했다.

양측 간 분쟁의 모든 요소는 반드시 이번 중재 절차에서 결정된다는 중재 판정의 결과 추가적인 소송을 배제하는 중재 합의가 존재하게 됐다.

### 핵심 쟁점 3. 형사 재판까지.. 퇴로 막힌 어피니티컨소시엄

ICC 중재 판정을 통해 풋옵션 권리가 인정됐다고는 하지만 실질적으로 이를 강제할 수단이 없어졌다는 점에서 어피니티컨소시엄은 투자금을 회수할 방안이 묘연해졌다. 펀드의 만기도 다가오고 있어 투자금이나 인수금융 상환 부담도 가중되고 있다. 지루한 분쟁이 수년간 지속되며 인수금융에 대한 이자 부담도 크다.

이에 더해 공인회계사법 위반으로 어피니티컨소시엄은 물론 용역을 수행한 딜로이트안진회계법인 관계자들까지 줄줄이 검찰에 기소돼 유죄 판결까지 걱정해야 하는 상황이 됐다. 이들에 대한 공판은 현재 증인 신문이 진행 중으로 이르면 연말께 1심 판결 선고를 기대해 볼 수 있다. 사법연감에 따르면 2019년 한국 형사 재판 1심 무죄율은 3.5% 수준이다. 관계자들이 유죄 판결을 받을 경우 파급 효과는 상당할 것으로 보인다.

한경비즈니스. 2021.10.4.-10.

**신창재회장 2조원대 '풋옵션 소송' 이겼다.**

신창재 교보생명 회장과 어피니티에쿼티파트너스 등 재무적 투자자 간 국제상사중재원 중재 재판에서 신회장이 승소했다. 이에 대해 FI들은 다른 해석을 내놓고 있어 양측과 분쟁은 계속될 것으로 예상된다.

6일 보험업계에 따르면 ICC 중재판정부는 이날 신회장과 어퍼니티 컨소시엄(어피니티에쿼티파트너스, IMM PE, 베어링PE, 싱가포르투자청) 사이 주주 간 분쟁에서 신 회장 손을 들어줬다. 중재 재판부는 신 회장이 어피니티컨소시엄이 제출한 40만 9천원이라는 가격에 풋옵션을 매수하지 않거나 이에 대한 이자를 지급하지 않아도 된다고 판단했다.

어피니티 컨소시엄은 풋옵션 행사 가격을 40만 9,000원으로 제출하며 이것이 신회장 지분을 포함해 경영권 프레미엄을 가산한 금액이라고 주장했지만 중재판정부는 이를 받아들이지 않았다.

신회장이 주주간 계약상 'IPO를 위해 최선의 의무를 다 하겠다'는 조항을 위반했다는 어피니티 컨소시엄 주장에 대해서는 "2018년 9월 이사회에서 이상훈 이사를 제외한 다른 이사들이 모두 IPO 추진을 반대했다는 점에서 주주간 계약 위반 정도는 미미하여 신 회장이 어피니티 컨소시엄에 손해배상을 할 필요가 없다"고 판단했다. 또 어피니티 컨소시엄이 주장한 신 회장의 비밀유지의무 위반 여부에 대해서도 해당하지 않는다고 판결을 내렸다.

앞서 2012년 교보생명은 대우인터내셔널과 캠코 보유 지분 처리 과정에서 2015년 9월까지 상장을 조건으로 내걸고 어피니티와 IMM PE 등 FI에 24%의 지분 매각을 단행했다. 당시 교보생명의 기업가치는 5조 2,000억원으로 평가했다. 어피니티는 신 회장이 2015년 9월까지 기업공개(IPO)를 하기로 한 약속을 어겨 투자금 회수가 어려워졌다고 2018년 10월 풋옵션을 행사하고, 그 다음 달에 주당 가격 40만원 9,912원(총 2조 122억원)을 제출했다.

신 회장 측이 당시 어피니티의 풋옵션 행사를 무효라고 주장하며 인정하지 않자 어피니티가 ICC 중재를 신청한 것이다. 이에 맞서 신 회장은 풋옵션의 공정가치를 산출할 때 딜로이트안진회계법인 소속 회계사들이 평가 기준일을 고의로 어피니티에 유리하게끔 적용했다며 작년 4월 이들을 검찰에 고발했다.

최근 검찰은 회계사 3명과 어피니티 소속 법인 관계자들을 허위 보고 등 공인회계사법 위반 혐의로 기소했다. 어피니티 컨소시엄 주요 임원들과 이들로부터 풋옵션 가치평가 업무를 수임한 딜로이트안진회계법인 회계사들에 대한 형사재판은 아직 진행 중이다.

이번 ICC 판정에 대해 어피니티 컨소시엄 측은 '중재판정부가 신창재 교보생명 회장의 계약 위반 책임을 인정했고 풋옵션은 유효하다'는 해석을 내놓았다. 어피니티 측은 "중재판정부는 신 회장이 주주 간 계약서에 따라 합의된 풋옵션 부여 (기한 내 미상장 시), 풋옵션 행사 시 가치평가를 위해 마련된 사전 절차 사항 등 관련 계약상 주요 의무를 위반한 점을 인정했다"고 주장했다.

어피니티 컨소시엄이 해석한 판결의 요지는 신 회장 측 변론이 기각당했다는 시각이다. 어피니티 컨소시엄에 따르면 신 회장 측은 '계약상 풋옵션 조항이 무효이기 때문에 본인의 가치평가 기관 선임 절차를 밟지 않았다'는 요지로 반론했으나 판정부는 계약상의 풋옵션 조항이 무효라는 신 회장 측 주장이 근거 없다고 판단했다고 주장했다.

매일경제신문. 2021.9.8.

## 신창재 "어피니티와의 풋옵션 분쟁서 승기"

신창재 교보생명 회장이 어피티니 컨소시엄과 벌이고 있는 '주식 풋옵션 분쟁'에서 상대적으로 유리한 고지에 올라섰다. 어피니티 측이 신 회장을 상대로 제기한 국제중재재판에서 어피티니 측이 제시한 행사 가격(40만 9,000원)은 효력이 없다는 판결이 내려졌기 때문이다. 어피니티가 당초 바라던 매수 가격(24만 5,000원, 총 1조 2,054억 원) 대비 2배에 가까운 차익을 남기기 어렵게 된 것이다. 그러나 풋옵션 자체는 그대로 유효하다는 결론이 내려지면서 양측 간 갈등은 당분간 계속될 전망이다.

6일 금융권에 따르면 국제상공회의소 중재재판소는 이날 신회장과 어피니티 간 분쟁에 대해 이같이 판정했다. 국제재판관의 중재 판정은 국내 법원의 확정 판결과 동일한 효과를 갖는다.

판정에 따르면 중재재판부는 판결 상 풋옵션 조항이 무효라는 신회장 측 주장이 근거가 없다고 판단했다. 다만 어피니티가 신회장 측에 제출한 풋옵션 가격(40만 9,000원)도 효력이 없다고 못 박았다. 양측 간 계약에 따라 풋옵션 행사 가격을 결정하려면 어피니티뿐 아니라 신회장도 독자적인 평가 가격을 제출해야 했으나 신회장이 이를 거부했기 때문이다.

중재재판부는 이에 대해 "신 회장이 (풋옵션 행사 시점부터) 30일 이내에 가치평가

보고서를 제출할 본인의 의무를 위반했다"면서도 "그렇다고 해서 어피니티 측 제시 가격이 자동적으로 유효하다고 볼 수 없으며 문제 해결을 위해선 어피니티가 따로 (한국 법원에) 손해배상 청구소송 등을 통해 해결해야 한다"고 밝혔다.

이에 대해 교보생명은 "신회장이 중재재판에서 승소했다"며 "ICC 중재재판부는 신회장이 어피니티가 제출한 40만 9,000원에 풋옵션을 매수하거나 이에 대한 이자를 지급하지 않아도 된다고 판단했다"고 강조했다. 신 회장 측 관계자는 "이번 중재 재판의 핵심 쟁점은 누가 뭐래도 어피니티가 제시한 행사 가격이 합당한지 여부였다"며 "이에 대해 효력이 없다는 판정을 이끌어냈기 때문에 우리 측에 유리한 결과임에 틀림없다"고 말했다.

반면 어피니티 측 관계자는 "신 회장 측은 재판 과정에서 일관되게 풋옵션은 무효이며 가격 자체도 근거가 없다고 주장해왔다"며 "중재재판부가 이 논리를 기각한 데다 신회장의 가격(가격 제출 의무) 위반을 공식적으로 인정하기도 했다"고 반박했다. 이 관계자는 또 "중재재판 비용도 어피니티 측 부담분을 신 회장 측이 내도록 결정했다"고 덧붙였다.

국제중개재판을 통해서도 양측 간 분쟁이 깔끔하게 해소되지 않아 논란이 당분간 계속될 전망이다.

한국경제신문. 2021.9.8.

## 반쪽 계약에 '2조 풋옵션' 놓친 어피니티

교보생명 지분 24%를 가진 재무적 투자자가 신창재 교보생명 회장을 상대로 낸 중재에서 형식적인 승소를 거뒀지만 분쟁의 핵심 사안인 행사가 불발돼 또 다른 소송 국면으로 넘어갈지 주목된다.

지분을 신 회장에게 매각 요청할 수 있는 권리(풋옵션)를 인정받았고 중재비용 일부도 신 회장이 부담하도록 결정났지만 풋옵션과 관련해 2조원대 주당가치산정 방안을 담은 계약 조항에 문제점이 드러나면서 FI들이 원하는 가격대로 돈을 받을 수 없게 됐다.

7일 투자은행 업계에 따르면, 전날 국제상사중재법원(ICC)은 어피티니컨소시엄은 어피니티컨소시엄이 유효하다며 풋옵션 무효를 주장한 신 회장이 중재 비용 일부를 부담해야 한다고 밝혔다. 신 회장 측은 어피니티컨소시엄 측 중재비용 등을 포함해 100만 달러를 내야 하는 것으로 알려졌다. 하지만 ICC가 유효하다고 판단한 풋옵션은 사실상 '반쪽자리'인 것으로 나타났다. FI들이 신 회장에게 40만 9,000원에 자신들의 보유 주식을 매수하라고 주문하더라도 신 회장이 이 가격에 매수하지 않아도 돼 실질적으로는 신 회장 승리라는 해석이 나오는 이유다.

ICC는 신 회장이 풋옵션 무효를 주장하면 주당 가치를 산정해 제출하지 않은 상황에서, 어피니티컨소시엄 측이 제시한 40만 9,000원을 인정할 수는 없다고 판정한 것으로 전해졌다. 계약서상에는 양 당사자가 가격을 제시하고, 10% 이상 편차가 나면 제3자의 감정평가법인이 가격을 산정하는 식이다.

한 중재 전문가는 "어피니티 측과 신 회장 측은 처음 풋옵션 계약을 체결할 때 만약 한 당사자가 가격을 제출하지 않으면 어떻게 가격을 결정할지 미리 계약서 문구로 정해놓지 않은 점이 문제였다"며 "어피니티 측은 중재에서 이기고도 정작 필요한 풋옵션을 행사할 수 있는 가격을 도출하지 못해 자신들이 원하는 가격에 보유 주식을 처분하지 못하게 된 것"이라고 해석했다. 이에 어피니티 측은 "중재판정부는 신 회장이 자신의 평가를 제출하지 않은 것이 계약 위반이라고 판단했지만, 신 회장 측 평가가 제시되지 않은 상태에서 투자자 측 평가를 바로 적정가로 단정할 수 없다는 기술적인 이유로 인해 당장 주식을 매수하라는 판정은 하지 않았다"면서 "중재 판정 취지에 따라 향후 풋옵션 거래를 종결시킬 예정"이라고 밝혔다. 결국 어피니티 측은 다시금 신 회장을 상대로 풋옵션을 요청해야 하는 상황이다. 새로운 소송으로 수년간 다시 분쟁이 전개될 가능성이 높은 셈이다. 이번 중재 사건에서 신 회장을 대리한 법무법인 광장은 중재 사건이라 하더라도 주주 간 계약 문구를 넘어서는 판단을 할 수 없다는 게 핵심이라고 지적했다.

광장 관계자는 "어느 한편이 풋옵션 가격을 어떻게 결정할지 침묵하고 있는 풋옵션 계약에서 문언을 넘어선 의미를 함부로 부여하거나 국제 중재 판정부가 개입하지 않았다는 점을 주목할 만하다"며 "FI들이 투자 회수 수단으로 풋옵션 계약을 작성 체결할 때 세세한 부분까지 합의할 필요가 있다는 교훈을 주는 판정"이라고 설명했다.

한 외국계 로펌 관계자는 "풋옵션 행사 과정 절차나 상대방의 가격 미제시 사례 등을 넣는 것은 아주 관행적인 조항인데 2012년 계약 당시 자문이 잘못됐을 수도 있다"

고 지적했다.

　이번 사건은 2012년 사모펀드 투자사들이 당시 대우인터내셔널이 보유했던 교보생명 지분 처리 과정에서 발생했다. 당시 투자자들은 2015년 9월까지 교보생명 상장을 약속받고 지분을 확보했다. 신 회장은 IPO 불발 시에 대비해 신 회장 개인이 투자자들로부터 풋옵션을 받는 계약도 했다.

매일경제신문. 2021.9.10.

## 교보생명 '풋옵션' 중재 놓고

　외국계 사모펀드 운용사 어피니티컨소시엄이 주식 풋옵션 계약을 놓고 신창재 교보생명 회장을 상대로 제기한 국제중재재판에서 지난 6일 최종 판결이 내려졌지만 여전히 양측 갈등은 해소되지 않고 있다. 이번 재판을 통해 2조원이 넘는 풋옵션 행사 대금을 받아내려던 어피니티의 뜻이 좌절됐기 때문에 일단 신 회장 측이 승기를 잡은 것으로 평가됐다. 하지만 어피니티 측도 풋옵션이 유효하다고 보긴 어렵다는 지적이다.

　특히 올해 초 공인회계사법 위반 혐의로 기소된 어피니티 딜로이트안진 사건에 대해서도 중재재판부가 "자료가 많지 않다"는 이유로 판단 자체를 보류한 만큼 이번 판정 결과가 향후 형사 재판에 어떤 영향을 미칠지 주목된다.

　이번 국제중재재판에서 신 회장 측을 대리한 법무법인 광장은 7일 보도자료를 내고 "이번 사건은 국제상공회의소 중재재판부가 어피니티가 제시한 행사가격(40만 7,000원, 총 2조 122억원)에 풋옵션 주식을 사들일 의무가 없다고 판정을 내림으로써 신 회장 승리로 마무리됐다"고 밝혔다. 반면 어피니티 측은 "중재재판부가 처음부터 풋옵션이 무효라는 신 회장 측 주장을 기각했고 신 회장 측이 가격평가보고서를 제출하지 않은 행위도 계약 위반으로 인정했다"며 "신 회장은 앞으로 풋옵션에 따른 의무를 부인할 수 없을 것"이라고 반박했다.

　그럼에도 신 회장이 자신의 평가가격을 제출하도록 유도해 풋옵션 행사를 마무리할 마땅한 수단이 없다는 게 어피니티 측 고민이다. 이런 탓에 어피니티 측은 중재재판부에 직접 새로운 행사 가격을 결정해달라고 호소했으나 재판부는 "그럴 권한이 없다"

고 일축했다.

　중재재판부가 재판 비용 일부를 신 회장 측이 부담하도록 한 데 대해서도 양측은 첨예한 대립을 보였다. 어피니티 측은 "중재재판부가 판결문에서 신 회장 측을 '패소 측(losing party)'이라고 명시하고 중재비용의 100%와 변호사비용의 50%를 신 회장 측이 부담하도록 결정했다"고 강조했다. 반면 신 회장 측은 "패소 측이라는 표현은 중재재판부가 관련 중재 규정을 인용하면서 쓴 표현에 불과하다"며 "중재 재판은 유무죄를 가리는 형사 재판이 아닌 만큼 2조원이 넘는 금액을 지급해달라는 어피니티 측 청구가 기각된 경제적 실질이 훨씬 중요하다"고 했다.

　올해 초 공인회계사법 위반으로 검찰에 기소된 딜로이트 안진 삼덕회계법인 사건도 어피니티엔 더욱 중요해졌다는 평가다. 중재재판부는 이에 대해 "딜로이트안진 등이 가격을 독립적으로 산출한 것으로 판단되지만 한국 검찰의 기소 이후 재판 진행 상황 등에 대한 자료가 충분하지 않아 이에 대해 제대로 검토하지 못했다"고 했다.

　이에 따라 이번 중재 판정 결과가 국내 형사 재판에 영향을 미칠 가능성은 낮다는 게 법조계의 중론이다. 오히려 유죄 판결이 나올 경우 풋옵션 행사와 관련한 새로운 법적 대응을 준비해야 하는 어피니티 측에 다소 불리하게 작용할 가능성이 높다.

한국경제신문. 2021.9.10.

## 재계는 지금 사모펀드와 전쟁 중

　사모펀드로 구성된 어티니티컨소시엄과 신창재 교보생명 회장의 '풋옵션'(지분을 일정한 가격에 되팔 권리) 공방이 대표적이다. 국제상사중재위원회 중재판정부는 지난 9월 6일 신회장이 재무적 투자자로 참여한 어피니티컨소시엄의 교보생명 지분을 40만 9,000원에 풋옵션 매수하지 않아도 된다고 판단했다. 풋옵션 계약의 유효성을 인정하면서도 매수 의무를 강제하지 않은 사실상 '반쪽짜리' 결론을 내린 것이다. 이 때문에 양쪽의 추가 소송이 불가피할 것으로 예상된다.

### 입맛 따라 '판'깨는 대기업 오너들

신 회장과 어피니티컨소시엄의 갈등은 10년 전으로 거슬러 올라간다. 2012년 9월 어피니티에쿼티파트너스, IMM PE, 베어링 PE, 싱가포르투자청 등이 참여한 어피니티 컨소시엄은 대우인터내셔널 등이 보유한 교보생명 지분 24.01%를 약 1조 2,000억원 에 인수했다. 2015년 9월까지 교보생명의 IPO(기업공개)가 이뤄지지 않으면, 신 회장 에게 주식을 되팔 수 있는 풋옵션 조항이 인수 조건에 포함돼 있었다. 어피니티컨소시 엄은 2018년 10월 신회장을 상대로 풋옵션을 행사했다.

하지만 신 회장은 어피니티컨소시엄의 풋옵션 행사를 거절했다. 문제는 가격에 있었 다. 신 회장 측은 풋옵션 행사 가격인 40만 9,912원이 지나치게 높다고 봤다. 교보생 명의 주식이 지나치게 고평가됐다는 것이다. 양측의 갈등은 소송전으로 번졌고, 해당 사안은 ICC 중재판정부의 판단에 맡겨졌다.

이번 중재재판부 판단에 대해 서로가 '승자'라고 목소리를 높이고 있다. 교보생명은 "중재재판부는 어피니티컨소시엄이 제출한 40만 9,000원이라는 가격에 신 회장이 풋 옵션을 행사하거나 이에 대한 이자를 지급하지 않아도 된다고 판단했다"고 강조했다. 반면 어피니티컨소시엄은 "중재재판부는 신 회장에게 어피니티의 중재 비용 전부 및 변호사 비용 50%를 부담하라고 명했다. 신 회장은 본인 비용 전부를 부담하면서 책임 있는 당사자임을 인정했다"고 반박했다.

여전히 양쪽 입장이 첨예하게 갈리고 있다. 재계에서는 추가 소송이 불가피할 것으 로 관측한다. 어피니티컨소시엄은 풋옵션이 유효한 만큼 계약이행청구소송 등을 이어 가겠다는 입장이다. 법적 분쟁이 시작된다면, 신 회장은 길게는 3년 이상을 또다시 송 사에 시달려야 할 것으로 예상된다.

시사저널. 2021.9.28.

## 내달 교보생명 풋옵션분쟁 2차전

신창재 교보생명 회장과 투자사 간 2차 중재 사건이 다음달 청문회에 들어간다. 어피니티 컨소시엄과의 중재는 풋옵션(주식매도권)만 인정하고 실제 가격 책정은 무효화되는 반쪽짜리 결정이 나왔는데 어펄마 캐피탈과의 중재 건은 어떤 결론이 나올지 주목된다.

22일 투자은행 업계에 따르면 국제상공회의소 산하 중재판정부는 다음 달 신 회장과 어펄마캐피탈 간 풋옵션 관련 중재 청문회를 실시한다. 내용은 앞서 중재결론이 난 신 회장과 어피니티 간 사건과 유사하다. 교보생명 지분 5.33%를 투자한 어펄마가 기업 공개(IPO)가 진행되지 않자 풋옵션을 실행했고, 신 회장이 어피니티 사건과 마찬가지로 주식 매수 절차에 응하지 않은 사안이다. 어피니티 측은 '풋옵션은 유효하다'는 결론에 따라 다시 풋옵션을 요청하며 신 회장의 가격 산정 절차 참여를 압박하고 있다. 다만 신 회장 측은 당초 풋옵션 가격과 절차 미비점을 지적한 중재 결론을 준용해 어피니티 측 주장에 대응하지 않고 있는 것으로 전해졌다.

업계 관계자는 "국제 중재를 거친 결론에 법원이 다른 판단을 하기는 어렵고, 법원을 통해 해결이 가능하다고 해도 수년이 걸릴 수 있다"며 "현실적으로 두산인프라코어차이나 사건과 같이 합의하거나 외부 매각을 고려하는 것이 대안으로 보인다"고 내다봤다.

매일경제신문. 2021.9.23.

## 끝나지 않은 '풋옵션 분쟁'… 교보, IPO 차질 빚나

신창재 교보생명 회장에 대한 풋옵션 가치를 부풀린 혐의로 기소됐던 사모펀드 어피니티 컨소시엄과 딜로이트안진회계법인 임직원에게 1심에서 무죄가 선고됐다. 풋옵션 가치 산정을 맡았던 딜로이트안진이 어피니티에 유리하도록 가격을 무리하게 산정했다고 보기 어렵다는 취지다. 지난해 어피니티와의 국제중재재판에서 승기를 잡았던 신 회장 측이 이번엔 뜻밖의 일격을 당한 셈이다. 교보생명이 올 상반기를 목표로 추진 중인 기업공개 작업에도 일부 차질이 빚어질 수 있다는 관측이 나온다.

서울중앙지법 형사합의 22부(부장판사 양철한)는 10일 공인회계사법 위반 혐의로 기소된 딜로이트 안진 임직원 3명, 어피니티 컨소시엄 임직원 2명 등 5명에게 모두 무죄를 선고했다. 이들은 교보생명의 풋옵션 가치 평가 과정에서 기업의 공정시장가치를 부풀리기 위해 사전 공모한 혐의로 기소됐다. 검찰은 이들에게 각각 징역 1년~1년 6개월을 구형했다. 1심 재판부는 "검찰이 제출한 증거만으로는 (딜로이트안진 회계사들이) 전문가적인 판단 없이 어피니티에 유리한 방법으로 가치를 평가했다고 보기 어렵다"고 판단했다.

이날 판결로 교보생명이 지난해 12월 한국거래소에 청구한 유가증권시장 상장 예비심사가 계속 지연될 것이란 전망이 제기된다. 거래소는 이번 재판이 지배구조 등 경영에 중대한 영향을 미칠 것으로 보고 심사 진행을 미뤄왔다. 교보생명 관계자는 이번 판결에 대해 "재판 결과와 무관하게 IPO를 성공적으로 완수할 것"이라고 말했다.

한국경제신문. 2022.2.11.

## 교보생명 "판결과 무관하게 IPO 예정대로"

신창재 교보생명 회장과 어피니티 컨소시엄 간 '풋옵션 분쟁'이 또다시 안갯속으로 빠져들었다. 지난해 국제 상공회의소의 중재 판정에서 신 회장이 승기를 잡았지만 분쟁을 최종적으로 끝낼 수 있는 마지막 단추인 기업공개 절차가 이번에 어피니티 측에 무죄를 선고한 1심 판결로 불확실성이 커졌기 때문이다. 교보생명은 재판 결과와 관계없이 IPO를 추진하겠다고 밝혔지만 상장 심사를 진행 중인 한국거래소가 주주 간 분쟁을 들어 까다로운 평가 잣대를 들이댈 가능성도 배제할 수 없다.

교보생명은 지난해 12월 한국거래소에 상장을 위한 예비심사를 청구했다. IPO를 통해 재무적 투자자들에게 투자금 회수(엑시트) 기회를 제공하고, 지배구조 불확실성을 매듭짓겠다는 취지였다. 상장 시 기업가치는 3~5조원이 될 것으로 시장에서는 평가하고 있다.

교보생명은 당초 올 상반기를 목표로 패스트트랙(신속심사제도)을 신청했으나, 거래소는 기일 내 결론을 내지 못하고 절차를 미뤄왔다. 한국거래소는 유가증권시장 상장규정에 따르면 상장하려는 기업은 '<u>회사경영에 중대한 영향을 미칠 수 있는 소송 등분쟁 사건</u>'이 <u>없어야</u> 하기 때문이다. 업계에서는 공인회계사법 위반 혐의로 기소된 딜로이트안진과 어피니티 관계자들에 대한 이번 선고가 분수령이 될 것으로 예상된다.

피고인들에게 모두 무죄가 선고되면서 교보생명의 IPO에 부정적으로 작용하리란 관측이 적지 않다. 법원이 FI 측에 유리한 판결을 내놓으면서 향후 법적 분쟁이 더욱 격화될 가능성이 커졌기 때문이다. 이날 어피니티 측은 보도자료를 내고 "이미 1차 중재 판정에서 FI 측이 풋옵션 유효성을 인정받은 데다 이번 형사재판에서도 FI가 행사한 풋옵션과 제출한 보고서가 문제가 없다는 판단을 받는 것"이라며 "2차 중재를 통해 양측 간 풋옵션 분쟁을 매듭짓겠다"고 강조했다.

IPO 자체에는 무리가 없을 것이라는 시각도 있다. 교보생명는 "이번 판결과 무관하게 IPO를 성공적으로 완수해 신 국제회계기준(IFRS17)과 K-ICS(신지급여력제도)에 선제적으로 대비하는 한편 장기적으로 금융지주사 전환 준비에 속도를 내겠다"고 강조했다. 어피니티 컨소시엄도 "상장에 무조건 반대하는 것은 아니고, IPO 작업과 관련해서는 교보생명 측과 협상을 할 용의가 있다"고 했다.

한국거래소가 이번 판결만으로 상장심사가 불가하다고 보기는 어렵다는 입장이다. 거래소 관계자는 "무죄 판결이 회사에 직접적으로 영향을 미친다기 보다는 신 회장의 경영 안전성에 영향을 미치는 사안이라고 봤다"며 "당장 심사를 멈출 요인으로 작용하지는 않을 것"이라고 했다. 다만 양측의 분쟁이 장기화되는 것이 지배구조에 악 영향을 주는 만큼 상장 시 기업가치 평가에는 부정적인 요인이 될 것이라는 게 업계 시각이다.

한국경제신문. 2022.2.11.

## 어피니티 손 들어준 법원… 교보 IPO 빨간 불

교보생명 재무적투자자 어피니티컨소시엄이 안진회계법인과 공모해 보유 주식을 팔 수 있는 권리인 풋옵션 행사 가격을 과도하게 부풀렸다는 혐의에 대해 법원이 무죄 판결을 내렸다. 이번 판결이 교보생명과 어피니티 측이 벌이고 있는 풋옵션 분쟁과 교보가 추진 중인 상반기 기업공개에 어떤 영향을 미칠지 주목된다.

10일 서울중앙지법 형사합의 22(부장판사 양철환)는 공인회계사법 위반 혐의로 불구속 기소된 딜로이트 안진 임원 A씨와 B씨에게 무죄를 선고했다. 함께 기소된 딜로이트안진 직원 1명과 어피니티컨소시엄 임직원 2명도 모두 무죄를 선고받았다. 재판부는 "딜로이트안진이 사용하지 않은 다른 시장가치 평가 방법을 동원하면 42만 9,000원으로 더 높은 가격이 나오는 것으로 나타났다"며 "(피고인들이) 특별히 어피니티 측에 유리한 가치 평가 접근 방법만 사용했다고 보기 어렵다"고 판단했다.

교보생명과 FI인 어피니티컨소시엄은 풋옵션 행사 권리와 주당 가격을 놓고 치열한 법적 공방을 벌여왔다. 딜로이트안진 회계법인은 풋옵션 행사가격을 주당 41만원으로 책정했지만, 교보생명 측은 주당 20만원 미만이라고 주장하고 있다. 안진회계법인이 주당 평가가격을 부풀렸다는 것이다.

작년 4월 교보생명의 고발로 수사를 시작한 검찰은 9차례에 걸친 공판 끝에 지난해 12월 이들에게 징역 1년~1년 6개월을 구형한 바 있다. 검찰 측은 "안진 회계법인 회계사는 어피니티의 지시에 따라 평균 인자를 수정할 때마다 바뀐 결과 값을 전달했고, 안진회계법인 회계사들이 보고서를 작성하는 과정에서 부정 청탁 및 금품수수, 허위보고가 발생했다"고 주장했다. 어피니티컨소시엄 변호인과 딜로이트안진은 "이번 판결로 어피니티컨소시엄이 풋옵션 행사 과정에서 제출했던 딜로이트안진의 평가보고서에 문제가 없다는 점을 확인했다"고 입장문을 냈다.

교보생명은 이날 판결과 무관하게 IPO를 추진한다는 방침이다. 교보생명 관계자는 "이번 판결과 상관없이 IPO를 잘 준비해 성공시키고 장기적으로 금융지주사 전환을 준비하겠다"고 밝혔다. 또 회사는 "앞서 검찰이 피고인들에게 징역 1년~1년 6개월과 추징금을 구형했던 점을 고려할 때 이번 판결에 대해 매우 안타깝다"며 "검찰이 자본 시장 건전성을 지키기 위해 항소하고, 항소심에서 적절한 판단이 도출되기를 기대한다"고 말했다.

법원 판결을 계기로 어피니티컨소시엄 측의 공세는 다시금 불붙을 것으로 전망된다. 어피니티컨소시엄 측은 "올해 초 신창재 회장을 상대로 2차 중재 신청을 예고한 바 있다"며 "풋옵션과 관련한 평가보고서에 문제가 없다고 판단된 만큼 2차 중재에서는 신 회장 입지가 크게 줄어들 수밖에 없을 것으로 예상된다"고 주장했다.

매일경제신문. 2022.2.11.

상장 심사를 담당하는 한국거래소 판단도 변수다. 독립적 사안이라고 볼수도 있지만, 거래소 유가증권시장 규정에 따르면 상장하려는 회사에는 경영에 중대한 영향을 미칠 수 있는 소송이 없어야 한다. 거래소는 교보생명이 청구한 코스피 상장 예비심사 기한을 연장한 상태다.

### "교보 풋옵션 평가한 회계사 무죄"

교보생명과 어피니티 컨소시엄 간 풋옵션 분쟁이 '2차전'에 접어들게 됐다. 풋옵션 분쟁과 관련한 형사 소송에서 어피니티 컨소시엄과 딜로이트안진 관계자가 지난 10일 서울중앙지법의 1심 선고에서 무죄를 받자, 검찰은 5일만에 항소장을 제출했다. 어피니티 컨소시엄 또한 풋옵션 가치 산정에 대한 유리한 판결 내용을 받아들이면서 '2차 중재' 신청을 예고한 상태다. 신창재 교보생명 회장 측과 교보생명의 재무적 투자자인 어피니티 컨소시엄 간 풋옵션 분쟁이 새로운 국면에 돌입한 셈이다.

17일 법조계에 따르면, 검찰은 지난 15일 서울중앙지법 형사 합의 22부(양철한 부장판사)에 항소장을 제출했다. 지난해 초 신 회장 측은 딜로이트 안진이 어피니티 컨소시엄이 보유한 풋옵션 가격에 해당하는 공정시장가치를 의도적으로 높게 책정했다며 공인회계사법 위반 혐의로 검찰에 고발장을 냈다. 그러나 재판부는 "딜로이트안진이 사용하지 않은 다른 시장가치 평가 방법을 동원하면 42만 9,000원으로 더 높은 가격이 나오는 것으로 나타났다"며 "어피니티 컨소시엄에 유리한 방법만 사용했다고 보기 어렵다"며 무죄를 선고했다.

매일경제신문. 2022.2.18.

### 풋옵션 분쟁 1심 패소… IPO 빨간불

지난해 10월 어피니티는 서울북부지방법원에 풋옵션 계약 이행 가처분 신청을 했는데 이 또한 지난해 12월 기각됐다. 어피니트는 가처분 신청과 함께 신창재 회장 자택과 급여, 배당금, 교보생명 지분 가압류를 신청했는데 지난해 12월 해제됐다.

상황이 신창재 회장에게 유리한 방향으로 흘러가면서 시장에서는 교보생명 IPO에 속도가 붙을 것이라는 기대가 나왔다. 하지만 올해 들어 분위기가 달라졌다. 어피니티 컨소시엄은 다시 한 번 신회장 자택 가압류를 신청했고 올해 1월 서울북부지방법원은 이를 인용했다.

공인회계사법 위반 혐의 소송 1심 판결 역시 어피니티컨소시엄과 딜로이트 안진 측 손을 들어줬다. 검찰이 2월 15일 항소장을 제출했지만 어피니티컴소시엄은 큰 의미를 부여하지 않는 모습이다. ICC 중재판정부와 공인회계사회에서도 "혐의가 없다는 결론을 내렸으므로 항소에 큰 의미를 두기 어렵다"는 의견을 전했다. 컨소시엄은 ICC 중재 판정부에 2차 중재도 신청할 계획이다.

풋옵션 문제가 해결되지 않는 한 상장이 어려울 수 있다는 분석이 나오는 이유다. 한국거래소는 교보생명 코스피 상장예비심사를 주주 간 분쟁을 이유로 연장한 바 있다. 컨소시엄은 상장 후 주식을 매각하는 것보다 풋옵션으로 투자금을 회수하는 것이 유리하다고 판단한다. 3심까지 가게 될 확률이 높다고 본다. "분쟁이 오랫동안 계속되면 상장 심사에서 불리하게 작용할 수 있다"고 분석했다.

매경이코노미. 2022.2.23.-3.1.

## 교보생명 풋옵션 분쟁 '2라운드'

신창재 교보생명 회장과 '풋옵션 분쟁'을 벌여온 사모펀드 어피니티컨소시엄이 신 회장을 상대로 또다시 국제중재재판을 신청했다. 현재 신회장이 의도적으로 거부하고 있는 풋옵션 이행 의무를 강제하려는 취지에서도. 올 상반기를 목표로 유가증권시장 상장을 추진해 온 교보생명은 IPO를 방해하려는 의도라면 반발하고 있다.

교보생명의 재무적 투자자인 어피니티는 지난달 28일 신 회장을 상대로 풋옵션 의 무를 이행할 것을 요구하는 중재소송을 국제상업재판소에 신청했다고 2일 밝혔다. 지 난해 9월 ICC의 1차 중재 결정이 나온 지 5개월 만이다. ICC는 당시 신 회장이 어피 니티 등과 맺은 풋옵션 계약을 이행할 의무가 있다고 판단했다. 단 어피니티 측이 주장한 가격(주당 40만 9,000원) 그대로 이행할 의무는 없고, 상호 합의에 따라 재산정한 가격을 지불해야 한다고 결정했다.

이를 위해선 신 회장이 별도의 회계법인을 선정하고 교보생명의 공정시장가격을 산출해 어피니티 측 FMV와 평균해야 하지만 신 회장 측은 이 같은 절차 진행을 거부해왔다. 어피니티는 "2차 중재를 통해 이행을 강제하고, 계약 위반 및 의무 이행의 부당한 지연으로 입은 손해 등에 대해서도 배상을 청구할 것"이라고 말했다.

반면 교보생명 측은 IPO를 통해 분쟁을 매듭지어야 한다는 입장이다. 교보생명은 이날 자료를 내고 "국제 중재는 원칙적으로 단심제인데다 1차 중재판정부가 청구를 쪼개 2차 중재를 제기하는 것은 허용하지 않는다고 이미 명시했다"며 "공정시장가치를 확인하기 위한 가장 좋은 방법도 IPO인데 (어피니티 측이) 상장을 막기 위해 무리한 전략을 쓰고 있다"고 주장했다.

이에 따라 ICC가 2차 중재 신청을 받아들일지 여부가 교보생명 상장의 최대 변수로 작용할 전망이다. 한국거래소 유가증권시장 규정에 따르면 상장하려는 회사는 경영에 중대한 영향을 미칠 수 있는 소송 등 분쟁이 없어야 한다. 교보생명은 작년 말 상장 예비 심사를 청구했으나, 거래소도 이 규정을 고려해 절차를 유보해왔다. 거래소 측은 "일단 중재 재판 재개 여부를 살펴보고 상장 절차를 그대로 진행할지 결정할 것"이라고 했다.

한국경제신문. 2022.3.3.

## 신창재 교보생명 회장 '풋옵션 분쟁'서 또 승기 잡았다.

신창재 교보생명 회장이 어피니티 컨소시엄 등과의 '풋옵션 분쟁'에서 유리한 고지에 섰다. 교보생명은 KLI인베스터스가 신회장을 상대로 제기한 국제중재소송에서 "(KLI 측 주식을) 매수할 의무가 없다"는 판정이 내려졌다고 13일 밝혔다.

국제상업회의소(ICC) 중재판정부가 지난해 9월 어피니티(교보생명 주식 24% 보유)와의 소송에 이어 이번에도 또다시 신 회장 손을 들어준 셈이다. 국제중재재판 판정은 국내 법원의 확정 판결과 같은 효력을 갖는다.

교보생명 지분 5.33%를 갖고 있는 재무적 투자자 어팔마는 2018년 10월 또 다른 교보생명 FI인 어피니티 컨소시엄과 풋옵션(주식을 특정 가격에 되팔 권리)을 행사했다. 풋옵션 행사 이후 어피니티는 감정평가기관으로 딜로이트안진회계법인을 선임했고 KLI는 삼덕회계법인을 택했다. 당시 두 회계법인은 주당 가치를 39만 7,893원으로 평가했는데 이 과정에서 삼덕 소속 회계사가 딜로이트안진 측 보고서를 베껴 검찰에 기소되기도 했다.

중재판정부는 풋옵션 행사일인 2018년 11월 기준으로 공정가치(FMV)를 산출해야 함에도 2018년 9월 기준으로 산정하면서 신 회장이 해당 행사가격에 주식을 매수할 의무가 없다고 판단했다. 중재판정부는 어피니티의 중재 신청에도 비슷한 근거를 들어 신회장이 주식을 사 줄 의무가 없다고 했다. 중재판정부는 작년과 이번 판정에서 공통적으로 '계약상 풋옵션 조항이 무효'라는 신 회장 측 주장에 대해선 "풋옵션 자체는 유효하다"고 결론 내렸다. 어피니티 컨소시엄이 지난 3월 2차 중재 신청을 낸 만큼 어펄마 측도 투자금 회수를 위해 2차 중개를 신청할 것으로 예상된다.

한국경제신문. 2022.6.14.

## 교보생명 오늘 상장 예비심사… IPO길 열리나

교보생명이 유가증권시장 기업 공개를 앞두고 한국거래소가 8일 상장 예비심사를 진행한다고 7일 밝혔다. 지난해 12월 상장 예비심사 신청서를 제출한지 6개월여 만이다. 이날 거래소 공시위원회 심사를 통과하고 IPO에 성공하면 몇 년째 이어온 풋옵션 분쟁도 해결될지에 관심이 모인다. 신창재 교보생명 회장은 이날 상장공시위원회에 직접 출석해 의견 진술을 할 예정이다. 신 회장은 지난 주에도 거래소를 직접 찾아 IPO 의지와 당위성을 설명한 것으로 알려졌다.

교보생명 관계자는 "풋옵션과 관련해 소송 중인 어펄마캐피탈도 '빠른 자금 회수를 위해 IPO에 반대하지 않겠다'는 입장을 전해왔다"면서 "주주 3분의 2가 찬성하는 지금이 IPO를 할 절호의 기회"라고 강조했다. 어펄마캐피탈은 교보생명 지분 5%를 보유한 재무적 투자자다.

신 회장(지분 33.7%)은 특수관계자 지분까지 36.9%를 확보하고 있다. 여기에 우호 지분 등을 더하면 주주 3분의 2 이상의 동의를 얻은 상황이다. 다만 또 다른 대주주이자 FI인 어피니티컨소시엄과는 여전히 풋옵션 국제 중재 소송을 벌이고 있다.

교보생명은 IPO를 통해 2023년부터 적용되는 새 국제회계기준(IFRS17)에 대비한 자본 조달 방법을 다양화하고 금융지주사로의 전환을 도모할 방침이다.

매일경제신문. 2022.7.8.

## 교보생명, 코스피행 무산. 거래소 "경영권 분쟁 심각"

교보생명이 상장 예비심사에서 탈락하면서 기업공개가 무산했다. 한국거래소는 8일 상장공시위원회를 열어 교보생명의 유가증권시장 상장 여부를 논의한 결과 이같이 결정했다고 밝혔다. 1, 2대 주주 간 경영 분쟁이 벌어지고 있는 만큼 경영이 안정화하기 전까지는 상장 심사를 승인하기 어렵다는 것이 거래소 입장이다.

신창재 교보생명 회장은 이날 위원회에 출석해 "주주 간 분쟁이 진행 중인 두 곳의 재무적 투자자와 중재 소송에서 이겨 상장 규정에 문제가 있는 부분이 없다. 주주 3분의 2가 상장을 원하고 있고, 교보생명의 생존과 발전을 위해 굉장히 필요하고 시급하다"고 주장했지만 받아들여지지 않았다. 교보생명은 주식매수청구권(풋옵션)과 관련해 지분 24%를 보유한 어피니티컨소시엄, 5%를 보유한 어펄마캐피털 등 FI와 몇 년째 법적 공방을 벌이고 있다. 최대주주인 신 회장(지분 33.7%)은 특수관계인 지분까지 36.9%를 확보하고 있다.

어피니티컨소시엄은 이날 자료를 내고 "교보생명이 상장요건을 충족하지 못한다는 것을 알면서도 대주주 개인의 분쟁에서 유리하게 활용하기 위해 무리하게 상장을 추진했다는 의혹을 떨칠 수 없다"며 "신회장이 계약상 의무를 이행할 것을 촉구한다"고 밝혔다 어피니티 관계자는 "장기간 이어온 분쟁 해결과 성공적인 상장을 위해 신 회장의 성실한 의무이행이 반드시 선행되어야 한다. 교보생명은 인력과 비용을 낭비하고, 신뢰를 회복하게 된 만큼 대주주 개인의 이익이 아닌 회사의 이익을 위해 행동해야 한다"고 주장했다.

반면 교보생명은 어피니티 측의 방해로 상장 심사를 통과하지 못했다는 입장이다. 교보생명 관계자는 "상장 요건을 충족했음에도 불구하고 주주 간 분쟁 때문에 상장 승인을 받지 못한 것"이라며 "상장 시 공정시장가치가 나오면 어피니티 주장이 터무니없다는 게 드러날까 봐 상장을 방해하고 있는 게 아닌가 한다"고 주장했다.

매일경제신문. 2022.7.9.

# 현대차 이사회[1]

> 정의선, 현대차 이사회 불참한 까닭

　정의선 현대차 그룹 회장이 미국 로봇 전문업체 '보스턴다이내믹스' 경영권 인수를 최종 결정하는 현대차와 현대모비스 이사회 현장에 참석하지 않아서 그 배경에 관심이 쏠린다. 17일 현대차가 공시한 2020년도 사업보고서에 따르면, 작년 말 보스턴다이내믹스 지분 투자 승인을 위해 열렸던 임시 이사회에 정회장은 불참했다. 정회장을 제외한 나머지 이사회 구성원 10명은 모두 참석해 찬성표를 던졌다. 같은 안건으로 현대차 이사회 다음날 열렸던 현대 모비스 임시 이사회에도 정회장은 불참했다. 이사회 구성원 중 정몽구 명예회장과 정 회장을 제외한 7명이 찬성해 가결시켰다. 이사회 승인으로 현대차와 현대모비스는 보스턴다이내믹스의 지분 각각 30%, 20%를 취득했다.

　현대차그룹의 보스턴다이내믹스 인수는 작년 10월 정회장 취임 후 총 8억 8,000만 달러(약 9,600억원)를 투입해 진행되는 첫 인수 합병으로 주목받았다. 당시 정 회장은 지분 인수에 개인 자격으로 참여해 지분 20%를 확보했다.

　정 회장은 현대차그룹 신사업 추진의 불확실성 완화를 위해 개인 차원에서 투자에

---

1) chapter 62의 SK 최태원 회장의 실트론 인수 의사결정과 관련된다.

동참한 만큼 이해충돌 문제가 발생하지 않도록 최종 결정을 하는 자리에는 참석하지 않은 것으로 보인다. 현대차 관계자는 "이사회 구성원들이 이사회에서 이미 개인적으로 투자를 결정한 정 회장의 영향을 받지 않으며, 지분 투자 승인 여부를 놓고 자유롭게 토론하는 분위기를 조성할 수 있도록 정 회장이 참석하지 않은 것으로 안다"고 설명했다.

매일경제신문. 2021.3.18.

물론 정 회장이 개인 차원에서 투자에 동참하였으니 이해 상충이 있어서 이사회에 불참하였다는 현대차의 주장도 일리가 있다. 정부위원회에서도 상정된 안건에 위원이 이해가 얽히면 본인이 제도적으로 제척을 하게 되어 있고 제척 사유가 아니더라도 개인이 회피나 기피 신청을 할 수도 있다. 기피는, 평가대상자가 위원을 못 믿겠으니 '제외시켜라'는 의미이고, 회피는 위원 자신이 평가대상자와 어떤 관계가 있으니 '나는 빠질게'가 된다.

　　[출처] 제척, 기피, 회피 뭐가 다르죠?[기피와 회피의 바른 이해]

그러나 책임 경영의 차원에서 정 회장이 이사회에 불참하는 것이 옳은지에 대해서는 고민을 해 보아야 한다. 회의에 참석하여 본인이 개인적으로 투자를 하게 된 상황 등을 설명하고 의결 때 제척해야 하는 것이 해답은 아닌지에 관한 고민일 것이다. 이렇게 개인 투자의 건이 아니더라도 주주 지분이 높은 최대주주의 경우는 회사의 의사결정이 본인의 부에 지대한 영향을 미치게 되므로 이런 식으로 개인의 부가 관여되어 있다고 의결에서 제척하게 되면 투자의사결정이 개입되는 많은 안건에서 제척되어야 한다는 것인데 이는 정당화되기 어렵다.

현대자동차 기아자동차 현대모비스에는 다음과 같은 일도 2014년도에 발생하였다. 그러나 성격적으로 위의 건과 차이가 있는 것이, 위의 case는 이해 상충을 회피하려고 하는 선의의 뜻이 담겨져 있다고 하면 아래의 경우는 책임을 회피하려는, 선의가 아닌 의도를 엿볼 수 있다.

## 현대차그룹 지배구조 문제 심각, 換骨奪胎하는 노력 보여야

1. 경제개혁연대(소장 김상조, 한성대 교수)는 지난 9월 22일 현대차그룹의 한전 부지 입찰과 관련하여 현대자동차·기아자동차·현대모비스에 이사회 의사록 열람 및 등사를 신청하였고, 지난 주 이들 3사가 열람을 허용함에 따라 한전 부지 입찰을 결정한 9월 17일 및 최종 계약을 결정한 9월 26일 이사회의 의사록을 각각 열람하였다.

2. 경제개혁연대가 현대자동차·기아자동차·현대모비스의 이사회 의사록을 열람한 결과 건전한 지배구조 관점에서 볼 때 크게 실망하지 않을 수 없었다. 경제개혁연대는 현대차그룹과의 합의에 따라 이사회 의사록의 전모를 공개할 수는 없지만, 그럼에도 불구하고 다음 두 가지의 문제점을 지적하지 않을 수 없다.

첫째, 이번 한전 부지 매입 결정을 위한 9월 17일 이사회 및 낙찰 후 최종 계약체결을 위한 9월 26일 이사회에 그룹의 총수인 정몽구 회장은 물론이고 정의선 부회장도 모두 불참한 것으로 확인되었다. 현재 정몽구 회장은 현대자동차와 현대모비스의 대표이사이며, 정의선 부회장은 3개사의 이사로 모두 등재되어 있다. 이번 현대차그룹의 한전 부지 인수는 정몽구 회장의 적극적인 추진 의지와 지시로 이루어진 것으로 이미 언론에 보도된 바 있는데, 정작 회사의 중요한 업무집행을 결정하는 이사회 자리에 정몽구 회장과 정의선 부회장이 없었다는 사실은 이유가 어떻든 간에 주주로부터 경영권을 위임받은 이사로서 책임 있는 모습이 아니다.

특히 9월 17일 이사회에서 논의된 내용을 보면 한전 부지 입찰에 관한 "일체의 권한을 대표이사에게 위임한다"는 것이 주요 내용 중 하나였는데, 이 경우 이사회에 참석하지 않은 총수일가의 권한과 책임이 괴리되는 문제가 발생한다. 현행법 및 법원판례에 따르면, 회사 경영진의 잘못된 의사결정으로 인하여 회사에 손해가 발생했을 경우에도, 이사회에 참석하지 않은 이사(absent director)에 대하여 책임추궁을 하는 것이 매우 어려운 실정이다. 즉, 정몽구 회장은 대표이사로서 이사회의 결정에 따라 한전 부지 입찰과 관련한 일체의 권한을 위임받았지만, 향후 발생할지도 모를 책임추궁으로부터는 자유롭게 된 것이다.

둘째, 한전 부지 매입을 결정한 9월 17일 이사회에서 과연 이사들에게 충분한 정보가 주어졌고, 이에 따른 합리적인 논의가 이루어졌는지 여부 또한 의문이다. 9월 17일 각사 이사회에는 입찰 참여의 목적(통합 컨트롤타워 건설을 통한 업무효율성 증대 및 브랜드가치 제고)과 컨소시엄 참여비율(현대차 : 기아차 : 현대모비스 = 55% : 20% : 25%) 등의 정보만이 제공되었고, 정작 중요한 사항인 회사의 투자여력, 토지매입 후 투자효과 등에 대해서는 낙찰 후인 9월 26일 이사회에서 논의된 것으로 확인된다. 이는 9월 17일 이사회 논의가 충실하게 이루어졌다고 보기 어려움을 의미한다.

일례로, 9월 17일 개최된 각사 이사회는 각기 30분에서 42분 정도 걸렸음에 반해, 9월 26일 개최된 각사 이사회는 각기 60분에서 75분 정도 소요되었는데, 물론 이사회에서 장시간 논의를 거친다고 해서 최선의 결론이 도출되는 것은 아니겠지만, 9월 17일 이사회가 단 30~40분 만에 끝났다는 사실은 이사회 논의가 미흡했다는 의혹을 뒷받침한다.

결론적으로, 이상의 두 가지 문제점을 기초로 할 때, 현대차그룹의 한전 부지 매입과 관련하여 개최된 각사 이사회는 정몽구 회장에게 부담을 지우지 않으면서 권한만을 위임하기 위해 형식적으로 개최된 것으로 볼 수밖에 없다. 회사경영의 중요한 의사결정이 이사회가 아닌 총수일가의 독단에 의해 이루어진다는 과거 관행이 그대로 답습되었으며 개선의 전망을 갖기도 어렵다는 사실이 다시 한 번 확인된 것이다.

3. 문제는, 현대차그룹 3사의 이사회 논의가 형식적으로 이루어졌고, 그 결정 내용에 의문이 있다 하더라도, 현 시점에서 현대차그룹 총수일가와 이사들에 대해 법적 책임을 묻기가 쉽지 않다는 점이다. 앞서 언급한 이사회 불참 이사에 대한 책임추궁의 어려움은 차치한다고 하더라도, 이번 한전 부지 입찰 건을 총수일가가 부당한 사익을 추구한 충실 의무(duty of loyalty) 위반 사안으로 보기는 어려운 상황에서, 단지 선량한 관리자로서의 주의 의무(duty of care) 위반을 이유로 책임을 추궁하기에는 법률적 제약이 너무 많기 때문이다. 무엇보다, 부적절한 경영판단에 대해 이사의 책임을 묻기 위해서는 회사의 손해가 발생했거나 또는 손해발생의 현실적 가능성이 있어야 하는데, 현 상황에서 이를 판단할 근거가 부족하기 때문이다. 이에 경제개혁연대는 장시간의 법률적 검토 끝에, 형사적 배임 고발이나 민사적 손해배상 소송제기(주주대표소송) 등의 법적 책임추궁을 위한 행동은 일단 보류하기로 결정하였다.

4. 그러나 법적 문제 제기가 어렵다는 것이 이번 현대차그룹의 한전 부지 매입 결정에 아무런 문제가 없다는 의미는 절대 아니다. 우선, 현대차그룹의 입찰가격 10조 5,500억원은 상식적으로 납득하기 어려운 것이었으며, 이는 컨소시엄에 참여한 3사의 주가 폭락을 통해 확인되었다. 또한, 낙찰 이후의 현대차그룹의 대응도 매우 부적절했다. 언론보도에 따르면, 정몽구 회장은 "현대차그룹의 100년을 내다보고 투자해야 한

다."며 "경쟁사를 의식하지 말고 한전 부지를 인수해야 한다"고 강조한 것으로 알려졌고, 낙찰가격이 문제가 되자 정몽구 회장이 직접 "사기업이나 외국기업이 아니라 정부로부터 사는 것이어서 금액을 결정하는데 마음이 한결 가벼웠다"고 언급한 바 있다.

이러한 일련의 사실은 현대차그룹이 주주를 비롯한 이해관계자들의 반응을 전혀 고려하지 않았음을 의미하는 것이고, 세계 5대 완성차 메이커로 지칭하기에는 지배구조에 심각한 결함이 있는 것 아니냐는 우려를 자아냈다. 이번 경제개혁연대의 현대자동차·기아자동차·현대모비스 등에 대한 이사회 의사록 열람 결과는 이러한 우려가 결코 기우가 아님을 입증하는 것이었다.

이에 경제개혁연대는 총수자본주의의 문제를 드러낸 현대차그룹에 대한 감시활동을 보다 강화하고, 컨소시엄 참여 3사의 이사회에 면담 및 대대적인 지배구조개선 방안을 요구할 계획이다. 경제개혁연대는 현대차그룹이 건전한 지배구조를 갖춘 세계 초일류 기업으로 거듭날 수 있도록 이사회와 주주총회의 기능을 활성화하는 방향으로 조언을 아끼지 않을 것이며, 현대차그룹의 개선 노력과 그 성과를 토대로 향후 대응방안을 결정할 예정이다. 현대차그룹은 시장의 우려를 무겁게 받아들이고 환골탈태(換骨奪胎)하는 자세로 최선의 노력을 기울일 것을 촉구하는 바이다.

경제개혁연대. 2014.10.6.[2]

다음의 상법 규정은 반대하지 않은 이사는 모두, 통과된 안건에 대해서 법적인 책임이 있다고 해석될 수도 있다. 물론 이에는 결석한 이사도 포함된다고 해석될 수 있다.

> 상법 제399조(회사에 대한 책임) ① 이사가 고의 또는 과실로 법령 또는 정관에 위반한 행위를 하거나 그 임무를 게을리한 경우에는 그 이사는 회사에 대하여 연대하여 손해를 배상할 책임이 있다. <개정 2011. 4. 14.>
> ② 전항의 행위가 이사회의 결의에 의한 것인 때에는 그 결의에 찬성한 이사도 전항의 책임이 있다.

---

2) 손성규(2014) chapter 13을 참고한다.

③ 전항의 결의에 참가한 이사로서 <u>이의를 한 기재가 의사록에 없는 자는 그 결의에 찬성한 것으로 추정한다.</u>

**2015년 대법원 판례:**

https://www.khan.co.kr/national/court − law/article/201501112113585

2015년 판례에서 대법원은 이어 "윤씨가 회사에 출근하지 않고 이사회에 참석하지 않은 것은 사외이사로서의 직무를 전혀 수행하지 않았음을 나타내는 사정일 뿐"이라며 "상당한 주의를 다했다는 사정은 아니고, 상당한 주의를 다했다고 하더라도 허위기재 사실을 알 수 없었다고 볼 사정도 되지 않는다"고 덧붙였다.

아래의 내용들은 이사들에게 책임을 묻는 추세가 강화되는 사법부의 기류를 엿볼 수 있다.

**2019년 대법원 판례:**

https://www.hani.co.kr/arti/opinion/editorial/894638.html?fbclid＝IwAR3lDuE70hYBG1Z2OV3oFUgga4N5rFkYszfsUCfOMia1raacPjPr0sQUtcA

**2022년 대법원 판례:**

https://www.lawtimes.co.kr/Legal − News/Legal − News − View?serial＝179013

chapter
17

# 탄소배출

> 기아 1,520억 포스코 786억… '탄소부채' 초비상

　철강 자동차 정유 등 국내 제조업체들이 올해부터 강화된 탄소배출권 거래제 시행으로 비상이 걸렸다. 각 기업에 배정된 탄소배출 무상 할당량이 줄면서 비싼 가격에 지금보다 더 많은 탄소배출권을 구입해야 하기 때문이다.

　22일 금융감독원에 따르면 2019년 매출 기준 상위 30개 기업은 지난해 4,353억원의 온실가스 배출 부채를 재무제표에 반영했다. 전년(2,456억원) 대비 77.2% 늘었다. 정부는 2015년 탄소배출권 거래제를 도입하면서 각 기업에 탄소배출 할당량을 지정했다. 이를 초과해 탄소를 배출하는 기업은 시장에서 탄소 배출권을 구매해야 하는데 이 비용이 배출부채다. 기업 중에선 현대제철이 배출부채가 1,571억원으로 가장 많았다. 지난해 영업이익(730억원)의 두 배가 넘는다. 이어 -기아(1,520억원) - 포스코(786억원) - 삼성전자(318억원) 등의 순이다. 전문가들은 올해부터는 한층 강화된 탄소배출권 거래제가 시행되면서 배출부채를 추가로 반영하는 기업이 급증할 것으로 보고 있다.

　올해부터는 기업이 시장에서 의무 구매해야 하는 유상 할당 비중이 3%에서 10%로

세배 이상으로 늘어난 데다 경기 회복으로 공장 가동률이 높아지면서 기업들의 탄소 배출도 증가할 전망이다. 배출권 수요가 급증하면서 현재 1t당 1만 8,000원대인 탄소 배출권 가격이 연내 최고 3만원대로 치솟을 가능성이 높다는 관측이 제기된다. 경제계 관계자는 "배출권 거래제 강화로 기업의 재무 부담이 한층 늘어날 것"이라고 지적했다.

한국경제신문. 2021.3.23.

## 730억 번 현대제철, 배출권 구입비는 1571억… 기업 부담 '눈덩이'

기아는 지난해 처음으로 1,520억원의 온실가스 배출부채를 회사 재무제표에 반영했다. 회사 측은 미국에서 판매한 차량 중 연비 규제를 충족하지 못한 물량이 많아지면서 비용을 미리 예상해 부채로 잡았다고 설명했다. 이를 해소하기 위해선 부채로 잡은 만큼의 탄소배출권을 미국 시장에서 사와야 한다는 뜻이다.

### 대폭 강화된 배출권거래제

22일 경제계에 따르면 올해부터 탄소배출권 거래제도가 대폭 강화되면서 철강, 자동차, 정유 등 탄소배출량이 많은 국내 제조업체들이 바짝 긴장하고 있다. 탄소배출에 따른 재무 부담이 기업 실적까지 좌우하는 핵심 변수가 됐다는 분석이 나온다.

정부는 지난해 12월 온실가스 배출권 거래제 제3차 계획 기간(2021~2025년) 할당량을 공개했다. 정부는 탄소배출량 감축을 목표로 2015년부터 배출권거래제를 시행하고 있다. 온실가스 감축 의무가 있는 기업에 할당량을 준 후 기업들이 과부족분을 거래할 수 있도록 한 제도다. 연평균 탄소 배출량이 개별 업체 기준으로 12만 5,000t, 사업장 기준으로 2,500t이 넘는 684개 기업이 적용을 받는다.

정부는 2015년부터 2년 단위로 1차(2015~2017년), 2차(2018~2020년) 계획 기간을 설정했다. 올해부터 시행된 3차 계획의 핵심은 기업의 유상할당 비중이 3%에서 10%로 대폭 늘어났다는 것이다. 1차 기간엔 기업에 할당량을 100% 무상으로 나눠줬다. 2차부터는 유상할당 비중을 3%로 설정했고, 3차부터는 10%까지 늘렸다. 총 69개 업종 중 41개 업종에 해당하는 기업들은 배정된 할당량의 90%를 무상으로 받고, 나머지 10%는 기업이 경매 절차를 거쳐 직접 돈을 들여 구매해야 한다.

한국거래소는 2015년부터 배출권 시장을 운영하고 있다. 할당량 대비 탄소 배출량이 많은 기업은 이 시장에서 배출권을 구매할 수 있다. 탄소배출권 구매 비용은 시장 수요와 공급에 따라 시시각각 변한다. 한국거래소에 따르면 제도 시행 첫 해인 2015년 하루 평균 5,700만원이던 거래 대금은 지난해 9월 기준 28억원으로 50배 가까이 늘었다. 같은 기간 하루 거래량도 5,100t에서 지난해 9월 기준 9만 1,400t까지 증가했다. 5년 새 거래량 규모가 18배 늘어난 것이다.

이날 기준 KAU20(2020년 배출권)은 t당 1만 8,000원에 거래됐다. 증권업계는 탄소배출권 제도 강화에 따라 올 하반기 탄소배출권 가격이 최소 3만원대 중반까지 오를 것으로 예상하고 있다. 기업들이 지금보다 두 배 가량의 비용을 들여 탄소배출권을 구입해야 한다는 뜻이다.

## 재무 부담 호소하는 제조업체

철강, 자동차 등 제조업체들은 탄소배출권 제도 강화에 따른 재무 부담을 호소하고 있다. 기아처럼 배출권 일부 기업은 배출권 구매 비용을 대거 배출부채로 이미 반영했다. 2019년 1,143억원의 온실가스 배출부채를 쌓았던 현대제철은 지난해 1,571억원까지 부채 규모가 늘었다. 작년 영업이익(730억원)의 두 배를 지급하고 탄소배출권을 사와야 한다는 뜻이다.

배출부채는 일종의 충당부채로, 신뢰성 있는 금액 신청이 가능한 경우에 한해 회계에 반영한다. 지난해 재무제표에 이를 반영하지 않은 기업도 향후 추가로 배출부채를 반영할 가능성이 높다.

민간 기업뿐 아니라 한국전력 발전 자회사도 배출부채에 따른 재무 부담에 시달리고 있다. 2019년 기준 한국 발전 자회사 5곳(한국수력원자력 제외)이 회계에 반영한 배출부채는 6,822억원에 이른다. 한전 발전 자회사 5곳은 포스코에 이어 탄소 배출권이 가장 많다.

올해 경기 회복으로 공장 가동률이 대폭 높아진다는 점도 기업들이 겪는 딜레마다. '가동률 상승 → 탄소배출권 증가 → 배출권 구매비용 상승'으로 연결될 수 있기 때문이다. 특히 지난해 공장 가동률을 70%대까지 줄여 상대적으로 탄소 배출이 적었던 정유 업체가 향후 큰 타격을 받을 수 있다는 관측이 나온다. 산업연구원에 따르면 국내 철강 시멘트 석유화학 3개 업종에서만 탄소 중립 비용으로 2050년까지 최소 400조원이 소요될 것으로 추정된다.

　단기간에 탄소배출량을 줄이기 어렵다는 점을 감안한다면 제조업체를 중심으로 한
국내 기업들의 재무 부담이 한층 더 커질 것이라는 게 전문가들의 지적이다.

한국경제신문. 2021.3.23.

## 탄소배출권 가격 급등… 제조업 초비상

　탄소배출권 가격이 급등하면서 새해 벽두부터 기업들 고민이 깊어지고 있다. 철강,
정유, 석유화학 등 탄소배출권이 많은 기업들은 어렵게 벌어들인 이익을 고스란히 탄
소배출권 비용으로 내야 할 처지에 놓였다.

　탄소배출권 거래 제도 개념부터 살펴보자. 한마디로 온실가스 배출 권리를 사고 팔
수 있도록 한 제도다. 정부가 기업에 온실가스 배출권을 할당하면 기업마다 실제 배출
한 온실가스량에 따라 한국거래소에서 배출권을 사고 팔 수 있다. 일례로 A기업이
1,000t의 탄소배출권을 할당받고 한 해 방출한 온실 가스가 700t이라면 300t의 여유
분이 생기는데 이를 시장에 팔 수 있다. 반대로 1,200t의 온실가스를 방출한 B기업은
거꾸로 200t의 배출권을 시장에서 구입해야 한다.

### 심상찮은 탄소배출권 가격, 1t당 가격 3만원 육박

　최근 탄소배출권 가격이 치솟으면서 기업 부담이 커지는 분위기다. 한국거래소에 따
르면 2020년 12월 28일 종가 기준 1t당 탄소배출권 거래 시장 평균 가격은 2만 7,000
원이다. 그해 최저가였던 1만 7,800원(8월 19일 기준)과 비교하면 불과 4개월여 만에
50% 넘게 뛰었다. 국내 탄소배출권 시장이 처음으로 개장한 2015년 1월 12일 당시
가격이 t당 8,640원이었던 것을 감안하면 3배 이상 급등한 셈이다. 새해 들어서도 탄
소배출권 가격 상승세가 지속될 것이라는 전망이 대세다.

　탄소배출권 거래 가격이 뛰는 것은 공급 대비 수요가 많기 때문이다. 정부가 탄소배
출 규제를 강화하자 서둘러 탄소배출권을 확보하려는 기업이 늘면서 가격이 급등하는
양상이다.

실제로 정부는 탄소배출권 규제 강도를 점차 높이는 모습이다. 2015년 탄소배출권 거래 제도를 도입해 3년 단위로 1차(2015~2017년), 2차(2018~2020년) 계획을 끝냈고, 새해부터 2025년까지 5년간 3차 계획에 들어간다.

3차 계획은 기존보다 훨씬 강력하다. 탄소배출권거래제 적용 대상이 62개 업종, 589개 업체에서 69개 업종, 685업체로 대폭 늘어난다. 덩달아 유상 할당 비중도 높아졌다. 정부는 1차 계획 기간에 탄소 배출권을 100% 무상 할당하지만 2차 기간부터 3%를 유상 할당하기 시작했다.

새해부터는 이 비율을 10%로 3배 이상 높인다. 즉, 기업마다 부여된 할당량 중 10%는 반드시 구매해야 한다는 의미다. 2020년 기준 국내 기업의 유상 할당 총량은 825만 t이지만 10%로 확대되면 총 2,750만 t으로 급증한다. 새해 탄소배출권 가격이 t당 3만원으로 치솟을 경우 비용만 8,250억원에 달할 전망이다.

당장 기업들은 비상이 걸렸다. 24시간 고로를 가동해야 하는 철강업이 특히 크다. 쇳물을 생산할 때 쓰이는 철광석을 고로에서 뜨거운 바람으로 녹일 때 이산화탄소가 다량 배출되기 때문이다. 현대제철의 경우 2018년 이후 3년간 약 600만t 배출권이 부족했다. 이 때문에 2020년 3분기까지 탄소배출권 거래 관련 부채 충당금으로 654억원을 잡아놨다. <u>4분기 가격이 급등한 점을 감안하면 탄소배출권 거래 충당금은 1,000억원을 넘어설 것이라는 관측이 나온다. 2020년 3분기 벌어들인 영업이익(334억원)의 3배에 달한다.</u> 철강업계 관계자는 "새해 탄소배출권 가격이 더 오를 경우 온실가스 배출이 많은 고로를 운영하는 철강사 입장에서는 부담이 늘어날 수밖에 없다"고 말했다.

정유, 석유업계도 답답하기는 마찬가지다. 코로나 19 직격탄을 맞은 정유업계는 공장 가동률을 줄이면서 정해진 할당량 내에서 탄소배출권 제도를 운용해왔다. 하지만 경기 회복으로 공장 가동률이 높아지면 탄소배출권 부담이 커질 것으로 우려된다.

정유사마다 탄소 감축을 위해 탈황시설을 설치해야 하지만 코로나 19 여파로 대규모 영업적자에 시달리면서 투자가 여의치 않은 상황이다. 유재선 하나금융투자 애널리스트는 "우리나라 <u>제조업 특성상 탄소를 많이 배출하는</u> 업종 비중이 높고 정부가 목표로 하는 탄소 중립에 이르기까지 오랜 시간이 소요될 것이다. 이 과정에서 비용 부담이 늘어나고 주요 제품의 글로벌 가격 경쟁력은 떨어질 수밖에 없다"고 내다봤다.

문제는 여기서 그치지 않는다. 새해부터 조 바이든 미국 대통령 당선인의 친환경 정책이 속도를 낼 경우 탄소 감축 부담이 커질 수밖에 없다. 바이든 당선인은 '2035년 전력부문 탄소배출 제로'를 목표로 내거는 등 규제 강화를 높일 것으로 예상된다.

이 때문에 기업마다 탄소배출권 구매 부담뿐 아니라 탄소 감축 설비 투자까지 병행해야 하는 실정이다. 향후 EU(유럽연합), 미국 등이 탄소국경세를 도입할 경우 탄소 감축 설비를 갖추지 않으면 무역장벽에 가로막힐 우려가 크다. 탄소국경세는 자국 수출 기업이 탄소 배출을 줄이기 위해 발생한 비용은 보조금으로 지원해 주고, 탄소 배출량이 많은 다른 나라 기업에는 추가로 분담금을 물리는 제도다. EU가 2023년 탄소국경세 도입을 준비해온 가운데 바이든 당선인도 탄소 배출이 많은 국가나 기업 제품에 추가 관세를 물리는 방안을 검토 중이다.

산업연구원은 국내 철강, 정유 화학, 시멘트 등 3개 업종이 2050년까지 탄소 중립 비용으로 써야 하는 금액만 400조원에 달할 것으로 우려했다. 코로나19 여파로 글로벌 생존 경쟁이 치열해진 상황에서 기업들이 감당하기 어려운 액수다.

### 해법은 없나, 정부 탄소 감축 기술, 설비 지원 나서야

재계 안팎에서는 정부가 나서서 탄소배출권 가격을 안정시켜 기업 부담을 줄여야 한다는 목소리가 줄줄이 터져 나온다. 탄소배출권이 많이 필요한 기업 입장에서는 여유분을 시장에 내놓기 어려워 공급 부족, 가격 상승을 부채질했기 때문이다. 대한상공회의소가 2020년 10월 말 탄소배출권 거래제 참여 기업을 대상으로 조사한 결과에 따르면 기업 애로사항으로 '탄소배출권 가격 급등락'이 1순위로 꼽혔다.

매경이코노미. 2021.1.13.-19.

과거에는 전혀 생각하지도 못했던 환경 관련된 이슈가 기업의 재무제표에도 영향을 미치게 되는 것이다. 물론, ESG의 환경 이슈는 개념적인 차원에서 주창되는 것이지만 탄소배출권의 이슈는 이러한 환경 문제가 추상적인 개념만이 아닌 구체적이고 실제적으로 수치화되어 기업에 부담으로 작용하는 것을 보여준다.

흔히들 기업들의 비용이 과다하다는 비교를 할 때, 이자비용만큼도 기업이 영업이익을 벌지 못한다는 얘기를 하기도 하는데 기업들일 경우는 탄소배출권 거래만큼의 이익을 당연히 벌어야 하는 큰 부담을 안게 되었다. 탄소배출권 회계기준은 비교적 최근에 기준이 제정되면서 회계가 사회적인 이슈에

의해서도 영향을 받게 될 뿐만 아니라 실질적으로 이를 측정해야 하는 단계에
까지 이르게 되었다.

# 회계의 문제는 측정의 문제

> **이춘재 대신 살인 누명 20년간 억울한 옥살이 보상금 25억원 받는다**

이춘재 연쇄살인 8차 사건의 범인으로 몰려 20년간 억울한 옥살이를 한 윤성여(54) 씨가 25억원 상당의 형사보상금을 받게 됐다. 10일 법조계에 따르면 수원지법은 지난 달 19일 윤씨에게 25억 1,700여 만원의 형사보상금 지급 결정을 내렸다. 형사보상은 억울하게 구금이나 형 집행을 받거나, 재판을 받느라 비용을 지출한 사람에게 국가가 손해를 보장해 주는 제도다.

법원은 윤씨 측이 지난 1월 청구한 내용을 그대로 받아들여 법이 허용하는 최대치 의 형사보상금을 지급해야 한다는 결정을 내렸다. 법원 관계자는 "기록에 나타난 구 금의 종류 및 기간, 구금 기간에 받은 손실의 정도, 정신적 고통 등을 고려했다"고 밝 혔다.

윤씨의 무죄가 확정된 지난해 최저임금을 기준으로 한 최저 일급(8시간 근무)은 6 만 8,720원이다. 형사보상법이 정한 상한은 최저 일급의 5배인데, 1일 보상금 상한 34 만 3,600원에 구금된 7,326일(1989년 5월 25일~2009년 8월 14일)을 곱해 산정했다.

이번 법원 결정은 지난 5일 최종 확정됐지만, 실제 지금까지는 관련 절차가 많아 윤씨가 형사보상금을 수령하는 데에는 상당한 시일이 소요될 전망이다.

윤씨 측은 당시 수사기관의 불법 체포와 감금, 폭행 및 가혹 행위에 대한 위자료와 가족들의 정신적 피해 보상 등을 요구하는 국가배상도 청구할 계획이다.

조선일보. 2021.3.11.

모든 측정의 문제는 회계의 대상이다. 억울한 옥살이에 대해서 국가가 보상한다면 이도 어떠한 잣대를 가지고 회계수치로 측정을 해 주어야 한다. 국민의 억울한, 잃어버린 삶을 금액으로 측정한다는 것은 어차피 불가하고 많은 가정을 필요로 하지만 보상을 해 주어야 한다면 누군가는 이 금액을 구해 주어야 한다. 물론 고소득자가 국가의 잘못으로 목숨을 잃게 되면 잠재적인 소득이 일반 국민에 비해서 동일한 보상 금액으로 환산될 수는 없다. 보상을 아무리 많이 해 준다 한들, 잃어버린 삶을 보상받을 수 없음에도 보상의 방법은 금전적인 것 이외는 남지 않는다.

## 손회장 노역대가 하루 1억?

손길승 SK 회장은 28일 벌금 400억원에 대해 선고를 유예 받았지만 재판부는 선고 효력이 발생, 벌금을 미납했을 때 1일 노역 대가를 1억원으로 계산했다. 국내 최고의 노역 금액이다. 법원은 형사 재판에서 벌금형을 선고받는 피고인의 경우 벌금을 내지 못하면 피고인마다 1일 수입액을 산정, 이를 기준으로 노역장 유치 기간을 명하고 있다.

벌금액이 크면 일반적인 원칙을 적용하는 것이 무리이기 때문에 형법 제69조는 '벌금을 납입하지 않을 경우 1일 이상 3년 이하 노역장에 유치해 작업에 복무하도록 한다'고 규정하고 있다. 벌금액이 아무리 많아도 미납에 따른 노역장 유치기간은 3년을 넘지 않아야 한다.

서울경제신문. 2004.6.29.

## "난 파출소장 딸을 죽이지 않았다"… '7번방 선물' 주인공 별세

2011년 재심 무죄 확정 직후 허위 자백을 강요한 경찰관들을 상대로 낸 소송에서 총 23억여 원을 배상하라는 판결을 받아냈지만, 국가의 배상 책임은 인정되지 않았다. 소멸시효 기간이 10년이 지난 게 기각 이유였다.

연합뉴스. 2021.3.30.

## 살인누명, 15년 억울한 옥살이 하늘나라에선 꼭 배상받으세요.

재심 무죄 판정 후 6개월 안에 소송을 제기해야 하는데, 기간이 지났다는 이유였다. 정씨는 6개월에서 단 10일이 지나 국가의 배상책임을 묻지 못했다. 서울고법에 계류 중인 항소심 재판에서 경찰 측이 소송을 제기할 수 있는 기간이 지났다고 주장할 경우 승소를 장담할 수 없기 때문이다.

조선일보. 2021.3.31.

# 감사원

> ## "감사원, 행정부서 독립시켜야"

개헌을 통해 감사원을 행정부에서 독립시키자는 국회 전문의원의 공식 제언이 나왔다. 국가 채무한도를 헌법 등에 명시하는 '국가 채무 제한 제도' 도입 필요성도 함께 제기됐다.

국회 농림축산식품해양수산위원회 전문위원실은 21일 국회예산정책처 '예산정책연구' 보고서를 통해 "국회의 재정통제권 강화를 위해 감사원을 국회 소속기관으로 할 필요가 있다"며 개헌을 주장했다. 김경오 농해수위 전문위원은 "국회가 감사원에 감사를 요구할 수 있고 감사원은 이에 따라 감사를 수행해 결과를 보고하게 해야 한다"며 "감사원이 국회를 지원할 의무를 규정해 감사원의 기능에서 직무 감찰 기능을 분리할 필요가 있다"고 했다. 헌법 97조는 '국가의 세입 세출의 결산, 국가 및 법률이 정한 단체의 회계검사와 행정기관 및 공무원의 직무에 관한 감찰을 위해 대통령 소속하에 감사원을 둔다'고 규정하고 있다.

김 전문위원은 "지난 20대 국회에서 헌법개정특별위원회를 구성해 1년 넘게 헌법 개정을 건의했다"며 "2022년 지방선거와 대통령 선거가 동시에 치러질 수 있어 2021년까지가 개헌 논의를 본격화할 시점"이라고 주장했다.

김 전문위원은 국가채무 제한제도 도입의 필요성도 주장했다. 그는 "국회의 국가채무와 재정 적자 통제를 위해 신규 차입 없는 재정 균형의 원칙을 규정하고 국가채무 제한 제도를 도입할 필요가 있다"며 "이 같은 헌법 개정안은 재정 민주주의를 공고화하고 재정 건전화에 기여할 것"이라고 주장했다. 기획재정부가 도입하기로 한 재정준칙과 달리 아예 국가채무한도를 헌법에 못 박자는 것이다. 독일은 균형재정수지준칙을 헌법에 명시해 놓고 있다.

한국경제신문. 2021.3.22.

2020년 10월, 문재인 정권 시절 감사원의 원전 감사가 매우 시끄러웠다. 민주당은 감사원장이 사퇴해야 한다고 주장한다. 감사원장은 대통령이 임명하지만 청와대도 감사원의 감사 대상이다. 청와대가 감사의 대상이라는 것은 어떻게 보면 대통령도 감사의 대상일 수 있다. 감사원장의 임명권이 대통령에게 있지만 감사원은 헌법기관으로헌법적 지위를 동시에 가진다. 또한 감사원장은 헌법에서 임기도 보장된다. 정권이 바뀌면 거의 모든 정무직 공무원들이 교체되지만 감사원장과 차관급인 감사위원은 정권교체와는 무관하게 임기를 마칠 수 있다. 공무원은 아니지만 한국은행 총재 및 금통위원들도 임기를 지킬 수 있다. 그만큼 국가가 정치와 무관하게 신분을 보장해 준 것이다. 감사원장은 서열로 보면 총리 다음의 부총리급이라고 할 수 있지만 국무위원회 참석자는 아니다. 정부에 대해 감사 역할을 수행하고 있기 때문이다.

때로는 감사원의 업무가 여야 간의 政爭의 대상이 되기도 한다.

물론, 감사원장이 본인의 임명권자인 대통령이나 청와대를 감사한다는 것은 헌법이 정한 감사원의 헌법기관으로서의 지위가 있다고 하여도 결코 쉽지 않다. 감사원장 국회 청문회에서의 단골 질문은 감사원장이 되면 청와대도 감사하겠느냐인데 모범 해답은 yes이지만 임명권자에게 칼을 들이댄다는 것이 결코 쉽지 않다. 헌법 기관들도 이러한데 일반 사기업에서의 독단적인 지위를 가진 최대주주에 대해서는 더욱 감사가 제 역할을 수행하기가 어렵다는 현실적인 한계가 존재한다. 2022년 7월 감사원장이 국회에서 '감사원은 대통령의 국정 운영을 지원하는 기관'이라는 ment를 해서 후폭풍이 있었다. 감사원의 역할에 대한 이해에 문제가 있는 발언이었다.

예를 들어 감사위원에 대한 선임권한은 대통령에게 있지만 감사위원을 추천하는 권한은 감사원장에게 있다. 감사원장과 대통령이 조화롭게 감사위원을 선임하도록 상호 견제 기능을 인정한 것이다. 기업의 감사실장의 임면권은 기업의 CEO에게 있지만 이를 승인하는 권한을 감사위원회가 가진 것과 동일하게 이해하면 된다. 금융기관에서의 준법감시인에 대해서도 이사회가 의결한다. 국무위원에 대해서 국회가 인준 과정을 거치는 것이나 동일하다. 물론, 국무위원의 경우는 국회의 인준 없이도 대통령에게 임명할 수 있는 헌법적 권한을 부여하였으나, 국무총리의 경우는 국회의 인준이 필수적이다.

즉, 감사원장이 감사위원을 추천해도 대통령이 임명하지 않으면 선임이 불가하고, 대통령이 누구를 선임하려고 해도 감사원장이 이 후보자를 추천하지 않으면 이 또한 선임이 불가하다. 직전 감사원장이 대통령이 선임을 희망했던 후보자가 정치적 선임이라면 적임이 아니라는 판단하에, 추천을 하지 않아서 논란이 된 적이 있다.

국가에서의 감사원의 위치와 일반 사기업에서의 감사나 감사위원의 위치가 맥을 같이 한다. 법적으로는 독립성이 확보되어 있으니 실질적으로 독립적인 활동이 확보되어 있는지는 별개의 이슈이다.

## "감사원, 대통령 소속이라 독립성 취약"

월성 원전 1호기 감사 결과를 둘러싼 논란이 이어지는 가운데 '감사원이 대통령 소속 기관이라 직무 독립성이 약하다'는 연구 결과가 나왔다. 감사원 산하 감사연구원이 한국사회과학협의회에 의뢰해 최근 제출받은 '적극 행정을 위한 법체계와 감사원의 역할에 관한 연구보고서'에서다.

보고서는 "감사원은 헌법상 직무의 독립성을 보장 받지만 대통령 소속 기관이라는 특수성으로 인해 언론, 정치권, 시민단체로부터 많은 비판을 받았다"고 지적했다. 이어

"최근의 4대강 사업 관련 감사나 월성 1호기 폐쇄 결정 관련 감사 등을 둘러싼 논란만 보더라도 법 제도에 의해 주어진 감사의 직무의 독립성이 현실에서 얼마나 취약할 수 있는지 알 수 있다"고 꼬집었다.

지난 20일 감사원은 1년 여 간의 진통 끝에 "월성 1호기 조기 폐쇄 근거가 된 경제성 평가가 축소됐다"는 감사결과를 내놨다. 하지만 실질적 징계를 받는 사람은 담당 공무원 2명뿐이라 '꼬리 자르기' 논란이 일었다.

소극 행정의 근본적 원인은 감사가 아닌 정치 주도 행정에 있다는 주장도 나왔다. 보고서는 "정치가 주도하는 현실에서 아무리 적극 행정을 강조하고 제도를 개선해도 '다음 정부에서 어떻게 뒤바뀔지 모른다'는 불신으로 인해 적극 행정을 하기 쉽지 않다"고 밝혔다.

감사연구원에 따르면 경제협력개발기구(OECD) 34개국 중 감사원을 행정부 소속으로 둔 나라는 스위스와 한국 2개국뿐이다. 스위스는 연방 재무부 소속이다. 감사원이 행정부, 그중에서도 대통령 소속이라고 적시해 놓은 나라는 한국이 유일하다. 일본, 독일 등 절반(17개국)은 감사원을 입법 행정 사업 어디에도 속하지 않는 독립기관으로 뒀다. 미국 등 15개국은 감사원이 의회 소속이거나 의회에 연계돼 있다. 행정부 업무를 감찰하는 역할을 맡은 감사원이 대통령 소속 기관이라 '살아있는 권력'에 칼을 대지 못한다는 비판은 끊이지 않았다. 문재인 대통령 역시 후보 시절 감사원 독립기관화를 포함한 헌법 개정을 제안했을 정도다.

한국경제신문. 2020.10.24.

이러한 이슈는 중앙정부의 감사원의 역할에 국한된 것이 아니라 지방 자치 정부에서의 감사의 역할에서도 동일하게 이슈가 된다. 일부의 지방자치제에서는 독임제 감사관 제도를 운영하는 경우가 있고 일부는 기업과 같이 위원회 조직의 감사위원회를 운영하는 지방자치도 있다.

회사의 감사실무기구가 CEO 소속이 아니라 감사 또는 감사위원회 소속으로 두는 것도 동일한 내용이다.[1]

---

1) chapter 37에서 이 내용이 기술된다.

# 겸직

> 66

## 여신금융전문회사 겸직 제한법 추진

여신 금융전문회사(여전사)의 임직원 겸직 제한법 추진 움직임이 감지되면서 정태영 현대카드 부회장의 겸직에 업계의 관심이 쏠리고 있다. 관련 법안이 입법되면 현대카드 현대캐피탈 현대커머셜 등 3개 회사의 대표이사를 맡고 있는 정 부회장은 2개 회사의 대표 자리에서 물러나야 한다. 카드업계에선 "여전사 대표 가운데 여러 회사의 대표를 맡고 있는 인물은 정 부회장이 유일하기 때문에 여전사 임직원 겸직 제한법은 사실상 정 부회장 저격 법안"이란 평가다.

카드업계 등에 따르면 현대카드 현대캐피탈 현대커머셜 노동조합은 지난 3월 15일 국회 정무위원회 소속 더불어민주당 박용진 의원과 정책 간담회를 갖고 정 부회장의 3사 겸직에 관한 문제를 제기했다. 이들 노조는 "정 부회장의 대표이사 겸직이 이해상충 및 경영 건전성을 저해한다"며 "금융회사의 지배구조법 시행령 제10조의 여신전문금융회사 겸직 허용 조항을 삭제해야 한다"고 주장했다. 또한 정 부회장 등 금융회사의 겸직 임원의 보수 체계를 점검하고, 정 부회장의 국정감사 증인 신청 등도 요구했다.

금융회사의 지배구조에 관한 법률 시행령 제10조에는 여신전문금융회사인 금융회사는 고객과 이해가 상충되지 않고 금융회사의 건전한 경영을 저해할 우려가 없는 경우로 겸직이 허용된다고 명시돼 있다.

박 의원 관계자는 "이르면 4월 임시국회에서 여신전문금융회사의 임직원 겸직 제한에 대한 법안을 논의할 수 있는 장이 열릴 것"이라며 "4월 초까지 금융위원회, 관련 업계, 학계 등의 의견을 수렴할 것"이라고 밝혔다. 이 관계자는 "여신전문금융회사 임직원 겸직 제한법 추진을 서두를 것"이라면서도 "여신전문금융회사 겸직 허용 조항을 삭제하면 간단히 해결할 수 있는 문제긴 하지만, 법으로 정하는 것은 신중하고 중요한 일이기 때문에 여러 검토 과정이 필요하다고 설명했다.

## 사실상 정태영 '저격 법안' 추진

카드업계에선 여전사 임직원 겸직 제한법은 사실상 정 부회장에 대한 이른바 '저격 법안'이라는 평가가 많다. 여전사 대표 가운데 오랜 기간 겸직을 유지하고 있는 인물은 정 부회장이 유일하기 때문이다. "정 부회장을 제외한 국내 여전사 대표들은 전문 경영인으로, 여러 회사에서 대표를 겸직하고 있는 인물은 없는 것으로 안다"며 "정치권에서 여전사 대표 겸직 제한법을 추진하는 것에 대해 알지 못했고 관심 사항도 아니다"고 전했다. 정 부회장은 2003년부터 현재까지 현대카드 현대캐피탈 대표이사를 맡고 있으며, 2007년부터 현재까지 현대 커머셜 대표로 재직 중이다.

정부회장의 겸직 논란은 어제 오늘의 얘기가 아니다. 정 부회장의 대표 겸직으로 3개 회사의 의사결정 과정에서 이해 상충이 발생할 위험이 있다는 지적은 꾸준히 제기돼 왔지만, 여전사 임직원 겸직을 제한하는 법안이 추진되지는 않았다. 이에 대해 금융위원회 관계자는 "금융회사의 지배구조에 관한 법률은 다른 금융업법을 존중한다는 방향성하에서 제정돼 왔다."며 "여신전문금융회사의 임직원 겸직 허용 조항이 담긴 것으로 안다"고 설명했다.

현대카드 현대캐피탈 현대커머셜 노조 측은 "3개 회사의 취업 규칙이 동일하고 한 팀에 3사 직원들이 함께 근무하는 등 사실상 한 회사처럼 운영되고 있다"며 "지난해에 현대캐피탈의 의료기 관련 사업이 현대커머셜로 이동했다가 다시 현대캐피탈로 복귀하는 과정에서 해당 사업부서의 직원들이 적절한 업무를 맡지 못하는 문제가 발생하기도 했다"고 밝혔다. 한 회사처럼 움직이는 만큼 이해상충 문제가 발생할 가능성이 높다는 것이다. 이에 대해 현대카드 측은 "의료기 관련 사업의 이동은 비즈니스 시너지를 감안해 사업 포트폴리오를 재편한 것"이라며 "관련 업무 대상자는 희망업무로의 재배치를 진행하고 있다"고 설명했다.

　정 부회장은 3개 회사의 대표를 겸직하면서 매년 고액의 연봉을 수령하고 있다. 2019년 3개 회사에서 약 40억원의 급여를 받아 카드업계 연봉 1위에 올랐다. 고액 연봉과 대조적으로 3개 회사의 이사회 의장인 정 부회장의 이사회 출석률은 저조하다. 지난해 3분기 말 기준으로 정 부회장의 이사회 출석률은 현대카드 56%, 현대캐피탈 50%, 현대커머셜 50%에 그쳤다. 같은 기간 정의선 현대자동차그룹 회장의 현대차 이사회 출석률이 83%라는 점을 감안하면 저조한 출석률이라는 지적이다. 박상인 서울대 행정대학원 교수(경제정의실천시민연합 재벌 개혁운동본부장)는 "대표이사 과다 겸직에 따른 고액 연봉 문제를 해소하기 위해 주주총회에서 소액주주의 동의를 얻어 급여 수준을 결정하는 구조를 만들어야 한다"고 지적했다.

### 노사갈등 불씨 겸직 문제로 번졌다.

　카드업계에선 현대카드 현대캐피탈 현대커머셜 노사 갈등의 불씨가 정 부회장의 겸직 문제로 번졌다는 평가다. 이들 노조가 1년 넘게 사측과의 임단협이 진척을 보이지 않자 정 부회장의 겸직 문제 등을 통해 투쟁 수위를 높이고 있다는 분석이다. 노조에선 "사측이 현대차 그룹 방침을 이유로 노조 제안을 받아들이지 않고 있다"며 "사측과의 임단협이 진척이 없을 경우, 정 부회장이 아닌 정의선 회장을 상대로 목소리를 낼 수밖에 없다"는 얘기도 나온다. 다만 현대카드 일부 직원들 사이에선 "노조가 실현 불가능한 제안으로 노사 갈등을 부추기고 있다"는 목소리도 있다.

이코노미스트. 2021.3.29.-4.4.

시행령 10조의 내용은 다음과 같다.

제10조(겸직 허용) ① 법 제10조제2항제4호에서 "대통령령으로 정하는 경우"란 다음 각 호의 구분에 따른 경우를 말한다.

1. 여신전문금융회사인 금융회사: 해당 금융회사의 고객과 이해가 상충되지 아니하고 금융회사의 건전한 경영을 저해할 우려가 없는 경우로서 다른 회사의 상시적인 업무에 종사하는 경우

국회에서 의결한 법에서 겸직제한을 결정했는데 시행령에서 예외를 두는 것이 옳은지에 대한 이견이 있을 수 있다. 이는 여신전문업체의 겸직 제한에만 적용되는 것이 아니고 대의를 가지고 개정한 법률에 대해서도 여러 가지 예외를 두게 되는데 이익/압력 단체의 로비의 결과인 경우도 있다. 일부에서는 이러한 행태를 정부가 주도하는 시행령으로 국회의 입법권한을 침해하고 있다는 비판도 있다.

과거에 감사인 강제 교체 제도가 시행되던 기간에도 시행령에 의해서 외국 증권시장에 상장된 기업에 대해서는 예외로 둔 적이 있었다. 입법 정신에 의해 법률로 전체적인 정책 방향을 정했으면 모든 기업이 이에 따라야지 예외를 둔다는 것이 바람직하지 않다는 의견도 있는 반면, 시행령에서는 얼마든지 상황에 따라 예외를 둬야 한다는 반론도 있다.

## " 7년 전 박근혜 대통령은 거부권 행사하며 "배신의 정치"

더불어 민주당 조응천 의원이 대표 발의할 예정인 국회법 개정안은 '98조의 2'가 핵심이다. 현행법은 '국회의 검토'라고 되어 있는데, 이 부분을 '수정 변경 요청'으로 바꾸어 정부 통제권을 강화한다는 것이다. 이는 7년 전인 2015년 5월 29일 본회의에서 통과된 국회법 개정안과 내용이 같다.

당시 야당인 새정치민주연합은 공무원연금법 개정의 전제 조건으로 '시행령 수정'이 가능한 국회법 개정안을 연계했다. 청와대에선 "행정부 기능이 사실상 마비 상태에 빠질 우려가 크다"면서 거부권 행사를 시사했지만, 유승민 원내대표를 비롯한 새누리당 (야당) 지도부는 국회법 개정에 합의했다.

박근혜 대통령은 이 법안이 본회의에서 통과된 지 한 달여 만인 2015년 6월 25일 국무회의에서 '재의 요구권(거부권)'을 행사했다. 그러면서 "신뢰를 어기는 배신의 정치는 반드시 선거에서 국민이 심판해주셔야 할 것"이라고 질타했다.

위헌성도 뒤따랐다. 친박계 의원들을 중심으로 "헌법의 삼권분립 대원칙을 훼손한 입법 사고"라는 비판이 나왔고, 법조계에선 "시행령에 대한 위헌 심사를 사법부에 맡긴 헌법 제107조 2항과 정면으로 충돌한다"는 우려가 제기됐다. 결국 박대통령이 거부권을 행사한 국회법 개정안은 본회의에서 재 결의됐지만 정족수 부족으로 무산됐다.

조선일보. 2022.6.13.

예를 들어 주기적지정제가 적용되는 시점에도 외국 주식시장에 상장된 기업에 대해서만큼은 외국 선진 주식시장에서의 규제를 만족하는 기업이니 주기적 지정제에 대해서 예외가 되어야 한다는 주장이 있다.

기업집단의 최대주주의 경우 계열사에 복수도 이사로 등기하는데 대해서도 여러 가지 의견이 있다. 단, 금융회사 지배법의 경우, 대표이사를 겸직하는데 대해서는 금지하는 규정을 가지고 있다. 단, 이를 여전사에 대해서만은 예외로 둔 것이다.

아마도 대표이사의 과중한 업무 등을 고려한 사유일 것으로 추정된다. 예를 들어 사외이사의 경우도 상장기업의 사외이사를 맡는 경우는 사외이사를 맡는 기업의 수가 2개로 제한된다. 사외이사 업무에 사용하는 시간과 에너지를 분산하지 말고 소수의 기업에 집중하라는 의미이다.

물론, 책임경영이라는 차원에서는 최대주주가 가능하면 많은 기업에 관여하면서 주도적인 역할을 수행하는 것이 바람직할 수 있지만 관여할 수 있는 기업의 수는 제한될 수밖에 없다.

위 내용의 발단은 금융회사 지배법의 발의안이 그 시초이다. 모든 금융기관에서 겸직이 불가하였다가 시행령에 여신전문업체는 겸직에서 제외되었다. 여신전문업체가 제외되는 과정에서 어떠한 논의가 있었는지는 명확하지 않다. 그 당시의 논의 내용은 아래와 같다.

**현대카드냐 캐피탈이냐. 정태영사장의 선택은**

카드업계 '스타 CEO'로 통하는 정태영 현대카드 사장이 복병을 만났다. 올 연말이면 대표이사를 맡고 있는 현대카드, 현대캐피탈, 현대커머셜 중에서 두 곳의 대표이사 직을 내려놓아야 할 상황이기 때문이다.

복병은 정부가 보냈다. 금융위원회가 2012년 발의한 금융회사 지배구조법에도 '금융회사의 상근 임원은 다른 회사의 상근직을 맡을 수 없다'는 조항이 들어 있다. 여야가 모두 반대가 없어 4월 정기국회에서 통과될 가능성이 높다.

### 이사회 의장으로 지배

겸직 금지는 상근직에 해당된다. 따라서 정사장이 대표이사는 한곳에서만 맡고 나머지 회사는 이사회 의장을 맡아 어느 정도 경영권을 행사할 수 있는 길이 열려 있다. 금융 당국 관계자는 "현실적으로 가능성이 큰 대안으로 보인다"고 말했다.

조선일보. 2013.2.5.

최대주주가 경영에 관여할 때, 반드시 대표이사만을 맡아야 하는 것은 아니다. 대표이사가 아니고 이사회 의장으로서 대표이사에 대한 견제 역할을 하는 경우도 다수 있으며 특히나 금융기관에 대해서 위와 같이 겸직 제한이 강제화될 때는 대표이사로서의 일상적인 업무를 책임지는 것도 중요하지만 정책적이고 큰 방향을 정하는 업무를 수행하는 이사회 의장을 맡으면서 대표이사에 대한 적절한 견제 기능을 하는 것도 오히려 바람직할 수 있다.

단, 최대주주가 맡으려면 이사회 의장을 맡아야지 의장을 맡지 않고 다른 이사가 의장을 맡고 최대주주가 이사회에 참여하면 최대주주 눈치를 볼 수 있고 이사회 운영이 불편할 수 있으니 이와 같이 어색하게 이사회를 운영하는 것보다는 이사회 의장을 맡는 것이 오히려 떳떳한 책임 경영일 수 있다.

chapter
21

# 사내이사 선임

## 대한항공, '주총 3분의 2룰' <사내이사 선임시 주주 동의 비율>

대한항공이 지난해 고 조양호 전 한진그룹 회장의 대한항공 사내이사 연임을 막은 '3분의 2룰' 정관을 손본다. 내년 3월 조원태 한진그룹 회장의 대한항공 사내이사 임기 만료를 염두에 둔 조치로 풀이된다.

6일 대한항공에 따르면, 대한항공 이사회는 지난 4일 열린 이사회에서 오는 27일 정기 주주총회에 이사 선임 방식을 변경하는 안을 상정하기로 했다. 현재 정관상으로는 이사를 선임하려면 주총 참석 주주의 '3분의 2 이상 동의'를 받아야 한다. 이를 주총 참석 주주의 '과반 동의'로 변경하겠다는 것이다.

실제 대다수 상장 기업은 이사 선임 해임 안건을 주총 참석 주주 과반의 동의만 얻어 통과시키고 있다. 현재 조회장과 조현아 전 대한항공 부사장 등 '3자 연합'간 경영권 분쟁이 한창인 한진칼도 이렇게 돼 있다.

특히 대한항공의 이 같은 정관은 지난해 3월 조 전회장의 사내이사 연임을 막은 결정적 요인이 됐다. 당시 조 전회장은 사내이사 선임에 대한 주총 표결에서 찬성 64.09%, 반대 35.91%를 얻었다. 과반은 기록됐지만 3분의 2 이상의 동의를 얻지 못해 결국 사내이사 자격을 잃게 됐다.

앞서 대한항공은 1999년 정관 변경을 통해 이사 선임 방식에 3분의 2룰을 적용하기로 했다. 이는 1997년 국제통화기금 외환위기 당시 국내 기업 주가가 폭락하고 자본시장이 개방되면서 해외 자본의 적대적 인수 합병에 대비하기 위한 조치였다.

경영권 방어를 위해 도입된 규정이 오히려 조 전 회장 발목을 잡은 것이다. 결국 이번 주총에서 정관을 바꿔 조회장의 연임을 사수하겠다는 의도로 풀이된다.

현행 정관은 이사 선임뿐 아니라 정관 변경 안건도 참석 주주 3분의 2 이상 동의를 얻어 통과시키도록 규정하고 있다. 이 때문에 대한항공 뜻대로 정관을 변경하려면 이번 주총에서 참석 주주 3분의 2 이상이 동의해야 한다.

만약 이번에 정관 변경이 무산되면 내년 대한항공 주총 때 조회장이 참석 주주 3분의 2 이상 동의를 얻지 못해 경영권을 잃게 될 수도 있다. 현재 대한항공 최대주주는 지분 29.96%를 보유한 그룹 지주사 한진칼이다.

그러나 2대 주주는 지난해 조 전 회장을 끌어내리는 데 결정적인 역할을 한 국민연금이다. 그러다 보니 국민연금이 이번 주총에서 어떤 선택을 내릴지 관심이다. 국민연금이 이번 주총에서 의결권을 행사할 수 있는 지분은 11.36%(작년 말 기준)에 달한다.

매일경제신문. 2020.3.7.

## 조원태회장, 대한항공 사내이사 재선임

국민연금은 지난 1월에도 대한항공 임시주총에서 발행주식 총수를 늘리는 내용을 담은 정관 일부 개정안에 대해 반대표를 던진 바 있다. 당시 대한항공은 아시아나항공 인수를 위한 자금 마련 방식으로 2조 5,000억원 규모의 유상증자를 계획했고, 이를 실행하기 위해서는 발행주식 총수를 늘리는 정관 변경이 필요했다. 다만 국민연금 반대에도 불구하고 당시 안건은 찬성 69.98%로 가결됐다.

26일 대한항공 주총에서 다룬 조 회장의 사내이사 재선임 안건 역시 2개월 전 대한항공 임시 주총의 결과와 크게 다르지 않을 것으로 보는 이가 많았다. 조 회장의 우호 지분이 많아 국민연금의 반대표가 힘을 얻기 어렵다는 평가가 많았기 때문이다. 이번 주총에서 의결권이 있는 주식을 기준으로 조 회장의 우호 지분은 대한항공의 최대 주주인 한진칼(29.09%)과 특수관계인, 우리사주(6.07%) 등을 합쳐 약 40%에 달한다. 반면 국민연금이 보유한 대한항공 지분율은 8.05% 수준이었다.

다만 일각에서는 국민연금이 대한항공 주요 경영 방침에 잇따라 반대 의견을 내면서 대한항공도 조심스러운 행보를 보일 것이란 견해가 나온다. 재계 관계자는 "아시아나 항공 인수 합병 과정에서 주주 권익 침해 등 문제가 제기됐는데 대한항공이 2대 주주의 의견을 마냥 묵살하기는 어려울 것"이라고 전했다.

2019년 사업연도의 2020년 3월 27일 주주총회 결과 공시 안건 2-2호, 이사 선임방식 변경 관련사항 등(정관 제 28조, 제29조 변경의 건)은 원안대로 통과되었다. 즉, 2020.3.27. 주총에서 사내이사의 선임 의결을 특별의결에서 일반의결로 개정하였다.

개정된 정관의 29조의 내용은 아래와 같다. 제29조(이사의 선임)

② 이사는 출석한 주주의 의결권의 과반수와 발행주식총수의 4 분의 1 이상의 수로써 선임한다.

이코노미스트. 2021.3.29.-4.4.

조원태 회장이 69.98%의 동의로 2020년 사업연도 주총에서 선임되었어서 특별의결이었다고 해도 66.67%의 표를 받아, 주총의결에는 문제가 없었겠지만 그럼에도 근접한 의사결정이 될 수 있었던 경우였다.

기업의 지배구조에서 사외이사의 구성도 중요하지만 상근하는 사내이사의 구성은 당연히 더 중요하다. 상법상으로는 상근과 비상근 간에 차이를 두고 있지 않지만 상근으로 근무하는 이사와 비상근으로 관여하는 이사 간에는 실제로 많은 차이가 있다.

특히 한국경제를 대표한다는 삼성전자나 현대자동차의 경우는 사장만 10여 명이 되므로 이 중에 어떤 역할을 맡는 사장이 등기를 하는지를 보면 최대 주주가 기업 경영활동에 있어서 무엇을 중요하게 생각하는지를 알 수 있다.

## 정의선 현대차 회장, 사내이사 '빈 자리' 누구로 채울까

정의선 현대차 회장이 공석이 생긴 사내이사 자리를 어떻게 채우는가에 따라 그의 경영 스타일을 엿볼 수 있을 전망이다.

현대차는 지난달 17일 임원 인사로 하언태 사장과 알버트 비어만 사장이 퇴임하며 사내이사 자리 두 개가 비었다. 한 자리는 알버트 비어만 사장의 후임 연구개발본부장으로 임명된 박정국 사장이 채울 것으로 보인다.

관심사는 울산공장장으로서 국내 생산을 총괄해 온 하언태 사장의 빈 자리다. 현대차는 하언태 사장 후임으로 생산지원을 담당하던 이동석 부사장을 직위 승진 없이 임명했다. 현대차 사내이사에 부사장이 있는 것이 이상하진 않지만 아무래도 무게감이 떨어진다.

현재 현대차는 총 8명의 사장단으로 구성됐다. 담당업무도 미래차 관련 핵심 분야에 집중됐다. 사내이사인 장재훈(CEO) 사장을 제외하면 미등기 임원에는 박정국(R&D), 김걸(기획조정), 공영운(전략기획), 지영조(이노베이션), 호세무뇨스(글로벌운영), 신재원(UAM, 도심항공모빌리티), 송창현(TaaS, 서비스형운송) 사장 등이다.

이 가운데 기획조정실을 이끌고 있는 김걸 사장이 존재감을 드러내고 있다. 현대차 기획조정실은 재무 목표 설정과 계열사 사업 조율 등 전통적인 업무 외에도 그룹 미래 먹거리를 발굴하는 역할까지 맡고 있다. 각각 2조 4,000억원과 1조원을 들여 인수한 자율주행합작사 모셔널과 로봇기업 보스턴다이내믹스도 기획조정실이 주도한 작품으로 알려졌다. 새로운 분야에서 사내이사가 탄생한다면 전통적인 제조기업에서 스마트 모빌리티 솔루션 기업으로 전환하려는 정 회장의 경영 방침과도 일맥상통한다.

현대차는 3인 사내이사 체제로 전환한 2004년부터 줄곧 생산 담당 임원을 사내이사로 선임했다. 나머지 자리는 오너의 경영 스타일과 외부 경영 상황에 따라 채웠다. 정몽구 회장은 2004년부터 2008년까지 품질경영을 대표하는 김동진 전 부회장을 적극 기용했다. 중국 사업 위기로 보수적인 운영이 필요했던 2016년부터는 본격적으로 '재무통'이 이사회에 참여하기 시작했다.

정의선 회장은 BMW에서 영입한 고성능차 전문가 비어만 사장을 2019년 사내이사에 선임했다. 현대차 최초로 외국인이 사내이사에 앉은 사례다. 지난해에는 정몽구 회장이 현대차 사내이사직을 내려놓자, 주로 인사 조직혁신 분야에서 활약했던 장재훈

사장을 대표이사로 임명한 바 있다. 현대자동차의 2003년 이후의 등기 사내이사의 구성은 다음과 같다.

R&D   2003-2008, 2019-2021
생산   2019-2021
영업   2004-2021
재경   2009, 2016-2021

한국금융신문. 2022.1.19.

"

현대는 과거 그룹이 현대차, 현대중공업, 현대그룹, 현대산업개발 등으로 분화되기 이전부터 기획조정실이 그룹 control tower로서의 역할을 해오고 있었고, 지금의 현대중공업그룹의 경우도 어느 정도 이러한 전통이 이어져 오고 있다.

2021년 현재 등기이사를 맡고 있는 CFO 서강현 부사장은 부사장이지만 사내이사를 맡고 있어서 사내이사 여부는 직급보다는 업무로 판단된다는 것을 알 수 있다. 이사회에 부의되는 안건은 회사 재무활동과 관련된 내용이 포함되기 쉽기 때문이다. 다른 회사의 경우도 사내 이사의 등기 여부는 직급보다는 맡는 업무로 정해지는 경우가 다수이며 CFO가 선임되는 경우가 많다.

현대차의 입장에서 생산, 영업, R&D 무엇하나 소홀히 할 것이 없지만 그럼에도 사내이사를 다수로 선임할 수 없는 상황에서 기업은 선택을 할 수밖에 없다. 자산 규모 2조원을 초과하는 기업의 경우, 사외이사가 전체 이사의 과반이어야 하므로 사내이사 수가 많아진다함은 사외이사의 수도 동시에 증가해야 하는데 사외이사 수를 늘리는 의사결정은 더더욱 어렵다. 사내이사는 임기 중이라고 한국적인 상황에서는 최대주주가 퇴임을 명할 수 있지만 사외이사의 경우는 주총에서 보장한 임기가 있으니 이렇게 되기는 쉽지 않다.

2022년 초 현재 삼성전자의 경우도 5인의 사내이사로 구성되는데 이 중 1인은 경영지원실장(사장) 즉, CFO이다.

# 국가재무제표의 충당부채

> ## 공무원 군인 연금충당부채 1,000조 돌파… 국가부채의 절반 넘어

향후 퇴직한 공무원과 군인에게 지급해야 할 연금액을 현재 가치로 환산한 '연금충당부채'가 1,000조원을 돌파했다. 국가채무를 포함한 국가 부채의 절반이 넘는 액수다. 문재인 정부의 '공공부문 중심 일자리 81만 개 창출'로 대표되는 공공 중심 일자리 사업이 국가 재정에 부메랑으로 돌아오고 있다는 지적이 나온다.

6일 국무회의에서 심의 의결한 '2020 회계연도 국가결산'에 따르면, 지난해 연금충당부채는 1,044조 7,000억원으로 2019년 944조 2,000억 원보다 100조 5,000억원이 증가했다. 이는 재무제표상 국가부채 1,985조 3,000억원의 52.6%에 해당한다. 이 중 향후 퇴직한 공무원에게 지급해야 할 금액이 829조 8,000억원, 군인에게 지급할 금액이 214조 9,000억원이다. 각각 전년 대비 71조 4,000억원, 29조 1,000억원 늘었다.

이 같은 연금충당부채는 결국 국민 세금으로 충당할 수밖에 없다. 국가부채는 갚아야 할 금액과 시기가 정해져 있는 확정부채와 그렇지 않은 비확정부채로 크게 나뉜다. 확정부채인 국가채무와 달리 비확정부채인 연금충당부채는 공무원과 군인이 납부하는 연금액이 부족할 경우 정부 재원으로 이를 메우게 된다. 지난해 국가부채가 241조원 넘게 늘어난 가운데, 연금충당부채 등 비확정부채(130조원 증가)가 크게 기여했다.

문제는 연금충당부채가 갈수록 빠르게 불어나고 있다는 점이다. 2016년 752조 6,000억원이었던 연금충당부채의 규모는 4년 만에 300조원 가까이 더 늘었다. 저금리 고령화로 인해 길어진 연금 수급기간과 함께 급격히 증가하는 공무원 숫자가 한 몫하고 있다는 지적이다.

이에 대해 강승준 기획재정부 재정차관보는 브리핑을 통해 "전년도에 비해 연금충당부채가 크게 늘어난 것으로 보이지만 사실은 할인율 조정 등 재무적 요인에 의한 증가액이 대부분"이라고 강조했다.

문화일보. 2021.4.6.

국민연금은 국가재무제표에서 충당부채가 아니다. 즉, 국민연금의 재원이 고갈된다고 해도 국가가 이를 대신 지급할 의무가 없으므로 군인연금과 공무원연금만이 충당부채로 계상된다.

이러한 충당부채의 존재는 현 세대를 살아가는 우리에게는 부담으로 작용하지 않을 것이지만 우리 후세대들에게 큰 부담으로 작용한다. 이러한 부담을 측정하기 위해서 국가 재무제표가 공표된다.

## 한 정부 일반부채비율 42.2%로 OECD 평균보다 낮다는데…

정부가 6일 '2020 회계연도 국가결산'을 국무회의에서 심의 의결한 가운데, 여전히 우리나라의 재정 건전성 지표는 "경제협력개발기구 국가들과 비교해 양호한 수준"이란 주장을 고수했다. 신종 바이러스 감염증 위기 대응을 위해 확장 재정을 이어가야 한다는 취지지만, 지표의 속내를 들여다보면 이미 한국의 재정 상황은 위험 수위에 이르렀다는 지적이 적지 않다.

기획재정부는 '2020 회계연도 국가 결산'을 설명하는 브리핑 자리에서 "지금은 일시적 채무 증가를 감내하더라도 확정 재정을 통해 위기를 조기에 극복하고 경제 역동성을 확보하는 것이 보다 바람직하다"고 밝혔다. 그러면서 "재정의 적극적 역할 등에 따라 2020년 한국의 실질성장률은 −1.0%로 주요 선진국보다 역성장 폭을 최소화했다"고 강조했다.

정부는 대체로 OECD 국가 평균과의 단순 비교를 통해 한국의 재정 건전성이 여전히 양호하고, 확장 재정을 펼칠 여력이 있다고 강조하고 있다. 이지원 기재부 재정건전성 과장은 "절대적인 부채 기준으로 아직 OECD 평균의 절반에 못 미치고 있다"고 설명했다. 기재부에 따르면, 2019년 기준 한국 정부의 일반 정부 부채는 42.4%로 OECD 평균 110.0%보다 낮다. 2009년 대비 2019년 일반 정부 부채 증가율 역시 한국은 10.8%로 OECD 평균인 18.8%에 비해 낮다.

그러나 정부가 예시로 든 일반 정부 부채가 실제 재정을 현실적으로 드러내지 않고 있다는 지적이 제기된다. 민간 싱크탱크 'K-정책플랫폼'의 박형수 원장은 'K-정책브리프: 국가채무 더 늘려도 되나'에서 "2019 회계연도 국가결산보고서에 따르면 공무원연금과 군인연금의 충당부채 규모는 944조 2,000억원에 달하고 이를 포함해 계산한 2019년 말 기준 정부 부채비율은 91.4%까지 올라간다"고 주장했다.

이에 기재부 관계자는 "우리나라만 상이한 기준을 써서 이 연금을 부채에 포함시키는 것은 재정위험을 과도하게 보일 우려가 있기 때문에 굉장히 부적절하다"며 "이런 것들을 모두 감안해 국제기구나 신용평가사들도 한국의 재정 건정성을 양호하게 평가하고 있다"고 강조했다.

이를 놓고 연금충당부채 역시 결국 재정 부담으로 돌아오는 만큼, 재정 건정성 상황을 진단함에 있어서 고려할 필요가 있다는 지적이 나온다. 특히 한국은 미국과 일본, 유럽 선진국 등 기축통화국과 달리 비긴축통화국이라 국가 부채 증가 상황을 보다 면밀하게 살펴야 한다는 주장도 제기된다.

문화일보. 2021.4.6.

## 나라빚 1985조원, GDP 첫 추월

지난해 국가 부채가 1,985조원으로 불어나면서 처음으로 국내총생산(GDP 1,924조원)보다 커졌다. 세계 최저 출산율, 최고 수준의 고령화 속도를 감안하면 재정 건전성 악화에 가속도가 붙을 것이라는 우려가 커졌다.

6일 국무회의에서 확정된 2020 회계연도 국가 결산에 따르면, 지난해 국가 부채가 241조 6,000억원 늘어나 1,985조 3,000억원에 달했다. 국가 부채는 정부가 갚아야 할 시기가 정해진 빚(확정부채)에 공무원과 군인에게 지급해야 할 연금 등을 환산한 금액(비확정부채) 등을 더한 것이다. 세금 일자리 확충 등 기존의 복지 확대 추세에다 막대한 코로나 재난지원금 지급을 위해 지난해 4차례 추가경정예산을 편성해 정부 지출이 늘면서 나라 빚이 눈덩이처럼 커졌다. 확정부채가 111조 6,000억원 늘었고, 연금 지급액 증가가 예상되면서 비확정부채도 130조 늘었다. 비확정부채를 제외한 국가 채무는 846조 9,000억원으로 집계됐다. 문재인 정부가 출범한 2017년에는 660조원 정도였다.

김우철 서울시립대 교수는 "재정 건전성 확보를 위한 고민이 필요한데 현 정부는 너무 가볍게 생각하는 거 같다"고 말했다.

조선일보. 2021.4.7.

## 1인당 국가채무, 문 정부서 421만원 늘어… 정부는 "양호한 수준"

지난해 나라 살림은 각종 '신기록'을 쏟아냈다. 국가 채무 규모, 1인당 국가 채무, 재정 적자 규모 등 모든 지표가 사상 최악으로 나왔다. 코로나 사태라는 긴급 상황이 벌어지긴 했지만, 재정 건전성 유지를 위한 대책이 필요한 상황이라는 지적이 나온다. 하지만 정부는 여전히 "주요국에 비해 재정 건전성이 양호한 수준"이라는 입장이다. 내년에도 확장 재정을 이어가겠다는 방침이다.

### 1인당 국가채무 1,634만원, 9년새 2배로

6일 기획재정부가 발표한 '2020 회계연도 국가 결산'에 따르면, 지난해 국가 채무 규모는 846조 9,000억원을 기록했다. 중앙정부 채무(819조 2,000억원)에 지방정부 채무(27조 7,000억원)을 더한 것이다. 국가가 암묵적으로 보증을 서는 공공기관 채무 등은 계산하지 않은 수치다. 국가 채무는 1년 전보다 120조 2,000억원 늘었다. 한 해 사이에 나랏빚이 이 정도로 늘어난 적이 없다.

국민 1인당 갚아야 할 부채는 1,634만원에 달한다. 국가 채무를 작년 말 기준 주민 등록 인구로 나눠 계산한 값이다. 국민 1인당 국가 채무는 1년 전(1,395만원)보다 200만원 넘게 늘어났다. 1인당 국가 채무는 지난 2011년 820만원에서 9년 사이 2배 규모로 늘었다. 문재인 정부 출범 이후 4년 동안 1인당 421만원 늘어났다. 지난해 국내총생산(GDP) 대비 국가 채무 비율은 43.9%였다. 앞서 2019년에 국가 채무 비율 40%를 놓고 '건전 재정의 마지막 노선' 여부에 대한 논쟁이 벌어졌었다. 그러나 이미 그 수준을 훌쩍 넘긴 것이다.

작년 통합재정수지(총수입-총지출)는 71조 2,000억원 적자였다. 아직은 지급액보다 걷히는 돈이 더 많은 국민연금 등 사회보장성 기금의 흑자를 빼고 실질적인 살림살이를 보여주는 관리재정수지는 지난해 112조원 적자를 기록했다. 둘 다 사상 최대 규모다.

기재부는 재정 적자가 불어난 데 대해 "코로나 위기 때문"이라고 설명했다. 그러나 코로나 이전인 지난 2019년부터 재정 건전성에 빨간불이 켜졌다. 통합재정수지는 2016~2018년 흑자를 기록하다 이미 2019년에 적자로 돌아섰다. 관리재정 수지 역시 2016~2018년에는 전년 대비 적자가 줄었지만, 2019년 다시 적자폭이 커진 바 있다. 앞으로도 국가 채무는 불어날 가능성이 크다. 정부는 올해 벌써 한 차례 추가경정(추경) 예산안을 편성했다. 국가 채무는 965조 9,000억원으로 GDP 대비 48.2%까지 불어날 것으로 정부는 보고 있다. 통합재정수지 역시 89조 9,000억원 적자를 기록할 전망이다.

## 나라빚 늘어도 "아직 괜찮다"는 정부

국가 채무가 급속도로 늘어나는데도 정부는 심각하게 느끼고 있지 않다. 기재부는 "(국제 비교 기준인) 일반 정부 부채는 지난 2019년 42.2%로 경제협력개발기구(OECD) 평균인 110%보다 크게 양호한 수준"이라고 했다. 그러면서 "지금은 일시적 채무 증가를 감내하더라도 확장 재정을 통해 위기를 조기 극복하고 경제 역동성을 확보하는 게 더 바람직하다"고 했다. 하지만 전문가들은 "결코 안심하긴 어려운 상황"이라고 지적한다. 국가 채무 규모 자체는 아직 문제가 될 수준은 아니지만, 증가하는 속도가 너무 빠르다는 이유에서다. 국회 예산정책처에 따르면, 지난 2000년부터 2019년까지 우리나라의 국가 채무는 연평균 11.1% 늘었다. OECD 37국 중 여섯 번째로 빠르게 증가한 것이다.

앞으로 고령화가 빠르게 진행되며 복지 지출이 늘어날 수밖에 없다는 우려도 있다. 고령사회(65세 인구 14% 이상) 도달 시점을 기준으로 재정 건정성을 비교해보면, 독일(14.1%), 프랑스(32.8%) 등이 우리나라(40.8%)보다 더 국가 채무 비율이 낮았다. 또 우리나라는 국채 발행을 마음껏 늘리기 어려운 비 긴축통화국이라는 점을 고려해야 한다는 지적도 나온다.

### 국가채무와 국가부채

중앙정부와 지방자치단체 등이 진 빚 중에서 상환 시점과 금액이 정해진 것이 국가 채무. 그렇지 않은 것까지 포함한 것이 국가부채다. 공무원 연금이나 군인연금 지급을 위한 연금충당부채가 대표적이다.

조선일보. 2021.4.7.

## 만성적자 공무원 군인연금… 세금 땜질 '4조→5조→9조' 커진다.

정부는 지난 6일 국가부채가 1,985조원이라고 발표했다. 이 중 절반이 넘는 1,045억원이 앞으로 공무원 군인연금으로 줘야 할 돈(연금충당부채)이었다. 발표 후 재정 건전성 악화에 대한 우려가 제기되자 홍남기 경제부총리 겸 기획재정부 장관은 페이스북을 통해 "공무원 군인연금은 원칙적으로 보험료 수입으로 충당하기 때문에 국가 채무와는 성격이 다르다"고 주장했다.

하지만 전문가들은 "지급 시기와 금액이 확정되지 않은 연금충당부채가 국채처럼 확정된 부채와 다른 것은 맞지만, 장기적으로 국가 재정에 부담을 주는 것은 분명한 사실"이라고 지적한다. 공무원 연금은 지난해까지 28년 째, 군인연금은 48년째 만성적인 적자라서 매년 세금으로 메꾸는 형편이다.

정부가 공무원 군인연금 적자를 메꿔주는 금액은 지난해 3조원대였지만, 해마다 부담이 늘어 2030년대에는 9조원대로 급증할 전망이다. 운용 수익률도 저조한 상태라 갈수록 국민 부담이 불어나게 된다.

## 2030년 공무원 군인연금 적자 9조 2,000억원

지난 2020년 공무원 연금과 군인연금 적자를 메꾸기 위해 들어간 정부 지원은 각각 1조 7638억원, 1조 5,778억원에 달한다. 가입자 수(공무원 연금 120만명, 군인연금 19만명)를 고려하면 공무원 연금 가입자 1인당 147만원, 군인연금 가입자 1인당 830만원 정도의 세금이 지원된 셈이다.

적자 규모는 갈수록 늘어날 전망이다. 정부는 지난해 3조원대였던 공무원 군인 연금 적자 보전액이 내년 4조원대, 2023년 5조원대가 될 것으로 보고 있다. 국회예산정책처는 공무원 연금 적자가 2030년 6조 8,000억원, 2040년 12조 2,000억원으로 불어날 것으로 내다봤다. 군인연금도 2030년 2조 5,000억원, 2040년 3조 4,000억원 적자를 기록할 것으로 전망됐다. 해마다 이 정도 세금이 들어가야 한다는 것이다.

기획재정부는 이와 관련해 "국제통화기금(IMF) 등에서 국가 간 재정 건전성을 비교할 때는 (연금충당부채 등을 뺀) 확정부채만 사용한다"고 했다. 하지만 국책연구소인 조세재정연구원에 따르면 경제협력개발기구(OECD) 회원국 중 13개국이 연금충당부채를 포함한 국가부채를 계산하고 있다. 2019년 기준 우리나라의 국내총생산(GDP) 대비 연금충당부채 비율은 49.3%로, 13국 중 세 번째로 높았다.

## 연평균 수익률 군인연금 2%, 공무원 연금 4% 그쳐

국회 정무위원회 윤창현 의원에 따르면, 군인연금의 최근 10년 연평균 운용 수익률은 2.26%로 집계됐다. 최근 5년 수익률은 더 낮아서 2.22%에 그쳤다. 은행 예 적금 수준이다. 공무원 연금의 최근 10년 수익률은 4.4%였다. 4대 공적 연금 가운데 나머지 2개인 국민연금은 최근 10년 기준 5.48%, 사학 연금은 5.12%였다. 운용 수익률을 비교해 보면 군인연금이 가장 낮고, 그 다음이 공무원연금인 셈이다.

운영 성과를 따질 때 핵심이 되는 '벤치마크 대비 초과수익률'도 저조하다. 벤치마크란 펀드 연기금 등의 실적을 평가하기 위한 기준 수익률을 말한다. 예컨대 국내 주식에 투자했다면 코스피 지수 수익률을 기준으로 삼아 이보다 잘했는지 따지는 식이다. 군인연금은 최근 10년 가운데 절반에 못 미치는 4년만 벤치마크를 넘겼다. 특히 2012년에는 벤치마크(6.47%) 대비 절반에도 못 미치는 3.12%의 저조한 수익률을 기록했다. 공무원 연금도 벤치마크 대비 초과 수익률을 기록했다. 공무원연금도 벤치마크 대비 초과 수익률을 거둔 경우가 10년간 5년에 그쳤다.

해외 주요 연기금과 비교해 수익률이 크게 낮은 것도 문제다. 주요국(일본 캐나다 미국캘리포니아 네덜란드 노르웨이) 연기금의 최근 10년 수익률은 3.7%(일본)~10.3%(캐나다)였다. 군인연금보다 10년 평균 수익률이 낮은 연기금은 하나도 없었다. 공무원 연금 수익률(4.4%)은 일본(3.7%)을 제외한 나머지 4국 연기금에 뒤처졌다. 윤창현의원은 "연기금의 운용 수익률이 낮으면 '더 내고 덜 받는' 고통스러운 연금 개혁 시기가 앞당겨질 수밖에 없다"고 했다.

조세재정연구원장을 지낸 박형수 연세대 객원 교수는 "공무원 군인연금은 이미 수 조원대 적자이며 연금 개혁이 없으면 앞으로도 그런 추세가 이어질 것"이라면서 "연금 충당부채 전액을 세금으로 갚아야 하는 건 아니지만, 국가 재정으로 상당 부분 부담 해야 한다는 점에서 선제 관리할 필요가 있다"고 말했다.

### 연금충당부채

향후 70년간 공무원 군인에게 지급할 연금 총액을 현재 가치로 추계한 금액. 이 중 상당 부분은 공무원 군인연금 가입자들이 내는 보험료로 충당하기 때문에 모두 '나랏 빚'이라 보긴 어렵다. 하지만 공무원 군인연금에서 적자가 발생하면 국가가 세금으로 보전해 줘야 한다. 작년 공무원 군인연금 적자를 메워 주는데 들어간 돈은 각각 1조 7,600억원, 1조 5,800억원에 달한다.

조선일보. 2021.4.12.

# 기업 규제 3법

공정거래법, 금융그룹감독법, 상법으로 통칭되는 기업규제3법이 통과되었다. 논의 단계부터 너무 과도하게 정부가 규제를 고삐를 죄고 있다는 비판을 경제계에서 제안했지만 정부가 몰아붙인 감이 없지 않다.[1]

2020년도 사업연도 주주총회에서의 주 관심사는 개정된 상법 내용 중, 최소 1인의 감사위원 분리 선임과 최대주주의 3% 의결권 제한이었다. 이러한 개정된 제도에 의해서 한국앤컴퍼니의 주총에서 최대주주가 추천한 감사위원이 선임되지 못하는 일이 발생하였다.

3%룰은 감사의 역할이 최대주주, 경영진에 대한 견제 기능인데 최대주주가 주주권을 행사하여 본인의 입맛에 맞는 감사선임에 영향력을 행사하면 안된다는 취지에서 채택된 제도이다. 이러한 제한이 없다면 회계에서의 '자기 감사(self−audit)'의 문제가 발생하게 된다. 충분히 공감할 수 있는 제도임에도 도입 초부터 상법학자들에 의해서 많은 이견이 있었던 법안이다.

최근에도 3%룰에 대해 법원행정처는 "주주권의 본질에 반하여 '주식 평등의 원칙', '1주 1의결권 원칙'에 예외를 과도하게 인정하는 것이 될 수 있다"

---

1) 금융그룹감독 관련된 내용은 손성규(2021) chapter 35를 참고한다.

는 입장을 국회에 전달했다. 주주권리 침해와 관련된 의견을 표명한 것이다.

감사/감사위원의 최대주주 의결권 제한 제도는 그동안 감사위원 분리 선임이 병행되지 않으면서 일단, 사외이사들이 선임된 다음 이들 중에서 감사위원을 선임하였어서 의결권 제한이 실효성이 없는 제도로 운영돼왔다.

이번 한국앤컴퍼니의 감사위원 선임에는 국민연금의 의사결정이 소액주주의 의사결정에 큰 영향을 준 듯하다. 물론, 기관투자자로서의 국민연금의 의결권의 방향이 미리 언론에 공개되면서 소액주주의 의결권에 영향을 미치는 것이 옳은지에 대한 이견이 있을 수 있다. 언론 보도에 의하면 국민연금은 조현식 부회장이 추천한 감사위원 후보가 조현범 사장이 추천한 후보에 비해서 독립성, 전문성에 있어서 적임이라고 판단한 듯하다.

상법 개정 내용이 2020년 사업연도 주총에 처음 적용되면서 경제계에서는 경영권 분쟁보다는 경쟁사들이 추천한 감사위원이 선임될 것에 대한 우려를 제기했다. 2003~2005년의 SK와 경영권 분쟁을 일으켰던 소버린자산운용이나 최근 현대차의 경우와 같은 벌처펀드 엘리엇 사태 등이 관건이었다. 그러나 이번 주총에서 이슈가 된 것은 이보다는 금호석유화학, 한국앤컴퍼니, 한국타이어앤테크놀로지 등의 친족 간의 경영권 분쟁이었다.

물론 경제계에서 우려하는 상황이 내년 이후의 주총에서 이슈가 될 수 있다. 금호석유화학이나 한국앤컴퍼니의 주총에서는 최대주주 및 특수관계자의 의결권이 제한되면서 소액주주들의 판단이 더 중요하게 작용하였는데 소액주주들이 적격이라고 판단하는 후보들에게 표를 주는 것을 보면서 우리 주식시장의 주주들이 합리적인 의사결정을 수행하는 것을 보게 된다.

또 하나 앞으로 이슈가 될 수 있는 내용이 국민연금의 민간기업에 대한 사외이사 추천권 행사다. 2021년 삼성물산의 경우는 지배구조, 포스코와 CJ대한통운의 경우는 산업재해라는 기준으로 국민연금 차원에서 사외이사를 추천하는 안건이 추진되다가 중단되었다. 정도의 차이이지 산업재해가 발생하지 않는 기업을 찾기 힘드니 애매한 잣대일 수 있다. 그렇지 않아도 2021년과 2022년 초, 정권 말 시점에 최근 정치권 인사들이나 청와대 출신 공무원들이 공기업의 감사나 대기업에 자리를 잡는다는 언론보도가 이어진다. 국민연금이 사외이사 풀도 준비되지 않는 상태에서 일부 민간 기업에 사외이사를 추천하게 되면 어떤 일이 벌어질지는 시행해 보지 않아도 불을 보듯 뻔하다. 국민연금이 상근 감사보다 책임질 일이 적은, 높은 연봉의 일부 기업 사외이사로 들어가려는 정치권 인사들의 진입을 막을 방어막이 있는지 의문이다. 특히나 상근 감사보다 사외이사는 드러나지 않고 상근에 비해서 책임이 덜하기 때문에 정치권 인사들이 더 선호할 수 있다.

어떤 정치권 인사가 다음의 로비를 했다고 과거 금융지주 사장을 맡았던 지인이 저자에게 전언해 주었다. 해당 금융지주 계열사 중, 한 곳 사외이사를 맡고 싶은데 정치권 인사라서 너무 큰 계열사 사외이사를 맡으면서 본인이 드러나는 것은 희망하지 않고 작은 회사였으면 더 좋겠다는 희망사항을 전달했다고 한다.

2022년 5월 장관 후보자 청문회에서 일부 후보자들의 사외이사 경력이 문제가 되자 혹자는 로비스트로도 인식될 수 있는 법무법인의 고문과는 달리 사외이사는 본인의 전문성을 인정받아 기업의 요청에 의해서 적법하게 선임된 것이고 일정한 업무를 수행한 이후 이에 대한 보상을 받는 것이니 장관 후보자의 사외이사 경력을 문제 삼는 것은 옳지 않다는 주장을 하였다.

과거 금융감독 기관의 퇴직자들이 금융기관의 상근 감사로 가게 되면서 저축은행사태와 이해상충의 문제가 불거져 나오자 이 통로가 막히게 되면서 그 자리를 정치권이나 감사원 출신들이 다수 맡게 되었다. 감독기관의 퇴직자들은 독립성에는 문제가 있을 수 있지만 그나마 전문성을 갖췄다고는 할 수 있는데, 정치권 인사 중에는 독립성과 전문성이 모두 미비한 인사들이 적지 않고 감사직은 '감사합니다'만 반복하면 되는 포지션으로 잘못 생각하는 사람들도 다수인 것 같다.

시장은 우리가 생각하는 것보다 효율적이다. 정부가 기업 규제 3법 등으로 과도하게 개입하지 않아도 기업 활동이 자율적인 시장 기능에 의해서 움직이기를 기대해도 좋다. 정부도 정책을 밀어 붙이는 대신 기업인들의 의견을 듣고 수위와 속도 조절을 할 필요가 있다. '특정 성으로 이사회를 구성할 수 없다'는 상법 시행령의 내용도, 일부 경영인들이 기업에서 근무하는 여성 인력의 수와 현재 직급을 고려하면 아직은 시기상조라는 의견을 제안하였음에도 정부가 2022년부터 이 제도를 밀어붙였다. 정부의 정책에 순응해야 하는 기업들은 많은 경우 특정 성을 사외이사에서 찾게 되었는데 이러한 정책 또한 여러 가지를 생각하게 한다. 물론, '자리가 사람을 만든다'고 여성이 이러한 사외이사를 맡게 되면서 성공적으로 맡은 바 업무를 잘 처리할 수 있다. 남성 우위적인 문화 때문에 여성들에게 기회가 주어지지 않았을 뿐이라는 주장이 설득력이 있을 수도 있다.

국민연금과 같은 기관의 의결권의 방향이 미리 결정되면서 다른 기관투자자나 일반 투자자의 의사결정에 영향을 미치는 것이 바람직한지에 대한 이슈도 있다. 국민연금은 주식시장의 의결권의 방향을 선도한다고도 생각할 수 있지만 한 특정한 그룹이 과도하게 주식시장의 전체적인 움직임에 영향을 미치는 것이 바람직한 것인지에 대해서도 생각해 보아야 한다.

의결권 자문기관인 ESG기준원, 서스틴베스트, 대신증권의 한국ESG연구소, 미국 기관으로서는 ISS(Institutional Shareholder Services), 글래스루이스 등이 있다. 이들 기관들은 경영권 분쟁이 있는 경우, 이슈가 되는 안건에 대해서 다른 의견을 표명할 수 있다. 특히나, 국민연금과 같은 지배적인 기관투자자들의 의결권의 방향은 일반 개인투자자에게 뿐만 아니고 다른 기관투자자들에게도 영향을 미칠 수 있다.

국민연금기금 수탁자책임 활동보고서 13페이지 '공시 및 현황'을 보면,2) 기금이 보유한 지분율이 10%(국민연금의 포스코 보유 지분은 11.1%) 이상이거나 보유비중 1% 이상인 기업의 전체 안건 및 수탁자책임 전문위원회가 결정한 안건에 대해서는 의결권 행사 방향을 주주총회 개최 전에 공개할 수 있다. 그래서 기사에 포스코는 국민연금이 최대주주이기에 주총 개최 전에 공개가 가능한 것으로 판단된다.

국민연금 외 집합투자업자의 의결권에 대해서는 2015년 10월 23일 '자본시장과 금융투자업에 관한 법률 시행령'이 개정되면서 기관투자자의 의결권 행사 내역 공시 시점이 기존 주주총회일로부터 5일 이내에서 연 1회 일괄 공시로 변경되었다. 시행령 91조를 보면 집합투자업자는 매년 4월 30일까지 직전 연도 4월1일부터 1년 간 행사한 의결권 내용을 공시하게 되어 있다. 의결

---

2) 14장의 2021년 3월 10일 포스코의 한국경제신문 기사와 관련된 내용이다.

권 행사 내역 공시 의무는 2012년도에 이미 주주총회 5일 전 공시에서 주주총회 5일 이내로 완화되었다. 이로 인해서 집합투자업자의 의결권 행사 방향에 대한 공개 여부는 국민연금과는 체계가 다르다.

그럼에도, 공식적으로 공개되기 이전에 언론에서 보도하는 것은 막을 수가 없다.

### 지분율 · 인물 · 제삼자 의견에…한타 · 금호 결과 나뉘어

반면, 인수·합병(M&A), 비전 전략 전문가인 이 전 대표는 박 상무와의 친분으로 논란이 됐다. 연세대 경영학과 동문일 뿐 아니라 보스턴컨설팅그룹에서 직장 상사로 인연을 맺었기 때문이다.

금융투자업계 관계자는 "의결권 자문사와 연기금의 결정은 소액주주는 물론 외국인 주주 표심에도 강력한 영향을 준다"며 "결국 힘이 세진 소액주주들의 마음을 사로잡는 게 중요했다"고 평가했다.

결국, 표심은 전문성과 독립성에서 앞섰던 조현식 부회장과 박찬구 회장에 쏠렸다. 물론, 한국앤컴퍼니와 금호석유화학에서 제안된 후보자를 두고 어느 후보가 더 전문성과 독립성에서 우월한 후보라고 정하기는 어렵다. 단, 다수의 의결권자문사들의 판단은 객관적이다.

이데일리. 2021.4.6.

네트워크 사회인 우리 사회에서 법에서 규제하는 혈연이라고 하는 관계가 아니고, 지연이나 학연을 가지고 문제를 삼는 것은 어느 정도 자제해야 한다. 학연, 지연이라는 것이 이상적인 것은 아니지만 이러한 것으로 문제를 삼는다면 어느 정도 우리 사회에서의 인간적인 관계를 무시하게 되는 것일 수도 있다. 누구의 도움을 받으려 할 때, 당연히 우리는 속을 아는 사람들 가운데서 후보자를 찾으려 하는 것이 인지상정인데 이를 두고 너무 비판적으로 보는 것일 수도 있다. 물론 능력이 되지 않는데 혈연, 지연, 학연에 근거하여 누구를 선임하는 것은 문제가 있다. 2022년 정권이 바뀌면서 검찰총장 출신 대통령이 검찰에서 같이 일하던 지인들을 주요 포스트에 임명하면서 '검찰공화국'을 만들려 한다는 비판이 있다. 정권 차원에서는 속을 아는 사람을 쓰려는 것 뿐이라며 대응하고 있다.

진보성향의 정부가 복지 또는 사회 평등이라는 정책에 방점을 찍는 것은 이해할 수 있다. 그러나 진보성향의 정부가 되었던 보수 성향의 정부가 되었든 우리가 자본주의 경제 체제하에서 경제를 운영한다는 것을 부정할 수 없다.

자본주의의 핵심은 경쟁과 이에 대한 보상이다. 이를 부정하면 사회주의다. 이러한 보상구조를 부정하면 생산성을 확보할 수 없다.

YTN(2022.1.9.) 김동연 경제부총리가 청와대 회의에서 "모 핵심이 '양도차액 100% 과세'를 말했다. 그래서 제가 깜짝 놀라서 '미쳤냐. 이 나라가 사회주의 국가도 아니고'라고 하며 한마디로 거절했다"면서 "그렇다 보니 분위기가 안 좋았다"고 전했다. 진보주의적인 성향의 인사들이 정부의 정책 입안에 관여하면서 '자유 민주주의에 기반한 시장경제'라는 근간이 흔들릴 수 있다.

박근혜 정부가 탄핵으로 정권이 바뀌었는데 금융기관에 대해서 성과보상제도를 확장하려는 계획이 중단되었다. 정권은 바뀌더라도 어느 정도 일반적인 정책 기조나 방향은 유지되어야 한다.

# 사전심사제도

금융감독원의 심사제도는 어떻게 보면 감리 과정의 약식 제도로 감독원이 최근에 와서 감사보고서 감리를 신속하게 진행하는 제도이다. 정식 감리로 이어진다면 증권선물위원회의 자문기구인 감리위원회를 거쳐야 하고 또한 증권선물위원회와 일부의 조치의 경우는 금융위원회까지도 거쳐야 하는 오랜 기간의 절차가 남아있다.

이렇게 긴 기간의 행정조치는 자문위원회 등을 통하므로 신중한 의사결정이 수행된다는 장점이 존재하지만 동시에 증선위가 기업을 제재하기 위해서 내리는 조치에도 영향을 미치게 된다. 예를 들어 증선위가 기업에 대해서 부과하는 가장 빈번한 조치 중의 하나가 과징금과 유가증권발행제한이다. 그런데 유가증권발행 제한이라는 조치가 부과될 것이라는 것을 해당 기업이 예상하게 되면 증선위의 조치가 확정되기 이전에 유가증권을 발행하는 것이 가능하게 되므로 감독기관의 조치를 무력화시키는 결과를 초래하게 된다. 이는 증선위의 행정 조치는 자문위원회인 감리위, 증선위 등의 절차를 밟는 데 짧지 않은 시간이 필요하기 때문이다.

이러한 문제를 피해가기 위해서 금융위원회는 심사제도를 2019년 4월부터 시행한다.

## 금감원 회계 오류 판정 앞둔 LS전선 "기금 1천억 부채" 결정 땐 LS전선 적자 전환

2019년 4월 도입된 '재무제표 심사제도'에 따라 금감원은 공지된 재무제표 등에 위반사항이 있는지 빠르게 점검한 뒤 경미한 건은 증권선물위원회까지 올리지 않고 심사단계에서 가벼운 조치로 종결한다. 심사 단계에서 중과실, 고의 또는 반복적 위반사항이 있으면 감리를 통해 제재한다. 고의적인 회계기준 위반 금액이 50억원을 넘으면 과징금과 임원 해임 권고 조치도 가능하다.

매경이코노미. 2020.1.1.-7.

## 선진국선 지도로 끝내는 회계오류

"선진국에서는 지도로 끝내는 회계 오류를 한국에선 기준 위반이라고 제재하면서 투자자의 불신을 키웠습니다. 회계감독 체계를 사후 적발에서 사전 예방 중심으로 전환하겠습니다."

최종구 금융위원장은 13일 서울 여의도 한국거래소에서 기업, 금융당국, 회계법인, 회계학회 등 다양한 분야의 회계 전문가들과 회계감독 방향을 논의하는 회의를 열고 '회계 감독 선진화 방안'을 발표했다. 그는 이 자리에서 "지금처럼 상장사 감리 주기가 긴 상태에서 사후 적발로는 투자자를 제대로 보호하기 어렵다"며 "이제는 선진 시스템을 도입해야 한다"고 강조했다.

금융위는 지난 4월 시행에 들어간 '재무제표 심사제도'를 적극 활용하는 방향으로 회계 감독 체계를 바꿀 방침이다. 기업 재무제표에 회계처리 기준 위반 내용이 있는지 신속하게 점검한 뒤 위반 수준이 경미하면 자발적인 정정을 유도하기로 했다.

회계감리는 중대한 회계 부정이 있을 때만 할 방침이다. 이를 통해 모든 상장사를 감리하는 데 드는 시간을 20년에서 13년으로 단축할 수 있을 것이란 게 금융위의 전망이다. 미국처럼 이 기간을 3년까지 줄이는 것이 최종 목표다.

기업들은 감독당국에 회계처리 방식에 관해서 활발히 문의할 수 있게 된다. 금융감독원뿐 아니라 회계기준원에도 회계처리 문제로 심사나 감리 중인 내용에 대해 문의하고 의견을 받을 수 있다.

회계기준원은 기업들과의 질의 회신 내용을 사례별로 자료로 만들어 지속적으로 공개할 예정이다. 그동안 기업들은 원칙 중심인 국제회계기준 아래에선 상황별로 적법한 회계처리 방식이 무엇인지 판단하기 어렵다고 토로해 왔다. 한 대기업 회계담당 임원은 "지금까지 IFRS 취지를 살린다는 명분 때문에 감독당국에 자문조차 구하지 못했다"며 "회계처리 기준 해석을 두고 느꼈던 납답함이 다소 해소될 것"이라고 기대했다.

재무제표상 오류를 수정하는 데 따른 부담도 줄어든다. 자진해 정정하는 기업은 감리보다 강도가 약한 검증 절차인 심사를 받게 된다. 회계처리 기준 위반에 책임이 있다고 보기 어려운 경우엔 심사 자체가 면제된다.

새 외부감사인이 과거 재무제표 내용의 정정을 요구할 경우 이전 감사인과 회계처리 기준 위반 여부에 대해 충분히 시간을 두고 논의할 수 있다. 내년에 주기적 감사인 지정제가 시행되면 새 외부감사인이 기존과는 다른 잣대로 회계처리 기준을 적용할 것이란 기업의 우려를 반영했다.

한국경제신문. 2019.6.14.

사후 조치보다는 사전 예방에 방점을 두겠다는 선진적인 감독 방향으로 선회하겠다는 정책의 변경이다.

## "처벌보다 회계심사 강화해야"

"시장 접근적 회계감독을 통해 회사나 감사인을 징계하는 데 초점을 맞추기보다 실시간 심사 기능을 간소화하고, 주석 공시와 정정공시로 정확한 재무정보를 알리도록 유도할 필요가 있습니다."

31일 서울 여의도 국회도서관에서 열린 제3회 감사인워크숍에서 실시간 재무제표 심사제도를 적극적으로 활용해야 한다는 주장이 제기됐다.

주제 발표를 맡은 한종수 이화여대 교수는 "원칙 중심인 국제회계기준은 재무제표의 복잡성을 줄이고 이해 가능성을 향상시켜 주지만 구체적인 지침이 부족해 기업 간 비교 가능성이 저하될 수 있다"며 "특히 삼바 사태에서 보듯이 사후적으로 문제에 대한 조치나 제재를 가하는 형식으로 진행되고 있다"고 말했다. 한 교수는 "대안으로 분반기 등 중간기간 공시 내용을 실시간으로 심사하는 방식으로 사전적 예방적 계도 중심의 감독이 필요하다"며 "처벌이 목적이 아닌 전반적인 회계정보의 질을 높이는 것을 목적으로 해야 한다"고 주장했다.

감리에 따른 양정 기준에 대한 논의도 이어졌다. '국제 회계 기준 시대 감리 절차와 조치 양정 기준의 개선 방향'을 주제로 두 번째 발표에 나선 이충훈 법무법인 CM 대표 변호사는 "외부자인 회계사의 감사에는 한계가 있는 만큼 공정거래위원회가 실시하고 있는 리니언시처럼 부정행위 신고자에 대한 제재 면제 조항을 만들어 조사 가능성을 높이고, 양정기준은 벌점제를 신설하는 등 탄력적으로 실행할 필요가 있다"고 분석했다.

매일경제신문. 2018.9.1.

이충훈 변호사가 언급한 내용은 내부고발자제도(whistle blower)와 무관하지 않다.

## 올해 기업 180곳 대상. 금감원 재무제표 심사

금융감독원이 지난해보다 많은 기업에 대해 재무제표 심사 감리를 실시하기로 했다.

11일 금감원이 발표한 '2021년 회계심사 감리 업무 계획'에 따르면 올해 금감원은 지난해(148개사)보다 32곳 늘어난 180개 상장법인 및 비상장 금융회사와 사업보고서 제출 대상 법인에 대한 재무제표 심사 감리를 실시할 계획이다. 금감원은 회계법인(감사인) 감리는 전담하는 부서 신설로 감리 대상 회계 법인 수를 지난해 9곳에서 올해 최대 15곳으로 늘리기로 했다. 감리 주기도 최대 5년에서 3년으로 단축해 회계법인 감독을 강화할 방침이다. 미국 상장회사 회계감독위원회 (PCAOB)와 공조해 국내 회계법인 중 미국에 상장한 국내 기업에 대한 감사를 수행하는 회계법인 2곳에 대해 공동

검사를 진행한다고 밝혔다.

　　김은조 금감원 회계심사국장은 "한계 기업 및 시장질서 훼손 기업 등 회계 취약 부분 및 감리 사각 지대 등에 감독 자원을 집중해 회계 감사를 강화할 것"이라고 말했다.

매일경제신문. 2021.4.12.

# 노동이사제

문재인 정권이 2017년 시작하면서 문대통령의 공약 사항 중의 하나가 노동이사제의 도입이다. 노동추천이사제라고도 지칭하는데, 노동자 대표가 경영에 참여하는 제도이다. 이론상으로는 직원 대표라고 하는 인사들이 경영활동에도 참여하여 더 좋은 회사를 만드는 데 동참한다고 하면 순기능인데 이것이 그렇게 간단치 않다.

현대 자본주의의 대부분의 경영활동은 자본주인 주주와 임직원의 위치를 명확하게 구분하고 있고 대리인 이론(agency모형)에 의해서 principal과 agent가 구분되며, 주주는 principal, 임직원은 명확하게 agent이다. 직원은 노동조합을 통해서 본인들의 의견을 표명할 수는 있지만 그 이상으로 경영활동에 참여하는 것은 바람직하지 않다. 직원의 회사에 대한 관여는 노동과 이에 대한 보상인 급여로 모두 정리되는 것이다.

**기업은, 노조 추천 이사제 결국 분발**

기업은행의 금융권 최초 노조추천 이사제 도입이 무산됐다. 노조가 추천한 인사가 후보군까지 올라갔으나 금융위원회의 벽을 넘지 못했다.

8일 금융권에 따르면 금융위는 이날 기업은행의 새 사외이사로 정소민 한양대학교 법학전문대학원 교수(50)를 선임하고, 사외이사 임기가 끝난 김정훈 단국대 행정복지대학원 겸임교수(63)를 임명했다. 앞서 기업은행 노사는 금융권 최초로 노조 추천 이사제 도입을 추진해왔다. 윤종원 기업은행장은 노조 추천 인사를 포함한 복수의 사외이사 후보를 금융위에 제청했지만 정 교수와 김 교수를 최종 낙점한 것이다. 중소기업은행법에 따르면 이사 임명권은 금융위가 쥐고 있다.

기업은행의 첫 노조 추천 이사제 추진이 무산되면서 금융권에도 영향을 줄 전망이다. 당초 윤 행장은 취임 당시 '노조 추천 이사제를 유관기관과 적극 협의해 추진하겠다'는 노사 공동 선언문을 만들었다. 그러나 지난 2월 기자 간담회에서는 "노조 추천 이사제는 기대와 우려가 공존하는 사안"이라며 "(기업은행이 독자적으로 도입하려면) 관련 법률 개정이 수반돼야 한다"고 밝혔다.

그동안 KB금융지주 수출입은행의 노동조합도 노조추천 이사제를 추진하다가 무산됐다. 노조 추천 이사제가 도입될 경우 기업 경영이 노조에 과도하게 좌지우지될 수 있다는 우려를 내놓고 있다. 한 금융권 관계자는 "만약 이번에 기업은행에서 노조 추천 이사제가 도입됐더라면 금융권은 물론 산업계 전반에 걸쳐 노동 이사제 논의가 급격하게 확산됐을 것"이라며 "기업은행과 금융위가 현명하게 판단한 것 같다"고 평가했다.

한국경제신문. 2021.4.9.

노동이사제의 이슈가 붉어져 나오자 ESG 모범규준에서도까지도 이 이슈를 포함하려는 것 같은데, 이는 시기상조라고 판단된다.

이렇게 이해 관계자가 얽히는 경우를 대학교 재단이사회에서 찾아본다. 미국의 일부 대학의 재단이사회에는 학생 이사가 선임되어 활동하는 경우도 있다고 한다. 우리나라 대학에서 총장을 직선 또는 간선으로 선임할 때, 학생과 교직원에게 투표권을 일부 허용하기도 한다. 대학이라는 공동체가 학생, 동문, 교직원의 세 축이라고 할 때, 재단이사회의 구성에 있어서도 이들의 모든 이해가 반영되어야 하는데, 일부 동문이 재단이사로 선임되게 된다. 이러한 차원에서 학생도 이사회의 학생 이사로 한 축을 담당해야 한다는 주장이 있는

데, 학교라는 기관이 교육자가 있고 피교육자가 있는데, 피교육자도 이사회에서 자기의 권리가 보호받고 자기의 주장을 피력할 수 있는 기회가 있어야 한다는 주장이다.

이는 기업에서 사용자와 피고용자인 근로자가 존재하는데 근로자의 권익을 보호하기 위해서 근로자가 이사회에 참석하여야 한다는 주장과 궤를 같이한다.

"

## '노동이사제 원조' 독은 없애는데… 한, 강성 노조에 '경영개입 칼자루'

여야는 지난 4일 국회 기획재정위원회 안건조정위원회를 열어 공공부문 노동이사제 도입이 담긴 공공기관운영법 개정안을 개정했다. 개정안은 5일 국회 기재위 전체회의에서도 통과됐으며 11일 국회 본회의에서 최종 처리될 예정이다.

개정안은 공포 후 6개월이 지난 날부터 시행되기 때문에 하반기에 적용된다. 대상은 한국전력, 인천국제공항공사 등 공기업 36곳과 국민연금공단 등 준정부기관 95곳 등 131곳이다. 예금보험공사, 자산관리공사, 주택금융공사 등 일부 정책금융기관도 대상이지만 산업은행이나 기업은행은 법적대상이 아니다.

기획재정부는 향후 노동이사의 자격요건 등 구체적 지침을 마련할 계획이다. 하지만 경제계는 대선을 앞둔 정치권이 노동계 표심을 잡기 위해 충분한 논의 없이 '친노조 법안'을 통과시켰다고 지적했다.

### 노조가 공기업 경영에 간섭

노동이사제는 노동자 대표가 이사회에 들어가 발언권과 의결권을 행사하는 제도다. 독일에서 시작돼 유럽 일부 국가로 확산됐다. 하지만 노사 문화 토양이 완전히 다른 한국에 노동이사제를 도입하는 것이 옳은 방향인지는 여전히 의문의 목소리가 높다.

독일은 이사회가 경영이사회와 감독이사회로 이원화돼 있다. 노동이사는 감독이사회에 참여할 뿐 경영 관련 안건을 내지는 않고 회계 부정 등을 감시하는 역할로 제한돼 있다. 하지만 '한국형 노동이사제'는 노동이사가 경영에 참여하는 형태가 기업 경영에 부담이 될 수 있다. 이정 한국 외국어대학 법학전문대학원 교수는 "독일은 산별 노조를 기반으로 협력적 노사문화가 조성된 데 비해 한국은 기업별 노조 중심의 대립적 노사관계"라며 "이사회에서 노사 갈등, 주주권과의 충돌 등을 빚을 가능성이 높다"고 지적했다.

공기업에서 노동자 대표가 이사회에 들어가면 어떤 방식의 인력 구조조정도 반대할 공산이 크다. 역량이 줄어들거나 재무구조가 취약한 공기업이라 하더라도 구조조정이 불가능해질 것이란 얘기다. 추경호 국민의 힘 의원에 따르면 350개 공공기관 중 총 자산 2조원 이상 대형 공공기관 38곳과 정부가 손실을 보전해 주도록 돼 있는 2곳 등 40곳 중 영업이익으로 이자도 못 갚는 '좀비 공기업'이 19곳이나 된다.

노동자 대표는 오히려 임금 인상 등 복리후생 증대만 주장할 가능성도 제기된다. 이 경우 악화되는 재무구조는 최종적으론 정부가 막아줘야 한다. 세금이 투입될 수 있다는 지적이 나오는 이유다.

## 독일은 어떻게 하고 있나

이런 난제를 경험한 독일의 산업계는 노동이사제 채택을 줄여나가고 있다. 민영화 확대 등의 흐름을 맞아 노동이사제 도입 기준을 상향하는 등 전반적으로 노동이사제를 약화시키고 있다. 주주 중심의 주식회사엔 노동이사제가 적합하지 않다는 자체 진단에서다.

독일 금속 노조 산하 한스뵈클러재단에 따르면 독일에서 '노사 동수 감독 이사회'를 운영하는 기업은 2002년 767개에서 2018년 638개로 줄었다. 또한 독일에서 노사 동수 노동이사제를 도입한 주식회사는 1992년 413개에서 2016년 234개로 43.3% 감소했다. 다른 형태의 기업에 비해 감소폭이 크다. 한국은 2020년 기준 주식회사의 비율이 95%에 이른다. 아직은 민간기업까지 노동이사제를 강제하진 않지만 도입 논의 시 논란이 될 가능성이 큰 대목이다.

독일에선 법인 등록을 외국으로 옮겨 노동이사제를 회피하는 기업이 증가했다는 분석이 나온다. 한스뵈클러재단에 따르면 이런 기업은 1995년 11개, 2000년 20개, 2005년 46개, 2010년 70개, 2014년 94개로 꾸준히 증가하고 있다.

권혁 부산대 법학전문대학원 교수는 "노동이사제는 기업의 투명성을 확보하고 노사 간 소통을 넓히는 장점이 있다"면서도 "이는 노동이사가 노조의 일원이라는 역할과 구분된 이사로서의 역할을 명확하게 인식해야 가능하다"고 말했다.

한국경제신문. 2022.1.6.

## "공공부문서 시작한 노동이사제 민간기업으로 확산은 시간문제"

"갈등적 노사관계 환경에서 노동이사제 도입이 민간기업에까지 확대되면 이사회 기능을 왜곡시키는 등 경쟁력을 심각하게 저해할 것이 명백하다"

국회 기획재정위원회 안건조정위원회가 지난 4일 공공부문 노동이사제 도입을 핵심으로 하는 '공공기관의 운영에 관한 법률 일부 개정안'을 의결하자 한국경영자총협회 등 경제 5단체가 내놓은 성명이다. 정부와 여당은 노동이사제가 공공부문에 한정된 것이라고 강조하지만 경영계는 공공부문을 시작으로 민간기업까지 확대될 것이라고 우려하고 있다. 공공부문 노동이사제는 문재인 정부가 국정과제로 내걸고 2018년부터 도입하려던 제도다. 경영계에서 민간 확대 우려의 목소리가 커지자 정권 말까지 여당에서도 이렇다할 추천 움직임을 보이지 않았다.

이재명 더불어민주당 후보가 지난해 11월 한국노동조합총연맹을 방문해 "패스트트랙을 태워서라도 통과시키겠다"고 공언한 이후 윤석열 국민의 힘 후보까지 이에 동의하면서 급물살을 탔다. 지난해 2월 경제사회노동위원회가 공공부문 노동이사제 도입을 권고했을 때만 해도 반응하지 않던 정치권이 최근 단 두 차례 안건조정위원회를 열어 이 법안을 통과시킨 배경이다. 경영계는 노동이사제가 공공부문에 국한된 문제가 아니라는 점을 지적하고 있다. 문재인 대통령은 취임 초 공공부문을 시작으로 민간기업까지 확대하겠다고 밝힌 바 있다.

경영계의 우려는 경총이 지난해 11월 시행한 설문조사에서도 그대로 나타난다. 당시 전국 경제 경영학과 교수 200명을 대상으로 한 조사에서 응답자의 61.5%는 "노동이사제가 민간 기업에 도입되면 기업 경쟁력에 악영향을 줄 것"이라고 답했다. 또 "노동이사제는 우리나라 경제 시스템에 부합하지 않는다"는 응답도 57%에 달했다. 경영계는 최근 수차례 성명을 통해 "충분한 논의와 국민적 공감대 없이 법안 처리를 강행하는 것을 이해할 수 없다. 입법 절차를 중단하라"고 강하게 요구했다.

김강식 한국항공대 경영학부 교수는 "노동이사제 법제화는 경제를 정치 도구화하는 것으로 기업 활동을 제약하는 규제"라며 "민간 노동이사제 도입은 기업이 자율적으로 선택할 수 있게 해야 한다"고 말했다.

한국경제신문. 2022.1.6.

## 이재명 이어 윤석열도 "공공 노동이사제 찬성"

　국민의 힘 윤석열 대통령 후보가 15일 공공 부문 노동이사제에 대해 찬성 취지의 입장을 밝혔다. 공공부문 노동이사제는 이재명 후보도 대선 공약으로 내걸었다. 여야 유력 대통령 후보가 두 제도 도입에 큰 틀에서 찬성 입장을 보이면서 국회에서 관련 입법 논의가 진행될 것으로 보인다.

　윤 후보는 "노동이사제는 이미 자치단체장 판단에 따라 시행 중인 곳이 있다"면서 "적대적으로만 볼 문제는 아니라고 생각하고 긍정적으로 받아들이기로 했다"고 했다. 노동이사제는 근로자 추천 인사가 이사회에 참여하는 제도다. 재계에선 "공공부문 노동이사제가 민간 기업에도 노동이사제를 도입하라는 압력으로 작용할 것"이라고 우려하고 있다.

　　　　　　　　　　　　　　　　　　　　　　　　　조선일보. 2021.12.16.

　　대선 후보자 TV토론회에서는 노동이사제를 지지하는 윤석열 후보와 이 제도 도입을 반대하는 안철수 후보간에 설전을 벌였던 주제이다. 노동자 표를 인식하지 않을 수 없는 대선 후보자의 입장에서의 정치적 판단이었는지를 유심히 관찰해야 하겠다.

　　토론회에서 윤석열 당시 대선 후보자는 우리 기업과 이사회가 노동이사제를 수용할 정도로 성숙하여 이 제도를 채택해도 무방하다는 입장이었고, 안철수 후보는 본인의 이사회 활동 경험에 근거하면 노조 대표가 이사회에 참여해서는 이사회가 효율적으로 운영되기 어렵다는 입장을 주장하였다.

## 8월부터 노동이사제⋯ '원조' 독일선 축소 수준

　오는 8월4일부터 노동이사제가 시행되면서 130개 공공기관에서 노동이사 1명을 반드시 뽑아야 한다. 노동조합 대표가 기업의 이사회에 들어가 경영에 참여할 수 있게 한 제도다.

한국전력공사, LH(한국토지주택공사), 한국수력원자력, 국민연금공단, 예금보험공사, 한국주택금융공사 등 공기업과 준정부기관들이다. 한국산업은행 한국수출입은행 중소기업은행 등 공기업과 국책연구원 등 국책은행과 국책연구원 등 기타 공공기관 200곳은 대상에서 제외됐다. 기타 공공기관 중에는 이사회가 제대로 구성되지 않아 적용이 어려운 곳이 많기 때문이라고 기획재정부는 설명했다.

노동이사 자격은 해당 공공기관에서 3년 이상 재직 중인 근로자다. 임기는 2년이며 1년 단위로 연임할 수 있다. 노동이사로 선임되면 노조에서 탈퇴해야 한다. 현행 노조법은 '사용자를 위해 행동하는 자'의 노조원 자격을 인정하지 않기 때문이다.

기재부는 10일 이런 내용의 공공기관 노동이사제 도입을 위한 공공기관의 운영에 관한 법률 시행령 개정안을 입법예고했다.

재계는 "국민적 공감대 없이 시행하는 제도"라며 반대한다. 이사회가 노사 갈등의 장으로 변질될 수 있고, 기업의 혁신 성장을 저해할 우려가 있다고 주장한다. 또 공공기관에 국한해 시행한다고 하지만, 민간 기업에서도 노조의 요구 등으로 확산될 여지가 있다고 보기 때문이다.

## 노조위원장 셀프 추천도 가능

개정안에 따르면 노동이사제는 오는 8월4일 이후 이사 선임을 위한 임원추천위원회를 구성하는 공공기관에 적용된다. 근로자 과반이 가입한 노조가 있는 경우 노조대표(위원장)가 최대 2명의 후보를 임원추천위원회에 추천한다. 기재부에 따르면 노조위원장이 본인을 노동이사로 '셀프추천'하는 것도 가능하다.

과반 노조가 없을 경우에는 근로자 전체의 투표로 과반 동의를 얻은 후보자를 최대 2인까지 추천한다. 이후 공기업은 기획재정부 장관이, 준정부기관은 주무장관이 노동이사 1명씩을 임명한다.

지난 1월 대선을 앞두고 노동계 표를 의식한 여야는 재계 반발에도 불구하고 큰 이견 없이 '공공기관의 운영에 관한 법률(공운위)' 개정안을 통과시켰다.

유럽에서는 1951년 독일을 시작으로 19국이 노동이사제를 도입 시행 중이다. 독일 스웨덴 프랑스 등 14국이 공공 민간부문 모두에 적용했고, 그리스 아일랜드 등 5국은 공공기관에만 도입했다. 노동이사제를 찬성하는 전문가들은 경영 투명성을 높이고 민주적 의사결정이 가능한 점을 꼽는다. 기업 지배구조가 주주 이익 중심에서 이해 당사자 중심으로 바뀌면서 기업의 공공성과 사회적 책임이 강화된다는 것이다.

## "원조격인 독일도 제도 축소 수순"

학계와 재계에서는 비판의 목소리가 적지 않다. 최준선 성균관대 명예교수는 "노동이사제의 원조 격인 독일에서도 노사 갈등 등 문제가 심각해 제도를 축소하는 수순을 밟고 있는데, 우리는 이런 흐름에 역행하고 있다"며 "기업의 경영 활동에 또 하나의 규제가 생긴 것"이라고 했다. 노동이사가 구조 개혁, 사업 전환, 인수 합병 등에 제동을 걸 경우 기업의 혁신 속도가 크게 저해될 위험이 있다는 것이다.

김요준 전국경제인 고용정책팀장은 "노동이사제가 이사회의 효율적 의사결정과 기업의 장기적 성장을 저해해 결국 주주나 이해 관계자들 이익을 침해할 수 있다"고 지적했다. 한 대기업 임원은 "지금의 노조와의 갈등으로 많은 기업이 제약을 받고 있는데, 이사회까지 노사 갈등의 장이 될 경우 투자와 고용 확대에 지장이 생길 수밖에 없을 것"이라고 했다.

공공 부문에 먼저 도입된 노동이사제가 민간으로 확산되는 것에 대한 우려도 적지 않다. 한국경영자총협회가 작년 경제 경영학과 교수 200명을 대상으로 한 설문조사에서도 응답자의 61.5%가 "노동이사제가 민간 기업에 도입될 경우 기업 경쟁력에 악영향을 줄 것"이라고 답했다.

경총은 지난 2월 '노동이사제 도입 시 문제점' 보고서에서 "(노동이사제) 도입을 의무화하기보다는 기업의 필요에 따라 자율적으로 도입 여부를 결정하도록 하는 것이 바람직하다"고 조언했다.

한 공공기관 임원은 "공공기관은 임금 등 주요 사안에서 정부 통제를 강하게 받기 때문에 노동이사가 등장해도 인사, 조직문화 차원의 건의 정도만 하는 데 그칠 것"이라며 "민노총, 한노총 등 상급 노동 단체가 민간으로 노동이사제를 확산시키기 위한 전 단계로 공공기관을 이용하는 것으로 보인다"고 말했다.

조선일보. 2022.6.11.

# chapter 26

# 금융사 대표이사의 책임은 어디까지?

어느 기관에서나 누가 어디까지 무슨 책임을 져야 하는지에 대한 판단은 결코 쉬운 판단이 아니다. 의사결정에 있어서도 모든 의사결정을 기업의 CEO 가 수행하는 것이 아니고 위임전결에 의해서 적절하게 책임 배분이 되어 있다. 중대재해법에서의 경영책임자가 누구이면 어디까지 책임을 져야 하는지도 이러한 이슈와 모두 연관된다.

> **감사원 경고도 묵살… 금융 CEO 중징계 때리는 금감원**

금융감독원은 라임, 옵티머스 등 사모펀드 사태와 관련해 금융회사 최고경영자들을 줄줄이 징계해 왔다. 경영진이 '내부통제 기준 마련 의무'를 제대로 이행하지 못한 것이 라임 옵티머스 사태 발생에 일조했다는 게 이유였다. 하지만 금감원은 이런 행태와 관련해 감사원으로부터 주의 조치를 받은 것으로 드러났다.

### 감사원 "금융사 제재는 법에 근거해야"

7일 증권업계에 따르면 2017년 말 감사원은 금감원이 내부통제 기준 위반과 관련해 금융회사를 제재하는 것을 '징계권 남용'으로 보고 주의 조치를 내렸다.

감사원은 "법은 금융회사가 내부통제 기준을 정해야 한다고만 규정하고 있을 뿐 '내부통제기준 위반'을 제재 사유로 규정하지 않는다"며 "임직원이 법을 위반한 경우 내부통제기준에 근거해 제재해서는 안 된다"고 금감원에 통보했다. 감사원은 이어 "금융사의 범죄를 행정적으로 처벌하려면 금융관련법에 구체적이고 적절한 근거를 마련하고, 이에 따라 제재해야 한다"고 적시했다.

감사원의 판단은 금감원이 CEO들을 징계하면서 내세운 근거와 정면으로 배치된다. 금감원은 금융회사 지배구조에 관한 법률 제24조(내부통제기준)를 근거로 사모펀드 사태의 책임이 CEO에게도 있다고 주장하고 있다. 지배구조법 제24조는 '금융회사가 임직원이 직무를 수행할 때 준수해야 할 내부통제 기준을 마련해야 한다'고 적고 있다.

이런 논리를 바탕으로 금감원은 금융사를 줄줄이 징계했다. 금감원은 지난달 25일 제재심의위원회에서 옵티머스 펀드 최대 판매사인 NH투자증권의 정영채 대표에 대해 '문책경고'를 의결했다. 라임펀드 판매사인 대신증권의 양홍석사장에 대해서도 문책경고를 결정했다. 현직 금융투자협회장인 나재철 전 대신증권 대표에게는 더 높은 단계인 직무정지가 내려졌다. 이 밖에 10여 명의 경영진이 징계를 받았다. 금감원의 징계는 −주의 −주의적 경고 −문책경고 − 직무정지 −해임 권고 등 5단계로 이뤄지는데, 문책경고부터는 중징계에 해당한다. 금융위원회에서 문책 경고가 확정되면 금융사 임원은 연임 또는 금융권 취업이 3년간 제한된다. CEO로서는 평생의 커리어가 한번에 끝나는 무거운 징계다.

## "사모펀드 사태 책임 금융사에만 전가"

금융권에서는 내부통제에 대한 모든 책임을 CEO에게 전가하는 것은 지나치다고 지적해왔다. 지배구조법 제24조에는 금융사가 내부통제기준을 마련해야 한다는 내용만 있을 뿐 주의 감독 의무는 부과하지 않고 있다.

증권업계 관계자는 "현재 금감원은 감사원이 요구한 구체적인 제재 근거도 없이 법을 자의적으로 확대 해석해 제재를 가하고 있다"고 했다. 은성수 금융위원장이 지난 2월 국회 정무위원회에서 "판매사의 잘못은 엄격하게 다뤄야 하지만 (제재는) 법의 테두리 안에서 해야 한다"는 의견을 밝힌 것도 이런 사정과 무관하지 않다.

금감원이 관리 감독 실패의 책임을 금융권에 전가하기 위해 CEO들에게 '재갈'을 물린다는 지적도 나온다. 제재 수위를 높여 사모펀드 사태의 잘못이 전적으로 금융권에 있는 것처럼 여론을 주도하고 있는 것이다.

내부통제기준에 근거하면 윤석헌 금감원장도 처벌받아야 한다는 의견도 나온다. 감사원은 옵티머스 사태와 관련해 금감원에 대한 감사를 올 초부터 하고 있다. 이르면 다음 주 결과를 발표한다. 감사원은 담당자들에 대한 징계를 금감원에 요구할 것으로 보인다. 금융사 관계자는 "금융사 CEO들을 처벌한 논리대로라면 윤 원장도 징계를 받아야 한다"고 주장했다.

감사원의 내부통제기준 해석과 금감원의 CEO 처벌 기준과 관련해 금감원은 입장을 내놓지 않았다. 금감원 관계자는 "금융사 제재는 아직 진행 중이어서 의견을 밝힐 수 없다"고 말했다.

한국경제신문. 2021.4.9.

2022년 초, 오스템임플란트의 자본금보다도 더 큰 금액의 횡령 사고 이후, 계양전기, LG유플러스에 이어 드디어는 금융기관인 우리은행에서의 600억원 이상 되는 금액의 횡령사고가 발생하였다. 모두 내부통제제도가 미흡해서 발생한 사고이다.

### 어떻게 생각하십니까 DLF 사태 '내부통제 부실'로 CEO 중징계
### "지나친 경영 간섭" vs "CEO 문책은 당연"

금융회사의 최고경영자가 내부 통제 기준 마련 의무를 위반했다는 이유로 감독당국으로부터 중징계를 받은 첫 사례가 나왔다. 금융감독원 제재심의위원회는 지난 30일 해외 금리연계 파생결합펀드 사태와 관련해 손태승 우리은행그룹 회장과 함영주 하나금융그룹 부회장에게 문책경고라는 중징계를 내렸다.

금융권에서는 반발이 거세다. 중징계를 내리기엔 '내부통제'의 의미와 기준이 너무 <u>모호하다</u>는 비판이다. 사소한 일로도 금융회사를 압박할 구실이 될 수 있다는 우려도 나온다. 감독당국의 판단은 다르다. 내부통제 책임을 CEO가 지지 않으면 결국 비슷한 사태가 터질 때마다 주요 의사결정을 내린 임원 대신 직원들만 징계 받을 가능성이 크다고 반박한다.

## 금융당국의 자의적 해석 우려

금감원 제재심은 중징계 근거로부터 '내부 통제 부실'을 꼽았다. 금융회사 지배구조법은 내부통제를 "법령 준수, 건전 경영, 주주와 이해관계자 등의 보호를 위해 금융회사 임직원이 직무를 수행할 때 지켜야 할 기준 및 절차"라고 규정하고 있다. 이 의무를 이행하지 않으면 금융당국이 임원에 대해 최고 해임 권고까지 요구할 수 있도록 해놨다.

금융권 관계자들은 모든 경영 현안과 상품 판매 등에 내부통제 기준을 마련하는 것은 불가능한 일이라고 토로한다. 상품판매 절차상 지켜야 할 도덕적 의무를 큰 틀에서 제시할 수는 있지만 임직원들의 모든 행동을 일일이 규제할 수 있는 기준을 만들기는 현실적으로 어렵다는 의미다.

DLF처럼 대규모 원금 손실이 난 금융상품의 판매 책임을 CEO에게 지우는 것에 대한 반발도 크다. CEO는 경영전략의 방향성을 결정할 뿐 어떤 투자 상품을 판매할 것인지에 대해서는 거의 관여하지 않기 때문이다.

금융회사 경영에 간섭할 수 있는 '관치 도구'가 될 수 있다는 지적도 나온다. 한 금융지주사 관계자는 "감독당국이 사실상 금융회사 임직원들의 인사권을 쥐게 될 것"이라고 꼬집었다.

## 고위험 상품 걸러낼 시스템 부재

금감원도 할 말은 있다. 우리은행과 KEB하나은행이 DLF를 대량 판매한 것은 두 금융회사가 수수료 수익을 무리하게 늘리려는 경영 전략을 세운 결과라는 논리다. 한 금융당국 관계자는 "CEO에게 책임을 지우지 않으면 이런 사태가 생길 때마다 인사고과를 의식해 상품을 판 직원들만 징계를 받는다"고 지적했다. 경영진이 실질적인 결정을 해놓고 제재는 피해간다는 뜻이다.

모든 금융상품의 수익률을 CEO 책임으로 몰아갈 수 없다는 주장에 대해서도 반박한다. 다른 시중 은행들은 문제가 된 해외 금리 연계 DLF의 원금 손실 가능성이 크다고 판단해 판매하지 않았기 때문이다. 고위험 상품을 걸러낼 시스템의 부재는 CEO 책임이라는 해석이다. 다른 금융당국 관계자는 "이번 제재심 결과에 대한 금융회사 반발이 특정 CEO의 자리 보존을 위한 것은 아닌지 따져볼 필요가 있다"고 말했다.

**CEO의 내부 통제 기준 마련 의무를 둘러싼 논란**

| 금융권 | 감독당국 |
|---|---|
| 금융상품에서 손실 날 때마다 CEO에게 책임을 물을 건가? | 상품 판매와 손실도 CEO가 짠 경영전략 탓이 크다. |
| 감독당국이 사소한 일로 임원진을 압박하는 수단 될 수 있다. | 회사와 주주에 피해를 주고도 임원진이 법망을 피해 가는 일이 많다. |
| 천재지변이 났다고 대통령을 탄핵하는 것과 같다. | 다른 은행들은 리스크가 크다는 것을 알고 DLF를 판매하지 않았다. |

한국경제신문. 2020.2.1.

2022년 초 강원도 동해안 쪽, 22사단이 책임지고 있는 구역에서 남한 국민이 월북하는 사건이 발생했다. 당장 사단장이나 군단장의 책임 문제가 거론되지만 동시에 22사단이 맡고 있는 지역이 동해안과 휴전선 일부의 너무 광범위한 지역이라고 아무리 유능한 사단장이 와도 해결할 수 없다고도 보도되었다. 사고는 발생했고 누군가는 책임을 져야 하는데 책임질 자를 구분해 내기는 생각보다 쉽지 않다.

내부통제의 의미와 기준이 너무 모호하다는 비판도 충분히 이해할 수 있다. 기업 내 모든 문제에 대해서 모두 내부통제의 문제라고 해석하는 경향이 있다. 물론, 통제 시스템이 잘 갖춰져 있다고 하면 이러한 문제들이 걸러졌을 수도 있지만 그렇게 따지면 기업의 발생하는 모든 문제가 내부통제의 문제가 될 수 있다.

## 법원서 징계 뒤집혀도 금감원 책임 나몰라라

금융감독원이 금융회사에 대해 내리는 제재 시스템이 절차적으로 흠결 소지가 있어 개선되어야 한다는 목소리가 금융권 안팎에서 나오고 있다. 제재에 대한 안을 올리는 기능과 심의 기능이 모두 금감원에 있어 '셀프 제재' 논란이 있는가 하면 금감원 안대로 최종 제재가 결정이 되더라도 <u>소송에서 뒤집히는 일이 많아</u> 이에 대한 통제와 책임이 필요하다는 지적도 제기된다. 이와 함께 사모펀드 사태와 관련한 부실 감독에 대한 금감원 책임론도 커지고 있다.

우선 금감원은 금융회사에 대한 제재안 작성 기능과 이에 대한 심의 기능을 모두 보유하고 있다. 예컨대 지난 3일 금감원은 라임 펀드 판매사인 우리은행과 신한은행에 대한 사전 제재 통지문에서 손태승 우리금융지주 회장은 '직무 정지'를, 진옥동 신한은행장은 '문책 경고'를 밝혔다. 이 사전 제재안은 오는 25일 금감원 제재심의위원회(제재심)에서 확정될 예정이다. 문제는 제재심의위원 21명 중 4명이 금융감독원 관계자고 나머지 17명은 금감원장이 위촉한 민간위원이라는 점이다. 제재심 위원 전원이 금감원 관련 인사거나 금감원장이 뽑은 사람이라는 뜻이다.

덕분에 금감원 검사부서에서 올린 제재안은 제재심에서 거의 무사통과된다. 2019년 제재심에 상정된 안건 330개 중 97.6%에 달하는 322개가 원안대로 통과됐다. 지난해도 원안 통과율이 90%대로 알려졌다.

제재심에서 통과된 제재안은 금융위원회에서 증권선물위원회 정례회의, 금융위 정례회의 등을 통해 최종 확정된다.

하지만 최근 금감원은 제재심에서 일단 가장 높은 수위의 제재안을 통과시키고 이에 대해 최종 의결하는 금융위가 책임을 떠맡는 구조가 형성되고 있다는 지적도 제기된다. 금융당국 관계자는 "금감원이 무턱대고 제재심에서 센 제재안을 통과시켜 금융위가 일일이 따져보는 일이 많아졌고 결국 책임까지 떠안는 실정"이라며 "이에 금융위 내부에서 불만이 팽배하다"고 전했다. 금융당국이 내린 최종 제재가 법원에서 뒤집히는 경우가 꽤 있지만 이에 대한 책임을 지지 않는 것도 문제로 지적된다.

금감원이 법적 결과에 대해서는 따르고 있지만 제재안이 가져온 유 무형 비용과 손실 등에 대해선 책임을 지고 있지 않아 상응하는 정부 통제나 조치가 취해져야 한다는 주장이 설득력을 얻고 있다. 특히 금감원의 지배구조 개선 작업이 필요하다는 주장도 있다.

매일경제신문. 2021.2.5.

금융위원회, 증권선물위원회, 공정거래위원회가 운영되는 방식을 보면 위원들은 심판관의 입장이며, 금융위나 금감원 직원들이 원고의 입장이고 소명하는 기업이 피고의 입장에서 對審으로 진행된다. 즉, 위원들은 원칙적으로는 금융위 편이 아니라 중립적인 위치여야 한다. 공정위의 경우도 공정위 직원들만이 원고의 입장이어야 한다.

이들 정부 기관이 공정하게 중립적인 위치에서 업무를 수행하고 있는지를 판단하기는 쉽지 않지만 이들의 행정조치가 행정법원에서 다루어지고 판정되는 결과를 보면 이들 기관의 행정심판이 중립적인지에 대한 어느 정도 판단의 기초가 될 수 있다.

2022년 윤석열 정부가 공정위 위원장을 찾을 때, 인수위 시절부터 공무원을 제쳐 두고 법관 출신 교수 전문가를 찾은 이유가 공정위가 행정 조치를 할 때, 법리 해석이 약해서 행정소송에서 패소하는 경우가 많다는 사유에서였다.

## 라임발 금융CEO 줄 징계… "법적 근거 부실" 논란 확산

라임펀드 등 사모펀드 발 최고경영자에 대한 '징계 리스크'가 본격화하며 징계의 법적 근거를 둘러싼 논란이 더욱 커지고 있다. 모호성과 형평성이 특히 문제로 지적된다. CEO에 포괄적 책임을 묻겠다는 금융감독원의 잇단 중징계 결정에 금융권은 급격히 위축되고 있다.

8일 금융전문가들은 금융사고 후 책임을 묻는 절차는 반드시 필요하지만 법적 모호성을 타개하고 예측 가능성을 높일 필요가 있다고 지적한다. 금감원은 금융지주회사법의 '내부통제' 규정을 들어 이들 CEO에 징계를 내렸지만, 금융사들은 해당 규정이 선언적 문구여서 근거가 불충분하다는 입장이다. 감사원 역시 2017년 9월 금감원 기관운영감사에서 금융사와 임직원에 대한 징계 근거를 명확히 하라고 '주의' 조치를 통보했다. 감사원은 "은행법상 금융회사는 내부통제기준을 정해야 한다고만 규정하고 있을 뿐 '내부통제기준 위반'이 제재 사유로 규정돼 있지는 않다"고 지적했다.

금융권 관계자들은 "금융권 CEO들이 줄줄이 중징계 처분을 받은 적이 있었나 싶다"며 "사업계획을 확정하고 전열을 가다듬어야 할 시기지만 CEO가 더 낮은 징계를 받는 데 집중할 수밖에 없는 상황"이라고 토로했다.

서정호 한국금융연구원 선임연구위원은 "금융사가 높은 수위의 징계를 받으면 신사업 발굴, 신규 사업 진출에 어려움을 겪을 수 있다"며 "특히 해외에선 징계 이력을 까다롭게 보기 때문에 신사업 인가를 받는 데 걸림돌로 작용할 수 있다"고 우려했다.

징계 근거가 부실한 상황에서 중징계에 따른 제재 효과는 지나치게 가혹하다는 점도 문제다. 금융회사 임원 징계는 해임 권고, 직무 정지, 문책 경고, 주의적 경고, 주의로 나뉜다. 문책경고 이상부터는 중징계로 분류되고, 3~5년간 임원 선임이 불가능하다. 일각에선 금융사 CEO에 대한 징계가 금융위원회 정례회의에서 확정되기 전 금감원 징계안이 '발설'되는 상황에 대해서도 비판한다. 사전 통보, 제재심 결과를 외부에 알리는 건 사실상 '피의사실 공표죄'가 아니냐는 논리다. 피의사실 공표는 검찰 등이 수사과정에서 알게 된 혐의를 기소 전 미리 알리는 행위를 말한다. 금융당국 고위 관계자는 역시 "금감원이 내부적으로 정한 징계안이 외부에 알려지면 징계 최종 확정 때 영향을 줄 수밖에 없다"고 말했다.

모든 근로 환경에서 안전의 문제가 중요하지 않다고 생각할 수는 없지만 특히나 제조업 공정 환경에서 불가피하게 사고가 발생하게 된다. 결국 이러한 사고에 대해서 누군가는 책임을 져야 한다는 것도 부정하기 힘들지만 이 모든 책임이 최고경영자의 몫이라고 하면 이는 다시 한 번 생각해 보아야 한다.

문화일보. 2021.2.8.

은행 임원에 대한 징계 이력이 해외에서 부정적으로 해석되는 것뿐만 아니고 회계법인이나 법인 소속 임원에 대한 징계 또한 빅4 회계법인의 경우 전 세계적으로 one firm의 개념으로 업무가 수행되므로 가벼운 징계라고 해도 소홀하게 생각할 것은 아니다.

회계 영역에도 대표이사(CEO)와 재무담당임원(CFO)가 회계법인에게 재무제표를 넘겨줄 때, 확인서를 작성하고 서명하는 것이 감사의 한 과정이다. 재무담당임원은 재무와 관련된 전문가라고 해서 그나마 이러한 인증의 적임자일 수 있지만 대표이사는 회사 내에서 담당하는 임무만 해도 한두 가지가 아닌데 주석만 수백 쪽이 될 수 있는 재무제표에 대해서 책임지고 확인을 하라는 것이 적합한 것인지에 대한 의문이 있다. 물론, 본인이 모든 내용을 철저히 확인하지 못하더라도 누군가에게 책임을 지우고 확인하게끔 하고 이를 챙기라는 의미로, 즉 통제의 책임으로 해석할 수 있다. 나중에 문제가 되더라고 이러한 부분에 대해서 책임을 경감 받을 수도 있는 것이다.

이는 간혹 이사회에서의 사외이사들의 의사결정에 대해서 사법부의 판단이 사외이사들의 시간적 한계와 정보 접근의 한계 때문에 상근 이사들에 비해서 책임이 경감되는 경우가 다수 있다.

**"**
─────────────

## 손태승 함영주 DLF 판결 '내부통제 실효성'이 갈라

법원이 파생상품 불완전 판매와 관련한 금융권 최고 경영자의 책임에 대해 8개월 만에 다른 결론을 내려 파장이 일고 있다. 법원은 지난해 8월 손태승 우리금융그룹 회장(전 우리은행장)에 대해서는 금융감독원의 징계가 과하다고 판단했지만 불과 8개월 뒤 함영주 하나금융그룹 부회장(전 하나은행장)에 대해서는 유사한 사건에서 금융당국의 손을 들어줬다.

16일 매일경제가 손 회장과 함 부회장의 법원 판결문을 분석한 결과, 두 재판부 판결이 엇갈린 이유는 내부 통제의 '실효성'에 무게를 다르게 뒀기 때문인 것으로 파악됐다.

두 재판부는 손 회장과 함 부회장에게 공동적으로 금융회사 지배구조 법 24조를 적용했다. 이 법에서는 금융회사가 법령을 준수하고, 경영을 건전하게 하도록 내부통제기준을 마련해야 한다고 규정한다. 이어 시행령에서는 금융회사의 '내부통제'가 실효성 있게 이뤄질 수 있도록 포함해야 할 사항을 규정했다.

두 은행이 DLF 사태를 야기한 배경이 된 사실 관계는 다르다. 우리은행은 DLF를 출시하는 과정에서 상품선정위원회가 상품에 대한 심의를 제대로 거치지 않은 것이 문제가 됐다. 금융감독원은 이를 내부통제가 마련되지 않아 발생한 문제로 봤다. 하지만 1심 재판부는 우리은행이 내부지침으로 내부통제를 위해 마련해야 할 최소한의 법상 규정을 갖췄다고 판단했다.

반면 하나은행은 은행 PB가 투자성향 등급을 임의로 상향시킨 것이 문제가 됐다. DLF는 고위험 상품이기 때문에 투자성향 등급이 가장 높은 투자자에게만 판매가 가능하다. 하지만 하나은행 PB는 전산에 입력된 투자성향 등급을 상향하는 등 방식을 통해 상품을 판매했다.

　이에 대한 금융당국은 당시 은행장이었던 함 부회장이 PB들의 불완전 판매를 방지하기 위한 내부통제 기준을 마련하지 않은 책임이 있다고 주장했다. 하나은행도 우리은행처럼 펀드 내규를 통해 직원이 투자자의 정보를 확인하고, 준법 감시할 의무를 규정했다. 하지만 재판부는 이런 기준이 실효성이 없다고 판단했다.

　법조계에서도 판결에 대한 의견이 엇갈린다. 한 대형 법무법인 상법 전문 변호사는 "내부통제 기준 마련과 관련해 확립된 판례가 없어 재판부마다 해석을 다르게 내놓았다"며 "내부 통제의 '실효성'이 CEO 제재의 근거가 될 수 있을지 앞으로도 쟁점이 될 것"이라고 말했다.

**하나 우리은행장 DLF 판결 공동점과 차이점**

|  | 손태승 전 우리은행장 | 함영주 전 하나은행장 |
| --- | --- | --- |
| 공통점 | 행장의 내부 통제 감독 인정 | 내부통제 실패에 따른 투자자 피해 인정 |
| 차이점 | 내부통제 기준은 마련했지만 운영상 미흡으로 책임 경감 | 내부통제 기준이 실효성 있게 작동하지 않았기 때문에 책임 부여 |

매일경제신문. 2022.3.17.

# 자본이냐, 부채냐?

　자본이나 부채나 기업에 자본 조달(financing)을 해 주었다는 점에서는 차이가 없다. 예를 들어 우선주자본금도 당연히 자본이지만 우선주에 대한 배당이 거의 사전적으로 정해져 있기 때문에 부채의 성격이 강하다는 의견이 이전부터 있어 왔다.

　특히나 재무비율 중, 부채비율은 가장 빈번하게 사용되는 기업 위험에 대한 측정치이므로 논란이 되는 어느 계정 과목이 부채로 계상되는지 아니면 자본으로 계상되는지에 따라 부채비율이 달라진다. 실질적인 계정의 성격이 자본이 아니라 부채라고 해도 재무제표상에 자본으로 계상된다고 하면 재무제표 이용자들은 거의 기계적으로 부채비율을 계산함에 있어서는 이 항목을 부채에서 제외하게 되어서 기업 위험의 실상을 왜곡해서 볼 수 있다.

　그렇기 때문에 재무제표를 이용하여 신용분석을 수행하는 신용평가사들은 재무제표의 표시가 어떻게 되거나 해당 항목이 자본으로 표시된다고 해도 부채의 성격을 가진다고 하면 신용평가 수행 시 이 계정을 부채로 분류하여 부채비율을 계산할 수 있다.

　또한 부채비율의 계산은 기업의 위험에 대한 측정이어야 하는데 영업활동을 수행하면서 불가피하게 부채가 증가할 수 있다. 예를 들어 매입이 증가하면 외상 매입이 증가하면서 매입채무는 자연스럽게 증가할 수 있으므로 매입채무가 높다는 것이 반드시 부정적인 신호(signal)를 기업에 주는 것은 아니다. 즉, 매입채무가 높다는 것은 정상적인 경영활동의 결과일 수 있으므로 이러한 차원에서 부채비율의 사용은 실상을 왜곡할 수 있다. 기업이 현금 매입이 아니라 외상매입을 하는 것이 현금 지출을 늦출 수 있다는 차원에서는 재무관리적 입장에서 가장 기본적이고, 바람직한 현금 관리이지만 부채비율에는 부정적인 영향을 준다.

대부분의 기업에 있어서 부도의 발생은 지급해야 하는 이자 비용 등을 지급하지 못함에서 발생한다. 즉, 현금의 유동성에 문제가 있을 때이다. 따라서 단순히 기업의 재무제표상 부채가 많다는 것이 문제가 되는 것이라기보다는 이자비용/지급액이 기업 경영에 부담을 주게 된다. 이러한 차원에서는 부채비율이 기업의 위험에 대한 측정치라기보다는 이자보상배율(interest coverage ratio, 영업이익/이자비용)이라거나 아니면 차입금 의존도(차입금/총자본)가 더 유용한 위험에 대한 측정치일 수 있다. 흔히 기업의 영업이 잘 수행되지 않을 때 흔히 신문에서 기업이 이자지급액 정도의 이익도 내지 못한다고 보도하는데 이는 바로 이자보상비율이 측정하려는 것이다. 따라서 동일한 목적을 가지고 무슨 현상을 측정하려고 해도 이러한 목적에 부합하는 올바른 변수를 선정하는 것이 중요하다.

이러한 부채비율의 과도한 사용이 부작용이 있음에도 불구하고 이미 우리나라에서는 부채비율이 누구나 사용하는 비율로 정착하였으니 부채비율은 위의 한계에도 불구하고 앞으로도 통일된 잣대로 광범위하게 사용될 것이다. 1997년 IMF 경제위기 시점에 우리 정부는 부채비율이 200% 아래로 낮추도록 기업들에게 의무화하였는데 어떻게 생각하면 기업의 특성을 고려하지 않은 전혀 정당화할 수 없는 정책이었지만 그럼에도 과도한 부채를 경계하라는 일관된 시그널을 기업에 전해 주는 상징적인 의미가 있었다.

## 미 SEC "회계처리 바꿔라"

미국 금융당국이 스팩(SPAC 기업인수목적회사) 상장 열풍에 제동을 걸었다. 스팩의 회계 처리 기준을 바꾸도록 요구하면서다. 새 기준을 적용하면 부채비율이 늘어날 수 있는 데다 당분간 스팩 상장 심사까지 지연될 수 있다는 전망이 나온다.

12일 블룸버그 통신에 따르면 미국 증권거래위원회(SEC)는 스팩이 발행하는 워런트(신주인수권)를 회계상 부채로 처리하는 내용의 지침을 배포했다. 워런트를 지분 상품으로 처리하던 회계 관행에 제동을 건 것이다.

미국 증권시장에서 스팩은 기업공개를 할 때 보통주가 아니라 유닛을 발행한다. 유닛은 보통주 한 개와 워런트로 구성한다. 워런트는 일정 기간이 지난 뒤 미리 정한 가격에 해당 회사 주식을 살 수 있는 권리다. 투자자에게 인센티브를 주는 셈이다.

워런트는 보통주와의 교환 비율이 정해졌기 때문에 그동안 여러 기업이 회계상 지분 상품으로 처리해왔다. 이를 부채로 분류하면 상당수 스팩이 재무제표를 다시 작성해야 할 것으로 업계는 내다봤다.

블룸버그는 익명의 소식통을 인용해 지침이 시행되면 수백건의 스팩이 영향받을 것으로 예상됐다. SEC가 내놓은 지침이 명확하지 않아 스팩에 대한 회계법인의 감사가 지연될 수 있다는 전망도 나왔다.

SEC는 지난 해와 올해 이어지고 있는 스팩 투자 열풍이 과도하다고 판단하고 있다. 스팩은 까다로운 절차를 거치는 일반적인 IPO에 비해 상장 문턱이 낮은 것으로 평가받는다. 그만큼 투자자가 손해를 볼 위험이 높다는 것이다.

올해만 550개 스팩이 상장 서류를 제출했고 투자 규모는 1,620억 달러에 이르는 것으로 블룸버그는 분석했다. 지난해 한 해 동안 이뤄진 스팩 투자금보다 많은 규모다.

한국경제신문. 2021.4.14.

## CJ제일제당, 영구채 조기 상환… '무늬만 영구채' 다시 도마에

CJ제일제당이 국내 비금융회사 가운데 처음으로 신종자본증권(영구채)을 조기 상환(콜옵션행사)했다. 영구채 상환 자금을 마련하기 위해 영구채를 재발행했다. 콜옵션을 행사해 단기간에 영구채를 갚아버릴 것이라는 우려가 현실화된 만큼 영구채를 자본으로 분류하는 게 맞는지에 대한 논란이 다시 일고 있다.

20일 투자은행 업계에 따르면 CJ제일제당 인도네시아 법인은 이달 2,000억원 규모의 영구채에 대해 콜 옵션을 행사하기로 했다. CJ인도네시아는 비금융회사 가운데 최초로 2012년 4월 26일 영구채 2,000억원을 발행했다. 이 회사는 당시 영구채 발행일로부터 5년 이후인 2017년 4월에 콜옵션을 행사할 수 있는 권리를 부여받았다.

CJ인도네시아는 영구채 상환자금을 마련하기 위해 지난 19일 재차 영구채 2,000억원 어치를 아리랑본드(외국기업이 국내에서 발행하는 원화표시채권) 방식으로 발행했다. NH투자증권이 주관사로 발행실무 등을 맡았다. CJ제일제당이 CJ인도네시아의 영구채 원리금 상환을 보증하기로 했다. 발행 금리는 연 3%대 후반대다.

이 영구채 만기는 30년이지만 발행사의 요청으로 연장할 수 있다. CJ인도네시아는 이번에 발행한 영구채에도 발행일 5년 뒤 콜옵션을 행사할 수 있다. NH투자증권은 영구채 상당수를 기초자산으로 자산유동화기업어음(ABCP)을 발행하기로 했다. 나머지 영구채는 사모펀드(PEF)인 '메리츠 전문투자형 사모 특별자산 투자신탁'에서 사들일 예정이다. CJ제일제당과 CJ인도네시아는 국제회계기준에 따라 영구채 발행금액을 전부 자본으로 계산해 회계처리한다. IFRS에선 사실상 갚아야 할 의무가 없다는 점에서 영구채를 자본으로 분류하고 있다.

CJ제일제당처럼 올해 영구채 콜옵션 행사 기간이 찾아오는 두산인프라코어 CJ푸드빌 신세계건설도 채권을 조기 상환할 것이라는 관측이 나온다. 실제 제시한 만기와 상관없이 조기 상환해 영구채를 갚는 추세가 이어질 전망이어서 영구채가 사실상 만기 3~5년에 높은 금리를 제공하는 채권으로 전락했다는 평가다.

앞서 회계기준원과 금융감독원은 영구채 발행사가 조기 상환할 의무가 없는 만큼 IFRS 규정에 따라 자본으로 분류하는 게 맞다고 해석했다. CJ제일제당 관계자도 "영구채 콜옵션을 무조건 행사한 것이 아니다"며 "발행금리를 낮출 수 있는 시장 환경이 조성돼 이자비용 절감 차원에서 옵션을 행사하고 재발행했다"고 말했다.

IB업계에서는 영구채 발행시 투자자가 콜옵션 행사를 기정사실로 받아들이고 있는 만큼 영구채 상당수를 부채로 회계처리해야 한다는 지적도 나온다. 국내 신용평가사도 비슷한 이유로 영구채 금액의 일부만을 자본으로 인정하고 있다. 한국기업평가는 영구채 발행금액의 30~60%가량을 자본으로 인정하고 있다.

　　한국신용평가는 2015년 6월 발행한 신세계건설의 영구채 500억원을 전액 부채로 규정했다. 영구채 콜옵션 행사 사례가 실제로 나온 만큼 영구채 금액의 자본 인정비율이 더 낮아질 것이라는 관측도 제기된다.

　　영구채: 만기를 계속 연장할 수 있는 채권. 채권과 주식의 중간 성격을 띠고 있어 하이브리드 증권으로도 불린다. 국제회계기준에서는 발행사가 사실상 갚아야 할 의무가 없다는 점에서 영구채를 자본으로 분류하고 있다.

한국경제신문, 2017.4.21.

　　위의 기사에서도 기술되었듯이 IFRS에선 사실상 갚아야 할 의무가 없다는 점에서 영구채를 자본으로 분류하고 있는데 CJ의 경우와 같이 영구채를 상환한다고 하면 영구채가 자본인지가 다시 한 번 이슈가 된다. 이러한 점 때문에 CJ에서는 "영구채 콜옵션을 무조건 행사한 것이 아니라 <u>발행금리를 낮출 수 있는</u> 시장 환경이 조성돼 이자비용 절감 차원에서 옵션을 행사하고 재발행했다"고 반응한 것이다. 콜옵션을 무조건 행사했다고 하면 영구채는 자본으로 분류되어서는 안 된다.

　　2012년 11월 이러한 점이 크게 이슈화되었으며 회계기준위원회는 이와 관련된 의사결정은 IASB에 미루게 되어 당시 상당한 논란이 되었다. 기준원의 입장은 한국회계기준원이 이와 관련된 입장을 표명하였다가 IASB가 상이한 결론을 도출할 경우는 IFRS를 전면 도입한 우리나라의 입장에서 매우 곤란한 처지에 이르게 되는 것을 우려하였다. 반면에 경제계 일부에서는 우리 회계기준원이 이러한 혼란에 대한 유권해석을 내릴 정도의 권한도 없다면 회계기준원은 IFRS를 번역하는 기관인지에 대한 의문도 제기되었다. 혹자는 기준원을 번역하는 기관으로 둘 것이 아니라 1999년 창립 시점과 같이 연구 기능을 강화해서 최초 기관 명칭대로 '회계연구원'으로 복귀하면서 연구 기능을 강화해야 한다고 주장하기도 한다. 2013년 10월에 IASB가 영구채는 자본으로 유권해석을 하자 회계기준위원회도 동일하게 결론을 내리게 되었다.

## 내년 새 회계기준 도입 앞두고 자본확충 비상 걸린 생보사들

생명보험사들이 내년 새 재무건전성 평가제도 도입을 앞두고 자본 확충을 서두르고 있다. 갑작스러운 수치 악화로 보험금 지급 능력을 의심받는 상황을 피하기 위해서다.

23일 금융감독원 등에 따르면 농협생명보험과 흥국생명보험은 이달 말을 납입일로 각각 3,000억원의 후순위채와 400억원의 영구채(신종자본증권)를 발행하기로 결정했다. 이들 회사가 후순위채나 영구채를 공모로 발행하는 것은 각각 2017년, 2013년 이후 처음이다. 흥국생명은 "내년 새 회계기준(IFRS17)과 신지급여력제도(K-ICS) 도입에 앞서 선제적 자본 확충 목적으로 이번 영구채 발행을 결정했다"고 밝혔다. 후순위채와 영구채는 금융당국의 재무 건전성 평가 때 자본으로 인정받는다.

2023년 1월 도입 예정인 IFRS17은 '보험 부채의 시가평가'를 적용해 생보사 부채의 급격한 증가를 가져올 전망이다. 그동안 금융당국은 보험사들이 제도 변경에 대비할 수 있도록 후순위채와 영구채 발행을 독려해왔다. 그 결과 국내 생명보험 산업 자기자본에서 영구채가 차지하는 비중은 작년 6월말 현재 4.7%로, 2017년 2.4%에서 두 번째로 커졌다.

IFRS17과 함께 도입하는 K-ICS는 기존 지급 여력 제도보다 더욱 정교하게 자본을 계산하도록 한 제도다. 농협생명은 이 지급여력 지표 개선을 목표로 이번 후순위채 발행을 결정했다. RBC 비율이 2020년 말 287%에서 작년 말 210%로 떨어졌기 때문이다. 금리 상승으로 매도가능증권으로 분류해 둔 채권 가격이 크게 떨어진 탓이다. 생보사들은 지표 개선을 위해 최근 부동산 매각에도 적극적으로 나서고 있다. 신한라이프는 2020년 신한L타워를 팔고, 작년엔 천안연수원을 매각했다. 한화생명은 이달 서울 신설동 사옥 공매를 진행했다.

한국경제신문. 2022.3.24.

## 보험 회계 담당자 극한 직업 보고서 5개 '버전' 작성할 판

"요즘 보험사 '극한 직업'은 회계담당자입니다. 기존 지급여력(RBC) 비율 장부는 물론이고 내년 새로 도입될 국제회계기준(IFRS17)과 신지급여력제도(K-ICS) 장부도 미리 검토해야 합니다. 외국계 합작사는 회계보고서를 5개 버전으로 올려야 하는 곳이 있을 정도로 '혼돈' 그 자체입니다." 1분기 RBC비율 공시를 앞두고 보험업계가 몸살을 앓고 있다. 8일 업계에 따르면 이미 수치를 발표한 6곳의 RBC비율은 직전 분기 대비 약 31.2% 포인트 감소했다. NH농협생명과 DGB생명, 하나손해보험, 농협손보는 변동 요인이 많아 계산이 지연되고 있다면서 RBC비율을 고지하지 않았다. 1분기 실적 발표에서 이례적으로 RBC 비율 공시를 미뤘던 농협생명은 6일 발표할 것으로 알려졌다.

RBC비율은 보험계약자가 일시에 보험금 지급을 요청했을 때 보험사가 제때 지급할 수 있는 능력을 수치화한 것으로 100% 이상을 유지해야 한다. 금융당국이 권고하는 수치는 150%다. 통상적으로 보험사의 재무건전성을 평가하는 지표로 쓰인다. 현재 MG손보를 제외한 모든 보험사가 이 기준을 넘겼지만, 1분기 금리 변동으로 몇 개 회사가 추가될 수도 있을 것으로 업계는 보고 있다.

보험사들은 "RBC비율은 내년에 새로운 기준을 적용하면 없어질 숫자이고, 최근 RBC비율 급락도 장부상 변동일 뿐이니 유연한 잣대를 적용할 필요가 있다"고 주장한다. 당국도 이 같은 의견에 대해 계속 검토하고 있는 것으로 알려졌다. 내년 1월 1일부터 IFRS17과 K-ICS가 적용되면 보험사 부채를 평가할 때 '시가'를 기준으로 삼게 된다. 지금 RBC비율은 '취득원가'가 기준이다. '시가'로 평가하면 더 많은 자본이 필요하다. 장기채권에 주로 투자하는 보험사들은 새로운 회계기준에 맞추기 위해 최근 1~2년 새 보유채권을 재분류하는 등 적극 대응에 나섰다. '만기보유증권'에서 '매도가능증권'으로 분류하고 자산 운용을 잘하면 당기순이익을 대폭 끌어올릴 수 있기 때문이다. 저금리 상황에서는 이 전략이 주효했지만, 금리가 상승하고 채권 가격이 떨어지면서 RBC비율 악화로 돌아왔다. 업계에 따르면 농협생명은 RBC비율 개선을 위해 신종자본증권 발행 등을 검토 중이다.

매일경제신문. 2022.5.9.

## 보험사 8곳 RBC 비율 '뚝' 재무지표 권고치 미달할 듯

최근 금리 급등으로 보험사들의 지급여력(RBC) 비율이 급감한 가운데, NH농협생명은 1분기 RBC비율이 131.5%라고 16일 공시했다. 흥국화재와 DB생명도 각각 146.7%, 139.1%라고 공시했다. 모두 당국 권고 기준인 150에 미달하는 수치다. 앞서 한화손해보험도 RBC비율이 1분기 기준 122.8%라고 발표했고, MG손해보험은 이미 작년 말 기준 88.3%로 법적 기준인 100%를 하회했다.

RBC는 모든 가입자가 보험금 지급을 요청했을 때 줄 수 있는 능력을 수치화한 것으로, 보험사의 대표적인 재무 건전성 지표로 꼽힌다. 보험업법은 100% 이상을 유지하도록 규정하고 있지만, 금융당국은 선제적 관리 차원에서 150% 이상을 권고하고 있다.

문제는 앞으로도 한동안 RBC 비율이 떨어질 수밖에 없는 구조라는 데 있다. 금리인상 기조가 이어질 것으로 예상되는 데다 채권을 재분류하거나 자본 확충에 나서기도 녹록지 않은 상황이기 때문이다. 한국 기업평가는 올해 한화손보, NH농협생명, DB생명, 흥국화재 외에도 DGB생명, 흥국생명, KDB생명까지 7개 보험사가 150% 권고 기준에 미달할 것으로 전망했다. MG손보까지 합치면 총 8곳이다.

RBC비율이 불과 석달만에 두자릿수나 급락한 것은 다른 보험사도 마찬가지다. 가장 큰 이유는 예상치 못한 금리 급등이다. 올해 들어 3개월간 국고채 10년물 금리는 1% 포인트 가까이 올라 지난해 상승분을 넘어섰다.

보험사들이 실제 보유한 자산에는 큰 변화가 없지만, 초저금리 국면에서 채권 분류 기준을 바꿨던 게 부메랑이 됐다.

업계는 장부 수치상 문제이고 내년이면 새로운 회계기준이 도입되는 만큼 '150% 기준'을 유연하게 적용해야 한다고 주장한다. 또 다른 보험금 지급 여력 기준인 '책임 준비금 적정성 평가제도(LAT)' 금액으로 보면 대부분 보험금 지급에 문제가 없다는 것이다.

매일경제신문. 2022.5.17.

"

## 회계기준 바뀌면 재무 개선되는데 당국 결정 미뤄 보험사 '증자 비상'

올 들어 시장금리가 상승하면서 보험사들의 지급여력(RBC) 비율이 크게 악화하고 있다. 지난 1분기 말 기준으로 금융감독원 권고치 (150%)를 밑돈 보험사가 무더기로 쏟아진 데 이어 올 상반기 말 기준으로는 법정 최소 비율(100%)에도 미달하는 보험사가 속출할 것이란 우려가 나온다. 업계 차원에서 금융당국에 대책 마련을 호소하고 있지만 당국은 "유상증자 등 자구안이 선행되야 한다"며 제도 개선을 차일피일 미루고 있다.

18일 보험업계에 따르면 DGB금융 계열 보험사인 DGB생명의 1분기 RBC 비율은 84.%로 지난해 말 (223.6%) 대비 139.1% 포인트 급락했다. RBC비율은 보험 계약자들이 일시에 보험금을 청구했을 때 보험사가 별 문제 없이 지급할 수 있는지 보여주는 감독회계 지표다. 금리가 오르면 보험사가 보유 중인 채권의 평가 손실이 반영돼 RBC 비율이 하락한다.

현행법에 따르면 DGB생명은 금융당국으로부터 신규 업무 제한 등이 동반되는 적기시정조치(경영개선요구)를 받을 수 있다. 다만 DGB생명이 1분기 결산이 끝난 직후 300억원의 유상증자를 하면서 이를 반영한 RBC비율은 108.5%를 기록했다.

보험업계에선 이대로 가다간 2분기가 끝나는 6월 말에 적기시정조치가 대상 보험사가 쏟아질 것이란 전망이 많다. 1분기 말 기준으로 금감원 권고치를 밑돈 보험사만 한화손해보험(122.8%) NH농협생명(131.5%) DB생명(139.14%) 흥국생명(146.65%) 등 7~8곳에 달한다. 10년 만기 국고채 금리가 연 3.489%(5월 6일)까지 치솟으면서 2분기 말 RBC비율의 추가 하락이 유력한 상황이다.

보험업계 관계자는 "내년 새 회계기준(IFRS17)이 도입되면 현재 원가로 기록되는 부채가 시가로 평가(부채축소)돼 자본건전성이 개선된다"며 "그럼에도 보험사들이 RBC비율을 맞추기 위해 '울며 겨자먹기'식으로 고금리 후순위채와 신종자본증권을 발행하는 등 자본 확충에 나설 수밖에 없게 됐다"고 토로했다.

금융당국이 이런 사정을 알면서도 지나치게 미적거리는 게 아니냐는 비판도 제기된다. 한 보험사 최고 경영자는 "금융당국이 7개월 되면 없어질 RBC비율에만 집착해 보험사에 불필요한 희생을 강요하고 있다"며 "당국의 결정이 길어질수록 보험사들의 고

286  Chapter 27  자본이냐, 부채냐?

통은 커질 수밖에 없다"고 지적했다.

한국경제신문. 2022.5.19.

## 금융당국, 건전성 위기 보험사 구했다.

올 들어 뜀박질하고 있는 시장 금리 탓에 자본 건전성 위기를 겪는 보험업계가 현행 지급여력(RBC) 비율 제도의 틀을 유지하면서 고금리 후순위채 발행 등 부작용을 최소화할 방안을 마련해 금융당국에 제시했다. 이 제안이 받아들여지면 금융당국이 그동안 주저하던 적기시정조치 유예나 신지급여력제도(K-ICS) 조기 도입 등 다소 무리한 조치를 시행하지 않더라도 농협생명 등 문제가 되니 보험사들이 자본 확충 효과를 볼 것으로 예상된다. 19일 보험업계에 따르면 생명 손해 보험협회는 보험 부채 적정성 평가제도(LAT)를 활용해 보험사의 자본 건전성 위기를 해소하는 방안을 금융당국과 협의 중인 것으로 확인됐다.

LAT는 내년 도입될 새 국제회계기준(IFRS17)의 안착을 위해 2011년 고안된 제도다. 보험 부채를 시가로 평가한 뒤 차액을 책임준비금으로 추가 적립하도록 하는 게 핵심이다. 초저금리 상황에선 시가 평가로 부채가 커질 수밖에 없어 충격을 단계적으로 완화하려고 한 셈이다.

하지만 올 들어 금리가 급등하면서 오히려 거액의 잉여금이 발생했고 이 가운데 일부분(40~60%)을 가용자본으로 인정하자는 게 보험업계의 핵심 제안이다. 이렇게 되면 요구자본 대비 가용자본으로 계산되는 RBC 비율이 올라가 비용이 수반되는 후순위채나 신종자본증권을 발행하지 않더라도 보험사의 건전성 위기가 해소될 수 있다.

보험업계 관계자는 "금융당국이 현행 틀을 뒤흔드는 데 대한 부담이 컸는데 LAT잉여금을 활용하면 이런 문제가 없다"며 "비용이 많이 드는 자본 조달 역시 최소화할 수 있다는 점에서 상호 원원하는 방안이 될 것"이라고 했다.

한국경제신문. 2022.5.20.

## 잉여금, 자본으로 인정… 보험사 한숨 돌릴까

"금융당국이 강조해온 현행 제도의 틀을 훼손하지 않으면서 보험회사들의 불필요한 희생을 최소화할 수 있는 묘안으로 보입니다."

국내 한 보험사 최고경영자는 10일 생명 보험협회가 최근 보험사 자본건전성 위기 해소를 위해 마련한 보험 부채 적정성 평가제도(LAT) 활용 방안에 대해 이같이 평가했다.

LAT는 자산 부채의 시가 평가를 골자로 한 새 국제회계기준(IFRS17) 적용의 연착륙을 위해 2011년 처음 고안됐다. 현행 보험사 자본 건전성 지표인 지급여력(RBC)비율은 자산의 시가 평가, 부채의 원가 평가를 기준으로 계산된다. 하지만 내년 IFRS17이 도입되면 초저금리 기조 아래 부채가 지금보다 과대 계상돼 보험사들이 견디기 어려울 것이란 우려가 컸다.

그래서 IFRS17에서처럼 반기마다 부채를 시가 평가한 뒤 차액을 책임준비금으로 추가 적립하도록 했고 적립금은 해당 기간의 비용으로 인정했다. IFRS17의 전격적인 도입에 따른 충격을 여러 기간에 걸쳐 분산시킬 수 있는 셈이다.

그러다 지난해부터 금리가 조금씩 상승 반전하면서 오히려 LAT에 따른 잉여금이 발생하기 시작했다. 물론 이는 향후 보험사들이 재무 건전성 관리를 위한 제도인 만큼 잉여금은 해당 기간에 이익으로 환입(자본 확충)할 수 없도록 했다.

보험사마다 이렇게 쌓인 LAT 잉여금은 지난해 말 기준으로 적게는 수백억원, 많게는 수십조원에 달한다. 삼성생명이 18조 7,050억원으로 가장 많고, 이번에 문제가 된 NH농협도 3조 7,652억원을 갖고 있다. 오는 6월 말 금리 추가 상승으로 잉여금 규모가 더욱 커질 가능성이 높다.

현재 보험업계와 당국은 이 LAT 잉여금의 40~60%를 가용 자본으로 인정해주는 방식을 유력하게 논의 중인 것으로 알려졌다. 생보업계 관계자는 "제도를 마련할 당시만 해도 금리가 줄곧 떨어지고 있었던 탓에 잉여금을 자본으로 인정하는 규정은 만들지 않았던 것"이라며 "지금은 환입할 수 있도록 하는 조항을 마련하는 게 합리적"이라고 설명했다.

보험업계에선 금리 인상으로 '건전성 위기'를 넘어 '생존의 위협'을 느낀다는 말이 나오고 있다. 3개월간 국고채 10년물 금리가 1% 포인트가량 뛰는 기현상 때문이다. 조만간 RBC 비율이 100% 이하로 떨어져 무더기로 당국의 적기시정조치 대상이 될 것이라는 전망도 있다. 금융당국도 이런 사정을 잘 알고 있지만 보험업계의 요구인 적시시정조치 유예, 신지급여력제도(K-ICS) 조기 도입 등에 강한 거부감을 나타낸 것으로 전해졌다. 안정적으로 유지돼야 할 보험회계제도를 뒤 흔들 수 있다는 판단에서다.

하지만 최근 시장 상황이 더욱 나빠지면서 당국이 느끼는 위기감도 상당해졌다. 매도가능증권 재분류가 이번 RBC위기의 본질인데 이 책임에선 금융당국도 결코 자유로울 수 없다는 비판이 나온다.

금융당국 관계자로 "현재 생보 손보 협회와 함께 LAT를 활용한 보험사 자본건전성 관리 방안을 긍정적으로 검토 중"이라며 "올 상반기에 구체적인 내용을 담아 공식 발표할 것"이라고 했다.

한국경제신문. 2022.5.20.

## 대우조선 사실상 완전 자본잠식… '영구채 2조' 폭탄되나

대우조선해양이 수출입은행에서 공적 자금을 수혈받은 뒤 발행한 2조 3,300억원어치 영구채가 '부실 폭탄'이 될 수 있다는 우려가 커지고 있다. 회계상 자본으로 분류된 영구채가 실질적으로는 부채라는 점을 감안하면 이 회사는 이미 완전 자본잠식 상태에 빠져있기 때문이다. 재계 관계자는 "대우조선해양은 상반기 1조 6,700억원에 달하는 결손금을 기록했는데 영구채 효과를 빼면 수천억원대의 자본잠식 상태"라고 말했다. 특히 대우조선해양은 영구채에 대해 올해말까지 연 1% 이자율을 적용받지만, 내년부터는 10% 이상으로 이자율이 폭등할 수 있어 막대한 이자 부담까지 떠안게 될 전망이다.

### 대우조선 사실상 완전 자본잠식 상태

대우조선해양의 올 상반기 반기보고서에 따르면 회사 측은 2046~2048에 상환기일이 도래하는 2조 3,328억원 규모 만기 30년짜리 전환사채(CB 영구채)를 자본으로 잡고 있다. 당초 대우조선해양이 수출입은행에 갚아야 할 채무였지만, 대우조선해양이 이를 갚지 못하자 은행 측이 재무 건전성을 고려해 영구채로 돌린 것이다. 영구채는 국제회계기준상 부채가 아닌 자본으로 분류한다.

상반기 대우조선해양의 자본 총계는 1조 5,483억원이었다. 그러나 영구채를 실제 성격에 따라 부채로 잡으면 자본총계는 7,845억원으로 이미 완전자본잠식 상태다. 조선업계 고위 관계자는 "영구채를 자본으로 볼 경우 실제 부채 규모를 제대로 반영 못한다는 문제 때문에 국제회계기준위원회에서 수년 전부터 영구채를 부채로 분류해야 한다는 논의가 진행되고 있다"고 말했다.

영구채를 부채로 잡지 않아도 대우조선해양의 부채비율은 이미 심각한 수준이다. 반기보고서에 나타난 대우조선해양의 부채 비율은 676%에 달한다. 지난해 말 379.1%에서 올 1분기 523.2%로 늘어난 부채비율이 계속 높아지고 있는 것이다. 같은 조선업종인 한국조선해양의 상반기 부채비율은 145%, 삼성중공업은 226%였다. 한 조선업체 재무 담당자는 "조선 3사 모두 지난해에 이어 올 상반기에도 적자를 냈지만, 대우조선해양의 부실 규모가 유독 크다는 점이 걱정스럽다"면서 "산업은행 수출입은행에서 받은 공적자금을 까먹으면서 부실만 늘어나고 있는 양상"이라고 말했다.

## 1%인 영구채 이자 내년 10%대로 폭등할 수도

영구채에 따른 이자 부담이 늘어난다는 점도 대우조선해양으로선 악재다. 수출입은행은 당초 지난해까지 대우조선해양 영구채 이자율을 1%로 적용하기로 했었지만 이 기간을 올해 말로 연장했다. 대우조선해양 매각을 추진하는 과정에서 인수자로 나선 현대중공업 그룹의 부담을 줄여주기 위한 차원으로 알려졌다. 그러나 올해 초 EU(유럽연합)의 반대로 매각이 무산되면서 수은이 1% 이자율 적용 기간을 추가로 연장할 명분이 사라진 상태다. 대우조선해양의 현 신용등급(BBB-)을 감안하면 내년부터 10% 이상의 금리가 적용돼 2,300억원 이상의 이자가 발생할 수 있다. 지난해 7,614억원이었던 대우조선의 금융비용은 올 상반기 9,100억여 원으로 1조원에 육박했다.

영구채 이자율이 오르면 연간 금융비용만 1조원을 훌쩍 넘길 수 있다는 얘기다.

수출입은행은 대우조선해양의 경영사정에 따라 이자 납부를 계속 미룰 수 있다는 규정을 적용해 왔다. 이에 따라 대우조선해양은 올 상반기까지 누적 1,192억원에 달하는 이자를 내지 않았다. 일각에서는 수출입은행이 대우조선해양에 지나친 특혜를 제공해 왔다는 비판도 나온다. 조선업계에서는 "경쟁사들이 일반 금융기관에서 4~5% 이율로 돈을 빌리는 것과 비교하면 대우조선해양은 지나친 특혜를 받고 있다"는 말이 나온다.

전문가들은 '대우조선해양의 막대한 부실이 향후 매각 과정에서 장애물로 작용할 수 있다'고 말한다. 이상호 전국경제인연합회 경제정책팀장은 "대우조선해양은 부채비율이 높아서 시장에서는 부실덩어리로 인식되고 있는데 여기에 영구채까지 잠재적인 부실 폭탄으로 남아 있다"면서 "부실 규모부터 줄이지 않는다면 대우조선해양 매각 작업에 속도를 내기는 어려워 보인다"고 말했다.

조선일보. 2022.8.26.

## 보험사 새 회계기준 <IFRS17> 도입에 사모펀드 웃네.

내년부터 보험사 부채를 현재 시점의 금리로 평가하는 새 회계제도 도입을 앞두고 보험사에 투자한 사모펀드(PEF) 운용사들이 성공적인 exit에 대한 기대감을 키우고 있다. 새 보험회계기준은 일반적으로 신생 손해보험사에 유리한 것으로 평가받는데, 대다수 PEF 운용사가 보유한 포트폴리오는 손해보험사이기 때문이다.

15일 투자은행(IB) 업계에 따르면 손해보험사에 투자한 PEF 운용사들은 새 국제보험기준인 IFRS17 도입에 따른 자산 변화를 분석하고, 이를 기업설명회 자료에 반영하는 등 새 회계제도가 포트폴리오에 미칠 효과를 분석하는 작업에 인력과 자원을 집중 투자하고 있다.

보험사에 투자한 PEF 운용사로는 2019년 롯데 손해보험을 인수한 JKL파트너스, 2020년 MG손해보험 대주주가 된 JC파트너스, 최근 캐롯손해보험 소수 지분을 사들인 어펄마캐피탈 등이 있다.

내년에 시작되는 IFRS17의 골자는 보험부채의 시가 평가에 있다. 보험부채는 보험사가 고객에게 보험금을 돌려주기 위해 쌓는 준비금을 의미한다. 과거 회계기준에서는 보험 판매 시점 금리를 이용해 보험부채를 측정했다. 이로 인해 보험사 재무 정보가 보험계약자에게 지급할 실질 가치를 반영하지 못한다는 저적이 나왔는데, IFRS17은 시중금리에 따라 평가를 통해 이를 극복하려는 것이다.

이에 따라 대다수 생명보험사는 내년부터 부채가 큰 폭으로 늘어날 것으로 전망된다. 과거 고금리 시기에 생명보험사들은 저축성보험을 늘리는 방식으로 계약 규모를 키웠는데, 저축성 보험은 보험사가 가입자에게 약정 금리를 보장한다는 이유로 수입보험료가 곧장 보험부채로 인식되기 때문이다.

반면 손해보험사는 생명보험사처럼 확정형 고금리 장기 저축성 상품을 판매한 경우가 드물다. 그 대신 수익성 높은 보험 판매에 집중해 IFRS17에 따라 상대적으로 수혜를 받는 사례가 많을 것으로 평가된다. 특히 최근 금리 인상 속도가 빨라지면서 다수 손해보험사가 보유한 상품의 계약 금리보다 시중 금리가 높아지고 있다. 부채가 축소되는 할인 효과가 생기는 것이다. 실제 한화손해보험이 현 시점에 IFRS17을 적용해 공개한 재무제표 추정치에 따르면 올해 6월 말 기준 자본은 3조 1억원으로, 현행 회계 기준보다 2조 7,221억원이 늘어난다.

JKL파트너스가 보유한 롯데손해보험은 올해 6월 말 기준 자본이 7,379억원인데, IFRS17을 도입했을 때는 3조원 상당으로 늘어나는 것으로 알려졌다. JKL 파트너스는 IFRS17이 적용된 연간 실적을 최소 2년 이상 받은 이후 매각 작업에 착수할 계획으로 알려졌다.

JC파트너스가 보유한 MG손해보험 또한 IFRS17 적용 결과를 자체 시뮬레이션한 것으로 알려졌다. 이 결과에 따르면 올해 3월 기준 순자산은 5,000억원대로 계산된다.

앞서 올해 2월 말 금융위원회가 이 회사를 순부채가 1,139억원이라는 이유로 부실 금융기관으로 지정했을 때와 비교하면 자산이 크게 늘어나는 것이다. MG손해보험 대주단은 10월 중 본입찰, 이후 우선협상대상자를 선정하는 순서로 매각 작업을 진행할 예정이다.

매일경제신문. 2022.9.16.

# 취득원가 또는 공정가치

자산이나 부채를 취득원가로 표시할지 아니면 공정가치로 표시할지의 이슈는 오래된 회계에서의 측정의 이슈이다. 고 이건희 회장의 유산이 배우자와 2세들에게 상속되는 과정에서도 이러한 문제가 다시 이슈로 부각되게 된다.

> 삼성, 이번엔 '입법리스크'… '3%룰 <삼성생명법> 통과 땐 전자주식 32조 상당> 강제 매각

고 이건희 삼성전자 회장의 주식 지분 상속이 마무리됨에 따라 삼성그룹 지배구조에 영향을 미칠 수 있는 이른바 '삼성생명법' 통과 여부에 재계의 이목이 쏠리고 있다. 개정안이 통과될 경우 삼성생명은 보유 중인 삼성전자 주식 가운데 32조 원 상당을 강제로 매각해야 한다. 재계와 학계는 "지배구조가 간신히 안정을 찾았는데 법 통과 시 최악의 경우 삼성전자가 외국 자본에 휘둘릴 가능성을 배제할 수 없다"며 '입법 리스크'에 강한 우려를 표했다.

3일 업계에 따르며 국회에는 여당인 박용진 의원과 이용우 의원이 제출한 '삼성생명법(보험업법 일부개정법률안) 2개가 계류 중이다. 두 법안 모두 보험사의 계열사 주

식 보유액을 <u>취득원가가 아니라 시가로 평가해</u> 총자산의 3%로 제한하도록 하는 '3% 룰'이 골자다. 현행법으로는 삼성생명이 취득원가 기준으로 5,444억원인 삼성전자 주식 8.51%를 합법적으로 보유할 수 있다. 하지만 개정안이 통과되면 삼성생명은 총자산(지난해 말 기준 약 310조원)의 3%인 9조 3,000억원을 초과하는 시가 기준 32조원 상당의 삼성전자 주식을 매각해야 한다.

이병태 카이스트 테크노경영대학원 교수는 "보험업의 기본이 자산 운영인데, 삼성전자 같이 수익이 좋은 주식을 법으로 못 갖게 한다는 것은 전 세계 어디에도 없는 법"이라며 '삼성의 경영권을 뺏겠다'는 불순한 의도로 만들어진 것이 아닌지 의구심이 든다"고 말했다.

재계 관계자는 "법안 통과시 매물로 나오는 삼성전자 주식이 어마어마할 것으로 예상되는데 삼성그룹은 물론 국내 기관투자자들도 소화할 수 있는 방안이 사실상 없다"며 "300만명이 넘는 동학개미가 보유 중인 삼성전자의 주가가 출렁이는 것은 물론 최악의 경우 외국 자본에 휘둘릴 가능성도 있다"고 말했다. 경제 단체 관계자도 "기업의 자율성을 저해하고 경영권을 침해할 것"이라고 지적했다.

문화일보. 2021.5.6.

**삼성생명법, 전자 지분 팔면 그룹 지배구조 흔들**

정치권이 일명 '삼성생명법'으로 불리는 보험업법 개정안 도입을 추진하면서 논란이 뜨겁다. 금융사 간 형평성을 맞추기 위해서라지만 기업 활동을 지나치게 제약한다는 우려의 목소리도 크다.

### 보험업법 개정안 핵심은 주식 가치 취득원가에서 시가로 변경

박용진, 이용우 더불어 민주당 의원은 최근 보험업법 개정안을 대표 발의했다. 보험사가 소유한 주식과 채권 가치를 취득할 당시의 원가에서 현재 기준 시가로 바꿔 '3% 룰'을 적용하는 것이 핵심이다.

보험업법이 아닌 '보험업감독규정'에 따라 그동안 보험사의 총자산과 자기자본은 시가로, 주식과 채권은 취득원가로 평가해왔다. 현행 보험업법에 따르면 보험사가 다른 회사 채권, 주식에 투자할 수 있는 한도가 자기자본의 60%, 총자산의 3%로 제한돼 있다. 이른바 '3%룰'이다.

일례로 삼성생명은 삼성전자 주식 5억 816주(지분율 8.51%)를 보유했다. 1980년 당시 취득원가 기준으로 주당 1,000원대로 약 5,440억원 규모다. 삼성생명 자산은 309조원으로 총자산의 0.1% 수준에 불과해 '3%룰'을 적용받지 않는다. 하지만 취득원가가 아니라 시가로 평가하면 달라진다. 삼성전자 주가는 5만 8,400원(8월 18일 기준)으로 이를 적용하면 삼성생명이 보유한 삼성전자 지분 가치는 30조 안팎으로 치솟는다. 삼성생명 자산의 10% 가량을 차지할 정도로 껑충 뛴다. 만약 보험업법 개정안이 통과되면 삼성생명 입장에서는 삼성전자 주식을 20조원 이상 처분해야 하는 처지에 놓인다.

정치권이 보험업법 개정을 추진하는 것은 주식이 위험자산으로 분류되는 만큼 투자손실이 보험 가입자에게 전이될 위험을 막아야 한다는 이유에서다. 총 자산 중 특정 기업 주식 보유 비중이 지나치게 높을 경우 해당 기업 주가가 폭락하면 손실이 고스란히 보험 가입자에게 돌아올 수 있다는 주장이다.

다른 금융사와의 형평성도 여당이 발의한 배경이다. 은행 증권사 등 주요 금융사의 자산운용 규제가 모두 시가 기준인데 유독 보험사만 예외적으로 취득원가 기준을 적용하는 것은 형평성에 어긋난다는 지적이다.

보험업법 개정 논란은 이번이 처음은 아니다. 19대 국회 당시에는 이종걸 더불어민주당 의원이, 20대 국회 때는 이종걸, 박용진 의원이 각각 법안을 발의했지만 야당 반대로 국회 문턱을 넘지 못했다. 당시 야당은 수십 년간 보유한 계열사 주식을 시가가 상승했다는 이유로 강제 매각시키는 것은 시장 신뢰를 무너뜨리는 과잉 조치라고 주장했다.

## 긴장하는 삼성그룹 조 단위 세금 내라는 압박?

보험업법 개정안이 추진되면서 삼성그룹은 긴장하는 분위기가 역력하다. 자칫 삼성그룹 지배구조가 흔들릴 가능성도 배제할 수 없기 때문이다.

삼성그룹 지배구조는 이재용 삼성전자 부회장 – 삼성물산 - 삼성생명 – 삼성전자로 이어진다. 삼성전자 지분을 0.7%을 보유한 이재용부회장은 삼성물산 지분(17.485%)을 필두로 삼성전자 경영권을 확보하는 구조다. 삼성물산이 보유한 삼성전자 지분과 삼성생명이 보유한 삼성전자 지분이 이 부회장과 삼성전자를 연결하는 핵심고리 역할을 했다.

삼성생명은 국민연금을 제외하고 삼성전자 지분을 가장 많이 보유한 회사다. 만약 삼성생명이 삼성전자 주식을 처분하면 그룹 다른 계열사가 어떻게든 이 지분을 확보해야 하는 처지에 놓인다. 이 정도 물량을 받아줄 국내 기관도 찾아보기 어렵다.

증권가에서는 삼성물산이 삼성생명의 삼성전자 지분 인수에 나설 것이라는 시나리오가 나온다. 삼성그룹 지배구조를 고려할 때 가장 현실적이기 때문이다.

삼성생명이 보유한 삼성전자 지분을 삼성물산이 인수하면 지배구조가 '이재용 부회장-삼성물산-삼성전자'로 단순해진다. 보유 지분에도 변화가 없어 이부회장 경영권은 그대로 유지된다.

인수자금 확보에도 큰 문제가 없다. 삼성물산이 보유한 삼성바이오로직스 지분 43.44%를 삼성전자에 매각하면 재원 확보가 가능하다. 삼성바이오로직스 지분 가치는 23조에 달해 삼성물산이 인수해야 하는 삼성전자 지분과 비슷한 규모다.

문제는 세금이다. 법인이 보유주식을 팔면 매각 차익의 22%에 달하는 법인세 등 각종 세금을 물어야 하는데 법인세만 무려 5조원에 달한다는 분석이다. 재계 관계자는 "삼성물산이 삼성생명의 삼성전자 지분을 인수하는 방안이 유력하지만 시세차익이 발생하지 않는데도 수조원의 세금을 내야 해 삼성그룹의 고민이 클 수밖에 없다.

삼성생명이 삼성전자 주식을 매각할 경우 매각 차익을 배당 재원으로 활용할 것이라는 관측도 나온다. 삼성전자 지분 가치가 재평가되는 동시에 삼성생명 가치가 높아질 것이라는 기대도 적잖다. 이 때문에 최근 삼성생명 주가가 연일 들썩이는 분위기다. 2010년 상장 이후 상승폭으로는 최대치다. 신한금융투자는 삼성생명 목표주가는 9만원으로 높였다. 강승건 KB증권 애널리스트는 "삼성생명 시가총액이 삼성전자 지분가치를 반영하지 못했던 것은 지배구조 이슈로 지분 매각 가능성이 낮았기 때문이다. 삼성생명의 삼성전자 지분 매각 기대감이 주가에 반영되는 분위기"라고 내다봤다.

하지만 삼성전자 지분 매각이 삼성생명 기업가치에 반드시 긍정적으로 작용하기는 어렵다는 우려도 적잖다. 멀리 보면 삼성전자에서 받는 배당수익이 줄어들면서 이를 대체할 만한 투자대상을 찾아야 하기 때문이다. 삼성생명이 지난해 삼성전자에서 받은 배당금은 7,196억원에 달했다.

매경이코노미. 2020.8.26.

따라서 회계에서의 측정 때문에 시가나 취득원가가 이슈가 되기도 하지만 위의 경우와 같이 감독규정이나 보험업법 때문에 취득원가 또는 시가가 이슈가 될 수 있다. 주식이 위험자산으로 분류되는 만큼 투자 손실이 보험 가입자에게 전이될 위험을 막아야 한다는 민주당 일부 의원의 주장도 일리가 있고, 또한 수십 년간 보유한 계열사 주식을 시가가 상승했다는 이유로 강제 매각시키는 것은 시장 신뢰를 무너뜨리는 과잉 조치라는 국민의 힘 주장도 일리가 있다.

즉, 기존의 유지하던 정책이 급작스럽게 변화하는 것이 과연 바람직한 것인가의 의문이 있다. 또한 국제회계기준이 도입되면서 회계에서의 모든 가치평가의 준거도 공정가치 평가로 변경되는데 투자자산을 취득할 시점의 오래전 가치로 평가하라는 것은 무슨 근거인지의 설명이 궁색하다. 유일한 논지는 과거에 그래왔기 때문에 이를 유지해 주어야 한다는 논리이다.

## "지배구조 개편 가능성 낮은데"… 주가 급등한 삼성생명

삼성생명 주가가 급등락을 반복하고 있다. 박용진 더불어민주당 의원이 제출한 보험업법 개정안이 통과되면 삼성생명이 보유한 삼성전자 지분 8.5%를 매각하고 주주환원을 늘릴 것이라는 기대 때문이다. 하지만 시장에서 나오는 지배구조 개편 시나리오는 실현 가능성이 낮은 만큼 투자에 신중해야 한다는 분석이 나온다.

삼성생명은 9월 정기국회가 시작된 지난 1일 7.19% 급등했다가 2일엔 2.29% 하락했다. 주가는 한 달 동안 4만 7,350원에서 6만 4,100원으로 35% 뛰었다. 여당이 추진하고 있는 보험업법 개정안 때문이다.

삼성생명은 삼성전자 지분 8.51%(6월 말 기준)을 보유하고 있다. 현행법은 보험사의 손실 위험을 방지하기 위해 계열사 주식을 총자산의 3% 이하로만 보유할 수 있도록 했다. 개정안은 삼성생명과 삼성화재가 가지고 있는 삼성전자 주식을 '취득원가'(현행법)가 아니고 '시장가격'으로 평가하도록 하는 것이 핵심이다.

삼성생명이 1980년대 취득한 삼성전자 지분의 취득원가는 약 5,400억원이다. 시장

가격으로 바꾸면 삼성전자 지분가치는 약 28조원으로 늘어난다. 삼성생명 총자산의 3%(약 9조원)까지 보유할 수 있다고 하더라도 20조원어치를 내다 팔아야 하는 것이다.

시장에서는 삼성그룹의 실질적 지주 회사인 삼성물산이 나서서 전자 지분을 매입할 것으로 기대한다. 자금을 조달하기 위해 삼성물산은 보유하고 있는 삼성바이오로직스 지분(43.44%)을 삼성전자에 매각하는 방안이 거론된다. 삼성물산이 가지고 있는 삼성바이오로직스 지분 가치는 약 22조원이다.

재계에선 이 같은 시나리오가 실현될 가능성은 낮다고 본다. 지분 매각으로 발생하는 법인세가 2조원에 달할 것으로 추정돼 지나치게 비효율적인 거래라는 이유에서다. 삼성물산이 삼성전자 지분 매입에 성공한다고 해도 문제가 또 있다.

총자산에서 자회사 주식 가치가 차지하는 비중이 50%를 넘어서면 강제로 지주회사로 전환되기 때문이다. 지주회사로 전환되면 삼성물산은 자회사 지분을 20% 이상(공정거래법 개정안 통과시 30% 이상) 소유해야 한다. 삼성물산이 보유하고 있는 삼성전자 지분은 5.01%다. 삼성물산이 삼성전자 지분을 20~30% 보유하기 위해서는 삼성생명이나 삼성화재의 삼성전자 지분을 매입한 후에도 수십조원이 추가로 필요하다.

삼성생명에도 긍정적이지만은 않다. 김동양 NH투자증권연구원은 "삼성전자 지분 처분에 따른 자본 건전성을 확보할 수 있으나, 저금리 환경에서 삼성전자의 안정적 배당수익률을 대체해야 하는 숙제를 안게 된다"고 설명했다. 삼성생명은 삼성전자 주식 28조원어치를 보유해 지난해 7,196억원의 배당수익을 얻었다.

한국경제신문. 2020.9.3.

주식 가치 평가를 원가로 하는지 시가로 하는지의 판단이 우리나라를 대표하는 삼성전자라는 기업의 지배구조를 흔드는 영향을 미치게 된다.

# AI가 지배하는 사회에서 회계는 안전한가?

AI가 확산되면서 지구상에서 없어질 직업의 1순위가 회계사라고 해서 공인회계사들이 긴장하고 있다. 직전 공인회계사회 회장은 회계는 기계적인 것이므로 AI가 지배할 수 있지만 회계감사는 주관적인 판단이 개입되므로 걱정할 것 없다고도 한다. 회계업은 법률시장과 유사한 것이 많다. 회계업계의 시장 규모가 약 3조원 시장이며 국내의 법률시장도 거의 그 규모의 시장이다. 또한 공인회계사의 수가 약 2만여 명이 되는데 변호사의 숫자도 거의 유사하다. 전문가 시장이라는 점도 유사하다.

회계시장이나 법률시장이나 의뢰인이 용역을 제공하는 서비스업에게 수임료를 제공하고 용역을 제공받는 데 있어서는 용역의 성격이 거의 동일하다. 차이가 있다고 할 수 있는 것은 회계 용역은 이해 관계자가 매우 많다는 것이며 법률 서비스는 특별하게 공적인 이슈에 관한 소송이 아닌 이상 이해 관계자가 원고/피고로 국한된다는 것이다.

최근 법률 시장도 AI가 진출하고 있다.

### [주목 이사람] "풍부한 법률 정보·데이터 구축… 법조인들의 '구글로'"

최근 법조인을 위한 법률정보 검색 플랫폼인 '엘박스(lbox.kr)'를 출시한 이진(38·사법연수원 38기·사진) 변호사의 말이다.

2005년 제47회 사법시험에 합격한 그는 군법무관 복무를 마친 뒤 2012년 국내 최대 로펌인 김앤장 법률사무소에서 변호사 생활을 시작했다. 2017년까지 5년 간 기업 인수합병(M&A), 기업지배구조, 증권규제 및 자본시장 분야에서 크게 활약했다. 특히 국내 및 해외 사모투자펀드(PEF)의 국내기업 인수합병 사건을 다수 맡아 활발히 자문을 수행했다.

### 美버클리대 대학원 유학 계기 데이터 산업에 눈떠

승승장구하던 그는 2017년 미국 유학 기회를 앞두고 과감히 퇴사를 결심한다. 평소 관심이 있던 경영분야에서 새로운 도전을 하기 위해서다. 그리고 같은 해 8월 미국 버클리대 경영대학원 MBA 과정에 입학해 도전할 사업에 대한 구상을 이어갔다.

"대학원 시절 실리콘밸리에 있는 한 투자사 임원의 강연을 들었습니다. 그는 분야를 막론하고 미래 시대를 선도하는 비즈니스는 결국 '데이터 비즈니스'라고 강조했죠. 그때 데이터 사업에 도전해야겠다는 결심을 했습니다."

2019년 귀국한 그는 곧바로 ㈜리걸텍(현 엘박스)을 설립했다. 그리고 같은 해 11월 판례와 법 관련 논문·기사 등 방대한 법률정보를 손쉽게 검색할 수 있는 엘박스를 출시했다. 변호사들이 업무 등에 필요한 법률정보 검색에 들이는 수고를 줄여 법 논리 개발 등 본연의 업무에 집중할 수 있도록 '법조계의 구글'을 만들겠다는 포부였다.

### 작년 '엘박스' 출시 온라인 법률서비스 본격추진

"한국 변호사들은 세계 어느 나라에도 뒤지지 않는 우수한 인력들이라고 생각합니다. 이들이 본연의 업무인 법 논리 개발 및 소송전략 수립에 집중해, 업무성과를 극대화시킬 수 있도록 돕고 싶었습니다. 그 첫 시도로 법률분야의 데이터 공백을 메우는 온라인 서비스를 출시해야겠다고 다짐했죠."

엘박스는 지난 11월 베타버전을 거쳐 올 3월 정식 출시됐다. 먼저 판결문 검색 서비스를 선보인 뒤 법률분야의 기사 및 논문 검색 기능도 차례로 갖췄다.

"현재 20만 건 이상의 판결문이 등록돼 있는데, 올 연말까지 30만 건 이상이 등록될 것으로 예상됩니다. 업계 최대 규모지요. 또 인공지능 기술에 기반해 리서치를 거듭할수록 가속도가 붙도록 했습니다. 이용자들이 특정 판결문뿐만 아니라 유사사례에 대한 판결문도 찾을 수 있도록 편의성을 높인 것이 특징입니다. 풍부한 데이터를 바탕으로 검색효율을 극대화하는 데 주력했습니다.”

### 연내 판결문 30만건 이상 등록 검색효율 극대화

이 변호사는 앞으로도 여러 혁신적인 서비스를 통해, 변호사들의 업무 환경을 획기적으로 개선해 나가겠다고 밝혔다.

“변호사로서 가보지 않은 길을 가는 것에 대한 두려움도 있었습니다. 그러나 리걸테크 분야를 혁신하는 일이 설레고 즐겁습니다. 앞으로도 이용자인 변호사들의 목소리에 가장 먼저 귀를 기울여 변호사 업무를 하기 좋은 기술적 토대를 만들어 나갈 것입니다.”

법률신문. 2021.5.18.

### “금감원 전자공시는 투자 금광”…타키온, AI로 핵심정보 캔다

금융감독원 전자공시시스템에는 하루 1,400건이 넘는 공시가 쏟아진다. 주요 상장사와 비상장 기업의 핵심 정보가 이곳에 모인다. 조호진 ㈜타키온월드(타키온) 대표는 “공시 내용이 어렵고 복잡하다 보니 투자자가 신경 쓰지 않는 정보가 태반”이라며 “포크레인 역할을 하는 인공지능(AI)이 옥석을 가려낼 수 있다”고 전했다.

타키온은 전자공시시스템을 기반으로 핵심 투자 정보를 제공한다. 방대한 양의 공시를 실시간으로 추려낼 수 있는 것은 자체 AI 솔루션 ‘TMR(Tachyon Mining Robot)’ 덕분이다. TMR은 약 1년의 개발 과정을 거쳐 데이터마이닝(대용량 정보 추출)과 분석 기능을 갖추게 됐다. AI가 신규 공시를 확인하고, 임원의 주식 변동 내역이나 기업의 지분 확대 등 사용자가 필요로 하는 정보를 스스로 정제해 내놓는다.

### “AI에 지나친 쏠림 줄이기…자율규제 방식이 바람직”

제공하는 서비스만큼이나 조 대표의 이력이 독특하다. KAIST와 서울대에서 물리학을 공부하고, 일간지에서 과학·산업 분야 기자로 10년을 활동했다. 조 대표는 "기업을 취재하다 보니 공시 정보야말로 접촉이 어려운 기업의 핵심 의사결정권자의 생각을 엿볼 수 있는 길이라는 생각이 들었다"고 말했다. 네이버와 카카오에서 근무했던 KAIST 동기 조경호 타키온 최고기술경영자(CTO)가 큰 힘이 됐다.

타키온은 AI가 분석한 공시를 기반으로 보고서를 낸다. 존 리 메리츠자산운용 대표 등이 주요 고객이다. 지난달 내놓은 최재원 SK㈜ 수석부회장의 주식 대량 보유 내역 분석 보고서는 자본시장의 큰 호응을 얻었다. 최 부회장의 자사 주식 매도 동향을 분석해 최신원 SK네트웍스 회장의 수사 이전 시점에서 SK그룹주 매도 시점을 예측한 것으로 화제를 모았다. 글로벌 자산운용사 블랙록의 KB금융 지분 확대 동향 7년치를 분석한 보고서와 삼성전자 파운드리사업부 임원진 지분 변동 내역을 분석한 결과물도 관심을 끌었다.

조 대표의 다음 타깃은 특허와 법률 정보다. "공시만큼이나 기업 주가에 영향을 끼칠 정보가 빛을 보지 못하고 있다"는 게 그의 관측이다. 조 대표는 "특허정보검색서비스(Kipris)나 국회 의안정보시스템을 잘 뜯어보면 주가 상승과의 상관관계를 발견할 수 있다"며 "타키온 AI를 고도화시켜 AI가 스스로 법률의 의미까지도 찾을 수 있도록 개발할 것"이라고 말했다.

한국경제신문. 2021.3.31.

기업의 공시와 관련되어서는 주석 공시사항이 수백 페이지가 되는 기업들이 다수 있다. 누가 이러한 정보까지를 상세히 분석할까라는 생각도 하게 되지만 기업을 분석하는 다수의 애널리스트들은 주석 사항까지도 자세하게 분석하고 있다. 재무제표의 일부인 주석사항에 공시되었다 함은 누군가는 이러한 정보를 분석하고 있다는 것이다. 문제는 이러한 정보의 분량이 너무 많다는 것인데 이러한 엄청난 분량의 정보의 홍수 중에서 유용한 정보를 분류하는 것이 과거에는 힘든 작업이었지만 이제는 AI의 도움을 받아 분석적으로 정보를 추출해 내는 것이 가능해졌다.

단, 이는 기존의 회계정보의 분석과 관련된 정형화된 내용이고, 회계감사와 같은 작업은 주관적인 판단이 개입되어야 하므로 AI가 주관적인 판단을 수행하는 것이 가능해지기 전까지는 AI의 역할이 클 것 같지는 않다.

예를 들어, 기업회계기준의 적용과 관련된 전문가 의견은 산재되어 있는 기업회계기준을 AI가 찾아 주면 회계전문가가 수행하는 업무를 AI가 대신해 줄 수 있다.

예를 들어 인터넷이 발전되기 이전에 처음 접하는 용어의 뜻을 찾기 위해서는 백과사전이 필요하였다. 요즘에는 키보드에서 위키피디아를 찾으면 이 세상에 존재하는 모든 지식을 finger tip에서 구할 수 있는 세상이 되었고, 전 세계 유명 교수의 강의도 mook로 접근이 가능하니 예를 들어 우리말로 진행되는 회계원리 강의도 전국에서 최고 명강의를 하는 한 교수의 강의만 동영상으로 접근 가능하다고 하면 전국 대학교의 모든 회계학 교수들은 갑자기 실업자가 될 수 있다.

미국에서 인터넷 온라인 강의 시장을 제일 처음 개척한 대학교가 신흥 명문대학교로 부상하고 있다고 하니 격세지감이고 이러한 새로운 조류에 적응하지 못하면 영원히 뒤처지게 된다.

다음의 법조계에서의 이슈가 AI가 기존의 서비스 시장을 어떻게 잠식해 나갈 수 있을 지를 극명하게 보여주고 있다. 회계에서 로톡을 유심히 검토해야 하는 것이 언제가 회계영역도 AI에 의해서 영향을 받을 수 있기 때문이다.

---

**법조판 '타다' 되나…변협·로톡 세게 붙었다 "新탈법" "역주행"**

법조판 '타다' 되나…변협·로톡 세게 붙었다 "新탈법" "역주행"

"변호사들이 비(非) 변호사 자본에 종속되고 있다. 이런 추세라면 2~3년 후 법조시장 주도권을 완전히 잃을 것으로 보인다."

지난 3일 열린 대한변호사협회의 상임이사회에서 나온 우려의 목소리다. 변협 내부에서는 "각종 법률 플랫폼들이 대규모 자본을 유치해 공격적인 마케팅을 하고 있다"며 "신종 위법, 탈법 행위가 늘어나고 있어 실효성 있는 대응이 필요하다"는 얘기도 나왔다.

변협은 이날 이사회를 거쳐 '로톡(LAWTALK)'과 같은 법률서비스 플랫폼을 이용하는 변호사에 대해 경고하거나 중지를 요구하는 내용을 담은 '변호사 광고에 관한 규정'을 4일 발표했다.

## 변협, 로톡 겨냥 변호사 광고 규정 개정

국내 최대의 전통 법조단체인 '변협'이 국내 1위 법률서비스 플랫폼인 '로톡'에 일종의 선전포고를 한 셈이다. 2014년부터 광고비를 받고 변호사와 의뢰인을 연결해주는 서비스를 선보인 로톡은 그간 변협과 지속해서 마찰을 빚어왔다. 변협은 앞서 2015년과 2016년 두 차례 '누구든지 금품을 받고 변호사를 알선해서는 안 된다'라는 변호사법을 위반했다며 로톡을 고발했으나 검찰은 무혐의 처분을 내렸다.

로톡 측의 "변호사 알선 행위가 아니라 홍보를 대행한 것뿐"이라는 논리가 먹힌 셈이다. 그러자 변협이 형사고발에 이어 또 다른 칼을 꺼낸 게 이번 '변호사 광고에 관한 규정' 전부 개정안이다.

법률서비스 플랫폼 '로톡'은 빅데이터를 이용한 '형량 예측 서비스'를 의뢰인에게 제공하고 있다. 로톡 홈페이지 캡처법률서비스 플랫폼 '로톡'은 빅데이터를 이용한 '형량 예측 서비스'를 의뢰인에게 제공하고 있다.

변협은 이 규정에서 로톡의 서비스 자체를 원천적으로 금지 행위로 못 박았다. 5조2항에서 "변호사 또는 소비자로부터 알선료·중개료·수수료·회비·가입비·광고비 등 대가를 받고 법률 또는 사건 등을 소개·알선·유인하기 위해 변호사와 소비자를 연결하거나 변호사를 광고·홍보·소개하는 행위를 해선 안 된다"라고 규정했다. 로톡의 AI(인공지능) 형량 측도 "수사기관과 행정기관의 처분·법원 판결 등의 결과 예측을 표방하는 서비스를 취급·제공하는 행위"로 금지대상에 포함했다.

변협은 또 이 같은 형태의 새로운 플랫폼을 조사하고 감독하기 위한 '법질서 위반 감독센터'도 신설할 계획이다.

## 변협 '공정한 수임질서', 로톡 '시대에 역행'

포털사이트 네이버는 '네이버 엑스퍼트'를 통해 변호사와 의뢰인을 연결해 1대1 채팅이나 영상통화 등으로 법률 상담을 해주는 서비스를 제공하고 있다.

이번 조치에 대해 변협은 '공정한 수임질서'를 지키려는 취지라고 설명했다. 광고대행 등 법률서비스 플랫폼의 출현에 대해 "새로운 형태의 사무장 로펌이 법조 시장을 장악하는 상황"이라고 위기 의식을 드러냈다.

변협 관계자는 "로톡 등 각종 법률 플랫폼 사업자들이 '비변호사'의 지위를 유지하면서 변호사들로부터 광고료 등의 명목으로 막대한 이익을 얻고 있다"며 "무료 또는 최저가 등의 표현을 사용하면서 공정한 수임질서를 저해하고 있다"고 지적했다.

변협이 로톡을 직접 거론하며 새 규정을 발표하자 로톡은 "시대에 역행하는 행위"라며 즉각 반발했다.

로톡 운영사인 로앤컴퍼니 관계자는 "지난 수년간 변협은 공식 질의회신에서 '로톡의 광고는 합법이며 규정 위반이 아니다'라고 여러 차례 유권해석을 내렸다"며 "하루아침에 로톡을 비롯한 플랫폼에서 광고하는 변호사들이 징계 대상이라고 말을 바꾼 것"이라고 지적했다. 이어 "이번 규정 개정안은 국민의 편익과 법률서비스 접근성을 제한하고 영업·광고의 자유와 헌법이 보장하는 국민의 알 권리에 대한 중대한 침해"라고 주장했다.

## 변협 광고대행 금지에 "업계 갈등 더 커질 것"

이번 조치를 둘러싸고 변호사들 사이에선 반응이 엇갈렸다. 젊은 변호사들 사이에서는 "기존 기득권 변호사를 옹호하기 위한 조치"라는 지적도 나왔다. 한 개업 4년 차 변호사는 "새롭게 시장에 진출한 변호사 입장에서 로톡 등 변호사 홍보 플랫폼은 본인을 객관적으로 소비자들에게 알릴 수 있는 유일한 장"이라며 "소비자 역시 이런 플랫폼을 이용해 보다 많은 변호사에게 접근할 수 있고 개별 변호사에 대한 이력과 정보를 객관적으로 확인할 수 있는 장점이 있다"고 말했다.

반면 서초동의 로펌 소속 변호사는 "이번 변협의 징계 방침에 따라 로톡을 둘러싸고 변호사 업계에서 신구(新舊) 갈등이 벌어질 것"이라며 "로스쿨로 변호사 숫자가 늘어나 경쟁이 치열한 상황에서 새로운 플랫폼 업체들의 '무료 상담' '최저가' 출혈 경쟁으로 변호사의 지위가 더 낮아질 것 같아 우려된다"고 말했다.

변협의 징계 방침 결정이 성급했다는 시각도 있다. 경기중앙지방변호사회 편집위원장 이덕규 변호사는 중앙일보와 통화에서 "언제까지 사무장·브로커에 의존하며 옛날 영업 방식을 고수할 수 있겠느냐"며 "플랫폼을 없앤다면 어떤 대안을 마련할 것인지, 정보화시대에 높아진 국민들의 눈높이를 어떻게 맞출 것인지 논의가 필요함에도 변협 집행부가 어떠한 비판과 의견도 허용하지 않고 있다"고 지적했다.

## "'택시-타다' 분쟁처럼 법률시장 신·구산업 갈등"

일각에선 변협과 로톡의 갈등을 두고 '법조계의 타다 사태'로 우려하기도 한다. 기존 택시 업계의 거센 반발로 렌터카 기반 차량 호출 서비스를 선보인 타다가 일부 사업을 접어야 했던 것처럼 <u>전통산업과 신산업 간 정면충돌로 신산업이 위축될 것을</u> 우려해서다.

이에 대해 로톡 관계자는 "'타다'는 사업이 커질수록 기존 시장에 공급자가 늘어나는 구조였기에 택시기사들의 저항이 컸다"며 "로톡은 변호사 수를 증가시키지 않고 기존에 존재하는 <u>변호사들이 업무를 좀 더 효율적으로 할 수 있도록 도울 뿐</u>"이라고 말했다.

변협 측은 새 변호사 광고 규정에 대해 "3개월간 계도기간을 거친 뒤 8월 4일부터는 법률서비스 플랫폼을 이용하는 변호사에 대한 중지 요구 등 필요한 조치를 취할 계획"이라고 밝혔다.

중앙일보. 2021.5.6.

변협에 대한 변호사 소개 플랫폼의 반격이 시작됐다.

## (단독) '로톡' 로앤컴퍼니, 대한변협 상대로 헌법소원 추진

변호사 소개 플랫폼 '로톡'을 운영 중인 로앤컴퍼니(대표 김본환)는 최근 개정된 대한변호사협회(협회장 이종엽)의 '변호사 광고에 관한 규정'에 대한 헌법소원을 추진 중이다.

법조계에 의하면 로앤컴퍼니 측은 최근 대형로펌들을 찾아 변협이 개정한 '변호사 광고에 관한 규정'에 대한 헌법소원의 대리를 문의했다. 대부분의 대형로펌들은 변협과 각을 세워야 하는 상황에 부담을 느껴 제안을 거절했고, 일부 로펌이 최종 판단을 고심 중인 것으로 알려졌다.

다만 로앤컴퍼니 측에서는 "현재 구체적인 내용이 결정된 것은 없다. 다만 개정 광고 규정으로 인해 로톡에서 활동 중인 회원 변호사님들에게 징계 등 어떠한 불이익도 발생하지 않도록 소송 제기를 포함하여 모든 합법적인 수단을 동원해 최선을 다해 대응해 나갈 것이다"라고 밝혔다.

대한변호사협회(협회장 이종엽)는 3일 이사회를 열고 '변호사업무광고규정'과 '변호사윤리장전' 개정안을 통과시켰다.

'변호사업무광고규정'은 '변호사 광고에 관한 규정'으로 이름을 바꾸었고 세부 규정들도 전면 신설·개정됐다. 비변호사가 변호사 소개 및 판결 예측 서비스 등과 관련된 광고를 할 때 회원(변호사)들이 여기에 참여·협조해서는 안 된다는 내용이 골자다. 한마디로 변호사는 이 같은 변호사 소개 온라인 플랫폼 업체 등의 서비스를 이용해서는 안 된다는 취지다.

변협 회규인 변호사 광고에 관한 규정은 공포 후 3개월의 계도기간을 거쳐 본격 시행된다. 변협 회칙인 변호사윤리장전은 변협 임시총회에 상정돼 결의돼야 효력이 발생한다. 이 때문에 변호사윤리장전은 5월 31일 열리는 임시총회에서 중요 이슈로 다뤄질 것으로 보인다.

법률신문. 2021.5.10.

변호사 업계에서 이와 같은 platform이 어떻게 전개되는지는 회계업계에서도 유심히 관찰해야 한다. 특히나 로톡의 '형량 예측 서비스'나 합리적인 가격 책정 등의 빅데이타를 이용한 서비스 제공이 주관심이다. 또한 공인회계사의 역량을 비교하고 회계법인 간 수임료도 미리 확인할 수 있다면 회계법인이나 회계 업계도 소비자에게 투명하게 공개되는 결과를 가져오게 한다.

제도권에서 수행하기 어려운 업무를 민간 업체가 수행하게 되고 협회와 경쟁 관계에 이르게 될 수도 있다. 오래전 일이기는 하지만 한국공인회계사회라는 단체도 복수 단체가 될 수 있다는 움직임도 있었다.

## 복수 공인회계사회 설립 허용

회계법인 및 기업 등 분식회계 및 부실감사에 대해 책임 있는 자에 대해 과징금을 부과하는 제도가 도입된다. 지난달 27일 정부는 당정협의를 갖고 이 같은 내용의 공인회계사법과 주식회사의 외부감사에 관한 법률안을 확정했다. 당정은 공인회계사회의 설립을 자유화해 복수공인회계사회 설립을 허용하고 회계사회에 가입이 강제된 제도를 개선해 임의가입으로 변경키로 했다.

또한 회계법인 설립요건도 최저 자본금을 10억원에서 5억원으로, 최소 공인회계사 수를 5인에서 3인으로 각각 완화하기로 했다.

이와 함께 공인회계사의 개업·휴업 및 폐업시 신고의무제도를 폐지키로 했다.

한국세정신문. 2000.11.2.

### 공인회계사회, '복수단체허용' 등 조항 삽입 개정안에 반발

올해 정기국회에 제출될 공인회계사법 개정안과 관련, 한국공인회계사회가 크게 반발하고 있다. 개정안에는 공인회계사회의 설립을 자유화하는 "복수단체허용"과 공인회계사의 강제 가입제도를 폐지하는 "회원 임의가입"조항이 삽입돼 있기 때문이다.

7일 공인회계사회 관계자는 "공인회계사회는 단순한 이익단체가 아니며 영국 프랑스 등 대부분 국가에서도 공인회계사회는 법적 단체로서 1개만 존재한다"며 복수단체는 인정할 수 없다고 주장했다. 또 회계사에 대한 효율적인 지도, 관리를 위해 공인회계사회의 의무가입제도도 현행대로 유지돼야 한다고 주장했다.

이에 대해 재경부 관계자는 "금번 입법예고한 공인회계사법 개정안은 규제개혁위원회의 전문 자격사 사업자단체 정비계획에 따른 것"이라며 "시장경제원리에 의해 경쟁을 촉진한다는 취지에서 바람직한 방향"이라고 말했다. 또 회비납부를 법률에 의무화함으로서 회원들에게 불필요한 부담을 주는 것도 적절하지 못하다는 게 정부의 입장이라고 덧붙였다.

쟁점이 되고 있는 공인회계사법 개정 입법예고안은 현재 법제처에서 심사 중에 있으며 이달 중 차관회의와 국무회의를 거쳐 올해 안에 국회에 제출될 예정이다.

한국경제신문. 2000.11.7.

**[개정 공인회계사법 및 외감법 주요내용]**

나. 국회에서 수정한 주요사항

① 공인회계사회 설립자유화(복수공인회계사회 허용) 및 의무가입제도는 폐지하지 않고 현행대로 유지

2001.1.28. 머니투데이.

## 변협 vs 로톡 전면전... '변호사 플랫폼 갈등'

온라인 변호사 광고 플랫폼 '로톡'이 국내 최대 변호사단체인 대한 변호사협회를 상대로 헌법소원에 나선다.

변협은 로톡에 대해 "변호사가 아닌 자가 수수료를 받고 변호사를 알선하고 있다"며 "변호사법 위반행위"라고 지적했다. 이에 대해 로톡 등 리걸테크업계에선 "변호사의 선택의 자유를 제한하고 시대 흐름에 역행한다"고 반박하고 있다. 리걸테크 업체들은 법조시장에서 제공하는 '플랫폼' 사업을 하고 있다. 이들과 변협 간 갈등 격화로 파장이 예상된다.

### 로톡 "이달 중 헌법 소원"

16일 법조계에 따르면 로톡을 운영하는 로앤컴퍼니는 이달 변협을 상대로 헌법 소원등 법적 대응에 나설 예정이다. 법조계에서는 로톡 가입을 금지한 변협의 변호사 업무 광고 규정이 변호사의 직업 수행의 자유 등을 침해할 가능성이 커 이를 근거로 헌법소원을 낼 것이라는 전망에 힘이 실린다. 변호사는 자신의 영업 활동을 위해 어떤 플랫폼을 활용할지 결정할 자유가 있다. 그런데 현행 변호사법에 저촉되지 않는 로톡을 변협의 '내부 규정'을 통해 금지하는 것은 월권이며 기본권 침해라는 얘기다. 로톡 관계자는 "회원 변호사들에게 불이익이 발행하지 않도록 모든 합법적인 수단을 동원해 대응할 것"이라고 밝혔다. 로톡 회원 변호사는 4,000명 정도다.

로톡과 변협의 갈등이 격화된 것은 지난 4일 변협이 '변호사 업무 광고 규정'을 개정하면서다. 새로 시행될 규정에 따르면 오는 8월부터 변호사 광고, 소송 결과 예측 등을 제공하는 리걸테크 서비스의 변호사 참여가 금지된다. 이달 말 변협 총회에서는 플랫폼 가입 변호사를 징계하는 방안까지 논의할 예정이다. 이 같은 내용을 담은 '변호사 윤리장전' 개정이 예견된 상태다. 변호사법에 따르면 변협이 변호사를 대상으로 내리는 징계는 영구제명과 제명, 정직, 과태료, 견책으로 나뉜다. 정직 이상의 처분을 받으면 변호사 업무를 할 수 없다.

### 변협 "로톡은 불법"

변협 측은 로톡으로 대표되는 리걸테크 서비스를 불법으로 보고 있다. 로톡은 변호사들을 광고해 주고 수수료를 받는데, 이런 형태가 '불법 브로커'와 다름 없다는 것이다. "'변호사가 아닌 자가 대가를 받고 변호사를 알선해서는 안된다'는 변호사 법을 위반하고 있다"는 게 변협의 주장이다.

로톡의 반론도 만만찮다. 변협의 대응은 이미 자리를 잡은 변호사들의 '사다리 걷어차기'에 가깝다고 지적했다. 로톡 측은 "플랫폼을 통해 사건 수임에 어려움을 겪는 변호사들도 이름을 알리고, 일정 수익을 확보하는 기회가 될 수 있다"며 "'부익부 빈익빈'이 심해진 변호사 시장에 선순환을 가져다줄 것"이라고 강조했다. 법률 서비스 이용 문턱을 낮췄다고 로톡 측은 설명했다. 한꺼번에 여러 변호사의 이력을 비교하고, 수임료도 미리 확인할 수 있어 소비자에겐 '깜깜이'였던 법률 시장을 투명하게 하고 있다는 주장이다. 변협 등 변호사 단체들은 지금까지 세 차례 로톡을 '변호사법 위반'으로 고발했다. 이 중 두 차례는 무혐의 처분이 나왔고, 작년 11월 고발 건은 조사가 진행 중이다.

### 법조계에서도 '의견 분분'

변협과 로톡 간 갈등을 두고 법조계 안팎의 시각도 분분하다. 서초동의 한 변호사는 "국내 외식업계만 보더라도 '배달의 민족'과 같은 거래 플랫폼이 시장을 좌지우지하고 있다"며 "지속 가능한 시장 경쟁을 위해서라도 변협이 적극 나서야 한다"고 목소리를 높였다.

반론도 있다. 서초동의 또 다른 변호사는 "로톡이 활성화되면서 그동안 사건 수임에 어려움을 겪던 변호사들의 숨통이 트이는 역할을 한다"며 "법조 시장도 새로운 변화를 받아들여야 한다"고 말했다. 소비자들은 이 같은 법조 시장 내 경쟁을 반기는 분위기다.

형사 관련 소송으로 변호사를 선임한 경험이 있는 최모씨(30)는 "로톡의 '형량예측 서비스'가 중요한 참고 자료가 됐고, 합리적인 가격에 변호사도 선임했다"며 "'타다'사 태처럼 특정 이익집단의 이해관계 때문에 혁신이 가로막히는 것은 바람직하지 않다"고 지적했다.

한국경제신문. 2021.5.18.

## '변호사 광고 공공앱' 만든다지만

대한변호사협회는 변호사 광고 서비스를 직접 제공하는 방안을 추진 중이다. 법무 부 감독을 받는 공익법인인 협회가 서비스하면 공공성을 확보할 수 있을 것이란 판단 에서다.

대한변협은 그 첫걸음으로 지난 10일 열린 상임이사회에서 '공공 변호사정보 시스템 구축을 위한 태스크포스'를 발족시켰다. 로톡처럼 앱, 인터넷기반으로 변호사 소개 광 고서비스를 제공하되 민간 자본 영향은 철저히 배제하는 방안으로 추진하기로 했다.

하지만 변호사업계 내부에서조차 실효성에 의문을 제기하는 목소리가 나온다. 중소 법무법인의 한 관계자는 "정보 기술이 없고 창의력도 부족한 공익단체가 소비자들이 만족할 만한 서비스를 내놓을 수 있을지 걱정"이라며 "헛돈만 쓰고 실패할 가능성이 높다"고 지적했다.

실패 선례도 있다. 변협은 2017년 6월 '변호사중개센터'를 설립했다. 현재 협회 입장 을 그대로 반영한 서비스다. 하지만 불과 2년 만인 2019년 11월 문을 닫았다. 이용 실 적이 저조했기 때문이다. 변호사 중개센터가 중개해 사건 수임으로 이어진 실적이 저조 했기 때문이다. 변호사중개센터가 중개해 사건 수임으로 이어진 실적은 2017년 9건, 2018년 7건, 2019년 1건에 그쳤다.

변협은 지난해 변호사 안내 서비스 재개를 검토했다. 하지만 변협 내부에서 "1년 전 실패를 벌써 잊었냐"는 비판이 이어지면서 무산됐다.

작년 7월 작성된 변협 개혁위원회의 내부 보고서엔 "변호사 단체에서 변호사 안내

앱 등을 개발해 보급하는 방식은 상업적 영역에서 개발한 솔루션과 비교해 경쟁력이 현저하게 떨어져 실효성 없는 방안이 될 가능성이 있다"는 문구가 명시돼 있다. 보고서엔 "상업적 영업에서 개발한 솔루션과의 공조를 허용하는 추세로 가는 것이 불가피할 것으로 예상된다"는 대목도 있다. 로톡 같은 민간 법률 서비스 등장과 시장 확대가 시대적 흐름임을 인정한 것이다.

변호사정보 시스템뿐만 아니라 비슷한 명분으로 추진한 '공공 앱' 전반이 실효성이 떨어진다는 지적도 끊이지 않고 있다. 행정안전부는 매년 정부 부처와 지방자치단체, 공공기관이 개발한 앱을 평가하고 있다. 작년 평가에선 전체 780개 공공 앱 가운데 187개가 '폐지' 대상이라는 결과가 나온다. 전체 24%가 이용 실적이 낮아 예산만 낭비한다는 평가를 받은 것이다.

한국경제신문. 2021.5.18.

"로톡처럼 앱, 인터넷기반으로 변호사 소개 광고서비스를 제공하되 민간 자본 영향은 철저히 배제하는 방안으로 추진하기로 했다"라고 위에 기술되어 있는데 이 서비스에서 상업성을 완전히 배제한다는 취지인 것은 이해하지만 영리가 아니면 경쟁력을 잃을 수 있다는 자본주의의 원리가 망각된 것이다. 즉, 민간에서 경쟁한다면 적자생존의 치열한 가운데에서 영업을 하는 것이지만 대한변협은 공익성은 있을 수 있지만 경쟁력을 갖기 어려운 구도였을 수 있다.

### 변호사 찾는 사람 적은데… 업계선 수임 놓고 '밥그릇 싸움'

변호사 3만명 시대에 들어서며 '직역수호'를 내세우는 변호사들과 로톡 등 플랫폼의 갈등이 본격화하고 있다. 대한변호사 협회는 변호사 홍보 소개 플랫폼을 위법으로 규정하고 참여한 변호사를 징계하겠다는 방침을 밝혔다. 이에 대해 로톡 측은 "변협의 말바꾸기"라며 반발하고 나선 모양새다. 대한변협은 앞서 "변호사시험 합격자 수를 1200명 이하로 줄이라"고 법무부에 요구하는 등 신규 변호사 시장 진입을 줄이려는 움직임도 보여왔다.

대한변협은 지난 3일 열린 2차 이사회에서 '변호사업무광고규정' 개정안을 승인하며 "이번 개정안을 통해 광고 주체인 변호사 외에 변호사를 광고 홍보하는 행위나 영업에 변호사가 참여한 것을 규율했다"고 밝혔다. 사실상 급성장하고 있는 플랫폼 로톡을 겨냥했다는 평가가 나왔다. 다음날에는 "변호사의 유튜브와 포털 사이트를 통한 광고는 제재 대상이 아니다"고 덧붙였다. 이에 대해 로톡 측은 "지난 수년간 대한변협은 로톡의 광고는 합법이며 규정 위반이 아니라고 유권해석을 내렸는데, 하루아침에 말을 바꿨다"며 반발했다.

지난 18일에는 "로톡을 이용하는 변호사 회원 중 실무 경력 10년 이하의 청년 변호사 비율이 78.7%"라고 밝혔다. 로톡 관계자는 "고연차 변호사에 비해 청년 변호사는 시장 첫 진입 자체가 녹록지 않다. 로톡이 가교 역할을 하고 있는 것"이라고 설명했다.

이러한 갈등은 등록 변호사 수가 3만 명에 달하며 변호사들의 위기의식이 높아진 데 따른 결과다. 다만 이에 대해 정부는 여전히 변호사 수가 부족하다는 입장이다.

법무부의 '적정 변호사 공급 규모에 관한 연구' 보고서에는 2020년 기준 한국의 인구 1만명 당 변호사 수는 5.39명인 데 비해 미국은 41.28명, 영국은 32.32명이라는 내용 등이 포함된 것으로 알려졌다. 하창우 전 대한변협 회장은 "로톡뿐 아니라 앞으로도 유사한 갈등이 일어날 수 있다. 변호사가 늘어나며 소비자가 누가 전문가인지를 알기 어려워져 생기는 문제"라고 지적했다. 이어 "로톡의 경우 변호사법 위반 소지가 있으나 현재 법률 서비스가 국민의 요구에 따라가지 못하고 있는 것도 사실"이라고 설명했다.

대한 변협은 신규 변호사를 줄여야 한다는 주장도 했다. 그러니 이를 두고도 대한변협의 밥그릇을 지키기 위한 '사다리 걷어차기'라는 지적이 나왔다. 이종엽 대한변호사협회장과 김정욱 서울지방변호사회장은 모두 '직역수호변호사단' 공동대표출신이다.

매일경제신문. 2021.5.20.

회계업계에서도 로톡이 어떤 과정을 밟아 가는지를 유심히 관찰해야 한다.

## 세금 계산해 주는 AI, 세무사들에 고발당한 까닭은

첨단 신기술로 무장한 스타트업이 세무·부동산 등 각종 전통 사업 분야로 영역을 확대하면서 스타트업과 기존 사업자 간 갈등이 격화하고 있다. 이전까지 갈등의 핵심이 '왜 스타트업이 중간에 끼어서 업체 소개·광고 수수료를 받으며 시장 질서를 해치느냐'였다면, 최근에는 '인공지능(AI)이 전통 사업자의 역할을 대신하는 것은 위법인가 아닌가'라는 논란까지 등장했다. 스타트업 업계에선 "기존 사업자들이 자신들의 기득권을 지키기 위해 혁신을 막고 있다"고 주장하는 반면, 각종 직능 단체들은 "스타트업들의 무자격 중개는 결국 소비자 피해로 돌아갈 것"이라며 반발한다.

### AI로까지 불똥 튄 영역 다툼

AI 기술 기반의 세무 플랫폼 '삼쩜삼'을 운영하는 회사 '자비스앤빌런즈'는 요즘 좌불안석이다. 한국세무사회와 한국세무사고시회가 회사를 '세무사법 위반' 혐의로 고발해 수사를 받고 있기 때문이다. 경찰 조사 결과는 2월 초쯤 나올 것으로 알려졌다.

'삼쩜삼'은 AI 알고리즘으로 일반인이 하기 어려운 세무 신고 업무를 처리하고, 세금 환급까지 받을 수 있는 서비스이다. 배달·택배업 등 플랫폼 종사자가 늘면서 세무 신고 수요가 폭발적으로 늘었고, '삼쩜삼'이 이 틈을 파고들어 '대박'을 쳤다. 누적 가입자가 700만명이 넘는다. 그러자 세무사 업계가 강력 반발했다. 이 회사가 '일부 세무사의 명의를 빌려 불법으로 세무 대리 업무를 진행하고 수수료를 챙겼다'며 경찰에 고소도 했다.

문제는 '사람'이 아닌 AI를 통해 일반인이 세무 신고를 하는 서비스가 과연 위법이냐는 것이다. 회사는 "기존 국세청 시스템에 맞춰 AI가 일반 시민을 대신했을 뿐인데 이게 왜 문제냐"는 입장이다. 반면 세무사 업계에서는 "AI를 운영하는 무자격자의 세무 대리 행위는 납세자 부담을 가중시킬 위험이 있다"고 맞서고 있다. 스타트업 업계 관계자는 "사법 당국이 이 사건을 어떻게 처리하느냐에 따라 다른 AI 기반 스타트업 사업도 큰 영향을 받을 수밖에 없다"고 했다.

한국감정평가사협회와 AI 부동산 시세 산정 스타트업 '빅밸류'도 비슷한 갈등을 겪고 있다. '빅밸류'는 AI와 빅데이터 분석을 기반으로 연립·다세대 같은 주택 시세를 자동으로 산정해 시중은행과 금융업체에 제공한다. 이를 두고 감평협은 "감정평가업자도 아니면서 주택 시세를 평가하는 것은 명백한 법 위반"이라며 '빅밸류'를 형사 고발했다. 경찰 조사에서 '빅밸류' 측은 '사람이 아니라 AI가 하는 시세 산정은 위법행위로 볼 수 없다고 소명한 것으로 알려졌다. 경찰은 결국 "빅밸류가 정부가 특정 분야에 대해 규제를 완화해주는 규제샌드박스를 통과하는 등 당국의 적법 판단을 받았다"며 무혐의 처분을 내렸지만, 감평협은 이의 신청을 낸 상태이다.

### 플랫폼 vs. 직능단체, 전쟁은 계속된다

몇 년째 이어지고 있는 '중개·광고' 스타트업과 전통 사업자 간의 고소 고발전도 해결책을 찾지 못하고 평행선을 달리고 있다. 미용·의료 광고 플랫폼 '강남언니' 운영사인 힐링페이퍼의 홍승일 대표는 27일 의료법 위반 혐의로 1심에서 징역 8개월에 집행유예 2년을 선고받았다. "환자를 알선해 수수료 이득을 취한 것이 의료법 위반에 해당한다"는 이유다. 강남언니는 병원들이 입점해 미용 시술·성형 광고를 하고 이용자들이 수술 전후 사진과 후기를 올리는 앱이다. 이용자가 300만명에 이를 정도로 인기를 모았지만, 대한의사협회가 "과장광고와 불법 정보의 온상"이라며 고발해 재판을 받아왔다.

변호사와 의뢰인 간의 직접 소통을 내세우는 플랫폼 '로톡'은 수년째 법적 다툼을 벌이고 있다. 대한변협은 '로톡이 변호사 허위·과장광고를 통해 변호사법을 위반하고 있다'고 주장했지만, 사법 당국에선 3차례 '로톡' 손을 들어줬다. '반값 부동산 중개 수수료'를 내세운 스타트업 '다윈중개' 역시 공인중개사협회와 대치가 계속되고 있다. 스타트업 업계 관계자는 "스타트업이 사상 최대 투자를 받으며 성장하고 있지만 기존 사업자와의 충돌 역시 심각한 수준"이라며 "플랫폼과 전통 사업자의 상생 모델을 구축해야 하는 시점"이라고 했다.

조선일보, 2022.1.28.

### "변호사 '로톡' 가입 막는 변협규정 위헌"

변호사들이 법률 광고 플랫폼에 가입하지 못하도록 막은 대한변호사협회(변협) 내부 규정은 헌법에 어긋나 위헌이라는 헌법재판소 판결이 나왔다. 헌재는 26일 법률 광고 플랫폼 '로톡' 운영사 로앤컴퍼니와 변호사 60명이 변협의 '변호사 광고에 관한 규정'으로 변호사들의 표현 직업의 자유와 플랫폼 운영자의 재산권이 침해당했다며 낸 헙법소원에서 핵심 조항들에 대해 위헌 결정을 내렸다.

재판관들은 이날 전원 일치 의견으로 "변호사가 '변협의 유권해석에 위반되는 광고를 할 수 없다'고 금지하고 있는 변협 규정은 여기(유권해석)에 해당하는 내용이 무엇인지 변호사법이나 관련 회규를 살펴보더라도 알기 어렵다"면서 "변호사는 유권해석을 통해 금지될 수 있는 내용들의 대강을 알 수 있어야 함에도 규율의 예측 가능성이 현저히 떨어지고 법집행기관의 자의적인 해석을 배제할 수 없는 문제가 있다"고 했다.

헌재는 변협 규정 중 변호사 또는 소비자로부터 경제적 대가를 받고 변호사 등을 광고 홍보 소개하는 행위를 금지하는 '대가 수수 광고금지규정'에 대해서는 재판관 6(위헌) 대 3(합헌) 의견으로 위헌 결정을 내렸다. 재판부는 "이 규정은 과잉금지원칙에 위반돼 청구인들의 표현의 자유와 직업의 자유를 침해한다"고 했다.

로톡은 의뢰인이 온라인에서 변호사를 찾아 법률 상담을 받는 플랫폼 서비스다. 이용자들은 변호사에게 수임료를 내고, 변호사들은 로톡에 광고비를 지급한다. 변협은 로톡의 사업 구조가 변호사법 위반에 해당한다고 주장하며 작년 5월 변호사 광고 규정을 개정해 로톡에 가입한 변호사들을 징계할 근거를 마련했다. 이에 로앤컴퍼니와 로톡 사용 변호사들은 작년 5월 헌법소원을 냈다.

이날 변협은 '변호사는 경제적 대가를 받고 변호사 등과 소비자를 연결하는 법인에 협조해선 안 된다'는 조항에 대해 헌재가 사실상 합헌 판단을 내렸다며 "사설 법률 플랫폼 가입 등에 대한 징계 등 제재는 문제가 없는 것으로 보인다"고 했다.

조선일보. 2022.5.27.

# 감사인등록제

아래의 신문기사에서 보는 바와 같이 감사인등록제는 회계개혁의 한 꼭지로 진행되었다. 미국은 Sarbanes Oxley Act의 제정과 함께 2002년 설립된 PCAOB(Public Company Accounting Oversight Board)에 의한 감사인등록제가 도입되었고, 미국의 증시에 상장된 기업을 감사하는 회계법인에 대해서는 미국의 PCAOB가 한국의 금융감독원과 같이 joint inspection을 수행한다.

어떻게 보면 감사인등록제는 금융감독원의 품질관리감리와 궤를 같이 한다. 품질관리감리는 회계법인의 의사결정과정에 대한 감리이다. 즉, 감사의 주체는 감사반과 회계법인인데 회계법인이 감사를 수행하는 과정에 대한 시스템의 점검이다. 회계법인의 의사결정과정이 건전하다고 하면 이 절차로부터 수행되는 감사결과는 당연히 큰 문제가 없을 것이다. 감사인등록제나 품질관리감리(감사인 감리)가 회계법인 품질에 대한 시스템적인 접근이라고 하면 내부회계관리제도는 적절한 회계정보에 대한 시스템적인 접근이라고 할 수 있다. 즉, 기업 내에 내부회계관리제도가 잘 갖춰져 있으면 회계정보는 자연스럽게 산출된다는 논지이다.

이제까지의 감사용역에 대한 감독 기관의 점검은 감사보고서 감리가 주된 규제의 대상이었다. 즉, 감사보고서가 회계감사기준에 기초하여 수행되었는지를 점검하는 과정이었고 이를 통해서 자연적으로 첨부된 재무제표를 점검하였다. 즉, 회계감사를 점검하면서 재무제표를 점검하게 되는 간접적인 방법이었다.

등록제가 도입되기 이전에는 피감기업이 어떤 회계법인으로 감사인을 선임할지에 대한 규제가 없었다. 감사인 등록제는 비상장기업 중 외감대상 기업은 피감기업이 희망하는 회계법인을 감사인으로 선임할 수 있지만 적어도 상장법인 만큼은 어느 정도의 품질이 보장된 회계법인으로 감사인 선임을 제한하겠다는 것이다.

즉, 회계법인에 대한 감사품질 점검 개념이 감사인등록제도의 요체이다. 상장기업 감사인으로 등록할 수 있는 여러 요건들이 있는데 가장 기본적인 요건은 등록 공인회계사 수로 측정되는 회계법인의 규모이다.

회계법인은 인적 용역 회사이기 때문에 다른 자산 규모보다도 인원의 수가 규모를 측정하는 가장 기본적인 요소이며 수도권은 40명, 지방은 20명의 최소 인원 조건이 필수 조건이다. 그리고 일반적인 규모의 대용치인 자산 규모일 경우, 회계법인은 유한회사이고 파트너들이 퇴사할 때마다 지분을 정리해 줘야 하므로 그러한 차원에서도 미국의 경우도 부동산을 소유하고 있지 않는다. 지분 정리 때 마다 부동산의 가치 평가에 대한 이슈가 간단한 문제가 아니기 때문이다.

물론 공인회계사 수로 측정한 회계법인의 규모가 회계법인의 품질에 대한 대용치인지에 대해서는 여러 논란이 있을 수 있다. 중소회계법인 관계자들은 빅4 회계법인이 모든 수습공인회계사들을 채용하여 감사 현장에 투입하고 있으며, 중소형 회계법인들은 빅4의 경력 공인회계사들을 채용하고 있기 때문에 오히려 중소형 회계법인들의 감사품질이 빅4 회계법인에 비해서 우월하다는 주장을 하기도 한다.

법무법인 순위를 정할 때도 흔히, 법무법인에 소속된 변호사나 변리사, 회계사, 세무사 등의 자격증 소지자 수로 정하는 경우가 많은데 일부 규모가 작은 법무법인의 경우는 변호사 수가 중요한 것이 아니라 법무법인은 소송에서의 승소 비율이 순위의 가장 중요한 잣대가 되어야 한다고도 주장하기도 한다.

## 파트너 변호사 1인당 연평균 매출 15억원

지난해 국내 주요 대형로펌 파트너 변호사의 1인당 매출은 평균 15억원 수준인 것으로 나타났다. 로펌 성장세와 더불어 법인을 이끄는 파트너변호사들의 수익도 함께 불어나는 추세다. 28일 한국경제신문이 김앤장을 제외한 국내 상위 6개 로펌의 매출과 파트너변호사(파트너 대우 포함, 외국변호사 제외) 수를 확보해 파악한 결과, 지난해 이들 로펌의 변호사당 매출은 평균 15억 7,234만원인 것으로 집계됐다. 2020년 (14억 1,097만원)보다 11.4% 늘어난 금액이다.

로펌별로는 화우(107명)의 파트너변호사 1인당 매출이 18억 7,102만원으로 가장 많았다. 다음은 태평양(17억 5,024만원), 세종(15억 5,290만원) 광장(14억 1,235만원) 지평(11억 2,903만원) 순이었다. 다만 태평양은 특허법인과 해외 사무소 실적을 합친 매출(3,857억원)을 기준으로 할 경우 파트너변호사당 매출이 18억 6,000만원으로 늘어난다. 광장은 파트너변호사수가 259명으로 주요 로펌 중 가장 많았다. 매출 규모가 비슷한 태평양(207명)에 비해서도 50명이 많다. 세종(172명)과 율촌(160명)도 세종이 매출 규모는 작지만 파트너 수는 더 많았다.

현재 국내 로펌 대다수는 유한회사 형태다. 법인이 1년 동안 벌어들인 이익금을 지분을 보유 중인 파트너변호사들에게 배분하는 식으로 운영하고 있다. 이에 따라 파트너 변호사 한 명이 얼마를 벌었느냐가 로펌의 경쟁력을 보여주는 지표 중 하나로 여겨진다. 해외에서는 지분을 보유하고 의결권까지 행사하는 지분 파트너(EP) 변호사 수를 토대로 산출한 1인당 매출(ppp)을 로펌 순위 산출의 핵심 기준으로 사용하고 있다.

국내 최대 로펌인 김앤장은 다른 대형로펌과 사정이 다르다. 법무법인이 아니라 공동법률사무소로서 민법상 조합의 형태이고 세법상 개인 공동사업자로 분류된다.

김앤장은 파트너급에 해당하는 고연차 변호사를 '시니어변호사'라고 한다. 김앤장 변호사들은 성과와 회사 기여도 등을 종합적으로 판단해 성과급을 받는다. 법조계에 따르면 김앤장의 전체 변호사 수는 1,102명이며 이를 2021년 매출 추정치(1조 3,000억원)로 나누면 1인당 매출은 11억 7,000만원인 것으로 나타났다.

한국경제신문. 2022.1.29.

어떤 회계법인이 상장기업을 감사하는 회계법인으로 등록할 자격이 있는 지는 매우 주관적인 판단의 영역이다. 이는 품질은 직접적으로 관찰하기 어렵고 단지 대용치(proxy)로만 판단할 수 있기 때문이다.

결국은 감사인등록제는 회계법인의 의사결정과정의 투명성과 관련된 평가이며 따라서 품질관리감리(감사인 감리)와 밀접하게 연관된다. 즉, 이는 회계법인의 지배구조의 이슈이기도 하다.

1997, 1998년 IMF 경제 체제하에서 우리 정부는 IMF의 지원하에 강력한 기업지배구조 제도를 갖추게 된다. 이러한 투명한 지배구조를 갖춰야 한다는 정당성은 감독기관/규제기관의 차원에서는 상장기업에는 투자자 보호라는 대의가 존재한다. 선량한 투자자를 탐욕스러운 최대주주 및 경영자로부터 보호해야 자본시장이 유지된다는 논지이다.

유한회사인 회계법인에 대한 규제의 정당성은 회계법인이 산출하는 감사보고서가 공익성이 있는 용역이라는 것이다. 네덜란드 같은 국가에서는 그렇기 때문에 회계법인에 공익이사와 같은, 영리기업의 사외이사와 같은 성격의 이사 제도를 둔다고 한다. 회계법인이 영리법인이기는 하지만 동시에 공익성에 충실하도록 하기 위해서는 공적인 영역에서의 감독이 필요하다는 것이 등록제의 정당성이다.

영리기업인 회계법인에서 영리 이외의 quality control에 신경을 쓰는 부서가 품질관리실이다. 많은 회계법인의 경우에 품질 관리에 드는 예산이 10~15% 정도 차지한다고 한다. 삼정의 경우도, 전체 공인회계사 중 심리업무에 투입되는 인원이 100명이고 감사에 투입되는 인원이 1,500명으로 심리업무에 투입되는 비율이 인원적으로는 6% 정도에 그치지만 심리업무를 수행하는 회계사는 time charge가 높은, 고직급자가 많으므로 거의 10~15% 예산으로 추정된다.[1] 20명이 안 되는 회계법인일 경우는 품질관리에 드는 예산을 감당하기 어렵다고 한다.

그렇기 때문에 품질관리실의 기능에 해당하는 업무를 shared service와 같이 외주를 주는 대안에 대해서도 연구가 진행 중이다. 이러한 업무를 수행

---

1) 서원정 한국공인회계사회 감리조사위원장(현 한공회 부회장)과의 면담 대화 내용이다.

할 수 있는 기관으로는 한국공인회계사회, 기존에 설립한 회계법인, 당해 목적을 위하여 설립 예정인 회계법인, 당해 목적을 위하여 설립 예정인 공익법인 (가칭 회계투명협회) 등을 들 수 있다. 단, 문제는 회계법인의 감사업무는 법에 회계법인 소속 이사만(즉, 파트너만) 수행하도록 되어 있다. 또한 회계법인에 있어서 필요기관은 사원총회, 대표이사, 품질관리실이며 임의기관은 이사회와 감사인데 이렇게 품관실 업무를 외주를 주다 보면 품관실이 회계법인 필요기관이라는 제도에서 벗어나게 되는 문제가 발생한다.

등록제도 평가 요건 중, 한 항목이 품관실 관련된 회계사들의 경제적인 보상에 대해서도 기술하고 있다. 품관실 관련 회계사들의 보상 수준이 현장의 회계사들에 못 미치지 않도록 보상 수준을 보장해 주라는 요구이다. 즉, 회계법인이 영리 때문에 품질을 양보하지 않도록 하는 최소 수준의 요구사항이다.

누군가 public watchdog의 역할을 수행한다는 것이다. 물론, 회계법인도 제3자에 의해서 monitoring의 대상이 되는 것보다 본인 자신들이 자율적으로 규제하는 것이 우선이다. 그러면 회계법인도 영리에 치우치지 않고 공익성을 우선하지는 못하더라도 감사 품질을 소홀히 여기지 않도록 의사결정을 수행할 수 있을 것이다. 자율이라는 것이 중요한 것이 조직 내부만큼 조직의 생리나 실체를 외부에서 더 잘 이해하고 파악하기는 어렵기 때문이다.

회계법인은 파트너(사원)들이 출자한 유한회사이다. 주식회사가 아니므로 투자자 보호를 위해서 회계법인의 품질관리를 해야 한다는 논지는 적용되지 않는다. 상법에 의하면 유한회사의 경우, 감사가 임의기관이므로 의무화되지 않는다. 주식회사의 경우는 자본금이 10억원이 넘는 경우에는 비상근감사가 되었든 상근감사가 되었든 또는 감사위원회가 되었든 감사를 둬야 한다.

유한회사에 감사가 임의기관이므로 일부의 회계법인은 감사를 선임해서 대표이사 및 경영진과 어느 정도는 대립 구도로 monitoring을 수행하지만 감사를 선임하지 않는 회계법인이 다수이다. 빅4회계법인 중에는 과거에 감사를 두었던 법인도 있지만 대부분의 경우는 감사제도를 두고 있지 않다. 유한회사인 회계법인에 법률상의 감사는 아니더라도 회계법인의 경영진을 견제할 수 있는 견제와 균형을 위한 기능은 필수적이다.

회계법인이 감사가 임명되지 않는다고 하면 자체적으로 내부통제나 투명한 의사결정과정을 점검할 수 있는 내부 기능이 없다고도 할 수 있고 그렇다고 외부의 제3자에 의해서 회계법인이 점검을 받는 것도 아니므로 품질관리감리나 감사인등록과정에서의 심사나, 아니면 PCAOB/금융감독원의 joint inspection은 이상적으로 외부에 의해서 회계법인이 점검을 받는 기회이다. 위에서 기술한 품질관리실은 회계법인에 대한 모니터링을 수행하는 것이 아니라, 개별 감사 건에 대한 quality control을 수행하게 된다. 어느 조직이거나 외부의 힘에 의해서 의사결정 과정이나 조직의 문제점에 대해서 점검을 받는 것은 중요하다.

**기업 내부회계관리제도 부실 운영 땐 임직원 해임 권고 직무 정지 등 강력 제재.**

회계 개혁은 크게 -금융당국(감리제도 개선, 제재 강화, 감사인지정제, 감사인등록제) - 회계법인(핵심감사제, 표준감사시간), - 기업 (내부회계관리제도, 내부감사강화) 등 3대 축으로 진행된다.

**상장회사 감사인 등록법인**

| 대형 4개<br>(600명 이상) | 중견 5개<br>(120명 이상) | 중형 14개<br>(60명 이상) | 소형 17개<br>(40명 이상) |
|---|---|---|---|
| 한영, 삼일, 안진, 삼정 | 대주, 신한, 한울, 삼덕, 우리 | 신우, 서현, 대성삼경, 성도이현, 도원, 이촌, 다산, 태성, 인덕, 정진세림, 삼화, 현대, 삼도, 진일 | 예일, 안경, 세일원, 동아송강, 서우, 대현, 선일, 정동, 이정지율, 한미, 광교, 예교지성, 선진, 리안, 영앤진, 정인, 한길 |

매일경제신문, 2018.3.22.

1. 품질관리감리의 주기는 대형(상장사 100개 이상 감사 또는 공인회계사수 600인 이상)은 2년, 그 외는 3년 주기로 실시된다. 다만, 금감원의 감리대상은 주권상장법인 감사인으로 등록한 40개 회계법인이고, 나머지는 한공회 소관이다.

## 2. PCAOB와의 공동검사 주기는 금감원 감리주기와 동일하다.

미상장기업을 감사하는 회계법인으로 PCAOB에 등록하고 정기검사를 받아야 하는데, 현재 PCAOB 등록 국내 회계법인(12개) 중 미국에 상장한 국내 기업에 대한 감사를 수행하고 있는 3개(삼일, 삼정, 한영)에 대해 금감원이 품질관리감리할 때마다 PCAOB와 공동검사를 한다. 2022년에는 삼정이 joint inspection의 대상이며, joint inspection시 특정기업에 대한 점검이 진행되는데 2022년에는 포스코홀딩스가 선정되었다. 단, 2022년초에 포스코홀딩스가 분사되었으므로 실질적인 감사 대상은 포스코(철강)이다.

## 3. 상장회사 감사인등록의 유효기간

등록 이후에는 등록요건을 계속하여 유지해야 하는데, 이에 대한 점검은 회계법인의 자체점검은 매년, 금감원의 점검은 품질관리감리 시 이루어진다.

## 4. 감사인등록요건 중 지배구조에 관한 사항

외감규정상 감사인 등록요건으로 지배구조 건전성 및 의사결정의 투명성 확보에 대한 요건을 만족해야 하는데 이때 명칭에 상관없이 대표이사, 사실상 경영에 영향력을 행사하는 자 등을 감시, 견제하는 역할을 담당하는 자(또는 기구)가 필수적으로 있어야 하며, 없을 경우 요건 미충족이라고 한다.

즉, 감사인 등록시 경영진을 견제하는 기능이 있는지와 이에 대한 운영을 살펴보고 있다. 다만, 위에서도 기술하였듯이 대부분의 회계법인에서 '감사'라는 직으로 견제 역할을 하는 것은 아니다.

# 경영자 급여와 직급

경영활동에 있어서 누가 책임질 일을 해야 하는지에 대해서는 여러 가지 이슈가 있다. 상법상, 집행임원제도가 수년전 도입됐지만 이 제도를 도입한 기업이 제한되어 있고 도입한 기업에 있어서도 얼마나 많은 책임이 집행임원에게 위임되어 있는지에 대해서는 별로 알려진 바가 없다. 집행임원제도는 유명무실한 제도가 될 수도 있다.

삼성전자에는 1,000여 명의 임원 명함을 가진 이사들이 있지만 법적인 이사는 이사회 등기 이사 11명(사내이사 5인, 사외이사 6인) 소수로 국한되며 이들이 삼성전자 경영의 모든 법적인 책임을 진다.

그렇다고 하면 우리 기업에 있어서 모든 책임을 소수의 등기이사들이 모두 짊어지라고 할 수 있는지도 의문이다. 등기임원을 맡고 있지 않은 최대주주에 대한 급여 지급도 해결되어야 하는 문제이며 동시에 회장 등의 직급 부여에 대한 부분도 명확하지 않은 내용들이 있다.

**'퇴색한 책임 경영'… 총수 일가 이사 등재 5년째 뒷걸음**

미등기 임원 재직은 176건 달해… 법적 책임 없이 책임 경영 회피 우려

총수가 있는 54개 기업집단의 2,100개 계열 회사 중 총수 일가가 1명 이상 이사로 등재된 회사의 비율은 15.2%(319개)였다. 총수 일가가 이사로 등재된 회사의 비율은 최근 5년간 꾸준히 낮아지고 있다. 총수 일가의 이사 등재 현황을 살펴보면 2017년 17.3%에서 2018년 21.8%로 일시적으로 증가했다가 다시 2019년 17.8%, 2020년 16.4% 등 감소 추세다. 특히 삼성 신세계 CJ 미래에셋 네이버 코오롱 이랜드 태광 삼천리 동국제강은 총수 본인이 이사 등재 계열사가 한 곳도 없었다.

**총수 최다 이사 겸직 톱5**

|   |   | 계열사 | 등재회사 |
|---|---|---|---|
| 1 | SM(우오현회장) | 51 | 12 |
| 2. | 하림(김홍국회장) | 55 | 7 |
| 3 | 롯데(신동빈회장) | 86 | 5 |
| 4 | 영풍(장형진회장) | 27 | 5 |
| 5 | 아모레퍼시픽(서경배회장) | 14 | 5 |

한경비즈니스. 2022.1.17.-23

누가 등기를 하고, 대표이사는 누가 맡는지는 법적인 이슈이므로 매우 중요하지만 최대주주가 어떤 직함/title을 가지는지는 법적인 이슈는 아니다. 이는 명목상의 호칭의 문제일 수 있기 때문이다.

**제401조의2(업무집행지시자 등의 책임)**
① 다음 각호의 1에 해당하는 자는 그 지시하거나 집행한 업무에 관하여 제399조·제401조 및 제403조의 적용에 있어서 이를 이사로 본다.
  1. 회사에 대한 자신의 영향력을 이용하여 이사에게 업무집행을 지시한 자
  2. 이사의 이름으로 직접 업무를 집행한 자

3. 이사가 아니면서 명예회장·회장·사장·부사장·전무·상무·이사 기타 회사의 업무를 집행할 권한이 있는 것으로 인정될 만한 명칭을 사용하여 회사의 업무를 집행한 자

② 제1항의 경우에 회사 또는 제3자에 대하여 손해를 배상할 책임이 있는 이사는 제1항에 규정된 자와 연대하여 그 책임을 진다.

금융회사의 지배구조에 관한 법률에 준법감시인의 요건으로 사내이사 또는 업무집행책임자 중, 선임으로 규정하고 있어서 법에서도 업무집행지시자를 인정하고 역할을 부여하기도 한다. 물론, 업무집행지시자라는 직이 상법에서 정의된 내용이므로 이 직책자에게 책임을 맡기는 것도 이해할 수 있다. 또한 거의 모든 기업에서 등기하는 사내이사의 숫자가 제한되어 있어 모든 업무를 등기한 사내이사에게 맡기기에는 한계가 있다.

**지배구조법 제25조(준법감시인의 임면 등)**

① 금융회사는 내부통제기준의 준수 여부를 점검하고 내부통제기준을 위반하는 경우 이를 조사하는 등 내부통제 관련 업무를 총괄하는 사람(이하 "준법감시인"이라 한다)을 1명 이상 두어야 하며, 준법감시인은 필요하다고 판단하는 경우 조사결과를 감사위원회 또는 감사에게 보고할 수 있다.

- 중간 생략 -

④ 준법감시인의 임기는 2年 이상으로 한다.

자본시장법에서는 준법감시 업무의 일부 위탁은 가능하지만 완전 위탁은 금지하고 있다. 즉, 준법감시기능은 회사 내부에서 어느 정도 수행되어야 한다. 위의 법령에서 흥미로운 점은 준법감시인의 임기를 2년 이상으로 규정한다는 점이다.

상법에서 이사의 임기를 3년 이내로 두고 있다. 사외이사의 임기에 6년을 한도로 두고 계열사로 옮긴다면 추가적으로 3년의 임기 한도를, 즉, 총 9년의 상한을 두는 것이나 주기적 지정제에서 6년 자유수임에 3년 지정의 자유수임에 대한 한도를 두는 것, 또한 과거의 감사인 강제 교체 제도 때, 6년의 한도

를 두는 것, 상장기업을 감사하는 파트너의 임기를 3년으로 정해두고, 4년째는 교체해야 하는 것, 감사팀의 인원도 2/3는 4년째는 교체해야 하는 것 모두 임기에 상한선을 두는 제도이다. 자유수임의 cap이 6년이니 3년 연속 감사 계약으로 1번의 재계약만 가능하다는 것이다.

회계에서 minimum을 보장하는 제도는 아마도 상장기업의 감사인 계약에 있어서 3년 계약을 체결하는 감사인 유지제도 정도이다. 그러면 상한선과 하한선은 어떠한 경제적 의미가 있는 것인가? 위에 나열된 것과 같이 대부분의 경우는 상한선을 두게 된다.

일단, 하한선을 두는 것은 신분을 보장한다는 의미이며, 또한 어느 정도 이상의 기간에 해당 업무에 종사하여야만 전문성을 축적할 수 있다.

상한선의 의미는 어느 정도 이상을 해당 업무에 관여하면 전문성은 제고되지만 어느 정도 이상을 관여하게 되면 독립성/중립성이 훼손될 가능성이 있으므로 즉, 유착의 문제가 존재하므로 근무 연한을 제한하는 것이다. 즉, 하한선은 전문성과 관련되며 상한선은 독립성과 연관된다.

금융기관에서의 준법감시인의 역할은 감사의 역할과 동일하게 최고경영자 포함 경영진에 대한 어느 정도의 monitoing의 의미도 있으므로 전문성 못지않게 독립성이 준법감시인의 필수적인 덕목이라고 할 수 있다. 즉 최소 근무 연한의 설정은 전문성을 보장하려는 것이지만 최대 근무 연한이 설정되어 있지 않으므로 이는 독립성이 보장되지 않는 사유가 될 수도 있다.

수년 전 도입된 준법지원인의 경우, 임기를 법에서 3년으로 정하고 있다. 물론, 연임 불가하다는 규정이 없으므로 상한선은 없다.

준법지원인 제도는 2012년 법제화되었는데 2018년부터 사업보고서에 준법지원인의 선임 현황을 보고하도록 되어 있다. 2022년 현재 자산 규모 5,000억원이 넘는 상장기업 중, 준법지원인이 선임된 기업은 약 40% 정도이다. 이는 준법지원인이 의무화되어 있지만 이를 수용하지 않는 기업에 대해서는 명확하게 어떤 제재가 부과된다고 법에 명시되어 있지 않기 때문이다. 준법감시인을 두지 않는 경우는 5,000만원의 과태료가 부과된다.

준법지원인제도를 의무화해 두고 이를 준수하지 않는 기업에 아무런 penalty를 정하지 않고 이를 자발적인 제도와 같이 운영하는 것은 감독/규제

기관의 정책으로는 이해하기 어렵다.

준법감시인의 업무와 준법지원인의 업무가 어느 정도 유사할 수도 있는
데 준법감시인은 최소 2년으로 두고 있고, 준법지원인은 3년으로 두고 있는데
이 두 제도를 규제하는 법령 간에 차이가 있기는 하지만 뭔가 이 두 제도 운
용의 차이는 무엇인가에 대한 의문이 있다.

## 법망 피하는 ESG경영…대기업 10곳 중 4곳, 준법지원인 선임 의무 외면

'ESG 경영'을 외치는 대기업들이 사내 준법경영 여부를 감시하는 준법지원인 선임
의무는 외면 중인 것으로 나타났다. 기업평가사이트 CEO스코어는 1일 국내 상장사 중
준법지원인 선임 의무가 있는 394곳을 전수조사한 결과를 발표했다. 올해 3분기 기준
145개(36.8%) 기업은 준법지원인을 선임하지 않은 것으로 확인됐다. 1일 기업평가사이
트 CEO스코어에 따르면 준법지원인을 선임할 의무가 있는 국내 상장사 394곳 중
145곳(36.8%)이 의무를 지키지 않은 것으로 나타났다(2021년 3분기 기준).

준법지원인이란, 상장사의 경영진이나 임직원이 법과 규정을 준수해 회사를 경영하
는지, 계열사에 부당한 지원을 제공하지는 않는지 등을 감시해 이사회에 보고하는 직
책이다. 상법 제542조에 따라 자산총액이 5,000억원 이상인 상장사는 반드시 준법지
원인을 둬야 한다. 하지만 이를 준수하지 않아도 별다른 처벌 규정이 없어 사실상 임
명이 기업 자율에 맡겨진 상황이다.

자산별로 살펴보면 자산총액 2조원 이상인 기업의 선임률은 90.8%였다. 자산 1조
원 이상 2조원 미만 기업의 선임률은 68.4%, 5,000억원 이상 1조원 미만인 기업은
39.1%에 그쳤다. 공기업의 경우 의무 대상 7곳 모두 준법지원인을 선임하지 않았다.
강원랜드를 제외한 한국전력공사, 한국가스공사, 한국지역난방공사, 한전KPS, 한국전
력기술, 그랜드코리아레저(GKL) 등 6개 기업은 선임 대상이 된 이후 단 한 번도 준법
지원인을 둔 적이 없다.

그룹별로는 의무 선임 대상 기업이 있는 56개 그룹 중, 선임 의무 기업 모두가 준법
지원인을 둔 그룹은 38곳이었다. 삼성·현대자동차·LG(각 11곳), 롯데(10곳), 현대중
공업(7곳), 신세계·CJ(각 6곳), 효성·하림(각 5곳) 등이 해당한다.

준법지원인 지원조직의 직원 수가 가장 많은 곳은 삼성전자였다. 올해 기준 68명으로, 3년 전보다 15명을 더 고용했다. 20명 이상의 직원을 둔 곳은 SK하이닉스(38명), NAVER(30명), 대한항공(29명), CJ대한통운(25명), 롯데쇼핑(24명), LG전자(22명), 삼성물산(21명), 대우조선해양(20명) 등 7곳이었다.

업종별로는 상사와 통신 부문에서는 대상 기업 모두가 준법지원인을 선임했다. 건설·건자재(83.8%), 조선·기계·설비(73.9%), 에너지(66.7%), 서비스(65.1%) 등 업종도 선임률이 평균보다 높았다.

준법지원인을 둔 기업의 66.7%는 변호사를 준법지원인으로 선임했다. 나머지는 경력이 5년 이상인 법학 교수 등 실무 경력 조건을 충족하는 사람에게 자리를 맡겼다.

조선미디어. 2021.12.1.

공적인 성격이 강한 시장형 공기업에서 정부가 강제한 이 제도를 준수하지 않았다는 것은 의문이다. 물론, 도입 초기부터 다른 사내 준법 기구인 상근감사/감사위원회 등의 성격과 준법지원인의 기능이 중복된다는 판단이 내부적으로 검토되었을 수는 있기는 하지만 그럼에도 공적인 기능이 강한 이들 기업에서의 경우는 의외이다.

어느 조건이 되는 기업들은 장애인을 고용해야 하는 의무가 있고 이를 준수하지 않을 경우는 penalty가 있다. 다수 기업들은 장애인 고용의 어려움 때문에 장애인 고용보다는 penalty를 감수하는 경우가 있다.

금융기관의 경우는 준법지원인보다도 더 강력한 제도인 준법감시인 제도가 강제화되고 있기 때문에 다음의 시행령에 의해서 준법감시인 제도를 채택하는데 있어서는 예외를 두고 있다.

**상법 시행령 제39조【준법통제기준 및 준법지원인 제도의 적용범위】**

법 제542조의 13 제1항에서 "대통령령으로 정하는 상장회사"란 최근 사업연도 말 현재의 자산총액이 5천억원 이상인 회사를 말한다.

다만, 다른 법률에 따라 내부통제기준 및 준법감시인을 두어야 하는 상장회사는 제외한다. (2012. 4. 10. 개정)

거의 모든 의무화된 제도에 대해서 이를 채택하지 않는 경우, 구체적인 penalty가 부과되고 있는 반면, 준법지원인 제도를 도입하지 않는 기업에 대해서는 이러한 제재가 정해져 있지 않은 점은 제도의 미비라고 할 수 있다.

다음과 같이 금융기관이 준법감시인을 임명하지 않는 경우는 5,000만원의 과태료가 부과되는데 과태료보다는 법을 준수하지 않는다는 신호를 시장에 전함이 더 의미가 있을 수 있다.

---

**금융회사의 지배구조에 관한 법률**

제43조(과태료) ① 다음 각 호의 어느 하나에 해당하는 자에게는 5천만원 이하의 과태료를 부과한다.

17. 제25조제1항을 위반하여 준법감시인을 두지 아니한 자

18. 제25조제2항에 따라 준법감시인을 선임하지 아니한 자

---

이와는 별도로 상법에서는 자산규모 5000억원 이상되는 상장기업에 준법지원인 제도를 두고 있다.

---

**(상법제 542조의 13 (준법통제 기준 및 준법지원인))**

시행령 제39조: 최근 사업연도 말 자산 총액 5천억원 이상 상장회사

4. 제1항의 상장회사는 준법지원인을 임명하려면 이사회의 결의를 거쳐야 한다.

6. 준법지원인의 임기는 3년으로 하고, 준법지원인은 상근으로 한다.

---

준법감시인의 경우는 금융기관의 경우 이사회에서 결의하여 선임하며 준법지원인인 경우는 상법 제542조의 13(준법통제기준 및 준법지원인) 4항에 의거, 이사회가 결의한다.

---

**금융회사의 지배구조에 관한 법률 제25조(준법감시인의 임면 등)**

③ 금융회사(외국금융회사의 국내지점은 제외한다)가 준법감시인을 임면하려는 경우에는 이사회의 의결을 거쳐야 하며, 해임할 경우에는 이사 총수의 3분의 2 이상의 찬성으로 의결한다.

---

대부분의 기업에서 내부 감사실장의 경우의 임면권은 대표이사에게 있으며 단, 이에 대한 승인권만 감사위원회가 갖게 된다.

임면권이 이사회에 있는 것과 임면권은 대표이사에게 있지만 이사회/감사위원회가 승인 권한을 가지는 경우는 실질적으로는 차이가 없지만 대표이사가 승인한 후보를 거부하는 것도 흔한 일은 아니다. 그럼에도 위원회가 선임권한을 갖는다는 것은 위원회의 선임과 관련된 권한이 강화된다고도 할 수 있다.

준법지원인, 준법감시인의 경우는 법에서 정한 직이므로 이사회가 선임하게 되지만 직의 호칭이 어떻게 되든지 감사실장의 경우는 법에서 정하는 공식적인 직이 아니므로 이러한 제도적인 차이가 있다.

대학교 재단이사회의 경우는 감사에 대해서 만큼은 연임이 제도적으로 重任으로 제한된다. 단, 재단이사의 경우는 연임 제한이 없으므로 이러한 제도의 배경에는 감사는 이사장과 이사에 대한 감시와 견제의 역할을 수행하므로 이 경우도 독립성이 가장 중요하며 따라서 임기를 제한하게 되는 것으로 이해할 수 있다. 즉, 유착을 미연에 방지하려는 의미이다.

한때 모든 사학재단의 이사에 대해서도 임기 제한과 관련된 논의가 있었지만 이는 사학 재단의 재산권에 대한 심각한 도전이라는 차원에서 더 이상의 논의는 중단되었다. 재단이사장이 실질적인 사학재단의 주인인데 임기제한을 둔다는 것은 매우 복잡한 문제를 초래하게 될 것이다.

준법감시는 사전적인 monitoring이며 감사는 사후적인 monitoring이라고 역할을 구분할 때, 감사위원에 대해서 6년이라는 term limit 등의 제도를 갖추어 두고 있는 것에 비해서는 뭔가 제도가 완벽하지는 않다는 판단을 할 수 있다. 즉, 준법감시인이나 준법지원인에 대해서도 term limit과 같은 독립성을 확보하기 위한 제도가 필요한 것은 아닌지에 대한 의문이다.

특정 기업의 준법감시인 선임시 다음이 이슈가 되었다. 해당 회사 준법감시인은 현재 직급/직위 체계 및 호칭 등을 종합적으로 고려하였을 때, 자본시장법상 임원은 아니며 지배구조법상으로는 임원에 해당한다. 즉, 자본시장법이 지배구조법에 비해서 임원의 범주를 조금 더 철저하게 규제하며, 기업과 관련된 여러 법안에서도 임원에 대한 정의가 모두 상이하다. 특히나 엄격한 규제의 대상인 금융기관에서의 임원의 정의가 법에 따라 달리 적용된다.

## 자본시장법상 '임원' 개념

**자본시장법 제9조(그 밖의 용어의 정의)**

② 이 법에서 "임원"이란 이사 및 감사를 말한다.

- 지배구조법상 '임원' 개념

금융회사의 지배구조에 관한 법률 제2조(정의) 이 법에서 사용하는 용어의 뜻은 다음과 같다.

2. "임원"이란 이사, 감사, 집행임원(「상법」에 따른 집행임원을 둔 경우로 한정한다) 및 업무집행책임자를 말한다.

> ※ 기타: 자본시장법에서 '임원' 개념의 확장: 자본시장법에서 임원의 개념을 확장할 때는 이를 다음과 같이 법상에서 명시하게 된다.

자본시장법에서 '이사' 또는 '감사' 이외의 자를 임원으로 인식하고자 하는 경우에는 개별 규정에서 그러한 사항을 규정하고 있다.

**자본시장법 제28조의2(파생상품업무책임자)**

① 자산규모 및 금융투자업의 종류 등을 고려하여 대통령령으로 정하는 금융투자업자(겸영금융투자업자를 포함한다)는 상근 임원(「상법」 제401조의2제1항 각 호의 자를 포함한다)으로서 대통령령으로 정하는 파생상품업무책임자를 1인 이상 두어야 한다.

401조의 2제1항이 업무집행지시자를 상법에서 정의하고 있다.

**제172조(내부자의 단기매매차익 반환)**

① 주권상장법인의 임원(「상법」 제401조의2제1항 각 호의 자를 포함한다. 이하 이 장에서 같다), 직원(직무상 제174조제1항의 미공개중요정보를 알 수 있는 자로서 대통령령으로 정하는 자에 한한다. 이하 이 조에서 같다) 또는 주요주주가 다음 각 호의 어느 하나에 해당하는 금융투자상품(이하 "특정증권등"이라 한다)을 매수(권리 행사의 상대방이 되는 경우로서 매수자의 지위를 가지게 되는 특정증권등의 매도를 포함한다. 이하 이 조에서 같다)한 후 6개월 이내에 매도(권리를 행사할 수 있는 경우로서 매도자의 지위를 가지게 되는 특정증권등의 매수를 포함

한다. 이하 이 조에서 같다)하거나 특정증권등을 매도한 후 6개월 이내에 매수하여 이익을 얻은 경우에는 그 법인은 그 임직원 또는 주요주주에게 그 이익(이하 "단기매매차익"이라 한다)을 그 법인에게 반환할 것을 청구할 수 있다. 이 경우 이익의 산정기준 · 반환절차 등에 관하여 필요한 사항은 대통령령으로 정한다.

위의 상법 규정은 소위 '단차반환'에 업무집행지시자와 일부 직원까지도 그 대상으로 두고 있다.

금융회사와 관련된 법률에서 임원 범위가 이슈가 되는 경우는 두 가지가 더 있다.

## 1. 금융소비자보호 모범규준에 따른 금융소비자보호 총괄책임자

**금융소비자보호모범규준 제4조(금융소비자보호 총괄책임자의 지정)**
① 금융회사는 업무집행책임자(임원급) 중에서 준법감시인에 준하는 독립적 지위의 금융소비자보호 총괄책임자를 1인 이상 지정하여야 한다. 다만, 아래 각호의 어느 하나에 해당하는 금융회사는 준법감시인으로 하여금 금융소비자보호 총괄책임자의 직무를 수행하게 할 수 있다.

금융소비자보호에 관한 법률 및 동법 시행령에서는 "임원" 개념에 대하여 특별한 정의 규정을 두고 있지 않다. 다만, 금융투자협회에서 정한 금융소비자보호 모범규준 제4조제1항 전단에서 금융소비자보호 총괄책임자의 자격요건으로 '업무집행책임자(임원급)'를 규정하고 있다.

'업무집행책임자'는 지배구조법에서 사용하고 있는 용어지만, 모범규준에서 동 용어가 지배구조법상 개념을 따르는 것임을 명확히 규정하고 있지 않아 이를 해석으로 풀어야 하는 어려움이 있다. 하지만, 모범규준 제4조제1항 후단에서 준법감시인은 금융소비자보호 총괄책임자 직무를 수행할 수 있음을 명시적으로 규정하고 있기 때문에, 전단부 규정이 다소 모호한 것과는 무관하게 준법감시인이 금융소비자보호 총괄책임자 직무를 겸직하여 수행하고 있는 기업이 있다.

## 2. 전자금융거래법상 정보보호최고책임자 지정

**전자금융거래법 제21조의2(정보보호최고책임자 지정)**

② 총자산, 종업원 수 등을 감안하여 대통령령으로 정하는 금융회사 또는 전자금융업자는 정보보호최고책임자를 임원(「상법」 제401조의2제1항제3호에 따른 자를 포함한다)으로 지정하여야 한다.

전자금융거래법 시행령 제11조의3(정보보호최고책임자 지정) ① 법 제21조의2제2항에서 "대통령령으로 정하는 금융회사 또는 전자금융업자"란 직전 사업연도 말을 기준으로 총자산이 2조원 이상이고, 상시 종업원 수가 300명 이상인 금융회사 또는 전자금융업자를 말한다.

이에 동법 제21조의2에 따라 정보보호최고책임자를 지정해야 하는바, 대통령령(동법 시행령)상 요건에 해당하는 회사일 경우에는 임원 또는 상법 제401조의2제1항제3호에서 정하고 있는 자 중에서 지정해야 한다.

정보보호 최고책임자를 임원으로 지정해야 하는 회사에 해당하는 요건은 전자금융거래법 시행령 제11조의3 제1항에서 규정하고 있으며 '총자산 2조원 이상 & 상시 종업원 300명 이상'이다.

전자금융거래법에서는 임원 여부와는 무관하게 대학 전공, 업계 경력, 부서장 경력 요건 등 정보보호 최고책임자 자격 요건을 상세히 규정하고 있다.

### 1) 법률에서 별도의 '임원' 정의를 두고 있는 경우

**금융산업의 구조 개선에 관한 법률**

제2조(정의) 이 법에서 사용하는 용어의 뜻은 다음과 같다.

7. "임원"이란 금융기관의 이사 및 감사(「상법」 또는 관계 법령에 따라 감사위원회를 설치한 경우 그 위원회의 위원을 포함한다)를 말한다.

### 2) 법률에서 별도의 '임원' 정의를 두고 있지 않은 경우

금융실명거래 및 비밀보장에 관한 법률, 신용정보의 이용 및 보호에 관한 법률, 금융지주회사법, 예금자보호법, 외국환거래법, 특정금융거래정보의 보고 및 이용 등에 관한 법률, 금융소비자보호에 관한 법률 등에서는 별도의 정의 규정이 없다.

해당 법규에서 규정하고 있는 사항들이 '임원' 개념에 따라 영향을 받는 내용이 없거나, 혹은 필요할 경우 상법, 자본시장법, 지배구조법 개념을 준용 하여 사용하려는 의도인 것으로 보인다.

위에서 기술한 바와 같이 임원의 정의는 적용되는 법률에 따라 다르다는 점에 유의하여야 하며 특히나 회사 내부에서의 임원의 정의는 더욱 다양하게 사용된다.

## 국민연금 "CEO 승계방안 이사회서 공개하라"

국민연금이 투자 기업들에 기업 이사회에서 최고 경영자 승계 방안을 미리 마련해 공개하라고 요구할 것으로 알려졌다. 국민연금은 오는 16일 올해 마지막 기금운영위원 회를 열고 이 같은 내용이 포함된 '국민연금 투자기업의 이사회 구성 및 운용 등에 관한 기준 안내' 안건을 논의할 예정인 것으로 확인됐다.

2018년 7월 스튜어드십 코드 도입 이후 국민연금의 주주권 의결권 행사에 대한 예측 가능성을 높이는 차원으로 강제성 없는 단순 안내에 불과하다는 게 보건복지부나 국민연금 측 설명이지만 경영계는 과도한 경영권 간섭이라며 반발하고 있어 논란이 예상된다.

10일 관계자들에 따르면 국민연금은 16일 열리는 최고 의사결정기구인 기금운용위에 상장회사 이사회 구성 운영 등에 관한 기준을 담은 안건을 보고할 예정이다. 해당 안건은 지난 10월 30일 열린 제8차 기금운용위에도 보고됐지만 일부 위원들이 반대해 재논의의 절차를 밟게 됐다.

당시 회의에서 위원장을 맡았던 박능후 보건복지부 장관은 기업 의견을 광범위하게 수렴해 달라고 요청했다. 이에 따라 경영계 반대가 심했던 수천명 규모 사외이사 인력 풀 마련 방안 등은 안건에서 제외된 것으로 알려졌다.

하지만 CEO 승계 방안을 이사회에서 미리 마련해 이를 공개하도록 한 내용은 안건 에 포함된 것으로 알려졌다. 국민연금이 지난 8차 기금운용위에 보고한 내용을 보면 이사회는 CEO 승계 담당 조직 구성과 운영, 권한, 책임과 비상시 퇴임 시 CEO 승계 절차 등 내용을 담은 구체적이고 종합적인 승계 방안을 마련해 공개하도록 규정하고 있다. 명예회장 회장 등 이사가 아니면서 경영권을 행사하는 업무집행책임자의 승진 해임 등에 대해서도 이사회 승인을 받도록 했다.

에프앤가이드에 따르면 지난 9일 기준 국민연금이 5% 이상 지분을 보유한 상장회사는 282곳, 10% 이상 지분을 보유한 92곳에 이른다. 경영계는 특히 CEO 승계 방안을 외부에 공개하면 투기세력에 공격 빌미를 제공할 수 있다고 우려한다.

한 기금운용 위원은 "기업 측으로서는 해당 문구를 근거로 국민연금이 어떤 행동에 나설지 불확실성이 오히려 높아질 것"이라고 우려했다.

매일경제신문. 2020.12.11.

CEO의 승계방안에 대해서 공개적으로 접근하기를 국민연금이 요구하고 있다. 물론 기업들이 CEO 후보자에 대해서 임원추천위원회에서 후보자 명단을 유지하고 있기는 하지만 기업집단의 경우는 CEO의 선임은 최대주주의 인사권 또는 포괄적으로는 경영권에 해당된다고 할 수 있다. 거의 모든 기업집단에서 인사에 최대주주 이외에 이사회가 개입한다는 것도 생각하기 어렵다. 최대주주의 결단이 있은 다음 이사회는 추후의 행정적인 절차를 거치게 된다.

모 그룹의 금융계열사는 전체 금융 계열사의 부사장급 이상 수십 명의 임원을 모두 CEO 후보자 pool로 관리하기도 한다. 물론, 이 후보자군에서 CEO가 나오기는 하지만 이 pool이 그 이상의 큰 의미를 갖지는 않는다.

**"기업 승계 방안 공개하라는 건 세계에 전례 없어"**

정부가 국내 주요 상장사에 기업 승계 방안을 밝히라고 요구해 논란이 일고 있다. 기업 승계 방안은 경영전략 상 대외비 성격이 강한 데다 시장에 영향을 미치는 민감한 사안이어서 선진국에서도 정부가 공개를 요구한 전례가 없다.

6일 금융위원회는 '기업지배보고서 가이드라인' 개정을 통해 "최고 경영자(CEO) 승계 방안의 주요 내용을 명확히 기재하는 경우에만 원칙을 준수한 것으로 인정하겠다"
고 밝혔다. 앞으로 매년 5월 공시하는 기업지배구조보고서 '최고경영자 승계방안 마련
및 운영' 평가란에 회사의 승계 방안 현황을 구체적으로 적으라는 것이다.

금융위 관계자는 "회사가 경영자를 양성하기 위해 후보군을 어떻게 선정하고, 교육
과 평가 제도를 어떻게 운영하고 있는지 등을 상세하게 적어 기업 투명성을 제고하려
는 목적"이라고 말했다. 회사가 기입해야 하는 주요 내용에는 승계 방안의 수립 및 운
영주체, 후보자 선정, 관리, 교육 현황 등의 내용이 포함돼야 한다.

그동안 상장사들은 상법과 정관상 대표이사 선임절차만 나열하는 방식으로 준수
여부를 밝혀왔다. 승계방안은 기업 기밀인 경우가 많고, 승계 계획을 마련하지 않은 곳
도 다수이기 때문이다. 하지만 오는 5월부터 기존 관행처럼 내용을 기입하는 상장사는
이 가이드라인을 미준수한 것으로 간주된다.

금융위는 'G20 OECD 기업지배구조 모범규준'을 참고해 가이드라인을 만들었다는
입장이다. 선진국도 기업들에 같은 요구를 하고 있다는 것이다. 하지만 G20 OECD 기
업지배구조 모범규준 원문에는 관련 조항이 없는 것으로 나타났다. G20 OECD 모범
규준은 "이사회가 승계 절차를 감독할 의무만 있다"고 적시하고 있다.

한국거래소 관계자는 "기업 모범규준을 한국 실정에 맞게 해석하다 보니 이런 규정
이 들어갔을 것"이라고 말했다. 실제로 이번 가이드라인의 기초가 된 한국 기업지배구
조원 모범규준에는 "최고 경영자의 경영승계 내부 규정, 후보군 관리 및 추천에 관한
사항 등 주요 사항을 정기적으로 공시해야 한다"는 규정이 있다. 기업들은 정부와 외
국계 투자자가 기업 경영진 선출에 개입할 근거를 줄 수 있다고 우려하고 있다.

한국경제신문. 2022.3.7.

최대주주가 없는 기업에는 이러한 승계 작업이 가능하지만 우리나라와
같이 소유와 경영이 분리되어 있지 않고, 실질적으로 최대주주가 최고경영자
를 낙점하는 분위기에서는 위와 같은 승계 작업이 가능한 것인지에 대한 의문
이 있다. 바람직할 수는 있어도 어떻게 보면 최대주주의 지분을 경영권이라고
생각하면 어느 정도 자본주의의 정신에 역행하는 지침이라고도 할 수 있다.
아마 이러한 승계 과정이 체계적으로 진행될 수 있는 경우는 최대주주가 없는

금융지주, 포스코홀딩스, KT, KT&G 등의 기업 정도 아닌가 판단된다.

**"정부가 좋은 기업 '프레임' 정해놓고 강요… 안 지키면 문제기업 낙인"**

　금융위원회가 내놓은 기업지배구조보고서 가이드라인에 대해 경제계가 강하게 반발하고 있다. 일부 기업의 자회사 상장 과정에서 불거진 물적 분할 논란을 이유로 내세워 지배구조와 관련한 규제 수준을 대폭 강화했다는 게 공통된 지적이다.

　6일 경제계에 따르면 주요 기업은 금융위의 가이드라인에 대해 소액주주 보호와 직접 연관성이 떨어지는 내용까지 포함한 것은 과도한 규제이자 물타기라고 지적했다. 경영 투명성 개선을 유도하기 위한 가이드라인으로, 강제성이 없다는 금융위의 설명과 달리 위반 시 상당한 불이익을 받게 된다는 점도 앞뒤가 맞지 않는다는 분석이다.

　기업지배구조서 공시 기한을 지키지 않았거나 내용 중 오류나 누락된 내용이 있으면 정정공시 요구, 불성실공시 지정, 벌점 등의 제재를 받게 된다. 한 경제단체 관계자는 "정부가 원하는 지배구조 프레임을 정해놓고 기업에 이를 강요하는 셈"이라며 "상법 등 현행법을 준수하는 기업도 프레임을 벗어나면 문제아로 낙인 찍힐 수 있다"고 말했다.

　내부거래와 관련한 공시 강화에 대한 불만도 나오고 있다. 금융위는 계열 기업과의 내부거래를 이사회가 기간, 한도 등을 정해 포괄적으로 의결하는 경우 내용과 사유를 주주들에게 적극적으로 설명할 것을 주문했다. 한 대기업 관계자는 "효율적인 경영을 위해 계열사와의 반복적인 거래가 발생할 수 밖에 없다"며 "이를 세세하게 공시할 경우 불필요한 행정력 낭비를 초래하고, '내부거래=부정적인 거래'라는 잘못된 인식을 심어줄 수도 있다"고 토로했다.

　최고경영자 승계 정책의 주요 내용을 기업지배구조보고서에 기재할 것을 요구한 것도 논란이다. 경영권 승계에 관한 사항은 기업의 핵심 기밀이자 경영판단사항인데, 공개를 의무화한 것은 경영 간섭에 해당한다는 것이다. 또 다른 경제단체 관계자는 "각 기업이 자체 판단에 따라 자율적으로 승계 정책을 밝히는 사례는 있지만 정부가 기업에 승계 원칙을 제출하도록 강제하는 국가는 없다"고 지적했다.

　모회사가 자회사 주식 100%를 소유하는 물적분할을 단행할 때 소액주주 보호 방안을 함께 제출하라는 대목과 관련해서는 기업에 책임을 떠넘긴 게 아니냐는 지적이 나온다. 모기업 주주에게 신수인수권 등을 부여하는 방법이 거론되고 있지만, 이는 상법 등 현행법을 개정해야 가능하다. 한 대기업의 IR 담당 임원은 "현행법에서 소액주주에게 혜택을 주는 방법은 배당을 늘리거나 자사주를 매입하는 것뿐"이라며 "신주인수권을 부여하는 것이 가능하다고 해도 대부분 인수권이 지주회사에 돌아가는 결과가 발생하면 특혜 논란이 일 수 있다"고 말했다.

**기업지배구조보고서 공시 대상**

| 2조원 이상 | 2021년 | 175개 |
|---|---|---|
| 1조원 이상 | 2022년 | 265개 |
| 5,000억원 이상 | 2024년 | 406개 |
| 코스피 전체 | 2026년 | 733개 |

한국경제신문. 2022.3.7.

기존의 사외이사들에게 사외이사 후보자 추천을 받는 기업도 있지만 오히려 이것이 그들만의 league를 형성한다는 비판의 대상일 수도 있으니 이러한 업무를 회피하는 기업도 있다.

물론, 포스코홀딩스, 금융지주 등 최대주주가 없는 기업의 경우 이사회가 특히나 사외이사들이 회장 추천/선임과 관련된 주도적인 역할을 하게 된다. 후보자군에 포함된 인사들이 상호 선의의 경쟁을 통해서 공정하게 최종적으로 회장이 결정된다. 이렇게 경쟁을 통한 선임 과정에서는 승계 방안이라는 것이 의미가 있지만 그렇지 않고 최대주주의 낙점을 기다리는 상황에서는 실질적인 승계 과정이라는 것이 큰 의미가 없다. KT의 경우는 현 대표이사가 연임 의사를 표명하는 경우, 현직 대표이사에 대해서 우선 연임 추천여부를 결정하게 되는데, 대표 후보 심사위원회를 구성한다. 심사 대상자가 아닌 사내이사 1인과 사외이사 8인으로 구성되는 점이 사내이사가 원천적으로 배제되는 포스코홀딩스의 경우와는 차이가 있다.

위의 내용은 제도권이 아닌 국민연금의 요구사항이기는 하지만 국민연금이 최근 경영 의사결정에 적극적으로 관여하면서 업무집행지시자의 직책이 남발되지 않도록 이에 대한 제재를 기업에 요청한 것이다. 물론, 이는 국민연금의 요구사항일 뿐이지만 스튜어드십이 강조되면서 또한 ESG가 강조되면서 어느 기업도 국민연금의 요구사항을 소홀히 대할 수 없다. 특히나 의무화하지 않은 제도라고 할지라고 시행령에 의해서 권면하는 '이사회가 특정 성으로만 구성되어서는 안 된다'는 내용도 기업들이 체감하는 정도는 의무화나 별반 차이가 없다.

**대표 기업 생사마저 '휘청' 일본의 영어 실력이 위험하다.**

이사회 멤버의 3분의 1 이상을 외국인과 여성이 포함된 사외이사로 채워야 하고 주요 공시 사항을 영어로도 제출해야 한다.

한경비즈니스 20218.23-29

일본의 상장기업에서 '특정 성' 요건도 만족스럽지 않아서 외국인 요건까지 포함한 것은 매우 흥미롭다. 외국인이 이사회에 포함되면서 소통이 원만하지 않을 수도 있는데 외관상으로 국제화된 기업이라는 구색을 맞추려는 것은 아닌지라는 생각이 든다. 특별하게 해외 사업 비중이 큰 경우를 제외하고는 외국인이 내국인보다 국제적인 감각 때문에 더 우월한 의사결정을 수행하는 것이 아니라고 하면 조금은 이해하기 어려운 제도이다.

저자는 이러한 경험을 한 적이 있다. 어느 기업으로부터 사외이사를 찾고 있는데 외국인이면 더 좋겠다는 의견을 전달받았다. 해당 전문 영역에 적임자가 있어서 한국계 미국인을 연결하려고 했더니 해당 기업의 인사 담당자는 한국계 미국인이 아니라 인종적으로 외국인을 소개해 달라는 것이었다. 속된 말로 이사회 사진을 찍는데 외국인 같아 보이는 사람을 한 명 넣으면서 해당 회사 이사회는 국제화되었다고 홍보하고 싶다는 감을 받게 되었다. 그야말로 실질보다는 구색 맞추기 식, 외관이 중요하다는 것이었다.

그러나 이러한 국민연금의 정책방향이 반드시 순기능만 있는 것은 아니다. 상법에서 업무집행지시자를 규정하고 있기는 하지만 이는 어디까지나 등기한 이사가 아닌데도 불구하고 업무집행지시자가 기업 경영활동에 관여할 수 있으므로 기업경영활동에 느슨한 부분이 없도록 보완하려는 의미이다. 즉, 업무집행지시자로 경영활동을 수행했는데도, 등기이사가 아니니 나는 책임이 없다고 책임을 회피하는 것을 미연에 방지하기 위한 법 조항이라고 이해된다. 예를 들면 민법에서의 사실혼과 유사하다고 생각할 수 있다.

단, 기업경영활동은 상법상으로는 집행임원제도가 정식으로 도입되어 시행하는 회사가 아니라고 하면 등기한 이사가 책임지고 수행하는 것이 맞다. 업무집행지시자에 대해서 이사회에서 승진 또는 해임하도록 한다고 하면 자칫 잘못하면 업무집행지시자를 제도권에서 인정하는 듯한 모습이 될 수도 있다.

집행임원제도가 제도적으로 도입된 기업이 아니라고 하면 업무집행지시자를 기업이 인정하는 듯한 모습을 보이는 것도 바람직하지 않을 수도 있고 지배구조를 혼란스럽게 만드는 요인이 될 수도 있다.

다음의 기사 내용은 직급의 부여는 회사가 결정할 사항임을 밝히고 있다. 즉, 직급은 title일 뿐이고, 이사회에서는 직급의 결정이 부의 안건이 아니다. 이사회에서는 지배구조와 관련해서는 주총에서 선임된 이사 중에서 대표이사를 선임하는 의사결정은 가장 중요한 의사결정일 수 있지만 직급의 결정은 명목상의 호칭의 이슈일 수 있다. 물론, 기업마다 급여 체계가 상이하므로 직급에 따라 급여가 결정될 수 있으며 이러한 경우 직급의 이슈는 보상의 이슈일 수 있다. 특히나 최근에 오면서 삼성의 경우 전무/부사장을 모두 부사장으로 통합하고 있어 직급이 통합되는 분위기이다. 직급이라 함은 책임과는 무관하다. 업무가 중요한 것이지 호칭이나 직분이 중요한 것이 아니다. 예를 들어, 회사의 조직에서는 누가 본부장이라는 직책/역할/기능을 맡는다는 것이 중요한 것이지 이 본부장의 직위가 상무인지 전무인지는 크게 중요하지 않다. 직위가 주는 상징성이란 회사내에서의 무게감 정도일 것이다.

### 한진그룹 승계 과정 정조준한 KCGI… 경영권 공격 본격화하나

KCGI 산하 투자목적회사인 그레이스홀딩스는 한진그룹의 승계를 둘러싼 과정과 내용의 적법성을 조사하기 위해 법원이 지정하는 검사인을 선임해 달라는 내용의 소송을 지난달 29일 제기했다. 검사인은 주주총회 의결이나 법원 판결에 따라 선임되는 임시직이다. 상법 제367조에 따르면 발행주식 총수의 100분의 1 이상에 해당하는 주식을 보유한 주주는 이사회 결의의 적법성 등을 조사하기 위해 법원에 검사인 선임을 청구할 수 있다.

한진칼은 "4월 이사회에서 조 사장을 대표이사로 선임했고, 회장은 회사에서 직책을 부여한 것"이라는 입장이다. 익명을 요구한 한진칼 사외이사는 "법적으로 중요한 것은 대표이사 선임이었고, <u>회장은 이사회 결의사항도 아니다</u>"며 "이사회에서 회장 선임에 대한 잡음도 없었다"고 말했다.

한국경제신문. 2019.6.5.

이에 반해서 삼성전자의 경우는 2022년 10월 이사회에서 이재용부회장에 대해 회장으로 선임하게 된다. 2023년 3월의 주총에서 등기할 수는 있지만 2022년 10월 당시는 미등기 회장인 셈이다. 따라서 직위의 부여는 회사마다 모두 상이하다.

### 총수 급여는 실적과 무관합니다.

한진그룹 측은 "조회장의 연봉은 선친인 조양호 회장에 비해 낮은 수준이며, 전원 사외이사로 구성된 보상위원회에서 결정한다"고 설명했다. 물론 이 같은 설명이 연봉 지급 기준을 명확히 설명해 주진 않는다. 공시상의 설명에 뭉뚱거리는 '보수지급기준' 등이 명확히 공개되지 않기 때문이다. 이 같은 차이가 발생하는 것은 임원 퇴임의 경우 별도로 정해진 적립 배수가 적용되기 때문이다. 예컨대 일반 직원의 경우 대부분 월 급여에 근속연수를 곱해 퇴직금이 책정된다. 40년 근속, 퇴사 직전 연봉 1억 2,000만원인 직원이 퇴직하면 4억원 가량의 퇴직금이 지급되는 게 일반적이다. 이와 달리 임원은 회사가 정한 적립배율이 곱해져 산정된다. 정몽구 명예 회장의 퇴직금에는 400%, 허창수 명예회장은 각각 500%에 가까운 배율이 적용됐다.

퇴직금 산정에 적용된 배율은 명확히 공시되지 않는다. 오덕교 한국기업지배구조연구원 연구위원은 "임원퇴직금지급 규정의 제개정은 주주총회의 승인사항이지만 많은 회사들이 주주총회에서 이사회 결의를 통해 규정 개정을 할 수 있도록 승인 받아 이사회에서 규정을 개정하고 있다"며 "임원이 누릴 수 있는 보수를 포함한 혜택들은 투자자들이 이해할 수 있도록 보여줄 필요가 있다"고 주장했다.

### 퇴직해도 연봉 받는 총수들

총수 일가가 퇴직금을 받고 회사의 경영에서 물러났음에도 '명예회장'이라는 직함으로 연봉을 받는 경우도 비일비재한 것으로 조사됐다.

허창수 명예회장은 지난 3월 GS회장직에서 물러났지만 퇴임 이후에도 GS로부터 임금을 받고 있는 것을 파악됐다. 허 회장이 지난해 12월간 나눠 받은 기본급은 총 14억 8,000만원으로, 2019년 수령한 기본급 14억 5,500만원보다 많은 것으로 집계됐다. GS그룹 관계자는 "허 명예회장은 회장 퇴임 후 고문으로 위촉돼 소정의 급여를 지급하고 있다"며 "지난해 수령한 급여는 3개월의 회장 재임 기간이 포함된 것으로 고문직에 지급하는 급여는 이전보다 줄었다"고 말했다.

신세계그룹에선 정용진 부회장의 부친인 정재은 명예회장이 거액의 보수를 받고 있다. 정 명예회장은 지난해 신세계에서 12억 6,100만원, 이마트에서 26억 9,300만원의 급여를 받았다. 이명희 신세계그룹 회장과 동일한 급여로, 강희석 이마트 대표이사보다 급여가 높다.

재계 관계자는 "오너 일가가 아니더라도 고위 임원을 지낸 인물을 고문 혹은 비상근 고문으로 위촉하고 소정의 급여를 지급하는 사례가 많으며, 그들의 인사이트가 기업에 도움이 되는 측면이 있는 건 사실"이라면서도 "명예회장이나 고문 등 '명예직'의 역할과 책임이 명확지 않음에도 대표이사보다 많은 급여를 지급하는 데는 문제가 있다"고 지적했다.

이코노미스트. 2021.5.17.-23.

최대주주라고 해서 고문 등의 애매한 title의 최대주주 명예회장/고문 등의 직급자에게 대표이사보다 더 높은 급여를 지급하는 것은 문제가 있다. 물론, 최대주주가 아니더라도 전문경영인 대표이사, 부사장, 전무 등의 직급자에게 퇴직 시, 제도적으로 고문 등의 직급을 부여하면서 사무실, 비서, 기사, 차량, 일부의 급여를 지급하는 기업들이 다수 있다. 이는 제도로 정착화되고 규정화되어 있으니 문제가 되지 않는다. 소위 '품위 유지' 수준의 예우이다.

특히나 최대주주가 등기 이사/대표이사 등의 경영을 책임질 일을 맡고 있지 않음에도 불구하고 이해하기 어려운 수준의 급여를 받는 것에 대해서는 어떻게 해서든지 규제의 대상이 되어야 한다. 이러한 행태는 책임경영이라는 입장에서는 전혀 정당화할 수 없는 내용이다. 회사 경영활동과 관련된 업무를 수행하지 않는데도 노동에 대한 급여가 지급된다는 것은 이해하기 어렵다. 최대주주이며 지분이 많기 때문에 배당금 수익이 많다면 이는 얼마든지 이해할 수 있는 내용이다.

업무집행지시자의 급여와 관련되어 다음은 ESG기준원 준법감시인의 검토의견이다.[1] 일부의 최대주주가 근거 없는 많은 급여를 받아갈 수 있는데 등기가 아닌 경우는 이를 통제한다는 것이 가능한지의 이슈이다.

---

### 미등기 임원의 보수 관련 검토

등기를 하지 않은 상태에서 회장 직책으로 급여를 원하는 만큼 받아갈 수 있는 것인지, 최대주주가 등기를 하지 않게 되면 이사회/주총에서 급여를 정하지 않아도 되는데, 그러면 최대주주/업무집행지시자의 경우는 얼마로 급여를 정해도 법적으로는 전혀 문제가 되지 않는다는 것인지의 의문에 대해서는 상법상으로는 가능할 것으로 보이나 공시실무 및 세법상 제한이 있어 보인다.

• 상법 제388조는 "이사의 보수는 정관에 그 액을 정하지 아니한 때에는 주주총회의 결의로 이를 정한다"고 규정하고 있어서 이사의 보수에 관한 상법의 규정은 오로지 "등기" 이사에 관한 것이 맞다. 이에 상법상의 제한은 없다.

---

1) 이러한 검토를 수행해 준 ESG기준원 김진성 팀장과, 준법감시인 차정현변호사에게 감사한다.

- 물론 주주총회에서 임원의 보수 총액이나 한도를 결의하면서 비등기임원 부분까지 포함하는 것은 회사의 자유이지만 거의 이렇게 진행되지는 않는다.
- 상법상 제한규정이 없다고 미등기 임원 보수가 무제한으로 확장되는지는 다른 이슈이다. 우선 기업공시실무가 개정되어 미등기 임원의 보수현황도 공시의무가 도입되었다.
  * 기업공시서식 작성기준 제9-1-2조(직원 등의 현황) ② 공시서류작성기준일 현재의 미등기임원에 대하여 인원수, 연간급여총액, 1인 평균 급여액 등을 다음의 표에 따라 기재하며, 내용에 대한 부가적인 설명이나 그 밖의 정보는 별도로 기술한다.

### 미등기임원 보수 현황

- 다른 이유로 미등기 임원이나 비상근고문(퇴임 임원을 고문으로 위촉하는 경우 포함)의 보수가 무제한으로 확장되기 어려운 이유는 상법에 있는 것이 아니라 오히려 세법상 규제를 강하게 받는다. 실무적으로 지나친 미등기 임원 보수지급은 세무조사로도 연결될 수 있다.
  - 우선 정당한 사유 없이 지배주주 또는 그 친족 등 특수관계인(시행령 제43조제8항에 범위 규정)인 임원에게 동일직위 임원에 지급하는 금액을 초과하는 보수를 지급하는 경우, 그 초과금액은 손금에 산입되지 않는다.
  - 또한 미등기 임원 상여금이 주주총회 또는 이사회의 결의를 거친 급여지급기준을 초과하는 경우 그 초과 금액은 손금산입이 부인된다.
  - 뿐만 아니라 비상근임원의 보수는 부당행위계산부인 규정에 의해 손금산입이 부인된다. 즉, 보수의 지급이 법인 소득에 대한 조세의 부담을 부당하게 감소시킨 것으로 인정되는 경우가 될 경우가 많기 때문이다.

물론, 등기임원의 급여만이 주총의 의사결정 사안인 것은 법적으로 맞다. 그러나 등기 임원이 아닌 최대주주에 대한 급여가 이와 같이 이슈가 되면 이를 제재할 수 있는 방안이 강구되어야 한다.

## 중소기업 정보보호책임자는 겸직 허용 임원 아래 직급도 지정 가능

앞으로 중소기업은 임원이 아니라 <u>부장 직급인 직원</u>도 정보보호최고책임자(CISO)로 지정할 수 있게 된다.

과학기술정보통신부는 '정보통신망 이용 촉진 및 정보보호 등에 관한 법률' 일부 개정안이 1일 국무회의에서 의결됐다고 밝혔다. 기업에 <u>획일적인 임원급</u> CISO를 두라고 규정한 조항을 일부 풀었다. 직전 사업연도 말 자산총액 5조원이 넘지 않는 중소기업은 부장급 직원을 CISO로 둘 수 있다. 정보보호 관리체계(ISMS) 의무대상 중 자산총액이 5,000억원 이하인 기업도 마찬가지다.

겸직 제한도 완화됐다. CISO가 개인정보보호책임자(CPO)를 함께 맡는 등 정보보호 관련 유사 업무를 함께 수행할 수 있게 했다. 정보보호 공시에 관한 업무, 정보 통신 기반 보호법에 따른 정보보호 책임자 업무, 전자금융 거래법에 따른 CISO 업무 등도 겸할 수 있다.

CISO 신고 대상 범위는 정보보호 필요성이 큰 중급 규모 기업 이상으로 결정했다. 기존엔 연매출 10억원 이상인 음식점 학원 등도 온라인 홈페이지를 운영하는 경우 CISO 신고를 해야 하지만 이번 개정안에 따라 신고 의무 대상에서 제외됐다. 신고 의무가 면제된 기업은 기업 대표를 CISO로 간주한다.

이날 국무회의에선 일정 규모 이상인 기업에 대해 정보보호 공시를 의무화하는 '정보보호산업 진흥에 관한 법률 개정안'도 의결됐다. 정보보호 투자 인력 인증 등 기업의 정보보호 현황을 기업 스스로 공개하도록 하는 제도다.

한국경제신문. 2021.6.2.

위의 경우와 같이 임원들의 업무를 경감해 주면서 실무 책임자에게 책임을 위임하는 것이 대안인 경우도 많다. 물론, 엄청나게 많은 업무의 책임을 지고 있는 임원들의 부담을 덜어 주고 실무자에게 책임을 맡기는 것이 더 합리적이고 현실적일 수 있는데, 그럼에도 불구하고 이러한 직원들이 법에서 규정하는 기업 경영을 책임지는 이사거나 집행이사가 아닌 경우, 무게감이 떨어질 수 있다.

　위의 기사에서 부장 직급의 직원이라고 기술하고 있는데 최근에 오면서 회사의 직급체계가 이전과 같은 부장, 차장, 과장, 대리, 사원의 체계가 아니라, 리더, 수석, 매니저, 프로 등의 직급 체계를 쓰는 회사들도 많아지면서 직원 직급의 수준을 가늠하기가 어려워졌다. 또한 우리가 과거 팀장이라는 직책의 경우 부장/과장 정도의 직급자로 생각하게 되는데 최근에 오면서 일부 기업의 경우 사장급이 팀장을 맡는 경우도 있으니 과거의 직급 체계와는 상당한 정도의 차이가 있다.

　과거 코스닥 기업에 대해서는 수시 공시 책임자는 반드시 등기임원이 맡도록 하는 제도가 의무화된 적이 있는데 그 당시에도 유가증권상장기업에는 이 업무를 등기 임원이 맡지 않아도 무방하도록 하였다. 유가증권상장기업의 경우 등기임원이 맡아야 하는 업무가 과중하다는 점을 고려한 것이다.

　배임죄의 경우도 이 범주에 속한다. 이사가 명확하게 어디까지를 책임져야 하는지가 애매모호한 법이 배임죄라는 데 대해서 많은 논쟁이 있어 왔다. 법은 엄격하게 규정하고 업무의 한계에 관한 현실적인 고려는 법정에서 사법부가 판단하면 된다고도 할 수 있지만 무리한 법 적용은 CEO 포함 이사들의 운신의 폭을 좁게 만들고 소극적인 의사결정을 하게 한다. 공무원 사회에서는 소위 복지부동이라고 부르며, 과거 소신을 가지고 업무를 수행하다가 엄청난 책임을 지게 된 공무원의 이름을 인용하여 '변양호 신드롬'이라는 표현이 회자되기도 하였다. 자유경제체제에서의 가장 중요한 덕목은 자율이다. 물론 자율이 방만 경영이 되지 않도록 법도 있고, 규정도 존재하지만 자율적인 규제 기능이 작동하도록 하여, 시장이 기업가치평가를 통해서 잘못된 경영 행태를 재단하도록 하는 방법도 동시에 병행하여야 한다.

　과거 어느 정권 때, 청와대에서 공무원의 국장급 인사까지도 챙기면서 각 행정부서에서 영(令)이 서지 않는다는 비판이 있어 왔다. 각 행정부처에는 기관장이 있고 기관장의 가장 큰 권한이 인사권이다. 장관 또는 위원장이 해당 부서의 인사권을 행사하면서 공무원 사회의 기강을 잡게 되는데 국장급 인사까지를 청와대에서 챙기게 되면 공무원들 사회에 기관장을 패싱하고 청와대만을 쳐다 보면서 기강이 해이해질 위험이 있다.

# 국민연금

# chapter 32

## 동국제강 포스코케미칼 에쓰오일 '투자 목적 변경'

국민연금이 동국제강과 포스코케미칼, 에쓰오일 주식 보유목적을 '단순투자'에서 '일반투자'로 변경했다. 주주가치를 높이기 위해 더 적극적으로 나서겠다는 의지를 내비쳤다는 평가다.

국민연금은 지난 26일 동국제강 포스코케미칼 에쓰오일 주식 보유목적을 일반투자로 바꾼다고 공시했다. 경영권에 영향을 미칠 의도는 없지만 지배구조 개선과 배당 확대 자산 매각 등 주주가치를 높이기 위한 제안은 하겠다는 뜻이다. 자본시장법에 따르면 상장사 지분 5% 이상을 가진 투자자는 일반투자 목적으로 해당 지분을 보유하게 되면 10 영업일 안에 지분 변동내용을 보고해야 한다. 국민연금은 동국제강 지분 6.49%, 포스코케미칼 지분 5.42%, 에쓰오일 지분 7.73%를 보유하고 있다.

금융투자업계에선 국민연금이 올해 정기 주주총회에서 반대표를 행사하던 동국제강과 포스코케미칼에 주목하고 있다. 국민연금은 지난 3월 동국제강과 포스코케미칼의 정기 주총에서 이사 선임 및 이사 보수한도액 승인 안건에 반대 의견을 냈다.

동국제강이 올린 김용상 후보(김앤장 법률 사무소 소속 변호사, 전 서울고등법원 부장판사)에 대해선 '이해 관계에 따른 독립성 훼손 우려가 있다'는 점을, 포스코의 이웅범후보(전 LG화학 전지사업본부장)는 '최근 5년 안에 중요한 지분 거래 경쟁 관계에 있는 회사의 상근 임직원으로 근무했다'는 점을 이유로 들었다. 앞으로도 이처럼 지배구조와 관련한 주주활동에 더 적극적으로 나설 것이란 관측에 힘이 실리고 있다.

한국경제신문. 2021.5.28.

해당 회사 계열사의 전직 임원을 사외이사로 선임하는 경우는 3년이라는 냉각기간을 의무화하면서 독립성을 확보하려고 한다.

상법 시행령 제34조 제5항 제1호
"최근 3년 이내 계열회사의 상무에 종사하는 이사~~~ 였던 자"를 결격 사유로 규정하고 있다.

이 조항에 근거하여 계열회사 A의 사내이사로 재직한 자는 퇴직 후 3년이 경과되면, 전직 계열회사 출신 임직원으로 간주되어 타 계열회사 B의 사외이사로 재직할 수 있게 된다. 즉, 3년이 경과되면 법상 결격사유는 사라지게 되므로, 냉각기간은 3년으로 해석할 수 있다. 공무원들이 민간에 재취업할 수 있는 냉각기간 3년과 동일한 기간이다. 단, 경쟁사의 임직원 선임을 반대하는 경우는 어떤 사유인지 확인이 어렵다. 오히려 경쟁사 입장에서 정보 유출 등의 사유로 선임에 부담스러워할 수는 있지만 이러한 반대가 해당 회사 측면에서 회사에 어떤 害가 되는지는 이해가 어렵다.

## 국민연금 '지분 보유 목적' 바꾸나

'국민연금' 리스크에 떨고 있는 상장회사는 대한항공만이 아니다. 다른 대기업도 마찬가지다. 관련 업계에선 줄잡아 100곳이 넘을 것으로 보고 있다. 국민연금은 대한항공처럼 지분 보유 목적을 '일반투자'로 명시한 기업에 한해 3월 정기주주총회 안건에서 사안별로 반대표를 던질 가능성이 있다. 여기에다 현재 지분 보유 목적이 '단순투자'인 100여 개 상장기업은 1월 중순부터 '일반투자'로 바꿀 수도 있다. 현재 '단순투자'로 돼 있는 상장사는 국민연금이 '일반투자'로 바꾸면 3월 정기주주총회에서 배당금 확대 요구, 이사 선임 반대 등에 직면할 수 있다.

5월 한국경영자총협회와 한국상장회사협의회 등에 따르면 국민연금은 1월 중순부터 하순에 걸쳐 주요 투자 기업의 지분 보유 목적을 대거 변경할 전망이다. 변경한 보유 목적에 따라 주주권을 행사하기 위해서는 주총 6주 전에는 보유 목적 변경 공시를 해야 하는 금융위원회 규정 때문이다.

국민연금 투자자들이 공시하는 지분 보유 목적은 2019년까지만 하더라도 '단순투자'와 '경영참여' 두 가지였다. 금융위가 2019년 말 관련 제도를 바꾸면서 '일반투자'가 추가됐다. 투자자가 지분 보유 목적을 단순투자에서 일반투자로 바꾸면 추가 배당 요구 등 배당 정책 변경, 이사 및 감사 선임에 대한 반대 의결권 행사, 임원 보수 한도 조정, 이사회 산하 위원회 설치 요구 등 폭넓은 경영 참여가 가능해진다. 과거에는 경영참여로 보유 목적을 바꿔야 가능하던 것이 일반투자 항목 신설로 문턱이 낮아졌다.

경제단체 관계자들은 "국민연금이 2019년 말 주주권을 적극 행사하는 것으로 방침을 바꿨는데 작년 초엔 준비가 부족해 보유 목적 변경이 대거 이뤄지지는 않았다"며 "올해가 국민연금이 사실상 처음으로 스튜어드십 코드(의결권 행사 지침)를 본격 행사하는 해가 될 것"이라고 했다.

국민연금은 지난해 2월 삼성전자, SK하이닉스 현대자동차 등 56개 주요 상장사의 투자 목적을 일반투자로 바꿨다. 이후 2분기에는 현대중공업, CJ제일제당 등 16개 상장사, 4분기에는 롯데하이마트 삼양식품 등 4개 상장사를 추가해 76개 기업을 일반투자로 분류해 놓고 있다.

이게 전부는 아니다. 현재 국민연금이 지분 5% 이상을 가진 상장사는 200여 곳에 이른다. 단순하게 보더라도 120개 이상 상장사의 보유 목적을 바꿀 수 있다. 국민연금이 이미 일반투자자로 보유목적을 바꾼 상장사 중 금호석유화학 대림산업 하나금융지주 한세실업 현대백화점 KCC 등에 추가 배당을 요구할 가능성이 높다는 분석이 나온다. 대림산업 롯데케미칼 카카오 현대차 등은 이사 선임과 관련한 주주권을 행사할 가능성이 있다. 일반투자에서 한발 더 나아가 경영참여 보유 목적을 바꾸는 상장사도 나올 수 있다.

국민연금은 2019년 12월 '적극적 주권 행사 지침'을 기금운용위원회가 의결하며 이사 선임과 해임 등을 요구할 수 있도록 규정을 바꿨다. 이 같은 적극적인 경영 참여는 보유 목적을 일반 투자에서 한 단계 올려야 가능하다.

한 상장사 관계자는 "이른바 '공정경제 3법' 등 새로운 규제가 나타나면서 주목을 못 받고 있지만 국민연금의 움직임에 대한 우려가 상장사 사이에 높다"며 "국민과 기금이 기업을 압박하는 수단으로 활용되고 있다"고 말했다.

이에 대해 국민연금 기금운용위는 "개별 기업에 대한 의결권 행사 범위와 방향 등은 밝힐 수 없다"고 했다.

한국경제신문. 2021.1.6.

자본주의에서 주주권은 바로 의결권이므로 주주가 의결권을 행사함이 바람직한 것이지만 국민연금의 경우는 연금사회주의라고 해서 잘못하면 정부나 정권 차원에서 민간 기업의 경영활동에 관여하는 것이 옳은 것인지에 대한 논란에 휩싸일 가능성이 높다.

모든 정권에서 정권 창출에 도움을 주었던 인사들이 정부투자기관, 정부 산하기관의 감사 자리에 관심이 많다. 큰 책임은 지지 않고, 어떠한 업무를 수행하고 있는지가 확연하게 드러나지 않으므로 상근 감사직을 선호하는 것이다.

국민연금이 사외이사를 민간 기업에 파견하게 되는 경우, 정권 camp 출신의 인사들이 낙하산을 타고 사외이사에 선임되는 것을 막을 방법이 없다. 특히나 정치권 인사 중에는 안정된 직장이나 고정 수입이 없는 사람들도 다수라서 이들의 경제적인 요구도 정권 차원에서 어느 정도 해결해 줘야 한다는 부담을 느낄 수 있다.

많은 기업집단들은 사외이사 선임을 추천하기 이전에 사외이사 pool를 작성하게 된다. 어떤 기업은 이를 작성할 뿐만 아니라 대외비 정보이기는 하지만 매년 update까지 하면서 이 pool을 이사회 및 사외이사추천위원회와 공유하기도 한다. 저자가 KB금융지주 계열사의 사외이사를 맡고 있을 때, KB금융지주는 명단을 공개하지는 않았지만 금융, 재무, 인사, 회계, 법률 등등 각

분야별로 몇 명의 사외이사 pool을 보유하고 있는지를 계열사 이사회에 보고하였다.

## 국민연금 반대한 안건, 타 기관은 80%가 '찬성'

국민연금이 주주총회에서 반대 의결권을 행사한 사안에 대해 다른 기관투자가 10곳 중 8곳은 찬성표를 던진 것으로 나타났다.

19일 한국경제신문이 올해 국민연금이 반대한 14개 유가증권시장 상장회사 정기주주총회 안건 31건을 조사한 결과, 의결권 행사 시, 기준 평균 75.1%의 주주가 같은 안건에 찬성표를 던진 것으로 집계됐다. 반대 의결권 행사 주주는 국민연금을 포함해 평균 23.4%였다. 나머지 1.5%는 중립의견을 나타냈다.

기관투자가의 찬성 비율은 전체 주주의 평균보다 더 높았다. 기관의 79.6%가 찬성의견을 냈고, 외국인도 78.0%가 찬성했다. 분석 대상 의결권의 투자자별 구성은 외국인이 56.7%로 가장 높았고 소액주주(28.4%), 기관(7.7%), 국민연금(7.2%) 순이었다.

의결권 자문사의 '찬성' 권고에도 '반대' 의결권을 행사한 사례도 많았다. 국민연금이 반대한 안건 가운데 한국기업지배구조원이 반대 의견을 권고한 비율은 35.3%에 불과했다. KCGS는 국민연금이 반대한 나머지 안건 대부분에 찬성을 권고했다. 한국ESG 연구소가 권고한 반대 비율도 42.1%에 그쳤다. ISS와 글래스루이스를 포함한 6대 주요 자문사의 반대 의견 권고 비율은 평균 36.3%였다.

시장의 흐름에 맞지 않는 수탁자 책임 활동은 연금의 '수익성 제고 목적'으로 보기 어렵다는 비판의 목소리도 나온다. 이형완 한국상장사협의회 선임연구원은 "수익성을 제고하려면 다른 주주의 동의와 시장의 공감대가 필수적인데, 국민연금이 다른 주주들과 극명하게 다른 판단을 내리고 있다"고 말했다.

국민연금은 국내 상장사 의결권에서 차지하는 비중이 높아 시장과 다른 방향으로 의결권을 행사하더라도 안건 가결 여부를 바꿔 놓을 수 있다. 국민연금 기금운용본부의 1분기 '주식 대량 보유 내역' 공시에 따르면 국민연금이 5% 이상 주식을 보유한 유가증권시장 상장사는 총 98개사에 달한다.

국민연금이 반대한 안건에서 함께 반대 의결권을 행사한 주주(23.4%)를 구체적으로 들여다 보면 외국인(13.5%), 국민연금(9.3%), 기관(0.4%), 소액투자자(0.2%) 순이었다. 반대 의결권 전체를 100이라고 봤을 때 국민연금이 39.9%의 비중을 차지했다.

한국경제신문. 2022.4.22.

물론, 의결권 자문사들의 의견이 모두 일치될 수도 없고 일치되는 것이 바람직한 것도 아니다. 각 의결권 자문사들이 본인들의 전문성에 기초하여 개별적이고 독립적으로 주관적인 판단을 수행하지만 해당 기업에 도움이 되는 의사결정에 대한 제안이 이다지도 상이하다고 하면 뭔가 의결권 자문사들이 공유하는 정보가 균질화되어 있지 않다고 판단된다. 더 많은 논의와 고민이 필요한 부분이고, 기관투자자들과 의결권 자문사들도 본인들의 의사결정 과정에 대해서 개선할 점이 없는지를 점검해 보아야 한다.

# 조합

조합이라고 하는 기관은 우리에게 익숙하지 않은 기관이다. 이 기관들이 일반 기업과는 다른 특이한 지배구조를 가지고 있어서 이들 조합의 기업지배구조에 대해서 소개하려고 한다.

저자가 운영위원으로 관여하고 활동을 이해하는 조합은 건설교통부 산하의 전문건설공제조합이다. 조합에는 크게 조합원들이 구성하고 있는 총회, 운영위원회, 이사회의 지배구조를 갖는다. 대형 건설업체들은 건설공제조합으로, 이보다 규모가 작은 건설업체들이 전문건설공제조합을 구성하고 있다.

일반 기업과는 달리 총회와 이사회 사이에 운영위원회라는 심의의결기관이 위치하며 이사회를 통제하고 지휘하는 역할을 맡는다.

총회는 최고 의결기구이며 5만여 조합원 중에서 선출된 100명 이상 200명 이내의 대의원으로 구성된다. 운영위원회의 의결사항은

　－조합의 사업계획, 기타 업무 운영과 관리에 관한 기본방침

　－예산안 및 결산안에 관한 사항, 차입금에 관한 사항

　－이사장과 상임감사 추천 및 전무이사, 이사 임면 인준에 관한 사항

　－이사장이 발의한 정관 변경 안에 관한 사항

　－기타 법 영과 정관에 의하여 그 권한에 속하는 사항을 결정하게 된다.

운영위원회의 구성은 총회에서 선출된 조합원 9명, 국토교통부 및 기획재정부 소속 공무원 각 1명, 국토교통부 장관이 위촉하는 사람 9명이다. 과거에는 조합 이사장과 전문건설협회 중앙회 회장이 운영위원이었다가 2022년 6월부터 제외됐다.

국토교통부는 전문가를 추천할 때, 인사혁신처의 국가인재데이터베이스를 이용하여 추천을 하기도 한다. 즉, 운영위원회는 공제조합 이사회가 추진하는 사업에 대한 기본방침을 심의 의결하고 집행을 감독하는 기구이나, 실제로는 세부 사업계획 등 주요 의사결정을 주도하는 기관이다.

2021년에는 조합원 총회에서 조합원 운영위원이 선출되는 과정 중, 5만 명의 너무 많은 후보자 중에 적임이 아닌 후보자가 선임되는 것을 미연에 방지하기 위해서 운영위원에서 조합원 운영위원 후보자를 스크린하는 제도를 도입하였다.

운영위원회가 watchdog의 역할을 수행하도록 기재부 국장 1인, 국토교통부 국장 1인을 제외하고는, 주주 9인, 전문가 집단 9인으로 구성되는 것이다. 전문가 집단은 공익적인 성격이라고 할 수 있고 운영위의 과반을 공무원과 위촉직 위원으로 구성함으로 조합의 도덕적 해이를 미연에 방지하게 된다.

반면에 이사회는 이사장, 전무, 5명의 이사로 구성되며 감사로는 상근 감사와 조합원 비상근 감사가 있는데 감사는 이사회 구성원이 아니니 이사회에 감사가 참석한다고 하면 이는 배석의 개념이다.

이사회의 결의 안건은 다음과 같다.
- 운영위원회에 부의할 사항
- 업무 수행상 필요한 규정 및 방침에 관한 사항
- 운영위원회의 부의사항으로 운영위원회가 이사장에게 위임한 사항
- 기타 이사회의 권한에 속하는 중요한 사항으로서 이사장이 필요하다고 인정하는 사항

즉, 운영위원회가 이사회의 상위 위원회와 같은 역할을 수행하고 있다.

건설교통부산하에는 전문건설공제조합, 건설공제조합, 기계설비건설공제조합의 세 조합이 있다.

건설공제조합도 전문건설공제조합과 거의 유사하게 조합원 운영위원, 위촉직 운영위원 및 국토교통부와 기재부 각 공무원 1인으로 운영위원회가 구성된다.

기계설비건설공제조합도 위 두 조합과 거의 동일하게 정부추천 운영위원 8인, 조합원 운영위원 7인과 기재부와 국토교통부 국장 각 1인으로 운영위원회를 구성한다. 이 두 조합의 경우도 이사장과 협회 회장이 2022년 6월부터는 운영위원이 아니다.

국토교통부 산하의 이 세 조합이 거의 유사한 지배구조를 유지하고 있다. 민간 기업에서의 이사회에 사외이사 제도를 두어 독립적/중립적인 위치에서 기업 경영에 도움을 주고 동시에 경영진에 대한 감시역할을 기대하는 것이나 운영위원회 구성의 거의 반을 위촉직 전문가로 구성하여 이러한 공익적 역할을 기대하는 것이나 동일하다. 단, 감사 기능은 상근감사/비상근감사에게 맡겨져 있다.

또한 일반 기업에서는 이사회가 의결기구이지만 이 세 조합의 경우 운영위원회가 이 역할을 하면서 이사회에 대한 상위기구로서의 업무를 수행하고 있다. 또한 2022년 6월부터는 이사장도 운영위원회에서 빠지게 되면서 운영위원회가 실질적으로 이사회를 지휘 통제하게 되는 모습이다. 즉, 이렇게 되면 이사회는 집행기능만을 수행하게 되며 운영위원회의 지휘 감독을 받는다고 할 수 있다.

명칭이 어떻게 되든지 간에 운영위원회가 일반 회사 경우의 이사회(BOD, governing body)의 역할을 하는 것이고 조합의 이사회는 실질적인 집행(execution) 역할만을 수행하는 것이다. 즉, 집행이사제도와 유사하다. 이사장은 CEO(executive)의 역할인데 CEO가 2022년 6월부터는 운영위원회(일반 기업에서의 실질적인 이사회) 일원이 아니다. executive와 director를 완전하게 구분하는 것이다.[1]

운영위원회가 다른 회사의 이사회의 역할을 실질적으로 수행한다고 할 때, 자산규모 2조원이 넘는 기업의 이사회의 구성에 있어서 수년 전부터 사외

---

1) chapter 35의 내용과 연관된다.

이사 비율을 전체 이사회 구성원의 과반으로 정한 것과 동일한 운영위원회 구성이라고 할 수 있다.

위촉직 운영위원을 선임하는 이유는 국토교통부가 조합이 조합원의 이익만을 위해서 운영되는 것을 방지하기 위해서 즉, 도덕적 해이(moral hazard)를 방지하기 위함이다.

또한 조합의 감사의 구성을 보더라도 상근감사와 조합원 비상근 감사를 동시에 두게 되는데 이들 감사는 이사회의 member가 아니다. 감사가 이사회의 위원인 조직도 있고 그렇지 않은 조직도 있다. 일례로, 대학교 재단 이사회의 경우, 감사는 이사회에 참석은 하지만 대신 의결권이 없다.

전문건설공제조합의 지배구조를 보면 어떤 누구도 조합의 운영에 있어서 전횡할 수 없도록 시스템을 갖추어 두고 있다.

과거에 모 인사가 전문건설협회 회장과 전문건설조합운영위원회 위원장을 겸직하면서 전문건설공제조합이 중부권의 골프장을 고가에 매입했다는 의혹이 제기되었고 현재 조사가 진행 중이다. 국토부는 이에 따라서 시행령을 개정하여 2022년 6월부터는 협회장은 운영위원을 겸직할 수 없도록 하였다.

그러나 일부에서는 협회장은 전 조합원의 총의(總意)를 받은 조합원의 대표로서 현재와 같이 조합의 경영사항을 감독하고 견제하는 역할을 수행하는 것이 바람직하다고 피력하면서 국토부의 시행령 개정이 관치의 결과라는 주장을 하기도 한다.

감사에 조합원 감사와 상근 감사, 운영위원회의 구성도 조합 선출직 운영위원과 위촉직 운영위원을 동일한 수로 구성한 것이나, 조합의 이사장조차도 2022년부터는 당연직 운영위원에서 제외되는 구도 등은 운영위원회는 실질적인 governing body이고 이사장을 포함한 이사들은 대리인 역할을 하게 된다.

어떻게 보면 미국 일부 기업에서 CEO가 굳이 이사회 member가 아닌 경우도 이와 같이 이해하면 된다. 즉, governing 기능과 operation/execution 기능을 완전히 구분한 것이다.

단, 조합의 경우는 정부와 밀접하게 업무를 수행할 수밖에 없으므로 국토부와 기재부의 두명 국장이 운영위에 당연직 위원으로 참석하게 된다.

아울러 공공기관 또는 준 정부기관의 지배구조에 대해서도 기술한다.

우리가 익숙한 주식회사의 주인은 주주이므로 principle이 누구인지 명확하고 이들로부터 경영활동에 대한 부분을 위임받는 이사회의 이사들이 모두 대리인 agent이다. 민간의 경우는 이러한 이해관계자들이 명확하게 드러나서 이들 간의 관계 설정이 확실한데 공공기관이나 준정부기관의 경우는 주인/대리인 관계 설정이 애매모호하다.

공공기관과 준정부기관의 주인이 누구인가 하면 국민이다. 그러나 국민이라는 주체는 너무 광범위(diffused)하고 이들 기관에 대한 소속감을 따지기 어려우므로 국민을 대신해서 국민의 이해가 훼손되지 않도록 누군가 역할을 수행해 줘야 하는데 결국은 정부의 몫이다. 우리 국가의 재정의 상태를 보이는 국가재무제표도 국가의 公僕들인 공무원들이 작성하고 국민의 대변자인 국회가 점검을 해야 하지만 일반 국민들이 국가 재무제표에 대해서 관심을 갖기는 어렵다. 일반 소액주주들이 해당 회사의 경영활동에 관심을 보이고 주주권한을 적극적으로 행사하는 것이 회사 내부 사정의 몰이해 때문에 쉽지 않은 것과 동일하다. 소액주주 조차도 회사의 경영에 관심을 갖기를 기대하기 어려운데, 국민들이 공기관이나 준정부기관의 경영에 관심을 갖기는 더더욱 어렵다.

어떻게 보면 민간 기업에 있어서도 일반 주주가 해당 기업에 대해 어느 정도 이상의 관심을 보이기 어렵기 때문에 기관투자자로 하여금 watchdog의 역할을 하도록 요구하는 것이 stewardship이다. 단, 공공기관과 준정부기관의 주인은 민간기업인 주식회사와는 달리 영원히 국민의 것이다. 시도의 지방 공기업의 경우의 주인은 그 지자체 시민, 도민이 주인이다.

따라서 이들 기관에 대해서는 정부가 국민의 대표자 역할을 해 주어야 한다. 그렇기 때문에 일부 준정부기관의 경우, 이사회의 당연직 운영위원으로서 관련 정부 기관의 공무원들이 이 업무를 맡게 된다.

이들 이외에도 정부를 대신해서 감시역할을 수행하는 이사회의 사외이사나 감사를 선임해야 하는데 이 업무는 규모가 큰 공공기관일 경우는 대통령이, 그렇지 않은 기관일 경우는 정부에서 공공기관/준정부기관의 업무를 주관하는 기획재정부에서 감사와 사외이사를 선임하게 된다. 물론, 규모가 작은 준정부기관의 경우는 감사만 기재부가 선임하고, 기관장, 사내이사와 사외이사의 선임은 주무부서에서 수행하게 된다.

따라서 이들 기관의 사외이사/감사는 잘 보이지 않는 실체인 국민이라는 principal을 위해서 업무를 수행해야 하는 대리인이다. principal이 국민이고 국민들이 모든 공공기관/준정부기관의 경영상황에 대해서 관심을 가지고 지켜보는 것이 아니므로 이들 기관의 관리가 방만경영이 될 가능성이 높다. 따라서 기재부는 경영평가를 통해서 이들 기관에 대한 감시와 통제활동을 철저히 수행하고 있다.

일반적인 민간 주식회사와 같은 주주들의 시장 기능에 의한 자율적인 감시가 공공기관/준정부기관에서 작동하지 않기 때문이다. 물론, 국민의 뜻을 대의한다는 국회도 공기업에 대해서 감시를 수행해야 하지만, 일단, 공기업/준정부기관은 정부 부서 산하 기관이므로 외부 기능에 의한 감시를 논하기 이전에 정부의 자체적인 감시가 선행되어야 한다.

조합은 운영에 있어서 철저하게 소유와 경영을 분리하고 있다. 이사장을 포함한 이사들은 경영을 담당하고 있지만 조합원은 아니다. 조합원은 운영위원으로 총회 선출에 의해서 운영위원을 맡을 수는 있지만 이는 일부의 조합원에 국한된 것이다. 또한 감사도 상근감사와 조합원 비상근 감사로 구성되고 있어 감사 업무도 명확하게 소유에 의한 감사와 경영 감사로 구분한다.

일반 주식회사의 감사를 선임할 때의 3% 의결권 제한은 조합에는 적용되지 않는다. 의결권은 출자에 근거하여 차등적으로 주어지는데 180명, 주총에 참여하는 조합원 중, 10%에 해당하는 소액출자대의원의 몫으로 소액출자조합원 중 총회에서 선출한다.

즉, 민간기업에도 소액주주를 보호해 주기 위한 제도가 있듯이 조합에도 소액출자대의원의 의사가 주요 출자대의원으로부터 보호받기 위한 제도가 도입되어 있다.

# 성과보수 환수(clawback)

국내는 2016년 금융회사 지배구조 감독규정에 따라 금융회사 대상으로 보수환수제도가 도입됐다. 보수환수 주요 내용은 회사에 손실이 발생한 경우, 재무제표가 오류 또는 부정 등으로 인하여 정정되는 경우이다.

미국은 2002년 SOX법(Sarbanes Oxley법)에 상장회사 대상으로 보수환수제도를 입법화하였고 또한 Dodd Frank act에 의해서도 이 제도가 강화되었지만 실제 보수환수 실행 사례는 소수에 그친다.

Sox법을 통한 보수 환수시 임원의 부정행위를 요건으로 하고 있는데 부정행위를 판단하기 위한 소송 절차로 이어지는 등 법적용에 어려움이 많다.

주식회사의 이사들이 주주들의 위임을 받아서 경영활동을 수행하고 있지만 이들이 어떤 책임을 지고 있는지가 명확하지 않다. 물론, 법적으로 신의 성실에 근거한 의사결정을 수행하지 못할 경우는 제3자에 대한 책임을 지게 돼 있지만 이렇게 책임을 지도록 진행되는 경우는 많지 않다. 적지 않은 금전적인 보상을 받게 되는데 이에 대한 책임의 범주도 높지 않다면 이는 이들이 갖는 권한에 대한 응당의 책임이 불투명하다고도 할 수 있다.

국내는 2016년 금융회사 지배구조 감독규정에 따라 금융회사 대상으로 보수환수제도가 도입되었다. 본봉은 생활비의 개념이니 환수의 대상이 아니고 성과급은 incentive로 지급된 것이니 이사들의 수행한 경영의사결정이 적절하지 않다고 판단되면 환수할 수 있다는 제도이다. 물론, 이사회가 잘못된 의사결정을 수행하면 손해배상소송의 대상이 되는데 이는 별건이다.

ESG 모범규준에서도 허위기재 등에 대한 성과보수 환수내용이 포함되어 있다.

법적으로 이러한 내용이 의무화되어 있지 않다고 하면 지급한 성과를 환수한다는 것은 매우 어려운 일이다. 이미 지급된 성과보수를 환수하는 방법은 본인이 동의하지 않는 경우에, 소송을 통해서만 가능한 것이 아닌가도 판단된다. 실제로 대우조선해양의 대표이사와 CFO 대한 성과급이 다음과 같이 문제시 되었다.

**"대우조선해양 '분식회계'와 무관"… 결백 인정받은 증권사들**

실적이 부풀려지면서 당시 임원들이 <u>대규모 성과급</u>과 이익 배당금을 받아간 것에 대해 <u>책임을 묻기 위한 것</u>이다. 올해 2월 초 열린 1심에선 재판부는 고 전 대표와 김 전 CFO가 대우조선해양에 850억원을 지급하라고 판결했다. 김 전 CFO에 대해선 별도로 202억여 원을 추가로 내라고 명령했다.

한경비즈니스. 2022.2.21.-27.

대우조선해양 분식회계 소송 진행 상황은 2020년 6월의 보수 환수 2심 판결은 민법상 부당이득 반환으로 보수환수가 가능한 것으로 판결되었는데 1심은 보수환수 불가능으로 판결되었다.

위의 기사 내용과 같이 2022년 1월의 손해배상 1심 판결은 전 CEO 및 전 CFO에게 850억원이 배상 판결이 내려졌는데 사외이사는 면책되었다.

금융사지배구조법상 제도 및 사례를 기술한다.[1)

금융사지배구조법상 '성과보수 환수'는 1) 지급된 보수 환수, 2) 지급이 확정되었으나 아직 지급되지 않은 장기보상, 3) 지급이 미확정된 장기보상에 대한 성과보상 미지급을 모두 의미하고 있어서, 현재 성과보수 환수가 이행 중이다.

다만 미국에서도 1)의 경우와 같이 이미 지급된 보수를 환수하는 것에 대해서는 회계적 처리가 어려워 현실적으로 이행하기 어려운 제도가 아니냐는 비판이 있다. 물론, 해당되는 임원이 현직이라고 하면 현 급여에서 분할 추징 등의 방법으로 환수하는 방법도 있기는 하다. 이미 지급된 보수의 경우 이를 환수하는데 급여를 받은 자가 이에 동의하지 않는 경우 이를 받아낼 수 있는 경우는 소송을 통한 방법밖에는 없을 것이다.

성과보수 환수제를 현실적으로 운영하기 위해서는 금융사처럼 최소 3년에 거쳐 보상을 지급하는 장기보상제도(이연성과급제도)가 정착되어야 할 것으로 생각된다.

관련 감독 규정은 다음과 같다. 단, 아래와 같음에도 불구하고 사외이사에게 이연 성과급제도가 적용되지 않으므로 이는 사내 이사들에게만 해당되는 내용이다. 장기보상제도는 실제적으로 day to day 업무를 수행하는 사내이사들에게 합당한 내용인데, 대부분의 경우 성과보수가 더 활성화되어 있는 금융권에서 보편화되어 있다.

장기보상제도는 기업의 경영자들이 경영의사결정을 수행할 때, 본인들의 임기 등을 고려하여 과도하게 단기적인 기간에 치중하여 의사결정을 수행하지 않도록 기업의 단기성과를 위해서 장기성과가 희생되지 않도록 하기 위해서 도입된 제도이다.

현직의 경영자들에 대한 보상을 함에 있어서 일부의 보상은 미래 시점의 경영성과에 의해서도 보상을 받도록 하는 제도이다. 때로는 퇴직 이후에도 성과급을 받을 수 있게 된다.

아래의 KB금융지주나 DB생명보험에서의 비윤리적 행위, 법률 위반, 손

---

1) 이러한 내용을 자문해 주신 ESG기준원의 김진성 팀장에게 감사한다.

실 발생에 대해서 책임을 묻는 한 수단인데, 이러한 일탈행위는 사고 이후, 사후적으로 나타나거나 발견되게 되므로 일단, 성과급을 지급하고 난 다음에는 이러한 성과급을 환수하는 것은 쉽지 않은데, 장기성과급 지급분이 있을 경우는 이러한 성과급을 미지급하는 것이 가능하게 된다.

이연성과급 제도를 등기한 금융기관의 모든 사내이사에게 적용함에 있어서도 문제가 지적되기도 한다. 상근감사라는 직책을 가진 임원이 등기한 임원이면서 감사위원회의 한 위원으로 활동하는 (따라서 더 정확한 직책 명칭은 상근 감사위원) 경우, 금융기관에서 상근 감사위원까지를 포함하여 이연성과급제도를 운영하는 기관이 있다고 한다.

그러나 상근감사위원이 회사에서 수행하는 업무의 성격을 생각해 보면 잘못된 부분에 대한 지적이 대부분이라서 상근 감사의 업무와 영업의 결과와는 크게 연관성을 찾기 어렵다. 물론, 장기적으로 상근 감사의 역할로 투명경영이 달성되고 그 결과, 기업의 영업의 결과가 개선될 수 있는데 이는 다른 임원의 업무 관련성과 비교한다고 하면 인과 관계가 직접적이 아니라 간접적이다.

그럼에도 이러한 제도를 일괄적으로 도입하다 보니 상근감사위원에게도 이연성과급제도가 적용되는 것으로 제도가 운영되기도 한다. 성과급 환수제도는 어떻게 보면 chapter 13에 기술된 임원책임보험의 자기부담금을 사외이사들에게 책임 지우는 제도와 일맥상통한다.

ESG 모범 규준의 관련된 규정은 다음과 같다.

## 66. 보수체계 연차보고서 공시사항 중 성과보수 환수기준의 의미(규정 제9조제5항)

보수체계 연차보고서를 공시할 때 성과보수 환수기준을 포함하여 공시하라는 의미는 금융회사에 손실 등이 발생하는 경우 임원 및 금융투자업무담당자에게 지급하거나 지급 예정인 성과보수를 환수하거나 축소하는 기준을 마련하고 있는지 여부를 공시하라는 의미이다.

- ▢ 금융회사지배구조법 제22조는 임원 및 금융투자업무담당자에게 성과보수를 지급하되 3년 이상 이연지급하도록 하고 있으며,
- ○ 지배구조감독규정 제9조제3항은 성과보수의 일정비율 이상을 장기 성과와 연계될 수 있는 형태로 지급하도록 하여 법상 의무를 구체화하

고 있다. 이러한 형태에는 미래 성과보수의 환수나 축소, 주식연계 성
과급의 지급 등이 포함될 수 있다.

□ 따라서 감독규정 제9조제5호에서 보수체계 연차보고서를 공시할 때
성과보수 환수기준을 포함하라는 의미는, 금융회사가 장기성과와 연
동된 성과보수 지급을 위해 성과보수 환수 관련 기준을 마련하고 있
는지 여부를 공시하라는 의미이다.

ㅇ 만약 금융회사가 환수기준을 마련하지 않는 경우에는, 성과보수를 장
기성과와 연계하여 지급하고 있음을 나타낼 수 있는 별도의 보수기준
등 구체적인 사유를 설명하여야 한다.

다음은 KB금융지주, 농협금융지주, DB생명보험의 성과급 환수 규정이다.

### KB금융지주

(나) 이연된 보상금 또는 지급된 보상액에 대한 조정 및 환수 정책
성과 보상액 중 이연된 보상액은 3년 이상 이연 지급을 하며, 이연 지급
시에 경영성과가 반영된 공정 시가를 기준으로 지급함으로써, 회사의 가치가
훼손되어 주가가 하락할 경우 자연히 보상액이 조정되도록 설계되어 있다.

공정 시가(이하 '주가')는 기준일로부터 역산하여 2개월, 1개월 및 1주일의
각 기간 동안의 거래량을 가중 평균한 각각의 종가를 산술 평균한 것으로, 자
본시장법과 금융투자업에 관한 법률 시행령 제176조 7(주주의 주식매수청구권)
에서 정한 주식매수가격 산정 방법을 준용한 것이다.

또한 비윤리적 행위, 법률 위반, 손실 발생 등의 경우 성과보상액을 환수
할 수 있도록 하여 보상을 조정하고 있다.

### 농협금융지주

성과보수액 중 이연한 보수액은 3년간에 걸쳐 이연지급하며, 이연지급시
에도 장기성과 평가 결과에 따라 이연지급액을 조정하고 있다. 또한 성과급
지급률을 △30~120%로 설정하여 경영성과 평가 결과에 음의 성과보수가 발
생한 경우에는 기 지급된 보수액을 환수하도록 하고 있다.

**DB생명보험**

2) 성과보수 이연 및 조정, 환수, 지급확정 기준

성과보수액 중 즉시 지급과 이연지급에 대한 정책

성과평가 결과에 따라 산출된 성과보수액 중 40%는 현금으로 일시 지급하며 나머지는 3년간 이연 지급하도록 하고 있다.

2. 이연된 보수액 또는 지급된 보수액에 대한 조정 및 환수 정책

성과보수액 중 이연된 성과급은 3년간에 걸쳐 이연지급을 하며, 이연지급 시에도 비윤리적 행위, 손실 발생 등의 경우 이연지급분을 부지급하는 것으로 조정할 수 있다. 매년 이연지급분 지급시에 지급 제한 사유발생 여부를 확인하여 지급분을 확정하는 절차를 운영하고 있다.

다음은 모 금융회사의 환수 내용이다.

이연지급 시점에 성과 再평가를 통해 지급률 조정
- 이연지급 기간(2~4次) 中 평가 기간의 재무적 손실이 발생한 경우 해당 손실 금액을 세전이익에 반영하여 지급률 再평가
- 再평가 결과로 지급률이 하락하게 되면 잔여 지급분에서 이를 차감하고 지급(단, 旣지급분은 未환수)

**재무적 손실**

평가 기간 中 부실 경영, 위법, 부당 행위 等에 의해

**발생한 손실**
- 부실 경영: 대규모 펀드 환매, 고의·중과실에 의한 중대한 손실 等
- 위법·부당행위: 금융위, 공정위 등에서 부과한 과징금

위의 환수의 원인이 되는 부실 경영(손실)과 위법/부당행위/비윤리적 행위/법률위반에는 큰 차이가 있다. 전자는 경영 능력의 부족이라고 해석할 수 있고 후자는 범법적인 내용이다.

성과보수 환수와 관련된 내용은 아니지만 일부 기업은 성과급을 지급함에 있어서 구분회계에 있어서 각 본부의 본부별 성과에 근거하여 성과급을 배분하게 되는데, 전사적인 공동 비용의 본부별 배분의 이슈가 발생한다. 완전한

관리회계가 도입되어 있지 않다고 하면 이러한 공통비의 배분에는 어느 정도의 임의성이 개입될 수밖에 없다. 관리회계는 내부 경영의사결정을 위해서 필요한데 어느 정도의 관리회계적인 차원에서의 배분이 된다고 하고 완벽하게 부서가 합의한 상황에서의 배분은 어차피 불가할 것이니 management 차원에서의 개입이 불가피하다.

공통비 배분의 문제는 회계법인에서도 발생하는데 품관실의 비용에 대한 배분 관련 한 빅4 회계법인의 경우는 다음과 같다.

품질관리실 총비용을 감사팀으로 배부한다면 배부기준이 어떻게 될 수 있을까. 예를 들어, 감사시간이 추적되는 직접비는 감사팀별 감사시간을 배부기준으로 하고, 간접비는 감사건수(혹은 감사팀 인원수)로 배부하는 것도 가능할 것인데, 이에 대해 이 회계법인의 품관실 이사는 다음과 같은 답을 주었다.

정확히 배부한다는 용어가 맞지는 않은 것 같다. 원펌이어서 하나의 재무제표를 사용하고 있고 감사본부에서 수익/비용이 발생하고, 품질관리실에서도 비용이 발생하고 있어서, 손익계산서에는 하나의 비용계정으로 인식이 되고 있다. 즉, 군이 품관실의 업적평가에 대해서 구분회계를 수행할 필요가 없다는 답변이다. 일반 기업도 영업 부서가 주된 업무를 수행한다고 해도 관리/지원부서가 당연히 있을 것이고 관리/지원부서는 cost center가 된다.

환수제도에 대해서 다시 한 번 정리하면, 현행법은 회계부정 등으로 회사에 손해발생 시 임원 등에게 손해배상소송(상법 제399조[2])을 통해 책임을 물을 수 있도록 규정하고 있다. 보수 환수 등은 부당이득반환(민법 제741조[3]) 소송 등을 통해 진행도 가능하다.

---

2) 상법 제399조 1항: 이사가 고의 또는 과실로 법령 또는 정관에 위반한 행위를 하거나 그 임무를 게을리한 경우에는 그 이사는 회사에 대하여 연대하여 손해를 배상할 책임이 있다.
3) 법률상 원인 없이 타인의 재산 또는 노무로 인하여 이익을 얻고 이로 인하여 타인에게 손해를 가한 자는 그 이익을 반환하여야 한다.

# 한국기업에서의 CEO의 위치[1]

　본 저술이 상법 저술이 아님에도 본 장의 내용이 기술된 사유는 회계법인의 대표이사 등의 내용과 연관되기 때문이다.

　우리나라의 주주총회에서는 이사회의 등기이사를 선임하면서 주요 경영 사항에 대한 결정을 위임하며 이렇게 선임된 이사회가 대표이사를 호선하게 된다. 다만, 이사회와 대표이사의 관계에 대해서는 심각한 고민을 별로 하지 않게 되며, 대표이사는 이사회로부터 어떠한 내용을 위임받아서 의사결정을 수행할 수 있는지에 대한 점이 명확하지 않다. 물론, 한전과 같이 주주총회에서 대표이사를 별도로 구분하여 선임하는 회사도 있다.

　이사회에는 이사회 규정/내규 등이 존재하여 이사회가 안건으로 결의하거나 보고받아야 하는지에 대해서는 규정화되어 있을 수 있지만 이러한 내용 중, 일부의 내용을 대표이사에게 위임할 때에 documentation을 명확하게 남기는지에 대해서도 명확하지 않은 부분이 있다. 일부 기업은 규정 아래의 hierarchy로 지침을 둔 회사도 있다.

---

[1] 이러한 내용은 2021.6.21. ESG기준원의 ESG평가위원회에서 유니스 김 교수께서 주신 의견에 기반한다. 추가로 소통하면서 이에 대한 의견을 보내주신 유니스 김 교수님과 이 소통 과정에서 자문을 해 주신 전영순 교수께 감사한다.

예를 들어 이사회가 결의했던 내용 중에서도 여러 경제 환경의 변화 때문에 진행되지 않은 업무가 있을 수 있다. 이러한 결의 내용이 공시의 대상이었다고 하면 의사결정이 번복 또는 변경되었다는 점을 공시해야 하지만 그렇지 않은 경우는 결의된 내용이 추진되지 않는다고 이사회에 보고되고 회의록에 남겨 두어야 하는지에 대해서는 생각해 보아야 한다.

SC은행과 같이 외국계 은행은 이사회를 운영함에 있어서 모든 것이 manual/document화가 되어 있어서 주관적이고 임의적인 판단을 수행할 경우가 거의 없다고 하니 이러한 선진화된 내용을 배울 만하다.

또한 이사회 규정이라는 것은 이사회의 과반의 의결로 항상 개정이 가능하므로 일부 이사들의 전횡을 막기 위해서는 이러한 규정을 한 등급 올려서 주총에서 정관으로 결의하는 것이 가장 확고한 안전장치이기도 하다. 그러나 기업의 주요 경영활동을 모두 주총에서 의사결정할 수는 없다. 가장 중요한 의사결정을 주총에서 수행하고 나머지 의사결정은 모두 이사회에 위임하는 것으로 정하였는데 다시 많은 의사결정을 주총에서 결정하여 정관에 반영하는 것으로 정한다면 이사회의 존재 의미조차도 의문의 대상이 될 수 있다.

예를 들어 일부 금융지주 회장의 경우 너무 장수를 한다는 비판도 있고 일부 금융지주(하나금융지주)는 지주 회장의 장기집권을 막기 위해서 연령 제한을 이사회 규정에서 정하고 있다. 그러나 이사회 규정은 이사회에서 개정하면 그만이다. 금융지주회장은 사외이사들이 선임하고 지주회장은 이사들의 선임과 연임 결정에 영향을 미치는 구도에서는 그들만의 league가 형성되기도 한다. 그러나 이런 식으로 이사회의 전횡을 예방하기 위해서 이사회 규정으로 정할 내용을 정관에서 규정한다면 기업 경영과 관련된 거의 모든 제도가 정관에 올라가는 바람직하지 않은 모습을 보일 수도 있어서 적절한 절충이 필요하다.

본 장에서는 대표이사와 이사회의 관계에 대해서 논한다. 다만 저자가 상법학자가 아니므로 법적 자문과 실무에서의 경험에 기초하여 기술하지만 실무에서의 경험도 각자 기업은 그들에 적용되는 실무 패턴이 있을 수밖에 없으므로 전문성에 한계가 있다.

유니스김 전 이대 법대교수는 본인 자신이 미국 기업 경영과 한국 기업의

이사회에 관여한 경험에 대해서 대표이사와 이사회의 관계에 대해서 다음과
같이 기술한다.

"저는 한국 변호사가 아니고 미국 뉴욕주 변호사이지만 한국에서 오랫동안 일하면서
한국 회사법의 특성에 대해서 이거 저것 생각해 보게 되는데 비교법적인 관점에서는
한국 회사법의 특성입니다. 주주의 권한보다 이사회의 권한이 강하고 이사회에서는
대표이사에게 권한이 집중되어 있는 제도지요. 물론 효율성 면에서는 빠른 결정을 가
능하게 하지만 절차를 중시하는 governance 관점에서는 법적으로 거의 절대적인 권
한을 위임받는 한국 기업의 대표이사를 사외이사를 통해서 사전적으로 견제하는 것은
쉽지 않다고 생각합니다. 물론 대표이사 개개인의 성향에 따라 이사회(특히 사외이사)
에게 많은 정보를 사전적으로 공유하는 대표이사도 있을 수 있기는 하겠지만요."

대표이사가 많은 것을 결정하는 구도인데, 실질적으로 이사회에게서 이러
한 권한을 정식으로 위임받아 업무를 수행하는 것인지에 대해서도 명확하지
않음을 의미한다. 즉, 이사회의 어떤 업무가 CEO에게 위임되었는지가 명확하
지 않다. 이러한 점도 명확하게 규정화하기 위해서는 이사회 규정에 어느 안
건은 이사회가 회의체의 입장에서 의사결정을 해야 하고 어떤 안건들은 대표
이사에게 위임할 수 있는지에 대해서도 명확하게 구분될 수 있으면 좋은데 이
렇게 정치하게 이사회 규정이 되어 있는 것은 아니고 명확하게 이사회가 의결
해야 하는 것으로 규정되어 있지 않는 한 대표이사가 결정하게 될 듯하다. 이
사회 의결로 대표이사에 대해서 위임 의사결정을 수행하는 경우도 있다.

거의 대부분의 이사회 규정 중에는 다음의 내용이 포함되어 있다. '기타
의 내용 중에서 대표이사가 이사회에서 결의하는 것으로 판단한 안건'은 이사
회에 상정하게 된다.

저자의 경험에 의하면 사외이사가 회사에서 진행되는 모든 업무를 파악
하기는 어려우니 어떤 업무가 결의사항이어야 하고 어떤 업무는 보고사항이
어야 하는지에 대한 안건까지 챙기는 것은 불가능하다. 이사회 안건으로 사전
에 문건을 받게 되면 이러한 안건에 대해서 고민하게 되지만 안건 채택의 여
부에 대한 판단까지는 회사 내부에서 결정하게 된다. 물론, 이사회 규정에 부

합하는 안건의 선정도 회사 실무자선의 결정 사안이다. 회사에서 어떤 일들이 발생하고 있는지에 대해서 정보가 전달되지 않는 한, 사외이사들이 파악하기는 어렵다.

저자가 과거 특정 기업의 이사회 활동 경험에 근거하면 해당 기업은 M&A 활동을 활발하게 진행하고 있었는데, 인수하려는 의사결정은 이사회의 결의사항으로 진행을 하지만 bidding하는 가격만큼은 대외비일 뿐 아니라 이사들에게까지도 알려지는 것이 경쟁사와의 가격 경쟁에 있어서 바람직하지 않으므로 가격만큼은 대표이사에게 위임해 달라는 경우가 다수 있었다. 물론, bidding하는 가격조차도 회의체에서 결정하겠다고 결의하면 그렇게 되겠지만 가격 결정을 회의체에서 할 정도로 회의체가 움직이지는 않는다. 오히려 대외비로 지키면서 CEO가 가격 경쟁에 대응하는 것이 가장 좋은 대안일 것 같다.

또한 M&A나 합병 분할 건의 의사결정에 있어서는 보안이 중요하므로 이사회에 안건으로 상정될 때까지도 회사 내부의 실무 관여된 부서에서만 이러한 정보에 접근해야 하는 경우도 있다.

우리나라의 법체계에서는 대표이사와 이사회 의장은 겸직 또는 분리에 대해서는 많은 논의가 있지만 대표이사의 이사회에서의 권한에 대해서는 유니스 김교수가 기술했듯이 큰 고민을 하고 있지 않다는 판단이다. 대표이사와 이사회 의장은 겸직하는 기업도 많고 분리된 기업도 많다. 여러 형태의 모범규준에서는 대표이사의 독단을 예방하는 차원에서 분리를 권면하고 있지만 대표이사가 이사회 의장을 맡으면서 회사의 업무를 주도적으로 수행하여야 신속하고 전향적으로 경영활동을 수행할 수 있다고도 할 수 있다. 따라서 기업 경영과 관련된 많은 case가 그러하듯이 해답은 없다.

유니스 김교수의 우리나라 경영행태에 대한 추가적인 기술 내용이다.

"우리나라에서는 관행적으로 대표이사와 CEO(사장)가 동일인이지만 (대표이사 사장), 법적으로는 대표이사와 CEO는 다른 역할이다. 영미권에서는 대표이사라는 개념 자체가 없다. 영미권 회사법에서는 Director and Officers 라는 개념을 사용하고 Director는 등기이사, officer는 executive(경영진)의 개념이다. 이사회는 collective로서 의결을 통해 결정하고 각각의 officer들은 이사회에서 위임받은 범위 내에서 권한을 가지게 된다. Director와 Officer는 mutually exclusive하지 않고 동일인이 Director이면서 Officer일 수 있다. 즉, 사내이사가 이러한 경우이다. CEO는 Officer 중에서 가장 senior를 일컫는 직함이고 이사회 멤버일 수 있으나 그렇지 않을 수도 있다. 따라서 영미권에서의 CEO가 한국법상의 대표이사와 동일시 되지 않아야 한다. 아래 상법 조항을 보면 대표이사의 권한이 이사회 규정이나 정관에 의해서 결정되는 게 아니라 상법에 의해서 결정된다는 것을 볼 수 있다."

유니스 김 교수님의 이러한 의견은 아마도 우리나라에 2011년 4월 개정된 상법에 의해서 도입된 집행이사 제도와 일맥상통한다.[2] 최근에 와서 이 제도를 때늦게 도입하는 기업도 있다. 어떻게 보면 우리의 집행이사제도가 미국의 executive와 officer를 염두에 두고 만든 제도일 수도 있다.

## 한샘 대표 집행임원에 김진태 지오영그룹 사장

종합 홈 인테리어 전문기업 한샘은 4일 이사회를 열고 김진태 지오영그룹 총괄 사장을 대표집행임원으로 선임했다고 밝혔다.

집행임원제도는 이사회와 별도로 <u>업무 집행을 전담</u>하는 임원을 독립적으로 구성하는 제도다. 한샘은 지난해 12월 13일 임시주주총회를 열고 집행임원제를 도입하는 내용의 정관개정을 의결했다.

한국경제신문. 2022.1.5.

등기를 하지 않았지만 이사회로부터 위임을 받고 경영활동을 총괄하게 되는 것이다. 미국 기업에서 CEO가 officer 중에서 가장 senior이며 이사회 member가 아닐 수 있다는 미국 기업의 기업지배 행태에 가장 잘 부합하는 우리나라에서의 position이 대표집행이사제도 아닌가 한다. 최근 집행이사제도를 채택하는 경우가 거의 없게 되면서 유명무실화된 제도가 됐지만 엄연히 상

---

2) 손성규(2014) chapter 5에서 집행이사제도에 대해서 기술하고 있다.

법에서 규정한 제도이고 위에서와 같이 최근에도 이 제도를 새로이 정관에 채택하고 운영하는 회사가 있다. 아마도 이사회와는 별도로 경영 집행만을 위해 적법하고 인정되는 position이 필요하다는 판단을 일부 기업이 하고 있는 듯하다. 이러한 미국에서의 director들은 chapter 33의 조합에서의 운영위원회 위원들과 유사한다고 할 수 있다.

---

**상법 제209조(대표사원의 권한)**

① 회사를 대표하는 사원은 회사의 영업에 관하여 재판상 또는 재판외의 모든 행위를 할 권한이 있다.

② 전항의 권한에 대한 제한은 선의의 제3자에게 대항하지 못한다.

제210조(손해배상책임)

회사를 대표하는 사원이 그 업무집행으로 인하여 타인에게 손해를 가한 때에는 회사는 그 사원과 연대하여 배상할 책임이 있다.

---

연대하여 책임을 진다고 상법에서는 되어 있지만 실제 법 집행에 있어서는 연대하는 이사 중 경제적인 능력이 되는 이사가 손해배상의 주된 target이 될 수도 있다.

이사회 관련 조항을 보면 다음의 ①에 나열돼 있는 행위는 이사회의 결의가 필요하다고 하지만 만약 대표이사가 이사회의 결의 없이 이런 행위를 했을 경우, 대표이사의 행위가 무효라는 결론으로 이어지는 것은 아니다. 법적으로 판단하면 상법에서 이사회가 ①의 권한을 갖는다고 하고 이를 대표이사에게 위임했다고 하면 documentation이 남아 있어야 하는 것이 원칙이다.

즉, 이는 어떻게 보면 이사회라는 기구는 회의체를 의미하며 정부기구에서도 회의체 의사결정 기구인 감사원(감사위원회), 금융위원회, 증권선물위원회, 방송통신위원회, 공정거래위원회, 국민권익위원회, 국가인권위원회 등이 있다. 반면 다른 모든 부처는 장관이 결정하는 독임제 의사결정 과정을 가진다. 즉, 대표이사는 '단지' 회의체 의결 기구인 이사회가 결정하는 내용을 집행하므로 의사결정 기구가 회의체가 아닌 독임제에서의 기관장의 권한보다도 훨씬 약한 권한을 가지고 있어야 한다.

이들 위원회의 위원장은 위원회 회의를 주관하는 권한을 행사하지만 우리 기업의 CEO는 이보다는 더 많은 daily operation을 책임지고 있다.

> **제393조(이사회의 권한)**
> ① 중요한 자산의 처분 및 양도, 대규모 재산의 차입, 지배인의 선임 또는 해임과 지점의 설치·이전 또는 폐지 등 회사의 업무집행은 이사회의 결의로 한다. <개정 2001. 7. 24.>
> ② 이사회는 이사의 직무의 집행을 감독한다.
> ③ 이사는 대표이사로 하여금 다른 이사 또는 피용자의 업무에 관하여 이사회에 보고할 것을 요구할 수 있다. <신설 2001. 7. 24.>
> ④ 이사는 3월에 1회 이상 업무의 집행상황을 이사회에 보고하여야 한다. <신설 2001. 7. 24.>
> [전문개정 1984. 4. 10.]

②에서는 이사회라는 회의체가 자연인인 이사를 감독하게 하고 있다. 즉, 이사회는 최대주주, 최고경영자에 대한 감시역할을 수행하지만 동시에 이사도 감독하게 한다. 동시에 감사는 이사회에 대한 견제 역할도 수행한다. 기업이 유기적인 관계를 가져가면서 최대주주, 최고경영자, 이사회, 감사(감사위원회) 간에 대립적인 관계를 설정해 두고 있다.

이사회가 주주총회로부터 경영의사결정과 관련되어 대리인(agent)으로 위임을 받았듯이 어떻게 보면 대표이사도 일부의 권한은 이사회로부터 대리인(agent)으로 위임을 받고 업무를 수행해야 한다.

회의체라는 것이 의사결정의 신속성 차원에서는 독임제에 비해서는 신속하지 않은 행정체제일 수 있다. 대면 회의가 아니더라도 서면결의를 통해 이사들의 의견을 취합해야 하는 것이다. 단, 서면결의가 가능한 것인지는 각 회사가 이사회 규정을 통해서 정하고 있다.

일부 기업은 비대면 회의를 인정하기는 하지만 영상이 포함되는 경우에만 이사가 회의에 참석한 것으로 정하는 이사회 규정을 가지고 있기도 하다. 다만, 회의체는 회의를 구성하는 다양한 참여자들의 의견이 취합되어 결론이 도출되므로 잘못된 의사결정을 수행할 가능성이 낮아지게 되는 장점이 있으나 신속성에 있어서 독임제에 비해서 뒤질 수 있다.

이사회의 업무와 관련되어 이사회가 어떠한 권한이 있다고만 규정되어 있게 된다. 따라서 이사회와 분리되어 대표이사가 어떤 특별한 권한이 있는지는 각 개별 회사의 운영상의 이슈이다.

반면에 상법은 감사 또는 감사위원회의 역할에 대해서는 상법에서 규정하고 있다. 따라서 이러한 차원에서만 접근한다면 감사/감사위원회의 법적인 지위가 대표이사보다도 훨씬 더 강하다고 할 수 있다. 우리의 상법은 감사에게 특별한 권한을 부여하며 이 중에 하나는 다음과 같은 경우에 회사를 대표할 수 있는 권한도 부여한다.

**회사 대표권:** 회사는 이사에 대하여 또는 이사가 회사에 대하여 소를 제기하는 경우나 회사가 이사의 책임을 추구하는 대표소송의 청구를 받은 경우에는 감사가 그 소에 관하여 회사를 대표함(제394조)

이는 원래 회사의 대표권이 있다고 하면 대표이사에게 있으나 회사가 이사를 상대로 한 소송에서는 대표이사 본인도 소송의 대상이기 때문에 공정한 소송 수행을 기대하는 것이 어려우므로 중립적인 지위에 있는 감사로 하여금 회사를 대표하게 하는 것이다. 따라서 상법은 회사와 관련하여 감사에게 상당한 정도의 신분적 위치를 보장하는 것이다.

상법에서 대표이사는 (주식)회사를 대표할 권한을 가진 이사를 말한다(상법 389조 제1항).

**제389조(대표이사)** ① 회사는 이사회의 결의로 회사를 대표할 이사를 선정하여야 한다. 그러나 정관으로 주주총회에서 이를 선정할 것을 정할 수 있다.

대표이사는 이사회에서 호선하지만 한전과 같은 기업은 주총에서 대표이사를 별도로 선임하므로 한전의 대표이사의 선임은 이사회가 아니고 주총의

결의사항이다. (주식)회사의 업무집행은 이사회 결의로 규정하면서(상법 393조 제1항) 결정된 사항을 실질적으로 실행하는 것은 대표이사로 볼 수 있다. 즉, 이사회는 대외적으로 (주식)회사를 대표하고 대내적으로는 업무집행의 실행을 맡는 기관이다. 참고로, 우리 상법상 모든 회사에 이사(또는 대표이사)가 필수적으로 존재해야 하는 것은 아니다.

예를 들어 합명회사의 경우 회사대표는 업무집행사원(정관에서 정한 경우) 또는 각 사원이 회사를 대표하고(상법 207조), 유한책임회사의 경우 업무집행자가 유한책임회사를 대표한다(상법 제287조의19).

유한책임회사에서 대표이사가 아니고 업무집행자가 회사를 대표한다는 것도 유한책임회사에 대한 회사의 신뢰성을 훼손한다고도 할 수 있다. 주식회사, 유한회사 모두에 대표이사가 의무화되고 있고 이들이 회사를 대표한다. 유한회사는 특히 이사회 또한 의무화되어 있지 않으므로 대표이사의 대표성이 매우 강하게 부각되게 되는데 업무집행자라는 직은 그 직 자체가 우리가 익숙한 지위가 아니다.

상법 제207조(회사대표) 정관으로 업무집행사원을 정하지 아니한 때에는 각 사원은 회사를 대표한다. 수인의 업무집행사원을 정한 경우에 각 업무집행사원은 회사를 대표한다. 그러나 정관 또는 총사원의 동의로 업무집행사원 중 특히 회사를 대표할 자를 정할 수 있다.

최고경영자와 이사회와의 관계가 국가별 기업지배구조에 의해서 영향을 받을 수 있어서 영국계 기업인 SC제일은행의 이사회가 운영되는 방식과 관련되어 사외이사를 역임했던 전영순교수에게 자문을 받았다.

"SC이사회와 관련하여, SC는 그룹 전체를 매트릭스로 운영해서 CEO의 권한에 제한이 있었다. 예로, CIB(commercial investment bank)는 영국의 그룹 본사에서 직접 관리하여 로컬 CEO 권한이 거의 없었던 것으로 기억한다. 또한, 리스크와 내부감사도 그룹에 직접 보고라인이 구축되어 있어 CEO로부터 상당히 독립되어 있다고 할 수 있다. 그리고 로컬화된 비즈니스를 제외하고는 그룹의 매뉴얼이 로컬 매뉴얼에 녹아있어 그룹 policy가 그대로 적용되는 부분이 상당히 많았던 것으로 기억한다. 우리나라 기업들보다 매뉴얼화가 훨씬 잘 되어 있다. 선진 외국계 기업들은 업무의 매뉴얼화가 문화로 정착되어 있는데, 이는 해외 자회사들을 관리하기 위한 본사의 전략이기도 하다. 우리나라 기업들의 경우에는 업무를 수행하기 위해 매뉴얼을 만들기보다는 법규상 요구를 충족하기 위해 문서화하는 의미가 큰 것 같다. CEO에게 위임하는 안건이 이사회 규정 등에서 더 명확하게 규정되어 있지는 않았던 것 같은데, 확실하지는 않다."

유니스 김 교수님은 전교수의 위의 내용에 대해서 다음과 같이 답해 주셨다.

"matrix reporting 제도는 제가 씨티와 Franklin Templeton에서 다년간 직접 경험한 제도로서 global 기업의 risk management 방법으로 효과적으로 활용되고 있는 governance제도이다. cross – border functional reporting과 line reporting을 병행하여 보고의 신속함, 투명성을 지향하는 제도로서 local CEO/대표이사, 또는 functional unit head들의 exclusive decision making 권한을 제한하는 효과를 가진다. 한국 자회사의 대표이사 외에도 자회자의 각 부서에서 지역본부와 본사의 부서장에게 직접 보고하는 제도이기 때문이다. 특히 미국계 기업들은 유럽계보다 더 강력한 matrix reporting을 선호한다. control function인 legal compliance, CFO등은 국내 대표이사/CEO의 승인 없이 본사나 지역본부에서 직접 채용하고, 보수도 국내 대표이사/CEO에게 통보하거나 조율하는 정도만 하고 직접 해외에서 인사 관련된 결정을 내리는 방법으로 자회사에 대한 관리를 한다.

반대로 국내기업들은 matrix reporting을 선호하지 않고 국내법과 상충된다는 이유(최고 의사결정이 국외에서 이루어지기 때문에)로 대부분 실행하지 않고 있다. matrix reporting이 국내 기업의 HQ에서 이루어진다면 오히려 대표이사의 권한을 강화하고 지역본부장의 역할은 축소시키는 효과를 가질 수 있다.

그러나 한국 대표이사 제도의 주요 특징인 이사회로부터의 직접적이고 구체적인 위임 없이도 회사법(상법)을 통한 위임(국내법상 적법한 위임)에는 아무런 영향을 주지 않는다. 글로벌 기업의 matrix reporting에서 국내 자회사는 본사가 아니라 자회사이기 때문에 CEO의 권한이 축소되는 효과가 있는 것이다. 글로벌 기업의 CEO 입장에서는 본인에게 보고되어야 하는 내용을 신속히 정확하게 보고받을 수 있게 하는 제도이기 때문에 오히려 본사 CEO 중심적인 보고체계가 가능해지는 것이다.

다시 말하면 matrix reporting은 multiple reporting에 동반되는 시간적 인적 비용에 불구하고 투명도와 신속도를 높여 본사의 이사회와 경영진이 timely한 action을 취할 수 있게 해주는 중요한 risk management tool인 것이다. 국내 대표이사 체제에서는 대표이사가 이사회의 위임 없이도 상법상으로 위임 받은 권한을 행사하기 때문에 이사회의 역할이 상대적으로 축소된다고 볼 수 있다.

이사회는 내부 의사결정과정의 한 단계로 전락한다고 볼 수 있다. 물론 대표이사의 성향과 기업 문화에 따라 실제로 그렇지 않은 기업도 있을 수 있으나 제도 자체로만 평가한다면 국내법상의 대표이사제도는 이사회의 역할이 대표이사의 역할에 비해 상대적으로 비교법적으로 약화된 제도라고 볼 수 있다는 것이 유니스 김 교수의 의견이다.


회계법인의 지배구조도 동일하다. 예를 들어, 삼일의 경우는 PWC의 member firm이기는 하지만 한국에서의 number 1 firm으로서의 상당한 정도의 독립성을 인정받아 본인들은 network firm이라는 표현을 사용하는데 EY한영, Deloitte안진, 삼정KPMG은 국제적인 one firm의 한국 자회사의 성격이라서 독립적인 위상이 약하다. 위의 SC은행의 경우에서와 같이 외국 headquarters의 상당한 정도의 간섭을 받게 된다.

예를 들어 Deloitte안진의 경우, 파트너들의 직접 선거에 의해서 대표이사를 선임하게 되지만 quality control에 대한 책임을 지고 있는 Risk and Reputation Leader(RRL 위험관리본부장)라는 position은 우리나라의 대표이사가 임명권을 갖고 있기는 하지만 global 차원에서 concur(동의권)이 있어서 견제를 하도록 하고 있어서 quality control을 해외 본사가 통제하게 된다. 즉, local firm의 영업은 모두 자국에서 수행하지만 품질관리만큼은 해외 본사 차원에서 개입하게 된다. 이는 member firm이라고 해도 부실감사 등의 이슈가 발생하면 headquater 차원의 기업 가치에도 부정적인 영향을 받기 때문이다.

　외국계 기업들이 본사 차원에서 legal service, 감사기능 및 CFO를 통제하는 것과 동일한 차원에서 이해하면 된다.

　member firm들은 상호 출자관계가 없고 자국의 공인회계사법과 PwC 내규를 모두 준수하는 식으로 운영된다. network firm은 member firm보다 좀 더 독자적으로 운용되고 있다고 보면 된다.

　품질관리실과 독립성 부서를 별도로 운영하기도 한다. 예를 들어 안진회계법인일 경우 위험관리본부(RRL) 내부에 위치하기는 하지만 품질관리실과 독립성 부서가 별도로 존재한다. 위험관리본부는 firm 차원에서의 위험을 관리하며, 감사본부내에서의 품질관리실(품관실) QRM(Quality and Risk Management 팀)은 감사와 관련된 점검만을 수행하면 FAS 본부는 그 본부 내에서의 품질관리를 자체적으로 수행하고 있다. EQCR(Engagement quality control reviewer)는 사전심리의 개념인데 peer review의 형태로 진행된다. 심리의 주체는 engagement 쪽의 partner일 수도 있고 아니면 품관실에 소속된 파트너일 수도 있다. 이러한 사전 감리 이외에도 감사를 모두 마친 이후, 사후 감리의 개념으로 자체적으로 감사과정에 문제가 없는지를 점검하게 된다.

　안진의 경우, RRL은 대표이사에 대한 견제 역할을 수행하고 있다. 또한 이사회 제도를 두고 있고 이사회 의장은 대표이사와는 겸직하고 있지 않아서 대표이사에 대한 견제 역할을 수행하도록 하고 있는데, 이러한 견제가 형식적/요식적이 아니고 얼마나 실효성이 있는지는 의문이다. 다만 파트너 회의나 대표이사가 이러한 직을 임명하지 않는 경우는 아래의 한공회 내규감사인 등의 조직 및 운영 등에 관한 규정에 의거, 공인회계사법 위반이라는 의견도 있다.

## 딜로이트, 아시아 8개국 '원펌 체제'로 통합

　국내 2위 회계법인 딜로이트안진이 '안진'이라는 이름을 떼고 '딜로이트아시아'로 통합한다. 딜로이트 본사가 아시아 각국 회원사(member firm)를 하나의 회사로 통합하는데 딜로이트안진도 참여하기로 결정한 데 따른 것이다.

딜로이트아시아로 합쳐지면 국내 기업에 대한 글로벌 서비스가 강화되고 임직원 처우도 개선되는 등 대우조선해양 사태 등으로 홍역을 앓아온 딜로이트안진에 새 전환점이 될 것이라는 분석이 나온다.

## 글로벌 서비스 강화 위한 체제 전환

13일 회계업계에 따르면 딜로이트 글로벌 본사는 한국, 중국, 대만, 인도, 호주, 뉴질랜드, 동남아시아의 8개 회원사를 딜로이트아시아라는 이름으로 통합하기로 최근 방침을 정했다. 딜로이트아시아는 뉴욕에 본부를 둔 딜로이트 본사의 자회사가 된다. 딜로이트 안진을 비롯한 각국 회원사도 이 같은 통합체제 구축에 동의했으며, 올 하반기부터 본격적인 전환 작업에 들어간다. 앞으로 2년 안에 통합을 마무리한다는 계획이다.

딜로이트, 프라이스워터하우스쿠퍼스(PwC), KPMG, 언스트영(EY) 등 글로벌 '빅4' 회계법인은 '멤버십' 혹은 '원펌' 형태로 세계 여러 나라에 진출해 있다. 멤버십은 현지 회계법인과 제휴하는 방식이고, 원펌은 자회사 형태로 글로벌 본사가 통합 관리하는 체제다. 국내에서는 딜로이트안진, 삼일PwC, 삼정KPMG 등이 멤버십을 유지하고 있고, EY한영은 원펌 체제를 구축하고 있다.

딜로이트는 삼성, 애플, 구글과 같은 글로벌 기업에 국경을 초월한 서비스를 제공해야 한다는 판단 아래 5년 전부터 통합 작업을 해왔다. 북유럽과 서유럽을 하나로 묶은 딜로이트NWE(North West Europe), 동남아시아 지역의 통합 회사인 딜로이트 SEA(South East Asis)를 이미 출범시켰다.

딜로이트아시아를 설립하려면 각 지역 회원사의 지분 정리가 선행돼야 한다. 딜로이트안진은 142명[3] 파트너가 적게는 0.01%에서 많게는 3.06% 가량 지분을 나눠 갖고 있다. 각 파트너는 딜로이트안진 지분을 모두 반납하고, 딜로이트아시아의 지분을 다시 배정받게 된다. 지분율은 지역별 매출 비중, 파트너 실적 등을 고려해 재산정된다. 아시아에서는 중국, 일본, 호주의 매출 비중이 높은 편이어서 통합 딜로이트아시아의 총괄 본부도 이 국가들 가운데 나올 가능성이 높다.

## 딜로이트 안진, 위기 극복 돌파구 될까

딜로이트아시아로의 통합은 대우조선 분식회계 사태 등으로 어려움을 겪어온 딜로이트안진에 일종의 돌파구가 될 전망이다. 세계 최대 컨설팅 회사인 딜로이트의 자원

---

3) 약 1000명 한국회계사 중에서 파트너가 차지하는 인원이다.

을 자유롭게 활용하며 국내 기업에 해외 진출, 다국적기업과의 제휴 등 다양한 서비스를 제공할 수 있어서다. 감사 부문도 신뢰를 되찾을 것으로 회사 측은 기대하고 있다.

무엇보다 인수합병 자문 및 실사를 담당하는 재무자문본부에 대한 기대가 크다. 원펌 체제를 구축하면 각국에 흩어져 있는 기업 및 시장 정보를 활용해 서비스를 강화할 수 있어서다. 딜로이트안진은 이 같은 이유로 최근 임직원에게 '우리는 글로벌 딜로이트의 일원'임을 부쩍 강조하고 있다.

임직원 처우도 개선될 가능성이 크다. 한국 매출 비중이 중국, 일본에 비해 적어 파트너들의 지분율은 줄어들 가능성이 있지만 배당액은 글로벌 수준으로 높아질 것으로 업계는 예상하고 있다.

딜로이트안진 관계자는 "국내에서는 아직 멤버십을 유지하고 있는 회계법인이 많지만 해외에서는 원펌 체제가 추세로 자리 잡고 있다"며 "기업들의 글로벌화에 회계법인도 발을 맞추는 과정"이라고 말했다.

한국경제신문. 2017.8.14.

삼일이 다른 회계법인들과는 달리 네트워크 firm으로 member firm보다는 어느 정도 자율권과 독자적인 권한을 갖는다고는 하지만 회계법인이 전 세계적인 one firm으로 가는 추세를 막을 수는 없고, 우리나라의 빅4 회계법인이 전 세계적인 big 4, one firm의 local office인 것도 부정하기 어렵다.

일부에서는 EY한영과 같이 파트너 firm도 아니고 one firm의 형태로 가는 것에 대해서 주권의 상실까지도 언급하며 우리나라의 big 4 회계법인들이 국제 회계시장에서 독자성을 잃는 것에 대한 우려를 표명하기도 하지만, 이는 어쩔 수 없는 세계적인 추세이며 우리나라만 예외일 수 없다.

quality control과 관련된 업무를, 경영을 책임진 CEO가 아니고 해외의 headquarter가 개입하여 수행한다는 것은 독립성/중립성 차원에서 매우 바람직한 것이다.

특히 회계법인의 법적인 형태가 유한회사이며 파트너(사원)들이 출자한 회사여서 회계법인의 이해관계자들은 주식회사와는 달리 주주가 아니고 파트너들이다. 주식회사라고 하면 경제활동하는 어느 누구도 주권의 매입과 동시에 주주가 되며 이들의 이해를 어느 정도까지는 보호할 의무가 감독/규제기관에 있으므로 이사회/감사/감사위원회의 독립성에 대한 논의가 활발하지만 회계법인은 파트너들만의 조직이므로 투자자 보호라는 취지로 감독기관이 회계법인 활동의 투명성에 개입할 수는 없다.

단, 회계법인이 발행하는 감사보고서라는 용역은 자본주의에서의 공익성을 가지는 보고서이므로 이러한 차원에서도 회계법인의 활동이 공익성을 떠나 영리만을 추구하지 않도록 누군가는 개입해 줘야 한다.

회계법인의 감사는 상법에서 임의기구로 되어 있다. 2021년 말 현재, 삼정, 안진 모두 법인 내에 이사회를 설치하고 있는데 안진은 이사회 의장과 대표이사를 분리하고 있고, 삼정은 이사회 의장과 대표이사가 겸직 중이다. 한영은 본부장들로 구성된 경영위원회가 설치되어 있고 의장은 현재는 대표이사가 겸직하지 않는다. 본부장들에 대한 선임 권한이 대표이사에게 있다고 하면 경영위원회가 대표이사에 대한 견제 역할을 수행함은 용이하지 않을 것이다. 과거에 모 회계법인은 이사회 의장을 전임 대표이사가 맡으면서 옥상옥의 지배구조를 가져가기도 했다.

한영의 Regional Partner Forum은 다음의 역할을 수행하고 있다.

ⅰ) 파트너들의 보상 등 partner matter에 대해 경영진(대표이사 및 각 본부장들)과 협의

ⅱ) 경영진 의사결정에 대한 자문

ⅲ) 대표이사 추천 및 선임위원회 역할 등

Regional Partner Forum은 위의 경영위원회에 대한 견제의 역할은 하지만, 실제 경영의사결정을 수행하지는 않는다. 각국 Regional Partner Forum의 의장은 EY의 Global Governance Counsel 멤버가 되며, Global Governance Counsel은 EY 글로벌에 대해 같은 역할을 수행하게 된다.

한영회계법인 정관에는 경영위원회 관련된 규정은 다음과 같다.

## <경영위원회 구성 및 선임>

1. 경영위원회는 3인 이상 12인 이하의 경영위원으로 구성

2. 대표이사는 당연직 경영위원이고, 기타 경영위원은 대표이사 제청을 거쳐 사원총회에서 선임

### <경영위원회 임기 등>

1. 경영위원 임기는 2년이며, 사원총회 결의로서 연임 및 중도 사임이 가능함.
2. 경영위원이 사임을 표시할 때에는 그 즉시 사임의 효력이 발생함.

### <경영위원회 위원장>

1. 위원장은 경영위원 중 호선으로 선정
2. 위원장의 임기는 해당 경영위원으로서의 임기까지이며, 연임할 수 있음.

상기와 같이, 한영 대표이사는 경영위원장으로 선임될 수는 있으나, 현 대표이사는 위원장직을 맡지 않겠다고 선언했고 대표이사를 제외한 다른 경영위원 중에서 호선으로 선출하고 있다. 한영 경영위원회는 대표이사와 각 본부장들로 구성하고 있으며(총 9명), 각 본부장의 선임은 대표이사가 단독으로 결정하지 않는다. 각 본부에서 또는 경영위원회에서 후보자가 추천되고 법인 내 및 Asia Pacific에서 많은 절차를 거쳐 선임되고 있다.

삼정의 이사회에서는 사원총회가 위임한 사항과 법인의 중요사항(예: 사규제 개정, 예산 승인, 파트너 등 승진, 주요 계약체결 등)을 결정한다. 이사회 member는 추천직과 선출직으로 구성된다. 당연직과 유사한 추천직 위원(대표이사, Non-Audit 대표, 품질관리실장, COO)은 이사 중 이사회 추천을 거쳐 사원총회에서 승인하고, 선출직 위원은 이사 중 사원총회에서 선출된다. 본부장은 추천직에 해당하지 않는다.

삼일의 경우 executive committee라고 대표이사(CEO)와 각 부문 대표, Market leader, COO, CSO, CRO 등으로 구성되고, 일반회사의 이사회와 같이 중요한 의사결정과 집행기능을 담당한다. CEO는 선출직이며 보통 executive committee의 의장직을 겸하며 나머지 직은 통상 CEO가 임명한다. 그리고 별도로 파트너 위원회라는 것이 있어 집행부의 활동을 감시하고 파트너들의 이

익을 대변하는 기능을 하며 주니어 파트너를 포함한 중견 파트너들로 구성되고 파트너총회에서 선출되는데 실질적인 역할은 크지 않다. 주식회사도 의장과 대표이사의 겸직, 분리 이슈가 있고 많은 형태의 모범규준에서는 분리를 권하고 있다.

이사회의 존재 이유가 대표이사와 경영진에 대한 견제의 의미라고 하면 분리하는 것이 옳지만 대표이사가 주도적으로 경영활동을 주도한다는 차원에서는 겸직도 의미가 있어서 일반 주식회사도 그러하지만 회계법인도 어느 형태가 모범 해답이라고 판단하기는 어렵다.

취합된 내용에 의하면 삼일과 한영의 경우, 당연직으로 executive committee와 경영위원회를 기업의 이사회와 유사한 기구로 유지하고 있는데 그 구성에 있어서는 보직자들을 중심으로 위원회를 구성하며 보직자들의 임명권이 대표이사에게 있으므로 이러한 executive committee와 경영위원회가 대표이사에 대한 견제역할을 수행하려면 임명직 위원이 공정하게 선임되어야 한다. 반면 삼정의 이사회의 경우는 선출직 위원은 이사 중 사원총회에서 선출된다니 나름 사원들의 의사를 반영하여 대표이사에 대한 견제 역할을 할 수 있다는 기대를 해볼 수 있어서 바람직한 지배구조가 아닌가라고 판단되지만 이는 외관적으로 주어진 정보에 근거한 접근과 해석이고 내부 사정에 대한 이해와 실질적 운영에 대한 판단에는 한계가 있다.

안진의 경우 이사회는 100% 선거에 의해서 구성되고 본부장, CEO 등은 이사회 member가 아니다. 2009년에 이사회가 구성됐을 때는 전임 CEO가 이사회 의장을 맡으면서 옥상옥의 모습이었는데 4년 전부터는 파트너회의에서 이사회 member를 선출한다. 안진에 상근감사는 없지만 이사회에 6개의 sub-committee가 있고 이 중 한 위원회가 감사위원회로 감사의 역할을 수행하고 annual report 등을 점검한다. 이사회와는 별도로 CEO와 본부장으로 구성된 executive committee가 있다. 안진이 Deloitte의 지배구조와 동일하게 이사회 의장과 대표이사를 분리하며 이사회 위원 구성은 100% 사원총회에서 선임하는 것은 한공회의 내부 규정과도 부합하며 또한 주식회사의 주총에서 이사를 선임하는 방식이나 동일하다.

특히나 흥미로운 내용은 안진과 한영에서 이사회 의장과 대표이사를 분리한 것이다. 이는 기업에서 대표이사의 권한을 견제하기 위해서 이 두 직을 분리하는 것이나 동일하게 이해할 수 있다.

또한 안진에서 사원총회가 선임한 이사회 이사들은 대표이사나 본부장 등의 보직자가 아니라는 점도 매우 흥미롭다. 이사회 이사는 영어로 하면 director이고 대표이사/본부장들은 executive이다. 기업의 경우도 이사회 이사들이 사내이사인 경우 대표이사거나 사내임원을 맡는 경우가 대부분이다.

안진과 같이 이사회의 이사와 경영진을 완전히 분리한 것은 국가의 3권 분립 정신과 같이 이사회를 경영진과 완전히 분리하면서 경영진에 대한 견제의 역할을 명확하게 맡기고 있다.

안진도 2009년 처음으로 이사회 제도가 도입됐을 때의 이사회 의장을 전임 CEO가 맡으면서 옥상옥의 지배구조를 가져갔지만 6년 전부터 이사회 의장을 대표이사와 무관한 파트너가 맡으면서 기업 식으로 표현하면 소유와 경영을 완전히 분리하게 된다. 즉, 유한회사에서의 소유권자는 사원(파트너)이므로 사원의 대리인인 이사회가 경영진을 견제하게 되는 구도이다. 단, 빅4 회계법인의 지배구조는 저술 기간 중, 내부 정보를 전달받아 이를 파악했던 시점의 상황이고 법인 사정이 항시 가변적이라서 지배구조에 있어서 지속적인 변화를 겪고 있을 듯하다.

유한회사인 회계법인의 사원총회의 성격은 주식회사의 주주총회의 성격과 유사하다. 주주총회에서 등기이사를 선임하고 이들에게 이사회에서 최대주주와 경영진에 대한 견제 역할을 기대한다면, 회계법인의 경우도 사원총회에서 선출된 이사들이 대표이사에 대한 견제를 수행하는 것이 이상적일 수 있다. 그러나 어떻게 보면 이는 유한회사인 회계법인에 과도하게 투명한 경영활동을 요구하는 것일 수 있다. 유한회사는 사원들만의 조직체이며 주식회사와는 달리 일반적인 시장 참여자들이 주주로 참여할 수 있는 구조도 아니다. 다만, 회계법인이 공익성이 있기 때문에 어느 정도는 견제가 필요하다고 할 수 있다.

정부의 입장에서도 이러한 공익성 때문에 회계법인에서 급여가 가장 높은 5인에 대해서 급여를 공개하기를 요구하는 것이다. 주식회사가 아닌 사원들만의 유한회사에 대해서 이러한 급여 공개 요구는 어느 정도 사회주의적인 접근이지만 정부는 공익적인 차원에서 이를 강제하였던 것이다. 즉, 회계법인이 산출하는 감사보고서가 경제에 미치는 영향을 고려하면 회계법인은 공적인 성격이 강하다고 할 수 있다.

　　법무법인에 대해서는 이러한 요구를 하고 있지 않는데, 이는 회계법인이 발행하는 감사보고서라는 용역보고서가 불특정다수를 위한 공공재라는 데 그 의미를 찾아야 한다. 반면 법무법인의 소송은 관련자가 피고/원고로 한정되므로 그들의 업무가 특별히 공공성이 있는 소송 건이 아니라면 공공성을 띤다고 하기 어렵다.

　　감사보고서가 공공재이며 회계법인들이 공적인 업무를 수행하고 있다는 사실은 다음의 규정에 의해서 회계법인이 투명보고서를 작성 제출하고 있다는 사실에서도 확인이 가능하다.

---

**외부감사 및 회계 등에 관한 규정」 제22조제2항**

제22조(회계법인의 공시사항) ① 회계법인이 「주식회사 등의 외부감사에 관한 법률 시행규칙」 제5조제1항 각 호의 규정에 따라 사업보고서에 기재하여야 할 사항은 별표 5와 같다.

② 주권상장법인 감사인은 영 제28조제1항 후단에 따라 법 제25조제1항에 따른 사업보고서(이하 "사업보고서"라 한다)의 내용 중 다음 각 호의 사항을 기재한 문서(이하 이 조에서 "투명성 보고서"라 한다)를 사업보고서와 별도로 인터넷 홈페이지에 게시하여야 한다. <개정 2022. 5. 3.>

1. 지배구조

2. 이사의 보수

3. 감사인의 업무설계 및 운영 관련 업무(이하 "품질관리업무"라 한다) 담당 인력

4. 소속 공인회계사 연차별 인원 수

5. 심리(審理)체계

6. 최근 3개 사업연도의 품질관리 감리결과

7. 기타 감사업무 품질관리와 관련하여 회계법인이 필요하다고 판단한 사항

③ 투명성 보고서의 서식은 금융감독원장이 정한다.

④ 주권상장법인 감사인은 영 제28조제3항제4호에 따라 별표 6에서 정하는 사실이

발생한 경우에 그 사실을 적은 보고서를 증권선물위원회에 제출하여야 한다. <개정 2022. 5. 3.>

회계법인의 지배구조를 조금 더 상세하게 검토하기 위해서 감사인 등의 조직 및 운영등에 관한 규정(한공회 내부 규정) 일부 내용을 검토한다.[4]

### 한공회 내규

감사인 등의 조직 및 운영 등에 관한 규정

**제7조(조직 등)** ③ 회계법인은 대표이사 또는 이사의 선임·해임 및 재무에 관한 결정 등 경영에 관한 사항을 결정함에 있어 당해 회계법인의 사원 외의 자로부터 간섭 받지 아니하고 <u>국내 관련 법규에 따라</u> 독립적으로 결정하여야 한다. <신설 2011. 5. 24>

위의 내용에 의하면 국내 회계법인이 해외의 전세계적인 회계법인 one firm 체계에서의 한 member firm의 개념이기는 하지만 인사에 관련해서는 독자적으로 결정해야 한다고 되어 있다. 한공회의 이 규정은 '주권' 등의 이슈와 연관되는 것 같지만, 우리나라의 회계법인이 빅4 본사의 입장에서는 한국 지사의 성격이라는 것을 인정해야 한다면 주권에 대해서 강한 주장을 하기는 어렵다.

주권의 개념이 sovereignty 즉, 국가의 자주 독립권의 개념이라면 주권의 상실로 이해할 수도 있겠지만 국경이 없는 자본주의의 개념이라면 global에서 local의 business에 개입함은 너무 당연한 권리의 행사이다. 오히려 이러한 내용을 수용하지 못한 한공회의 내규가 구시대적인 것일 수 있다.

이 규정이 신설된 것이 2011년인데, 국내 회계법인도 one firm의 개념을 강조하고 있고 이를 macro하게 확대하면 국내 회계법인이 국제적인 회계법인 차원에서 one firm의 한국 지사 정도의 지위일 것이다. 특히 위의 안진의 경

---

4) 이 내용에 대한 자문을 해 주신 한공회의 김정은 변호사께 감사한다.

우를 보더라도 지역차원으로 one firm으로 묶고 있으며, 이러한 지역 차원의 본부가 전 세계적으로도 one firm의 형태가 되는 것이다.

물론, 우리나라 회계법인이 국제적인 one firm의 member firm이기는 하지만 local 차원에서 어느 정도 독자적인 권한을 가진다는 것은 중요할 수도 있지만 그럼에도 전체적인 system하에서 움직이는 것을 부정하기 어렵다.

대표이사를 파트너회의에서 선임하는 것으로 한공회의 내부 규정으로 정하고 있어서 대표이사의 선임권에 대한 자율성을 보장하고 있지만 그 이상으로 다른 보직자에 대해서까지도 독자적인 권한을 주장하기에는 외국의 headquarter의 품질관리 차원에서 국내 회계법인의 보직에 관여하는 것에 대해서 지나치게 자율권을 주장하는 것도 어떻게 보면 시대의 흐름에 뒤떨어진다고 할 수 있다.

**제7조(조직 등)** ① 회계법인은 사원총회, 대표이사, 품질관리실을 두어야 한다. 다만, 정관이 정하는 바에 따라 이사회, 감사를 둘 수 있다. <개정 2007. 3. 8, 2009. 7. 2>

회계법인은 유한회사의 형태이므로 상법에 의해서 감사가 의무화되지 않고 임의기관이다. 이사회 또한 의무화되고 있지 않다. 저자가 위에서 파악한 바에 따르면 안진과 삼정은 이사회를 운영하고 있고 삼일은 이사회가 구성되어 있지는 않지만 유사한 회의체가 있다.

저자가 법에 무지하지만 대표이사라는 직위는 이사회를 대표한다는 개념인데 이사회가 임의기관이고 대표이사는 강제기관이므로 이 또한 법 체계에 맞는지에 대한 의문은 있다.

**제8조(사원총회)** ① 사원총회는 사원으로 구성하고, 사원총회의 의장은 대표이사로 한다.
**제10조(대표이사 등)** ③ 대표이사와 이사(감사를 선임하는 경우를 포함한다)는 사원총회에서 선출한다.

유한회사인 회계법인의 사원총회에서 대표이사와 이사를 선출하는 것이나 주식회사의 경우, 주주총회에서 이사를 선임하고 이들 중, 이사회에서 대표이사를 선임하는 것이나 유사한 의사결정 방식이다.

　　공인회계사법 제23조 이하에서 회계법인에 관하여 규정하고 공인회계사법에 규정되지 아니한 사항은 상법 중 유한회사에 관한 규정을 준용하고 있다(공인회계사법 제40조). 회계법인은 3인 이내의 대표이사를 두어야 하며(공인회계사법 제26조 제5항), 이사가 수인인 경우 정관에 다른 정함이 없으면 사원총회에서 회사를 대표할 이사를 선정하여야 한다(상법 제562조).

　　따라서 회계법인 대표이사는 사원총회에서 선정하며 대표이사는 회계법인을 대표하여 집무를 수행한다.

　　참고로 주식회사의 경우 주주총회에서 이사를 선임하고(상법 제382조) 정관의 특별한 규정이 없으면 이사회의 결의로 대표이사를 선정한다(상법 제389조). 대표이사의 선정을 사원총회에서 하든 또는 이사회에서 하든 관계없이 <u>대표이사는 회사 전체에 대한 대표권을 가지고 있다.</u> 회계법인의 사원이 아닌 자는 회계법인의 이사가 될 수 없으므로(공인회계사법 제26조제1항), 만약 회계법인이 이사회를 두더라도 사원총회에서 선정한 대표이사가 이사회의 대표권을 가지지 않는다고 보긴 어려울 것 같다.

　　또한 회계법인의 이사회가 임의 기관이므로 회계법인에 이사회가 없을 수도 있어서 회계법인에 이사회도 없는데 이사회를 대표하는 대표이사의 적법성은 있는지에 대한 의문이 제기될 수 있다. 그러나 대표이사의 선임 권한이 유한회사의 최고의결기관인 사원총회에 있고 사원총회가 대표이사에 대한 선임권한이 있으므로 이사회의 존재 유무에 무관하게 대표이사는 적법성을 가진다. 이사회도 어차피 사원총회가 구성하는 것이므로 이사회보다 더 상위기관이 대표이사를 선임하며 대표이사의 성격이 이사회를 대표한다는 개념이기는 하지만 이러한 지배구조의 차원에서 문제가 되지 않는다.

**제11조의2(준법감시인)** ① 다음 각 호의 어느 하나에 해당하는 회계법인은 소속된 공인회계사가 회계감사 및 비감사업무를 수행함에 있어 제반 관련법규를 준수하도록 통제·감독하는 준법감시인을 품질관리실, 윤리사무국 등 적절한 부서내에 두어야 한

다. <개정 2014. 7. 18>

1. 매년 4월 1일 현재 소속된 공인회계사의 수가 30인 이상인 회계법인

2. 매년 4월 30일 현재 주권상장법인과 코스닥 상장법인(이하 "상장법인"이라 한다) 총수의 100분의 1 이상에 해당하는 상장법인과 감사계약을 체결한 회계법인

3. 매년 4월 30일 현재 자산총액이 1조원 이상인 상장법인과 감사계약을 체결한 회계법인. 이 경우 자산총액은 직전 사업연도말의 대차대조표상 자산총액을 말한다.[내규편]

② 제1항의 규정에 의한 준법감시인은 감사인에 소속된 경력이 5년 이상인 자이어야 하며, 사원총회에서 선임한다.

③ 제1항에 따라 준법감시인을 두어야 하는 회계법인은 국가·지방자치단체·「공공기관의 운영에 관한 법률」에 따라 지정을 받은 기관(이하 이 조에서 "공공기관 등"이라 한다)에 의하여 또는 공공기관등이 관련되어 의뢰된 용역업무를 수행하는 경우에는 준법감시인의 검토를 받아야 한다. <개정 2007. 7. 2, 2014. 7. 18>

④ 회계법인은 제2항의 규정에 의하여 준법감시인을 선임한 경우에는 즉시 그 선임사실을 이 회에 신고하여야 한다. <개정 2016. 6. 3>

⑤ 제1항에 따라 준법감시인을 두어야 하는 회계법인은 그 운영을 위하여 다음 각호의 사항이 포함된 내규를 갖추어야 한다. <개정 2014. 7. 18>

1. 준법감시인의 직무수행방법 및 수행시기·보고의무 등에 관한 사항 <신설 2014. 7. 18>

2. 준법감시인의 업무상 독립성 보장 등에 관한 사항 <신설 2014. 7. 18>

3. 기타 준법감시인의 운영에 관하여 필요한 사항 <신설 2014. 7. 18>

[본조신설 2007. 3. 8]

금융기관에서는 감사 기능과 준법 감시기능이 분리되어 있지만 동시에 이 두 기능의 역할이 명확하게 구분되지 않는다고도 한다. 원칙적으로는 준법 감시는 사전적으로 기관이 법규와 준수를 지키는지에 대한 compliance의 개념이고 감사는 사후 점검(audit)으로 구분된다.

회계법인에서 감사는 임의기관이지만 위 규정에 의하면 준법감시인은 어느 정도 규모가 되는 회계법인에는 의무화된다.

회계감사에서 가장 중요한 법률이 외감법(주식회사 등의 외부감사에 관한 법

률)이다. 2017년 법이 개정되고 2018년부터 적용되면서 '등'자가 추가되었고 그 핵심은 주식회사에만 강제되었던 일부의 유한회사에도 외부감사가 강제화되었다. 유한회사는 사원(파트너)들만이 이해 관계자이고 일반 주주로부터 자본을 납입 받는 것이 아니므로 규제의 대상이 아니었고 그래서 회계감사에서는 예외였다. 그러다가 일부 주식회사들이 정보 공개 등을 회피하기 위해서 주식회사에서 유한회사로 전환하였고 규제의 범주를 빠져나간다는 비판 아래 '등'을 추가하면서 일부의 유한회사가 회계감사를 받게 되었다.

그런데 일부의 유한회사에 대해서 외부감사를 의무화하면서 오히려 내부감사를 임의 기관으로 남겨둔다는 것이다. 감사의 기능이라 함은 일차적으로 내부 감사 기능이 맡아 주어야 하고 그 다음 단계에서의 보완적인 의미에서 외부감사가 기능을 해 주어야 한다. 외부 감사는 외부라는 태생적인 한계가 있을 수밖에 없고 표본 추출이라거나 아니면 기업이 제공한 문건을 가지고 감사가 진행되는 등의 회계감사기준에서도 인정하는 한계가 있다. 물론 내부감사라고 해서 이러한 감사 상의 한계가 존재하지 않는 것은 아니지만 그럼에도 정보에 대한 접근 등에 있어서 외부자에 비해서는 내부자는 여러 가지 장점이 있다. 물론, 독립성으로 판단하면 외부 감사인이 내부 감사 기능보다 더 독립적일 수 있지만 정보 접근성도 독립성 못지 않게 중요하다. 내부/외부 감사가 감사 업무에 모두 장단점이 있으니 두 경제 주체가 감사라는 업무를 동시에 진행하는 데 대한 장점이 있다.

어쨌거나 일부 유한회사에 대해서 외부감사를 의무화하면서 감사를 임의 기관으로 둔 것에 대해서는 법을 제정하는 기관에서 고민할 사안이다. 내부 점검도 하지 않으면서 외부에서 점검을 맡긴다는 것은 어느 잣대로 보더라도 정당화하기 어렵다.

회계법인의 경우에도 회계법인이 유한회사이므로 감사라는 직이 임의기관인 것은 이해하지만 그럼에도 회계법인은 공익적인 공공재를 산출하는 기관이라는 점에서 다른 유한회사와는 차별적이어야 한다.

예를 들어 법무법인의 경우는 공익적인 이슈에 대한 법률 건을 다룰 수 있지만 공익적인 이슈가 아니라 민사 소송을 생각해 보면 이해관계자는 원고와 피고 당사자뿐인 경우도 다수이고 어떻게 보면 대부분이 이러한 경우이다.

이에 비해서 회계감사라고 하는 용역은 경제 활동하는 어느 누구도 주식회사의 주주가 될 수 있으므로 이들이 수행하는 용역을 시장 전체 참여자에 대한 용역이라고 할 수 있다.

안진과 같이 회계법인의 이사회 산하에 sub committee로서 감사위원회를 두고 있지만 제도로 규제하지 않는 한 이들이 어떤 업무를 수행해야 한다는 것은 법인 자체에서 판단할 수밖에 없다. 이러한 차원에서 회계법인의 quality control을 위해서 또한 회계법인의 활동이 너무 영리로만 치우치지 않도록 감시하기 위해서 회계법인이 유한회사이기는 하지만 감사를 의무화하는 방향으로 법제화를 하는 경우도 생각해 볼 수 있다. 물론 우선적인 감시 기능은 내부가 수행해야 한다고 할 수 있지만 내부 감사 기능이 독립성과 관련된 한계가 있다고 하면 회계법인에 공익적 성격의 외부 감시기능의 설치에 대해서도 고민할 수 있다. 단, 회계법인에 외부 감사인이 선임된다면 경쟁 회계법인에 대한 정보 접근에 문제가 발생하면서 대외비가 외부에 노출되는 일이 있을 수 있다.

네덜란드와 같은 국가에서는 회계법인에 공익적 성격의 이사를 파견한다고 한다. 예를 들어 금융투자협회의 이사회 구성을 보면 이사회 안에 공익이사라는 직이 있고, 한국거래소의 경우도 7명의 상근이사, 8명의 비상임이사 중, 5인의 공익대표 비상임이사가 있고, 3인의 업계 대표 비상임이사로 구성된다. 즉, 15명의 이사회 이사 중, 공익대표 비상임 이사의 비중이 5명이다.

금융투자협회의 경우, 3인의 상근이사, 4인의 비상근이사와 6인의 비상근 공익이사로 구성되어 공익이사의 비율이 13인 중 6인이다. 한국거래소와 금융투자협회 공히 이사회 구성 중, 업계 비상근이사보다 비상근 공익이사의 비중이 더 크다. 이는 공익이사의 watchdog의 역할을 기대한 것이다.

회계법인의 경우도 이러한 식으로 이사회를 구성하면서 공익성을 강제할 수 있다. 회계 영역에서 '주권'이 이슈가 된 적이 과거에도 있었다. 국제회계기준이 도입될 때도, 우리의 기업회계기준은 우리나라가 주권적 권리를 가지고 정해야 하는데 국제회계기준위원회(IASB)가 정한 기준을 우리가 별 조정도 없이 수용한다는 것이 주권의 이슈일 수 있는데 자본주의에서 강대국이라고 할 수 있는 미국과 일본이 자국의 회계기준을 가지고 있다.

미국은 미국의 거래소에 상장한 외국 기업의 재무제표를 감사하는 회계법인에 대해서는 PCAOB가 직접 inspection을 수행한다. 우리나라의 경우도 미국 PCAOB가 금융감독원과 joint로 inspection을 하게 된다. 중국과 정치적으로 서방과 공산권/사회주의적 국가 간에 중립이라고 선언하고 있는 스위스의 경우는 회계 주권을 이슈화하며 이러한 inspection을 거부하고 있었고 일본도 외국의 감독기관이 일본 영토에서 일본 회계법인에 대해 조사를 수행하는 것은 회계 주권의 침해라는 주장을 하여서 오히려 일본의 회계법인들이 미국 영토에 가서 조사를 받는 것은 인정하는 반면, 자국 영토에서의 감독은 불허하고 있다. 중국의 이러한 입장은 아래의 기사에서 보듯이 최근 변화가 감지되고 있다.

우리나라는 이러한 것을 주장할 수 있는 국력을 가지지 못하니 미국 PCAOB의 방문 조사를 수용하고 있다. 우리나라에 중국고섬이 상장 이후 수개월만에 상폐되면서 우리 증권시장에 큰 파문을 일으켰다. 중국기업이 우리나라 한국거래소에 상장하면서 자국의 회계법인으로부터 감사를 받은 재무제표를 우리 감독기관에 제출하기는 하지만 중국 내 회계법인에 대한 quality control을 수행할 수 없는 상황이고 이들 외국 기업들의 한국증시상장이 규제의 밖에 놓이게 되는 문제가 초래되기도 한다.

우리나라 기업들이 국제적으로 경영활동을 수행하면서 해외에 자회사를 가진 경우가 많아지는데 해외 자회사의 감사인이 빅4 제휴한 회계법인이 아닌 경우, 이들 회계법인 업무의 적격성에 대한 판단이 어렵다.

외국의 외감 자회사들도 12월 결산이 다수이고 우리의 경우도 대부분 그러하지만 때로는 외국의 피감 자회사들이 12월 결산이 아니고 이러한 점이 연결 재무제표를 작성할 때, 이슈가 되기도 한다.

미국에 상장된 중국기업의 감사권한의 분위기가 최근에 와서 다음과 같이 변하고 있다.

## 미 금융당국, 중 기업 회계 직접 들여다본다.

중국이 미국 증시에 상장된 중국 기업을 감시한 중국 회계법인의 자료를 미국 규제 당국에 제공하기로 했다. 이에 따라 규정 위반 등을 이유로 미국 증시에서 퇴출될 가능성이 높았던 중국 기업들의 상장폐지 리스크가 크게 낮아질 것으로 예상된다.

27일(현지시간) 미국과 중국의 금융당국은 미국 증권시장에 상장한 중국 기업에 대한 회계감독권 갈등과 관련해 합의안을 마련했다고 밝혔다. 미국의 회계감독 기구인 상장 기업 회계감독위원회(PCAOB)는 이날 보도자료를 내고 중국 증권감독관리위원회(증감회), 재무부와 합의를 통해 중국 본토와 홍콩에 본사를 둔 등록 회계법인을 미국법에 따라 점검 조사하기 위한 첫 단계를 마련했다고 밝혔다.

PCAOB에 따르면 이번 합의는 크게 세 가지다. 우선 PCAOB가 조사 대상 기업을 선정할 때 중국 당국과 협의하거나 의견 청취를 하지 않아도 된다. 또 PCAOB 조사관이 회계법인이 작성한 감사조서를 모두 열람하고 필요한 정보를 확보할 수 있도록 했다. PCAOB가 감사와 관련된 모든 인사를 인터뷰하고 증언을 수집할 수 있는 장치도 마련했다. 에리카 윌리엄스 PCAOB 위원장은 "PCAOB가 조사 대상으로 선정한 기업에 대해 어떤 예외도 없이 완전히 접근할 수 있게 됐다"면서 "PCAOB 조사팀에 다음 달 중순에는 현지 조사를 시작할 수 있도록 준비하라고 지시했다"고 말했다.

중국 증감회도 보도자료를 통해 이 같은 합의 사실을 발표하면서 "감사 감독권 협력과 관련한 현안을 해결하기 위한 중요한 첫 단계"라며 "중국 기업의 미국 증시 상장을 유지하는 것은 투자자와 기업, 양국에 일반적으로 이익이 되는, 모두가 이기는 결과"라고 밝혔다. 다만 증감회는 "회계 감독 관리의 직접 대상은 상장사가 아닌 회계사무소"라면서 중국 기업들의 민감한 기밀을 미국 당국이 직접 들어야볼 수 있도록 허용한 것은 아님을 강조했다. 중국 측은 또 이번 합의가 미중 양국 모두에 적용된다는 점을 강조했다. 미국뿐 아니라 중국 규제당국도 미국 회계법인을 조사할 수 있고 이에 대해 미국 측이 최대한 협력해야 한다는 이야기다.

미중 양국 간 회계감독권 갈등은 2020년 12월 미국 의회가 미 회계기준을 3년 연속 준수하지 않은 중국 기업을 미국 증시에서 퇴출하도록 규정한 외국기업문책법(HFCAA)을 제정하면서 본격화했다.

미국은 미국 증시에 상장된 중국 기업들 자료의 신빙성을 확인하기 위해서는

PCAOB가 중국 본토와 홍콩에 등록된 회계법인을 직접 조사할 수 있어야 한다고 요구해왔다. 반면 중국은 회계조사권은 주권에 해당하는 사안이라는 이유를 내세워 반대 입장을 고수해왔다. 이에 따라 알리바바, 바이두 등 미국 증시에 상장돼 있는 중국 기업들이 2024년부터 무더기로 퇴출될 수 있다는 우려가 제기됐다. 하지만 오랜 기간 이어진 협상 끝에 회계감독원을 둘러싼 첫 합의안이 나오면서 양국 간 분쟁을 해소할 수 있는 계기가 마련됐다는 평가가 나온다.

다만 중국 내에서는 이번 합의에 대한 낙관론을 경계하는 목소리도 많다. 공산당 기관지인 인민일보 계열 영자지 글로벌타임스는 "지난해 말부터 중국 기업들을 잠재적 제재 대상 명단에 계속 올리고 있는 미국의 최고 강도 압박을 감안할 때 이번 합의가 모든 것을 해결하는 해독제는 아니다"고 보도했다. 관영 차이나데일리도 "미국에 상장한 중국 기업들의 상장폐지 위험이 완전히 제거될지는 앞으로 미국이 합의를 효과적으로 잘 이행하는지 지켜봐야 할 수 있다"고 지적했다.

매일경제신문. 2022.8.29.

**"상폐 피하려고 감사 맡기는 중 기업 주의해야"**

미국 증권거래위원회(SEC)가 뉴욕증시 상장폐지를 피하려고 자사 감사를 의뢰하는 중국 홍콩 기업들을 각별히 주의하라고 미국 회계법인들에 당부했다.

폴 문터 SEC 수석회계사 대행은 6일 성명을 통해 "뉴욕 증시에 상장된 홍콩 중국 기업들이 선임 감사관을 현지 회계법인에서 미국 등 외국 회계법인으로 바꾸고 있다"며 "이들 기업의 경영진뿐만 아니라 이전 감사관으로부터 필요한 모든 정보를 얻을 수 있는지 확인하는 등 감사를 하기 전에 철저히 조사할 필요가 있다"고 강조했다. 문터 대행이 이처럼 각별히 당부한 것은 홍콩 중국 기업들에 대한 검증이 제대로 이뤄지지 않을 것이란 우려에서다. 문터 대행은 "미국 등 외국 회계법인은 현지(중국) 상황이나 언어를 잘 모르는 데다 담당하는 기업에 접근이 제한될 수 있다"며 "선임 감사관 역할을 제대로 수행할지 의문"이라고 지적했다.

미국은 2020년 말 자국 회계기준을 3년 연속 충족하지 못한 외국 기업을 증시에서 퇴출하도록 규정한 외국기업 책임법(HFCAA)을 제정했다. 뉴욕증시에 상장된 중국 기업 200여 곳을 겨냥한 법안이었다. 미국 회계감독위원회(PCAOB)는 미국 증시에 상장된 모든 기업의 외부 감사 자료를 직접 확인하는데 중국만 주권을 빌미로 감사를 허용하지 않았기 때문이다.

한국경제신문. 2022.9.8.

# 이사회 특정 성별로 구성해서는 안 된다

ESG의 S(사회)는 포함하는 범주가 매우 넓고, 인권 또는 gender(성) 이슈까지를 포함한다. 외국에서는 인종의 문제까지를 다루게 되는데 외국인 경제활동 인구 비율이 낮은 우리나라에서는 아직까지는 이 이슈가 부각되지는 않지만 미래 시점 언젠가는 이슈까지도 포괄할 가능성도 있다.

아래의 경우에 보듯이 미국에서는 남성/여성의 이슈뿐만 아니고 동성연애자들을 포함한 성소수자까지도 이사진에 포함하라고 하는 성에 매우 진보적인 성향을 보이기도 한다.

이 내용은 2022년 8월부터 시행된 자본시장법 개정안의 내용에 기초한다. 즉, 자산규모 2조원이 넘는 상장기업의 이사회는 '특정 성으로만 구성할수 없다'는 규정에 근거한다. 도입 초기부터 상당한 논란이 있었고 일부 경제단체에서는 이사에 선임될 수 있는 연배 대의 여성의 사회 참여율이 높지 않은데 정부가 무리하게 이를 밀어 붙인다는 의견을 가지고 있던 반면에, 여권신장이나 성차별 이슈와도 연관되는 민감한 이슈이니 이에 대한 강한 의견을 낼 수 없었다.

이 제도의 도입 취지와는 무관하게 '여성 할당제' 정책으로 정착할 가능성이 높다.

## 나스닥 "상장사 이사진에 여성 소수자 무조건 포함"

미국 나스닥이 상장기업 이사진에 여성과 소수자를 두 명 이상 포함하도록 하라는 규정을 도입하겠다고 밝혔다. 미 증권거래위원회가 새 가이드라인을 승인할 경우 3,300여 개에 달하는 상장기업 지배구조에 작지 않은 변화가 예상된다.

나스닥은 1일 상장 회사의 다양성 증신을 의무화하는 규성을 승인해 달라고 SEC에 요청했다. 새 규정에 따르면 모든 상장회사는 이사 한 명을 여성으로, 또 다른 한 명을 소수 인종이나 성소수자로 선임해야 한다. 외국 기업과 소규모 회사만 소수계층 몫 두 명을 모두 여성으로 채울 수 있는 예외가 적용된다.

이 조건을 충족하지 못하면 반드시 이유를 설명해야 하며 '다양성 등급'이 떨어지게 된다. 이사진 구성을 제대로 공개하지 않거나 이유를 설명하지 못하면 나스닥에서 퇴출될 수 있다. 세계 증권거래소 가운데 이런 '다양성 규정' 도입에 나서는 건 나스닥이 처음이다. 아데나 프리드먼 나스닥 최고경영자는 "소수자를 배려해야 할 시기"라며 "다양성 지수가 높을수록 기업 리스크가 감소한다는 연구 결과도 있다"고 강조했다.

나스닥이 최근 6개월간 상장기업을 대상으로 자체 조사한 결과 전체의 75% 정도가 새 규정을 맞추지 못했다. 여성 임원을 둔 곳은 많았지만 성소수자나 소수인종 임원이 있는 곳은 적었다. 새 규정이 이행되면 상장사 중 2,500여 곳이 성소수자를 찾아야 한다는 얘기다.

일각에선 나스닥의 월권이라고 지적한다. 시민단체 '사법감시' 대표인 톰피튼은 트위터에서 "나스닥이 과시적 이념에 빠져 초법적 행위를 하고 있다"고 비판했다. 반대로 환경 사회 지배구조(ESG)처럼 소수자 배려 행위가 기업 경영의 새로운 트렌드가 될 것이란 전망도 있다. 투자은행 골드만삭스는 올 초 기업 이사진에 최소 한 명의 소수자를 포함하지 않을 경우 기업 공개(IPO) 업무를 맡지 않겠다고 선언했다.

한국경제신문. 2020.12.3.

**"이사회에 여성 소수자 둬야" 나스닥, 상장사 의무화 추진**

이날 나스닥 발표에 따르면 상장기업들은 이사진에 최소한 여성 한 명과 소수계층을 대변하는 흑인 라틴계 아시아계 등 유색인종 또는 성소수자 한 명을 포함시켜야 한다. 어디나 프리드먼 나스닥 최고경영자는 이날 CNBC와 인터뷰하면서 "더욱 포용적인 자본주의 사회를 만들기 위해 한발 전진하는 것"이라고 강조했다.

일부 기업의 반발도 예상된다. 보수성향의 법률 단체 주디셜워치는 "이것은 '이상한 나라의 엘리스' 같은 요구이며 법을 위반하는 행위"라고 비난했다.

매일경제신문. 2020.12.3.

**금융권 여 임원 의무화 1년 앞으로… 인재풀 부족 어쩌나**

주요 금융회사 수장들과 금융당국이 국내 금융권의 여성 고위직 비중 확대 문제를 논의하기 위해 한자리에 모인다. 국내 금융사들의 인력 다양성 확보 노력이 '걸음마 수준'이라는 평가가 나오면서 이에 대한 대안을 모색하기 위해서다. 금융권이 하반기부터 '여성 임원 확대'를 ESG의 핵심 의제 중 하나로 삼고 인력 확충에 속도를 낼 것이라는 전망이 나온다.

### 여 고위직 확보에 머리 맞댄 금융권

4일 금융권에 따르면 전 현직 여성 금융인 모임인 여성 금융인네트워크는 오는 14일 금융사 고위직 다양성 확보를 위한 간담회를 연다. 이 자리에는 정춘숙 국회 여성가족위원장과 정영애 여성가족부장관, 도규상 금융위원회 부위원장, 윤종규 KB금융지주회장, 윤종원 기업은행장 등이 참석한다. 윤 회장은 본부 여성 인력 비율을 '20%(부서장)', 30%(팀장), 40%(팀원)'로 만드는 다양성 원칙에 대해 발표하고, 윤 행장은 고위직의 성별 다양성 확보 사례를 소개하기로 했다.

이는 내년 8월 자본시장법 개정안 시행을 계기로 금융권 여성 고위직 확충 방안을 모색하기 위한 취지다. 개정 자본시장법에 따르면 자산 2조원 이상의 상장 금융사는 이사진을 특정 성별로만 구성해선 안 된다. 사실상 '1명 이상의 여성 이사'를 강제하는 셈이다.

그럼에도 상당수의 금융사는 이 같은 조항을 적용받지 않는다. 대부분이 지주사 한 곳만 상장하고 나머지는 비상장 자회사로 두고 있기 때문이다. 한 금융사 임원은 "현행 안대로 시행하면 금융지주 한 곳만 여성 이사 비율을 맞추면 되는 셈"이라면서도 "은행 등 주요 금융사의 상징성을 고려하면 자발적으로 확충안을 논의하게 될 것"이라고 말했다.

## 은행 두 곳은 여성 임원 아예 '제로'

금융권에서 상무급 이상 여성 임원과 사외이사진은 손에 꼽을 정도다. 금융감독원에 따르면 지난해 말 기준 국내 금융사 444곳의 여성 임원은 7.4%(358명)에 그쳤다. 직원의 절반(8만 1,451명, 48.2%)가량이 여성임을 감안하면 매우 낮은 수치다. 올 상반기 국내 5대 은행(국민 신한 하나 우리 농협)의 상무급에서도 여성은 100명 중 4명(4%)에 불과하다. 은행 두 곳은 여성 임원이 아예 없다.

국책은행 중에서는 기업은행이 가장 선봉에 서 있다는 평가다. 윤 행장은 지난 1월 인사에서 지점장 승진자 가운데 3분의 1(77명)을 여성으로 채웠다. 여성 부행장도 추가 선임해 '복수 여성 부행장 시대'를 열었다. 만약 여성 부행장이 추가로 배출된다면 국내 금융 공기관 중 처음으로 여성 임원 20%(15명 중 3명)를 채울 가능성도 있다. 반면 산업은행(1명), 수출입은행(2명) 등은 여성 임원 비중이 상대적으로 낮다.

업계에서는 여성 고위직 확보가 국내 금융사들의 ESG 핵심 의제로 급부상할 것이라고 보고 있다. 해외에선 금융 감독 및 리스크 관리 차원에서 고위직의 성별, 인종에 대한 다양성을 'S(사회)'의 주요 의제로 다루고 있다. 최근 카카오 네이버 한화 KT 등 국내 주요 기업들에서 여성 최고경영자를 잇달아 선임하기도 했다.

김상경 여성 금융인네트워크 회장은 "고위직의 성별 다양성 문제는 당위적 문제가 아니라 성공적 기업문화정착과 경영 리스크 감소와 직결된다"며 "CEO와 최고재무책임자(CFO)에 여성 및 유색인종이 포함됐는지를 투자 결정의 척도로 쓰는 글로벌 흐름도 생겨나고 있다"고 말했다.

일각에서는 여성 임원 비중을 급격히 높이는 게 현실적으로 쉽지 않다는 반론도 나온다. 한 금융사 인사 담당 임원은 "현재로서는 여성 간부 수가 적다 보니 마땅한 임원 승진 후보를 물색하기가 힘든 구조"라며 "실력주의가 아닌 '할당제'가 된다면 능력 있는 남성 고위직을 역차별한다는 비판도 무시하기 어렵다"고 지적했다.

기업은행은 전체 부지점장급 이상 간부들 가운데 여성 비중이 10.3%에 불과하다. 다른 시중 은행들도 구체적인 수치를 공개하진 않지만 사정은 비슷한 것으로 알려졌다.

한국경제신문. 2021.7.5.

'자리가 사람을 만든다'는 표현에 대해 일부 기업인은 아무리 무능한 경영자라고 해도 기관장으로 선임되면 유능한 경영자로 포장될 수 있다고도 한다.

기업은행은 정부의 영향력이 가장 큰 은행이므로 근로자이사제(노동이사제)도 가장 선제적으로 도입을 추진하기도 하였다.

위에서 특히나 금융권에서 이러한 움직임이 있는 것은 제조업과 달리 금융이 규제 산업이므로 정부의 영향권 아래에 놓여 있으므로 정부의 정책에 부응해야 한다.

미국에서는 Affirmative Action이라고 해서 대학의 신입생을 결정할 때도 인종별로 소수 인종의 입학을 보장하는 제도를 운영하기도 하지만 이 제도도 역차별의 문제가 끊임 없이 제기된다. '성의 평등'이나 '인종 간의 문제 해결'이라는 취지의 순기능을 갖는 제도이지만 또 하나의 부차적인 문제가 야기되므로 생각보다 간단한 문제는 아니다. 미국이라는 사회에서는 성별 평등에 인종이라는 또 하나의 변수가 추가된 것이다.

우리나라에서도 외국인 출신 국민의 비율이 지금 현재로는 3% 정도에 그치지만 급속도로 상승할 것이며 언젠가는 이러한 인종의 균형에 대해서도 이슈화할 것이다.

불평등의 모든 이슈가 문제화될 수 있는데 장애인의 채용과 관련되어서도 채용 직원 수가 어느 정도 이상이 되는 기업에는 문제가 되고 있으며 최소 인원의 장애인을 채용하지 않는 경우는 금전적인 panalty로 이 문제를 피해가는 기업도 있다.

이러한 직원 채용 차원에서의 이슈가 아니고 외국인이나 장애인의 이사 선임과 관련된 부분도 앞으로 이슈화될 수도 있다. 또한 정부가 나아가려는 방향은 충분히 이해하지만 어느 정도 속도 조절이 필요하다는 판단이 필요하기도 하다.

자본시장법 개정안을 회사 내부의 상근이사로 충족하지 못한 많은 기업들이 여성 사외이사를 대거 영입하여 자본시장법 개정안의 규정을 만족해 나가는 현상은 2020년 사업연도에 대한 2021년 3월의 주총에서 나타난 현상이고, 여성 사외이사 풀도 제한된 입장에서 기업들이 여성 사외이사 후보를 급하게 찾아나서는 일이 진행되었다.

## [사외이사후보추천위원회 시스템 점검]

검증 단계 한 차례 더… 포스코의 후보추천자문단

포스코는 지속가능보고서인 기업시민보고에서 올해 처음 사외이사 후보 풀도 공개했다. 지난해 말 기준 283명, 이 중 여성 후보군은 66명이다.

더벨. 2021.7.5.

이러한 법 규정에 대해서는 전문가들 사이에서도 '자리가 사람을 만든다'며, 여성이 이러한 자리에 선임이 되면 남성 만큼 못할 것도 없는데 이제까지는 단지 기회가 없었을 뿐이라는 의미이다. 즉, 이러한 자리에 여성이 선임되면 그 자리에 어울리는 모습으로 변하게 마련이라고 이 제도의 도입에 대해서 순기능으로 해석되기도 하고, 반면에 성을 중심으로 선임을 하게 되니 자격이 미달되는 후보자가 선임될 가능성도 높다는 양측의 비판이 제기되기도 한다.

이 제도는 여성 이사를 선임하라는 제도이지 여성 사외이사를 선임하라는 제도가 아니며 기업 내에서 임원급의 여성을 키우라는 의미인데 현재 적용되는 제도는 이러한 취지를 달성하지 못하고 있으며 시간이 해결해 주기를 기대한다.

모든 기업이 정부의 정책 방향에 어느 정도 순응해야 하는 것은 이해할 수 있지만 그럼에도 기업 가치를 훼손하면서까지 정부의 시책을 채택할 수는 없는 것이다.

노동추천이사제도도 문대통령의 공약 사안 중 하나이지만 지금 2022년 초 입법화의 과정을 거쳤다. 한국전력과 기업은행, 한국산업은행, 주택금융공사 수출입은행 등 정부의 영향력 아래 있는 기업들에서 한때 추진되었지만 더 이상 진행이 되고 있지 않다가 입법화되면서 공기업에 우선적으로 도입되게 된다. 대선을 앞둔, 정권 말인 2022년 초에는 강력한 드라이브를 얻기 힘든 상황이었다가 여당 측 대선주자의 요청에 의해서 2022년 초에 갑자기 입법화가 추진된 것이다. 정권이 바뀌면서 이 내용도 어떻게 진행될지 의문사항이다.

이 정책 또한 근로자들의 의사가 기업 경영에 반영되는 데 대한 순기능이 있는 반면 우리의 자본주의 구조는 노사가 구분되어 있고, 대부분의 주된 경제 활동이 주식회사에 의해서 진행되는데 주주를 대리하고 위임받아 agent로서 경영활동을 수행하는 경제 주체는 이사들이다. 직원들을 대표하는 노조가 이사회에 참여하는 제도는 유럽식 어느 정도 사회주의적 자본주의의 성격이라고 할 수 있다. 어떻게 보면 최근 화두가 되는 ESG의 S의 차원에서 인권을 중요시 여기면서 노조 대표의 의견이 회사경영에 반영되어야 한다는 취지로 도입이 고려되었던 제도이다. 이해관계자 자본주의와 맥을 같이 한다고도 할 수 있다.

이 제도의 도입 전 단계로 노조이사회 참관제도라고 해서 노조의 대표가 이사회에 정식 이사로 참석하기 이전에 이사회에 참관하는 제도를 노동자이사제도의 이전 단계로 일부 준정부 기관에서 도입하기도 하였다.

모든 회의의 정식 참석자들은 회의 참석의 자격이 있는 위원들로 국한되어야 한다. 물론, 회의 진행을 위해서 실무자들이 회의에 배석하여 위원장의 허락하에 발언권을 가질 수는 있다.

예를 들어, 감사기준에 의하면 감사위원회도 감사위원들과 회계법인의 회계사들이 회사 관계자들의 배석 없이 진행하도록 권하고 있다.

물론, 근로자 이사제도의 순기능을 부정하지는 않지만 그럼에도 이사회에서는 직원들에 대한 급여 결정 등이 부의 안건으로 결의될 때도 있는데 이해당사자인 직원 대표가 이 회의에 참석하는 것은 매우 껄끄러운 일이 아닐 수 없다.

일부 기업의 이사회에는 평가보상위원회가 이사회의 내부위원회(sub committee)로 구성되어 등기임원들의 급여를 결정한다. 물론, 최종적인 급여는 주주총회의 의결사안이지만 주주총회는 퇴직금 등이 포함된 급여 한도를 정하게 되므로 매년 지급받게 되는 급여와 관련된 구체적인 급여에 대한 의사결정은 평가보상위원회의 결의가 최종일 가능성이 높다.

법에 의해서는 자산규모 2조원이 넘는 기업에만 감사위원회와 사외이사 후보추천위원회가 제도화/의무화되어 있지만 일부의 평가보상위원회의 구성을 보면 이 위원회에서 급여가 결정되는 사내이사가 위원회의 위원으로 구성되기도 한다.

상법에서는 감사위원회의 위원장은 사외이사가 맡고 위원의 2/3 이상을 사외이사가 맡도록 규정하고 있으며 모범규준에서는 평가보상위원회의 모든 위원은 사외이사가 맡도록 권하고 있다. 상법에서는 최소 감사위원 1인은 재무 및 회계 전문가이기를 요구하고 있는데 규준에서는 감사위원 중 2인이 재무 및 회계 전문가이기를 요구한다. 물론, 모범규준이 강행규정(hard law)이 아니라 연성법(soft law)이므로 강제성은 없지만 그럼에도 상징적인 의미가 있다.

평가보상위원회에 급여의 대상인 상근이사가 포함됨에 대해서는 여러 가지를 생각할 수 있다. 독립성과 중립성을 생각한다고 하면 모두 사외이사들로만으로 평가보상위원회를 구성하는 것이 맞지만 평가 보상의 대상이 되는 해당 사내이사의 의견이 반영된다는 차원에서는 사내이사가 일부 포함됨이 바람직할 수도 있다. 감사위원회도 2/3 이상의 사외이사의 구성으로도 독립성/중립성이 유지될 수 있다고 판단한 것이니 같은 논리가 적용될 수 있다.

물론, 감사위원회가 전원 사외이사로 구성될 때, 독립성은 제고될 수 있지만 동시에 정보 접근에 대한 사외이사들의 한계가 존재하므로 2/3 이상의 사외이사 구성만으로도 회의체의 과반 의사결정에 의해 독립성은 확보된다.

## 기업 이사회 여성 할당제 유감. 손성규

'이사회를 특정 성(性)의 이사로 구성하지 않아야 한다'고 규정한 '자본시장과 금융투자업에 관한 법률'이 내년 7월부터 의무화된다. 또 최근 금융권을 중심으로, 상장기업이 아닌 금융회사에도 이런 정책을 확대 적용해야 한다는 움직임이 있다. 이 자본시장법 규정은 상장기업에만 적용되므로 대부분의 금융지주에만 강제되기 때문이다. 미국 나스닥시장은 성 소수자까지도 이 범주에 포함해야 한다는 급진적인 변화의 방향을 보이기도 한다. 이런 변화는 최근 기업이 받아들이는 ESG의 S(사회) 영역이 인권, 성 및 인종도 포괄하기 때문이다.

이사를 맡을 수 있는 연배의 경제 활동을 하는 여성의 수가 제한돼 있는 상황에서 이런 규정의 적용은 '여성에 대한 균등한 기회 부여' 또는 '여권 신장'이라는 취지 및 순기능을 떠나 '여성 할당제', '남성에 대한 역차별' 등 여러 복잡한 문제를 야기한다. 정부 정책은 취지도 중요하지만 속도 조절이 필요한 경우도 많다. 새로운 제도 정신을 이해할 수 있다고 하더라도 이해관계자의 이해를 따져 절충해야 한다.

자본시장법 규정은 내년부터 적용되지만, 많은 기업은 2020사업연도에 대해 2021년 초에 개최된 주주총회에서 다수의 여성 사외이사를 선임함으로써 이 규정을 충족했다. 이사가 사내와 사외로 구분되지만, 상법 차원에서는 동일한 이사이니 사외이사를 선임하면서 이 규정을 준수함에 문제가 없다. '자리가 사람을 만든다'고 여성이 남성이 수행해야 하는 업무에 비해서 열위에 있지는 않다. 그럼에도 남성이든, 여성이든 성에 무관하고 공정하게 경쟁해야 한다는 데 이 법 규정이 관여된다.

이 규정 때문에 미흡한 자격의 후보자가 이사로 선임된다면 우리 기업의 경쟁력에 문제가 생기게 된다. 후보자군, 풀 자체에 차이가 있는 것을, 정부가 밀어붙이는 방식으로 기업 경영에 개입한다면, 국가 경쟁력에 심각한 문제를 초래할 수 있다. 성이라는 감정에 치우치지 말고 냉정하게 문제를 봐야 한다. 무리하게 할당하려고 하면 부작용이 발생한다.

성, 인종, 출신 학교, 배경 및 계층에 무관하게 모든 경제 활동 인구는 공정하고 정의롭게 경쟁할 수 있어야 한다. 여성이 이런 경쟁에서 불리한 위치에 처해 있다고 하면 당연히 여성의 권리를 보호하고 보장해야 한다. 그러나 이런 공정이 또 하나의 불공정을 초래하면서까지 달성해야 하는 가치여서는 안 된다.

근로자이사제의 도입 문제도 비슷하다. 기업과 관련된 이해관계자의 권리가 보호돼야 하며 이에는 노동자의 권익도 당연히 포함된다. 단, 노조가 이사회의 일원으로 참여해 경영의사결정에까지 동참해야 하는지에 대해서는 여러 장단점이 있다. 하물며, 임원들도 평가보상위원회 등 본인의 이해가 얽힌 의사결정을 수행하는 위원회에는 위원으로 참석하지 않도록 모범규준 등에서 권면하고 있다. 감사위원회가 최대주주, 최고경영자, 경영진 및 이사회에 대한 감시 업무를 수행하므로 자산규모 2조원 이상의 기업에 의무화되는 이 위원회는 사외이사가 3분의 2 이상이 되도록 구성하고, 위원장은 사외이사가 맡도록 하는 규정을 상법에서 의무화하고 있다. 이해상충을 회피하고 독립성을 확보하려는 제도상의 보완책이다.

내년부터 시행되는 자본시장법은 우리가 이제까지 크게 고민하지 않던 경제 활동에서의 성별에 대한 문제를 법제화하고 있다. 입법에 대한 비판은 언제나 가능하지만 이미 입법부에 의해서 개정된 법은 존중해야 한다. 다만, 이 법을 적용할 때는 제시된 문제점을 반영해 속도 조절과 적용 범주에 대한 고민이 필요하다고 하면 이를 공개적으로 논의해야 한다.

한전 등 노동이사제를 추진하던 기업도 이 제도가 법에서 채택될 때까지 이 제도의 도입을 미루는 모습이다. 새로운 제도의 도입에는 여러 차원에서의 합리적 고민이 동반돼야 하며, 여러 이해 관계자의 다른 생각이 인정되는 사회가 성숙한 사회다.

한국경제신문. 2021.7.8.

과거의 공공부문 여성 30% 할당 문제도 커다란 부작용을 초래했다.

## 일 상장사, 내년부터 여성임원 비율 공시

일본의 모든 상장사가 이르면 내년부터 관리직급 여성 비율, 남성의 육아 휴직 이용율과 같은 인적 정보를 매년 의무적으로 공개한다.

마이니치 신문은 일본 금융청이 투자자의 기업 가치 판단 지표 가운데 하나로 인적 자본과 관련한 항목을 추가하는 방안을 확정했다고 25일 보도했다. 내각부령을 개정해 이르면 내년부터 매년 유가증권보고서에 관련 정보를 공시하도록 의무화할 방침이다. 유가증권보고서는 금융상품거래법에 따라 일본 상장사가 사업의 내용과 재무제표, 종업원 현황 등의 자료를 모아 매년 공시하는 서류다. 허위 사실 기재에 대한 벌칙 조항도 있다.

지금까지 일본 상장사는 종업원 현황 항목에 전체 종업원 수와 평균 연령만 공시하면 됐다. 여기에 상장사 관리직 여성 비율과 남성의 육아휴직 이용률, 남녀 간 임금 격차 등을 추가한다는 게 금융청의 구상이다.

일본도 과거에 남녀별 급여를 공시했지만 공시 간소화 정책에 따라 1998년 폐지됐다. 최근 들어 해외 투자자가 투자 판단을 위해 여성 직원의 현황을 중시하고 관리직 여성이 많은 기업의 실적이 좋다는 분석 결과도 있어 관련 정보를 보다 충실히 공시하도록 의무화하는 것이라고 이 신문은 설명했다.

국제적으로도 남녀평등과 관련한 공시를 중시하는 추세다. 영국과 독일도 상장사에 관리직 여성 비율과 목표치 등을 공개하도록 요구하고 있다. 미국와 유럽 기업은 관리직 여성 비율이 평균 30~40%에 달하지만 일본은 10%대에 불과하다. 일본 정부는 2030년 이전까지 여성 관리직 비율을 30%까지 끌어올린다는 목표를 세웠다.

비재무 정보의 공시 강화는 기시다 후미오 일본 총리가 내건 '새로운 자본주의'의 실현 방안 가운데 하나다. 금융청은 기후변화 대응 등 지속가능한 성장에 대한 기업의 전략을 공시하는 방향도 확정했다.

한국경제신문. 2022.3.26.

## "유리천장 깬다" 유럽 기업이사 40% '여성몫'

유럽연합이 상장기업 이사회 구성원 40%를 여성으로 채우도록 하는 목표에 합의했다고 로이터통신이 7일 보도했다. 2012년 EU 집행위원회가 제안한 유럽 내 기업의 성평등 증진 목표를 논의한 결과다. EU 차원에서 여성할당제를 처음 제안한 지 10년 만에 이뤄진 획기적인 조치로 평가받는다.

해당 규정에 따르면 EU 회원국들은 2026년 6월까지 상장기업 이사회 중 40%를

'과소 대표 성별'에 할당해야 한다. 상임이사와 비상임이사 모두에게 할당제를 도입한 국가는 할당률이 40%가 아닌 33%로 적용된다.

성별이 다른 후보자 2명이 똑같이 자격이 있으면 기업은 반드시 여성에게 우선순위를 부여해야 한다. 목표에 미달한 기업은 투명하고 성 중립적인 기준을 도입해 문제를 해결해야 한다.

EU 회원국들은 이 같은 규정을 지키지 않는 회사에 제재 시스템을 마련할 예정이다. EU 집행위원회는 기준을 맞추지 못한 기업에 벌금을 부과하거나 성평등 지침에 부합하지 않는 이사에 대한 선임 취지 등이 포함될 수 있다고 설명했다.

우르줄라 포데어라이엔 EU 집행위원회 위원장은 이날 "2012년 EU 집행 위원회가 지침을 제안한 지 10년이 지난 지금이 '유리천장'을 부술 적기"라며 "최고 자리에 앉을 자격을 갖춘 여성이 충분하고, 그들은 자리를 얻을 수 있어야 한다"고 강조했다. EU 집행위원회에 따르면 현재 27개 회원국 중 9개국에만 기업 이사회 내 성평등에 대한 법이 있다.

유럽성평등연구소(EIGE)에 따르면 EU의 주요 상장기업 이사회에서 여성 비율은 2010년 11.9%에서 최근 31.3%로 높아졌다. 프랑스는 해당 비율이 이미 45%로 EU목표치를 넘은 유일한 EU 회원국이다. 이탈리아, 네덜란드, 스웨덴, 벨기에 등은 36~38%다. 반면 헝가리와 에스토니아, 키프로스 등은 10%에도 미치지 못한다고 가디언이 전했다. 회계법인 딜로이트가 세계 72개국 기업의 이사회 내 성별 다양성을 분석한 보고서에 따르면 지난해 기준 한국 기업 이사회에 등록한 여성 비율은 4.2%로 세계 평균인 19.7에 못미쳤다.

매일경제신문. 2022.6.9.

즉, 유럽 당국의 입장은 '과소 대표되는 성별'을 보호하겠다는 입장이고, 결국은 여성을 우대하겠다는 정책이다. 우리의 이사회를 '특정 성으로 구성해서는 안 된다'는 법 조문에서의 표현이나, '과소 대표되는 성별'이라는 표현이나 우리 시행령의 '특정 성'은 규정에서 남/여를 특정하지 않으려는 시도를 엿볼 수 있다. 다만 우려되는 상황은 과소 대표되는 성을 보호하려다가 오히려 '과대 대표되는 성별'이 역차별을 받을 수 있다.

# 지방자치제 감사기구 현황[1)]

　　최근 특정 인사에 대한 전임 감사원장의 감사위원 추천권과 전직 대통령의 감사위원 선임권이 상충되면서 감사원의 정치적 독립에 대한 의문도 제기되었다. 정부나 지방자치단체에서의 감사의 기능, 일반 기업에서의 감사나 정부기관에서의 감사의 기능이나 체제는 유사한 점도 있지만 다른 점도 있다. 예를 들어, 정부, 지자체 및 일부 정부기관의 감사기능은 회계감사보다 업무감사에 방점이 있을 수 있다.

　　어떤 형태의 감시기능이 되었건, 가장 중요한 덕목은 독립성인데 각자가 처한 상황이 모두 다르다. 감사원 감사위원에 대한 감사원장의 추천권을 인정한다 함은 대통령과 감사원장이 협의하라는 의미이다. 대통령이 누구를 임명하려고 해도 감사원장이 추천을 거부하면 임명이 어렵게 되며, 감사원장이 누구를 추천해도 대통령이 선임을 거부하면 이 또한 선임이 불가하다. 국무위원에 대한 국무총리의 추천 권한도 법제화되어 있기는 하지만 독립성이 확보되어 있지 않은 국무총리가 대통령의 뜻을 거슬리기는 어렵다. 즉, 제도와 실제 운영이 별개로 가는 것이다.

---

1) 이 내용에 대한 자문을 해 주신 KB카드 남궁기정 상근감사께 감사한다.

## 자체감사기구 설치근거 및 설치 현황

### 자체감사기구 설치근거

근거법령: 공공감사에 관한 법률 제5조(제1항 중앙행정기관 등에는 자체감사기구를 둔다. 제2항 중앙행정기관 등은 관계 법령, 조례 또는 정관으로 정하는 바에 따라 자체감사기구를 합의제 감사기구로 둘 수 있다.)

자체감사기구는 법령, 조례, 정관 등으로 독임제 또는 합의제 기구로 설치

중앙부처: 통상 독임제로 설치

- 감사관 또는 감찰관(독임제)

- 설치근거: 각 부처 직제(대통령령)

즉, 규모가 큰 중앙부처의 경우 국장급의 감사관 또는 감찰관이 있고, 소규모의 중앙부처인 경우에는 과장급의 감사관 또는 감찰관이 있다.

### 지방자치단체

제주도

- 감사위원회(합의제)

- 제주특별자치도 설치 및 국제자유도시 조성을 위한 특별법

서울특별시, 충청남도, 경상남도, 대전광역시, 부산광역시, 광주광역시, 세종자치시, 강원도

- 감사위원회(합의제)

- 각 자치단체 조례

인천광역시, 대구광역시, 경기도, 충청북도, 경상북도, 전라북도, 전라남도

- 감사관(독임제)

- 각 자치단체 직제(조례)

### 공공기관

- 관계 법령 또는 정관의 규정에 따라 감사(독임제) 또는 감사위원회 설치

강원도는 2022년 5월 제주도에 이어 특별자치도로서 국회에서 결정되었고 제도적인 변화가 있을 수 있으며 세종시도 세종특별자치시로 자치권을 인정받고 있다. 강원도 이후 여러 다른 도에서 특별자치도로의 전환을 시도하고

있다. 전라북도도 특별자치도로 전환하기 위한 시도를 하고 있으며 이 과정에서 도지사 직속 감사위원회를 통해 권역 내 국가기관에 대한 감사를 하는 조항도 법안에 담겨져 있다.[2]

공공감사에 관한 법률 제8조의 규정에 따르면 중앙 및 지방자치단체 자체감사기구의 장은 <u>개방형 직위</u>로 임용하도록 되어 있으며 개방형 직위로 임명하도록 한 것은 임기제, 신분보장 등과 함께 임용자격과 결격사유를 규정하여 기관장의 영향을 가급적 줄이기 위함이다.

그리고 독임제든 위원회제도든 자체 감사기구의 장은 기관장이 개방형 직위로 하여 <u>임명하고</u> 있다. 다만, 제주자치도의 경우 제주특별법에 지방의회의 동의를 얻어 임명하도록 되어 있다.

대선 과정에서 모 정당의 후보가 도지사 시절 법인카드 등을 불법 사용했다고 해서 해당 도의 감찰관에게 감사를 하게 하면 된다는 의견도 있었지만 도지사가 임명한 감찰관이니 소위 셀프감사가 될 것이라는 비판도 동시에 제기되었다.

기관장의 영향을 가급적 줄이기 위함이라는 내용과 기관장이 개방형 직위로 하여 임명한다는 내용은 상충된다. 기관장의 영향을 줄이려고 임기와 신분보장을 하였는데 그를 가능하게 하는 임명권을 어떤 사유에서 기관장 본인이 행사하도록 하는지는 이해가 어렵다.

제주자치도의 경우와 같이 적어도 임명권은 기관장이 행사하더라도 이에 대한 동의권한을 지방의회가 가진다고 하면 적어도 자기감사(self-audit)의 위험만큼은 어느 정도 피할 수 있게 된다.

민간 기업에서 이러한 자기 감사의 위험을 회피하기 위해서 상법에, 주주평등의 원칙에는 어느 정도 위배되는, 3%라는 의결권 제한제도를 두고 있는 것이다.

공공기관의 감사 또는 감사위원장은 공공기관의 운영에 관한 법률에 따

---

2) 한국경제신문, 2022.11.29. 정치권 '특별자치도' 남발… 강원 이어 전북도 출범 초읽기 당초 의원들이 제출한 법안에는 행정안전부와 감사원 등 중앙행정기관이 감사위원회의 피감 기관을 감사하지 못하도록 하는 배제 조항이 있었지만, 이는 행안부가 반대 의견을 내면서 제외됐다.

라 임명하며 대부분 기획재정부장관의 제청으로 대통령이 임명하고 있으며 준공공기관의 감사/감사위원장의 임명은 기획재정부장관이 임명한다. 준정부기관이, 많은 경우 산업자원부 등의 정부기관 산하의 기관이며 이들 기관의 감사는 해당 주무 정부기관이 아닌 공공기관을 총괄하는 기획재정부가 주도권을 가지고 공공기관운영위원회의 결정에 따라 기재부장관이 선임하고 더 규모가 큰 기관은 대통령이 감사를 임명한다. 이 또한 이해상충이 되지 않도록 해당 주무기관과는 무관한 기재부가 이 업무를 수행하는 것이다.

제주자치도 의회의 동의권은 기업의 감사실장 등의 실무책임자의 임면에 대해서 감사 또는 감사위원회가 승인 권한이 있는 것과 동일하다. 임명권은 자치단체장에게 있지만 승인을 득하지 못하면 이 임명이 무효화되고 기관장이 임명을 다시 해야 한다.

이러한 차원에서 제주도 지방의회의 승인권은 다른 지방자치단체에서도 독립적인 감사/감사위원의 선임을 위해서 참고할 수 있다. 아니면 아예 임명권을 지방의회가 가질 수도 있는데 이는 3권분립의 정신과도 관련된다. 임명권을 지방의회가 갖는 것이나 기관장이 임명하고 의회에서 승인하는 것이나 결과는 동일하지만 임면한 감사/감사위원을 거부하는 것이 흔한 일이 아니므로 임명권 자체를 의회가 갖는 것이 더 효과적으로 행정부에 대한 견제의 역할을 한다고도 이해할 수 있다.

우리의 감사원에 해당하는 미국의 감사원(GAO, General Accounting Office)는 행정부 소속이 아니고 의회 소속이다. GAO의 역할이 주로 행정부에 대한 감시 역할이므로 소속 자체가 행정부일 경우, 그 업무 수행이 제한될 수 있다는 판단이 있었다고 사료된다.

중요한 것은 감사의 대상이 되는 경제 주체가 본인을 감사하는 감사실무자에게 영향을 미쳐서는 안 된다는 것이다. 공공기관에 대한 대표이사와 감사의 제청권과 임명권은 다음과 같이 구분된다.

2019.5.28. 감사인연합회. 국회
공공기관은 대기업과 소기업을 구분하여 기관장과 감사의 제청권과 임명권이 다음으로 구분되어 있다.

| 공공기관 | 대기업 | 기관장 | 제청 주무장관 | 임명권자 | 대통령 |
|---|---|---|---|---|---|
| | | 감사 | 제청<br>재정부장관 | 임명권자 | 대통령 |
| | 소기업 | 기관장 | 제청 주무장관 | 임명권자 | 주무장관 |
| | | 감사 | 제청<br>재정부장관 | 임명권자 | 재정부장관 |

대기업: (공기업/위탁형) 500인 이상, 총수입 1천억원 이상

(기금형) 정원 500인 이상, 자산 1조원 이상

공기업의 분류도 위탁형과 기금형으로 분류하는 것도 매우 흥미롭다.

물론 감사권이 강화되면서 경영활동을 주도하는 기관장과의 충돌이 되는 경우도 있을 수 있다. 즉, 경영권과 감사권의 충돌이다. 감사권이 경영에 대한 과도한 간섭으로 이어질 때, 기관장의 모든 행정에 대해서 감사가 관여하게 되고 이러한 점이 감사의 권한이라고 하면 감사가 기관장 위에 옥상옥의 관계가 될 수도 있어서 바람직하지 않은 힘겨루기가 발생할 수도 있다.

물론, 감사제도의 도입 취지가 기관장이 견제 없이 전횡을 하는 것을 견제하라는 의미를 갖는 것은 사실이지만 그렇다고 이해상충으로 권력다툼을 하라는 의미는 아니며, 더더욱 감사가 권한을 전횡하라는 것은 더더욱 아니다.

# 기업집단의 지배구조(control tower)

대부분 기업의 의사결정은 단위 기업 내의 의사결정인데, 기업집단일 경우는 집단 차원, 즉 control tower 측면에서의 의사결정이 필요하다. 10대 재벌 중, ㈜ LG, ㈜ SK, 포스코홀딩스, 롯데지주, ㈜GS, ㈜ 한화, 현대중공업지주(현대HD) 등의 경우, 명확하게 지주회사의 형태를 가지고 있으므로 의사결정의 중심이 드러나지만 그렇지 않은 삼성, 현대차, 신세계 등은 지주회사 체제가 아니다. 삼성의 경우, 삼성물산이 지주회사라고 할 수 있지만 그럼에도 삼성의 세 축이 삼성전자, 삼성물산과 삼성생명을 중심으로 한 금융이다. 전자 축은 전기, SDI, SDS로 구성되며 물산은 삼성바이오로직스, 삼성엔지니어링, 삼성바이오에픽스로 구성된다. 금융은 생명, 화재, 증권, 카드, 자산운용으로 구성된다.

control tower와 각 계열사 간의 관계 등은 각 재벌사마다 상이할 수 있다. 이는 각 계열사가 의사결정을 수행할 때는 각 계열사는 원칙적으로 해당 계열사의 주주를 위한 의사결정을 해야 하는 것이지 최대주주만을 위한 의사결정을 수행해야 하는 것은 아니다. 단, 최대주주가 경영의사결정에 가장 큰 영향력을 미치기 때문에 의사결정이 복잡해질 소지가 크다. 지주사라고 계열사의 의사결정에 필요 이상으로 개입할 때, 법적으로 문제가 될 수 있다. 주주총회에서의 의결권만이 합법적인 영향력이다. 그럼에도 불구하고, 계열사의 사외이사 선임 과정을 보더라도 계열사의 인사부서와 지주사의 인사부서가 협의하여 사외이사를 추천하게 되는데 지주사가 어느 정도 개입하게 되는지는 회사의 상황에 따라 상이하다.

지주와 계열사 간에 지배/종속 관계는 연결재무제표의 작성여부와도 연관될 수 있다. 과거 2011년 IFRS가 도입되었던 시점에 이슈가 되었던 내용이다.

대우증권이 미래에셋으로 매각되기 이전 산업은행의 자회사일 때, 산업은행의 지분이 39%에 불과했어서 지분율에 근거한 연결재무제표를 작성하기 위한 일반적인 원칙인 '50%+1주', 즉 과반의 지분에 못 미치는 지분을 가지고 있었지만 연결재무제표를 작성했다. 산업은행 측이 연결재무제표를 작성한 근거는 지분율 이외에도 대표이사의 선임권과 K-IFRS 도입 이전의 주주총회에서 일반 주주들의 주총 참여의 경우에서 판단하더라고 대우증권에 대한 산업은행의 경영권 행사에 의문이 없기 때문에 과반의 지분이 아니더라도 연결재무제표를 작성한다는 것이다.

물론, 지주회사가 아닌 그룹 차원에서의 control tower가 존재한다는 것에 대해 정부 차원에서의 비판이 있고, 그 결과 삼성은 미래전략실, 롯데는 정책본부 등을 해체하는 과정을 밟게 된다. 롯데의 정책본부는 롯데지주가 그 역할을 이어 받아 수행하고 있다. 즉, 미래전략실과 같은 조직은 우리의 법 체계와는 합치하지 않는 비공식적인 의사결정체제였던 것이다.

그럼에도 삼성과 같은 대규모 기업집단의 경우, 집단 모두를 아우를 수 있는 체제가 필요하다는 요구는 지속적으로 제기된다.

기업집단의 지주회사 또는 지주회사라는 실체가 아닌 또 하나의 control tower가 기업 집단에 영향을 미치는 것에 대한 비판은 ESG에 대한 강조와도 연관된다. 일반주주(소액주주)의 입장에서 해당 회사의 주주들에게 최선의 대안이 아니라 최대주주만을 위한 의사결정을 또는 지주사를 위해서 수행하게 되는 것은 주주권리에 반하는 의사결정이 될 수 있다.

더더욱 최근에 와서는 주주 중심 경영도 아니라 이해관계자 중심 경영이라는 주장이 제기되고 있으니 최대주주를 위한 경영의사결정이라는 방향은 시류에 한참이나 뒤진 내용이다.

기업집단이라는 기업 형태는 우리나라의 경제발전을 이끌던 1980년대의 삼성, 현대그룹으로부터 그 역사적 뿌리가 깊다. 삼성그룹이 우리나라 경제 전체나 고용 창출에서 차지하는 부분이 적지 않다. 이들 그룹들은 개별 기업 중심의 의사결정도 중요하고 그룹 전체를 위한 의사결정을 수행하는 경우가 있지만, 우리나라의 법 체계는 상법에서의 개별 기업 중심으로 제도가 되어 있으므로 재벌로 하여금 이러한 체제에 순응하도록 하는 과정에서 미전실 등이 정부의 요구에 의해서 해체된 것이다. 물론, 기업 실무에서의 이러한 내용에 대응하여 공정거래위원회에서 기업 집단에 대한 규제를 담당하고 있다.

회계의 차원에서 기업집단들은 한때 기업집단재무제표를 작성했던 기간도 있었지만, 연결재무제표가 주 재무제표가 되면서 기업집단재무제표 제도는 폐지되게 되었다.

그룹의 control tower가 어느 정도까지 계열사들의 자율적인 경영의사결정을 인정할 것인지는 그룹마다 사정이 다를 것이다. 지주사의 임원을 계열사에 사내이사 또는 기타 비상무이사로 선임하여 계열사에 대해 의사결정에 개입하기도 하고, 또는 계열사의 대표이사가 지주사의 이사로 선임되면서 주요 의사결정을 지주가 결정하고 이러한 결정이 계열사에 전달되기도 한다. 어떠한 형태가 되거나 지주사나 계열사의 유기적인 관계를 유지하려 한다.

지주가 계열사의 대부분의 주요한 의사결정까지도 수행하고 계열사에 이를 전달하여 계열사 이사회가 이를 받아 결의를 하는 식으로 의사결정을 하는 경우도 발생하게 되어 과연 그렇다면 계열사의 별도의 지배구조는 어떠한 의미가 있는지에 대한 의문이 제기될 수도 있다. 물론 그룹의 차원은 그룹 전체가 일사분란하게 움직일 수 있다는 장점이 있기는 하다. 그렇기 때문에 SC와 같이 SC금융지주와 SC은행이 거의 같은 실체라고 하면 이사회 member가 동일하게 이사회를 운영하기도 하며 금융지주에는 이 체계가 인정된다.

삼성의 경우 준법감시위원회가 태동되면서 다시 그룹이라는 실체가 부각되기도 하였다. 삼성의 준법감시위원회는 삼성그룹의 전체를 아우르는 감시 기능을 수행한다고 할 수 있으며 그 대상은 삼성그룹의 가장 핵심적인 사업을 수행하고 있는 삼성전자, 삼성SDI, 삼성SDS, 삼성전기, 삼성물산, 삼성생명, 삼성화재 7개 사이다.

금융복합기업집단의 감독에 관한 관한 법률이 제정되면서 금융계열에 대해서 통합된 정부차원에서의 감독이 시행되고, 삼성은 금융경쟁력제고TF 차원에서 이러한 통합된 감독에 대응하고 있다. 삼성전자 축은 삼성전자사업지원TF, 삼성물산 축은 삼성EPC경쟁력 강화TF에서 각각 control tower 역할을 수행하고 있다.

모그룹의 경우는 과거에는 지주와 계열사가 협의하여 계열사의 추천도 받고 아니면 지주도 후보를 추천하면서 계열사 사외이사를 선임하기도 하였는데 또 어떤 특정 시점에는 계열사의 사외이사 내정까지도 지주사가 주도적으로 진행하면서 지주의 계열사에 대한 지배권을 강화하여 행사하기도 하였다. 어떤 경우는 지주가 사외이사 풀을 만들고 계열사는 이 풀 중에 필요한 인원을 뽑아서 선임하기도 한다.

물론, 그룹이라는 것이 존재함으로 인한 장점도 부정하기 어렵다. 그룹 전체의 경영활동에 필요한 법률 등의 기능을 각 개별 회사가 모두 완비하고 있는 것보다는 그룹 차원에서 그룹 법무팀을 가동하면서 계열사에 대해서 법적 자문을 할 수 있다. 물론, 이러한 서비스나 CI 사용권에 대해서는 계열사는 지주사에게 이에 해당하는 CI 사용권에 대한 금액을 분담하여, 계열사들의 매출 비율 등에 비례하여 부담해야 한다.

또한 모든 계열사에게 필요한 부서이기는 하지만 모든 계열사가 별도로 구비할 수 없는 부서가 있을 수 있다. 이러한 경우는 shared service의 개념으로 통합하여 관련된 부서를 운영할 수 있다. 예를 들면, 각 계열사가 법무팀을 운영할 수는 있지만 지주 차원에서는 더욱 upgraded된 법무팀을 갖추고 계열사에 대한 지원을 할 수 있다. 계열사가 항상 법률 용역에 대한 수요가 있는 것이 아니므로 이렇게 지주 차원의 법무팀을 활용하는 것이 그룹 차원에서는 효율적이다. 단, 지주사가 순수 지주사일 경우는 별도의 수익을 창출할 수 없고 계열사에 대한 배당 수익만이 수익의 원천이므로 이러한 shared service에 대해서 각 계열사에 금액을 청구할 수 있어야 한다. 이는 그룹 CI(corporate identity 상표권)에 대한 청구권일 수도 있다. 일부 그룹에서 그룹 차원의 수해의연금 등을 전달할 때도, 사업회사에 이러한 금액을 배분하여 지원을 요청하는 경우가 있다. 지주사가 순수지주회사일 경우는 별도의 수익 창출이 어렵기 때문이다.

거의 모든 지주회사나 지배회사는 산하 사업회사 또는 계열회사에 이러한 공동경비를 분배하는 방식이 각각 존재한다. 이는 아래와 같은 매출이 그 근거일 수도 있고 아니면 이익이 분배의 기준일 수도 있다. 다음과 같은 내용과도 무관하지 않다.

과거 롯데그룹이 부산시에 큰 금액의 기부를 할 때도 주요 계열사에 기부금액을 정책본부 차원에서 배정하게 되며 각 계열사 이사회가 이 내용을 받아서 결의하게 되었다. 저자가 사외이사를 맡고 있었던 롯데쇼핑도 예외가 아니었다. 물론, 너무 오래전의 일이라서 정책본부가 무엇을 근거로 이러한 금액을 배분했는지는 기억에 없으나 CI의 배분도 이러한 논지와 크게 다르지 않다.

포스코홀딩스는 27개 사업회사로부터 내부거래를 제외한 매출액의 0.1%를 브랜드 수수료로 수수하고 있는데 영업이익이 적자인 법인은 면제다. 수수료율은 PWC 자문을 통해 확정되었다.

사용료 금액 산정(그룹브랜드 사용료 부과구조 정립)은 계열회사 및 특수관계자간 무형자산 거래에 해당하기 때문에, 독점규제 및 공정거래에 관한 법률에 따라 규제를 받는다.[1] 공정위는 2018. 4. 3. 「공시대상기업집단 소속회사의 중요사항 공시 등에 관한 규정」 개정 이후 매년 상표권 사용거래 공시 실태 및 수취 현황을 공개하도록 하고 있다.

이러한 지배관계에 있어서 가장 큰 이슈는 계열사가 해당 기업의 주주를 위한 의사결정이 아니라 최대주주를 위한 의사결정을 수행할 수 있다는 것이다. 최대주주가 계열사에 직접 투자를 하고 있지 않다고 해도 그룹의 최대주주가 지주사의 최대주주이고 지주사는 대부분의 경우 지분을 가지고 계열사를 지배하게 된다.

2019년 사업연도에 대한 2020년 초의 주주총회는 고 조양호회장이 생존했던 시점이고 대한항공의 최대주주인 한진의 지주회사 한진칼 주총에서는 조양호, 조양호 회장의 부인인 이명희, 조원태, 조현아 및 조현민 등 최대주주

---

1) 이러한 내용에 대하여 자문을 해 주신 포스코홀딩스 이세민 법무팀 지적재산 관련 업무자께 감사한다.

와 특수관계인들이 KCGI펀드 (일명 강성부펀드)와 경영권 분쟁을 벌이던 시점이었다.

조씨 일가는 당시 적용되던 상법에 의하면 상법상의 감사 또는 감사위원회 선임에 대해서 의결권이 제한되었으며, 최대주주가 아닌 일반주주는 3% 넘는 지분에 대해서 감사위원의 선임에 대해서만 의결권이 제한되었다. 따라서 조씨 일가는 감사위원회 제도로 가게 되면 최대주주 본인들이나 경영권 분쟁을 벌이고 있는 강성부 펀드 모두 의결권이 제한되므로 최대주주가 강성부 펀드에 비해서 동일한 입장에 서게 된다.

반면 상근감사를 선임하게 되면, 조씨 일가는 의결권이 제한되며 강성부 펀드는 의결권 제한 없이 본인들의 지분만큼 의결권을 행사하게 된다. 따라서 조씨 일가는 상근감사 제도보다는 감사위원회 제도를 선호하게 되며, 자산 규모 2조를 초과하는 기업은 감사위원회 제도가 의무화된다는 상법 규정에 근거, 자산 규모를 2조 넘기는 경영의사결정을 수행하게 된다. 회계학 연구에서 '실제 이익 조정'이란 경영의사결정을 통해서 회계 수치에 영향을 미치게 됨을 의미하는데 이 경우는 영업의 결과 즉, 손익계산서의 측정에 영향을 미치는 것이 아니라 재무상태표에 영향을 미치는 경영의사결정을 수행하게 된다.

이러한 논의가 진행된 당시 한진칼의 자산 규모가 1조 8,400억원으로 1,600억원 정도 자산이 높아지면 이러한 상법 규정에 따라 감사위원회가 의무화되게 된다. 한진칼의 이사회는 당연히 최대주주인 조양호 회장의 영향력 아래에 있으므로 이사회는 단기간에 자산을 쉽게 높일 수 있는 방법인 현금 차입을 의사결정하게 된다. 이러한 차입이 한진칼의 경영에 꼭 필요한 차입이 아니라고 하면 한진칼은 불필요한 금융 비용(이자 비용)을 지불하게 된다. 이러한 차원에서 강성부 펀드는 한진칼에 대해서 이 의사결정을 수행한 이사회 소속 이사들에 대해서 손해배상소송을 제기할 것을 요구하였다.

물론 한진칼이라는 회사(법인격)를 대표하는 것이 대표이사이므로 대표이사가 강성부펀드의 요구를 받아들여 본인을 포함한 이사회 이사들을 대상으로 회사가 손배소송을 제기하는 방향으로 의사결정을 수행할 가능성은 높지 않다.

한진칼 이사회는 상법에서 요구되는 선량한 관리자(duty of care)의 의무와 충실의 의무(duty of loyalty)를 수행하도록 기대되는데 최대주주의 경영권 보호를 위해서 이러한 의무를 저버렸다는 주장이다(duty of care with good faith).

강성부펀드가 이러한 주장을 하는 배경에는 12월에 1,600억원의 차입을 한 이후 2개월 반 만에 1,050억원을 반환하게 되면서 강성부펀드는 1,600억원의 차입금이 기업의 경영활동에 필수적인 차입금이 아니었다는 주장이다. 12월에 1,600억원을 차입한 점을 보더라도 회계 기말 이전에 뭔가 총자산 금액을 조정하려 했다는 의심이 간다.

이러한 한진칼의 경우와 같이 이사회를 최대주주가 지배하게 되면 이사회는 주주의 이해에 보탬이 되는 의사결정을 수행하는 대신, 최대주주를 위한 의사결정을 수행하기 쉽다는 것이다. 단, 기업의 자금 흐름에 대한 판단은 내부자들만이 접근 가능한 정보에 의해서 결정되므로 외부에서 이러한 차입금이 꼭 필요한 현금이었는지에 대한 판단을 하기는 쉽지 않다.

기업집단에서 어느 누가 control tower인지가 명확하지 않을 때, 발생하는 다음과 같은 문제도 있다.

"

## 현대車 불성실공시 논란. 두달전 본지 보도땐 녹십자생명 인수계획 없다더니

현대차그룹이 녹십자생명보험을 인수하기로 최종 결정하면서 8월 말 한국거래소의 관련 조회공시 요구에 대해 '사실무근' 답변을 내놓은 현대자동차가 불성실 공시 논란에 휩쓸렸다.

현대자동차는 "개별 상장사와 그룹은 엄연히 (인수)주체가 다르다"는 논리로 해명했지만 당시 이에 대해 현대차 측은 24일 "당시 거래소의 조회공시가 현대자동차에 대한 것이지 현대차그룹에 대한 것이 아니라 부인 답변을 냈다"며 "현대차의 법적인 의무는 개별 상장사 입장을 표명하는 것 이상도 이하도 아니다"고 설명했다. 또 그는 "당시 현대차그룹에서 녹십자생명보험 인수건을 진행하고 있다고 하더라도 조회공시 주체와 질문이 기아차나 현대모비스가 아닌 이상 현대차는 조회공시 요구 내용 이상의 답변을 할 수 없다"고 덧붙였다.

그렇다면 한국거래소는 당시 '현대차그룹의 녹십자생명보험 인수' 기사에 대해 왜 현대차만을 공시 대상으로 삼아 현대차에 국한한 조회공시를 요구했던 걸까. 거래소는 현대차가 당시 그룹의 문제에 대해 얘기할 수 없다는 입장을 분명히 했기 때문이라고 해명했다.

하지만 M&A 이슈는 투자자 판단에 중요한 요소인 데다 대부분 그룹오너가 결정하는 사안이어서 현재의 형식 논리적 분리법으로는 공시체제에 심각한 간극이 생길 수 있다. 한국거래소 관계자는 "그룹 전체에서 결정하는 중대 사안이 많은데 조회공시는 개별 상장사에 국한된 데다 그룹집단에 대한 내용을 개별 상장사에 묻는 것도 한계가 있어 공시에 간극이 발생하고 있다"며 "이런 문제점을 고려해 향후 대책을 마련하겠다"고 말했다.

매일경제신문. 2011.10.25.

녹십자생명은 현재는 푸본현대생명이다.  2011년 8월 현대자동차에 다음과 같은 일이 발생하였다. 녹십자생명을 현대자동차그룹이 인수하려 한다는 소문이 증권가에 퍼졌고 한국거래소가 현대자동차에 대해서 이를 확인해 달라고 조회공시를 하게 된다. 현대자동차는 이 조회를 부정하면서 사실이 아니라고 답을 하게 되는데 현대차그룹의 녹십자생명에 대한 인수를 나중에 사실로 밝혀지게 되면서 불성실공시에 대한 문제가 이슈로 부각되었다. 즉, 현대자동차가 사후적으로 사실로 밝혀진 내용에 대해서 조회공시에 대해 부인을 하면서 이러한 부인이 불성실공시라는 지적을 받게 된 것이다. 현대자동차는 나름대로 이러한 비판에 대해서 다음과 같이 변호를 하게 된다. 녹십자생명의 인수 주체는 현대모비스, 기아차와 현대커머셜이고 현대자동차는 인수 주체가 아닌 상황에서 한국거래소가 현대자동차에 조회공시를 하였고 그룹사에서 어떤 논의가 진행되는지를 알 수 없었던 현대차의 공시 담당자가 사실이 아니라고 답을 한 것이다. 물론, 현대차는 인수 주체가 아니더라도 그룹사에 이를 확인하였다면 그룹사에서 책임 있는 답은 아니더라도 확정은 아니지만 논의가 진행되고 있다는 정도의 tip은 주었을 것이라는 판단을 할 수 있다.

기업집단이라는 실체와 그룹을 대표한다고 하는 회사 간에 정보가 교환되지 않으면 발생할 수 있는 일이다.

이러한 일이 발생하자 2012년 4월부터 공시규정이 개정되어 기업집단 관련 조회공시의 경우 대표회사(상장기업)에게 답변하도록 하여 조회공시 효율성 및 투자자의 공시 파악 편의성을 제고하도록 하였다. 따라서 기업집단의 대표회사는 적어도 해당 회사가 관여된 건이 아니더라도 그룹 차원에서 진행되는 업무에 대해서는 파악을 하고 있어야 하는 부담을 안게 되었다.

이러한 이슈는 공정위 차원의 이슈가 아니고 공시와 관련되므로 한국거래소 차원에서 어느 상장기업이 기업집단을 대표하는지의 이슈이다. 물론, 기업집단이 모두 비상장회사일 수 있으니 상장기업이 아닌 대표회사가 존재할 수 있다는 생각도 할 수 있으나 기본적으로 조회공시의 주체는 한국거래소이고 한국거래소는 상장기업들에 대해서 자율적으로 규제를 하게 된다.

기업집단 차원에서 진행되는 프로젝트인 경우, 조회 공시에 대해서는 어떤 회사가 한국거래소의 조회에 대해서 답을 해 주어야 하는지의 경우도 지배구조를 복잡하게 한다. 부영, 이랜드라는 기업 집단은 최근까지도 상장기업이 없는 기업집단이었다.

위의 원칙에 의해서 공시 대상기업인 부영에 공시를 한다고 해도 부영이 상장기업이 없기 때문에 부영에 대한 공시는 어느 기업에 조회를 해야 하는지가 명확하지 않다.

2022년 8월 12일 포스코홀딩스 이사회는 포스코인터내셔널과 포스코케미컬의 합병을 의사결정하고 공시를 하게 된다. 단, 이들 회사가 합병을 논의하는 과정에서 정보가 시장에 나가게 되면서 한국거래소는 포스코인터내셔널에 합병 진행 건에 대한 조회공시를 하게 된다. 아직 합병이 확정되지 않고 논의되는 상태에서 포스코인터내셔널은 미확정공시를 하게 되며 그 이후 수일 만에 포스코홀딩스, 포스코인터, 포스코케미컬의 이사회를 거쳐 합병을 공시하게 된다.

이러한 합병의사결정은 세 회사의 이사회 결의를 모두 거쳐야 하는데, 포스코홀딩스는 9시, 케미컬은 10시, 인터는 11시 이사회를 개최하였으며 공시시점이 중요하므로 다음으로 공시가 수행되었다. 3개 회사가 개입되므로 누가 공시할지와 언제 공시할지의 이슈가 개입하게 된다.

1. 공시는 홀딩스, 포스코인터내셔널, 포스코에너지 3개사가 각각 진행하였다. 각각 공시하게 된 사유는 다음과 같다.

포스코홀딩스: 유가증권시장 주권상장법인으로서 종속회사(자산규모 10% 이상)의 합병 및 자회사(지배력 행사)의 해산사유 발생으로 공시

① 종속회사의 주요경영사항: 거래소 규정 제8조의2(종속회사의 주요경영사항) 1항 1호에 따라 주요 종속회사의 합병결정사항 공시 필요

② 자회사의 주요경영사항: 거래소 규정 제8조(자회사의 주요경영사항) 2항에 따라 자회사의 해산사유 발생으로 익일까지 거래소 공시 필요

포스코인터내셔널: 유가증권시장 주권상장법인으로서 합병에 대한 이사회의 결의가 있을 경우 그 사유 발생일 당일 공시 필요

거래소 규정 제7조(주요경영사항) 3항 가목(해당 유가증권시장주권상장법인의 지배구조 또는 구조개편에 관한 다음의 어느 하나에 해당하는 사실 또는 결정이 있은 때) (5) 상법 제522조(합병계약서와 그 승인결의) 및 법 시행령에서 규정한 사실에 대한 결정이 있은 때

포스코에너지 : 상장기업은 아니지만 사업보고서 제출대상 법인으로서 합병에 관한 계약을 체결하거나 이사회 결의가 있을 경우 3일 이내 주요사항보고서 공시 필요

2. 공시의 시점은 다음과 같다.

거래소 협의결과 주식시장에 큰 영향이 있을 수 있는 공시임에 따라 포스코인터내셔널의 공시 이후 포스코에너지, 포스코홀딩스공시를 진행할 것을 권유 받았다. 이에 따라 공시는 포스코인터내셔널 → 포스코에너지 → 포스코홀딩스 순서로 진행되었다.

포스코인터내셔널: 합병당사자로서 합병결의(이사회) 후 지체없이 공시 (거래소와 사전협의)

포스코에너지: 비상장사로 상장사 이후 공시를 진행(단, 합병당사자로서 포스코홀딩스 공시 전 진행으로 거래소와 사전협의)

* 상장사인 포스코인터내셔널의 공시 전, 공시를 진행할 경우 주식시장의 파급
  효과가 큼에 따라 상장사 공시 후 진행

포스코홀딩스: 합병의 직접당사자가 아닌 주요 종속회사/자회사의 주요경
영사항을 공시함에 따라 합병당사자의 공시 후 마지막으로 공시(거래소와
사전협의)

회사별 공시내용은 다음과 같다.

① 포스코인터내셔널(이사회 결의 직후): 주요사항보고서 공시

② 포스코에너지(포스코인터내셔널 공시 이후) : 주요사항보고서 공시(포스코
   인터내셔널 공시 이후)

③ 포스코홀딩스(합병 당사회사들의 공시 이후): 회사합병결정(종속회사의 주
   요경영사항), 해산사유발생(자회사의 주요경영사항) 공시

chapter
39

# 가족 경영

**최태원 "가족 경영, 다 옳은 건 아니지만 전문 경영인은 큰 리스크 감당에 한계"**

최태원 대한상공회의소 회장 겸 SK 그룹 회장이 "가족경영의 폐해 지적에 대해 동감하지만 전문경영인 체제는 리스크를 감당하기 어렵다는 문제가 있다"고 밝혔다.

최 회장은 지난 9일 오후 9시부터 1시간 40여 분간 대한상의 주최로 카카오 오디오 플랫폼 '음(mm)'을 통해 '우리가 바라는 기업상'을 주제로 열린 생방송 간담회에서 이같이 밝혔다. 그는 대기업 그룹 승계 문제에 대한 질문을 받고 "가족 경영 체제가 나쁘다는 지적을 많이 받고 저도 자유롭지 않다"며 "하지만 우리나라만이 아니라 미국 일본 등 해외에서도 불거진 문제"라고 지적했다. 최 회장은 "미국에서도 창업주부터 2~3대로 내려갈 때 많은 문제가 불거졌고, (그런 과정을 거쳐) 현 전문경영인 체제가 완전히 자리잡은 것"이라며 "그럼에도 지금도 가족경영을 하는 미국기업이 많다"고 강조했다. 특히 최 회장은 SK하이닉스가 2018년 일본 반도체 기업 도시바메모리(현 키옥시아)에 투자한 것을 사례로 들며 전문경영인 체제의 한계를 지적했다. 그는 "일본 기업들도 가족 경영에서 전문경영인 체제로 전환했는데, 큰 리스크를 감당하고 반도체 회사를 경영할 전문경영인이 없었다"고 설명했다. 이어 "그래서 외국기업에 팔 수밖에 없었는데 운 좋게 SK하이닉스가 글로벌 파이낸셜 투자자와 손을 잡고 투자할 수 있었다"
며 "일본에서는 그런 경영인이 없다 보니 한국을 부러워한다"고 밝혔다. 그러면서 "가
족 경영이 옳다는 것이 아니라 어느 체제에서든 다양한 문제가 존재한다"고 덧붙였다.
SK하이닉스의 도시바메모리 투자는 반도체 사업 경쟁력을 한 단계 끌어 올린 결정으로
평가받는다. 당시 SK하이닉스는 미국 베인캐피탈 등의 컨소시엄을 구성했다.

　　최 회장은 경제계 화두로 떠오른 ESG 경영에 대해서는 "기업이 환경을 더 생각하는
지, 지배구조가 제대로 돼 있는지가 소비 대상이 되면서 사회적 가치를 중시하는 쪽으
로 기업가 정신이 패러다임이 바뀌고 있다"고 말했다.

한국경제신문. 2021.7.12.

"

　　소유와 경영이 분리되는 것이 해답인지 아니면 소유와 경영이 같이 가는
것이 해답인지에 대해서는 정말로 모범 답안이 없다. 최태원 회장도 같은 맥
락의 얘기를 한 것이다. 엄청난 규모의 투자를 필요로 하는 프로젝트를 최대
주주의 의사결정 없이 전문경영인이 책임지고 수행한다는 것은 생각하기 어렵
다. 물론, 최대주주도 잘못된 결정을 할 수 있지만 이 경우, 본인이 책임을 지
면 된다. 전문경영인 대표이사의 평균적인 임기가 3년 정도 될 거 같다. 단기
간에 회사를 떠날 대표이사가 엄청난 부담이 되는 장기 프로젝트 관련되어 책
임을 지고 의사결정을 한다는 것은 매우 어렵다.

　　한화가 대우조선해양에 대한 투자의사 결정에 대해, 3,150억 원의 이행보
증금을 떼일 위험에 처하면서까지 대우조선해양의 인수합병을 시도하다가 포
기하게 된다. 3,000억 원을 모두 떼일 위험은 대우조선해양의 분식회계 건이
밝혀지면서 이 인수합병이 실패로 끝난 책임이 한화만의 문제는 아니라서 이
행보증금 일부를 반환받을 수 있는 기회가 열렸다.

　　대법원의 판결로 사건은 다시 고등법원으로 돌려보내졌고, 2018년 1월
드디어 고등법원의 판결이 내려졌는데, 산업은행은 3,150억 원 중 40%에 해당
하는 1,260억원과 이 돈에 대한 이자를 한화에 돌려주라는 판결이었다.[1] 수년

---

1) 이 건의 이해를 위해 최종학(2022)의 178-187쪽의 내용 중, 일부 내용을 인용한다.

이 지나 한화가 다시 대우조선해양을 인수하게 되니 이 또한 아이러니이다.

만일 이미 이행보증금이 지급되었고, 최고 의사결정자가 최대주주가 아닌 전문 경영인이라고 하면 감히 이행보증금을 포기하면서까지 마음에 두었던 대우조선해양을 포기할 수 있을까라는 생각을 하게 된다. 이행보증금을 포기할 수 없어서 계속 발목이 잡혀 나갈 수 있는 경우라고 판단된다. 결과를 속단할 수는 없지만 소탐대실의 결과였을 수도 있다.

가족 경영의 장점은 신속한 의사결정이며 추진력이다. 물론, 이러한 추진이 잘못된 방향이라면 제어할 수 없이 기업이 무너질 수도 있다. 최대주주가 잘못된 방향으로 가고 있는데 이를 이사회나 전문경영인이 통제한다는 것은 매우 어렵다. 그러나 이는 결과론적인 접근이며 기업가 정신(enterpreneurship)에 근거한 경영의사결정은 어느 정도의 불확실성과 모험은 당연히 동반하게 된다. 이러한 승부사적인 자질이 없다면 기업가가 아니며 자본을 가진 재무적 투자자의 역할만을 하는 자본가로 분류되는 것이 더 부합한다.

---

산업은행은 한화에 "2008년 12월 29일까지 본 계약을 체결하고 실사 여부와 관계없이 2009년 3월말까지 모든 대금을 납부하라"는 양해각서 조건의 변경을 강력히 요청해서 이를 관철시킨다. 원래 양해각서 초안에 있던 '실사 후 본계약 체결'이라는 내용을 바꾼 것이다. 이 조항을 포함시키지 않는다면 양해각서를 체결하지 않겠다는 산업은행의 압박에 한화가 마지못해 동의한 것으로 보인다(p.178).
양해각서에 따라 한화는 우선 계약금의 5%로 책정된 이행보증금 3,150억원을 납부했다. 이 계약금은 위약벌(계약을 어기는 것에 대한 벌)이라고 계약서에 쓰여 있었다(p.179).
한화는 본계약을 체결하지 못한 것이 전적으로 한화의 책임이 아니라 양 당사자의 모두 일부분 책임이 있으므로 이행보증금의 일부를 (누가 얼마나 더 잘못했는지 비례적으로 따져서) 돌려받아야 한다고 주장하지만, 이 주장은 이행 보증금의 본질을 고려할 때 타당하지 않다. 양해 각서 문안을 보면 이행보증금은 위약벌이라고 명시적으로 규정되어 있다. 비례책임을 따지는 손해배상액과는 달리 위약벌은 책임 정도에 따른 감액이 허용되지 않는다. 즉, 손해배상액이라면 양측의 잘못을 따져서 잘못한 부분 정도만 비례적으로 보상하면 되지만, 위약벌은 '전부 아니면 전무(all or nothing)'의 개념으로서 조금이라도 더 잘못한 측에서 모든 벌을 부담하게 된다(p.181).
양해각서에 이행보증금이 '위약벌'이라고 규정되어 있다고 할지라도 그 금액의 본질은 '손해배상액'이다. 양해각서를 보면 양측은 이행보증금 이외에는 기타의 손해배상이나 원상회복 등 일체의 다른 권리를 주장할 수 없다고 명시되어 있다. 즉 이행보증금 외에는 다른 형태로 손해배상을 청구할 수 없도록 명시되어 있다. 따라서 양해각서에 '위약벌'이라고 규정된 이행보증금은 사실상 손해배상금의 역할을 한다. 손해배상액은 양측의 잘못 정도에 따라 비례해서 배분할 수 있다. 법원은 "이행보증금 몰취 조항을 둔 목적이 최종 계약 체결이라는 채무이행을 확보하는 데 있더라도 3,150억원에 이르는 이행보증금을 전액 몰취하는 것은 과하다"라고 밝혔다(p.185).

물론, 우리는 투자의 결과를 두고 성공적인 투자인지 실패한 투자인지를 사후적으로 논하게 된다. 기업가들이 우리 경제에 없다면 벤처도 없고, 도전의식도 없다. 성향상 재무적 투자자들은 어느 정도 확정적인 금전적인 이득만을 취하게 되므로 이러한 risk taking을 하지는 않는다.

가족경영의 폐해는 다른 것보다는 친인척에게 특혜를 준다거나 아니면 일감몰아주기 등 사익편취의 문제이다. 과거의 경영체제에서 최대주주의 친인척에게 감사를 맡기는 식의 행태가 있었던 것이 사실이다. 이러한 최대주주가 도덕이나 윤리를 벗어나는 일을 하지 않고 정상적인 사고와 가치관을 가진, 능력이 되는 최대주주가 경영에 관여하는 것에 대해서 반대할 이유가 없다. 다만, 최대주주가 경영에 관여할 때, 독단으로 흐를 가능성이 있다고 하면 회사 내에 이를 제어할 수 있는 시스템이 존재하는지가 이슈이다.

경영에 참여하는 최대주주를 견제할 수 있는 역할은 사외이사나 감사위원회가 해 주어야 하는데 우리나라에서 사외이사나 감사위원회가 이 역할을 수행하기를 기대하기에는 회사 내에 최대주주의 영향력이 너무 크고 통제받지 않는 절대적인 권한을 가지고 있다. 기업 내에서 문제가 해결되지 않는다면 이 역할을 기업 밖에 있는 시민단체 등에서 해줄 수도 있다.

저자는 다음과 같은 경험을 한 적이 있다. 수년전 모기업의 사외이사를 맡고 있던 시점에 최대주주 및 2세, 2인이 이사회에 이사로 등기는 했는데 한번도 이사회에 참석을 하지 않고 있었고, 이사회 의장은 전문경영인이 맡고 있었다. 물론 저자가 임기를 마친 이후에 상황이 어떻게 변했는지는 알 수 없다. 그나마 저자는 용기가 없어서 아무런 얘기도 하지 못했는데 다른 사외이사가 이사회 의장을 맡고 있던 전문 경영인에게 이와 같은 이사회 행태는 올바르게 운영되는 것은 아닌 것 같고, 외부에서 보기에도 바람직하지 않은 현상이라고 직언을 하였다. 물론, 이런 제안을 전문 경영인이 최대주주에게 감히 전달하지는 못하였을 것이지만 외부에서 독립적이라고 인식되는 사외이사도 최대주주의 존재 앞에서는 속에 있는 얘기를 하기 어려운 상황이다.

당시, 사외이사의 이사회 참석은 공개되는 내용이었지만 사내이사의 이사회 참석 자체가 공개되지 않는 시점이라서 통제가 어려운 상황이었다.

# 공공기관, 준정부기관의 지배구조 이슈

**기획재정부. 기업 준정부기관 감사직무수행 매뉴얼 2020년**

41쪽, 감사지원부서 직원의 보직 및 전보는 감사 또는 위원회 요구에 의하여 기관장이 행한다. 다만, 감사 또는 위원회의 요구에 따를 수 없는 불가피한 경우에는 그 사유를 서면으로 설명하여야 한다(운영규정 제14조 제1항).

49쪽에는 동일한 내용이 기술되어 있는데 다음의 추가 내용이 기술되어 있다.

"그러나 기관의 규모에 비하여 무리한 요구는 곤란하므로 기관장 또는 감사 또는 위원회가 협의를 통하여 원만하게 구성되어야 한다."

감사 또는 감사위원회가 무리한 요구를 하는 것이 바람직하지 않으므로 이 내용이 추가된 것이고 충분히 이해한다. 협의라는 애매한 표현이 사용되는데 적법한 행정에는 승인/인준이라거나 거부라거나 달리 해석되지 않도록 명확하게 의사가 전달되어야 한다. 협의라는 표현은 구두로 협의하라는 뜻으로 사용된 표현일 수도 있는데 행정에 있어서 모든 의사결정은 문건으로 명확히 기록되어야 하며 document가 남아야 한다. 상법은 주요 감사기관으로서 임시적 감사기관인 검사인[1] 제도를 두고 있다. 이사회는 업무 감사를 주총, 감사

---

1) chapter 31의 한국경제신문 2019년 6월 5일 기사를 참조한다.

는 업무감사와 회계감사를, 외부감사인은 회계감사를 할 수 있다. 외감법에서 요구하는 부정행위에 대한 감사의 경우도 해당 사안이 재무제표에 미치는 영향이 중대한 것으로 판단되는 회계부정만을 대상으로 하게 된다. 따라서 외부감사인의 감사는 부정감사가 아니고, 회계감사로 국한된다.

소수 주주권자도 임시총회의 소집청구 회계장부의 열람 등을 통해 회계감사에 참여할 수 있다.

공적 기구에서의 감사의 신분은 감사로서의 단일 신분이며 민간에서의 감사위원의 신분은 이사와 감사위원으로서의 이중 신분이다. 따라서 대부분의 공적 기관에서의 감사는 이사회의 구성원은 아니므로 의결에는 참여할 수 없으나 이사회에 출석(배석)하여 의견을 진술할 수 있다. 상임감사위원의 경우 감사와 이사의 직무를 동시에 수행하므로 이사회에 출석하여 의결권을 행사할 수 있다.

기관과 기관장 간의 소송 등 기관의 이익과 기관장의 이익이 상반되는 사항에 대하여는 공운법 제32조 제2항에 따라 감사 또는 감사위원회가 기관을 대표한다(운영규정 제10조).

이 내용은 다음의 상법 내용과도 일맥상통한다.

> 회사는 이사에 대하여 또는 이사가 회사에 대하여 소를 제기하는 경우나 회사가 이사의 책임을 추구하는 대표소송의 청구를 받은 경우에는 감사가 그 소에 관하여 회사를 대표함(제394조)

다음의 규정도 일반 기업의 이사, 감사 또는 감사위원이 지는 책임과 거의 동일한 법적인 책임이다.

> 감사 또는 위원회 위원은 그 임무를 게을리한 경우 기관에 대하여 연대하여 손해를 배상할 책임이 있고, 고의 또는 중대한 과실로 인하여 그 임무를 게을리한 경우 제3자에 대해 연대하여 손해를 배상할 책임이 있다. 기획재정부 장관은 그 공기업 준정부기관으로 하여금 감사에게 손해배상을 청구할 것을 요구할 수 있다(공운법 제35조 제2항, 상법 제414조, 운영규정 제11조 제3항).

이러한 법적인 책임은 상법에서 감사나 감사위원에게 요구되는 책임과 거의 유사하다.

공공기관에 대한 감독은 위의 매뉴얼에서 경영감독과 사업감독으로 구분된다(p. 241). 경영감독은 공기업은 기재부, 준정부기관은 기재부/주무부처, 기타공공기관은 주무부처가 수행하게 되며, 사업감독은 공기업, 준정부기관, 기타공공기관 모두 기재부가 담당하게 된다.

민간 영리기업, 공공기관/준정부기관/기타 공공기관 또는 대학교 재단 (board of trustees)나 지배구조에 대한 고민은 동일하다. 결국은 집행하는 부서에 대해서 어떻게 바람직하게 균형과 견제의 역할을 수행할 수 있는지와 관련된다.

민간 영리기업은 대표이사가, 공공기관/준정부기관/기타공공기관은 기관장이, 대학은 총장이 인사권을 행사한다. 다만 이러한 인사권의 행사가 전횡이 되지 않도록 적절한 견제가 필요하다. 단, 기관장에게 자율, 책임경영체제를 확보하도록 하기 위해서는 기관장에게 임명권을 부여하는 것이 맞다. 한때, 모 정권에서 주무부처의 국장급에 대한 인사까지도 주무부처의 기관장이 아니고 청와대가 인사를 하면서 해당 부처에 영이 서지 않는다는 불만이 쌓였던 적도 있다. 공공기관/준정부기관/기타공공기관의 경우, 상임이사에 대한 임면권은 기관장에게 부여하면서 기관장이 일사분란하게 경영활동을 수행하도록 하고 있다.

이렇게 기관장의 인사권은 인정하면서도 이사회와 대학의 재단이사회는 적절한 견제와 균형역할을 수행하여야 한다. 이러한 견제에는 기관장까지도 견제하는 역할을 수행해야 한다. 감사의 대상은 기관장까지도 포함되므로 기관장이 본인을 감시할 감사 담당자의 임용은 당연히 독립적이고 중립적이어야 한다.

일부 금융기관에서는 감사 담당자뿐 아니라 유사한 업무를 수행하는 준법감시인의 임면도 이사회의 승인을 받거나 준법지원인의 경우는 임면의 주체가 이사회가 된다. 단 조금 복잡한 경우는 대학교 재단에서 총장과 같은 팀으로 본부 행정 업무를 수행하는 즉, staff 업무를 수행하는 본부 실처장의 경우와 단위 기관의 장으로서 line 조직의 기관장인 학장/원장은 경우가 다르다.

line 조직인 단과대학이나 단과 대학원의 경우는 학장이나 원장이 해당 기관의 또 하나의 기관장이므로 어느 정도 자율권과 책임경영 관련된 권한이 주어져야 한다. 따라서 이러한 보직자의 임면일 경우에 총장에게 임면과 관련된 절대적인 권한이 있다기보다, 해당 조직의 구성원들이 공감하는 리더가 세워져야 한다. 이 경우는 재단이 총장의 인사권에 어느 정도 개입할 수 있어야 한다. 단위 기관의 대학/원장의 경우는 총장의 staff인 실처장과 같이 '내 사람이니 내가 뽑아 쓴다'는 개념이 약해지는 것이다. 이는 어느 정도 대학이라는 특수성과도 연관된다.

지주사와 계열사의 CEO 관계도 동일하다. 지주사 대표이사 그룹 전체의 의사결정을 수행할 때, 이에 대한 자문을 계열사 CEO가 할 수도 있고 지주사의 staff 기능이 할 수도 있다. 적절한 절충이 되어야 한다. 계열사 CEO들은 군대로 따지면 전방의 사단장이니 이들의 의견이 중시되어야 하지만 그룹을 이끌기 위해서는 지주의 staff들의 의견도 중요하다. 가장 우려되는 것은 지주의 staff들이 지주사 대표이사로 가는 소통의 통로에 인의 장막을 형성할 수 있다.

저자가 근무하는 연세대학교에도 재단의 감사실은 오랜 기간 존속하였는데, 2000년대 중반에 대학에도 감사실이라는 조직을 두게 되었다가 수년만에 이 조직을 폐지하게 된다. 일단 재단은 학교와는 별도로 운영되므로 재단 감사실의 감사가 학교 자체 조직으로서의 감사실의 기능보다 더 독립적/중립적으로 수행될 수 있다는 장점이 있었을 것이고 동시에 재단의 감사실 기능과 대학의 감사실 기능이 중복된다는 비판도 있었을 것 같다. 또한 그럼에도 의료원에는 재단과는 별개로 감사기능이 있는데 의료원이 영리기관이라는 점과 예산 규모가 대학과 비교해서 상대적으로 많이 크다는 점도 고려되었을 것 같다.

일부 임기 관련해서, 과연 임기가 있는 것이 좋은지 아니면 임기라는 것이 아예 없는 것이 좋은 것인지에 대한 고민을 공유한다.

임기가 없다면 기관장은 임원의 성과가 불만족스러운 경우 언제든지 해촉할 수 있는 권한이 있다. 단. 이렇게 되는 경우, 임원은 중장기 업적보다는 단기적인 업적에 치중할 위험이 있다. 또한 임기가 보장이 되지 않았으므로 신분적으로 불안하게 된다.

임원이 임기가 있는 경우, 임원이 적임이 아니더라도 조기에 해촉할 수 있는 기회를 놓치게 되고 임원의 입장에서는 임기가 보장되므로 임기 동안에 나태해질 위험이 있다.

대학 보직의 경우, 대부분 대학은 총장 이외의 보직 기간이 2년인데 카이스트와 같은 기관은 수년 전 이러한 보직 임기를 폐지하였다. 그런데 문제는 대학의 경우, 연구와 교육에 교수들이 더 치중하면서 보직(행정) 맡기를 선호하지 않게 되고 그러면서 2년조차도 채우지 못하는 또 하나의 문제가 발생하게 된다. 행정의 연속성을 위해서는 임기의 개념은 없더라도 최소한 2년 정도는 행정을 맡아 주어야 한다.

공공기관이나 준정부기관 또는 학교 재단의 감사의 이사회 출석권 및 의결권과 관련되어 기술한다.

1962년 상법이 도입될 때, 우리는 대륙법 계통의 법체계를 도입하면서 감사제도를 도입하였다. 감사를 최대주주, 최고경영자 및 이사회와 대립 구조로 두면서 이들을 감시하는 역할을 주주총회로부터 부여받았다.

이러한 차원에서는 공공기관/준정부기관의 경우도 감사에게는 기관장 및 이사회를 감시하는 역할이 정부로부터 부여되었다고 할 수 있다. 일부 공공기관의 감사는 대통령이 임명하는 경우가 있고 준정부기관인 경우는 기재부장관이, 공공기관운영위의 의결을 거쳐 임명하게 된다. 준정부기관의 기관장이나 이사는 해당 준정부기관의 상위기관인 주무 기관의 기관장(장관)이 임명하기도 하지만 이렇게 임명된 기관장에 대한 감시 역할을 수행하는 감사는 정부의 다른 기관인 기재부에서 임명하게 하였다. 준정부 기관의 행정을 지도하는 주무기관의 역할과 이들 기관/기관장을 감시하는 기재부 역할과 관련된 임명권을 분리한 것이다.

유럽 기업의 경우는 이사회가 two tier로 되어 있다고 한다. 경영을 자문하는 이사회와 이를 감독하는 감독이사회로 분리되어 있다고 하니, 구조적으로 보면 감독이사회가 우리의 감사나 감사위원회에 해당한다. 어떻게 보면 이러한 유럽식 제도가 더 합리적인 것이, 감독이사회가 경영자문이사회를 감시하도록 되어 있다면 이 두 기능은 완전히 분리되는 것이 옳다. 1962년 우리나라 상법이 제정될 때도, 감사에게는 감시의 기능만이 주어졌다.

이러던 것이 1997년 IMF 경제체제하에서 기업지배구조에 대한 고민과 함께 기업지배구조를 개선하는 법제화 과정에서 우리나라는 미국식 감사위원회 제도를 도입하게 되었고, 지금은 기존의 감사제도와 미국식 감사위원회 제도가 병존하고 있다고 보면 된다.

이 과정에서 이사회의 이사로 선임된 이사들이 동시에 감사위원회의 감사위원으로도 선임되는 일이 발생하게 된다. 물론, 규모가 큰 이사회의 경우는 이사와 감사위원이 겸임을 하지 않는 경우도 있지만 사외이사가 3인인 다수의 기업에서는 사외이사 전원이 감사위원회를 구성하는 경우도 다수이다.

이렇다 보니 이사회와 감사위원회가 제도적(상법상)으로는 분리되어 있지만 많은 기업에서 어느 안건이 이사회 안건인지 아니면 감사위원회 안건인지도 혼동되는 경우가 있을 수 있다. 다수의 기업에서는 이사회 이사인 사내 상근임원만 감사위원회에서 제외되는 모습이다.

더더욱 심각한 문제는 상법상의 감사(독임제 감사)를 대신하여 세워진 감사위원회가 이사회도 감시하여야 하는데 위원이 거의 중복되다 되니 감시 역할을 수행한다는 것이 무색하게 된 것이다.

이는 IMF 체제하에서 우리가 미국식(영미식) 감사위원회 제도를 도입하였고 기존의 상법에는 독임제 상근 감사제도가 병존하면서 발생한 현상이다. 이러한 현상에는 우리 경영학계에 미국에서 공부한 학자들의 영향도 부정하기 어렵다.

특히나 감사위원이 되는 이사 후보자 역시도 자산 규모 2조 넘는 기업의 경우는 사외이사가 과반으로 구성되는 사외이사후보추천위원회가 추천을 하게 되어 있는데 어떻게 보면 본인 이사들을 감시하는 역할을 해야 하는 감사위원을 피감시 대상인 이사들이 추천하는 매우 이상한 모습이다. 즉, 회계에서의 자기 감사(self-audit)의 문제가 발생하는 것이다.

이러한 문제는 기본적으로 이사들이 감사위원에 선임되면서 발생하게 되는 것이고, 그렇다고 하면 이사와 감사 기능이 분리되는 것이 옳다. 단, 이러한 경우는 대학교 재단 이사회와 공공기관/준정부기관에서의 감사 기능에 해당된다. 즉, 감사가 이사회에 출석하여 의견 진술권만 있는 것이지 의결권이 있지는 않다. 즉, 배석의 개념이 되는 것이다. 회의체에서 가장 중요한 의사결정은 결의이다.

단, 학교 재단의 구성에 있어서 감사는 2년 임기로 재임까지만 허용되고 이사의 경우는 연임 제한이 없어서 감사가 감시 역할을 수행하니 독립성/중립성이 중요하다는 점을 명확히 이해하고 제도를 정했다는 판단을 할 수 있다. 만약에 이사들에게도 연임을 제한한다고 하면 대부분 학교 재단의 주인들이 이사면서 동시에 이사장을 맡고 있는데 이들의 재산권을 부정하는 일이 발생할 수도 있다.

대학교 재단의 외부 감사에도 민간 기업에 대해서 적용하는 주기적 지정제를 채택한다고 하니 기관의 성격은 달라도 감사 제도와 관련된 고민은 공유될 수 있다.

법을 개정한다는 것이 매우 어려운 과정이고 새로운 제도가 도입되고 기존의 제도에 얹혀지면서 어느 정도 기형적인 형태의 감사기능이 병존하게 됐다고 판단된다. 이러한 실타래를 한번에 풀 수는 없지만 적어도 이러한 문제가 있다는 점은 인지하고 있어야 한다.

이사회에서 중요한 의사결정을 수행하고 있고 감사가 의결권이 없다고 하면 감사는 해당 기관의 경영에 있어서 실질적인 권한이 없는 것인가에 대한 의문이 있기도 하다. 단, 이는 이사회의 권한만을 중요시하고 감사의 권한을 과도하게 축소하여 해석한 것이다. 감사는 대부분의 경우, 행사를 하지 않아서 그렇지 무소불위의 권한이 있고 행사할 수도 있다. 예를 들어 대학교 재단이사회의 가장 중요한 고유 업무 중에는 총장의 선임권한이 있다. 대학교 재단의 감사들도 이 과정 중에 참여하여 의견을 개진하기는 하지만 의결권은 없다.

공운법 19조4항(공기업 준정부기관 감사운영규정 9조)에 따르면 감사는 이사회 구성원이 아님으로 의결에 참여할 수 없으나 출석해 의견을 진술할 수는 있다고 명확하게 기술하고 있어서 제도적으로는 유럽식 제도를 표방하고 있다. 다만, 감사위원회가 아니고 독임제 감사제도를 운영하고 있다. 물론, 감사위원회 제도를 가진 공기업도 있다. 결국, 의결권 자체는 상임여부와는 무관하며 독임제 상임감사와 비상임감사도 의결권이 없다.

한국난방공사, 한전, 한국가스공사, 강원랜드는 시장형 공기업이므로 민간 상장기업과 동일한 기업지배구조의 형태를 가진다.

## 감사위원의 이사 겸임 문제, 해법 찾아야. 손성규

공공기관 운영에 관한 법률 제19조4항 공기업 준정부기관 감사운영규정 9조에 따르면 감사는 이사회 구성원이 아니므로 의결에 참여할 수 없으나 출석해 의견을 진술할 수는 있다고 규정하고 있다. 1962년 상법이 제정되던 시점부터 대륙법 체계에 기초한 감사제도가 도입돼 최대주주, 최고경영사 및 이사회에 대한 감시 역할을 수행하도록 요구됐다.

1997년 외환위기 체제하에 기업지배구조에 대한 개선안의 하나로 미국식 감사위원회 제도가 도입됐다. 자산 2조원 이상 기업은 감사위원회가 의무화됐다. 감사위원회 제도가 강제화돼 있지 않은 경우도, 기업은 독임제 감사 또는 감사위원회 중에서 선택한다. 감사위원이 이사면서 감사위원이어서 본인이 속한 이사회를 감시하는 역할까지 수행하고 있다. 위원이 중복되면서 자기감사(self-audit)의 문제도 발생한다.

유럽식 이사회 제도는 경영자문위원회와 감독위원회 2단계로 운영하면서 이 두 위원회 간의 이해 상충을 피하고 있다. 공공기관이나 준정부기관의 독임제 감사가 이사회를 감시하므로 이사회 구성원은 아니다. 하지만 이사회에 출석해 의견을 진술할 수는 있으니 기본적으로 이사회 기능과 감사 기능을 분리한 것이다.

이사회 의결권이 없으니 주요한 의사결정에서 배제돼 실권이 없다고도 인식될 수 있지만 상법은 감사에게는 경영 의사결정의 역할보다는 경영감시라는 고유한 업무를 주문한 것이다. 물론 이사회도 경영감시의 역할이 있기는 하지만 이사회는 이보다는 경영활동과 관련된 의사결정이 주된 임무다.

이런 제도상의 이슈는 기존 상법의 감사 제도에 감사위원회 제도가 얹혀지면서 두 제도가 병행돼 발생했다. 즉, 대륙법 체계와 영미식 제도가 애매하게 병행하게 된 것이다. 이러한 실타래를 완전하게 해결하는 것이 불가하다면 적어도 감사위원회 활동에는 이런 제약이 있다는 점을 인지하고 있어야 한다.

더욱이 자산 규모 2조원 이상 회사는 의무적으로 사외이사가 과반을 구성하는 사외이사후보추천위원회의 추천을 거쳐서 사외이사를 이사회에, 이사회는 이에 기초해 후보를 주주총회에 추천하게 되는데 이 후보 중에서 사외이사·감사위원을 선임하게 된다. 이사회를 감시해야 하는 감사위원 후보자를 피감(被監)의 위치에 있는 이사들이 추천하는 이상한 시스템이다.

물론 이사회는 상법에서 요구되는 이사회 업무를, 감사위원회는 감사위원회 업무를 충실히 독립적으로 수행하면 문제없다고 할 수 있지만 경영활동에 있어서 속인(屬人)적인 부분은 무시할 수 없다.

다수의 기업에서는 상근 사내이사만 감사위원회 위원에서 제외되고 이사회 이사와 감사위원회 위원이 거의 중복된다. 감사위원회에서 결의를 하고 이 안건이 이사회에 부의되면 다시 이사회에서 결의하는 경우도 다반사다. 감시활동도 하고 경영활동도 동시에 한다고 하면 문제가 없지만 그럼에도 뭔가 분리가 필요한 것 아닌지에 대해서 고민해 보아야 한다.

1년여 전 국회가 논란 끝에 상법을 개정하면서 감사위원 중 최소 1인은 주총에서 분리 선임하도록 하는 제도를 채택한 것도 감사위원의 독립성과 중립성을 확보하기 위한 것인데, 감사위원회 제도에는 이런 운영상의 맹점도 있다.

미국에서 행정부를 감시하는, 우리 감사원에 해당하는 GAO를 의회 소속으로 둔 것도 같은 차원일 것이다.

한국경제신문. 2021.8.16

## 개별 기관 감사부서 역량 키우는 감사원

최재해 감사원장이 개별 공공기관의 자체 감사기구들과 연계해 감사 기능을 강화하는 방안을 추진 중이다. 이를 위해 감사원은 자체 감사기구들과 소통을 확대하고, 이들의 고충을 해결하는 시스템을 갖출 계획이다.

9일 감사원 관계자에 따르면 최근 개최된 '2022년 자체 감사 책임자 회의'에서 이같은 방안이 중점 논의됐다. 이 회의는 통상 감사원이 주요 감사 지침을 전달하고 협조를 구하는 형식이었지만, 이번 회의에서는 감사원과 자체 감사 기구 간 효율적 역할 분담 방안을 최 원장 임기 내에 마련하기 위한 논의가 주를 이뤘다.

최 원장은 "감사원은 자체 감사기구의 애로사항 해소에 앞장서는 동반자가 되도록 노력하겠다"며 "자체 감사기구도 감사 역량 제고와 내부 통제에 각별히 신경 써주실 것을 부탁한다"고 했다. 감사원 관계자는 "일방적으로 지침을 전달하던 관행에서 벗어나 기관별 특성을 감사에 반영하고, 개별 기관의 감사기구 기능을 강화하는 데 목표를 뒀다"고 설명했다.

한편 최 원장은 이 회의에서 감사원 본연의 업무인 국가 결산 검사와 재정 회계에 대한 감사도 충실히 하겠다고 밝혔다.

매일경제신문. 2022.2.10.

# 유한책임회사

경제학사전에 의하면 유한회사는 다음으로 정의된다.

대한민국 상법에 의하면 1인 이상의 유한책임 사원이 출자액에 한하여 책임을 지는 회사를 말한다. 이 회사는 소규모의 주식회사라고 할 수 있다. 이것은 합명회사와 주식회사의 장점을 절충한 것이라 하겠다. 설립이 용이하고 설립비용이 소액인 동시에 주식회사보다도 그 조직이 간단하고 공개 의무도 없는 것이 특징이다. 이 회사형태는 1892년 독일에서 최초로 발생하였다.

유한회사의 기관으로는 이사 · 감사 · 사원총회가 있다. 그리고 사원은 1명 또는 그 이상의 이사를 임명할 수 있는바, 보통 이사는 사원 자신이 된다. 이사의 권리와 의무는 주식회사의 중역의 그것과 유사하다. 감사는 임의기관이기 때문에 절대성을 갖지 못한다. 그러나 독일에서는 제2차대전 이후 강제적으로 이를 규정하고 있다. 또 사원총회는 최고의 의사결정기관으로서 주식회사의 주주총회와 같은 것이다. 그리고 결의권의 행사는 인원수에 의하는 것이 아니라 소유지분에 의한다.

[네이버 지식백과] 유한회사 [有限會社, limited liability company]

(경제학사전, 2011. 3. 9. 박은태)

유한회사(有限會社)는 그 사원은 원칙적으로 출자가액(出資價額)을 한도로 하는 출자의무(出資義務)를 부담할 뿐 직접 아무런 책임을 부담하지 않는(상법 제553조)회사이다. 유한회사(有限會社)는 독일, 프랑스의 유한책임회사(有限責任會社), 영국의 사회사(私會社)를 모방하여 채용된 물적 회사와 인적회사(人的會社)의 장점을 융합(融合)시킨 중간적 형태(中間的 形態)의 회사로서 중소기업(中小企業)에 적합한 형태의 회사이다.

그 조직이 비공중적(非公衆的), 폐쇄적(閉鎖的)인 점에서는 그 인적회사와 유사하나, 유한책임사원(有限責任社員)으로 구성되는 자본단체(資本團體)란 점에서는 주식회사와 유사하다. 다만 유한회사에는 인적회사(人的會社)의 요소가 가미됨으로써 주식회사에 대하여 여러 가지 특징을 갖는다. 흔히 폐쇄성(閉鎖性), 법규제(法規制)의 간이화(簡易化) 그리고 사원의 책임과 자본 등 세 가지로 그 특징이 요약된다. 유한회사에서는 설립절차(設立節次)나 회사의 관리운영절차(管理運營節次)가 주식회사에 비하여 현저히 간이화(簡易化)되어 있다. 설립에 있어서는 모집설립(募集設立)이 인정되지 않으므로 사원 이외에 발기인제도(發起人制度)가 없으며 복잡한 절차나 내용을 요하지 아니한다. 유한회사는 폐쇄적, 비공개적이다. 따라서 사원의 지위는 개성적이다.

사원의 총수는 제한이 없고 자본금이 출자1좌의 금액(出資1座의 金額) 100원 이상으로 나누고(상법 제546조 2항), 출자구좌는 사원의 권리의무를 단위로 작용하는 점에 주식회사의 주식과 같으나 이것을 지분이라 부른다. 사원의 공모(상법 제589조 2항) 사채의 발행(상법 제604조 1항) 등도 금지된다. 지분의 유가증권화를 금지하고 있다(상법 제555조). 또 주식회사에서와 같은 공시주의(公示主義)를 채용하지 않으므로 대차대조표(貸借對照表)의 공고는 요하지 않으며 주식회사와 같은 정리제도(整理制度)가 없다. 이사는 필요기관이지만 이사회 제도가 없고, 이사의 수(數)·임기(任期)에 제한이 없다.

감사(監事)는 임의기관(任意機關)이며(상법 제568조), 업무·회계감사권한(業務·會計監查權限)을 가진다. 사원총회는 필요기관(必要機關)이지만 그 소집절차가 간편하고 소집기간이 단축되어 있으며(상법 제571조 2항), 총사원의 동의가 있으면 소집절차를 생략할 수 있다(상법 제573조). 결의의 요건은 강화되어 있으나(제574조) 널리 정관에 의한 자치(自治)가 인정한다. 유한회사도 인적회사와 같이 사원의 지위를 지분이라 하며 각 사원은 그가 가진 출자좌수에 따라 지분을 가진다(상법 제554

조). 그 출자의무는 인수한 출자좌수에 따라 정하여지고 그밖에는 아무런 책임을 지지 않는다.

다만 예외로 회사성립(會社成立) 당시의 사원 또는 자본증가(資本增加)에 동의한 사원은 특별한 실가부족재산전보책임(實價不足財産塡補責任)(상법 제550조 1항)과 불이행출자전보책임(不履行出資塡補責任)(상법 제551조 1항)이 과해진다. 지분의 양도는 사원총회의 특별결의(特別決議)를 요하는 제한이 있다(상법 제556조 1항). 유한회사는 그 폐쇄성으로 주식회사와는 달리 수권자본제도(授權資本制度)를 채용하지 않고 있다. 그 자본의 금액은 정관에 기재된다.

출자 1좌의 금액은 100원 이상으로 균일하게 하여야 하고(상법 제546조), 자본의 증가에는 정관변경(定款變更)이 요구되어 등기로 증자의 효력이 발생한다(상법 제592조). 사원이 1인이 된 때에는 해산된다(상법 제609조 1항 1호, 227조 3호). 경제적으로 주식회사의 축소판으로 설립절차나 운영이 간편하기 때문에 비교적 소규모의 공동기업경영(共同企業經營)에 적합한 회사이다.

[네이버 지식백과] 유한회사 [有限會社, private company]

(법률용어사전, 2016. 01. 20. 이병태)

더욱이 2011년 상법이 개정된 후 유한회사의 사원총수를 50인으로 제한했던 조항이 삭제되고 유한회사 사원들이 자유롭게 지분을 양도할 수 있게 되면서 주식회사에서 유한회사로 형태를 바꾸는 길은 한층 쉬워졌다. 주식회사에서 유한회사로의 전환은 법원 인가도 필요 없다.

"

## 루이비통은 왜 유한회사가 되었나

루이비통코리아는 2011년 매출 4,973억원, 영업이익 575억원, 순이익 449억원의 실적을 거뒀다. 반면 기부금은 고작 2억 1,000만원으로 매출의 0.04%에 불과했다. 그러나 지난해부터는 이런 정보조차도 알 수 없게 됐다. 지난해 루이비통코리아가 주식회사에서 유한회사로 전환함에 따라 회계감사·공시이행의무가 사라졌기 때문이다.

최근 사립학교법인 39곳에서 약 16년간 1,859억 7,827만원의 교직원 연금 부담금을 등록금으로 대납한 사실이 밝혀졌다. 불투명한 회계가 문제였다. 학교법인과 법무·회계법인, 의료법인 등은 회계감사를 받을 의무가 없다. 10년이 넘는 기간 동안 부정이 저질러졌음에도 불구하고 알아낼 방법이 없었던 이유다.

불투명한 '회계 사각지대'가 투명해져야 세수가 늘어난다. 2011년 회사법이 개정되면서 유한회사로 전환·개업하는 회사의 비율이 늘어나고 있다. 회계법인, 법무법인, 의료법인 등 1,000억원 이상의 매출을 기록하는 법인들도 외부 감사를 받지 않는다. 외국은행 국내지점, 외국금융투자업자, 비영리법인도 감사 대상이 아니다. 회계가 불투명해지면 세금 탈루의 위험성도 함께 증가한다. 금융위원회는 외부감사 범위를 확대하는 방안을 검토하고 있다.

## 유한회사와 비영리 법인 등…'회계 사각지대'

유한회사는 주식회사처럼 출자자가 회사 출자금을 한도로 유한책임을 진다. 과거의 '주식회사의 외부감사에 관한 법률'이 정하는 외부감사 대상에서 빠지기 때문이다(저자: 2017년 외감법 개정 전 내용). 2011년 4월 시행된 상법 개정안에서는 유한회사의 사원총수 제한이 사라지고 사원(투자자)의 지분 양도가 좀 더 자유로워져 주식회사에서 유한회사로 전환하는 사례가 늘고 있다. 2011년 주식회사는 39만 6,775개로 전년 대비 4.74% 증가에 그쳤지만 유한회사는 1만 7,450개로 13.05% 늘었다. 주식회사 증가율에 비해 유한회사의 증가율이 3배쯤 높았던 셈이다.

금융감독원이 김영환 민주당 의원에게 제출한 '유한회사 전환에 따른 외감대상 제외 현황자료'에 따르면 2007년부터 2012년까지 85개의 외감 대상 주식회사가 유한회사로 형태를 바꿨다. 지난달 16일에는 글로벌 화장품 기업인 니베아서울과 네트워크 장비업체인 시스코시스템즈코리아가 유한회사로 전환했다.

유한회사로 전환하는 것은 기업의 선택이지만 회계가 불투명해지는 것은 문제다. 외부 감사를 받을 의무가 없는 기업은 자율적으로 회계처리를 하는데다 공시의무도 없어 과세가 제대로 되는지 확인할 길이 없다. 감사를 받지 않아 제대로 된 실적을 알 수 없는 법인은 유한회사뿐만이 아니다. 회계법인, 법무법인, 의료법인과 같이 주식회사 규모의 매출을 보이는 법인도 감사 대상이 아니다. 지방자치단체, 종교단체, 각종 협회, 공제회 등 비영리법인도 감사를 받지 않는다. 또 외부감사법에서 규정하는 대상이 어느 정도 규모가 있는 주식회사(▲자산총액 100억원 이상이거나 ▲자산총액 70억원 이상이고 부채총액 70억원 이상 또는 종업원 수 300명 이상 ▲주권상장 또는 예정인 법인)에 한정되기 때문에 소규모 주식회사도 외부감사 대상이 아니다.

안태식 한국회계학회 회장(서울대 경영학부 교수)은 "우리나라의 (재정)투명성은 세계적으로도 낮은 수준"이라며 "대기업뿐만 아니라 중소기업도, 회계적 문제를 많이 일으켰던 비영리단체도 지금보다 투명성을 훨씬 더 높여야 사회 시스템이 올바르게 작동할 수 있다"고 말했다.

### 제도 개선 노력

금융위원회는 비영리법인 등에 대해 관련 제도 개선을 추진하고 있다. 유재훈 상임위원은 "우리나라의 외감법 체계로는 주식회사가 아닌 형태의 영업활동을 하는 법인들에 대해서 회계적 투명성을 담보하기 어려워 국민들의 질타가 이어지고 있다"면서 "금융위가 제도 개선을 모색하고 있다"고 말했다. 그는 "영리활동을 하는 법인들의 회계적 투명성, (제도 운영 중)문제 해결은 금융위가 집중하고 비영리 기관은 담당 부처(학교법인-교육부)에서 우선 담당하는 투 트랙 정책을 추진 중"이라고 말했다. 국토해양부가 최근 300세대 이상 아파트 단지에 대해 외부 회계 감사를 의무화했고 교육부가 사립대학교 회계감사에 대해 감리를 실시하기로 한 것도 이 같은 제도 개선의 일환이다.

소규모 주식회사나 유한회사에 대한 대책도 추진되고 있다. 한국납세자연합회가 지난달 28일 발표한 '외부회계감사 등 자발적 간접세무조사를 활용한 지하 경제양성화 방안' 보고서에 따르면 인센티브를 통해 기업의 자발적인 외부 회계감사를 유도하면 지금보다 2조 5,000억원의 세금을 더 거둘 수 있다.

홍기용 한국납세자연합회장은 "해당 보고서를 근거로 유일호 새누리당 의원과 의원입법을 발의할 예정"이라면서 "작년에 자영업자들을 위해 만들어진 '성실신고확인제'를 법인까지 확대하는 방안을 생각하고 있다. 개인 사업자에게 인센티브로 100만원 소득공제를 해주는데 법인은 200만원 정도 해주는 것으로 방향을 잡고 있다"고 말했다.

조선비즈. 2014.7.23.

위의 내용과 같이 정부 안에서도 여러 부처에서 회계 관련된 업무가 관여되므로 주무부처가 다른 모든 회계 관련된 법안을 회계기본법으로 제정하여 이를 통합하여야 한다는 주장을 하기도 한다.

## 시스코코리아 유한회사 전환 '논란'
### 국내 사업내역 파악 힘들어… 외국계 IT기업 투명성 도마위

최근 외국계 IT기업의 유한회사 전환으로 회계 투명성 논란이 확산되고 있는 가운데, 최대 네트워크 장비업체인 시스코코리아가 내달 주식회사에서 유한회사로 법인 형태를 전환한다.

27일 관련업계에 따르면, 시스코코리아는 본사 지침에 따라 현재 주식회사였던 회사 경영체계를 유한회사로 전환하는 절차를 밟고 있다. 이에 대해, 시스코코리아는 "내달 20일부로 완전한 유한회사의 형태를 갖추게 될 것"이라고 밝혔다.

유한회사는 소수의 주주가 유한책임을 지는 구조이기 때문에 주식회사와 달리 투자자를 모집하지 않는 것이 특징이다. 사실상 주주회사와 비슷한 권한을 누리지만 '주식회사의 외부감사에 대한 법률' 대상에서 제외돼 별도의 회계감사를 받지 않아도 된다. 즉, 재무제표를 외부에 알릴 의무가 없다는 것이다.

전문가들은 시스코코리아가 유한회사로 전환할 경우, 국내에서의 매출액은 물론이고 사업내역 전체를 파악하기 어렵게 될 것으로 우려하고 있다. 업계 한 관계자는 "매출이 훨씬 낮은 국산 네트워크 장비 업체들이 사업내역을 공개하는 것과 비교해봤을 때 역차별적 요소가 강하다"고 지적했다.

특히 미국계 기업인 시스코코리아가 유한회사로 전환될 경우, 자국의 연결납세제도에 따라 세제혜택도 동시에 누릴 것으로 관측되고 있다. 연결납세제도는 모회사와 자회사를 하나의 단위로 묶어 법인세를 과세하는 제도로, 자회사에서 매출 악화로 손실이 발생하면 미국 본사의 이익과 합산해 법인세 부담을 줄일 수 있다.

최근 들어, 시스코코리아 처럼 대규모 외국계 기업이 유한회사로 옷을 갈아입는 경우가 늘고 있는 추세다. 국세청 국세통계연보에 따르면 2007년 9,037개였던 유한회사 수는 지난해 1만 7,272개로 2배 가까이 늘었다. 전문가들은 지난해 4월 발효된 개정 상법의 영향이 크다고 보고 있다. 개정 상법상 유한회사의 사원총수를 50인 미만으로 제한했던 기존 조항이 삭제되고 유한회사 사원들이 자유롭게 지분을 양도할 수 있게 되면서, 기존 주식회사들이 수월하게 유한회사로 넘어오고 있다는 것이다. 현재 유한회사 형태의 외국계 IT 기업은 애플코리아, 페이스북코리아, 구글코리아, HP, 한국마이크로소프트(한국MS), 한국오라클, SAS코리아, 어도비코리아 등이다.

이윤석 한국금융연구원 연구위원은 "'외국계 기업들이 굳이 이제 와서 유한회사로 전환해야 하는 필요가 있는가에 대한 답변을 못하고 있다"면서 "법률적으로 위배가 되지 않는 상업적인 판단이기는 하지만, 궁극적으로는 <u>회계 폐쇄성</u>을 추구하는 기업 이미지를 드러낸 것"이라고 지적했다.

이에 대해, 시스코코리아측은 "상장으로 나갈 목적이 아닌 주식회사인 경우 본사 차원에서 전 세계적으로 유한회사로 바꾸고 있는 추세"라면서 "꼭 한국에만 해당되는 것이 아니다"고 밝혔다.

디지털타임즈. 2013.5.28.

회계법인에 있어서 필요기관은 사원총회, 대표이사, 품질관리실이며 임의 기관은 이사회와 감사이다.

### '배민' 인수한 독 업체, 감사 피하려 법인형태까지 바꿨다.

작년 12월 국내 최대 음식 서비스 앱 '배달의 민족'을 인수한 독일 딜리버리히어로는 인수 발표 한 달 전, 한국 법인의 형태를 바꿨다. 음식 배달앱 요기요 배달통을 운영하는 한국법인 딜리버리히어로코리아를 유한회사에서 유한책임회사로 전환한 것이다. 인수 이후 이 회사의 한국 음식 배달앱 시장점유율은 95% 이상이다. 독점이라는 지적이 예상되자, <u>실적을 공시해야 하는 유한회사에서 그럴 필요가 없는 유한책임회사로 숨은 것이다.</u>

외국 기업들이 한국 상법의 허점을 비집고 정보 공개의 사각지대인 유한책임회사로 몰려가고 있다. 21일 본지가 주요 외국 기업의 한국 법인 등기를 열람한 결과, 딜리버리히어로코리아, 월트디즈니컴퍼니코리아, 아디다스코리아, 이베이코리아(옥션 G마켓 운영), 네스레코리아들이 유한책임회사로 최근에 바꾼 것으로 확인됐다.

한국 정부가 2018년 외국 기업들이 기업 공시 의무가 없는 유한회사로 한국 법인을 운영하는 행태를 막기 위해 '일정 규모 이상 유한회사는 2020년 실적부터 공개해야 한다'고 법을 고치자, 이번엔 외부 감사 면제 대상인 <u>유한책임회사</u>로 피해간 것이다.

## 외부 감사의 사각제도로 숨은 외국 기업

월트디즈니의 한국 법인은 한 해 1,795억원의 매출 가운데 절반이 넘은 1,190억원을 로열티(사용료) 명목으로 본사로 송금했다. 엄청난 로열티 비용 탓에 영업 이익은 183억원으로 줄고, 법인세는 42억원만 낸다. 외국 기업 본사와 한국 법인 간 과도한 로열티는 항상 '세금 탈루'의 소지를 낳아, 세무 당국이 주목하는 대목이다. 예컨대 한국법인이 본사에 로열티를 덜 냈다면 그만큼 영업이익이 늘고, 법인세도 따라서 증가하는 구조이기 때문이다. 하지만 이 숫자는 2016년 실적이며 그 이후 상황은 아무도 모른다. 월트디즈니컴퍼니코리아가 2017년 주식회사에서 유한책임회사로 법인 형태를 바꿨기 때문이다.

지난 20여년간 정부와 외국계 기업은 실적 숨기기와 공개라는 술래잡기 같은 공방을 벌였고 대부분 외국 기업이 한발 빨랐다. 본래 1990년대만 해도 외국 기업은 대부분 한국 법인을 주식회사로 설립했다. 한국 기업의 지분 투자를 받아, 공동으로 큰 자본을 형성하고 한국 시장을 공략하는 방식을 택했다. 주식회사는 외부감사와 기업 실적 공개가 의무사항이다.

하지만 프랑스 샤넬이 90년대 말 한국 법인을 주식회사에서 유한회사로 전환했고, 이후 한국 휴렛팩커드(전환 연도 2002년), 한국마이크로소프트(2005년), 애플코리아(2009년), 한국오라클(2009년), 루이비통코리아(2012년), 구찌코리아(2015년), 프라다코리아(2016년) 등이 줄줄이 따랐다. 구글코리아, 에르메스코리아 등은 한국 진출할 때 곧바로 유한회사를 세웠다. 돈이 충분한 외국 기업은 당시엔 '기업 실적 공개' 의무가 없던 유한회사가 훨씬 이득이라고 본 것이다.

외국계의 유한회사 도피 20년 만인 2018년, 정부는 외부감사법을 개정, '2020년 1월부터 규모가 큰 유한회사는 외부 감사를 받아야 한다'고 했다. 개정안에는 숨은 구멍이 있다. 일반인은 차이를 이해하기도 어려운 유한회사나 유한책임회사지만, 유한책임회사는 여전히 외감 면제 대상이었던 것이다. 실제로 21일 대법원 등기소의 법인 등기 집계에 따르면 유한책임회사의 신규 등록 수는 올해 8월까지 333곳으로, 작년 한 해 연간 수치(371곳)에 육박한다. 2017년 318곳이던 유한책임회사 신규 등록은 꾸준히 증가하다가 올해 급증하고 있다.

## 세금 회피 의혹 외국기업도

외국 기업의 이런 비밀주의는 조세 회피를 노린 수단이란 지적도 나온다. 예컨대 한국에서 최대 5조원을 버는 것으로 알려져 있지만 세금은 거의 안 내는 것으로 알려진 구글코리아가 대표적인 사례다. 한국 소비자가 구글의 앱 장터인 구글플레이스토어에서 앱을 구매하면 30%의 수수료를 떼지만, 이 돈은 구글코리아가 아닌 싱가포르에 있는 구글아시아퍼시픽으로 가는 구조로 알려졌다. 한국 소비자앱을 구매할 때마다 싱가포르 법인에 돈을 내는 것이다. 법인세율이 낮은 국가로 보내, 세금을 줄이는 것이다.

조선일보. 2020.9.22.

규제를 피해 유한회사로 다시 우리 정부가 유한회사를 규제하려 하자, 유한책임회사로 회사의 형태를 전환하고 있는 것이다.

## 외국계 기업들은 왜 주식회사가 아닌 유한책임회사일까

주식회사, 유한회사, 유한책임회사는 현행 상법이 규정한 법인 형태다. 가장 흔한 형태인 주식회사는 주주로 구성된다. 주주총회, 이사회, 감사를 둬야 한다. 주식을 소유한 주주와 경영을 담당하는 이사가 분리됐고, 감사가 필수적이다. 주식을 발행해 외부의 자금을 끌어 오는 만큼, 외부 감시와 투명한 경영이 의무화됐다.

유한회사는 설립과 운영에서 주식회사만큼의 의무가 없다. 대신 외부의 자금을 마음대로 끌어올 수 없다. 주식이나 사채를 발행하지 못하는 것이다. 각자 출자한 금액만큼만 책임진다는 뜻에서 유한회사라는 이름이 붙었다.

유한책임회사는 지난 2011년 3월 상법 개정안이 통과되면서 회사 종류에 추가됐다. (저자: 이 시점은 유한회사에 사원 50명 이내라는 규정이 폐지된 개정 시점.)

신속한 의사결정이 중요한 벤처기업을 위한 새로운 형태의 회사로 제안된 것이다. 유한책임회사가 뒤늦게 주목을 받은 건 지난 2018년 규모가 큰 유한회사는 외부 감사를 받아야 한다는 것을 골자로 하는 외부감사법 개정안이 통과하면서다. 이는 2020년도 실적부터 적용된다.

유한책임회사는 기본적으로 유한회사와 비슷하지만, 자본금을 낸 사람(법률 용어로는 사원)이 조합처럼 모두 공평한 의결권을 행사한다는 점이 다르다. 유한책임회사는 출자 지분에 비례해 권한을 행사한다. 예컨대 지인 4~5인이 벤처를 창업했다면, 정관 변경과 같은 중요한 의사결정은 전원이 동의해야 한다. 서로 믿음에 바탕해 창업 성공이란 한 가지 목표만을 향해 가자는 취지다.

　중소기업이나 벤처에 적합한 유한회사나 유한책임회사를 외국 기업이 이용할 수 있는 이유는 '사원(법률 용어로, 회사에 지분을 갖고 있는 투자자)'이 한 명이기 때문이다. 외국 기업은 법인을 설립할 때 본사가 100% 자본금을 내, 유한책임회사의 '전원합의'라는 규성이 큰 문세가 안 된다. 추가 투자가 필요할 때도 본사에서 보내 주면 그만이다. 대신 유한책임회사의 의무 면제 혜택을 누리고, 해당국 정부의 견제나 외부감사, 투명한 경영과 같은 항목을 피할 수 있다.

조선일보. 2020.9.22.

　　위의 기사에서 주식회사에서 감사가 필수적이라고 적고 있지만 이는 자본금 10억원 이상 되는 주식회사에 의무화되고 있다.

　　유한회사를 외감 대상으로 포함하기 위해서 '주식회사의 외부감사에 관한 법률'이 '주식회사 등의 외부감사에 관한 법률'로 개정되었다. 동일하게 외감법으로 통칭되기는 하지만 '등' 단어를 포함하면서 유한회사를 외감법의 규제의 범주에 포함하였다.

　　유한회사 중 외감대상 회사 기준은 다음과 같다.

**원칙상 모든 회사가 외감 대상**

현행 외감대상은 '자산 120억원 이상' 또는 '자산 70억원 이상이고 부채 70억원 이상이거나 종업원 수 300인 이상'인 기업이다. 앞으로는 원칙상 모든 회사가 외감대상이 된다. 소규모 회사만 빠진다.

소규모 회사란 '자산 규모 100억 미만, 부채 70억원 미만, 매출 100억원 미만, 종업원 수 100인 미만' 등 4개 기준 중 3개를 충족하는 업체다. 외감 대상 수는 현행 2만 900개에서 3만 3,000개로 증가한다.

위의 외감대상 기준은 주식회사에 해당되는 기준이고 유한회사의 기준은 주식회사와 거의 유사한데 자산총액 120억원 미만, 부채총액 70억원 미만, 매출액 100억원 미만, 종업원 수 100명 미만은 동일하고 유한회사에는 사원(파트너) 수 50인 미만 중, 즉 5개 조건 중, 3가지 이상에 해당하는 소규모 회사인 경우는 외부감사가 면제된다.[1]

사원수 50인 미만의 조건은 2011년 4월 시행되고 2012년부터 적용된 상법 개정으로 인해서 유한회사의 사원총수를 50인 미만으로 제한했던 기존 조항이 삭제되었는데 유한회사의 규모에 대한 대용치로 사용된다.

외부감사를 부담스러워하는 기업의 입장에서는 종업원 수를 늘리지 않을 수 있고, 이는 정부의 고용정책과도 맞지 않는다는 입장이다. 따라서 외부감사 대상과 관련된 정책은 외감대상에서 그치는 것이 아니라 조금 더 거시경제적인 이슈와도 연관된다.

매출액은 과거에는 외감대상 선정기준에 포함되지 않았다. 대신 매출액 기준을 신설해 채권채무에 대한 이해관계자가 많은 기업의 투명성을 높여야 한다는 것이 업계의 주장이었다.

회계업계 관계자는 "당초 금융위에서는 매출액 기준을 신설하는 개정안을 입법 예고했다가 중소기업 관련 단체의 반발로 인해 부채와 종업원수 기준만 새로 생겼다"며 "종업원수는 외부감사에 대한 현실을 전혀 반영하지 못하는 기준"이라고 말했다.

권오형 전 공인회계사회장도 매출액 기준 신설을 공약사항으로 내세워 관련 법 시행령 개정을 추진하겠다고 공언했다. 권 회장은 2010년 6월 당시 정기총회에서 "금융위를 중심으로 외부감사 대상을 부채규모와 매출액을 감안해 선정하도록 시행령 개정을 추진하고 있다"며 "외부감사 대상이 자산규모 85억원까지 상향조정되는 효과가 있을 것"이라고 밝혔다.

---

1) 상세한 외감대상 기업 선정 기준은 손성규(2019) chapter 40을 참조한다.

### 권오형 한공회장 인터뷰

지난번에 부채규모 70억원, 종업원 수 300명으로 됐는데, 종업원 수 대신 매출액을 넣어야 합니다. 국회의원들도 바꿔야 한다는 데 인식을 같이 하고 있기 때문에 분위기는 마련됐다고 봅니다.

매출이 많으면 채권채무 이해관계자가 많게 되는데, 이해관계자가 많은 곳이 투명해지려면 감사를 받아야 합니다.

부채규모가 포함된 이유가 부채가 많은 기업의 경우, '채무' 이해관계자가 많다는 이유였을 것인데 매출이 많다는 것은 채권 이해관계자가 많은 것으로 제도를 이렇게 운영한다면 채권 채무가 모두 포함될 것이다.

조세일보. 2010.7.13.

위의 외감대상 기준으로 사용되는 자산, 매출, 부채, 종업원 수, 파트너 수 모두 문제가 없지 않다. 결국은 규모에 대한 대용치이다.

자산과 매출은 규모에 대한 대용치이다. 물론, 경제활동에서 빈번히 사용되는 규모에 대한 대용치로는 시가총액도 존재하는데 이는 시장에서의 측정치이며 변동성이 심하므로 외감대상을 정함에는 적절하지 않다.

자산은 가장 일반적인 규모에 대한 대용치이며, 위에서도 기술되었듯이 종업원 수가 포함됨에는 여러 이슈가 개입될 수 있다. 종업원 수가 어느 정도 이상이 되는 경우에 외감 대상기업이 된다면 외감을 회피하고픈 기업이 border line에 위치할 경우, 이 종업원 수를 넘기지만 않으면 외감을 피할 수 있다. 다만, 이러한 종업원 수에 대한 관여는 정부의 고용 창출이라는 큰 정책에 반하는 것이라서 종업수가 포함된 데 대한 반론도 있다.

파트너 수가 외감대상 유한회사를 정하는 기준으로 포함된 사유는 아마도 파트너 수가 많은 유한회사가 이해 관계자가 많으므로 이들을 어느 정도 보호하기 위해서는 외감에 포함되어야 한다는 취지였을 듯하다.

감독기관과 규제기관은 규제의 틀을 벗어나는 기업을 포괄하면서 규제를 하려고 하는데 기업들은 계속해서 규제를 벗어나려고 한다.

금감원은 다음과 같은 내용의 정책에 대해서 고민 중이다.

**외부 감사 범위 확대 등 제도개선 방향**

예: 유한책임회사에 대한 외감 대상 확대 필요성 검토 등

－유한회사 등 비상장회사의 외부감사 및 각종 공시의무 관련 규제 재정비

예: 1. 감사보고서 제출시한(정기총회일로부터 2주일 이내)을 특정일까지로 제한

　　 2. 대형 유한회사의 감사인을 회계법인으로 제한 등


대형 유한회사의 감사인을 회계법인으로 제한한다는 내용은 감사반을 제외한다는 의미인데 어떻게 보면 감사인 등록제를 도입한 동일한 정신이다.

외감법에서의 감사인은 감사반과 회계법인이다. 즉, 이 방향으로 정책이 확정될지 알 수 없지만 감사인의 자격을 제한하는 의미이다.

감독기관이 위와 같이 고민하는 이유는 2011년에 개정된 상법에 의해서 유한책임회사라는 형태의 회사가 추가되었고, 2018년에 외감법이 개정되면서 개정된 외감법에 의해서 외감 대상으로 포함된 유한회사들이 외감을 피해가기 위해서 유한회사에서 유한책임회사의 형태로 회사를 전환하게 된다. 유한회사와 유한책임회사 간에 회사의 형태에 큰 변화가 있는 것이 아니라고 하면 외감을 회피하기 위해서 유한책임회사로 전환하는 회사들도 외감에 포함해야 하는 것 아닌지에 대한 고민을 감독기관이 하고 있다.

이는 2018년 개정 이전의 외감법에서 주식회사만이 외감의 대상일 때, 일부 회사들이 외감을 회피하기 위해서 주식회사에서 유한회사로 전환하였고 이에 대한 보완조치로 외감법이 개정되면서 일부 유한 회사를 외감 대상으로 포함하게 되는 일정의 과정과 무관하지 않다.

더욱이 2011년 상법이 개정된 후 유한회사의 사원총수를 제한했던 조항이 삭제되었다. 즉, 과거에는 사원총수가 50명이 넘으면 유한회사로 존재할 수가 없었다. 즉, 그 당시는 파트너 수가 50명이 안 되면 유한회사가 될 수 있

었지만 50명이 넘으면 유한회사가 될 수 없었으므로 50명이 넘는 경우는 주식회사의 형태를 띨 수밖에 없었다. 즉, 파트너의 수가 많은 경우 유한회사를 허용하지 않고 더 많은 규제의 대상이 되었다는 점에서는 일부 유한회사를 외감의 대상으로 포함하는 정책방향에 파트너 수를 포함한 점은 궤를 같이 한다.

일부에서는 외감대상기업의 규모 기준을 지속적으로 상향 조정하는 것이 기업 측 입장에서는 경제규모에 따라서 규모를 상향 조정해 달라는 입장이고 회계업계의 입장은 규모 기준을 상향 조정하지 말라는 입장이니 감독/규제 기관의 입장에서도 양쪽의 의견을 절충하게 된다. 어찌되었건 감독기관은 수년에 한 번씩 외감대상의 기준이 되는 자산규모를 지속적으로 상향조정해 왔다. 일부에서는 정부가 이를 조정하는 것도 양쪽의 이해를 절충해야 하고 이 또한 쉬운 조정은 아니다.

외감대상 기업의 기준이 최근에 와서는 종업원 수, 부채, 매출, 유한회사의 경우 파트너 수 등이 추가되기는 하였지만 그 이전에는 오랫동안 자산규모로만 그 기준을 정해왔다.

공정거래위원회에서 출자제한기업의 자산규모를 수년에 한 번씩 계속적으로 상향조정하고 있고, 현재는 자산규모 10조원이 넘는 기업군은 출자제한 기업군으로 자산규모 5조원이 넘는 기업군은 공시대상 기업으로 구분하고 있다. 공정위는 수년에 한 번씩 기업과 이 기준을 상향 조정하기 위한 줄다리기를 하고 있는데 이에 대한 대안으로 GNP 대비 몇 %로 이를 정해두면 시간이 지나도 기업과 공정위 간에 밀고 당기기를 하지 않고도 자산 규모의 증가를 당연히 받아드릴 수 있을 것이라는 대안이 수년 전부터 제시되었다. 이러한 기준을 정하는 것이 어떤 해답이 있는 것이 아니니 명확한 잣대가 있는 것이 객관적인 수치일 수 있다.

# 법인격과 자연인의 구분

    언론에서 최대주주가 불미스러운 일로 피소가 되는 경우 회사가 회사돈으로 변호사 비용을 부담한다는 기사를 가끔 보게 된다. 회사의 업무 관련해서 손해배상소송을 제기할 때, 피소의 대상이 법인격인 법인인 경우가 대부분이지만 어떤 경우는 회사뿐만 아니라 대표이사와 수 명의 집행임원을 대상으로 손해배상소송을 제기하였다. 회사라는 기관이 잘못한 것인지 아니면 이와 관련한 개인의 잘못인지를 구분한다는 것이 매우 어렵다.[1]

    이러한 경우 회사가 개인의 소송 비용을 부담해도 무관한지에 대한 문제가 발생하는데, 개인적인 일탈이나 범죄 등과는 거리가 멀고 업무의 연장선상에서 일어났다고 하면 회사가 법률 비용을 부담할 수 있다.

    다음은 해당 기업이 이 건과 관련되어 법률 자문을 받은 내용이다.

    대법원은 "단체의 비용으로 지출할 수 있는 변호사 선임료는 단체 자체가 소송당사자가 된 경우에 한하므로 단체의 대표자 개인이 당사자가 된 민·형사사건의 변호사 비용은 단체의 비용으로 지출할 수 없는 것이 원칙이나, 예외적으로 분쟁에 대한 실질적인 이해관계는 단체에게 있으나 법적인 이유로

---

1) chapter 1의 양벌규정과도 관련되는 내용임.

그 대표자의 지위에 있는 개인이 소송 기타 법적 절차의 당사자가 되었다거나 대표자로서 단체를 위해 적법하게 행한 직무행위 또는 대표자의 지위에 있음으로 말미암아 의무적으로 행한 행위 등과 관련하여 분쟁이 발생한 경우와 같이, 당해 법적 분쟁이 단체와 업무적인 관련이 깊고 당시의 여러 사정에 비추어 단체의 이익을 위하여 소송을 수행하거나 고소에 대응하여야 할 특별한 필요성이 있는 경우에 대하여는 단체의 비용으로 변호사 선임료를 지출할 수 있다"라는 기본 법리를 판시한 바 있다(대법원 2009. 2. 12. 선고 2008다74895 판결 등 참조).

회사가 지출한 임직원의 법률비용이 손금으로 처리될 수 있는지 여부와 관련하여, 조세심판원 역시 "원칙적으로 법인의 비용으로 지출할 수 있는 변호사 선임료 등은 법인 자체가 소송 당사자가 된 경우에 한하므로 법인의 대표자 개인이 당사자가 된 민·형사사건의 변호사 비용은 단체의 비용으로 지출할 수 없고, 예외적으로 대표자로서 단체를 위해 적법하게 행한 직무행위 또는 대표자의 지위에 있음으로 말미암아 의무적으로 행한 행위 등과 관련하여 분쟁이 발생한 경우 등과 같이, <u>당해 법적 분쟁이 법인과 업무적인 관련이 깊고 당시의 제반 사정에 비추어 법인의 이익을 위하여 소송을 수행할 특별한 필요성이 있는 경우</u>에 한하여 법인의 비용으로 변호사 선임료를 지출할 수 있다"는 입장으로(조심2019서0749, 2019.06.21), 위 대법원 판례의 취지와 동일하다.

이와 관련하여 임직원에 대한 법인의 법률비용 지원이 문제된 구체적인 사례를 살펴보면, 임직원의 소송에 대한 변호사 선임료 등 법률비용을 법인의 비용으로 지급할 수 있는지 여부에 대해서는, 법적 분쟁이 개인적인 위법행위에 관한 것이어서 해당 법인의 이익과 무관한 것인지 여부(대법원 2011. 9. 29. 선고 2011도4677 판결), 당해 법적 분쟁이 해당 법인과 업무적인 관련이 깊고 당시의 제반 사정에 비추어 단체의 이익을 위하여 소송을 수행하거나 고소에 대응하여야 할 특별한 필요성이 있는지 여부(대법원 2006. 10. 26. 선고 2004도6280 판결) 법적 분쟁의 결과에 따라 해당 법인이 지급해야 할 금전채무가 있는지 여부가 달라지는 등 법적 분쟁의 결과에 대해서 해당 법인이 실질적인 이해관계가 있다고 볼 사정이 있는지 여부(대법원 2009. 2. 12. 선고 2008다74895 판결)에 따라 달라진다.

위와 같은 본건 소송의 내용 및 경위에 비추어 보면, 우선 본건 소송은 귀사의 본건 xxx 업무의 적법성 여부에 관한 것으로서 귀사의 업무와 매우 밀접한 관련성을 가지고 있다.

또한 본건 소송에서 제출된 소장에는 귀사 임직원들의 개인적인 위법 내지 일탈행위에 대해서는 아무런 기재가 없고 귀사가 제공한 자료 및 설명에 따르더라도 그러한 바, 본건 소송은 귀사 임직원들의 개인적인 위법 내지 일탈행위와는 무관한 것으로 보입니다.

나아가 본건 소송에서 원고들은 귀사와 귀사 임직원들이 원고들에 대하여 부진정연대채무를 부담함을 전제로 공동하여 손해배상금을 지급할 것을 구하고 있으므로 귀사와 귀사 임직원들은 공동의 이해관계를 가지고 있습니다.

위의 법률 자문의 내용을 정리하면 대표이사 등, 임원들이 회사의 업무 과정 중에 수행했던 업무이기 때문에 회사의 업무와 개인의 업무를 구분하기 어렵고 특히나 개인 차원에서 위법 행위가 없었고 원고도 개인 차원에서의 위법이나 일탈을 지적한 것이 아니기 때문에 회사의 비용으로 임원의 소송비용을 부담해 주는 것에 문제가 없다는 유권해석이다. 물론 이러한 내용은 chapter 44의 대표이사의 책임인지 아니면 이사회의 책임인지에 대한 법적인 논쟁과도 무관하지 않다. 즉, 회사의 책임, 이사회의 책임, 대표이사의 책임과 관련되어 종합적인 판단이 수행되어야 한다.

# 사외이사의 책임

사외이사가 상근하는 이사가 아님에도 불구하고 상법에서는 상근이사와 사외이사가 동일하게 선관의 의무(duty of care), 충실의 의무(duty of loyalty)를 지도록 즉, 신중한 관리자(prudent officer)가 되도록 기대된다. 그럼에도 불구하고 법정에서는 사외이사들이 상근하며 업무를 수행하는 것이 아니기 때문에 이들의 위법한 행위에 대해서는 다양한 판결이 내려졌다.[1]

이러한 판결은 다음의 판례에서 보듯이 어떤 추세를 보이고 있다.

**Graham(1963) 감사의무의 전제 조건 → 의심할 만한 사유가 있어야**

Graham의 case는 의심할 만한 사유가 없는 경우 사외이사들에게 책임을 물을 수 없다는 판례이다. 이러한 추세는 다음의 판례로 완전히 뒤집게 된다.

Caremark 판단(1996) A sustained or systematic failure of the board to exercise oversight 즉, 이사회가 monitoring을 제대로 수행하지 않았다고 하면 사외이사들도 책임을 져야 한다는 판결이다. 이러한 미국에서의 판례는 일본과 우리나라에서의 판결과도 무관하지 않다.

---

1) 다음의 내용은 2021.7.22. 삼정의 감사위원회지원센터가 진행한 세미나에서 송옥렬 교수의 강의 내용에 근거한다.

다이와 은행 대표소송(2000)

• 미국의 Caremark 기준 채택

• 신 회사법에서 내부통제시스템 구축의무를 명문으로 규정이사의 감시의무와 책임

  1985년 6월 25일, 사건번호: 84다카1954(Graham 판결과 유사)

  다른 임원의 업무집행이 "위법하다고 의심할 만한 사유가 있었음에도 불구하고"
  이를 방치한 경우

1998.9.11. 대우분식, 2006다 68636

- 다른 이사의 위법하거나 부적절한 업무집행을 구체적으로 알지 못하였다는 이유만
  으로 책임을 면할 수는 없음

- 지속적이거나 조직적인 감사소홀의 결과로 발생한 다른 이사나 직원의 위법한 업
  무 집행으로 인한 손해를 배상할 책임이 존재함

대표이사의 책임인가 이사회의 책임인가?

이사회는 회의체로서 이사회에 부의된 안건에 대해서 결의를 하므로 회의체에서 결
의된 내용에 대해서는 당연히 책임을 지게 된다. 대표이사는 이사회에서 위임된 의
사결정에 대해서는 독자적으로 의사결정을 수행할 수 있는데 그럼에도 불구하고 대
표이사는 회사를 대표한다.

상법 388조(대표이사)는 "회사는 이사회의 결의로 회사를 대표할 이사를 선정하여야
한다"고 적고 있다. 따라서 이사회가 결의한 내용을 대표이사가 경영을 책임지고 있
는 입장에서 집행하게 되는데 이러한 의사결정 자체가 위법하다고 하면 이사회는 어
디까지가 책임이고 대표이사는 또 어디까지 책임을 져야 하는지가 애매하다.

코스닥 상장 바이오신약 개발. 대법원. "모른다고 면책 불가"

1, 2심에서는 사외이사로서 한 일도 없다고 면책이라고 판결이 됐는데 대법원의 입
장은 이를 뒤집게 된다.

## '불성실한 사외이사'도 분식회계 책임 있다.

사외이사가 이사회에 참석하지 않고 감시 업무를 게을리했다면 회사가 저지른 분식
회계에 책임을 져야 한다는 첫 대법원 판단이 나왔다. 출근도 하지 않고 거수기 역할
만 하는 이른바 '무늬만 사외이사' 관행에 대법원이 제동을 걸었다는 평가가 나온다.

대법원 2부(주심 신영철 대법관)은 투자자 69명이 코스닥 상장사인 '코어비트' 전현직 임원과 삼일회계법인을 상대로 제기한 손해배상 청구 소송에서 윤모 전 사외이사(55)에게 책임을 묻지 않은 부분을 파기하고 서울고법으로 돌려보냈다고 11일 밝혔다. 대법원은 "주식회사 이사는 대표이사 및 다른 이사들의 업무 집행을 전반적으로 감시해야 한다"면서 "특히 재무제표 승인 등 이사회 상정 안건에서는 의결권을 행사해 대표이사의 업무 집행을 감시 감독할 지위에 있으며 사외이사라고 달리 볼 수 없다"고 설명했다.

코어비트에서 윤씨는 2008년 12월부터 2009년 4월까지 사외이사를 지냈다. 금융감독원 전자 공시에 따르면 당시 회사는 사외이사를 포함한 이사에게 1인당 한해 평균 4,000만여 원의 급여를 지급했다. 윤씨는 엉겁결에 사외이사로 선임되고 최대주주 반열에 올랐지만, 실제 경영에는 관여하지 않았고 사외이사로서 실질적 활동도 하지 않았다고 주장했다. 2심은 윤씨의 주장을 받아들여 배상책임을 묻지 않았으나 윤씨의 면책 주장은 대법원에서 오히려 불리하게 작용했다. "주주 여부는 사건 책임과 관련이 없고 이사로서 역할을 주된 판단 요인으로 봤다"고 설명했다.

코어비트 회계부정은 2008년 한 해에만 150억원을 과대 계상할 정도로 심각했다. 분식회계도 백화점식으로 모든 방식을 총동원한 것으로 드러났다. 코어비트 전 대표 박모씨는 비상장 주식 55만주를 17억 6,000만원에 사들이고 재무제표에는 110억원에 사들인 것처럼 기재했다. 이뿐만 아니라 박씨는 횡령을 은폐하려고 관계사 명의로 선급금 20억원과 대여금 15억원을 허위 계상했고 이미 영업이 중단된 회사에서 영업권을 20억 4,800만원에 사들였다고 하기도 했다.

분식회계 사실은 2009년 12월 코어비트 최대주주가 대표이사 박씨와 전현직 임원이 회사 돈 130억원을 빼돌렸다고 고소하면서 시작됐다. 코스닥시장상장위원회는 2010년 2월 횡령액이 자기자본 5%를 넘었다며 상장폐지를 결정했다. 증권선물위원회는 2010년 6월 감사결과를 발표하며 분식회계 사실을 밝혀냈고, 이를 방조한 책임을 물어 삼일회계법인에 손해배상 공동기금을 30% 적립하고 코어비트 감사업무를 2년 제한하도록 했다. 대법원은 회계 감사 절차를 준수했다면 분식회계를 적발하지 못한 책임을 물을 수 없다며 삼일회계법인은 배상 책임이 없다고 봤다.

회계전문가들은 대법원의 이번 판단에 환영한다는 뜻을 밝혔다.

매일경제신문. 2015.1.12.

물론, 회사의 경영에 참여하는 비상근 사외이사들의 업무에는 한계가 있을 수밖에 없지만 그럼에도 이러한 업무상의 한계가 그들이 맡고 있는 업무를 소홀히 해도 된다는 것을 정당화하는 것은 아니다. 1심과 2심인 고등법원은 사외이사로서의 한계에 방점을 찍었던 반면, 대법원은 그럼에도 불구하고 그들이 맡고 있는 업무 중심으로 의사결정을 수행한 것이다.

위의 신문기사에 근거하면 윤모 사외이사가 독립성에 위배되는 행동을 하였다고는 보여지지 않는다. 다만 경영활동과 관련하여 무지했다고는 판단되는데, 최근 사외이사의 독립성을 강조하다 보니 전문성에 문제가 있는 경우가 다수이다.

독립성은 교육 등으로 제고될 수 있는 경우가 아니지만, 전문성은 교육이나 자격증 등에 의해서 결정되므로 전문성이 제고하기 위해서는 많은 노력과 시간 투자가 필요하다. 다만 독립성은 중립적인 마음으로 공정하게 업무에 임하겠다는 결심만 가지고도 지켜낼 수 있다.

최근에 제도 개선으로 의해서 강조되는 점은 전문성보다는 독립성이다. 사외이사 관련되어 최근 가장 큰 제도의 변화는 사외이사의 6년 임기제한이다. 계열사로 이동한다고 해도 9년을 초과해서는 사외이사를 맡을 수 없다. 재직 기간이 길수록 전문성은 제고되지만 반면에 독립성이 훼손될 수 있다는 판단하에서 전문성을 포기하더라고 독립성을 지키겠다는 정책 의지이다.

그러나 전문성이라는 것은 독립성을 확보하기 위해서 포기할 수 있는 가치가 아니다. 물론 이런 식으로 따지면 사외이사뿐만 아니라 많은 제도가 독립성을 위해서 전문성을 포기하고 있다. 독립성은 전문성을 어느 정도 포기하면서까지 지켜야 하는 지고의 가치인가라는 의문이 있다.

## 기업 사외이사 재직 2.6년 미일독영 등 대비 절반 그쳐

한국경영자총협회가 국내외 시가총액 상위 10대 기업의 사외이사 평균 재직 기간을 조사한 결과, 한국이 2.5년에 그쳐 미국, 일본, 독일, 영국 등 주요국 평균 재직 기간인 5.1년의 절반에도 못 미치는 것으로 조사됐다고 15일 밝혔다. 이는 지난해 말 이사회 구성원을 대상으로 분석한 결과다.

한국은 2020년 개정 상법 시행령 시행을 통해 사외이사 임기를 최장 6년으로 규제하고 있다. 비교 대상 주요국 중 사외이사 <u>임기를 규제하는 곳은 영국뿐이며, 이마저도 최장 9년으로 사유가 인정될 경우 연장 적용도 가능하다.</u> 국내 시총 기업의 사외이사 평균 재직 기간은 시행령 시행 이전인 2019년 3.8년에서 2년 새 급격하게 짧아졌다. 규제를 의식해 선제적으로 사외이사 교체에 나섰기 때문인 것으로 풀이된다.

매일경제신문. 2022.2.16.

위 통계에서 보면 시행령의 제정은 감독/규제기관의 입장에서는 사외이사 임기를 길게 가져가면서 독립성의 상실을 우려하였지만 실질적으로는 외국에 비해서는 임기가 너무 짧은 것이 문제가 되고 있다. 임기가 짧다는 것은 위에서도 기술했듯이 전문성을 취득하기 이전에 즉, 회사에 공헌하기 이전에 학습만 하다가 회사를 떠나야 한다는 것을 의미한다. 외국의 경우도 임기를 길게 가져가면서 독립성이 훼손될 우려가 있다는 것은 동일할 것인데 그럼에도 영국의 경우만이 term limit제도를 가지고 있으며 그나마도 사유가 있으며 연장이 가능하다고 하니 우리가 현재 유지하는 제도가 최선의 제도인지에 대해서는 한번 고민해 보아야 한다.

동시에 우리의 사회가 network 사회이며 집단주의적 사고가 뿌리 깊은 사회라서 이러한 인간적인 관계가 공과 사를 구분하여 적법한 업무를 수행하는데 방해가 될 수 있는 점도 부정하기 어렵다.

이러한 경우로는 직권 지정제, 주기적 지정제도 이에 해당하며 회계법인이 상장기업을 감사하면서 4년째는 담당 파트너를 교체해야 하는 제도, 또한 4년째는 감사팀의 2/3 이상을 교체해야 하는 제도 등 모든 제도가 어느 정도까지는 전문성을 희생하더라도 독립성을 지키려 한다.

비감사서비스를 제안하는 제도 또한 spill over 설명에 의하면 감사인이 해당 피감사기업에 대한 이해도가 다른 회계법인보다 높은데 비감사서비스를 수행하면 감사인의 감사용역의 독립성에 영향을 미치면서 독립성이 훼손된다는 차원에서 비감사서비스를 제한하는 것이다.

이 모든 제도가 전문성보다는 독립성이 더 중요하다는 가치 판단에 근거한다. 그러나 아무리 독립적인 사외이사, 감사위원, 감사인이라고 하여도 문제를 발견하여야 이를 공개할지 아니면 덮을지에 대한 판단을 하게 된다.

이러한 모든 논의는 DeAngelo(1981)의 감사의 품질을 회계에 포함된 문제를 발견할 수 있는 능력(전문성)과 이를 수정하거나 아니면 이를 비적정의견으로 표명하는 능력(독립성)의 교집합이라고 정의하였는데, 이러한 전문성과 독립성 자격의 겸비는 감사인에게만 국한하는 것은 아니고, 감사업무를 수행하는 사외이사/감사위원/내부 감사기능에게도 포괄적으로 적용된다.

이 내용은 기준서 200의 다음의 내용과 동일하다.

---

감사기준서 200 "독립된 감사인의 전반적인 목적 및 감사기준에 따른 감사의 수행"
A32: 감사위험은 중요한 왜곡표시위험과 적발위험의 함수이다.

---

왜곡위험은 감사인의 전문성과 연관되며 적발위험은 감사인의 독립성과 연관된다. 일반적으로 과거의 회계 감사 교과서에서의 감사위험은 다음의 세 위험을 의미하였다.

detection risk x control risk x inherent risk

고유와 통제 위험이 신 ISA에서는 ROMM으로 즉, risk of material misstatement로 수정되었다. DeAngelo(1981)에서 의미했던 적발 위험은 회계 감사 교과서에서 언급하는 전문성과 같은 개념이다. 그렇다면 과거에 사용되어 오던 inherent risk & control risk가 왜곡표시위험을 의미하는데, 이는 그럴 것이 왜곡 표시가 된다는 것은 본질적으로(inherently) 재무제표에 오류가 포함되어 있거나 이를 회사의 내부통제가 감지하지 못하는 것을 의미한다.

control risk는 기업 내부에서 오류가 발생하지 않도록 통제하는 것을 의미하며 detection risk는 내부의 재무제표 작성을 모두 마친 후, 감사 단계에서 detect하는 적발위험을 의미한다. 이보다는 control risk를 (internal) control risk로 구분한다면 control risk는 내부 기능에서 오류가 사전적으로 예장되는 것을, detection은 내/외부에서 발생한 오류가 걸러지는 것을 구분하여 드러내는 것을 의미한다. 최근에 오면서 내부회계관리제도에 대한 강조는 control risk와 무관하지 않다. 물론, 이러한 덕목은 내부감사기능에도 적용된다.

금융기관의 준법감시실 포함 내부감사부서(내부감사실, 또는 감사실)에도 전문성과 독립성을 필요로 한다. 아마도 준법지원인도 이 범주에 포함된다고 할 수 있다.[2] 그럼에도 내부감사기능은 내부 기능이며 기업 모든 구성원은 대표이사의 통제하에 있기 때문에 이들이 다른 감사인이나 상근감사/감사위원과 같이 신분적으로 독립성이 보장된 것이 아니기 때문에 내부감사가 완전히 독립적이기를 기대하기는 어렵다.

준법감시, 내부감사, 또는 준법지원인 등의 독립성을 조직도에서 파악해 볼 수 있다. 준법감시, 내부감사 기능은 대표이사까지도 감사의 대상이어야 하므로 상근감사 또는 감사위원회 산하로 위치하여야 가장 이상적이라고 할 수 있다. 단, 그럼에도 상근감사직이 없고 사외이사만으로 구성된 감사위원회 조직만을 회사가 운영한다고 하면 감사위원회가 상설된 위원회이기는 하지만 상시 근무하지 않는 감사위원회 산하로 full time 조직을 둔다는 것 또한 이 보고체계가 적절히 수행되리라는 확신을 갖기는 어렵다.

모두 준법을 위한 제도인데도, 준법감시인은 임기를 2년으로, 준법지원인은 임기를 3년으로 차등적으로 정하고 있는 것도 조금은 이해하기 어렵다. 준법지원인의 임기는 상법에서 3년으로 준법감시인의 경우, 금융기관에 적용되는 제도이므로 임기가 지배구조법에서 2년 이상으로 정하고 있다.

물론, 법령마다 입법 취지가 상이하므로 임기를 달리 규정할 수는 있지만 이상적이기는 일률적인 잣대가 적용되는 것이 바람직하다. 물론, 준법지원인 제도는 도입 초기부터 금융기관일 경우는 준법감시인, 또한 기업의 감사 기능과도 중복되는 업무 영역이라서 도입에 부정적인 의견도 많았다.

반면에 전문성 관련된 정책은 자산규모 2조원이 넘는 기업의 감사위원

---

2) 상법 532조의 13, 자산총액 5,000억원 이상 상장회사는 준법지원인을 1인 이상 두어야 하고, 임기는 3년으로 한다.

중 최소 1인은 회계 및 재무 전문가라야 한다는 내용이 2012년에 제정된 이후에는 전문성을 강화하기 위한 제도는 개선된 것이 없다.

물론, 이 내용이 제정된 이후에도 모범규준 등에서 이러한 전문성 관련 내용이 강화되어야 한다는 주장은 있어 왔다. 예를 들어, 한공회가 ESG기준원에 위탁하여 작성한 감사위원회 모범 규준에 보면 회계 및 재무전문가가 2인 이상이기를 권면하고 있다. 또한 일부에서는 회계 및 재무전문가가 아니고, 회계 및 회계감사 전문가라야 한다고 전문성을 조금 더 세분화하여 구체적으로 정의하기도 한다. 독일에서는 의무화되는데 감사위원장은 회계전문가여야 하는데 모범 규준에도 이 내용을 권면하고 있다.

---

법 제542조의11제2항제1호에서 "대통령령으로 정하는 회계 또는 재무 전문가"란 다음 각 호의 어느 하나에 해당하는 사람을 말한다. [개정 2012.2.29 제23644호(대학교원 자격기준 등에 관한 규정)] [[시행일 2012.7.22]]

1. 공인회계사의 자격을 가진 사람으로서 그 자격과 관련된 업무에 5년 이상 종사한 경력이 있는 사람
2. 회계 또는 재무 분야에서 석사학위 이상의 학위를 취득한 사람으로서 연구기관 또는 대학에서 회계 또는 재무 관련 분야의 연구원이나 조교수 이상으로 근무한 경력이 합산하여 5년 이상인 사람
3. 상장회사에서 회계 또는 재무 관련 업무에 합산하여 임원으로 근무한 경력이 5년 이상 또는 임직원으로 근무한 경력이 10년 이상인 사람
4. 「자본시장과 금융투자업에 관한 법률 시행령」 제29조제2항제4호각 목의 기관에서 회계 또는 재무 관련 업무나 이에 대한 감독 업무에 근무한 경력이 합산하여 5년 이상인 사람

---

이러한 제도가 있음에도 일부 기업은 전직 세무 공무원을 본인들의 회계 및 재무 전문가라고 주장하기도 한다. 세무와 회계는 엄연히 전문성이 다르다. 이렇게 전문성을 세분하다 보면 재무 및 회계 전문성도 동일한 전문성이 아니지만 이는 법에서 이미 정한 것이니 논외로 한다.

일부 기업은 경영학을 전공한 교수를 회계 및 재무 전문자라고 주장하기

도 하는데 이는 경영의 세부 전공으로 판단해야 할 것이지 모든 경영학 교수가 회계 및 재무 전문가는 아님은 자명하다. 경제학은 어느 정도 homogeneous한 학문 영역이지만 경영학이라는 학문 영역은 영역별로 세분화되어 있다. 경영학 교수라고 하여도 오래전 학부에서 경영학을 전공하면서 회계학 수업을 한두 과목 정도 수강했을 정도의 회계학 지식을 가지고 있는데, 이 정도의 배경에 대해서 회계 및 재무 전문가라는 분류는 가당치 않다.

만약에 추가적인 자격이 필요하다면 영국의 경우와 같이 다음의 추가적인 자격 요건을 추가할 수 있다.

**UK Corporate Governance Code 24**

The board should satisfy itself that at least one member has <u>recent</u> and relevant financial experience.

즉, 단순하게 재무제표를 이해한 지식뿐만 아니라 최근의 변화까지도 follow up할 수 있는 전문가를 요구하고 있다. 이는 회계와 관련 제도가 지속적으로 개정되면서 우리나라의 경우도 신외감법의 적용으로 새로운 제도의 변화가 지속되고 있다.

국제회계기준이 도입되면서 회계법인 내에서 조차도 국제회계기준을 아는 회계사가 있고 모르는 회계사가 있다는 우스갯소리를 하기도 한다.

# 대표이사의 책임? 이사의 책임?1)

주식회사에서 회사와 관련되어 가장 중요한 역할을 수행하는 기관이 대표이사와 이사회이다. 대표이사는 대부분 기업의 경우 이사회에서 호선한다. 그런데 대표이사와 이사회의 업무 분장이나 책임 등이 명확하게 구분되는지에 대해서는 법 판례에서도 아직 이론이 정착되지 않았다는 판단을 할 수 있다.

물론, 이사회에서 결의했고 이러한 결의 내용에 대해서 손해배상 소송이 제기되었다고 하면 결의 내용에 대해서는 공평 분담의 차원에서 찬성한 이사들이 모두 책임을 지는 것이 옳다. 그러니 이사회는 정책적인 판단을 수행하는 회의체이고 이에 대한 실행은 대표이사가 중심이 된 경영진(executive)이 수행하는 것이다. 물론, 경영진이 이러한 이사회의 결의 내용을 수행하는 과정에서 위법이거나 일탈행위가 있었다고 하면 이는 대표이사가 회사를 대표하는 입장에서 책임을 져야 하지만 이사회의 책임과 대표이사의 책임이 명확하게 구분되는 것은 아니다.

대표이사가 이사회의 일원이어서 이를 구분하기도 어려울 수 있다.

---

1) 이 내용에 대해 자문을 해 주신 송옥렬 교수님께 감사한다.

> **상법 388조(대표이사)** 회사는 이사회의 결의로 회사를 대표할 이사를 선정하여야 한다.
>
> **상법 393조(이사회의 권한)** ① 중요한 자산의 처분 및 양도, 대규모 재산의 차입, 지배인의 선임 또는 해임과 지점의 설치 이전 또는 폐지 등 회사의 업무 집행은 이사회의 결의로 한다.
>
> ② 이사회는 이사의 직무의 집행을 감독한다.

대표이사가 단독으로 결정하거나, 분식회계와 같이 이사회 결의와 상관없는 행위에 대해서는 주로 감시 의무가 문제되고, 대표이사는 물론이고 사외이사도 모두 개별적으로 감시의무를 부담한다. 이사회는 회의체라서 이사회의 책임이라는 개념은 성립하지 않는다.[2] 여기서 아무 것도 모른 사외이사에게 감시의무 위반을 인정할 것인지가 문제가 된다.

2008년 대법원 판결(첨부)은 미국 Caremark를 가져온 것이다. 자세히 보면 "대표이사는 . . . "이라고 적고 있다. 이것을 일반적인 이사의 책임으로 확대될 수 있다고 생각하지만, 최근 2020년 하급심 판결은 위 대법원 판결은 어디까지나 대표이사의 감시의무(따라서 내부통제시스템 구축의무도 대표이사에게 있다는 결론)에 관한 것이고, 개별 사외이사의 책임으로 확대될 수 없다고 본 것이 있다. 이것은 보통 내부통제시스템 구축의무는 이사회에 있다는 일반적인 설명과는 다소 배치되는 해석이기는 한데, 어쨌든 이 부분이 아직 법적으로도 명확하게 정립되지 않은 부분이다.

### 대법원 2008.9.11.선고 2006다68636 판결 대우

한편 대표이사는 회사의 영역에 관하여 재판상 또는 재판 외의 모든 행위를 할 권한이 있으므로(상법 제389조 제3항, 제209조 제1항) 모든 직원의 직무집행을 감시할 의무를 부담함은 물론, 이사회의 구성원으로서 다른 대표이사를 비롯한 업무담당이사의 전반적인 업무집행을 감시할 권한과 책임이 있으므로, 다른 대표이사나 업무담당이사의 업무집행이 위법하다고 의심할 만한 사유가 있음에도 악의 또는 중대한 과실로 인하여 감시의무를 위반하여 이를 방치한 때에는 이로 말미암아 제3자가 입은

---

2) 송옥렬 교수님의 자문 내용이다.

손해에 대하여 배상책임을 면할 수 없다.

위와 같은 감시의무의 구체적인 내용은 회사의 규모나 조직, 업종, 법령의 규제, 영업상황 및 재무상태에 따라 크게 다를 수 있는바, 대우와 같이 고도로 분업화되고 전문화된 대규모의 회사에서 공동 대표이사 및 업무담당이사들이 내부적인 사무분장에 따라 각자의 전문 분야를 전담하여 처리하는 것이 불가피한 경우라 할지라도 그러한 사정만으로 다른 이사들의 업무집행에 관한 감시의무를 면할 수는 없고, 그러한 경우 무엇보다 합리적인 정보 및 보고시스템과 내부통제시스템을 구축하고 그것이 제대로 작동하도록 배려할 의무가 이사회를 구성하는 개개의 이사들에게 주어진다는 점에 비추어 볼 때, 그러한 노력을 전혀 하지 아니하거나 위와 같은 시스템이 구축되었다 하더라도 이를 이용한 회사 운영의 감시·감독을 의도적으로 외면한 결과 다른 이사의 위법하거나 부적절한 업무집행 등 이사들의 주의를 요하는 위험이나 문제점을 알지 못한 경우라면, 다른 이사의 위법하거나 부적절한 업무집행을 구체적으로 알지 못하였다는 이유만으로 책임을 면할 수는 없고, 위와 같은 지속적이거나 조직적인 감시 소홀의 결과로 발생한 다른 이사나 직원의 위법한 업무집행으로 인한 손해를 배상할 책임이 있다.

감사는 상법상의 위와 같은 권한 또는 의무와 기타 법령이나 정관에서 정한 권한과 의무를 선량한 관리자의 주의의무를 다하여 이행하여야 하고, 악의 또는 중과실로 선량한 관리자의 주의의무에 위반하여 그 임무를 해태한 때에는 그로 인하여 제3자가 입은 손해를 배상할 책임이 있다.

위에서 본 감사의 구체적인 주의 의무의 내용과 범위는 회사의 종류나 규모, 업종, 지배구조 및 내부통제 시스템, 재정상태, 법령상 규제의 정도, 감사 개개인의 능력과 경력, 근무 여건 등에 따라 다를 수 있다 하더라도, 이 사건 당시 감사가 주식회사의 필요적 상설기관으로서 회계감사를 비롯하여 이사의 업무집행 전반을 감사할 권한을 갖는 등 위에서 본 바와 같은 상법상의 권한 또는 의무와 기타 법령이나 정관에서 정한 권한과 의무를 가지고 있는 점에 비추어 볼 때, 위 피고들이 감사로 재직하였던 대우와 같은 대규모 상장기업에서 일부 임직원의 전횡이 방치되고 있었다거나 중요한 재무정보에 대한 감사의 접근이 조직적·지속적으로 차단되고 있는 상황이라면, 감사의 주의의무는 위 피고들의 주장과 같이 경감되는 것이 아니라, 오히려 현격히 가중된다고 보아야 한다.

위의 판례에서 다른 대표이사라는 표현이 사용되는데 공동 대표이사의 경우를 의미한다. 별도 대표 또는 공동 대표 여부를 떠나 위의 판례는 대표이사는 다른 대표이사의 업무를 점검할 의무가 있다고 기술하고 있다.

## 서울중앙지법 대우건설 건. 2020. 9. 17.선고 2014가합535259 판결: 항소

상법이나 갑 회사의 이사회 규정에서 이사회를 통해 이사가 감독 가능한 회사의 업무 범위를 구체적으로 정하고 있어 무 등 이사들에게 그 이외의 회사 업무 전부에 관하여서까지 일반적인 감시·감독의무가 있다고 보기 어려운 점, 무 등이 위 담합행위 등 정이나 다른 업무집행이사들의 위법행위를 의심할만한 사유가 있었다고 인정하기 어려운 점 등 제반 사정에 비추어 보면, 무 등의 경우는 병 등이 주장하는 내부통제시스템 구축 및 운영 등의 감시의무를 해태하였다고 인정할 수 없으므로 손해배상책임이 없다고 한 사례이다.

이사가 법령 또는 정관에 위반한 행위를 하거나 그 임무를 해태함으로써 회사에 대하여 손해를 배상할 책임이 있는 경우에 그 손해배상의 범위를 정함에 있어서는, 당해 사업의 내용과 성격, 당해 이사의 임무위반의 경위 및 임무위반행위 태양, 회사의 손해 발생 및 확대에 관여된 객관적인 사정이나 그 정도, 평소 이사의 회사에 대한 공헌도, 임무위반행위로 인한 당해 이사의 이득 유무, 회사의 조직 체계의 흠결 유무나 위험관리체제의 구축 여부 등 제반 사정을 참작하여 <u>손해분담의 공평</u>이라는 손해배상제도의 이념에 비추어 그 손해배상액을 제한할 수 있다(대법원 2007. 10. 11. 선고 2007다34746 판결 참조).

이 사건에 관하여 보건대, 앞서 든 증거 및 을 제7, 8, 12호 중의 각 기재에 의하여 인정되는 다음과 같은 사실 및 사정들, 즉 ① 제17대 대통령직인수위원회에서 2007. 12. 28. 상위 5개 건설회사에 2008. 2. 말까지 경부운하 제안서를 제출하도록 하는 등 경부운하를 민간제안사업으로 추진하려고 함에 따라 대우건설, 대림건설, 삼성물산, 지에스건설, 현대건설 등 5개사는 2007년 말 '한반도 대운하 건설사업' 추진을 위해 컨소시엄(이하 '이 사건 컨소시엄'이라 한다)을 구성하였던 것인데, 2008. 6.경 한반도 대운하 건설사업이 국민들의 반대여론으로 결국 포기되고, 2008. 12. 4대강 살리기 사업이 새로이 추진되면서 사업방식도 민자사업에서 재정사업으로 전환되었으나, 4대강 살리기 사업에서도 민간자본으로 갑문 및 터미널 등 운하시설을 설치하는 등의 대운하 계획이 포함됨에 따라 2009. 5.까지 이 사건 컨소시엄이 유지될 수밖에 없었고, 그 과정에서 이 사건 담합이 발생한 점, ② 4대강 살리기 사업이 그 규모의 방대함, 국내 건설사와 설계회사의 수주 능력의 한계, 환경문제에 대한 국민적 관심도 등을 감안하여 시기별로 몇 개 공구씩 분할 발주하는 등 신중하게 사업계획을 수립·추진할 필요가 있었음에도, 15개 전 공구의 동시 발주 및 단기간 내 일괄준공을 목표로 한 계획을 세워 입찰공고를 한 결과, 한정된 설계기간 및 설계회사 확보 등의 문제로 건설사들로 하여금 상호 담합의 빌미를 제공한 것으로 볼 여지가 있는 점, ③ 피고 1이 이 사건 담합을 지시하였다는 점에 대한 직접적인 증거가 없고, 이 사건 담합으로 인해 개인적으로 취한 이득도 없는 것으로 보이며, 이 사건 담합으로 인해 2014.2. 6. 징역 1년 6월 및 집행유예 2년에 처하는 판결을 선고받은 점, ④ 피고 1은 1977년 대우건설에 입사하여 36년간 회사를 위해 성실히 근무한 점 등을 종합적으로 고려하면, 피고 1의 손해배상책임은 신의 원칙상 상당 부분 제한하는 것이 타당하므로, 손해액의 5%에 해당하는 금원으로 제한한다.

상법 제393조 제1항(이사회의 권한)은 중요한 자산의 처분 및 양도, 대규모 재산의 차입, 지배인의 선임 또는 해임과 지점의 설치·이전 또는 폐지 등 회사의 업무집행은 이사회의 결의로 한다고 규정하고 있고, 같은 조 제2항은 이사회는 이사의 직무의 집행을 감독한다고 규정하고 있다. 대우건설의 이사회규정 제5조는 '1. 주주총회의 소집에 관한 사항, 2. 상법상의 이사회 결의사항, 3. 이사회 자체에 관한 사항, 4. 주요한 재무에 관한 사항(①신규차입 ② 고정자산의 취득·처분 ③ 타인을 위한 대여·보증 및 담보제공 ④ 출자 및 투자 ⑤ 해외건설공사 관련 지급보증서 발급), 5. 경영에 관한 주요사항, 6. 기타 법령 또는 정관에 정하여진 사항, 주주총회로부터 위임받은 사항 및 대표이사가 필요하다고 인정하는 사항'을 이사회 결의사항으로 정하고 있다. 이처럼 상법이나 대우건설의 이사회 규정에서 이사회를 통해 이사가 감독 가능한 회사의 업무 범위를 구체적으로 규정하고 있는 이상, 이사에게 그 이외의 회사의 업무 전부에 관하여까지 일반적인 감시·감독의무가 있다고 보기는 어렵다.

원고들 스스로도 업무집행권이 없는 평이사가 회사업무 전반을 파악하여 감시한다는 것은 평이사의 권한에 비하여 지나치게 과중한 의무가 되는 것이고 그 실현을 기대하기가 어렵다고 하면서 평이사는 업무집행이 위법하다고 의심할 만한 사유가 있음에도 감시의무를 위반하여 이를 방치한 때에는 책임을 진다고 하여 평이사의 감시의무 범위가 제한된다는 취지로 주장하고 있다(2018. 10. 31.자 준비서면). 그러나 원고들이 제출한 증거만으로는 피고 1을 제외한 나머지 피고들이 이 사건 담합 등 피고 1이나 다른 업무집행이사 등의 위법 행위를 의심할 만한 사유가 있었다는 점을 인정하기에 부족하고 달리 이를 인정할 증거가 없다 주3). 원고들은, 대우건설이 2003년경부터 11년간 12건의 담합행위가 적발된 전력이 있었으므로 이 사건 담합 등도 의심할 만한 사정이 존재하였음에도, 피고 1을 제외한 나머지 피고들은 이를 방지하기 위한 아무런 조치를 취하지 않았다는 주장도 하고 있으나, 위 피고들이 대우건설의 이사로 재직하는 중 대우건설의 위와 같은 담합행위 적발 전력 등을 알았다고 볼 증거도 없다

원고들이 주장하는 '담합을 방지하기 위한 내부통제제도' 또는 '담합이 의심되는 사유를 인식할 수 있는 정도'의 내부통제제도 구축·운영이 구체적으로 어떠한 시스템을 의미하는지 불분명하다. 그리고 담합이 의심되는 사유를 인식할 수 있는 정도의 내부통제제도란 사실상 대우건설이 체결하는 개개의 모든 공사계약의 체결과정까지 들여다볼 수 있음이 전제되어야 하는 것으로, 이를 인정하는 것은 결국 이사의 업무 감독권의 범위를 규정하고 있는 상법 및 이사회 규정들을 유명무실하게 만들 수도 있다. 4) 원고들은 대법원 2008. 9. 11. 선고 2006다68636 판결 주4) 을 감시의무의 법적 근거로 인용하면서도 위 판시가 평이사가 아닌 대표이사에 대한 내부통제시스템의 구축의무를 설시한 것임을 인정하고 있고(2019.3. 4.자 준비서면 14쪽), 실제로 위 판시는, 회사의 대표이사는 회사의 영역에 관하여 재판상 또는 재판 외의 모든 행위를 할 권한이 있으므로(상법 제389조 제3항, 제209조 제1항) 모든 직원의 직무집행을 감시할 의무를 부담하고, 이사회의 구성원으로서 다른 대표이사를 비롯한 업무담당이사의 전반적인 업무집행을 감시할 권한과 책임이 있음을 전제로 한 것이므로, 평이사 또는 사외이사에 불과한 이사들에게 그대로 적용될 것은 아니다.

2020년 판례의 핵심은 상법 393조 제1항의 내용과 대우건설의 이사회 규정에서 정한 이사의 책무가 예시에 불과한 것인지 아니면 포괄주의인지의 이견이 있을 수 있으며, 나열된 책무만이 이사회의 책임인지의 논란과도 연관된다. 2020년 대우건설에 대한 재판부의 의견은 이사의 업무 감독권의 범위를 상법과 이사회 규정에서 정하고 있고 이 범위를 초과할 수는 없다는 입장이다. 또한 판례에 사용되는 문구에 있어서도 재판부의 의중이 반영되는데 "평이사 또는 사외이사에 불과한 이사들에게 그대로 적용될 것은 아니다"라고 적고 있어 대표이사와 평이사/사외이사의 권한 범주에 대해서 엄격하게 구분된

다는 판단을 하고 있으며 대표이사와 평이사를 차별화하고 있다.

물론, 이 판례에서는 평이사, 즉 사내이사와 사외이사를 동일 선상에 두고 이사와 대표이사의 책임 한도에 대해서 기술하면서 판결문을 쓰고 있지만 과거의 많은 재판에서는 사외이사의 업무상의 한계를 가진다는 것을 인정하여 평이사와 사외이사가 법상으로는 동일한 책임을 가지나 현실적으로 그렇게 되기 어렵다는 점을 고려한 판례들이 있다. 또한 위 인용문의 마지막 줄에 "평이사 또는 사외이사에 불과한"이라고 적고 있어서 사외이사의 업무상의 한계를 평이사 즉, 사내이사와도 차별화하고 있다.

## 대우건설 4대강 입찰 담합 손해 대법 "사외이사도 배상책임 있다"

16일 법조계에 따르면 대법원 2부(주심 이동원 대법관)는 경제개혁연대와 주주들이 서종욱 전 대표, 박삼구 전 회장 등 대우건설 옛 사내 사외 등기이사 10여 명을 상대로 낸 주주대표 소송 상고심에서 원고 일부 승소 판결한 원심을 최근 확정했다. 주주대표소송이란 경영진의 불법 부당 행위로 기업이 손해를 봤을 때 일정 지분 이상을 보유한 주주들이 경영진을 상대로 제기하는 소송이다.

재판부에 따르면 대우건설은 2012년 이후 4대강 사업 입찰 당시 다른 건설회사들과 담합한 혐의로 공정거래위원회로부터 446억여 원의 과징금을 부과받았다. 이에 주주들은 "입찰담합의 책임을 모든 이사진이 져야 한다"며 손해배상 소송을 냈다.

1심은 2020년 9월 서 전 대표에게만 '직무 감사 의무'위반 책임을 물었다. 하지만 항소심 재판부는 대표이사는 물론 사내 사외이사진에게도 책임을 물어야 한다고 판단했다. 2심 재판부는 작년 11월 "피고들 모두 대표이사 또는 이사로서 합리적인 내부 통제 시스템을 구축하고 운영해야 할 의무를 지키지 않았다"며 "서 전 대표는 3억 9,500만원을, 나머지 이사들은 4640~1억 200만원을 지급하라"고 원고 일부 승소 판결했다. 대법원은 이런 2심 판단에 문제가 없다고 보고 판결을 확정했다.

한국경제신문. 2022.5.17.

사외이사들이 이사회에서 결의한 안건에 대해서 법적으로 책임지는 일이 과거에 비해서 더 많아지는 듯하다. 사외이사들의 업무상의 한계보다는 이들이 회사에서 맡고 있는 권한과 의무에 대해서 강조되고 있는 추세이다. 상법상으로는 사내이사거나 사외이사거나 의사결정에 대해서는 동일하게 책임이 있다. 다만 사외이사들이 상근하지 않음에 대한 업무상의 한계에 대해서는 법정에서 인정될 수도 있지만 이는 재판부의 의사결정 사항이다.

# 대손충당금[1]

**5대 금융지주 역대급 실적 뒤엔… '충당금 착시효과' 있었다.**

KB 신한 하나 우리 NH농협 등 5대 금융지주가 올 상반기 일제히 사상 최대 순이익을 기록했지만 이는 지난 해에 비해 대손충당금을 덜 쌓은 효과가 큰 것으로 나타났다. 코로나19가 창궐하기 시작한 지난 해만 해도 금융당국은 경기에 미치는 불확실성이 크다는 이유로 각 은행이 실제 부실보다 더 많은 충당금을 쌓도록 유도했다. 그러나 올 들어 리스크가 다소 완화되면서 충당금 전입액(비용)이 큰 폭으로 감소해 순이익 증가로 직결됐다는 분석이다. 하반기엔 코로나 델타 확산세가 커지고 있는 데다 실물 경기에도 타격이 불가피할 것으로 보여 금융지주사들이 스스로 선제적인 리스크 관리에 나서야 한다는 지적도 나온다.

## 충당금을 덜 쌓은 덕에 낸 역대급 실적

한국경제신문이 3일 KB, 신한, 하나, 우리, NH농협 등 5대 금융지주의 올 상반기 실적을 분석한 결과 이들 지주사의 순이익 합계는 9조 3,729억원으로 전년 동기 대비

---

1) 대손준비금은 손성규(2012) chapter 31과 손성규(2018) chapter 9를 참조한다.

45.6%(2조 5,304억원)보다 46.6% 줄었다. 5대 금융지주의 대손충당금 전입액 감소분 (1조 1,565억원)이 순이익 증가분 (2조 9,393억원)의 39.3%에 달한 것으로 집계돼 작년보다 충당금 적립을 줄인 게 이번 역대급 실적의 일등 공신이 됐다는 평가다.

이는 기본적으로 정상 채권이 지난해 전년보다 크게 늘었기 때문이다. 금융당국은 은행업 감독규정에서 각 은행이 대손충당금 적립 기준을 마련하고 대출 채권을 '정상, 요주의, 고정, 회수의문, 추정손실' 등 5단계로 분류한 뒤 유형별로 충당금을 설정하도록 하고 있다. 예를 들어 '추정 손실'은 대출액의 100%를 충당금으로 쌓아야 하고, '회수 의문'은 50% 이상, '고정'은 20% 이상을 각각 적립해야 한다.

KB금융은 '요주의' 이하 여신 비율은 지난 6월 현재 1.0%로 2016년 이후 가장 낮았다. 신한금융의 총여신한도도 전년 동기(329조 2,430억원)보다 8.6% 증가한 357조 7,120억원으로 불었지만 '고정'이하 여신 비율은 0.52%로 전년 동기(0.56%)보다 오히려 0.04% 줄었다.

여기에다 지난해 코로나19 충격에 대비해 충당금을 많이 쌓아뒀던 게 올해 여유분으로 작용했다. 현행 국제회계기준에 따르면 은행들이 충당금을 적립할 때 현재 나타난 부실 이외에도 향후 예상되는 손실까지 선반영할 수 있도록 하고 있다.

금융당국 관계자는 "작년에는 코로나19로 글로벌 경제가 커다란 타격을 입을 것으로 보고 은행들에 대해 예상 손실을 보수적으로 추정해 충당금을 많이 쌓도록 지도했다"면서 "그런데 올 들어 실제 뚜껑을 열고 보니 생각보다 경기가 급반등한데도 주요 수출기업 실적이 오히려 더 좋아지면서 충당금을 추가로 쌓을 유인이 많이 줄어든 게 사실"이라고 설명했다.

## "델타 변이 감안해 리스크 관리 강화를"

정부가 지난해부터 1년반 동안 시행 중인 '코로나 대출' 원리금 상환 유예 조치도 금융지주의 역대급 실적을 견인한 요인으로 꼽힌다. 지난해 3월 말 정부가 발표한 가이드라인에 따르면 직 간접적 피해를 본 중소기업 소상공인으로서 과거 연리금 연체, 자본 잠식, 폐업 등 부실이 없는 경우 모든 금융권 대출에 대해 원금 상환 만기 연장 및 이자 납입 등을 유예할 수 있도록 했다. 당초 6개월간 한시적으로 시행됐지만 두 차례나 연장돼 오는 9월 말 만료를 앞두고 있다. 6월 말 현재 금융권이 대출금 만기를 연장해 주고 이자상환을 유예해준 대출 금액만 총 213조원에 달했다.

금융권 관계자는 "주요 수출 대기업과 정보기술 기업 등을 제외하면 여전히 원리금 상환 유예 조치에 기대 하루하루 연명하는 중소기업 및 영세 자영업자가 적지 않다"면서 "이들에 대한 대출금이 은행 장부상으로는 정상 채권으로 분류돼 있어 9월 종료 땐 그동안 잠재돼 있던 부실이 수면 위로 드러날 수밖에 없을 것"이라고 우려했다.

금융감독원 관계자도 "하반기 들어 코로나 델타 변이가 다시 창궐하는 등 실물 경기 위축으로 이어질 위험에도 대비할 필요가 있다"면서 "은행들이 상반기 역대급 실적에 도취되기보다 리스크 관리를 좀 더 강화해야 할 것"이라고 주문했다.

한국경제신문. 2021. 8.4.

대손충당금이 전입되는 경우는 다음의 분개를 하게 된다.
대손충당금 ××× 　　대손충당금전입 ×××
또는
대손충당금 ××× 　　대손상각 　　　×××

따라서 대손충당금 전입이라는 수익의 증가로 기록되거나 동일하게는 당해연도에 대손상각 비용이 인식됐다면 역분개에 의해서 대손상각 비용의 감소로 회계처리를 할 수 있다.

현행 국제회계기준에 따르면 은행들이 충당금을 적립할 때 현재 나타난 부실 이외에도 향후 예상되는 손실까지 선반영할 수 있도록 하고 있다. (기대손실모형)

기업이 대손상각을 처리하는 방법에는 두 가지가 있다. 현재의 기업회계기준(국제회계기준)은 소위 기대손실모형(expected loss model)이다. 이에 반하는 기업회계기준은 발생손실모형(incurred loss model)이다. 즉, 대손상각이 발생(확정)한 경우에 이를 회계 처리하는 방식이다.

충당금을 어느 정도 적립하는지에 따라서 대손충당금 전입에 의해서 이익에도 영향을 미치게 된다.

기대손실모형은 대손이 얼마 발생할지를 추정하여 그 금액만큼을 대손상각으로 인식하는 방식이다. 발생손실모형은 대손의 확정/발생 금액에 근거하여 대손상각을 인식하게 되며 기업회계기준을 제정하는 기관의 입장에서는 어떠한 방식으로 대손을 인식할지에 대한 고민을 하게 된다.

**"**

## 은행 배당 줄어드나… 금감원 "충당금 더 쌓아라" 압박

올해 은행 배당이 당초 예상한 순이익보다 줄어들 것으로 전망된다. 당국 압박에 따라 최근 은행들이 대손충당금 적립 규모를 원래 계획보다 더 확대했기 때문이다. 충당금이 늘어나면 순이익이 그만큼 줄어든다.

23일 금융권에 따르면 금융감독원은 이달 초께 시중은행들에 지난해 충당금 적립 규모를 확대할 것을 요청하고 수치를 제출하도록 했다. 가계 부채, 자영업자 부채 등 부실에 따른 충격 발생 가능성에 대비해 손실 흡수 능력을 확충해야 한다는 설명이었다. 충당금은 부실 대출 규모를 예상해 그만큼을 비용으로 처리하기 위해 설정하는 계정이다.

금감원은 구체적으로 충당금 산식에 이용되는 전망 수치를 하향 조정할 것을 제시했다. 예컨대 올해 경제성장률을 기존 플러스에서 마이너스로 가정하면 충당금 규모가 더 커진다. 또한 금감원은 정량적인 충당금 산식 외에 정성적인 기준까지 동원해 충당금을 늘릴 것으로 요구한 것으로 알려졌다.

시중은행들은 이 같은 요청에 따라 지난해 충당금 적립 규모를 대폭 확대해 금감원에 제출했다. 일부 은행은 충당금 규모가 충분하지 않다는 금감원 지적을 듣고 더 확대해 다시 제출한 것으로 알려졌다. 금융당국 관계자는 "금리 인상 등 금융 불균형을 정상화하는 과정에서 연착륙하려면 은행들 충당금 적립 확대가 필요하다"고 밝혔다. 특히 오는 3월 코로나 19로 피해를 본 소상공인과 중소기업의 대출 만기 연장, 원리금 상환유예 지원제도가 종료될 때를 대비해야 한다는 설명이다.

금융당국은 더 나아가 제도 개선을 통한 충당금 확대도 검토하고 있다. 예를 들어 은행업 감독규정 제29조(대손충당금 적립 기준) 개정도 검토 안에 포함된다.

금융당국이 제도 개선까지 추진하는 것은 은행 총 여신은 갈수록 늘어나는 데 반해 고정이하여신(대출금 중 연체 기간이 3개월 이상인 부실채권)은 줄어드는 기현상이 나타나기 때문이다. 덕분에 충당금 적립률(충당금을 고정이하여신으로 나눈 값)은 최근 늘고 있다. 하지만 금융전문가들은 고정이하 여신은 부실채권 매각 때문에 줄어들고 있으며, 코로나 19로 피해를 본 소상공인 등에게 주어진 대출은 상당 부분 정상여신으로 잡히고 있어 현재 통계에 부실이 숨어 있다고 지적한다.

실제로 5대 시중은행 총 여신은 지난해 1분기 1,411조 505억원에서 2분기 1,438조 7,857억원, 3분기 1,480조 8,947억원 등으로 계속 늘었지만, 고정 이하 여신은 같은 기간 4조 7,653억원, 4조 3,961억원, 3조 9,655억원 등으로 줄었다. 덕분에 충당금도 같은 기간 6조 8,177억원, 6조 7,093억원, 6조 6,111억원 등으로 줄면서도 충당금 적립금은 143.1%, 152.6%, 166.7% 등으로 올랐다.

은행들은 충당금 확대 필요성에 대해서는 어느 정도 인정하면서도 배당 축소에는 반대하고 있다. 주주 권익이 훼손된다는 이유에서다. 은행 관계자는 "은행주 투자자들은 대부분 배당을 보고 들어온다"면서 "만일 배당이 시원치 않다면 주가에 영향을 미칠 수 있다"고 우려했다. 최근 은행장들 고과평가가 주가와 연계돼 있다 보니 은행으로서는 배당 축소에 민감할 수밖에 없다.

금융권에서는 올해도 당국이 구체적인 배당률을 지정할지에 주목하고 있다. 당국은 지난해 1월말 은행지주사와 은행의 배당을 순이익의 20% 이내로 제한할 것을 공개적으로 권고한 바 있다. 그러나 올해 배당 성향까지 수치로 제한을 두는 방안에 대해 조심스러운 것으로 알려졌다. 고승범 금융위원장이 지난 가을 취임 일성으로 "배당에 대해서는 원칙적으로 금융회사의 자율적인 결정을 최대한 존중할 것"이라고 밝혔기 때문이다. 아울러 더 늘어난 것으로 알려진 마당에 또 다시 인위적 제한을 두면 여론의 반발도 부담이 될 수 있다.

매일경제신문. 2022.1.24.

## 금감원 "대손준비금 더 쌓아라"… 은행 긴급 이사회

금융감독원이 7일 시중은행들에 향후 발생할 부실에 대비해 '대손준비금'을 더 쌓으라는 내용의 공문을 보낸 것으로 나타났다. 소상공인을 대상으로 한 대출 상환 유예 조치가 6개월 더 연장되면서 부실이 이월될 가능성이 높아졌고 러시아의 우크라이나 침공 등 대외 여건 변화도 금융 부실 리스크를 높이는 요인으로 판단했다. 은행들이 대손준비금을 늘리면 향후 배당 여력이 감소해 은행 주주들의 권리가 침해될 수 있다는 비판도 제기된다.

7일 금융권에 따르면 시중은행들은 지난 4일 대손준비금 추가 적립에 대한 여신 부행장 간담회에서 논의한 데 이어 이 같은 내용의 공문을 7일 받았다. 은행들이 부실을 대비해 쌓는 항목은 크게 두 가지로, 자본에 속하는 대손준비금과 비용에 포함되는 대손충당금으로 나뉜다.

한국채택국제회계기준에선 은행에 대출금의 연체 등 개관적인 손실 사유가 발생한 경우 대손충당금을 적립하도록 하고 있다. 이와 달리 대손준비금은 미래 손실을 감안해 적립해 쌓는 자본상 항목이다.

당국은 코로나19 관련 원금과 이자 상환을 유예해 주면서 은행들엔 대손충당금은 물론 대손준비금까지 늘리라고 압박했다.

매일경제신문. 2022.3.8.

## 은행들 대손준비금 10조 훌쩍 넘을 듯

시중은행관계자는 "코로나19로 인한 자영업자와 중소기업 부실 가능성과 함께 최근 러시아 우크라이나 전쟁으로 인한 기업 대출 부실 영향 등을 종합적으로 고려해 충당금을 쌓을 예정"이라고 말했다. 이미 준비금 등 재무제표를 확정한 일부 은행들은 이사회를 다시 열어 이를 수정해야 하는 상황이다.

다른 은행 관계자는 "이미 이사회를 열어 2021년 재무제표를 확정했지만 당국의 요청에 따라 대손준비금 등 자본 항목을 수정해야 한다"고 밝혔다. 무엇보다 은행들은 코로나 19 사태에 이어 유럽발 전쟁까지 장기화되면서 국내에서 개인과 기업을 가리지 않고 대출을 갚지 못하는 사태가 급증할 것으로 보고 있다.

KB국민, 신한, 하나, 우리 등 시중 4대 은행의 2018년 9월말 기준 대손준비금(잔액 기준)은 8조 4,995억원이었다. 이후 전년 대비 준비금 증가율은 2019년 3.2%, 2020년 3.4%, 작년에는 6.8%로 급증했다. 최근 1년 새 증가율이 2배로 높아졌다.

지난해 9월 말 현재 9조 6,886억원에 달하는데도 당국은 이를 더 늘리라고 은행들에 요구하고 있는 것이다. 이에 따라 올해 이들 은행의 대손준비금은 10조원을 훌쩍 넘을 것이란 전망까지 나온다.

금융감독원에 따르면 지난해 말 국내 은행의 원화 대출 연체율(1개월 이상 원리금 연체 기준)은 0.21%로, 역대 최저 수준을 기록했다. 이는 당국이 코로나 19 대출 상환을 유예해주면서 나타난 '코로나 착시'라는 분석이다.

매일경제신문. 2022.3.8.

## "부실 대비 준비금 쌓아라"… 은행들 '전전긍긍'

금융당국이 대출 부실에 대비한 손실 흡수 능력(대손충당금+대손준비금) 확대를 주문하면서 은행들의 고민이 깊어지고 있다. 미래에 발생할 손실에 쓰기 위해 미리 쌓아 두는 대손충당금과 대손준비금을 늘릴수록 이익이 줄어들고 배당 여력도 감소하기 때문이다. 금융지주사들도 손실흡수 능력 확대가 자회사인 은행의 수익성 악화는 물론 배당 축소에 따른 주가하락으로 이어지지 않을까 전전긍긍하는 분위기다.

### '배당 축소 시그널' 우려

5일 은행권에 따르면 금융당국은 은행들에 대손준비금 적립을 요구할 수 있는 제도인 '특별 대손준비금 적립 요구권' 도입을 검토하고 있다. 대손준비금은 국제회계기준에 따라 은행들이 직접 신청해 쌓는 대손충당금 외에 은행업 감독규정에 따라 추가로 적립해야 하는 돈이다.

현행 은행업 감독규정엔 금융사고가 발생했을 때 특별 대손충당금 적립을 요구할 수 있다. 금감원은 이 조건에 '경제 전망'을 반영해 추가 적립을 요구할 가능성이 큰 것으로 알려졌다. 코로나 19사태 이후 금융 지원 조치를 받은 대출 잔액이 133조 4,000억원에 달하는 만큼 금리 인상 시 대출 부실 가능성이 크다는 이유에서다.

대손준비금은 회계상 배당 재원으로 쓰이는 이익잉여금에 반영돼 배당 여력을 제한한다. 시중은행들이 쌓은 대손준비금(18조 1,000억원)과 대손충당금(19조 5,000억원)

은 작년 말 기준으로 총 37조 6,000억원 규모다. 한 금융지주사 임원은 "4대 금융지주 (KB 신한 하나 우리)의 이익잉여금은 20조원을 웃돌아 대손준비금을 늘려도 실제 배당엔 영향이 크지 않다"면서도 "대손준비금 확대를 '배당 축소 시그널'로 받아들인 외국인 투자자들이 이탈하는 게 가장 큰 문제'라고 지적했다.

우리금융을 제외한 3대 금융지주의 외국인 주주 지분율은 60~70%에 달한다. 가뜩이나 국내 금융지주의 배당성향이 25% 안팎으로 30~40% 수준인 미국, 유럽에 비해 낮은 편인데 이마저 줄어들 가능성이 제기되면서 외국인 주주들도 금융주를 외면하고 있다. 지난달 4대 금융지주 주가는 10% 넘게 떨어지며 시가총액이 10조원 넘게 증발했다.

## 금리 오르면 충당금 눈덩이

은행들은 올해 2분기 결산부터 대손충당금을 더 쌓아야 할 처지다. 금감원과 시중 은행이 참여한 '대손충당금 미래 전망 반영 방식 개선 태스크포스'가 경제 성장률 등 미래 전망 반영률을 높이는 방식으로 대손충당금 적립 기준을 강화했기 때문이다. 경제협력기구(OECD) 등이 물가 상승과 경기 침체를 이유로 한국의 성장률 전망치를 하향 조정하고 있어 대손충당금 추가 적립이 불가피한 것으로 은행들은 보고 있다. 한 시중 은행 리스크관리 담당 임원은 "TF의 지침을 반영한 결과 기존보다 10%가량 추가 대손충당금 적립이 필요하다는 결론이 나왔다"고 했다. 비용으로 분류되는 대손충당금 적립이 늘어날수록 은행의 이익은 줄어들 수밖에 없다.

한국은행의 기준 금리 인상 속도가 빨라질수록 은행들의 대손충당금 적립 부담이 커질 것이란 전망도 나온다. 한국기업평가는 연 1.75%인 기준금리가 연말까지 연 2.75%로 오르면 시중은행은 6조 1,000억원의 대손충당금을 더 쌓아야 할 것으로 추정했다. 지난해 시중은행 당기순이익(14조 4,000억원)의 42.3%에 달한다.

한국경제신문. 2022.7.6.

## '특별 대손준비금'까지… 은행들 부담 커진다.

금융당국이 대출 부실에 대비해 특별 대손준비금 적립을 요구할 수 있는 제도적 근거를 마련하기로 하면서 은행들의 고민이 깊어지고 있다. 미래에 발생할 손실에 쓰기 위해 미리 쌓아두는 대손충당금과 대손준비금에 더해 특별 대손준비금까지 추가로 적립하면 배당 여력이 줄어들기 때문이다. 은행당 최대 1조원 수준의 특별 대손준비금을 쌓아야 할 것이란 예상이다. 예대금리차 금리인하 요구권 수용률 공시 등으로 하반기 은행 실적 전망이 어두운 가운데 대손준비금 부담까지 늘어나면 은행을 자회사로 둔 금융지주사들의 주가하락이 불가피하다는 관측도 나온다.

### 4분기 특별 대손준비금 적립

5일 금융업계에 따르면 금융위원회는 지난달 금융 리스크 대응 태스크포스 회의를 열고 은행 특별 대손준비금 적립 요구권 신설을 추진하기로 했다. 코로나 19 대출 만기 연장 및 이자 상환 유예 조치가 이달 종료되면 대출 부실 가능성이 커질 것이란 이유에서다.

대손준비금은 국제회계기준에 따라 은행들이 직접 신청해 쌓는 대손충당금 외에 은행업 감독규정엔 금융사고가 발생했을 때 특별대손충당금 적립을 요구할 수 있다.

은행권 특별 대손준비금 적립은 올해 4분기 시행될 것으로 예상된다. 적립 기준은 은행이 부실채권을 털어내기 위해 충당금을 활용할 수 있는 비율(NPL 커버리지비율) 대신 총여신 대비 대손충당금(대손 준비금 포함) 적립률이 될 가능성이 높은 것으로 금융권은 보고 있다. 현재 연체 기간이 3개월을 넘은 은행 부실채권 비율이 낮은 탓에 NPL 커버리지 비율을 기준으로 하면 특별 대손준비금 추가 적립 규모가 크지 않기 때문이다.

지난 6월말 기준 은행 부실채권 비율은 0.41%로 역대 최저치를 기록했다. 올 2분기 기준 국민 신한 하나 우리 등 국내 4대 은행의 평균 NPL 커버리지 비율은 217.5%로 집계됐다. 지금보다 두 배 이상 대출 연체가 발생하더라도 문제가 없다는 얘기다. 하지만 당국은 코로나 19 금융지원 탓에 아직 잠재부실이 드러나지 않은 상태로 판단하고 있다.

## 하반기 예대금리차 축소도 부담

총여신 대비 대손충당금 적립률을 기존보다 높이면 은행의 특별 대손준비금 적립 부담이 늘어날 가능성이 크다. 2분기 말 대손충당금 적립률은 국민(1.15%), 신한(1.14%), 우리(1.17%)로 4대 은행 평균치는 1.16%로 나타났다. 전문가들은 4대 은행이 적립률을 0.1% 포인트 높이기 위해서는 은행당 3,000~5,000억원의 추가 특별 대손준비금 적립이 필요한 것으로 보고 있다.

금융당국이 JP모건 뱅크오브아메리카 웰스파고 씨티 등 미국 4대 은행의 총 여신 대비 대손충당금 적립률 평균치(1.5%)를 요구할 경우 은행당 추가 부담이 1조원을 웃돌 것이란 관측도 나온다. 대손준비금은 회계상 배당 재원으로 쓰이는 이익잉여금에 반영돼 배당 여력을 제한한다. 한 금융지주 사 재무담당 임원은 "상반기 최대 실적을 달성한 만큼 올해 배당성향이 지난해 수준에 그치더라도 주당 배당금은 작년보다 오를 것"이라면서도 "대손준비금 확대를 '배당 축소 신호'로 받아들인 투자자가 이탈하는 게 가장 큰 걱정"이라고 했다.

은행의 이자 이익을 최우선하는 예대금리차(예금 금리와 대출 금리차)가 축소된 점도 걱정거리다. 지난 7월 은행의 신규예대금리차(1.28%)는 전달보다 0.21% 포인트 줄었다. 대출금리는 0.31% 오른 반면 예적금 등 수신금리는 0.52%나 뛰었기 때문이다. 은행 실적에 영향을 더 많이 미치는 잔액기준 예대금리차(2.38%)도 0.02% 포인트 하락하며 지난해 7월 이후 1년 만에 하락세로 돌아섰다.

한국경제신문. 2022.9.6.

# 대우조선해양 분식회계 소송

2015년에 불거져 나온 대우조선해양의 분식회계 건이 이슈가 된 이후에 관련된 형사소송에 대한 행정소송과 민사소송이 연이어 제기되고 있고 6년이 지난 아직도 현재 진행형이다. 3심까지 간다고 하면 10년이 걸릴 수도 있으니 5조원대 분식이라는 전대미문의 이 분식회계 건이 어떻게 소송에서 진행될지 에 대해서는 유심히 관찰해야 한다.

"

## 대우조선 손실 은폐 파장… 빅4 회계법인 잇단 '투자자 소송' 위기

분식회계에 대한 부실감사 문제가 다시 불거지면서 빅4 회계법인에 먹구름이 드리 워졌다. 대규모 투자자 소송에 직면할 위험성이 커진 탓이다.

안진회계법인은 대우조선해양 부실 은폐 문제로 비상이 걸렸다. 20일 금융감독원은 "'2조원대 손실 은폐 의혹'이 불거진 대우조선해양에 대해 회계감리에 착수할지 예의 주시하고 있다"고 밝혔다. 대우조선해양은 해양플랜트 사업 지연 등에 따른 손실 회계 혐의가 사실로 드러나면 안진회계법인 또한 책임에서 자유롭긴 힘들 것으로 전망했다.

한영회계법인은 지난 15일 열린 제13차 증권선물위원회 의결에서 동양인터내셔널, 동양, 동양시멘트 문제로 중징계가 결정됐다. 특수관계인 간 거래에 대한 감사 절차 소홀로 20~30%의 손해배상공동기금 추가 적립 처분과 함께 감사업무 제한 등의 징계를 받았다. 특히 한영은 일반 투자자들에게 기업 어음을 발행해 광범위한 대규모 투자손실을 양산한 동양시멘트의 회계감사를 맡았다는 점에서 향후 일반 투자자들에게 대규모 손해배상 청구소송을 당할 여지가 커졌다.

삼일회계법인과 삼정회계법인도 각각 대우건설과 STX조선 문제로 골머리를 앓고 있다. 대우건설 중징계 여부는 이달 말 결정될 예정이다. 삼일은 대우건설이 다른 건설사에 비해 손실충당금도 충분히 쌓아두는 등 보수적인 회계 처리를 해 왔기 때문에 중징계가 결정되면 감리 불복 소송도 불사한다는 입장이다. 삼정은 강덕수 전 STX그룹 회장의 형사 소송 항소심을 지켜보고 있다. 지난해 있었던 1심에서 강 전회장은 2008년부터 2012년까지 5,841억원 규모 분식회계를 했다는 이유 등으로 징역 6년을 선고받은 바 있다. 강 전 회장의 분식회계 혐의가 최종 확정되면 이를 제대로 감사하지 못한 안진도[1] 일부 손해배상 책임을 질 수 있다.

부실회계 감사 문제가 확산되고 있는 가운데 감독당국에 대한 비판의 목소리도 높아지고 있다. 금융감독원에 따르면 지난해 1,848개사의 감사보고서 중 회계법인들이 적정의견을 내린 기업은 99%에 달해 전년(99.1%)과 비슷한 수를 유지했다. 이번에 2조원대 이상 부실 누락으로 문제가 되고 있는 대우조선해양 역시 안진회계법인에서 적정을 받은 바 있다. 이 때문에 감독당국이 회계법인들에 대해 좀 더 강력한 감사를 할 필요가 있다는 말들이 나온다. 이 같은 문제를 해결하기 위해 금감원에서는 연초 감독 1, 2국으로 나뉘었던 회계감리 부서를 회계심사국과 회계조사국으로 변경해 기본적인 사항은 심사국에서, 심층 감리는 조사국에서 담당하도록 하면서 감리주기를 단축하기로 했다.

업계에서는 지금의 감리 체제를 바꿀 획기적인 방안이 나와야 한다고 목소리를 높인다. 한 대형 회계법인 감사 부문 대표는 "범죄(분식회계)를 줄이려면 도둑을 잡는 경찰(회계법인)에게 미국처럼 총기(강제 조사 권한)를 지급하든가 범죄자에게 무기징역 등 강력한 처벌(분식회계 한 경영진 중징계)이 내려져야 하는데 한국 금융당국은 범죄자를 잡지 못한 경찰에게만 책임을 돌리고 있다"고 항변했다.

매일경제신문. 2015.7.21.

---

1) 안진으로 기사에 되어 있으니 삼정인 듯.

회계업계에서는 계좌추적권 등의 권한이 없어서 회계감사에는 한계가 있다고 주장한다.

## 대우조선 소액주주, 손배소 냈다.

대우조선해양 소액주주 119명이 대우조선과 고재호 전 사장, 감사를 맡은 안진회계법인 등을 상대로 41억원 규모의 손해배상소송을 30일 제기했다. 법무법인 한누리 관계자는 이날 대우조선 투자자 119명을 대리해 손해배상청구소송을 서울중앙지방법원에 제기했다고 밝혔다.

원고는 대우조선 2014년 사업보고서가 공시된 다음날인 지난 4월1일부터 대우조선이 대규모 손실을 기록할 가능성이 있다고 알려진 전날(지난 7월 14일) 사이에 주식을 취득한 주주 중 일부다. 이들은 소장에서 "대우조선이 대규모 해양플랜트 공사의 계약원가를 처음부터 낮게 추정하거나 공사 진행 정도에 따라 추정 계약원가를 제대로 변경하지 않아 매출과 영업이익 등을 과대 계상했다"며 "2014회계연도의 사업보고서 중 중요사항에 해당하는 재무제표를 거짓으로 작성했다"고 주장했다.

이들은 또 "안진회계법인은 감사임무를 소홀히 해 대우조선의 매출과 영업이익 등이 과대계상된 사실을 발견하지 못하고 감사보고서를 부실 기재했다"고 덧붙였다. 한누리 관계자는 "대우조선의 미청구공사 금액(발주처로부터 받지 못한 대금)이 최근 해마다 2조원씩 증가하는 상황인데도 부실 발생을 사전에 몰랐을 리 없다"고 말했다.

한국경제신문. 2015.10.1.

## 대우조선 회계오류 고쳤더니 2013, 2014년 7천억원씩 적자

대우조선해양이 2013년과 2014년 재무제표상 오류를 수정해 직전 2개 연도 실적이 흑자에서 적자로 반전됐다. 2015년에 반영했던 손실을 2013년과 2014년에 사후적으로 반영한 것으로 전체 적자 규모는 변동이 없지만 부실회계 논란은 피할 수 없게 됐다. 이에 따라 해당 기간에 주식을 산 투자자들이 소송에 나설 것으로 전망된다.

25일 대우조선은 지난해 영업손실 규모를 5조 5,051억원에서 2조 9,372억원으로 정정한다고 공시했다. 차액인 2조 5,679억원은 각각 2013년과 2014년 실적에 분산 반영돼 흑자로 공시됐던 2013년과 2014년 영업손실은 각각 7,784억원, 7,429억원 적자로 둔갑했다.

이에 따라 대우조선과 외부 감사인 딜로이트안진회계법인은 법적 책임을 피하기 어려울 것으로 보인다. 대우조선 대주주인 산업은행 역시 관리 부실에 대한 책임 문제가 불거질 수 있다.

대우조선 관계자는 "3개 연도 손실 규모가 변한 것은 아니다"며 "장기매출채권 충당금 설정 등 당시 가정했던 여러 조건이 변해 사후적으로 오류가 생긴 부분을 정정했다"고 설명했다. 안진회계법인도 "진행 기준을 사용하는 조선업 특성상 과거 추정에 대한 오류를 사후적으로 바로 잡는 차원"이라고 설명했다.

2013년과 2014년에 4,000억원대 영업흑자 실적을 보고 투자를 결정한 투자자들이 회계 부실에 대한 소송을 줄이어 제기할 것으로 보인다. 미 법무법인 한누리에서 안진회계법인을 상대로 소송을 제기한 상태다. 원고는 대우조선에 투자를 한 187명이며 피해 배상금액으로 70억원을 요구하고 있다. 집단소송에 나선 투자자들은 2015년 4~7월 사이 3개월간 주식을 매수한 사람들로 제한됐다. 4월에 아무 부실이 없다는 2014년 감사보고서를 믿고 투자한 후 7월에 갑작스러운 손실반영(빅배스)으로 인해 손해를 본 투자자들로만 집단소송을 진행해야 인과 관계를 입증하기 가장 쉽다는 판단이 작용한 것이다. 이 밖에도 안진을 상대로 소송을 걸 투자자는 더 늘어날 것으로 보인다.

매일경제신문. 2016.3.26.

사회 현상에서 인과관계를 입증한다는 것은 매우 어렵다. 심증은 있지만 이를 증명하는 것은 어렵다. 통제해야 할 사항(confounding event)이 너무 많고 동시에 주가에 영향을 미치는 경제 대내외적인 항목도 너무 많기 때문이다.

## '회계부정' 대우조선, 국민연금 발 줄소송 당하나

　대우조선해양이 2012년부터 분식회계를 해온 정황이 검찰 수사과정에서 드러나면서 당시 재무제표를 보고 이 회사 주식과 채권에 투자했던 국민연금공단이 손해배상 소송에 나설 가능성에 무게가 실리고 있다.

　검찰은 고재호 전 사장이 재임하던 2012년부터 2014년 사이 5조 4,000억원대 분식회계가 있었던 것으로 보고 수사하고 있다. 분식을 거쳐 부풀려진 이익이 회사가 매년 공시한 사업보고서에 반영된 것으로 검찰은 파악하고 있다.

　대우조선해양이 2012년부터 분식회계를 해왔을 것이란 혐의가 제기되면서 당시 재무제표를 보고 투자를 결정했던 국민연금 등 기관투자자들이 강경 대응에 나설 것이란 관측이 나온다. 시장에서는 국민연금이 잘못된 정보를 바탕으로 대우조선해양 주식에 투자해 2,000억원 가량의 손실을 본 것으로 추정하고 있다.

　국민연금은 2013년 한 해 동안 대우조선해양 주식 1,744만 1,569주(지분율 9.11%)를 사들였다. 매매 가격을 밝히지 않고 있지만 2013년 대우조선해양의 평균 주가(2만 9,920원)를 감안하면 투자금액은 약 5,218억원에 달할 것으로 추산된다.

　국민연금이 보유하던 주식을 본격적으로 매도하기 시작한 것은 정성립 사장이 새로 취임해 대우조선해양의 이전 분식을 떨어내기 이전이다. 공시일 기준 지난해 3월25일 191만주를 매도한 것을 시작으로 6월 11일까지 781만 8,926주를 팔아치웠다. 남아 있던 4% 가량 지분도 지난해 6월 모두 매각했을 것으로 업계는 보고 있다. 지난해 상반기 대우조선해양의 평균 주가는 1만 7,894원 수준으로 2013년 대비 40%가량 낮았다.

　국민연금은 주식과 별도로 지난해 3월 대우조선해양 회사채에 1,000억원을 투자해 105억원의 평가손실을 보고 있다.

　한 대형 로펌 변호사는 "잘못된 재무제표가 투자 판단에 영향을 줬다면 국민의 돈을 굴리는 국민연금은 강력하게 문제를 제기하고 보상을 받아야 할 것"이라고 말했다. 이어 "국민연금이 소송에 나서면 대우조선해양 주식이나 채권에 투자한 다른 기관투자가들도 적극적으로 따를 것"으로 내다봤다.

　국민연금 관계자는 "여러 가지 대응을 검토 중이지만 아직 결정된 것은 없다"고 말했다. 일각에서는 대우조선해양에 공적자금이 투입되고 있어 소송을 통해 국민연금이 손실을 보전받기 부담스러울 수 있다는 분석도 나온다.

2013년과 2014년 재무제표를 보고 대우조선해양 주식을 산 일반투자자 중 일부는 대우조선해양과 외부감사인 안진을 상대로 소송을 제기했다. 소액주주들이 대우조선해양을 대상으로 서울중앙지법에 제기한 손해배상소송은 총 6건으로 약 249억원 규모다.

한국경제신문. 2016.7.5.

## 국민연금, 대우조선 손배소 결정

국민연금공단이 대우조선해양의 분식회계로 인한 투자 손실에 대해 손해배상소송을 제기할 방침인 것으로 확인됐다. 연기금 등 기관투자자가 대우조선해양에 대해 제기하는 첫 민사소송이다.

12일 투자은행업계에 따르면 국민연금공단은 내부 법률 검토를 통해 대우조선해양의 분식회계와 관련해 손해배상소송을 제기한다는 방침을 세웠다. 자본시장과 금융투자업에 관한 법률 162조 '사업보고서 거짓 기재에 대한 배상 책임'이 근거 조항이다. 소송 대상은 대우조선해양과 당시 경영진, 딜로이트 안진 등으로 한정했다.

국민연금이 소송 방침을 정한 것은 분식 회계 정황이 뚜렷하다는 이유에서다. 지난 3월 딜로이트 안진이 2013~2014년 재무제표를 수정해 2조원 규모 손실을 늦게 반영한 점과 감사원이 2013~2014년 2년간 1조 5,000억원 규모 분식 회계 혐의를 공식 발표한 점 등이 대표적인 예다. 관련 법률에 따라 국민연금이 소송을 제기할 수 있는 제척기간(위법사실을 안 날로부터 1년)이 오는 15일까지로 촉박한 것도 소송을 결정하게 된 주요 사유다.

손해배상소송 규모는 유동적이다. 국민연금은 대우조선해양이 2013 사업연도 감사보고서를 제출한 2014년 3월부터 매입한 대우조선해양 주식 중 회계분식 혐의를 인지한 2015년 7월까지 주식을 보유한 데 따른 손실을 1차 배상 대상으로 삼고 있다. 규모는 수백억원 정도다.

국민연금이 소송을 제기하면 대우조선해양 투자로 손실을 입은 다른 연기금 보험사 자산운용사 등 기관투자자들도 소송에 나설 수 있다. 금융위원회와 산업은행은 손해배상소송이 잇따를 경우 대우조선해양의 경영 정상화에 상당한 지장을 초래할 것으로 우려하고 있다.

산업은행 관계자는 "법원 확정 판결이 나올 때까지 손해배상 청구 받은 금액이 우발채무로 남아 향후 경영권 매각 등에 걸림돌이 될 것"이라고 말했다.

국민연금은 2013년 말 6,109억원(9.12%) 규모의 대우조선해양 주식을 보유했지만 2015년 초부터 주식을 단계적으로 대부분 매각했다.

한국경제신문. 2016.7.13.

위의 우발채무 관련되어 국내 증권시장과 미국 증권시장에 동시 상장된 기업의 경우는 다음과 같은 우발채무 관련된 기준의 차이도 존재한다.

변호사 조회서 회수:
한국회계감사기준:
소송사건에 대한 변호사 조회서 회신 시, 변호사가 소송결과를 알 수 없음으로 회신을 주는 경우에도 이를 수용하고 충당부채 미설정
PCAOB:
소송사건의 결과에 대해 조회서상 승소 가능성에 대한 내용이 없는 경우 감사증거로서 불인정한다. 중요한 소송인 경우 감사범위를 제한한다.

즉, 위의 소송 건에 대한 양국 간의 규제의 차이는 변호사 조회서를 어떻게 해석할지에 의해서 나누어진다. 우리나라의 경우는 기업에 자문을 해 주는 변호사가 진행되는 소송에 대해서 알 수 없다거나 아니며 승소할 것 같다고 소송 건에 대해서 긍정적인 의견을 제시할 가능성이 높다고 사료된다. 따라서 이러한 환경 하에서는 충당부채가 설정되지 않을 가능성이 높다.

미국의 경우, 소송 결과를 알 수 없다고 변호사가 답을 해도 충당부채를 설정한다. 즉, 변호사 의견서를 우리나라의 환경보다 더 부정적/소극적으로 해석한다. 이는 아마도 변호사 의견서 자체가 회사에 유리하게 편향될 수 있다는 것을 전제한다고 추정된다.

## "대우조선, 사외이사도 책임져라" 소액주주들, 손배소 추가 제기

수조원대 분식회계 의혹으로 검찰 수사를 받고 있는 대우조선해양에 대해 소액주주들이 수십억원대의 손해배상 청구 소송을 추가로 제기했다. 조전혁 전 새누리당 국회의원 등 사외이사들도 처음으로 피소됐다.

14일 법조계에 따르면 강모씨 등 소액주주 21명은 이날 법무법인 한누리를 통해 대우조선해양 법인과 전 현직 임직원, 딜로이트 안진 등을 상대로 하는 손해배상 청구 소장을 서울중앙지방법원에 냈다. 고재호 전 사장을 비롯한 김갑중 전 대우조선해양 재경실장 등 사내외 이사 2명과 조전혁 전 의원 등 사외이사 5명도 피고에 포함됐다. 배상 청구 규모는 약 36억원이다.

소액주주들은 소장에서 "대우조선해양이 분식회계를 해 사업보고서 등을 허위로 작성해 공시했고 딜로이트 안진은 부실 감사를 했다"며 "원고들은 이를 알지 못하고 허위로 기재된 대우조선의 사업보고서와 감사보고서를 신뢰하고 주식을 매수했다가 손해를 입었다"고 주장했다. 대우조선해양 등이 자본시장법 등에 따라 원고들의 피해액을 배상해야 한다는 주장이다.

대우조선해양을 상대로 한 소액주주 소송은 이번이 처음은 아니다. 다만 이번 소송은 손해배상 청구 대상으로 삼은 주식 매수 기간을 2013년 8월 16일부터 올해 4월 14일까지로 잡았다. 이전에 제기된 소송들은 2014년 사업보고서 공시 시점(2015년 3월 31일) 또는 2013년 사업보고서 공시 시점(2014년 3월 31일) 이후에 매수한 경우였다.

원고 측을 대리한 김광중 법무법인 한결 변호사는 "대우조선해양의 분식 회계가 2012년부터 시작됐고, 2013년 반기 보고서부터 허위로 작성됐다는 것이 우리 입장"이라며 "연말 기준으로 작성된 사업보고서뿐 아니라 그전에 작성 및 공시된 반기 분기 보고서도 책임 대상이 된다"고 주장했다.

사외이사에게 배상 책임이 있다고 본 것도 기존 소송과 차이점이다. 김변호사는 "막대한 분식이 일어나는 동안 사외이사들이 감사 직무를 제대로 수행하지 않았다"며 "회사를 제대로 감시하지 못한 사외이사에 대해 책임을 인정한 판례들이 있는 만큼 재판 과정에서 이를 입증할 계획"이라고 설명했다.

서울중앙지법에는 소액주주 427명이 대우조선해양을 상대로 낸 손해배상 소송을 포함해 총 8건의 관련 사건이 계류 중이다. 현재까지 피해 액수는 250억 여원이며 이번 소송을 통해 300억원 규모로 늘어날 전망이다.

한국경제신문. 2016.7.15.

## 국민연금 "대우조선 손배소 확대할 수도"

국민연금공단이 대우조선해양 주식과 채권에 투자해 2,000억원이 넘는 손실을 봤음에도 손해배상 소송 청구액이 489억원에 불과하다는 주장이 제기됐다. 이에 대해 국민연금은 실제 발생한 손실액은 그보다 적으며 검찰 수사 경과에 따라 손해배상 규모를 확대할 수 있다고 밝혔다.

15일 정춘숙 더불어민주당 의원은 국민연금이 제출한 자료를 분석한 결과 국민연금이 2013년부터 올해 3월까지 대우조선해양에 1조 5,542억원을 투자해 총 412억원 손실을 본 것으로 집계됐다고 밝혔다. 국민연금이 주식에 1조 1,554억원을 투자해 2,360억원 손실을 봤고, 채권에는 3,988억원을 투자해 현재 52억원 손실을 봤다고 지적했다.

국민연금은 2013년 대우조선 주식에 투자해 지분율을 9.12%까지 늘렸다. 대우조선의 분식회계 이슈가 발생한 2015년 6월 이후부터는 투자 비중을 줄이려 지분을 매각했지만 이 과정에서 주가하락에 따른 손실을 봤다. 국민연금은 지난 13일 분식회계로 손해를 입었다며 대우조선과 회계감사를 담당한 딜로이트 안진 등을 상대로 489억원 규모의 손해배상 소송을 청구했다. 국민연금이 분식회계로 입은 손해를 배상하라며 기업을 상대로 소송을 낸 것은 이번이 처음이다.

국민연금은 "정의원의 분석은 특정 기간 주식의 장부상 평가액 변화 등을 나타내는 것으로 실제 발생한 손해액과는 차이가 있다"며 "손해배상 청구 가능 금액 및 투자손실액은 분식회계 의혹이 있는 2012년과 2013년의 편입 여부 등에 따라 기간별 매매손익, 시점별 보유 수량과 기준 주가가 달라지면서 차이가 발생한다"고 밝혔다. 아울러 "검찰 수사 경과에 따라 손해배상 청구 범위 등은 달라질 수 있다"며 분식회계 혐의가 확정되면 추가 소송을 제기할 수 있음을 시사했다.

매일경제신문. 2016.7.16.

## 공무원 사학연금도 대우조선에 소송

국민연금에 이어 사학연금과 공무원 연금이 대우조선해양을 상대로 200억원대 손해배상청구 소송을 제기했다. 대우조선해양의 회계 부정에 따른 피해에 대해 연기금들이 잇따라 소송에 나서면서 소송 규모는 눈덩이처럼 불어날 전망이다.

18일 관련 업계에 따르면 사학연금과 공무원 연금은 지난 15일 법무법인 한결을 통해 대우조선해양 법인과 전 현직 임직원, 외부감사를 담당한 딜로이트안진을 상대로 한 손해배상청구 소장을 서울 중앙지방법원에 냈다.

고재호 전 사장을 비롯한 김각중 전 재경실장 등 사내이사 2명과 조전혁 전 국회의원 등 사외이사 5명이 피고 명단에 포함됐다. 배상 청구액은 사학연금이 147억원, 공무원 연금이 73억원으로 총 200억원이다. 원고 측은 소장에서 "대우조선해양이 회계분식을 통해 사업보고서 등을 허위로 작성해 공시했고, 딜로이트안진은 부실감사를 했다"며 "허위로 기재된 대우조선의 사업보고서와 감사보고서를 신뢰하고 주식을 매수했다가 손해를 입었다"고 주장했다.

국민연금은 지난 14일 대우조선해양과 이 회사 경영진 10명, 회계법인 딜로이트안진을 대상으로 489억원 규모의 손해배상청구 소송을 청구했다고 밝혔다.

법조계 관계자는 "연기금 1~2곳이 추가로 소송을 검토하고 있는 것으로 안다"며 "연기금들의 총 소송 규모만 1,000억원 선을 넘어설 가능성이 있다"고 말했다. 대우조선해양 비리를 수사 중인 검찰 부패범죄특별수사단은 <u>2012~2014년</u> 대우조선해양의 분식회계 규모가 5조 7,000억원에 달한 것으로 보고 수사를 하고 있다.

법조계에서는 연기금들이 회사 및 감사법인으로부터 분식회계로 인한 피해를 배상받은 사례가 있는 만큼 피해액 일부를 돌려받을 가능성이 있는 것으로 보고 있다. 올 들어 삼일회계법인은 한솔신텍(옛 신텍)의 과거 분식회계로 투자 피해를 입은 국민연금 등 연기금과 은행 등 기관, 소액주주들에게 57억원을 배상금으로 지급했다.

한국경제신문. 2016.7.19.

## 대우조선 회계사기 눈감아줬나 검, 안진회계 기소 검토

딜로이트 안진회계법인(대표 함종호)이 2010~2015년 대우조선해양의 중요 회계자료를 보지도 않은 채 '적정' 감사의견을 내고 회계사기를 눈감아줬다는 혐의(주식회사외부감사에 관한 법률 위반)에 대해 검찰이 수사 중인 것으로 알려졌다.

검찰이 법인 차원의 조직적인 회계사기 방조 혐의에 대해서도 조사한다는 방침이어서 담당 회계사는 물론 법인에 대한 기소도 이뤄질지 주목된다.

10일 법조계에 따르면 대우조선과 산업은행 비리 의혹을 수사 중인 대검찰청 부패범죄특별수사단은 안진 측이 대우조선의 회계사기를 이미 눈치 채고도 눈감아 준 혐의를 잡고 이르면 다음 주 감사 실무를 총괄했던 안진 고위 임원 A씨를 소환할 계획이다.

A씨는 안진의 공동경영자(파트너) 직급이어서 그의 결정은 <u>법인 차원의 결정</u>으로 볼여지도 있다는 게 회계법인 의견이다. 검찰은 이미 감사에 관여한 회계사 10여 명을 소환 조사했고, 전 현직 대표들에 대한 조사도 검토 중이다. 검찰은 앞서 지난 6월 대우조선 비리 의혹에 대한 수사에 착수하면서 A씨 집무실 등을 압수수색한 뒤 법인 차원의 회계사기 방조 혐의를 수사해 온 것으로 알려졌다. A씨는 -대우조선의 중요 회계자료를 확인 분석하지 않은 채 감사를 진행한 게 대우조선의 요청에 따른 것이었는지, -그 과정에서 고의로 회계사기를 묵인했는지 - 감사 계약 연장과 컨설팅 용역 수주 등 대가를 기대하고 적정의견을 준 것인지 등에 대해 조사받을 것으로 보인다.

이날 매일경제가 안진과 대우조선 관계자 등에게 확인한 바에 따르면 안진의 외부감사팀은 2014 회계연도 감사 당시 대우조선 측에 "총 공사 예정원가(예상비용) 산정의 근거가 된 상세자료를 제출하라"고 요구했다.

하지만 대우조선 측은 "자료가 없다"는 등 평계를 대며 제출하지 않았다. 안진감사팀은 다시 자료 제출을 요구해야 했지만 그런 절차를 밟지 않았다. 당시 안진 측 일부실무 회계사들은 "이 문제를 절대 덮고 넘어 가선 안 된다"고 반발했지만 최종 의사결정권자인 A씨 등이 이를 무시한 채 감사를 마무리 지은 것으로 알려졌다. 이에 대해안진 측 관계자는 "불법행위에 대해 법인 차원의 묵인은 결코 없었다"고 주장했다. 이관계자는 또 "그 밖에도 일부 의혹은 사실과 다른 점이 있으나 현재 관계기관의 수사가 진행 중이라서 답변하기 어렵다"고 밝혔다.

회계업계 일각에선 안진이 대우 조선의 외부감사 때 회계사기를 어느 정도 눈감아준 대가로 고액의 수임료나 컨설팅 용역을 받은 것 아니냐는 의혹을 제기한다. 대우조선은 2010년 민유성 전 산업은행장의 지시로 외부감사 법인을 종전의 삼정KPMG에서 딜로이트 안진으로 바꿨다는 의혹을 받고 있다. 안진은 2010~2012년에 이어 2013~2015년 대우조선의 외부감사 법인으로 선정돼 6년간 대우조선과 자회사 30여 곳에서 외부감사 수임료 50억여 원, 컨설팅 비 10억여 원 등 총 60억원 이상의 일감을 따갔다. 또 업계에선 지난해 대우조선의 회계사기 의혹이 불거졌을 때 안진이 기존 감사팀에 심리실 인력을 추가해 두 배 가까운 감사 인력을 투입한 것도 이전의 외부감사 결과를 스스로 신뢰하지 못했다는 근거로 보고 있다. 심리실은 감사가 적정하게 이뤄졌는지 자체 조사하는 부서다.

안진이 법인 차원에서 공모 또는 방조했다는 혐의가 인정되면 금융당국은 공인회계사법 등에 따라 과징금을 부과하거나 최고 영업정지나 등록취소 같은 중징계도 내릴 수 있다. 회계법인에 대한 행정처분은 통상 손해배상 공동기금 추가 적립, 해당 회사에 대한 감사업무 정지, 과징금 부과 등이었다. 2000년 업계 3위였던 산동회계법인은 당시 대우 그룹의 회계사기를 묵인해 준 사실이 드러나 1년간 문을 닫았다. 지금까지 영업정지를 받은 회계법인은 청운 화인까지 포함해 모두 3곳이었고 결국 전부 폐업했다. 회계법인 등록취소 사례는 아직 없다. 회계업계 관계자는 "대우조선이 안진 최고위층에 부실회계 묵인을 요청했는지, 또 안진 내부에서 법인 차원의 의사결정 과정이 있었는지가 향후 수사와 재판에서 핵심 쟁점이 될 것"이라고 말했다.

매일경제신문. 2016.10.11.

## 대우조선 감사 때 회계사기 공모혐의 안진회계법인 전현직 임원 2명 검 소환

2010~2015년 대우조선해양 외부 감사책임자였던 딜로이트 안진회계법인(대표 함종호)의 임 모 상무와 배 모 전 이사가 대우조선 회계사기 공모 혐의로 검찰에 소환된다. 대검찰청 부패범죄특별수사단(단장 김기동 검사장)은 대우조선의 중요 회계자료에 대한 검토 분석을 건너뛰고 수조 원대 회계사기를 저지른 혐의(외감법 및 공인회계사법 위반)로 배 전 이사를 이르면 이번 주 소환조사할 것으로 16일 알려졌다. 배 전 이

사를 조사한 뒤 임 상무도 소환한다.

이날 안진과 회계업계 등에 따르면 배 전 이사는 안진의 대우조선 외부감사팀을 이끌던 이사급 회계사로 현장 실무책임자였다. 회계법인은 통상 파트너-이사-인차지(중간 감독자)-회계사 4~5명 등을 한 팀으로 묶어 각 기업의 외부감사를 전담한다. 검찰은 배 전 이사가 회계사기 의혹이 제기된 뒤 퇴사한 배경 등에 대해서도 조사할 계획이다.

임 상무는 지난해 9월 정무위원회의 산업은행 국정감사에서 증인으로 출석해 대우조선의 조 단위 부실에 대해 "회계사기가 아니라고 생각한다"고 주장한 바 있다. 또 "2015년 발생한 유가하락, 예정원가 증가, 미래 손실을 미리 반영한 것 등 조선업의 진행기준 특성 때문에 거액의 손실이 발생했다"고 말했다. 그러나 검찰은 대우조선 수사 착수 이후 임 상무 주장과 그 경위에 대해 면밀히 조사를 벌여온 것으로 알려졌다. 특히 지난 7월 고재호 전 사장을 순자산 기준 5조 7,000억원대 회계사기 등 혐의로 구속기소한 이후 회계사기는 기정 사실이 됐기 때문이다.

검찰 수사가 속도를 내면서 대우조선과 안진이 갈등을 빚었던 사실도 드러나고 있다. 대우조선과 안진 관계자 등에 따르면 안진이 올해 3월 대우조선에 정정공시를 요구하며 사실상 회계 오류를 인정한 것은 딜로이트 본사의 강력한 요구 때문이었다고 한다. 세계 1위 회계컨설팅 회사인 딜로이트 그룹은 대우조선의 회계사기 의혹이 불거지자 안진이 서둘러 외부감사에서 손을 떼게 했다. 한국 시장에서의 부정적인 평판을 우려했기 때문인 것으로 알려졌다.

대우조선은 지난해 5월 정성립 신임 사장 취임 후 전 경영진 시절의 5조원대 적자를 그해 재무제표 반영해 부실을 떨어내는 '빅배스'를 단행했다.

이에 따라 안진은 지난 3월 "지난 해 추정 영업손실 중 약 2조원을 2013년과 2014년 재무제표에 나눠 반영했어야 한다"며 대우조선에 정정공시를 요구했다. 당시 대우조선은 안진의 요구를 거부했지만 안진이 "정정공시를 하지 않으면 '의견거절'을 하겠다"고 공문을 보내자 결국 수락했다. 2013~2014년 연속으로 흑자를 냈다는 재무제표 내용은 거짓으로 드러난 셈이다.

매일경제신문. 2016.10.17.

## '대우조선 부실 감사' 회계법인 임원 구속

　2010~2015년 대우조선해양 외부 감사 책임자였던 딜로이트 안진 회계법인의 배모 전 이사가 구속됐다. 대형 회계법인 임원이 대기업 부실감사와 회계사기 개입 등의 혐의로 구속된 것은 처음이다.

　2일 대우조선 및 산업은행 비리를 수사 중인 대검찰청 부패범죄 특별 수사단(단장 김기동 검사장)은 대우조선 외부감사 때 중요 회계자료에 대한 검토 분석을 건너 뛰고 이 회사의 회계사기에 가담한 혐의(외감법 위반)로 배씨를 구속했다.

　서울중앙지법은 성창호 영장전담부장판사는 전날 배씨에 대한 구속 전 피의자심문 (영장실질심사)을 한 뒤 "구속의 사유와 필요성이 인정된다"며 구속영장을 발부했다.

　특수단 등에 따르면 배씨는 대우조선의 부당한 요구를 들어줘 <u>성과급을 받을 수 있게 해준 것</u>으로 드러났다.

　대우조선은 배씨에게 "2013~2014회계연도 영업비용으로 처리해달라"고 요구했다. 이렇게 하면 장부상 영업이익이 실제보다 1,000억원 이상 늘어나게 돼 더 많은 성과급을 받을 수 있게 된다. 이는 대우조선이 주채권은행 산은과 해마다 경영실적평가 양해 각서를 맺고 영업이익 등을 기준으로 성과급을 받았기 때문이다. 배씨는 대우조선의 회계사기를 알고도 감사를 부실하게 한 혐의도 받고 있다. 안진 감사팀은 2014년 8~11월 대우조선에 대한 '실행예산(배를 짓는 데 들어갈 것으로 예정되는 총원가) 검토 프로그램'을 실시했다.

　배씨는 이 과정에서 대우조선이 실행예산을 이중장부로 관리하며 회계사기를 하고 있다는 사실을 알게 됐지만, 실사를 통해 규모를 파악하기는커녕 '적정의견'으로 감사 보고서를 작성했다는 게 검찰 조사결과다. 배씨는 또 일부 감사조서를 변조한 혐의도 있다. 그는 실행예산에 대해 적정의견을 준 게 뒤늦게 문제가 되자 실행예산 검토조서를 작성한 것처럼 꾸며 아무렇게나 끼워 넣은 것으로 드러났다.

　이 밖에도 2015년 6월 정성립 사장(66)이 취임 직후 빅배스(누적 잠재손실을 한 회계연도에 한꺼번에 처리하는 것) 단행 방침을 밝히자 회계사가 흔적을 숨기려 한 혐의도 받고 있다.

　특수단은 이르면 이번 주 안진 임모 상무도 피의자 신분으로 불러 회계사기에 가담한 경위를 피의자 신분으로 불러 회계사기에 가담한 경위를 추궁할 방침이다. 임 상무는 파트너급(임원)회계사로 대우조선 관련 모든 의사결정을 주도한 총괄 책임자다.

매일경제신문. 2016.11.3.

## 대우조선 분식회계로 사면초가 몰린 딜로이트안진 검찰서 줄 소환…

조직적 묵인 땐 등록취소 배 전이사는 2013~2014 회계연도 영업비용 1,000억원 이상을 영업외 비용으로 처리해 달라는 대우조선의 부당한 요구를 들어줘 대우조선이 성과급을 받을 수 있게 해준 혐의다. 때문에 검찰 조사대로 1,000억원대 영업비용을 영업외 비용으로 처리해 달라는 대우조선의 요구가 있었다면 인차지급 회계사가 이를 배 전 이사에게 보고했고, 그 또한 파트너급 이상 임원진에게 보고했을 것이란 게 업계의 대체적인 시각이다.

안진이 오너가 없는 기업만 골라 일종의 '회계 준법투쟁(평소 잘 지켜지지 않던 관행을 엄격히 준수하는 것)'을 벌일 것이란 얘기도 나온다. 안진은 이미 지난해 소액주주들과 200억원 이상의 손해배상 소송에 휘말린 데 이어 최근에는 국민연금까지 대우조선과 안진회계법인을 상대로 489억원의 손해배상소송을 냈다.

검찰 수사와 금융당국 감리 결과에 따라 딜로이트 안진과의 브랜드 라이선스 계약을 해지할 가능성도 거론된다. 딜로이트는 안진에 내년 매출의 10%가량을 라이센스피로 받고 있다.

매경이코노미. 2016.11.23.-29

## 검, 대우조선 분식회계 관련 회계법인 대표 조사

'대우조선해양 5조원 대 회계사기'를 수사 중인 검찰이 딜로이트 안진회계법인의 함종호 대표를 불러 조사한 것으로 23일 드러났다. 대우조선 외부감사를 맡은 안진이 수년간 회계사기를 묵인하고 심지어 적극적으로 개입했다는 의혹에 대해 대표까지 조사한 것이다. 이르면 다음 주 안진의 법인 기소를 결정할 것으로 보인다. 검찰은 수년간 사상 최대 규모의 회계사기가 가능했던 데에는 부실감사 등 구조적인 문제가 있다고 보고 안진 등에 대한 수사에 집중해왔다.

대검찰청 부패범죄특별수사단(단장 김기동 검사장)은 지난 19일 법인 기소 여부 조사를 위한 마지막 단계로 함 대표를 소환 조사했다. 함 대표는 2014년 6월 1일 안진 대표로 취임해 2년 7개월째 업계 2위 회계법인을 이끌고 있다. 특수단은 이 기간에 안진이 대우조선에 사실상 회계사기를 계속하라고 부추긴 정황을 확보한 것으로 알려졌다.

특수단은 함대표를 상대로 안진이 대우조선의 회계사기 정황을 알면서도 회사 차원에서 이를 묵인 또는 방조했는지 캐물었다. 특히 안진이 2010년 부실감사 혐의(주식회사의 외부감사에 관한 법률 위반)로 기소돼 벌금형을 선고받은 뒤에도 이 같은 문제점이 시정되지 않은 것에 대해 집중 추궁한 것으로 알려졌다. 안진은 광주지검 부대표인 파트너급 회계사 김 모씨가 특정 업체에 유리하게 거짓 감사를 한 것을 제대로 관리감독하지 못한 혐의로 재판에 넘겨져 벌금 1,000만원을 선고받았다.

당시 재판부는 "안진은 감사팀으로부터 해당 기업의 대여금 회수에 문제가 없다는 등의 말만 듣고 별다른 조치를 취하지 않았고, 선임 회계사가 팀원들의 의견을 무시하고 잘못된 의사결정을 한 경우에 대비한 내부적인 통제장치를 마련하지 않았다"고 지적했다.

특수단은 조사 내용을 토대로 안진의 기소 여부를 적극 검토 중이다. 외감법 21조 양벌규정에 따라 부실감사에 대한 주의와 감독을 게을리한 경우 회계사와 회계법인을 동시에 처벌할 수 있다. 20조는 부실감사 시 5년 이상의 징역 또는 5,000만원 이하의 벌금에 처한다고 규정했다.

매일경제신문, 2016.12.24.

## 검, 대우조선 부실감사 안진회계법인 기소

검찰 "6년간 적정의견 신뢰 해쳐"… 대형법인 재판 넘겨 이례적
금감원 "5조원대 분식회계 공모 확인되면 영업정지까지 검토

### 관련 법규

외감법21조(양벌규정) 법인이 소속 회계사의 위반행위를 막기 위해 상당한 주의와 감독을 게을리한 경우에는 벌금형에 처함

### 판단근거

조직적 가담: 담당 팀 의사결정 라인 전체 연루. 일선 회계사들이 '진행률 왜곡으로 인한 분식 위험성 보고했는데도 윗선이 묵살

부대표의 묵인: 감사본부, 위험관리본부 부대표 등이 부실감사와 미흡한 업무처리 방치

검찰이 업계 2위 딜로이트 안진회계법인(대표 함종호)을 대우조선해양의 외부감사를 맡아 5조원대 회계사기에 적극 개입한 혐의(외감법 위반 등)로 27일 기소했다. 공인회계사 개인이 아니라 대형 회계법인이 기소된 것은 극히 이례적이다. 검찰은 대우조선이 수년간 사상 최대 규모의 회계사기를 할 수 있었던 것은 안진의 부실감사 때문이라고 판단했다.

검찰은 "안진을 기소함에 따라 금융감독원과 증권선물위원회에서 별도의 행정조치를 할 것으로 보인다"고 밝혔다. 이날 금감원 고위 관계자는 "안진에 대한 중징계를 검토 중이며 내년 1분기 안에 결정할 것"이라고 말했다. 앞서 금감원은 "안진의 책임이 확인되면 최대 영업정지까지 가능하다"고 밝힌 바 있다.

대검찰청 부패범죄특별수사단(단장 김기동 검사장)은 이날 안진 법인과 임모 상무 등 소속 회계사 3명을 외감법 위반, 공인회계사법 위반 혐의로 일괄 기소했다. 앞서 지난달 22일 안진 전 이사 배 모씨를 같은 혐의로 구속 기소했다.

안진은 소속 회계사들이 대우조선 감사보고서를 허위로 기재하거나 감사조서를 변조하는 것을 제대로 주의 감독하지 못한 혐의를 받고 있다. 외감법 21조 양벌규정에 따라 부실감사에 대한 주의와 감독을 게을리한 경우 회계사와 회계법인을 동시에 처

별할 수 있다. 법인은 5,000만원 이하 벌금에 처한다.

　수사 결과 안진의 대우조선 감사팀은 등기이사인 파트너부터 매니저, 인차지(중간 감독자)까지 사실상 모든 회계사가 직접 범행에 가담한 것으로 검찰은 판단했다. 이들은 "회계사기 위험이 있다"는 실무자들의 보고를 묵살했다. 심지어 대우조선의 회계원칙에 반하는 논리를 개발해 적극적으로 회계사기를 돕기도 했다.

　검찰 특수단 관계자는 "안진 감사본부 부대표는 회계기준을 위반한 부실 감사를 묵인했고, 위험관리본부 부대표는 자신이 총괄하는 품질관리실에서 감사조서조차 확인하지 않았다"고 말했다. 그 결과 대우조선의 회계사기 규모는 5조 7,000억원대로 단일기업 사상 최대를 기록했다. 안진은 대우조선 소액주주 1,080명과 국민연금 등 기관투자자들에게 1,500억원대 손해배상 소송을 당한 상태다. 검찰의 법인 기소로 민사소송에서도 불리해질 가능성이 켜졌다.

　이 관계자는 "안진은 지난 6년간(2010~2015회계연도) 대우조선에 대해 '적정 의견'을 부여해 투자자들의 신뢰를 해치는 등 위반행위와 그 피해가 증대된다"고 밝혔다. 또 "회계법인 내부의 품질관리시스템이 미흡하고, 2011년 부실감사 혐의로 벌금형을 받고도 또다시 범행을 저지른 점 등도 고려했다"고 설명했다.

　특수단은 올해 3월부터 대우조선 회계사기 수사를 위해 금감원 국세청에서 10~30년 경력의 베테랑 전문가 7명을 파견 받아 3개월간 자료를 분석했다. 이를 통해 수사 착수 한 달 만에 오랜 기간 의혹으로만 떠돌던 대우조선의 5조원대 회계사기를 밝혀내고 남상태 고재호 전 사장을 구속 기소했다. 특수단은 정성립 사장 등 대우조선 현 경영진도 소환 조사할 방침이다. 정 사장은 취임 후 부실 경영을 극복하겠다고 했으나 1,200억원의 회계사기를 지시한 혐의(자본시장법 위반 등)를 받고 있다. 대우조선은 올해 3월 공시된 2015년 사업보고서에서 1,200억원대 손실을 축소 기재해 실제 자본잠식률 54.3%보다 낮은 수치가 나오도록 회계를 조작한 것으로 조사됐다.

　산은 관계자들도 수사 대상이다. 민유성 전 산업은행장은 2010년 대우조선이 안진을 외부감사인으로 지정하도록 지시한 의혹을 받고 있다. 정부가 지난해 10월 청와대 '서별관회의'를 통해 대우조선에 4조 2,000억원을 지원하도록 한 결정도 수사선정에 올라 있다.

매일경제신문. 2016.12.28.

5조 7,000억원대로 단일 기업 사상 최대라고 위의 기사에서 기술하고 있으나 이는 개별 기업 차원에서의 분식이고 1990년대 말의 대우 분식은 1997년 19.5조, 1998년 21.5조 합쳐서 41조원의 천문학적인 분식 금액을 보이고 있다. 미국에서 역사상 가장 큰 대형분식회계 건인 엔론 분식이래 봐야 1조 여억원 분식이라고 하니 격세지감이다.

개별 감사건에 대해서 항상 engagement 파트너와 품질관리실 간에 이견이 있을 수 있다. 한영의 경우는 이렇게 되는 경우, 심리위원회를 개최해서 이견을 조정하는데 참석자는 감사본부본부장, engagement 파트너, 품질관리실장이다. 대표이사는 독립성 차원에서 이 위원회에 개입하지 않는다.

## 대우조선 분식회계 방조 혐의 안진회계법인 존폐 '갈림길'

회계법인 딜로이트안진이 대우조선해양의 수조원대 분식회계를 방조한 혐의 등으로 기소됐다. 대형 회계법인이 임직원이 아닌 법인으로 직접 기소되기는 이번이 처음이다.

대우조선해양 경영 비리 의혹을 수사 중인 검찰 부패범죄특별수사단은 27일 안진 회계사들과 법인을 대우조선의 5조 7,000억원대 분식회계를 방조한 혐의로 기소했다. 검찰은 안진 회계사들이 단순히 대우조선의 분식회계를 잡아내지 못한 데 그친 것이 아니라 그런 정황을 잘 알고 있었음에도 분식 가능성을 묵살했거나 감사 서류 조작에도 가담했다는 결론을 내리고 법인에도 양벌규정으로 책임을 물었다.

이번 검찰 수사 결과는 금융당국의 처분 수위에도 상당한 영향을 미칠 전망이다. 그동안 금융당국은 자체적으로 감리를 벌여 왔다. 최고, 등록 취소도 가능하다는 얘기가 흘러 나올 정도로 분위기가 강경한 것으로 알려졌다.

'외부감사 및 회계 등에 관한 규정'에 따르면 금융당국은 위법 행위를 한 회계법인 등 감사인에 대해 최고 등록 취소부터 1년 이내 영업정지 등의 조치를 취할 수 있다. 안진에 회계 감사를 맡긴 기업들의 타격을 막기 위해서라도 등록취소보다는 단계적인 영업정지 처분이 내려질 것으로 전망된다. 안진은 입장 자료를 내고 "검찰의 법인 기소는 전혀 근거가 없다"며 "대우조선 등 이해관계자들의 강력한 압박에도 재무제표 재작성이라는 '옳은 일'을 요구하는 등 감사 업무에서 어떤 위법한 일도 하지 않았다"고 항변했다.

한국경제신문. 2016.12.28.

## 대우조선 '분식회계 제재' 금융위에 행정소송

정성립 사장, 김열중 부사장 등 대우조선해양 경영진이 금융위원회를 상대로 행정소송을 검토하고 있다. 금융위원회 증권선물위원회가 내린 과징금과 해임 권고 등의 제재가 과도하다는 판단에서다. 대우조선 경영진은 원가 절감을 지시한 것이 회계 조작 지시로 오해받고 있으며 이를 해소하기 위해선 법적 대응이 불가피하다고 보고 있다. 대우조선은 경영진의 분식회계 혐의 해소 없인 '수주 절벽'과 유동성 위기를 넘어서기 힘들다고 지적하고 있다.

### "조작이 아니라 원가 절감 지시"

13일 조선업계에 따르면 대우조선은 이달 말 열 예정인 주주총회에서 김 부사장 해임건의안을 안건에 넣지 않기로 했다. 주총 날짜는 아직 정해지지 않았다.

지난달 증선위는 대우조선이 분식회계를 저질렀다며-과징금 45억원-외부감사인 지정 3년-고재호 전 대표이사 사장 과징금 1,600만원-정사장 과징금 1,200만원-김부사장 해임 권고 등의 조치를 내렸다. 시장에서는 주총을 통해 새 CFO를 선임할 것으로 예상했다.

대우조선은 그러나 정 사장과 김 부사장의 책임을 물은 증선위에 행정소송을 제기할 준비를 하고 있다. 검찰은 지난 1월 정사장에게 회계 사기 혐의를 적용해 피의자 신분으로 소환조사했다.

검찰과 증선위는 2015년 5월 취임한 정사장이 2016년 대규모 실적 개선 효과를 보기 위해 2013년과 2014년 손실을 2015년에 한꺼번에 반영했다고 보고 있다. 대우조선은 손실을 잘못 반영한 것은 '직원 실수'라고 인정하면서도 '고의성'은 없었다고 해명했다.

검찰과 증선위는 또 현 경영진이 작년 1~3월 회사 재무부서에 영업손실 규모를

1,200억원 가량 축소하라고 지시했다고 보고 있다. 이는 <u>대우조선이 자본잠식률 50%를 넘어 주식시장에서 관리종목으로 지정되는 것을 피하기 위한</u> 분식회계라는 판단이다. 대우조선은 "실제 축소 규모는 300~400억원이었고 당시 정 사장이 '원가 절감'을 지시했지만 실무 직원이 오해해서 벌어진 일"이라고 해명했다. 또 관리종목 지정을 고의로 피했다는 주장도 "이미 2015년 10월 청와대 서별관회의를 통해 4조 2,000억원을 지원받기로 한 만큼 관리종목 지정 여부가 회사 경영에 큰 의미가 없다고" 반박했다.

### "현 경영진 없으면 위기 심화"

대우조선은 세계 해운업계 '큰 손'인 그리스의 존 안젤리쿠시스, 노르웨이 '선박왕' 존 프레드릭센 등과 친분이 깊은 정사장이 검찰 조사 이후 물러나면 수주 전선에 '빨간불'이 켜질 것으로 우려하고 있다. 대우조선 관계자는 "경영진이 바뀌면 수주 영업이 어려워진다"고 말했다. 정부도 검찰이 불구속기소를 검토하자 정 사장이 없으면 막대한 공적자금이 투입된 대우조선의 생존에 타격이 빚어질 가능성이 있다는 우려를 검찰에 전달한 것으로 알려졌다.

금융당국은 이달 하순 대우조선의 2016년 실적이 나오는 것을 고려해 대규모 자본 확충과 유동성 공급 대책을 준비하고 있다. '밑 빠진 독에 물 붓기'라는 지적을 피하기 위해 최종 대책은 여야 정치권 동의를 얻어 확정하기로 했다. 하지만 대통령 탄핵 이후 대선 모드로 전환되면서 설득에 어려움을 겪고 있는 것으로 알려졌다. 금융당국 관계자는 "종합대책은 차기 정부에서 세우고 이번에는 단기적인 유동성 대책만 나올 가능성이 있다"고 말했다.

**대우조선해양 실적**

|  | 2013년 | 2014년 | 2015년 | 2016년 |
|---|---|---|---|---|
| 매출 | 14조 7,105억 | 15조 4,553억 | 15조 70억 | 9조 9,732억 |
| 당기순익 | -6834억 | -8,630억 | -3조 3,066억 | -1조 4,276억 |
| 영업손익 | -7783억 | -7,429억 | -2조 9,371억 | -5,912억 |

한국경제신문. 2017.3.14.

이러한 조치가 결정되었던 당시 감독기관이 부과할 수 있는 조치는 주총에 대해서 임원 해임 권고를 하는 것이었는데 이를 권고받은 회사가 이를 주총 안건에 포함하지 않을 경우 감독기관이 대응할 수 있는 대안은 없다. 과거에는 이러한 해임 권고를 받은 기업이 임원을 해임하고 그 다음 주총 때, 다시 해당 임원을 재선임하는 꼼수를 부린 경우도 있었다. 물론, 임시 주총을 개최하여 재선임할 수도 있다. 개정된 외감법에서 직무 정지를 감독기관이 부과할 수 있는데 이는 회사가 피해갈 수 없다.

## 국민연금, 대우조선 분식회계 손보 청구액 늘려

국민연금공단이 대우조선해양의 분식 회계 관련 손해배상소송 청구액을 확대하기로 결정했다. 투자 판단의 '바로미터' 성격을 가지는 국민연금이 이 같은 결정을 내리면서 다른 기관투자자의 관련 소송 규모도 불어날 전망이다. 5일 금융권에 따르면 국민연금 준법지원실은 지난 3월 31일 '대우조선 소송 청구액 확장 계획안'을 마련했다. 이 계획안에는 대우조선 분식회계 관련 소송 청구액을 확대하는 내용이 담겨 있다. 국민연금 관계자는 "분식회계 기간이 추정했던 것보다 늘어나면서 피해 규모도 증가한 데 따른 조치"라고 했다. 앞서 지난해 7월 13일 국민연금은 대우조선과 회계법인 딜로이트안진 등을 상대로 489억원 규모의 손해배상소송을 제기했다. 대우조선이 지난 2012년부터 2014년까지 왜곡된 회계정보를 제공해 투자 피해를 입었다는 판단에서다.

하지만 올 2월 금융당국은 대우조선이 2008년부터 2016년 3월까지 분식회계를 저지른 사실을 발견, 과징금을 부과했다. 국민연금이 한정한 대우조선 분식회계 기간보다 앞뒤로 늘어난 것이다. 다만 이번 소송은 사채권자 집회(17~18일)을 앞두고 있는 <u>회사채 투자와는 무관</u>하다. 이와 관련, 국민연금 관계자는 "이번(청구액 확대) 계획안에는 <u>주식 투자에 따른 피해만 한정했다</u>"며 "분식회계 기간에 발행된 회사채 관련 소송은 아직 검토 단계"라고 말했다. 우정사업본부와 공무원 관리공단 등 다른 기관투자자도 소송 규모 확대에 동참할 것으로 보인다.

아래의 내용은 법원에서의 2017년 6월 9일, 1심 재판장 선고와 설명자료이다.

2016고합1357, 2017고합(병합). 서울중앙지방법원 제28형사부(재판장 부장판사 최

병철)

분식회계규모는 자기자본(순자산) 기준으로 2012 회계연도에 6,842억원(당기순이익 4,454억원), 2013회계연도에 1조 7,189억원(당기순이익 1조 347억원), 2014회계연도에 2조 5,190억원(당기순이익 8,001억원) 상당

재무제표에 영향을 미치게 될 중요한 부정이나 오류의 가능성을 보여 주는 여러 표지가 있음을 인식하였고 또 그러한 경우 감사범위를 확대하여야 함을 알고 있었던 이상, 감사절차를 수정 또는 추가하여 감사 범위를 확대하지 아니한 채 만연히 감사보고서에 '적정의견'을 기재하였다고 하면 이는 허위의 기재에 해당할 뿐만 아니라 그것이 허위라는 점에 대하여 적어도 <u>미필적 고의</u>는 있었던 것으로 보아야 함

위와 같은 상황에서 피고인들이 만연히 감사보고서에 '적정의견'을 기재하였다면 이는 허위 기재에 해당하고, 그것이 허위라는 점에 대하여 피고인들에게 미필적 고의가 있었던 것으로 보아야 함

그럼에도 안진회계법인 부대표까지 참여한 회의를 통해 회사의 요청을 받아들이기로 하고 이에 대한 외부대응논리를 만들어서 보내주었음

안진회계법인의 부대표가 감사팀 파트너에게 현장 감사업무에 참여하지 말고 보고만 받으라고 하였고, 파트너는 별다른 이의 없이 받아들임(이에 대해 강×현은 올바른 의사결정을 위해 의견을 드렸음에도 윗분들이 위와 같은 결정을 했다고 진술)

### 양형이유

이러한 대우조선해양 사태를 해결하기 위해 현재까지 투입된 공적자금만 해도 7조 원에 달하는 등 국민경제에 미친 파장이 엄청나 피고인들의 행위로 인한 결과가 매우 중대하다.

### 안진회계법인:

대우조선해양에 대응 논리를 알려주며 공동 대응을 논의하는 등 그 책임을 피하기에 급급했다.

문화일보. 2017.4.5.

"

## 5조원대 대우조선 회계 사기 안진 회계사 3명 실형선고

딜로이트안진 회계법인이 대우조선해양의 조직적 회계사기에 가담한 혐의로 법정 최고형을 선고받았다. 소속 회계사 3명도 실형을 선고받았다. 9일 서울중앙지법 형사합의 28부(부장판사 최병철)는 외부감사법 위반 등 혐의로 재판에 넘겨진 안진에 벌금 7,500만원을 선고했다. 가중처벌 형량까지 더해 검찰이 구형한 벌금 5,000만원보다도 높은 최대치의 형을 내렸다.

또 2013~2015년 안진의 대우조선 감사팀에서 현장 감사 총괄을 했던 전 이사(매니저) 배 모씨에게는 징역 2년 6개월을, 상무(파트너) 임 모씨와 실무 회계사 강 모씨에게는 각각 징역 1년 6월을 선고했다. 이들은 선고 직후 모두 법정 구속됐다. 2013회계연도 감사에만 관여한 상무 엄모씨는 징역 1년과 집행유예 2년을 선고받았다.

재판부는 "안진과 소속 회계사들이 적합한 감사 증거를 확보하지 않은 채 대우조선 감사보고서에 '적정의견'을 기재한 것은 허위 기재에 해당한다"고 밝혔다. 이어 "이들은 회계전문가로서 유지해야 할 전문가적 의구심과 독립성을 저버린 채 대우조선의 회계사기를 눈감아줬고, 외부 감사인으로서의 권한을 행사하지 않고는 '별 문제가 없다'는 결론에 맞추기 위한 조서화 작업에만 치중하는 모습을 보였다"고 질타했다.

안진이 소속 회계사에 대한 주의 감독을 소홀히 했다는 점도 지적했다. 특히 "감사 재계약이나 기타 용역 수주를 위해 피감사회사의 눈치를 보는 비정상적인 상황에서 이런 사건이 발생했다"고 꼬집었다. 안진이 2010년 같은 혐의로 기소돼 벌금 1,000만원 확정 판결을 받고도 문제를 해결할 노력을 하지 않았다는 점도 짚었다.

안진 측은 이와 관련해 "대우조선 직원들의 거짓말과 비협조 탓에 감사 업무에 차질을 빚었다"고 주장했지만 재판부는 "이런 사실이 면죄부가 될 수 없다"고 선을 그었다. 이어 "외부 감사인에게는 법률상 회계 자료 제출권 등이 보장되어 있고, 감사인의 합리적인 확신에 따라 감사의견을 표명해야 한다"고 강조했다.

앞서 지난해 10월 대검찰청 부패범죄특별수사단(단장 김기동 검사장)은 안진에 대한 본격 수사에 착수한 뒤 같은 해 11~12월 이들을 재판에 넘겼다.

안진 등은 대우조선이 산업은행과 맺은 업무 협약 상 영업 목표를 달성하고자 회계장부를 조작한다는 사실 등을 알고서도 2013~2015회계연도 감사보고서에 '적정의견'을 허위로 기재하고 공문서와 감사조서를 꾸며 쓴 혐의 등을 받았다.

안진 측은 "법원 판단에 매우 유감스럽게 생각하며 즉시 항소하겠다"고 밝혔다.

매일경제신문, 2017.6.10.

## 안진회계 '업무 정지 1년' 불복 행정소송

딜로이트안진 회계법인이 대우조선해양의 수조원대 분식회계를 묵인한 혐의로 금융위원회로부터 받은 '업무정지 1년' 징계에 불복해 행정소송을 냈다.

10일 법조계에 따르면 안진회계법인은 금융위를 상대로 서울행정법원에 업무 정지 1년 처분이 과도하다는 점을 들어 선처를 호소할 것으로 알려졌다. 형사 사건 재판이 확정되지 않은 시점에 내려진 행정소송으로 큰 영업 손실이 발생한 사실에 대해서도 설명할 계획이다. 금융감독당국이 주요 회계법인에 영업정지를 내린 것은 세 차례에 불과하고, 1년은 이 중 가장 강력한 징계다. 첫 변론은 오는 10월 20일 열린다.

금융감독원은 감리 결과 안진회계법인이 2010~2015년 대우조선의 감사를 맡으면서 분식회계를 묵인했다는 결론을 냈다. 이에 따라 금융위는 지난 4월 5일 정례회의를 열어 안진회계법인에 감사부문 업무 정지 1년 및 과징금 16억원 부과를 결정했다. 이 조치로 안진회계법인은 2017 회계연도에 상장사와 증권선물위원회의 감사인 지정회사, 비상장금융회사 등과는 새로운 감사업무 계약을 맺을 수 없게 됐다.

안진회계법인은 대우조선 사태와 관련한 형사 재판에서 소속 감사팀을 제대로 감독하지 않은 혐의로 기소돼 지난 6월 1심에서 벌금 7,500만원을 선고받았다. 함께 재판에 넘겨진 엄모 회계사와 임모 회계사 등 안진회계법인 전 현직 임직원 4명에게는 각각 집행유예부터 징역 2년 6개월 형까지 내려졌다. 회계업계 관계자는 <u>"분식회계를 한 대우조선 관계자는 아무도 처벌받지 않고 감독 소홀의 책임을 물어 회계법인과 회계사들만 처벌한 것은 이해하기 힘들다"</u>고 말했다.

한국경제신문. 2017.8.11.

## 대우조선 분식회계, 회계사에겐 징역형…감사위원은 무혐의?

젊은 회계사들 사이에선 이번 판결에서 일선 회계사에게 징역 1년 6개월의 형이 확정한 데에 대한 불만의 목소리도 나오고 있다.

공인회계사법 제34조에 따라 실무 회계사의 지위를 회계법인의 보조자로 한정하고 있고, 고용관계에 얽매여 파트너의 지시에 따라 움직일 수밖에 없는 일선 회계사들에게 권한은 없고 책임만 강조하는 것은 과도하다는 것.

대형회계법인 회계사는 "감사보고서 발행 권한도 없고 법인 내 위치도 낮은 일선 회계사들이 모든 책임을 지고 징역을 살아야 하는지 의문"이라며 "이번 판결로 회계사들의 감사업무 기피가 더 가속화되지 않을까 우려된다"고 지적했다.

이총희 회장도 "법률상 권한 없는 실무진에게 책임만 강조하는 것은 모순"이라며 "법률상 일선 회계사는 보조자라 의견을 개진해도 이사가 서명을 해야 해 실무자들의 의견이 무시되는데 정작 형사 처벌시에는 그 책임을 회피하고 있다"고 비판했다.

그는 또 "일선 회계사 지위를 감사보조자로 한정해 감사의견 형성과정에서 목소리를 낼 수 없도록 하고, 내부적 책임소재를 혼동하게 만든 현행 공인회계사법 제34조를 개정해야 된다"고 주장했다.

조세일보. 2018.3.27.

분식회계에 대한 책임을 묻자고 하면 여러 가지 복잡한 방정식을 풀어야 한다. 일단, 분식으로 판정되었다고 하면 분식회계를 수행한 회사 또는 감사를 맡았던 감사인(회계법인)에게 부실감사의 책임이 있는데 이는 기관 차원에서의 책임이다.

회사에 책임이 있다고 하면 그 다음은 속인적인 부분으로 회사에서 어떤 책임을 지는 자에게 책임을 물어야 하는지를 결정해야 한다. 다음과 같은 대안이 있을 것이다. 회사 경영을 책임지고 있는 CEO, 회계정보에 대한 책임자인 CFO가 책임을 질 수 있을 것인데, CFO가 등기일 수도 등기이사가 아닐 수도 있다. 직을 맡고 있는 자에 대한 조치는 해임권고, 개정된 외감법에 근거한 6개월 직무 정지 등인데 이 두 조치 모두 임원에게 부과된다. 직원에서도 부과될 수 있는 것은 과징금이므로 아직도 해임권고나 6개월 직무 정지는 임원에게 부과된다고 보는 것이 옳다.

그리고 6개월 직무정지 조치는 구 외감법('17.10.31개정 이전) 제16조 2항, 현 외감 규정 26조 등을 감안할 때 임원 단계에 한한다고 보는 것이 타당하고 그 밑에 직원까지 대상이 된다고 보기는 어려울 것 같다는 입장이다.

한편, 직무정지 대상이 등기임원이면 주총에서 선임된 점을 감안해 주총에 권해지는 조치이고, 비등기임원이면 주총이 아닌 회사에 권해지는 조치라 보는 것이 타당하다고 판단된다.

과거에도 회계법인에 대해서는 실무자도 조치의 대상이었는데 회사의 경우는 책임자에게만 책임을 묻게 된다는 비판이 있었는데 개정된 외감법에서는 회사의 실무자에 대해서 개인 과징금이 포함되었다.[2]

개정된 외감법에 의하면 이러한 조치가 분식회계를 범한 경영 임원이 CEO와 CFO에 대해서만 부과되는 것이 아니고, 이를 monitoring해야 하는 감사위원들에게도 이러한 조치를 부과할 수 있다. 이들 조치는 해당 회사의 주주총회에 권해지는 조치이다. 해임권고는 권고에 불과하여 강제성이 없으므로 외감법 개정 시에 직무정지 6개월이 추가되어서 강제성을 띠게 되었다. 단, monitoring하는 감사라는 위치라는 것은 회계 실무를 책임지고 있는 CFO 등에 비해서는 책임이 낮으므로 조치에 있어서도 한 단계 낮은 조치를 받게 된다.

위의 경우는 회사에 대한 조치이고 부실 감사에 대한 조치는 감사인(회계법인)에 부과된다. 대부분의 경우는 양벌규정에 의해서 회계법인과 개인 공인회계사에 대한 조치가 병행되게 된다. 청년공인회계사회에서 위에 문제로 삼은 공인회계사법은 공인회계사법 34조 내용이다.

**제34조(업무의 집행방법)** ① 회계법인은 그 이사외의 자로 하여금 회계에 관한 감사 또는 증명에 관한 업무를 행하게 하여서는 아니된다. 다만, 소속공인회계사를 회계법

---

2) chapter 59를 참고한다.

인의 보조자로 할 수 있다.

② 회계법인이 재무제표에 대하여 감사 또는 증명을 하는 경우에는 제26조제4항의 규정에 의한 대표이사가 당해 문서에 회계법인 명의를 표시하고 기명날인하여야 한다.

이 공인회계사법 규정은 명확하게 감사의 주체가 '이사'임을 못 박고 있다. 이사가 아닌 공인회계사는 보조자일 뿐이므로 어떻게 보면 감사에서의 실세가 아니라고 할 수 있다. 보조자가 부실 감사에 대해서 파트너에게 지적을 한다고 해도 파트너가 이를 수용하지 않는다고 하면 어쩔 수 없다. 또한 수년 전부터 대부분의 감사 건에는 감사보고서에 담당 파트너 실명을 포함하게 된다. 따라서 감사보고서에 대한 서명은 대표이사가 수행하지만 실질적인 책임은 법적으로도 담당 파트너에게 있다. 그렇기 때문에 부실 감사에 대해서 개인 공인회계사들에 대한 조치를 하게 되어도 이사들이 가장 강한 책임을, 보조자들은 이보다는 낮은 책임을 지게 된다. 책임에 있어서도 경중을 구분하는 것이고, 이는 회사의 책임에 있어서도 CEO와 CFO의 책임보다 감사위원의 책임이 낮은 것과 궤를 같이한다.

회계법인의 대표이사의 경우, 감사보고서에 대표이사 명의의 서명을 하면서 회계법인의 대표이사로서의 책임을 지기는 하지만 개별 감사 건에 대한 실질적인 책임은 담당파트너에게 있다.

2022년 현재 중소회계법인협의회의 품질관리업무의 shared service와 같은 성격의 외부 아웃소싱 관련된 용역 보고서가 진행됐는데, 감사뿐만 아니고 회계법인의 다른 업무도 이 법 규정에 의해서 이사만이 수행할 수 있다고 하면 이사가 아닌 외부의 품질관리실 업무는 이 법 규정에 위배될 수 있다. 반면에 품질관리기준에는 적절한 외부인의 도움을 받을 수 있도록 규정되어 있기도 하다.

1. 회계법인에 있어서 보조자를 실무자라고 하면 감사인의 경우는 실무자들도 책임자에 비해서는 낮은 책임을 지지만 회사의 실무자들은 회사 내에서의 법적인 책임은 없었는데 신외감법 개정에서는 직원들에게도 과징금을 부과할 수 있다. 아마도 개정 전 외감법은 회계분식은 실무자들이 주도하기보다

는 임원급에서 지시한 분식을 실무자들은 단순히 시행했을 것이라는 차원으로 이해된다. 단, 신외감법에서는 직원 개인 차원에서의 과징금을 부과받을 수 있다.[3]

2. 대우조선해양의 경우에서와 같이, 회계법인의 실무자 선에서 분식회계에 대한 심증을 가지고 이사에게 문제를 제기했는데 파트너 또는 회계법인의 경영진 차원에서 이를 덮으려고 시도했다면 이러한 경우는 실무자들이 어떻게 문제를 해결할 수 있는지는 의문이다. 대우조선해양의 경우 회계법인인 안진의 실무자 선에도 법적인 책임을 묻게 된다.

회계문서를 작성하고 감사과정에서 기관 차원이나 책임자 차원에서 문제를 발견한다면 회사는 감사인에게 감사인은 또 회사에게 이 문제를 지적할 수 있다. 또한 회사가 되었던 감사인이 되었던 이 회계적 적법성의 문제는 증권선물위원회에 보고할 수 있게 되어 있다. 그러나 이 경우는 기관이나 책임자 차원에서 문제가 발견되었을 경우이지, 실무자 차원에서 문제가 발견되었을 때, 실무자가 증선위에 이 문제를 보고할 수는 없을 것이다.

아래는 회사가 증선위에 보고, 감사인이 증선위에 보고하는 내용과 관련된 법 규정이다.

**"주식회사 등 의 외부감사 등에 관한 법률"상 직무**

22조(부정행위 등의 보고) ① 감사인은 직무를 수행할 때 이사의 직무수행에 관하여 부정행위 또는 법령이나 정관에 위반되는 중대한 사실을 발견하면 감사 또는 감사위원회에 통보하고 주주총회 또는 사원총회(이하 "주주총회등"이라 한다)에 보고하여야 한다.

② 감사인은 회사가 회계처리 등에 관하여 회계처리기준을 위반한 사실을 발견하면 감사 또는 감사위원회에 통보하여야 한다.

③ 제2항에 따라 회사의 회계처리기준 위반사실을 통보받은 감사 또는 감사위원회는 회사의 비용으로 외부전문가를 선임하여 위반사실 등을 조사하도록 하고 그

---

3) chapter 59의 내용을 참고한다.

결과에 따라 회사의 대표자에게 시정 등을 요구하여야 한다.

④ 감사 또는 감사위원회는 제3항에 따른 조사결과 및 회사의 시정조치 결과 등을 즉시 증권선물위원회와 감사인에게 제출하여야 한다.

⑤ 감사 또는 감사위원회는 제3항 및 제4항의 직무를 수행할 때 회사의 대표자에 대해 필요한 자료나 정보 및 비용의 제공을 요청할 수 있다. 이 경우 회사의 대표자는 특별한 사유가 없으면 이에 따라야 한다.

⑥ 감사 또는 감사위원회는 이사의 직무수행에 관하여 부정행위 또는 법령이나 정관에 위반되는 중대한 사실을 발견하면 감사인에게 통보하여야 한다.

⑦ 감사인은 제1항 또는 제6항에 따른 이사의 직무수행에 관하여 부정행위 또는 법령에 위반되는 중대한 사실을 발견하거나 감사 또는 감사위원회로부터 이러한 사실을 통보받은 경우에는 증권선물위원회에 보고하여야 한다.

위 외감법의 ④⑥⑦의 내용은 감사, 감사인, 증선위의 유기적인 관련성을 강조하고 있다. ④는 감사가 감사인과 증선위에, ⑦은 감사인이 증선위에 이러한 내용을 보고하도록 요구하고 있다. 결국, 적절한 회계정보의 전달과 관련된 업무를 수행하는 세 축은 (내부)감사/감사위원회, 감사인과 감독기관이다.

그러나 여기에서 문제로 제기될 수 있는 것은 외감법에서 감사/감사위원회, 감사인과 증선위와의 소통의 장에 대해서는 제도와 system을 잘 완비해 두었는데 이는 제도이고 더 중요한 것은 시행(execution)이다. 감사인(회계법인) 내부적으로 감사 보조자의 문제 제기가 파트너에 의해서 수용되지 않는다면 이는 회계법인 내부적으로 해결해야 하는 이슈이다. 이런 문제가 대우조선해양의 감사인인 안진회계법인 내부적으로도 발생하였다는 판단이다.

## 대법 "부정한 회계처리 알고도 묵인"… 회계법인도 벌금형

대우조선해양의 분식회계를 알고도 묵인한 혐의로 재판에 넘겨진 딜로이트 안진회계법인 소속 전·현직 회계사들에게 징역형의 실형이 확정됐다.

대법원 3부(주심 민유숙 대법관)는 27일 주식회사의 외부 감사에 관한 법률 위반 혐의 등으로 기소된 배모(48) 전 안진회계 이사의 상고심에서 징역 2년 6개월을 선고한 원심 판결을 확정했다. 같은 혐의로 재판에 넘겨진 임모(47) 상무이사와 회계사 강모(39)씨도 각각 징역 1년 6개월이 확정됐다. 엄모(48) 상무이사는 징역 1년에 집행유예 2년을 확정받았다. 불법 행위자와 소속 법인을 모두 처벌하는 양벌규정에 따라 함께 기소된 안진회계법인에는 벌금 7천 500만원이 그대로 유지됐다.

안진 측 회계사들은 대우조선의 2013~2015 회계연도 외부 감사를 하면서 대우조선이 분식회계를 저지른 사실을 파악하고도 감사보고서를 허위 작성한 혐의 등으로 기소됐다. 1·2심은 "피고인들은 대우조선해양 회계처리의 부정 내지 오류 가능성을 인식하고도 감사범위 확대 등 필요한 조치를 하지 않았다"며 유죄를 인정했다.

대우조선이 매출액을 과다계상하기 위해 건조 중인 선박의 실행예산을 임의로 축소한 정황 등을 알면서도 회계사들이 묵인하고, 숨겨온 과거 손실을 재무제표에 반영하면서도 이를 국제유가 하락 등 외부요인 때문이라고 허위로 보고했다는 것이다.

법인에 대해서도 "소속 회계사들에 대한 주의 또는 감독 의무를 게을리 해 범행이 벌어졌다"며 벌금형을 선고했다. 대법원도 하급심 판단이 옳다고 봤다.

연합뉴스. 2018.3.27.

### "대우조선 감사위원 무혐의 의견, 봐주기 수사"

대우조선해양 분식회계 사건과 관련해 내부 회계감사를 맡았던 감사위원들을 경찰이 모두 무혐의 의견으로 검찰에 송치했다.

기업의 투명경영을 위해 사외이사의 역할이 갈수록 강조되고 있지만 사외이사 중에서 임명되는 감사위원이 제 역할을 못해도 법적 제재가 어렵다는 것이어서 검찰의 판단이 주목된다.

경찰은 21일 대우조선해양 분식회계 기간 중 감사위원을 맡았던 10명에 대해 사법처리가 어렵다고 판단했다. 분식회계 기간에 대우조선 회계팀장(상무)을 맡았던 A씨와 당시 외부감사를 담당한 안진회계법인 부대표 B씨 등도 함께 고발됐지만 경찰은 '혐의 없음'으로 검찰에 사건을 보냈다.

청년공인회계사회는 22일 "회계사들에게 전문가의 책임을 물어 실형판결을 내렸음에도 회계·재무전문가인 감사위원을 기소하지 않는 것은 권력 있는 자들에 대한 봐주기 수사로 밖에 볼 수 없다"고 비판했다.

참여연대와 청년공인회계사회는 지난해 7월 공동으로 대우조선 감사위원들을 외부감사법과 자본시장법 위반혐의 등으로 고발했다. 이들은 고발장에서 "감사위원들은 회계부정 발생을 방지해야 할 의무가 있지만, 당시 분식회계를 충분히 인식할 수 있었음에도 이 같은 결과를 용인했다"고 주장했다.

분식회계를 인식할 수 있었을 것으로 추정되는 정황은 △현금흐름표상 이상 징후 △이사회 논의 과정을 통한 인식 가능성 △외부감사팀의 회계분식 징후 지적 △STX조선 분식 이후 금감원 기획감리 등 4가지다. 대우조선 분식회계 관련자들의 형사재판 판결문 등을 토대로 의심스런 정황을 지적했다.

참여연대 등은 "이사회에서 고재호 전 사장이 경영목표에 집착하면서 달성을 하지 못하면 성과급이나 급여 부분이 어려워질 수 있다고 한 발언에 대해 법원이 '총공사예정원가 축소계상 및 진행률 과대 산정을 통한 회계분식을 고 전 사장이 이미 충분히 인식하고 있었다는 사정'으로 판단했다"며 "당시 감사위원들도 회계분식 가능성을 충분히 인식할 수 있었을 것"이라고 주장했다.

이들은 또 "외부감사팀 공인회계사들이 외부감사 업무를 수행하면서 파악한 회계분식 징후를 지속적으로 회사측에 지적했다"며 "회계분식 징후는 외부감사인이 파악해야 할 가장 중요한 사안이므로 회사의 회계정보 및 내부통제절차에 권한이 있는 감사위원에게 누구보다 먼저 전달됐을 것"이라고 말했다.

청년공인회계사회는 "대우조선해양을 감사한 회계사들은 2심까지 실형이 선고돼 복역 중에 있다"며 "외부감사인이 회계부정에 대해 인지했다고 판단했다면 그 앞 단계인 내부감사인이나 작성자의 책임이 더 크면 컸지 결코 작을 수가 없다"고 말했다.

이총희 청년공인회계사회 회장은 "감사위원 등의 책임이 작다고 사법당국이 인정한다면 사외이사나 감사위원들이 거수기로 행동할 때 더 안전하다고 스스로 인정해 준 꼴이 된다"며 "아무것도 하지 않은 사람들은 몰라서 죄가 없다고 한다면 앞으로 누가 감사를 열심히 할지 의문"이라고 지적했다.

이 회장은 "감사위원들이 감사보고서를 제대로 작성하지 않아도, 이사회에서 재무제표를 제때 승인하지 않아도 아무런 책임을 지지도 묻지도 않는데 누가 자발적으로 사외이사의 책무를 다하겠느냐"고 반문했다.

대우조선 감사위원들에 대한 기소 여부는 서울중앙지검이 판단할 예정이다. 하지만 검찰이 대우조선 수사 과정에서 이들을 기소하지 않은 만큼 기소 가능성은 크지 않다.

청년공인회계사회는 "엄정히 법을 집행해야 하는 검찰이 법에서 명시하고 있는 감사위원들의 책임을 관행이라는 이름으로 덮어 스스로 법의 근간을 무너뜨리지 않길 바란다"고 말했다.

내일신문. 2018.3.23.

chapter 43의 2006년 대우에 대한 판례에서는 몰라서 책임이 없다는 논지에 대해서 다음으로 기술하고 있다.

> 다른 이사의 위법하거나 부적절한 업무집행을 구체적으로 알지 못하였다는 이유만으로 책임을 면할 수는 없음

한공회 일부에서는 이 분식 건의 책임에 대해서 두 가지를 이슈로 주장하고 있다. 내부감사인이나 작성자의 책임이 감사인보다도 더 큰데 이들은 어떤 책임을 지고 있는지를 문제로 제기하고 있다.

특히나 이 분식 건에 대해서 분식의 실무 책임자인 CFO는 민형사상으로 책임을 지게 되어 있지만, 감사위원들에 대한 책임에 대해서는 문제가 거론되지 않는다. 이러한 맹점이 있기 때문에 개정된 외감법에서는 감사위원들에게도 해임권고, 6개월 직무정지 등의 조치를 수행할 수 있게 되었다. 즉, 분식을 실행한 CEO, CFO 등과 동일한 조치이다. 이는 실행의 주체는 아니더라도 이를 점검하는 과정에서 소홀했다고 하면 이에 대해서 책임을 묻는 것이다.

**'분식 묵인' 딜로이트 안진 업무정지 불복 소 이겼다.**

대우조선해양의 분식회계를 묵인 방조했다는 혐의로 1년간 업무정지를 당한 딜로이트안진회계법인이 금융위원회를 상대로 제기한 행정소송1심에서 승소했다. 딜로이트안진은 이번 판결로 회사 차원의 분식회계 혐의를 벗게 됐지만 영업정지로 3년간 1,200

억원 이상의 매출 손실을 본 것으로 추정된다.

　서울행정법원 행정3부(박성규부장판사)는 2일 딜로이트안진이 금융위원회를 상대로 제기한 업무정지처분 취소청구 소송에 대한 1심 선고 재판에서 <u>법인(안진)차원의 조직적인 분식회계 개입은 없었다고 원고 승소 판결</u>을 내렸다.

　재판부는 "극소수 구성원의 위반 행위로 전체 감사 업무를 정지시킨 것은 지나치게 가혹하다"고 말했다. 또 "감사 소홀, 부실 등 책임을 온전히 원고(안진)에 돌릴 수만은 없다"며 (금융위가) 재량권을 일탈 남용한 처분에 해당한다"고 밝혔다.

　금융위는 2017년 4월 대우조선의 감사인이었던 안진에 대해 분식회계를 묵인 방조했다며 12개월 업무 정지와 과징금 16억원, 과태료 2,000만원의 징계를 내렸다.

　안진은 신규 상장사 80여 곳과 비상장 금융회사 60여 곳에 대한 감사 수임이 막히면서 연간 400억원, 3년간 최소 1,200억원 이상의 매출 손실을 봤다. 삼일회계법인에 이은 회계법인 2위 업체로서의 오랜 지위도 흔들렸다. 기업 구조조정 핵심 고객인 산업은행과의 거래도 끊기면서 삼정 KPMG에 추월당해 EY한영과 비슷한 '빅4' 하위 그룹에 머물게 됐다. 안진의 영업정지는 기업 경영에도 큰 영향을 줬다. 회계법인들이 건설 조선 등 수주산업에 대한 회계처리를 보수적으로 보면서 이들 기업의 '적자 행진'이 이어졌다. 조금만 분식 조짐이 있어도 '의견거절' '한정의견' 등을 쏟아내 상장폐지 위기에 몰린 기업이 많았다. 안진은 그러나 정부에 손해배상 소송을 제기하지 않겠다는 방침이다. 회계법인 관계자는 "금융당국에 밉보일 경우 더 큰 보복을 우려한 것"이라며 "<u>당시 정부가 대우조선의 분식과 부실 경영 책임을 회피하려 회계법인에 과도하게 책임을 물은 것</u>"이라고 지적했다.

**회계법인 매출 순위**

|   | 2015년 | 2017년 |
|---|--------|--------|
| 1 | 삼일(4,757억) | 삼일(5,596) |
| 2 | 안진(3,006) | 삼정(3,827) |
| 3 | 삼정 (3,004) | 안진(2,919) |
| 4 | 한영(1,863) | 한영(2,654) |

한국경제신문. 2018.11.3.

위에서도 기술되었듯이 회계법인이 감독기관을 상대로 강하게 대응하기는 어렵다. 지속적으로 관계를 가져가야 하기 때문이다.

### "대우조선 투자자들에 102억 손해배상 해야"

대우조선해양이 분식회계로 인한 투자자 손해 중 일부를 배상해야 한다는 판결이 나왔다. 20일 서울중앙지법 민사 21부(부장판사 김상훈)는 A씨 등 투자자 289명이 대우조선해양, 고재호 전 대우조선해양 사장, 안진 회계법인을 상대로 낸 손해배상 청구소송에서 원고 일부 승소 판결했다. 대우조선해양과 고 전 사장에게는 청구액 중 60%를 배상 책임으로 인정해 102억 2,206만원을 배상하고, 안진회계법인에는 청구액 중 30%를 배상 책임으로 인정해 43억 8,808만원을 배상하라고 판결했다.

재판부는 "일정 기간 지속된 대우조선해양 주가 하락이 분식회계와 무관하다고 하기 어렵다"고 밝혔다. 그러나 "삼성중공업, 현대중공업 등 동종 업계 주가도 지속적으로 하락했다는 점에서 분식회계로 인한 피해를 정확히 분리할 수 없기 때문에 책임 범위를 일부 제한한다"고 설명했다.

판결에 따르면 대우조선해양은 2008~2016년 8년여에 걸쳐 분식회계를 저질렀다. 매출액을 과다 계상하고 매출원가를 낮추는 등 다양한 수법을 동원했다. 안진회계법인은 이 같은 분식회계가 포함된 대우조선해양 감사보고서에 대해 '적정 의견'을 냈다. 이에 금융위원회 산하 증권선물위원회는 2017년 대우조선해양에 과징금 45억원을 부과하고 김열중 당시 대우조선해양 CFO의 해임권고, 3년간 감사인 지정, 2008~2016년 재무제표 수정 등 조치를 내렸다. 안진회계법인에 대해서는 1년간 감사 영업 정지 조치를 내렸다. 대우조선해양 투자자들도 분식회계로 인해 손실을 입었다며 잇달아 손해배상소송을 냈다. 현재 계류 중인 투자자 손해배상 소송은 50여 건에 달하는 것으로 알려졌다.

한편 이날 서울행정법원 행정 2부는 대우조선해양이 증선위를 상대로 낸 조사 감리 결과 조치 통보 취소 소송에서 45억원의 과징금이 정당하다고 판결했다.

매일경제신문. 2020.2.21.

## '분식회계' 대우조선 1심 패소… 손해배상금만 총 612억원

### 법원 "분식회계로 손해 본 투자자들에 배상 책임져야"

분식회계와 사기대출 혐의로 관계자들이 유죄 판결을 확정 받은 대우조선해양이 기관투자자들에게 거액의 손해배상금을 지급하라는 판결이 나왔다.

7일 법조계에 따르면 서울중앙지법 민사합의30부(한성수 부장판사)는 대우조선과 이 회사 고재호 전 대표 김갑중 최고재무책임자가 국민연금공단에 413억여 원을 지급하고 이 중 최대 153억원을 안진회계법인이 부담하라고 판결했다. 또 대우조선과 고 전대표, 김 전 CFO가 교직원연금공단에 57억원, 공무원 연금공단에 29억여원을 지급하라고 판결했다.

같은 법원민사합의 31부(김지숙 부장판사)도 대우조선과 고 전대표 김 전 CFO가 우정사업본부를 운영하는 국가에 112억여 원을 지급하라고 원고 일부 승소로 판결했다. 기관 투자자들이 승소한 금액을 더하면 총 612억여 원에 달한다.

국민연금공단과 교직원연금공단 등 기관 투자자들은 2016년 7월 분식회계를 이유로 대우조선해양과 이 회사 전직 임원들과 안진회계법인을 상대로 손해배상 소송을 냈다. 자본시장법과 금융투자법에 따르면 사업보고서 분기보고서 등에 거짓 기재 표시가 있거나 누락돼 해당 법인 증권을 소유한 사람이 손해를 입으면 이를 지시한 사람이나 이사가 손해배상 책임을 져야 한다.

대우조선은 2012~2014년 분식회계를 저지르고 손실을 재무제표에 반영하지 않은 혐의로 관련자들이 수사를 받았고, 이후 고 전대표와 김 전 CFO는 징역 9년과 6년이 확정됐다.

두 사건의 재판부는 "고재호 김갑중이 이 사건 분식회계를 해 대우조선의 재무제표를 허위로 작성하고, 이 재무제표를 첨부한 반기 및 분기 보고서를 공시했다"며 "대우조선이 원고(기관 투자자)들이 분식회계로 입은 손해를 배상할 책임이 있다"고 밝혔다.

매일경제신문. 2021.2.8.

**"5조 분식 대우조선과 전 대표 재무책임자 기관투자자들에게
612억 배상하라" 판결**

특히 법원이 대표와 재무책임자 등 개인에게도 연대책임을 인정했다.

원고들은 대우조선해양에 612억 전액을 요구할 수도 있고, 고 전 대표나 김 전 재무책임자 등 <u>개인에게 전액을 달라고 할 수도 있다</u>. 개인이 배상을 못할 경우, 재산을 압류할 수 있다.

조선일보. 2021.2.8.

**끝나지 않은 대우조선 분식회계소송… 대법 "안진회계 업무정지 적법성 다시 재판"**

안진회계법인은 2017년 금융위원회로부터 과징금 16억원과 업무정지 1년 처분을 받았다. 안진회계법인은 2010년부터 2015년까지 대우조선해양의 재무제표에 대한 감사를 실시했는데 이때 대우조선해양이 회계 처리 기준을 위반했다는 사실을 알고서도 묵인했다는 이유에서다. 당시 대우조선해양은 분식회계 의혹을 받고 있었다.

금융위는 2017년 4월 '안진회계법인이 대우조선해양의 증권신고서에 첨부된 거짓 재무제표에 관해 적정 의견을 표명했다'는 이유로 자본시장과 금융투자업에 관한 법률 제429조 등에 따라 과징금을 부과했다. 금융위는 안진회계법인이-매출 및 매출원가 등에 대한 감사 절차를 소홀히 했고-지연 배상금에 대한 감시 절차를 소홀히 했으며-장기성 매출채권에 대한 감사 절차가 부실했고-종속기업 투자 주식에 대한 감사 절차도 부실했다는 이유 등을 들었다.

### 1심, 업무정지 사유 인정하지만 원고 승 → 2심 각하

안진회계법인은 이에 불복해 금융위의 처분을 취소해 달라는 행정소송을 제기했다. 다만 행정소송 본안만 내고 별도의 집행정지 사건은 내지 않았기 때문에 1심 판결이 선고된 2018년 11월 이전에 1년간의 업무 정지 처분은 이미 2018년 4월에 완료해 버

렸다.

2018년 1심은 안진회계법인의 손을 들어줬다. 이미 업무정지 처분이 완료됐지만 결론적으로 <u>업무 정지 처분은 취소됐어야 한다는 뜻</u>이다. 금융위 측은 이 사건 처분의 효력 기간인 업무정지 기간(2017년 4월~2018년 4월)이 모두 경과돼 버려 소는 '각하'돼야 한다고 주장했지만 법원은 이를 받아들이지 않았다.

'각하'는 소송이 요건을 갖추지 못했다고 판단될 때 법원이 별도의 심리를 거치지 않고 재판을 종결하는 절차를 뜻한다. 본안 심리를 거친 뒤에 청구를 받아들이지 않는 '기각'과는 다른 판단이다.

재판부는 원고 승소 판결을 하면서도 일단 처분 '사유'는 인정된다고 판단했다. 안진회계법인의 <u>감사 또는 증명에 착오가 있었다는 점</u> 자체는 인정된다는 뜻이다. 재판부는 "이 사건 감사팀이 대우조선해양의 실행 예산 왜곡 가능성을 인지하고도 충분한 감사 없이 회계연도 감사보고서에 '적정의견'을 허위로 기재했다"며 "이 사건 감사 과정에서 중대한 착오 또는 누락이 있었다는 점을 충분히 인정할 수 있다"고 말했다.

그러나 재판부는 이러한 착오, 누락 과정에 <u>안진회계법인이 조직적으로 관여한 것은 아니라고</u> 판단했다. 재판부는 "이 사건 감사팀의 소홀 부실 행위가 모두 인정된다고 하더라도 원고가 위법 행위를 묵인 방조 지시하는 등 조직적으로 관여한 것으로 보기는 어렵다"며 "각 감사를 <u>담당한 원고 등기이사 3명은 전체 등기이사 중 2%에 불과하다</u>"고 설명했다. 몇몇 구성원들의 법 위반 행위 때문에 안진회계법인 소속 회계사 1,300여 명의 전체 업무를 정지시키는 것은 지나치다는 취지다.

재판부는 금융위가 재량권을 일탈, 남용했다고도 명시했다. 재판부는 "금융위는 원고가 위법 행위에 조직적으로 관여한 것으로 판단하는 등 사실 관계를 오인했다"며 "이 사건 처분은 재량권을 일탈, 남용한 처분에 해당한다"고 말했다. 이어 "이 사건 감사팀의 위반 행위로 실제 야기된 <u>피해가 중하기는 하나 그 책임을 온전히 안진회계법인쪽에 돌릴 수만은 없다</u>"며 "처분 사유는 인정되나 재량권을 남용한 위법한 처분이므로 피고가 2017년 4월 내린 업무 정지 처분을 취소한다"고 판결했다.

## 대법 "안진회계법인 업무정지 처분 다시 재판하라"

하지만 본안 심리를 거친 1심과 달리 <u>2심</u>은 이 사건 자체가 각하돼야 한다고 판결했다. 쉽게 말해 <u>누가 얼마나 잘했는지 못했는지를 따지기 전에 소송 자체가 요건을 갖추지 못해 재판이 성립할 수 없으므로</u> 별도의 판단 없이 종결시켜야 한다는 뜻이다.

재판부는 "취소 소송은 처분 등에 의해 발생한 위법 상태를 배제해 원상으로 회복시키고 그 처분으로 침해되거나 방해 받은 권리와 이익을 구제하는 소송"이라며 "원칙적으로 처분 효력이 존속하고 있고 취소를 통해 원상회복이 가능해야 그 취소를 구할 이익이 있다"고 말했다. 이어 "처분에 효력 기간이 정해져 있는 경우 그 처분의 효력 또는 집행이 정지된 바가 없다면 그 처분의 효력은 소멸된다"고 설명했다. 재판부의 설명에 따르면 안진회계법인에 주어진 1년의 업무정지 처분은 이미 효력이 소멸된 처분이다.

재판부는 이에 대해 "업무정지 기간의 경과로 이 사건 처분의 취소를 구할 특별한 사정이 존재한다고 보기 어렵다"며 "처분의 집행 기간이 경과돼 처분의 효과가 소멸된 경우에는 설령 그 처분으로 인해 명예, 신용 등 인격적인 이익이 침해돼 그 침해 상태가 집행 기간 경과 후까지 남아 있더라도 이와 같은 불이익은 그 처분의 간접적인 효과라고 할 수 없다"고 설명했다. 또한 "안진회계법인이 감사팀의 잘못을 인정하고 있고 향후 감사 업무를 수행하는 과정에서 똑같은 잘못을 반복할 가능성은 없어 보인다"며 "향후 다시 고의 또는 중대한 과실로 같은 잘못을 반복하지만 않는다면 업무정지 처분이 반복될 가능성도 없다"고 덧붙였다.

대법은 이를 다시 뒤집었다. 2심의 '각하' 판단은 옳지 않다는 취지로 사건을 파기 환송한 것이다. 대법원은 "감사팀이 속한 회계법인 전체에 대한 업무 정지 처분을 하는 것이 적법한지, 처분 사유가 인정되는 경우에도 이 사건 감사팀이 행한 위법 행위의 내용과 정도, 감사팀이 회계법인 내에서 차지하는 비중 등을 고려했을 때 업무정지 처분이 과중한 처분인지 여부를 따져야 한다"고 판단했다. 이어 "만약 이 사건에서 법원이 본안 판단을 하지 않는다면 피고(금융위)가 이 사건 업무정지 판단을 하면서 채택, 적용한 법령 해석에 관한 의견이나 처분의 기준을 앞으로도 적용할 것이라"며 "그렇다면 이 사건 업무정지 처분에 따른 업무정지 기간이 만료됐다고 하더라도 이 사건 업무정지 처분의 위법성 확인 내지 불분명한 법률 문제의 해명은 여전히 필요하다"고 설명했다.

한경비즈니스. 2021.1.18.-2021.1.24.

"담당한 원고 등기이사 3명은 전체 등기이사 중 2%에 불과하다"고 설명했다. 몇몇 구성원들의 법 위반 행위 때문에 안진회계법인 소속 회계사 1300여 명의 전체 업무를 정지시키는 것은 지나치다라는 1심 재판부의 판단은 회계법인 운영의 경제성을 언급한 것이다. 어떻게 보면 법에서의 양벌 규정을 부정하는 듯한 해석인 것도 같다. 사법부도 법과 원칙에 근거한 판단을 수행하지만 그럼에도 최종적인 결정에는 주변 상황을 종합적으로 판단해야 한다고 이해된다. 회계법인 사원 중, 일부의 잘못으로 전체 구성원이 모두 피해를 받는다는 것이 가혹하다는 해석이다. 물론, 유한회사라는 것인 사원(파트너)들의 '공동 운명체'와 같은 형태인 것은 부정하기는 어렵다. 그렇기 때문에 우리나라의 파트너 승진 심사에 해외의 파트너가 개입하기도 한다.

대법원의 판단은 이미 영업정지의 기간이 지나서 이러한 법적인 판단이 실효성이 없다고 하더라도 이러한 판결의 결과와 기준이 앞으로도 적용될 것이므로 그를 위해서라도 법원은 법적인 판단을 내려 주어야 한다는 판단이다.

고등법원의 판결 내용은 정치적으로 문제가 되었던 다음의 이슈와도 맥을 같이한다.

### 헌법재판소, 임성근 전 부산고법 부장판사 탄핵심판청구 부적합 각하

국회의 탄핵소추의결 이후 헌법재판소의 탄핵 심판 중 임기만료로 피청구인(임성근 전 부산고법 부장판사)이 법관의 직에서 퇴직한 사안에서, 헌법재판소(재판장 유남석, 재판관 이선애·이석대·이은애·이종석·이영진·김기영·문형배·이미선)는 2021년 10월 28일 재판관 5인(재판관 이선애, 이은애, 이종석, 이영진, 이미선)의 각하의견으로, 이미 임기만료로 퇴직한 피청구인에 대해서는 본안 판단에 나아가도 파면결정을 선고할 수 없으므로 결국 이 사건 탄핵심판청구는 부적법하다는 결정을 선고했다(2021헌나1).

로이슈. 2021.10.28.

임성근 전 판사는 부산고등법원 부장판사로 재직하던 중 2021. 2. 28. 임기만료되어 2021. 3. 1. 퇴직했는데 161명의 국회의원은, 임 전 판사가 2014. 2. 13.경부터 2016. 2. 10.경까지 서울중앙지방법원 형사수석부장판사로 재직하던 중 다른 법관의 재판에 관여하였다는 이유로, 2021. 2. 1. '법관(임성근) 탄핵소추안'을 발의했다. 이에 대한 탄핵을 최종적으로 결정하는 권한이 있는 헌재가 이미 퇴임한 판사에 대해 탄핵 여부를 논한다는 것 자체가 실효성이 없다는 판단이다.

"헌법과 헌법재판소법에 의하면 탄핵심판의 이익은 피청구인을 공직에서 파면하는 결정을 선고해 심리를 계속할 이익"이라며 "파면할 수 없어 목적 달성이 불가능하다면 탄핵심판의 이익은 소멸하게 된다"고 말했다.

이어 "피청구인(임 전 부장판사)이 임기 만료 퇴직으로 법관직을 상실해 이 사건에서 본안 심리를 마치더라도 공직을 박탈하는 파면 결정 자체가 불가능한 상태"라며 "탄핵심판의 이익이 인정되지 않아 부적법하므로 각하해야 한다"고 설명했다.

반면 인용 의견을 낸 재판관들은 "헌재가 재판 독립의 의의나 법관의 헌법적 책임 등을 규명하면 앞으로 발생할 수 있는 법관 독립 침해 문제를 사전에 경고해 예방할 수 있다"며 "형사수석부장판사라는 지위에서 사법행정 체계를 이용해 이뤄졌다는 점에서 재판 독립과 공정성에 심각한 위협일 뿐 아니라 여러 재판에서 반복적으로 이뤄져 용인될 수 있는 한계를 넘어섰다"고 말했다.

따라서 대우조선해양에 대한 대법원의 판단은 임성근 판사의 건에 대해서 소수의견을 표명한 헌법재판관들의 의견과 같은 의견이다. 즉, 이미 탄핵심판의 이익이 인정되지는 않지만 그럼에도 제기된 소에 대해서 사법부는 판단을 해 주어야 한다는 입장이다. 그래야지만 판례도 남을 것이기 때문이기도 하다.

위의 내용들은 다음의 내용과도 일맥 상통하다.

## 靑 특활비 또 비공개로 남나···文 임기 끝나면 소송 '각하' 될 듯

문재인 대통령의 임기가 끝나면 최근 나온 법원의 판결 취지와 달리 청와대 특수활동비와 영부인 김정숙 여사의 의전 비용은 비공개 상태로 남게 될 것이 확실시된다.

13일 법조계에 따르면 대통령 비서실은 김선택 납세자연맹 회장의 청구에 따라 특활비와 김 여사 의전 비용을 공개하라는 서울행정법원의 판결에 불복해 이달 2일 항소장을 제출했다. 이에 따라 조만간 항소심 법원인 서울고법이 사건을 접수하고 재판부에 배당해 심리할 예정이지만, 1심과 달리 항소심에서는 '각하' 판결이 나올 것으로 보인다.

1심에서 공개하라고 판결한 특활비 지출결의서와 운영지침, 김 여사 의전 비용 예산 편성 금액과 지출 내용 등이 '대통령지정기록물'로 지정되면 사실상 공개가 불가능해지기 때문이다.

국가안전보장에 중대한 위험을 초래하거나 국민경제 안정을 저해할 수 있는 기록물은 대통령지정기록물로 정해 최장 15년(사생활 관련 기록물은 30년) 동안 비공개 대상이 된다. 아직 고등법원으로 사건 기록이 넘어가지도 않은 상황이고 당사자들의 항소 이유와 답변을 확인하는 등 남은 절차들을 고려하면 문 대통령의 임기가 만료되는 올해 5월 전에 항소심 판결이 나올 가능성은 희박하다. 상고심 기간까지 고려하면 판결이 임기 내에 확정되는 것은 사실상 불가능하다. 결국 차기 정권으로 임기가 넘어간 뒤에야 판결이 확정되는데, 이 경우 해당 자료가 대통령지정기록물이 되면 법원은 원고의 청구를 '각하'하는 판결을 선고할 수밖에 없게 된다.

각하란 소송 요건을 충족하지 못했을 때 본안 판단 없이 사건을 마무리하는 결정이다. 자료가 더는 대통령비서실에 존재하지 않게 되며 소송 자체가 성립할 수 없어 각하 결정이 나오게 된다.

대통령 비서실은 행정소송 1심에서도 의전비용 관련 예산과 지출, 특활비 운영지침이 대통령지정기록물에 해당해 비공개 대상이라는 논리를 폈던 만큼 이는 예정된 수순이다.

연합뉴스. 2022.3.13.

단 동일한 논리를 적용한다면, 안진의 경우도 안진의 영업정지가 이미 만료되었고 사법부가 돌이킬 수 없는 사건에 대해서 심판을 한다고 해도 실효성이 없지만 대법원의 의견은 그렇지 않았다. 위에서도 기술되었지만 동일한 건이 앞으로도 문제가 될 수 있으므로 이에 대한 법적인 판단이 수행되어야 한다는 의미다.

## 2017년 대우조선, 안진회계법인엔 무슨 일이

2017년 금융 당국은 안진회계법인에 12개월간 신규 감사 업무정지 조치, 과징금 16억원, 2014년 위조 감사조서 제출에 따른 과태료 2,000만원 등의 조치를 내렸다. 안진회계법인이 소속 회계사의 회계 감사 기준 위반 행위를 묵인·방조·지시하는 등 조직적으로 관여하거나 일정 기간에 걸쳐 계속해 중대한 위법 행위를 해 왔다고 판단한 것이다.

당시 증권선물위원회 관계자는 "검찰 수사 결과와 증거 등을 면밀히 검토한 결과 담당 회계사뿐만 아니라 임원 등 경영진이 대우조선의 분식회계를 충분히 인지하고 있었다고 판단했다"며 "딜로이트안진은 2010년부터 2015년까지 6년간 대우조선의 감사인을 맡으면서도 장기간 회사의 분식회계 사실을 묵인 방조해 감사인으로서의 기본 책무를 저버렸다"고 강조했다.

투자자들은 분식회계를 통해 허위 내용이 기재된 각종 보고서를 믿고 대우조선해양의 주식을 샀다가 이후 주가 하락으로 손해를 봤다며 손해배상소송을 냈다. 김모 씨 등 투자자 290명은 대우조선해양과 안진회계법인을 상대로 소송을 내 실제로 이기기도 했다. 지난해 2월 1심 판결은 투자자들이 약 146억원을 배상받아야 한다고 판단했다. 재판부는 투자자들로서는 사업보고서 등이 정당하게 작성된 것이라는 신뢰하에 대우조선해양의 주식을 취득했으나 대우조선해양 등이 피고들에게 손해배상을 할 의무가 있다고 판단했다. 이와 관련된 소송 여러 건이 현재 법원에 계류 중이다.

한경비즈니스. 2021.1.18.-2021.1.24.

**'분식회계' 대우조선해양 2심서 배상액 15억원으로 줄어**

대우조선해양의 분식회계로 손해를 봤다며 이 회사를 상대로 소송을 제기한 우정사업본부가 2심에서도 일부 승소했지만, 배상액이 1심보다 크게 줄었다. 3일 법조계에 따르면 서울고법민사 16부(부장판사 차문호 장준아 김영애)는 최근 대우조선해양과 고재호 전 대표, 김갑중 전 최고재무책임자(CFO)가 우정사업본부를 운영하는 국가에 15억 4,800만원과 지연 손해금액을 공동 지급하라고 판결했다.

매일경제신문. 2021.8.5.

이 대우조선해양의 분식 건과 관련되어서는 형벌에 대한 행정소송과 손해배상과 관련된 민사소송이 여러 건 진행 중이라서 재판의 결과를 정리하기도 간단치 않다. 또한 아래 기사에서도 인용되듯이 주주뿐만 아니라 채권자가 입은 손실도 보상의 대상이 되는지에 대한 부분도 이슈이다. 민사의 경우는 피고가 회사, 회사의 CEO를 포함한 CFO, 또한 안진회계법인이다.

안진회계법인의 공인회계사들도 민사에서 피고가 될 수 있는지 또한 위의 신문 기사에서 몇 번 기술되었지만 대우조선해양의 감사위원들이 책임이 있다고 하면 민사에 대해서도 책임을 져야 하는지가 의문이다.

공인회계사들이 외감법, 공인회계사법에서 정한 임무를 수행하지 않았다고 하면 이는 형벌의 적용, 즉 형사의 영역이다.

**"분식회계 대우조선 안진 국민연금에 515억원 물어줘라"**

법원 "회사채 손해 인정"

국민연금공단이 대우조선해양 회사채에 투자했다가 분식회계로 손해를 봤다면 낸 손해배상청구소송에서 승소를 했다. 지난해 주식투자 손해배상 소송에 이어 <u>회사채</u>

투자 관련 소송에서도 기관투자자들의 승소가 이어지고 있다.

2일 법조계에 따르면 서울중앙지방법원 제21민사부(부장판사 강민성)는 국민연금이 대우조선해양과 딜로이트안진 회계법인을 상대로 제기한 소송에서 "대우조선은 국민연금에 515억원을 지급하고 이 가운데 약 221억원은 외부감사를 맡은 딜로이트안진이 부담하라"고 판결했다. 이는 국민연금이 청구한 금액(약 736억원)의 약 70% 수준이다.

재판부는 "증권신고서와 사업보고서 등에 포함된 재무제표, 사업보고서에 첨부된 감사보고서는 채권발행 회사의 재무상태를 드러내는 가장 객관적인 자료"라며 "국민연금이 회사채를 취득할 때 재무제표를 참고하는 건 충분히 예견 가능하기 때문에 회사채 매수와 분식회계 사이엔 상당한 인과관계가 있다고 판단했다.

국민연금은 2014년 4월부터 2015년 3월까지 대우조선 회사채 3,600억원어치를 발행시장과 유통시장에서 사들였다. 이후 대우조선이 2012~2014년 실적 등을 부풀린 게 드러나면서 대규모 손실을 보게 됐다.

국민연금은 보유 중인 회사채 중 20억원 어치를 15억원에 매도했고, 나머지 3,580억원어치 중 절반인 1,790억원가량은 출자전환을 거쳐 주식으로 보유하게 됐다. 국민연금은 이 주식을 팔았지만 회수금액은 991억원에 그쳤다.

국민연금과 똑같은 일을 겪은 다른 기관도 줄줄이 손해배상 청구소송을 걸었다. 우정사업본부는 지난달 중순 열린 재판에서 승소해 손해배상금 110억원을 받게 됐다.

지난해 진행된 주식 투자 관련 손해배상 소송에선 "대우조선과 딜로이트안진이 450억원을 기관에 배상하라"는 판결이 나왔다. 기관들이 분식회계와 관련해 낸 모든 소송에서 이긴다면 대우조선과 딜로이트안진이 부담할 배상금은 총 1,000억원을 넘을 전망이다.

법원은 회사채 발행 주관을 맡았던 미래에셋증권 NH투자증권 한국투자증권 DB금융투자를 상대로 제기된 소송은 기각했다.

재판부는 "상당한 주의를 했음에도 불구하고 분식회계로 재무제표 중 중요사항이 거짓 기재된 사실을 알 수 없었다고 보는 것이 타당하다"며 "증권사들이 불법행위를 저지른 사실을 인정할 증거가 없다"고 판시했다.

한국경제신문. 2022.2.3.

주주뿐만 아니라 채권자에 대한 보상이 문제가 된다면 우선 청구권도 이슈가 된다. 채권자에 대한 보상의 주체가 기업, 감사인을 떠나 채권 발행에 도움을 주었던 주관 금융기관도 아래와 같이 문제가 될 수 있다.

## "대우조선해양 '분식회계'와 무관"… 결백 인정받은 증권사들

분식회계를 저지른 대우조선해양의 <u>회사채</u> 발행을 주관했던 증권사들이 법원으로부터 "불법행위를 저지르지 않았다"는 판단을 받았다.

당사자인 대우조선해양과 외부 감사를 맡은 딜로이트안진회계법인이 배상청구소송에서 잇달아 패소하는 가운데 나온 판결이다. 부주의로 분식회계를 알아채지 못한 채 대우조선해양의 채권 발행을 도와 기관들에 손해를 끼쳤다는 의혹을 받아 왔던 증권사들이 약 5년 만에 결백을 인정받았다는 평가가 나온다.

### "분식회계로 증권사도 허위 기재 알 수 없어"

서울중앙지법 제21민사부(부장판사 강민성)은 2022년 1월 말 국민연금이 대우조선해양 회사채 발행 주관 인수 업무를 맡았던 미래에셋증권 NH투자증권 한국투자증권 DB금융투자를 상대로 제기한 손해배상 청구 소송을 기각했다. 재판부는 "증권사들은 상당한 주의를 했음에도 대우조선해양의 분식회계로 재무제표 중 중요 사항이 거짓으로 기재된 사실을 알 수 없었다고 보는 것이 타당하다"며 "이들이 불법행위를 저지른 사실을 인정할 증거가 없다"고 판시했다.

기관들은 "증권사들이 실사를 진행하고도 증권신고서에 '회사채 원리금 상환은 무난할 것으로 사료된다'는 의견을 적었다"며 "증권신고서상 거짓 기재 등이 없었다면 대우조선해양 회사채를 사지 않거나 더 싸게 취득할 수 있었을 것"이라고 주장했다.

증권사들은 주간사 회사로서 책임을 다했다는 증거를 보여주는 전략을 통해 결백을 입증하는 데 성공했다. 이들은 2017년 4월 해당 소송이 제기된 후 법무법인 율촌을 대리인으로 선임해 오랫동안 변론을 준비했다. 특히 주관사 회사로서 통상적으로 요구되는 실사를 했다는 것과 대우조선해양의 재무제표를 믿을 수밖에 없었다는 것을 보여주는 방대한 증거를 수집하는 데 상당한 공을 들였다.

율촌 변호사는 "재무제표처럼 전문가가 만든 정보는 의심할 만한 특별한 사정이 없는 한 잘못된 내용을 발견하지 못했다고 해서 꼭 과실로 볼 수는 없다"며 "당시 증권사들이 대우조선해양의 회사채 발행을 주관하면서 모범 규준에 맞춰 실사한 내역과 관련 자료를 최대한 모아 주장을 입증했다"고 설명했다.

법조계에선 증권사가 기업의 주식이나 채권 발행을 주관 인수할 때 제 역할을 했다는 것을 입증하면 당시 발행 기업이 분식회계처럼 주식 채권 가격을 떨어뜨릴 만한 일을 저지르더라도 책임이 없다는 판례가 생겼다고 보고 있다. 2011년 국내 증시에 입성한 지 2개월 만에 분식회계로 상장 폐지된 중국고섬공고유한공사(중국고섬) 사건은 상장 주간사 회사도 책임이 있다는 판결이 나와 증권업계의 분위기를 가라 앉혔다. 약 4년에 걸쳐 진행된 이 재판은 2020년 대법원이 원심을 뒤집고 상장 주간사 회사인 미래에셋증권과 한화투자증권에 과징금 20억원씩을 부과했다.

중국고섬 사건과 달리 "과실이 없다"는 판결을 받으면서 대우조선해양 회사채 발행 주간사 회사들은 남은 소송에서도 긍정적인 결과를 기대할 수 있게 됐다는 평가다.

### 기관들, 대우조선 상대로는 줄줄이 승소[4]

기관투자가들은 대우조선해양을 상대로 건 손해배상 청구 소송에선 줄줄이 승소하고 있다. 기관들은 남은 소송에서도 모두 승소한다면 대우조선해양 측이 부담할 배상금만 2,000억원이 훌쩍 넘을 것으로 추정된다.

서울중앙지방법원 민사합의 30부(한성수 부장판사)는 2021년 2월 대우조선해양과 고재호 전 대표, 김갑중 전 최고재무책임자들에 국민연금(413억), 교직원연금공단에 67억원, 공무원연금공단에 29억원을 지급하라고 판결했다. 같은 법원 민사합의 3부(부장판사 김지숙)도 우정사업본부를 운영하는 국가에 112억여원을 지급하라고 원고 일부 승소 판결을 내렸다. 기관들의 주식 투자 관련 손해 배상 금액만 600억원이 넘었다. 기관들은 회사채 투자에 대한 손해 배상 소송에서도 승소를 이어가고 있다. 서울중앙지법 민사합의 30부(부장판사 한성수)는 올해 1월 말 우정사업본부가 제기한 소송에서 대우조선해양과 고재호 전 대표, 김갑중 CFO가 110억원을 배상하라는 판결을 내렸다. 딜로이트안진에 대해서도 배상금 110억원 중 47억원을 배상하라는 판결을 내렸다. 법원은 비슷한 시기 국민연금이 낸 소송에서도 대우조선해양과 안진회계법인에 배상금 515억원을 지급하라고 판결했다. 해당 판결을 낸 서울지방법원 제21민사부(감민성 부

---

4) 위는 주관 증권사, 아래는 회사와 감사인을 대상으로 한 소송 관련 내용임.

장판사) 재판부는 "증권신고서와 사업보고서 등에 포함된 재무제표, 사업보고서에 첨부된 감사보고서는 채권 발행 회사의 재무제표를 나타내는 가장 객관적인 자료"라며 "국민연금의 회사채를 취득할 때 재무제표를 참고하는 것은 충분히 예견할 수 있기 때문에 회사채 매수와 분식회계 사이엔 상당한 인과관계가 있다"고 판단했다.

국민연금과 우정사업본부 외에도 공무원연금, 사학연금, 중소 기업중앙회 등 기관들이 제기한 화사채 투자 관련 소송이 줄줄이 대기 중이다. 남은 소송에서도 기관들이 모두 이긴다면 대우조선해양 측이 부담할 배상금은 2,000억원 이상이 될 것으로 보인다. 실적이 부풀려지면서 당시 임원들이 대규모 성과급과 이익 배당금을 받아간 것에 대해 책임을 묻기 위한 것이다. 올해 2월 초 열린 1심에선 재판부는 고 전 대표와 김 전 CFO가 대우조선해양에 850억원을 지급하라고 판결했다. 김 전 CFO에 대해선 별도로 202억여 원을 추가로 내라고 명령했다.

한경비즈니스. 2022.2.21.-27.

이러한 주식이나 채권의 발행 책임 문제에 대해서 기업, 감사인, 주식/채권발행 주관기관의 관계가 얽혀 있다. 대우조선해양의 채권 주관사의 책임 여부에 대한 재판부의 판단의 근거도 결국은 주관사가 due care를 했는지 여부였음을 읽을 수 있다.

이 두 건의 경우를 비교해 보면 사법부는 회사채 발행 주간사와 발행회사/감사인의 책임은 동일하지 않다는 판단을 하고 있는 듯하다. 단, 2011년의 중국고섭과의 대법원 판례와 비교한다면 회사채 발행 주간사의 책임과 관련되어서는 판례가 상반된다고 판단되는데 결국은 채권 발행의 주관사가 어느 정도의 업무를 수행했는지에 따라서 판결이 달라졌다고 할 수 있다.

대우조선해양의 경우, 회사와 전 경영진 간에 손해배상의 책임이 법인격인 회사에 있는 것인지 아니면 의사결정을 수행한 경영진에게 있는 것인지에 대해서는 흥미로운 재판이 진행 중이다. 자연인인 대표이사와 CFO가 의사결정을 수행했다고 해도 이들이 회사를 대표하는 입장에서 업무를 수행한 것이니 이러한 의사결정에 대한 책임을 자연인 대표이사가 져야 하는지 아니면 회사라고 하는 법인격이 져야 하는지도 복잡한 이슈일 듯하다.

## "미래에셋, 중 고섬 분식회계 사태 책임 있다"

2011년 중국 섬유회사 고섬이 분식회계로 상장폐지된 사건에 대해 상장 주관을 맡았던 미래에셋증권이 책임져야 한다는 최종판결이 나왔다.

13일 법조계에 따르면 서울고등법원 행정3부(함상훈 권순열 표현덕 부장판사)는 미래에셋증권(당시 대우증권)이 "과징금 부과를 취소해달라"며 금융위원회를 상대로 낸 소송의 파기환송심을 최근 원고 패소로 판결했다. 미래에셋증권은 이 판결이 그대로 확정되면 과징금 20억원을 내야 한다.

이 사건은 고섬이 2011년 상장한 지 두달 만에 분식회계로 거래가 정지된데서 비롯됐다. 고섬은 상장 계획을 담은 증권신고서에는 기초자산의 31.6%가 현금과 현금성 자산이라고 적었지만 실제로는 극심한 현금 부족 상태에 시달리고 있다는 사실이 드러났다. 고섬은 이로 인해 2013년 10월 상장폐지됐다. 당시 조사를 맡았던 금융위원회는 "고섬의 재무상태를 제대로 확인하지 않은 채 상장을 진행했다"며 상장 주관사인 미래에셋증권과 한국투자증권에 과징금 20억원을 부과했다. 두 증권사가 이 같은 조치에 반발하면서 긴 소송전이 시작됐다. 1, 2심 판결에선 증권사가 웃었다. 하지만 대법원에서 판결이 뒤집혔다. 대법원은 2020년 5월 심리 미진을 이유로 원고 승소 취지 판결을 깨고 사건을 서울고법으로 돌려보냈다.

미래에셋증권은 이 사건과 관련해 고섬의 은행 조회서 등 허위로 발급한 중국 은행들을 상대로 구상 소송을 제기해 지난해 말 최종 승소했다. 이를 통해 약 532억원을 지급받았다.

한국경제신문. 2022.4.4.

## 상폐된 중 고섬… 대법 "상장 주관한 증권사도 책임 있다"

기업이 분식회계를 저지른 시기에 이 기업의 자금 조달 과정에 관여한 증권사가 책임을 진다는 판례가 생긴 것은 부담으로 작용할 것으로 보인다.

고섬은 이로 인해 2013년 10월 상장폐지됐다. 상장 폐지 전 정리 매매를 위해 거래가 재개됐던 2013년 9월 24일 하루 동안에만 주가가 74.3% 폭락하면서 주식 투자자들에게 대규모 손실을 입혔다. 반면 허위 재무제표로 투자자들을 속인 고섬은 증시 상장만으로 2,100억원(공모가 7,000원 기준)을 손에 쥐었다.

당시 이 사건을 조사하던 금융위원회는 "고섬의 재무상태를 제대로 확인하지 않은 채 상장을 진행했다"며 상장 주관사 회사인 미래에셋증권과 한화투자증권에 과징금 20억원을 부과했다. 이들 증권사기 이 같은 조치에 반발해 긴 소송전이 시작됐다. 증권사들은 "회계법인조차 감사 보고서에 적정 의견을 줬을 정도로 주간사 회사가 분식회계를 알아채기 어려운 상황이었다"고 주장했다.

1, 2심 법정에선 증권사들이 웃었다. 당시 재판부는 "주관사 회사 인수 계약상 증권사의 지위와 역할, 증권 공모 참여 시점 등에 비춰볼 때 상장 주관사 회사에 고의 또는 중대한 과실이 있다고 인정하기 어렵다"고 판단했다. 이때만 해도 증권사들은 책임이 없다는 쪽으로 결론이 날 것이란 관측이 지배했다.

## 책임 묻는 판례에 부담 커진 증권사

분위기는 대법원에 가서 급변했다. 대법원은 2020년 한화투자증권이 금융위를 상대로 낸 소송 상고심에서 원고 승소로 판결한 원심을 깨고 이를 서울고법으로 돌려보냈다. 3개월 뒤 그해 5월 미래에셋증권에도 똑같은 판결을 내렸다.

대법원 재판부는 "원고가 상장 주관사 회사로서 합리적으로 기대되는 직무를 수행하지 않았다는 점에서 상당한 주의를 다했다고 인정하기 어렵다"며 "상당한 주의를 다했더라도 허위 기재를 알 수 없었다는 사정이 존재한다고 보기도 어렵다"고 밝혔다.

한 번 뒤집힌 판결은 파기환송심에서도 그대로 유지됐다. 서울고법 파기환송심 재판부는 미래에셋증권에 대해 "원고가 현금과 현금성 자산에 관해 확인하지 않은 것은 주간사 회사로서 주의 의무를 현저히 결여한 경우"라고 지적했다.

법조계에선 이번 판결로 한화투자증권도 과징금을 내게 될 가능성이 높아졌다고 보고 있다. 이 증권사에 대한 파기환송심 선고 일정은 아직 잡히지 않은 상태다.

이 사건이 패소로 종결되더라도 증권사들의 금전적 손해는 크지 않을 것으로 예상된다. 미래에셋증권은 고섬의 예금 잔액 관련 서류를 허위로 발급해 준 중국은행과 중국 교통은행을 상대로 손해배상소송을 걸어 2021년 7월 일부 승소 판결을 받았다. 이를 통해 배상액과 지연 손해금을 합쳐 총 532억원을 지급 받았다. 금융위의 과징금을 훨씬 넘는 금액이다.

다만 기업이 분식회계를 저지른 시기에 이 기업의 자금 조달 과정에 관여한 증권사가 책임을 진다는 판례가 생긴 것은 부담으로 작용할 것으로 보인다. 고섬의 분식회계 사건 이후 금융위는 자본시장과 금융투자업에 관한 <u>시행령을 개정해 상장회사가 증권 신고서를 부실하게 기재했을 때 주간사 증권사뿐만 아니라 인수 업무를 맡은 증권사까지 투자자에 대한 손해 배상 책임을 지도록 했다.</u> 상장 예정 기업에 대한 실사에 관여하지 않고 단순히 주식 인수 업무만 맡은 증권사도 책임을 질 법적 근거가 생긴 상황이다.

증권사들로선 특정 기업의 자금 조달 과정에서 부여받은 의무를 다했음에도 부실을 발견할 수 없었음을 입증하는 게 중요해졌다는 평가다. 과거 분식 회계를 저지른 대우조선해양의 회사채 발행 주간사 증권사들도 오랫동안 '부실 기업의 자금 조달을 도와 기관투자자들에 손해를 끼쳤다'는 의혹을 받다가 이 같은 입증을 통해 결백을 인증받았다.

### 대우조선 회사채 맡은 증권사들은 '결백' 인정받아

증권사가 분식회계를 저지른 기업의 자금 조달 과정에 참여했다고 해서 반드시 법적인 책임을 지라는 판결을 받는 것은 아니다. 대우조선해양이 분식회계를 저질렀던 시기에 이 회사의 채권 발행 주간사 회사를 맡았던 증권사들은 법정에서 "불법행위를 하지 않았다"고 인정받았다.

서울중앙지법의 제21민사부(부장판사 강민성)는 올해 1월 국민연금이 대우조선해양 회사채 발행 주간사 회사와 인수 업무를 맡았던 미래에셋증권 NH투자증권 한국투자증권 DB금융투자를 상대로 낸 손해 배상 청구 소송을 기각했다.

국민연금은 2014년 4월부터 2015년 3월까지 대우조선해양 회사채 3,600억원어치를 발행 시장과 유통 시장에서 매입했다. 그 후 대우조선해양이 2012~2014년 실적 등을 부풀린 것이 드러나면서 손실을 보게 됐다. 국민연금은 보유 중인 회사채 중 20억원어치를 16억원에 팔았고 나머지 3,580억원어치의 채권 중 약 1,790억원을 출자 전환을 거쳐 주식으로 보유하게 됐다. 국민연금은 이 주식을 매도했지만 회수한 금액은 901억원에 그쳤다.

국민연금 측은 "증권사들이 실사를 진행하고도 증권신고서에 '회사채 원리금 상환은 무난할 것으로 사료된다'는 의견을 적었다"며 "증권신고서상 거짓 기재 등이 없었다면 대우조선해양의 회사채를 사지 않거나 더 싸게 취득할 수 있었을 것"이라고 주장했다. 국민연금 측은 "증권사들이 실사를 진행하고도 증권신고서에 '회사채 원리금 상환은 무난할 것으로 사료된다'는 의견을 적었다"며 "증권신고서상 거짓 기재 등이 없었다면 대우조선해양의 회사채를 사지 않거나 더 싸게 취득할 수 있었을 것"이라고 주장했다.

증권사들은 "주간사 회사로서 책임을 다했다"고 맞섰다. 이들은 해당 소송이 제기된 2017년 4월부터 약 5년간 결백을 뒷받침할 증거를 수집하는 데 상당한 공을 들였다. 회사채 발행 당시 모범 규준에 맞춰 실시했던 내역과 관련 자료 등을 긁어모았다. 이 같은 전략을 통해 법정에서 주관사 회사로서 역할을 다했음에도 대우조선해양의 분식회계를 알아채기는 어려웠을 것이라는 점을 인정받았다.

재판부는 "증권사들은 상장한 주의를 했음에도 분식회계로 대우조선해양의 재무제표 중 중요사항이 거짓으로 기재된 사실을 알 수 없었다고 보는 것이 타당하다"며 "이들이 불법 행위를 저지른 사실을 인정할 근거가 없다"고 판단했다.

한경비즈니스. 2022.4.18.-24.

위의 중국고섬과 대우조선해양의 채권 발행시 주관사의 책임에 대한 대법원의 판례가 뒤집혔다. 대법원 판례가 사건별로 일정하지 않다는 점은 예측 가능성을 어렵게 한다. 결국 이 두 다른 판정의 근거는 주관사에 '상당한 주의'를 기울였는지의 이슈이고 이의 입증책임도 주관사에 있다는 것이다.

동일한 건에 대해서 법원의 판단이 반드시 일관돼야 하는 것은 아니지만 다음의 건과 같이 유사한 사안이 동시 진행 중일 경우, 판례라는 것도 어느 판례를 참고로 해야 하는지가 복잡하게 얽힐 수 있다.

**분식회계 고섬 투자자 손실**

중국 섬유업체 고섬의 분식회계로 국내 투자자들이 2,000억원대 손실을 본 사건의 파기환송심에서 법원이 당시 상장 주관사였던 국내 증권사 책임을 재차 인정했다. 20

일 법조계에 따르면 서울 고법 행정 1~2부는 한화투자증권이 금융위원회를 상대로 '과징금 부과를 취소해 달라'며 낸 소송의 파기환송심에서 원고 패소 판결을 내렸다. 재판부는 "한화투자증권이 고섭의 증권신고서에 기재된 중요 정보에 관해 <u>대표 주관회사의 조서 결과에 전적으로 의존하고</u> 스스로는 아무런 조사를 하지 않았다"고 판단했다.

고섭은 2011년 1월 국내 유가증권시장에 상장됐는데, 이후 분식회계 사실이 드러나 2개월 만에 거래가 정지되고 2013년 10월 상장 폐지됐다.

고섭은 현금 부족 상태였는데도 1,000억원 이상의 현금과 현금성 자산을 보유하고 있는 것처럼 서류를 제출해 공모자금 2,100억원을 취득한 것으로 조사됐다. 이에 금융 당국은 상장 주관사였던 대우증권(현 미래에셋증권)과 한화투자증권에 부실 심사 책임을 물어 과징금을 20억원씩 부과했다.

앞서 1, 2심은 한화투자증권 손을 들어줬다. 그러나 대법원은 2020년 2월 원심 판결을 파기환송했다.

매일경제신문. 2022.7.21.

동일 건에 대해서 법원의 판결이 상반되는 경우는 다수 있다.

### "퇴직금에 성과급 포함해야"…판결 또 나와

#### 대법 판결 앞두고 하급심 엇갈려

성과급은 임금이므로 퇴직금에 포함해야 한다는 취지의 법원 판결이 나왔다. 이에 대한 하급심 판결들이 엇갈리는 가운데 나온 판단이라 관심을 끈다. SK하이닉스, 삼성전자 등 국내 주요 대기업들도 이와 비슷한 소송이 제기돼 현재 대법원 판단을 기다리고 있다. 법조계에선 대법원이 이에 대한 어떤 판결을 내놓느냐에 따라 기업들의 희비가 엇갈릴 것으로 내다보고 있다.

"특별성과급 퇴직금 산정 시 포함해야"

"퇴직금에 성과급 포함해야"… 판결 또 나와

7일 법조계에 따르면 서울중앙지방법원 6-2민사부(부장판사 당우증)는 지난달 23일 서울보증보험사 근로자 5명이 회사를 상대로 제기한 임금(퇴직금) 청구 소송에서 1심을 뒤집고 이같이 판결했다. A씨 등 원고 근로자들은 1959년생으로 60세가 된 2019년 회사를 퇴직했다. 이들은 퇴직금 지급 시점에 재직하고 있지 않다는 이유로 특별성과급을 받지 못했고, 퇴직금을 계산할 때도 특별성과급이 반영되지 않았다며 회사를 상대로 소송을 제기했다. 퇴직금은 퇴직 시점으로부터 3개월 이내의 평균임금을 계산하고 거기에 근속연수를 곱하는 방식으로 산정된다.

이 회사는 노사 합의를 통해 2006년부터 매년 적게는 200%에서 많게는 300%까지에 이르는 특별성과급을 지급해 왔다. 특별성과급은 보험계약을 통해 얻은 수입(원수보험료)과 보험계약자 대신 지급한 돈을 가해자로부터 회수해온 구상금 규모에 따라 달라졌다.

회사는 성과급이 평균임금이 아니라고 주장했다. 서울보증보험사 측은 "원수보험료와 구상금 등은 보험업계 상황 등에 따라 좌우되는 금액이라 근로 제공과 밀접한 연관성이 없다"며 "해마다 성과급 지급률이 다른 데다 지급 여부도 회사의 재량 사항에 달린 만큼 회사가 지급해야 할 의무도 없기에 임금이 아니다"고 주장했다.

## 법원, 성과급 지급 '관행'에 주목

법원 판단은 달랐다. 재판부는 "특별성과급은 소속 근로자 전체의 근로 제공이 경영성과에 기여한 가치를 평가해 그 몫을 지급하는 것이므로 근로 제공과 밀접한 관계가 있다"며 근로의 대가라고 판단했다. 또 △2006년부터 14년 이상 해마다 빠지지 않고 지급한다는 '관행'이 형성됐기에 회사가 임의로 지급을 거절할 수 없는 점 △회사가 노조에 제공한 급여 현황표에도 특별성과급이 포함된 액수를 명기하는 등 회사조차 연봉의 일부로 인식하고 있는 점 등을 근거로 지급 의무도 있다고 판단했다. 이를 바탕으로 재판부는 1심을 일부 파기하고 근로자 측 손을 들어줬다.

사기업 경영성과급이 평균임금에 포함되는지에 대해선 아직 대법원 판결이 없다. 가장 먼저 제기된 SK하이닉스 퇴직금 소송은 대법원에 계류 중이다. 성과급 비중이 높은 국내 대기업들은 이 판결에서 질 경우 상당한 금액의 퇴직금 등을 추가로 부담하게 돼 해당 판결은 기업들의 큰 관심사다.

한편 노동전문 변호사 출신인 김선수 대법관이 주도하는 대법원 노동법 실무연구회도 지난 5일 해당 주제로 세미나를 개최하는 등 이 부분에 대한 법리 연구를 진행 중인 것으로 알려졌다. 한 법조계 관계자는 "하급심 판결이 엇갈리는 가운데 향후 대법원이 어떤 판단을 내릴지 관심이 모아지고 있다"며 "성과급을 퇴직금 산정에 포함해야 한다는 판결이 나올 경우 산업계에 미치는 파장이 클 것"이라고 말했다.

한국경제신문. 2022.7.8.

## 분식회계 대우조선 안진회계

대우조선해양의 분식회계로 인해 허위 작성된 재무제표와 감사보고서를 보고 주식을 취득 처분했던 주주들이 입은 손해를 대우조선해양이 배상해야 한다는 판결이 나왔다. 법원은 당시 회계 감사를 한 안진회계법인에도 책임을 물었다. 29일 법조계에 따르면 서울중앙지법 민사합의 22부(부장판사 정재희)는 소액주주 총 99명이 대우조선해양, 고재호 전 사장, 김갑중 전 최고재무책임자와 안진회계법인을 상대로 낸 손해배상청구 소송 2건에서 "총 39억여 원을 공동 배상하라"며 원고 승소 판결을 내렸다.

재판부는 "주식 거래에서 기업의 재무상태는 주가를 형성하는 가장 중요 요인 중 하나이고 재무제표와 사업보고서는 재무상태를 드러내는 가장 객관적인 자료"라며 "거짓으로 기재된 사업보고서 등을 믿고 주식을 산 주주들에게 주가 하락으로 인한 손해를 배상해야 한다"고 밝혔다.

매일경제신문. 2022.7.30.

미국에 비해서 소송이 활성화되어 있지 않으니 우리나라는 감독과 규제가 강화될 필요가 있다. 소송이 활성화된 미국의 경우는 시장의 자율적인 기능이 많은 문제를 해결해 준다. 조선업이나 건설업과 같은 수주산업에서의 분식회계 건은 과거에도 있었는데 최근의 대법원 판정을 인용한다.

## "STX조선해양, 허위공시 피해 소액주주 300명에 55억 배상하라"

STX조선해양 소액주주들이 분식회계로 인한 허위공시로 손해를 입었다며 강덕수 전 STX그룹 회장을 상대로 낸 손해배상 소송에서 최종 승소했다.

대법원 3부(주심 김재영 대법관)는 소액주주 300여 명이 STX조선해양과 강덕수 전 회장, 삼정회계법인을 상대로 낸 손해 배상 청구 소송에서 주주들에게 약 55억원을 지급하라고 판결한 원심을 확정했다고 21일 밝혔다.

STX조선해양은 선박 제도 진행률을 조작해 매출총이익을 과대 계상하는 등의 방식으로 재무제표를 허위로 작성했다. STX조선해양의 외부감사인이었던 삼정회계법인은 재무제표 회계감사를 한 뒤 '적정의견'으로 감사보고서를 작성했다. 사업보고서와 감사보고서는 함께 공시됐다.

주주들은 STX의 분식회계로 손해를 입었다며 이를 배상하라는 소송을 제기했다. 1심은 강 전 회장이 회계부정 감시 의무를 다하지 않았고, 회계법인 역시 적합한 감사 절차를 거치지 않았다며 주주들에게 49억원을 배상하라고 판결했다. 항소심은 허위공시와 주주들이 입은 손해 사이의 인과 관계를 추가로 인정해 배상액을 55억여 원으로 늘렸다.

일부 주주와 강 전 회장 등이 판결에 불복해 상고했지만 대법원은 이를 기각했다. 대법원은 이번 판결에서 자본시장법상 손해 배상 책임을 피하려는 대표이사와 회계법인의 의무 등에 관한 법리를 구체화했다.

대법원은 대표이사가 의무를 다했는지에 대해선 "내부통제시스템이 합리적으로 구축되고 정상적으로 운영됐는지는 어떤 제도나 직위가 존재한다고 해서 곧바로 긍정할 수 없다"며 "제도나 직위에 실질적으로 수행됐는지를 살펴 판단해야 한다"고 밝혔다.

회계법인의 책임에 대해선 "업종의 특성 경영상황 등에 비춰 부정이나 오류가 개입되기 쉬운 사항이 있다면 감사를 더욱 엄격하게 진행해야 한다"고 지적했다.

재판부는 이런 기준들에 비춰 강 전 회장과 삼정회계법인이 주의의무를 소홀히 했다고 판단했다.

한국경제신문. 2022.8.22.

chapter
47

# 정부의 개입

정부는 금융시장에 대한 규제기관/감독기관의 입장에서 당연히 기업의 경영활동에 관여할 권한도 있고 의무도 있다. 그럼에도 불구하고, 이러한 간섭은 명분과 원칙하에서 합리적으로 수행되어야 하는 것은 당연하다. 민간의 경영활동에 필요 이상으로 정부가 역할을 수행하려고 한다면 이는 바람직하지도 않고 자율을 해치는 행위이다.

정부의 규제 없이도 문제없이 적법하게 경영활동을 수행하는 기업이 있을 것이며 거액의 횡령 사고가 발생한 오스템플랜트와 같은 회사에 대해서는 정부가 나서서 투자자를 보호하는 공적 기능을 해 주어야 한다.

자본주의가 가장 발전했다고 하는 미국의 경우 시장 기능이 활성화되어 있지만 우리의 경우는 그 정도로 '보이지 않는 손'이 잘 작동되고 있는 것 같지 않으니 감독/규제가 더 필요하다고도 할 수 있다. 미국의 경우도 엔론 사태와 같이 시장이 작동하지 않는다는 사실이 드러날 경우는 정부가 시장에 적극적으로 개입하게 된다.

자산 2조원 이상의 상장법인은 '이사회의 이사 전원을 특정 성의 이사로 구성하지 않아야 한다'는 자본시장법의 규정이 2022년 8월부터 시행된다. 정부가 이러한 제도를 도입한 취지는 여성의 사회 참여의 폭을 확대하여 여권

신장을 이루려는 의미가 있고 충분히 이해한다.

그럼에도 성에 무관하게 최선의 이사 후보를 추천하고 선임하여야 하는 기업의 입장에서는 정부의 관여를 간섭으로 여길 수 있다. 윤석열 정부가 인수위원회나 부처 장관들을 조각할 때도 여성이나 지역을 배려하지 않아 구설수가 있었다. 대통령은 성이나 지역보다는 능력 위주로 인선을 하는 것이지 성이나 지역 등, 기타 요인들을 고려하지 않으려 했으나 나중에는 여러 비판과 압력하에 여성 장관들을 배려하게 되었다. 여성이나 소외된 지역 출신 중에서는 유능한 인재가 없다는 것이냐에 대한 적절한 답을 해 줘야 하는데 쉽지 않았을 것이다.

**"**

## "나스닥 기업, 이사회에 여성 소수자 1명 이상씩 뽑아야"

미국 증권거래위원회(SEC)가 나스닥 상장 기업 이사진에 성별 인종 다양성을 확보하도록 의무화하는 방안을 승인했다. 이 방안은 지난해 12월부터 나스닥이 추진해온 것으로, 이를 줄곧 반대해 온 공화당의원과 일부 기업의 반발이 예상된다.

지난 6일 파이낸셜타임즈 등에 따르면 나스닥 상장 기업은 이사회에 적어도 여성 이사 한 명과 소수 인종 혹은 성소수자(LGBTQ, Lesbian, Gay, Bisexual, Transgender의 약자) 이사 한 명을 선임해야 한다. 그렇지 않은 경우 합당한 설명을 내놓야 한다. FT는 "나스닥 상장 기업들은 내년부터 이사회 구성의 다양성 정보를 공시해야 한다"며 "이사회 규모에 따라 앞으로 2~5년안에 규정이 적용될 것"이라고 보도했다.

미국 나스닥 기업은 발등에 불이 떨어졌다. 지난해 나스닥의 자체 조사에 따르면 나스닥 상장 기업의 75% 이상이 이 조건을 충족하지 못한 것으로 나타났다. 나스닥 상장 기업은 3,300개가 넘는다.

나스닥은 SEC 결정에 "기업 지배구조의 새로운 표준을 만들어 나가기 위해 나스닥 상장사와 협력하기를 기대한다"고 환영의 뜻을 밝혔다. 게리 겐슬러 SEC 위원장도 "이번 결정으로 투자자는 기업의 다양성에 대한 접근 방식을 더 잘 이해할 것"이라고 말했다.

이 규정에 반대해 온 공화당 의원은 즉시 반박 성명을 냈다. 팻 투미 공화당 상원

의원은 SEC 결정에 반발하며 "기업 이사 선임 시 가장 중요한 것은 후보자의 지식, 경험, 전문성 등"이라며 "다양성에 관한 나스닥의 규정은 기업에 지나친 압력을 넣게 되고 정작 중요한 후보자의 자질은 뒷전으로 밀릴 것"이라고 주장했다.

한국경제신문. 2021.8.9.

　　미국의 이러한 정책에 대해서도 민주당과 공화당 간의 정치적 성향에 따른 의견이 나뉘게 된다. 미국의 민주당은 우리나라의 더불어민주당과 같이 진보적인 성향의 정당이며, 공화당은 우리의 국민의 힘과 같은 보수적 성향의 정당이다. 보수의 입장에서 판단하면 기존대로 기업이 판단하여 적임의 이사를 선임하면 되는 것인 데 반하여 진보에서의 판단은 남성/여성간의 경쟁에서의 불균등은 제도가 개입하여서라도 바로 잡아야 한다는 주장이다. 즉, 보수/진보의 정치적인 성향이 기업과 관련된 정책에서도 극명하게 나누어진다. 진보 정당은 분배, 균형 등에 더 많은 방점이 가 있는 정책을 추진한다.

　　결국, 기업의 경영활동에 정부가 어느 정도까지 개입하는 것이 옳은지의 판단의 이슈이다. 입법과정에서의 시행령이라고 하면 정부의 입장인 것이고, 법제화의 차원이라고 하면 입법부의 입장이 중요하다.

### 상장사 여 이사 선임 늘었지만…

　　올 1분기에 여성 임원을 선임한 상장법인 비율이 지난해 같은 기간보다 소폭 늘어난 것으로 집계됐다. 내년 8월부터 자산 규모 2조원 이상 상장사에서 1명 이상의 여성 등기임원을 의무적으로 선임해야 하는 내용의 자본시장법 개정안 시행을 앞두고 기업이 발 빠르게 대응에 나선 영향이다. 다만 내부 발탁보다는 외부에서 사외이사를 영입한 경우가 대부분이다.

　　5일 여성가족부가 발표한 '2021년 상장법인 성별 임원 현황 조사결과'에 따르면 올 1분기에 상장법인 2246곳 중 여성 임원을 1명이라도 선임한 곳은 815개(36.3%)였다. 이는 전년 동기(33.5%) 대비 2.8% 포인트 늘어난 비율이다.

1분기 말 현재 상장사 전체 임원 3만 2,005명 중 여성 임원은 1,668명으로 5.2% 늘었지만, 해외 주요국과 비교하면 현저하게 적은 비율이다. 경제협력기구(OECD) 회원국 기업 이사회의 평균 여성 임원 비율은 25.6% 수준이다.

　　상장사 가운데 자산가치 2조원 이상 기업은 여성 임원 비율이 크게 늘었다. 152개 기업 중 85곳(55.9%)이 여성 등기임원을 1명 이상 선임했다. 전년 동기(30.6%) 대비 25.3% 포인트 늘어난 것이다.

　　이 중 상당수는 사외이사였다. 자산 2조원 이상 기업의 여성 사외이사는 2019년 1분기 말 3명에서 올 1분기 말 5명으로 늘어나는 데 그쳤다. 반면 사외이사는 같은 기간 28명에서 92명으로 크게 불어났다.

　　여가부 관계자는 "기업이 법 시행을 앞두고 사외이사 위주로 구색을 맞추고 있지만, 시간이 지날수록 기업 내부에서 성장해 이사회에 이름을 올리는 여성 비중도 늘어날 것"이라고 내다봤다.

한국경제신문. 2021.8.6.

chapter
48

# 영국의 Consultation Paper
## : "Restoring trust in audit and corporate governance"1)

우리가 회계와 감독의 선진 제도로 주로 채택하게 되는 것이 미국의 제도이기는 하지만 수년 전 EU의 Green paper의 내용도 선진 제도의 표준으로 국내에서 빈번하게 학습의 대상이 되기도 하였다. 2021년 3월 영국의 Consultation Paper: "Restoring trust in audit and corporate governance"가 발표되었는데 이 내용을 검토한다. 특히나 선진적인 경제가 EU와 미국인데 우리가 과도하게 미국 중심으로 제도를 가져 간다는 것에 대한 비판도 있다.

특히 우리나라는 최근 상장법인에 대한 감사인 등록제를 통해 상장법인의 외부감사인을 별도로 등록하는 규제를 시행하였고, 이로 인해 감사법인간의 합병과 대형화가 나타나고 있다.

우리나라의 경우도 비상장대기업에 대한 법정감사규제를 상장기업 수준으로 높일지에 대한 논의와 검토가 필요하다.

자산규모 1,000억원을 초과하는 비상장 대기업에는 상장기업에 버금가는 제도가 도입되기도 한다. 2014년부터는 시행령 개정으로 의해서 사전 재무제

---

1) 2021.8.20. 영국회계개혁 추진과 시사점 (한국회계학회) 세미나에서의 내용에 근거한다.

표를 금융당국에 제출하여야 한다.

### 배당금과 자본유지 관련 규제현황

■ 회사법 830절에서는 분배 목적으로 사용가능한 이익으로만 배당금을 지급할 수 있다고 규정. 배당가능이익 = 누적 "실현이익"에서 누적 "<u>실현손실</u>"을 차감한 금액

■ 문제점: 실현손익의 정의에 대한 법적 규정이 없으며, 배당가능이익을 공시하는 법적요건이 없고, 기업의 미래성과나 재무적 요건이 배당가능이익 산정시 고려되지 않음.

❖ 새로운 회계감독 규제기관(ARGA, Audit, Reporting and Governance Authority)에게 실현손익 정의 관련 지침 마련 책임 부여

❖ 상장기업과 AIM(영국에서 우리나라의 코스닥 시장에 해당하는 주식시장) 상장기업들에게 분배가능잉여금의 재무제표 공시와 그룹의 배당금 지급 능력 추정치를 공시하도록 함.

❖ 제안한 배당금이 합법적으로 산출된 수치인지 여부와 향후 기업 지급 능력에 미치는 영향을 이사가 진술하도록 함.

### 우리나라

■ 2011년 상법개정으로 이러한 별도의 회계처리 기준을 대부분 삭제, 기업회계기준에 따라 작성된 재무상태표를 토대로 미실현손익을 공제하여 배당가능이익을 계산.

■ 제안한 배당금이 합법적으로 산출된 수치인지 여부와 향후 기업 지급 능력에 미치는 영향을 이사가 진술하도록 하는 방안은 도입 여부 검토 필요

### 새로운 기업 보고

### 회복탄력성 성명서(Resilience Statement)

■ 프리미엄 상장 기업들은 매년 계속기업성명서(Going concern statement), 존속가능성 성명서(Viability Statement) 및 기업의 신규 및 주요 리스크 평가, 그리고 이 리스크들의 관리 혹은 경감 방법에 대해 설명해야 함.

■ 회복탄력성 성명서: 정부는 기존의 2개 보고서(계속기업보고서와 존속가능보고서[2])보다는 투자자들에게 더 유용한 하나의 통합 보고서 작성을 권고 - 전략보고서에 회복탄력성 성명서를 공표하도록 함. 프리미엄 상장 기업에 대해 발효한 후 2년 이내에 다른 PIE(public interest entity)에게 확대하고자 함

✓ 회복탄력성 성명서의 단기 부분: 기존 계속 기업 보고서의 내용 포함 예정. 계속 기업 평가에서 경영진이 검토한 중대한 불확실성의 공시

✓ 회복탄력성 성명서의 중기 부분: 기존의 존속가능성 보고서 요건, 기업의 전망 및 회복탄력성 평가 결과를 제시

✓ 회복탄력성 성명서의 장기 부분: 장기 부분에서는 기업 이사들이 생각하는 기업과 기업 비즈니스 모델의 주요한 장기 도전 과제들을 다루고, 이 도전 과제들을 어떻게 해결하고 있는지 설명

저자: 이러한 내용은 불확실성과 관련된 계속기업의 가정과 무관하지 않다. 물론, 이러한 가정에 대해서 상당한 정도의 의문이 있는 경우는 변형된 의견이 표명된다. 일부 기업에 의무화된 지속가능보고서와 무관하지 않다.

새로운 기업 보고

**감사 및 인증 규정(Audit and Assurance Policy)**

■ 향후 3년 동안의 기업 보고 정보의 인증 방식을 설명한 연간 감사 및 인증 규정의 발표를 PIE에게 의무화하는 법정 요건 도입을 제안. 상장기업의 경우, 이 규정은 발표 시에 자문 주주(advisory shareholder)들의 표결을 거쳐야 함.

■ 법정감사 대상이 아닌 비재무 기업정보의 인증이 가능.

■ 감사 및 인증 규정의 도입으로 전문 지식 및 역량을 요구하는 기업 보고 분야에 대해 재무 분야 감사인이 인증 업무를 수행하지 못하는 경우, 독립적인 인증을 받을 수 있음.

---

2) 우리나라에서 기업지배보고서와 지속가능보고서가 언젠가는 합해져야 한다는 주장과도 일맥상통하는 내용이다.

❖ 결제관행 보고(Reporting on Payment Practices)

■ PIE의 연차보고서에 기업(모회사의 경우, 그룹)의 이전 보고 연도 공급업체 결제 관행을 요약해서 제시하도록 하고, 또한 이 성과를 전년 성과와 비교하여 언급하도록 의무화.

❖ 공익진술서(Public Interest Statement)

■ 기업들이 법정 및 기타 규제에 따른 의무 외에 공익에 대한 기업의 의무라고 인식되는 사항에 대해 보고하도록 요구. 정부(영국)는 공익진술서의 필요성을 검토하되 새로운 법정 요건을 도입하지는 않을 계획.

저자: 이러한 공익에 대한 기업의 의무는 ESG에서의 S와도 무관하지 않다. 우리나라에는 아직 유사한 형태의 회계제도가 실행되고 있지 아니하고, 2017 신외감법 개혁에서도 반영되지 않은 영역으로 보임.

■ 단, 최근 시도되고 있는 ISA 720 기타정보의 감사 기준이 개정될 예정으로 있으며 기타 정보에 대한 감사절차와 범위가 강화될 예정임.

■ 기존 법정감사 영역 외의 새로운 비재무적 정보, 기타 정보에 대한 인증 규정과 보고양식을 새롭게 도입할 것인지는 검토할 필요.

정부는 PIE의 이사들이 그 의무를 다하지 않을 경우, 규제기관이 이를 수사하고 상응하는 처분을 내릴 수 있는 권한을 부여할 것을 제안.

❖ 정부는 중대한 과실이 있는 이사에 대해 보상 지급(remuneration)을 보류하거나 환수하도록 하는 방안 제시 - 이사 보상액 환수 기본 조건(minimum clawback conditions)이나 환수조항 '발효 요건(trigger points)'을 개별 이사의 보상 계약 내용에 포함

■ 규제기관(ARGA)에게 이사가 회계사인지 여부와 관계없이 효과적인 집행 권한을 부여하고, 기업 보고 및 감사와 관련된 이사의 법정의무를 이행하기 위한 구체적인 요건들은 ARGA가 규정하고 적용하게 됨

■ 정부는 ARGA에게 상기한 요건의 위반여부를 판단할 수 있도록 정보를 수집하고 조사할 권한 및 징계권한을 부여 - ARGA는 기업보고 및 감사

관련 의무 등 PIE 이사들이 현재 갖고 있는 의무뿐만 아니라 내부통제 영역과 같이 새로 도입될 의무사항 위반에 대해서도 민사적 조치를 취할 수 있는 권한을 갖게 됨.

■ 정부는 ARGA의 집행권한을 보완하고자, 이사의 과실에도 불구하고 이사에게 보수가 제공되는 것을 방지하기 위하여 보수 환수 및 삭감체계 강화를 제안

## 우리나라 지배구조에 대한 시사점

이사의 보상체계 내 환수 및 삭감조항의 경우 영국 기업지배구조 모범규준에서 규정하고 있고, FTSE 350 기업의 90%가 이미 해당 조항을 두고 있음.

❖ 미국의 경우도 이미 SEC는 증권거래소에게 상장기준의 하나로 임원 보수환수에 관한 규정을 포함시키라고 명령할 수 있는 권한을 부여(수정 전 3년 기간 동안 잘못된 재무제표에 기초하여 성과보수를 지급받은 전·현직 임원으로부터 그만큼의 성과보수를 반환받는 규정).

❖ 우리나라의 경우도 이사 보상체계의 환수 및 삭감조항을 검토할 필요가 있고 일부 기업은 이미 연봉 계약에 이 내용이 포함되어 있고, 평가보상위원회에서도 이 내용을 논의하고 있음.3)

## 영국의 감사위원회 감독

■ 우리나라의 경우 회계문제의 경우 심사를 통한 회사감독과 감리를 통한 감사인 감독이 이루어지고 있으나 감사위원회에 대한 감독을 직접 시행하지는 않으며, 이를 도입할 경우 감사위원회의 책임문제가 커질 것으로 예상. (일종의 감사위원회를 대상으로 한 품질감리로 여겨질 수 있으므로)

---

3) chapter 34 내용을 참고한다.

# 재무제표 재작성과 사업보고서 공시방안에 관한 논점

**'전기오류수정에 관한 회계감사실무지침'을 제정하여 시행(2019년 11월 개정)**

한공회 내에 '전 당기 감사인 조정협의회'를 설치하여 운영

전기재무제표 재작성 시 내부회계관리제도 감사보고 방안

1008호 문단 41. 중요한 오류 발생 시 과거 과거 재무제표를 소급하여 재작성하는 것이 원칙(중요)

특정기간에 미치는 오류의 영향, 오류의 누적효과를 실무적으로 결정할 수 없는 경우를 제외하고 소급 재작성에 의해 수정(1008호 43)

재무제표 표시 방법과 관련하여 과거 재무제표가 비교 표시되는 경우 재작성하며 전기 초(비교표시되는 최초 기간의 기초) 이전에 오류가 발생한 경우 전기 초 시점의 재무상태표부터 재작성하여 비교 표시 재무상태표로 반영(1008호 문단 42, 1001호 문단 40A)

기준서 상 소급 재작성 시 <u>공시된 기존 재무제표를 수정하여 재공시 또는 당기에 비교 표시되는 재무제표를 수정하는 것</u> 중 어느 쪽으로 진행해야 하는지에 대한 구체적인 방법론을 명시하지 않음

비교 표시 재무제표만 수정하는 경우 기 공시된 전기 감사보고서는 수정하지 않고 당기 감사보고서에 표시되는 전기재무제표(전기 초 재무상태표 포함)를 수정한다.

주권상장법인 등은 사업연도 종료 후 90일 내에 감사보고서가 첨부된 사업보고서 공시 필요(다만, 2020년 이후 사업보고서는 상법 개정으로 주주총회 일주일 전까지 공시되고 있음)

금융위원회는 회사 사업보고서의 중요 사항에 거짓의 기재가 있거나 누락된 경우 정정을 명할 수 있음

회사가 재무제표 재작성 등으로 인해 사업보고서를 재발행하는 경우 정정신고서 제출 필요

재무제표 재작성 관련 국내 제도 이해:

관리종목, 상장폐지

재무제표가 후속적으로 재작성되는 경우 위와 같은 판단 기준의 적용 결과가 달라질 수 있음

현재 유가증권 및 코스닥 시장의 상장규정 상 재무적 요인에 대해 재무제표가 재작성된 경우 재 판단이 필요한지 등에 대해 규정이 없음

    상장회사협의회의 회계법인에 대한 sample 평가표에 의하면 재무제표를 재작성에 관여된 회계법인의 경우 평가에 부정적인 영향을 미치도록 되어 있다. 단, 이러한 평가 방식으로 감사인을 상대 평가한다면 오히려 재무제표를 수정할 경우가 있더라도 감사인이 나서서 회사와 협의하고 이를 덮으려고 할 가능성도 있다. 의도적은 아니더라도 오류는 불가피하게 발생할 수 있다. 요는 이러한 오류를 적극적/전향적으로 수정하는 것이 중요하지 감사인에게 부정적인 영향을 미친다고 회사와 감사인이 이를 덮으려 할 수도 있다. 재무제표 재작성의 귀책 사유가 기업에 있는지 아니면 감사인에게 있는지도 이슈가 될 수 있다. 재무제표 작성의 책임은 기업에 있으므로 기업이 일차적인 책임이 있음은 부정할 수 없지만 감사인은 이를 공시 이전에 점검할 책임이 있으므로 어떻게 보면 공동 책임이 있다고 할 수 있다. 그럼에도 감사가 완벽할 수 없고 한계가 있을 수 있다는 차원에서는 적어도 기업의 잘못을 부정할 수 없는데 기업의 오류에 대해서 감사인이 그 책임을 떠안는다는 차원에서도 이러한 평가는 바람직하지 않을 수 있다.

    또한 일부 기업집단은 감사인을 평가할 때, 그 기업집단의 감사를 맡았던

경험에 가점을 주는 경우도 있을 수 있는데 이는 기존(과거)의 회계법인에게 기득권을 인정해 주고 신규 진입을 시도하는 회계법인에게는 불리하게 평가가 작용할 수도 있으니 이러한 평가 항목은 고민해야 한다.

미국에 상장되어 있는 기업일 경우, 평가 항목에 미국에 상장된 기업을 감사한 경험에 대한 가점이 있을 수도 있는데 이는 이러한 경험이 없는 회계법인에 대해서는 원천적으로 평가가 불리하게 작용할 수도 있지만 주기적 지정제의 시행으로 미국 증권시장에 상장된 기업을 감사하는 감사인도 기간이 지나면서 변경되며 어느 법인이 감사할지를 알 수 없으므로 어느 감사인에게 유/불리하게 작용할지는 사전적으로 알기 어렵다.

사전 재무제표와 감사 후 재무제표 간에 중요한 차이가 발생하는 경우는 이사회를 다시 개최하고 새로이 재무제표를 확정하는 것이 정도이다.

전임 감사인의 경우, 당시에는 독립적이었는데 이후에는 비감사 업무 수행 등으로 독립적이지 않을 수도 있는 문제가 시차적으로 발생할 수 있다.

전기오류수정/재무제표 재작성과 관련되어서는 다음과 같은 내용들이 이슈로 부각됨:
당기 사업보고서상 비교 표시되는 전기 재무제표만 수정한 경우, 오류가 포함된 과거의 사업보고서가 자본시장에 계속적으로 유통되는 위험이 발생함
사업보고서만 재발행하고 감사보고서는 재발행하지 않는 경우, 재발행한 사업보고서와 과거 감사보고서상 수치가 달라 자본시장에 혼란을 초래함
재무제표를 재작성하는 경우 과거 어느 시점까지 소급하여 재작성할 것인지 여부에 대한 논쟁이 있음(정보의 효용성 vs. 작성에 소요되는 비용)
재무제표가 재작성되는 경우 수정된 재무제표에 근거하여 관리종목 지정 또는 상장폐지 여부에 대한 판단을 다시 해야 하는지가 명확하지 않음
재무제표 수정되는 경우 전기 재무제표와 관련하여 기 공시된 많은 수시공시 사항들(예를 들며 <u>손익 변동 공시</u>, 사전 손익 공시 등을) 다시 공시해야 하는지가 불명확함.
재무제표를 수정하는 경우 수정 재무제표에 대한 승인규정이 불명확함
감사인 교체시 전기 오류사항에 대한 감사절차가 명확하지 않음
경영진이 전기재무제표를 수정하기로 결정한 경우 이러한 사실을 즉시 정보이용자에게 알리지 않아, 정보이용자들은 전기 재무제표가 수정될 것이라는 사실을 모르는

상태에서 수정 전 재무제표에 근거하여 의사결정을 수행함.

**미국의 경우**

선제적 정보 공유 및 공시를 유도하는 Form 8-K item 4.02

**영국의 경우**

비교표시의 수정과 그에 대한 주석 공시 그리고 감사의견에 강조사항을 추가하는 것이 일반적인 재작성 방법으로 사용

IFRS를 채택하고 있어 IAS 8 "Accounting Policies, Changes in Accounting Estimates and Errors"의 기준에 의해 아래와 같은 재작성의 방법을 사용함:

발생한 오류가 포함되어 있는, 함께 표시되어 있는 비교표시 전기 재무제표를 수정하는 방법

만약 해당 오류가 비교 표시 되어 있는 기간보다 이전의 기간에 발생한 오류이면 해당 재무제표의 가장 오래된 기초 재무제표의 자산, 부채, 또는 자본의 수정을 통해 해당 오류의 누적효과를 수정하는 방법

감사인은 감사기준 ISA UK 450에 기반한 감사를 수행하며 감사의견에 해당 수정사항에 대해 강조사항(emphasis of matter)을 추가하도록 의무화하며, 다음과 같은 내용이 재무제표와 주석에 공시사항으로 포함되어야 함

정보 이용자에게 과거에 이미 공시된 사업보고서 및 감사보고서를 이용하지 못하도록 하는 통보절차가 없어 선의의 정보이용자 피해가 발생할 수 있음

당기 사업보고서상 비교 표시되는 전기재무제표만 수정한 경우, 오류가 포함된 과거의 사업보고서가 자본시장에 계속적으로 유통되는 위험이 발생함

사업보고서를 재발행하기로 결정하면 그 즉시 수시공시 등을 통해 과거 사업보고서는 더 이상 유효하지 않으므로 이용을 금지한다는 내용을 투자자들에게 알리는 절차를 마련해야 함

사업보고서 등에 오류가 있는 경우 회사가 자발적으로 오류를 수정하여 사업보고서를 정정할 수 있도록 자본시장법에 명시하여야 함

**이용자**

비교표시 전기 재무제표만 재작성한 경우 과거 사업보고서 등을 확인했을 때는 재작성되었는지 여부를 알 수 없음

사업보고서만 재발행하고 감사보고서를 재발행하지 않는 경우, 사업보고서와 감사보고서상 재무제표 수치가 달라 자본시장에 혼란을 초래함.

재무제표 재작성을 하는 경우 정보의 효율성과 재작성 비용 등을 감안하여 재작성 기간을 3년 정도로 한정하는 것이 적절하다는 의견도 있음.

현행 상법에 재무제표를 수정하는 경우 수정된 재무제표에 대한 승인 규정이 명확하지 않는바, 이에 대한 규정을 명확히 할 필요가 있음.

현행 관행은 이사회 수정으로 종결하는데 <u>최초 승인시 권한을 보유한 기관에서 승인하는 것이 적절하다는 의견도 있음.</u>

재무제표를 수정하는 경우에도 기 공시된 수시공시 사항들을 정정하여 공시할 필요가 에 대한 내용을 거래소 공시 규정에서 명확히 할 필요가 있음

사전 공시 및 손익 변동 공시 등은 정보 이용자들에게 해당 시점에서의 적시성 있는 정보 전달을 위해 수행했던 것으로 재무제표 확정 공시를 통해 금액이 변동될 수 있는 여지가 있는 공시들에 해당

전기오류수정 사항 발생 시 감사인의 내부회계관리제도에 대한 판단

전기말 시점의 내부회계관리제도: 전기 오류 사항 발견시 이미 전기말 시점의 내부회계관리제도에서는 치유할 수 없는 미비사항에 해당함. 미비사항의 종류, 중요성 고려 후 보고서 반영 여부를 판단

당기말 시점의 내부회계관리제도: 전기 오류사항이 당기 중 발견된 것이므로 당기 중의 설계, 운영의 보완 가능성을 파악하고 당기말 시점의 내부회계관리제도에서 치유 가능한지 여부 판단.

형벌에 있어서도 시효라는 것이 존재한다. 과거의 회계적인 오류를 소급해서 재무제표에 반영한다는 것에도 어느 정도 한계를 둬야 한다고도 생각되지만 동시에 회계라는 것이 누적되는 것이며 10년 전의 오류라고 해도 이월되고 누적되어 현재 시점의 재무제표에도 영향을 미치는데 이를 모두 없었던 것으로 덮자는 것인가라고 주장하면 대답이 궁색해진다.

단, 어느 회사도 회계적인 오류를 범할 수 있고 특히나 원칙중심의 K-IFRS하에서는 명명백백한 오류가 아니고 해석상의 차이일 수도 있는데 회계오류에 대해서 너무 철저하고 완벽하게 조치를 한다면 많은 기업은 오류를 발견하고도 이를 공개하기보다는 덮고 넘어가려는 성향이 있을 수도 있다.

분식회계는 형벌의 영역이어서 예를 들어 감독기관이 3년이 넘은 오류는 문제 삼지 않겠다고 하여도 민사에서 분식에 의해서 손해배상소송이 제기되는

것을 정부기관이 나서서 막아줄 수는 없다.

대우조선해양의 분식 건에 대해서 수 없이 많은 소송이 수년이 지난 현재도 진행 중이다. 민간에서의 이러한 손배의 이슈가 존재한다는 것을 감안하여 정부는 이러한 형벌의 시효 기간에 대해서 정책을 결정해야 한다. 단, 이러한 정부 차원에서의 시효의 결정은 형벌에만 해당되고 민사에서의 시효는 법에서 별도로 정한다. 언제까지나 과거에 집착하여 오래전 잘못만을 추적할 것인가 라는 고민이며, 어느 정도 기간이 경과된 오류에 대해서는 덮고 미래 지향적으로 나아가야 한다는 주장도 일리가 있다.

수년전 감독기관이 분식을 숨기는 다수 기업이 있다는 현실을 인정하고 고해성사라는 제도를 채택하면서 어느 기간 동안 분식을 고해성사하는 기업에 대해서는 형벌에 대해 책임을 묻지 않겠다고 하였지만 그럼에도 정부가 민간 간의 민사소송을 막아줄 방법은 없다.

분식회계를 수행한 기업의 CEO나 CFO에 대해서 감독/규제기관이 해임 권고를 하더라도 주총에 하게 된다. 선임을 한 기관이 주총이니 해임의 권한도 주총에 있다고 보는 것이 옳고, 그러니 문제가 되었던 재무제표를 이사회가 승인했다면 이사회가, 주총이 승인했다면 주총이 수정하는 것이 옳다고 사료된다. 그렇지 않으면 제도의 운영이 매우 얽히게 될 것 같다.

이사회가 승인한 재무제표를 주총이 수정한다고 하면 기업지배구조상 최상위기관이 승인하므로 문제가 없다고 naive하게 생각할 수 있지만 그럼에도 승인의 주체는 동일해야 할 것이고, 주총이 승인한 재무제표를 이사회가 수정한다고 하면 최상위기관이 승인한 재무제표를 지배구조상, 하위기관이 승인하는 문제를 초래한다.

재무제표의 승인은 상법에서 규정할 정도로 중요한 법적인 이슈이니 재무제표 승인은 경미하게 다룰 사항이 아니다. 그런데 정관에 이사회가 승인할 수 있지만 일부 회사의 이사회는 그럼에도 불구하고 이사회가 이러한 역할을 하는 것이 부담되어 주총에 상정하는 경우도 있는데, 이러한 회사에서 주총이 승인한 재무제표를 이사회가 수정한다고 해도 정관에 의하면 문제가 되지는 않을 것 같다. 이사회가 적법하게 승인할 수 있는 재무제표를 주총에 부의한 것인데 수정일 경우는 본인들에게 부여된 권한을 행사하겠다는 것이다.

재무제표 재작성 건으로 과연 임시 주총을 해야 하는지 아니면 다음번 정기 주총까지 기다려야 하는지도 간단한 문제가 아니다. 정기 주총을 마친 시점에 이러한 문제가 발견됐다면 1년을 기다려 다음 주총에 부의해야 한다고 하면 적시성 있게 결정되어 시장에 알려줘야 하는 내용을 1년씩이나 묵혀야 된다. 생각해 볼수록 간단한 문제가 아니다.

　　임시 정기총회를 개최한다는 것은 생각만큼 간단치 않다. 비용도 만만치 않을 수 있고 행정적으로 처리할 업무가 다수이다. 그렇기 때문에 주총에서 선임된 이사가 임기를 마치지 못할 경우가 발생하고 또 이러한 일이 있을 경우, 이사회, 감사위원회 등의 구성에 있어서 결격사유가 될 수 있다. 이러한 경우 법은 회사가 추천한 신임 이사를 임시 주총이 아니고 법원이 승인할 수 있는 '일시이사'제도를 채택하고 있다. 일시이사의 임기는 임명 이후 그 다음 정기 주총 때까지이다. 이렇게 임명된 일시이사는 다음번 정기총회에서 재선임되는 것으로 기대된다.

　　주주총회의 주요 업무 중 하나가 이사 선임인데, 이사 선임조차도 제때 임시 주총을 개최하여 부족한 수의 이사를 선임한다는 것이 흔한 일이 아니므로 이만큼 기업 측의 임시 주총에 대한 부담을 읽을 수 있다. 이러한 임시 주총에 대한 부담이 금전적인 부담인지 행정적인 부담인지는 확인이 어렵다.

　　2012년 재무제표를 확정하는 기관을 이사회로 정할 수도 있다는 상법 개정의 논지도 주총에서 재무제표가 거부되는 경우도 거의 없는데 주총까지 기다릴 것이 아니고 신속하게 이사회에서 확정하라는 의도가 있었을 것이다. 즉, 재무제표가 미확정된 애매한 상태를 회피하기 위해서는 재무제표의 확정을 이사회에서도 할 수 있다는 판단이었다.

　　미국 경우의 제도는 (big) R이라고 지칭하는데 전기오류 금액이 큰 경우, 원칙은 재작성, 주석에 관련 수정사항 공시, 8K를 통해 알리고, 감사를 다시 받는다. 미국 제도의 (small) r의 경우는 개별연도에는 중요하지 않고, 누적은 중요한 경우인데, 당기 재무제표 주석에 과거 수정을 표시하며 감사의견변형이 필요하지 않다.

위의 내용을 정리한다.

1. 재무제표 재작성을 하는 경우 정보의 효율성과 재작성 비용 등을 감안하여 재작성 기간을 3년 정도로 하는 것이 적절할 것으로 판단된다.

전기 재무제표에 대한 수정이 영원히 갈 수는 없고 형벌에서도 어느 정도 시효가 있게 되며, 회계가 앞으로 나가야 하는데 언제까지 매우 오래전의 잘못에 대해서 지속적으로 추적해야 하는지에 대한 고민이 있는데 양면성이 있는 것 같다. 누적적인 효과를 생각하면 10년 전의 회계오류라고 해도 오늘 시점까지 영향을 미치니 이를 알게 된 이상 위에서 기술한 바와 같이 시효를 두자는 것을 정당화하기는 어려울 것도 같다.

특히나 재작성으로 인해서 대우조선해양과 같이 민사 소송 건이 개입된다고 하면 투자손실을 본 투자자들은 몇 년 전의 투자손실에 대해서도 소송을 제기하려고 할 수 있는데 3년 전 이전은 덮자고 하면 소송과 관련된 이슈가 얽히게 된다. 금전적인 손실을 입은 투자자의 입장에서는 10년이 아니고 그 이전의 잘못도 추적하고 싶을 것이다.

2. 현행 상법에 재무제표를 수정하는 경우 수정된 재무제표에 대한 승인 규정이 명확하지 않은바, 이에 대한 규정을 명확히 할 필요가 있다.

현행 관행은 이사회 수정으로 종결하는데, 최초 승인시 권한을 보유한 기관에서 승인하는 것이 적절하다는 의견도 존재한다.

그런데 위의 관행이라는 것이 법에 상치되는 것일 수도 있다. 2012년 개정된 상법에 의해서 정관이 개정된 기업일 경우는 이사회에서 재무제표를 확정하게 된 기업도 있는 반면 정관 변경을 하지 않은 기업은 주총에서 의결하도록 되어 있다. 물론 이사회 의결로 정관이 변경된 기업도 이사회가 주총에 이 결정을 부의하는 경우도 있다.

이러한 상법/정관이 존재하고 혹시 주총의결로 정관이 되어 있는 기업이 수정 재무제표의 확정을 이사회 의결로 종결하고 또한 이런 것이 관행이라면 이는 적법한 절차인가에 대한 의문이 있다. 즉, 정관에 의해서 재무제표를 확정할 자격도 없는 이사회가 재무제표를 최종 승인하는 데 대한 의문이다.

3. 재무제표 재작성하는 것에 대해서 감독기관도 그렇고 너무 강하게 조치를 한다면 기업들은 어느 정도 전기 오류가 있어도 이를 덮으려 할 가능성이 높다. 그리고 회계처리에 대한 이견은 변경된 회계법인 간에 어느 정도는 다른 것이 IFRS에서는 당연한 것이기도 하다. 동일 회계법인이라고 해도 파트너 교체/감사팀 교체 등의 경우에도 이견이 있을 수 있다.

그런데 후임 감사인이 건건이 책임을 회피하기 위해서 과도하게 과거의 감사가 잘못됐다고 지적하게 되면 불필요하게 비생산적인 일들이 많이 발생할 수도 있을 듯하다. 명백한 회계분식/부실감사 등의 잘못이 아니라고 하면 절충하면서 이해하고 넘어가는 것이 해답일 수 있다. 빅4 회계법인의 심리담당자도 전기오류수정에 대해서 동의하기 어려운 경우가 다수라고 의견을 주었다.

분식회계를 수행한 기업의 CEO나 CFO에 대해서 감독/규제기관이 해임권고를 하더라도 주총에 하게 된다. 선임을 한 기관이 주총이니 해임의 권한도 주총에 있다고 보는 것이 옳다. 그러니 문제가 되었던 재무제표를 이사회가 승인했다면 이사회가, 주총이 승인했다면 주총이 수정하는 것이 옳다고도 판단되는데, 그렇지 않으면 제도의 운영이 매우 복잡하게 될 수 있다.

재무제표의 승인은 상법에서 규정할 정도로 중요한 법적인 이슈이니 재무제표 승인은 가볍게 다룰 사항이 아니다. 그런데 정관에 이사회가 승인할 수 있지만 일부 회사의 이사회는 그럼에도 불구하고 이사회가 이러한 역할을 하는 것이 부담되어 주총에 상정하는 경우도 있는데, 이러한 회사에서 주총이 승인한 재무제표를 이사회가 수정한다고 해도 정관에 의하면 문제가 되지는 않는다. 이사회가 적법하게 승인할 수 있는 재무제표를 주총에 부의한 것인데 수정일 경우는 본인들에게 부여된 권한을 행사하겠다고 하면 문제가 안 된다는 판단이다.

수년전 분식회계에 대해서 정부가 고해성사할 기회를 주었는데, 이 때도 이 관용은 형벌에 대해서 징계를 하지 않겠다는 것이었지, 민사에 의해서 손실을 입은 투자자가 손해배상 소송하는 것을 정부가 나서서 막아줄 수는 없었다. 그런데 전기오류를 3년 전까지만 공개하고 그 이전의 것은 덮자고 하면 투자자 입장은 그 이전의 오류를 알 방법이 없고 그러면 분식에 의해 투자손실 입은 것에 대해 손배소송을 할 기회를 잃게 되는 것이다.

2012년 상법 개정의 논리도 거의 대부분의 주총에서 재무제표가 거부될 것도 아닌데 주총까지 기다릴 것이 아니고 신속하게 이사회에서 확정하라는 의도도 있었을 것이다.

수정 재무제표 승인을 위해 임시주총을 열기는 쉽지 않을 것 같고, 그렇다고 정기 주총까지 기다리는 것도 문제가 있을 것 같다. 대안으로 이사회에서 승인하되, 정기주총에서 사후 보고 정도는 해야 되는 것 아닌지 하는 의견도 있지만 기업관계자들은 사후보고도 부담스러워한다.

위의 내용들은 정리해 보면 재무제표를 수정하고 이를 재확정하는 이슈는 법적으로 간단한 문제가 아니다.

재무제표의 수정을 너무 쉬운 절차로 만든다면 기업이 재무제표 재작성에 자의성이 개입하도록 할 수도 있다. 그렇다고 재무제표 재작성을 너무 어렵게 만들면 오류가 발견되어도 이를 덮고 드러내지 않을 가능성도 높아진다.

과거의 오류에 대한 조치와 제재가 무한대로 소급할 수는 없다. 형벌에 있어서도 시효라는 것이 존재하므로 어느 정도 이상 과거의 잘못에 대해서는 조치를 탕감해 주어야 한다. 이는 국세기본법에서도 국세부과 제척 기간을 5년으로, 사기, 기타 부정한 행위가 개입된 경우에만 7년으로 기간을 두고 있는 것을 참고할 수 있다.[1]

재작성과 관련되어 다음과 같은 이슈도 있다.

### 법원 "회계 오류로 인한 주가 하락 배상해야"

상장회사가 재무제표의 회계상 오류를 정정해 주가가 하락했다면 회사가 투자자에게 손실을 배상해야 한다는 법원 판결이 나왔다. 검찰이나 금융감독원 조사에 따른 것

---

1) 박종성. 2022.3.29. "회계제도, 미래로의 개혁혁신" 공정과 신뢰 회복을 위한 회계 개혁 제언 세미나. 한국회계학회 세미나

<u>이 아닌, 오류 수정을 이유로 배상 의무를 인정한 것은 이번이 처음이다.</u> 회계 기준 변경 등으로 관련 오류 수정이 늘고 있는 가운데 비슷한 소송이 증가할 수 있다는 전망이 나온다.

### 회계 오류, 어땠길래

12일 법조계에 따르면 서울중앙지방법원 제21민사부(부장판사 강민성)는 유가증권시장 상장사인 SGC에너지(옛 삼광글라스) 주주인 김모씨가 회사를 상대로 제기한 손해배상소송에서 "SGC에너지가 김씨에게 5,400여 만원을 배상하라"고 지난 9일 판결했다.

OCI그룹 계열사인 SGC에너지는 '글라스락' 등 유리용기를 생산하는 삼광글라스와 군장에너지 이테크건설이 2020년 11월 합병해 설립됐다. 지난해 매출 1조 8,984억원, 영업이익 1,522억원을 올렸다.

김씨는 2017년 11월까지 삼광글라스 주식 2만 216주를 10억 7,536만원에 사들였다. 하지만 회사 주가가 2018년 4월 2일 하한가(−29.86%)를 맞은 것을 기점으로 4만원대로 주저 앉자 김씨는 1억 7,858만원 손실을 봤다.

이 같은 주가 하락은 삼광글라스의 재무제표 기재 오류에서 비롯됐다. 삼광글라스는 2017년 11월 갑자기 재고자산 172억원 어치를 폐기하고 손실로 인식했다. 이에 따라 2016년 34억원이던 영업이익이 2017년 215억원 손실로 적자 전환했다. 감사를 맡은 안진회계법인은 해당 재무제표와 관련해 2018년 3월 29일 '한정의견'을 제출했다. "경영진이 추정한 재고자산의 실현 가능가치가 신뢰할 수 있는지 증거를 입수하지 못했다"는 이유에서다.

이에 따라 한국거래소는 주식 거래를 정지하고 관리종목으로 지정했다. 감사인 한정의견과 관리종목 지정은 주가를 끌어내리는 대표적 악재다. 이 때문에 거래가 재개된 첫날인 2018년 4월 2일 주가가 하한가까지 떨어지며 김씨 등 투자자들이 손실을 본 것이다. 이후 삼광글라스는 같은 해 11월 관련 재무제표를 정정해 2016년 영업이익은 34억원에서 17억원으로 줄고, 순손실은 20억원에서 34억원으로 커졌다.

### 비슷한 사례 늘어날 듯

김씨는 "중요 사항이 거짓 기재된 사업보고서를 믿고 투자했다가 주가가 하락해 손해를 봤다"고 주장했다. 이에 회사 측은 "재고자산 순실현가치 추정방법이라는 회계정책 변경을 소급 적용하는 과정에서 수치가 바뀌었을 뿐"이라고 반박했다. 재판부는 김씨의 손을 들어줬다. "재고자산과 영업이익, 순이익 관련 내용의 잘못된 기재는 자본시장법 162조의 '중요 사항에 관한 거짓 기재'에 해당한다"며 "투자자의 합리적인 투자판단에 중대한 영향을 미칠 수 있는 오류"라고 판단한 것이다. 다만 유리용기 분야 경쟁 격화 등 다른 요인을 고려해 사측의 손해배상 책임은 전체 손해액의 30%로 한정했다.

원고를 대리한 박종일 법무법인 제이엘 대표변호사는 "검찰 조사와 금감원 조사 등에서 드러나지 않은 회계상 오류에 대해서도 자본시장법상 주주 손해배상 책임을 인정한 첫 판결"이라고 설명했다.

SGC에너지 관계자는 "강화된 회계 기준에 따라 재무제표를 수정하는 상장회사 대다수가 손해배상 책임을 지게 될 것"이라며 "즉각 항소하겠다"고 말했다. 금감원에 따르면 기존에 발표된 재무제표를 정정한 상장사는 2019년 24곳에서 2020년 107곳으로 급증했다.

정치권에서는 이번 판결이 합병 비율과 관련한 법안 논의에도 영향을 미칠 것이란 말이 나온다. 원고 측은 "재고자산 가치 평가 문제는 2년 뒤 삼광글라스와 군장에너지 이테크 건설 합병과 관련이 있다"는 의혹이 제기됐다.

실제 2020년 3월 삼광글라스가 합병안을 내놓자 국민연금 등 기관투자가와 주주들은 "삼광글라스는 자산가치 대비 낮게 평가된 주가(시가) 기준으로, 오너 2세 지분율이 높은 군장에너지 이테크건설은 자산가치를 기준으로 평가해 합병가액을 산정한 것은 문제가 있다"며 반발했다.

결국 금감원이 증권신고서를 두 차례나 반려하면서 정정을 요구하자 삼광글라스는 합병가액 기준을 시가에서 자산가치로 변경해 합병을 완료했다.

이용우 더불어민주당 의원은 "삼광글라스처럼 합병을 앞둔 상장사 대주주는 인위적으로 주가를 낮추려는 유인을 갖게 된다"며 합병가액 기준 변경 필요성을 강조했다. 이 의원은 지난 4월 합병가액 결정시 주가뿐 아니라 수익 자산 수익 가치를 종합적으로 고려하는 자본시장법 개정안을 대표 발의했다.

한국경제신문. 2022.6.13.

위의 경우는 검찰이니 감독원 조사가 아니고 기업의 판단에 의해서 재무제표의 오류를 수정하는 경우에도 재작성 자체가 손해배상소송의 대상이 된다는 기사이다. 특히나, 한국채택국제회계기준이 원칙 중심의 회계 기준이므로 기업이 회계기준의 해석을 달리 수행할 수도 있으므로 오류라고 사후적으로 판명될 수 있는 판단을 수행하는 경우가 증가할 수 있다.

그러나 오류의 수정이 이렇게 손해배상 민사소송으로 진행될 경우, 기업이 오류에 대해서 응대할 대안은 자명하다. 즉, 오류를 수정하거나 재무제표를 재작성하는 결과가 손해배상으로 귀결된다면 기업은 발견한 오류를 공개하기보다는 덮으려 할 가능성이 높아진다. 물론, 바람직하지 않은 선택이다. 이러한 소송은 시장의 자율적인 기능으로 진행되는 것이므로 감독기관의 입장에서도 개입할 수 없다.

오류가 발생한 연도의 재무제표를 감사한 회계법인일 경우, 다른 감사 건에 대해서 공모과정에 참여할 때, 한국상장회사협의회가 작성하여 회원사들에게 배포한 회계법인 평가표에 보면 오류수정이 포함된 재무제표를 감사한 감사인인 경우 평가에 부정적인 영향을 미치게 된다. 따라서 회계 오류가 포함된 재무제표에 대해서는 해당 회사도 또한 이러한 재무제표를 감사한 감사인도 불이익을 받게 된다. 상황이 이렇다면 피감기업/감사인 모두 오류 수정을 희망하지 않을 가능성이 높아진다.

# 신용평가업

**"신용평가시장, 대형 3사 경쟁 촉진해야"**

대형 3사가 균분하고 있는 신용평가 시장의 품질을 개선하기 위해 경쟁을 촉진해야 한다는 진단이 나왔다. 금융위원회는 이 같은 내용이 담긴 '신용평가업 등 경쟁도 평가 및 진입규제 개선 방안'을 12일 발표했다.

연매출이 1,400억원 규모인 국내 신용평가 시장은 한국기업평가 한국신용평가 나이스신용평가 등 세 곳이 3분의 1씩 점유하고 있다. 부분 인가를 받은 서울신용평가의 점유율은 약 2.5%로 미미하다.

금융위 금융산업경쟁도평가위원회는 국내 신용평가 시장을 '고집중 시장'으로 진단했다. 시장집중도지수(HHI, Herfindahl Hirschman index)는 약 3,200, 상위 3사의 점유율은 97.5%였다. HHI가 2,500 이상이면 고집중 시장으로 분류된다.

평가위는 "신용평가사의 평가 결과는 금융계약 감독 등에 폭넓게 활용돼 공공적 성격이 강하다"며 "일정 요건을 갖춘 사업자에 진입을 허용해야 하고, 이해 상충 방지와 내부 통제 강화 등 적절한 영업 행위 규제도 필요하다"고 했다.

평가위는 발행사 우위인 구조에서 시장규제 기능이 충분히 작동하지 않는다며 추가 신용평가사의 진입을 촉진하는 것만으로는 품질 개선을 기대하기 어렵다고 내다봤다. 급격한 진입 확대보다는 제도 개선에 정책 역량을 치중하고, 인가 제도 개선을 중장기적으로 검토해야 한다는 것이다.

금융위는 제도 개선에 집중하기로 했다. 발행사 또는 제3자 요청 없이도 금융투자상품과 발행사의 상환 능력을 평가하고 그 결과를 구독회원(투자자) 등에게 제공하는 '無 의뢰 평가제도'도입을 검토할 예정이다. 아울러 이해 상충 방지장치를 강화하고, 신용평가사에 대한 동태 상시적 감시 체제를 강화한다는 방침이다.

한국경제신문. 2021.8.13.

허핀달 지수는 공정거래위원회에서 공정위가 독과점을 판단하기 위한 측정치로 사용한다.

신용평가업은 가장 대표적인 과점 산업이다. 회계업계에 대해서도 빅4 회계법인이 주된 시장을 과점하고 있다는 비판이 있기는 하지만 그럼에도 빅4에 버금가는 그 다음 순서의 삼덕, 대주, 신한 등 중견회계법인들이 존재한다. 일부에서는 이러한 과점의 문제점을 too big to fail이라는 표현을 사용하기도 한다. 즉, 업체의 몸집이 너무 커지면서 규제 당국도 어쩔 수 없게 된다는 것이다. 잘못하면 규제 당국이 오히려 대형 업체에 끌려다닐 수도 있는 형국이 될 수도 있다.

안진도 1년 신규 선임에 대한 영업정지 조치를 받았지만 만약 빅4 회계법인 중, 한 회계법인이라도 영업정지로 문을 닫게 된다면 감사 업무 또는 비감사 업무로 빅4 회계법인을 선임하는 경우 자유도(degrees of freedom)를 잃게 된다. 지금도 대기업들이 회계법인을 선임할 때, 비감사용역을 수행하고 있는 회계법인을 제외하고, 또한 기존의 회계법인을 변경하여야 하는 경우, 선택할 수 있는 옵션이 거의 없는 경우도 다수이다. 또한 주기적 지정제에 있어서 3년 지정에 의해서 감사를 수행하면 지정이 종료된 이후 자유수임에 의해서 6년 감사를 수행할 수 있는 기회를 잃게 되기 때문에 지정 기회를 포기할 수 있기도 하다. 지정 대상이 되는 법인은 지정 이전의 감사인은 배제하게 되므로 이 또한 후보 회계법인이 제한되게 된다.

그럼에도 불구하고 정부가 나서서 신용평가업체 기업을 키울 수도 없는 상황이다. 한때, 신용평가업에 대해서 정부가 신규 진입 등을 과감하게 풀고 경쟁체제를 도입하려고도 하였지만 그러기에는 신용평가업의 시장규모가 1,400억원대에 머물러 있어서 회계산업에 비하면 영세성을 면하기 어렵다. 또한 시장이 이와 같이 영세한데 시장을 더 개방한다고 해도 영세한 시장에 대한 과점 문제는 쉽게 해결되지 않을 것이다.

시장형태는 회계산업과 유사하지만 2조원 규모의 회계감사시장과 비교해서 1,400억원 대의 신용평가업을 일대일로 비교하기는 어렵다.

발행사 우위의 시장이라는 내용은 발행사의 요청에 의해서 신용평가사가 복수로 신용평가를 하게 되므로 발행사가 갑이고, 신평사가 을의 입장임을 암시하고 있다. 용역을 주고, 또한 용역 수임료를 지불하는 입장이므로 대등한 관계가 아니라는 것이며 우리가 흔히 피감기업은 갑이고 감사인(회계법인)은 을이라는 논지와 동일한 논지이다. 이러한 관계가 신외감법하에서 표준감사시간 도입, 주기적 지정제 등의 채택으로 감사인의 지위와 힘이 커지면서 수임료가 자유수임제도하에서보다 높아지고 회계업계에서는 비정상이 정상화되는 관계로 발전되었다고 주장하는 반면, 피감기업의 입장에서는 감사수임료가 과도하게 높아져 기업의 부담이 높아졌다는 불만을 표출한다. 감사의견이라는 것이 감사인의 입장에서는 강력한 무기로 사용될 수 있으므로 감사인이 항상 을의 입장에 서는 것은 아니며 오히려 감사의견을 표명하는 시점에는 감사인이 갑의 입장에 설 수도 있다. 물론 용역을 수임하는 시점에는 감사인은 용역의 수임자이며 또한 감사의뢰인으로부터 용역비를 수임해야 하는 입장이므로 을의 입장에 처할 수도 있다.

단, 감사인이 표명하는 감사의견의 결과로 상장폐지 등으로 진행될 수 있는 반면, 신용평가업의 업무로 인해서 해당 기업에 어느 정도 이상의 영향을 미치지는 않아, 감사인과 신용평가업을 일대일로 비교하기도 어렵다. 단, 신용평가의 결과가 기업이 부담해야 하는 금융비용에 영향을 미칠 수 있다.

수년 전에도 문호를 개발하기 위한 다음의 시도가 있었지만 애프앤가이드의 신용평가업 진출은 무산되었다.

## 제4신평사 설립 빨라진다.

국내에 4번째 신용평가사 설립을 위한 움직임이 빨라지고 있다.

16일 증권업계에 따르면 증권정보업체 에프엔가이드는 현재 신평사 설립을 위한 전담팀과 인력을 배치하고 관련 준비를 하고 있으며 연내 예비인가 신청을 목표로 하는 등 가장 적극적인 모습이다. 현재 팀 인력은 5명이지만 전문 인력을 20여 명까지 늘리는 등 규모를 갖춰야 하는 만큼 새로운 별도 법인을 세우는 쪽으로 방향을 잡고 있다. 회사 내부에서는 연말까지 상당수 인원이 새롭게 설립되는 신평사 법인으로 이동할 것이라는 얘기가 나온다. 신용평가사 설립 요건은 최소 자본금 50억원과 전문인력 20명 등이다.

에프앤가이드는 주요 주주에 증권 유관기관 등 공공기관 참여도 고려하고 있다. 이같은 계획이 성사되면 현재 신평사 인가를 받은 한국기업평가와 한국신용평가가 각각 외국 신용평가기관인 피치와 무디스가 최대주주로 있고 나이스신용평가는 나이스홀딩스라는 사기업이 최대주주로 있는 것과는 차별화를 이룰 전망이다. '동양사태' 당시 제대로 된 신용평가를 하지 못한 신평사들에 대한 여론이 악화된 만큼 공공성을 강조할 계획이다.

에프앤가이드 관계자는 "금융당국 부담을 덜기 위해 예비인가까지는 페이퍼컴퍼니로 신청하고 예비인가 승인이 나면 법인을 설립할 예정"이라고 설명했다.

다른 후보인 서울신용평가는 다음달 신용평가 부문을 분할해 신설회사를 설립할 계획이다. 윤영환 서신평 상무는 "기업 분할은 제4신용평가사 인허가 신청을 염두에 둔 포석"이라며 "신용평가 사업이 요구하는 독립성과 공정성 확보에 유리한 체제로 전환했다"고 말했다.

그동안 서신평은 채권 추심, 신용 조회, 조사 등의 사업을 해왔는데 이런 사업들이 신용평가와 한 울타리 내에서 이루어질 수 있을지 의구심이 높았다. 기존 신용평가업계는 제4신평사 출범에 부정적인 입장을 보이고 있다. 국내 신용평가사 한 임원은 "평가 시장 규모가 1,000억원에 불과한데 신규 평가사 진입은 경쟁을 과열시키고 신용등급 인플레이션 등 다양한 문제를 양산할 수 있다"고 말했다.

금융위원회는 좀 더 지켜보자는 입장이다. 금융위원회 관계자는 "아직까지 인가를 신청한 곳은 없으며 실제 인가 신청이 들어오더라도 시장 내 설립 필요성에 대한 공감대 형성이 우선돼야 할 것"이라고 밝혔다.

매일경제신문, 2015.10.23.

"

# compensation consultant

우리나라에서는 평가보상위원회가 이사회 내 하부위원회로 의무화되고 있지 않지만 미국의 경우는 많은 기업에 평가보상위원회가 구성되어 있고 이들이 compensation consultant의 도움을 받아가며 임원들의 급여에 상당한 영향력을 미치고 있다. 단, 일부 기업집단에서는 의무화되어 있지 않은 평가보상위원회를 설치할 필요성에 대해서 고민하고 있다. 또한 이러한 방향성이 ESG 경영에도 부합한다. 자본주의에서의 보상은 회사가 결정하는 가장 중요한 의사결정 항목이 아닌가도 한다.

우리나라는 아직은 아니지만 앞으로 평가보상위원회가 의무화될 수도 있고 이러한 시점이 된다면 이 영역에 있어서의 전문가들의 도움이 필요할 수 있다. 이사회 활동을 하면서도 이사들의 요구가 있다면 회사는 회사의 비용으로 전문가들 용역을 받을 수 있도록 제도가 마련되어 있다.

일부 기업집단에서는 계열사에 평가보상위원회를 모두 도입할 것에 대해서 고민하고 있고 이런 점이 ESG에서의 G와도 무관하지 않다.

평가 보상이란 incentive mechanism으로 동기부여가 될 정도의 평가를 받는 것이 당연히 best option이다. 어느 정도의 급여가 적정 수준의 급여인지에 대한 판단이 쉽지 않고 더더욱 절대 금액을 판단하기 쉽지 않기 때문에 대부분의 기업에 있어서 peer group의 평가 수준이 준거 금액이 되기 쉽다. RPE(relative performance evaluation)이 상대 평가에 의해서 급여가 주어지는데 이는 경쟁 상황에서 업적이란 항상 상대적이기 때문이며 급여는 상대적 수치일 수 있다. 감사수임료 역시도 어느 금액이 적정인지를 정하기 어렵기 때문에 공인회계사회가 표준이 되는 표준 감사시간을 정하게 되고 이렇게 정해진 표준 감사시간에 임률을 곱하여 감사수임료가 정해지게 된다. 표준 감사시간을 정하는 과정도 결코 쉬운 과정이 아니었다.

물론, 이러한 비교가 국제간 비교일 수도 있지만 국가 간에는 제도, 환경 등등 통제해야 할 변수가 너무 많아서 국제간으로 이를 비교함은 간단한 일이 아니다. 국제간 비교는 각국의 물가수준, 1인당 GDP 수준 등을 비교해야 하므로 쉬운 문제가 아니니 급여의 상대성은 국가 내 이슈로 국한된다.

기업에 대해서 용역을 수행하는 감사인의 경우와 같이 그렇다면 compensation consultant는 독립적인가에 대해서 생각해 본다. compensation consultant는 당연히 영리를 목적으로 업무를 수행하게 되는데 다만 이들이 수행하는 업무가 공적인 영역에 가 있다고 하면 이 일은 중립적이어야 한다. compensation package는 당연히 경영자들을 동기부여하여야 하고 그 금액의 크기는 주주들이 경영자들에게 지급해야 하는 적정금액이어야 한다.

우리나라에 평가보상위원회가 보편화되어 있지 않기는 하지만 구성된 기업에 대해서 모범규준에서는 평가보상위원회는 상근임원들의 급여를 결정하게 되므로 사외이사들로만 구성하기를 권면하고 있다. 상근임원 본인들의 급여를 본인들의 활동하는 위원회에서 결정하는 것을 방지하기 위함, 즉, 중립성의 이슈이다. 그럼에도 이 위원회가 감사위원회와 같이 2/3 이상이 사외이사로 구성된다면 위원회에서 상근이사로 하여금 어떠한 이유에서 적정규모의 급여가 어느 정도인지에 대한 설명을 듣고 의사결정을 수행하는데 상근이사가 도움을 줄 수 있다. 적절한 통제만 수행된다고 하면 문제가 되지 않는다. 단, 이러한 설명은 배석을 해서도 얼마든지 할 수 있는 것인데 굳이 위원으로 활동하면서 의견을 내야 하는 것인지에 대한 의문은 있다.

감사 setting에 있어서 핵심적인 단어는 감사품질이다. 매우 추상적이기는 하지만 중요한 개념이다. 적정의견을 받아야 하는 회계정보에 대해서는 적정

의견이, 비적정의견을 받아야 하는 재무제표에 대해서는 비적정의견이 표명되는 감사가 품질 높은 감사라는 데는 이견이 있을 수 없다.

보상 전문가들도 품질 높은 자문을 회사에 해 주어야 하는데, 감사라는 용역은 감사기준이라는 것이 존재하므로 이 기준을 준수하는 감사는 품질 높은 감사이다. 회사에 대해서 수행되는 용역이 모두 회계 감사와 같이 어떤 정해진 기준이 존재하는 것이 아니다. 또한 감사에 대해서는 감독/규제기관이 통제를 하므로 적절하지 않은 부실 감사에 대해서는 조치를 내리게 되는데 품질이 낮은 다른 용역에 대해서는 시장의 자율적인 기능이 해결해 주어야 하는 것이지 감독/규제 기관의 조치가 동반되지 않는다. 적절한 보상이 지급되지 않는다고 감독/규제 기관이 민간에 개입할 수는 없는 것이고 이는 자본주의에서의 시장 기능이 작동을 해야 한다.

보상 전문가의 업무에 대해서도 독립성이 언급되는 이유는 어떤 보상 전문가(회사)의 도움을 받을 것인가에 대해서는 보상위원회가 결정하는 사안일지라도 실무적인 업무는 회사 내부에서 수행할 수 있고 그러면 보상을 받는 상근 임원과 보상 전문가 간에 일종의 공모나 결탁이 발생할 수 있는 소지가 있기 때문이다.

보상 수준이라는 것이 과도하면 회사에 피해를 주는 것이고, 너무 낮은 수준이라고 하면 충분한 동기부여가 되지 않아서 열심히 일할 의욕을 잃게 된다. 단, 어느 수준의 보상이 적정 수준인지에 대해서는 결정하기 어렵다.

2017년부터 유효한 Dodd-Frank act (2017년 발효) 이후 보수 전문가도 six factors assessment for independence를 수행하여야만 consultant로 고용을 할 수 있다고 한다. 관련 링크는 다음과 같다.

https://execcomp.org/Issues/Issue/compensation-committee-independence,
https://execcomp.org/Issues/Issue/board-compensation-consultant-independence
https://www.cooley.com/news/insight/2013/final-nyse-rules-for-compensation-committees-and-compensation-consultants-legal-counsel-and-other-advisers

6가지 고려할 factor는 다음과 같다.

the provision of other services to the listed company by the adviser's employer;

the amount of fees received from the listed company by the adviser's employer, as a percentage of the total revenue of the employer;

the policies and procedures of the adviser's employer that are designed to prevent conflicts of interest;

any business or personal relationship of the adviser with a member of the compensation committee;

any stock of the listed company owned by the adviser; and

any business or personal relationship of the adviser or the adviser's employer with an executive officer of the listed company.

이러한 6개 항목을 검토하면 감사인에게 요구되는 독립성 조건과 매우 유사/동일하다는 것을 알게 된다. 감사인에게 비감사서비스가 제한되는데 우리나라에서는 회계법인이 human resource 업무를 수행하지 않지만 미국의 경우는 human resource 관련된 업무를 이해상충으로 수행하지 못하게 하고 있다.

보수 전문가가 해당 회사의 주식을 소유하지 못하게 하는 것도, 감사 세팅에서의 규제와 유사하며, 감사인이 수임하는 총 수임료 중, 해당 기업에서 수임하는 수임료의 비중은 독립성을 판단하는 잣대일 수 있다.

앞으로 우리 경제가 한 단계 높은 선진 자본주의로 가면서 급여 결정에 관련된 내용은 더욱 공론화될 것이며 이러한 업무에 대한 전문가의 필요성 또한 대두될 것이다. 자본주의에 있어서 공정하고 공평한 보상 수준의 결정만큼 중요한 것은 없다. 이것이 공정하게 결정되지 않는다고 하면 자본주의가 부정되는 것이다.

# 회장은 직함

> **삼성 이재용 '재상고 딜레마'**

재상고를 포기하면 형은 그대로 확정된다. 그 경우 '취업 제한'이라는 또 다른 벽을 맞닥뜨리게 될 것이란 관측이 나온다. '특정결제범죄가중처벌 등에 관한 법률(특경가법)'에는 5억원 이상의 횡령 배임으로 유죄 판결을 받으면 '유죄 판결 범죄 행위와 밀접한 관련이 있는 기업체에 취업할 수 없다'고 규정하고 있다.

한 법조인은 "취업 제한 기업체 범주엔 '공범이 재직한 회사'도 포함된다"며 "86억원 횡령 혐의를 받는 이 부회장의 경우, 박상진 전 삼성전자 사장 등이 공범이기 때문에 '삼성전자'가 대상이 될 수 있다"고 했다. 취업 제한 기간은 형 집행이 끝나거나 사면(또는 가석방)된 날로부터 5년이다. 법원 안팎에서는 "이 부회장의 옥중 경영도 순탄치 않을 수 있다"는 전망도 나온다.

과거에도 비슷한 논란이 있었다. 2013년 회삿돈 450억원 횡령이 유죄로 확정됐던 최태원 SK 회장이 대표적이다. 최회장은 당시 보수를 받지 않으면서 논란을 비켜갔다. <u>무보수로 일하면 '취업'이 성립하지 않는</u>다는 논리였다. 이 부회장은 이미 무보수로 근무 중이며 2019년 10월 등기임원에서도 빠졌다. 이 분야에 정통한 한 변호사는 "취업 제한이 기존 재직을 포함하는 것인지 새 취업에만 적용해야 하는지 등도 따져봐야 한다"고 했다.

특경가법의 해당 조항은 취업 제한이 지켜지지 않을 때 '법무부 장관이 기업체의 장에게 해임 등을 요구해야 한다'고 규정하고 있다. 이제까지 법무부가 그와 같은 해임 요구권을 발동한 전례가 없다.

조선일보. 2021.1.25.

무보수일 경우 취업이 성립하지 않는다고 하면 경제적인 여유가 있는 최대주주이면 아무 문제없이 취업과 관련된 규제를 피해갈 수 있다. 수천억 원에서 수조원대의 재산가인 이들에게는 경영의사결정에 참여하는 것이 관건이지 급여 수억 원 또는 수십억 원은 전혀 이슈가 아닐 수 있기 때문이다.

### 이재용 경영복귀 '법무부 승인' 받아야 할 수도… '특경법 취업 제한' 위헌 논란

이재용 삼성전자 부회장이 재상고를 포기해 형이 확정됐지만, 형 집행이 끝난 뒤 삼성전자로 복귀하는 절차가 간단치 않을 것이란 전망이 나온다. 횡령 배임 등으로 유죄를 받은 기업인은 정부로부터 재취업 승인을 받아야 하기 때문이다. 벌써부터 진보단체들은 "(법무부는) 삼성전자 이사회에 이 부회장의 해임을 요구하고 재취업을 금지해야 한다"며 정부를 압박하고 있다.

25일 법조계에 따르면 이 부회장은 특정경제범죄 가중 처벌 등에 대한 법률 제14조에 따라 형을 마친 뒤 5년간 삼성전자로의 취업이 원칙적으로 금지된다. 재취업을 하기 위해서는 법무부 장관의 승인이 필요하다.

특경법 제14조는 횡령 배임 등 유죄 판결된 범죄행위와 밀접한 관련이 있는 기업체에 취업할 수 없도록 돼 있다. 당초 이 조항은 횡령 배임 등 중대한 경제 범죄 행위로 재산상 '이득'을 취한 기업체로 취업을 제한했다. 예컨대 A사에 다니면서 B사에 이익을 주기 위해 범죄를 저지른 뒤 징역을 살고 나와 B사에 각종 혜택을 받고 취업하는 행위를 막기 위해서였다.

문제는 2019년 법무부가 관련 시행령(제10조)을 손보면서 발생했다. 취업 제한 대상에 재산상 '손해'를 끼친 회사까지 포함하면서다. 즉 자신이 운영하는 기업체에도 취업을 제한한 것으로, 사실상의 '오너 재취업 금지법'이다.

　해당 시행령은 2019년 11월 8일 이후 저지른 범죄부터 적용된다. 법원에서 인정한 이 부회장의 횡령은 시행령 이전에 이뤄졌기 때문에 엄밀히 따지면 이 부회장 본인 범죄로 취업이 제한되는 것은 아니다. 하지만 법에 '빈틈'이 있다. 취업 제한 대상에 '유죄 판결을 받은 사람의 공범이 간부 직원으로 있었던 기업체'라고 명시한 기존 시행령이 개정 시행령의 시행 시기와는 무관하게 적용되기 때문이다. 이 부회장은 법원에서 86억원을 횡령한 혐의가 인정됐는데 박상진 전 사장, 황성수 전 전무 등이 공범으로 유죄 판결을 받았다. 이들 임원의 유죄가 확정되면서 이 부회장까지 재취업이 제한되는 것이다.

　지난해 3월 김정수 삼양식품 사장도 이런 이유로 법무부로부터 취업에 제동이 걸렸다. 결국 김사장은 법무부에 취업 승인을 요청했고, 지난해 10월 법무부가 승인하면서 대표에 올랐다.

　일각에서는 이 부회장이 삼성전자에서 <u>등기이사를 내려놓고 무보수로 일했기 때문에 취업제한 규정과는 무관하다는 의견</u>도 나온다. 하지만 이 부회장이 사면 복권이 되지 않는 한 정부로부터 어떤 식으로든 취업 승인을 받아야 한다는 전망이 있다.

　이 부회장의 사례를 계기로 취업 제한을 명시한 특경법 시행령의 위헌 논리도 거세질 것이란 관측이다. 최준선 성균관대 법학전문대학원 명예교수는 "<u>경영 허용이나 금지를 행정부가 입법부의 통제도 없이 시행령으로 허가하는 짓은 위헌 여지가 크다</u>"고 비판했다. 이어 "회사가 범죄 전력자를 채용할 것인가의 문제인데 국가가 이런 영역까지 관여할 필요가 없다"고 지적했다.

한국경제신문. 2021.1.26.

## 이재용 삼성 경영 '가시밭 길'… 법무부 "5년간 취업 제한"

　법무부가 이른바 '국정농단' 사건으로 징역 2년 6개월을 선고받은 이재용 삼성전자

부회장에게 "앞으로 5년간 취업이 제한될 수 있다"고 통보했다. 취업이 제한되면 이 부회장은 '부회장' 직함을 떼야 하며 경영 활동에 참여할 수 없다.

16일 법무부에 따르면 법무부 특정경제범죄사범관리팀(경제사범전담팀)은 전날 이 부회장 측에 취업 제한 대상자라는 사실을 알렸다. 지난달 26일 형이 확정된지 3주만이다. 경제사범 전담팀은 권성희 부부장검사를 팀장으로 하는 법무부 내부 조직으로, 권 부부장검사는 수원지검에서 근무하다 지난해 9월 팀장으로 파견됐다.

이 부회장은 지난달 18일 박근혜 전 대통령과 최서원 씨에게 86억 8,000만원의 삼성전자 회사 자금을 횡령해 뇌물로 전달한 혐의로 징역 2년 6개월의 실형을 선고 받고 법정 구속됐다. 이후 이 부회장 측이 재상고를 포기하면서 26일 0시를 기점으로 형이 최종 확정됐다.

특정경제범죄가중처벌법에 따르면 5억원 이상 횡령 배임 혐의로 유죄 판결을 받을 경우 해당 범죄와 관련된 기업에 취업할 수 없다. 이 같은 취업 제한은 징역형 집행이 끝난 이후 5년 동안 적용된다. 회사에 피해를 입힌 만큼 경영활동을 막겠다는 취지다.

지난해 3월 김정수 삼양식품 사장이 이 부회장과 같은 이유로 법무부로부터 취업에 제동이 걸렸다. 결국 김 사장은 법무부에 취업 승인을 요청했고, 지난해 10월 법무부가 이를 승인했다.

특경법 절차에 따라 이 부회장 측은 법무부에 취업 승인 신청을 해 심의를 받을 수도 있다. 이 부회장 측이 취업 제한 통보 후 취업 승인 신청을 하면 법무부 장관 자문기구인 '특정경제사범 관리위원회'가 회의를 열어 심의한다. 여기서 나온 결과를 법무부 장관이 최종 승인한다. 법무부 관계자는 "취업 승인 신청 여부에 따라 앞으로의 절차를 진행할 것"이라고 말했다.

법조계 일각에서는 이 부회장이 삼성전자의 등기이사가 아닌 상태에서 무보수로 일했기 때문에 취업 제한 규정과는 무관하다는 의견이 있다. 반면 이 부회장이 사면 복권되지 않는 한 정부로부터 어떤 식으로든 취업 승인을 받아야 한다는 해석도 나온다.

삼성 측은 이 부회장이 법무부로부터 이 같은 통보를 받았는지에 대해 명확한 입장을 밝히지 않았다.

한국경제신문. 2021.2.17.

## 법무부, 이재용에 취업 제한 통보

이 규정을 위반할 경우 법무부장관이 기업체에 해임을 요구할 수 있도록 규정돼 있지만 해임요구권이 발동된 사례는 없었다.

매일경제신문. 2021.2.17.

해임 권고와 관련되어 해임할 임원이 이미 퇴사하였을 경우는 '해임 권고 상당'이라는 조치를 증선위가 부과한다. 해임 권고라는 행정 행위는 대부분의 경우는 등기임원에 대한 조치로 선임을 한 주주총회에 해임을 권고하게 된다. 그러나 이재용 부회장의 경우는 등기가 아니라고 하면 어느 기관에 해임을 권고해야 하는지도 매우 애매하다.

chapter 31의 2020년 12월 11일자 매일경제신문 기사에서는 국민연금이 업무집행지시자에 대한 해임도 이사회가 수행하도록 요청하기도 하였지만 이는 국민연금의 의견일 뿐이다.

입법의 대상이 되는 내용을 정부가 입법부를 건너 뛰어 시행령으로 규제하는 것은 지나치다는 판단이 다수의 건에 대해서 지적되었다.

무보수로 일하면 취업이 성립하지 않는다고 하는데 이재용 부회장도 등기를 하지 않은 상태에서 업무집행지시자의 자격으로 삼성전자의 경영활동에 관여한다고 하면 이도 취업제한의 대상이 되는 것인지가 애매하다. 또는 이재용 부회장이 삼성전자에 아무런 직함을 가지고 있지 않는 상태에서 경영과 관련된 지시를 하는 것도 가능하다. 굳이 급여를 받거나 업무집행지시자의 자격을 득할 필요도 없는 것이다. 현대중공업(HD 현대)의 정몽준 이사장을 예로 들수 있다. 정 이사장은 현재 현대중공업 관련되어서는 유일한 직함이 아산사회복지재단 이사장과 아산나눔재단 명예이사장만을 맡고 있지만 그룹의 주요 경영사안에 대해서는 보고를 받고 있는 듯하다. 또한 공정위에 현대중공업의 동일인으로 지정되어 있다.

## 삼성준법위, '이재용 부회장직 유지' 판단 유보

삼성준법감시위원회가 이재용 삼성전자 부회장의 취업 제한을 당장 적용해야 할지 여부에 대해 뚜렷한 판단을 내놓지 않았다.

준법위는 19일 서울 삼성전자 서초사옥에서 정기회의를 열고 이 부회장의 취업 제한 문제를 논의했다. 준법위는 "이 부회장의 취업 제한과 관련해 제한 요건과 범위에 불명확한 점이 있다"며서도 "관계 법령을 준수해 위법 행위가 발생하지 않도록 삼성전자에 권고할 예정"이라고만 밝혔다. 당장 시정을 요구해야 할 시급한 문제는 없다고 판단한 것이다.

법무부는 지난달 뇌물 공여혐의로 징역 2년 6개월을 선고받은 이 부회장에게 '5년간 취업 제한'을 통보했다. 현행법은 취업 제한 대상을 '형 집행이 종료된 자'로 규정하고 있다. 하지만 일부 시민단체는 유죄 판결이 확정했기 때문에 부회장직을 해임하는 것이 법의 취지에 맞는다고 주장하고 있다.

한국경제신문. 2021.3.20.

## "경영 나선 이재용, 취업 제한 위반 아니다"

박범계 법무부 장관이 가석방으로 출소한 이재용 삼성전자부회장의 취업 제한과 관련해 "현재의 가석방과 취업 제한 상태로도 국민적인 법 감정에 부응할 수 있다고 본다"고 18일 밝혔다. 법무부가 취업 제한을 해제하지 않아도 이 부회장이 경영에 참여할 수 있다는 취지의 발언으로 분석된다.

박 장관은 이날 외부 일정을 마치고 법무부 과천 청사로 돌아오는 길에 기자들과 만나 "가석방에 반영된 국민의 법 감정은 대통령께서 말씀하셨듯 백신 문제, 반도체 문제에 대한 기대라고 볼 수 있다"며 이같이 말했다. 그는 "무보수 비상근 미등기 임원이라는 세가지 조건이 이 부회장의 취업 여부 판단에 가장 중요한 요소"라며 "이런 조건으로는 경영활동에 현실적 제도적인 제약이 있을 것"이라고 설명했다. 그러면서 "무보수 비상근 상태로 경영에 참여하는 것은 취업 제한의 범위 내에 있다"고 했다. 이 경영참여가 취업 제한 위반은 아니라는 뜻을 밝힌 것으로 풀이된다. 다만 박장관은 이 부회장 취업제한 해제 여부에 대해 "고려한 바 없다"는 기존 방침을 거듭 강조했다.

이 부회장은 지난 1월 18일 국정농단 사건 파기 환송심에서 특정경제범죄 가중처벌법 등에 관한 (특경가법) 위반으로 징역 2년 6개월의 실형을 선고받고 재수감됐다가 광복절 가석방 대상에 포함돼 207일 만인 지난 13일 출소했다. 이 부회장은 앞서 2017년 2월부터 1년간 복역해 지난달 말 형기의 60%를 채워 가석방 요건을 충족했다. 이 부회장은 관련법에 따라 가석방 기간에 보호관찰을 받음과 동시에 취업 제한이 적용됐다. 특경가법상 5억원 이상 횡령 배임 등의 범행을 저지르면 징역형 집행이 종료되거나 집행을 받지 않기로 확정된 날로부터 5년간 취업이 제한된다.

다만 법무부에서 별도의 취업 승인을 신청해 특정경제사범 위원회 심의를 거쳐 승인받거나, 중간에 사면 복권되면 취업 제한이 풀린다. 삼성 측은 이 부회장이 무보수 미등기 임원 신분이기 때문에 취업 제한 상태로도 경영활동을 할 수 있다는 입장이다.

## "이재용 취업 제한 위반 아냐"

법무부가 20일 이재용 삼성전자 부회장의 취업제한 위반 논란과 관련해 "문제 될 것이 없다"는 공식 의견을 내놨다. 시민단체 등이 부회장과 비교 대상으로 거론했던 박찬구 금호석유화학 회장과는 사실 관계가 다르다는 점을 명확히 했다.

법무부는 이날 이 부회장의 취업 제한 설명 자료를 내고 "이 부회장의 경우 취업 제한 처분을 받고 행정소송을 제기했던 박회장과는 차이가 있다"고 밝혔다. 설명 자료에 따르면 지난 2월 서울행정법원은 박회장이 법무부 장관을 상대로 "취업 승인 거부 처분을 취소해 달라"며 낸 소송에서 원고 패소 판결했다.

박 회장은 2018년 배임 혐의로 대법원에서 징역 3년에 집행유예 5년을 확정받았다. 집행유예 기간 중 대표이사에 취임했다가 법무부로부터 경고를 받았고, 이후 이를 승인해 달라고 요청했지만 불승인처분을 받았다. 이에 행정소송까지 제기했지만 패소했다.

Chapter 52 회장은 직함 575

법무부는 당시 박회장이 대표이사 및 등기이사였다는 점을 들어 '취업제한 기업체' 라며 형사조치를 예고했고, 취업승인 신청을 받아들이지 않았다고 설명했다. 반면 이 부회장은 부회장 직함은 갖고 있으나 미등기 임원이기 때문에 '회사 법령 등에 따른 영향력이나 집행력' 등을 갖지 않아 취업이라고 볼 수 없다고 법무부는 해석했다. 박범계 장관도 지난 19일 "이 부회장은 수년째 무보수이고 비상임 비등기 임원인 상태" 라며 "주식회사는 이사회와 주주총회를 통해 의사결정을 내리는데, 이 부회장은 미등기임원이기 때문에 이사회 의결에 참여할 수 없어 취업제한 위반이 아니다"고 밝힌 바 있다.

앞서 이부회장은 지난 13일 가석방된 뒤 서울 서초동 삼성전자 사옥을 찾아 경영 현안을 보고받았다. 이에 일부 시민단체가 박 회장 사례를 언급하며 "이 부회장의 경영 복귀는 취업 제한 조치가 무력화된 것"이라고 주장했다. 경제정의실천시민연합은 '취업제한 규정 위반'이라며 고발을 예고했다.

시민단체 경제개혁 연대도 "이 부회장이 수감 중인 상태에서 취업 제한 통보를 이행하지 않은 것은 중대한 법 위반 행위"라며 지난 5월 이 부회장을 서울경찰청에 고발했다.

한국경제신문. 2021.8.21.

직함은 가지고 있으니 미등기 비상근이므로 취업한 것이 아니라는 의미이다. 과거 조원태 회장이 회장으로 취임할 때도 유사한 것이 이슈가 되었다.

**한진그룹 승계 과정 정조준한 KCGI… 경영권 공격 본격화하나**

KCGI 산하 투자목적회사인 그레이스홀딩스는 한진그룹의 승계를 둘러싼 과정과 내용의 적법성을 조사하기 위해 법원이 지정하는 검사인을 선임해 달라는 내용의 소송을 지난달 29일 제기했다. 검사인은 주주총회 의결이나 법원 판결에 따라 선임되는 임시직이다. 상법 제367조에 따르면 발행주식 총수의 100분의 1 이상에 해당하는 주식을 보유한 주주는 이사회 결의의 적법성 등을 조사하기 위해 법원에 검사인 선임을 청구할 수 있다.

한진칼은 "4월 이사회에서 조 사장을 대표이사로 선임했고, 회장은 회사에서 직책을 부여한 것"이라는 입장이다. 익명을 요구한 한진칼 사외이사는 "법적으로 중요한 것은 대표이사 선임이었고, 회장은 이사회 결의사항도 아니다"며 "이사회에서 회장 선임에 대한 잡음도 없었다"고 말했다.

한국경제신문. 2019.6.5.

이 두 건에 대해서 법무부는 직함이라는 표현을 사용했고, 한진칼은 직책이라는 표현을 사용했다. 한진칼의 입장은 대표이사가 법적으로 책임이 있으므로 회장이라는 직위에 대해서는 이사회 결의사항도 아니라고 응대하고 있다. 일부 기업에서는 직위라는 표현을 사용하기도 하는데 직위의 부여가 이렇게 간단하지 않을 수도 있다.

모기업의 경우, 사내이사의 경우, 정관에 대표이사 회장의 추천으로 이사회 결의를 통해 등기 사내이사에 대해 사장, 부사장 등 직위를 부여한다고 되어 있다. 즉, 이 회사의 경우는 직위의 부여도 이사회 의결을 요구하고 있다.

사내 등기한 이사가 특정한 직위를 가지고 경영활동을 수행하는 데 어떤 위치의 직위 명함으로 활동하는지는 적어도 이사회에서 통제하여야 한다는 판단이다. 즉, 직위가 단순히 직위만의 문제는 아니며 권한의 이슈이기도 하다는 판단을 할 수 있다.

법적으로 판단하면 회사에서 상설기관으로 경영활동에 대해서 책임을 지는 기관은 이사회이며 경영의사결정에 중요한 것은 등기이사의 선임 또는 주총에서 등기이사를 선임한 이후, 이사회에서 대표이사를 호선하는지 누가 대표이사를 맡을지 등등이다.

명목상 (집행)임원의 선임은 대표이사의 권한이며 이사회 상정 조차되지 않으며 특히 명목상의 임원이 어떤 직책으로 업무를 맡을 지에 대해서도 이사회 부의되는 안건도 아니고 보고되는 안건도 아니다. 단, 임원 선임조차 이사회 보고를 거친 후 시행되는 기업도 있다. 물론 최대주주인 이재용 부회장의 경우가 이러한 범주에 포함되는 것은 아닐지라도 유권해석은 법에 기초한 판단이어야 한다.

이재용 부회장이 경영과 관련된 판단을 수행하였다고 하여도 이사회가 부의된 안건에서 이를 부결하면 그만이고, 이사회는 이에 대한 법적인 책임을 지게 된다. 이사회가 본인들 뜻에 반하지만 이재용 부회장의 심중에 있는 의사결정을 수행하였다고 하면 이에 대한 책임을 대신해서 떠안아야 한다. 삼성전자 이사들이 이재용 부회장을 위해서 이러한 섣부른 의사결정을 수행할 것이라고 믿기 어렵다. 이러한 의사결정에는 배임이라고 하는 엄청난 결과와 책임이 따른다.

최대주주들이 경영에 참여하지 않으면서 무슨 직함을 사용하든지는 법적인 차원에서는 전혀 중요하지 않다. 많은 경우는 지금의 정몽구 명예회장과 같이 명예회장이라는 직함을 사용하지만 롯데는 신격호 회장 시절 총괄회장이라는 호칭을 사용하였다. 상징적인 의미는 있지만 이들이 등기하지 않는 한, 경영상의 어떤 책임을 지는 것은 아니다.

이러한 직함/직책이 그들이 회사로부터 받은 급여에 영향을 미치기는 하겠지만 이 재용 부회장은 급여를 받지 않으니 부회장으로서의 역할은 그나마 최대주주로서의 영향력이라고 하는 상징적인 의미만 있다고 할 수 있으며 이사회는 이를 인정하거나 수용하지 않으면 그만이라고 할 수 있지만 우리나라 경영환경에서 이사회가 그런 힘을 가지고 있는지는 의문이다.

상법에서의 업무집행지시자의 개념도 등기 이사가 아니면서 명예회장, 회장, 부회장, 사장, 부사장, 전무, 이사 등 업무를 집행할 권한이 있는 것으로 인정될 만한 명칭을 사용하는 경우도 있다. 문제는 업무집행지시자가 법적인 책임은 지지 않지만 그럼에도 이들이 경영활동에 관여하고 있으니 이들의 실체를 완전히 무시할 수도 없어서 법에서 조차도 이러한 gray area를 인정한 것이라고 할 수 있다. chapter 1에서 기술한 동일인 지정의 경우와 같이 현실과 제도의 괴리라고도 이해할 수 있다.

그러나 이재용 부회장의 경우는 업무를 집행할 권한을 갖지 않으므로 이에 해당하지 않는다.

시민단체의 입장에서는 취업의 정의가 무엇인지의 의문과도 연관된다. 정상적인 취업이라면 당연히 노동에 대한 대가가 주어져야 한다. 즉, 자본주의에서 금전적인 보상과 업무의 실제는 떼려야 뗄 수 없다.

"

## 이재용 부회장 사면권 논의 신중해야. 임지봉

지난 8월 9일 이후 박범계 법무부 장관은 가석방심사위원회를 거쳐 이재용 삼성전자 부회장의 가석방을 결정했다고 밝혔다. 이 발표 직후 재벌에 대한 '특혜 시비'와 함께 가석방을 둘러싼 찬반 논란이 뜨겁게 일었다. 가석방 결정 전에 이 부회장에 대한 가석방과 함께 특별 사면이 거론되기도 했다.

'가석방'과 '특별사면'은 무엇이고, 양자의 차이는 무엇일까. 가석방은 헌법이 아니라 형벌에 규정된 제도다. 현행 형벌 제72조는 제1항에서 '징역 또는 금고의 집행 중에 있는 자가 그 행상이 양호하여 개전의 정이 현저한 때에는 무기에 있어서는 20년, 유기에 있어서는 형기의 3분의 1을 경과한 후 행정처분으로 가석방을 할 수 있다'고 규정하고 있다.

즉, 가석방 제도는 징역형 등 자유형을 집행 받고 있는 자가 뉘우침이 현저하다고 인정되면 형기가 끝나기 전에 조건부로 수형자를 석방하고, 일정 기간을 경과하면 형의 집행을 종료한 것으로 간주해 주는 제도를 말한다. 형 집행 기간의 단축을 통해 징역형 등을 살아야 하는 수형자의 사회 복귀를 용이하게 하고, 이를 위한 자발적이고 적극적인 노력을 촉진한다는 취지를 가지고 있다. 가석방은 피고인에게 형의 집행을 받지 않으면서 스스로 사회에 복귀할 수 있는 길을 열어준다는 점에서 법원이 선고하는 일종의 '집행유예'와 성격은 같지만, 형을 선고한 법원과 상의할 필요 없이 법무부 장관의 행정처분에 의해 수형자를 석방한다는 점에 특징이 있다.

이에 비해 사면은 최고법인 헌법 제79조에 규정된 대통령의 권한으로, 사법부에 의한 형 선고 효과 등을 소멸시키는 국가원수의 특권이다. 이 사면에는 '범죄의 종류'를 지정해 이에 해당하는 모든 범죄인에 대해 형 선고 효과 등을 소멸시키는 '일반사면'과 범죄의 종류가 아니라 이미 형의 선고를 받은 '특정인'에 대해 형의 집행을 면제하는 '특별사면'이다. '일반사면'은 국회의 동의를 요하는 데 반해 특별사면은 국회의 동의를 구하지 않고 대통령이 행한다. 이재용 부회장 건은 특별사면과 관련이 있다.

## 가석방과 사면의 차이

이상에서 살펴본 바와 같이 가석방과 사면은 큰 차이가 있다. 권한 행사의 주체 측면에서 사면은 대통령이, 가석방은 법무부 장관이 가지고 있다. 근거 규정 측면에서도 사면은 헌법에 근거하고 가석방은 하위법률인 형법에 근거한다. 대상의 측면에서 보면 가석방은 징역이나 금고 등 자유형의 집행으로 구금돼 있는 자에 대해서만 인정되는 반면, 사면은 집행유예나 벌금형을 포함한 모든 형사처벌 대상자를 포함한다. 마지막으로 효과 면에서도 사면은 형 선고를 받지 않은 효과를 발생시키지만, 가석방은 형기만료 전 남은 형기동안 재범이 발생하지 않는다는 조건으로 임시 석방하는 제도로, 형 자체가 면제되지 않고 구금 상태만 풀려나는 것이라는 점에서 큰 차이를 보인다.

그렇다면 이번에 이재용 부회장에게 내려진 것과 같은 석방 결정은 어떤 절차를 통해 이뤄질까. '형의 집행 및 수용자의 처우에 관한 법률'에 의하면, 가석방을 위해 우선 형기의 3분의 1을 경과한 수형자 중 태도가 좋고 뉘우침이 뚜렷한 사람에 대해 전국 교정시설의 소장이 가석방심사위원회에 가석방 신청을 하면, 위원장인 법무부 차관을 포함한 9명의 가석방심사위원회가 동법 제121조 제2항이 규정한 '수형자의 나이, 범죄 동기, 죄명, 형기, 교정 성적, 건강 상태, 가석방 후의 생계 능력, 생활환경, 재범의 위험성, 그 밖에 필요한 사정'을 고려해 가석방의 적격 여부를 결정한다. 과반의 위원이 가석방 적격자로 찬성하면 법무부 장관에게 가석방 허가 신청을 하고, 법무부 장관이 가석방 허가 신청이 적정하다고 인정하면 가석방을 허가한다.

가석방 기간은 유기형에 있어서는 남은 형기이며, 가석방 기간에는 보호관찰이 개시된다. 가석방 중 고의로 인한 최고 금고 이상의 형을 선고받아 그 판결이 확정된 때는 가석방 기간을 경과한 때에 비로서 형의 집행이 종료한 것으로 본다.

언론보도에 따르면 지난 8월9일 가석방 결정을 내리면서 법무부는 "코로나 장기화로 인한 국가적 경제상황과 글로벌 경제 환경에 대한 고려 차원에서 이재용 삼성전자 부회장이 가석방 대상에 포함됐다"고 밝혔다. '국가적 경제상황'은 '형의 집행 및 수용자의 처우에 관한 법률' 제121조 제2항이 열거한 사유들 중에 명확하게 해당하는 사유를 찾기 어려우니 '그밖에 필요한 사정'을 고려했다고 볼 수밖에 없다.

논란은 가석방 결정의 형평성에 모아지고 있다. 모범수로 형기를 대부분 채운 사람도 가석방 대상에서 제외된 반면, 형기의 약 60% 정도만 채웠고, 삼성물산 불법 승계와 프로포폴 투약 혐의로 기소돼 재판을 받고 있어 이 사건들에서 금고 이상의 유죄판결이 확정되면 재수감해야 하는 이재용 부회장을 가석방 대상에 포함시킨 것에 대해 이를 '특혜'라고 비판하는 노동계와 시민단체의 반발이 줄을 잇고 있는 것이다.

법에 의하면 가석방을 받은 이재용 부회장이 바로 공식적으로 경영에 복귀할 수는 없게 돼 있다는 점도 주목된다. '특정경제범죄 가중처벌 등에 관한 법률' 제14조는 징역형의 집행이 종료되거나 집행을 받지 않기도 확정된 날부터 5년간 범죄와 밀접한 관련이 있는 회사에 취업할 수 없게 하는 <u>취업 제한 규정</u>을 두고 있다. 물론 법무부 장관의 취업 승인이 있으면 예외가 인정되지만, 박범계 장관은 이미 "이 부회장에 대한 취업제한 해제를 고려한 바 없다"고 선을 그었다.

### 법무부 장관 취업 승인 시 예외 인정

이런 상황에서 이재용 부회장은 형 집행을 받지 않기로 확정된 날부터 5년간 삼성전자는 물론 그룹 계열사 취업이 불가능해 공식적인 경영 복귀가 어렵다. 최대주주로서의 활동만이 가능할 뿐이다. 그러자 한국경총을 비롯한 경제 5단체가 이 부회장에 대한 특별사면을 강력히 요청하고 있다는 언론보도가 잇따르고 있다. 특별 사면은 법원의 형 선고 효력을 상실시키므로 이재용 부회장이 이전의 생활과 경영자활동으로 돌아갈 수 있다고 보기 때문이다.

그러나 앞에서 보았듯이 특별사면과 가석방은 전혀 별개 사안의 것이다. 특히 사면권은 우리 헌법의 기본원리 중 하나인 삼권분립원리에 대하여 예외의 하나이므로 사법부의 권위를 훼손하지 않는 범위 내에서 합리적인 기준과 원칙에 따라 적정하게 행사돼야 한다. 또한 사면권도 헌법 제1조 제2항에 따라 주권자인 <u>국민이 대통령에게 위임한 '위임 받은'</u> 권한이므로 신중에 신중을 기하여 국민의 뜻에 따라 행사돼야 할 것이다.

시사저널. 2021.8.24.

### 김부겸 "이재용 경영복귀지지"

FT인터뷰… "활동 기회 뺏는 건 불공정, 편협한 접근 안 돼"

김부겸 국무총리가 가석방된 이재용 삼성전자 부회장의 경영활동 복귀(5년간 취업 제한 해제)에 지지 의사를 보였다고 영국 파이낸셜타임즈(FT)가 보도했다.

김 총리는 31일 공개된 FT와의 인터뷰에서 "(경영 복귀를 위한) 법적 절차가 필요하다면 당연히 따라야 하겠지만 이미 석방된 상황에서 활동을 금지하는 것은 적절한 방안이 아니다"고 말했다. FT에 따르면 김 총리는 한국 국민들이 글로벌 경쟁 격화와 코로나 19로 야기된 경제적 어려움을 통과하는데 이 부회장의 리더십이 필요하다고 믿고 있다고 했다.

김 총리는 "아무리 경제적 영향력이 큰 기업의 총수라도 법적으로 책임질 부분을 너무 빨리 면제해준 것 아니냐는 비판이 있을 수 있다"면서도 "이제 와서 형식 논리적으로 취업 제한 등을 보는 것도 '좁은 시각(narrow minded)'이 아닌가 하는 생각'이라고 말했다.

김 총리는 '문재인 대통령의 엄격한 재벌 관리 약속이 제대로 이뤄지지 않고 있는 것 아니냐'는 질문엔 "한국의 법치에 대해선 의심하지 않아도 된다"며 "한국 국민들은 대기업 재벌에 엄격한 잣대를 요구하고 있다"고 했다. 그러면서도 "다만 이재용부회장은 다른 기업 총수와 달리 반도체 등 글로벌 이슈에 빠른 대응이 필요하다는 것도 외면할 수 없었다"고 했다. 또 "경제적 플레이어로서 이 부회장의 사업 기회를 빼앗는 것이 불공평하다는 여론도 있다"고 했다.

이 부회장은 지난 13일 가석방으로 출소한 뒤 서울 서초구 삼성전자 사옥, 경기 수원 본사 등을 수시로 방문해 주요사업을 챙기고 있다.

한국경제신문. 2021.9.1.

**노동·시민단체, 이재용 고발… "취업제한 위반"**

노동·시민단체들이 이재용 삼성전자 부회장이 취업제한 규정을 위반했다며 검찰에 고발했습니다. 국정농단 사건으로 실형이 확정돼 5년 동안 삼성전자에 취업할 수 없지만 가석방 직후 경영에 복귀해 사실상 취업 상태라는 건데요. 이후 삼성그룹의 대규모 투자·고용 방안까지 발표됐는데, 모두 취업제한 위반 행위라는 게 노동·시민단체의 고발 이유입니다.

배임 혐의로 집행유예를 선고받았던 박찬구 금호석유화학 회장은 취업제한을 풀어 달라고 신청할 당시 '등기' 이사였다는 이유로 법무부에서 취업 승인을 거부당했습니다. 반면 횡령 혐의로 유죄 판결을 받은 김정수 삼양식품 총괄사장은 법무부의 취업 승인을 받고 지난 3월 등기이사에 올랐습니다.

취업제한 해당 여부는 사안에 따라 개별적, 구체적으로 판단해야 하고 법의 취지, 직위·직책 등도 고려 대상이라는 게 법무부 측 입장이긴 하지만, 고발장이 접수된 이상, 관련 수사는 불기피하게 됐습니다.

YTN, 2021.9.1.

chapter 16의 2014년 10월 6일의 경제개혁연대의 현대자동차 이사회의 한전 부지 의사결정에 대한 당시 이사였던 정몽구, 정의선 부자에 대한 비판도 같은 선상에서 이해할 수 있다. 이사회에 등기를 하고도 최대 주주로서 책임져야 하는 중요한 의사결정에서 의도적으로 빠지는 경영 행태나 이사회에 등기한 이사가 아님에도 경영의사결정에 음으로 양으로 영향을 미치는 것에 대해서 시민단체가 반대의 입장을 보이는 것이다.

2022년 광복절에 문재인 대통령이 이재용부회장을 복권하면서 삼성은 이 모든 건에 대한 고민을 덜게 되었다. 다만, 법적으로 활동에 제한을 받는 경영자의 경영활동과 관련되어 어떠한 이슈가 있는지를 위해서 이 chapter는 의미가 있다고 판단한다.

# 비상장 기업과 관련된 공시제도

한국거래소가 운영하는 수시공시제도는 거래소가 운영하기 때문에 그 대상이 상장기업이다. 단, 비상장기업이 경영에 관여하는 경우가 다수이며 특히나 사업지주회사와는 달리 순수 지주회사와 같은 경우는 오히려 계열사가 상장기업이고 지주사가 비상장회사인 경우도 있어서 지주사가 진행하는 업무이지만 공시 의무는 계열사인 상장사의 몫으로 되는 경우가 있다.

계열사가 상장회사이므로 비상장지주회사는 한국 거래소에 공시의무가 없으며 혹시 이러한 건이 조회공시라고 하고 모회사와 계열회사 간 소통이 원활하지 않다고 하면 계열회사는 모회사 차원에서 진행되는 건에 대해서 잘 모르고 있을 수도 있다.

**현대車 불성실공시 논란**

두 달 전 본지 보도땐 녹십자생명 인수계획 없다더니

현대차그룹이 녹십자생명보험을 인수하기로 최종 결정하면서 8월 말 한국거래소의 관련 조회공시 요구에 대해 `사실무근` 답변을 내놓은 현대자동차가 불성실 공시 논란에 휩쓸렸다.

현대자동차는 "개별 상장사와 그룹은 엄연히 (인수)주체가 다르다"는 논리로 해명했지만 당시 이에 대해 현대차 측은 24일 "당시 거래소의 조회공시가 현대자동차에 대한 것이지 현대차그룹에 대한 것이 아니라 부인 답변을 냈다"며 "현대차의 법적인 의무는 개별 상장사 입장을 표명하는 것 이상도 이하도 아니다"고 설명했다. 또 그는 "당시 현대차그룹에서 녹십자생명보험 인수건을 진행하고 있다고 하더라도 조회공시 주체와 질문이 기아차나 현대모비스가 아닌 이상 현대치는 조회공시 요구 내용 이상의 답변을 할 수 없다"고 덧붙였다.

그렇다면 한국거래소는 당시 '현대차그룹의 녹십자생명보험 인수' 기사에 대해 왜 현대차만을 공시 대상으로 삼아 현대차에 국한한 조회공시를 요구했던 걸까. 거래소는 현대차가 당시 그룹의 문제에 대해 얘기할 수 없다는 입장을 분명히 했기 때문이라고 해명했다.

하지만 M&A 이슈는 투자자 판단에 중요한 요소인 데다 대부분 그룹오너가 결정하는 사안이어서 현재의 형식 논리적 분리법으로는 공시체제에 심각한 간극이 생길 수 있다. 한국거래소 관계자는 "그룹 전체에서 결정하는 중대 사안이 많은데 조회공시는 개별 상장사에 국한된 데다 그룹집단에 대한 내용을 개별 상장사에 묻는 것도 한계가 있어 공시에 간극이 발생하고 있다"며 "이런 문제점을 고려해 향후 대책을 마련하겠다"고 말했다.

매일경제신문. 2011.10.25.

현대중공업 그룹이 두산인프라코어를 인수하면서 현대제뉴인이라는 중간 지주회사가 설립되었다. 비상장기업이며 현대건설기계와 현대두산인프라코어 두 상장 계열사를 거느리게 되었다.

2021년 8월 26일 개최된 이사회 때 다음과 같은 내용이 이슈화되었다.[1]

현대건설기계는 8/25(수) 현대제뉴인의 IR에서 발표된 현대제뉴인㈜에게 산업차량사업을 매각하는 건과 상장회사인 한국조선해양㈜로부터 해외법인(중

---

1) 특정 기업과 관련된 내용이지만 이미 공시된 내용이므로 저술에 인용한다.

국, 브라질법인) 지분을 인수하는 건이 공정공시 대상 정보에 해당하여 8/25 한국거래소에 공정공시하였다. 공시의 주체는 상장사인 현대건설기계이다. 그리고, 8/26 현대코어모션 합병 승인 건은 기타 경영사항으로 자율공시하였다.

한국조선해양은 해외법인(중국, 브라질법인) 지분 양도 건이 수시공시 기준금액(연결자본의 2.5%인 3,105억원) 미만으로 공시하지 않았다.

비상장사인 현대제뉴인은 한국거래소에 신고할 의무가 없으므로, 8/25 현대제뉴인의 그룹 건설기계산업 IR 및 8/26(목) 현대건설기계의 현대코어모션 합병 승인 관련 이사회 결의 시 공시하지 않았다. 다만, 현대제뉴인은 공시대상기업집단 소속으로 공정거래법 등에 따라 공시의무가 있으므로, 주요 계열회사인 현대건설기계 및 현대두산인프라코어 등과의 공시대상 거래가 발생하는 경우 수시로 공정위에 공시를 하게 된다. 특히, 위의 공시 건은 자율공시와 공정공시의 이슈이므로 기업이 선제적으로 공시할 수 있는 내용이지만 제뉴인과 현대건설기계/두산인프라코어가 관련된 조회공시 건이 발생할 경우, 한국거래소는 제뉴인이 상장기업이 아니므로 조회의 대상을 현대건설기계 또는 현대두산인프라코어로 할 수 있다.

계열사가 답할 수 있는 사안이라고 하면 계열사 공시책임자와 실무자가 답하면 될 것 같은데, 의사결정이 모회사인 제뉴인 차원에서 진행되는 경우는 모회사에서 어떻게 답해야 할지를 정하고 계열사의 공시책임자/실무자가 답을 해야 하는 경우도 있을 것 같다. 제뉴인이 상장기업이면 한국거래소가 직접 제뉴인에 조회하면 되는 경우도 위와 같은 절차를 거쳐야 할 수 있는데 의사결정의 주체는 제뉴인이고 공시는 계열사가 해야 하는 약간 애매한 경우가 있을 수 있다.

모회사가 풀어야 할 문제를 계열사가 걱정할 것은 아니지만 이 경우는 case가 얽힐 수가 있다. 비상장기업의 경우도 금융위원회(금융감독원)에 대해서는 다음의 공시 의무가 있다.

**대상:** 공모채 발행 등을 위해 필요한 사업보고서 제출 시 금융감독원 전자공시시스템에 공시

**공정거래위원회:** 자산총액 5조원 이상인 공시대상기업집단 소속으로 예외사항이 없는 경우 금융감독원 전자공시시스템에 공시

## 2. 비상장사 공시규정 및 공시의무

❑ 관련 규정: 공정거래법, 공정거래법 시행령, 공시대상기업집단 소속회사의 중요사항 공시 등에 관한 규정 등

❑ 공시 의무: 자산총액이 5조원 이상인 공시대상기업집단 소속 비상장사(현대제뉴인 등)의 경우 공정거래법 등에 의거하여 금융감독원 전자공시시스템상의 공정위 공시인 ① 대규모 내부거래 관련, ② 비상장회사 중요사항 공시, ③ 기업집단 현황 공시 의무가 있음(수시/정기)

1) 공정거래법 제11조의 2(대규모내부거래의 이사회 의결 및 공시):

① 대규모 내부 거래 관련 공시

2) 공정거래법 제11조의 3(비상장회사 등의 중요사항 공시)

- 공정거래법 시행령 제17조의 10(비상장회사 등의 중요사항 공시)
- 공시대상기업집단 소속회사의 중요사항 공시 등에 관한 규정

(시행: 2019. 12. 24.)

② 비상장회사 중요사항 공시

3) 공정거래법 제11조의 4(기업집단 현황 등에 관한 공시)

③ 기업집단 현황 공시

비상장사 주요 공시 내용

소유지배구조:

최대주주의 주식변동사항

임원의 변동사항(분기공시)

재무구조:

비유동자산 취득 처분(자산총액의 10/100 이상)

다른 법인 주식 및 출자증권 취득 또는 처분(자기자본의 5/100 이상)

증여 수증(자기자본의 1/100 이상)

타인을 위한 담보제공 또는 채무보증(자기 자본의 5/100 이상)

채무면제 또는 인수(자기자본의 5/100 이상)

증자 감자 결정 또는 전환사채 신주인수권부사채 발행 결정

경영활동:

영업양수도, 합병회사 분할, 주식교환, 해산

채무자 회생 및 파산에 관한 법률에 따른 회생 등의 결정

기업구조조정촉진법상 관리절차 개시 중단 또는 종료 결정


지주회사가 존재하고 또한 중간지주회사가 동시에 존재한다면 양 회사로 부터 경영지원/shared service를 받을 수 있으며 이러한 지원 서비스에 대해서는 이에 상응하는 용역 수임료가 정산되어야 하며 이러한 지원을 동시에 받게 된다면 정산 자체가 복잡해질 소지도 있으며 이러한 서비스에 대한 가격도 공정한 공정가치에 의해서 결정되어야 한다.

54

# 복수의 감사

　일부의 기관에는 회의체인 감사위원회 제도가 아님에도 복수의 감사가 선임되는 경우가 있다. 대표이사가 복수인 경우에는 이들이 각자 대표인지 아니면 공동 대표인지에 대해서 이를 명확히 등록해서 복수의 대표이사가 이해 상충이 있을 가능성을 배제한다. 결국은 복수로 동일한 업무를 수행하는 경우, 결재권을 어떻게 설정해야 하는지의 이슈일 것이다. 의사결정/행정이라는 것은 결국은 의사결정 권한, 즉, 결재 권한의 이슈이다. 결재권이 복수의 보직자에게 설정되어 있다고 하면 이 경우는 복수로 결재를 한 것이니 공동으로 책임을 진다는 것이다.

　복수의 대표이사의 경우와 같이 공동 대표이사인지 각자 대표이사인지가 명확하게 정의되어 있지 않다고 하면 복수의 감사일 경우는 각자의 감사권이라고 판단하면 된다.

　구 증권거래법에서 모든 유가증권과 코스닥 상장기업에 상근 감사를 두도록 요구되다가 개정된 상법에서 자산 규모 일천억원 넘는 기업에 상근 감사거나 감사위원회를 두도록 개정되었다.

　2인 이상의 감사가 선임되어 활동하고, 감사위원회 회의체 제도가 아니라고 하면 이 2인 이사의 감사가 어떠한 관계를 가지고 업무를 수행하는지에 대해서도 정리를 해 주어야 한다.

대표이사가 공동대표라고 하여도 이 공동대표가 각자 대표일 수 있고 아닐 수도 있다. 공동 대표일 경우는 복수의 대표이사가 대표이사의 업무에 의사결정을 같이 수행하고 책임도 같이 지는 모습이다. 물론 이 경우는 의사결정에 있어서도 복수의 공동 대표이사가 서명을 해야 한다. 각자 대표일 경우는 복수의 대표이사의 업무가 구분되어 있어서 본인이 책임 진 영역에 대해서는 독자적으로 책임을 지는 경우이며 본인이 맡은 업무에 대해서만 서명을 하면 될 것이다. 물론, 상대방이 수행하는 업무에 대해서 병렬로 서명을 하는 경우도 있을 수 있는데, 단지 참조만 하는 결재라고 하면 결재권이라기보다는 수행되는 업무를 파악하고 있으라는 의미일 수 있다.

복수의 감사가 있다면 이 두 감사가 모두 결재를 하여야 업무가 수행되는 것인지 아니면 한 감사만이 결재를 하여도 업무가 수행되는 것인지, 후자라고 하면 어느 감사가 결재를 하여야 하는 것인지 등, 복수의 직책자가 있을 경우에는 누가 업무를 수행하는 것인지가 결정되어야 한다. 아니면 누구도 이러한 업무를 수행할 수 있다고 하면 감사에게 결재를 받아야 하는 실무자는 누구에게 결재선을 지정해야 하는지에 의해서도 누가 결재를 할지가 결정된다.

대학교 재단을 포함한 기관에서 복수의 감사가 있고 감사라는 기관이 회의체가 아니라고 하면 다수결 등의 의결 방법은 의미가 없다. 회의체가 아니라고 하면 의결방법을 정하는 것이 가능한가라는 의문도 있다. 회의체가 아닌 상황에서 복수 감사 간에 동일한 건에 대해서 의견의 차이가 있다고 하고 어떤 방향으로라도 의사결정이 되어야 한다면 회의체에서의 다수결의 의사결정 방안 이외의 다른 상이한 방식이 제시되어야 한다. 연세대학교 재단의 경우 감사협의체라는 합의체를 운영하기는 하지만 다수결에 근거한 회의체는 아니라서 그 성격 자체가 애매모호하다. 협의를 하라는 것인데 의견이 상이하면 어떻게 정리하라는 것인지가 결정되지 않은 것이다. 이러한 내용이 이슈가 될 수 있으니 다음의 책자에서도 이를 설명하고 있다.

(붙임) 로앤비 주석상법 p.634

## 2. 감사의 수

감사의 수에 관하여는 상법상 특별한 제한이 없기 때문에 1인이라도 무방하다. 따라서 상법상 감사는 단독기관이며, 2인 이상의 감사가 있을 경우에도 각자 단독으로 그 직무를 수행할 수 있다. 즉 이사회와 (저자 추가: 감사위원회와) 같이 회의체를 구성하지 않는다. 또 2인 이상의 감사가 있는 경우도 상근감사를 두고 상시의 감사를 하게 하는 경우가 있더라도 모든 감사가 전반적인 업무 감사를 할 직무와 권한 및 그에 대한 책임과 의무가 있으므로 상법상으로는 상임감사와 비상임감사 사이에는 아무런 차이가 없다.

　　감사가 1인 이상인 한 상근으로 하든 비상근으로 하든 상법상의 제한은 없으나, 최소한 1인의 상근감사를 두는 것이 바람직하다. 때문에 1996년 개정을 통해 구 증권거래법에서는 주권상장법인 또는 협회등록법인(현재의 코스닥 상장법인)의 경우는 반드시 1인의 상근감사를 두도록 강제하였다(구 증권거래법 191조의 12 1항). 반면, 현행 상법항에서는 자산 총액 일천억원 이상의 상장회사는 감사위원회를 두지 않는 한 반드시 1인 이상의 상근감사를 두도록 하고 있다. 이 경우 상근 감사의 상근성을 어느 기관이 부여하는 가와 관련하여 반드시 주주총회의 결의에 의하여 상근 여부를 결정해야 한다는 하급심판례가 있다. 따라서 법상으로는 복수의 상근감사를 두는 것도 가능하다. 단, 현행은 감사위원회가 아닌 이상 복수의 상근감사를 둔 민간 영리기업은 흔하지 않다.

　　상법상으로는 상근 감사, 비상근감사의 권한과 책임에 아무런 차이를 두고 있지 않다. 감사제도를 주식회사의 상설기관으로 두고 있다.

　　하급심 판례는 다음과 같다.

증권거래법의 적용을 받아 상근감사를 필수적으로 두어야 할 주권상장법인이 주주총회에서 선임된 감사의 상근 여부를 이사회에서 결정하게 한다면 보다 충실한 사전감사를 수행하도록 하기 위해 도입한 증권거래법상의 상근감사제도를 유명무실하게 할 위험이 있을 뿐 아니라 주식회사의 기관 상호간의 견제와 균형이라는 상법상 원칙에도 어긋난다.

상법 제361조는 "주주총회는 본법 또는 정관이 정하는 사항에 한하여 결의할 수 있다."고 규정함으로써 주주총회의 권한을 축소하고 이사회의 권한을 강화하여 소유와 경영의 분리를 실질적으로 구현하려는 태도를 보이고 있다.

상근 감사와 이사회는 상법상의 기관이고 이들은 법적으로는 대등한 관계를 유지하고 있는데 감사의 상근 여부를 이사회가 결정한다함은 이사회가 감사에 대해서 상위의 기관인가라는 의문을 갖게 한다. 특히 상법은 이사회와 감사/감사위원회를 대립 관계로 두고 있으므로 더더욱 그러하다. 즉, 주총이라고 법 또는 정관 이외의 사항에 대해서 결정할 수 있는 무소불위의 권한을 가지는 것은 아니다. 그런데 이사회 제도의 도입 목적 자체가 소유와 경영의 분리라고 하고 이사회가 최대주주에 의해서 좌지우지된다면 이는 이사회의 설립 목적 자체가 불투명하게 되는 결과를 초래하게 된다.

위의 상법 규정에도 나타나 있듯이 상법이나 정관을 기초로 권한을 제한하고 있는 것도 흥미롭다. 우리는 주식회사의 주총은 주주들의 회의체이니 무소불위의 권한을 가지고 있다고도 판단할 수 있지만 그럼에도 상법은 적절한 힘의 균형을 염두에 두고 있다. 물론 이사회도 이사회 규정에 의해서 결의할 안건을 제한하기는 하지만, 주주총회가 상법과 정관이 정하는 사항에 한하여 결의할 수 있도록 상법에 규정되어 있다. 물론 이사회 규정에도 이 결의되어야 할 안건들이 나열되어 있다면 규정이 포괄주의인지 예시주의로 해석하는지에 따라서 다른 결론이 도출될 수 있다.

위의 하급심 판례는 이사회와 감사를 견제하고 있는 같은 위상의 기관으로 기술하고 있다. 구 증권거래법에서 상근감사제도를 도입하게 된 배경에는, 당시 우리나라 상장법인에서 상근감사를 두는 경우가 적어 상법상 감사제도가 형행화되고 있는 문제점을 개선하는 한편 기업 경영의 투명성을 제고하기 위함이었을 것이다.

그런데 그러한 차원에서 상근을 중요시하였다고 하면 상근 감사는 상근에 방점이 있는 제도이고 감사위원회는 회의체라는 데 방점이 있는 제도이다. 감사위원회는 상설위원회이기는 하지만 상근이 아니고 상근감사는 회의체가 아니고, 상근감사가 1인 이상일 수도 있으나 대부분이 1인 감사이니 독임제라는 단점이 있다.

　다음은 저자가 관여하고 있는 조합의 경우, 상근감사와 비상근 감사 복수의 감사가 있어서 이 두 감사의 업무 구분 관련되어 문의하고 답을 받은 부분이다. 복수의 감사가 있을 경우, 이들 간의 역할 분담은 어떻게 돼야 하는지를 다른 기관에도 참고할 수 있을 듯해서 이곳에 옮긴다.

　○ 결재권은 비상근감사도 있는지와 비상근감사가 결재권을 가지고 있다면 수행업무에 따라서 상근감사와 비상근감사의 결재범위의 구분이 있는 것인지?

　○ 감사업무에 있어 상근감사와 비상근감사가 모두 결재하여야 업무수행이 이루어지는지? 아니면 업무에 따라 각자 결재하여도 업무수행이 이루어지는지?

## 답　변

□ 정관 등 검토

　○ 전문건설공제조합 정관은 상근감사와 비상근 감사 사이에 권한과 책임에 구분을 두고 있지 아니함. 또한, 상근 또는 비상근 감사 중 1인이 임기 만료 등 궐위 상태일 경우 나머지 1인의 감사가 후임자 선임될 때까지 그 직무를 수행토록 하고 있음.

　○ 상법상으로도 상근감사와 비상근감사 사이에는 권한과 책임에 차이가 없어 모든 감사가 각자 전반적인 업무감사를 할 직무와 권한 및 그에 대한 책임과 의무가 있음.

　○ 따라서 상근감사와 비상근감사의 결재권의 범위 구분이 없으며, 감사 2인이 모두 각자 결재권이 있음.

□ 실　무

　○ 실무상으로 상근감사는 전반적인 감사 직무를 수행하며, 그 중에서 일반적이고 통상적인 업무를 중심으로 수행하고, 비상근감사는 별도 사

업을 영위하는 등의 사유로 상근이 곤란하므로 다음과 같은 사항을
위주로 감사 직무를 수행하고 있음.

다          음

- 조합의 중요 업무 사항
- 조합원의 이익에 중대한 영향이 있는 사항
- 조합원이 요구하는 사항
- 비상근감사 본인이 별도로 감사가 필요하다고 인정하는 사항
※ 더 나아가 조합은 주요 업무 현황에 대해서 비상근감사에게 정기적으로
  설명하고 있음.


○ 비상근 감사는 1년 동안의 전반적 감사 결과인 『감사보고서』를 작성
  하여 결산 총회에서 조합원에게 보고하고 있음.


질문: 복수의 감사가 있고 감사실에서 결재선을 지정할 때, 누가 결재해
도 유효하다고 전달받았는데 그러면 감사실은 결재 내용을 보고 어느 감사가
결재할지를 실무자 선에서 정하고 두 감사 중, 한 감사를 결재자로 지정하시
나요?


감사팀장 답신:
실무상, 비상근감사는 별도 사업을 영위하는 등의 사유로 상근이 곤란하
므로 매일 결재가 어려우며, 상근감사가 상주하며 매일 결재하고 있음. 그래서
조합은 주요 업무 현황을 비상근감사가 조합에 출근시 그에게 사후 보고하고
있음.


○ 따라서, 상근감사 또는 비상근 감사의 결재권은 실무자 또는 상근감사
  가 지정하지 않으며 각 감사의 상주여부에 따라 결재를 받거나 사후
  보고를 하고 있음.

학교 재단의 경우에도 복수의 감사가 있고 이들은 각자 감사의 위치를 가진다. 연세대학교 재단의 전임 감사실장이 복수 감사가 어떻게 각자 역할을 수행하였는지에 대해서 전해온 내용이다.

재단의 감사들은 각자 감사임. 감사의 기능이 의사결정이 아니라 감시기능이라서 각자가 독립적으로 감사기능을 수행하여도 별 문제될 것이 없음. 감사 각자가 한 목소리로 의견을 내면 그만큼 영향력도 크겠지만, 어느 감사의 의견을 다른 감사가 동의하지 않는다고 해서 그 감사의 의견을 무시할 수 있는 것은 아니고, 설령 반대하는 감사가 있더라도 각자 감사의 의견은 존중받아 마땅하다고 생각함. 실제로 연세재단의 세 감사의 경우, 한 감사의 의견에 나머지 감사가 동의하지 않을 수 있으며 이 경우 본인의 의견을 피력할 수도 있고 그냥 침묵하는 경우도 있음. 이사회 의장이 직접 다른 감사의 의견은 어떤지 직접 물어보는 경우가 아니라면 침묵하는 것이 의견을 낸 감사를 존중하는 것이므로 대부분의 경우 반대의견을 피력하기보다는 침묵함.

연세재단의 경우 감사들이 공동으로 의사결정할 사안은 없음. 감사실은 이사장 직속기관으로 감사들의 업무를 지원하는 체계이므로, 행정적인 결재는 이사장에게 받으며, 감사의 결재를 받을 사안은 없음. 이사회 보고사항 중에서 상법상 규정된 [감사 보고사항]은 감사가 보고하는 것이므로 감사의 결재와 서명을 받지만, 결재 순서가 있는 것은 아니고 각자 받음. 혹시 감사의 지시를 받은 사항이 있다면 그 지시받은 사항과 관련하여 보고체계가 필요할 것이며 그럴 경우 지시한 감사에게 보고하면서 다른 감사에게 참조로 통지할 수 있을 것임.

물론 감사실의 소속이 감사가 아닌 이사장 아래로 위치하는 것은 독립성 차원에서 의문이 있다. 이사장도 감사의 대상이라고 하면 감사실은 감사에게만 보고할 수도 있다. 일반 기업에서도 대표이사도 감사의 대상이라고 하면 감사실이 대표이사로부터도 이론적으로는 독립적이어야 하지만 전체 기관을 대표이사가 관장하고 있으니 꼭 이렇게 되는 것만은 아닌 듯하다.

위원회 조직은 아니지만 대학교 재단이사회는 복수의 감사로 구성되는 경우가 있는데, 연세대학교는 3인, 이화여자대학교는 2인으로 구성된다.

이사회가 되었든, 감사가 되었든, 다수의 인원이 이러한 업무를 수행한다는 것은 이들이 가지고 있는 전문성이 감사 활동에서 대표되는 것이므로 장점이 있다. 그러나 인원이 많다는 것은 나 아닌 다른 감사가 역할을 하겠지라는 식으로 내가 책임을 지고 주도한다는 책임감을 잃게 되는 원인이 될 수도 있다. 또한 너무 규모가 큰 회의체는 (복수의 감사는 회의체는 아니지만) 체계적인 회의체로서의 역할을 하지 못하는 위험도 있다. 예를 들어 정기 주주총회를 생각해 본다. 매우 많은 인원이 강당 같은 장소에서 회의체로서 모임을 갖게 되므로 회의라기보다는 행사라는 의미가 더 강할 수 있다.

이사회의 구성에 대해서 상법은 회의체 구성을 위한 3인 이상으로만 정하고 있다. 일반적으로 우리나라의 이사회 규모는 미국에 비해서 상대적으로 적은 것으로 알려져 있다. 자산 규모가 2조원이 넘지 않는 한, 사외이사를 1/4 이상이면 된다.

1. 현재, 2021년 06월 30일 재직 중인 등기이사 기준으로 조사한 결과, 이사회 규모가 큰 몇 기업은 다음과 같다. 2021년 반기보고서에 기초한다.
국보: 총 15명＝사내이사 10명＋사외이사 5명
한국전력공사: 총 15명＝상임 7명＋비상임 8명
한진칼: 총 14명＝사내이사 3명＋사외이사 11명
신한금융지주: 총 14명＝사내이사 1명, 기타비상무이사 1명, 사외이사 12명
대한항공: 총 12명＝사내이사 3명＋사외이사 9명
에쓰오일: 총 11명＝사내이사1명＋기타비상무이사 4명＋사외이사 6명
KB금융지주: 총 9명＝사내이사 1명＋비상임이사 1명 ＋ 사외이사 7명
하나금융지주: 총 10명＝사내이사 1명＋비상임이사 1명 ＋ 사외이사 8명

2022년 3월 2일에 출범한 포스코지주의 경우:
총 12명 ＝ 사내이사 4명 ＋ 기타비상무이사 1명 ＋ 사외이사 7명

한국전력공사는 상임감사위원이라는 직책으로 상임이사(감사위원) 직위를

맡고 있는 것이 다른 기업과는 다르다. 한국전력공사는 공기업이면서 동시에 상장기업이라서 대부분의 금융기관에만 있는 직위인 상근감사위원이 대통령 임명으로 선임되어 업무를 맡고 있다. 미 상장사 규정상 예외(home country practice)에 해당되어 상임감사위원(사내이사) 1명을 임명하여 운영 중인데 이는 공공기관의 운영에 관한 법률 제26조(상임감사위원 1명(대통령 또는 기재부장관 임명))에 의한 것이다.

한진칼과 대한항공의 이사회의 규모가 이와 같이 다수가 된 것은 대한항공 뉴욕 회항 사건(조현아 전 대한항공 부사장)과 물컵 사건(조현민 현 한진 사장)으로 인해 외부의 힘에 의해서 최대주주에 대한 견제 역할이 우리나라 경제계에서 이사회에 주문되었던 것과 무관하지 않을 듯하다.

특히나 한진칼의 경우는 지주사 인원도 많지 않은 순수 지주회사로서 대부분의 매출이 대한항공에서 발생한다. 이러한 경우 지주사와 그 기업집단을 대표할 수 있는 사업회사 간에 알력이 있을 수 있다. 수년 전 KB금융지주의 대표이사 회장과 KB은행 은행장과의 불편한 관계 또한 KB금융지주의 많은 사업 부분을 KB은행이 맡고 있으므로 양 기관장 간에 누가 실세인지에 대한 주도권 경쟁을 한 경향이 있다.

신한지주의 기타비상무이사는 신한금융지주 산하의 가장 큰 계열사인 신한은행의 은행장이 이 직을 맡고 있다.

수년전 S-oil은 이사회의 규모가 15명이었다. 사내이사 1인, 기타비상무이사 6인, 사외이사 8인으로 구성되었는데, 기타 비상무이사는 모두 S-oil의 대주주인 아람코 관련된 사우디인들이었다. 이 6명의 기타비상무이사가 지금은 4명으로 축소됐다. 사내이사로는 대표이사 1인만이 등기되어 있어서 executive와 director를 겸하고 있는 모습이다.

KB금융지주일 경우 사내이사는 회장, 국민은행장이 비상임이사라는 직책으로 홈페이지의 투자정보하의 기업지배구조에 공시되고 있다. 상법에는 이사를 사내이사, 기타비상무이사와 사외이사로 구분하고 있으니 비상임이사라는 직위는 상법에서 정의하는 직위는 아니다. 비상임이사라고는 되어 있으나 상법에서의 구분에 의하면 이는 기타비상무이사를 지칭하는 것이다. 일부 기업은 기타비상무이사라는 직위 대신에 비상무이사라는 직위를 사용하기도 한다.

하나금융지주도 KB금융지주와 유사하게 하나은행장이 비상임이사로 선임돼 있다. 지주회사와 계열사가 소통하는 경우는 다음의 두 가지를 생각할 수 있다.

하나는 위의 금융지주사들과 같이 계열사의 CEO가 지주사의 이사로 등재하는 경우이다. 또 하나는 지주사의 이사가 계열사의 이사로 등재하거나 아니면 이사회의 의장을 맡는 경우이다. 2021년 (주)LG의 권영수 부회장이 지주에서 LG에너지솔루션의 대표이사로 이동하기 이전의 경우가 후자의 경우로 LG전자를 포함한 다수 계열사의 이사회의 의장으로 활동하였다.

금융기관의 경우는 이사의 역량이 두 회사에 분산되는 것이 바람직하지 않다고 해서 복수 회사에 상근 임원으로 등재하는 것을 금지하고 있다. 사외이사가 한 상장기업에 등기하는 경우는 등기할 수 있는 회사의 수를 추가 한 개로 제한하는 것도 동일하게 관여할 수 있는 회사의 수에 한계를 둔 것이다. 그러나 금융지주와 사업계열회사의 경우에는 지주와 계열회사에 동시에 예외적으로 등재할 수 있다.

> 금융위원회가 2012년 발의한 금융회사 지배구조법에도 '금융회사의 상근 임원은 다른 회사의 상근직을 맡을 수 없다'는 조항이 들어 있다.

이 내용은 특히나 금융기관에만 해당이 되는 내용으로 상근 임원들이 여러 회사에 적을 두고 본인의 역량을 집중하지 못하는 것을 우려하여 만든 법안이므로 비상근의 case와는 경우가 다르다. 특정 회사에만 업무를 집중하라는 의미인데 모든 기업에 적용되는 제도가 아니라 규제 산업인 금융에만 이를 의무화하고 있다.

이 제도가 처음 도입될 때, 여러 금융회사에 중복하여 관여하였던 최대주주/상근이사는 상근 근무가 불가해지면서 한 기업에만 상근으로 근무하면서 다른 회사에는 비상근으로 업무를 맡을 수 있는 이사회 의장을 맡는 방식으로 이 제도를 피해 가기도 하였다.

## "이사회가 결정" 외친 SK, 19개 계열사 중 6곳은 지주사 인사가 이사회 참여

SK그룹이 이사회 중심 경영을 선언하고 각 계열사의 독립성을 보장한다고 밝힌 가운데, 각 계열사 이사회에 그룹 또는 중간지주사 인사들이 대거 참여 중인 것으로 나타났다. 일부 계열사는 이사회 의장을 각 사 대표이사가 아닌 그룹 인사가 맡고 있었다. 책임경영을 위해 그룹 인사가 계열사 이사회에 참여할 수밖에 없다는 의견이 있는 반면, 이사회를 통해 그룹 결정을 전달하고 관철시킬 경우 독립성 보장이 어렵다는 지적도 나온다.

17일 재계에 따르면 SK그룹 지주사인 SK㈜를 제외한 총 19개 상장 계열사에서 SK㈜ 인사가 포함된 계열사는 총 6곳으로 집계됐다. 오는 12월 1일자로 SK㈜와 지주부문을 합병하는 SK머티리얼즈의 경우 장동현 SK㈜ 사장이 이사회 의장을 맡고 있다. 지난해 2월부터 SK바이오팜 이사회에 합류한 이동훈 SK㈜ 바이오투자센터장 역시 이곳에서 의장 역할을 수행 중이다.

이 외에도 장 사장은 이성형 SK㈜ 재무부문장과 함께 SKC에서, 조대식 SK수펙스추구협의회 의장은 SK네트웍스에서 기타비상무이사로 이사회에 참여하고 있다. 최규남 SK수펙스추구협의회 미래사업팀장은 SK텔레콤 기타비상무이사로 이달 12일 선임됐다. SK그룹의 공장 물류시스템 계열사 에스엠코어에는 SK㈜ C&C의 오탁근 전략기획센터장, 백승재 재무담당이 비상근 사내이사로 이사회 명단에 이름을 올렸다. SK㈜ C&C는 SK㈜의 사업부문이다.

중간지주사 역할을 하는 주요 계열사 인사가 이사회에 참여하는 회사는 총 8곳으로 집계됐다. SK아이이테크놀로지의 경우 SK이노베이션의 김철중 전략본부장이 기타비상무이사를 맡고 있고, SK렌터카에서는 최신원 SK네트웍스 회장의 아들이자 최태원 SK그룹 회장의 조카인 최성환 SK네트웍스 사업총괄이 이사회에 참여하고 있다. SK가스 역시 최 회장의 사촌동생인 최창원 SK디스커버리 대표가 사내이사로 이름을 올렸다.

SK그룹은 최근 각 계열사 이사회가 독립된 최고 의결기구로 실질적 역할을 할 수 있도록 이사회 중심 경영을 하겠다고 선언했다. 이에 따라 이사회는 대표이사 평가 및 후보 추천부터 사내이사 보수 적정성과 중장기 성장전략까지 검토하는 등 각 회사의 경영 현안을 책임지게 된다. 최태원 회장은 "거버넌스 스토리의 핵심은 지배구조 투명성을 시장에 증명해 장기적인 신뢰를 이끌어내는 것"이라고 강조했다.

그러나 그룹 인사가 계열사 이사회에 참여하는 현 구조에서는 이사회의 독립성이 보장받기 어려울 수 있다는 지적이 나온다. 재계 관계자는 "그룹 인사가 계열사 이사회에 참여하는 이유는 그룹과 계열사간 의사소통을 원활하게 하기 위한 것"이라며 "다만 이 경우에 의견 조율 과정에서 그룹 입장이 우선시 될 가능성이 없다고 보기 어렵다"고 말했다. 그룹의 의사를 계열사에 전달하고 이를 관철시키는 수단으로 이사회가 이용될 수 있다는 것이다.

최근 이사회의 반대로 차세대 사업 진출에 실패한 SKC 경우가 대표적이다. SKC는 2차전지 음극재 시장에 진출하기 위해 영국 실리콘 음극재 생산업체 넥세온과 합작법인을 설립하기로 하고 해당 투자안을 이사회에 올렸지만 채택되지 못했다. 지주사 소속 이사 2명이 각각 반대, 기권하자 사외이사 4명 중 2명도 기권하면서 부결된 것으로 알려졌다. 넥세온의 사업성이 아직 검증되지 않았고 그룹 내 중복 투자를 막기 위한 결정이었다는 의견이 있는 한편, 그룹의 입김이 이사회를 통해 전달된 사례라는 분석도 나온다.

SK 측은 지주사의 책임경영과 효율적인 사업 추진 등을 위해 SK(주) 인사가 각 계열사 이사회에 참여하고 있다고 설명했다. 또한 사외이사 역시 독립적인 의견을 제시하고 있는 만큼, 그룹 인사의 이사회 참여로 계열사 독립성이 훼손된다고 보기 어렵다고 밝혔다.

조선일보. 2021.1.6.

계열사의 독자적인 경영이 중요한지, 아니면 지주사의 그룹 전체적인 이해가 중요한지 최근에 오면서 매우 중요한 이슈이다. 특히나 지주사뿐만 아니라 중간지주사까지도 관여되면서 전체 그룹 차원에서 지주사가 관여되는 것보다도 중간지주사가 경영에 관여되는 정도가 더 가중되게 된다.

여기에서 가장 중요한 것이 계열사의 이사회는 너무도 당연하지만 계열사 주주를 위한 의사결정을 수행해야 한다는 것이다. 물론 주주나 중간지주에서 계열사에 등기한 이사들은 중간지주나 지주사의 지분에 해당하는 역할을 수행하려고 할 것인데 이들의 이해와 소액(일반)주주들의 이해가 동일하지 않을 수 있다.

중간지주, 지주사로 올라가다 보면 결국 지주사의 지분은 최대주주가 다수 보유할 가능성이 높다. 따라서 계열사에 지주사 임원이 참석해서 이사회에서 의결을 하는데 만장일치가 아닌 경우는 주주의 이해와 최대주주의 이해가 어긋나는 경우도 있을 수 있다.

모든 기업은 각 개별 회사의 의사결정과정을 가져가고 있으므로 지주사라고 해서 본인들이 결정한 내용을 무조건적으로 계열사에 강요할 수는 없다. 계열사의 감사위원회 활동도 동일하다.

예를 들어 지주사가 미국 뉴욕 증시에 상장된 회사이고 자회사가 비상장회사일 경우를 생각해 볼 수 있다. 자회사에도 감사위원회가 구성되어 있어서 자회사의 감사위원회 안건은 일단, 자회사 감사위원회의 결의사항을 통과해야 하며 또한 이 내용이 미국 PCAOB의 규정에 의해서 지주사 감사위원회에서도 결의되어야 하는 내용이라고 하면 지주사 감사위원회도 통과되어야 한다.

지주사와 계열사의 감사인을 동일화하는 것이 많은 회사의 추세이지만 계열회사의 감사위원회가 모회사의 감사인을 선임하지 않는 것으로 결정한다면 이도 당연히 적법한 의사결정이고, 모회사라고 해도 계열사의 의사결정에 지분 이상으로 개입할 수 없다.

지주회사 또는 지주사의 형태가 아니더라도 control tower/계열사가 관련된 의사결정일 경우, 지주회사/control tower가 결정한 내용을 계열사에 내려주고 계열사 이사회가 요식행위로 그 내용을 받아 의사결정을 하였던 적도 있다.

"

### 이사회 중심으로 구조 혁신한 SK… 지주사 입김에 좌우되진 않을까

"글로벌 스탠더드를 뛰어넘는 수준으로 이사회 경영을 강화하겠다." SK그룹은 지난 11일 이사회 중심으로 지배 구조를 혁신하겠다고 선언했습니다. 계열사의 이사회가 경영진 감시·견제하는 역할을 넘어 최고경영자(CEO)를 평가하고 연봉·성과급까지 자율적으로 결정한다는 것이 골자입니다. 중장기 성장 전략 수립 등 회사의 핵심 경영 활동도 이사회에 맡기겠다고 했습니다.

　SK는 보도자료를 내면서 최근 SKC 이사회에서 부결된 '배터리 음극재 합작 투자 안건'을 이사회 독립 운영의 예시로 들었습니다. 당시 SKC 경영진은 영국 음극재 업체 넥시온과 합작 법인을 세우겠다며 해당 투자안을 이사회에 올렸지만 일부 이사들의 반대로 통과되지 못했습니다.

　그런데 당시 상황을 아는 인사들 사이에서 SKC 사례를 <u>이사회 중심 경영의 모범으로 보는 게 적절하냐</u>는 이야기가 나옵니다. SKC 이사회는 이완재 대표와 지주사 소속 기타비상무이사 2명, 그리고 사외이사 4명으로 구성돼 있습니다. 이사회 참석자들의 전언에 따르면, <u>당시 지주사 소속 이사 2명 중 1명은 반대, 1명은 기권을 했다</u>고 합니다. 지주사를 대표한 이사 2명이 찬성표를 던지지 않자, 사외이사 4명 중 2명이 기권을 하면서 해당 안건이 부결됐다고 합니다. 음극재 사업은 사실 이사회 일주일 전 열린 SKC 중장기 사업 계획 발표회에서 이완재 대표가 핵심 신사업으로 제시했던 것입니다. 이에 대해 지주사 측이 찬성하지 않아, 사외이사들이 당황했다는 얘기도 들립니다.

　재계에서는 이번 일을 두고 "이사회가 핵심 경영 활동을 결정한 사례로 볼 수도 있지만, 지주사가 계열사 경영에 자신들의 뜻을 관철한 것으로 해석할 수도 있다"는 시각이 제기됩니다. 또 다른 계열사인 SK머티리얼즈의 음극재 사업과 중복될 수 있다는 판단에 따라, 지주사가 교통정리를 했다는 것입니다. 이사회에서 지주사 소속 이사들의 발언권이 강하면, 결국 이사회 중심 경영이 아니라 <u>그룹 지주사의 독주</u>로 귀결될 수 있다는 우려가 나오는 것입니다.

　과거 '황제 경영'으로 비판 받아온 국내 대기업이 이사회 중심 경영을 선언한 것은 환영할 일입니다. 다만 이사회 중심 경영이 그룹 상층부의 결정을 관철시키는 또 다른 통로가 되지 않기를 기대합니다.

조선일보. 2021.10.14.

　위의 기사에서 지주사 소속 이사 2명 중 1명은 반대, 1명은 기권이라 함은 지주사 임원들이 최대주주의 뜻을 받아서 일괄적인 의사표명을 수행한 것도 아니라는 판단이다. 회의체에서 모든 참석자들의 의견이 상이한 것은 바람직한 것이고 오히려 만장일치라는 것이 예외적이어야 한다. 다양한 의견이 민주적인 과정과 통의를 통해서 다수결로 결정되는 것이 회의체의 장점이다.

단, 많은 기업들이 사외이사들에게 사전 보고 등의 형식을 빌려서 안건을 사전 조율하는 경우가 많으며 이 과정에서 부의될 안건이 조정되기도 한다. 따라서 이사회 부의된 안건 중에 반대된 안건이 전혀 없다는 것을 언론 등에서 이사회 결의가 너무 일방적이라는 비판에 대해서 이를 감안하여 해석해야 한다.

2. 감사위원회 구성원이 큰 규모를 유지하는 기업들은 다음 회사가 있다. 그렇지 않은 경우는 대부분 최소한의 회의체인 3인으로 구성된다.

현대자동차, 현대모비스, 롯데칠성음료, 셀트리온, 동국제강이 5명(사외이사 전원)으로 감사위원회를 구성하고 있다. 조사기준은 2021 반기보고서 보고사항이다. 이사회 규모와 동일하게 감사위원회도 인원 수가 많아진다면 다양한 전문성이 대표될 수 있다.

chapter
55

# 대표이사/이사회 감독의무

> ## 법원 "담합 분식, 사외이사도 책임져야"

대표이사뿐만 아니라 사내 외 등기 이사들도 준법감시를 제대로 하지 않으면 주주들에게 배상책임을 져야 한다는 법원 판결이 잇따라 나오고 있다. 법조계에선 '거수기'라는 비판을 받아 온 사외이사에게 법적 책임을 묻는 움직임이 나타나면서, 기업 경영에 대한 사외이사의 견제 기능이 덩달아 강화될 것이란 분석이 나온다. 이에 따른 기업의 경영부담은 더 커질 것으로 전망됐다.

## 대우건설 사내 외 이사에 책임 물은 법원

16일 법조계에 따르면 서울 고법 민사 18부(부장판사 정준영)는 지난 8일 대우건설 주주들이 서종욱 전 대우건설대표와 사내 외 등기이사 등 10명을 상대로 낸 주주대표소송에서 "서 전 대표는 3억 9,500만원을, 나머지 이사들은 4,650만~1억 200만원을 지급하라"며 원고 일부 승소 판결을 내렸다. 대우건설은 4대강 사업 입찰 당시 다른 건설사들과 담합한 혐의로 공정거래위원회로부터 약 164억원의 과징금을 부과 받았다. 이에 주주들이 "입찰 담합의 책임을 모든 이사진이 져야 한다"며 손해배상을 냈다.

1심은 서 전대표에게만 '직무 감시 의무' 위반의 책임을 물었다. 하지만 항소심 재판부는 대표이사는 물론 사내 외 이사진에도 준법감시의 책임을 물어야 한다고 판단했다. 재판부는 "주식회사의 이사는 이사회의 일원"이라며 "이사진은 임직원의 위법행위에 관해 합리적인 정보와 보고시스템, 내부통제시스템을 구축해야 했으나 그 의무를 다하지 않았다"고 지적했다. 법원은 이사진의 준법감시 책임을 확대해야 한다는 판례를 지속적으로 내놓고 있다. 그중에서도 최근 주목을 받은 것은 '사외이사의 책임 확대'다. 사외이사는 회사 경영진이 아닌 이사를 말한다. 대주주의 독단경영을 차단하기 위해 도입된 제도지만, 보통 이사회에 참석해 입장만 밝히고 돌아가는 등 제한적인 역할만 한다는 지적이 꾸준히 제기됐다.

대법원은 2015년 이처럼 '거수기' 역할만 하는 사외이사 제도에 제동을 걸었다. 코스닥 상장사 '코어비트'의 분식회계 사건에서 사외이사에게도 책임을 물어야 한다는 첫 판단을 내놓은 것이다. 사외이사로서 이사회에 빠지거나 제대로 의사표시를 하지 않는 등 실질적 활동을 하지 않았다면 오히려 회사에서 발생한 분식회계에 대해 책임을 면할 수 없다는 취지였다. 대법원은 2019년 강원랜드가 강원 태백 오투리조트에 150억원의 기부를 의결한 이사진 전부를 상대로 낸 손해배상 청구 소송에서도 "7명의 사외이사가 70억원의 손해배상을 해야 한다"고 판결했다.

### 사외이사 발언권 강해질 듯

대우건설 주주들이 내건 소송은 대법원으로 넘어갔다. 대법원에서도 원심 판결이 확정될 시 사외이사에 대해 준법 감시의 책임을 묻는 기조는 더욱 명확해질 것으로 보인다. 이에 따라 기업 사외이사의 역할과 업무 영역에 변화가 커질 것이란 전망이 나온다. 한 회계법인 관계자는 "사외이사를 중심으로 의사결정 시 필요한 정보 접근 권한 등을 강화해 달라는 요청이 늘어날 것으로 보인다"고 말했다.

이 같은 사외이사 책임 강화 움직임에 속도를 조절해야 한다는 의견도 있다. 한 대형로펌의 기업 송무 담당 변호사는 "기업의 투명성을 높이기 위한 조치겠지만, 속도를 조절할 필요가 있다"며 "비상임이사 입장에서 정보 접근성이 제한적인데도 책임을 광범위하게 묻는다면 사외이사 직을 꺼리는 현상이 나타날 수 있다"고 지적했다. 한 재계 관계자는 "사외이사가 기업 의사결정에 깊숙하게 관여하게 된다면 경영진으로선 부담이 될 수밖에 없다"며 "앞으로 사외이사의 권한과 책임에 대해 더 명확한 경계선을 확립할 필요가 있다"고 말했다.

한국경제신문. 2021.11.17.

## 대법 "대표가 담합 몰랐어도… 감사의무 소홀로 배상 책임"

기업 담합 행위에 대해 대표이사의 감사 의무 위반을 인정한 대법원 첫 판결이 나왔다. 대표가 회사에서 일어난 불법행위에 직접 관여하지 않았다 해도, 감사 감독의무를 게을리했다면 주주에게 배상할 책임이 있다는 것이다.

7일 법조계에 따르면 대법원 민사 제3부(주심 노정희 대법관)는 지난달 11일 동국제강의 소액주주가 장세주 동국제강 회장을 상대로 "회사에 손해배상을 하라"며 제기한 소송에서 원고의 손을 들어주고 사건을 서울고등법원으로 파기 환송했다.

철강제조 가공업체인 유니온스틸은 다른 기업들과 2005~2010년 아연도강판, 내연강판 등의 가격을 담합했다는 이유로 2013년 공정거래위원회로부터 320억원의 과징금 부과 처분을 받았다. 유니온스틸은 동국제강의 계열사였고 장회장은 2004~2011년 유니온스틸 대표로 재직했다. 유니온스틸은 2015년 1월 동국제강으로 흡수 합병했다.

유니온스틸 소액주주였던 A씨는 회사 감사위원들에게 "감시 의무를 위반한 장회장에게 손해 배상 소송을 제기하라"고 요구했지만 거부당하자 2014년 12월 직접 소송을 제기했다. 1, 2심 법원은 장회장 측 손을 들어줬다. 재판부는 "장 회장이 의도적으로 불법행위를 방치하거나 내부통제를 통한 감시 감독의무를 외면했다고 볼 수 없다"고 판단했다.

이 판결은 대법원에서 뒤집혔다. 재판부는 "기업에서 이사들이 각자 전문 분야를 맡고 있다고 해도, 대표는 다른 이사의 업무 집행이 위법하지 않은지 감시할 의무를 가진다"며 "담당 임원의 지속적이고 조직적인 담합 행위가 이뤄지고 있음에도 불구하고 대표가 이를 인지하지 못해 견제 혹은 제지하지 못했다면 결국 내부통제시스템을 외면한 것"이라고 지적했다. 이어 "대표가 감시 의무를 게을리한 결과 회사에 손해가 발생했다면 이를 배상할 책임이 있다"고 판시했다.

법조계에선 최근 법원에서 대표 등 임원에게 준법경영 의무를 폭넓게 인정하는 경향이 이번 판결에 반영됐다는 분석이 나온다. 앞서 지난 9월 서울고등법원은 대우건설 소액주주들이 서종욱 전 대표 등 임원을 상대로 "4대강 입찰 담합을 막지 못해 공정위로부터 부과받은 과징금 280억원에 대해 손해배상하라"며 청구한 소송에서 1심을 깨고 서 전 대표와 사내 외 등기이사 책임을 인정했다.

이번 대법원 판결은 담합 뿐 아니라 산업재해와 중대재해 등에도 적용될 수 있다는 분석이 나온다. 조상욱 법무법인 율촌 변호사는 "감시 의무는 내부통제시스템을 구축했다는 사실만으로는 부족하고, 그 시스템이 적절하게 작동했음을 보여줘야 인정받을 수 있을 것"이라고 설명했다.

### 준법경영 책임 강조하는 법원 판결

2019년 5월 심급: 대법원, 강원랜드 '태백시 150억원 기부' 사외이사 책임 인정

한국경제신문. 2021.12.8.

공정위 과징금에 대해서 이사회 이사들에게 책임을 추궁한 사법부의 의사결정은 이사회에 부의된 구체적인 안건에 대해서 이사들에게 책임을 물은 경우와는 구분되는 사법부의 판단이다. 이사회의 회사 의사결정에 대한 총체적인 책임을 물은 경우라고 판단할 수 있다.

감시 의무는 내부통제시스템을 구축했다는 사실만으로는 부족하고, 그 시스템이 적절하게 작동했음을 보여줘야 인정받을 수 있을 것이라는 내용도 많은 것을 의미한다. 즉, 시스템의 장착이 모든 것이 아니고 이것의 작동(operation, execution)이 더 중요하다는 의미다. 시스템은 이를 가동하기 위해서 존재하는 것이지 단지 시스템 설치를 남에게 보여 주기 위함이 아니다. 단 위의 세 case가 차이가 있는 것이 유니온스틸의 경우는 대표이사에게 책임을 물은 것이며, 대우건설의 경우와 강원랜드의 경우는 모든 이사회 이사들에게 책임을 물은 것이다.

사법부가 회사의 의사결정에 대해서 책임을 물을 경우에는 이사회의 의사결정이 회의체 의사결정이므로 피고가 이사회의 이사가 될 수도 있고, 아니면 대표이사 개인 차원의 의사결정일 경우는 대표이사가 피고여야 한다. 이사회는 회의체라서 이사회의 책임이라는 개념은 성립하지 않는다.

대우건설의 경우나 강원랜드의 경우와 같이 유니온스틸의 소액주주가 감사위원들에게 장회장에 대한 소송을 제기하기를 요구했다는 사실에 근거하면 장회장의 행위는 위원회 차원의 의사결정이 아니고 개인 차원의 잘못인 것으로 추정된다.

회사의 정관이나 이사회 규정에는 어느 정도의 안건일 경우는 반드시 이사회 의결을 거쳐야 하는지가 규정되어 있다. 그 의사결정 기준은 자본금이 될 수도 있고 자기자본이 될 수도 있는 등, 여러 가지 경우의 수가 존재한다. 물론, 규정에 근거해서 이사회에 부의되는 안건인 경우가 아닌 경우의 회사의 의사결정에 대해서는 대표이사가 獨任으로 의사결정을 했다고 보면 되고, 이러한 의사결정에 대한 책임은 당연히 대표이사가 지게 된다.

유니온스틸의 경우에 장세주 회장이 최대주주면서도 대표이사를 맡고 있기 때문에 이사들보다도 장회장이 주도적인 경영의사결정을 수행하였다는 판단하에 사법부가 장세주회장에게 손해배상의 판결을 내렸다고 판단된다.

내부회계관리제도에 대한 평가도 최근에는 대표이사가 주총에 보고하고 또한 감사위원회와 이사회에 보고하는 것으로 제도가 강화되었다.

산업안전보건법에서도 대표이사에게 책임을 묻고 있고, 최근에 이슈가 되고 있는 중대재해법에서도 경영책임자가 과연 대표이사인가 아니면 누구를 의미하는 것인가에 대해서도 논란이 진행 중이며 아직 정리되지 않은 상태이다.

권한에는 당연히 책임이 따라야 한다. 대표이사가 이사를 대표하고 있으니 이에 상응하는 책임이 있다고 하면 이는 수용해야 한다.

위의 신문 기사에서 소액주주 A씨가 장세주 동국제강 회장을 상대로 "회사에 손해를 배상을 하라고 요구하였는데, 손배의 대상이 소를 제기한 원고(주주)가 아니고 회사라는 점도 흥미롭다. 이사회의 등기한 이사나, 대표이사는 법인격인 회사를 위해서 의사결정을 수행하고 있으며 잘못된 의사결정으로 인해서 회사라고 하는 법인격에 피해를 미친 것이다. 잘못된 의사결정으로 인해서 회사의 가치가 낮아졌다면 결국은 주주들에게 이 영향이 파급될 것이다.

이사가 회사에 대하여 손해를 끼치면 손해를 입은 회사가 이사에게 소송을 하여 배상을 받아야 하는데, 회사의 소송 의사를 결정할 이사들이 자신 또는 동료들을 상대로 한 소송을 진행하지 않으려 할 것이고 그렇게 되면 결국 회사, 나아가 주주가 손해를 감수하게 된다. 따라서 상법은 주주들에게 회사라고 하는 법인격을 대신하여 이사가 회사에게 배상하라는 소송을 제기할 권한을 주었으며 이것을 대표소송이라고 한다.

강원랜드의 case는 다음의 기사 내용과도 관련된다. 즉, 강원랜드는 사내

외 이사들이 의사결정에 대한 배상 책임을 지게 되자 아래의 책임감경을 정관에 포함하면서 손해배상 책임을 면제해 주려고 하였으나 주총에서 이 안건이 거부되면서 사내 외 이사들이 30억원의 손해배상을 떠안게 되었다.

### 국민연금, 의결권 행사 강화 '포문'

국민연금이 적극적 의결권 행사를 예고한 가운데 올해 처음으로 반대 의결권을 행사한 사례가 나왔다. 국민연금은 강원랜드가 전직 이사들의 손해배상 책임을 줄여 주려고 임시주주총회에서 상정한 안건에 반대표를 던졌다. 문재인 대통령이 올해 신년사에서 스튜어드십코드(기관투자가의 수탁자 책임원칙)를 강조한 상황에서 국민연금이 주주권 행사를 강화하는 신호탄이라는 해석이 나온다.

4일 투자은행 업계에 따르면 국민연금은 지난달 10일 열린 강원랜드 임시주주총회에서 강원랜드 전 사외이사와 비상임이사 7명에 대한 책임 감경 안건을 반대했다. 책임감경 제도 취지에 부합하지 않는 데다 선관주의 의무를 위반했다는 판단에서다. 강원랜드의 최대주주인 한국광해관리공단(지분율 36.27%) 역시 이 안건에 반대하면서 결국 부결됐다.

강원랜드 전 이사들은 태백 오투리조트에 150억원을 기부하는 안에 찬성했다가 배임혐의로 지난해 5월 대법원에서 30억원을 손해 배상해야 한다는 판결을 받았다. 책임감경은 이사 및 감사의 책임 한도를 문제의 행위를 한 날 이전 1년 동안 받은 보수의 6배 이내로 제한하고, 이를 초과하는 금액은 책임을 면제해 주는 제도다. 강원랜드는 임시 주총에서 이사들의 2012년 보수의 3배에 해당하는 8,157만원을 초과한 손해배상 금액에 대해서는 책임을 면할 수 있도록 하는 안건을 상정했다.

앞선 24일에는 LG헬로비전(당시 CJ헬로)의 사외이사와 감사위원 신규 선임에 반대했다. 국민연금은 LG헬로비전이 내세운 사외이사와 감사위원이 옛 CJ헬로 인수자문로펌인 태평양 소속이거나 경쟁사 딜라이브 출신이라는 점을 들어 이해관계 때문에 독립성이 취약해질 수 있다고 판단했다.

한국경제신문. 2020.2.5.

책임감경은 이사 및 감사의 책임 한도를 <u>문제의 행위를 한 날 이전</u> 1년 동안 받은 보수의 6배 이내로 제한하고, 이를 초과하는 금액은 책임을 면제해 주는 제도라고 기술하고 있지만 이사나 감사가 신규로 선임된 경우는 1년 동안 받은 보수가 없으니 이 정관 내용을 어떻게 적용해야 할지 의문이다.

이렇게 임기가 바뀌는 경우는 여러 가지가 문제로 제기될 수 있다. 예를 들어 감사위원회는 회계법인의 업무를 평가하여야 한다. 새로이 선임된 신규 감사위원들일 경우 직전 연도의 감사업무에 대한 평가를 수행하여야 하는데 본인들이 관여하지도 않은 업무에 대해서 평가를 해 줘야 하는 이슈가 있을 수 있다. 감사업무가 어떻게 수행되었는지에 대한 문건에 기초하여 평가할 수밖에 없다. 아니면 임기를 마친 감사위원들이 본인들이 경험한 내용에 대해서 평가하고 이를 후임 감사위원들이 참고할 수도 있는데 현실적으로 시행하기는 어렵다. 어쨌거나 평가의 주체는 현직 감사위원이어야 하므로 이렇게 진행함에도 문제가 없지 않다.

# 전경련과 국민연금 가이드라인 수정 내용

"3%룰 폐지 포이즌 필 허용··· 경영 자율성 확대를"

경제계가 경영의 자율성 확대를 위해 상법에서 회사법을 별도로 분리한 '모범회사법'을 제정할 필요성을 제기하고 나섰다. 1962년 상법 제정 당시 우리 경제 규모는 1인당 국내총생산(GDP) 100달러(약 11만 8,000원)였다. 하지만 지금은 무역 규모 면에서 세계 8위(올해 기준) 수준에 오른 만큼, 글로벌 스탠더드(국제표준)에 걸맞은 회사법제를 마련해야 한다는 목소리가 커지고 있다. 경제계는 내년 들어설 차기 정부가 규제 일변도의 상법을 손질해 기업 투자 촉진과 신산업 진출 활성화를 유도해야 할 시점이라고 지적한다.

전국경제인연합회는 현행 상법상 회사편에는 기업법 성격의 조문과 증권 거래 관련 특례 규정이 혼재돼 있어 상법에서 회사법을 독립시킨 모범회사법안을 차기 정부와 국회에 제안한다고 7일 밝혔다. 전경련 관계자는 "국내 학계 상법 권위자들과 미국, 일본, 독일, 영국 등 회사법제를 검토했다"며 "우리 기업이 해외 경쟁 기업에 비해 법 제도적으로 역차별이나 불이익을 받는 문제를 해소하는 데 주력했다"고 제정 취지를 설명했다.

총 7편, 678개 조문으로 구성된 전경련의 모범회사법에는 먼저 기업이 발행할 수 있는 주식의 종류 확대 내용이 담겼다.

감사위원 선임 시 최대 주주와 특수관계인의 의결권을 3%로 제한하는 이른바 '3%룰'을 폐지하고, 이사의 의결권이 회사에 손해를 끼치는 결과를 야기하더라도 합리적인 판단이라면 법적 책임을 묻지 않는 '경영판단의 원칙'을 신설할 것도 권고했다. 3%룰은 기업의 자유로운 지배구조에 걸림돌이 될 뿐만 아니라 해외 투기 세력이 경영권을 공격하는 수단으로 악용할 소지가 크다고 전경련은 설명했다.

문화일보. 2021.12.7.

경영판단의 원칙이란 경영행위에 대해서 사법부가 결과에 근거해서 법적인 판단을 수행하는 것은 옳지 않다는 내용이다. 대부분의 사법부의 판단은 사후적인 판단이며 경영진의 경영의사결정은 사전적인 판단이다. 사법부가 결과를 보고 왜 결과가 안 좋은 그러한 판단을 수행하였는지에 대해서 책임을 묻게 된다면 경영자들은 소극적인 판단을 수행할 수밖에 없다. 즉, 공무원들이 대과 없는 복지부동의 자세를 보이는 것과 동일하게 의사결정이 수행될 수 있다. 물론 결과를 놓고 책임을 묻는 것만큼 쉬운 게 없다. "내가 보기에는 이런 결과를 충분히 추정할 수 있었는데도 불구하고 왜 그런 의사결정을 수행했는지"라고. 공무원 사회에서는 '변양호 신드롬'이라는 표현이 사용되기도 하는데 소신 있게 공무원으로서의 판단을 수행한 기재부 전 국장이 의사결정에 대해서 여러 가지 책임을 지게 되는 데 대한 점을 지적하는 표현이다.

성공한 사업에 대해서 투자 시점에 성공할지 알았는지라고 질문을 하거나 실패한 사업에 대해서 사전적으로 실패할지 몰랐는지라고 묻는 것만큼 우문(愚問)이 없다.

그리고 경영의사결정에 관여해 보지 않은 사법부의 판사들이 법으로 경영의사결정을 재단(裁斷)하는 것도 옳은가에 대한 의문이 있다. 경영은 법이 아니고 여러 복잡한 상황에 대한 도전이고 경영활동이란 유기적 생물체와 같다. 실패를 두려워하지 않는 도전정신이 없다면 경제활동은 무의미하다. 경영활동은 교과서식으로 정형화되어 진행되지 않는다.

　　많은 기업의 이사회에 변호사들이 참여하고 저자의 경험에 의하면 법률 전문가들과 같이 이사회 활동을 수행하는 것이 도움이 된다고 판단한다. 그러나 한 금융지주의 전임 사장은 경영활동은 워낙 가변적이어서 법으로만 되는 것이 아닌데도 불구하고 법 전문가는 모든 의사결정에 대해서 과도하게 정형화된 법 테두리에 모든 것을 맞추려고 해서 법 전문가가 이사회에 관여하는 것이 반드시 순기능만 있는 것은 아니라는 의견을 피력하기도 한다.

## 국민연금 "기업, 중간배당 공개 강제 안 해"

　　국민연금공단이 기업 투자 '가이드라인' 최종안에서 중간 분기배당에 대한 문구를 삭제했다. <u>등기이사가 아닌 명예회장 회장 등의 직함으로 업무를 하려면 이사회 승인을 받으라는 권고 문구도 삭제했다</u>. 기업 경영에 지나친 간섭이라는 논란이 일자 한발 후퇴한 것으로 해석된다.

　　국민연금공단은 3일 제9차 기금운용위원회를 열고 이 같은 내용의 안건이 포함된 '국민연금기금 투자기업의 이사회 구성 운영 등에 관한 책임투자방향 설명서'를 확정했다.

　　국민연금은 앞서 2018년 '국민연금기금수탁책임에 관한 원칙 및 도입 방안'을 발표했다. 이후 지난해 후속 조치를 만들어 12월과 올해 7월 기금운영위원회에 안을 올렸으나 경영계가 '경영권 침해'라는 비판을 하자 이를 보류했다. 이후 기금위에서 소위원회를 구성해 최종안을 마련했고, 이날 확정한 것이다. 최종안은 초안에서 적시된 16개 원칙 중 12개가 수정됐다.

　　주주정책과 관련해선 중간 분기 배당 조항을 비롯해-주주환원 정책의 일관성-총주주수익률 등과 관련된 세부원칙 조항이 삭제됐다. 지배구조 및 의결권과 관련해선 "적대적 기업인수나 인수합병에 대한 방어수단이 경영진과 이사회를 보호하는 용도로 사용되지 않도록 한다"는 문장도 뺐다. 내부거래에 대해 이를 감시하는 전담 조직을 설치하는 문구도 지워졌다.

　　경영계가 반발하던 경영진 관련 가이드라인은 완화했다. "이사회는 최고경영자 승계 담당 조직의 구성 운영 권한 책임 당해 조직 운영의 효율성에 대한 자체 평가, 고위 경영진에 대한 성과 평가, 비상시 혹은 퇴임 시 최고경영자 승계 절차, 임원 및 후보자 교육 제도 등의 내용을 담은 구체적이고 종합적인 최고 경영자 승계 방안을 마련하고 공개할 수 있도록 노력한다"는 문장은 "이사회는 최고 경영자의 유고 등 비상시 혹은 최고경영자의 퇴임 시 승계 절차 등의 내용을 담은 승계 정책을 마련하고 공개할 수 있도록 노력한다"고 단순화됐다. 이사가 아니면서 명예회장, 회장 등의 업무를 볼 때도 이사회 승인을 받도록 하라는 권고안은 최종적으로 빠졌다.

이 밖에 대표이사와 이사회 의장을 분리하라는 문구가 "분리하는 것이 바람직하다"고 순화됐고, "기업 가치의 훼손 내지 주주 권익 침해의 이력이 있는 자"로만 돼 있던 이사의 불허 조건에 "일정 기간이 경과하지 않는 자"가 추가됐다. <u>전원 사외이사로 구성하라던 감사위원회는 '사외이사 3분의 2 이상'으로 수정됐다.</u>

경영계는 국민연금의 투자설명서 최종안이 초안보단 완화됐지만, 여전히 경영권 침해 우려가 크다는 입장이다. 손석호 한국경영자총협회 사회정화팀장은 "경영계 의견을 대폭 반영해 준 건 감사하지만 여전히 남아 있는 규정들이 기업 현실과 동떨어져 우려스럽다"며 "예컨대 최고경영자 승계 정책을 마련해서 공개해야 한다거나 이사 보수를 반드시 경영성과와 연동하라는 규정 등은 과도한 지침"이라고 말했다.

한국경제신문. 2021.12.4.

기업 가치의 훼손 내지 주주 권익 침해의 이력이 있는 자라는 이사의 불허 조건에 일정 기간이 경과되지 않은 자라는 내용이 추가되었다고 위에 기술하고 있다. 중간 배당을 하거나 아니면 중간 배당이 없이 연차 배당을 하는 것은 중장기 투자 활동을 하는 주주의 경우는 별 차이가 없지만 단기 투자자의 경우는 1년 이내에 주식을 처분한다는 가정하에서는 중간 배당이 중요할 수도 있다.

포스코홀딩스의 2022년 기업시민보고서에서는 CEO후보 기본 자격 요건을 다음으로 기술하고 있다.

포스코그룹 CEO 후보군 육성 프로그램을 거친 자 또는 포스코 그룹 주요회사에 준하는 글로벌 기업 최고 경영자의 경륜을 갖춘 자로서, 최근까지 경영 일선에서의 경영 감각을 유지한 자를 대상으로 한다.

또한 후보자는 경영전문성과 리더십, 도덕성을 갖추고 포스코그룹의 비전과 가치를 공유하며, 주주의 이해관계자의 장기적 가치창출에 기여할 수 있는 자이어야 한다. 다만, 이사회 고유의 CEO 선임 권한에 부당하게 영향을 끼치려하는 등 포스코 그룹의 독립경영을 저해할 우려가 있는 자는 후보에서 제외한다.

상기 자격 요건 외에 기타 경영 여건에 따라 감안해야 할 구체적이고 세부적인 자격 요건은 이사회에서 추가로 정할 수 있다.

이사가 아니면서 명예회장, 회장 등의 업무를 볼 때도 이사회 승인을 받도록 하라는 권고안은 최종적으로 빠졌다는데 이러한 규정은 오히려 상법상 이사가 아닌 명예회장 등의 업무집행지시자를 제도권에서 정당화할 수 있도록 하는 내용이었다. 현업 실무를 반영하여 업무집행지시자를 상법에서 인정하고는 있지만 실제로 책임질 경영자는 정식으로 등기를 하고 이사회 활동을 통해서 경영에 참여하는 것이 바람직하다.

최대주주의 등기는 많은 제도에 의해서 영향을 받아왔다. 등기임원이 떠안는 법적인 책임을 회피하기 위해서는 등기를 하지 않는 것이 최선이다. 임원들이 과도한 급여를 받는 것에 대한 비판이 제기되자 등기 임원 중 5억원이 넘는 급여를 받는 최고 연봉자 5인에 대해서는 급여 공개를 결정하자 많은 급여를 받는 최대주주들이 등기를 포기하는 일이 발생하였다. 이러한 책임 회피에 대응하고자 정부는 상위 봉급자의 급여 공개는 등기 여부와는 무관하다는 방향으로 정책을 수정하게 된다.

업무집행지시자는 등기를 하지 않고 중요한 역할을 수행하는 최대주주들을 인정하려는 법조문이라고는 해석되지 않지만, 등기를 하지 않은 최대주주가 경영의사결정에 관여하는 현실을 고려한 제도라고 할 수 있다. 즉, 바람직하지는 않지만 그렇다고 현실을 무시할 수도 없기 때문에 존재하는 제도라고 판단하면 된다.

법체계나 기업지배구조의 차원에서는 비등기 임원이 경영과 관련된 의사결정에 관여하는 것은 바람직하지 않다. 단, 우리나라와 같이 소유와 경영이 분리되지 않은 상황에서 최대주주의 영향력을 소홀히 대할 수도 없다. 이를 수용할 수 있는 법에서의 규정이 업무집행지시자일 수 있다.

대표이사와 이사회 의장을 분리하라는 문구가 "분리하는 것이 바람직하다"고 순화됐다고 기술하고 있는데 대표이사가 의장을 겸직하거나 아니면 분리하는 대안은 각 회사의 상황에 맞도록 기업이 선택할 수 있다. 분리가 정답이라는 주장은 대표이사의 업무에 적정한 수준의 견제가 필요하다는 논지이며, 반대의 주장은 대표이사가 추진력을 가지고 업무를 수행해야지 이사회나 이사회 의장이 필요 이상으로 간섭을 하는 것이 바람직하지 않다는 주장이다.

전원 사외이사로 구성하라는 감사위원회는 '사외이사 3분의 2 이상'으로 수정됐다는 내용의 경우도, 사외이사의 한계가 반영된 것으로 이해한다. 감사위원회가 상설 회의체이지만 사외이사는 상근으로 업무를 수행하지 않고 회사에서 주어진 문건으로 회의체로서의 의사결정을 수행하므로 정보 접근의 한계를 인정했다고 할 수 있다.

감사위원회 위원장은 반드시 사외이사가 맡도록 하는 제도, 감사위원회를 전원 사외이사로 구성하라는 제도는 전문성보다는 독립성에 방점을 찍은 제도이다. 상근 감사위원보다 사외이사/감사위원 중 누가 우월한 전문성이 있는지는 기업 상황에 따라 모두 상이할 것이며, 상근감사위원은 상근이므로 사외이사가 더 독립적이라는 판단에 기초한 제도이다.

비상시 혹은 퇴임 시 최고경영자 승계 절차에 대해서는 가이드라인을 완화했는데, 비상/유고라는 것은 흔히 발생하는 일이 아니다. 임기를 마친 이후 퇴임이라는 것은 당연한 것이니 기업은 미리 준비를 할 것이고, 사퇴를 하는 경우에 대해서만 비상 시점과 같이 contingency plan을 필요로 한다. 단, 임기라는 것이 사외이사에게는 의미가 있지만 사내이사의 경우 임기 중이라도 최대주주의 의지에 의해서 얼마든지 임기를 중간에 중단할 수 있는 것이 우리의 현실이다.

소유와 경영이 분리되지 않는 대부분의 우리나라 기업에 있어서 대표이사의 선임은 거의 최대주주의 낙점에 의해서 결정될 가능성이 높다. 물론, 포스코, KB금융지주와 같은 금융지주 등 최대주주가 없는 기업의 경우는 전적으로 사외이사들이 차기 대표이사를 선임하도록 되어 있는 경우도 있지만 매우 제한적인 경우이다. 최근의 SK 계열사들은 이사회에서 대표이사를 선임하는 방향으로 가고 있다. 최고경영자 승계 과정이나 절차를 유지한다고 해도 이는 형식/요식적인 행위에 그칠 가능성이 높다. 물론, 후보자들을 교육/양성하는 프로그램이 있다는 것은 순기능이 있고 또 금융지주와 같이 후보자가 다수라고 하면 선의의 경쟁 구도가 형성될 수도 있으므로 그러한 차원에서는 바람직하기도 하다.

"기업 가치의 훼손 내지 주주 권익 침해의 이력이 있는 자"로만 돼 있던 이사의 불허 조건에 "일정 기간이 경과하지 않는 자"가 추가됐다는 내용도 흥미롭다. 모든 활동에 대한 제재는 시효라는 것이 존재한다. 이는 위에서 기술한 재무제표 전기 오류 수정의 경우도 독일은 경우는 이를 3년으로 소급한다고 한다.

# 중대재해법에서의 경영책임자

회사의 경영에 있어서 대표이사의 책임이 막중하다. 경영활동에 있어서의 모든 책임을 떠안게 되어 있으니 위험에 노출되어 있다고도 할 수 있다. 권한이 있으니 이에 상응하는 책임이 있음은 당연하지만 감당할 수 없는 책임을 묻는 것도 합당한 일인지에 대한 의문도 있다.

책임경영이라는 차원에서는 어찌 보면 최대주주가 대표이사까지를 맡고 업무를 수행함이 옳을 수도 있고 아니면 최대주주는 대표이사 이외에 이사회 의장을 맡으면서 정책적인 의사결정을 수행할 수도 있다. 아니면 최대주주가 이사회 의장과 대표이사를 동시에 맡는 경우, 또는 이사로 등재는 하지만 의장/대표이사를 맡지 않는 경우 등 다양한 형태가 모두 가능하다. 물론, 아예 이사로 등재하지 않는 경우로 간접적으로 경영에 관여하는 경우, 소유와 경영이 분리되어 있어 경영활동에는 아예 관여하지 않는 경우도 생각해 볼 수 있다.

최대주주에 대한 표현에 있어서도 많은 언론에서 회사의 오너라는 표현을 사용하는데 이는 다른 주주들이 있는 상황에서 소액 주주의 존재를 무시한다고도 할 수 있어서 오너라는 표현은 매우 잘못된 표현이다. 이런 식으로 표현하면 소액주주들도 오너이기는 동일하다. 최대주주나 지배주주가 옳은 표현이며, 소액 주주보다는 일반 주주라는 표현이 더 좋은 표현인 듯하다.

## 안전 담당 임원 권한 없으면 CEO가 중대재해법 책임

정부가 내년 1월 시행되는 중대재해처벌 등에 관한 법률(중대재해법)과 관련해 경영 책임자는 조직 예산 인력 등을 결정할 최종 권한이 있는 사람이라고 판단했다. 기업이 안전 담당 최고 책임자를 별도로 선임해도 중대재해법 위반 사항이 드러나면 대표이사도 처벌받게 된다는 취지로 해석된다.

17일 고용노동부는 "중대산업재해 관련 해설서를 배포하고 기업이나 기관 등의 문의가 없는 사항과 쟁점에 대한 내용을 명확히 했다"고 밝혔다. 해설서에는 경영계에서 줄곧 요구해온 '경영책임자'의 정의를 비롯해 확인된 유해 위험 요인 제거와 통제 절차 마련, 현장 이행, 적정한 조직과 인력, 예산 투입과 모니터링 체계 구축 등에 대한 가이드라인이 담겼다.

해설서는 기업 안전 최고책임자의 경우 안전에 관한 조직 인력 예산에 관해 대표이사나 경영책임자 수준의 책임을 갖고 있어야만 한다고 설명했다. 다시 말해 <u>안전 최고책임자여도 안전 업무의 조직 인력 예산을 최종 결정할 권한이 없다면 경영책임자로 볼 수 없다는 뜻이다.</u> 고용부 관계자는 "안전담당이사라는 명칭을 가진 사람이 있다는 이유만으로 '대표이사에 준하는 안전과 보건을 담당하는 사람'이라고 볼 수 없다"며 "중대재해법상 의무와 책임의 귀속 주체는 원칙적으로 사업을 대표하고 사업을 총괄하는 권한과 책임이 있는 사람"이라고 설명했다. <u>해설서는 '경영책임자'에 대해 주식회사의 경우 대표이사, 중앙행정기관이나 공공기관의 경우 기관장이라고 설명했다.</u>

그러나 경영계는 "여전히 모호하다"는 입장이다. 이날 한국경영자총협회는 "원 하도급 관계에서 종사자에 대한 안전과 보건 확보 의무를 누가 이행하고 책임을 져야 하는지 불명확하고 혼동된다"고 평가했다. 해설서는 또 경영책임자의 의무 중 하나인 '안전 보건 전담조직 설치'에 대해 설명하면서 그 규모에 대해서는 "최소 2명 이상이어야 한다"고만 제시했다. 경총은 이날 주요 기업 안전 보건 임원과 학계, 법조계 전문가 등이 참여하는 산업안전포럼을 출범시켰다. 이를 통해 시행을 두 달 앞둔 중대재해법에 공동 대응해 나갈 예정이다.

매일경제신문. 2021.11.18.

## 고용부 "중대재해 최종 책임은 결국 CEO"

    내년 1월 27일 중대재해처벌법이 시행되면 기업에 안전담당 임원을 두더라고 법 위반 시 대표이사의 처벌이 불가피할 전망이다. 정부가 중대재해법 처벌 대상과 관련, 최고안전책임자를 선임했다는 것만으로 대표이사가 면책될 수 없다고 판단했기 때문이다. 고용노동부는 17일 이런 내용을 담은 '중대재해처벌법 해설'을 발표했다. 중대재해법과 시행령이 모두 처벌 수준에 비해 지나치게 모호하다는 지적에 따라 내놓은 사실상 '정부 지침'이다.

    중대재해법은 근로자 사망 사고 등 중대재해가 발생한 기업의 경영책임자 등이 재해 예방을 위한 안전보건 관리체계 구축 등 의무를 다하지 않았을 경우 처벌하도록 하는 법률이다. 중대재해는 사망 1명 이상, 6개월 이상 치료를 요하는 부상자 2명 이상, 동일한 요인으로 직업성 질병자 1년 내 3명 이상이 발생한 경우를 말한다. 근로자 사망 시 <u>경영책임자는 1년 이상</u> 징역에 처해진다.

    <u>이례적으로 하한형을 두는 등 처벌 수위가 높다</u> 보니 경영계에서는 경영책임자의 범위를 구체화해 달라고 지속적으로 요구해 왔다. 이에 정부는 이번 해설서를 통해 '처벌 대상은 사업 전반의 안전 보건에 관한 조직 인사 예산의 최종 의사결정권을 가진 자'라며 <u>"대표이사에 준하는 안전보건업무는 담당하는 사람이 있다는 사실만으로 면책될 수 없다"</u>고 못박았다. <u>사실상 안전 담당 임원이 있다 하더라도 '최종 결정권'이 없는 이상 대표이사도 처벌된다</u>는 얘기다.

    한국경영자총협회는 이날 성명을 내고 "법 제정 취지에 맞는자를 경영책임자로 선임한 경우에도 사업 대표가 처벌 대상이 되는지 명확하지 않다"며 "원 하청 관계에서 종사자의 안전보건 책임 소재가 불명확하고 매우 혼동된다"고 지적했다.

한국경제신문. 2021.11.18.

    조직 인사 예산을 책임지고 있어야 한다는 차원에서는 경영책임자는 실제로 '실세'여야 한다는 의미이고 결국 '최종 결정권자'를 의미하게 된다. 즉, 경영책임자도 아닌데 누구를 속죄양으로 삼는 것은 인정하지 않겠다는 의미이다.

### 최준선. 한국서 기업하지 말라는 중대재해법

중대재해법이 고약한 또 다른 이유는, '사업주나 경영책임자'를 '원 스트라이크 아 웃'시키겠다는 것이다. 사업주는 대주주를 말하고.

문화일보. 2021.11.22.

### 해설서까지 나왔지만⋯ 중대재해 처벌 기준 책임 소재 여전히 '안개속'

중대재해처벌법의 산업재해 분야 소관부서인 고용노동부가 내년 1월 중대재해법 시행을 앞두고 지난 8월 가이드북에 이어 17일 '해설서'를 내놨다. 하지만 경영책임자의 범위 등 핵심 쟁점이 여전히 불명확해 법 시행 이후 산업현장에 일대 혼란이 우려된다. 특히 정부는 안전담당인원을 선임했다고 하더라도 '경영책임자'가 면책되진 않는다면서도 경영책임자가 구체적으로 누구인지는 명확히 적시하지 않았다.

#### 해설서 나와도 여전히 모호

중대재해법에 따르면 경영책임자는 사업상 안전보건 확보 의무를 지며, 이를 위해 안전보건 관리체계를 구축해야 한다. 만약 이를 소홀히 해 산재가 발생할 경우 경영책임자를 처벌한다는 게 이 법의 골자다. 하지만 중대재해법은 제정 당시부터 '졸속 입법'이라는 비판을 받았다. 이에 고용부는 8월 120쪽짜리 '가이드북'을 배포해 사업주의 '안전보건 관리체계 구축 의무'를 제시했지만 경영계의 우려를 전혀 씻어내지 못했다.

이번 해설서는 총 233쪽에 달한다. 중대재해처벌 대상자인 '경영책임자'의 의미, '안전보건 관리체계 구축' 관련 아홉 가지 의무의 구체적 이행 방안 등을 쉽게 알려주기 위한 자료라는 게 고용부의 설명이다.

하지만 경영계의 기대와 달리 해설서는 여전히 명확한 기준을 제시하지 못했다는 비판이 나온다. 김동욱 법무법인 세종 변호사는 "모호한 내용을 예전과 똑같이 반복하고 있다"며 "법을 적용받을 사람들이 겪을 어려움을 해소하는 데 큰 도움이 될 거 같지 않다"고 지적했다.

우선 기업들이 가장 궁금해 하는 '경영책임자'와 관련한 고용부의 입장이 명확하지 않다. 최고경영자(CEO)가 책임을 지지 않는 경우가 없지는 않다. 우선 최고안전책임자(CSO)가 안전 분야 조직, 인력, 예산에 대해 최종 결정을 내릴 수 있어야 한다. 기업은 또 법령이 정하는 모든 요건에 맞게 체계를 갖추고 항상 노력해야 한다. 기업계 관계자들은 "CSO가 안전분야에선 CEO를 제치고 책임을 질 수 있어야 하는데 경영 현실을 비춰보면 불가능하다"고 한결 같이 지적했다. 결국 CEO에게 포괄적 책임을 묻겠다는 것이 정부의 뜻이라고 경영계는 보고 있다. 김상민 법무법인 태평양 변호사는 "해설서는 안전보건책임자가 있더라도 대표이사가 책임을 피하기 어렵다는 의미로 보인다"며 "둘 다 책임을 진다면 '또는'으로 규정한 법 문언에 어긋난다"고 지적했다.

### "결국 기업별로 알아서 하라는 얘기"

중대재해법이 가장 큰 문제점으로 지적돼온 불확실성이 해설서로 되레 가중됐다는 지적이다. 안전보건 관리체계 구축을 위해 투입해야 하는 '적정한 예산'의 수준에 대해 '합리적으로 실행 가능한 수준만큼'이라고 한 것이 대표적이다. "개별 기업이 알아서 판단하라는 의미냐"는 비판이 나오는 이유다.

해설서가 법에 근거가 없는 자의적 해석을 하고 있다는 비판도 제기된다. 가령 법령에서는 안전보건 관리체계 구축의 일환으로 '안전 경영 방침을 세우라'고 정하고 있을 뿐인데, 해설서에는 '구체적인 대책과 세무적인 로드맵을 만들라'는 식으로 과도한 의무를 부과한다. 또 해설서는 '안전관리 전담조직'과 산업안전보건법상 '안전관리자'를 구별하도록 하고 있는데, 사실상 기업에 이중부담을 지우는 격이라는 지적이다. 김동욱 변호사는 "법령 어디에도 사업장의 안전보건조직이 안전보건 전담조직을 겸할 수 없다는 근거가 없다"며 "법 위반 시 형사처벌이 될 수 있다는 점을 고려하면 심각한 문제"라고 말했다.

이에 대해 산업안전보건본부 관계자는 "어느 수준으로 준비해야 하는지는 기업 스스로가 가장 잘 알 것"이라며 정부 인증제 마련 요구와 관련해선 "획일적으로 정할 수 없다"고 선을 그었다.

일각에서는 법 시행 이후 이른바 '원님 재판'이 현실화될 수 있다는 우려도 나온다. 한 대형 로펌 형사 전문 변호사는 "법을 위반하면 형사처벌이 되는데, 스스로 알아서 잘 지키라는 거 '네 죄를 네가 알렸다'는 의미"라며 "죄형법정주의에 위배될 수 있다"

고 말했다.

경영계에선 근본적으로 부실 입법이라 해설서로 논란을 정리하기엔 무리가 있다고 지적한다. 한국경영자총협회 관계자는 "고용부가 해설서에서 '경영책임자'의 판단 기준을 밝혔다고 하지만, 해설서 발간 직후 기업들은 그와 관련한 질문을 가장 많이 하고 있다"고 전했다.

한국경제신문. 2021.11.18.

## CEO의 책임은 어디까지인가? 손성규

주식회사는 주주총회에서 경영 의사 결정을 수행할 이사를 선임하고, 거의 모든 기업의 경우 이렇게 선임된 이사들이 이사회에서 대표이사를 호선하게 된다. 대표이사가 이사회를 대표해 경영을 책임지지만 그렇다고 대표이사가 기업 경영과 관련된 무한대의 책임을 지는 것은 아니다.

내년부터 중대재해법이 적용되면서 우리나라 기업의 최고경영자(CEO)는 또 하나의 큰 부담을 안고 경영활동을 해야 한다. 권한이 있으므로 당연히 이에 따르는 책임이 있다는 논지는 너무도 당연하지만 그럼에도 기업 CEO에게 감당할 수 있는 책임을 지우는 것인가에 대한 의문이 있다.

올 초 개최된 주총에서 삼성물산은 지배구조, 포스코와 CJ대한통운은 산업재해를 기준으로 국민연금 차원에서 사외이사를 추천하는 안건이 추진되다 중단됐다. 산업재해가 발생하지 않는 기업이 없는데 애매한 잣대일 수 있다. 2021년부터 시행되고 있는 산업안전보건법에 의하면 대표이사가 매년 회사의 안전과 보건에 관한 계획을 수립해 이사회에 보고하고 승인받는 게 의무화됐다. 이 또한 대표이사가 책임져야 할 업무에 추가됐다.

주총에서 대표이사는 내부 회계관리제도에 대한 운영 실태를 보고해야 하며 감사위원회에도 대표이사가 동일한 내용을 보고해야 한다. 내부 회계관리 실무 책임자는 별도로 있지만 대표이사에게 이러한 책임을 맡기는 것이다. 최근 펀드 사태에 대해 금융감독원이 금융권 CEO들에게 강한 징계 조치를 내리자 금융기관 CEO들이 펀드 모집 실무까지 책임지는 것이 합당한지에 대한 공방이 있다. 감독기관도 책임이 없지 않는데 자신들을 향한 공격을 피하기 위해 기업의 대표이사에게 책임을 전가하고 있다는 비판도 있다.

회사가 회계법인에 감사를 위한 재무제표를 제출할 때, 감사의 한 과정으로 대표이사와 재무담당 이사가 확인서를 작성하고 서명해야 한다. 재무제표에 문제가 없다는 확인서인데 최근 일부 기업의 재무제표는 주석만 수백 쪽인 경우가 있으며 주석도 재무제표의 일부이므로 주석을 포함한 내용에 대해 CEO가 책임을 지는 것이다. 최고재무책임자(CFO)는 회계 및 재무 전문가이므로 재무제표에 관한 한 책임자이다. CEO는 기업을 대표하지만 회계·재무 전문가는 아닐 수 있다. 그럼에도 대표로서 관리 책임을 지우는 것이다. CEO가 법률에서 정한 항목에 대해 점검하는 일도 중요하지만 CEO는 기업 미래 먹거리와 관련된 더 큰 그림을 그리는 데 집중해야 한다고도 할 수 있다.

기업이 확인해야 할 업무가 중요하다고 할 때, 정부의 일반적인 정책 방향은 책임질 자의 직급을 높이는 것이 일반적이다. 직원에게서 임원으로, 임원에게서 대표이사로 등등이다. 그러나 이렇게 상위 직급자에게 모든 책임을 올리는 것으로 문제를 해결하려 하면 대표이사가 감당할 수 없는 업무로 인해 오히려 일에 소홀해질 위험도 있다.

어떻게 보면 책임질 수 있는 직분의 실무자에게 적절한 위임 전결로 업무 부담을 줄이는 것이 보다 합리적일 수 있다. 상법에서는 등기한 이사들만이 상법상 이사이므로 책임질 일은 모두 이들이 맡아야 한다고도 할 수 있지만 대표이사도 그렇고 상근 사내이사도 맡아야 할 일에는 한계가 있다. 이와 같이 과도한 책임을 지우면 최대주주들이 행정 조치와 법적 소송 때문에 등기를 회피하게 돼 책임 경영이 어려워진다.

매일경제신문. 2021.6.2.

아래의 조항에서와 같이 대표이사가 내부회계관리제도의 실태 평가에 대해서 책임이 있고 감사위원회와 주총에 이에 관련된 보고를 해야 한다.

**제8조(내부회계관리제도의 운영 등)**
회사의 대표자는 내부회계관리제도의 관리·운영을 책임지며, 이를 담당하는 상근이

사(담당하는 이사가 없는 경우에는 해당 이사의 업무를 집행하는 자를 말한다) 1명
을 내부회계관리자(이하 "내부회계관리자"라 한다)로 지정하여야 한다.

중대재해법의 문제는 중앙정부와 지자체도 예외가 아닌 것인 중앙부서의
장, 지자체장도 중대 재해에 대해서는 책임이 있다.

## 전담팀 신설 변호사 채용··· 지자체도 '중대재해법' 비상

최근에는 중대재해법(중대재해처벌법, 중대재해처벌 등에 관한 법률)이 초미의 관
심이다. 2020 사업연도에 대한 2021년 초 개최된 주주총회에서 삼성물산은 지배구조,
포스코와 CJ대한통운은 산업재해를 기준으로 국민연금 차원에서 사외이사를 추천하
는 안건이 추진되다 중단되었다.

2021년부터 산업안전보건법 제14조(2019년 1월 15일 제정, 2021년 1월 1일 시행)에
따라서 대표이사가 매년 회사의 안전과 보건에 관한 계획을 수립하여 이사회에 보고
하고 승인받도록 의무화되었다. 이 또한 대표이사가 책임져야 할 업무를 증가시키고
있다.

문화일보. 2021.1.10.

## 이건호 칼럼. 배임죄 빼닮은 중대재해법

내년 1월부터 50인 이상 사업장에 시행될 '중대재해처벌법'(중대재해처벌 등에 관
한 법률)이 요즘 산업계에 발등의 불이다. 시행령 제정을 위한 고용노동부의 의견수렴
기간이 이달 말 끝나기 때문이다. 현실과 동떨어진 '깜깜이' 법 내용을 보완할 마지막
기회여서 대한상공회의소를 비롯한 경제단체들이 기업 애로사항을 전달하는 등 총력
전에 나섰다. 이 법은 근로자가 1명 이상 사망하는 중대재해가 발생했을 때 경영자를
1년 이상 징역에 처할 수 있도록 하고 있다.

중대재해처벌법은 카운트다운이 시작된 시한폭탄과도 같다. 애매한 법 조항에 걸려 사업주나 최고경영자(CEO)가 감옥에 갈지도 모르는 만큼 기업들은 '초비상'이다. 모호하고 추상적인 규정 탓에 "도대체 뭘 지키라는 거냐"는 불만이 기업들 사이에서 쏟아져 나온다. 사업주 의존도가 상대적으로 큰 중소기업들로선 생사가 걸린 문제이기도 하다.

기업들이 불안해하는 이유는 한두 가지가 아니다. 우선 고용부가 시행령 안 마련을 위해 구성한 전문가 태스크포스(TF)에 기업과 근로자 대표가 제외됐다. 산업현장을 잘 아는 노사 당사자를 뺀 것이다. "입법예고 전 노사 의견 수렴 기회를 마련하겠다"는 게 고용부 입장이지만, 시행령에 산업 현장의 목소리가 반영될 수 있을지 의문이다. 고용부는 애초 '징벌적' 중대재해처벌법 제정보다 산업안전보건법(산안법) 개정이 낫다는 태도를 취하다가 여권의 강경론에 밀려 입장을 슬그머니 바꿨다.

사업주나 대표자의 의무인 '관리상의 조치'는 지나치게 확대 해석될 여지가 크다. 사업장 내 모든 사고에서 '관리상의 조치' 의무 위반문제가 불거질 수 있기 때문이다. '관리 책임'에서 자유로운 경영자는 아무도 없을 것이다. 한마디로 걸면 걸리는 것이다. 처벌 대상을 '경영책임자 등'으로 포괄적으로 규정한 점도 기업들로선 '찜찜'하다. 경영책임이 있는 여러 사람이 한꺼번에 처벌 대상에 올라 조사를 받을 수 있어서다. 중대재해처벌법으로 사법처리 대상이 되는 기업인은 고의성이 없는 과실범인데, 형량 상한선은 없고 하한선(1년)을 정해 무겁게 처벌하도록 한 것도 기업의 불만을 사고 있다.

현행 산안법만 해도 지켜야 할 의무조항이 1,200여 개에 달한다. 법 위반으로 근로자를 사망하게 한 사업주는 '7년 이하의 징역형'에 처할 수 있도록 하고 있다. 중대재해처벌법까지 더해지면 전담 인력조차 없는 중소기업들은 멘붕에 빠져들 수밖에 없다.

원청업체가 사내하청 근로자를 지휘·감독하지 못하도록 한 파견법과 상충하는 문제도 간과할 수 없다. 산업안전과 관련한 지시는 불법파견으로 보지 않는다고 하지만 현장에서는 구분이 애매할 수 있다. 오히려 법적 다툼 등 노사갈등만 키울 가능성이 제기된다.

중대재해처벌법은 '직업성 질병자가 1년 이내 3명 이상 발생'하면 중대산업재해로 규정하고 있다. 재해강도(요양기간)를 고려하지 않고 있어 경미한 질병까지 중대재해로 간주될 가능성을 배제할 수 없다. 통원치료만으로 회복가능한 피부질환자가 3명 이상 나와도 중대산업재해에 해당한다고 기업들은 하소연한다.

중대재해처벌법이 이대로 시행되면 경영 불확실성을 키우고 기업가 정신을 크게 위축시킬 가능성이 높다. 많은 기업인을 범죄자로 만든 배임죄와 같은 '한국식 징벌죄'가 또 하나 추가될 게 뻔하다. 배임죄는 처벌기준이 포괄적이고 모호해 "법조문보다 판사 성향에 따라 유무죄가 갈린다"는 비판까지 받고 있다.

기업 경영에 중대한 영향을 미치는 법이지만, 입법 과정에서 충분한 토론과 여론 수렴 절차가 없었다는 게 기업들의 지적이다. 노사 양측과 전문가들이 참여하고 있는 경제사회노동위원회에서라도 진지하게 논의를 거쳐야 할 필요가 있다. 최소한 시행령 제정 과정에서는 산업계 현실과 의견을 제대로 반영해 기업인들이 '교도소 담벼락 위를 걷는 느낌'이 들지 않도록 해야 한다.

매일경제신문. 2021.5.11.

'직업성 질병자가 1년 이내 3명 이상 발생'이라는 규정도 애매한 것이 종업원 수가 수만명이 되는 기업도 있고 10명 이내인 기업도 있는데 동일한 잣대를 적용하는 것이다. 형량의 하한선을 정하는 법률은 사법부에게 상한선을 두어 경감을 할 수 있는 재량권을 주는 일반적인 법령과는 달리 가중할 수 있는 옵션만을 준 것이다. 국회가 입법 시, 보통은 상한을 두는 경우가 많고 하한을 두는 경우가 더 적다고 할 수 있는데, 요즘은 사회가 중벌주의로 가면서 하한을 높여 판사의 재량을 줄이려고 하고 판사의 온정주의에 제한을 두고 있다. '관리상의 조치'라고 하면 경영자는 누구나 관리상의 책임이 있으므로 잘못하면 '코에 걸면 코걸이 귀에 걸면 귀걸이 식'의 입법이 될 수 있다.

위의 기사와 같이 '경영책임자'라는 표현은 매우 애매모호한 표현이 법 조문에 사용된 것이다. 경영책임자라는 표현은 법적인 표현이 아니라 누가 경영책임자인지를 정의하는 것이 어렵다. 임원진 누구도 경영책임자라고 징계의 대상이 될 수 있다. 법에서 이렇게 정제되지 않은 용어가 사용되었다는 점도 믿기 어렵다.

회계 관련된 법 규정에서는 누가 어떤 책임을 지는지에 대해서 명확히 규정하고 있다. CFO가 등기이사인 경우 분식회계가 포함된 재무제표에 대해서는 CFO가, CFO가 등기이사가 아닌 경우는 재무제표에 대해서는 CEO가 책임을 져야 하며, 임원해임권고가 주주총회에 부과된다면 CEO가 해임권고의 대상이다. 이렇게 책임과 권한을 명확하게 정의하는 것이 옳은 것이지, '경영책임자'가 책임지라고 하면 나중에 중대재해법으로 정부가 행정조치를 내릴 때, 누구를 대상으로 할지가 매우 자의적이고 임의적일 수밖에 없다. 법률에 의도하지 않은 이러한 자의성을 남기는 것은 바람직하지 않으며 오히려 이러한 자의성이 불순하게 사용될 수도 있다.

### 현대모비스, 롯데케미칼, GS칼텍스… 각자 대표로 '안전경영' 강화

10대 그룹에서 대표이사를 맡고 있는 오너 경영인은 12명이다. 그룹 회장이 대표이사인 기업은 현대차, SK, LG, 롯데, GS 등 5개 그룹이다.

정의선 현대자동차그룹 회장은 현대차와 현대모비스, 최태원 SK그룹 회장은 SK(주), 구광모 LG그룹회장은 (주) LG, 신동빈 롯데그룹회장은 롯데지주, 롯데제과, 롯데케미칼, 허태수 GS그룹 회장은 (주)GS 대표이사다. 전문경영인인 권오갑 현대중공업그룹 회장은 현대중공업지주 대표다. 4대 그룹은 삼성을 제외하고[1] 모두 그룹 회장이 대표이사 직함을 갖고 있다. 삼성의 경우 이부진 사장이 호텔신라 대표다.

한화와 신세계그룹 회장은 미등기 임원이다. 김승연 한화그룹 회장은 (주) 한화, 한화솔루션, 한화건설 미등기 임원이며, 이명희 신세계 그룹회장은 신세계와 이마트 미등기 임원이다. 정용진 총괄부회장과 정유경 총괄부회장도 등기 임원이 아니다.

오너 대표이사가 가장 많은 그룹은 GS다. 허태수 회장뿐 아니라 허용수 GS에너지 대표, 허연수 GS리테일 대표, 허세홍 GS칼텍스 대표 등 이 각 회사 대표 최고경영자다. SK는 최태원 회장 사촌동생인 최창원 부회장이 SK디스커버리 대표이사다. SK디스커버리는 SK케미칼, SK가스, SK플라즈마 등을 자회사로 갖고 있는 지주회사다.

창업주 3세가 대표이사를 맡고 있는 회사도 있다. 김동관 사장은 한화솔루션 전략부문 대표, 정기선 사장은 현대중공업지주 한국조선해양 대표이사다.

오너 대표이사 12명 중 7명이 지주사 대표다. SK(주), SK디스커버리, (주)LG, 롯데

---

1) 이재용 회장이 회장으로 선임되기 이전의 기사임.

지주, (주)GS, GS에너지, 현대중공업지주, 한국조선해양 등이다. 허용수 GS에너지 대표를 제외한 6명은 지주사 복수 대표다.

지주회사는 자회사 관리가 주 업무인 회사로, 제조 현장이 없다. 중대재해처벌법 관련 위험이 상대적으로 낮다. 제조업체 대표를 맡고 있는 오너경영인은 정의선 현대차그룹회장, 신동빈 롯데그룹회장, 허세홍 GS칼텍스 대표다. 현대차, 현대모비스, 롯데케미칼, 롯데제과, GS칼텍스는 모두 단독 대표가 아닌 각자 대표이사 체제다.

한화솔루션의 경우 김동관 사장은 전략 부문 대표. 제조 현장이 있는 한화솔루션 큐셀부문, 케미칼부문, 첨단소재부문은 전문 경영인 대표이사가 있다. 이부진 사장이 대표를 맡고 있는 호텔신라는 서비스업체다.

대표이사를 맡고 있는 최대주주 일가 사위도 있다. 정태영 부회장은 현대카드 대표, 문성욱 사장은 시그나이트파트너스와 신세계 톰보이 대표이사다. 정 부회장과 문 사장 모두 중대재해가 발생할 가능성이 낮은 서비스 업체를 경영하고 있다.

재계 관계자는 "10대 그룹 오너는 정의선 회장, 신동빈 회장, 허세홍 대표를 제외하고, 모두 지주사나 전략 서비스 관련 대표이사를 맡고 있다"며 "중대재해법 리스크에서 벗어나 있는 모습"이라고 말했다.

매일경제신문. 2022.2.21.

위의 기사에서 지주회사는 자회사 관리가 주 업무인 회사로, 제조 현장이 없다고 기술되어 있는데 이는 순수 지주회사의 경우이며 사업형 지주회사는 자체적으로 사업을 수행하는 경우이다.

## "중대재해법은 과잉입법"… 톱10 로펌, 위헌소송 추진

중대재해처벌법의 처벌 규정이 '명확성 비례성 책임주의'를 기반으로 하는 헌법과 충돌할 소지가 있다고 보기 때문이다.

20일 법조계에 따르면 대부분의 국내 톱 10 대형 로펌들은 자문 중인 기업들이 중대재해법 위반으로 기소될 경우 위헌법률심판제청 신청을 할 것을 준비하고 있다. 사망사고 등 중대재해가 발생하면 기업이 중대재해처벌법 위반, 산업안전보건법 위반, 과실 치사 등으로 재판에 넘겨지는데 이 중 위헌성이 짙은 중대재해처벌법에 대해 헌법재판소에 위헌 심판을 요청하겠다는 것이다.

형벌은 처벌하고자 하는 행위가 무엇인지 누구나 예견할 수 있고 그에 따라 자신의 행위를 결정할 수 있도록 구성요건을 명확하게 규정해야 하는데, 중대재해처벌법은 규정이 모호할 뿐더러 형량이 과도하고 '책임 없이 형벌 없다'는 헌법 원칙에도 반한다는 주장이다. 송인택 중대재해처벌법 실무연구회장(전 울산지검장)은 "중대재해처벌법 시행령과 고용노동부 해설서는 위험 요인을 확인 개선하는 업무 절차를 마련하고 여건 범위 안에서 필요한 예산을 편성하라고 규정하고 있는데 그 요구 수준이 어느 정도인지 명확하지 않다"며 "사실상 사고가 나면 결과에 대한 책임을 묻겠다는 것"이라고 비판했다. 이어 송 회장은 "과실범의 성격이 짙은데도 법정형을 징역 45년까지 규정한 것은 과잉 입법"이라며 "법인 사업주가 부담하지 않는 의무를 경영책임자에게 부과해 놓고 경영책임자의 잘못을 이유로 법인 사업주까지 벌금형으로 양벌하게 한 것도 헌법 원칙에 반한다"고 말했다.

재판에 넘겨진 기업들의 위헌 심판 요청이 이어지면 중대재해처벌법에 대응해야 하는 산업계의 혼란은 더 극심해질 것으로 예상된다. 처벌을 피하기 위해 기업들이 어떤 조치를 어느 정도까지 해야 할지도 모르는 상황에서 헌재가 중대재해처벌법에 대해 어떤 판단을 내릴지, 심판이 언제 내려질지도 고려해야 하기 때문이다.

권순하 김앤장 법률사무소 변호사(중대재해대응그룹)는 "어떤 조항에 어떤 조건으로 헌법불합치 결정이 내려질지 알 수 없어 기업들이 중대재해법에 대응하기 위한 시스템 마련에 더 어려움을 겪을 것"이라고 말했다. 송 회장은 "국회가 졸속으로 제정하고 소관부서인 고용노동부 등 6개 부처가 시행령을 제정할 때 위헌성을 제대로 고려하지 않아 자초한 일"이라며 "혼란의 책임은 정부, 특히 고용노동부와 법무부가 책임을 져야 한다"고 주장했다.

### 비례의 원칙 위반

과실의 성격이 짙은데도 법정형을 징역 45년까지 규정한 것은 과잉 입법

### 명확성의 원칙 위반

처벌하고자 하는 행위와 구성요건이 불명확

책임주의 원칙 위반

사고의 <u>인과관계</u>에 따라 책임을 규정해야 하지만 <u>책임 소재가 모호</u>

매일경제신문. 2022.2.21.

　　사회 현상에서 인과 관계를 입증하는 것은 매우 어렵다. 두 현상이 동시에 발생하는 경우는 상관관계가 있는 것인데 이러한 상관관계가 있는 두 현상 간에 반드시 원인과 결과의 인과관계가 존재하는 것은 아니기 때문이다.

# SK 이사회

SK가 이사회 중심 경영과 관련되어 가장 많은 관심을 보이기 때문에 SK 의 이사회 관련된 내용을 별도 chapter로 기술한다.

## 경영진 공들인 1조 투자로 "No"

SK네트웍스가 추진해 온 1조원 규모의 매트리스 업체 지누스 인수가 최종 계약을 앞두고 사외이사들의 반대로 무산됐다. 지난 9월 SKC 음극재 사업 투자 안건이 보류된 데 이어 SK경영진이 추진한 대규모 투자 건이 이사회에서 잇따라 제동이 걸린 것이다.

경제계에선 "이사회 중심의 자율 경영을 글로벌 수준 스탠더드 수준으로 강화할 것"을 주문한 최태원 SK 그룹 회장의 경영 철학이 구현되고 있는 것이란 평가가 나온다. 반면 회사가 미래 성장을 위해 준비한 대규모 투자 건에 대해 사외이사들이 지나치게 보수적인 관점에서 접근하는 것이 아니냐는 지적도 나온다.

### SK 사외이사들의 잇단 '반란'

SK네트웍스는 국내 가구 매트리스 제조업체인 지누스 지분 인수 협상이 최종 결렬

됐다고 19일 공시했다. 이날 오전에 열린 이사회에서 지누스 지분 약 40%를 1조 1,000억원에 인수하는 안건이 이사 과반의 반대로 부결됐기 때문이다.

지누스는 매트리스와 침실 가구류를 기반으로 거실, 주방, 사무용 가구로 영역을 확대하고 있다. SK네트웍스는 가구 시장의 성장성과 지누스의 제품력 및 판매망에 관심을 가져왔다. 렌털 사업을 운영하는 자회사 SK매직의 고객망과 지누스의 제조 역량을 결합하면 시너지 효과를 낼 수 있다는 판단에 따라 인수를 결정했다.

하지만 이날 이사회에선 인수 가격의 적정성을 놓고 이견이 있었던 것으로 알려졌다. SK네트웍스 이사회는 박상규 대표와 조대식 SK수펙스추구협의회 의장 등 3명의 SK 측 이사진과 경영, 회계학교수, 법조인으로 구성된 5명의 사외이사를 더해 8명으로 이뤄져 있다. 이 중 과반수인 5명 이상이 반대하면서 인수 건이 최종 결렬된 것으로 전해졌다. 회사 관계자는 "이사회는 지누스가 기존 사업과 시너지를 낼 수 있는 잠재력을 지닌 회사라는 점에는 공감했다"면서도 "자금 부담이 큰 인수 건인 만큼 좀 더 시간을 갖고 성장 기회를 모색해 나가는 것으로 의견을 모았다"고 설명했다.

SK그룹 계열사에서 사측이 추진한 투자 안건이 이사회에서 부결된 것은 이번이 처음이 아니다. 지난 9월 SKC 이사회에선 영국 음극재 업체 넥시온과의 합작 투자 안건이 이사들의 반대로 부결된 뒤 한 달 여의 계약 조건 보완 작업을 거쳐 통과됐다. 8월 열린 SK(주) 이사회에 상정한 투자 안건은 <u>1대 주주인 최태원 회장의 반대에도 불구하고 나머지 이사들의 찬성으로 의결되는 '이변'</u>이 벌어졌다.

## SK, 이사회 중심의 '자율경영' 원칙

업계는 SK 이사회의 '반란'에 대해 최 회장이 최근 아젠다로 부각시킨 '거버넌스 스토리'의 결과물로 보고 있다. 최 회장은 13개 주요 계열사 사내외 이사들과 세 차례에 걸쳐 워크숍을 열어 지난달 이사회 중심의 지배구조 혁신 방안을 내놨다.

이사회가 대표이사 평가 및 후보 추천을 비롯해 중장기 성장전략 결정 등 최고의사 결정기구로 역할을 하도록 했다. 지금까지 주요 대기업 이사회는 경영진에 대한 감사나 내부 규정 정비 등 수동적인 역할만 담당해 '거수기'라는 오명을 들어 왔다.

최 회장은 이사회 권한 강화가 지배구조의 투명성을 높이고 자율경영 체제를 정착시켜 기업 가치 상승으로 이어질 것이란 의견을 꾸준히 전달해왔다. 그는 10월 워크숍에서 "거버넌스 스토리의 핵심은 지배구조의 투명성을 시장에 증명해 장기적인 신뢰를 이끌어 내는 것"이라고 말한 바 있다.

이날 지누스 인수 부결 소식이 알려진 뒤 SK네크웍스 주가는 전날 대비 0.2% 오른 주가 5,080원에 마감했다. 반면 지누스 주가는 9.71% 급락했다. 시장은 SK네트워스의 지누스 인수 철회 결정을 긍정적으로 바라본 셈이다. 다만 일각선 사외이사들의 제동이 기업의 미래 성장을 위한 투자 속도를 늦추는 역효과를 낼 수 있다는 분석도 나온다. 지주회사인 SK(주)가 그룹 주요 계열사 대부분의 대주주로 이사회에 참여하는 만큼 그룹의 의견에 종속될 수밖에 없다는 우려도 나온다.

경제계에선 SK그룹의 변화가 투자뿐 아니라 연말 최고경영자를 포함한 임원 인사에서도 확인될 것이라는 관측이 나온다. 경제계 관계자는 "SK그룹의 이사회 중심 경영 성과를 평가하기 아직 이르다"면서도 "파격적인 결과가 이어지면서 신선한 충격을 주고 있는 것은 사실"이라고 말했다.

한국경제신문. 2021.11.20.

미국에 비해서 국내 회사는 사외이사 중 교수들 비중이 높은 것으로 알려져 있다. 교수들은 성향 상 가장 보수적인 집단일 가능성이 높고 따라서 이들이 수행하는 의사결정은 소극적이기 쉽다. 교수의 강점은 이론이나 원칙에 있는 것이지만 실무 해결 능력/현장감이 뒤지기 쉽다. 어느 정도 위험이 동반되는 기업의 의사결정에서 소극적인 접근만이 해답은 아니다.

지주회사인 SK㈜가 그룹 주요 계열사 대부분의 대주주로 이사회에 참여하는 만큼 그룹의 의견에 종속될 수밖에 없다는 내용에 대해서 기술한다. 저자가 이해하기는 SK 뿐만 아니고 ㈜LG의 경우도 LG의 권영수 부회장이 LG전자, LG디스플레이 등의 다수 회사에 이사회의 의장으로 등기하고 있었다. 권영수회장이 ㈜ LG의 등기 이사를 사퇴하면서 LG의 경우는 권부회장의 후임자인 권봉석 부회장이 LG화학에 비상무이사로 선임되면서 이러한 행태를 이어가고 있다. 다만, 지주회사 사장 1인이 거의 모든 사업회사에 등기하는 방식보다는 지주회사와 수펙스 위원회 임원들이 계열사에 분산되어 기타비상무이사를 맡게 되는 변화가 있었다.

지주의 임원이 계열사에 등기하거나, 아니면 계열사 임원이 지주에 등기하는 두가지 형태인데 2022년 3월 2일에 출범한 포스코홀딩스의 경우, 포스코

(철강)의 등기임원이 포스코홀딩스의 기타비상무이사로 등기하고 동시에 포스코지주의 사내이사(대표이사 사장)가 포스코(철강)의 기타비상무이사로 교차로 등기하면서 양사간의 협조를 공고히 하고 있다. 이는 다른 사업회사보다도 포스코(철강)이 차지하는 부분이 지배적이기 때문에 양 회사 지배구조 간의 소통을 원활히 하기 위한 조치로 보이는데 이와 같이 양방향으로 등기를 하는 경우는 포스코/포스코홀딩스가 유일한 것으로 파악된다.

동시에 포스코홀딩스의 사내이사(대표이사 사장)가 포스코인터내셔널과 포스코건설에 사내이사로 선임되었고, 동시에 포스코케미컬, 포스코 ICT에는 포스코홀딩스의 사내이사가, 포스코엠텍과 포스코스틸리온(구 포스코 강판)에는 포스코 경영기획실장(비등기)이 기타비상무이사로 선임되었다. 지주사 또는 가장 큰 사업회사인 포스코의 사내이사가 자회사에 등기이사로 선임되는 경우인데 어느 경우에는 사내이사로 어느 경우에는 기타 비상무이사로 선임되는 것인지는 의문이다. 따라서 어떤 경우는 계열사의 임원이 지주의 기타 비상무이사로 또 다른 경우는 지주의 사내이사가 계열사의 사내이사 또는 기타비상무이사로 선임되어 지주사와 사업사간의 유대 관계를 유지하고 있다. 물론, 포스코홀딩스의 차원에서는 포스코(철강)이 차지하는 부분이 지배적이므로 포스코의 경우는 지주사의 사내이사를 파견함과 동시에 포스코의 사내이사가 직접 포스코의 지주사에 기타비상무이사로 교차로 등기하는 형태를 띤다. 금융지주의 경우는 은행장이 금융지주의 기타비상무이사로 등기를 하는 한 방향성의 상호 등기의 형태였는데 상호 교차 형식은 포스코홀딩스가 처음으로 시도하는 듯하다.

지주회사의 사내이사가 계열사의 기타비상무이사로 등기하여 이사회에서 의사결정에 관여하는 경우, 모든 이사의 이익을 대변하기보다는 지주사의 이익만을 대변할 수도 있으며 이러한 지주사의 이해와 사업회사의 일반 주주의 이해가 상충되는 경우도 있다. 이러한 경우는 이사회에서 결의에 기권하면서 이해 상충을 피할 수도 있다.

다만 100% 자회사의 경우는 모회사의 이사가 자회사의 기타 비상무이사로 선임되어 있어도 자회사 이사회는 주주를 위한 의사결정을 수행하며 여기에서의 주주는 100% 모회사 주주이므로 이해 상충은 발생하지 않는다. 즉, 자회사를 위한 의사결정이 바로 모회사 주주를 위한 의사결정이다.

포스코는 비상장회사로 상장기업이나 금융기관이 아니면 사외이사가 의무화되지 않는데 그럼에도 투명성을 강조하기 위해서 두 명의 사외이사를 선임하고 감사위원회도 운영한다. 이러한 경우는, 포스코그룹의 사업회사 중에는 포스코(철강)가 유일하다. 사외이사가 주주의 이익을 대변한다는 차원에서는 포스코는 포스코홀딩스의 100% 자회사이므로 포스코홀딩스 이외의 주주의 이익을 대변할 일은 없다. 다만 사외이사가 주주 이외의 이해관계자의 이익을 대변한다는 차원에서는 사외이사에게 기대되는 역할이 있다.

지주회사가 계열사의 의사결정에 영향을 미치는 것은 SK와 LG에 국한되지 않는다. 특히나 많은 기업에는 지주회사뿐 아니라 중간지주회사가 존재하는 경우가 다수 있어서 중간지주회사의 임원들도 계열사의 경영에 관여하게 된다.

예를 들어 그룹사의 구조조정의 차원에서 지주사의 사업부서를 계열사에 매각하는 경우도 있고, 계열사의 사업부서를 지주사에 매각하는 경우도 있을 수 있다. 이러한 경우는 동일 그룹 하의 회사라고 해도 가격 협상을 하게 된다. 물론 매수하는 측은 가격을 낮게 정하려 할 것이고, 매각하는 측은 가격을 높게 정하려 할 것이라 국세청, 공정위 등의 기관에서는 공정가격으로 정하는 것을 확인하게 된다. 또한 가격 결정에는 상증법(상속 및 증여법)에 근거하여 공정가격을 산정하게 된다.

과거 많은 기업집단들이 건설사나 상해보험회사를 계열사로 가지고 있을 경우, 지주 또는 사업 계열사의 건설 업무나 보험 업무를 모두 계열사에게 맡기는 일이 다수 있었지만 계열사들도 상호 선의의 경쟁을 한다는 차원에서는 이러한 업무 조차도 경쟁 체제로 갈 수 있다. 상법상으로 모든 개별 주식회사가 각자의 주주의 이해를 최대화하는 방향으로 의사결정을 수행하는 것이 당연하다.

지주회사나 중간지주회사의 임원이 계열사에 비상무이사나 사내이사로 등기하는 이유는 양 회사간의 시너지를 위한 것이지만 한 가지 유념할 것은 상법상으로 볼 때에 지주, 중간지주, 계열사는 이들 기업이 상장기업이든 아니든지에 무관하게 모두 각자의 주주를 위한 의사결정을 수행해야 하는 개별회사라는 것이다.

　이러한 기업지배구조를 가져갈 때, 우려되는 상황은 지주나 중간지주의 임원이 계열사의 이사회의 비상무이사 또는 사내이사로 의사결정하면서 계열사를 위한 의사결정이 아니라 지주사나 중간지주사를 위한 의사결정을 수행할 수도 있다. 이러한 이유에서 상호지급보증제한을 하는 기업 집단에 대해서 공정거래위원회가 규제를 수행하는 것이다.

## SK(주), 이사회에 대표이사 평가 교체 권한 준다.

　SK(주)가 이사회에 대표이사 평가와 중장기 전략 수립을 비롯한 경영 핵심 분야에 대한 심의 권한을 추가로 부여하기로 했다.

　먼저 SK(주)는 이사회 산하에 '인사위원회'를 신설하고 대표이사 사외이사 후보 추천 및 대표이사 평가 등 핵심 경영 활동을 맡길 계획이다. 인사위원회는 사내이사 1명과 사외이사 2명으로 구성되며 대표이사 선임과 사내이사 보수 금액 심의 기능 등을 수행한다.

　신규 대표이사를 선임할 때 인사위원회가 회사 의견을 종합적으로 고려해 최종 대표이사 후보를 확정하면 이사회와 주주총회 의결을 통해 최종 선임 여부를 결정하는 구조이다. 인사위원회는 대표이사 평가와 함께 대표이사에 대한 상시 견제 기능을 유지하기 위해 임기 중 교체 안건을 이사회에 상정할 수 있는 권한도 갖는다.

문화일보. 2021.3.25.

　대표이사 선임하는 과정이 회사마다 다를 것인데, 그 형식이 어떻게 되든지 최대주주가 있는 기업일 경우는 최대주주가 대표이사를 낙점을 하고 이사회가 이 후보자를 이사 후보로 주주총회에 추천하는 절차를 밟게 된다. 물론, 대표이사의 선임을 주총에서 후보자가 선임된 이후 이사회의 호선에 의해서 대표이사가 결정된다.

## "거버넌스 스토리 만들라"… ESG 화두 던진 최태원

SK그룹의 지주사 SK(주)가 사외이사들에게 감사에 이어 인사와 전략까지 결정할 수 있는 권한을 부여한다. 핵심 의사 결정에 사외이사를 적극 참여시켜 이사회 중심 경영을 실질적으로 수행하기 위해서다. ESG 강화에 나선 최태원 SK그룹 회장의 강력한 의지가 반영된 것으로 알려졌다. 최 회장이 지난해 강조했던 '파이낸셜 스토리'에 이어 '거버넌스 스토리'란 새로운 화두를 던졌다는 평가가 나온다.

### 사외이사가 CEO 추천권 가져

SK(주)는 이사회 산하에 '인사위원회'와 'ESG위원회'를 신설하기로 했다고 25일 발표했다. 인사위원회의 역할은 최고경영자(CEO)와 사외이사 후보를 추천하고 평가까지 하는 것이다. 선임된 CEO가 제 역할을 못한다고 판단하면 <u>임기 중이라도 교체</u> 안건을 상정할 수 있다. 인사위원회가 CEO '탄핵권'까지 갖고 상시적으로 견제 기능을 한다.

또 사내이사에 대한 보수 심의 권한이 주어진다. 주주총회에서 보수 한도 총액을 정하고 이사회가 구체적인 액수를 확정하기 전에 인사위원회가 개입한다. 예컨대 회사가 과도한 보수를 책정하면 인사위원회가 금액을 낮출 것을 요구할 수 있다. 인사위원회는 사외이사들이 주도한다. 세 명의 위원 중 두 자리는 사외이사가, 한 자리는 사내이사가 맡는다.

인사위원회와 함께 신설되는 ESG위원회의 핵심 역할은 투자 심의. 기존 거버넌스위원회에서 하던 것을 ESG위원회로 이관한다. 그룹이 추구하는 ESG경영에 부합하지 않는 투자는 ESG위원회가 거부할 수 있다. 환경을 파괴하는 사업에 투자하거나 사회적으로 지탄받는 신규 사업을 회사가 하겠다고 나서면 ESG위원회가 막을 수 있다는 설명이다. ESG위원회는 다섯 명의 사외이사와 한 명의 사내이사로 구성된다. 인사위원회처럼 사외이사들이 주도하게 된다. 신설되는 위원회는 오는 29일 주주총회와 30일 이사회를 거쳐 다음 달부터 본격 운영된다.

### 사명 변경안

SK(주) 이사회는 이미 다른 기업에 비해 큰 권한을 행사하고 있다. 사외이사로 구성된 감사위원회와 거버넌스위원회를 두고 <u>자기자본의 1%가 넘는</u> 1,300억원 이상 투자 건은 모두 심의하고 있다. 회사 관계자는 적어도 SK(주)에선 '사외이사는 거수기'란 말이 통하지 않는다"고 했다. 실제 일부 안건에는 적극적으로 반대 의견을 낸다. 최근 이사회에 올라온 영문 사명 변경안을 이틀에 걸려 논의됐다. 사외이사들은 회사가 추구하는 가치와 영문 사명 간 적합성을 따져보기 위해 수많은 해외 사례를 일일이 살펴본 뒤 '홀딩스'를 뺀 'SK Inc.'로 후보안을 확정했다.

SK(주)의 이사회 기능 강화는 다른 계열사에도 영향을 미칠 전망이다. 최 회장이 유일하게 등기이사를 맡고 있는 SK(주)는 그룹 지배구조의 최정점에 있다. 일부 계열사는 이미 사외이사 역할 확대에 나섰다. SKC는 이사회 산하에 내부거래위원회, ESG위원회, 인사위원회, 감사위원회 등을 신설하고 위원장을 모두 사외이사에 넘겼다.

SK이노베이션도 작년부터 이사회 의장을 사외이사가 맡고 있다. SK 관계자는 "ESG경영을 강화한다는 그룹 방침이 정해진 만큼 각 계열사의 지배구조 개선 작업은 더 활발하게 이뤄질 것"이라고 말했다.

한국경제신문. 2021.3.26.

투자심의의 경우 일부 기업은 재정위원회 또는 거버넌스위원회에서 다루기도 하는데 SK는 위에 기술됐듯이 ESG위원회로 이관되었다고 하니, ESG가 최근 화두가 되면서 많은 기업에서 ESG 위원회를 신설하면서 뭔가 역할을 줘야 하기 때문인 것으로도 이해된다. 다만 이러한 모든 위원회는 이사회 산하의 하부 위원회이므로 최종적인 의사결정은 이사회에서 수행되어야 하는 것이지 이들 산하위원회가 최종적인 결정 권한을 가지고 있는 것은 아니다.

대표이사를 임기 중이라도 교체한다는 내용은 순기능도 있지만 역기능도 있다. 임기의 개념은 신분 보장의 개념이고, 그 기간 동안에 업적을 내라는 의미이다. 이런 식으로 단기 평가가 수행된다면 대표이사가 자기 임기 동안의 업적보다는 단기 업적에 치중할 가능성이 매우 높아져서 바람직하지 않을 수도 있다. 상법에서 이사의 임기를 보장하라는 것도 신분 보장을 의도하였을 것이다. 물론, 사외이사는 몰라도 사내이사에게 임기라는 것은 큰 의미가 없는 것이 우리의 현실이다. 최대주주가 그만 두라고 하면 언제든지 관둬야 하는 것이다.

이사회 중심의 경영활동이라는 것이 매우 전향적이고 고무적이다. 그런데 임기 중의 대표이사에 대한 교체를 공개적으로 언급하는 것이 바람직한 것인지에 대해서는 논란의 여지가 있다. 물론, 임기 중에도 잘못이 있다면 교체되는 것이 당연하지만 그럼에도 대표이사에게 정관에서 임기가 주어졌다는 것은 임기 동안은 책임지고 업무를 수행하라는 의미이다. 임기는 등기이사의 신분을 보장해준다. 임기가 있음에도 교체 운운하는 것은 대표이사의 의사결정의 horizon을 지나치게 단기화할 위험도 존재한다. 물론, 주총에서 보장된 임기라는 것이 사외이사들에 해당되는 것이지 사내이사들의 경우는 임기가 보장되지 않는다.

다음의 내용은 단기 업적 평가와 관련되며 단기 업적 평가의 단점은 어느 경제든지 문제가 될 수 있다.

### 트럼프 "기업 실적 공시 1년에 두 번만 하자"··· SEC에 검토 요청

도널드 트럼프 미국 대통령이 3개월에 한번 하는 상장사 실적 발표를 6개월에 한 번으로 축소하는 방안을 검토할 것을 미국증권거래위원회에 요청했다. 분기별 연간 4회 발표를 반기별 연간 2회 발표로 줄이는 방안을 고려해 보자는 것이다. 실적 발표 횟수 축소는 7일 트럼프 대통령과 만찬을 한 기업 경영인들이 "분기별 실적 발표에 따른 상장사 부담이 너무 크고 단기 성과주의가 만연하는 등 부작용이 심각하다"며 제안했다.

트럼프 대통령은 17일 트위터를 통해 "세계 최고 기업의 리더들과 대화한 자리에서 6개월 단위 실적 발표 시스템을 도입하자는 제안이 나왔다"며 "유연성이 더 커지고 비용도 절약할 수 있어 SEC에 검토를 요청했다"고 밝혔다. 실적을 너무 자주 공개하게 한 탓에 상장기업 경영진이 단기 목표에만 매달린다는 불만은 그동안에도 제기됐다. 하지만 투자자 보호를 위해 실적 등 기업공개를 축소해서는 안 된다는 반대론도 상당하다. 파이낸셜타임스는 이 같은 논란과 관련해 "헤지펀드 주주 등 무책임한 금융 기술자들이 기업 경영을 좌지우지하면서 경영인의 부담이 커진 것은 사실"이라고 보도했다.

미국은 1930년대부터 증권가에서 상장사에 분기 실적보고를 요구하는 관행이 있었고 SEC가 1970년 이를 공식화해 규제하기 시작했다. 유럽연합은 기업들이 6개월에 한 번만 실적을 공개하고 나머지 분기는 매출 등 간략한 사항만 발표하고 있다. 다만 글로벌 기업은 대부분 미국 기준에 맞춰 분기마다 한 번씩 실적을 발표한다.

미국 기업들은 실적 발표 횟수를 줄이는데 찬성하는 분위기다. 미 상공회의소 관계자는 "21세기에 어울리지 않는 1930년대 공시 제도가 기업에 부담만 주고 있다"고 비판했다. 트럼프 대통령과 만난 자리에서 이를 제안한 인드라 누이 펩시 콜라 최고경영자는 과거 수차례 단기 성과주의의 부당함을 지적했다.

상장사들은 SEC의 규제가 완화되면 매 분기 실적 전망(실적 가이던스)을 내도록 강요하는 관행도 없어져야 한다고 목소리를 높이고 있다. 기업들이 영업 상황과 관계 없이 미리 내놓은 숫자에 실적을 끼워 맞춰야 하는 등 부작용이 크다는 이유에서다.

워런 버핏 빅셔해서웨이 회장과 제이미 다이먼 JP모간 회장 등이 이끄는 200여 명의 미국 CEO 그룹은 지난 6월 "단기 실적주의가 미국 경제에 해를 끼치고, 지난 20여 년간 미국 상장사 숫자가 줄어든 데도 영향을 미쳤다"는 성명을 내놓기도 했다. 최근 일론 머스크가 주주들의 압박으로 테슬라 상장 폐지를 추진하는 등 기업들이 상장을 회피하는 부작용도 함께 지적한 것이다.

그러나 트럼프 대통령의 발언이 즉각적인 규제 완화로 이어질지에 대해서 전망이 엇갈린다. SEC는 독립위원회로 트럼프 대통령의 지시를 받는 기관이 아니다. 여전히 일부 투자자는 기업들이 더 많은 정보를 투명하게 공개해야 한다고 주장하고 있다. 또 분기 실적 공시는 글로벌 표준으로 굳어졌고, 시스템을 바꾸는 게 주주에게는 직접적인 혜택을 주지 않는다.

이날 월스트리트저널은 트럼프 대통령의 트윗과 관련, 금융당국이 상장기업과 투자자들이 장기적인 기업 발전에 집중하도록 촉진하는 방안에 대한 의견을 수렴하는 문서를 다음 주께 발표할 예정이라고 보도했다. 제이 클레이턴 SEC 위원장은 성명을 통해 "위원회 차원에서 실적 발표 횟수를 연구하고 있다"고 밝혔다.

한국경제신문. 2018.8.20.

위의 논의는 그렇게 간단하지 만은 않다. 우리 주식 투자자들은 유난히도 단타 위주의 주식 투자를 해왔다. 평균적으로 1년에 두세 번 투자 대상 회사를 갈아타게 되는데 이러한 단기 투자자들에게 기업의 장기성과 결과가 무슨 의미가 있는지도 의문이다. 예를 들어 1년 회계기간 동안의 성과가 보고되기 이전에 단기 투자자들은 이미 해당 주식을 처분한 이후라서 이들 투자자들에게는 장기 성과는 아무 의미 없는 숫자일 수도 있다. 따라서 이러한 정책은 해당 국가의 투자자들의 투자 성향에 근거하여 판단되어야 한다. 물론, 경제 전반적으로는 기업이 장기성과를 극대화하는 방향으로 경영활동이 수행되는 것이 바람직하다고도 할 수 있지만 경제활동하는 개인들의 투자패턴은 각자 개인이 정하게 됨은 당연하다.

## '1년 임기' 농협금융 CEO들… "장기계획 못 짜"

농협 금융이 자회사 최고경영자의 짧은 임기를 두고 손질 방안을 고심하고 있다. 농협금융 자회사 CEO의 임기는 1년으로 국내 금융회사를 통틀어 가장 짧다. 중장기 경영전략을 세우고 추진하는데 상대적으로 힘이 떨어질 수밖에 없다는 지적이 나온다.

### 중장기 전략 세우기 힘든 자회사 CEO

21일 농협금융에 따르면 이대훈 농협은행장과 오병관 농협손해보험 사장은 각각 올해 선임됐지만 내년 1월이면 임기가 끝난다. 금융계에서 CEO임기가 1년인 것은 드문일이다. 금융업은 단기 실적보다는 중장기 리스크까지 고려한 경영전략을 중요하게 여기는 분위기여서다. 신한 KB 하나 금융은 자회사 CEO에 대해 기본 2년 임기 후 1년 단위로 연임할 수 있도록 했다.

반면 농협금융은 기본 임기가 1년이며 연임은 1년 단위로 가능하다. 농협금융지배구조 내부 규범(제3장 38조)상으로는 최초 선임 시 임기는 2년 이내로 하되 연임할 수 있다는 대목이 나오지만 실상은 1년씩 임기를 두고 있다. 고태순 농협캐피탈 대표와 서기봉 농협생명대표도 지난해 1년씩 기본 임기를 마치고 올해 1년 연임됐다.

이런 '초단기 임기'는 김용환 전 농협금융회장 시절 실적을 끌어올리기 위한 지침이었다. 느슨해지지 말고 실적에 신경 쓰라는 취지였다 하지만 최근 들어 농협 금융 내부에서 이런 인사 정책에 대한 문제 제기가 이어지고 있다. 중장기 전략을 세우기 어렵고 리스크 관리에 상대적으로 소홀해지는 부작용이 있다는 지적이다.

현업을 파악하고 전문성을 발휘할 만한 시간적 여유가 부족한 것도 한계점으로 꼽힌다. 취임 후 사업장을 다니며 현장 점검을 하면서 2~3개월을 보내고 나면 임기의 4분의 1이 끝나는 식이다. 달라지는 경영환경을 분석하고 시뮬레이션을 하려면 최소 반년 이상은 걸린다는 전언이다. 농협금융 관계자는 "초단기 임기로는 직전 CEO가 추진해오던 업무를 이어받아 추진하는 데 그치는 수준이 될 수밖에 없다"며 "이런 게 반복될수록 경영 환경 변화에 대응할 수 있는 경쟁력을 쌓을 기회도 사라질 것이란 우려가 많다"고 말했다.

### 해외 대형은행은 CEO 평균 임기 5.8년

2005년부터 13년째 JP모간체이스 회장 겸 CEO를 맡고 있는 제이미 다이먼의 사례도 눈여겨볼 필요가 있다는 의견도 있다. 다이먼은 JP모건을 자산 시가총액 기준 미국 최대 은행으로 키워냈다는 평가를 받고 있다. 올해 초에는 5년 연임이 확정됐다.

국내 은행장의 임기가 3년도 채 안 되는 국내 사정과는 확연히 다르다는 얘기다. 자본시장연구원에 따르면 JP모간체이스, 골프만삭스, 모건스탠리, 메릴린치, 뱅크오브아메리카, 씨티은행 등 미국 5개 대형 투자은행 CEO의 평균 재임 기간은 5.8년이다.

김광수 농협금융회장이 지난 4월 취임 직후 경영체질 개선 방안 중 하나로 CEO 장기성장동력 평가 시스템을 제시한 것은 이런 점을 고려해서다. 김회장은 다음달 CEO 장기성장동력 평가 시스템을 확립해 내년부터 적용할 계획이다. 그동안 농협금융 CEO 평가에선 당기순이익 및 내년도 실적 목표평가, 추진 현황이 위주였다.

내년부터 CEO를 평가할 때는 3~5년 중장기 전략 수립 및 추진 상황이 반영될 예정이다. 향후 이 같은 중장기 전략에 대한 비중을 절반까지 점진적으로 늘려가겠다는 목표다. 최우수고객(VVIP)의 평가도 CEO 평가 때 중요지표로 활용할 계획이다.

김회장을 비롯한 경영진은 자회사 CEO 기본 임기 연장을 추진할 방안도 고민 중인 것으로 전해졌다. 하지만 자회사 CEO의 임기는 이사회 통과가 필요한 사안이어서 추진 과정이 쉽지만은 않을 것이란 관측이 나온다. 농협금융 고위 관계자는"당장 CEO 임기를 늘리는 것은 절차상 어려움이 있어 평가 체계라도 먼저 바꾸는 것"이라며 "갈수록 중장기 전략을 얼마나 고민하고 추진하는가가 중요해질 것"이라고 말했다.

한국경제신문. 2018.10.22.

모 금융지주 계열사의 경우, 사외이사의 임기가 1년이며 문제가 없는 경우, 3연임 이후에 퇴임하게 되는 관례를 가진다. 사외이사는 업무 파악하고 회사가 어떻게 운영되는지를 이해하는 데 거의 1년을 쓰게 되므로 이해하기 어려운 제도이다.

## CEO 임기 길어야 3~4년⋯ 단기 실적 내는데 급급

보험업계는 왜 단기 성과주의에서 좀처럼 벗어나지 못할까. '사람이 너무 자주 바뀐다'는 점을 원인으로 지목하는 전문가가 많다. 보험사 최고경영자 임기는 해외에 비해 너무 짧고, 금융당국도 순환인사를 이유로 보험 담당자를 주기적으로 교체하고 있다. 이런 '단명 풍토'가 보험 산업 발전을 가로막는 걸림돌이 되고 있다는 것이다.

27일 보험연구원에 따르면 2013~2018년 국내 보험사 CEO의 재임 기간은 평균 35개월로 분석됐다. 생명보험사는 37개월, 손해보험사는 30개월이었다. 올해 국내 보험업계에선 10년 안팎 재임한 장수 CEO가 대거 퇴진했다. 차남규 전 한화생명 부회장, 이철영 전 현대화재보험 부회장 등이 물러났고, 홍봉성 라이나생명 사장은 연말까지만 일한다. 대다수 전문경영인의 임기는 길어야 3~4년 정도다.

금융지주 또는 대기업 계열에서는 보험사 대표 자리를 '커리어를 쌓거나, 거쳐 가는 자리'로 인식되기도 한다. 바짝 단기 성과를 내는 데 집중하게 하는 요인이다. 업계 관계자는 "미국과 유럽에는 5~10년 이상 재임하는 CEO가 많다"며 "나중에 자기 책임을 피하기 위해서라도 상품 설계와 서비스 품질에 공을 들일 수밖에 없다"고 했다.

경영진의 보수체계도 장기적 안목으로 경영할 유인을 제공하지 못하고 있다. 국내 보험사 임원 보수에서 기본급 비중은 68%에 달한다. 반면 미국 보험사는 73%가 장기 분할지급되는 성과급이다. 한상용 보험연구원 연구위원은 "국내 보험사 CEO의 장기 재임 기회를 늘리고, 보상체계에서 성과보수 비중도 늘려야 한다"며 "성과가 나쁘면 이연 지급분을 축소 또는 환수하는 조항도 필요하다"고 주장했다.

한국경제신문. 2020.12.29.

기본급과 성과급의 비중은 흥미로운 이슈이며 고민할 사안이다. 성과급 급여의 비중이 너무 높다면 이러한 성과급 formula에 치중하는 경영의사결정을 수행할 가능성이 높아진다.

대부분 최대주주가 있는 우리나라의 이사회에서 대표이사에 대해서 인사권한을 가지고 있기는 어렵다. 대표이사의 실질적인 선임권한은 최대주주의 몫이었다. 물론, 예외적으로 금융지주나 포스코, KT의 경우는 최대주주가 없으므로 이사회 내에서 사외이사들로 구성된 회장추천위원회를 구성하면서 이사회가 실질적인 최고의사결정을 수행하게 되지만 이는 매우 소수의 기업에 그친다.

모든 제도에는 순기능이 있고 당연히 역기능이 있다. 역기능 중에 하나는 사외이사들이 상근으로 회사에서 근무하지 않기 때문에 CEO 후보군에 대해서 옆에서 경험해 볼 수 있는 기회를 충분히 가졌는지에 대한 의문이다. '선무당이 사람 잡는다'는 우리의 속담도 있다. 같은 직장에서 동료로서 매일 매일 일과를 같이 하는 것과 정기적인 회의체에서 누구를 만나는 것 간에는 큰 차이가 있을 수 있다.

이러한 권한뿐만 아니라 상설위원회인 감사위원회를 지원하는 조직인 내부감사실의 책임자의 경우 어느 정도 감사위원회에 인사평가의 권한도 부여하는 기업도 있다. 물론, 이러한 조직이 감사위원회를 전담하여 지원하므로 인사고과의 주체가 감사위원회가 되는 것이 적법한 의사결정일 수도 있지만, 상근을 하지 않고 간헐적으로 회사에 가서 회의체 모임을 가지는 위원회가 실무자를 평가함에 있어서 얼마나 공정하게 평가를 할 정도로 많은 정보와 충분한 접촉을 하고 있는지 의문이다.

SK와 같은 이사회 중심 경영이라는 움직임은 우리 기업이 나아가려고 하는 방향을 생각할 때 옳은 변화이다. 그럼에도 한국 기업의 정서상 기업의 운명을 결정하는 절대절명의 의사결정을 수행할 때는 최대주주의 결심이 필요하기도 하다.

최근 LG전자가 스마트폰 사업을 26년 만에 포기하게 된다. 한때 전 세계 핸드폰 점유율 3위였던 LG전자의 사업부 포기는 최대주주의 의지 없이 의사결정하기 어렵다. 물론, 최대주주의 의지는 LG전자의 의결권과 무관하지 않다. 핸드폰 시장에 대한 미련을 버리지 못하고 지속적으로 추진한 것도 최대주주이며, 이 시장을 포기한 의사결정도 최대주주의 몫이었다.

LG화학에서 LG에너지솔루션이 분사되면서 배터리 사업이 LG의 차세대 먹거리를 주도할 사업 영역이 될 가능성이 높아졌다. 이 또한 고 구본무회장이 단기 업적에 무관하게 믿음을 가지고 장기 투자의 의지를 가지고 추진하였기 때문에 결실을 맺은 것이다. 1년, 2년, 또는 3년 임기의 전문경영인 대표이사가 추진하기는 어려운 일이다.

## 최태원 회장, SK텔레콤 회장직도 겸한다

최태원 SK그룹 회장이 SK그룹 핵심 계열사인 SK텔레콤 회장직도 맡아 미래 먹거리인 인공지능(AI) 사업을 직접 챙긴다.

SK그룹은 21일 배포한 자료를 통해 "최 회장이 SK텔레콤의 무보수 미등기 회장직을 맡아 AI 사업과 디지털 혁신을 가속화하는 데 힘을 보탤 것"이라고 밝혔다. 미등기 회장으로 보임되는 만큼 이사회에 참여하지는 않고 경영진과 이사회가 근본적 혁신을 주도할 수 있도록 '조력자' 역할을 맡게 된다고 SK그룹은 설명했다.

최 회장은 SK그룹의 투자형 지주회사인 SK㈜에서는 대표이사 회장으로서 이사회에서 의사결정을 하고 있다. 반면 SK이노베이션과 SK하이닉스에서는 미등기 회장으로서 조력자 역할을 하고 있다. 최 회장이 SK텔레콤 회장직을 맡기로 한 것은 회사의 전방위적 혁신을 이끌어 '글로벌 AI 컴퍼니'로 성장시키기 위해서라고 SK그룹은 덧붙였다. 최 회장은 이날 SK텔레콤 사내 게시판에 올린 글을 통해 "글로벌 AI 컴퍼니로의 혁신은 더는 미룰 수 없는 과제이며, 도전을 위한 기회와 시간도 얼마 남지 않았다"면서 "SK텔레콤의 도전에 함께 하고자 한다"고 밝혔다.

문화일보. 2022.2.21.

어떻게 보면 최태원 회장의 이러한 위치는 이재용 삼성전자 회장이 맡고 있는 미등기 무보수 회장의 위치와 유사하다고 할 수 있다.

## SK '이사회 역량 지표' 만든다

이사회 중심 경영에 속도를 내고 있는 SK그룹이 이사진의 역량 지표를 만들어 외부에 공개하기로 했다. 경영진과 친소 관계가 아니라 전문성 지식을 기반으로 이사진을 선발했다는 점을 강조하기 위해서다. 주주와 투자자들이 궁금할 수 있는 정보를 공개해 글로벌 기업 수준의 거버넌스 체계를 구축하겠다는 취지다.

27일 업계에 따르면 SK(주)는 이사회 역량 현황표를 만들어 이르면 다음 달 정기주주총회에 공개할 예정이다. BSM(Board Skills Matrix)에는 재무, 네트워킹 등의 역량을 갖춘 사내외 이사들이 현황이 담길 예정이다. 예컨대 전체 이사회 멤버 중 여성 이사는 몇 명인지, 마케팅을 전문으로 하는 이사는 누구인지 등이 공개된다. 다만 이사진 개개인에 대한 평가 기준을 세부적으로 공개하진 않는다.

BSM는 코카콜라, 마이크로소프트 등 글로벌 기준에서 일반화된 지표다. 이사회 구성원들의 역량과 인종 및 성별 정보를 담았다. SK(주)도 BSM을 이사회에 대한 투자자와 주주들의 이해도를 높이는 도구로 쓸 계획이다.

SK이노베이션 등 주요 계열사도 BSM과 비슷한 이사진 현황표를 마련해 활용 중이다. 다만 이를 외부에 공개할지는 아직 결정하지 않았다. 현황표 공개 여부 역시 이사회가 판단할 일이라는 게 회사 측 설명이다.

최근 SK이노베이션 이사회는 예비 이사들에 대한 평가를 마치고 신임 이사 후보를 결정했다. 각 후보의 ESG, 금융, 신사업 분야 전문성 및 역량을 종합적으로 판단했다. 산하 사외이사후보추천위원회와 인사평가보상위원회를 합치고 이사회 독립성도 강화 중이다.

SK는 ESG 중에서도 특히 G(지배구조) 분야를 강화하는 데 힘쓰고 있다. 최태원 회장은 지난해 12개 관계사 사외이사들과 세 차례 워크숍을 열고 지배구조 혁신 방안을 논의하는 등 전사적인 '거버넌스 스토리' 마련을 주문했다. SK계열사 이사회는 독립된 최고 의결기구로서 최고경영자 후보 추천뿐 아니라 평가와 보상에도 관여하고 있다. 산하에 인사위원회, ESG 위원회를 두고 중장기 성장전략 검토 등의 업무를 담당한다.

한국경제신문. 2022.2.28.

포스코홀딩스는 이를 역량구성표로 번역하여 기업시민보고서에 보고하는데 KT도 이러한 내용을 보고한다.

# 분식회계에 있어서의 감사/감사위원, 직원의 책임

다음의 내용은 한국상장회사협의회 강경진 상무(2021)의 발제 내용에 근거한다.

자본시장법상 과징금은 등기임원에게 부과되지만, 신설된 외감법상 과징금은 회사 관계자를 포함하고 있으며, 회사 관계자의 범위에는 회계업무 담당자가 포함된다(외감법 시행령 별표1 과징금 부과기준). 아울러 금감원 보도자료를 보면 과징금 부과대상 중 '회사 관계자'를 '회사 임직원'으로 표현하고 있으며, 이를 통해서도 직원 역시 요건에 해당하면 과징금 부과대상으로 볼 수 있다는 것을 확인할 수 있다. 다만, 현재까지 회계업무를 담당하는 실무자에게 과징금이 부과된 경우는 아직 없으며 최근 감사에게 과징금을 부과한 사례가 최초로 발생하였다.

회사, 감사인, 회사관계자에 대한 과징금(외감법과 자본시장법으로 구분하여) 관련된 내용은 다음과 같다.

### 회사에 대한 과징금, 회계분식 금액의 20%(외감법)

회사관계자에 대한 과징금·회사의 대표이사, 감사, 회계업무담당자, 업무집행지시자 등 (외감법)＝Min(보수 등 금전적 보상의 5배, 회사 과징금의

10%) 외감법상

위의 법 내용에서 분식 금액의 20%가 회사에 대한 과징금으로 부과될 수 있고, 이 과징금 중, 10%가 개인에 대한 과징금이 될 수 있으므로 이를 종합 하면 분식금액의 2%가 개인에 대한 과징금으로 부과될 수 있다.

대우조선해양의 분식이 5조 분식이라고 하면, 회사에 대한 과징금 최고액 은 1조가 될 수 있고, 개인에 대한 과징금이 1,000억이라는 천문학적인 숫자 가 될 수 있다.

**자본시장법상 과징금**
감사인에게는 자본시장법상 감사보수의 2배 한도
감사인에게 외감법상 감사보수의 최대 5배 한도

과거에 신외감법의 기초를 닦은 회계선진화TF가 가동될 때도 분식회계와 부실감사에 대해서 개인 차원에서의 조치를 하게 되며, 부실감사에 대해서는 감사인에 소속된 개인 공인회계사들도 조치의 대상인데 기업의 경우, 실무자 들은 어떠한 이유에서 조치에서 예외가 되며 오직 CEO 및 CFO만 징계를 받 게 되는지에 대한 의문이 제기되었다. 물론, 이러한 징계에는 감사범위 제한, 자격증에 대한 제한 등의 업무 관련된 제재도 포함되며 과징금 등의 금전적인 제재도 포함된다. 이러한 논란 끝에 신외감법에서 회사관계자에 임직원이 포 함되면서 금전적인 제재가 포함된 것으로 이해하면 된다. 물론, CEO와 CFO 는 재무제표에 대한 확인서를 감사인에게 써 주었기 때문에 책임이 없다고 하 기 어렵다.

위의 내용에 근거하면 이제부터는 CEO, CFO뿐만 아니고 점검/모니터링 의 의무가 있는 상근감사/감사위원회도 해임권고, 직무정지 6개월, 개인 과징 금 등의 책임에서 예외가 아니며 하물며 등기 여부와는 무관하게 실무자들까 지도 개인 과징금을 부과받을 수 있다. 즉, 회계사기에 대한 책임은 전방위적 으로 기업과 회계법인의 임직원에게 책임을 묻게 된다.

리드라는 회사에 대해서 처음으로 감사에게 과징금 부과하게 되며 그 내 용은 다음의 기사와 같다.

## 회계기준 위반 내부감사에 과징금…외감법 개정 후 첫사례

2018년 외부감사법이 전면 개정된 이후 회계처리기준을 위반한 내부감사에게 처음으로 과징금이 부과됐다.

금융위원회는 13일 정례회의를 열어 회계처리 기준을 위반해 재무제표를 작성·공시한 비상장법인 ㈜리드의 전 업무집행지시자(회장)에게 6억 9천 250만원, 전 대표이사에게 5억 6천 960만원, 전 담당임원에게 1억6천 610만원, 전 감사에게 1천 350만원의 과징금을 각각 부과했다.

회사와 전 회장 등 4인을 검찰에 고발하고 증권발행 12개월, 과태료 4천 800만원, 감사인 지정 3년 등의 조치도 함께 했다.

금융위에 따르면 디스플레이 제조용 기계 제조업체인 리드는 2017~2018년 경영진의 횡령 사실을 은폐하기 위해 약 800억원 상당의 대여금을 허위 계상했다.

또 보증서 등을 허위로 작성해 대손충당금을 과소계상하고 기계장치를 매입한 것처럼 회사자금을 유출한 것으로 조사됐다. 이 회사는 매출을 과대 계상하거나 허위 세금계산서를 제출해 외부감사를 방해하기도 했다.

2018년 11월 시행된 개정 외감법에 따르면 회계기준을 위반한 감사인에 대해 과실이나 고의성 정도에 따라 감사보수의 최대 5배의 과징금을 부과할 수 있다.

금융위 관계자는 "이전에는 감사가 회계부정을 예방하지 못했어도 불이익 조치를 할 수 없었지만, 법 개정으로 내부 통제를 제대로 하지 못했다는 책임을 물을 수 있게 됐다"고 말했다.

연합뉴스. 2021.7.13.

KB금융지주와 포스코는 기업지배구조 차원에서 롤모델이 되는 기업들이다. 이들 기업이 사외이사를 추천하는 과정을 검토한다.

KB는 사외이사후보인선자문단을 구성하여 자문단이 사외이사후보추천위원회에 후보를 추천하게 된다. 자문단이 사용하게 되는 사외이사 풀은 헤드헌터라고 불리는 search firm을 이용하게 되는데 어떤 search firm을 선정할지는 회사 측의 의견, 즉 결국은 CEO의 의견이 반영될 수밖에 없는 구도라는 비판을 받기도 하는데 확인은 어렵다. 또한 search firm들은 이러한 추천으로부터 수수료를 받기 때문에 CEO에게 우호적인 후보를 추천하는 경향이 있다고도 한다. KB의 자문단도 KB의 사외이사후보추천위원회에 3배수의 후보를 추천한다.

## 사외이사후보추천위원회 시스템 점검

검증 단계 한 차례 더…포스코의 후보추천자문단
② 원로급 5명 이사후보추천위에 3배수 제안, 명단은 비공개…
후보추천 경로도 비공개

기업경영 감독, 이사회 독립성 제고를 위한 사외이사의 중요성은 갈수록 커지고 있다. 그러나 사외이사 후보군이 어떻게 관리되고 있고 추천·선임되는지는 기업마다 사실상 베일에 싸여 있는 상황이다. 후보군 관리, 추천 경로 공개 등을 요구하는 금융사 지배구조법과 달리 비금융 기업은 사외이사후보 추천 시스템이 자율에 맡겨져 있다. 주요 기업의 사외이사후보추천 시스템을 들여다보고 절차적 투명성을 높이기 위한 방안을 살펴본다.

포스코는 사외이사 후보풀 현황을 공개하는 등 비금융 기업 중 사외이사후보추천 시스템이 한발 앞서 있다는 평가를 받는다. 사외이사후보추천의 검증도 한 단계 더 거치도록 시스템을 구축하고 있다. 다만 후보 추천 경로 등에 대해서는 정보 제공에 제한을 두고 있다.

포스코의 사외이사후보추천위원회 명칭은 이사후보추천및운영위원회(이하 이사후보추천위)다. 통상의 기업처럼 이사후보추천위에서 최종 사외이사 후보를 추천해 주주총회 의결을 거쳐 선임되는 것은 비슷하다. 포스코 이사후보추천위는 현재 정문기(위원장), 김성진, 권태균 등 3명의 사외이사와 정탁 부사장 등 4명으로 구성돼 있다.

포스코 사외이사 후보 추천 과정에서 눈길을 끄는 점은 이사후보추천위에 앞서 사외이사후보추천자문단(이하 자문단)이라는 비 이사회 기구를 통해 한 차례 더 검증하는 과정이다. 자문단은 2004년부터 운영돼왔다. 포스코 관계자는 "자문단은 이사회에 매년 사외이사 선임 수요가 있어 상시 소집·운영되는 기구로 보면 된다"고 설명했다.

출처=포스코 기업지배구조보고서, 기업시민보고서

포스코 이사후보추천위는 자문단으로부터 사외이사 후보 추천 제안을 받기 위해 전년도 12월 자문단 운영안을 의결한다. 자문단은 산업계, 금융계, 학계, 법조계 등 사회적으로 신망이 높은 원로급 인사 5명으로 구성돼 있다. 자문단은 이사후보추천위에 선임 예정 이사의 3배수를 제안한다.

자문단이 검토하는 사외이사 후보 추천 경로는 이사후보추천위원, 주주, 외부 자문기관(Search Firm) 등으로 구성돼 있다. 하지만 금융회사들과 달리 후보군의 추천 경로에 대해서는 전혀 정보를 제공하지 않는다.

포스코 관계자는 "외부 자문기관 등 후보 추천 경로는 다양한 것으로 알고 있다"며 "그러나 대략적인 언급만으로도 사외이사후보 추천의 공정성에 대한 우려가 있을 수 있기 때문에 공개하기 어렵다"고 했다.

포스코가 지배구조 투명성을 높이기 위해서는 선제적으로 후보 추천 경로를 공개할 필요성도 제기된다. 금융사지배구조법 규제를 받는 금융사 중 사외이사후보추천 시스템이 가장 잘 갖춰져 있다는 평가를 받는 KB금융지주의 2020 연차보고서에 따르면 사외이사후보 추천 경로에 대해 외부 전문기관, APG Asset Management Asia 등으로 공개한다.

포스코 자문단 인사 면면은 공개되지 않는다. 자문단 명단이 공개되면 독립성, 공정성을 강화하기 위한 자문단 운영 취지가 약화될 수 있다고 판단한 것으로 보인다.

출처=포스코 2020 기업시민보고서

포스코는 2018년부터 사외이사 후보 발굴 과정에 주주가 직접 참여하도록 하는 '주주추천 제도'도 도입했다. 주주로부터 추천받은 후보도 자문단의 자격심사를 거친다.

포스코 자문단은 KB금융지주의 '인선자문단'과 유사한 조직이다. KB금융지주는 사외이사후보추천위원회의 추천, 투표 등을 통해 선정된 외부 인선자문위원들이 후보자들의 전문성과 역량 등에 대해 정량 평가를 거쳐 사외이사 후보군을 압축해 사외이사후보추천위원회에 넘긴다.

포스코 사외이사후보추천 시스템을 지원하는 사내 조직으로는 IR그룹과 인재경영실이 있다. IR그룹은 주주제안으로 사외이사후보 추천이 접수되면 주주제안 요건 충족 여부를 1차 확인하는 일을 한다. 인재경영실 소속 직원 3명이 이사후보추천위를 보좌

한다.

포스코는 지속가능보고서인 기업시민보고에서 올해 처음 사외이사 후보 풀도 공개했다. 지난해 말 기준 283명, 이 중 여성 후보군은 66명이다. 2019년 말에는 142명, 여성 후보군 18명이었다. 한국기업지배구조원 지배구조 모범규준은 사외이사후보군 관리를 권고하는데, 비금융 기업 중 사외이사 후보 풀을 공개하는 곳은 포스코가 유일하다.

사외이사 후보 풀을 관리하기 시작한 시점은 2000년대 중반 자문단 운영을 시작한 때와 비슷한 것으로 전해진다. 포스코 관계자는 "최근 기업지배구조 등 ESG가 강조되는 상황에서 후보군 관리 현황을 기업시민보고서를 통해 공개하게 됐다"고 말했다.

사외이사 후보군을 공개하고, 자문단을 운영하는 포스코는 지배구조부문에서 높은 평가를 받는다. 지난해 KCGS의 상장사 ESG 평가 지배구조부문은 'A+' 등급을 얻었다. 최상위 'S'를 받은 기업이 없어 'A+'는 사실상 최고 등급이다.

일각에서는 투명성, 공정성을 강조하는 포스코의 사외이사후보추천 시스템이 민영화를 거친 기업, 총수 없는 기업 특성을 고려해야 한다는 시각도 있다.

포스코는 국민연금이 최대주주로 '주인 없는 기업'이라는 평을 듣기도 한다. 공기업에서 민영화를 거쳤음에도 정부 영향에서 자유롭지 않았던 게 사실인데, 그만큼 지배구조 투명성에 대한 사회적 요구에 더욱 부응해야 하는 위치에 있었다는 설명이다.

포스코는 2000년 민영화됐으나 정권교체 시기마다 사외이사 선정 과정에서 잡음이 많았다. 지배구조업계 관계자는 "포스코의 지배구조는 다른 비금융 대기업보다 우수한게 사실"이라며 "이 같은 배경에는 총수 없는 전문 경영인 체제, 민영화 기업으로 사외이사후보 추천 시스템, 최고경영자 승계 등에서 총수 있는 기업보다 시스템으로 작동될 수 있도록 할 요구가 더 크다는 사실을 염두하고 봐야 한다"고 말했다.

더벨. 2021.7.5.

실제로 2018년 APG Asset Management Asia와 로베코(로테르담투자컨소시엄)가 주주제안으로 추천한 인사가 사외이사후보로 주주총회 안건을 상정하는 이사회에서 추천되기도 하였다. 포스코홀딩스의 경우, 현재 선임된 사외이사는 7인으로 원래 사외이사 정원은 8인으로 되어 있고 1인의 사외이사는 주주제안에 의해서 선임되는 것으로 되어 있다. 현재로서는 주주 제안 제도에 의한 사외이사는 공석으로 남겨져 있다.

주인이 없다 보니, 과거에 정치권과 가까운 인사들이 포스코에 선임되는 경우도 있었고, 독립성이 완전히 확보된 상황은 아니었다. 그러다가 정권이 바뀌면 연임이 어려워지는 경우도 발생하였다. 물론, 임기를 마친다고 모두 연임이 되어서도 안 된다. 또한 포스코는 과거에 변호사인 제프리 존스, 두산의 부회장이었던 제임스 비모스키 등 인종적으로 외국인인 사외이사를 선임하기도 하였다.

현재 2022년 3월 주총 이후, 포스코홀딩스의 이사회는 사내이사 4인, 기타비상무이사 1인, 사외이사 7인으로 구성되어 있다.

이러한 오랜 기간 동안의 경험이 축적되어 현 제도는 어느 누구로부터의 영향력으로도 자유로운 상황에서 사외이사가 선임되는 듯하고, 사외이사 내정자 본인들도 사외이사후보추천위원회에서 후보자로 확정된 이후에 연락을 받게 되므로 후보자로 거론이 되고 있다는 사실을 전혀 모르는 상황에서 선임과정이 진행된다. 따라서 가장 이상적이고 중립적인 선임과정이다. 본인이 후보로 검토되고 있다고 하면 로비를 할 가능성도 있기 때문에 비공개로 선임 과정이 진행됨이 가장 바람직하다.

주주제안을 모든 주주를 대상으로 확대한다면 감당할 수 없이 많은 후보자가 추천될 수 있기 때문에 쉽지 않은 결정과정일 수 있다.

현대글로비스는 2018년 처음으로 주주추천 사외이사를 선임하면서 주주권익보호담당으로 지정하게 된다. 현대자동차그룹은 현대글로비스가 2018년에 이렇게 사외이사를 선임하며 다른 계열사로 점진적으로 확대해 나갈 계획이라고는 하였지만 2018년 이후에도 이렇게 진행되지는 않았다. 이러한 과정에 관여하였던 APG Asset Management도 더 이상 이러한 주주추천 사외이사를 현대차그룹에 추천하지 않고 있다. 현대차그룹의 기업지배구조 개선과 관련된 진정성을 믿기 때문에 더 이상 추진하지 않는다는 APG 측 내부 의견이다.

포스코는 기업의 IR에 사외이사들이 참석하는 등 주주친화적인 경영활동을 수행하고 있는 점도 매우 흥미롭다.

실제로 최대주주가 없다는 것이 포스코의 건전한 기업 지배구조에 장점이 될 수도 있고 아니면 단점이 될 수도 있다. 금융그룹과 달리 규제 산업이 아니므로 정부가 개입할 여지가 없기도 하지만 동시에 주인이 없다는 것은 정부가 개입할 여지가 많은 것일 수도 있다. 최대주주가 있다면 정부가 민간기업에 개입한다는 것은 매우 어렵다. 물론, 정경유착의 경우는 최대주주가 있어도 정부가 관여하는 것은 얼마든지 가능하다.

사외이사를 선임하는 과정에서 내부 인사를 완전히 배제하는 것이 바람직한지도 의문이다. 금융에서 가장 많은 주목을 받는 KB금융지주와 공기업적인 성격이 강하지만 동시에 민간 기업인 포스코가 가장 많은 관심하에 사외이사를 선임하고 있으니 이 두 회사를 예로 들어 설명한다.

과거에는 사외이사후보추천위원회에 CEO 또는 사내이사들이 참여하면서 회사 측에서 희망하는 input을 넣기도 하였지만 최근 대기업의 추세는 사내이사들이 사추위에 포함되지 않는 것이 대세인 것 같다. 포스코와 같이 사내이사가 최근까지 사추위에서 활동을 하지만 2022년부터는 사외이사는 사추위에서 제외되며, 위의 신문기사와 같이 사외이사 선임 과정이 진행된다면 기업 측에서 input을 넣을 기회라고는 전혀 없다. 오히려 기업도 희망하는 사외이사의 자격 등이 있을 것인데 회사의 실무자들은 거의 행정적인 업무 처리만 수행하게 된다. 어떻게 보면 누구를 선임할지에 대해서는 회사에서 의견을 낼 수 없지만 최소한의 자격 요건에 대해서는 회사도 사외이사후보추천인선단(KB의 경우)이나 사외이사후보추천자문단(포스코의 경우)에 의견을 전달할 수 있어야 한다. 예를 들어 법조인을 선임한다고 할 때, 공정거래 관련된 법 전공자가 더 필요할 수도 있고 상법이나 금융에 특화된 전문가가 필요하다고 회사가 판단할 수도 있다. 또한 법학전문대학원 교수를 선호할 수도 있고 아니면 실무 법률 전문가를 선호할 수도 있다.

주인이 없는 기업의 지배구조에 대한 비판 중의 하나는 사외이사들에게 CEO 선임권한이 있으므로 CEO가 사외이사 선임에 영향을 미치고 이렇게 선임된 사외이사들이 CEO를 연임시키며 그들만의 league를 형성한다고 공격받기 쉽다. 그러나 적어도 KB나 포스코와 같이 사외이사들이 선임된다면 적어도 사외이사들이 CEO에게 선임과 관련되어 빚이 있는 경우는 아니다.

KB나 포스코 등의 기업이 아니고 최대주주가 있는 경우에 최대주주와 사외이사들은 혈연, 지연, 학연으로 얽히게 되기 쉽다. 즉, 최대주주의 지인이 인적 관련성을 가지고 선임될 가능성이 높다. 물론 대기업일 경우는 이렇게 인적 관계로 사외이사를 추천/선임하게 되는 경우 국민연금 등의 반대에 부딪히게 될 수 있다. 최대주주가 영향력을 행사하여 선임된 사외이사들이 최대주주가 듣고 싶지 않아 하는 쓴소리를 하기는 현실적으로 어렵다. 이러한 사유 때문에 국내의 사외이사 제도가 겉돈다는 비판을 받는 것이다.

6년 전이기는 하지만 저자가 KB 계열사 사외이사를 맡고 있을 때 경험해 보니 KB금융지주는 사외이사 pool을 update해 가면서 상시 전문 분야별로 유지하다가 사외이사 공석이 있을 때마다 이 풀을 이용하는 듯하다. 금융지주의 경우 위와 같은 정치한 사외이사 선임 process가 있지만 계열사는 모두 비상장회사라서 지주회사 회장의 선임권한이 절대적인 듯하다.

삼성금융계열사의 경우는 각 계열사별로 사외이사후보자군을 유지하고 있으며 공석이 없는 경우라고 항시적으로 이 pool을 1년에 한 번씩 update하고 있다.

# 60

# 속도 조절

　　새로운 제도를 도입할 때, 입법기관 또는 주관 행정 부서에서 가장 고민하는 부분이 어느 회사들에게 이러한 새로운 제도를 적용할지이다. 몇 가지 건에 대해서 이러한 고민을 공유한다. 규제와 감독이 규제산업인 금융기관과 상장기업을 대상으로 우선적으로 적용된다는 데는 이견이 없다.

내부회계관리제도는 기업이 경영목적을 달성하기 위하여 설치·운영하는 내부통제제도의 일부분으로서, 기업회계기준에 따라 작성·공시되는 회계정보의 신뢰성을 확보하기 위하여 기업내부에 설치하는 회계통제시스템이다. 2001년 9월 기업의 부실위험을 조기에 파악하기 위하여 「기업구조조정촉진법」(구촉법)에 '내부회계관리제도'를 한시적으로 의무화하였다. 2003년 12월 「주식회사의 외부감사에 관한 법률」로 이관하여 항구적으로 법제화하였다. 2005년에는 실무적용을 원활화하기 위하여 「내부회계관리제도 모범규준」과 「적용해설서」를 마련(2005년 6월, 2005년 12월)하여 내부회계관리제도를 설계·운영·평가·보고하는데 필요한 기본원칙 및 구체적인 해설과 사례를 제시하였다. 「중소기업 적용해설서」를 마련(2007년 6월)하여 상장중소기업 및 비상장대기업의 실무적용에 있어 부담을 완화하였다.

　　[네이버 지식백과] 내부회계관리제도 [Internal Accounting Control System]

(금융감독용어사전, 2011. 2.)

내부회계관리제도란 재무제표 오류와 부정비리를 막기 위해 재무보고와 관련된 회사 업무를 관리 통제하는 내부 통제 시스템을 말한다.

외부감사에 관한 법률(외감법) 개정에 따라 2005년부터 상장기업과 자산 1,000억원 이상인 비상장 기업은 외부감사인의 검토를 의무적으로 받고 있다.

2018년 신외감법 도입으로 2019년 사업연도부터 자산 2조원 이상인 상장기업부터 순차적으로 "검토의견"이 아니라 "감사의견"을 받아야 한다. 2023년부터 전체 상장사로 확대된다. 한국거래소는 코스닥에 한해 내부회계관리 비적정 기업을 '투자주의 환기'종목으로 지정하고 2년 연속 '비적정'을 받으면 상장적격성 실질심사에 올린다.

[네이버 지식백과] 내부회계관리제도 (한경 경제용어사전)

처음 내부회계관리제도가 도입될 때는 이 제도를 모든 외감기업을 대상으로 시행해야 하는 것은 아닌지에 대한 의견이 있었다. 당시에 적용되던 외감대상은 자산규모, 120억원 이상이 되는 기업이었는데 자산규모 120억원 이상되는 기업이라 봐야 매우 영세한 기업이라서 중소형 기업에 너무 많은 규제를 하는 것은 아닌지에 대한 비판이 있었다.

정부에는 규제개혁위원회라는 위원회가 있어서 정부기관의 규제 일변도 정책을 저지하는 역할을 수행하게 된다. 국토교통부와 같은 정부 부처도 규제개혁위원회를 가동하여 규제에 속도 제한을 두려고 한다. 동시에 정부의 기능은 규제에 있다는 것도 부정하기 힘들다.

규모가 큰 기업에 대해서 강한 규제가 의무화되는 것이 당연하며 규제의 확산은 당연히 차등적으로 진행된다. 규제기관에서 규모에 대한 대용치는 거의 대부분의 경우는 자산 규모이다. 매출 규모, 부채 규모, 사원 수, 주주 수, 종업원 수 등이 사용될 때도 있다.

때로는 자본금이 사용되기도 하는데 수년 전 상법이 개정되면서 무액면 주식의 발행이 가능하므로 앞으로 무액면 주식을 발행하는 기업이 있다면 자본금이 규모에 대한 대용치로 사용되기는 원천적으로 어렵다.

차등적으로 규제가 의무화되는 경우는 여러 곳에서 찾아볼 수 있다.

1. 내부회계관리제도에 대한 인증이 검토에서 감사로 강화되는데 이러한 제도의 변화 또한 차등적으로 진행된다.

**내부회계관리제도 감사 연결 재무제표**

2조원 이상 2023년

5천억원－2조원 2024년

1천억원－5천억원 2025년

1천억 미만 2025년


우리나라에 처음으로 내부회계관리제도가 도입되었을 때도 어느 정도 규모의 기업에 대해서 이 제도를 적용하여야 하는지에 대한 논의가 진행되었다. 2001년 도입 당시에는 당시 외감 대상 기업(당시 자산 규모 70억원)에 대해서 적용하는 것이 옳다는 의견도 있었지만 외감대상 기업이라는 것이 갓 회사의 형태를 갖추는 정도의 중소기업이 많은 상황에서 이는 무리이며 '제도를 위한 제도'라는 반대 의견도 적지 않았다. 결국 상장기업과 <u>자산 규모 1,000억원이 넘는 비상장기업</u>에 이 제도가 적용된다.

연결 내부회계관리 제도는 2022년부터 자산 2조원 이상 상장사에 첫 적용되고, 2023년에는 자산 5,000억 이상, 2024년에는 모든 상장사 전체를 대상으로 시행할 계획이었다. 하지만, 자산 2조원 이상 상장사의 경우 해외 계열사가 많은데 코로나로 해외출장이 제한되면서 내부회계관리제도 구축이 현실적으로 어려워서 위의 일정과 같이 제도 시행을 1년 유예하게 되었다.

**"중기 부담 주는 내부회계관리제 외부감사 재검토"**

고승범 금융위원회 위원장이 2023년부터 시행하기로 했던 중소기업 내부회계관리제도 외부감사를 재검토하겠다고 1일 밝혔다. 고 위원장은 이날 서울 여의도 63빌딩 컨벤션센터에서 열린 '제4회 회계의 날' 기념식에 참석해 축사에서 "우리 기업은 회계 개혁 대상이 아니라 중요한 동반자인 만큼 앞으로 기업, 특히 중소기업의 목소리에 귀를 기울이면서 회계 정책을 추진해 나가겠다"며 이 같이 말했다. 고 위원장은 "미국은 내부회계관리제도 외부 감사를 시행하기로 했다가 소규모 상장기업에는 실익보다 비용이 많이 든다는 이유로 철회했다"며 "미국은 우리가 벤치마킹한 사례인 만큼 시사점이 크다"고 했다. 그는 이어 "제도 개선을 위해서는 외부감사법 개정이 필요한 만큼 국회와 조속히 논의를 시작하겠다"고 말했다.

내부회계관리제도는 기업 재무 정보의 신뢰성을 확보하기 위해 재무담당 부서가 작성한 지출과 수입 내역 등의 장부를 별도 절차를 통해 검증하고 통제하는 방안이다. 외부감사법이 개정되면서 상장사의 내부회계 관리에 대한 외부감사인의 인증 수준이 기존의 '검토'에서 '감사'로 상향됐다. 외부감사인(회계법인)은 기업 내부통제 시스템이 미흡하다고 판단하면 비적정 감사의견을 줄 수 있다.

내부회계관리제도 감사는 2019년부터 자산 2조원 이상 대기업에, 지난해부터는 자산 5,000억~2조원 중견기업에 각각 적용됐다. 내년에는 자산 1,000억~5,000억원인 기업에 도입될 예정이다. 이 때문에 대상 기업들은 내부회계관리시스템 구축 관련 용역을 한창 진행하고 있다.

당초 계획상으로는 2023년엔 자산 1,000억원 미만 기업에도 적용될 예정이었다. 하지만 이들 가운데 기술 특례로 코스닥에 상장한 벤처기업 등은 내부회계관리 시스템 구축을 위한 비용 여력이 부족한 곳이 많아 "무더기 상장 폐지가 나오는 게 아니냐"는 우려가 제기됐다. 금융위 관계자는 "자산 1,000억 미만 상장 기업은 여전히 영업적자를 보이는 곳이 많다"며 "감사 의무화로 인한 실익을 현실적으로 따져봐야 한다"고 설명했다.

한국경제신문. 2021.11.2.

## 배보다 배꼽이 더 큰 내부회계관리. 박재환

2018년 외감법이 개정되면서 상장 기업에 대하여 감사 수준의 인증을 요구하는 내부회계관리제도가 도입되었다. 감사 인증을 위해 회사는 주된 활동 전반에 걸쳐 실효성 있는 통제를 구축하고 이사회를 포함한 구성원들이 지속적으로 이를 실행하여야 하며 관리조직도 운영되어야 한다. 이러한 점을 고려하여 회사 규모별로 적용시기를 달리하였다.

다른 국가의 제도 운용 양상을 보면, 미국은 2004년부터 내부회계관리제도 감사를 실행하는 직접적 규제를 도입하였고, 영국은 내부회계 가이던스가 준수되지 못할 경우 이에 대한 설명 방식의 간접적 규제를 적용하고 있다. 미국은 제도를 도입하면서 시가총액 7,500만 달러 미만의 기업에 대해서 감사의무를 유예했다. 중소기업은 감사에 필요한 비용이 편익을 초과할 수 있다는 우려 때문에 시가총액이 7,500만~7억 달러로서 매출액이 1억 달러 미만인 기업에 대해서도 감사를 면제하여 제도를 운영하고 있다.

시기를 달리하여 시행되는 내부회계관리제도 감사가 2023년에 자산 1,000억원 미만의 중소기업에까지 전면 적용될 예정이어서 이에 대한 우려가 제기되고 있다. 고도의 통제 환경을 갖춘 시스템의 구축과 기능에 따른 세분된 인력을 필요로 하는 내부회계관리제도는 상당 기업규모일 때 통제의 효율성과 효과성을 가진다. 코스닥시장의 경우, 자산 1,000억원 미만의 기업이 50%를 차지하며, 100명 미만의 기업이 대략 40%나 된다. 종업원 100명 미만인 기업은 내부회계관리제도에서 요구하는 업무 분장 등의 통제환경을 갖추기가 어려워 감사 수준의 내부회계관리제도 구축조차 용이하지 않다.

매일경제신문. 2021.11.21.

미국에서 예외로 두는 기업을 정할 때, 시가총액, 매출규모를 기준으로 정하였다는 데 주목하여야 한다.

2. 분기 재무제표에 대한 검토 또한 점진적으로 확대되었다. 처음에는 자산규모 2조원이 넘는 기업에 의무화되다가 그 다음은 자산규모 1조원, 최근에는 자산 규모 5,000억원이 넘는 기업에 적용된다.

3. 회계에서 대상 기업을 확대할 때 항상 가장 큰 논란의 대상이 되는 경우는 외감대상기업의 선정이다. 수년에 한 번씩 외감 대상 기업의 수준을 높이게 되는데 (즉, 자산규모 70억원 → 100억원 등등) 회계업계는 인플레이션 등의 영향으로 돈가치가 떨어지면서 외감대상이 점진적으로 확대되어야 한다는 주

상이며 경제계는 중소기업에게 감사수임료가 부담되므로 외감 대상의 확대는 무리라는 이견이 항상 상충된다.

이를 역사적으로 조망해 보면 다음과 같이 제도가 변경되어 왔다.

- ○ 1980년 12월 31일 외감법 제정 당시에는 외부감사의 대상을 직전 사업연도말 자산총액이 30억원 이상 또는 자본금이 5억원 이상인 주식회사로 규정함
- ○ 1988년 4월에는 자산총액이 30억원 이상인 주식회사로 그 기준을 단일화함

아마도 자본금의 크기가 규모에 대한 대용치로 사용되는 것이 바람직하지 않다는 판단이 있었던 것도 같다.

- ○ 그 후 전반적인 회사의 규모가 커짐에 따라 1990년 3월에는 자산총액을 40억원 이상으로 상향조정함(외감대상 기업을 주식회사로 국한하지 않기 시작함. 주식회사의 외부감사에 관한 법률 명칭이 유지되었으므로 주식회사가 대상이었지만, 단지 아래 내용에서는 주식회사라고 기술하지 않음)
- ○ 1993년 5월에 자산총액을 60억원 이상으로 상향조정함
- ○ 1998년 4월에 자산총액을 70억원 이상으로 상향조정함

따라서 1998년에 70억원으로 외감대상 기업이 조정된 이후에, 거의 11년 만에 2009년 외감대상 기업이 100억원으로 조정된 것을 볼 수 있다.

현행 외감대상 기업 요건은 다음과 같다.

가. 직전 사업연도 말의 자산총액이 120억원 미만인 회사

나. 직전 사업연도 말의 부채총액이 70억원 미만인 회사

다. 직전 사업연도의 매출액(직전 사업연도가 12개월 미만인 경우에는 해당 기간을 12개월로 환산하며, 1개월 미만은 1개월로 본다)이 100억원 미만인 회사

라. 직전 사업연도 말의 종업원(「근로기준법」 제2조제1항제1호에 따른 근로자이며, 일용근로자 및 「파견근로자보호 등에 관한 법률」 제2조제5호에 따른 파견근로자는 제외한다) 수가 100명 미만인 회사

마. 사원 수가 50인 미만인 경우(유한회사에 한정한다)

종업원 수가 외감 대상 기업 선정 기준에 포함된 이유는 종업원 모두는 이해관계자이기 때문이며, 기업의 존속 여부는 종업원들의 고용 창출, 복지와 무관하지 않기 때문이다. 국가 경제에 기업이 고용창출 차원에서 기여한다는 점에서 종업원 수도 매우 중요한 변수이다. 매출액이 최근에 포함된 사유는 다음에서 찾을 수 있다.

### 권오형 한공회장 인터뷰

지난번에 부채규모 70억원, 종업원 수 300명으로 됐는데, 종업원 수 대신 매출액을 넣어야 합니다. 국회의원들도 바꿔야 한다는 데 인식을 같이 하고 있기 때문에 분위기는 마련됐다고 봅니다. 매출이 많으면 채권채무 이해관계자가 많게 되는데, 이해관계자가 많은 곳이 투명해지려면 감사를 받아야 합니다.

부채규모가 포함된 이유가 부채가 많은 기업의 경우, '채무' 이해관계자가 많다는 이유였을 것인데 매출이 많다는 것은 채권 이해관계자가 많은 것으로 제도를 이렇게 운영한다면 채권 채무가 모두 포함될 것입니다.

조세일보. 2010.7.13.

### 분식회계 땐 분식액 10% 과징금 낸다.

2011년 상법 개정으로 유한회사에 대한 사원 수 제한(50인 이하)과 지분양도 제한 규제가 폐지돼 사실상 주식회사와 비슷해졌다는 이유에서다. 다만 이해 관계자 수가 적은 유한회사에 대해선 외부감사를 면제해 주기로 했다. 또 일부 유한회사에 대해선 외부감사를 받더라도 감사보고서 공시는 면제해줄 방침이다.

한국경제신문. 2014.10.8.

감사보고서 공시의 면제 건도 논란이 있었다. 감사보고서를 의무화하면서 공시를 면제해 준다면 이 감사보고서는 과연 누구를 위한 감사보고서인지의 이슈이다. 즉, 과거에는 유한회사는 사원 수가 50인 이하여야 했는데 2011년 상법 개정 이후에 사원이 50인이 넘더라도 유한회사로 유지될 수 있으므로 실제로 유한회사나 주식회사에 대한 차이가 무의미하게 되며 유한회사도 신외감법에서 감사의 대상이 된다.

위의 외감대상을 선정하는 대상 기준에서 마. 요건이 포함된 이유는 2011년 상법 개정으로 인해서 유한회사가 사원 50인 이상 되는 경우도 유한회사로 설립될 수 있게 되었지만 그럼에도 유한회사의 사원수가 50인이 넘는 유한회사는 2011년 이전의 상법 개정 전의 기준에 의하면 유한회사의 자격이 안 되는 기업이다. 즉, 과거에는 주식회사에 해당하는 기업이며 따라서 유한회사의 사원의 수가 50인을 초과한다는 것은 이해관계자가 적지 않다는 것을 의미하므로 소규모 기업으로 인정받기 어려운 기업이다.


4. 회계제도와 관련된 규제는 아니지만 공정거래위원회가 상호출자제한 기업을 선정함에 있어서도 현재는 자산규모 10조원으로 그 하한선을 정하고 있지만 이 하한선도 기업의 규모가 커지면서 지속적으로 상향 조정되어 오고 있다. 또한 2017년부터는 이와는 별도로 자산규모 5조원이 넘는 기업 집단에 대해서는 공시대상 기업으로 선정하고 있다.

지난 30년 동안 공정거래위원회가 구분한 상호지급보증제한 기업 집단을 규정하는 기준은 아래와 같이 변경되었다.


1987년 자산 총액 4,000억원 이상

1993년 자산 순위 30위 이내

2002년 자산 총액 2조원 이상

2008년 자산 총액 5조원 이상

2016년 자산 총액 10조원 이상


1993년의 상호지급보증제한 기업 선정은 순위에 의한 상대적인 개념으로 진행된 점이 흥미롭다.

　물론, 대기업 중심의 규제를 가져가면서도 어떤 기업이 규제의 대상이 되어야 하는지의 판단은 주관적인 판단의 영역일 수밖에 없다. 이렇게 정부 기관이 주관적인 판단을 지속적으로 수행하기 어려우므로 다음과 같은 기준 도입의 채택을 고민하기도 한다.

## 대기업 지정 기준, GDP의 0.5%로 연동

　상호출자제한 기업집단 지정 기준이 현행 자산 총액 10조원 이상에서 국내 총생산 연동 방식으로 바뀔 전망이다.

　공정거래법 전면 개편 특별위원회는 6일 내놓은 대기업집단 법제 개편 방안에서 상호출자제한 기업 집단 지정 기준을 GDP의 0.5% 이상으로 변경하는 방안에 의견을 모았다. 다만 시행 시기는 GDP 0.5%가 10조원 이상이 되는 시점에서 시행하도록 해 현재의 지정기준과 연속성을 갖도록 했다. 작년 GDP 잠정치는 1,730조 4,000억원으로, 0.5%는 8조 6,520억원이다. 연 3% 성장률을 감안하면 10조원이 되는 시점은 대략 2022년이 된다.

　특위는 대기업집단 지정 기준이 그동안 경제여건의 변화에 따라 반복적으로 변경되면서 사회적 합의 비용이 발생하고 변경 주기 및 변경 기준에 대한 예측 가능성이 떨어졌다고 지적했다. 특히 고정된 자산 총액 기준은 대기업집단 지정 기업 수를 계속적으로 증가시켜 과잉규제 논란을 일으켰다는 것이다.

　대기업 집단 지정 기준은 1987년 자산 총액 4,000억원 이상에서 1993년 자산순위 30위 이내로 바뀌었다가 2002년 다시 자산총액 기준 2조원 이상으로 변경된 이후로도 수차례 바뀌었다. 지난해에는 자산 총액 10조원 이상은 상호출자제한 기업 집단과, 5조원 이상은 공시대상 기업집단으로 이원화했다.

　공정위도 문제점을 인식하고 대기업 집단 기준을 마련하기 위해 연세대 산학협력단에 연구 용역을 맡겨 올해 초 결과를 제출받았다. 연세대학 협력단은 상호출자제한기업 집단 지정 기준을 GDP 대비 자산총액 일정 비율(0.5%, 1%)로 정하는 방안, 기존 자산 총액 기준에 명목 GDP 증가율을 반영하는 방안, 기존 자산 총액 기준에 대기업

자산증가율을 연동하는 방안 등을 제시했다.

한국경제신문. 2018.7.7.

## 2024년 상호출자제한 완화 기준 적용

2024년부터 상호출자제한기업 집단 지정 기준이 현행 10조원보다 완화될 전망이다. '10조원 이상'이란 기준을 '명목 국내총생산(GDP)의 0.5% 이상'으로 바꾸는 개정 공정거래법이 시행된 가운데 지난해 잠정치 기준 우리나라 명목 GDP가 2,000조원을 넘어섰기 때문이다. 27일 공정거래위원회는 2021년 명목 GDP가 확정되는 2023년 이후부터는 현행 10조원 이상보다 완화된 상호출자제한집단 지정 기준이 적용될 전망이라고 밝혔다.

지난해 말 시행된 개정 공정거래법은 우리나라의 연간 명목 GDP가 2,000조원을 초과하는 연도의 다음해부터 상호출자제한집단 자산 총액 기준을 명목 GDP의 0.5%로 변경하도록 규정했다. 우리 경제의 지속적인 성장과 정보기술 발전의 영향으로 기업들 자산총액이 빠르게 늘어난 가운데 기업집단 규제 대상을 현실화해야 한다는 지적에 따른 것이다.

한국은행에 따르면 2021년 명목 GDP는 2057조 4,000억원으로 잠정 집계됐다. 사상 처음으로 명목 GDP가 2,000조원을 넘어서면서 2024년 적용될 상호출자제한집단 지정 기준은 10조 2,000억원이 될 것으로 보인다. 윤석열 정부가 기업 규제 완화 기조를 밝힌 가운데, 이번 기준 상향으로 상호출자제한 집단 규제 대상이 소폭 줄어들 가능성이 있다. 올해 대기업들의 자산 총액에 10조 2,000억원 기준을 적용해 보면 상호출자제한 집단 가운데 두 곳이 명단에서 제외되는 것으로 나타난다. 자산 총액 순위 46위인 한국타이어(10조 1,500억원)와 47위인 이랜드(10조 340억원)가 공시대상기업집단으로 전환되는 결과가 나왔다.

김재신 공정위 부위원장은 "지금은 2,000조원을 소폭 넘었기 때문에 효과가 작지만, 앞으로 우리 경제가 계속 성장해 명목 GDP가 더 높아지면 규제 완화 효과는 점점 커질 것"이라고 설명했다. 다만 현행 자산총액 5조원 이상인 공시대상기업집단 기준은 명목 GDP와 연동 없이 여전히 유지된다. 김 부위원장은 "공시대상기업집단 기준을 GDP와 연동하는 계획은 현재로선 없다"고 말했다.

매일경제신문. 2022.4.28.

5. 자본시장과 금융투자업에 관한 법률
  – 금융위 제정 증권의 발행 및 공시 등에 관한 규정(속칭 "증발공" 규정)
  – 금감원장 제정 기업공시서식 작성기준: 발행/정기/지분 공시 관련
  주주수가 사업보고서 보고 기업을 정하는데도 사용된다. 주주수가 사업보고서 보고의 기준으로 사용된 이유는 관련된 이해 관계자가 많기 때문이다. 비상장기업에는 사업보고서를 공개하지 않도록 하다가 2009년부터 다음의 제도가 시행되었다.

## 주주 500명 이상 외감법인 사업보고서 '비상'

자본시장법 범위 확대 증발심, 증권의 발행…

자산 100억원 이상으로 주주 수 500명 이상인 12월 결산 비상장사들에게 비상이 걸렸다. 앞으로는 오는 5월 15일 1분기 보고서를 시작으로 분반기나 사업연도가 끝나면 의무적으로 정기보고서를 내야 하기 때문이다.

10일 금융감독당국에 따르면 자본시장법 시행으로 사업보고서 대출 대상이 주주 수 500명 이상으로 기업공개나 상장사와의 합병을 위해 금융위원회에 등록한 기업에서 주주 500명 이상 모든 외감법인으로 확대됐다.

자산총액 100억원 이상으로 의무적으로 외부감사를 받아야 하는 1만 5,000개 기업 중 주주 수가 500명 이상인 곳은 앞으로 분반기 사업보고서를 정기적으로 제출해야 하는 의무가 생긴 것이다.

이데일리. 2009.3.10.

즉, 2009년 3월 이전에는 비상장기업이지만 기업공개나 상장사와의 합병 등, 주주권익 보호를 위한 경우에만 사업보고서의 보고 의무가 있었지만 주주 수가 많다는 것은 이해관계자가 많다는 것이고 그렇기 때문에 상장 여부와는 무관하게 사업보고서 제출 의무화의 대상이 되는 것이다.

2009년 이 정책이 적용되는 당시에는 자산 총액이 100억이 넘는 기업이 외감대상이므로 외감대상이면서 주주 수를 사업보고서를 제출해야 하는 비상 장기업으로 규정한 것이다.

유한회사에 대한 외감 대상 여부의 결정과 2011년 상법이 개정되기 이전 에도 유한회사에는 사원수에 제한이 있었다.


6. 감사와 관련된 제도는 주식회사의 자본금이 10억이 넘으면 감사를 둬 야 하며, 자산이 1,000억원이 넘으면 상근감사나 감사위원회를 둬야 한다. 자 산규모가 2조원을 넘으면 상근 독임제 감사가 아니고, 감사위원회 제도가 의 무화된다. 따라서

동일한 감사 제도의 운용과 관련되어서도 어떠한 제도가 의무화되는지를 결정할 때, 자본금과 자산규모가 혼재되어 있다. 자산 규모가 큰 경우에 회의 체를 의무화한 것을 보면 회의체가 독임제 감사보다 장점이 있는 제도라는 판 단을 하고 있는 듯하다. 독임제 감사 또는 감사위원회가 각각 장단점이 있지만 신중한 의사 결정에 방점이 있을 경우는 위원회 제도를 우월하게 판단할 수도 있다. 단, 의사결정의 신속성 관련된 차원에서는 독임제가 우선될 수 있다.

상법의 개정으로 무액면 주식의 발행이 가능해졌는데, 상법상 무액면 주 식발행은 회사의 자본금은 이사회에서 자본금으로 계상하기로 한 금액의 총액 으로 계상하기 때문에, 이사회 혹은 주주총회에서 정한 금액을 자본금으로 계 상하면 된다. 단, 자본금 10억원의 위 규정 때문에 감사 선임을 회피하려고 하 면 의도적으로 자본금을 10억원 미만으로 정할 수도 있다.


상법: 주식 발행가액의 2분의 1이상의 금액으로서 이사회(정관에서 주주총 회에서 결정하기로 한 경우에는 주주총회)에서 자본금으로 계상하기로 한 금액의 총액으로 한다.

## 7.

주기적 감사인 지정제도가 도입됐다. 상장사이거나 소유와 경영이 미분리된 비상장사는 9년 중 3년간 증선위가 지정하는 감사인에게 외부감사를 받아야 한다. 비상장사는 <u>자산 총액 1,000억원</u> 이상인 회사로 지분 50% 이상인 지배주주가 대표이사인 회사가 해당된다.

위의 잣대와 동일하게 비상장사의 경우 자산 규모 1,000억원이 기준으로 사용된다. 위 제도는 지배주주가 대표이사를 맡는 경우는 기업 경영의사결정에 지배적인 영향을 미칠 것이라는 판단에 기초한 것이다. 단, 한 가지 의문은 지배주주가 대표이사를 맡든지 아니면 이사로 관여하든지, 아니면 아예 등기를 하지 않더라고 회사의 경영의사결정에 주도적인 영향을 미친다고 할 수 있는데 제도는 대표이사를 맡는 경우로 지배주주의 영향력을 한정하고 있다. 이는 대표이사는 법적으로 회사의 대표자의 역할을 수행하므로 공식적인 대표성을 고려한 것이라고 사료된다.

8. 2014년 상장사에 대해 감사 전 재무제표를 제출하도록 하는 제도가 의무화되었다가 이 제도가 비상장사로 2016년 확대되었다. 감사 전 재무제표를 상장사가 금융당국에 제출하도록 2013년 말 외감법을 개정하고 자산 규모 1,000억원 이상의 비상장사는 시행령 개정으로 2014년부터 같은 의무를 부과하고 있다.

## 자산 1,000억 이상 비상장사 감사 전 금감원에 재무제표 제출해야

2,200여 곳 올해부터

올해부터 자산총액이 1,000억원 이상인 비상장회사는 감사 전 재무제표를 금융감독원에 제출해야 한다.

금감원은 지난해 상장사를 대상으로 도입한 '감사 전 재무제표 제출의무 제도'를 올해부터 비상장사로 확대한다고 31일 발표했다.

김사 전 재무제표 제출의무 제도는 회사의 재무제표 작성 책임을 분명히 하고 감사인의 회계감사 기능을 강화하기 위해 도입됐다.

한국경제신문. 2016.2.1.

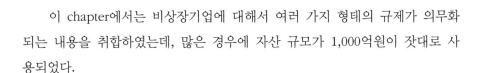

이 chapter에서는 비상장기업에 대해서 여러 가지 형태의 규제가 의무화되는 내용을 취합하였는데, 많은 경우에 자산 규모가 1,000억원이 잣대로 사용되었다.

9. 2012년 4월부터 도입된 준법지원인 제도도 어느 회사들에게 이러한 제도를 적용할지에 대해서 많은 논란이 있었다. 결론적으로는 자산총액 5,000억원 이상 상장회사에 대해서 적용되게 되었다. 법무부가 도입한 제도라서 법무부가 법학전문대학원 도입 이후 직업을 찾지 못한 변호사들을 위한 제도를 도입했다는 비판이 제기되기도 하였고 상당한 논란을 거쳤다.

본 장에서는 회계 관련된 많은 제도가 어떻게 규모 별로 차등적으로 적용되었는지를 기술하고 정리하였다. 물론, 모든 제도에 대해서 점검한 것은 아니다. 어떤 제도를 어느 정도 규모의 기업에 우선적으로 적용할지는 아래와 같이 현재 진행형이다.

**자산 1,000억 미만 상장사,**
**외부감사 <내부회계 관리제도에 대한 감사> 면제해준다.**

외부 감사 비용 증가로 기업들의 불만이 커지자 금융 당국이 부담을 덜어주기 위한 대책을 내놨다. 금융위원회는 5일 "내년부터 시행 예정이었던 소규모 상장사(자산 1,000억원 미만)에 대한 '내부회계관리 제도 외부 감사'를 면제해 주겠다"고 발표했다. 외부 감사는 재무제표에 대한 감사와 이를 작성하는 절차인 내부회계관리제도에 대한 감사로 나뉘는데, 내부회계 관리 제도에 대한 감사를 면제하면 기업 부담이 줄어들 수 있다. 내부회계 관리제도에 대한 감사로 전체 감사 시간이 40% 정도 증가했다고 보는데, 면제해주면 감사 비용도 절감될 수 있다.

기업들이 감사 비용 증가의 주범으로 꼽는 '주기적 지정제'를 손보는 대책은 아니다. 2018년 외부감사법 개정으로 2019년부터 도입된 주기적 지정제는 모든 상장사와 소유 경영이 미분리된 비상장사를 대상으로 금융위원회 산하 증권선물위원회가 외부 감사를 맡을 회계법인을 강제로 지정해주는 제도다. 총 9년을 주기로 6년 동안 감사를 맡을 회계법인을 자유롭게 선임하면 이후 3년 간은 증선위가 감사인을 지정한다.

금융당국이 강제 배정하다 보니 회계법인에 지급하는 비용이 높아졌다는 중소기업들의 불만이 쏟아지면서 결국 금융위가 추가적인 부담은 지우지 않겠다고 한 것이다.

## 감사비용 10배 상승하기도

주기적 지정제 도입 이후 증선위가 감사인을 지정한 기업의 수는 지난해 1,969곳(주기적 지정 674곳)까지 늘었다. 비용 부담 증가 등의 우려가 커지자 금융위는 우선 전체 상장사의 3분의 1 수준인 소규모 상장사에 대해 내부회계 관리 제도 외부 감사를 면제해 주기로 한 것이다.

이에 대해 경영계는 규제 개선을 환영하지만 향후 자산 규모 기준을 더 높여야 한다는 입장이다. 한국상장회사협의회 관계자는 "이번 조치로 상장 기업 중 약 31%가 규제 개선의 혜택을 볼 것으로 추산되는데 이들 대부분은 코스닥 기업"이라면서 "코스피 기준으로는 자산 규모 1,000억원 미만 기업이 8%에 불과하기 때문에 향후 이 기준을 5,000억원 미만으로 높이면 상장 기업의 약 78%가 혜택을 볼 수 있을 것"이라고 했다.

5일 금융감독원이 강민국 국민의 힘 의원에게 제출한 자료에 따르면, 지난해 외부 감사인이 지정된 회사의 평균 감사보수는 올해 2억 9,100만원으로 주기적 지정제 시행 이전인 2018년 1억 2,500만원의 2배가 넘는다. 지정된 회계법인과 계약하면서 감사 보수가 18배 넘게 급증한 기업도 있었다. 2020년 2,300만원이었던 보수가 지난해에는 4억 2,200만원으로 늘었다.

강민국 의원은 "비용뿐 아니라 지정제에 따라 정해진 회계법인의 감사 방식 등에 대한 불만도 늘고 있다"고 지적했다. 2019년부터 지난 8월까지 금감원 지정 감사인 부당 행위 신고센터에는 25건의 불만 사항이 접수됐다.

## "회계투명성 위해 불가피" 지적도

금융 당국도 주기적 지정제 등을 도입하면서 기업 부담이 커진 부분은 인정한다. 하지만 지난 2016년 터진 대우조선해양 분식 회계 사태와 같은 대규모 회계 부정 사태를 막기 위해서는 불가피하다는 입장이다. 금융 당국 관계자는 "주기적 지정제 도입 이전에는 회계법인이 사실상 감사인이 되기 위해 '영업'을 해야 하는 상황이었기 때문에 기업을 내실 있게 감사하기 어려운 측면이 있었다"고 했다.

조선일보. 2022.10.6.

# 외감법 적용 조정

　　새로운 제도가 법으로 채택되어 시행되고 이 제도가 매우 강력한 제도라고 하면 많은 경우에 법의 시행령에 의해서 수위 조정을 할 때가 있다. 물론, 2022년 6월 현재, 정권이 바뀌면서 정부의 시행령에 대해 국회가 제동을 걸겠다는 시도를 하고 있으며, 특히 巨野의 입장에서는 정부의 과도한 시행령에 의한 통치가 국회의 입법권에 대한 도전이라고 해서 상당한 논란이 진행 중이다. 주기적 지정제에 의해 감사인이 빈번히 교체되므로 아래의 내용도 가변적이다.

　　수년 전 감사인 강제 교체제도가 수년전 시행되다가 폐지되었는데 이 제도가 채택됐던 기간 중에서 외국 거래소에 상장된 회사일 경우는 강제 교체에 예외를 두었다. 2023년 1월 현재 미국 거래소에 상장된 기업은 다음과 같다.

* KPMG(5): 포스코홀딩스, KB금융지주, SK텔레콤, LG디스플레이, 
　　　　　 그라비티
　 PWC(3):　 신한금융지주, 우리금융지주, KT
　 EY(1):　　 한전

신외감법이 도입됐던 시점에도 주기적 지정제 등의 제도의 적용에 있어서 외국 거래소에 상장된 기업에는 예외를 둬야 하는 것은 아닌지에 대한 논의가 있다가 예외를 두지 않는 것으로 결정되었다.

신외감법이 2017년 10월 31일에 개정되고 2018년 11월 1일부터 적용되면서 적용에 있어서 유연함이 필요하다는 시장의 요구가 많다. 도입 초기부터 이슈가 되었던 것이 피감기업과 회계법인에 군(群)별로 적용되는 지정제도와 이에 대한 감사 재지정 요청이었다. 재지정 제도가 주기적지정제뿐만 아니고, 직권지정제하에서도 시행되었다.

외감법 제11조 제4항: 제1항 및 제2항에 따라 증권선물위원회가 감사인의 선임이나 변경선임을 요구한 경우 회사는 특별한 사유가 없으면 이에 따라야 한다. 다만, 해당 회사 또는 감사인으로 지정받은 자는 대통령령으로 정하는 사유가 있으면 증권선물위원회에 감사인을 다시 지정하여 줄 것을 요청할 수 있다.

## 신외감법 5년간 감사보수 급증

경남의 제조업체 A사는 오랜 기간 지역 회계법인에 감사를 맡겼다. 지난해 감사인이 서울에 있는 회계법인으로 바뀌었다. 2018년 신외감법에 따라 '주기적 지정감사제도'가 도입돼 원하지 않았지만 교체할 수밖에 없었다. 상장사가 6년간 감사인(회계법인)을 자율 선임한 뒤 다음 3년은 정부로부터 지정받도록 하는 제도다. 감사보수가 올라간 건 물론 현장방문 숙박비 교통비 등 감사를 위한 각종 제반 비용까지 늘면서 감사 부담이 두배 이상으로 증가했다.

4일 한국상장회사협의회와 코스닥협회가 2017-2021년 12월 결산 유가증권 코스닥시장 상장법인 사업보고서를 분석한 결과, 이 기간 1개사당 평균 감사보수는 2017년 1억 2,500만원에서 올해 2억 8,300만원으로 연평균 22.64% 늘었다. 감사기간도 연평균 12.69% 증가했다.

이는 올해는 분기보고서에 기재된 계약상 시간과 보수를 기준으로 분석한 것이다. 실제 수치는 이보다 더 늘어날 수 있다는 게 상장사협의회 측 설명이다.

신외감법의 영향이다. 2018년 11월 시행된 이 법의 핵심은 외부감사 업무를 수행하는 회계법인이 투입해야 하는 적정 감사시간을 정해 놓은 표준감사시간제, 주기적 지정감사제 등이다. 2018년 상장사 한 곳당 평균 감사보수는 전년보다 13.1% 늘었지만 2019년에는 증가율이 29.3%로 뛰었다.

보완장치가 마련돼 있긴 하다. 감사인이 과도한 감사보수 등을 요구할 경우 피감사기업은 1회에 한해 증권선물위원회에 감사인 교체를 요구할 수 있다. 하지만 표준 감사시간제로 감사에 투입하는 시간 자체가 늘어나 비용이 줄어들기 어려운 구조다. 표준감사시간은 이해 관계자의 의견을 들어 한국공인회계사회가 정한다. 대한상공회의소가 올 4월 305개 상장사를 대상으로 조사한 결과 재지정을 요청한 기업 중 '감사보수가 낮아졌다'는 응답은 23.8%에 불과했다. '감사보수가 비슷'(45.2%)하거나 '오히려 증가'(14.3%)한 경우도 있었다.

신외감법 중 단계적으로 도입 중인 내부회계관리제도는 발등의 불이다. 신외감법은 회사가 갖추고 지켜야 할 재무보고 내부통제 시스템에 대해 외부감사인의 '검토'가 아니라 '감사'를 받도록 했다. 회사는 회계 전문 인력과 전산 시스템을 강화해야 한다.

대우조선해양 분식회계 사건을 계기로 회계 투명화 차원에서 이뤄진 조치인 만큼 취지에는 반론의 여지가 없다. 다만 중소기업들은 자산 규모 등에 따라 부담을 덜어달라고 호소하고 있다.

금융위원회도 이 같은 지적과 최근 코로나19 상황을 고려해 연결 기준 내부회계관리제도 시행 시기를 1년씩 미뤘다. 자산 2조원 이상 상장사는 2022년에서 2023년으로, 5,000억원 이상 상장사와 그 외 상장사는 각각 2024년과 2025년으로 연기했다.

김이배 덕성여대 회계학과 교수는 "규모가 작은 기업이라고 해도 내부회계관리는 중요하다"면서도 "효과적이고 효율적인 회계관리를 위해서는 중소기업의 특성을 고려한 제도가 갖춰져야 한다"고 말했다. 코스닥협회 등에서는 자산규모 1,000억 미만 기업의 내부회계관리제도 감사를 면제해야 한다고 주장한다. 미국의 경우 연매출 1억 달러 미만 기업에 대해서는 재무보고내부통제 감사를 면제해주기로 했다.

한국경제신문. 2021.8.5.

"

재지정을 신청했는데도, 수임료가 낮아지지 않거나 수임료가 오히려 높아질 수 있다고 한다. 물론, 재지정 신청의 기회는 1회만 존재하므로 수임료가 높아진다고 해도 다시 재차 재지정을 신청할 수는 없다. 피감기업이 재지정을 신청하는 사유가 반드시 높은 감사수임료가 아닐 수도 있다.

아래의 신문기사에서도 기술되듯이 피감기업들이 재지정을 신청하는 이유는 예를 들어 빅4 회계법인이 최초 지정되었을 때, 빅4 회계법인들의 높은 감사 품질이나 높은 수임료가 부담이 되어서 하향 감사인 직군으로 재지정이 가능하도록 제도를 변경하였다. 그럼에도 표준감사시간 등의 영향 때문에 감사수임료가 오히려 올라가는 것에 대해서는 민간의 자율기능에 의해서 정해지는 것이므로 감독기관이 관여할 여지가 없다.

감사품질이라는 것은 측정하기 어렵다. 물론 감사의견만으로 판단한다면 적정의견을 받을 재무제표가 적정의견을 받고, 비적정의견을 받을 재무제표가 비적정의견을 받는 것이 고품질의 감사의견이다. 즉, type I과 type II error를 동시에 최소화하는 것이 높은 감사품질이다. 다만 감사품질을 사후적으로 측정하는 경우는 감독기관의 감리에 의해서 부실감사가 판명된 경우이므로 나머지의 경우, 감사품질이라는 것은 black box이며 관련된 피감기관과 감사인만이 어떠한 내부적인 논의가 진행된 것을 알 수 있다. 원칙적으로는 감사위원회도 상세하게 이 양자 간에 소통된 내용을 파악하고 있어야 하지만 감사위원회가 상설위위원회이기는 하지만 상근하는 이사들로 구성된 위원회가 아니라는 명확한 한계가 존재한다. 법정에서도 유/무죄에 대한 판단은 아래와 같이 쉽지 않다.

이는 법정에서의 사법부의 유/무죄에 대한 판단과 맥을 같이 한다. '열명의 범죄자를 놓치지 않더라도 한 명의 무고한 죄인을 만들지 말자'고 합의했다. 그 결과 피고인이 범인이 아닐 수도 있다는 합리적 의심이 남아 있는 한 유죄 판결은 불가능하다. 현대의 모든 문명국가가 이런 입장을 취한다. 무죄란 검사가 유죄의 입증에 성공하지 못했다는 뜻이지, 피고인의 결백이 확인됐다는 뜻은 아니다.[1]

---

1) 윤성근, 2021. 법치주의를 향한 불꽃.

무죄를 유죄로, 유죄를 무죄로 오분류하는 모든 것이 type I과 type II error이다. 물증이 없는 경우 type I error를 최소화하려면 Type II error는 높아진다. 따라서 문명국가에서는 사법부에서 한 쪽 방향의 error만은 최소화하려는 방향으로 움직인다는 것이다. 즉, 범죄자를 놓치더라도 억울한 사람을 만들면 안 된다는 것이다. 다만 이러한 오분류 위험은 범죄자가 사회로부터 격리되지 않고 사회에 무죄로 풀려 나와 다른 무고한 시민들이 피해를 볼 위험도 내포한다. 이 두 type의 error가 절충되어야 하지만 결코 쉽지 않은 해결책이다. 실체적 진실을 알 수 없는 상황에서 진실을 추정해야 하는 사법부의 한계가 있을 수밖에 없으면 감사인도 당연히 동일한 한계가 있다. 억울한 피해자가 없도록 판결을 내리지만 이러한 판결은 죄가 있는 피해자를 석방하는 오류 가능성을 높인다.

### 회계 빅4 외부감사 싫다. 바꿔 달라

정부로부터 외부감사인을 배정받은 기업들이 "다른 회계법인으로 바꿔달라"고 무더기 재지정 신청에 나섰다. 삼일 삼정 안진 한영 등 '빅4'를 기피하는 현상에다 각종 예외 규정을 활용한 기업들의 재지정 신청이 맞물린 결과다. 감사인 지정제도 확대에 따라 혼란이 벌어지고 있다.

### 빅4 감사 기피하는 중소기업들

30일 회계업계에 따르면 금융감독원에 접수된 감사인 재지정 신청 건수가 지난 29일까지 300건을 넘어선 것으로 전해졌다. 감사인 지정 사전 통지에 대한 의견제출 기한인 이날까지 신청을 더 하면 재지정을 받는 기업들은 더욱 늘어날 전망이다.

지난 14일 금감원은 2020년 감사인 지정을 위해 '주기적 감사인 지정' 대상 회사 220곳과 '직권 지정' 회사 635곳 등 총 855곳을 선정해 감사인을 사전통지했다.

주기적 감사인 지정제는 기업이 6년간 감사인을 자유 선임하면 이후 3년은 정부가 감사인을 지정하는 제도로 내년 처음 시행된다. '직권지정'은 부채비율이 과도하게 높거나 상장 예정인 기업 또는 관리 종목, 횡령 배임 발생 기업 등에 대해 지정된 감사인을 배치하는 것이다. 직권지정 사유는 내년부터 확대돼 3년 연속 영업 손실이거나 최대주주 또는 대표이사가 자주 바뀌는 기업 등도 포함된다.

이번 신청의 대다수는 빅4에 배치된 직권 지정 기업들이 차지한 것으로 전해졌다. 대형 회계법인의 감사가 깐깐한 데다 감사보수가 상대적으로 높을 것을 우려해서다.

금융위원회가 이달 초 기업들의 회계감사 부담을 덜어주기 위해 규제를 완화한 것도 무더기 요청을 할 수 있도록 '외부감사규정'을 개정했다.

회계법인 관계자는 "이번 재지정 신청은 대부분 빅4를 피하기 위해 등급 하향으로 신청한 중소기업"이라며 "예비 지정 단계에서 재지정을 신청하지 않은 기업들도 본지정 이후 추가로 신청할 가능성이 높아 수백 개 기업이 다시 지정하는 혼란이 일어날 것"이라고 설명했다.

## KB금융 에스오일 등 대기업도 신청

주기적 감사인 지정제 대상 중에선 KB금융지주, 에스오일, 아시아나항공, 메리츠종금증권 들이 감사인을 재지정해 달라고 신청했다.

KB금융지주와 아시아나항공은 예비 지정된 EY한영이 비감사 용역 컨설팅을 맡고 있어 감사업무를 다른 회계법인으로 배치할 것을 요청했다. 감사인의 독립성 유지를 위해 회계법인이 한 기업에 대해 감사와 컨설팅 등 다른 업무를 동시에 맡을 수 없기 때문이다. 삼정KPMG가 지정됐던 코리안리도 재지정 신청에 들어갔다. 삼정KPMG는 코리안리의 새 보험 회계기준(IFRS17) 자문을 맡고 있다.

삼정KPMG로 지정받은 에스오일은 대주주인 아람코(지분 64.3%)와 감사인을 일치시켜야 한다며 재지정을 요청했다. 현행 규정에 따르면 외국인투자회사 중 외국인과의 출자 조건상 감사인을 한정하는 경우엔 재지정을 요청할 수 있다. 이에 따라 에스오일은 PwC와 파트너십을 맺고 있는 삼일회계법인이 지금과 같이 그대로 감사인을 맡게 될 가능성이 크다.

### 2020년 회계 감사 예비 지정 현황

| 주기적 지정 220개 | 유가증권 134 | 코스닥 86 |
|---|---|---|
| 직권 지정 635개 | 상장 513 | 비상장 122 |

한국경제신문. 2019.10.31.

위의 경우와 같이 빅4 회계법인 중에서 감사인 선임을 희망하는 경우, 비감사서비스를 제공하는 회계법인들을 제외하고 나면 선택의 여지가 없는 경우도 다수 발생할 수 있다.

감사인의 입장에서는 회계감사라는 업무가 회계법인만이 수행할 수 있는 고유 업무이기는 하지만 비감사업무로부터 발생하는 수임료가 회계감사 수임료보다 크거나 비감사업무로부터의 수임료를 쉽게 포기할 수 없는 경우는 회계감사 용역을 포기할 수도 있다.

## 도입 한 달 만에⋯ 금융당국, 감사인 재지정제 손질 검토

금융당국이 '외부감시인 등급 하향 신청제'를 도입한 지 한 달 만에 제도 손질을 검토하게 됐다. 기업들이 무더기로 외부감사인을 바꿔 달라고 요청하면서 감사인 지정의 취지 자체가 무색해질 거란 우려 때문이다.

11일 금융당국에 따르면 금융위원회는 외부감사인 등급하향 신청제의 적용 대상을 축소하는 방안을 검토하고 있다. 횡령 배임, 감사인 선임절차 위반 또는 감리 조치를 받는 등 제재의 일환으로 감사인을 지정받게 된 기업은 이 제도를 활용하지 못하도록 하는 방안이다.

외부 감사인 등급 하향 신청제는 기업이 지정 받은 회계법인을 변경해 달라고 요청할 수 있는 범위를 넓혀준 제도로, 금융위가 지난달 초 '외부감사규정'을 개정해 도입했다. 기업과 지정감사인이 각각 가~마로 등급이 나뉘는데, 과거엔 기업보다 높은 회계법인에만 재지정 요청을 할 수 있었지만 규정 개정 이후엔 등급이 낮은 회계법인으로도 다시 지정해 달라고 신청할 수 있게 됐다.

하지만 제도가 시행되자마자 감사인 지정 대상 기업들이 일제히 '중소회계법인으로 바꿔달라(하향 조정)'고 나섰다. 지난달 말까지 금융감독원에 접수된 감사인 재지정 신청 건수는 300건을 넘어섰다. 내년 감사인 지정 대상의 40%에 달하는 수치다. 재지정 신청 대다수는 삼일 삼정 안진 한영 등 이른바 '빅4' 회계법인에 배치된 직권 지정 기업들이 중소 회계법인으로 바꿔 달라고 하향 신청을 한 것이다. 대형 회계법인의 감사가 깐깐한 데다 감사보수가 상대적으로 높을 것을 우려해서다.

중견기업인 오뚜기 역시 회계법인 등급 하향을 신청했다. 오뚜기는 그동안 중형급 회계법인으로 등록된 성도 이현 회계법인에서 감사를 받아오다 내년에 대형 회계법인인 삼정KPMG로 지정받자, 다시 중소형 회계법인에 감사를 받겠다고 재지정을 신청을 했다.

회계업계 관계자는 "2017년 청와대에 초청될 정도로 모범기업으로 손꼽힌 오뚜기까지 등급 하향을 신청했다는 건 중소기업의 감사보수 상승 부담을 덜어주기 위한 규제 완화의 취지가 퇴색됐다는 의미"라고 말했다.

금감원은 지난달 '주기적 감사인 지정' 대상 회사 220곳과 '직권 지정' 회사 637곳 등 총 855곳을 선정해 사전 통지했다.

한국경제신문. 2019.11.12.

그러나 다음 기사에도 기술되듯이 2021년에는 빅4 회계법인으로부터 중견회계법인으로의 쏠림 현상이 나타난 것은 아니다.

## '빅4 회계법인' 상장사 감사 비중 늘었다.

삼일 삼정 한영 안진 등 이른바 '빅4 회계법인'의 상장사 감사 비중이 지난해 소폭 증가한 것으로 나타났다. 신 외부감사법의 최대 수혜자로 꼽히던 중견회계법인(5~10위)의 감사비중은 줄었다.

16일 금융감독원이 발표한 '2021 회계연도 상장법인 감사보고서 분석 및 시사점'에 따르면 빅4 회계법인은 지난해 상장법인 2,497곳 가운데 792개사(32.6%)를 감사했다. 비중은 전기(31.0%) 대비 1.6% 포인트 증가했다. 2017년 이후 2020년까지 빅4의 감사비중은 지속적으로 감소했으나 지난해 소폭 증가로 전환한 것이다.

중견회계법인의 상장법인 감사 비중은 전년 대비 4.8% 포인트 감소한 31.2%를 기록했다. 빅4와 중견회계법인을 제외한 기타 회계법인은 지난해 상장법인의 36.2%를 감사해 전기 대비 3.2% 포인트 오른 수치를 기록했다. 금감원은 중견 회계법인으로서의 쏠림 현상이 일부 완화된 것으로 보인다고 분석했다.

지난해 감사보고서 적정의견 비율은 97.2%였다. 2018년 11월 신외감법 도입 이후 비적정의견이 급증할 것이란 우려와 달리 일정 수준을 유지하고 있다는 평가다.

한국경제신문. 2022.8.17.

기존에는 증선위가 감사인을 지정(직권 지정＋주기적 지정)할 경우 회사는 상위등급 감사인군(群)으로만 재지정 요청이 가능하였으나, 2019년 10월부터는 회사군(群)보다 상위군의 감사인을 지정받은 경우, 하위군 감사인으로의 재지정 요청도 허용하였다.

피감기업은 자산총액기준으로 가군~마군으로 구분하고 있고, 회계법인은 공인회계사수, 감사업무 매출액 등 5가지 요소를 고려하고 가~마군으로 구분하고 있다.

피감기업이 만약 "다군"인데, "가군"의 회계법인을 지정받았다면 피감기업은 "나군" 또는 "다군"의 회계법인으로 재지정을 요청할 수 있다. 그러나 다군보다 낮은 라~마군의 회계법인으로는 요청할 수 없다. 즉, 2단계를 낮출 수는 없다.

**감사인 재지정 때 기업 부담 줄여준다.**

정은보 금융감독원 원장이 "신 외부감사법 시행과정에서 발생한 기업 부담을 완화하기 위해 제도를 보완하겠다"고 14일 밝혔다.

정 원장은 이날 서울 여의도 켄싱턴 호텔에서 열린 회계법인 최고경영자와의 간담회에서 "지정 감사 확대 등으로 인한 기업의 감사인 선택권이 제한되는 문제점에 대해선 기업에 동일군 내 감사인 재지정 요청권 부여 등 부담 완화 방안을 검토하겠다"고 밝혔다. 신외감법 도입으로 시행된 주기적 감사인 지정제에 따라 현재 기업은 자신이 속해 있는 회사군보다 상 하위 등급군의 감사인 재지정을 요청할 수 있다. 이를 동일군에서도 할 수 있게 하는 방안을 기업의 부담 경감 방안으로 고려 중이라는 뜻이다. 사실상 기업의 감사인 선택권 확대를 시사한 셈이다. 정 원장은 "신외감법 도입 이전으로 후퇴할 수 있다"는 질문에 "신외감법 도입 후 3년이 지났으니 제도적 측면에서 보완이 필요한 부분이 있을 수 있다"고 답했다.

매일경제신문. 2021.12.15.

"

이러한 논란의 중심에는 자유수임제와 배정제(지정제)와 관련된 오래된 고민의 결과이다.

금감원장의 위와 같은 고민도 경제계에서의 많은 민원의 결과로 인함이다. 단, 조심되는 점은 회계제도 개혁이라는 차원에서 추진되던 개혁 의지가 희석되어서는 안된다는 판단을 하게 된다. 자유수임제의 가장 심각한 병폐가 피감기업이 본인들 입맛에 맞는 감사인을 선임한다는 것이었다.

하방으로 가는 가장 주된 이유가 수임료라면 이는 이해할 수 있지만 감사 품질이 낮은 회계법인을 찾아가려 한다는 이러한 변경은 용인되어서는 안 된다. 중견이나 중소회계법인의 회계감사 품질이 빅4회계법인보다 유의적으로 낮은지에 대해서도 논란이 있을 수 있다.

주기적 지정제도가 6+3의 형태로 결정될 때에도 (9+3)의 논의도 대안 중에 하나였으나 그렇게 길게 정책 cycle을 정하게 되면 한 cycle이 도래하기도 전에 이 제도를 수정하려는 움직임이 있을 수도 있으니 너무 길게는 정하지 말자는 논의도 있었다. 자유수임의 첫 cycle이 6년 또는 9년 등의 3년의 배수여야 하는 것은 3년이라고 하는 상장기업에 대한 계속 감사기간이 존재하기 때문이다. 신외감법이 도입되고 주기적 지정제가 채택된지 3년 정도가 경과된 현 시점에도 일부 경제계에서 주기적 지정제도의 단점을 지적하며 이 제도의 폐지를 주장하고 있다. 즉, 이렇게 직권 지정제도나 주기적 지정제도에 대한 예외를 둔다는 것은 지정제와 자유수임제의 요소를 적절하게 혼합하겠다는 의미이다.

회계법인과 감사인이 짝을 찾아가는데 다음과 같은 사유에서 감독기관/규제기관이 개입하게 된다. 물론, 자본주의에서 자율적인 시장 기능이 잘 작동한다면 정부가 개입할 여지가 없고 행정력이 낭비될 것도 없다.

## 회계제도 개혁이 계속되어야 하는 이유

외부감사인과 기업 간 관계는 매우 특이하다. 기업이 감사 비용을 대지만, 감사의 직접적인 혜택은 기업이 아닌 제3자인 외부 이해관계자, 특히 투자자들이 주로 본다. 즉, 돈을 내는 사람과 혜택을 보는 사람이 일치하는 의사와 환자와의 관계, 또는 변호사와 의뢰인과의 관계와는 다른 것이다. 이런 환경에서는 시장 경쟁의 원리가 <u>최적안</u>을 만들어내지 못한다. 다시 말해서 감사 수수료를 내야 하는 기업 입장에서는 감사 품질보다는 감사 수수료를 깎는 데 더 관심을 갖게 된다. 이에 정부가 개입해야 할 이유가 있는 것이다.

이와 같은 불완전한 시장경제 구조에서 정부의 개입을 줄이는 최선의 방법은 기업과 감사인 모두 시장 경쟁의 원리를 넘어 우리 자본시장을 보호하려는 <u>공익을 적극적으로 추구하는 것</u>이다.

매일경제신문. 주인기. 2021.11.17.

위의 신문 칼럼에서 공익을 추구하는 것이 어려운 이유가 도덕적 해이이며 공익성을 무시하는 과도한 경제적 이윤의 추구이다.

재지정이 피감기업에게 항상 유리하게만 작동하는 것은 아니다. 재지정을 요청하는 경우를 두 가지로 생각해 볼 수 있다. 첫째는 최초 지정된 감사인이 너무 철저하게 감사를 수행할 위험과 둘째는 감사수임료가 너무 높을 수 있는 위험이다. 최근에 와서 한공회가 표준감사시간을 정하고 있고, 많은 회계법인들의 시간당 평균 임률이 어느 정도는 정해져 있기 때문에 수임료 때문에 재지정을 요청하지는 않을 수 있다. 빅4 회계법인의 경우 최근의 평균 시간당 임률은 10만원 정도이다.

재지정을 요청하는 사유는 아래의 신문 기사에 정리돼 있다.

**아시아나 "매각주간사 EY한영, 감사인 부적절"**

　회계업계 관계자는 "대형 상장사는 독립성 문제나 국내외 계열사의 감사인의 일치 문제로, 중소형사는 새로운 감사인과의 비용 문제로 재지정 요청이 쇄도할 가능성이 있다"고 전했다.

매일경제신문. 2019.10.28.

　재지정의 기회는 일차로만 주어지는 것이고 재지정된 회계법인이 만족스럽지 않더라도 다시 지정 요청을 할 수가 없으므로 최초 지정된 회계법인보다도 덜 희망하는 회계법인이 재지정될 가능성도 없지 않다.

　최초 회사가 지정받은 회계법인이 속한 지정군보다 상위 지정군으로 지정받고자 하는 경우가 감사인 재지정 사유였다. 이러다가 2019년 10월 2일의 정책변경에 의해서 하방 지정도 가능하도록 2019년 10월에 변경되었다.

**제 목: 회사의 감사인 재지정 요청 범위가 확대됩니다.**
- 「외부감사 및 회계 등에 관한 규정」 개정안 금융위 의결
① 회사의 감사인 재지정 요청 범위 확대 (上→上·下)
ㅇ (현행) 증선위가 감사인을 지정*(직권 지정+주기적 지정)할 경우 회사는 상위등급 감사인군(群)으로만 재지정 요청 가능
　* 감사인 선임의 독립성 제고를 위해 정부가 회사의 감사인을 지정하는 제도
　- 회사의 동일군 이상 회계법인을 지정(예: [다]군 회사는 [가~다]군 감사인 지정 가능)
ㅇ (개선) 회사군(群)보다 상위군의 감사인을 지정받은 경우, 하위군 감사인으로의 재지정 요청도 허용
　- 단, 회사군 이상의 등록* 회계법인으로 재지정 감사인을 한정하여 감사품질 확보
　* 상장회사 감사품질 제고를 위해 금융위원회에 사전에 등록한 회계법인만 상장회사를 감사할 수 있도록 하는 제도

### 감사인 지정

감사인(회계법인)별 지정 점수에 의해 감사인 지정순서를 정한 후 자산규
모가 큰 지정대상회사를 순차적으로 대응하여 지정

### 감사인 점수[1]

감사인 지정 점수 = 1 + 감사인으로 지정받은 회사 수[2]

1) 산정기준일(매년 8월 31일) 현재 소속 공인회계사의 수와 경력기간을
   고려하여 산출
2) 지정받은 회사의 자산 총액 가중치: 5조원 이상인 경우 3배, 4천억~5
   조원 2배

### 회사 구분

가군  직전 사업연도 말 자산총액이 5조원 이상인 경우
나군  직전 사업연도 말 자산총액이 1조원 이상이고 5조원 미만인 경우
다군  직전 사업연도 말 자산총액이 4천억원 이상이고 1조원 미만인 경우
라군  직전 사업연도 말 자산총액이 1천억원 이상이고 4천억원 미만인 경우
마군  직전 사업연도 말 자산총액이 1천억원 미만인 경우

## 회계법인 구분

| 공인회계사 수 | 직전 사업연도 감사업무 매출액 | 품질관리 업무 담당이사 및 담당자의 비중 | 손해배상능력 | 직전 사업연도 감사대상 상장사 수 | 해당 회계법인 |
|---|---|---|---|---|---|
| 가군 600인 이상 | 500억원 이상 | 품질관리 업무담당자 (품질관리 업무 담당이사 포함)수의 120% 이상 | 200억원 이상 | 100사 이상 | 4개 |
| 나군 120인 이상 | 120억원 이상 | | 60억원 이상 | 30사 이상 | 4개 |
| 다군 60인 이상 | 40억원 이상 | | 20억원 이상 | 10사 이상 | 4개 |
| 라군 30인 이상 | 15억원 이상 | 2명 이상 | 10억원 이상 | 5사 이상 | 3개 |
| 마군 감사인 지정이 가능한 그 밖의 회계법인 | | | | | |

위 조건을 만족하는 가군의 회계법인은 빅4로 한정된다.

## 감사인 재지정 요청

- 회사 또는 감사인으로 지정받은 자는 일정한 사유가 있는 경우 증권선물위원회에 감사인을 다시 지정하여 줄 것을 요청할 수 있음
- 회사가 증권선물위원회에 감사인을 다시 지정하여 줄 것을 요청할 경우 사전에 감사 또는 감사위원회의 승인을 받아야 함
- 재지정을 요청하고자 하는 회사나 감사위원회는 사전 통지 후 2주 이내, 본 통지 후 1주 이내에 증권선물위원회에 요청 가능

## 감사인 재지정 사유

- 외국투자가가 출자한 회사로서 그 출자조건에서 감사인을 한정하고 있는 경우(위에서 기술된 에스오일의 경우)
- 감사인의 사업보고서(수시보고서 포함) 거짓기재, 지정통지 후 2주 이내에 특별한 사유 없이 지정계약을 체결하지 않는 경우, 부당한 비용분담을 요구하여 징계 받은 경우
- 공인회계사법상 직무제한 또는 윤리규정상 독립성 훼손사유에 해당하는 경우
- 지배 종속관계에 있는 회사 모두 지정감사이고, 지정감사인을 일치시

키고자 하는 경우

- 회생절차가 진행 중인 회사가 법원이 선임 허가한 감사인으로 요청하는 경우

- 그 밖에 감사인으로 지정받은 회계법인이 법령 등에 따라 감사인이 될 수 없는 경우

위의 내용 중에서 지배 종속관계에 있는 회사의 지정 감사 관련하여 모/자회사 감사인 일치와 관련된 예외 조항으로 <u>모회사는 자회사의 감사인 변경을 결산연월일 이후 3개월 전까지 요구할 수 있고 이러한 경우 자회사는 3개월이 경과된 이후 2개월 이내에 감사인을 선임할 수 있다.</u> 그러나 이러한 경우 감사인 선임이 5월까지 갈 수도 있는 경우이고 회계기간 중에 감사인을 변경하게 되는 경우라서 이 일정보다 감사인 선임이 많이 당겨질 수 있다.

## 감사인 지정 방식 개선

주기적 지정제는 감사품질을 높이기 위해 도입된 제도이다. 따라서 고품질 감사인에게 더 많은 회사가 배정될 수 있도록 하는 지정 시스템 구축이 필요하다.

물론 현재로 회계법인을 5개 군으로 구분할 때 품질관리인력의 비율을 고려하고, 감리 지적 시 벌점을 지정점수에서 차감하는 등 감사인 지정 시 감사품질이 일부 고려고 있긴 하나 미흡한 실정이다.

# 결과론에 대한 판단[1])

최태원 SK 회장이 SK실트론에 자본 참여를 하고 이 사업이 성공으로 이어지면서 이 건이 SK의 사업기회제공과 최태원 회장의 사업기회유용/사익편취인지에 대한 논란이 뜨겁다.

상법 제 397조의 2와 공정거래법 23조의 2에서 금지하는 '회사의 사업 기회 및 자산의 유용

이 이외에도 이사들에게는 다음의 활동이 제한된다.

**경업금지(상법 제397조)** 이사회의 승인 없이 회사의 영업부류에 속한 거래를 하거나 동종영업을 목적으로 하는 타 회사의 무한책임사원이나 이사가 되지 못함

**자기거래 금지(상법 제398조)** 자기 또는 제3자의 계산으로 회사와 거래하기 위하여는 사전에 이사회의 승인이 필요(이사 3분의 2 이상의 찬성)

---

1) chapter 16의 정의선 회장의 보스턴다이내믹스의 경우와 유사한 내용이다.

## 총수의 지분투자는 불공정행위인가… 공정위에 쏠린 눈

공정위는 SK(주) 이사회 의결을 거치지 않았다는 점도 문제로 삼고 있다. 이에 대해 SK는 4명의 사외이사로 구성된 SK(주) 거버넌스위원회와 회사 안팎의 법률전문가들이 두 차례에 걸쳐 논의한 끝에 '이사회 결정 사항이 아니다'라는 결론을 내렸다는 입장이다. 최 회장이 개인적으로 외부 주식을 매입하는 것은 이사회 의결 사항이 될 수 없다는 것이다.

### 재계 뜨거운 감자 '사업 기회 제공' 논란

재계에서 가장 주목하고 있는 것은 기업 총수에 대한 '사업 기회 제공'에 대한 판단이다. 공정거래법 23조의 2는 대기업 총수 일가의 경제력이 집중되는 것을 막기 위해 –상당한 이익이 될 사업 기회 제공–정상적 거래보다 상당히 유리한 조건–상당한 규모로 거래하는 행위를 통해 특수관계인에게 부당한 이익을 주는 것을 금지하고 있다. 그런데 <u>상당히 유리한 조건, 상당한 규모에 대해서는 구체적인 기준이 있지만, 상당한 이익이 될 사업 기회에 대해서는 가이드라인이 없어</u> 공정위가 자의적으로 해석할 가능성이 높은 상황이다.

최준선 성균관대 명예교수는 "죄형법정주의에 따라 문구가 명확하게 해석돼야 하는데 이번 사안의 경우에는 그렇지 않다. 총수의 지분 투자를 사업 기회로 본다면 사전에 명확한 가이드라인을 주고 규제하는 것이 맞다"며 "총수의 계열사 지분 투자는 '총수가 <u>책임투자</u>로 기업 가치 제고에 앞장서고 있다'는 긍정적인 시그널을 시장에 주는 장점이 있는데 앞으로 이런 경영 활동을 제한할 우려도 있다"고 말했다.

조선일보. 2021.12.15.

'책임 투자'의 차원인지 '사업 기회의 제공'인지를 구분하는 것이 매우 자의적이다.

모든 규제는 정형화되어 있으며 주관적인 판단을 수행하지 않기 위해서 규정화되어 있다. 물론, 회의체의 의사결정이라고 하면 기본적인 잣대만 골격을 가지고 있고 나머지 내용에 대해서는 회의체에 참가하는 위원들이 주관적인 판단을 하고 이 내용이 수렴되는 것이 바람직하기도 하다. 모든 의사결정에 적용되는 공식을 도출하는 것 자체가 쉬운 일이 아니며 공식에 포함되지 않는 내용들은 토의를 통해서 결정하는 것이 바람직하다. 그렇기 때문에 회의체라는 것이 존재한다.

국제회계기준도 principle-based(원칙중심) 회계원칙이지 규범중심(rule-based) 회계원칙이 아니다. 기업 실무에서 발생하는 모든 경우의 수에 대해서 상세하게 회계처리 가이드라인을 제시할 수 없다.

사익추구에 대해서는 법과 시행령에서는 일반적인 원칙을 적용하고 기업의 각 경우의 수에 대한 적용에 있어서 범법에 해당하는지는 회의체인 공정거래위에서 판단할 수밖에 없다. 이러한 판단을 하라고 독임제가 아니고 회의체 의결기구인 위원회 조직으로 행정기구를 유지한다. 동시에 공정위의 의사결정 과정도 대심제로, 검찰에 해당하는 공정거래위원회 조직과 이러한 문제 제기에 대해서 이를 방어하려는 피고소인의 소명을 對審으로 진행하게 되며 심판관은 공정거래위원회이다. 공정거래위원회가 공정거래위원회 공무원들의 의견을 항상 지지할 수 있으므로 이를 예방하기 위해선 공정거래위원장 1인, 부위원장 1인, 상임위원 3인 이외에는 4인의 비상임위원으로 구성된다. 9명 중, 4인이 SK 사건담당 전력 등을 사유로 제척 기피된 점을 고려하면 참석 위원 전원이 찬성해야 검찰 고발 등이 이뤄지는 상황이었다.

물론, 9인의 위원 중, 5인이 공무원이므로 이미 공정위가 기울어진 운동장이라는 비판을 받을 수도 있다. 금융감독원의 제재심의위원회 또한 감독원 측에서 위원의 선임이 진행되므로 규제기관 편향적인 위원회라는 비판의 대상이 된다. 독립적인 위원의 선임에 있어서도 주관기관이 선임의 주체이기 때문에 이러한 비판에서 자유롭기는 어렵다.

유사한 위원회 조직으로 금융위원회가 있는데 이 위원회 조직 구성원을 보면, 금융위원장, 부위원장, 상임위원 2인과 당연직 위원인 기획재정부 차관, 금융감독원장, 예금보험공사사장, 한국은행부총재와 임명직 위원인 비상임위원으로 구성된다. 원래 회의체 조직이라 함은 당연직 위원보다는 임명직 위원들에 의해서 독립적으로 운영되는 것이 더 바람직한데 금융위의 전신인 금감위(1998년-2008년) 시절과 비교한다며 당연직 위원의 수가 너무 많다고 할 수 있다.

금융감독위원회 시절에는 위원장, 부위원장과 상임위원, 재경부 차관, 한국은행 부총재, 예금보험공사 사장, 재정경제부장관이 추천하는 회계전문가, 법무부장관이 추천하는 법률전문가, 대한상공회의소 회장이 추천하는 경제계 대표 1인 총 9명으로 구성되어 있었다. 즉, 9명 중, 임명직이 3인으로 독립적인 임명직 위원으로도 회의체에서 역할을 수행할 수 있는 구도였는데 지금 현재로는 비상임위원이 1인으로 위원회 조직이라고 하기에는 무색할 정도로 당연직 위주의 위원으로 구성돼 있다. 경제계 대표로는 금융/재무 전문가가 선임되었다.

정치적 성향이 강한 방송통신위원회나 공적자금관리위원회(공자위)의 구성에 있어서는 여당과 야당에서 1인씩 추천하도록 하여서 정치적으로도 위원회의 중립성을 확보하려는 노력을 하고 있다. 우리의 금융위원회에 해당하는 SEC의 구성도 민주당과 공화당, 여야의 추천을 받아서 구성된다. 정치색을 인정한 것이다. 2022년 6월 현재, 전 정권에서 임명된 방송통신위원장, 인권위원장과 권익위원장이 정권이 바뀐 이후에 사퇴하고 있지 않고 임기를 채운다고 해서 정치적으로 논란의 대상이 되고 있다. 임기 보장이 중요한 것인지 정치적인 성향(편향성)이 더 중요한 것인지 정권 교체 시점마다 논란의 대상이 된다.

방통위가 공자위와 같이 공식적으로 여야에서 추천을 받아서 진행되는 경우도 있지만 2022년 대선 이후 정권 교체기에 감사원의 2인의 감사위원 공석이 있자 신 구 정권 간에 누가 임명권한이 있는지에 대한 논란이 있었고, 신, 구 정권에서 각각 1인씩을 추천하여 선임하는 것으로 절충되었다. 감사위원회의 의사결정 자체가 원전 조사 등 정치적인 판단이 동반되는 경우가 있으므로 더더욱 그러하다.

임기라는 것이 생각보다 민감한 것이 우리에게는 잘 알려진 제도는 아니지만 법관에게도 10년이라는 재임용제도라는 것이 있다. 10년간 임기를 채운 법관이 재임용이라는 절차를 거쳐 다시 한 번 임기를 부여받는 제도이다. 모든 책임 있는 직책에는 평가 과정이 있어야 하며 정의와 법을 집행하는 법관에게도 예외는 없다. 가끔 언론에 '진상' 법관이라고 해서 상식적으로 봐도 이해할 수 없는 행동을 하는 법관들이 있으며 변호사들로부터 비공식적인 평가를 받고 있다. 피고인이나 변호사들에게 막말을 하는 법관도 있으며 법관이 재판장에서 무소불위의 권한을 행사하며 해당 법관이 법관다운 법관인지에 대해 상식적인 수준에서, 적절한 평가와 견제의 절차가 재임용과정일 수 있다. 법관이라고 해도 견제 받지 않는 권력은 용인되어서는 안 된다. 단, 문제는 이러한 재임용제도가 공정과 상식이 아니라 정치적으로 이용될 수도 있다. 명백한 오류나 헌법이나 법률에 위배되는 직무집행을 한 판사거나 기존 선고 형량을 몇배 늘리는 등 형사소송법에 위배되는 판결을 한 판사에 대해서도 연임 배제 사유에는 포함되지 않는다. 그렇다고 하면 실질적으로 판사로서의 업무에 적합하지 않은 판사 또는 사회적 약자를 보호해 주어야 하는 마지막 보루라고 할 수 있는 사법부 판사의 경우도 당연히 임기도 있어야 하고, 적임이 아닌 판사에 대한 견제 기능이 작동해야 한다. 상법에서 이사의 임기를 최대 3년으로 두는 것에 비해서 법관들의 임기는 매우 긴 것이다. 그만큼 임기에 구애 받지 말고 신분을 보장해 줄 것이니, 누구의 눈치도 보지 말고 소신을 가지고 독립적으로 판결을 하라는 것이다. 임기 중이라도 공정과 상식에 근거해서 판결을 하지 않는 법관에 대해서는 적절한 견제가 수행되어야 하는데 문제는 이러한 견제가 독립성이 보장된 법관에 대한 정치적인 견제일 수 있으며, 또한 잘못하면 이러한 업무를 수행하는 법원 행정처가 정치적인 판단을 할 수도 있다. 10년 재임용제도라는 것이 상법의 경우와 같은 이사의 3년 임기의 개념과는 차이가 있고, 법관은 법관으로 임용을 받은 시점부터 독립적으로 재판에 임하게 된다. 물론, 법관도 법전에 근거하여 재판을 진행하지만, 판사도 인간인지라 개인의 가치관이라는 것이 영향을 미칠 수밖에 없고, 보수나 진보 등의 본인 믿음에 개인적인 차이가 있을 수밖에 없다.

단, 재임용제도가 도입된 이후 재임용에 실패하여 재임이 되지 않는 판사의 수가 매우 소수에 그치고 있는 점에 대해서는 심각하게 판단해야 한다. 법원이 같은 식구인 동료 판사들에 대해서 엄격한 잣대로 평가를 못하는 것인지, 아니면 이러한 재임용제도가 판사의 능력이 아니고 정치적인 판단에 의해서 수행된다고 하면 오히려 재임용제도가 잘못 사용될 가능성도 있다.

지방자치단체에 대한 지자체 직선제도가 도입되면서 교육감도 직선에 의해서 선출하게 된다. 물론, 후세들에 대한 교육을 어떻게 시켜야 할 것인지를 유권자의 직접 선거로 선출하는 것에 대한 순기능이 있지만 교육이 반드시 보수/진보 등, 정치적인 성향과 연관되어야 하는지도 의문이다. 대학교도 그렇지만 초중고 교사들이 교육현장에서 본인들의 정치적인 성향에 기초하여 교육을 학생들에게 시키는 것이 맞는지 아니면 교육은 비정치적이어야 하는지도 의문의 대상이다.

정치적인 성향에 따라 가치관이 형성되고 이에 기초해서 교육자들이 교육하는 내용이 달라질 수도 있으니 교육감이 선거의 대상이어야 하는지는 쉽지 않은 판단의 대상이고 미국의 일부 지방자치의 경우, 판사도 선거에 의해서 선출되니 이 또한 간단치 않은 이슈이다.

특히나 금감위가 비상임위원에게도 회계, 법, 경제 전문성이라는 세 축을 갖춘 것에 비하면 현재 금융위원회의 1인 비상임위원 체계는 뭔가 변화가 필요하다.

즉, 금융감독원장과 상임위원이 한 명씩 추가되면서, 비상임위원 자리가 두 명이 줄게 되었다. 물론, 금융감독위원회에서 금융위원회로 조직이 변경되고 금융위원장과 금융감독원장의 겸직을 하지 않게 되면서 금융감독원장이 금융위원회 위원으로 추가되었다. 잘못하면 1인의 비상임위원의 의견이 당연직들 사이에서 소수 의견으로 묻힐 수도 있다.

이에 반해 증권선물위원회는 증선위원회 위원장인 금융위원회 부회원장, 상임위원, 회계 전문가, 법률 전문가 및 경제/재무/금융 전문가의 3인의 비상임위원으로 구성되어 전문가로 구성된 위원회로서의 바람직한 회의체의 모습이다. 물론, 당연직 위원이라고 해도 이들이 모두 어떤 안건에 대해서 의견을 공유하는 것은 아닐 것이다.

위의 기사에서 SK가 이 안건을 이사회에 부의하지 않고 거버넌스위원회에서 법률 전문가들과 협의해서 결정했다고 기술하고 있다. 물론 거버넌스위원회가 이사회 내 하부 위원회로서 거버넌스 위원회에 위임된 내용에 대해서는 의사결정을 수행할 수 있다. 그럼에도 불구하고 이 의사결정이 중차대한 의사결정이라고 하면 일단, 적법한 상위 기구인 이사회에 상정하여 결의하여 결정하는 것이 옳다. 거버넌스 위원회라는 위원회는 다른 기업에서는 찾아보기 어려운 위원회이다.

대부분의 이사회 규정에는 어떠한 안건은 반드시 부의되어야 한다고 규정되어 있는 반면 이렇게 규정되지 않은 안건이라도 <u>대표이사나 이사회 의장이 경영상 중요하다고 인정하는 업무집행에 관한 사항은 이사회 안건으로</u> 결의 또는 보고할 수 있다는 규정이 거의 포함된다.

저자가 관여하였던 회사의 이사회의 경우에 한번은 어떠한 MOU(양해각서, memorandum of understanding) 안건이 상정되어 이 건이 정식 계약이 아니고 MOU에 불과한데 이사회가 보고안건이 아니고 결의안건으로 채택해 결의해야 하는지가 이슈가 된 적이 있다. 이사회 의장의 의견은 MOU이기는 하지만 위약금이 있고 따라서 어느 정도는 구속력이 있다는 판단을 할 수 있으니 이사회 결의를 받고 진행하는 것이 좋을 것 같다고 설명하였고 이렇게 진행되었다.

위약금이 있음에도 의결의 과정이 없다고 하면 책임 문제가 있기 때문에 이렇게 진행됨이 옳았다는 판단이다.

이사회에 상정할 수도 있고 하지 않을 수도 있는 경우에, 이사회를 하지 않아서 나중에 문제가 될 수는 있어도, 이사회를 개최해서 문제가 되지는 않는다. 이러한 안건이 거버넌스위원회가 아니고 이사회에서 의결될 안건이 아니었는지의 이슈이니, 이 안건이 이사회에서 의결이 됐다고만 해도 의사결정 과정의 적격성에 대해서는 문제가 되지 않았을 것이다.

이사회를 하다 보면 결의사항은 아니지만 보고사항에 포함되어야 하는지에 대해서 고민하는 내용도 있다. 예를 들어 상장기업의 경우, 감사인(회계법인)을 선임하면 3년간 감사인을 유지하는 제도가 있다. 그러면 감사인을 선임하는 첫 연도에는 당연히 감사인 선임이 결의사안이 되어야 하지만 그 이후 2년 동안, 즉, 기존의 감사인이 법에 의해서 자연스럽게 재선임되는 경우, 이는 결의사안은 아니지만 보고사항에 포함해야 하는지는 이슈로 남는다. 저자가 관여했던 회사의 경우는 2년차, 3년차의 경우는 기존의 감사인과 재계약하는지를 보고사항에 포함하였다. 감사인을 변경할 것은 아니지만 누가 감사를 맡는지가 중요하니, 이를 보고사항에 포함했던 것이다. 물론, 보고사항에 포함된 내용을 이사회가 거부할 수는 없다. 보고사항은 결의사항이 아니니 보고안건으로 포함함에 큰 부담이 없다.

어떤 특정 기업의 경우, 결의사항으로 결의의 대상이 되어야 하는 내용인데 회사가 이를 소홀히 처리하면서 이사회 결의 없이 진행이 되면서 사후적으로 보고사항으로 사후 보고를 하면서 업무를 처리한 경우도 있다. 물론, 감독기관의 차원에서는 공시의 대상이 되는 안건이었고, 결의한 내용을 결의하지 않고 사후 보고한 것이니 이에 대해 정부기관의 징계를 받게 되어도 어쩔 수 없다.

어떤 경우는 적법하게 결의된 사안인데 추진이 어렵게 되는 경우는 공시사항이 아니라고 하면 별도로 보고사항에 포함하지 않아도 무방하기는 하지만 그럼에도 결의된 내용인데 진행이 되지 않은 경우이니 보고사항에 포함하면서 결의된 내용이 추진되지 못하게 되는 사유를 회의록에 남기는 경우도 있다. 따라서 결의사항은 몰라도 보고사항은 회사가 판단하여 적법하다고 판단하는 내용은 큰 부담 없이 안건에 포함할 수 있어야 한다.

"

## 공정위 찾아간 최태원… SK "실트론 지분인수는 책임 경영 차원"

최태원 SK그룹 회장이 공정거래위원회 전원회의에 출석해 SK실크론 지분 인수 과정에서 제기된 '사업기회 유용' 의혹을 직접 소명했다. SK는 그동안 최 회장의 실크론 지분 인수는 책임경영 차원이었다는 입장을 견지해 왔다.

재계도 많은 관심을 갖고 지켜보고 있다. 공정위가 기업 인수과정에서 총수가 일부 지분을 매입한 것이 사업 기회 유용에 해당하는지를 판단하는 첫 사건이기 때문이다. 공정위 전원 회의 결정은 법원의 1심 판결과 동일한 효력을 갖는다. 총수의 지분 취득이 개인 이득을 위한 것이라는 결론이 나온다면 앞으로 인수 합병 과정에서 총수의 자회사 지분 취득이 어려워질 것으로 예상된다.

15일 최회장은 사익 편취, 부당 지원이 아니라고 주장하는 근거 등을 묻는 기자들 질문에는 아무런 답변도 하지 않은 채 바로 전원 회의장으로 이동했다.

최대 쟁점은 이른바 사업 기회 유용 여부다. 최 회장이 SK실크론 지분 29.4%를 취득한 것이 SK(주)의 사업 기회를 부당하게 가로챈 것으로 판단할 수 있는냐가 문제다.

공정거래법상 공시대상 기업집단은 특수관계인 또는 특수관계인이 일정 지분(상장사 30%, 비상장사 20%) 이상을 보유한 회사에 대해 상당한 이익이 될 만한 사업 기회를 제공해선 안 된다.

SK(주)는 2017년 1월 LG가 보유했던 반도체 웨이퍼 제조기업 실트론의 지분 51%를 주당 1만 8,139원, 총 6,200억원에 인수해 경영권을 확보했다. 같은 해 4월 우리은행 등 채권단과 KTB사모펀드는 나머지 지분 49%를 공개 매각했다. 이때 SK(주)는 회사 분할 등 주요 사안을 결정하는 데 필요한 주주 총회 특별결의 요건(전체 지분의 3분의 2 이상)을 갖추기 위해 지분을 추가 매입했다. KTB 사모펀드가 보유한 지분 19.6%를 주당 1만 2,871원에 총수익스왑(TRS) 방식으로 인수했다. 경영권 프리미엄이 사라진 만큼 최초 매입한 지분에 비해 약 30% 저렴한 가격에 취득했다.

문제는 우리은행 등 채권단이 보유한 나머지 지분 29.4%에 대한 최회장의 인수 부분이다. 최 회장은 이를 2,535억원, 주당 1만 2,871원에 TRS방식으로 매입했다. 이에 경제개혁연대 등 시민단체들이 SK(주)가 남은 지분을 저렴하게 100% 확보할 수 있었는데도 최회장에게 인수 기회를 넘겼다며 공정위에 조사를 요청했다. 2018년 사건 조사에 착수한 공정위 사무처는 위법성이 충분히 인정된다고 보고 제재 의견을 담은 <u>심사보고서(검찰의 공소장에 해당)</u>를 SK 측에 발송했다.

하지만 그동안 대주주 계열사 지분 취득이 국내외를 막론하고 법적으로 문제가 된 적은 없었다. 재계에서는 이를 두고 오히려 책임경영, 기업가치 제고 차원에서 권장돼 왔다고 주장했다. 2016년 대만 홍하이그룹이 궈타이밍 회장과 함께 일본 샤프를 인수할 당시, 양국 경쟁 당국은 이에 대해 문제를 제기하지 않았다.

총수의 계열사 지분 투자가 '총수가 기업가치 제고에 앞장서고 있다'는 신호를 시장에 주는 장점이 있다는 시각도 존재한다. 그동안 정부 학계 시민단체 등은 "총수가 일부 지분으로 그룹을 지배하고 있다"며 "계열사 지분을 확보해 책임경영을 해야 한다"는 주장을 펼쳐왔다.

공정거래법상 사업 기회 유용에 대한 판례가 거의 없다는 점에서 법리 공방이 치열할 것으로 보인다. 공정위가 총수의 사업 기회 유용 여부를 판단한 것은 2019년 이해욱 DL 회장 사건 후 이번이 두 번째다. 당시엔 총수 일가가 보유한 회사에 일종의 '통행세'에 해당하는 브랜드 수수료를 몰아주는 등 위법한 정황이 비교적 명확했다. 하지만 이번 사건은 총수의 지분 매입 자체가 사업 기회 유용, 나아기 분명하게 이익을 취한 것인지를 판단해야 한다. SK는 <u>최 회장이 공개경쟁입찰로 해외업체와의 경쟁을 통</u>

해 잔여 지분을 인수한 만큼, 사업 기회 유용이 아니라고 주장한다.

지분 소유만으로 상당한 이익이 있었는지도 논란이다. 공정위는 반도체 전망 등을 근거로 최 회장의 실트론 지분 소유 자체를 일종의 사업 기회로 보고 있다. 반도체 웨이퍼 시장은 변동성이 큰 데다 2017년 전후로 세계적인 기관들은 부정적 전망을 내놓기도 했다. 또 2018~2019년 반도체 산업이 실제로 하락 국면에 접어들 당시 일본 섬코 독일 실크로닉 등 웨이퍼 업체의 주가는 50% 이상 폭락하기도 했다.

최 회장의 지분 인수 과정에서 SK(주)가 별도의 이사회 판단을 내리지 않았다는 점도 쟁점이다. 상법상 이사가 회사의 사업 기회를 이용할 때는 이사회 3분의 2 이상의 승인이 필요하다. SK는 "두 차례에 걸쳐 4인 모두 사외이사로 구성된 SK(주) 거버넌스위원회와 법률 전문가들이 사업 기회가 아니고 이해 상충이 없어 이사회 상정 사안이 아니라는 결론을 내려 이사회를 개최하지 않았다"고 설명했다.

자산규모가 2조원이 넘는 기업에 대해서 의무화되는 위원회는 이사회, 감사위원회와 사외이사후보추천위원회이지, 거버넌스 위원회는 의무화되는 위원회가 아니며 따라서 이 위원회가 의사결정한 내용이 어느 정도 구속력이 있는지는 의문이다. 단, 이사회 내 하부 위원회는 모두 이사회 규정에 의해서 활동을 하고 있으니 구속하지 않는다고도 할 수 없다. 단, 법에 근거해서 구성된 회의체가 아닌, 이사회 하부 위원회의 의사결정 실효성의 이슈이다.

그동안 정부 학계 시민단체 등은 "총수가 일부 지분으로 그룹을 지배하고 있다"며 "계열사 지분을 확보해 책임경영을 해야 한다"는 주장을 펼쳐왔다는 신문기사의 내용에 대해서 논한다. 책임경영이라는 표현을 우리가 많이 하고 있으며 이에는 최대주주가 risk taking을 회피하지 말라는 의미도 포함된다. 이것은 우리가 흔히 얘기하는 기업가 정신(enterpreneurship)이다.

## 최태원 SK 회장 '실트론 지분 매입' 논란 놓고 법리 공방

앞서 공정위는 지난 8월 최 회장이 SK실트론 지분 29.4%를 사들인 과정이 위법하다는 판단을 내리고 최 회장을 검찰에 고발하는 내용을 담은 심사보고서를 SK에 발송했다. 이번 사건은 2017년 1월 SK가 당시 LG실트론 경영권(지분 51% 주당 1만 8,139원)을 인수하면서 시작됐다. SK는 같은 해 4월 LG실트론 지분 19.6%를 추가로 사들였다.

공정위는 4개월 뒤인 8월 최회장이 우리은행 등 채권단이 보유한 29.4%(주당 1만 2,871원)의 LG실트론 지분을 개인 자격으로 취득한 점을 문제 삼고 있다. 최 회장이 SK가 최초로 사들인 LG실트론 지분보다 30%가량 저렴하게 지분을 취득했기 때문이다. 공정위는 SK가 경영권 프리미엄이 빠진 실트론 잔여 지분을 전량 싸게 살 수 있었음에도, 최 회장에게 의도적으로 29.4%의 지분 취득 기회를 넘겼다고 보고 있다. 이후 SK실트론의 기업 가치가 상승하면서 최 회장은 큰 수익을 거뒀다.

이 사건을 공정위에 신고한 경제개혁연대는 최 회장의 SK실트론 지분 취득 과정이 상법 제397조의 2와 공정거래법 23조의 2에서 금지하는 '회사의 사업 기회 및 자산의 유용'에 해당한다고 주장한다. 당시 반도체 업황과 SK하이닉스와의 시너지 등을 고려할 때 SK와 최 회장이 SK실트론의 성공을 확신했다는 것이다. SK실트론의 심사보고서에도 최 회장에게 사업 기회 유용 법리가 적용된 것으로 알려졌다.

### SK "실트론 성공 누가 장담했겠나"

SK는 심사보고서 수령 이후 공정위의 주장을 조목 조목 반박해 왔다 우선 정관 변경 등 중대사항을 의결할 수 있는 특별 결의 요건(3분의 2 이상) 이상의 지분(70.6%)을 확보한 SK가 뒤이어 LG실트론 지분을 더 사들일 이유가 없었다는 설명이다. 지분 매입 과정에서 아낀 돈으로 중국 물류 회사 ESR을 사들이는 등 합리적 경영 판단의 일환으로 봐야 한다는 것이다.

SK 측은 최 회장이 지분 취득 당시 반도체 기술을 놓고 경쟁하는 중국 등 외국 자본의 지분 인수 가능성을 감안하고 책임경영을 강화하는 차원에서 공개 입찰에 참여했으며, 적법한 취득 절차를 거쳤다는 입장이다. 업계 관계자는 "중국 자본이 들어오게 되면 이사회 참여와 기업 정보를 요구할 가능성이 커진다"며 "이를 고려해 (최 회장이) 채권단이 주도한 공개입찰에 참여한 것"이라고 말했다.

일각에선 SK의 인수 절차 과정에서 LG 실트론의 기업가치를 정확히 예측할 수 없었기 때문에 공정위의 사업 기회 유용 판단은 <u>결과론적 해석</u>이라는 의견도 나온다. 반도체 및 웨이퍼 시장은 변동성과 불확실성이 큰 대표적인 산업이기 때문이다.

한국경제신문. 2021.12.16.

전경련의 상법개정안에서도 경영의사결정에 대해서 사법부가 개입하는 건에 대해서 우려를 나타낸 바 있다.

과거 10년, 20년, 30년 전의 상호출자제한 기업집단의 명단을 보면 역사 속에서 사라져 버린 그룹을 어렵지 않게 찾아볼 수 있다. 지금 기업집단으로 남아 있는 기업들은 실력이 놓거나 운이 좋아서 지금 현재의 위치에 남아 있는 것일 수도 있다.

오래전 SK는 하이닉스를 인수하는 모험을 하였고 사후적으로 성공적인 투자가 되었지만 당시에는 매우 무모한 투자라는 평가도 적지 않았다. 지금은 SK를 대표하는 사업회사로 SK그룹 중에서는 가장 높은 시가 총액을 보이는 세계적인 회사가 됐다.

한화는 대한생명을 인수하면서 현재의 한화생명이 되었지만 그 당시만 하여도 상당한 위험을 동반하는 의사결정이었다. 성공한 투자만을 두고 혜택을 받았다고 폄하하는 것은 옳지 않다. 이는 주식투자로 대박이 난 투자자들을 언론에서 띄울 때, 그 이면에는 엄청난 투자손실을 입은 투자자 다수가 있다는 것을 간과해서는 안 된다. 물론, 성공한 투자에 대해서 어떤 혜택을 봤는지를 따지려면 실패한 회사에 대해서는 혜택이 있었음에도 왜 성공하지 못했는지를 물어야 한다. 이러한 차원에서 결과론적으로 무엇을 접근함은 공평치 않은 것이다.

회계만큼 과거로 backward하는 영역이 없다. 회계는 과거에 발생한 일을 측정하고 기록하는 학문 영역이다. 물론, 최근의 회계의 추세가 회계정보도 미래지향적(forward looking)이어야 한다는 것이기는 하지만 기업 경영환경이 매우 가변적이므로 회계가 어느 정도 이상으로 forward looking하기는 어렵다.

사익편취 규제의 근거가 되는 공정거래법 23조의2는 특수관계인에게 부당한 이익 제공을 금지하기 위해 ▲정상적 거래보다 상당히 유리한 조건 ▲상당한 이익이 될 사업기회 제공 ▲상당한 규모로 거래하는 행위를 금하고 있다.

이 조항 중 ▲자금, 자산, 상품, 용역 인력, 현금과 금융상품 등의 거래에서 정상적인 조건과의 차이가 7% 미만이거나 연간 거래 총액이 50억 미만일 경우 ▲거래 당사자간 연간 거래총액이 200억 미만이거나 거래 상대방의 평균 매출액의 12% 미만인 경우는 각각 '상당히 유리한 조건'과 '상당한 규모'에서 제외되는 것으로 구체적 기준이 정해져 있다.

반면 사업기회에 대한 규정은 상대적으로 빈약하고 모호한 부분이 많아 혼선을 키우고 있다. 공정위가 제시한 예외 사항은 회사가 ▲해당 사업 기회를 수행할 능력이 없는 경우 ▲사업기회 제공에 대한 정당한 대가를 받은 경우 ▲합리적 사유로 사업기회를 거부한 경우 등이다.

예컨대 총수의 계열사 지분 투자가 예외 사항에 해당하는지에 대한 규정이 모호하다. 대표적으로 최태원 SK그룹 회장과 정의선 현대차 회장처럼[2] 대기업 총수가 지분을 직접 사들이는 경우 사업기회를 제공했는지가 논란이 될 수 있다. 회사의 지분 자체를 사업기회로 볼 수 있느냐는 지적이다. 두 사안 모두 그룹이 신성장 동력 확보 차원에서 신규 사업에 진출할 때 총수가 지분을 매입한 사례이다.

이렇다 보니 법조계와 학계에서는 총수의 지분 투자를 사업기회로 본다면 ▲총수가 투자한 지분 비율 ▲경영권 행사 여부 등을 종합해서 판단해야 할 뿐 아니라 사전에 명확한 가이드라인을 제시한 뒤 규제했어야 한다고 주장하고 있다.

---

2) 17장의 매일경제신문. 2021.3.18. 보스턴다이내믹스 인수 건 기사를 참조한다.

## 최준선 성대 교수 "SK실트론 사건, 사업기회 아닌 책임경영"

최 명예교수는 "최태원 회장의 지분 인수는 공정거래법상 어떠한 위법성도 없었다"며 "공정거래법의 적용 요건에 부합하지 않아 고발 즉시 기각됐어야 할 사건을 공정거래위원회에서 3년간이나 조사한 것은 무리한 법률 적용이다"고 말했다.

이어 최 명예교수는 "공정거래법상 사업기회와 관련된 동일한 규정이 상법에도 존재하기 때문에 이는 중복 규제가 될 수 있다"며 "사업기회 제공 문제는 전통적으로 회사법에서 다루는 이슈이므로 공정거래법상 규정 해석에 신중해야 한다"고 덧붙였다.

토론에 나선 양준모 연세대 교수는 "매수자인 SK에게는 해당(매각) 권한이 없기 때문에 기본적으로 사업기회를 제공했다는 말 자체가 성립하지 않는다"며 "이와 같이 말도 안 되는 내용을 공정위가 몇 년 동안 조사했다는 사실은 정치적 의도 혹은 고발 처리 절차에 문제가 있는 것으로 판단된다"고 말했다.

이재혁 상장회사협의회 정책2본부장은 "총수나 경영진의 지분투자는 일반적으로 시장에서 책임경영 의지의 표출로 판단된다"라며 "긍정적인 효과는 무시한 채 모호한 해석에 의해 해당 사건에 대한 형사처벌이 이루어진다면 향후 기업의 지분투자는 크게 위축될 것"이라고 주장했다.

최태원 회장에 대한 SK실트론 사익편취 의혹에 대한 공정위의 전원회의 결과는 22일 발표될 예정이다.

실트론 사익 편취 의혹은 2017년 SK그룹의 지주사인 SK㈜가 ㈜LG 및 채권단, 사모펀드 등으로부터 실트론 지분을 인수할 때 최 회장이 지분 일부를 매입한 게 부당한 사업기회제공에 해당한다는 주장이 제기되면서 불거졌다.

SK㈜는 ㈜LG로부터 지분 51%를 사들여 경영권을 확보한 데 이어, 사모펀드가 보유한 지분 19.6%를 추가로 인수해 기업분할 등 경영상 중요한 결정에 필요한 요건인 3분의 2 이상의 지분을 확보했다. 우리은행 등 채권단이 보유한 지분은 29.4%는 최 회장이 인수했는데, 경제개혁연대나 공정위는 이 행위가 SK㈜가 최 회장에게 사업기회를 넘긴 사익편취라고 주장한다.

현행 공정거래법 제23조의2 제1항 제2호는 공시대상기업집단에 속한 회사는 특수관계인 또는 특수관계인이 일정 비율(상장사 30%, 비상장사 20%) 이상의 주식을 보유한 계열회사에 대해서는, 회사에 상당한 이익이 될 사업기회를 제공하는 행위를 금지하고 있다.

이 사건에 대해 공정위에 조사를 요청한 경제개혁연대는 "SK㈜가 SK실트론을 인수할 당시 반도체 산업의 호황으로 실적 개선과 그룹 내 SK하이닉스 등 계열사와의 시너지 효과를 기대할 수 있는 상황이었기 때문에 SK실트론 인수는 <u>SK㈜ 또는 그룹에 상당한 이익이 될 사업기회에 해당하는 것으로 볼 수 있다</u>"라며 "<u>SK그룹이 SK실트론을 인수한다면 그 주체는 지주회사인 SK㈜ 또는 사업연관성이 있는 계열회사가 되는 것이 타당한 의사결정</u>"이라고 주장한다.

반면 <u>SK는 회장의 지분 취득은 중국 등 해외 자본에 실트론 지분이 넘어가 주요 주주로 자리할 경우 발생할 경영상의 어려움 등을 고려한 결정이었다</u>고 반박한다. 실제 최 회장이 2017년 실트론 지분을 공개경쟁입찰을 통해 인수할 당시, 중국 업체 1곳이 응찰했다.

뉴스1. 2021.12.21.

## 최태원 SK 회장 '실트론 사건' 과징금 16억원…검찰 고발은 면해

공정거래위원회가 최태원 SK(034730)그룹 회장의 SK실트론 지분 인수와 관련해 사업기회 유용에 해당한다고 판단하고 과징금 총 16억원을 부과하기로 했다.

SK 측은 최 회장의 주식 취득 과정에 위법성이 없다고 주장했지만, 공정위는 <u>의사회 승인 등 적법한 절차가 없이 지분 인수 기회를 제공한 것이 공정거래법에 위반된다</u>고 판단했다.

이데일리. 2021.12.22.

# 공정위, 4년 만에 '최태원 회장, SK실트론 지분 취득' 위법 결론…
## '檢 고발'없이 과징금 16억원

공정거래위원회는 최태원 SK그룹 회장이 SK실트론 인수 과정에서 지분을 취득해 (주)SK의 사업 기회를 편취했다는 사건에 대해 시정명령과 과징금 16억원을 부과했다. 그러나 (주)SK 회사 법인과 경영진, 최태원 회장에 대한 별도 검찰 고발은 하지 않기로 했다.

앞서 2017년 11월 시민단체인 경제개혁연대는 최 회장의 지분 매입 과정을 따져볼 필요가 있다며 공정위에 조사를 요청한 바 있다. 조사 개시 4년 만에 최태원 회장의 SK실트론 지분 취득에 대한 위법성 여부에 대한 판단이 나온 것이다.

그러나 공정위가 애초 상정한 최태원 회장에 대한 검찰 고발이 전원회의에서 기각된 점, 과징금 부과 금액이 크게 경감된 점 등을 감안하면, 재벌 총수의 위법성을 가리겠다면서 시작된 조사가 용두사미로 끝난 것이라는 비판도 나온다.

공정위는 22일 이러한 내용을 담은 'SK의 특수관계인에 대한 부당한 이익제공행위 제재안'을 발표했다. 앞서 지난 15일 최 회장은 공정위 전원회의에 재벌 총수로는 처음 참석해, 자신의 입장을 직접 소명한 바 있다.

공정위는 이번 사건에 대해 "SK는 옛 LG실트론(현재 SK실트론)의 주식 70.6%를 취득한 후, 잔여주식 19.4%를 자신이 취득할 경우 상당한 이익이 예상됐지만, 최 회장이 취득할 수 있도록 했다"고 판단했다. 공정위는 SK가 인수기회를 합리적 사유 없이 포기하고, 최 회장에게 잔여주식 취득을 직·간접적으로 지원해 사업기회를 제공한 것으로 본 것이다.

공정위가 전원회의에 제출한 심사보고서에서 "SK는 앞선 1차(51%) 및 2차(19.6%) 등 총 70.6% 주식취득 과정에서, 잔여주식 29.4% 인수에 대해서는 '추후 결정'하기로 내부 검토했다"고 주장했다. 이후 2017년 4월 14일 최 회장은 SK 이사들이 참석한 월간회의에서 해당 매각 입찰 정보를 들은 후, 자신의 입찰참여에 대해 검토할 것을 지시했고 법무실의 보고를 받았다는 게 공정위 조사 내용이다.

심사보고서 등에 따르면, 이후 최 회장은 입찰 참여 전인 2017년 4월 17일 또는 4월 18일 SK의 대표이사인 장동현 사장(현재 부회장)에게 SK의 입찰참여 의사를 확인했다. 장 사장은 잔여주식 인수여부를 검토하지 않은 상황에서도 최 회장의 질의에 인수할 의사가 없다고 답변했다. 최 회장은 2017년 5월 29일 다시 SK에 공문으로 잔여주식을 매수할 의사가 있는지 확인을 요청했다. SK는 사외이사로 구성된 '거버넌스위원회'에 '미인수방침'을 보고했고 2017년 5월31일 최 회장에게 회신했다.

공정위는 이러한 논의 결과, 최 회장이 2017년 4월 21일 우리은행의 실트론 주식 29.4% 매각입찰에 참여했고 단독 적격투자자로 선정됐다고 판단했다. 이후 같은 해 8월 24일 해당 주식을 TRS 방식(Total Return Swap, 총수익교환)으로 취득했다고 공정위는 설명했다.

공정위는 당시 회사가 아닌 최 회장 개인 명의로 인수합병(M&A) 대상 기업의 지분을 취득한 건 나중에 지분 가치 상승을 노린 사익편취에 해당하는 것으로 봤다.

공정위는 실트론 주식 29.4%를 취득할 수 있는 기회 자체를 SK나 최 회장에게 수익을 줄 수 있는 사업기회로 봤다. 이 같은 판단의 근거로는 ▲공정거래 법령에 사업기회의 범위를 경영권 취득과 연관되는 것으로 국한하는 규정이 없는 점 ▲다수의 논문 등에서 지배주주의 소수 지분 취득도 상법상 사업기회에 해당한다고 하는 점 등을 고려할 때 사업기회에 해당한다는 점 등이 제시됐다. 구체적으로는 정준혁 서울대 법학전문대학원 교수 등의 '개정 상법상 회사기회유용의 금지'라는 논문과 송옥렬 서울대 법학전문대학원 교수의 상법강의라는 저서가 참고 문헌으로 제시됐다.

구체적인 위법행위 혐의에 대해 공정위는 SK가 매도자인 우리은행 측과 비공개협상을 진행하는 등 SK임직원이 최 회장의 주식매매 계약 체결 전 과정을 직·간접적으로 지원했다고 봤다.

이에 공정위는 잔여주식 취득이라는 사업기회를 SK가 이사회 동의나 정당한 대가를 지급받지 않고 최 회장에게 귀속시킨 것으로 판단했다. 특히 이러한 결정 과정에서 사업 기회의 정당한 귀속자인 SK는 사실상 배제됐고, 최 회장에게 귀속된 이익의 규모가 상당한 점 등을 종합적으로 고려할 때 이익의 부당성이 인정된다고 판단했다.

반면, SK는 당시 회사 차원에서는 지분을 추가로 취득할 필요가 없었던 상황을 고려해야 한다는 입장이다. SK로선 이미 LG실트론의 지분 3분의 2 이상을 확보했기 때문에 주주총회 특별결의 요건까지 충족했다는 설명이다.

공정위는 이번 제재 결정이 회사 대주주의 지배력을 활용한 사익편취를 입증한 첫 결정이라는 점을 주목한다. 공정위 관계자는 "지배주주가 절대적 지배력과 내부 정보를 활용해 계열회사의 사업기회를 이용한 행위를 최초 제재하였다는 점에서 의미가 있다"며 "사업기회를 직접 제공하는 방식이 아니라 회사의 이익을 보호해야 할 의무가 있는 자가 '사업기회를 포기해 제공 객체가 이를 이용토록'하는 '소극적 방식의 사업기회 제공행위'를 처음으로 제재하였다는 점에서도 그 중요성이 크다"고 했다.

그러나 재계 등에서는 이번 제재 수위가 공정위가 최초 상정했던 수준에 비해 상당히 완화됐다는 점을 주목하고 있다. 한편, 앞서 공정위는 지난 8월 심사보고서를 작성하면서 SK와 최 회장에게 과징금을 부과하고 최 회장은 검찰에 고발하는 내용을 담은 것으로 알려졌다. 공정위 심사보고서는 검찰의 공소장과 비슷한 무게를 갖는다. 그러나 과징금 규모가 심사보고서에 언급된 수준에 비해서는 상당히 경감됐고, 최태원 회장에 대한 검찰 고발 결정도 없었다.

공정위 사정에 정통한 관계자들은 사건을 맡은 기업집단국이 심사보고서에 기술한 혐의점이 전원회의에서 상당수 입증되지 못했기 때문에 처벌 수위가 낮춰졌다고 보고 있다. 이 때문에 시민단체 요구로 시작된 재벌 총수에 대한 공정거래법 위반 조사가 사실상 중요한 혐의에 한해 입증에 실패한 채 끝난 것 아니냐는 지적도 나온다. "사실상 공정위 조사가 용두사미로 종결됐다"는 비판도 나온다.

이 때문에 <u>법원의 1심 판결과 같은 효력인 공정위 전원회의 결정이 SK측의 항소로 고등법원 재판에 회부될 경우, 상당한 법적 공방이 있을 것</u>이라는 관측도 나온다.

조선비즈. 2021.12.22.

위의 신문기사에서 SK 임직원이 최회장의 주식매매 체결 과정을 지원했다는 점도 개인과 기업의 업무가 구분되지 않은 것이다. 이 신문 기사의 내용이 사실이라면 공과 사가 구분되지 않은 것이다.

SK가 이 안건을 이사회가 아닌 사외이사로 구성된 거버넌스위원회에서 다루었기 때문에 당연히 사내이사인 최태원 회장은 위원이 아니었다.

SK가 운영한다는 거버넌스 위원회는 다른 기업에는 조금 생소한 위원회이고 다른 회사에서는 사외이사 간담회를 운영하기도 한다. 오히려 사내이사들만으로 구성된 경영위원회는 다수 기업에서 운영하기도 한다. 이는 이사회가 상설위원회이기는 하지만 사외이사들이 상근하는 것이 아니므로 적시의 의사결정을 수행하기 어려우므로 사내이사들(때로는 집행임원들을 포함)로 구성된 경영위원회에서 이사회에서 의결하지 않아도 되는 중요 안건을 결정하고 추후에 이사회에 어떤 안건들이 논의되었다고 사후보고를 하는 경우도 있다.

경영위원회가 사내이사 또는 사내이사와 집행임원들의 회의체가 될 수도 있는데 집행이사들이 포함되는 경우는 이사회 내 위원회는 될 수 없다. 위에서 기술된 일부 기업에서 사외이사들의 간담회(협의체)를 운영하면서 사내이사들이 배제된 상태에서 경영자 승계 등에 대한 주제를 논의할 수 있다. 단, 이러한 모임은 정식 회의체는 아니다. 만약 SK이사회에서 이 안건이 다루어졌다면 최회장이 본인이 개입된 안건이 논의되는 이사회에 참여하여서 본인의 의사를 표명한 이후 의결 때 제척되어야 하는 생각을 하게 된다.

이는 17장의 현대차 정의선 회장의 스턴다이내믹스 경영권 인수 건에서도 문제가 되었다.

❝

## "SK, 최태원에 실트론 지분 인수기회 양보"…과징금 총 16억원

공정거래위원회가 SK그룹 최태원 회장이 SK실트론 지분을 인수한 것은 지주회사 SK㈜의 사업기회를 가로챈 것이라고 결론내리고 SK㈜와 최 회장에게 과징금 각 8억원씩 총 16억원을 부과했다.

공정위가 2018년 조사에 착수한 지 3년 만에 내린 결론으로, 지배주주가 계열사의 사업 기회를 이용한 행위를 제재한 첫 사례다. 다만 검찰 고발 조치가 빠졌고 과징금 수준도 낮아 '봐주기 논란'이 불가피할 전망이다.

SK는 제재 결과에 대해 "충실하게 소명했지만 납득하기 어려운 제재 결정이 내려진 데 대해 유감"이라며 "의견서를 받는 대로 세부 내용을 면밀히 검토한 후 필요한 조치를 강구할 방침"이라고 밝혀 법적 대응 가능성을 시사했다.

### 실트론 29.4% 지분 인수 기회는 SK의 '사업기회'

공정위는 최 회장에게 사업기회를 제공한 SK와 이를 받은 최 회장에게 향후 위반행위 금지명령과 과징금 8억원을 각각 부과한다고 22일 밝혔다.

최 회장이 비서실에 검토를 지시하며 실트론 잔여 지분 인수 의사를 표시하자 SK는 자신의 사업기회를 합리적 검토 없이 양보했고, 결국 최 회장에게 부당한 이익이 돌아갔다는 게 실트론 사건에 대한 공정위의 결론이다.

공정위 조사 결과에 따르면, SK는 반도체 소재산업의 포트폴리오를 강화하기 위해 2017년 1월 ㈜LG가 갖고 있던 실트론(반도체 웨이퍼 생산업체)의 주식 51%를 인수했다. 이후 SK는 주주총회 특별결의 요건을 충족하고 유력한 2대 주주가 출현하는 상황을 막기 위해 실트론 지분 추가 인수를 고민했고, 그해 4월 잔여 지분 49% 가운데 KTB PE가 가진 19.6%를 추가로 매입했다. 그러나 우리은행 등 채권단이 보유한 나머지 29.4%는 SK가 아닌 최 회장이 매각 입찰에 참여해 단독 적격투자자로 선정된 후 그해 8월 총수익스와프(TRS) 방식으로 사들였다.

공정위는 최 회장이 가져간 '실트론 지분 29.4%를 취득할 수 있는 기회'는 SK에 상당한 이익이 될 수 있는 '사업 기회'였다고 판단했다. 실제 SK는 2016년 12월 경영권 인수 검토 당시 실트론 기업가치가 1조 1천억원에서 2020년 3조 3천억원까지 성장할 것으로 전망했고, SK하이닉스로의 판매량 증대와 중국 사업 확장 등으로 실트론의 가치증대(Value-Up) 가능성이 매우 높다고 봤다. 내부적으로도 잔여 주식 취득을 '추후 결정'하기로 검토했다.

## SK, 최 회장 인수 의사 밝히자 합리적 검토 없이 입찰 참여 포기

그러나 SK는 실트론 지분 추가 취득을 포기하고 이 사업기회를 최 회장에게 양보했다. 이 과정에서 SK 임직원은 최 회장의 지분 인수를 돕거나, 실트론 실사 요청 등을 거절하는 방법으로 '경쟁자'들의 입찰 참여를 어렵게 했다. 최 회장에게 잔여 지분 취득과 관련한 자금조달 방법이나 입찰 가격 등에 대해 보고하기도 했다. 회사의 사업기회를 대표이사이자 지배주주가 가져가게 되는 '이익충돌' 상황이었으나 SK는 이사회 승인 등 상법상 의사결정 절차도 준수하지 않았다.

최 회장이 실트론 잔여 지분 입찰 참여 후 사외이사들로 구성된 거버넌스위원회에 2차례 보고하긴 했으나, 이 절차는 법적 책임을 부담하지 않는 형태여서 이사회 승인과는 다르다고 공정위는 지적했다. SK의 사업기회 포기는 최 회장 지배력 아래에 있는 장동현 SK 대표이사의 결정만으로 이뤄졌고, SK는 이 과정에서 사업기회 취득에 따른 추가 이익 등도 검토하지 않았다.

상·증세법에 따를 경우 최 회장이 취득한 실트론 주식 가치는 2017년 대비 2020년 말 기준으로 약 1천 967억원이 오른 것으로 파악된다. 결국 SK가 밀어준 사업기회로 최 회장은 2천억원에 가까운 부당 이익을 챙길 수 있게 된 셈이다.

조사착수 3년 만에 제재 결론… 검찰 고발 빠져 '봐주기' 논란

이 사건은 시민단체인 경제개혁연대가 2017년 11월 이 사안이 총수 일가 사익편취에 해당한다며 공정위에 조사를 요청하면서 시작됐다. 공정위는 이듬해 조사에 착수해 3년 만에 위법성이 인정된다는 결론을 냈다. 공정위가 '지배주주의 사업기회 이용'에 제재를 가한 것은 이번이 처음이다.

그동안 재벌기업에 대해 주로 제재했던 '일감 몰아주기'(사익편취)와 달리 이번 사건은 계열사가 총수에게 직접 부당한 이익을 제공한 행위를 제재했다는 점에서 의미가 크다고 공정위는 강조했다. 다만 검찰 고발 조치가 빠지고 과징금도 적은 수준이라 '봐주기' 논란이 불가피할 전망이다.

육성권 기업집단국장은 미고발 사유에 대해 "위반 행위가 절차 위반에 기인한 점, 위반행위 정도가 중대·명백하다고 보기 어려운 점, 최태원이 SK에 사업 기회를 제공하도록 지시했다는 사실을 직접 증명할 수 있는 증거가 없는 점, 법원과 공정위 선례가 없어 명확한 법 위반 인식을 하고 행해진 행위라고 보기 어려운 측면이 있다는 점을 고려했다"고 밝혔다.

과징금의 경우 사업기회를 받은 객체의 관련 매출액 등의 산정이 어려워 '정액 과징금'으로 결정했다고 공정위는 설명했다. 공정거래법은 매출액이 없는 경우 20억원을 초과하지 않는 범위에서 과징금을 부과하도록 한다.

매일경제신문. 2021.12.22.

이 절차는 법적 책임을 부담하지 않는 형태라는 위 기사의 내용은 법적인 구속력이 없는 위원회의 의사결정을 인정하기 어렵다는 판단이다. 즉, 거버넌스 위원회가 이사회 규정에 의한 위원회일 수는 있지만 상법에서 규정한 위원회는 아니기 때문이다.

SK가 이사회에서 이 안건을 다루지 않고 거버넌스위원회에서 이 안건을 다뤘다는 점은 법적으로 판단하면 적법한 의사결정과정을 거치지 않았다는 판단을 수행한 것이다. 즉, 회의체에서 의사결정해야 하는 내용을 장동현 대표이사가 의사결정을 했다고 하면 이 대표이사가 독임제 의사결정을 했다고 이해

하면 된다. 진보 성향 언론의 tone은 완전히 반대다.

### 경제개혁연대, 'SK실트론 사건' 제재 "솜방망이"

경제개혁연대는 22일 공정거래위원회의 '에스케이(SK)실트론 사건' 제재에 대해 "사업기회 제공 사건에 적합한 지분처분 명령(시정명령) 없이 과징금 부과에 그쳤다"며 "지나치게 경미한 '솜방망이' 제재"라는 내용의 논평을 냈다.

연대는 "회사가 수행할 경우 회사에 상당한 이익이 귀속될 기회를 부당하게 지배주주에 제공한 심각한 불법행위에 대해 이처럼 관대한 처분이 내려진다면 사익 편취 규제의 취지 자체가 뿌리째 흔들릴 수밖에 없을 것"이라고 강조했다.

에스케이(주)는 2017년 1월 기업 인수 목적으로 엘지(LG)로부터 실트론 지분 51%를 취득했고, 이후 같은 4월 나머지 49% 중 케이티비(KTB) 보유 지분(19.6%)만 인수하고 우리은행 보유 지분(29.4%)은 최태원 에스케이그룹 회장에게 취득 기회를 제공했다. 공정위는 최태원 회장이 에스케이실트론 지분을 인수한 것은 지주회사 에스케이(주)의 사업기회를 가로챈 것이라고 결론짓고 에스케이(주)와 최 회장에게 과징금 각 8억원씩 총 16억원을 부과했다고 이날 밝혔다.

경제개혁연대는 "공정위는 고발을 제외한 시정조치 명령과 과징금을 내렸고 고발조치를 포함하지 않은 이유에 대해 별다른 언급도 없는 상황"이라며 "검찰총장이 이 사건에 대해 공정거래법(제71조 제3항)에 따라 공정위에 고발요청권을 행사하고, 적극적인 수사를 통해 사실관계를 충분히 밝혀 엄정히 제재할 것을 촉구한다"고 밝혔다. 연대는 "사업기회 제공 사건의 경우 사업기회의 가치 산정이 어렵기 때문에 최대 20억원까지만 부과할 수 있는 과징금보다 시정조치를 통해 불법을 바로잡는 것이 더 적합하고 효율적인 제재수단이 될 수 있다"고 강조했다.

연대는 "국민연금(8.16%)을 포함해 에스케이(주)의 지분을 보유한 주주들은 최태원 회장을 상대로 주주대표소송을 제기함으로써 에스케이(주)의 사업기회 제공으로 발생한 이익이 모두 회사에 귀속될 수 있도록 조치를 취할 필요가 있다"고 덧붙였다. 아울러 "최태원 회장은 주주대표 소송 제기 전 에스케이실트론 지분을 원래 사업을 수행해야 할 에스케이(주)에 돌려놓음으로써 자신의 약속이 허언이 아님을 증명해야 할 것"이라며 "최 회장의 결단을 촉구한다"고 밝혔다. 최 회장이 최근 이사회 중심의 지배구조, '세계 표준을 뛰어넘은 에스케이 거버넌스 스토리를 만들자'고 공언한 대목을 일컫는다.

한겨레신문. 2021.12.22.

## 최태원, 실트론 미래 알고 투자했다면 천재다

굴곡진 실트론의 40년 역사…
누구도 예상못한 클라우드 컴퓨팅 호기에 성장 기회

공정거래위원회가 22일 'SK가 특수관계인 최태원 회장에게 사업기회를 제공한 행위'에 대해 시정명령 및 과징금 총 16억원을 부과하기로 했다. 이는 최태원 SK 그룹 회장이 2017년 4월 SK실트론 지분 29.4%의 적격 인수대상자로 선정된 후 그해 8월 해당 지분을 인수한 것이 '소극적 방식의 사업기회 제공행위'라는 공정위 판단에 따른 것이다.

공정위의 이런 판단은 옳은 것일까. 반도체 시장의 오랜 실리콘사이클의 변동성, 하이리스크-하이리턴의 산업적 특성을 감안할 때 당시 투자시점과 현재만 놓고 보는 결과론적 추정은 힘들다. 특히 실트론의 40년 역경의 역사로 볼 때 이 회사의 인수 자체는 리스크를 안고 결단을 내려야만 하는 사업이었다.

SK측은 이미 이사회에서 특별결의까지 가능한 SK실트론 지분 70.6%를 확보해 더 인수하는 것이 회사의 자금상 손해일 것이라고 판단해 인수하지 않았다는 입장이다. 그럼에도 불구하고 남은 지분이 경쟁사에 넘어갈 경우 경영간섭 등이 예상돼 남은 29.4%의 인수 부담은 최 회장이 떠안았다고 주장한다.

공정위는 SK의 실트론 추가 지분 인수 포기 과정에서 이사회를 개최하지 않은 점을 문제 삼고 있지만, 잔여지분 19.6%를 인수할 당시 KTB와 맺은 약정(타 지분 매입시 매매대금 40% 위약벌 조항, 약 670억원)으로 인해 추가 지분을 살 수 없는 상황이었던 점은 고려되지 않은 결정으로 보인다.

30여년의 미운오리가 한순간에 백조가 될지의 여부는 판단하기 쉽지 않다. 이를 두고 <u>기회제공이라고 해야 할지, 회사가 안을 위험을 대주주가 대신 짊어진 것이라고 할</u>

지를 결과론적으로 얘기하는 것은 위험하다. 같은 행위에 대해 손실이 났으면 기회제공이 아니고 이익이 있으면 기회 제공이라고 한다면 창업자는 이제 나올 수 없을 것이다. 위기를 기회로 바꾸는 것이 사업인데 이제 대주주는 어떤 형태의 투자도 할 수 없는 상황이 됐다.

## 공정위가 말하는 '소극적 사업기회 제공'

경제개혁연대가 2017년 11월 "SK(주)가 지분을 싸게 사들일 기회를 포기하고 대신 최태원 회장에게 사업기회를 넘겨 공정거래법을 위반했다"고 주장하며 공정위에 조사를 요청해 2018년 8월부터 조사와 심의를 진행했다.

공정위는 최 회장이 SK실트론 지분 29.4%를 취득한 것이 '사업기회 제공'에 해당된다고 봤다. 공정거래법(23조의 2)에서 규정한 "회사가 직접 또는 자신이 지배하고 있는 회사를 통하여 수행할 경우 회사에 상당한 이익이 될 사업기회를 제공하는 행위"로 사익편취 행위를 했다고 주장했다.

반면 SK(주)는 이미 특별결의 요건을 상회하는 70.6%의 지분을 확보해 안정적 경영권을 행사할 수 있는 상황이어서 SK(주)가 잔여지분을 인수하지 않기로 해 '잔여지분 취득'이 사업을 할 수 있는 기회에 해당되지 않는다고 했다. 잔여지분이 없어도 SK가 사업을 할 수 있다는 얘기다.

또 최 회장이 공개경쟁입찰을 통해 경쟁자를 제치고 입찰 최고가에 잔여지분을 인수해 문제가 없다는 입장이다. 2대 주주에게 2명의 이사 선임권이 있는 상황에서 SK의 안정적 경영을 위해 경쟁사가 아닌 최 회장이 지분을 인수하는 것이 이롭다는 판단에 따랐다는 것이다. 또 거버넌스위원회 등을 통해 충분히 논의하고 법률적 검토를 거쳤다는 입장이다.

공정위가 결과론적으로 SK실트론이 이익을 내는 기업으로 그 일부분이라도 법인인 SK가 챙겨야 하는 것이 아니냐고 주장하지만, 이는 반도체 산업의 변동성을 모르고 하는 얘기라는 게 반도체 업계의 주장이다.

## 40년 애물단지였던 실트론…동부그룹에서 LG 거쳐 SK로
## 최태원, 실트론 미래 알고 투자했다면 천재다

사실 실트론이 지금에 와서야 수익을 내는 좋은 기업이라는 평가를 받지만 지난 40년의 역사를 짚어보면 천덕꾸러기 신세를 많이 겪은 기업이다. 출발은 동부그룹(현 DB그룹)에서였다. 1983년 김준기 동부 그룹 회장은 반도체 사업에 대한 원대한 꿈을 품고, 기초 소재인 웨이퍼 사업에 뛰어들었다. 동부그룹과 토마토 재배 사업에도 함께 했던 미국 농화학기업인 몬산토와 50대 50으로 합작해 '코실(이후 동부전자통신)'이라는 웨이퍼 업체를 설립했지만 합작관계는 순탄치 않았다. 1998년에는 몬산토가 독일 휼스로 넘어가면서 원료공급이 되지 않아 1년가량 생산이 중단되기도 했다.

합작관계가 깨지면서 이듬해인 1990년 LG반도체를 보유한 LG(당시 럭키소재)가 동부전자통신 지분 51%를 인수했다. 나머지 49%를 가진 동부의 이름을 딴 동부전자 통신에서 실트론으로 이름이 바뀐 것이 이때다.

1990년 같은 시기에 독일 휼스는 포스코와 손잡고 포스코휼스를 출범시키고, 미국 MEMC와 삼성전자와 함께 40:40:20의 웨이퍼 합작사(MEMC코리아)를 충남 천안에 설립해 경쟁관계에 들어갔다.

실트론의 어려움은 여기서 끝이 아니다. LG에 정착했던 실트론은 1999년 반도체 빅 딜과 함께 LG반도체가 현대전자로 넘어가면서 반도체 모기업과의 연이 끊기게 되면서 다시 어려움에 봉착했다. 그 과정에서 LG지분은 그대로 유지됐으나 동부가 보유하고 있던 나머지 지분 49%는 동부그룹 구조조정 과정에서 2007년 KTB PE(19.6%)와 보 고펀드(29.4%)에 매각됐다. 이 지분은 10년의 LG와 보고펀드 등의 소송전을 거쳐 지 난 2017년 1월과 4월, 8월에 각각 SK(LG 보유지분 51%+ KTB 19.6%)와 최태원 회 장(보고펀드 보유분 29.4%)에게 매각되면서 다시 주인이 바뀌는 신세가 됐다.

### 삼성도 매각한 웨이퍼 업체 MEMC… 어려웠던 웨이퍼 사업

삼성이 합작한 MEMC코리아에 투자됐던 포스코휼스 지분은 10년인 2000년 전량 MEMC에 매각했고, 삼성전자도 2014년 남은 지분 20%를 미국 선에디슨에 넘기고 MEMC코리아에서 손을 뗐다.

글로벌 웨이퍼 투톱인 일본의 신에츠화학과 섬코에 밀려 썩 남는 장사를 못했기 때 문이다. 이는 실트론도 마찬가지였다. 일본의 두 회사가 50% 이상의 시장을 차지한 상태에서 경쟁력을 갖기는 쉽지 않았다.

"2013년에는 기대에 미치지 못하는 전자기기 및 반도체 수요 증가와 엔저 현상으로 (중략) 판가 하락이 지속돼 영업손실 180억을 기록했다. 솔라와 사파이어 사업의 경우 이사회를 통해 사업 중단을 결정했다. 2014년에는 강도 높은 사업 구조조정과 원가절 감을 실행했으나, 영업손실 348억을 기록했다. 2015년에는 최소의 보완투자로 극한의 원가 절감을 통해 영업이익 54억으로 흑자 전환했다. 2016년에는 수요 향상 및 구매

혁신활동을 통한 원가 경쟁력 강화에 집중해 영업이익 340억을 기록했다."

2016년 공시된 실트론 사업보고서(2017년 3월 30일 공시) 내용이다. SK와 최 회장이 지분 인수에 나서기 직전 해의 이 사업보고서를 보면 어려웠던 실트론의 과거와 현상황을 볼 수 있다. 지속적으로 원가를 절감해 2016년에 겨우 수익을 내고 있다는 내용이다. 2017년이 더 좋을지 나쁠지는 아무도 모르는 상황에 진행된 지분 인수 결정이라는 점을 보여준다.

반도체 업계 관계자는 "회사가 좋을 것 같았으면 LG가 2007년 사모펀드들이 매입한 가격(2만 1,900원)보다 싸게(1만 8,138원) 2017년에 회사를 왜 팔았겠느냐"며 "2017년 초반에만 해도 그 해 미국에서 불어 닥칠 아마존과 구글, 페이스북 등 글로벌 IT 기업들의 클라우드 컴퓨팅 투자를 누구도 예측하지 못했다"고 말했다.

대규모 클라우드 컴퓨팅을 위한 서버용 반도체 수요의 폭발로 반도체 기업들은 예상하지 못한 2017년과 2018년의 대호황을 누리게 된다. 2017년엔 모간스탠리가 이듬해 메모리 반도체 침체가 올 것이라고 주장했으나 전망과 달리 2018년에 메모리 업체들은 사상 최대 실적을 기록했다. 또 지난 8월 메모리 반도체의 겨울이 온다고 주장했던 그들은 올해가 가기도 전에 이미 그 견해를 손바닥 뒤집듯 뒤집었다.

## 반도체 시장 판도를 바꾼 클라우드 컴퓨팅
<u>최태원, 실트론 미래 알고 투자했다면 천재다.</u>

2017년경 삼성전자 CFO에게 반도체 경기가 안 좋다는데 시황이 어떠냐고 물은 적이 있다. 그 당시만 해도 반도체 경기는 PC 시장 경기나 휴대폰용 낸드플래시에 크게 좌우되던 시기다. 그는 "우리가 예상하지 못한 서버용 시장에 큰 변화가 일고 있다"고 말하면서, 수요자의 메모리에 대한 인식이 '재료비'에서 '투자비'로 바뀌고 있다는 점을 설명했었다.

PC나 휴대폰에 탑재되는 메모리는 '재료'이고 거기에 들어가는 비용은 재료비다. 재료비를 낮춰야 PC나 휴대폰 업체들은 제품의 가격 경쟁력이 생기기 때문에 이들은 D램이나 낸드플래시 업체에게 가격인하를 요구해 삼성전자와 SK하이닉스와 같은 D램 업체들의 수익성이 나빠진다고 했다. 반면 아마존 AWS나 구글 크라우딩 서비스에 들어가는 메모리는 재료비가 아니라 '투자비'로 인식한다는 것이다. 클라우드 서비스 업체들은 돈을 얼마를 더 주더라도 상관없으니 경쟁사보다 더 빨리 더 많은 서버용 메모리를 공급해달라고 했다고 한다. 이는 반도체를 조기에 확보해 서비스를 시작하면 더 많은 고객을 확보할 수 있는 서비스의 특징 때문이다. 일반 제조업체들에게 익숙하게 적용되지 않던 투자대비수익률(ROI) 개념이다. 따라서 이들이 삼성전자나 SK하이닉스 등과 협상할 때는 '돈을 더 줄테니 메모리를 더 달라'는 형태의 협상이 진행돼 메모리반도체 업체들의 실적을 끌어올린 것이다. 이런 일이 2017년과 2018년 2년에 걸쳐 벌어졌고, 이것이 메모리 반도체에서 과거에 유례가 없었던 호황을 안겨줬고 시장의 판도를 바꿨다.

2000년대 초반 하이닉스가 채권단 관리제세하에 있을 때 산업통상자원부는 LG에 하이닉스를 인수할 것을 수차례 종용했었다. 은행관리를 벗어나 제대로 된 제조업 그룹 하에 두도록 해야 기업의 안정성을 유지할 수 있다는 판단에서였다. 원래도 하이닉스는 1999년 LG반도체를 현대전자가 흡수 합병해 만들어진 회사였기 때문에 LG와 무관하지 않다는 이유에서였다. 하지만 전자산업을 하고 있는 LG는 빅딜 이후 다시는 반도체 쪽은 쳐다보지 않겠다는 굳은 마음으로 하이닉스 인수를 거절했고, 그 후 효성이나 한화 등의 우여곡절을 겪은 후 2012년 SK에 인수됐다. 그 당시도 반도체 경기는 썩 좋은 편은 아니었다.

2012년 최 회장이 내부 임원들의 반대에도 불구하고 하이닉스를 인수할 당시 매출은 10조원 내외로 어려움이 여전한 상태로 도전적 투자였지만 6년이 지난 2018년에는 매출이 40조원으로 4배 성장했다. 위험한 투자였지만 그 선택은 옳았다.

실트론도 2017년 SK가 인수하기 전까지는 10년간 매출이 제자리 걸음상태였다. 2007년 8,300억원 정도였던 매출이 2016년에도 8,300억 그대로였다. SK가 하이닉스를 인수했다고 해도 무작정 실트론의 웨이퍼를 사서 쓸 수는 없다. 기술력과 가격 경쟁력이 따라 주지 않으면 하이닉스의 경쟁력까지 갉아 먹을 수 있기 때문이다.

실트론의 성장은 이런 기술력을 갖춰 가는 상황에서 사물인터넷(IOT)과 클라우드 컴퓨팅, 4차 산업혁명이라는 유례 없는 호황을 맞았기 때문이다.

SK와 최회장은 10년간 성장을 멈춘 기업에 투자한 것이다. 그리고 미래가 어찌 될지는 누구도 몰랐다. 4차 산업혁명과 서버용 컴퓨팅 시장의 변화를 예측하기는 쉽지 않았기 때문이다. 반도체 업계에선 "미국 IT 기업들의 이 같은 변화를 미리 예측하고 이런 시장이 올 줄 알고 미리 투자했다면 천재다"라고 말하기도 했다.

전 세계는 2019년 코로나19의 글로벌 팬데믹으로 반도체 시장이 위축될 것으로 생각했지만 잠시 주춤한 이후 지난해와 올해 큰 반등을 하고 있다. 아무도 앞날은 예측하기 힘들다는 것을 잘 보여준다.

최 회장이 LG가 인수 의지를 전혀 보이지 않았던 하이닉스를 인수한 것이나 실트론에 투자한 것이나 큰 차이가 없다. 하이리스크 하이리턴의 비즈니스 모델인 반도체에 대한 투자는 모험이다. 실트론에 대한 지분투자는 그 위험을 나눠 짊어진 것으로 보인다. 국제반도체장비재료협회(SEMI)는 최근 파운드리 및 메모리 분야의 지속적인 성장으로 전 세계 실리콘 웨이퍼 출하량이 2024년까지 지속적인 성장을 기록할 것으로 예상했다. 특히 올해는 전년보다 13.9% 증가해 140억 제곱 인치에 달할 것으로 내다봤다.

SEMI의 마켓 애널리스트인 이나 스크보르초바는 "여러 산업 분야에서 반도체에 대한 강력한 수요로 인해 실리콘 출하량이 크게 증가하고 있으며 성장 모멘텀이 다음 해에도 계속될 것으로 예상되지만, 거시경제 회복 속도와 웨이퍼 생산 시설의 추가 시점에 따라 웨이퍼 출하량에 변동이 올 수 있다"고 말했다.

이나 스크보르초바 애널리스트의 전망처럼 시장은 '성장이 다음해에도 계속될 것으로 예상되지만 상황에 따라 변동이 올 수 있다'라는 추정만이 가능한 곳이다. 이를 다가올 확정적 이익이라고 보는 것은 '하이리스크-하이리턴'의 첨단 반도체 산업을 모르는 얘기다.

머니투데이. 2021.12.22.

투자 상황에서 황금알을 낳는 거위는 없다. 미운오리 새끼가 백조가 될지도 동시에 알 수가 없다. 과거 종합채널(종편)에 많은 기업들이 신청을 할 때, 종편 산업이 황금알을 낳는 거위라고 했다. 동시에 완전히 이에 반대되는 표현이 승자의 저주이다(winner's curse). 특히나 M&A 시장에서 많이 나타나는 현상인데, 가장 대표적인 것이 금호아시아나그룹의 대우건설 인수라고 할 수 있다.

황금알을 낳는 거위라는 개념은 자본주의에서는 존재하지 않는다. 황금알을 낳는 거위 정도의 가치가 있는 경우는 몸값이 올라가며, 아무도 거들떠보지 않는 물건일 경우는 그 값이 폭락할 것이다. 따라서 자율적인 시장 기능이 작동한다면 항상 균형 가격에 의해서 몸값이 반영될 것이다.

2017년 실트론 지분을 공개경쟁입찰을 통해 인수할 당시, 중국 업체 1곳이 응찰했고 최태원 회장도 이 과정을 거쳤다.

### 최태원 직접 소명한 '실트론 지분 매입'… 과징금 16억

회사측은 −SK가 특별결의 요건을 넘는 70.6%의 실트론 지분을 확보해 잔여 지분 인수의 필요성이 없었던 점 − 이사회 개최가 불필요하다는 법률자문을 받은 점 − 실트론 지분 가치 상승을 예단할 수 없었던 점 등을 내세우며 공정위 주장에 조목조목 반박해왔다.

한국경제신문. 2021.12.23.

### SK, 공정위 '위상'까지 언급하며 반발… "고법에 행정소송 불사"

"전원회의 심의 과정에서 확인된 사실관계와 법리 판단을 제대로 반영하지 않고, 기존 심사보고서에 있는 주장을 반복했다"며 "이는 공정위 전원회의 위상에 부합하지 않는다"고 지적했다.

공정위 전원회의의 과징금과 시정명령 결정은 1심 재판과 같은 효력을 발휘하기 때문에 고등법원에 취소 처분 소송을 내야 한다.

한국경제신문. 2021.12.23.

### 최 "국정농단 수사 받던 시기에 돈 벌려 했겠나"

SK는 공정위의 이 같은 주장에 일관되게 반박해왔다. 정관 변경 등 중대 사항을 의결할 수 있는 특별결의 요건이 넘는 70.6% 지분을 확보해 추가 지분을 취득할 필요가 없었고, 최 회장의 입찰 참여는 <u>투명한 공개 입찰 절차를</u> 거쳤기 때문에 내용적으로 위법성이 없다는 설명이다. 또 SK실트론의 기업 가치 상승은 당시 시점엔 예단할 수 없었다는 점도 강조해왔다.

그는 이사회 절차의 경우 "<u>후회가 남지만</u> '할 필요가 없다'는 법률 조언에 따라 강행하지 못한 것"이라며 "(공정위가 그 얘기를 뒤집어서 하니까 조금 어이가 없다"며 헛웃음을 짓기도 했다.

공정위는 최 회장이 거둬들일 이익에 비해 과징금 규모가 작은 점에 대해선 추후 제도 보완을 하겠다고 밝혔다. 실트론 주식의 미실현 이익에 대한 주식 가치 산정이 제도상으로 어렵고, 대상이 법인이 아니라 최 회장 개인이어서 매출을 기준으로 과징금을 산정할 수 없었다는 설명이다. 이번 과징금은 매출 기준이 없을 경우 20억원을 초과하지 않는 범위에서 과징금을 부과한다는 규정을 따랐다.

한국경제신문. 2021.12.23.

## SK실트론 과징금 16억원

SK 측은 "당시에는 반도체 산업 전망을 부정적으로 전망하는 전문가 보고서가 많았다. 산업 전망이 밝았다면 <u>LG와 채권단이 왜 실트론 지분을 매각했겠느냐</u>"는 입장이다.

조선일보. 2021.12.23.

공정위의 행정조치가 결과론을 두고 결론을 내린데 대한 비판도 있다. 성공할지 알고 최태원 회장이 지분을 인수했다는 논지이다. 그런데 위의 신문 기사 또한 결과론적인 논지인데 반대 결론을 도출하게 된다. 즉, LG나 채권단이 실트론이 성공할지 알고 있었다면 왜 지분을 최태원 회장에게 매각했는지라는 논리 전개에 대해서도 답을 해야 한다. 동일하게 결과론적인 접근이다.

## 최태원 SK회장은 왜 1조가 아니라 8억 과징금만 냈나[이지훈의 집중분석]

사회기회 유용이 성립하기 위해선 공정위의 주장처럼 실트론의 지분가치가 상승할 것을 SK와 최 회장이 미리 알았다는 가정이 전제되어야 한다. 그래야 SK가 확보할 수 있는 미래이익을 최 회장에게 일부러 몰아줬다는 공정위의 논리가 성립하기 때문이다.

"비즈니스의 성공여부를 누가 알 수 있을까요. 만약 모든 기업이 계획대로 사업을 성공시킨다면, 애플이나 마이크로소프트 같은 회사가 한국에도 몇 개는 더 있어야겠죠." 한 대기업 대표가 이번 'SK실트론 사건'에 대한 관전평을 전하면서 한 말이다.

여기서 생각해 보아야 할 것은 SK실트론에 적용한 공정위의 '사업기회 유용' 논리를 역으로 이 케이스에 적용할 경우 알짜 회사를 헐값에 넘긴 삼성은 배임 혐의에서 자유로울 수 없다는 다소 당황스러운 결론으로 이어진다. 삼성종합화학이 이렇게 잘 될 것을 '알고도' 사업기회를 포기한 일이 되기 때문이다.

"물론 SK가 실트론의 성공에 대한 확신이 없이 대규모 투자를 감행하진 않았을 것"이라며 "어느 정도 수준에서 성공을 확신했는지 여부가 중요한데, 이는 위법성을 입증하기 대단히 까다로운 부분"이라고 말했다.

이에 대해 공정위는 '제도적 허점'이라고 시인했다. 이번에 법 적용을 하는 과정에서 이 같은 과징금 규정의 빈틈을 발견했다는 것이다. 제재 대상이 개인일 경우 매출을 기준으로 한 과징금 고시 기준은 무용지물이다. 공정위는 향후 과징금 규정을 현실에 맞게 고치겠다고 설명했다.

한국경제신문. 2022.1.11.

위의 기사에서 어느 정도라는 표현 자체는 너무나도 임의적이고 자의적일 수밖에 없고, 이러한 판단에 대해서 범법이라고 판단하기 어렵다.

# 사법부의 경영의사결정 판단

**2021년 12월 17일. 대법 "명절상여금도 통상 임금"**

정기 상여금 통상임금 소급분에 포함해 지급해야 할지를 놓고 현대중공업 노사가 지난 9년 동안 벌인 소송전에서 노동자들이 최종 승소했다. 이에 따라 현대중공업은 향후 노동자 3만 8,000여 명에게 통상임금 소급분 약 6,300억원을 지급해야 한다.

대법원 3부(주심 김재형 대법관)는 16일 현대중공업 노동자 10명이 전체 노동자를 대표해 회사를 상대로 낸 임금 소송 원심을 깨고 사건을 부산고법으로 돌려보냈다. 대법원은 "기업이 일시적 경영상 어려움에 처하더라도 사용자가 합리적이고 객관적으로 경영 예측을 했다면 그러한 경영 상태의 악화를 충분히 예견할 수 있었거나 향후 경영상 어려움을 극복할 가능성이 있는 경우에는 '신의성실의 원칙(신의칙)'을 들어 근로자의 추가 법정수당 청구를 쉽게 배척해서는 안 된다"고 판시했다.

이번 판결에 대해 현대중공업 관계자는 "법원의 판단을 존중하지만 회사 입장과 차이가 있어 판결문을 받으면 검토하고 파기환송심에서 충분히 소명할 예정"이라고 밝혔다. 반면 노조 측은 "대법원 판단을 환영한다"며 "회사는 조속한 시일 내에 미지급임금 지급 계획을 노조와 협의해야 한다"고 밝혔다.

매일경제신문. 2022.12.2.

## 기업에 가혹한 판결..'신의칙' 내세워 통상임금 거부 어려워졌다

대법원이 "통상임금 재산정에 따른 노조의 추가 수당 청구는 적절하며, 사측은 이를 지급해야 한다"면서 노조 측 손을 들어준 것은 '신의성실의 원칙'을 항소심 재판부에 비해 엄격하게 해석했기 때문이다.

신의칙이란 권리 행사나 의무이행에 신의를 강조하는 민법 원칙이다. 통상임금재산정에 따른 추가수당을 지급하느라 경영에 어려움이 생긴다면 이를 지급하지 않을 수 있다는 의미로 통용된다. 대법원은 현대중공업 통상임금 소송 상고심에서 "사측이 신의칙 위반을 근거로 적법한 임금 인상 요구를 배척하는 데는 엄격한 기준이 필요하다"는 취지로 판결하여 신의칙을 근거로 삼은 면책의 구체적 기준을 처음으로 제시했다.

대법원 재판부는 "통상임금 재산정에 따른 근로자의 추가 법정수당 청구가 기업에 중대한 경영상의 어려움을 초래하거나 기업 존립을 위태롭게 하는 경우 '신의칙 위반으로 볼 수 있다"며 "이는–추가 수당 규모–추가 법정 수당 지급으로 인한 실질 임금 상승률 통상임금상승률–기업의 당기순이익과 변동추이–동원 가능한 자금의 규모–인건비 총액–매출액–기업의 계속성 수익성–기업이 속한 산업계 전체 동향 등 기업 운영을 둘러싼 여러 사정을 종합적으로 고려해 파악해야 한다"고 밝혔다.

신의칙이 기업의 면책 근거가 될 수 없는 경우도 밝혔다. 재판부는 "기업이 일시적으로 경영상 어려움에 처해도 사용자가 악화를 충분히 예측할 수 있었고, 경영상의 어려움을 극복할 가능성이 있는 경우에는 신의칙을 들어 근로자의 추가 법정수당 청구를 쉽게 배척해서는 안 된다"고 판시했다.

대법원은 이 기준에 비춰 현대중공업 노조 요구는 신의칙에 위배되지 않는다고 판단했다. 통상임금 재산정에 따른 현대중공업 측의 부담이 상당하겠지만, 이로 인해 회사가 휘청거릴 정도는 아니므로 상승분을 지급하는 것이 타당하다는 것이다. 재판부는 "추가 법정수당 규모, 추가 법정수당의 연도별 총 인건비와 당기순이익 대비 매출 등에 비춰 보면 추가 법정수당 지급으로 피고에게 중대한 경영상의 위기가 초래된다거나 기업의 존립 자체가 위태롭게 된다고 인정할 수 없다"고 했다.

2016년 1월 항소심은 "명절 상여를 제외한 정기 상여 등은 통상임금에 포함되는 것이 맞는다"면서도 회사 경영상 부담 등을 들어 "통상임금 재산정을 근거로 법정수당의 추가 지급을 요구하는 것은 신의칙에 위배돼 허용될 수 없다"고 판결한 바 있다.

대법원 재판부는 "항소심은 피고의 일시적 경영 악화뿐 아니라 기업의 계속성이나 수익성, 경영상 어려움을 예견하거나 극복할 가능성 등을 고려해 추가 법정 수당 청구 인용 여부를 판단했어야 한다"고 지적했다. 아울러 "특정 시점이 되기 전 퇴직한 근로자에게 특정 임금 항목을 지급하지 않는 관행이 있더라도 단체협약 취업 규칙 등이 관행과 다른 내용을 명시적으로 정하고 있으면 관행을 이유로 통상 임금성을 배척하는 것은 특히 신중해야 한다"며 명절 상여도 통상임금에 해당한다고 판단했다. 이번 대법원 판결에 따라 기업이 경영상 이유를 들어 통상임금 재산정에 따른 임금 추가분을 지급하지 않을 근거가 약해지면서 기업 입장에서는 인건비 부담이 커질 전망이다.

신의칙이 향후 통상 임금 소송에서도 핵심 쟁점이 될 전망인 가운데 일각에서는 상황에 따라 수시로 변하는 '기업의 부담'을 신의칙 판단의 근거로 삼아서는 안 된다는 판단도 나온다. 박지순 고려대 법학전문대학원 교수는 "'기업의 부담'을 신의칙 판단기준으로 삼을 경우 어떤 시기를 기준으로 이를 측정할 것인지를 놓고 그간 논란이 있었다"며 "기업 업황에 따라 '부담'도 다르게 산정될 수 있기 때문에 재판 진행 기간과 시기에 따라 선고 결과가 달라지는 등 예측 가능성이 떨어지고, 재판 당사자가 소송을 의도적으로 지연시킬 수 있다는 우려도 제기됐다"고 말했다.

매일경제신문. 2021.12.17.

## 회사 사정 따라 갈린 통상임금 소송

2013년 12월 대법원은 통상임금 범위를 확장하는 한편 통상임금 소급분 지급으로 회사 재정에 과도한 부담이 생긴다면(신의칙 위반) 사측이 소급분 지급 요구를 받아들이지 않아도 된다는 원칙을 확립했다. 그러나 신의칙 위반에 대한 명확한 기준이 마련되지 않아 뒤이은 소송에서 판결이 엇갈렸다.

지난해 8월 기아자동차 노사 통상임금 소송은 근로자 측이 최종 승소했다. 대법원은 기아차 생산직 근로자들이 회사를 상대로 낸 통상임금 소송에서 원고 일부 승소로 판결한 원심을 확정했다. 기아차 직원 2만 7,000여 명은 2011년 연 700%에 이르는 정기 상여금을 비롯한 각종 수당을 통상임금에 포함해 수당, 퇴직금 등을 정해야 한다며 처음 소송을 냈다. 반면 쌍용차와 한국 GM의 통상임금소송에서는 근로차 측이 신의칙 위반으로 최종 패소했다. 지난해 7월 대법원은 쌍용차 근로자 13명이 낸 소송에서 일부 패소로 판결한 원심을 확정했다. <u>근로자들의 청구대로 수당과 퇴직금을 지급하면 회사가 예상하지 못한 경영상의 어려움에 빠지게 될 것</u>이라며 이는 신의칙을 위반한다고 봤다. 결국 신의칙 기준을 결정한 것은 회사의 경영 사정이었다. 당장 큰 어려움을 겪지 않는 기업에 대해서는 신의칙을 받아들이지 않았고, 쌍용차 한국GM처럼 심각한 경영상 위기를 겪고 있는 기업은 신의칙을 수용했다.

매일경제신문. 2021.12.17.

## 대법 "명절 상여금도 통상임금, 퇴직금 재산정해 소급"

2015년 2월 1심은 상여금 800%를 모두 통상임금으로 인정하라며 근로자 손을 들어줬다. 1심 판결의 여파로 당시 회사가 소송을 제기한 10명을 포함한 직원 3만 8,000명에게 지급해야 할 임금 소급분은 약 6,300억원으로 추산됐다. 1심 재판부는 2009년 12월부터 2014년 5월까지 6개월 치 수당 등을 다시 계산해 지급하라고 했다.

반면, 2016년 나온 2심 판결은 명절 상여금을 제외한 정기 연말 특별 상여금 700%만 통상임금에 포함된다고 봤다. 그러면서도 민법상 '신의성실의 원칙'에 위반된다면 임금 소급분을 지급하지 않아도 된다고 판단했다. 추가 임금 지급으로 기업에 중대한 경영상 어려움이 초래되거나 존립이 위태로워진다면 민법 대원칙인 '신의칙'을 위반한 것이므로 지급하지 않아도 된다는 것이다.

신의칙: 법률관계 당사자는 상대방을 <u>배려</u> 형평 신뢰에 어긋나는 방법으로 권리를 행사해서는 안 된다는 뜻이다. 통상임금 분쟁에서 신의칙은 근로자가 요구하는 지급액이 과다해 기업에 중대한 경영상 어려움을 초래하거나 기업 존립을 위태롭게 하는 경우 지급 의무를 제한하는 요건으로, 이를 두고 법리 공방이 전개되고 있다.

조선일보. 2021.12.17.

## '적자 늪' 현대중에 추가 임금 주라는 대법… 오락가락 '신의칙' 기준

원심 재판부가 "원고들이 상여금을 통상임금에 포함해 미지급 법정수당을 요구하는 것은 노사가 합의한 임금수준을 훨씬 초과하는 것"이라며 사측의 신의칙 위반 주장을 받아들인 게 이런 이유에서다.

학계에서도 비슷한 반응이 나왔다. 한 노동경제학자는 "법원이 법적 판단이 아니라 경영 재무적 판단을 하는 것은 부적절하다"며 "경제지표는 항목과 기간 설정에 따라 완전히 다른 통계나 결과가 나오는데, 경제 전문가가 아닌 법관이 판단할 수 있을지 의문"이라고 비판했다.

대법원은 2019년 신의칙 적용 여부가 핵심 쟁점이었던 '시영운수 통상임금 사건'에서 사실상 도산 위기가 아니면 신의칙 적용이 불가하다는 취지로 판결한 바 있다.

이에 반해 작년 6월 코로나 19여파로 위기를 맞은 아시아나항공 통상임금 사건에서 신의칙을 적용했다.

그러다가 지난해 8월 이후 판결을 내린 기아 금호타이어 등의 통상 임금 소송에서는 또다시 신의칙을 부정했다. 대법원이 명확한 법리 해석을 내놓지 않아 같은 사건을 두고 1, 2심에서 신의칙 적용 여부가 엇갈리는 일도 적지 않다.

김희성 강원대 법학전문대학원 교수는 "경영자가 경영 악화 가능성을 매번 정확히 예견하고 극복 가능성을 진단하는 게 현실에서 가능한가"라며 "사실상 신의칙 적용 가능성을 배제하려는 것"이라고 지적했다.

한국경제신문. 2021.12.17.

## 재계 "신의측 정의 모호… 산업현장 혼란 지속

경제 단체들은 이 같은 소송전이 재발하지 않도록 입법 미비 상태를 보완할 입법 조치가 필요하다는 입장을 밝혔다.

추광호 한국경제연구원 경제정책실장은 "코로나19 재확산에 따른 경기 회복 지연,

대내외 경영환경 악화 등 국가 경쟁력이 약화된 상황에서 신의칙을 인정하지 않는 이번 판결로 예측하지 못한 인건비 부담이 증가해 기업 경영에 불확실성이 커질 것으로 우려된다"며 "이 같은 통상임금 논란의 본질이 입법 미비에 있는 만큼 조속히 신의칙 적용과 관련한 구체적 지침을 마련해주기를 바란다"고 말했다.

하지만 이번 판결을 가른 '신의성실의 원칙'에 대해 법원 판단이 이를 부정하는 쪽으로 흐름에 따라 다른 기업에서도 통상임금과 관련한 소송이 증가할 것이라는 우려가 제기된다. 통상임금분쟁에서 <u>신의칙이란 노동자가 요구하는 임금 관련 지급액이 과도해 기업 경영에 막대한 위기를 초래할 경우 지급 의무를 제한할 수 있는 요건을 뜻한다.</u> 노사가 회사 구성원으로서 회사가 지속 가능할 수 있도록 협력해야 한다는 상식적인 원칙이다.

그럼에도 이번 판결에서 대법원이 현대중공업은 대기업이기 때문에 '대마불사'라는 낙관적인 판단을 쉽게 수용하며 신의칙을 부정했다는 비판이 경제계에서 나온다.

이날 한국경영자총협회는 성명에서 "대법원은 해외 경제 상황 변화와 이에 따른 영향을 모두 예측할 수 있는 영역이라고 판단하고 있으나 이와 달리 오늘날 산업은 급격하게 변하고 있으며 코로나 19 등 누구도 예측할 수 없는 위기와 변화가 수시로 발생한다"며 "기업의 경영자가 예측해 경영 악화를 대응해야 한다는 것은 사실상 불가능에 가까운 요구로 산업 현장에 혼란과 갈등만 초래할 우려가 크다"고 지적했다.

매일경제신문. 2021.12.17.

경영활동에서의 법 적용은 매우 어렵다. 위의 경우에 회사의 경영 상황과 노동자의 이해가 상충된다. 법의 판단은 법에 대한 해석과 적용에 의해서만 수행되어야 한다. 아래의 경우에 보는 바와 같이 사법부에 재량 규정을 두는 것은 사법부가 법에 기초해서 법적인 판단을 수행하여야 하지만 동시에 어느 정도는 사법부의 재량을 인정하는 것이다.

물론 중대재해법일 경우는 법 조문에 경영책임자는 1년 이상 징역에 처해진다고 규정하고 있어서 이례적으로 하한형을 두는 등 처벌 수위가 높아 사법부의 재량권이 양형을 가중하는 방향으로 설정하고 있다.

## 30년 무사고 택시기사, 5m 음주운전으로 면허 박탈···
## 법원 "법에도 눈물" 취소 처분

"어려운 시절에 사회 공동체가 건넨 그 한 번의 기회가 어쩌면 공동체의 더 큰 이익으로 돌아올지도 모른다. 이것이 바로 '법의 지혜'라고 하면 너무 과한 것일까."

30년 동안 무사고 운전을 해오다 대리운전 기사를 부르는 과정에서 5m가량 음주운전을 한 혐의로 택시 면허가 취소된 택시 기사에 대해 최근 1심 법원이 "면허 취소 처분을 취소하라"고 판단하며 판결문에 적은 문구다. 서울행정법원 행정11부(재판장 강우찬)는 택시 기사 A 씨가 서울시장을 상대로 "개인택시 운송사업면허를 취소한 처분을 취소해달라"며 낸 소송에서 최근 A씨 승소로 판결했다고 1일 밝혔다.

A씨는 작년 4월 술을 마신 뒤 인적이 드문 산기슭의 한 주차장에서 대리운전 기사를 호출했다. 당시 그의 혈중알코올농도는 운전면허 취소 수준인 0.205%였다. 콜센터 직원이 "위치가 확인되지 않는다"고 하자 A씨는 GPS 위치 수신을 원활히 하기 위해 주차장에서 인근 도로로 5m가량을 운전했다. 이게 적발돼 그의 운전면허와 택시면허가 차례로 취소됐고, 그는 택시면허 취소 처분이 가혹하다며 소송을 제기했다.

재판부는 A씨 손을 들어주며 그가 30년간 무사고 운전을 해온 점 등을 고려할 때 면허 취소 처분으로 달성될 공익에 비해 그로 인해 생기는 피해가 과도하다고 판단했다. 재판부는 "A씨의 한순간의 실수는 공동체가 관용할 여지가 큰 것으로 향후 그 공익 침해 여지는 매우 희박한 반면, 면허 취소로 인해 A씨는 생계 수단을 박탈당하게 되므로 한 사람의 인생에 미치는 영향은 심대하다"며 "면허 취소는 가혹한 것으로 재량권 남용에 해당한다"고 밝혔다. 그러면서 "입법자가 (사안에 따라 면허 취소 여부를 판단하는) 재량 규정을 통해 법에 눈물과 온기를 불어넣은 이유는 법의 일률성으로 눈물을 흘리게 될 누군가에게 기회를 부여할 수 있게 하려는 게 아닐까 한다"고 밝혔다.

조선일보. 2021.11.2.

신의칙을 사전에서 어떻게 설명하는지를 인용한다.

## 민법2조

민법 제2조는 '권리의 행사와 의무의 이행은 신의에 좇아 성실히 이행하여야 한다.' 라고 규정하고 있다. 이것은 권리 의무의 양 당사자는 권리를 행사하거나 의무를 이행함에 있어서 신의와 성실로써 행동해야 한다는 민법상의 대 원칙이다. 줄여서 신의칙이라고 하기도 한다. 이것은 상대방의 정당한 이익을 고려하고 상대방의 신뢰를 저버리지 않도록 행동하여야 하며, 형평에 어긋나지 않아야 한다는 것이다.

신의성실의 원칙은 사회공동생활의 구성원으로써 법률관계를 형성할 때 상대방에게 기대되는 행위 방식을 신뢰하고 이에 따라 행동하게 되는데, 당사자 일방의 이러한 기대는 보호되어야 하고, 상대방은 상대방의 정당한 기대를 저버리지 않아야 한다. 신의성실의 원칙이 중시된 것은 권리의 공공성과 사회성이 강조되면서 부터이고 권리의 행사가 이러한 논리에 제한을 받게 된다는 것이다.

신의칙은 당사자의 권리와 의무의 내용을 구체적으로 특정시키고, 정확한 의무의 내용을 확정하는 기능을 수행하며, 또한 신의칙은 권리 의무의 내용을 수정하는 기능을 한다. 더 나아가 새로운 권리를 창설하는 역할을 하기도 한다.

[네이버 지식백과] 신의성실의 원칙

(통합논술 개념어 사전, 2007. 12. 15., 한림학사)

인간이 법률생활을 함에 있어서 신의와 성실을 가지고 행동하여 상대방의 신뢰와 기대를 배반하여서는 안 된다는 법 원리. 신의성실의 원칙은 로마법에 그 기원을 두고 있으며 우리나라 민법 제2조 1항에는 "권리의 행사와 의무의 이행은 신의에 좇아 성실히 하여야 한다."라고 규정하고 있으며 사실상 우리나라 민법 전체를 지배하는 원칙일 뿐 아니라 상법과 공법 등 거의 모든 법률행위에 적용되는 법 원리라 할 수 있다.

[네이버 지식백과] 신의성실의 원칙 [信義誠實-原則]

(Basic 고교생을 위한 정치경제 용어사전, 2002. 9. 25., 서경원)

모든 사람은 사회공동생활의 일원으로서 상대방의 신뢰에 어긋나지 않도록 성의 있게 행동할 것을 요구하는 법원칙을 말한다. 즉, 법률관계에 참여한 자는 상대방이 옳다고 믿는 바대로 성의를 가지고 말한 바를 실천해야 하는 행동의 원리며 신의성실에 위반한 권리행사는 권리남용이 된다. 민법은 권리의 행사와 의무의 이행을 이 원칙에 따르도록 하고 있다.

[네이버 지식백과] 신의성실의 원칙 (시사상식사전, pmg 지식엔진연구소)

즉, 위의 신의칙을 현대중공업의 경우에 적용해 보면 이 건에 대한 판단이 어느 쪽에도 치우치지 않고 절충하라는 의미로 해석할 수 있다. 즉, 현대중공업이 주장하는 쪽으로 신의칙을 해석하면 신의성실에 위반한 권리행사는 권리남용이 된다는 의미이다. 단, 사법부의 판단은 신의칙을 적용하면 노동자의 권리가 훼손된다는 판단을 한 것으로 사료된다.

최근의 사회적인 분위기가 친노, 반기업 쪽으로 나아가는 데 대해서는 우려스러운 경향이 있다. 우리 경제계에서 가장 중요한 것은 고용창출이며 그 전면에는 기업이 있다. 물론, 종업원의 복지도 중요하고, 평등도 중요하지만 이 모든 것이 기업이 존재한 다음에 가능한 것이다.

자신의 전 재산을 내놓고 기업을 하는 기업인들이 존경받아야 하는 사회가 건강하고 건전한 사회다. 물론 사회적으로 지탄 받는 기업/기업인들이 있지만 이들로 인해서 전체 기업가들이 매도되어서는 안 된다.

미국에서 한 때 Rich and Famous라는 방송이 방영된 적이 있다. 성공한 기업인이나 연예인, 프로 운동선수들이 자기가 얼마나 좋은 환경에서 좋은 집에 사는지를 공개하는 방송이다. 미국이 성숙한 자본주의가 정착한 사회이니 가능한 것이다. 물론, 본인의 집을 공개한 출연자들은 대부분의 경우 자수성가한 경우일 것이다. 자본주의에서 나도 열심히 해서 저렇게 살고 싶다고 하면 이 방송의 순기능이 있는 것이고, 우리가 사는 자본주의는 공평치 않다고 시청자들이 생각하면 이 방송은 방영하지 않는 것이 좋다. 이러한 방송이 가능할 정도로 미국의 자본주의는 성숙하다. 부자라는 것이 질시의 대상이 아니라 가능성과 희망의 대상이 되어야 건전한 사회이다.

우리나라의 부는 많은 경우 금수저가 대물림한 부라고 하면 자기 주거환경을 공개할 정도는 아닐 듯하다.

**기아, 통상임금 개별 소송에서도 패소… 쟁점으로 떠오른 신의칙**

산업계에선 통상임금 소송에서 기업들이 내세우는 '신의성실 원칙'이 또 한 번 인정받지 못했다는 데 주목하고 있다.

기아가 직원 2,000여 명이 제기한 통상임금 소급 적용 소송에서 패소했다. 이들은 과거 기아가 노동조합을 상대로 한 통상임금 소송에서 패소한 뒤 노조와 맺은 특별 합의에 반대해 개별적으로 미지급 임금 청구 소송을 걸었다. 기아가 소송을 취하한 직원에게 일정 금액을 지급하기로 노조와 합의했더라도 직원 개개인이 '소송을 제기하지 않겠다'고 회사와 합의했다고 볼 수 없다는 것이 재판부의 판단이다.

기아는 노사 특별 합의로 직원들에게 지급할 임금 규모를 어느 정도 확정지었다고 봤지만 이번 패소로 약 480억원이 추가로 삐져나갈 처지에 놓였다. 당초 예상했던 1조원보다 더 많은 금액을 임금 지급에 쓰게 될 수 있다는 우려가 나온다.

## "노사 합의했어도 개개인 동의한 것은 아니다"

서울중앙지법 민사합의 42부(마은혁 부장판사)는 2022년 2월 기아 직원 2,446명이 낸 통상임금 소송 2건을 각각 원고 일부 승소로 판결했다. 기아는 소송을 제기한 직원들에게 총 470억 4,000만원을 지급하게 됐다. 직원 1인당 받게 될 금액은 평균 1,960만원 정도다.

기아는 2019년 2월 기아 노조가 제기한 1, 2차 통상임금 소송 항소심에서 패소했다. 이 회사는 패소 직후 소송을 취하하거나 부제소(소송을 제기하지 않기로 하는 것) 동의서를 제출한 직원에게 예상 승소액의 절반 정도를 지급하겠다는 특별 합의를 노조와 맺었다. 하지만 합의 내용에 반대한 일부 조합원이 "액수가 적다"며 그해 5월 통상임금 소송을 별도로 제기했다. 이들은 기아에 2011~2014년분 임금을 달라고 요구했다.

법조계에선 과거 기아 노조 대표자 13명이 2011~2014년분 임금을 두고 소송을 제기했다가 취소한 상황에서 다른 직원들이 개별적으로 소송을 낼 수 있는지를 두고 논쟁이 벌어졌다. 기아 노조는 통상 임금 소송 전을 시작한 2011년부터 3년마다 한 번씩 소송을 냈다. 임금 청구권 소멸 시효가 3년임을 고려해 소송 시효가 끝나는 시기에 맞춰 2014년과 2017년에도 다시 소송을 건 것이다.

기아는 이에 대해 "개별적으로 소송을 낸 직원들도 과거 노조가 대표로 낸 소송과 관련한 특별 합의를 받아들였다고 봐야 한다"며 "소송을 내지 않기로 합의했거나 적어도 제소권을 포기한 것"이라고 주장했다. 법원의 의견은 달랐다. 재판부는 "기아와 노조가 특별 합의를 체결한 사실만으로 개별 노동자들이 회사를 상대로 소송을 걸지 않기로 합의했다고 인정하기엔 부족하다"고 판단했다.

### 1조 넘는 통상임금 폭탄 맞나

산업계에선 통상임금 소송에서 기업들이 내세우는 '신의성실(신의칙)'이 또 한 번 인정받지 못했다는데 주목하고 있다. 2021년 금호타이어와 현대중공업 등이 통상임금 소송에서 신의성실의 원칙을 인정받지 못한 채 줄줄이 패소했다.

신의성실의 원칙은 '계약 당사자들이 형평에 어긋나거나 신뢰를 저버리는 내용 방법으로 권리를 행사할 수 없다'는 민법의 대원칙이다. 자동차 부품 업체인 갑을오토텍에 대한 판결이 나왔던 2013년부터 이 원칙이 통상임금 관련 재판의 중요 쟁점으로 떠올랐다. 당시 대법원 전원합의체는 "정기 임률 고정성이 있는 상여금은 통상임금"이란 판결을 내리면서도 "회사에 중대한 경영상 어려움이 초래되거나 회사 존립을 위태롭게 할 정도로 미지급 임금을 요구하는 행위는 신의성실의 원칙에 어긋난 권리 남용"이라고 판단했다.

재판부는 기아에 대해선 "(미지급 임금을 주더라도) 회사의 계속성을 장담할 수 없는 수준으로 단정할 수 없다"는 방침을 유지해 왔다. 기아의 2008~2017년 연평균 순이익이 1조 7,591억원, 2017년 매출(32조 1,098억원) 대비 우발 채무(1조 672억원) 비율이 3.3%, 2018년 이익잉여금이 19조 3,513억원이란 점 등을 그 근거로 제시했다.

기아는 통상임금 소송에서 연이어 패소하면서 당초 예상보다 많은 자금을 임금 지급에 써야 하는 상황에 놓였다. 이 회사는 1심 패소 직후인 2017년 3분기 9,777억원을 통상 임금 관련 충당금으로 쌓았다. 2심 패소 후 노조와 특별 합의를 하면서 비용을 다소 줄일 여지가 생겼지만 직원들이 개별적으로 낸 소송에서 패소하면서 상황이 달려졌다. 노사 특별 합의에 동의하지 않는 또 다른 직원들이 추가 소송을 걸 수도 있기 때문이다. 기아 노조가 2017년 낸 3차 통상임금 소송은 아직 진행 중이다.

한경비즈니스. 2022.3.21.-27.

### 외면 받는 신의칙… 통상임금 소송에서 연이어 패소하는 기업들

기업들은 최근 통상 임금 소송에서 번번이 고배를 들고 있다. 재판부는 기업들이 내세운 '신의성실의 원칙'을 좀처럼 받아들이지 않은 채 노동자들의 손을 들어주는 추세다. 단순히 회사 경영이 어려워질 수 있다는 이유만으로 신의칙을 적용하기는 어려워진 분위기다.

신의칙이 통상임금 소송에서 엄격하게 적용되기 시작한 것은 2019년 2월 버스회사 시영운수 소송부터다. 당시 대법원은 정기 상여금을 통상임금으로 인정하지 않는 하급심 판결을 파기했다. 재판부는 "노동자의 추가 법정수당 청구가 사용자에게 중대한 경영상의 어려움을 초래하거나 기업의 존립을 위태롭게 해 신의칙에 위반되는지는 신중하고 엄격하게 판단해야 한다"고 판단했다. 사실상 도산 위기가 아니면 신의칙을 반영할 수 없다는 의미로 봤다.

해당 판결 이후 기업들은 좀처럼 통상임금 소송에서 신의칙을 인정받지 못했다. 시영운수 상고심 판결이 나온 지 1주일 뒤 기아가 통상 임금 관련 항소심에서 패소했다. 그로부터 4개월 후인 2019년 6월 만도와 두산인프라코어가 패소했다. 두 회사 모두 1심에서 인정받았던 신의칙이 2심에선 받아들여지지 않았다. 12월엔 현대중공업이 상고심에서 패소했다. 이 회사 역시 원심 판결이 뒤집히면서 약 6,000억~7,000억원을 추가 임금 지급에 써야 할 상황에 놓였다.

장기간 경영난을 겪은 금호타이어도 마찬가지다. 대법원 제3부(주심 민유숙)는 2021년 3월 금호타이어 노동자 5명이 회사를 상대로 낸 임금 청구 소송 상고심에서 원심 판결을 파기하고 사건을 광주고등법원으로 돌려 보냈다. 원심에선 인정됐던 신의칙이 받아들여지지 않았다. 이번 소송은 금호타이어가 2010년 워크아웃(기업개선작업)에 들어가면서 노조와 기본급과 상여금 삭감, 임금 동결 등을 합의한 뒤 노조가 "상여금도 통상임금에 해당한다" 주장하면서 비롯됐다. 대법원 재판부는 "상여금이 통상임금에 포함되면 임금 총액도 증가해 새로운 재정적 부담이 될 수 있다"면서도 "2조원이 넘는 연매출 등을 고려하면 추가로 지급해야 하는 법정 수당이 회사에 중대한 경영상 어려움을 초래한다고 볼 수 없다"고 했다.

이 같은 판결 추세는 2022년 들어서도 이어졌다. 올해 1월 서울고법 인사1부(전지원 부장판사)는 현대제철 인천 포항 공장 생산직 노동자 704명이 회사를 상대로 낸 통상임금 소송에서 1심과 마찬가지로 원고 일부 승소 판결을 내렸다. 재판부는 "상여금 고정 지급분은 기본급과 지급액에 변동이 없는 수당에 상응하는 금액이기 때문에 통상임금에 해당한다"고 봤다. 시영운수 판결 이후 신의칙이 인정돼 회사 측이 웃은 사례는 아시아나항공, 한국 GM 쌍용자동차 소송 정도가 꼽힌다. 법원은 이들 회사에 대해 "장기간 큰 폭의 적자로 회사 존립 자체가 위태롭다"는 이유를 대며 신의칙을 적용했다.

한경비즈니스. 2022.3.21.-27.

위와 같은 신의칙의 적용은 다음의 이슈와도 연관된다.

### 원심 뒤집고… 대법 '긴박한 경영상 필요' 폭넓게 인정

넥스틸의 정리해고 필요성을 인정한 판결을 두고 대법원이 그동안 공식처럼 여겨진 '정리해고=부당해고' 분위기를 탈피했다는 분석이 나온다. 법조계는 특히 지속적인 적자 누적이 발생하지 않았어도 경영상 어려움이 상당한 수준으로 증명된 경우 기업의 손을 들어줬다는 점에 주목하고 있다.

근로기준법에 따르면 정리해고는 -긴박한 경영상의 필요 - 해고를 피하기 위한 노력 -합리적이고 공정한 해고 기준에 따른 대상자 선정 -해고 50일 전까지 통보하고 노조 등과 성실하게 협의 등 네가지 요건을 필요로 한다. 법원은 이 중 긴박한 경영상 필요성을 매우 엄격하게 해석했다. 이 때문에 "사실상 기업이 부도 위기에 빠지지 않는 이상 정리해고를 인정하지 않는다"는 평가를 받아왔다. 2014년 쌍용자동차 구조조정의 정당성을 인정한 판결 이후 같은 맥락의 판결이 8년간 나오지 않는 배경이다.

이번 대법원 판결은 이전과 달리 '긴박한 경영상 필요' 요건을 넓게 해석했고, 기존 대법원 입장과 결을 같이한 원심을 뒤집었다는 점에서 큰 의미가 있다는 분석이 나온다. 2심은 "이 회사가 단체협약상에서 경영상 해고로 정하고 있는 '지속적인 적자 누적'은 없었다"며 "사무실 등의 부동산을 여전히 소유하고 있는 데다 대주주에게 현금 배당한 점은 납득하기 어렵다"고 판단해 근로자 측 손을 들어줬다.

대법원의 판단은 달랐다. 재판부는 -강관업체 전반이 위기여서 개시를 신청한 점- 매출, 영업이익 등이 2014년에 비해 급감했고 향후 업황 회복이 예상되지 않은 점-차입금이 2014년 87%에서 이듬해 224%로 급격히 증가한 점-근로자들도 중앙노동위원회 심문회의에서 정리해고 필요성을 수긍한 점-반드시 지속적인 적자 누적 등이 있어야만 긴박한 경영상 필요성이 있는 것으로 볼 수는 없는 점 등을 근거로 원심을 뒤집었다.

특히 이번 사건에서는 정리해고 대상자가 소수(3명)인데도 정리해고의 적법성을 인정한 점이 대법원의 입장 변화를 의미한다는 게 전문가들의 분석이다. 원심은 "이미 137명의 근로자를 감축했는데 또 인원을 추가 감축해야 할 만큼 경영상 위기가 있다고 보기 어렵다"고 봤다. 대법원은 "남은 정리해고 인원이 적다고 해서 경영상 위기를 인정하기 어렵다고 단정할 수 없다"고 지적했다.

일각에서 이번 판결이 경영난을 겪고 있거나 극심한 경영난이 예고된 기업들의 구조조정에 숨통을 틔어줬다는 분석도 나온다. 대법원은 2020년에 한화투자증권 정리해고를 부당해고라고 판결내린 바 있다. 함승완 법무법인 광장 변호사는 "이번 판결은 정리해고가 도산 회피를 위해서뿐만 아니라 장래에 올 수 있는 위기에 미리 대처하기 위한 인원 감축이 가능하다는 것을 확인해줬다는 점에서도 의미가 있다"고 설명했다.

한국경제신문. 2022.6.14.

긴박한 경영상의 필요를 법원이 어느 정도 유연하게 해석해 주는지와 관련되어 과거의 대법원의 입장과 지금 현재 대법원의 입장도 대법원 구성원이 달라지면서 시류에 따라서 보는 시각이 변할 수 있다.

# 세계 ESG 공시 기준

**세계 ESG 공시 기준 내년 나온다.**

글로벌 ESG 공시 기준이 내년 2분기에 나온다. IFRS(국제회계기준) 재단은 최근 국제지속가능성기준위원회(International Sustainability Standards Board, ISSB)를 설립한다고 밝혔다. 지속가능성 공시 기준의 국제 표준을 개발하기 위해서다.

IFRS는 내년 6월까지 기존 지속 가능성 기준 제정 기구인 CDSB(Climate Disclosure Standards Board)와 VRF(Value Reporing Foundation)를 ISSB에 통합할 예정이다. VRF는 SASB(Sustainability Accounting Standards Boards)와 IIRC (International Integrated Reporing Council)가 합쳐진 기구다.

ISSB는 2022년 2분기 공개초안 발표를 시작으로 기후 관련 지속가능성 공시 기준은 내년 하반기 확정할 예정이다. ESG 공시 기준 제정 시 우선 환경과 기후에 집중하고, ISSB가 제정한 기준의 적용 수정 의무화 여부에 대해 각국 자율성을 보장한다는 방침이다. ISSB 위원장과 부위원장 선임은 곧 완료될 예정이며, 모든 위원 선임을 2022년 종료될 예정이다.

IFRS재단이 지속가능성 공시 기준을 만드는 활동에 대해 국제증권감독기구

(IOSCO), 세계경제포럼(WEF), 금융안정위원회(FSB), 주요 20개국(G20) 정상회의 등은 지지를 하고 있다.

이동석 삼정 KPMG 부대표는 "ESG 공시 기준 변화 속도는 예상보다 빠르기 때문에 기업들은 지속가능보고서의 보고 형식과 내용이 바뀔 수 있다는 점에 주목해야 한다"며 "기업은 과거보다 실효성 있는 ESG 경영 기반을 구축하고, ESG 성과를 투명하게 공시해야 한다"고 설명했다.

매일경제신문. 2021.11.25.

## 네이버 SK··· '한국형 ESG 공시기준' 만든다.

네이버 SK그룹 KB금융 등 국내 주요 기업이 참여하는 '한국 ESG 공시 기준 마련 준비 위원회'가 꾸려졌다. ESG준비 위원회는 글로벌 기준인 'IFRS 지속가능성 공시 기준'을 토대로 한국 ESG 기준서 제정을 심사하고 자문해 주는 역할을 맡는다.

6일 정부와 회계업계에 따르면 한국회계기준원은 네이버, SK그룹, 포스코, LG화학 등 국내 주요기업 네 곳이 참여한 ESG 공시 기준 마련 준비위원회를 꾸렸다. 투자회사 중엔 KB금융그룹과 삼성그룹이, 회계법인에선 삼일회계법인, 딜로이트안진이 준비위원회에 합류했다. 이 밖에 한국거래소, 금융감독원, 한국기업지배구조원도 참여한다. 준비위원회는 2024~2025년께 국내에 적용될 ESG기준서 제정에 중추적 역할을 맡을 전망이다.

이번 준비위 발족은 국제회계기준(IFRS)재단이 국제회계기준 제정 업무를 '국제회계기준위원회(IASB)'와 지난해 발족한 '국제지속가능성표준위원회(ISSB)'로 분리하고, ESG 회계기준 제정을 ISSB에 맡긴 것에 대응하는 조치다. ISSB는 이달 'IFRS 지속가능성 공시 기준(글로벌 ESG 회계기준)' 초안을 발표하고, 연내 공시 기준을 확정할 전망이다. 올해 확정되는 ESG기준에 기후변화와 관련된 내용이 담길 전망이다. 이에 금융당국도 회계기준원과 별도로 ESG를 전담할 '한국지속가능성기준위원회(KSSB)' 발족을 준비하면서, 글로벌 ESG 공시 기준 초안에 대응할 준비위원회를 꾸린 것이다.

IFRS의 지속 가능성 공시기준은 전 세계 기업에 적용될 전망이다. 공시 대상 기업

외에도 공급망 전체에 대한 온실 가스 배출 자료가 요구될 가능성이 크다. 기후변화가 기업별로 미칠 사업, 법률, 시장, 경제 환경 등 시나리오 분석도 공시자료에 포함될 전망이다. 금융당국은 영국 ISS에서 제정하는 ESG 기준서를 전면 수용하기로 내부 방침을 정한 것으로 알려졌다. 글로벌 ESG 기준서 공개 초안이 나오면 준비위원회를 중심으로 한국 측 의견을 기준서에 반영하는 작업을 벌일 계획이다.

일각에선 ISS 기준 제정 과정에서 국내 경영 환경의 특수성이 반영되려 하면 한국 후보가 ISSB위원으로 선임돼야 한다는 지적이 나온다. 다만 위원 수가 14명(아시아 3명)으로 제한적이고, 선정 요건이 까다로워 후보 발굴이 만만치 않은 상황이다. IASB 이사회 진출도 대안으로 거론되고 있다. 수로이드 전 IASB 부위원장이 ISSB로 자리를 옮기면서 이사회에 빈자리가 생겼기 때문이다. 한국은 서정우 전 IASB 위원과 한종수 전 IASB 해석위원이 임기를 마친 뒤 후임자를 배출하지 못한 상태다.

한국경제신문. 2022.2.9.

"

2022년 7월 15일 성균관대학교 백태영 교수가 ISSB 아시아 담당 임원으로 선임되었다. 이러한 국제적인 추세에 맞추어 국내회계업계도 KSSB를 출범하면서 위원장으로 전 IASB위원인 서정우 교수가 활동하고 있다.

SK는 SK사회적가치연구원의 SV회계연구회를 운영 중이고, 또한 SK의 최고의사결정기구인 수펙스추구협의회의 분과 위원회에는 SV위원회가 조직되어 있다. 다만 SK에는 모든 계열사를 통제하는 지주회사가 있는데 지주회사와 수펙스추구협의회의 관계가 어떻게 되는지는 의문이다. 대부분의 사업회사/계열사가 수펙스추구협의회와의 계약에 의해서 수펙스추구협의회가 계열사 경영에 개입하는 것으로 알려져 있다.

SK나름의 각 계열사의 Social value를 측정하며 EV(econmic value)만을 추구하지 않겠다는 것인데 문제는 투자자나 시장은 EV를 추구하는데 SK가 SV에 가치를 둔다고 시장이 SK가 원하는 방향으로 움직이겠는지라는 의문이 있다. 또한 시장은 앞으로도 지속적으로 EV만을 추구하는데 SK는 SV를 집착하겠는지와 관련된 의문일 수도 있다. 혹자는 social value를 추구하는 것은 자본주의를 떠나 사회주의로 가는 것이라는 우려를 하기도 한다. 물론, 이러한 움직임이 우리의 시장 자본주의라는 체제 자체를 부정하는 것은 아니다. 그런데 이렇게 우리 경제에서의 가치를 추구하는 방향성이 변화되고 있을 때, 이 사회가 경영의사결정을 수행하는 경우, 전통적인 주주 자본주의와 최근의 이해관계자 자본주의 간에 어떠한 가치를 추구하는 방향으로 의사결정을 수행하여야 하는지도 이슈가 될 수 있다. 이해관계자 자본주의가 ESG와 일맥상통하는 내용이 있기는 하지만 우리 자본주의 체제의 기초가 되는 주주 자본주의가 근본적으로 변화하였다고는 생각하지 않는다.

이러한 기업에서의 주주 자본주의가 아니라 이해관계자 자본주의로의 변화는 정치적인 변화와도 일맥상통한다. 2022년 5월 10일 윤석열 대통령의 취임사에서 '세계 시민'이라는 표현이 취임사 중에 두세 번 사용되었다. 처음 듣기는 대한민국 대통령의 취임사에 '우리 국민'이라는 표현을 사용해야지 왜 뜬금 없이 '세계 시민'이라는 표현을 사용하는지라는 생각이 들기도 했지만 전세계를 떠나 우리나라만이 잘 먹고 잘 산다고 주장하기에는 이미 세계 정세라는 것이 얽혀 있기 때문에 세계 속의 우리나라를 생각하지 않을 수 없다.

social value를 측정할 때, 기업이 국가에 납부하는 법인세도 생각할 수 있는데, 우리나라 주식시장에서 적지 않은 포션을 차지하는 외국인 투자자를 생각하면 이들은 우리나라 정부에 납부하는 법인세에 대해서는 social value로서의 가치를 두지 않을 것이다. 즉, community에 대한 기업의 공헌이 중요하지 않은 것은 아니지만 기업이 공헌해야 할 community가 외국인 투자자의 입장에서는 기업이 위치하는 국가는 아닐 것이다. 이렇게 생각하면 배당을 떠나서는 기업이 사회에 기여하는 가치를 측정하기 어렵기도 하다. 이러한 차원이라고 하면 주주는 이해 관계자 중의 한 경제 주체라고도 생각할 수 있고, 우리 국민은 세계 시민 속의 한 나라의 국민일 뿐이다. 이러한 차원에서 대한민국도 우리에게 맡겨진 부분을 담당해 줘야 한다는 차원에서 세계 시민의 개념이 나온 것이다. 즉, 전세계가 정치적인 부분은 몰라도 경제활동의 경우는 거의 공동체라고 할 수 있다.

기업이 이러한 측정치를 KPI 등에 반영하여 관리회계목적으로 사용한다면 이는 기업 내부적으로 판단할 문제이지만 재무회계는 규제가 개입될 수밖에 없다. ESG가 공론화되자 국제회계기준위원회(IASB)와는 별도로 ISSB를 설립하여 이와 관련된 업무를 전담하려 한다. 단, 일단 이러한 형태의 공시가 ISSB에서 다루어진다면 규제의 대상을 피해갈 수 없게 된다. 처음에는 관리회계 목적이었다고 해도 공적인 영역에 들어오면서 정형화의 과정으로 가야 하므로 규제를 벗어나기는 어렵다. 이러한 가치의 측정에 가장 적극적인 SK의 경우 지속가능보고서에 SV를 측정해서 보고하기도 하는데 그렇다고 하면 이미 이러한 측정치가 제도권 안으로 들어오는 과정 중에 있음을 의미하며 투자자에게 전달되는 이러한 내용에 대해서 감독/규제 기관은 이러한 정보의 객관성을 점검하게 될 수 있다. 즉, 이러한 내용도 규제의 대상이 될 수 있다.

회계는 태생적으로 과거 지향적이다. 또한 과거의 발생한 거래를 측정한다는 데에서는 과거지향적일 수밖에 없다고도 생각할 수 있다. 그런데 위와 같이 회계가 불확실성이 관여되는 미래지향적으로만 움직인다는 것이 바람직한 것인지에 대해서는 의문이 있다.

ISSB가 태동되면서 이러한 방향에서의 규제도 강화될 것이다. 기업지배구조보고서, 지속가능보고서 등이 의무화되면서 이 두 보고서가 궁극적으로는 통합될 것이라는 움직임도 있고 기업지배구조보고서에 대한 역기능도 이미 기술하였다. 기업들은 규제나 보고서가 너무 많다는 불만도 표시하고 있는데 잘못하면 보고서를 위한 보고서가 되지 않아야 하며 이러한 움직임에 있어서도 속도조절이 필요하다. 2022년 들어 경기가 침체되고 종합주가지수가 빠지면서 IPO를 하려는 기업도 속속 포기하게 되는데 기업을 공개하는 비상장기업의 입장에서는 '공시하다가 날 새겠다'고 할 정도에 공시에 대한 부담이 있다. 물론, 공개기업이 되면서 주주가 있으니 많은 부분이 공유되어야 하지만 감독/규제기관에서 고민할 부분이다.

VBA(Value Balancing Alliance) 활동도 있다. VBA는 ESG 측정·화폐화에 대한 표준을 수립하기 위해 2019년 설립된 글로벌 기업 연합체다. 독일 바스프와 SK, 신한금융지주, 노바티스, 보쉬, BMW 등 18개 기업이 회원사인데 아직은 참여 기업이 많지 않아서 이러한 움직임이 어디까지 발전할지는 아직 의문이다. 이러한 움직임이 전 세계를 움직이는 대기업들에게 전파되어야 공론화가 가능한데 이러한 움직임은 유럽 중심이고 아직 전 세계 경제 활동의 중심에 서 있는 미국의 세계적인 유수 기업들에게 확산되는 분위기는 아니다.

포스코의 'ESG(환경·사회·지배구조) 경영' 전담 조직은 큰 틀에서 보면 기업시민실, 기업시민자문회의, ESG위원회 3개로 요약되어 움직이고 있다. 기업시민실은 사내 조직이며 자문회의는 자문을 수행하고 있으며, ESG위원회는 이사회내 전문위원회이다. 다른 기업의 지속가능보고서에 포함되는 내용을 포스코는 기업시민보고서에 담고 있으므로 이 보고서가 지속가능보고서를 대체한다고 보면 된다.

## 이사진 역량 평가 공개한 SK(주)

SK그룹 지주사인 SK(주)가 사내 외 이사 9명의 기업 경영 관련 역량 평가 결과를 처음으로 공개했다. SK(주) 이사진은 ESG와 리더십에 강점을 보였지만 법률과 공공정책에선 전문성이 떨어지는 것으로 나타났다.

SK(주)는 오는 29일 정기주주총회를 앞두고 이 같은 내용을 담은 이사회 역량 현황표(BSM)을 9일 공개했다. BSM(Board Skills Matrix)은 이사회 역량뿐 아니라 인종과 성별 등 다양성을 보여주는 지표다. 해외에선 마이크로소프트, 코카콜라 등 많은 기업이 활용하고 있지만 국내에서는 다소 생소한 개념이다.

BSM에 따르면 SK(주) 이사회 멤버 9명 모두 대규모 조직 운영을 위한 리더십 및 ESG 관련 전문성을 보유했다. 이사회 멤버 중 7명(77.8%)은 재무회계, 인수합병 등에 대한 전문성을 보유한 것으로 평가했다. 법적 리스크 분석 및 대응, 법규 공공정책에 관한 전문성은 각각 2명(22.2%)에 그쳐 취약점으로 지적됐다.

한국경제신문. 2022.3.10.

## "기업에 큰 부담" 미 SEC 탄소배출량 공개 논란

미국 증권거래위원회가 뉴욕 증시에 상장된 상장기업을 대상으로 탄소배출량 정보 등을 의무적으로 공개하도록 하는 규제안을 마련했다.

특히 기업의 모든 가치사슬에서 발생하는 탄소배출량 정보인 '스코프3'도 의무공시 대상에 제한적으로 포함됐다. SEC의 기후변화 의무공시 안에 대해 "기업에 부담이 된다"는 미국 산업계의 반발이 큰 만큼 규제안 최종 확정까지는 난항을 겪을 것으로 전망된다.

최근 월스트리트저널 블룸버그 등 외신에 따르면 지난달 말 SEC는 상장기업에 탄소배출량과 기후 변화 리스크 관련 정보 공시를 의무화하는 규제안 초안을 발표했다. 이날 발표된 초안은 SEC 내부 위원 4명 가운데 게리 겐슬러 SEC 위원장을 포함한 민주당 측 의원 3명의 찬성과 공화당 의원 1명의 반대로 통과됐다.

SEC가 발표한 초안에 따르면 상장기업은 매년 연례 보고서에 제품 생산 등 기업의 직접적인 활동으로 발생하는 탄소배출량(스코프1)을 비롯해 기업이 구매한 뒤 소비한 전기, 스팀, 냉방 등을 통해 발생한 간접 탄소배출량(스코프2)을 공시해야 한다.

특히 미 재계에서 논란이 됐던 스코프3(소비자, 협력사, 물류 등 기업의 가치사슬에서 발생하는 모든 탄소배출량) 공시 의무는 제한적으로 부과했다. 상장기업이 스코프3 정보를 투자자들에게 '중대한 정보'라고 판단하거나, 기업 자체적으로 설정한 온실가스 감축 목표에 해당 내용이 포함될 때 적용된다. WSJ는 한 SEC 관계자를 인용해 S&P500 지수에 포함된 상장사 대부분이 스코프3을 공시하게 될 것 같다고 보도했다. 겐슬러 SEC 위원장은 발표 당일 성명을 내고 "기업과 투자자들은 이번 발표에서 제안된 명확한 규정에 따라 이익을 얻을 것"이라고 밝혔다. SEC의 초안이 이대로 확정될 경우 뉴욕 증시 상장 기업 가운데 대기업은 2023년부터 연례보고서에 스코프 1, 2 정보를 공개해야 한다. 스코프3을 공시해야 하는 대기업은 2024년부터 의무가 부과된다. SEC는 두 달 간의 의견 수렴 절차를 거친 뒤 올해 하반기에 기후 변화 의무공시안을 최종 확정할 예정이다.

다만 초안에서 스코프3 규정의 명확성을 둘러싼 논란이 가라앉지 않고 있다는 점은 변수다. 초안에 따르면 스코프3이 투자자들에게 '중대한 정보'에 해당하는지는 기업이 판단하게 돼 있다. 이 때문에 SEC가 상장기업을 대상으로 스코프3 공시를 요구할 권한이 있는지를 두고 법적 다툼의 여지가 있다고 로이터 통신은 전했다. SEC의 민주당 측 위원인 앨리슨 리 위원의 기후자문관을 지낸 사티암 칸나 자문위원도 블룸버그에 "연방법원이 정책 의견을 해결하는 무대가 되고 있는데, 이 규정도 다를 것 같지 않다"고 평가했다. 결국 법정까지 갈 문제라는 뜻이다.

재계에서도 반발의 목소리가 나온다. 미 석유 가스 산업 단체 웨스턴 얼라이언스의 캐슬린 스감마 대표도 워싱턴포스트에 "기후 위기는 수십 년으로 이어지는 미래의 일이고, 예측하기 어렵다"며 "오늘날 투자자들에겐 중요한 관심사가 아니기 때문에 SEC가 규제할 권한도 없다"고 말했다. 또 미국 상공회의소는 기업을 상대로 제기될 기후 소송 사례가 많아질 것이라며 "SEC의 규제안은 너무 규범적이고, 투자자들에게 중요하지 않은 소송으로 이어질 수 있다"고 우려했다.

또 미 의회에서 공화당뿐 아니라 민주당 내부의 반발도 나오고 있어 규제안이 최종 확정되기까지 많은 난관이 있을 것으로 전망된다.

매일경제신문. 2022.4.14.

## 신기업가정신으로 다시 뛰는 재계… "국민 박수 받는 날 올 것"

대한상공회의소가 한국 재계를 대표해 '신 기업가정신'을 선포하고 이를 실천하기 위한 '신기업정신협의회(ERT, Enterpreneurship Round Table)'를 출범시켰다. 신기업가 정신을 담은 선언문에 서명한 기업인 76명이 협의회 초대 위원 역할을 맡게 되며 조만간 위원장도 선임할 계획이다.

최태원 대한상공회의소 회장은 24일 서울대한상공회관에서 열린 선포식에서 "신기업가정신이 보다 확산되도록 협의회를 신설하기로 했다"며 "우리 사회에 자리 잡은 반기업 정서가 사라지고 국민에 대한 신뢰가 계속 증대돼 기업도 국민으로부터 많은 박수를 받는 날이 오리라 기대한다"고 밝혔다. 이날 선포식에는 정의선 현대차그룹회장, 손경식 한국경영자총협회회장, 김슬아 컬리 대표 등 42개 대기업 중견기업 중소기업 스타트업 금융기관 외국계기업 대표들이 참석해 성황을 이뤘다. 삼성, SK, 현대차, LG등 대기업부터 쿠팡, 우아한 형제들, 비바라퍼블리카까지 기업 규모와 업종을 망라했다.

ERT는 애플, 아마존 등 미국의 243개 기업이 참여해 만든 '기업 목적에 관한 선언'이나 유럽 '기업의 사회적 책임', 일본 '기업행동헌장'의 한국판으로 볼 수 있다. 기업 선언문에는-경제적 가치 제고-기업문화 향상-친환경 경영-지역사회와 상생 등 5대 실천 과제가 담겼다. 이를 실천하는 '행동조직'이 바로 ERT인 셈이다.

ERT는 재계가 함께하는 '공동 챌린지'와 개별 기업 역량에 맞춘 '개별 챌린지' 등

두 가지 방식으로 실천과제를 수행할 계획이다. 공동 도전과제는 피부에 와 닿는 구체적인 내용으로 채워졌다. 임직원 모두가 눈치 보지 않고 정시에 퇴근하는 '눈치 없네', 플라스틱 사용을 자제하는 '제로 플라스틱 데이' 등이다. 개별 기업 실천 과제로는 청년 스타트업에 자금과 네크워킹을 지원하고 청년 일자리를 창출하기 위한 현대차의 'H-온드림' 프로젝트, 외식업종 자영업자에게 경영 컨설팅을 제공하는 배달의 민족 '꽃보다 매출' 등이 소개됐다.

정의선 회장은 "전동화 차량 출시와 수소모빌리티 확대, 계열사 RE100(기업 사용 전력 100%를 재생에너지로 충당하겠다는 캠페인) 참여에 더해 향후 자동차 제도 사용 폐기 등 전 과정에서 탄소중립을 달성하겠다"며 "미래 모빌리티 산업으로 전환기를 맞는 자동차 산업 생태계를 강화하고, 청년 사회적 일자리 창출에도 기여할 것"이라고 말했다.

핀테크 기업 '토스'는 수평적 조직 문화 형성을 위해 사내 모든 정보를 투명하게 공개하고 직급과 무관하게 능력이 있는 구성원이 권위를 얻도록 할 것이라고 밝혔다. 유통업계 '마켓컬리'는 종이 박스를 회수하는 서비스를 통해 마련한 수익금을 토대로 나무를 심는 '샛별 숲 조성' 사업을 시행 중이다. 한화는 유치원 학교에 공기정화기를 제고하는 '해피선샤인' 사업을 하고 있다.

김슬아 대표는 "스타트업은 사람들이 피부로 느끼는 공통의 문제를 해결하는 것을 목표로 한다"며 "지속 가능한 유통 생태계를 구축해 소비자뿐 아니라 임직원 투자자 농어민 중소상공인들 삶에 긍정적인 변화를 불어 넣겠다"고 다짐했다. 이 같은 한국형 신기업가정신 선포가 일회성 이벤트에 그치지 않도록 대한상의는 '성과 측정'을 한다는 방침이다.

최태원 회장은 "우리는 돈 버는 건 열심히 측정하지만 사회적 가치를 만들고 사회공헌하는 것을 측정하지는 않는다"며 "우리가 얼마나 변하고 있는지 국민에서 정확한 자료를 갖고 알려드릴 필요가 있다"고 말했다. 손경식 회장은 "기업가 정신은 시대에 따라 폭을 넓히고 있으며, 기업에 대한 사회적 바람 역시 커졌다"면서 "이제 뚜렷한 목표의식을 가지고 불굴의 도전을 지속하는 새로운 기업가정신이 다시 발휘돼야 할 때"라고 강조했다.

매일경제신문. 2022.5.25.

ERT의 내용은 미국의 Business Round Table의 200여 기업의 CEO들이 모여서 선언한 내용과 일맥상통한다. 즉, 어느 정도의 주주 자본주의에서 이해관계자 자본주의로 가는 길목에서 발표된 매우 선언적인 의미의 공표였고, 한국의 경우도 같은 맥락에서 이해할 수 있다. 다만 미국의 경우도 구체적인 행동 강령이 아니라 그냥 추상적인 가치의 공언이라는 점에서의 비판도 있었다. 즉, 뭐를 실천하겠다는 알맹이가 빠져있는 공염불에 불과하다는 비판이다.

## 새로 제정된 '지속가능성 공시'의 목적

국내에 'ESG 공시'로 더 잘 알려진 '지속가능성 공시'에 변화가 예고된 지는 오래됐다. 하지만 구체적으로 변화의 방향이 무엇인지, 변화 후에 새로운 공시가 담게 될 내용이 무엇인지에 대해서는 오랫동안 갑론을박이 있었다. 상황이 변화한 것은 최근이다. 영국 런던의 국제회계기준재단은 지난해 말 국제지속가능성기준위원회(ISSB)라는 기구를 설립하고 앞으로 전 세계가 사용할 지속가능성 공시 기준을 제정했다. 최근 새 기준의 일부가 초안 형식으로 공개됐다. 의견 수렴을 거쳐 최종안이 정해지면 여러 국가가 이 기준을 채택할 것으로 보인다.

한국의 상당수 기업은 이미 수년전부터 지속가능성보고를 해오고 있다. 지난해 180여 개 기업이 지속가능경영보고서를 작성 공개했다. 확정된 ISSB 기준이 나오면 과거 보고서를 기초로 내용과 형식을 바꿔야 할 것으로 보인다. 새 기준에 근거해 작성할 새로운 공시는 이제까지 기업들이 작성하고 공개했던 지속가능성보고서와는 많은 차이가 있을 수 있다.

물론 지속가능성 정보 공시 대상은 환경과 사회, 지배구조인 만큼 기업은 각자가 당면하고 있는 ESG 관련 문제를 빠짐없이 보고하면 된다.

그러나 새로운 기준은 새로운 내용과 형식의 보고를 요구하고 있다. 우선 공시할 내용을 보자. 이제까지의 공시 내용이 기업이 환경이나 지역 주민, 소비자들에게 미치는 영향이었다면 향후의 공시 내용은 이와는 반대로 환경 변화나 주민 요구 또는 소비자 행태의 변화가 기업에 미칠 영향이 무엇인지, 그리고 그 요구를 기업이 어떻게 수용하고 있는지가 될 것이다. 공시 형식과 방식도 달라진다. 현재와 같은 계량화된 수치의 보고뿐만 아니라 기업의 전략과 계획 그리고 그 성과도 서술하는 방식으로 달라질 것이다.

최초의 ISSB기준이 올 연말 확정된 뒤 2차 3차의 기준이 순차적으로 제정되고 공표될 것이다. 하지만 이렇게 제정된 ISSB 기준이 국내에 즉시 적용되는 것은 아니다. 국제적으로 통용되는 기준이지만 채택 시기와 방식은 각국이 선택할 것이기 때문이다. 국내에서 새 기준을 언제 채택하고 어떤 방식으로 수용하게 될 것인지는 아직 결정된 바 없다.

ISSB의 기준 제정 활동에 대한 모니터링과 기준의 기술적 내용에 대한 검토는 국내에서도 이미 진행 중이다. 국제회계기준의 국내 도입과 제정을 맡은 한국회계기준원이 외부 전문가들과 민간 태스크포스를 구성해 ISSB 기준 도입 타당성부터 시기와 방식 등에 대한 논의를 진행해 왔고 결과도 곧 공개될 예정이다. 한국회계기준원은 3월 공표된 새 기준서 초안에 대한 검토 작업도 별도 자문위원회를 통해 진행 중이다.

새 기준서가 요구하는 변화는 사실 보고서의 변화가 아니고 경영의 변화다. 새로운 기준에 따른 정보를 완벽하게 공시하기 위해 가장 중요한 전제가 충실한 지속가능경영이기 때문이다. 지속 가능성에 대한 끊임 없는 도전에 기업이 얼마나 용의주도하게 전략을 세우고 대응하는지를 공시를 통해 주주들에게 보고하라는 것이 새 기준의 주문이고 요구사항이다.

한국경제신문(김의형). 2022.5.30.

# 셀트리온

셀트리온의 시가 총액이 2018년 1월 초에 현대자동차를 넘어서면서 주식 시장에 큰 충격을 주었다. 삼성바이오로직스, 셀트리온을 중심으로 하는 복제약 시장이, 우리경제에서의 차세대 먹거리를 제공하는 산업으로 많은 주목을 받고 있다. 삼성의 경우도, 삼성전자 중심의 전기/전자, 삼성생명 중심의 금융, 삼성바이오로직스 삼성바이오 에피스, 삼성엔지니어링 등 제약업을 포함한 삼성물산 중심의 세 개의 축이 앞으로의 삼성을 이끌어 갈 중심 체제로 구도를 그리고 있다. 그럼에도 불구하고 이러한 복제약 중심의 제약업이 삼성전자나 현대자동차와 같이 미래의 한국경제의 주축이 될 수 있을지에 대해서는 기대도 있지만 우려도 있다.

셀트리온은 2005년, 삼성바이오로직스는 2016년 상장되면서 이 산업을 열고 있는데 1975년 삼성전자가 주식시장에 상장해서 40여 년 만에 한국을 대표하는 기업으로 성장해 온 것과 같이 많은 기대를 받고 있다.

## 셀트리온 둘러싼 세 가지 오해와 진실

셀트리온은 바이오시밀러(항체의약품 복제약[1]) 제조 전문기업이다. 지난 2009년 코스닥 시장 시가총액 1위 자리를 굳건히 지키고 있다. 그러나 수년 전까지만 해도 셀트리온을 분석한 증권사 리포트는 많지 않았다. 대장주 치고는 대접을 제대로 받지 못했다.

가장 큰 이유로, 셀트리온의 특이한 사업구조가 꼽힌다. 셀트리온이 제조한 '램시마'(관절염치료제)는 모두 계열회사인 셀트리온헬스케어에 팔린다. 유통판매 업체 전문기업인 셀트리온 헬스케어에는 해마다 수천억원어치의 재고가 새로 쌓였다. 이 때문에 시장 일각에서는 "언젠가 터질 사기극" "사실상의 분식회계"라는 혹평이 그치지 않았다. 실제로 셀트리온은 몇 차례 분식회계 의혹에 휘말리기도 했다.

셀트리온의 서정진 회장이 그나마 '사기꾼' 꼬리표를 뗀 것은 2011년 말쯤이다. 창업한지 10여년이 지나서야 의심의 눈초리가 사라졌다. 여기에는 두 번의 큰 계기가 있었다. 첫째는 해외 투자유치였다. 2011년 9월 셀트리온헬스케어에 테마섹홀딩스(싱가포르 국부펀드)의 자금이 유입됐다. 상환전환우선주 2,089억원 어치(주당 39만 6,000원)를 테마섹홀딩스 자회사가 인수했다. 3개월 뒤에는 JP모간 사모펀드 원에코티파트너스가 역시 상환전환우선주를 발행하는 셀트리온헬스케어의 유상증자에 2,540억원을 투자했다. 주당 발행가격이 무려 230만원으로 책정됐다. 해외 큰 손들이 이렇게 셀트리온의 바이오시밀러에 베팅하자, 시장의 의구심이 상당부분 사라졌다.

둘째는 램시마에 대한 식품의약품안전청의 최종 승인이었다. 미국 유럽 등 해외 빅마켓은 아니었지만, 국내 판매허가를 획득하자 적어도 '사기꾼'은 아닌 것으로 인정받게 됐다. 당시 서 회장은 "의심의 눈초리를 달고 산 지 10년 만에 우리 생각이 틀리지 않았단 것을 입증하게 됐다"며 "앞으로 해외 승인을 받으면 글로벌 판매가 크게 늘어날 것"이라고 말했다. 예상대로 회사는 빠르게 성장했다. 2016년 셀트리온 매출, 영업이익, 당기순이익은 각각 6,706억원, 2,597억원, 1,805억원이다. 셀트리온헬스케어는 각각 7,577억원, 1,786억원, 1,229억원을 기록했다. 두 회사의 영업이익률은 각각 38%, 24%에 이른다.

---

1) 특허 기간이 만료된 약품을 복제하는 것.

2012년까지만 해도 수백억원대 매출에 연속 적자를 내던 셀트리온헬스케어의 최근 성장은 특히 괄목할 만하다. 미국 선진 대형시장에서 판매허가를 잇달아 얻어냈고, 제품판매가 늘고 있기 때문이다. 전문가들은 제2의 바이오시밀러 '트룩시마'가 올해 미국 시장에 진입하면 실적은 더 좋아질 것으로 예상된다. 여기에다 '허쥬마'도 대기하고 있다. 그런데, 특이한 점이 한 가지 있다. 셀트리온헬스케어의 재고자산은 줄기는 커녕 여전히 늘고 있다. 재고자산이 감소해야만 셀트리온의 진짜 실력을 인정할 수 있다고 주장해 온 일부 전문가들은 판매호조에도 불구하고 재고가 줄지 않은 데 대해 고개를 갸웃거린다.

### 매출 느는데 재고 줄지 않는 미스터리

셀트리온이 발표한 올해 1분기 실적은 과거 어느 때보다 좋다. 영업이익은 지난해 같은 기간 대비 3배가 넘는 894억원에 이른다. 매출도 81% 증가한 1,966억원이다. 손익이 안정적 궤도에 접어들었다는 평가가 대세다. 그렇지만 현재 셀트리온 헬스케어가 보유 중인 재고수치는 변화가 없거나 소폭 증가했을 것으로 보인다. 이 때문에 시장 일각에서는 셀트리온에 몇 가지 질문을 던진다.

두 가지는 해묵은 내용이다. 제조담당 셀트리온과 판매유통 담당 셀트리온헬스케어 간에 '연결회계'를 적용해야만 화장기를 싹 지운 실적의 '민낯'을 볼 수 있지 않냐는 지적이 있다. 또 하나는 증가하기만 해 온 셀트리온 헬스케어의 재고가 도대체 언제 줄어들 것인가 하는 의문이다. 나머지는 회계 이슈 때문에 애초 계획보다 지체된 셀트리온헬스케어 증시 상장이 오는 9월까지는 가능할지 여부다. 셀트리온헬스 상장은 셀트리온 그룹의 바이오시밀러 사업 전반에 대한 주요 정보를 공개하는 과정이 될 것이다. 그래서 시장의 큰 관심사안으로 부상해 있다.

하나씩 뜯어보자. 빵을 만들기만 하는 회사 A가 있다고 하자. 판매유통만 전문으로 하는 회사 B가 이 빵을 전량구매한다. 두 회사는 지분 관계가 전혀 없다. 하지만 한 대주주의 지배하에 놓여 있는 계열회사 관계이다. A는 제조한 빵에 적절한 이윤을 붙여 B로 보내기만 하면 된다. B가 빵을 못 팔아 대량의 재고를 안고 있어도 A의 손익에 미치는 영향은 없다. 두 회사 지분관계상 연결 회계를 할 필요도, 지분법 회계를 할 필요도 없기 때문이다.

이코노미스트. 2017.5.29.

이러한 회계는 회계원칙으로 하면 '동일지배거래' 기준 이슈이다.

연결이나 지분법을 적용하면 B가 재고로 안고 있는 만큼은 A의 손익에서 제거해야한다. 빵은 유통기간이 짧다. 제때 못 팔면 B는 막대한 재고손실을 입을 수 있다. B가 손실을 감수하면서까지 A로부터 계속 다량구매를 하기는 어려울 것이다. 그러나만약 유통기한이 상당히 긴 바이오시밀러라면 어떨까. 해외 판매허가를 획득하고 글로벌 시장을 개척하는 데는 오랜 시간이 필요하다. 그러나 바이오시밀러는 개발제품을 대량으로 제조해 장기재고로 또 안고 있어도 판매허가 뒤 제 값에 팔 수 있다. 만약 B가 외부 투자를 유치해 A에 자금을 공급해 주기까지 한다면 금상첨화다. 셀트리온과 셀트리온헬스케어간의 거래가 말하자면 이런 관계다.

셀트리온은 애초부터 바이오시밀러 사업을 위해 이런 지분 구조를 설계했다. 제조사와 유통사가 서정진회장의 지배하에 놓여 있지만, 아무런 지배관계가 없다. 안정적사업을 위해 고안한 이 지배구조 때문에 셀트리온은 온갖 공격과 곱지 않은 시선에시달려야 했다. 2010년말 1,452억원이던 셀트리온헬스케어 재고 장부가격은 2016년말 1조 4,700억원까지 증가했다.셀트리온의 매출과 이익이 셀트리온헬스케어의 재고자산 증가를 기반으로 만들어 졌다는 것은 이렇게 숫자가 보여준다. 그래서 일각에서는 두 회사를 '하나의 경제적 실체'로 보는 '연결회계'를 해야 정확한 평가가 가능하다고 주장하는 것이다.

**제조는 셀트리온, 판매는 셀트리온헬스케어**

필자는 지난 4월초 신문을 보다가 내심 놀랐던 일이 있었다. 셀트리온 김형기 사장인터뷰 기사 때문이다. 기사에 따르면 김사장은 "셀트리온과 셀트리온헬스케어가 사실상 한 몸"이라고 발언했다. 그는 또 "셀트리온 헬스케어의 재고가 앞으로 급격하게줄어들 것이라고 서회장이 주주총회에서 말했다"고 전했다. 사실이라면 상당히 의미있는 정보를 인터뷰에서 언급한 셈이다.

우선, '사실상 한 몸'이라는 것은 회계적으로 하나의 경제적 실체를 형성한다는 이야기나 다름없다. 연결재무제표를 작성하는 것이 마땅하다는 소리처럼 들린다. 연결을하지 않는 지분구조 때문에 분식회계설까지 시달렸던 셀트리온이다. 그런데 회사의대표가 '사실상 한 몸'이라는 발언을 했다니 어리둥절했다. 회사 관계자는 이에 대한"김사장이 '한 몸'이라는 표현을 한 것은 아니다"라고 말했다. 하나의 제품을 놓고 두회사가 제조와 판매를 각각 담당하고 있기 때문에 서로 밀접하게 유기적으로 업무를 하고 있다는 뜻이지, 하나의 경제적 실체로 간주할 수 있다는 의미는 아니라고 설명했다.

셀트리온은 앞으로도 두 회사간 지분 관계를 '연결'로 가져갈 계획은 없어 보인다. 일부 전문가들은 두 회사의 합병이 타당하다는 견해를 제시하기도 한다. 하지만 셀트리온은 고개를 젓는다. "일부러 두 회사 지분을 섞을 필요가 없다"는 입장이다. 합병은 회사의 미래와는 아주 거리가 멀어 보인다. 회사 관계자는 "삼성처럼 사업 초기부터 자금이 충분했다면 이렇게 두 회사로 나누지는 않았을 것"이라고 말했다. 그는 "연구개발에 필요한 자금과 시간 등을 고려했을 때 모든 사업 리스크를 상장사인 셀트리온이 다 떠안기보다는 서 회장이 직접 지배하고 있는 셀트리온케어에 분담시키고자 했던 것이 지분관계를 단절한 이유"라며 "셀트리온 리스크를 셀트리온헬스케어에 일정 정도 넘긴 것"이라고 말했다.

시장의 두 번째 궁금증은 셀트리온의 재고 규모에 대한 것이다. 셀트리온으로부터 매입하는 물량은 많은 반면 글로벌 유통사로 판매하는 물량은 적기 때문에 셀트리온헬스케어 재고는 해외 본격 대량판매가 발생하기 전까지는 증가할 수밖에 없다. 예를 들어보자. 셀트리온케어가 2012년 셀트리온으로부터 매입한 금액은 3,470억원이다. 반면 외부로 제품을 판매하면서 발생한 매출원가는 228억원에 불과하다. 2013년 매입은 3,430억원인데, 매출원가는 4분의 1 수준인 776억원에 그친다. 대략 매입금액과 매출원가만큼의 차액이 재고로 누적되어 간다고 봐도 크게 틀리지 않는다. 이것이 해마다 수천억원 수준에 달했다. 그렇다면 지금은 어떨까. 램시마가 미국 유럽 등에서 판매승인을 이미 얻었고, 글로벌 유통사들로부터 제품 주문이 이어지는 마당이라면 재고는 줄어드는 게 정상이라고 사람들은 생각한다.

2016년의 경우를 보자. 셀트리온헬스케어 재무제표에 나타난 매입금액은 5,148억원이다. 매출원가는 5,378억원이다. 처음으로 매입보다 매출원가 금액이 더 크게 나타났다. 그 차이만큼 이번에는 재고 금액이 줄어야 한다. 2015년 말 대비 2016년 말의 재고는 과연 줄었을까. 앞으로 셀트리온헬스케어의 매출이 크게 증가할 것으로 예상한다면 재고는 뚜렷한 감소세에 진입할까. 결론적으로 두 가지 질문에 대한 답은 모두 '아니다'이다.

### 회사 측 "재고, 현 수준 유지할 것"

2016년 말 재고금액은 2015년 말보다 오히려 700억원 남짓 증가했다. 왜 그럴까. 셀트리온헬스케어는 원료의약품 상태, 즉 램시마 반제품 상태로 일단 구매한다. 글로벌유통사에서 주문이 있으면 이를 완제품 상태로 가공해 공급한다. 셀트리온헬스케어는 자체 시설이 없기 때문에 외부가공업체를 활용하는데, 셀트리온과 터키 헝거리 등의 해외 위탁 가공업체들을 활용한다. 구매한 반제품에 적절한 이윤을 붙여 그대로 외부에 판매한다면 매입가격이 곧 매출원가가 된다. 하지만 이 회사의 경우 매입가격에 위탁가공비까지 다 합한 이른바 '전환원가'가 매출원가가 된다. 이런 경우 매입금액보다 매출원가가 더 크게 잡혀도 재고는 증가할 수 있다. 예를 들어 헬스케어의 재고가 500만원어치 있는 상태에서 2016년 반제품 100만원어치를 매입했다고 치자. 이 반제품 중 80만원어치를 외주 가공하여 (외주 가공비 30만원 투입) 판매하였다. 그럼 매입은 100만원이고, 매출원가는 110만원(80만원+30만원)이 된다. 못 팔고 남은 재고가 20만원 어치 존재한다. 매입금액(100만원)보다 매출원가(110만원)가 더 크지만, 이 회사의 2016년말 재고자산은 2015년말 500만원에서 20만원이 더 증가한 520만원이 된다. 헬스케어 관계자는 "매출원가에 외주가공비용이 들어왔다"며 "회사보유 재고 중에는 반제품 뿐 아니라 완제품도 일부 있는데, 여기에도 역시 외부가공비가 포함되어 있다"고 설명했다.

한편으로, 그렇더라도 앞으로 바이오시밀러 제품에 대한 주문이 크게 늘어난다면 재고자산은 감소할 것으로 보는 것이 상식적이다. 미국 유럽지역에서 램시마 판매가 현재 호조세를 보이고 있기 때문에 향후 재고의 감소세가 있을 것으로 예상해 볼 수는 있다. 그러나 셀트리온 측은 이에 대해 "현재 수준의 재고자산금액이 줄어들 가능성은 별로 없다"고 잘라 말한다. 재고는 현 수준이 유지되거나 오히려 더 늘어날 가능성이 높다고 한다. 왜일까.

회사 관계자는 "외부에서는 회사의 재고정책을 모르기 때문에 판매가 잘되면 재고는 무조건 감소할 것으로 보는데, 그렇지는 않다"고 말했다. 이 회사는 9~12개월치 재고를 유지한다는 재고 전략을 갖고 있다는 이야기다. 원료조달부터 가공, 품질검사 등을 거쳐 완제품이 되기까지 대략 9개월 이상이 소요된다. 회사 관계자는 "셀트리온의 생산에 문제가 생기면 공급 불안정으로 판매에 어려움을 겪을 수밖에 없기 때문에 9개월 이상의 재고를 유지해야 한다"고 말했다. 이 회사와 거래하는 글로벌 유통사들도 9~12개월의 재고를 유지하겠다는 내용의 재고의무조항을 계약서에 명기하고 있는 것으로 알려졌다.

과거 해외 시장에서 판매승인을 받기 전에는 허가가 날 경우 일시에 공급해야 할 물량 때문에 재고를 안고 있었다면 이제는 해외 빅마켓에서의 매출증가에 대비해 재고를 안정적으로 유지해야 한다는 것이 회사의 설명이다. 회사 관계자는 "올해 미국 등지의 매출이 예상대로 일어나고 있다"며 "앞으로 공급부족 가능성도 걱정해야 할 정도여서 외부 제조시설 활용방안도 검토 중"이라고 밝혔다. 또한 램시마뿐 아니라 트룩시마, 허쥬마 등 후속 바이오시밀러의 재고를 늘려나가야 하기 때문에 램시마 생산은 앞으로 줄어들 것이라고 덧붙였다. 그는 "전체 재고금액 자체는 줄어들지는 않을 것"이라고 강조했다.

김형기사장은 언론 인터뷰에서 언급한 '향후 재고자산 급격 감소'에 대해 회사측은 와전된 내용이라고 설명했다. 회사 관계자는 "매출 1,000억원일 때의 재고 1조원과 매출 1조원일 때의 재고 1조원은 다르다"며 "앞으로 매출이 계속 증가할 것이므로 매출액 크기를 고려했을 때 재고수준이 예전처럼 크게 보이지 않을 것이라는 의미이지, 재고의 절대 금액 자체가 감소한다는 뜻은 아니다"라고 설명했다.

**헬스케어 9월 상장 완료에 문제 없어**

셀트리온 헬스케어 상장 문제에 대한 회사의 입장도 명확하다. 오는 9월까지 상장을 완료하는 데는 문제가 없을 것으로 보고 있다. 회사는 애초 올 상반기 상장을 마무리 지으려 했다. 그러나 한국공인회계사회 감리 도중 보증금에 대한 회계처리 이슈가 불거졌고, 이 때문에 정밀감리가 진행 중이다. 회사 관계자는 "감리는 마무리 국면"이라며 "늦어도 다음 달까지 회계이슈는 최종 정리될 것"이라고 설명했다. 9월말까지 상장 완료는 충분하다는 이야기다.

지난 3월 감리를 맡은 한국회계사회와 회사 간 이견이 불거졌을 때 일부 언론에서는 상장이 매우 불확실해졌고, 특히 회사에 대한 해외 투자자들의 신뢰에 큰 금이 간 것처럼 보도했다. 필자는 처음부터 이 같은 회계처리 문제가 큰 이슈가 될 수는 없다고 봤다. 문제가 된 이행보증금은 2015년 회사가 제2의 바이오시밀러 트룩시마에 대해 유럽지역 유통사들과 판매권 계약을 맺으며 받은 돈이다.

금액으로는 500억원 남짓이다. 이행보증금이란 트룩시마를 주문하겠다는 내용을 약속하며 헬스케어에 지급한 돈이다. 트룩시마를 약정기간내 주문하지 않으면 이행보증금을 헬스케어가 몰수한다. 제품을 빨리 사가야 한다는 의무를 부과해 놓은 셈이다. 당시는 트룩시마 개발과 판매허가가 최종 완료되지 않은 시점이었다. 그런데도 유통사들이 물량주문에 대한 이행보증금까지 지급하며 트룩시마 판매권 계약을 맺으려 한 이유는 뭘까. 회사 관계자는 "이미 램시마로 수익을 경험한 유통사들이 트룩시마의 허가 가능성을 매우 높게 보고 서둘러 독점판매권을 확보하기 위해 적극 나선 결과"라고 설명했다. 회사 입장에서는 허가 획득에 성공하면 돌려줘도 되고, 유통사들이 주문할 제품대금과 상계할 수도 있다. 어찌됐건 보증금으로 받은 금액만큼만 반환하거나 또는 유통사들의 매입매출과 상계하면 되는 것이다. 한국공인회계사회 감리팀이 지적한 문제는 보증금 수령하는 시점에 회계상 발생하는 이른바 "현재가치할인차금"의 수익인식 시기였다. 예를 들어 2015년 이행 보증금으로 수령한 100만원을, 2년 뒤 100만원만 그대로 돌려 주면 된다. 따라서 미래에 돌려줄 100만원을 현재가치로 할인한 금액(90만원 이라고 가정하자)과 현재 시점의 수령금액 100만원과의 차액 10만원이 회계상 현재가치할인차금으로 처리된다. 동시에 헬스케어는 손익계산서에 이자수익으로 같은 금액 10만원을 일시에 계상한다. 한공회는 그러나 이 10만원을 부채(선수수익)으로 일단 인식하고, 나중에 반환시점 또는 매출시점에 이자수익으로 처리해야 한다는 의견을 제시했다. 회사 입장에서는 2015년 한번에 인식했던 이자수익을 제거하고 재무제표를 정정하더라도 어차피 트룩시마 매출이 발생하는 올해 다시 수익 처리할 수 있기 때문에 한공회의 지적을 받아들였다. 애초부터 크게 부각할만한 이슈는 아니었던 셈이다. 회사 관계자는 "이행 보증금 외에 감리에서 특별히 더 지적된 것은 없다"며 "9월까지 상장 종료가 가능할 전망"이라고 강조했다.

결국, 셀트리온헬스케어는 2017년 7월 28일에 상장하게 된다. 두 회사가 회사 간 지분관계가 없기 때문에 두 회사의 재무제표를 연결로 묶으란 것도 믿기 어렵다.

제조와 판매가 별도의 회사에서 이루어지는 경우는 매우 많다. 많은 재벌사가 종합상사라는 trading company의 형태를 가지고 있으면서 제조와 판매를 완전히 분리하는 경우이다. 반면에 삼성전자, LG전자와 같이 제조와 판매를 동시에 진행하는 회사도 있다.

우리가 과거 수출 주도의 고성장을 달성하던 시절에는 ㈜대우(현재의 포스코인터내셔널), LG상사(현재는 LX상사), 삼성물산, 현대종합상사(현재는 현대코포레이션), SK글로벌(현재의 SK 네트워크) 등이 이러한 역할을 수행하였다.

## 계약이행보증금 수익 반영 시점 두고 논란

"장기계약이행보증금의 공정가치와 명목가치의 차이와 관련해 계약 사실에 대한 재검토를 통한 수익 인식 시기 조정으로 2015년 12월 31일 종료되는 보고 기간의 재무제표를 재작성했습니다."

헬스케어는 지난 20일 금융감독원 전자공시시스템에 이런 내용의 기재정정 보고서를 게시했다. 하지만 한국공인회계사회는 기재 정정을 넘어서 정밀감리가 필요하다는 의견을 금융감독원에 전달했고, 금감원은 셀트리온헬스케어와 외부감사인인 KPMG 삼정에 정밀감리를 요청했다.

헬스케어가 계약이행보증금을 회계상 수익으로 인식하는 시기에 대한 견해차가 문제였다. 셀트리온헬스케어는 셀트리온이 개발한 램시마를 해외 제약사들에 판매할 때 계약 체결 후 계약이행보증금을 받는다. 보증금은 나중에 돌려줘야 해 금융부채로 잡는다. 여기서 발생하는 현재가치할인차금(이자수익)을 헬스케어는 재무제표상 현재 이익으로 계상했고, 한공회는 보증금을 돌려 줘야 하는 시기에 이익으로 계상해야 한다고 봤다.

Business Watch. 2017.3.30.

지금 현재 현금을 받는데 나중에 돌려줘야 하는 금액은 지금 받은 금액에 대비해 현재가치로 discount를 해 주어야 한다. 따라서 화폐의 현재가치 때문에 받은 금액이 돌려줘야 하는 금액보다 많으며 이 과정에서 이익이 남으며 이 이익이 실현되는 시점은 보증금을 돌려주는 시점이므로 한공회가 제안한 내용이 더 합리적이다.

기업의 입장에서는 이러한 이익을 가능하면 조속히 계상하고 싶기 때문에 보증금을 받는 초기 연도에 이익을 계상하려 할 것, 즉 선이자를 인식하는 개념이며 한공회에서는 실제 받은 금액보다 돌려 주는 금액이 적은 시점에 즉, 실현되는 시점에 이를 인식하라는 차이가 있었던 듯하다. 즉, 어떻게 보면 보수적이고 공격적인 회계의 차이라고도 판단된다. 이 경우는 수익은 몇 년 차이로 어차피 인식이 되고 계상이 될 것이니 큰 문제가 아니라고 판단된다.

## 금감원, 삼바 이어 셀트리온 겨냥… 회사 측 "회계부정 없었다"

금융감독원이 코스닥 '대장주' 셀트리온 헬스케어에 대한 감리에 착수했다. 국내 최대 바이오기업 셀트리온의 판매 계열사인 셀트리온헬스케어가 회계기준을 위반했다는 혐의다. 금감원이 삼바에 이어 또 다른 대형 바이오기업을 정조준하면서 주식시장과 바이오업계에 큰 파장이 일고 있다.

### 정치권서 불거진 회계의혹

11일 금융업계에 따르면 금감원은 셀트리온헬스케어의 매출 관련 회계 위반 정황을 포착하고 최근 감리에 들어간다. 올초 셀트리온 감리에서는 아무런 혐의가 드러나지 않았다. 이번에는 계열사 셀트리온헬스케어가 한 특정 거래의 회계기준 위반 혐의를 집중적으로 보고 있는 것으로 알려졌다.

우선 셀트리온과의 국내 판매권 거래 회계처리가 쟁점이 되고 있다. 셀트리온헬스케어는 지난 6월말 셀트리온에 국내 판매권을 218억원에 되팔고, 이를 매출로 인식했다. 이 거래에서 회계처리 기준을 위반한 소지가 있다는 게 금감원 판단이다. 지난 10월 국정감사에서 이학영 더불어민주당 의원은 이 거래가 영업손실을 숨기기 위한 분식 회계일 수 있다는 의혹을 제기했다. 셀트리온헬스케어는 올 2분기에 152억원의 영업이익을 기록했는데 국내 판매권 거래로 적자를 면했다는 것이다.

금감원은 계열사 간 판매권 거래를 매출로 인식한 것 자체가 문제의 소지가 있다고 보고 있다. 회사 측은 즉각 반발했다. 셀트리온헬스케어 고위 관계자는 "사업 목적에도 판매권 거래가 포함돼 있고, 판매권 반환 의무가 없는 거래는 매출로 잡는다"며 "유럽 파트너에 판권을 넘길 때도 기타 매출로 인식한다"고 말했다. 이어 "그동안 국내 판매는 셀트리온에서 제품을 받아 셀트리온이 직접 지배하는 셀트리온제약에 공급하는 '삼각 거래'여서 부적절하다는 지적이 있었다"며 "국내 거래 구조를 단순화하고 해외 시장에 판매역량을 집중하기 위한 거래일 뿐"이라고 설명했다.

## 상장 1년여 만에 또 감리

금감원은 셀트리온헬스케어의 매출채권 회수 기간이 길어진 부분에 대해서도 가상 매출이 있는지 등을 살펴볼 예정이다. 셀트리온은 바이오시밀러 연구개발(R&D)과 생산을 맡고, 셀트리온헬스케어는 국내외 제품 판매를 전담한다. 떼려야 뗄 수 없는 관계지만 두 회사를 각각 서창진 회장이 지배하고 있는 독특한 구조 때문에 연결 재무제표를 작성할 의무가 없다.

셀트리온헬스케어는 셀트리온 의약품을 재고로 쌓아두고 해외 거래처에 판다. 3분기 말 기준 재고자산은 1조 7,510억원에 이른다. 하지만 램시마 등에 대한 해외 판매가 본격적으로 이뤄지면서 수년 전 불거졌던 실적 논란은 가라앉은 상태다. 특히 지난해 7월 코스닥시장 상장에 앞서 한국공인회계사회 감리를 받으면서 시장 우려를 떨쳐냈다. 하지만 상장 1년 6개월도 지나지 않아 금감원이 감리에 나서면서 시장의 걱정이 커지고 있다. 금융당국 관계자는 "의심 가는 부분이 있지만 아직 확인하는 단계여서 공개할 수는 없다"며 "혐의가 있는 부분이 상장 전부터 이뤄졌는지 등도 현재로선 말할 단계가 아니다"고 말했다.

이에 대해 셀트리온헬스케어는 '가상 매출'은 존재할 수 없다고 주장했다. 회사 관계자는 "상장하면서 안정적으로 자금을 수혈 받았기 때문에 수익성 관리 등을 위해 일부 유통사와 계약 조건을 변경하는 과정에서 매출채권의 회수 기간을 연장한 것"이라며 "최근 5년 동안 파트너사로부터 회수되지 못한 채권이 단 한 건도 없고, 연체가 발생하거나 회수되지 못한 채권도 없다"고 말했다.

## 다시 움츠려든 바이오주 투자 심리

시장과 바이오업계는 잔뜩 움츠러들었다. 공교롭게 삼바가 거래 재개된 날 초대형 악재가 터졌다.

한국경제신문. 2018.12.12.

## 삼바 이어 셀트리온도 감리… 악몽의 바이오업계

### 일감 몰아주기 논란에서 시작된 금감원 감리

금감원이 조사하고 있는 주요 사안은 지난 6월 셀트리온헬스케어가 셀트리온의 바이오의약품 국내 판매권을 셀트리온에 되팔고 218억원을 받은 뒤, 이 돈을 매출로 처리한 것이 분식 회계에 해당하는지 여부다. 셀트리온헬스케어가 지난 2분기 152억원의 영업이익을 기록했는데, 셀트리온에 국내 판권을 넘기면서 받은 금액 덕분에 적자를 면했다는 것이다. 지난 10월 국정감사에서 이학영 더불어민주당 의원도 셀트리온헬스케어에 대해 "영업손실을 숨기기 위한 회계처리 의혹이 있다"고 지적했다. 제품이 아닌 무형자산에 해당하는 판권을 매각한 것이 기업의 영업 활동으로 볼 수 있느냐는 것이다.

금감원이 셀트리온헬스케어에 대해 감리에 나선 것에는 셀트리온 그룹의 독특한 계열사 간 경영 구도도 한 요인이 됐다. 셀트리온은 다른 제약사들과 달리 셀트리온헬스케어에 램시마 등 자사 바이오 복제약의 세계 판매를 독점적으로 위탁하고 있다. 셀트리온이 생산한 판매 제품을 셀트리온헬스케어로 일단 넘기고 셀트리온헬스케어가 전 세계 제약사와 대형 병원에 파는 구조다. 이 탓에 2~3년 전부터 '일감 몰아주기'라는 비판이 제기됐다. 김형기 셀트리온헬스케어 부회장은 "복잡한 거래 구조를 단순화한다는 취지로 지난해부터 셀트리온에 판권을 되파는 안을 논의해왔다"며 "당사는 원래 셀트리온 제품에 대한 세계 독점 판매권을 활용해 수익을 올리고 있기 때문에 판권 매각으로 올린 수익도 매출로 판단했다"고 말했다.

조선일보. 2018.12.14.

## 셀트리온 '분식회계' 검찰에 고발되나

분식회계 의혹을 받고 있는 셀트리온에 대해 금융위원회 증권선물위원회가 조만간 분식회계 여부와 과징금 부과, 검찰고발 등 제재안을 확정하는 논의를 시작할 것으로 14일 알려졌다. 이 같은 소식이 전해지자 셀트리온과 셀트리온헬스케어, 셀트리온제약의 주가는 이날 모두 12% 가량 폭락했다. 2018년 말 금융 당국의 조사가 시작된 셀트리온 분식회계 논란의 핵심은 셀트리온헬스케어가 재고 자산을 부풀렸는지 여부다. 셀트리온이 개발 생산한 바이오시밀러(바이오 복제약)는 셀트리온헬스케어와 셀트리온제약이 각각 해외와 국내에서 판매한다. 이 과정에서 셀트리온케어와 셀트리온제약은 셀트리온에서 바이오시밀러를 사들여 창고에 쌓아둔다.

금융 당국은 셀트리온헬스케어가 쌓아둔 재고 자산 가치의 하락을 반영하지 않았다고 의심하고 있다. 시간이 지나면서 재고 자산의 가치는 떨어지는데, 이를 재무제표에 반영하지 않았다는 것이다. 그만큼 손실 처리가 안 됐다는 의미다. 셀트리온헬스케어의 재고자산은 지난해 3분기 기준 1조 7,883억원이다. 지난해 3분기 누적 매출액 1조 1,987억원보다 많다.

계열사들이 지배 종속 관계면 내부 거래는 연결 실적에서 제외되지만, 셀트리온과 셀트리온헬스케어는 지분 구조상 별개의 회사여서 내부거래도 매출과 영업이익에 반영돼 왔다. 이로 인해 시장에서는 "두 회사의 내부 거래로 매출을 부풀리는 것 아니냐"는 논란도 있었다. 이에 대해 셀트리온 측은 "회계법인의 감사를 받은 정상적인 회계 처리였으며, 증선위가 열리면 성실하게 소명하겠다"고 말했다.

조선일보. 2022.1.15.

셀트리온과 셀트리온케어, 셀트리온제약은 회사 간에 지분 관계가 있는 것이 아니고 셀트리온의 대주주인 서정진회장의 개인적인 지분으로 얽혀진 회사라서 연결시 내부 거래의 제거 대상이 아니다. 이러한 점이 셀트리온의 분식과 관련된 의사결정을 어렵게 한다.

### '회계 부정 의혹' 셀트리온 금융당국, 내주 안건 검토

금융위원회 산하 증권선물위원회가 회계부정 의혹을 받고 있는 셀트리온 그룹에 대한 안건을 다음 주께 상정할 것으로 알려졌다.

2일 금융투자 업계에 따르면 금융당국은 셀트리온 셀트리온헬스케어 셀트리온제약

등 셀트리온그룹 3사의 회계부정 의혹과 관련된 안건을 다음주께 상정해 논의할 계획인 것으로 알려졌다. 금융위 산하 회계 전문기구인 감리위원회는 "지난달 중순까지 감리위원들이 의견 보고서를 모두 제출했다"며 "의견이 팽팽히 맞서 어떤 결과가 나올지 예측하기 어렵다"고 분위기를 전했다. 회계부정과 관련한 조치는 증선위 의결과 금융위 의결을 거쳐 최초 확정된다. 금융감독원은 셀트리온헬스케어가 2016년 사업보고서를 고의로 분식했다고 보고 있다. 현행법상 과징금을 부과할 수 있는 기간이 <u>위법행위가 벌어진 날로부터 5년</u>인 만큼 사업보고서 제출일로부터 5년 이내인 2022년 3월까지 제재 여부를 결정내야 한다.

회계부정 의혹은 크게 세 가지다. 먼저 셀트리온헬스케어가 코스닥상장을 앞두고 재고자산을 부풀려 손실을 축소했는지다. 금감원은 2018년부터 지난해 말까지 진행한 회계감리를 통해 셀트리온헬스케어가 유효기간이 지난 원재료를 손실로 처리하지 않고 재고자산 가치를 부풀렸다고 봤다. 이에 셀트리온 측은 일부 의약품 원재료는 유효기간이 지나더라도 미국 식품의약국(FDA) 등에서 승인을 받아 유효기간을 늘릴 수 있기 때문에 손실로 처리할 필요가 없다고 주장하는 입장인 것으로 알려졌다.

두 번째 의혹은 셀트로온헬스케어가 셀트리온에 국내 판권을 팔아 매출로 잡은 게 맞는지다. 2018년 6월 셀트로온헬스케어가 셀트리온의 바이오의약품 국내 판매권을 셀트리온에 되팔고 218억원을 받은 뒤, 이 돈을 매출로 처리했다. 셀트리온헬스케어는 그해 2분기(4~6월) 영업이익 152억원을 기록했는데, 셀트리온에 국내 판권을 넘기면서 받은 금액 덕분에 적자를 면할 수 있었다. 쟁점은 이것이 분식회계에 해당하느냐다. 매출이라는 것은 회사의 고유한 사업활동에 따라 반복적으로 발생해야 하는 만큼 <u>판권 판매에 따른 일시적 이익은 당연히 영업외 수익으로</u> 처리했어야 한다는 주장이 의혹 제기의 핵심이다.

마지막은 셀트리온 헬스케어와 해외 유통사 간 사후 정산을 재무제표에 반영하는 시기의 문제다. 셀트리온헬스케어는 유통사와 사후 정산을 통해 확정 수익을 보장해주는 계약을 맺었는데, 사후 정산을 분기마다 하지 않고 반기 또는 연간 단위로 했다. 셀트리온헬스케어가 상장사인 만큼 분기마다 사후 정산 관련 비용을 반영하는 것이 원칙에 맞는다는 게 업계 지적이다.

매일경제신문. 2022.2.3.

# 셀트리온 기사회생… "회계부정 고의성 없어"

분식회계 의혹이 제기된 셀트리온이 거래정지 대상이 될 뻔한 위기를 피했다. 금융위원회 산하 증권선물위원회는 11일 제7차 임시회의를 열어 회계처리기준을 위반해 재무제표를 작성 공시한 셀트리온, 셀트리온헬스케어, 셀트리온 제약에 대해 담당 임원 해임권고와 감사인 지정 조치를 의결했다. 감리 결과 조치 의결에 따라 셀트리온 3사는 임직원의 검찰 고발 통보 대상이 되지 않았기 때문에 상장적격성실질심사(거래정지) 대상이 되는 것을 모면했다.

증선위는 셀트리온이 중대한 회계부정을 한 것으로 판단했지만, 의도적이지는 않다고 본 것으로 전해진다. 금융위 관계자는 "중대한 회계기준을 위반했다고 판단했다"면서도 "다만 고의성이 있다고 판단하지는 않아 검찰 고발 등의 조치를 하지 않은 것"이라고 설명했다. 증선위는 또 회계감사기준을 위반한 회계법인과 소속 공인회계사에 대해서는 감사 업무 제한 등의 조치를 의결했다. 회사 및 회사 임원과 감사인에 대한 자본시장법 및 외부감사법에 따른 과징금에 대해서도 심의했다. 과징금 부과 여부와 금액은 향후 금융위 의결로 최종 확정된다.

이날 셀트리온그룹은 "장기간 진행된 감리가 종료돼 일부 의견을 달리하며 발생한 오해가 상당 부분 해소됐고, 그룹과 관련된 금융시장의 불확실성을 불식시켰다"며 "주요 계열사 회계처리에 대한 금융당국의 결정을 존중하고 이제 본래의 자리에서 사업에 매진할 것"이라고 밝혔다.

앞서 금융감독원은 회계 감리에서 셀트리온헬스케어가 의약품 국내 판권을 셀트리온에 200억원대에 판매하는 거래 방식으로 매출을 일으켰으며, 셀트리온은 재고자산을 부풀린 혐의가 있다고 봤다. 셀트리온이 개발한 약을 셀트리온헬스케어와 셀트리온제약이 판매하는데, 이 과정에서 셀트리온 약을 매입해 재고로 쌓아둔 셀트리온헬스케어가 재고자산손실액을 축소(과소계상)했다는 주장이다.

재고가 가치가 떨어지면 기업은 이를 재무제표에 반영해야 하는데 셀트리온 측이 이를 제대로 반영하지 않았다는 것이다. 반면 셀트리온 측과 감사인인 회계법인은 정상적인 회계처리 절차였다는 입장을 보였다. 증선위는 지난해 11월부터 총 19차례 임시회의를 열고 이번 안건을 집중적으로 심의했다. 특히 증선위 위원들은 올해 초 감리위원회의 셀트리온 감리 결과 자료를 최근 넘겨받아 논의에 착수했다. 이어 회의는 셀트리온의 신청에 따라 현장에서 소명 기회를 주는 대심제로 진행했다.

한편 증선위는 이날 셀트리온그룹에 회계정책과 내부회계관리제도의 개선을 요구했다. 또 금감원에는 긴 감리기간과 피조치자 방어권 보장 문제에 대한 개선 방안 마련을 권고했다. 감리 기간의 지나친 장기화를 방지하고, 금감원 조사 단계에서도 피조치자의 방어권이 실질적으로 보호될 수 있도록 해달라는 주문인 셈이다.

증선위는 회계 업계에 외부감사 대상 기업이 속한 산업에 전문성이 있는 인력 위주로 감사팀을 구성해 감사를 수행할 것도 요구했다. 증선위는 신사업의 회계처리 불확실성 해소에 보다 적극적으로 나설 계획이라고 밝히기도 했다. 이를 위해 금융위, 감독원, 회계기준원, 회계법인, 학계 등 회계 관련 전문가들이 참여하는 '회계기준적용지원반'(가칭)을 운영하기로 했다.

매일경제신문. 2022.3.12.

## 증선위 "고의성 없어"… 거래 정지 피한 셀트리온

과징금은 위반 금액의 최대 20%를 부과할 수 있다. 최대 수백억원대에 이를 전망이다. 셀트리온의 2016년 위반금액은 1,300억원, 같은 해 셀트리온케어와 셀트리온제약의 위반 금액은 각각 1,600억원과 130억원으로 파악됐다.

셀트리온은 셀트리온 대주주인 서정진회장을 정점으로 그룹 관계를 형성하고 내부거래를 이어온 탓에 회계부정 관련 의혹이 꾸준히 제기됐다. 자체 개발 생산한 바이오의약품을 셀트리온 헬스케어 등에 팔고, 이들 관계사들은 국내 해외 수요자에게 판매한다. 셀트리온과 셀트리온헬스케어는 작년 각각의 지주회사 합병전까지 <u>상호 지분관계가 없으나 특수관계에 해당해</u> 실적을 부풀리기 쉬운 구조라는 지적이다.

한국경제신문. 2022.3.12.

# 오스템임플란트

오스템임플란트 자본금보다도 더 큰 금액의 횡령, 계양전기 자본금의 13%, 245억원 횡령, 블루칩 회사라고 할 수 있는 4대 그룹의 LG유플러스의 경우도 수십억의 횡령 사고가 발생했다. 더더욱 내부통제가 어느 회사보다도 철저히 관리되어야 하는 금융기관인 우리은행에서까지도 자금 횡령의 문제가 발생하는 어처구니없는 일련의 사고가 발생하고 있다. 어떤 사유에서 최근에만 이런 사고가 지속적으로 발생하는지도 의문이다.

## 오스템 허위공시 드러나면 투자 손실금 돌려받는다

두 법무법인이 특히 주목하고 있는 건 오스템임플란트의 허위공시 가능성이다. 법무법인 오킴스는 "코스닥 상장사 직원이 회사 자기자본과 비슷한 정도의 금액을 횡령했다는 점은 사측 시스템이 정상 작동하지 않았다는 것"이라며 "만약 횡령 사실을 은폐하기 위해 사업보고서를 부실하게 작성 공시하였을 경우 자본시장법상 손해배상책임을 져야 하는 부분"이라고 짚었다.

실제로 오스템임플란트가 금융감독원에 제출한 분기 보고서를 보면 지난해 3분기

(2021년 9월 말)까지 이 회사가 누적 순이익은 740억원이다. 횡령 사건은 3분기 보고서를 제출한 지난해 11월 15일 이전에 발생한 것으로 추정된다. 그러나 횡령 금액은 해당 보고서에 반영되지 않아 재무제표 수정이 불가피하다. 3분기 재무제표 수정 결과 실적이 적자로 돌아서면, 해당 기업과 감사인인 회계법인은 고의나 과실로 인한 분식회계와 부실감사 책임이 있다.

### 윗선 개입, 조직적 범행 밝혀지면 입증 수월

오스템임플란트가 횡령 사건을 은폐하기 위해 허위공시를 한 것으로 드러날 경우 소액주주들은 횡령사건 발생 시점부터 현재까지 주가 하락에 대한 투자손실 피해를 보상받을 수 있다. 엄태섭 법무법인 오킴스 대표변호사는 "만약 횡령 사건 발생 이후 사측이 공시한 정보를 믿고 주식을 샀다면, 이들은 상대적으로 유리한 위치에서 손해배상청구를 할 수 있다"며 "회사가 횡령을 저질렀는데도 불구하고 재무상태에 문제가 없는 것처럼 허위 또는 부실공시를 하게 되면 '비정상적인 주가'가 형성되기 때문"이라고 짚었다. 그러면서 "그 상황에서 주식을 매수한 개인투자자들은 (허위 또는 부실공시가 없었을 때를 가정한) 정상 주가를 고려해 일정액을 배상받을 수 있을 것"이라고 말했다.

횡령 전에 주식을 매수한 투자자들이 배상을 받기 위해선 주가 하락이 횡령이라는 사건으로 일어났다는 인과관계를 입증해야 한다. 횡령 전에는 사실상 정상적인 주가로 매도가 이뤄졌기 때문이다. 다만 주가 하락의 원인은 워낙 다양하다. 따라서 오스템임플란트 횡령이 '위선 개입' 또는 조직적인 범행임이 밝혀진다면 인과관계 입증이 보다 수월해질 전망이다.

김주연 한누리 법무법인 변호사는 "아직 소송 여부가 결정된 건 아니지만, 추가적인 사실 관계 확인 여부에 따라 소송을 결정할 계획"이라며 "만약 부실공시 또는 명확한 회계 부정이 드러난다면 소액주주들은 자본시장법에 의해 부실공시로 인한 손해 책임을 물을 수 있다"고 말했다. 이어 "소액주주들이 회사 혹은 이사를 대상으로 공시를 기준으로 주식 하락분에 대해 손해액을 추정하는 규정이 적용될 수 있을지 검토하고 있다"고 설명했다.

이코노미스트. 2022.1.19.

## LG유플러스 본사 팀장급 직원, 수십억원 횡령 후 잠적

오스템임플란트, 계양전기 등에서 직원의 거액 횡령이 일어난 데 이어 LG유플러스 [032640]의 팀장급 직원이 수십억원을 빼돌리고 잠적해 회사가 조사에 나섰다.

23일 통신업계에 따르면 LG유플러스 본사에 근무하며 인터넷 영업을 담당하는 팀장급 직원이 관련 수수료 수십억원을 빼돌린 것으로 뒤늦게 파악됐다.

연합뉴스. 2022.3.23.

주식 가격이 어떻게 움직이는지는 신도 모른다는 얘기를 하기도 한다. 신도 모른다기보다 주가에 영향을 미치는 변수가 그만큼 많다는 것을 의미한다. 또한 주가하락이 횡령이라는 사건으로 일어났다는 인과관계를 입증해야 한다고 위에서 기술하고 있는데 사회 현상에서 인과 관계를 입증하는 것은 무척이나 어렵다. 심증이 있을 경우 추정은 할 수 있지만 이를 입증하는 것은 여간 어려운 일이 아니다.

하다못해 아파트 주민회의 통장 인감 조차도 관리사무소장이 아닌 주민 대표자가 가지고 있으면서 은행거래에 있어서는 아파트소장과 주민대표의 인장이 동시에 날인되어야 거래가 가능하다. 현금 입출금을 관리하고 현금 인출에 관한 책임 구분을 엄격하게 하고 있다. 물론, 현금 통제에 대한 관리를 조금이나마 느슨히 하면 언제든지 현금과 관련되어서는 사고가 날 수 있다. 통장과 인감의 임무 분리 관리는 내부통제라는 단어를 사용할 필요도 없이 상식적인 수준에서 현금 횡령이나 유용과 관련되어 누구나 생각할 수 있다.

차제에 기업들은 은행들과 협조하여 더 철저하게 자금관리시스템을 갖추어야 하며 감사인들은 분반기 검토 시점에도 현금과 예금 조회를 수행하여야 한다. 감사인(회계법인)이 직접 조회처에 조회를 수행하는 것은 물론이다. 기업들은 자금관리시스템을 주거래은행과 같이 도입하여 자금의 흐름에 대해서 다수의 이해관계자가 점검을 해야 한다.

오스템임플란트의 손해배상 소송(집단소송)에 주주 1,500명이 모였다는 기사를 접하게 된다. 주가가 폭락하고, 매매거래정지, 상장폐지에 대한 위험, 기업 이미지 실추, 신용 상실 등 이러한 사건으로 기업이 겪어야 하는 피해는 상상을 초월한다.

오스템임플란트 사건이 발생하는 시점에 신라젠의 상장폐지 사건도 발생하여 상장회사의 상폐 관련 안전성에 대한 우려가 증폭되고 있다. 이러한 횡령 사건은 오스템과 같은 상장기업에만 발생할 것이 아니다. 삼성전자의 재경팀 직원, CJ의 경우는 대주주 개인의 자금을 경리 담당자가, SK의 경우도 이러한 거액의 횡령 사건이 발생하였다. 특히나 관리의 삼성이라는 회사에서도 이러한 사고는 언제든 발생할 수 있다.

### 기업횡령 범죄가 계속 늘어나는 까닭. 박재용

작년 3월 S섬유회사 경리부장의 200억원 횡령 사건에 이어 올해 초에는 중견 상장사 재무팀장이 2,215억원을 횡령하는 사건이 일어났다. 피해 규모도 놀랍지만 일류 기업에서도 내부통제 미비 상태가 장기간 이어졌다는 점에서 더 충격적이다.

대검찰청에 따르면 지난해 우리나라에서 발생한 횡령 범죄는 6만 539건, 2조 7,376억원에 달하고, 횡령 건수는 최근 5년간 60% 증가했다. 어둠의 유산인 횡령 범죄가 4차 산업혁명 시대에 사라지기는커녕 늘고 있는 것에 대해 많은 이들이 의아해 할 것이다. 사실 인간의 탐욕과 불완전성에 기인하는 부정과 오류는 경제 수준과 무관하다. 이 때문에 이를 제어하기 위해 어느 조직이든 불가피하게 비용을 들여 내부통제 시스템을 도입한다.

내부통제의 가장 기본적 원칙은 임무 분리(segregation of duty)다. 거래와 관련해 승인, 기록, 출납 업무는 한 사람이 처리할 수 있는 분량의 업무량이더라도 나눠 맡기는 것을 말한다. 멀쩡하게 임무 분리가 운영되는 조직에서 내부통제가 붕괴되는 이유는 뭘까.

먼저 내부 통제의 한계로 흔히 거론되는 직원들 간 공모를 들 수 있다. 서로 견제 상태나 감독-피감독 관계에 있는 직원들이 공모하면 내부통제는 무력회될 수 있다.

인적 물리적 통제가 겹겹이 둘러싼 카지노에서도 감독실 직원과 영업 관리자가 공모하면 횡령, 절도를 막기 어렵다. 그러나 공모자 포섭과 모의과정의 노출 때문에 공모에 의한 범행은 이례적인 것으로 보인다.

좀 더 일반적인 원인은 경영진의 일탈이다. 경영진이 스스로 위법 부당한 업무 처리를 하는 것은 물론 규정된 절차를 무시하고 직원들에게 부당한 지시를 내리는 것을 말한다. 기업의 오너나 최고경영자가 회사 재산을 빼돌리고 재무 상태를 허위로 표시하는 것 외에도 이번 사건처럼 직원들의 업무를 감독해야 할 부서장이 직접 부정을 저지르는 행위도 여기에 해당한다. 경영진의 일탈에는 내부통제 관계자들의 묵시적 방조나 무관심이 동반된다.

마지막으로 우리가 간과하기 쉬운, 그러나 어쩌면 가장 중요한 원인은 최고경영자의 인식이나 분위기와 관련된다. CEO가 내부통제와 감사를 불필요한 비용, 거추장스러운 걸림돌로 여긴다면 이는 얼굴 한번 본 적 없는 직원들에게도 고스란히 전달된다. 이런 조직은 내부통제 리스크로 인해 언제든 치명적 위기를 맞을 수 있다.

그렇지만 통제와 감사를 강화하기 위해 조직, 인력을 확대하는 것에는 다소 주의가 필요하다. 통제의 총량을 무작정 늘리는 것은 당연히 비용 부담을 초래할 뿐만 아니라 직원들의 자율성과 창의성을 위축시키는 등 조직의 다른 가치들을 위협할 수 있기 때문이다. 따라서 내부통제를 내실화하는 방안을 찾는 게 바람직하다.

조직의 최후 방어선으로 일컬어지는 내부 감사팀은 아마도 대부분 조직에서 내부 직원 순환보직으로 충원될 것이다. 물론 내부 사정에 정통한 직원들이 내부감사를 담당하는 것은 당연하지만 감사나 내부 통제의 기본 개념도 잘 모른 채 관행적으로 업무를 처리할 염려도 있다. 이럴 때는 경험이 풍부한 외부 전문가와 소수 정예 내부 직원들을 하나의 팀으로 구성하는 것이 대안이 될 수 있다.

매일경제신문. 2022.2.16.

위의 column에서 CEO의 내부통제에 대한 관심이 기술된 이유는 흔히 외국 문헌에서 tone at the top이라는 표현이 많이 사용되는데 기업에서 문제가 되는 부분에 대해서는 최고경영진 수준에서 관심을 가지는 것이 매우 중요함을 의미한다.

이러한 횡령 등의 문제가 어느 조직이든 발생할 수 있으므로 외국계 기업일 경우 해외 본사의 감사팀이 local에 대한 감사를 진행하는 경우, 해당 부서 직원들에서 휴가를 가도록 하고 부서에 대한 점검을 수행하기도 한다고 한다. 물론 부서 직원들이 근무할 때, 업무에 대한 도움을 받을 수 있지만 그 반대의 경우도 생각해 볼 수 있다.

### 고비 넘긴 오스템임플란트… 감사의견 '적정'

2,000억원 대 횡령 사건이 발생한 오스템임플란트가 감사의견 '적정'을 받았다. 상장폐지 기로에 서 있던 오스템임플란트가 큰 고비를 넘겼다는 평가가 나온다.

오스템임플란트는 21일 감사인인 인덕회계법인으로부터 지난해 회계연도 재무제표에 대한 적정의견을 받은 감사보고서를 제출했다. 다만 내부회계관리제도에 대해서는 부적정의견을 받았다. 내부회계관리제도는 재무제표를 회계처리 기준에 따라 신뢰성 있게 작성 공시하기 위해 회사에서 운영하는 내부통제제도다.

상장적격성 심사를 받고 있는 오스템임플란트가 감사보고서에서 어떤 의견을 받을지는 시장의 관심사였다. '의견 거절'이 나온다면 횡령 사건과 별개로 형식적 상장폐지 사유에 해당하기 때문이다. 의견거절보다 낮은 단계인 '한정'의견이 나와도 한국거래소 기업심사위원회로서는 상장 재개를 결정하는 데 부담이 될 수 있다.

감사보고서에서 적정의견을 받으면서 이런 부담은 덜게 됐다. 내부회계관리제도에 대해서는 부적정의견을 받았지만 이는 형식적 상장폐지 사유에 해당하지 않고, 투자유의환기종목 지정 사유에만 해당한다. 거래 재개에 대한 기대도 커지고 있다. 시장 관계자는 "회사의 영업활동에는 문제가 없는 상황인 만큼 기심위도 상장폐지를 결정하기는 어려울 것"이라고 내다봤다.

한국경제신문. 2022.3.22.

내부회계관리제도에 대해서는 비적정의견을 받았지만 회계정보에 대해서만큼은 적정의견을 받았다는 것은 내부회계관리제도가 회계정보의 적정성을 위해서 일대일 관계에 있지 않다는 것을 의미한다.

과거에는 재무제표에 대한 직권 지정 사유에 내부회계관리제도 비적정의 경우가 포함되었는데 신외감법 이후는 제외되었다. 물론, 내부회계관리제도가 정비되어 있지 않다는 것이 회계정보가 적정하지 않게 표시될 가능성이 높기는 하지만 그렇다고 내부회계관리제도와 회계제도가 반드시 같이 가는 것은 아니기 때문이다. 위의 오스템임플란트의 경우도 이러한 경우를 보여준다. 횡령사고의 많은 경우가 자금 담당자가 순환보직을 하지 않고 자금을 너무 오랜 기간 혼자 업무를 맡은 경우에 사고가 발생할 가능성이 높기 때문에 다음과 같은 대비책에 대한 논의도 진행된다.

"

## 금감원, 명령휴가제 확대한다.

우리은행 직원의 700억원 횡령 등 최근 들어 금융사고가 잇따르자 금융당국이 명령휴가제도 확대 등 대책 마련에 착수했다.

1일 금융권에 따르면 금융감독원은 국회 정무위원회에 제출한 업무보고 자료를 통해 "금감원이 마련한 (은행권) 내부통제 개선 전략과제에 대해 업계의 의견을 수렴한 뒤 개선 방안을 확정해 추진하겠다"고 밝혔다. 금감원은 주요 은행 8곳 및 은행연합회와 함께 태스크포스를 구성했으면 오는 10월께 최종 방안을 마련할 계획이다.

금감원은 우선 명령휴가제 대상을 확대하고 강제력을 제고해 사고 예방의 실효성을 높이기로 했다. 명령휴가란 회사가 특정 직원에 대해 불시에 휴가를 명령한 뒤 부실이나 비위를 저지르지 않았는지 점검할 수 있도록 한 제도다. 금융사고를 방지하기 위해 2014년에 제도화했지만 지금까지 유명무실하게 운영됐다는 지적이 많았다.

실제로 총 697억원의 회삿돈을 빼돌린 우리은행 차장급 직원 A씨는 기업개선부에서 10년 넘게 같은 기업을 담당했지만, 명령휴가 대상에 단 한 차례도 포함되지 않았던 것으로 금감원 조사 결과 드러났다. 금감원은 이번에 장기 근무 직원의 인사관리 기준을 마련하고 사고 위험 직원의 채무 투자현황 신고 의무를 도입하는 방안도 논의하기로 했다.

은행 내 직무 분리 운영 기준을 강화하고 내부고발 활성화도 유도할 방침이다. 채권단 공동자금 관리 검증을 의무화하고 기간 직인 지급 등 자금 인출 단계별 통제를 강화하는 방안도 보고자료에 포함됐다. A씨의 경우 자금 <u>통장과 직인</u>을 모두 직접 관리했던 점이 횡령범죄를 쉽게 저지를 수 있었던 요인으로 조사됐다. 금감원은 은행 준법감시부서 인력을 늘리고 전문성을 높여 내부통제를 강화하는 방안도 논의하기로 했다. 경영진의 책임을 강화하기 위해 지배구조법 개정안 추진을 협의할 예정이다.

한국경제신문. 2022.8.2.

# 지주회사[1]

　지주회사와 사업회사 간에는 회계제도의 적용도 복잡하게 얽힐 수 있다. 최종학(2022)에 의하면 우리나라에서는 상장기업 중에서만 거의 200개가 넘는 지주사가 존재하는 것으로 알려져 있다. 지배 종속관계에 있는 회사 모두 지정감사이고, 지정감사인을 일치시키고자 하는 경우에는 지정된 감사인에 대해서 재지정을 요청할 수 있다. 지배회사도 물론 이러한 제도의 적용 대상이다. 모회사는 자회사의 감사인 변경을 결산연월일 이후 3개월 전까지 요구할 수 있고 이러한 경우 자회사는 3개월이 경과된 이후 2개월 이내에 감사인을 선임할 수 있다.

　지주회사 이사회 역할과 관련한 법적 이슈사항에 대해서 기술한다.

　지주회사나 사업회사는 모두 별도의 법인격으로서 지주회사가 사업회사에 대해 직접 지배하거나 일방적으로 지시할 수 있는 명시적인 법적 근거가 없다는 것인 소위 한계설이다. 100% 자회사의 경우도 자회사 이사회의 권한을 지주회사가 대신할 수는 없다. 이는 법적으로는 별개의 회사이기 때문이고 모든 상법 체계도 개별 법인이 대상이다.

---

1) 포스코홀딩스, 2022.3.11. 지주회사 전환에 따른 이사회 운영 개선(안)을 참고한다.

지주회사가 자회사를 직접 지배, 지시하여 자회사의 독립성, 자율적 경영을 침해하여 자회사에 손해가 발생한 경우 지주회사 이사의 법률적 리스크가 발생할 가능성도 있다. 지주회사 이사회 역할과 관련된 법적 이슈 사항에 대해서 생각해 본다. 각 회사의 지배구조 및 독립경영을 침해하지 않는 범위 내에서 협의, 지원, 자문 중심으로 규정에 반영하려 절차적 타당성을 확보하는 것은 가능하다. 우리나라 지주회사들은 그룹 간 계약을 통하거나[2] 이사를 공유하고, 실질적 지배력에 의존하여 사업회사를 통제하고 있다.

예를 들어, 대우 증권이 과거 산업은행의 사업회사일 때, 산업은행은 대우증권의 대표이사 선임권한을 가지고 있었다. 이 경우, 경영의사결정을 지배회사가 행사하니 명확하게 두 회사 간에는 지배/종속 관계가 성립하는 것이다. 모든 사업 계열사가 법무팀 등의 service 기능을 가질 필요는 없으며 이러한 기능은 shared service의 개념으로 통합하여 운영하는 것이 더 경제적일 수 있다.

2022년 정권 교체기 때, 대선이 있기 바로 전 대우조선해양의 경영정상화관리위원회가 대우조선해양의 대표이사를 선임하게 되어서 '알박기'라는 문제가 제기되었다. 산업은행은 경영정상화관리위원회는 산업은행 관리하에 있는 위원회가 아닌 독립적인 위원회라서 산업은행이 영향력을 미칠 수 있는 상황이 아니라는 주장을 하기도 하였다.

### 그룹사간 계약에 기반(SK):

- 그룹사 간 상호 협력을 위한 계약을 체결(SUPEX 추구협의회 가입)[3]
- 이사회 관련 규정에 그룹경영 및 그룹사에 대한 위원회(토의), 대표이사(자문, 조언)의 제한적 역할을 명시하고 자회사의 자율적 경영판단 관련 사항 명시

---

2) 지주사의 상표권에 대한 이슈는 chapter 38에 기술된다.
3) SK는 지주회사가 있는데 지주회사와 수펙스추구협의회는 어떤 관계인지에 대한 의문이 있다. 계열사와계약에 의한 협의체로 운영되고 있는데 지주사의 이사회를 대신하여 사업회사와의 의견 조정 역할을 수행하는 것으로 파악된다. 기업지배구조상에서의 합법적인 control tower는 아니라서 제도권에서의 기구는 아니지만 실질적으로 기업집단 즉, 그룹 전체의 경영을 조율하는 역할을 수행하고 있다.

**이사 공유 등 인사적 방법(우리금융, KB금융, LG)**

– 사업회사 대표를 지주회사 이사회의 기타비상무이사로 참여(KB금융)

– 지주회사의 이사가 주요 사업회사의 이사회에 참여(LG)

– 지주회사 사외이사가 자회사의 사외이사직을 겸직(우리금융/금융지주에 서만 허용)(금융회사 지배구조법)[4]

**실질적 지배력에 의존(LG, 롯데)**

– 지주회사 이사회는 사업 회사 관련 사안에 논의하거나 자문하지 않음

– 지주회사 대표이사가 보유한 사업회사 대표이사에 대한 인사권을 통해 지배력 행사

개정방안: 1) 이사회의 그룹 전략 수립 및 사업회사 관리 역할은 강화하 되, 제한된 법적 권한을 고려하여 '보고와 조언' 중심으로 운영

2) 지주회사 투자 부의 기준은 신규사업과 기존사업에 따라 구 분, 사업회사의 중요한 투자에 대한 타당성 및 리스크 사전 점검 프로세스 도입

물론 이러한 관계가 아님에도 삼성의 경우 준법감시위원회를[5] 가동시키 고 있어 이 위원회의 법적인 위상과 관련된 의문이 지속적으로 제기된다. 자 회사에 손해가 발생한 경우 지주회사 이사의 법률적 리스크 발생이 가능하다 는 점에 대해서 추가적인 부분을 기술한다.

상법은 다음과 같이 모회사의 감사에 대해서 자회사 감사에 대한 감사권 을 인정한다. 이는 자회사에 대한 다른 경영권 관련 권한과는 달리 업무감사/ 회계감사 모두에서 모/자회사가 무관하지 않기 때문이다. 일단. 상법이나 기업 회계기준 모두에서 지배회사의 종속회사에 대한 지분이 50%를 초과할 경우를

---

4) 이러한 금융지주의 이사회 운영 방식은 다른 형태의 지주회사에는 허용되지 않는 것이 사 외이사의 경우 다른 계열회사나 지주회사의 사외이사로 선임되는 경우, 지주회사나 사업 회사에 등기하는 것은 사외이사의 자격 요건을 만족하지 않는다.

5) 준법감시위원회는 삼성전자, 삼성전기, 삼성SDI, SDS, 삼성물산, 삼성생명 및 삼성화재와 계약 관계에 있고, 이는 삼성의 가장 주된 핵심 계열사를 망라한다.

공통적으로 규정하고 있다. 모회사의 감사/감사위원회가 자회사와 연결재무제표 등으로 연관되어 있으므로 법적으로 별개의 회사라고 해서 이를 인정하지 않을 수 없고 또한 모회사의 감사인도 자회사에 대한 연결 재무제표에 대해서 의견을 표명하는 것이므로 책임 문제에서 자유롭지 않다. 따라서 많은 기업 집단에서 모회사와 자회사 감사인을 일치시키고 있는 점도 이와 무관하지 않다. 혹, 모회사와 자회사의 감사인이 일치화되어 있지 않다고 해도 모회사의 감사인이 자회사 감사인과의 원활한 소통을 유지하고 있으며 그래야 한다.

　　모/자회사 관계라고 해도 법적으로는 별개의 회사이므로 모회사가 자회사의 경영활동에 개입하는 것에 대해서는 법적인 리스크가 있다. 다만 감사권일 경우는 법적으로 이러한 모회사의 권리를 인정하고 있다.

---

**상법 제412조의5(자회사의 조사권)**

① 모회사의 감사는 그 직무를 수행하기 위하여 필요한 때에는 자회사에 대하여 영업의 보고를 요구할 수 있다.

② 모회사의 감사는 제1항의 경우에 자회사가 지체없이 보고를 하지 아니할 때 또는 그 보고의 내용을 확인할 필요가 있을 때에는 자회사의 업무와 재산상태를 조사할 수 있다.

③ 자회사는 정당한 이유가 없는 한 제1항의 규정에 의한 보고 또는 제2항의 규정에 의한 조사를 거부하지 못한다.

---

　　포스코 홀딩스 감사위원회 규정에는 다음과 같은 내용이 포함되어 있다. 전항의 경우 출자회사가 지체없이 보고하지 아니할 때 또는 그 보고의 내용을 확인할 필요가 있을 때에는 출자회사의 업무와 재산상태를 조사할 수 있다.

　　상법에 있는 내용이라 특정기업의 감사위원회 규정에 포함됨이 없이도 구속력이 있지만 그럼에도 이러한 권리를 명확히 하기 위해 규정화되어 있다고 생각하면 된다. 국가별로 모회사의 자회사 감독 권한에 대한 판례에는 차이가 있다.[6][7]

---

6) 삼정회계법인, 2022.8. 지주회사 체제하 감사위원회 역할.

우리나라의 2003년 다함이텍의 경우는 99.75% 소유 자회사의 무보증사채 저가 환매로 손실이 발생한 경우인데 자회사 감독 의무 불이행으로 모−자회사 이사 연대 배상 책임이 추궁된 경우이다. 사법부는 자회사 감독을 모회사 이사의 선관주의 의무로 불인정했는데, 엄격한 법인격 독립 원칙의 고수로 자회사 감독의무를 불인정했다고 해석된다.

"

## 다함이텍 오너에 550억 주주대표소송

11일 이다함이텍 소수주주인 이병훈 외7인(합계 지분 3.51%)은 다함이텍 대주주이자 대표이사인 안응수 씨와 이사 3인 및 감사를 대상으로 550억원 상당액을 회사에 손해배상하라는 대표소송을 제기했다.

소수주주들은 다함이텍의 99.8% 자회사인 다함이넷이 안응수 사장 일가가 소유하고 있는 다함레저(썬힐골프장 운영)가 발행한 전환사채 150억원을 보유하고 있었으나 전환사채에 대한 전환권을 행사하지 않고 중도에 임의 환매 처리했다고 말했다.

또 이 전환사채는 전환할 경우 다함레저의 지분 약 98.7%에 해당, 다함레저에 대한 절대적 경영권이 내포돼 있는 것으로써 채권보다는 주식으로서 귀중한 가치가 있는 자산이었다고 주장했다.

다함레저는 경기도 가평에 45홀 규모의 썬힐골프장을 소유 및 운영하는 회사로 지난 2000년 개정 첫해 34억원의 순이익을 냈다.

다함이텍의 자회사인 다함넷은 이런 전환사채를 객관적 가치에 현저히 못 미치는 부당하게 저렴한 가액으로 중도 환매 처리함으로써 그 모회사인 다함이텍에 막대한 경제적 손해를 끼쳤다고 소수주주들은 말했다.

이병훈 씨 등 소수주주들은 이 같은 부당행위를 알고 지난해 10월 다함이텍에 이사 및 감사를 상대로 손해배상소송을 제기할 것을 요구했으나 회사가 이를 거절, 상법 제403조 및 증권거래법 제191조의 13에 의거해 회사를 위해 직접 소를 제기했다고 설명했다.

한편 소수주주인 이병훈, 이황상 씨는 이번 대표소송을 제기하기에 앞서 지난 1월

---

7) 서울남부지방법원. 선고2003가합1749판결

20일 회사에 이번 정기주총에서 소수주주가 추천하는 인사를 감사(상근)로 선임하는 안건을 상정해 줄 것을 제안했다.

이는 6개월 이상 1% 이상 주식을 계속 보유한 상장회사의 소수주주는 주총안건을 제안할 수 있다는 증권거래법(제191조의 14)상의 주주제안권을 행사한 것이다.

증권거래법에는 최대주주와 그 특수관계인이 소유한 주식의 합계가 의결권 주식의 3%를 초과할 경우, 그 초과하는 주식에 대해서는 감사의 선임 및 해임에 대해 의결권을 행사하지 못하도록 하고 있다. 따라서 최대주주가 반대하더라고 경우에 따라 소수주주가 추천하는 자기 회사의 감사로 선임될 수 있다.

이데일리. 2003.2.11.

미국의 경우는 지주회사만 상장기업이고 나머지 사업회사들은 상장기업이 아닌 경우가 대다수이다. 우리가 알고 있는 구글의 모회사는 알파베트(Alphabet)라서 나머지 사업회사들은 사업부라고 이해하면 된다. 따라서 구글의 주식에 투자함은 가능하지 않다. 이는 General Electric도 동일하다. 오직 지주사만이 상장된 회사이다. 또한 이들 계열사들이 비상장회사이므로 별도의 이사회가 있는지도 알 수 없으며, 또한 별도의 재무제표도 공시하지 않는다.[8]

금융회사의 지배구조법에서 금융지주회사 이사회는 완전자회사 경영사항에 대하여 조언과 시정권고를 할 수 있으며 이에 필요한 자료제출 요구도 가능하다(시행령 제18조 제1호 나목). 완전 자회사는 특별한 사정이 없으면 요구에 성실히 응해야 한다.

**KB금융 정관 제47조(완전 자회사 등에 대한 이사회의 권한과 책임)**

제1항 이사회는 완전자회사 및 완전 손자회사의 경영사항에 대하여 조언 시정 권고 및 자료 제출요구 권한을 보유한다고 규정되어 있는데 이 내용은 지배구조법 시행령의 내용이다. 단, 100% 완전자회사가 아닌 상장자회사에 대해서 협의/간섭이 과도하면 이는 자본시장법의 위배일 수 있다. 이는 모회사

---

8) 2022.9.20. 노혁준 송옥렬, 지주회사 이사회의 자회사 경영 관련 책임 의무 권한

는 상장자회사의 주주 중 최대주주일 뿐이니 일반 주주의 입장에서는 특수한 주주에게만 정보가 전달될 수 있기 때문이다. 일반적으로 100% 자회사가 아닌 경우, 특히 우리나라와 같이 자회사가 상장되어 있는 경우에는, 모회사는 한 주주에 불과하므로, 모회사의 지시권이 인정되는 것은 이론적으로는 거의 불가능하다. 모회사의 지시권을 인정하게 되면 일반 주주에게는 불리한 의사 결정을 수행할 수도 있으므로 자회사의 다른 주주와 이해 상충이 발생한다.

자회사 경영진이 자발적으로 모회사 이사회에 보고 또는 협의하는 것은 문제가 없으나, 이를 제도적으로 강제할 방법은 없다. 자회사 경영진에 대하여 지주회사 이사회가 중요한 경영사항에 대해서 협의 또는 보고를 요청하는 것은 지주회사 이사회의 월권이 아니라 적법한 관리 의무의 이행이다. 다만 이 것을 자회사 경영진에게 법적으로 강제할 수 없다는 것이다.

예를 들어 자회사의 정관이나 이사회 규정에 자회사의 일정한 주요 경영 사항에 관해서는 지주회사의 이사회와 협의하여야 한다는 식으로 규정을 두는 경우, 그 규정은 유효하고 자회사 경영진을 구속할 것이다.


1. 지주회사가 우리 한국거래소와 외국 시장에 동시에 상장되어 있을 경우, 이 회사의 재무제표에 대해서는 CEO와 CFO가 확인을 해 주어야 한다.

국내 사업보고서의 경우(상법 제399조), 대표이사 사장과 신고담당임원(비등기이사)이 서명을 하였으며, 미국에 제출하는 20-F의 서명자는 대표이사 회장과 CFO(대표이사 사장)이다.

국내 관련 규정은 사업보고서 작성 지침 제1-2-1조에 의해 공시 서류를 제출하려는 회사의 대표이사 및 신고 제출 업무를 담당하는 이사가 확인, 검토하고 각각 서명하는 것이다.

미국의 경우, Annual report pursuant to section 13 or 15(d) of the securities exchange act of 1934에 의해서 다음과 같이 규정되어 있다.

The report must be signed by the registrant, and on behalf of the registrant by its principal executive officer, its principal financial officer.

따라서 국내의 사업보고서와 미국 NYSE에 제출하는 20-F의 서명자에 차이가 있을 수 있다.

2. 예를 들어, 비상장 사업회사와 상장 지주회사가 있고 지주사가 미국 거래소에 상장되어 있는 경우, 사업회사의 감사위원회는 국내 법(외감법)에 의해서 비감사서비스 병행에 대한 승인을 수행해야 하며 지주사는 PCAOB의 규정에 의해서 비감사서비스 병행에 대한 승인을 수행해야 한다. 사업회사의 감사위원회가 승인을 하지만 지주회사의 감사위원회가 이를 거부할 수도 있다. 즉, overide할 수 있는 권한이 지주 감사위원회에 있다.

동시에 사업회사의 감사위원회가 비감사서비스 병행을 승인하지 않을 경우, 이 안건은 지주사의 감사위원회에 상정되지 않을 것이므로 지주사의 감사위원회가 이를 승인 또는 거부하는 일도 없을 것이다.

우리나라의 그룹에서 많은 의사결정이 그룹 차원에서 이루어짐에도 불구하고 현행법은 독립적인 법인격에 주목하면서 법인격을 넘어선 그룹경영을 인정하고 있지 않고 있다. 다만 최근의 한 사례에서, 통합 구매가 "그룹 계열사 공동의 이익"을 위한 것이고, 지원행위가 부담 능력을 초과하여 무리하게 이루어지지 않았다는 점 등을 감안하여 그룹 차원의 경영판단원칙을 인정한 사례가 있다(대법원 2011.11.9. 선고 2015도12633 판결). 그러나 이 판례가 앞으로 적극적으로 활용될 것인지는 회의적인 전망이다.

모회사가 주식의 100%를 소유하고 있는 자회사의 경우라도 법률적으로는 별개의 독립된 거래주체에 해당하므로, 달리 명문의 규정이 없는 한, 100% 모자 관계에 있는 사업자간의 지원행위도 공정거래법상 부당지원행위로 규율될 수밖에 없다(대법원 2004.11.12. 선고 2001도2034 판결; 대법원 2006.4.14. 선고 2004두3298 판결).

**KB금융지주 정관 제47조(완전자회사 등에 대한 이사회의 권한과 책임)**

제1항 이사회는 완전자회사 및 완전손자회사의 경영사항에 대하여 조언 시정권고 및 자료 제출요구 권한을 보유한다. → 지배구조법 시행령 내용이다.

chapter

**68**

# 성공보수

**2015년 대법이 막은 변호사 성공보수… '2차 수임료'로 꼼수 부활**

A변호사는 최근 형사사건을 수임하면서 1,500만원에 1심과 2심을 한꺼번에 맡는 '패키지 계약'을 했다. 1심에서 500만원을 먼저 받고 나머지 1,000만원은 2심이 시작할 때 착수금으로 받는다는 내용이다. 통상 변호사업계에선 2심 착수금을 따로 받지 않는 경우도 많다는데 왜 이런 식의 계약이 이뤄졌을까. 이 계약에는 1심 결과가 좋을 때 2심까지 맡는 조건이 붙어 있다고 했다. A변호사는 "2심 착수금 1,000만원은 1심 결과가 좋을 때를 전제로 해서 받기로 한 사실상의 성공 보수"라며 "대놓고 <u>형사</u> 성공 보수를 받기 어려워 그렇게 한 것"이라고 했다. 그는 "재판이 2심까지 가지 않고 1심으로 마무리되더라도 결과가 좋으면 1,000만원을 마저 받을 수 있게 될 것"이라고 했다.

2015년 대법원 전원합의체는 '수사나 재판 결과를 돈과 결부하면 안 된다'며 형사 사건에 대한 성공 보수 계약을 무효화하는 판결을 내놨다. 이후 이 판결은 변호사업계 수임 형태에 영향을 미쳤지만 최근 들어 성공 보수가 변형된 형태로 부활하고 있다고 한다.

A 변호사처럼 2심 착수금 조로 받는 것 외에도 '선급과 후급' 1차 수임료와 2차 수

임료라는 식으로 계약을 맺는데 '후급'이나 '2차 수임료'가 성공 보수에 해당한다는 것이다. '후급' 또는 '2차 수임료'의 지급일을 '1심 선고일'로 정하는 것도 그 때문이라고 한다. 최근에는 일한 시간대로 돈을 받는 '타임 차지'를 변형해 1심 결과가 나오는 시점에 '타임 차지'를 한꺼번에 받도록 하는 방식도 등장했다.

성공보수를 받는다고 해도 변호사가 형사처벌되진 않는다. 하지만 계약 자체가 무효이기 때문에 계약서에 성공 보수 조항이 들어가 있다고 하더라도 의뢰인이 지급하지 않겠다고 하면 받아낼 방법이 없다. 한 변호사는 "변형된 성공 보수 역시 소송으로 간다면 변호인이 패소할 소지가 있다"면서도 "그래도 변호인으로선 그런 내용이라도 계약서에 넣을 필요가 있다고 생각한다"고 했다.

이처럼 성공 보수가 되살아난 이유를 두고 변호사들은 "의뢰인이 원해서"라고 했다. 의뢰인들도 처음부터 큰돈을 주는 것보다 결과에 따른 '인센티브'를 주기를 선호한다는 것이다.

조선일보. 2022.3.25.

회계업계는 변호사업계와 자주 비교된다. 단, 회계업계에서의 성공보수는 인정되지 않는다. 일단, 변호사업계에서는 승소와 패소로 이분법적으로 결과가 나타나지만 감사에서는 성공이나 실패라는 것은 있을 수 없고 default는 항상 옳은 감사이고 실패만 부실감사이다. 회계감사에서 성공보수라는 것이 잘못 이해되는 경우는 비적정의견을 표명해야 하는 경우인데 적정의견을 주고 보수를 챙기는 것이 성공보수와 유사한 개념이라고 할 수 있다. 이렇게 보면 회계감사라는 용역은 인센티브라는 것이 없는, 즉, 동기부여하기 어려운 전문가 집단의 용역이다. 즉, 많은 시간과 노력을 들여서 감사를 해도 결과는 적정이고, 아니면 적당히 감사를 해도 결과가 적정이고 이 두 적정의견이 차별화되지 않는다면 왜 굳이 노력과 시간을 들여야 하는지가 풀기 어려운 숙제이다.

성공보수라는 개념은 positive incentive system이고 회계감사라는 용역에는 이와 같은 positive incentive system이 존재한다기보다는 부실감사에 대한 negative incentive system이 존재한다. negative system은 감독기관의 감리에 의한 부실감사에 대한 징계나 조치도 있고, 분식회계에 대해서는 자율적으로 시장이 해당 기업에 대한 valuation으로 penalty를 부여할 수 있다. 물론, 분식이나 부실감사에 대한 소송도 negative system이다.

어쨌거나 한 방향성의 incentive system이다. 즉, 적법한 감사는 default (당연한 것)이고 이를 벗어났을 경우에 대한 penalty가 존재한다.

분식회계/부실감사로 판명되는 경우 시장에서 소송이나 valuation에 의해서 부정적인 결과가 초래될 수 있는데 이러한 경우도 negative incentive로 분류될 수 있다.

# 물적분할 후 재상장

　　LG에너지솔루션(엔솔)이 LG화학으로부터 분사한 이후, 상장하면서 먹튀 논란이 끊임이 없다. 핵심 부서를 물적분할해 분사하면서 별도 상장을 해서 기존의 회사의 주가가 폭락하며 기존 주주들에게는 껍데기인 회사만을 남겨 둔다는 비판이다. 물론, 법적으로는 문제가 없다고 한다. 또한 물적분할했기 때문에 법적으로 기존의 주주에게는 신주인수권이 주어지지 않는다.

**"물적분할 후 재상장 규제해야" vs "전 세계 유례없다"**

　　상장사는 핵심 사업부를 자회사로 쪼갠 뒤 상장하는 '물적분할 후 재상장' 논란이 가열되고 있다. 대선 후보들도 대안을 내놓은 등 정치권까지 이 논란에 뛰어들었다. 하지만 물적분할 규제에 대한 의견은 크게 엇갈려 접점을 찾기는 쉽지 않을 전망이다.

　　논란의 시작은 유동성이다. 최근 2년간 증시에 엄청난 유동성이 흘러들어 오자 기업들은 잇따라 알짜 회사를 물적 분할한 후 별도로 상장해 막대한 사업 자금을 빨아들였다. 그러나 물적 분할을 결정한 기업 주가가 급락하는 사태가 속출하면서 개인 투자자의 거센 반발을 불러일으켰다. 전문가들은 이에 대해 "기업이 주주 이익을 보호하는 것을 법적으로 의무화해야 개인투자자들의 주주 가치가 훼손되지 않을 수 있다"고 입을 모았다. 기존 모회사 주주에 새 상장사의 신주인수권을 배정하거나 모회사 동시 상장을 법적으로 규제해야 한다는 의견까지 나왔다. 반면 금융당국은 모회사 동시 상장 금지 법안에 대해 반대하는 의견을 내놨다.

## 법적으로 주주 보호 의무 확립해야

6일 이용우 더불어민주당 국회의원 주최로 서울 여의도 한국거래소에서 열린 '모자회사 쪼개기 상장과 소액주주 보호-자회사 물적 분할 이대로 좋은가' 토론회에 모인 전문가들은 "물적 분할 후 자회사 재상장은 개인 투자자의 주주권을 심각하게 침해할 가능성이 있다"고 입을 모았다. 물적분할은 해당 사업부를 100% 자회사로 만들기 때문에 기존 주주에게는 신설 법인 주식이 주어지지 않는다. 분할된 자회사가 모회사와 함께 중복으로 상장되면서 모회사의 기업 가치는 떨어진다. 이 의원은 "SK이노베이션, 한국조선해양, LG화학 등 물적 분할을 통한 자회사 상장 공시 이후 주가가 하락하는 사태가 잇따르고 있다"며 "<u>대주주는 이를 통해 지배력을 강화하는 반면 소액주주는 피해를 보고 있다</u>"고 지적했다. 이관희 서울대 경영대 교수도 "물적 분할 후 재상장 문제의 핵심은 최대 주주의 지배권과 일반 주주 주권이 충돌한다는 것"이라며 "현재는 최대 주주의 주식을 '황금주'로 만드는 데 일반 주주 자금이 이용되고 있다"고 비판했다.

이들은 제도적 보완이 필요하다고 했다. 상법 제382조에는 '이사는 법령과 정관의 규정에 따라 <u>회사를 위하여</u> 그 직무를 충실하게 수행하여야 한다'고 적시돼 있다. 이사가 '<u>회사</u>'만이 아닌 '<u>회사와 주주의 이익</u>'을 위해 직무를 수행할 수 있도록 법을 바꾸자는 주장이다. 이교수는 "<u>미국처럼 회사에 주주 보호 의무를 부여해야 지배 주주와 소액주주 간 이해상충이 발생하지 않는다</u>"고 강조했다.

## 거래소 "재상장 시 주주 보호책 점검"

재계와 한국거래소는 '모자회사 동시 상장 금지'에 대해 반대하는 방침을 내놨다. 송영훈 한국거래소 상무는 "전 세계적으로 모자회사 동시 상장 금지 규제는 전례가 없다"며 "글로벌화된 자본시장에서 오히려 자회사가 나스닥 등 해외시장으로 이탈할 수 있다"고 우려했다.

한국거래소는 상장 심사 때 기존 주주와의 소통 여부를 까다롭게 살펴보는 '소프트 정책'으로 이번 논란을 잠재우겠다는 방침이다. 송 상무는 "상장심사 때 기존 주주에 대한 보호책과 소통여부를 까다롭게 따질 것"이라며 "자산 1조원 이상 기업이 올해부터 제출해야 하는 지배구조 보고서의 가이드라인에도 이런 기준을 강화할 것"이라고 말했다.

정우용 한국상장회사협의회 정책부회장은 "국내 대기업이 물적분할하는 이유는 글로벌 경쟁력을 갖추기 위한 자금 조달"이라며 "미국처럼 한 회사의 특정 사업 부문에 연동하는 주식을 발행할 수 있다면 굳이 기업을 쪼개지 않아도 된다"고 지적했다. 상법 개정 시 다양한 자금 조달 방식을 인정하지 않아 이런 문제가 발생했다는 주장이다. 모회사 주주에게 자회사의 신주인수권을 부여하는 것도 반대했다. 대신 우리사주조합원에게 우선배정권을 주는 것처럼, 분할 결정 이후 자회사 주식을 우선배정 방식으로 배정하자고 건의했다. 우선배정은 청약하지 않으면 권리가 없어지지만 신주인수권은 그 권리 자체를 사고 팔 수 있다.

한국경제신문. 2022.1.7.

회사에 주주 보호 의무를 법적으로 의무화한다고 지배주주와 소액주주 간의 이해상충이 해결될지는 의문이다. 단, 법에 일단 명문화되어 있으면 상징적인 의미는 있다고 할 수 있다. 회사를 위해서 의사결정을 수행하면 주식회사는 결국 회사의 주인인 주주를 위한 의사결정을 수행하도록 이미 상법에 규정되어 있는 것이나 진배없다. 물론 주주 간에도 지배주주와 소액주주의 이해가 같지 않기 때문에 발생하는 복잡한 문제들이 상존한다.

### "물적 분할 지주사, 공정성 훼손… 한증시 저평가 이유

유안타증권 최남곤 연구위원은 "공정거래위원회는 재계 순위 발표 시 자산총액 외에도 시가총액 순위를 반영해야 한다"고 말했다. 자산 총액 기준의 재계 서열 순위 발표로 인해 대주주가 자산 총액을 키우기 위한 경쟁에 몰두하는데 시가총액을 높이는 데도 관심을 갖도록 유도해야 한다.

매일경제신문. 2022.1.4.

시가 총액이 높다는 것은 해당 회사와 관련된 이해 관계자가 많다는 것이니 이 또한 자본시장에서의 상당히 의미 있는 숫자이다. 혹자는 공정위의 재계 순위 발표시, 각 기업집단의 종업원 수도 반영되어야 한다는 주장을 하기도 한다. 경제에 있어서의 기업의 가장 큰 역할이 고용 창출이니 이 또한 의미 있는 주장이다.

# 질적 요소

감사인이 미수정 왜곡 표시를 지적하여 수정을 요구할 때, 양적 기준만이 중요한 것이 아니라 질적 요인도 고려해야 한다. 미국 NICE 주식시장에 상장한 기업일 경우는 다음의 SAB 규정을 따른다.

양적인 요소 외에 고려하는 질적인 요소는 'SEC Staff Accounting Bulletin: No. 99 – Materiality'에 있는 내용이다.

미 수정 왜곡표시가 양적 기준과 같이, 단순히 자산/손익 등 재무지표의 몇% 이하라고 해서 무조건 중요하지 않은 것은 아니고, 아래와 같은 중요한 질적인 요소 등도 추가로 고려하여 미 수정 왜곡 표시가 중요한지 여부를 결정하도록 요구하고 있다.

주요 내용은 아래와 같다.

1. Whether the misstatement arises from an item capable of precise measurement or whether it arises from an estimate and, if so, the degree of imprecision inherent in the estimate

(왜곡표시가 정확한 측정이 가능한 항목에서 발생했는지 또는 추정에서 발생했는지 여부와 추정에 내재된 부정확성의 정도)

2. Whether the misstatement masks a change in earnings or other trends

(왜곡 표시가 이익 등의 추세 변화를 은폐하는지 여부)

즉, 이익에서 손실로, 손실에서 이익으로 반전된다고 하면 이는 의미하는 바가 상당히 크다.

3. Whether the misstatement hides a failure to meet analysts' consensus expectations for the enterprise

(왜곡 표시가 기업에 대한 애널리스트 등 시장의 consensus를 충족하지 못하는 것을 숨기는지 여부)

4. Whether the misstatement changes a loss into income or vice versa

(왜곡표시가 손익이 역전되는지 여부, 적자가 흑자로 혹은 반대의 경우)

5. Whether the misstatement concerns a segment or other portion of the registrant's business that has been identified as playing a significant role in the registrant's operations or profitability

(왜곡 표시가 회사의 운영이나 수익성에 중요한 부분을 차지하는 사업 부문 등과 관련된 것인지 여부)

6. Whether the misstatement affects the registrant's compliance with regulatory requirements

(왜곡 표시가 회사의 규제 요건 준수에 영향을 미치는지 여부)

7. Whether the misstatement affects the registrant's compliance with loan covenants or other contractual requirements

(왜곡 표시가 회사의 차입약정 또는 기타 계약 요건 준수에 영향을 미치는지 여부)

8. Whether the misstatement has the effect of increasing management's compensation – for example, by satisfying requirements for the award of bonuses or other forms of incentive compensation

(왜곡 표시가 경영진의 보상을 증가시키는 효과가 있는지 여부 – 예를 들어, 보너스 또는 기타 형태의 인센티브 보상 지급 요건을 충족함으로써)

9. Whether the misstatement involves concealment of an unlawful transaction

(왜곡 표시가 위법한 거래의 은닉과 관련된 것인지 여부)

원문은 다음과 같다.

(SEC Staff Accounting Bulletin (SAB) No. 99: Materiality)

# 투자주식의 회계처리

투자주식은 투자주식을 어떻게 분류하는지에 따라서 재무제표에 달리 보고되고 측정된다. 따라서 분류 자체가 임의성의 대상이다. 또한 어떻게 분류하는지는 회사의 주관이 많이 개입된다.

## 석달 새 1.6조 <자본> 사라졌다. NH농협생명 '미스터리'

국내 5위 생명보험회사인 NH농협생명의 자본이 석 달 만에 3분의 1 이상 줄면서 자산 건전성 관리에 빨간 불이 켜졌다. 올해 들어 급격한 금리 상승으로 보유 채권의 가치가 급락한 탓이지만, 단기 실적 위주의 경영 판단으로 장기적인 리스크 관리에 실패한 것이 아니냐는 지적도 나온다.

27일 보험업계에 따르면 지난 3월 말 기준 농협생명의 자본총계는 2조 3,245억원으로 작년 말(3조 9,855억원)보다 1조 6,610억원(41.6%) 급감했다. 농협금융지주가 지난달부터 부랴부랴 유상증자에 나서는 등 자본을 1조원 이상 확충했지만 역부족이었다. 이렇게 된 것은 농협생명이 2020년 3분기 지급여력(RBC) 비율을 높이기 위해 34조원어치 보유 채권 전액을 만기보유증권에서 매도가능증권으로 재분류했기 때문이다.

매도가능증권은 언제든지 팔 수 있기 때문에 원가가 아니고 시가로 평가한다. <u>금리하락기엔 채권 가격이 올라가면서 자산이 늘어나는 효과가 있다.</u> 농협생명이 채권을 재분류한 2020년 3분기 RBC 비율은 314.5%로 전 분기(193.5%) 대비 121% 급등했다. 하지만 금리가 올라가면 정반대 상황이 벌어진다.

현행 회계기준에 따르면 <u>만기보유증권을 매도가능증권으로 재분류할 때 보유 채권 전량을 바꿔야 하고 3년간 되돌릴 수 없다.</u> 그때그때 채권 재분류로 회계장부를 유리한 방향으로 작성하려는 경영진의 유인을 최대한 줄이기 위한 장치다.

보험업계 관계자는 "코로나19 사태가 한창이던 2020년 당시 농협생명 경영진이 국고채 10년 만기 금리가 1% 포인트 넘게 뛰는 지금의 국면을 예측하기 어려웠을 것"이라면서도 "가장 보수적으로 자금을 운용해야 할 대형 보험사가 회계 재분류라는 극단적인 수단을 활용해 초저금리에 베팅한 게 결국 '부메랑'으로 돌아온 셈"이라고 지적했다.

한국경제신문. 2022.4.28.

물론, 2020년 당시 이러한 의사결정을 수행한 임원들이 이미 회사를 떠났다면 이들은 2020년 그러한 의사결정이 본인들에게는 최선의 의사결정일 수 있지만 2022년 중반에 회사의 경영을 맡고 있는 임원들에게는 2020년의 의사결정이 상당한 부담이 되는 것이다. 이렇기 때문에 경영의사결정은 중장기적이어야 한다. 기업이 당장에 발등에 불을 끄기 위해서 단기적인 경영의사결정을 수행할 가능성이 높다. 금리라는 것은 항상 중장기적으로 보면 등락하게 되어 있는 것인데 금리의 역전 현상은 전혀 고려하지 않은 의사결정이라고 밖에 이해할 수 없다. 특히나 NH농협생명은 개인 최대주주가 있는 회사가 아니니 의사결정 당시 최고경영자들이 본인들의 효용을 극대화하는 의사결정을 하기 쉽다. 즉, 단기적/기회주의적으로 의사결정을 수행한 것이다.

매도가능증권은 많은 기업에서 FVOCI로 표시되는데 위 신문기사에서는 수년전 사용하던 계정과목을 사용하고 있다.

## 금리하락에 베팅한 농협생명… 금리 뛰자 채권 평가손 급증

NH농협생명은 10년 만기 국고채 금리가 연 1.4%까지 떨어졌던 2020년 9월 채권 재분류를 단행했다. 초저금리 기조로 지급 여력(RBC) 비율이 200% 아래(193.5%)로 떨어지자 적극적인 대응이 요구되던 시점이었다. 만기까지 보유하기로 한 채권은 취득 원가로 기록되지만 매도가능증권으로 분류하면 시가로 평가된다. <u>금리 하락에 따른 채권 평가익(기타 포괄손익)이 자산에 반영돼 자본을 확충(RBC 비율 개선)할 수 있다.</u> 농협생명은 당시 코로나19 사태로 초저금리가 한동안 지속될 것으로 봤고 이는 결과적으로 치명적인 오판이 됐다.

### 부메랑으로 돌아온 채권 재분류

보험사는 계약자에게 받은 보험료를 채권과 주식, 각종 수익증권에 투자해 수익을 얻는다. 보험 부채의 만기가 긴 생명보험사는 보험료의 80~90%가량을 만기가 긴 장기채에 투자한다. 보험금 지급 등을 위해 채권을 팔아 현금을 확보해야 할 수도 있는데 <u>대상 채권은 반드시 만기보유증권이 아니라 매도가능증권이어야 한다.</u> 각 회사가 매도가능증권을 어느 정도 확보하고 있어야 하는 이유다.

하지만 농협생명은 이 같은 필수 용도가 아닌 RBC 관리용으로 활용하려다 덫에 걸렸다. 현행 회계기준상 만기보유증권을 매도가능증권으로 재분류하려면 보유 채권 전량을 바꿔야 한다. 또 3년간 재변경이 불가능하다. 보험사 경영진이 채권 재분류에 신중해야 하는 까닭이다. 농협생명은 사상 초유의 저금리 기회를 놓치지 않기 위해 채권 재분류를 시행했고 그 결과 RBC 비율은 2020년 3분기 314%까지 상승했다. 그러나 같은 해 4분기를 기점으로 다시 시장 금리가 뛰기 시작했다. 농협생명의 RBC비율은 계속 내리막길을 탔다.

올 들어 금리가 폭등하자 사달이 났다. 작년 12월 연 2.1% 전후였던 10년 만기 국고채 금리는 지난 18일 기준 연 3.38%로 1% 포인트 이상 뛰었고, 농협생명의 채권평가손은 눈덩이처럼 불어났다. 보험업계 관계자는 "농협생명의 재분류 당시에도 금리가 다시 상승할 수 있다는 우려가 적지 않았다"며 "결과적으로 농협생명은 최악의 시기에 채권 재분류를 한 것"이라고 했다.

## "RBC 제도 자체의 결함도 적지 않아"

RBC 제도 자체가 회계상 허점을 만들었다고, 보험사들이 채권 재분류라는 꼼수를 쓸 수밖에 없다는 주장도 있다. 보험연구원에 따르면 2011년 이후 10년간 생보사 24곳 중 13곳이, 장기손해보험을 판매하는 손해보험사 15곳 중 6곳이 채권 재분류를 통해 RBC 비율을 관리했다. 저금리 시기 채권 재분류를 하면 RBC비율이 올라가고 분류한 채권을 판매하면 순이익도 끌어올릴 수 있다.

그러나 이는 보험사의 장기 건전성을 해친다는 지적이 많다. 미국 유럽에 기반을 둔 메트라이트생명(작년 말 기준 RBC 비율 223.5%), 라이나생명(348.5%) 등은 비교적 RBC 비율이 높다. 극도로 보수적인 운용방식 덕분이다. 한 외국계 보험사 관계자는 "국내 제도 말고도 해외 본사의 꼼꼼한 가이드라인에 따라 리스크를 관리하고 있다"며 "실질 건전성에 영향을 미치지 않는 채권 재분류는 기본적으로 하지 않는다는 게 원칙"이라고 설명했다.

<u>금리가 상승하자 DB생명 메리츠화재 DB손해보험 현대해상 등은 지난해부터 매도가능증권을 다시 만기보유증권으로 되돌리는 '재재분류'를 벌여 건전성 악화를 방어하고 있다.</u> 하지만 2020년 9월 재분류를 단행한 농협생명은 내년 9월까지 다시 바꿀 수가 없어 금리 상승이라는 파고를 고스란히 감내할 수밖에 없다.

노건엽 보험연구원 연구위원은 지난해 발간한 '채권 재분류 현황과 시사점'이라는 제목의 보고서에서 "채권 재분류는 현행 RBC 제도 하에서 유용할 수 있지만 이익의 내부 유보, 조건부 자본증권 발행 등 근본적인 자본확충이 필요하다"고 지적했다.

한국경제신문. 2022.4.28.

# 포괄주의, 예시주의

 모든 규정이나 법규에 있어서 "… 등으로" 표시되는 경우에 예시로 인용된 내용만 된다는 것인지 아니면 예시된 내용은 예시에 불과한 것이고 그 이외의 것도 가능하다는 것인지에 대해서 공시 관련된 규정 등에서도 문제가 되지만 다음과 같은 정치적인 이슈에서도 최근 문제가 되었다.

**민주당 "헌정질서 유린" 한동훈 "깡패 수사도 말란거냐"**

 검수완박 법안 중 하나인 검찰청법 4조 1항 1호 가목은 검찰의 직접 수사 대상을 '부패 범죄, 경제 범죄 등 대통령령이 정하는 중요 범죄'로 규정하고 있다. 법무부는 여기서 '부패 범죄, 경제 범죄는 검수완박이 제시한 예시일 뿐이며, "등 대통령령이 정하는'이라는 표현은 대통령령에 위임한 것이라고 설명하고 있다. 검찰 수사의 범위를 부패 경제 범죄에서 다소 확대해 대통령령에 명시해도 법에 위배되지 않는다는 취지다.

조선일보. 2022.8.13.

회계 관련된 여러 법률, 규정에서도 '등'이 사용되는 경우가 많은데, 모두 유의해서 규정 등에 사용되어야 한다.

# 품질관리실

저술 중간에 현재 중소회계법인협의회에서 진행 중인, 품질관리업무의 외부 위탁 관련된 내용이 부분적으로 기술되었다. 품질관리기준에는 적격한 외부인에게 이 업무를 위탁될 수 있다고도 기술되어 있기도 하지만 품질관리 업무가 회계법인의 가장 본질적인 업무이므로 이는 위탁의 대상이 아니라는 이견도 있다. 최근 들어 다음과 같은 이슈도 있다.

"

## "회계사 감사할 회계사 없나요?"

한국공인사회 홈페이지 게시판에 7월 말부터 사람을 구한다는 글이 무더기로 올라오기 시작했습니다. 공통적으로 '품질관리실'에서 일할 회계사를 뽑는다는 내용입니다. 품질관리실은 일반 회사로 치면 감사실 같은 곳입니다. 소속 회계사들이 일을 제대로 했는지 점검하는 역할이죠. 갑자기 왜 이런 일이 벌어졌을까요.

품질관리 담당 회계사 구인난이 벌어진 것은 금융위원회가 지난 7월 17일 발표한 '외부감사 및 회계 등에 관한 규정 개정안' 때문입니다. 개정안은 회계법인별로 품질관리인력을 지금보다 1~4명 더 뽑도록 강화했는데, 문제는 마감 시한이었습니다. 당장 8

월말까지 한 달 반 내에 증원을 마쳐야 하는 것이죠. 만일 충원에 실패할 경우 회계법인들은 감사할 수 있는 기업의 범위가 대폭 줄어들게 됩니다. 예컨대 대기업을 감사하던 법인이 중소기업만 맡게 돼 영업에 심각한 타격을 입게 되는 것이죠.

회계법인들은 울상입니다. 한 중견 회계법인 회계사는 "동료 회계사를 감시하는 역할이다 보니 선호도가 떨어지는 직책"이라며 "국제회계기준도 잘 알고 감사 업무도 오래 맡아온 회계사를 뽑아야 하는데 중소 중견회계법인들 입장에서는 이런 조건을 갖춘 사람을 데려오기 힘들다"고 하소연했습니다. 또 다른 회계법인 소속 인사 담당자는 "다른 곳에서 일하고 있는 회계사를 데려 와야 하는데 이적 절차에만 3개월이 소요된다"며 "회계사가 귀해진 상황에서 한 달만에 품질관리 담당자를 증원하는 것은 물리적으로 불가능하다"고 했습니다. 급하게 사람을 뽑을 경우 적합하지 않은 회계사를 무리하게 충원해 오히려 품질관리 수준이 떨어질 수 있다는 우려도 나오고 있죠.

한공회는 조만간 업계 의견을 모아 금융 당국에 입장을 전달할 예정이라고 합니다. 일정을 너무 촉박하게 잡은 금융위에 대해 '탁상행정'이란 말도 나옵니다. 그나마 다행인 것은 금융당국도 이런 상황을 알고 있다는 것입니다. 금융위 관계자는 "사람을 구할 수 있는 시간이 필요하다는 점은 충분히 공감한다"며 "업계의 입장이 공식적으로 전달되면 기한 조정 등을 논의해 보겠다"고 했습니다.

조선일보. 2022.8.22.

# 결언

「회계정보를 이용한 전략적 의사결정」 저술을 간행하고 2년 만에 새로운 저술을 간행할 수 있어서 매우 기쁘다. 회계제도, 정책, 전략 등을 주제로 series로 진행된 13번째 저술이다. 감사위원회도 기업지배구조를 구성하는 중요한 한 축이므로 기업지배구조 관련된 저술도 포함된다. 2006년부터 시작한 이러한 저술을 16년간 지속할 수 있었다는 데 대해 주변의 모든 학생, 동료들에게 감사한다.

저자의 이러한 회계와 제도의 적용에 대한 제언이 우리나라 회계 및 회계제도 개선에 조금이나마 도움이 되었으면 하는 바람이 있다. 이러한 저술을 지속한다는 것이 저자에게는 큰 motivation과 자극이 되었다. 교수사회에서의 seniority가 높아지면서 논문 위주의 순수한 학술적인 활동보다는 어느 정도 실무에 impact를 줄 수 있는 저술을 하고프다는 저자의 바람이 이러한 연속적인 저술로 오늘까지 이어지게 되었다. 또한 이러한 식의 저술은 거의 없으니 도움이 된다는 주변에서의 격려를 해 주신 분들께도 감사한다.

이러한 저술은 실제 사회활동을 하면서 얻어진 지식도 많은 도움이 되었는데 이러한 기회를 가질 수 있도록 도움을 주신 분들에게도 감사한다. 저자가 그러한 활동을 하면서 공헌한 것보다 저자가 학습하고 배운 것이 더 많은 것 같다.

논문을 쓰는 것도 어렵지만 저술도 매우 긴 시간이 걸리는 외로운 작업이다. 공저 저술의 경우, 상대방 필자가 있게 되니 서로 격려도 하면서 시간을 맞추게 되는데 단독 저술은 본인 자신을 지속적으로 동기부여하면서 작업을 진행해야 한다.

실제로 경영활동에 관여할수록 법이 경영활동에 중요하다는 생각을 더하게 된다. 법에 무지해서 법 관련된 내용은 법 전문가들의 도움을 많이 받게 되지만 그럼에도 많은 부족함을 느끼게 된다. 또한 졸저를 지속적으로 간행해 주신 박영사의 관계자분들께도 감사한다.

저자는 이제 정년을 2년 앞두고 있다. 어떻게 교수생활과 career를 의미 있게 마감할 수 있는지에 대해서 많은 고민을 하고 있다. 코로나19 상황하에 빈 강의실에서 카메라를 앞에 두고 온라인 강의를 하면서 저자의 지식을 전달 받을 수 있는 학생들을 만난다는 것이, 또한 학생이 있으니 교수가 있다는 너무 평범한 진리를 다시 몸으로 깨닫게 된 것이 얼마나 감사한 것인지를 다시한 번 느끼게 되었다.

우리가 항상 당연하게 받아들이는 우리 주변의 모든 것에 감사하며 이 모든 것이 가능하게 만들어 준 가까이의 가족, 모교 연세대학교와, 학생, 교직원, 동료 교수 및 회계학회 동료 교수 모든 주변 분들에게 감사한다. 마지막으로 본 저술은 2022년 가을학기를 연구학기로 지내면서 연구에 집중할 수 있는 기간에 마무리할 수 있었다. 재정적인 지원을 해 준 연세대학교 경영연구소에 감사한다.

2023.1.

# 📖 참고문헌

강경진. 2021.11.3. 신(新)외부감사 규제의 공과 실 세미나. 전국경제인연합.

기획재정부. 2020. 기업 준정부기관 감사직무수행 매뉴얼.

노혁준 송옥렬, 2022.9.20. 지주회사 이사회의 자회사 경영 관련 책임 의무 권한

매경이코노미. 2021.1.13.-19. 탄소배출권 가격 급등… 제조업 초비상

매경이코노미. 2022.2.23.-3.1. 풋옵션 분쟁 1심 패소… IPO 빨간불

매일경제신문. 2016.10.22. 상장사 늑장공시 사유

매일경제신문. 2016.10.27. 기술계약 당일 공시 의무화. 주가 영향 미치는 중요 계약 수시공시에 포함

매일경제신문. 2016.10.3. 한미약품 '올무티닙 쇼크'… 거래소, 내부자거래 조사

매일경제신문, 2016.10.6. 기술이전 '의무공시' 검토… 한미약품사태 재발 막는다

매일경제신문. 2019.3.11. 주식불공정거래 73% 내부자 연루

매일경제신문. 2020.9.18. "분양가 결정시 감평사 독립 보장해야"

매일경제신문. 2020.12.1. 스위스 국민투표 못넘은 '기업 사회적 책임 강화법'

매일경제신문. 2021.2.17. 법무부, 이재용에 취업 제한 통보

매일경제신문. 2021.3.2. 효성 총수 '조석래 → 조현준' 공정위에 동일인 변경 신청

매일경제신문. 2021.3.4. 신한금융 배당 22.7%… 금융위 '20% 권고' 깼다

매일경제신문. 2021.3.9. 3%룰 위력… 사조산업 대주주 결정 뒤집어

매일경제신문. 2021.3.9. 감사선임 3%룰로 경영권 분쟁 현실화… 전운 감도는 주총

매일경제신문. 2021.3.18. 정의선, 현대차 이사회 불참한 까닭

매일경제신문. 2021.3.19. 3%룰 공포에 '백기사펀드' 나온다

매일경제신문. 2021.3.29. 쌍용차 등 4곳 감사의견 거절

매일경제신문. 2021.3.31. 공정위, 현대차 총수 정몽구서 정의선으로 변경

매일경제신문. 2021.3.31. 한국앤컴퍼니 경영권 분쟁… 조현식 부회장, 표대결 승리

매일경제신문. 2021.4.6. 쿠팡 '총수 없는 대기업집단'으로 지정된다

매일경제신문. 2021.4.7. 쿠팡 '총수 없는 대기업집단' 지정… 공정거래법, 국내기업
에만 족쇄

매일경제신문. 2021.4.8. '교보 풋옵션 가격 부풀린 혐의' 안진 재판 29일 시작

매일경제신문. 2021.4.12. 올해 기업 180곳 대상. 금감원 재무제표 심사

매일경제신문. 2021.4.30. '낡은 재벌 규제' 발 묶인 한 기업들 "해외기업과 어떻게
싸우나"

매일경제신문. 2021.5.11. 이건호칼럼. 배임죄 빼닮은 중대재해법

매일경제신문. 2021.5.13. 낡은 규제 풀랬더니… 총수지정대상 늘리겠다는 공정위

매일경제신문. 2021.5.20. 변호사 찾는 사람 적은데… 업계선 수입 놓고 '밥그릇 싸움'

매일경제신문. 2021.6.2. CEO의 책임은 어디까지인가? 손성규

매일경제신문. 2021.6.17. "회계사회, ESG 인증 가이드라인 만들 것"

매일경제신문. 2021.8.5. '분식회계' 대우조선해양 2심서 배상액 15억원으로 줄어

매일경제신문. 2021.9.8. 신창재회장 2조원대 '풋옵션 소송' 이겼다.

매일경제신문. 2021.9.10. 반쪽 계약에 '2조 풋옵션' 놓친 어피니티

매일경제신문. 2021.9.23. 내달 교보생명 풋옵션분쟁 2차전

매일경제신문. 2021.11.18. 안전 담당 임원 권한 없으면 CEO가 중대재해법 책임

매일경제신문. 2021.11.21. 배보다 배꼽이 더 큰 내부회계관리. 박재환

매일경제신문. 2021.11.25. 세계 ESG 공시 기준 내년 나온다.

매일경제신문. 2021.11.17. 회계제도 개혁이 계속되어야 하는 이유. 주인기

매일경제신문. 2021.12.15. 감사인 재지정때 기업 부담 줄여준다.

매일경제신문. 2021.12.16. 공정위 찾아간 최태원… SK "실트론 지분인수는 책임 경
영 차원"

매일경제신문. 2021.12.29. "교보 풋옵션 의무 없어" 어피니티 가처분 기각

매일경제신문. 2022.1.15. 법원, 이번엔 신창재 교보회장 부동산 가압류

매일경제신문. 2022.1.17. 오스템 사태에 놀란 기업들

매일경제신문. 2022.1.24. 은행 배당 줄어드나… 금감원 "충당금 더 쌓아라" 압박

매일경제신문. 2022.2.3. '회계 부정 의혹' 셀트리온 금융당국, 내주 안건 검토

매일경제신문. 2022.2.10. 개별 기관 감사부서 역량 키우는 감사원

매일경제신문. 2022.2.11. 어피니티 손 들어준 법원⋯ 교보 IPO 빨간 불

매일경제신문. 2022.2.16. 기업 사외이사 재직 2.6년 미일독영 등 대비 절반 그쳐

매일경제신문. 2022.2.16. 기업 횡령 범죄가 계속 늘어나는 까닭. 박재용

매일경제신문. 2022.2.18. "교보 풋옵션 평가한 회계사 무죄"

매일경제신문. 2022.2.21. "중대재해법은 과잉입법"⋯ 톱10 로펌, 위헌소송 추진

매일경제신문. 2022.2.21. 현대모비스, 롯데케미칼, GS칼텍스⋯ 각자 대표로 '안전경영' 강화

매일경제신문. 2022.3.8. 은행들 대손준비금 10조 훌쩍 넘을 듯

매일경제신문. 2022.3.8. 금감원 "대손준비금 더 쌓아라"⋯ 은행 긴급 이사회

매일경제신문. 2022.3.12. 셀트리온 기사회생⋯ "회계부정 고의성 없어"

매일경제신문. 2022.3.17. 손태승 함영주 DLF 판결 '내부통제 실효성'이 갈라

매일경제신문. 2022.4.14. "기업에 큰 부담" 미 SEC 탄소배출량 공개 논란

매일경제신문. 2022.4.19. 총수 친족 범위 줄인다.

매일경제신문. 2022.4.28. 2024년 상호출자제한 완화 기준 적용

매일경제신문. 2022.5.9. 보험 회계 담당자 극한 직업 보고서 5개 '버전' 작성할 판

매일경제신문. 2022.5.12. 우리은 사태에⋯ '내부 통제 강화법'

매일경제신문. 2022.5.13. 일 잘하는 회계법인에 감사 일감 더 몰아준다.

매일경제신문. 2022.5.17. 보험사 8곳 RBC 비율 '뚝' 재무지표 권고치 미달할 듯

매일경제신문. 2022.6.9. "유리천장 깬다" 유럽 기업이사 40% '여성몫'

매일경제신문. 2022.7.8. 교보생명 오늘 상장 예비심사⋯ IPO길 열리나

매일경제신문. 2022.7.9. 교보생명, 코스피행 무산. 거래소 "경영권분쟁 심각"

매일경제신문. 2022.7.16. 중기 "감사인 주기적 지정 폐지를"

매일경제신문. 2022.7.20. 중기 '내부회계관리 부담' 덜어준다.

매일경제신문. 2022.7.21. 분식회계 고섬 투자자 손실

매일경제신문. 2022.7.30. 분식회계 대우조선 안진회계

매일경제신문. 2022.8.5. 금융기관 내부통제 규정 더 명확해져야. 고동원

매일경제신문. 2022.8.11. 시대착오적 '총수 친족범위' 줄인다.

매일경제신문. 2022.8.11. 재계 "아직도 80년대식 규제 수두룩⋯ 대기업집단 지정제 폐지를"

매일경제신문. 2022.8.11. 기업부담 덜게...얼굴도 모르는 총수 6촌 자료 안 내도 된다

매일경제신문. 2022.8.29. 미 금융당국, 중 기업 회계 직접 들여다본다.

매일경제신문. 2022.9.16. 보험사 새 회계기준 <IFRS17> 도입에 사모펀드 웃네.

문화일보. 2021.3.11. "2025년부터 ESG 공시 의무화 소송 증가 등 리스크 대비해야"

문화일보. 2021.3.24. 형제난, 숙질난… 올 주총 변수된 '3%룰' 경영권 분쟁

문화일보. 2021.3.25. SK(주), 이사회에 대표이사 평가 교체 권한 준다.

문화일보. 2021.3.31. 전경련 "ESG 모범 규준 개정안, 기업 부담 가중 우려"

문화일보. 2021.4.6. 공무원 군인 연금충당부채 1,000조 돌파… 가부채의 절반 넘어

문화일보. 2021.4.6. 한 정부 일반부채비율 42.2%로 OECD 평균보다 낮다는데..

문화일보. 2021.5.6. 삼성, 이번엔 '입법리스크'… '3%룰 <삼성생명법' 통과 땐 전자 주식 32조 상당> 강제 매각

문화일보. 2021.5.12. 조성욱 "외국인 총수 지정 배제안해" 발언 논란

문화일보. 2021.7.22. 재계 "공정거래법 시행령 개정안, '사외이사 황당규제' 폐지 외면"

문화일보. 2021.9.14. '풋옵션 분쟁'서 승기 잡은 교보생명

문화일보. 2021.10.20. 최준선 교수는…

문화일보. 2021.11.22. 최준선. 한국서 기업하지 말라는 중대재해법

문화일보. 2021.12.7. "3%룰 폐지 포이즌 필 허용… 경영 자율성 확대를"

문화일보. 2021.12.22. '주주간 법적 분쟁' 교보생명, 내년 상반기 코스피 상장 시동 "IPO보다 여론 조성용" 평가도

문화일보. 2022.1.5. 얼굴도 모르는 친인척 회사가 계열사?… 시대착오 특수관계인 제도

문화일보. 2022.2.21. 최태원 회장, SK텔레콤 회장직도 겸한다

백인규. 2021.6.28. ESG 금융 및 공시 관련 패러다임의 전환. 안진회계법인

법률신문. 2021.5.10. (단독) '로톡' 로앤컴퍼니, 대한변협 상대로 헌법소원 추진

법률신문. 2021.5.18. [주목 이사람] "풍부한 법률 정보·데이터 구축… 법조인들의 '구글로'"

삼정회계법인, 2022.8. 지주회사 체제하 감사위원회 역할.

서정. 기업집단의 동일인 확정에 관한 검토, 「대기업집단정책: 과거, 현재와 미래 Ⅱ」 서울대학교 경쟁법센터 법 정책 세미나

손성규. 회계감사이론, 제도 및 적용. 박영사. 2006

손성규. 수시공시이론, 제도 및 정책. 박영사. 2009

손성규. 금융감독, 제도 및 정책 – 회계 규제를 중심으로. 박영사. 2012

손성규. 회계환경, 제도 및 전략. 박영사. 2014

손성규. 금융시장에서의 회계의 역할과 적용. 박영사. 2016.

손성규. 2016년 7월 28일. 사내유보금과 관련된 오해와 진실. 세계일보,

손성규. 전략적 회계 의사결정. 박영사. 2017.

손성규. 시사적인 회계이슈들. 박영사. 2018.

손성규. 회계 문제의 대응과 해법. 박영사. 2019.

손성규. 기업 경영에서의 전략적 의사결정. 박영사. 2020.

손성규. 회계정보를 이용한 전략적 의사결정. 박영사. 2021.

시사저널. 2021.8.24. 이재용 부회장 사면권 논의 신중해야. 임지봉

시사저널. 2021.9.28. 재계는 지금 사모펀드와 전쟁 중

신재용. 2021. 공정한 보상. 홍문사

연강흠, 이호영. 2018. 기업지배구조의 모든 것. 클라우드나인.

연합뉴스. 2021.3.30. "난 파출소장 딸을 죽이지 않았다"… '7번방 선물' 주인공 별세

연합뉴스. 2021.4.29. 쿠팡 '총수 없는 기업집단' 된다… '미국인' 김범석 총수지정 피해(종합)

연합뉴스. 2021.4.29. 쿠팡 '총수 없는 기업집단' 지정한 공정위… 미국인 '면죄부' 논란

연합뉴스. 2021.7.13. 회계기준 위반 내부감사에 과징금…외감법 개정 후 첫사례

연합뉴스. 2022.3.13 靑 특활비 또 비공개로 남나…文 임기 끝나면 소송 '각하' 될 듯

연합뉴스. 2022.3.23. LG유플러스 본사 팀장급 직원, 수십억원 횡령 후 잠적

윤성근, 2021. 법치주의를 향한 불꽃.

이데일리. 2021.3.15. 사위 잘 둔 덕?…시멘트회사 삼표 현대차 계열사되나

이데일리. 2021.4.6. 지분율·인물·제삼자 의견에…한타·금호 결과 나뉘어

이상훈. "물적분할과 지주사 디스카운트 – LG화학의 사례를 소재로 – " 법학논고 no.71(2020) : 301–334.doi: 10.17248/knulaw..71.202010.301, p321

이코노미스트. 2021.3.22.–28. '3%룰 첫 시행 주총 변수

이코노미스트. 2021.3.29.–4.4. 여신금융전문회사 겸직 제한법 추진

이코노미스트. 2021.3.29.–4.4. 조원태회장, 대한항공 사내이사 재선임

이코노미스트. 2021.5.17.–23. 총수 급여는 실적과 무관합니다.

이코노미스트. 2022.1.19. 오스템 허위공시 드러나면 투자 손실금 돌려받는다

이코노미스트. 2022.2.21.－27 치열했던 '9차례 법적 공방'… 교보 vs 안진 아피너티, 어떤 얘기 오갔나

조선미디어. 2021.12.1. 법망 피하는 ESG경영…대기업 10곳 중 4곳, 준법지원인 선임 의무 외면

조선일보. 2013.2.5. 현대카드냐 캐피탈이냐. 정태영사장의 선택은

조선일보. 2016.10.3. 한미약품 늑장 공시 논란, "내부자 거래 가능성 조사"

조선일보. 2020.11.20. 대법, 3%룰 개정안에 사실상 반대 의견

조선일보. 2021.1.25. 삼성 이재용 '재상고 딜레마'

조선일보. 2021.2.11. "월성 경제성 낮춰라" 압박 받은 회계법인도 막판까지 버텼지만…

조선일보. 2021.3.11. "ESG 정착의 키를 쥔 국민연금, 정부에서 독립해야"

조선일보. 2021.3.11. 이춘재 대신 살인 누명 20년간 억울한 옥살이 보상금 25억원 받는다

조선일보. 2021.3.30. 쌍용차부터 미스터피자까지…상폐 기로 놓인 10만 개미들

조선일보. 2021.3.31. 살인누명, 15년 억울한 옥살이 하늘나라에선 꼭 배상받으세요.

조선일보. 2021.4.7. 나라빚 1985조원, GDP 첫 추월

조선일보. 2021.4.7. 1인당 국가채무, 문정부서 421만원 늘어… 정부는 "양호한 수준"

조선일보. 2021.4.12. 만성적자 공무원 군인연금… 세금 땜질 '4조 → 5조 → 9조' 커진다

조선일보. 2021.4.27. 김범석 의장 '총수'로 지정하나. 공정위 '쿠팡 딜레마'

조선일보. 2021.10.14. 이사회 중심으로 구조혁신한 SK… 지주사 입김에 좌우되진 않을까

조선일보. 2021.10.17. "이사회가 결정" 외친 SK, 19개 계열사 중 6곳은 지주사 인사가 이사회 참여

조선일보. 2021.10.25. 기업들 "총수 6촌의 자료까지 내라니…" 해마다 특수관계인 보고하느라 진땀

조선일보. 2021.11.2. 30년 무사고 택시기사, 5m 음주운전으로 면허 박탈… 법원 "법에도 눈물" 취소 처분

조선일보. 2021.11.4. 원전 수사 대전지검, 회계사까지 배임 방조 기소

조선일보. 2021.12.15. 총수의 지분투자는 불공정행위인가… 공정위에 쏠린 눈

조선일보. 2021.12.16. 이재명 이어 윤석열도 "공공 노동이사제 찬성"

조선일보. 2022.1.15. 셀트리온 '분식회계' 검찰에 고발되나

조선일보, 2022.1.28. 세금 계산해 주는 AI, 세무사들에 고발당한 까닭은

조선일보. 2022.3.25. 2015년 대법이 막은 변호사 성공보수… '2차 수임료'로 꼼수 부활

조선일보. 2022.5.27. "변호사 '로톡' 가입 막는 변협규정 위헌"

조선일보. 2022.6.11. 8월부터 노동이사제… '원조' 독일선 축소 수준

조선일보. 2022.6.13. 7년전 박근혜 대통령은 거부권 행사하며 "배신의 정치"

조선일보. 2022.7.1. 너덜너덜해진 ESG… "쓰임새 끝나가는 듯" "환경 이데올로기 일 뿐"

조선일보. 2022.7.29. 공정위 "대기업 총수로 외국인 지정할 수 있다"… 미는 우려 표명

조선일보. 2022.8.13. 민주당 "헌정질서 유린" 한동훈 "깡패 수사도 말란거냐"

조선일보. 2022.8.19. ESG는 "마케팅 허풍"

조선일보. 2022.8.22. "회계사 감사할 회계사 없나요?"

조선일보. 2022.8.26. 대우조선 사실상 완전 자본잠식… '영구채 2조' 폭탄되나

조선일보. 2022.10.6. 자산 1000억 미만 상장사, 외부감사 <내부회계 관리제도에 대한 감사> 면제해준다.

중앙일보. 2021.5.6. 법조판 '타다' 되나… 변협·로톡 세게 붙었다 "新탈법" "역주행"

천경훈. 2018. "소수주주 다수결의 도입 가능성에 관한 試論". 기업법연구 제32권 제4호, 한국기업법학회, p. 11

최종학. 2022. 숫자로 경영하라 V. 원앤원북스

한경비즈니스. 2021.4.12.−18 'ESG 글로벌 기구가 뜬다'… 기후변화부터 인권까지 표준화 주도

한경비즈니스. 2021.10.4.−10. ICC 중재 판정 팩트 점검…

한경비즈니스. 2022.1.17.−23 '퇴색한 책임 경영'… 총수 일가 이사 등재 5년째 뒷걸음

한경비즈니스. 2022.2.21.−27. "대우조선해양 '분식회계'와 무관"… 결백 인정받은 증권사들

한경비즈니스. 2022.3.21.−27. 외면 받는 신의칙… 통상임금 소송에서 연이어 패소

하는 기업들

한경비즈니스. 2022.3.21.－27. 기아, 통상임금 개별 소송에서도 패소… 쟁점으로 떠
　오른 신의칙

한경비즈니스. 2022.4.18.－24. 상폐된 중 고섬… 대법 "상장 주관한 증권사도 책임
　있다"

한국경제신문. 2019.4.24. 해운사 '6조 매출감소 쇼크 피했다'

한국경제신문. 2019.5.24. 공정위의 총수 지정, 행정편의주의다. 전삼현

한국경제신문. 2019.6.18. 경기도 "지자체 결산, 세무사도 가능"

한국경제신문. 2020.8.25. 주식 10주 갖고 "주주명부 내놔라"… 상장사는 괴롭다.

한국경제신문. 2020.11.19. "한미약품 '늑장 공시'로 손실, 13억 배상"

한국경제신문. 2021.1.20. "교보생명 풋옵션 행사가 산정 위법"

한국경제신문. 2021.1.25. 신창재회장－어피니티 '풋옵션 분쟁' 새 국면

한국경제신문. 2021.1.26. 이재용 경영복귀 '법무부 승인' 받아야 할 수도… '특경법
　취업 제한' 위헌 논란

한국경제신문. 2021.2.17. 이재용 삼성 경영 '가시밭 길'… 법무부 "5년간 취업 제한"

한국경제신문. 2021.3.2. 현대차 정의선, 효성 조현준 그룹 총수로 '공식' 지정된다.

한국경제신문. 2021.3.3. "가치평가 업무 포기할까" 고민 깊어지는 회계업계

한국경제신문. 2021.3.4. 신한금융, 재무건전성 자신감 금융당국 권고 넘긴 22.7%
　배당

한국경제신문. 2021.3.10. 최정우 포스코 회장 연임안

한국경제신문. 2021.3.12. 'ESG 기준' 11년 만에 바뀐다

한국경제신문. 2021.3.12. "기후변화 위험, 회계에 반영하라"… 기업의 ESG 책임 훨
　씬 커진다.

한국경제신문. 2021.3.16. "대외 의존도 높은 한국기업, ESG 경영 서둘러 '신무역장
　벽' 돌파해야"

한국경제신문. 2021.3.16. 형제 조카 소액주주의 난… '3%룰'이 만든 풍경

한국경제신문. 2021.3.20. 삼성준법위, '이재용 부회장직 유지' 판단 유보

한국경제신문. 2021.3.22. "감사원, 행정부서 독립시켜야"

한국경제신문. 2021.3.23. 기아 1520억 포스코 786억.. '탄소부채' 초비상

한국경제신문. 2021.3.23. 730억 번 현대제철, 배출권 구입비는 1,571억… 기업 부담

'눈덩이'

한국경제신문. 2021.3.23. 기아 1520억 포스코 786억… '탄소부채' 초비상

한국경제신문. 2021.3.26. "거버넌스 스토리 만들라"… ESG 화두 던진 최태원

한국경제신문. 2021.3.30. '형제 분쟁' 한국앤 컴퍼니… '소액주주 반란' 대한방직

한국경제신문. 2021.4.9. 투자 대세는 ESG… 주요국, 공시 도입 서두른다.

한국경제신문. 2021.4.28. 공정위 '쿠팡 총수' 지정이 불러올 후폭풍

한국경제신문. 2021.4.28. '2050 탄소중립위' 내달 출범… 경제계 '과속' 우려

한국경제신문. 2021.4.29. 80년대식 사고에 갇힌 '동일인 지정' 손성규

한국경제신문. 2021.4.30. 김범석, 쿠팡 총수 지정 피했다… 네이버·카카오 역차별 논란

한국경제신문. 2021.4.30. '미국적' 김범석, 쿠팡 총수 지정 피했다.

한국경제신문. 2021.4.30. 국내기업과 역차별 논란… "총수 지정 아예 폐지" 힘 실려

한국경제신문. 2021.5.1. 쿠팡발 논란… 여도 '총수지정' 개선 나선다

한국경제신문. 2021.5.18. 삼성증권, 글로벌 ESG 평가기관 MSCI 손잡는다

한국경제신문. 2021.5.18. 변협 vs 로톡 전면전… '변호사 플랫폼 갈등'

한국경제신문. 2021.5.18. '변호사 광고 공공앱' 만든다지만

한국경제신문. 2021.5.28. 동국제강 포스코케미칼 에쓰오일 '투자 목적 변경'

한국경제신문. 2021.6.2. 중소기업 정보보호책임자는 겸직 허용

한국경제신문. 2021.6.9. 회계의 타락… 삼덕, 안진 보고서 베꼈다.

한국경제신문. 2021.6.9. '회계 부정' 얼룩진 교보생명 분쟁. 가격 부풀리고 보고서

한국경제신문. 2021.6.9. '업계 5위권 삼덕회계법인은

한국경제신문. 2021.6.9. 새 국면 맞은 '풋옵션 분쟁'… 신창재, 중재재판서 승기 잡나

한국경제신문. 2021.6.21. "연3회 100페이지 보고서… 'ESG 공시' 과도"

한국경제신문. 2021.6.22. ESG 공시 의무화 MS 구글은 반대

한국경제신문. 2021.7.5. 금융권 여 임원 의무화 1년 앞으로… 인재풀 부족 어쩌나 여 임원 'ESG핵심'으로 급부상

한국경제신문. 2021.7.8. 기업 이사회 여성 할당제 유감. 손성규

한국경제신문. 2021.7.12. 최태원 "가족 경영, 다 옳은 건 아니지만 전문 경영인은 큰 리스크 감당에 한계"

한국경제신문. 2021.8.5. 신외감법 5년간 감사보수 급증

한국경제신문. 2021.8.6. 상장사 여 이사 선임 늘었지만…

한국경제신문. 2021.8.9. "나스닥 기업, 이사회에 여성 소수자 1명 이상씩 뽑아야"

한국경제신문. 2021.8.13. "신용평가시장, 대형 3사 경쟁 촉진해야"

한국경제신문. 2021.8.19. "경영 나선 이재용, 취업 제한 위반 아니다"

한국경제신문. 2021.8.21. "이재용 취업 제한 위반 아냐"

한국경제신문. 2021.9.1. 김부겸 "이재용 경영복귀 지지"

한국경제신문. 2021.9.8. 신창재 "어피니티와의 풋옵션 분쟁서 승기"

한국경제신문. 2021.9.10. 교보생명 '풋옵션' 중재 놓고

한국경제신문. 2021.10.4. 사조 경영권 지켜낸 '공의결권'

한국경제신문. 2021.10.23. 조성욱 "총수 친인척 범위 축소할 필요"

한국경제신문. 2021.11.2. "중기 부담 주는 내부회계관리제 외부감사 재검토"

한국경제신문. 2021.11.17. 법원 "담합 분식, 사외이사도 책임져야"

한국경제신문. 2021.11.18. 해설서까지 나왔지만… 중대재해 처벌 기준 책임 소재 여전히 '안개속'

한국경제신문. 2021.11.18. 3년 끌던 교보생명 기업 공개, 내년 재시동

한국경제신문. 2021.11.18. 고용부 "중대 재해 최종 책임은 결국 CEO"

한국경제신문. 2021.11.20. 경영진 공들인 1조 투자로 "No"

한국경제신문. 2021.11.21. 풋옵션 분행 마무리, 업황 개선… 교보 '30년 숙제' 상장 재추진

한국경제신문. 2021.12.4. 국민연금 "기업, 중간배당 공개 강제 안 해"

한국경제신문. 2021.12.8. 대법 "대표가 담합 몰랐어도… 감사의무 소홀로 배상 책임" '대표 감독의무 위반' 첫 판결

한국경제신문. 2021.12.16. 최태원 SK 회장 '실트론 지분 매입' 논란 놓고 법리 공방

한국경제신문. 2021.12.22. 교보생명, 상장 예비심사 청구

한국경제신문. 2022.1.5. 한샘 대표 집행임원에 김진태 지오영그룹 사장

한국경제신문. 2022.1.6. "공공부문서 시작한 노동이사제 민간기업으로 확산은 시간문제"

한국경제신문. 2022.1.6. '노동이사제 원조' 독은 없애는데… 한, 강성 노조에 '경영 개입 칼자루'

한국경제신문. 2022.1.7. "물적분할 후 재상장 규제해야" vs "전 세계 유례없다"

한국경제신문. 2022.1.11. 최태원 회장은 왜 1조가 아니라 8억 과징금만 냈나[이지훈의 집중분석]

한국경제신문. 2022.1.29. 파트너 변호사 1인당 연 평균 매출 15억원

한국경제신문. 2022.2.3. "분식회계 대우조선 안진 국민연금에 515억원 물어줘라"

한국경제신문. 2022.2.9. 네이버 SK… '한국형 ESG 공시기준' 만든다.

한국경제신문. 2022.2.11. 교보생명 "판결과 무관하게 IPO 예정대로"

한국경제신문. 2022.2.11. 끝나지 않은 '풋옵션 분쟁'… 교보, IPO 차질 빚나

한국경제신문. 2022.2.25. 기업내부회계관리 비적정 사유 1위는 '재무제표 수정'

한국경제신문. 2022.2.28. SK '이사회 역량 지표' 만든다

한국경제신문. 2022.3.3. 교보생명 풋옵션 분쟁 '2라운드'

한국경제신문. 2022.3.7. "정부가 좋은 기업 '프레임' 정해놓고 강요… 안 지키면 문제 기업 낙인"

한국경제신문. 2022.3.7. "기업 승계 방안 공개하라는 건 세계에 전례 없어"

한국경제신문. 2022.3.10. 이사진 역량 평가 공개한 ㈜SK

한국경제신문. 2022.3.11. 두나무, 대기업집단 지정될까

한국경제신문. 2022.3.12. 증선위 "고의성 없어"… 거래 정지 피한 셀트리온

한국경제신문. 2022.3.22. 고비 넘긴 오스템임플란트… 감사의견 '적정'

한국경제신문. 2022.3.24. 내년 새 회계기준 도입 앞두고 자본확충 비상 걸린 생보사들

한국경제신문. 2022.3.26. 일 상장사, 내년부터 여성임원 비율 공시

한국경제신문. 2022.4.4. "미래에셋, 중 고섬 분식회계 사태 책임있다"

한국경제신문. 2022.4.7. 공정위, 규정까지 바꿔 김범석 '쿠팡총수' 지정… 통상마찰 빚나

한국경제신문. 2022.4.22. 국민연금 반대한 안건, 타 기관은 80%가 '찬성'

한국경제신문. 2022.4.28. 석달 새 1.6조 <자본> 사라졌다. NH농협생명 '미스터리'

한국경제신문. 2022.4.28. 금리하락에 베팅한 농협생명… 금리 뛰자 채권 평가손 급증

한국경제신문. 2022.5.17. 대우건설 4대강 입찰 담합 손해 대법 "사외이사도 배상책임 있다"

한국경제신문. 2022.5.19. 회계기준 바뀌면 재무 개선되는데 당국 결정 미뤄 보험사 '증자 비상'

한국경제신문. 2022.5.20. 금융당국, 건전성 위기 보험사 구했다.

한국경제신문. 2022.5.20. 잉여금, 자본으로 인정… 보험사 한숨 돌릴까

한국경제신문. 2022.5.30. 새로 제정된 '지속가능성 공시'의 목적. 김의형

한국경제신문. 2022.6.13. 법원 "회계 오류로 인한 주가 하락 배상해야"

한국경제신문. 2022.6.14. 신창재 교보생명 회장 '풋옵션 분쟁'서 또 승기 잡았다.

한국경제신문. 2022.6.14. 원심 뒤집고… 대법 '긴박한 경영상 필요' 폭넓게 인정

한국경제신문. 2022.7.6. '전력난' 현실 앞에서 다시 석탄 찾는 유럽

한국경제신문. 2022.7.6. "부실 대비 준비금 쌓아라"… 은행들 '전전긍긍'

한국경제신문. 2022.7.8. "퇴직금에 성과급 포함해야"…판결 또 나와

한국경제신문. 2022.7.18. 자산 2조 넘는 상장사 지정감사, '빅4' 회계법인만 맡는다.

한국경제신문. 2022.8.2. 금감원, 명령휴가제 확대한다.

한국경제신문. 2022.8.17. '빅4 회계법인' 상장사 감사 비중 늘었다. 금감원 "중견 회
   계법인 쏠림 완화"

한국경제신문. 2022.8.22. "STX조선해양, 허위공시 피해 소액주주 300명에 55억 배
   상하라"

한국경제신문. 2022.8.30. 문 정부, 삼덕회계 압박해 '월성원전 조작'… 경제성 15분
   의 1로 줄였다.

한국경제신문. 2022.9.6. '특별 대손준비금'까지… 은행들 부담 커진다.

한국경제신문. 2022.9.8. "상폐 피하려고 감사 맡기는 중 기업 주의해야"

한국경제신문. 2022.11.29. 정치권 '특별자치도' 남발… 강원 이어 전북도 출범 초읽기

한국금융신문. 2022.1.19. 정의선 현대차 회장, 사내이사 '빈 자리' 누구로 채울까

한국회계학회. 2021.8.20. 영국회계개혁 추진과 시사점.

YTN. 2021.4.6. 산은, 오늘 법원에 의견 전달… 쌍용차 회생절차 돌입 '임박'

YTN. 2021.9.1. 노동·시민단체, 이재용 고발… "취업제한 위반"

YTN. 2022.1.9. 김동연 "文정부 부동산대책 대통령 보고 중 고성 오가며 싸워"

# 저자약력

## 손성규

### 경력

연세대학교 경영학과 졸업
University of California-Berkeley, MBA
Northwestern University, 회계학박사
뉴욕시립대학교 조교수
미국공인회계사
한국회계학회 상임간사
한국경영학회 상임이사
기획예산처 정부투자/산하기관 경영평가위원
University of Southern California, visiting scholar
한국전력 출자회사/발전자회사 평가위원
금융감독원 감리위원회 위원
한국회계학회 회계학연구 편집위원장
KT재무회계자문단위원
YBM시사닷컴 감사
롯데쇼핑 사외이사/감사위원
회계기준위원회 비상임위원
STX엔진 사외이사
한국거래소 유가증권시장 공시위원회 위원장
한국CFO협회 운영위원
한국회계학회 부회장
기획재정부 공공기관 국제회계기준 도입 자문단
금융위원회 증권선물위원회 비상임위원
국가보훈처 기금운영위원
국제중재재판소 expert witness
국가회계기준센터 자문위원
한국연구재단 전문위원
유니온스틸 사외이사/감사위원
삼일저명교수
서울보증보험 사외이사/감사위원장
KB생명보험 사외이사/감사위원장
한국지방재정공제회 지방회계통계센터 제도연구심의위원회 위원
연세대학교 기획실 정책부실장
연세대학교 재무처장
연세대학교 감사실장
연세대학교 상남경영원장
한국경영학회 이사
한국회계학회장
미국회계학회 Global Engagement Committee member
국회예산정책처 사업평가 포럼 자문위원
한국조세재정연구원, 국가회계재정통계센터 자문위원
제주항공 사외이사/감사위원장
하나로의료재단 감사

삼정회계법인 감사위원회 지원센터 자문교수
한국기업지배구조원 등급위원회 위원장
한국경영학회 부회장
한국공인회계사회 심의위원회 위원
현대건설기계 사외이사/감사위원장
기업지배구조원, 기업지배구조위원회 위원
기업지배구조원, ESG 평가위원장
한국경제신문 독자위원회

현

연세대학교 경영대학 교수
포스코홀딩스 사외이사/감사위원장
삼성자산운용 사외이사/감사위원
서울의과학연구소(SCL)재단이사회 감사
건설근로자공제회 투자심의위원
한국식품안전관리인증원 비상임감사
전문건설공제조합 운영위원
가농학원 감사
사학법인미션네트워크 감사
한국공인회계사회, 회계인 명예의 전당, 운영위원
한국공인회계사회 윤리기준위원회 위원
SK사회적가치연구원 SV회계연구회 위원

보고서/용역

기획재정부, 금융감독원, 한국공인회계사회. 코스닥증권시장, 상장회사협의회,
한국거래소, 한국회계기준원, 삼정회계법인, 아이에이취큐, 삼일회계법인, 금융위원회,
리인터내셔널법률사무소, 김앤장, 국제중재재판소, 에머슨퍼시픽, 안진회계법인, 대우조선해양, 삼
성바이오로직스, 법무법인 지평, 서울중앙지법 전문가 의견, 중소회계법인협의회, 어피니티컨소시
엄 등

저서

회계감사이론, 제도 및 적용. 박영사. 2006
수시공시이론, 제도 및 정책. 박영사. 2009
회계정보의 유용성. 권수영, 김문철, 최관, 한봉희와 공저. 신영사. 2판. 2010
금융감독, 제도 및 정책-회계 규제를 중심으로. 박영사. 2012
회계환경, 제도 및 전략. 박영사. 2014
금융시장에서의 회계의 역할과 적용. 박영사. 2016
전략적 회계 의사결정. 박영사. 2017
회계원리. 이호영, 오명전과 공저. 법문사. 15판. 2020
기업지배구조의 모든 것. 연강흠, 이호영과 공저. 클라우드나인. 2018
시사적인 회계이슈들. 박영사. 2018
회계문제의 대응과 해법. 박영사. 2019
기업경영에서의 회계의사 결정. 박영사. 2020
회계 정보를 이용한 전략적 의사 결정. 박영사. 2021

논문

Journal of Accounting and Economics, 회계학연구, 회계저널, 회계·세무와 감사연구, 경영학연구, 증권학회지 외 다수.


수상

상경대학 우수업적 교수상
한국공인회계사회 최우수논문상
한국공인회계사회 우수논문상
한국경영학회 우수논문상
2008년 대한민국 학술원 사회과학 부문 우수도서 선정, 회계감사이론, 제도 및 적용. 박영사.
2013년 한국회계정보학회 최우수논문상
2018년 대한민국 학술원 사회과학 부문 우수도서 선정. 시사적인 회계이슈. 박영사
2021년 한국회계학회-한경 언론상
2021년 경영대학 우수업적교수상
2021년 대한민국 학술원 사회과학 부문 우수도서 선정, 회계 정보를 이용한 전략적 의사 결정, 박영사

## 기업지배구조와 회계의사결정

| | |
|---|---|
| 초판발행 | 2023년 2월 5일 |
| 중판발행 | 2024년 6월 20일 |
| 지은이 | 손성규 |
| 펴낸이 | 안종만·안상준 |
| 편 집 | 전채린 |
| 기획/마케팅 | 장규식 |
| 표지디자인 | Ben Story |
| 제 작 | 고철민·조영환 |
| 펴낸곳 | ㈜ **박영사** |
| | 서울특별시 금천구 가산디지털2로 53, 210호(가산동, 한라시그마밸리) |
| | 등록 1959. 3. 11. 제300-1959-1호(倫) |
| 전 화 | 02)733-6771 |
| f a x | 02)736-4818 |
| e-mail | pys@pybook.co.kr |
| homepage | www.pybook.co.kr |
| ISBN | 979-11-303-1694-9   93320 |

정 가    52,000원